INGLESE

DIZIONARIO ESSENZIALE
INGLESE-ITALIANO
ITALIANO-INGLESE

a cura di EDIGEO

ZANICHELLI

Copyright © Zanichelli editore S.p.A. [7694]
via Irnerio 34, 40126 Bologna
www.zanichelli.it
e-mail: lineacinque@zanichelli.it

Ideazione e realizzazione editoriale:
Edigeo s.r.l., via del Lauro 3, 20121 Milano
www.edigeo.it
e-mail: redazione@edigeo.it

Collaborazione: Paola Naldi

Copertina: Anna Zamboni

Prima edizione: giugno 1989
Seconda edizione: gennaio 1996

Ristampe

15 14 13   2003 2004 2005

Stampa: Tipografia Babina snc
Via Aldo Moro 18, 40068 S. Lazzaro (BO)
per conto di Zanichelli editore S.p.A.
Via Irnerio 34, 40126 Bologna

SOMMARIO

Questo volume è stato concepito per un uso essenzialmente pratico, come ausilio per il viaggiatore, lo studente o il professionista che abbiano bisogno di un comodo prontuario della lingua inglese.

Il DIZIONARIO   La scelta dei lemmi non è stata limitata al criterio della frequenza d'uso: accanto ai termini più comuni trovano posto quelli di utilizzo meno frequente ma interessanti per il viaggiatore attento e curioso.

In ambedue le sezioni, ogni lemma è indicato in carattere **neretto**; gli omografi costituiscono voci separate e sono contraddistinti da un numero cardinale tra parentesi tonde posto subito dopo il lemma. Nella struttura della voce al lemma seguono lo specificatore grammaticale in *corsivo* e uno o più traducenti, composti in carattere tondo chiaro, seguiti a loro volta da un eventuale specificatore grammaticale.

Qualora a un termine corrisponda più di una categoria grammaticale, ciascuna di esse è preceduta da una lettera maiuscola in carattere neretto (**A**, **B**, ...). Le varie accezioni del lemma, ovvero i suoi significati fondamentali, sono contraddistinte da un numero cardinale in neretto (**1**, **2**, ...).

Ove necessario, sono state indicate tra parentesi eventuali irregolarità relative all'uso del lemma (formazione del plurale, paradigma dei verbi irregolari, ecc.).

Una losanga nera (♦) precede la sezione contenente frasi idiomatiche, semplici costruzioni e forme composte in cui il lemma è sostituito dalla sua iniziale puntata.

Eventuali restrizioni d'uso sono indicate tra parentesi, in carattere *corsivo*, per esteso o abbreviate. Per il significato di tali abbreviazioni – così come per il significato degli specificatori grammaticali – si veda alle pagg. 4 e 5.

Nella sezione inglese-italiano, il lemma inglese è seguito dalla sua trascrizione nell'alfabeto fonetico, racchiusa tra parentesi quadre. Per il valore dei caratteri di questo alfabeto, si veda a pag. 6.

Nella sezione italiano-inglese è indicata l'accentazione tonica del lemma italiano, con segnaccenti in carattere chiaro. Gli accenti grafici obbligatori sono invece indicati nello stesso carattere neretto del lemma.

LA FRASEOLOGIA   Questa sezione contiene alcune frasi di uso comune, raggruppate in situazioni nelle quali il turista può trovarsi frequentemente. Ogni frase in lingua italiana, composta in neretto, è seguita dalla corrispondente traduzione in lingua inglese, in carattere chiaro. Laddove necessario, le frasi sono seguite da un breve elenco di termini, ciascuno dei quali può essere sostituito alla parte mancante della frase.

A tale sezione segue una lista delle unità di misura utilizzate in Gran Bretagna e negli Stati Uniti, con la conversione nelle corrispondenti unità metriche.

LE NOTE GRAMMATICALI   L'ultima sezione è costituita da un riepilogo delle principali regole grammaticali della lingua inglese, con articoli, preposizioni, aggettivi, pronomi e le più comuni forme verbali.

ABBREVIAZIONI

abbr.	abbreviazione	*banca*	banca
acrt.	accorciativo	*biol.*	biologia
aer.	aeronautica	*bot.*	botanica
afferm.	affermativo	*card.*	cardinale
agg.	aggettivo	*chim.*	chimica
anat.	anatomia	*cin.*	cinematografia
arald.	araldica	*comm.*	commercio
arc.	arcaico	*comp.*	comparativo
arch.	architettura	*compl.*	complemento
archeol.	archeologia	*condiz.*	condizionale
art.	articolo	*cong.*	congiunzione
arte	arte	*cuc.*	cucina
astr.	astronomia,	*determ.*	determinativo
	astrologia	*difett.*	difettivo
attr.	attributivo	*dimostr.*	dimostrativo
autom.	automobilismo	*dir.*	diritto
avv.	avverbio,	*dubit.*	dubitativo
	avverbiale	*econ.*	economia

edil.	edilizia	*ogg.*	oggetto
elettr.	elettricità	*pass.*	passato
elettron.	elettronica	*pers.*	personale
enf.	enfatico	*pl.*	plurale
escl.	esclamativo	*pol.*	politica
est.	esteso	*pop.*	popolare
f.	femminile	*poss.*	possessivo
fam.	familiare	*p. p.*	participio passato
ferr.	ferrovia	*pred.*	predicato,
fig.	figurato		predicativo
fin.	finanza	*pref.*	prefisso
fis.	fisica	*prep.*	preposizione
fon.	fonologia	*pres.*	presente
fot.	fotografia	*pron.*	pronome,
fut.	futuro		pronominale
geogr.	geografia	*psic.*	psicologia
geol.	geologia	*q.c.*	qualche cosa
geom.	geometria	*qc.*	qualcuno
gramm.	grammatica	*radio*	radio
idiom.	idiomatico	*rec.*	reciproco
impers.	impersonale	*rel.*	relativo
ind.	indiretto	*relig.*	religione
indef.	indefinito	*rifl.*	riflessivo
indeterm.	indeterminativo	*s.*	sostantivo
inf.	infinito,	*sb.*	somebody
	informatica	*scient.*	scientifico
inter.	interiezione	*serv.*	servile
interr.	interrogativo	*sing.*	singolare
intr.	intransitivo	*sogg.*	soggetto
inv.	invariato	*sost.*	sostantivato
iron.	ironico	*spec.*	specialmente
letter.	letterario	*sport*	sport
loc.	locuzione	*spreg.*	spregiativo
m.	maschile	*st.*	something
mat.	matematica	*stor.*	storia
mecc.	meccanica	*sup.*	superlativo
med.	medicina	*teatro*	teatro
metall.	metallurgia	*tecnol.*	tecnologia
meteor.	meteorologia	*tel.*	telefonia
mil.	militare	*tess.*	industria tessile
miner.	mineralogia	*tip.*	tipografia
mitol.	mitologia	*tr.*	transitivo
mus.	musica	*TV*	televisione
naut.	nautica	*USA*	americano
neg.	negativo	*v.*	verbo
num.	numerale	*volg.*	volgare
ord.	ordinale	*zool.*	zoologia

FONETICA

L'alfabetico fonetico adottato è quello approvato dall'Associazione fonetica internazionale.

Vocali

[ɑː]	**car**, **father**
[æ]	**and**, **man**
[ɛ]	**bed**, **yes**
[ʌ]	**cup**, **up**
[ə]	**a**, **mother**
[ɜː]	**girl**, **word**
[ɪ]	**pig**, **it**
[iː]	**tree**, **please**
[ɒ]	**box**, **not**
[ɔː]	**wall**, **horse**
[ʊ]	**book**, **full**
[uː]	**shoe**, **fool**

Dittonghi

[aɪ]	**five**, **fly**
[aʊ]	**how**, **house**
[eɪ]	**train**, **name**
[ɛə]	**there**, **care**
[ɪə]	**ear**, **here**
[əʊ]	**go**, **boat**
[ɔɪ]	**toy**, **oil**
[ʊə]	**poor**, **sure**

Consonanti

[p]	**pencil**, **stop**
[b]	**book**, **boy**
[t]	**train**, **pot**
[d]	**dog**, **kind**
[k]	**car**, **black**
[g]	**go**, **egg**
[f]	**floor**, **off**
[v]	**very**, **seven**
[θ]	**thin**, **mouth**
[ð]	**this**, **with**
[s]	**sun**, **place**
[z]	**zoo**, **noise**
[ʃ]	**fish**, **ship**
[ʒ]	**pleasure**, **measure**
[tʃ]	**church**, **chair**
[dʒ]	**judge**, **age**
[l]	**leg**, **full**
[m]	**match**, **him**
[n]	**name**, **pen**
[ŋ]	**ring**, **song**
[r]	**room**, **very**
[j]	**yes**, **you**
[w]	**wind**, **away**
[h]	**hat**, **hand**
[x]	**loch** (in parole gaeliche)

Segni particolari
[ː]   indica un prolungamento della vocale che lo precede
[ˈ]   l'accento tonico principale cade sulla sillaba successiva
[ˌ]   l'accento tonico secondario cade sulla sillaba successiva
[ʳ]   indica la presenza di una **r** muta a fine parola

I caratteri posti tra parentesi tonde si riferiscono a suoni opzionali

ENGLISH-ITALIAN
INGLESE-ITALIANO

A

a [eɪ, ə] (**an** *davanti a vocale e 'h' muta*) *art. indeterm.* **1** uno, una (ES: **I see a man and a house** vedo un uomo e una casa; **Bob is an old man** Bob è un uomo anziano) **2** il, lo, la (ES: **a rose is a flower** la rosa è un fiore, **to smoke a pipe** fumare la pipa) **3** un certo, una certa, un tale, una tale (ES: **in a sense** in un certo senso, **do you know a Mrs Smith?** conosci una certa signora Smith?) **4** stesso, stessa (ES: **to be of a height** essere della stessa altezza) **5** (*distributivo*) per, al, ogni (ES: **once a year** una volta all'anno) **6** (*idiom.*) (ES: **what a pity!** che peccato!)

aback [əˈbæk] *avv.* all'indietro ◆ **to be taken a.** essere colto alla sprovvista

abacus [ˈæbəkəs] *s.* (*arch.*) abaco *m.*

abandon [əˈbændən] *s.* abbandono *m.*, effusione *f.*

to abandon [əˈbændən] *v. tr.* abbandonare, lasciare

to abash [əˈbæʃ] *v. tr.* confondere, sconcertare

abashed [əˈbæʃt] *agg.* confuso, imbarazzato

to abate [əˈbeɪt] **A** *v. tr.* diminuire **B** *v. intr.* placarsi, calmarsi

abbey [ˈæbɪ] *s.* abbazia *f.*

abbot [ˈæbət] *s.* abate *m.*

to abbreviate [əˈbriːvɪeɪt] *v. tr.* abbreviare

abbreviation [əˌbriːvɪˈeɪʃ(ə)n] *s.* abbreviazione *f.*

to abdicate [ˈæbdɪkeɪt] *v. tr. e intr.* abdicare

abdication [ˌæbdɪˈkeɪʃ(ə)n] *s.* abdicazione *f.*

abdomen [ˈæbdəmen] *s.* addome *m.*

abdominal [æbˈdɒmɪn(ə)l] *agg.* addominale

to abduct [æbˈdʌkt] *v. tr.* rapire

abductor [æbˈdʌktəʳ] *s.* rapitore *m.*

aberration [ˌæbəˈreɪʃ(ə)n] *s.* aberrazione *f.*

to abet [əˈbet] *v. tr.* appoggiare, spalleggiare ◆ **to aid and a. sb.** essere complice di qc.

abeyance [əˈbeɪ(ə)ns] *s.* **1** sospensione *f.* **2** (*dir.*) disuso *m.* ◆ **to be in a.** essere messo da parte, essere sospeso

to abide [əˈbaɪd] (*pass. e p.p.* **abode**) *v. tr.* **1** sopportare **2** resistere a ◆ **to a. by** attenersi a, rispettare

ability [əˈbɪlɪtɪ] *s.* abilità *f.*

abject [ˈæbdʒekt] *agg.* abietto, spregevole

ablaze [əˈbleɪz] *agg.* **1** in fiamme **2** splendente

able [ˈeɪbl] *agg.* capace ◆ **a.-bodied** sano, robusto; **to be a. to** essere in grado di, potere, riuscire a

abnormal [æbˈnɔːm(ə)l] *agg.* anormale

aboard [əˈbɔːd] **A** *avv.* a bordo **B** *prep.* a bordo di ◆ **to go a.** imbarcarsi

abode (1) [əˈbaud] *s.* dimora *f.*, domicilio *m.*

abode (2) [əˈbaud] *pass. e p. p. di* **to abide**

to abolish [əˈbɒlɪʃ] *v. tr.* abolire, sopprimere

abolitionism [ˌæbəˈlɪʃənɪz(ə)m] *s.* abolizionismo *m.*

abominable [əˈbɒmɪn(ə)bl] *agg.* abominevole, pessimo

aboriginal [ˌæbəˈrɪdʒənl] *agg. e s.* aborigeno *m.*

aborigine [ˌæbəˈrɪdʒɪnɪ] *s.* aborigeno *m.*

to abort [əˈbɔːt] *v. tr. e intr.* abortire

abortion [əˈbɔːʃ(ə)n] *s.* aborto *m.*

abortive [əˈbɔːtɪv] *agg.* **1** abortivo **2** (*fig.*) fallito, mancato

to abound [əˈbaund] *v. intr.* abbondare ◆ **to a. in/ with** avere in abbondanza

about [əˈbaut] **A** *avv.* **1** quasi, circa, pressappoco **2** intorno, attorno **3** nei pressi **B** *prep.* **1** circa, riguardo a **2** intorno a **3** vicino a, nei pressi di ◆ **to be a.** to accingersi, prepararsi a; **a.-face/turn** dietrofront

above [əˈbʌv] **A** *avv.* **1** sopra, di sopra **2** precedentemente **B** *prep.* su, sopra, al di sopra di ◆ **a. all** soprattutto; **a.-mentioned** suddetto; **see a.** vedi sopra

abrasion [əˈbreɪʒ(ə)n] *s.* abrasione *f.*

abrasive [əˈbreɪzɪv] *agg. e s.* abrasivo *m.*

abreast [əˈbrest] *avv.* a fianco ◆ **to keep a. of** tenersi aggiornato su

to abridge [əˈbrɪdʒ] *v. tr.* ridurre, riassumere, accorciare ◆ **abridged edition** edizione ridotta, compendio

abroad [əˈbrɔːd] *avv.* all'estero

to abrogate [ˈæbro(u)geɪt] *v. tr.* abrogare

abrupt [əˈbrʌpt] *agg.* **1** improvviso **2** brusco, sbrigativo **3** ripido, scosceso

abscess [ˈæbsɪs] *s.* ascesso *m.*

to abscond [əbˈskɒnd] *v. intr.* scappare

absconder [əbˈskɒndəʳ] *s.* fuggiasco *m.*, latitante *m. e f.*

absence [ˈæbs(ə)ns] *s.* **1** assenza *f.* **2** mancanza *f.* **3** contumacia *f.*

absent [ˈæbs(ə)nt] *agg.* assente ◆ **a.-minded** distratto; **a.-mindedly** distrattamente; **a.-mindedness** distrazione

absentee [ˌæbs(ə)nˈtiː] *s.* assente *m. e f.*

absolute [ˈæbsəluːt] *agg.* assoluto, completo, totale

absolutely [ˌæbsə(l)uːtlɪ] *avv.* **1** assolutamente, completamente **2** senz'altro, certamente

to absolve [əbˈzɒlv] *v. tr.* **1** assolvere **2** liberare da

to absorb [əbˈsɔːb] *v. tr.* **1** assorbire **2** assimilare

absorbing [əbˈsɔːbɪŋ] *agg.* **1** assorbente **2** avvincente

absorption [əbˈsɔːpʃ(ə)n] *s.* **1** assorbimento *m.*, assimilazione *f.* **2** dedizione *f.*

to abstain [əbˈsteɪn] *v. intr.* astenersi

abstemious [æbˈstiːmjəs] *agg.* astemio

abstinence [ˈæbstɪnəns] *s.* astinenza *f.*

abstract [ˈæbstrækt] **A** *agg.* astratto **B** *s.* **1** estratto *m.*, riassunto *m.* **2** astrazione *f.*

to abstract [æbˈstrækt] *v. tr.* **1** astrarre **2** sottrarre **3** riassumere **4** rimuovere

abstraction [æbˈstrækʃ(ə)n] *s.* **1** astrazione *f.* **2** sottrazione *f.* **3** rimozione *f.*

abstractionism [æbˈstrækʃ(ə)nɪz(ə)m] *s.* astrattismo *m.*

abstractionist [æbˈstrækʃ(ə)nɪst] *s.* astrattista *m. e f.*

absurd [əbˈsɜːd] *agg.* **1** assurdo **2** ridicolo

abundance [əˈbʌndəns] *s.* abbondanza *f.*

abundant [əˈbʌndənt] *agg.* abbondante

abuse [ə'bju:s] s. **1** abuso m. **2** insulti m. pl., ingiurie f. pl.

to abuse [ə'bju:z] v. tr. **1** abusare di **2** insultare, ingiuriare

abusive [ə'bju:sɪv] agg. offensivo, ingiurioso

abysmal [ə'bɪzm(ə)l] agg. abissale

abyss [ə'bɪs] s. abisso m.

acacia [ə'keɪʃə] s. acacia f.

academic [ˌækə'demɪk] **A** agg. **1** accademico **2** formale **B** s. accademico m.

academy [ə'kædəmɪ] s. accademia f.

acanthus [ə'kænθəs] s. acanto m.

to accelerate [æk'seləreɪt] v. tr. e intr. accelerare

accelerator [ə'beləreɪtəʳ] s. acceleratore m.

accent ['æks(ə)nt] s. **1** accento m. **2** enfasi f., tono m.

to accept [ək'sept] v. tr. accettare

acceptable [ək'septəbl] agg. accettabile

acceptance [ək'sept(ə)ns] s. **1** accettazione f. **2** approvazione f.

access ['ækses] s. accesso m.

accessible [æk'sesəbl] agg. accessibile

accessory [ak'sesərɪ] s. **1** accessorio m. **2** (dir.) complice m. e f.

accident ['æksɪd(ə)nt] s. **1** incidente m., infortunio m. **2** caso m. ♦ **by a.** per caso

accidental [ˌæksɪ'dentl] agg. accidentale

accidentally [ˌæksɪ'dentlɪ] avv. accidentalmente, per caso

acclaim [ə'kleɪm] s. acclamazione f.

to acclaim [ə'kleɪm] v. tr. acclamare

to acclimatize [ə'klaɪmətaɪz] v. tr. ambientare, acclimatare ♦ **to get acclimatized** ambientarsi

accolade ['ækəleɪd] s. elogio m.

to accomodate [ə'kɒmədeɪt] v. tr. **1** alloggiare, sistemare **2** adattare **3** favorire

accomodating [ə'kɒmədeɪtɪŋ] agg. accomodante, compiacente

accomodation [əˌkɒmə'deɪʃ(ə)n] s. **1** alloggio m., sistemazione f. **2** accordo m. **3** comodità f.

to accompany [ə'kʌmp(ə)nɪ] v. tr. **1** accompagnare **2** scortare

accomplice [ə'kɒmplɪs] s. complice m. e f.

to accomplish [ə'kɒmplɪʃ] v. tr. compiere, realizzare

accomplished [ə'kɒmplɪʃt] agg. **1** compiuto **2** esperto

accomplishment [ə'kɒmplɪʃmənt] s. **1** compimento m., realizzazione f. **2** impresa f. **3** al pl. dote f., talento m.

accord [ə'kɔ:d] s. accordo m. ♦ **of one's own a.** spontaneamente, di propria iniziativa; **with one a.** di comune accordo

to accord [ə'kɔ:d] v. tr. accordare, concedere

accordance [ə'kɔ:d(ə)ns] s. concordanza f. ♦ **in a. with** in conformità con

accordingly [ə'kɔ:dɪŋlɪ] avv. di conseguenza, perciò

according to [ə'kɔ:dɪŋtu:] prep. secondo, in base a, in conformità con

accordion [ə'kɔ:djən] s. fisarmonica f.

to accost [ə'kɒst] v. tr. avvicinare, abbordare

account [ə'kaʊnt] s. **1** conto m. **2** (banca) conto m., deposito m. **3** acconto m. **4** relazione f., descrizione

f. **5** vantaggio m., tornaconto m. **6** importanza f., considerazione f. ♦ **a. number** numero di conto; **by all accounts** a detta di tutti; **current a.** conto corrente; **of no a.** di nessuna importanza; **on a.** in acconto; **to take into a.** tener conto di

to account [ə'kaʊnt] v. tr. e intr. considerare ♦ **to a. for** spiegare, rendere conto di, influire, (fam.) distruggere

accountable [ə'kaʊntəbl] agg. responsabile

accountancy [ə'kaʊntənsɪ] s. contabilità f., ragioneria f.

accountant [ə'kaʊntənt] s. contabile m. e f.

accounting [ə'kaʊntɪŋ] s. contabilità f., ragioneria f.

to accrue [ə'kru:] v. intr. derivare, provenire ♦ **accrued interest** interesse maturato

to accumulate [ə'kju:mjʊleɪt] v. tr. e intr. accumulare, accumularsi

accumulator [ə'kju:mjʊleɪtəʳ] s. accumulatore m.

accuracy ['ækjʊrəsɪ] s. accuratezza f., precisione f.

accurate ['ækjʊrɪt] agg. accurato, preciso, esatto

accusation [ˌækjʊ(:)'zeɪʃ(ə)n] s. accusa f., incriminazione f.

to accuse [ə'kju:z] v. tr. accusare, incriminare

to accustom [ə'kʌstəm] v. tr. abituare ♦ **to a. oneself to** abituarsi a

accustomed [ə'kʌstəmd] agg. **1** abituato, avvezzo **2** abituale ♦ **to become a. to doing st.** abituarsi a fare q.c.

ace [eɪs] s. asso m.

acephalous [ə'sefələs] agg. acefalo

ache [eɪk] s. dolore m.

to ache [eɪk] v. intr. **1** far male, dolere **2** (fam.) desiderare ardentemente

achievable [ə'tʃi:vəbl] agg. raggiungibile

to achieve [ə'tʃi:v] v. tr. **1** compiere **2** raggiungere, conseguire

achievement [ə'tʃi:vmənt] s. **1** risultato m. positivo, successo m. **2** impresa f., realizzazione f.

acid ['æsɪd] agg. e s. acido m.

acidulous [ə'sɪdjʊləs] agg. acidulo

acinus ['æsɪnəs] s. acino m.

to acknowledge [ək'nɒlɪdʒ] v. tr. **1** ammettere **2** riconoscere **3** mostrare apprezzamento per ♦ **to a. receipt** accusare ricevuta

acknowledg(e)ment [ək'nɒlɪdʒmənt] s. **1** riconoscimento m., ammissione f. **2** riconoscenza f. **3** ricevuta f.

acne ['æknɪ] s. acne f.

acorn ['eɪkɔ:n] s. ghianda f.

acoustic [ə'ku:stɪk] agg. acustico

acoustics [ə'ku:stɪks] s. pl. (v. al sing.) acustica f.

to acquaint [ə'kweɪnt] v. tr. informare, mettere al corrente ♦ **to a. sb. with st.** informare qc. di q.c.; **to be acquainted with** conoscere

acquaintance [ə'kweɪnt(ə)ns] s. **1** conoscenza f. **2** conoscente m. e f.

to acquiesce [ˌækwɪ'es] v. intr. acconsentire, aderire

to acquire [ə'kwaɪəʳ] v. tr. acquisire, procurarsi

acquisition [ˌækwɪ'zɪʃ(ə)n] s. acquisizione f.

to acquit [ə'kwɪt] v. tr. assolvere ♦ **to a. oneself well** dare una buona prova di sé, comportarsi bene

acquittal [ə'kwɪtl] s. assoluzione f.
acquittance [ə'kwɪtəns] s. **1** pagamento m., saldo m. **2** quietanza f., ricevuta f.
acre ['eɪkə] s. acro m.
acrid ['ækrɪd] agg. acre, pungente
acrimonious [ˌækrɪ'məʊnjəs] agg. aspro, astioso
acrobat ['ækrəbæt] s. acrobata m. e f.
acrobatics [ˌækrə'bætɪks] s. pl. acrobazia f.
acropolis [ə'krɒpəlɪs] s. acropoli f.
across [ə'krɒs] A prep. **1** attraverso **2** dall'altro lato di, oltre B avv. da una parte all'altra, in larghezza ♦ **a. from** di fronte a; **to go a.** passare dall'altra parte
acrylic [ə'krɪlɪk] agg. acrilico
act [ækt] s. **1** atto m., azione f. **2** decreto m., legge f., documento m. **3** (teatro) atto m.
to act [ækt] A v. intr. **1** agire, comportarsi **2** funzionare **3** recitare **4** fingere B v. tr. recitare (la parte di) ♦ **to a. as/for** fungere da, agire per conto di; **to a. up** comportarsi male
acting ['æktɪŋ] A agg. facente funzione, sostituto B s. **1** recitazione f. **2** funzionamento m.
action ['ækʃ(ə)n] s. **1** azione f., atto m. **2** funzionamento m., moto m. **3** (dir.) processo m., causa f. **4** (mil.) combattimento m. ♦ **out of a.** fuori uso, fuori combattimento, fuori servizio
to activate ['æktɪveɪt] v. tr. attivare
active ['æktɪv] agg. attivo, operoso
activity [æk'tɪvɪtɪ] s. attività f.
actor ['æktə] s. attore m.
actress ['æktrɪs] s. attrice f.
actual ['æktjʊəl] agg. reale, effettivo
actually ['æktjʊəlɪ] avv. realmente, effettivamente
aculeus [ə'kjuː(ɪ)ləs] s. aculeo m.
acumen [ə'kjuːmen] s. acume f.
acupuncture ['ækjuˌpʌŋktʃə] s. agopuntura f.
acute [ə'kjuːt] agg. acuto
ad [æd] s. (abbr. di advertisement) annuncio m. pubblicitario
adamant ['ædəmənt] agg. inflessibile, irremovibile
to adapt [ə'dæpt] v. tr. adattare ♦ **to a. oneself** adattarsi
adaptable [ə'dæptəbl] agg. **1** adattabile **2** che sa adattarsi
adaptation [ˌædæp'teɪʃ(ə)n] s. adattamento m.
adapter [ə'dæptə] s. adattatore m.
to add [æd] A v. tr. **1** aggiungere **2** addizionare, sommare B v. intr. aggiungersi, aumentare ♦ **to a. in** includere; **to a. up** sommare, fare una somma; **to a. up to** ammontare a
adder ['ædə] s. vipera f.
addict ['ædɪkt] s. **1** tossicomane m. e f. **2** fanatico m., maniaco m.
addicted [ə'dɪktɪd] agg. dedito ♦ **to be a. to drugs** essere tossicodipendente
addiction [ə'dɪkʃ(ɪ)n] s. dipendenza f. ♦ **drug a.** tossicodipendenza
addictive [ə'dɪktɪv] agg. che dà assuefazione
addition [ə'dɪʃ(ə)n] s. **1** addizione f., somma f. **2** aggiunta f., supplemento m. ♦ **in a.** inoltre; **in a. to** oltre a
additional [ə'dɪʃən(ə)l] agg. addizionale, supple-mentare
additive ['ædɪtɪv] s. additivo m.
address [ə'dres] s. **1** indirizzo m., recapito m. **2** discorso m. ♦ **a. book** rubrica
to address [ə'dres] v. tr. **1** indirizzare **2** rivolgersi a, fare un discorso a
addressee [ˌædre'siː] s. destinatario m.
addresser [ə'dresə] s. mittente m.
adept [ə'dept] agg. e s. esperto m., perito m.
adequate ['ædɪkwɪt] agg. adeguato, sufficiente
to adhere [əd'hɪə] v. intr. aderire
adherent [əd'hɪərənt] A agg. aderente, attaccato B s. aderente m. e f., seguace m. e f.
adhesive [əd'hiːsɪv] agg. adesivo
adjacent [ə'dʒeɪs(ə)nt] agg. adiacente, attiguo
adjective ['ædʒɪktɪv] s. aggettivo m.
to adjoin [ə'dʒɔɪn] v. tr. confinare con
adjoining [ə'dʒɔɪnɪŋ] agg. adiacente, contiguo
to adjourn [ə'dʒɜːn] A v. tr. aggiornare, rinviare B v. intr. aggiornarsi
to adjudicate [ə'dʒuːdɪkeɪt] A v. intr. (dir.) giudicare B v. tr. aggiudicare
to adjust [ə'dʒʌst] A v. tr. **1** sistemare, aggiustare **2** regolare, adattare B v. intr. adattarsi
adjustable [ə'dʒʌstəbl] agg. adattabile, regolabile
adjustment [ə'dʒʌstmənt] s. **1** adattamento m., sistemazione f. **2** modifica f. **3** conguaglio m.
to administer [əd'mɪnɪstə] v. tr. **1** amministrare **2** somministrare
administration [ədˌmɪnɪs'treɪʃ(ə)n] s. **1** amministrazione f. **2** somministrazione f.
administrative [əd'mɪnɪstrətɪv] agg. amministrativo
administrator [əd'mɪnɪstreɪtə] s. amministratore m.
admirable ['ædm(ə)rəbl] agg. ammirevole
admiral ['ædm(ə)r(ə)l] s. ammiraglio m.
admiralty ['ædm(ə)r(ə)ltɪ] s. ammiragliato m.
admiration [ˌædmə'reɪʃ(ə)n] s. ammirazione f.
to admire [əd'maɪə] v. tr. ammirare
admirer [əd'maɪərə] s. ammiratore m.
admissible [əd'mɪsəbl] agg. ammissibile
admission [əd'mɪʃ(ə)n] s. **1** ammissione f. **2** riconoscimento m., confessione f. **3** ingresso m., entrata f. ♦ **a. fee** prezzo del biglietto d'ingresso; **a. free** ingresso gratuito
to admit [əd'mɪt] v. tr. **1** ammettere, far entrare **2** ammettere, riconoscere **3** contenere, aver posto per ♦ **to a. of** lasciare adito a
admittance [əd'mɪt(ə)ns] s. ammissione f., accesso m., ingresso m. ♦ **no a.** vietato l'ingresso
admittedly [əd'mɪtɪdlɪ] avv. per ammissione generale
to admonish [əd'mɒnɪʃ] v. tr. ammonire, esortare
ado [ə'duː] s. rumore m., confusione f.
adolescence [ˌædə'les(ə)ns] s. adolescenza f.
adolescent [ˌædə'les(ə)nt] A agg. adolescente, adolescenziale B s. adolescente m. e f.
to adopt [ə'dɒpt] v. tr. adottare
adoption [ə'dɒpʃ(ə)n] s. adozione f.
adoptive [ə'dɒptɪv] agg. adottivo
to adore [ə'dɔː] v. tr. adorare
to adorn [ə'dɔːn] v. tr. adornare, imbellire

adrift [ə'drɪft] *avv. e agg. pred.* alla deriva
adult ['ædʌlt] *agg. e s.* adulto *m.*
to adulterate [ə'dʌltəreɪt] *v. tr.* adulterare, contraffare
adultery [ə'dʌltərɪ] *s.* adulterio *m.*
advance [əd'vɑːns] *s.* **1** avanzamento *m.*, progresso *m.* **2** aumento *m.* **3** acconto *m.*, anticipo *m.* ♦ **in a.** in acconto
to advance [əd'vɑːns] **A** *v. intr.* **1** avanzare, progredire **2** (*di prezzo*) aumentare, salire **B** *v. tr.* **1** anticipare **2** far avanzare, spostare avanti **3** avanzare, presentare **4** promuovere, far progredire **5** (*prezzo*) aumentare
advanced [əd'vɑːnst] *agg.* **1** avanzato, progredito **2** (*di studio*) superiore
advantage [əd'vɑːntɪdʒ] *s.* vantaggio *m.*, profitto *m.* ♦ **to take a. of** approfittare di
advantageous [ˌædvən'teɪdʒəs] *agg.* vantaggioso
advent ['ædvənt] *s.* avvento *m.*
adventure [əd'ventʃər] *s.* avventura *f.*
adventurer [əd'ventʃ(ə)rə'] *s.* avventuriero *m.*
adventurous [əd'ventʃ(ə)rəs] *agg.* avventuroso
adverb ['ædvɜːb] *s.* avverbio *m.*
adversary ['ædvəs(ə)rɪ] *s.* avversario *m.*
adverse ['ædvɜːs] *agg.* avverso, contrario
adversity [əd'vɜːsɪtɪ] *s.* avversità *f.*
to advertise ['ædvətaɪz] **A** *v. tr.* fare pubblicità a **B** *v. intr.* fare un'inserzione pubblicitaria ♦ **to a. for** mettere un annuncio per
advertisement [əd'vɜːtɪsmənt] *s.* inserzione *f.*, annuncio *m.* pubblicitario
advertiser ['ædvətaɪzə'] *s.* inserzionista *m. e f.*
advertising ['ædvətaɪzɪŋ] *s.* pubblicità *f.*
advice [əd'vaɪs] *s.* **1** consiglio *m.* **2** consulenza *f.* **3** avviso *m.*, notizia *f.*
advisable [əd'vaɪzəbl] *agg.* consigliabile
to advise [əd'vaɪz] *v. tr.* **1** consigliare **2** avvisare, notificare
advisedly [əd'vaɪzɪdlɪ] *avv.* deliberatamente, di proposito
adviser [əd'vaɪzə'] (o **advisor**) *s.* consigliere *m.*, consulente *m. e f.*
advisory [əd'vaɪz(ə)rɪ] *agg.* consultivo
advocate ['ædvəkɪt] *s.* difensore *m.*, sostenitore *m.*
to advocate ['ædvəkeɪt] *v. tr.* sostenere, patrocinare
to aerate ['eɪ(ɪ)əreɪt] *v. tr.* aerare, ventilare
aeration [ˌeɪ(ɪ)ə'reɪʃ(ə)n] *s.* aerazione *f.*, ventilazione *f.*
aerial (1) ['eərɪəl] *agg.* aereo ♦ **a. photography** aerofotografia
aerial (2) ['eərɪəl] *s.* antenna *f.*
aerobic [eər'əʊbɪk] *agg.* aerobico
aerobics [eər'əʊbɪks] *s. pl.* (*v. al sing.*) (ginnastica) aerobica *f.*
aerodrome ['eərədrəʊm] *s.* aerodromo *m.*
aerodynamic ['eərə(ʊ)daɪ'næmɪk] *agg.* aerodinamico
aeronautic [ˌeərə'nɔːtɪk] *agg.* aeronautico
aeronautics [ˌeərə'nɔːtɪks] *s. pl.* (*v. al sing.*) aeronautica *f.*
aeroplane ['eərəpleɪn] *s.* aeroplano *m.*
aerosol ['eərə(ʊ)sɒl] *s.* aerosol *m.*

aerospace ['eərə(ʊ)speɪs] *agg.* aerospaziale
aesthetic [iːs'θetɪk] *agg.* estetico
aestheticism [iːs'θetɪsɪz(ə)m] *s.* estetismo *m.*
aesthetics [iːs'θetɪks] *s. pl.* (*v. al sing.*) estetica *f.*
afar [ə'fɑː'] *avv.* lontano ♦ **from a.** da lontano
affair [ə'feə'] *s.* **1** faccenda *f.*, affare *m.* **2** relazione *f.* amorosa
to affect (1) [ə'fekt] *v. tr.* **1** riguardare, interessare, influenzare **2** (*di malattia*) colpire **3** commuovere
to affect (2) [ə'fekt] *v. tr.* **1** fingere, simulare **2** preferire
affectation [ˌæfek'teɪʃ(ə)n] *s.* affettazione *f.*, ostentazione *f.*
affected [ə'fektɪd] *agg.* **1** commosso, afflitto **2** affettato, lezioso **3** (*med.*) affetto
affection [ə'fekʃ(ə)n] *s.* affezione *f.*
affectionate [ə'fekʃnɪt] *agg.* affezionato, affettuoso
affective [ə'fektɪv] *agg.* affettivo
affinity [ə'fɪnɪtɪ] *s.* affinità *f.*
to affirm [ə'fɜːm] *v. tr.* **1** affermare **2** (*dir.*) convalidare
affirmative [ə'fɜːmətɪv] *agg.* affermativo
affirmatory [ə'fɜːmət(ə)rɪ] *agg.* affermativo
to affix [ə'fɪks] *v. tr.* **1** affiggere, attaccare **2** apporre
to afflict [ə'flɪkt] *v. tr.* affliggere
affluence ['æfluəns] *s.* abbondanza *f.*, ricchezza *f.*
affluent ['æfluənt] *agg.* **1** ricco, opulento **2** abbondante ♦ **a. society** società del benessere
to afford [ə'fɔːd] *v. tr.* **1** permettersi **2** offrire, fornire
to afforest [æ'fɒrɪst] *v. tr.* imboschire
affront [ə'frʌnt] *s.* affronto *m.*, insulto *m.*
afield [ə'fiːld] *avv.* far a. lontano
afloat [ə'fləʊt] *avv.* **1** a galla **2** in mare
afoot [ə'fʊt] *avv.* **1** (*mil.*) in marcia **2** in atto
aforesaid [ə'fɔːsed] *agg.* predetto, suddetto
afraid [ə'freɪd] *agg. pred.* spaventato, pauroso ♦ **to be a.** temere, dispiacersi; **to be a. of st.** temere q.c.
afresh [ə'freʃ] *avv.* di nuovo, da capo
African ['æfrɪkən] *agg. e s.* africano *m.*
aft [ɑːft] *avv.* a poppa
after ['ɑːftə'] **A** *agg.* **1** posteriore, successivo **2** di poppa **B** *prep.* **1** dopo **2** dietro, di seguito a **3** secondo, alla maniera di **C** *avv.* **1** dopo, in seguito, successivamente **2** dietro **D** *cong.* dopo che ♦ **a. all** dopotutto; **a. lunch** dopo pranzo; **ever a.** da allora in poi; **never a.** mai più; **the day a.** il giorno dopo
aftereffect ['ɑːftərɪˌfekt] *s.* effetto *m.* collaterale
aftermath ['ɑːftəmæθ] *s.* **1** conseguenza *f.* **2** (*med.*) postumi *m. pl.*
afternoon [ɑːftə'nuːn] *s.* pomeriggio *m.*
afters ['ɑːftəs] *s. pl.* (*fam.*) dessert *m. inv.*
aftershave ['ɑːftəʃeɪv] *s.* dopobarba *m. inv.*
afterthought ['ɑːftəθɔːt] *s.* ripensamento *m.*
afterwards ['ɑːftəwədz] *avv.* dopo, più tardi, successivamente
again [ə'gen] *avv.* **1** ancora, nuovamente **2** inoltre, d'altra parte ♦ **a. and a.** ripetutamente; **as much a.** altrettanto; **never a.** mai più; **over a.** ancora una volta
against [ə'genst] *prep.* **1** contro **2** in senso contrario **3** su, a contatto con **4** in previsione di ♦ **as a.** di

fronte a, a paragone di; **over a.** in contrasto con; **to be a.** osteggiare

agave [ə'geɪvɪ] s. agave f.

age [eɪdʒ] s. 1 età f. 2 epoca f., era f. ♦ **middle a.** mezz'età; **the Middle Ages** il Medioevo; **to be of a.** essere maggiorenne; **to come of a.** diventare maggiorenne

to age [eɪdʒ] v. tr. e intr. invecchiare

aged ['eɪdʒɪd] agg. 1 anziano 2 dell'età di 3 stagionato

ageing ['eɪdʒɪŋ] s. 1 invecchiamento m. 2 stagionatura f.

agency ['eɪdʒ(ə)nsɪ] s. 1 agenzia f., ente m. 2 (comm.) rappresentanza f. 3 azione f., agente m., impulso m.

agenda [ə'dʒendə] s. agenda f.

agent ['eɪdʒ(ə)nt] s. 1 agente m. 2 concessionario m., rappresentante

agglomerate [ə'glɒmərɪt] s. agglomerato m.

to aggravate ['ægrəveɪt] v. tr. aggravare

aggregate ['ægrɪgɪt] agg. e s. aggregato m.

aggressive [ə'gresɪv] agg. aggressivo

aggressiveness [ə'gresɪvnɪs] s. aggressività f.

aggressor [ə'gresə'] s. aggressore m.

aggrieved [ə'griːvd] agg. addolorato, offeso

aghast [ə'gɑːst] agg. pred. 1 inorridito 2 stupefatto

agile ['ædʒaɪl] agg. agile

agility [ə'dʒɪlɪtɪ] s. agilità f., scioltezza f.

to agitate ['ædʒɪteɪt] A v. tr. 1 agitare, scuotere 2 turbare B v. intr. agitarsi

agitation [ædʒɪ'teɪʃ(ə)n] s. agitazione f.

agnostic [æg'nɒstɪk] agg. agnostico

ago [ə'gəʊ] avv. fa, in passato, or sono ♦ **long a.** molto tempo fa

agog [ə'gɒg] agg. pred. impaziente, eccitato

agonistic(al) [ægə'nɪstɪk((ə)l)] agg. agonistico

agonizing ['ægənaɪzɪŋ] agg. angoscioso, straziante

agony ['ægənɪ] s. 1 agonia f. 2 tormento m., supplizio m., angoscia f.

agrarian [ə'greərɪən] agg. agrario, agricolo

to agree [ə'griː] A v. tr. accettare, ammettere B v. intr. 1 convenire, essere d'accordo 2 acconsentire 3 andare d'accordo 4 (gramm.) concordare 5 confarsi, andare bene per

agreeable [ə'grɪəbl] agg. 1 gradevole, simpatico 2 consenziente, ben disposto

agreed [ə'griː(ɪ)d] agg. convenuto, pattuito

agreement [ə'griːmənt] s. 1 accordo m., patto m. 2 contratto m. 3 (gramm.) concordanza f.

agricultural [ægrɪ'kʌltʃʊr(ə)l] agg. agricolo

agriculture ['ægrɪkʌltʃə'] s. agricoltura f.

agronomics [ægrə'nɒmɪks] s. pl. (v. al sing.) agronomia f.

aground [ə'graʊnd] agg. pred. arenato, in secco

ahead [ə'hed] A avv. 1 davanti, avanti 2 in anticipo B agg. pred. in vantaggio

aid [eɪd] s. 1 aiuto m., soccorso m. 2 assistenza f., sovvenzione f. ♦ **first a.** pronto soccorso

to aid [eɪd] v. tr. aiutare, assistere ♦ **to a. and abet sb.** essere complice di q.

aide [eɪd] s. aiutante m. di campo

aileron ['eɪlərɒn] s. alettone m.

ailing ['eɪlɪŋ] agg. malaticcio, sofferente

ailment ['eɪlmənt] s. malattia f., indisposizione f.

aim [eɪm] s. 1 mira f. 2 scopo m., finalità f.

to aim [eɪm] A v. tr. 1 puntare 2 indirizzare B v. intr. 1 puntare, mirare 2 aspirare a, tendere a ♦ **to a. at st.** mirare a q.c., aspirare a q.c.

aimless ['eɪmlɪs] agg. senza scopo

air [eə'] s. aria f. ♦ **a. conditioned** aria condizionata; **by a. per via aerea; on the a.** in onda

to air [eə'] v. tr. 1 arieggiare, ventilare 2 rendere noto, diffondere

airborne ['eəbɔːn] agg. aerotrasportato

aircraft ['eəkrɑːft] s. velivolo m. ♦ **a.-carrier** portaerei

airfield ['eəfiːld] s. campo m. di aviazione

airforce ['eəfɔːs] s. aeronautica f. militare

airlift ['eəlɪft] s. ponte m. aereo

airline ['eəlaɪn] s. linea f. aerea

airliner ['eəlaɪnə'] s. aereo m. di linea

airmail ['eəmeɪl] s. posta f. aerea

airplane ['eəpleɪn] s. aereo m., aeroplano m.

airport ['eəpɔːt] s. aeroporto m.

airsickness ['eəsɪknɪs] s. mal m. d'aria

airspace ['eəspeɪs] s. spazio m. aereo

airtight ['eətaɪt] agg. ermetico

airway ['eəweɪ] s. 1 aerovia f. 2 compagnia f. aerea

airy ['eərɪ] agg. 1 arioso, ventilato 2 gaio, lieve 3 superficiale, noncurante

aisle [aɪl] s. 1 navata f. 2 passaggio m., corridoio m.

ajar [ə'dʒɑː'] agg. pred. socchiuso

akin [ə'kɪn] agg. consanguineo, affine

alabaster ['æləbɑːstə'] s. alabastro m.

alacrity [ə'lækrɪtɪ] s. alacrità f.

alarm [ə'lɑːm] s. allarme m. ♦ **a. clock** sveglia

alarming [ə'lɑːmɪŋ] agg. allarmante, inquietante

alarmism [ə'lɑːmɪzm] s. allarmismo m.

alas [ə'lɑːs] inter. ahimè

albeit [ɔːl'biːɪt] cong. sebbene

album ['ælbəm] s. album m. inv.

albumen ['ælbjumɪn] s. albume m.

alcohol ['ælkəhɒl] s. alcol m.

alcoholic [ælkə'hɒlɪk] agg. 1 alcolico 2 alcolizzato

alcoholism ['ælkəhɒlɪz(ə)m] s. alcolismo m.

ale [eɪl] s. birra f.

alert [ə'lɜːt] A agg. vigile, attento B s. allarme m.

to alert [ə'lɜːt] v. tr. mettere in guardia, avvertire

Alexandrian [ælɪg'zɑːndrɪən] agg. alessandrino

alga ['ælgə] (pl. **algae**) s. alga f.

algebra ['ældʒɪbrə] s. algebra f.

alias ['eɪlɪəs] A s. pseudonimo f. B avv. alias, altrimenti detto

alibi ['ælɪbaɪ] s. alibi m. inv.

alien ['eɪlɪən] A agg. 1 straniero 2 alieno B s. 1 straniero m. 2 alieno m., extraterrestre m. e f.

to alienate ['eɪljəneɪt] v. tr. alienare

alienation [eɪljə'neɪʃ(ə)n] s. alienazione f.

alight [ə'laɪt] agg. pred. acceso

to alight [ə'laɪt] v. intr. scendere, smontare ♦ **to a. on** posarsi su

to align [ə'laɪn] v. tr. e intr. allineare, allinearsi

alike [ə'laɪk] A agg. pred. simile B avv. ugualmente, pa-

rimenti
alimentary [ˌælɪ'mentərɪ] *agg.* alimentare
alimony ['ælɪmənɪ] *s.* (*dir.*) alimenti *m. pl.*
alive [ə'laɪv] *agg. pred.* **1** vivo, in vita **2** attivo, vivace **3** attuale ♦ **any man a.** chiunque; **to be a.** to essere consapevole di; **to be a. with** essere pieno di, brulicare di
all [ɔːl] **A** *agg.* **1** tutto, intero **2** ogni **3** totale, completo **B** *pron.* **1** tutto, ogni cosa **2** *pl.* tutti **C** *avv.* del tutto, completamente **D** *s.* il tutto *m.* ♦ **above a.** soprattutto; **after a.** dopotutto; **a. but** pressoché; **a. clear** cessato allarme; **a. day** tutto il giorno; **a.-in** tutto compreso; **a. of us** tutti noi; **a. right** bene, va bene; **a. the better/more** tanto meglio/più; **a. up** senza speranza; **most of a.** soprattutto; **not at a.** niente affatto, non c'è di che
to allay [ə'leɪ] *v. tr.* diminuire, alleviare
allegation [ˌælə'geɪʃ(ə)n] *s.* asserzione *f.*
to allege [ə'ledʒ] *v. tr.* asserire, dichiarare
alleged [ə'ledʒd] *agg.* presunto
allegiance [ə'liːdʒ(ə)ns] *s.* fedeltà *f.*, devozione *f.*
allegory ['ælɪgərɪ] *s.* allegoria *f.*
allergic [ə'lɜːdʒɪk] *agg.* allergico
allergy ['ælədʒɪ] *s.* allergia *f.*
to alleviate [ə'liːvɪeɪt] *v. tr.* alleviare, lenire, attenuare
alley ['ælɪ] *s.* vicolo *m.*
alliance [ə'laɪəns] *s.* alleanza *f.*
allied ['ælaɪd] *agg.* **1** alleato **2** connesso, affine
alligator ['ælɪgeɪtə'] *s.* alligatore *m.*
to allocate ['æləkeɪt] *v. tr.* distribuire, assegnare
to allot [ə'lɒt] *v. tr.* assegnare
allotment [ə'lɒtmənt] *s.* **1** assegnazione *f.* **2** porzione *f.* assegnata
all-out ['ɔːlaut] *agg.* (*fam.*) completo, totale
to allow [ə'lau] *v. tr.* **1** permettere **2** ammettere **3** concedere, accordare ♦ **to a. sb. to do st.** permettere a qc. di fare q.c.; **to a. for** tener conto di; **to be allowed** avere il permesso
allowance [ə'lauəns] *s.* **1** indennità *f.*, assegno *m.* **2** concessione *f.* **3** sconto *m.*, detrazione *f.* **4** razione *f.* ♦ **to make allowances for st.** tenere conto di
alloy ['ælɔɪ] *s.* (*metall.*) lega *f.*
all-purpose [ɔːl'pɜːpəs] *agg.* per tutti gli usi
all-round ['ɔːlraund] *agg.* completo, globale
all-time ['ɔːltaɪm] *agg.* massimo, assoluto
to allude [ə'luːd] *v. intr.* alludere
all-up [ɔːl'ʌp] *agg. pred.* senza scampo, senza speranza
to allure [ə'ljuə'] *v. tr.* attrarre, affascinare
allurement [ə'ljuəmənt] *s.* allettamento *m.*
allusion [ə'luːʒ(ə)n] *s.* allusione *f.*
alluvial [ə'luːvjəl] *agg.* alluvionale
alluvion [ə'luːvjən] *s.* alluvione *f.*
ally [ə'laɪ] *s.* alleato *m.*
almanac ['ɔːlmənæk] *s.* almanacco *f.*
almighty [ɔːl'maɪtɪ] *agg.* onnipotente
almond ['ɑːmənd] *s.* mandorla *f.*
almost ['ɔːlməust] *avv.* pressoché, quasi
alms [ɑːmz] *s. pl.* carità *f.*, elemosina *f.* ♦ **to give a.** fare l'elemosina
aloft [ə'lɒft] *agg. pred. e avv.* in alto

alone [ə'ləun] *agg. e avv.* **1** solo, da solo **2** soltanto ♦ **let a.** per non parlare di; **to leave a.** lasciare in pace
along [ə'lɒŋ] **A** *prep.* lungo, per **B** *avv.* **1** avanti, in avanti **2** insieme ♦ **a. all a.** per tutto il tempo, fin dall'inizio; **a. with** insieme con
alongside [əˌlɒŋ'saɪd] **A** *avv.* accanto **B** *prep.* **1** di fianco a, lungo **2** a fianco di, insieme a
aloof [ə'luːf] **A** *agg.* appartato, distaccato **B** *avv.* in disparte, a distanza, alla larga
aloud [ə'laud] *avv.* ad alta voce
alphabet ['ælfəbet] *s.* alfabeto *m.*
alpine ['ælpaɪn] *agg.* alpino
alpinism ['ælpɪnɪzəm] *s.* alpinismo *m.*
alpinist ['ælpɪnɪst] *s.* alpinista *m. e f.*
already [ɔːl'redɪ] *avv.* già
also ['ɔːlsəu] *avv.* anche, inoltre
altar ['ɔːltə'] *s.* altare *m.* ♦ **a.-piece** pala d'altare
to alter ['ɔːltə'] **A** *v. tr.* alterare, cambiare, modificare **B** *v. intr.* cambiare, modificarsi
alteration [ˌɔːltə'reɪʃ(ə)n] *s.* alterazione *f.*, cambiamento *m.*, modifica *f.*
altercation [ˌɔːltə'keɪʃ(ə)n] *s.* alterco *m.*, diverbio *m.*
alternate ['ɔːltənɪt] *agg.* **1** alterno, alternato **2** alternativo, sostitutivo
to alternate ['ɔːltəneɪt] *v. tr. e intr.* alternare, alternarsi ♦ **alternating current** corrente alternata
alternation [ˌɔːltə'neɪʃ(ə)n] *s.* alternanza *f.*
alternative [ɔːl'tɜːnətɪv] **A** *agg.* alternativo **B** *s.* alternativa *f.*
alternator ['ɔːltəneɪtə'] *s.* alternatore *m.*
although [ɔːl'ðəu] *cong.* benché, sebbene, nonostante
altitude ['æltɪtjuːd] *s.* altitudine *f.*
alto ['æltəu] *s.* (*mus.*) contralto *m.*
altogether [ˌɔːltə'geðə'] *avv.* **1** del tutto, completamente **2** tutto considerato, nell'insieme
alto-rilievo [ˌæltəurɪlɪ'ervəu] *s.* altorilievo *m.*
altruism ['æltruːz(ə)m] *s.* altruismo *m.*
aluminium [ˌæljuː'mɪnjəm] (*USA* **aluminum**) *s.* alluminio *m.*
always ['ɔːlwəz] *avv.* sempre
to amalgamate [ə'mælgəmeɪt] *v. tr. e intr.* amalgamare, amalgamarsi
to amass [ə'mæs] *v. tr.* ammassare, accumulare
amateur ['æmətɜː'] *agg.* dilettante
amateurish [ˌæmə'tɜːrɪʃ] *agg.* dilettantesco
to amaze [ə'meɪz] *v. tr.* meravigliare, sorprendere ♦ **to be amazed at st.** stupirsi di q.c.
amazement [ə'meɪzmənt] *s.* meraviglia *f.*, stupore *m.*
amazing [ə'meɪzɪŋ] *agg.* sorprendente, sbalorditivo
ambassador [æm'bæsədə'] *s.* ambasciatore *m.*
amber ['æmbə'] *s.* ambra *f.*
ambergris ['æmbəgrɪ(ː)s] *s.* ambra *f.* grigia
ambience ['æmbjəns] *s.* ambiente *m.*, atmosfera *f.*
ambiguity [ˌæmbɪ'gjuːtɪ] *s.* ambiguità *f.*
ambiguous [æm'bɪgjuəs] *agg.* ambiguo
ambition [æm'bɪʃ(ə)n] *s.* ambizione *f.*
ambitious [æm'bɪʃəs] *agg.* ambizioso
amble ['æmbl] *s.* ambio *m.*
to amble ['æmbl] *v. intr.* **1** andare all'ambio **2** camminare lentamente

ambulance ['æmbjʊləns] *s.* ambulanza *f.*

ambulatory ['æmbjʊlətərɪ] **A** *agg.* ambulatorio **B** *s.* (*arch.*) ambulacro *m.*

ambush ['æmbʊʃ] *s.* imboscata *f.*

to ambush ['æmbʊʃ] *v. tr.* tendere un'imboscata a

amenable [ə'miːnəbl] *agg.* **1** responsabile **2** soggetto a **3** riferibile, riconducibile

to amend [ə'mend] *v. tr.* emendare, correggere

amends [ə'mendz] *s. pl.* ammenda *f.*

amenity [ə'miːnɪtɪ] *s.* **1** amenità *f.* **2** *al pl.* attrattive *f. pl.*

American [ə'merɪkən] *agg. e s.* americano *m.*

Amerind ['æmərɪnd] *agg. e s.* amerindio *m.*

amethyst ['æmɪθɪst] *s.* ametista *f.*

amiable ['eɪmjəbl] *agg.* affabile, simpatico

amiantus [æmɪ'æntəs] *s.* amianto *m.*

amicable ['æmɪkəbl] *agg.* amichevole

amid(st) [ə'mɪd(st)] *prep.* fra, tra, nel mezzo di

amiss [ə'mɪs] **A** *agg.* **1** sbagliato **2** fuori luogo, inopportuno **B** *avv.* **1** male, erroneamente **2** inopportunamente ♦ **to take it a.** aversene a male

ammonia [ə'məʊnjə] *s.* ammoniaca *f.*

ammunition [æmjʊ'nɪʃ(ə)n] *s.* **1** (*mil.*) munizioni *f. pl.* **2** (*fig.*) materiale *m.*

amnesia [æm'niːzjə] *s.* amnesia *f.*

amnesty ['æmnestɪ] *s.* amnistia *f.*

among(st) [ə'mʌŋ(st)] *prep.* **1** fra, tra, in mezzo a **2** rispetto a

amoral [æ'mɒrəl] *agg.* amorale

amorous ['æmərəs] *agg.* amoroso

amortization [əmɔːtɪ'zeɪʃ(ə)n] *s.* ammortamento *m.*

to amortize [ə'mɔːtaɪz] *v. tr.* ammortizzare

amount [ə'maʊnt] *s.* **1** ammontare *m.*, importo *m.* **2** quantità *f.*

to amount [ə'maʊnt] *v. intr.* **1** ammontare **2** equivalere

ampersand ['æmpəsænd] *s.* 'e' *f.* commerciale (&)

amphetamine [æm'fetəmiːn] *s.* anfetamina *f.*

amphibian [æm'fɪbɪən] *agg.* anfibio

amphitheatre ['æmfɪθɪətə'] *s.* anfiteatro *m.*

amphora ['æmfərə] *s.* anfora *f.*

ample ['æmpl] *agg.* **1** ampio, spazioso **2** sufficiente, bastevole

amplifier ['æmplɪfaɪə'] *s.* amplificatore *m.*

to amplify ['æmplɪfaɪ] *v. tr.* **1** aumentare, allargare **2** amplificare

to amputate ['æmpjʊteɪt] *v. tr.* amputare

amulet ['æmjʊlɪt] *s.* amuleto *m.*

to amuse [ə'mjuːz] *v. tr.* divertire

amusement [ə'mjuːzmənt] *s.* divertimento *m.*, svago *m.* ♦ **a. arcade** sala giochi; **a. park** lunapark

amusing [ə'mjuːzɪŋ] *agg.* divertente

an [æn, ən] *art. indeterm.* → **a**

anachronism [ə'nækrənɪz(ə)m] *s.* anacronismo *m.*

anachronistic [ənækrə'nɪstɪk] *agg.* anacronistico

an(a)emia [ə'niːmjə] *s.* anemia *f.*

an(a)emic [ə'niːmɪk] *agg.* anemico

an(a)esthesia [ænɪs'θiːzjə] *s.* anestesia *f.*

an(a)esthetic [ænɪs'θetɪk] *agg. e s.* anestetico *m.*

to an(a)esthetize [æ'niːsθɪtaɪz] *v. tr.* anestetizzare

anagram ['ænəgræm] *s.* anagramma *m.*

analgesic [ænæl'dʒiːsɪk] *agg. e s.* analgesico *m.*, anti-

dolorifico *m.*

analogous [ə'næləgəs] *agg.* analogo

analog(ue) ['ænəlæg] *agg.* analogico

analogy [ə'nælədʒɪ] *s.* analogia *f.*

to analyse ['ænəlaɪz] (*USA* **analyze**) *v. tr.* **1** analizzare **2** (*USA*) psicoanalizzare

analysis [ə'nælɪsɪs] (*pl.* **analyses**) *s.* analisi *f.*

analyst ['ænəlɪst] *s.* analista *m. e f.*

anarchism ['ænəkɪz(ə)m] *s.* anarchia *f.*

anarchist ['ænəkɪst] *s.* anarchico *m.*

anarchy ['ænəkɪ] *s.* anarchia *f.*

anathema [ə'næθɪmə] *s.* **1** anatema *m.* **2** cosa *f.* detestabile

anatomy [ə'nætəmɪ] *s.* anatomia *f.*

ancestor ['ænsɪstə'] *s.* antenato *m.*

ancestry ['ænsɪstrɪ] *s.* ascendenza *f.*, schiatta *f.*

anchor ['æŋkə'] *s.* ancora *f.* ♦ **to drop a.** ancorare, gettare l'ancora; **to weigh a.** salpare, levare l'ancora

to anchor ['æŋkə'] *v. tr. e intr.* ancorare, ancorarsi

anchorage ['æŋkərɪdʒ] *s.* ancoraggio *m.*

anchovy ['æntʃəʊvɪ] *s.* acciuga *f.*

ancient ['eɪnʃ(ə)nt] *agg.* antico ♦ **in a. times** anticamente

ancillary [æn'sɪlərɪ] *agg.* ausiliario, accessorio

and [ænd, ən(d)] *cong.* **1** e, ed **2** (*tra due comp.*) sempre più (ES: **farther a. farther** sempre più lontano) **3** (*tra due v.*) a, di (ES: **try a. come next Friday** cerca di venire venerdì) ♦ **a. so on** eccetera; **a. yet** eppure

anecdote ['ænɪkdəʊt] *s.* aneddoto *m.*

anemometer [ænɪ'mɒmɪtə'] *s.* anemometro *m.*

aneurism ['ænjʊ(ə)rɪz(ə)m] *s.* aneurisma *m.*

anew [ə'njuː] *avv.* di nuovo ♦ **to begin a.** ricominciare

angel ['eɪn(d)ʒ(ə)l] *s.* angelo *m.*

anger ['æŋgə'] *s.* collera *f.*, rabbia *f.*

angina [æn'dʒaɪnə] *s.* angina *f.*

angle ['æŋgl] *s.* angolo *m.*

Anglican ['æŋglɪkən] *agg.* anglicano

anglicism ['æŋglɪsɪz(ə)m] *s.* anglicismo *m.*, inglesismo *m.*

angling ['æŋglɪŋ] *s.* pesca *f.* con la lenza

Anglo-Saxon [æŋgləʊ(ʊ)'sæks(ə)n] *agg. e s.* anglosassone *m. e f.*

angora [æŋ'gɔːrə] *s.* angora *f.*

angry ['æŋgrɪ] *agg.* arrabbiato, rabbioso ♦ **to be a. with sb., at st.** essere arrabbiato con qc., per q.c.; **to get a.** arrabbiarsi; **to make sb. a.** far arrabbiare qc.

anguish ['æŋgwɪʃ] *s.* angoscia *f.*

angular ['æŋgjʊlə'] *agg.* angolare

animal ['ænɪm(ə)l] *agg. e s.* animale *m.*

animate ['ænɪmɪt] *agg.* animato

animated ['ænɪmeɪtɪd] *agg.* animato, movimentato

animator ['ænɪmeɪtə'] *s.* animatore *m.*

anise ['ænɪs] *s.* anice *m.*

aniseed ['ænɪsiːd] *s.* semi *m. pl.* di anice

ankle ['æŋkl] *s.* caviglia *f.*

to annex ['ænɛks] *v. tr.* **1** allegare **2** annettere

to annihilate [ə'naɪəleɪt] *v. tr.* annientare, annichilire

anniversary [͵ænɪ'vɜːs(ə)rɪ] *s.* anniversario *m.*

annotation [͵ænə(ʊ)'teɪʃ(ə)n] *s.* annotazione *f.*, nota *f.*

to announce [ə'naʊns] *v. tr.* annunciare

announcement [ə'naʊnsmənt] *s.* avviso *m.*, annuncio *m.*

announcer [ə'naʊnsə*r*] *s.* annunciatore *m.*, presentatore *m.*

to annoy [ə'nɔɪ] *v. tr.* importunare, infastidire

annoyance [ə'nɔɪəns] *s.* seccatura *f.*, fastidio *m.*

annoyed [ə'nɔɪd] *agg.* infastidito ♦ **to get a.** infastidirsi, irritarsi

annoying [ə'nɔɪɪŋ] *agg.* fastidioso, molesto, seccante

annual ['ænjʊəl] **A** *agg.* annuale **B** *s.* **1** pianta *f.* annuale **2** annuario *m.*

annually ['ænjʊəlɪ] *avv.* annualmente

annuity [ə'njuːɪtɪ] *s.* annualità *f.*, rendita *f.* annua ♦ **life a.** vitalizio

to annul [ə'nʌl] *v. tr.* annullare

annulment [ə'nʌlmənt] *s.* annullamento *m.*

anomalous [ə'nɒmələs] *agg.* anomalo

anonymous [ə'nɒnɪməs] *agg.* anonimo

anorak ['ænəræk] *s.* giacca *f.* a vento

anorexia [͵ænə(ʊ)'reksɪə] *s.* anoressia *f.*

another [ə'nʌðə*r*] **A** *agg.* **1** un altro, uno in più **2** diverso, differente **3** un altro simile, un secondo **B** *pron. indef.* **1** un altro, uno in più **2** un altro, differente ♦ **one a.** l'un l'altro, reciprocamente

answer ['ɑːnsə*r*] *s.* risposta *f.*, responso *m.*

to answer ['ɑːnsə*r*] *v. tr. e intr.* rispondere (a) ♦ **to a. back** controbattere; **to a.** for essere responsabile di; **to a. the telephone** rispondere al telefono; **answering machine** segreteria telefonica

answerable ['ɑːns(ə)rəbl] *agg. pred.* responsabile

ant [ænt] *s.* formica *f.*

antagonism [æn'tægənɪz(ə)m] *s.* antagonismo *m.*

antagonist [æn'tægənɪst] *s.* antagonista *m. e f.*, avversario *m.*

antagonistic [æn͵tægə'nɪstɪk] *agg.* antagonistico

to antagonize [æn'tægənaɪz] *v. tr.* contrapporsi a, inimicarsi

Antarctic [ænt'ɑːktɪk] *agg.* antartico

antecedent [͵æntɪ'siːd(ə)nt] *agg.* antecedente

antechamber ['æntɪ͵tʃembə*r*] *s.* anticamera *f.*

antelope ['æntɪləʊp] *s.* antilope *f.*

antenatal [͵æntɪ'neɪtl] *agg.* prenatale

anteroom ['æntɪrʊm] *s.* anticamera *f.*

anthem ['ænθəm] *s.* inno *m.*

anthology [æn'θɒlədʒɪ] *s.* antologia *f.*

anthropological [͵ænθrəpə'lɒdʒɪk(ə)l] *agg.* antropologico

anthropologist [͵ænθrə'pɒlədʒɪst] *s.* antropologo *m.*

anthropology [͵ænθrə'pɒlədʒɪ] *s.* antropologia *f.*

anthropomorphous [͵ænθrəpə'mɔːfəs] *agg.* antropomorfo

antiallergic [͵æntɪə'lɜːdʒɪk] *agg. e s.* antiallergico *m.*

antibiotic [͵æntɪbaɪ'ɒtɪk] *agg. e s.* antibiotico *m.*

antibody ['æntɪ͵bɒdɪ] *s.* anticorpo *m.*

to anticipate [æn'tɪsɪpeɪt] *v. tr.* **1** anticipare **2** prevedere, pregustare **3** prevenire, precedere

anticipation [æn͵tɪsɪ'peɪʃ(ə)n] *s.* anticipo *m.*

anticlerical [͵æntɪ'klerɪkl] *agg.* anticlericale

anticlockwise [͵æntɪ'klɒkwaɪz] *agg. e avv.* in senso antiorario

anticonstitutional [͵æntɪ͵kɒnstɪ'tjuːʃən(ə)l] *agg.* anticostituzionale

antics ['æntɪks] *s. pl.* buffonate *f. pl.*

anticyclone [͵æntɪ'saɪkləʊn] *s.* anticiclone *m.*

antidepressant [͵æntɪdɪ'pres(ə)nt] *agg. e s.* antidepressivo *m.*

antifreeze [͵æntɪ'friːz] *s.* antigelo *m.*

antifreezing [͵æntɪ'friːzɪŋ] *agg.* anticongelante

antihistamine [͵æntɪ'hɪstəmiːn] *agg. e s.* antistaminico *m.*

antineuralgic [͵æntɪnjʊ'rældʒɪk] *agg e s.* antinevralgico *m.*

antiquarian [͵æntɪ'kweərɪən] *s.* antiquario *m.*

antiquated ['æntɪkweɪtɪd] *agg.* antiquato

antique [æn'tiːk] **A** *agg.* antico **B** *s.* antichità *f.* ♦ **a. trade** antiquariato

antiquity [æn'tɪkwɪtɪ] *s.* antichità *f.*

antirabic [͵æntɪ'ræbɪk] *agg.* antirabbico

antirheumatic [͵æntɪruː'mætɪk] *agg. e s.* antireumatico *m.*

antirust [͵æntɪ'rʌst] *agg.* antiruggine

anti-Semitism [͵æntɪ'semɪtɪz(ə)m] *s.* antisemitismo *m.*

antiseptic [͵æntɪ'septɪk] *agg.* antisettico

antisocial [͵æntɪ'səʊʃ(ə)l] *agg.* antisociale

antonomasia [͵æntənəʊ'meɪʃɪə] *s.* antonomasia *f.*

anus ['eɪnəs] *s.* ano *m.*

anvil ['ænvɪl] *s.* incudine *f.*

anxiety [æŋ'zaɪətɪ] *s.* ansia *f.*

anxious ['æŋ(k)ʃəs] *agg.* ansioso

any ['enɪ] **A** *agg.* **1** (*in frasi neg., interr., dubit. e condiz.*) alcuno, alcuna, alcuni, alcune, del, della, dei, delle, un po' di (ES: **have you got a. cigarettes?** hai delle sigarette?) **2** (*in frasi afferm.*) qualsiasi, qualunque (ES: **come at a. time** vieni in qualunque momento) **B** *pron. indef.* **1** (*in frasi neg., interr., dubit. e condiz.*) alcuno, qualcuno, nessuno, ne (ES: **I haven't a.** non ne ho) **2** (*in frasi afferm.*) chiunque, uno, una, qualunque (ES: **take a. of these books** prendi uno qualsiasi di questi libri) **C** *avv.* un po', in qualche misura (ES: **is he a. better today?** sta un po' meglio oggi?)

anybody ['enɪ͵bɒdɪ] *pron. indef.* **1** (*in frasi neg., interr., dubit. e condiz.*) qualcuno, taluno, nessuno (ES: **is a. coming with me?** c'è qualcuno che viene con me?) **2** (*in frasi afferm.*) chiunque (ES: **a. can understand that** chiunque può capirlo)

anyhow ['enɪhaʊ] *avv.* **1** comunque, non importa come **2** in ogni caso, a ogni modo

anyone ['enɪwʌn] *pron. indef.* → **anybody**

anything ['enɪθɪŋ] *pron. indef.* **1** (*in frasi neg., interr., dubit. e condiz.*) qualche cosa, alcuna cosa, niente (ES: **can you hear a.?** senti niente?) **2** (*in frasi afferm.*) qualunque cosa, qualsiasi cosa (ES: **a. is better than nothing** qualunque cosa è meglio di niente)

anytime ['enɪtaɪm] *avv.* in qualsiasi momento

anyway ['enɪweɪ] *avv.* → **anyhow**

anywhere ['enɪweə*r*] *avv.* **1** (*in frasi neg., interr., dubit. e condiz.*) in qualche luogo, da qualche parte, in nessun luogo, da nessuna parte (ES: **are you going a.?** stai andando da qualche parte?) **2** (*in frasi afferm.*) dovunque, in qualsiasi luogo (ES: **you can stay a.** puoi stare ovunque)

apart [ə'pɑːt] *avv.* **1** a parte, a una certa distanza **2** separatamente ♦ **a. from** oltre a; **to take a machine a.** smontare una macchina; **to tell a.** distinguere

apartment [ə'pɑːtmənt] *s.* appartamento *m.*, camera *f.* ♦ **a. building** condominio

apathetic [ˌæpə'θetɪk] *agg.* apatico

ape [eɪp] *s.* scimmia *f.*

aperitif [ɑ(ː)pɒrɪ(ː)'tiːf] *s.* aperitivo *m.*

aperture ['æpətjuər] *s.* apertura *f.*

apex ['eɪpɛks] *s.* apice *m.*

aphorism ['æfərɪz(ə)m] *s.* aforisma *m.*

aphrodisiac [ˌæfrə(ʊ)'dɪzɪæk] *agg. e s.* afrodisiaco *m.*

apiculture ['eɪpɪkʌltʃər] *s.* apicoltura *f.*

apiece [ə'piːs] *avv.* a testa, per ciascuno

apnea [æp'niːə] *s.* apnea *f.*

apocryphal [ə'pɒkrɪf(ə)l] *agg.* apocrifo

apologetic [ˌəpɒlə'dʒetɪk] *agg.* di scusa

to apologize [ə'pɒlədʒaɪz] *v. intr.* scusarsi, chiedere scusa

apology [ə'pɒlədʒɪ] *s.* scusa *f.* ♦ **to make an a.** fare le proprie scuse

apostle [ə'pɒsl] *s.* apostolo *m.*

apostrophe [ə'pɒstrəfɪ] *s.* apostrofo *m.*

to appal [ə'pɔːl] *v. tr.* atterrire, spaventare

appalling [ə'pɔːlɪŋ] *agg.* orrendo, terribile

apparatus [ˌæpə'reɪtəs] *s.* apparato *m.*

apparel [ə'pær(ə)l] *s.* **1** paramenti *m. pl.* **2** (*USA*) abbigliamento *m.*, vestiti *m. pl.*

apparent [ə'pær(ə)nt] *agg.* **1** evidente, manifesto **2** apparente

apparently [ə'pær(ə)ntlɪ] *avv.* **1** evidentemente, ovviamente **2** apparentemente

apparition [ˌæpə'rɪʃ(ə)n] *s.* apparizione *f.*

appeal [ə'piːl] *s.* **1** appello *m.*, supplica *f.* **2** attrattiva *f.*

to appeal [ə'piːl] *v. intr.* **1** fare appello **2** attrarre, piacere

to appear [ə'pɪər] *v. intr.* **1** apparire, sembrare **2** (*dir.*) comparire, presentarsi (in giudizio) **3** apparire, mostrarsi

appearance [ə'pɪər(ə)ns] *s.* **1** apparizione *f.*, comparsa *f.* **2** parvenza *f.*, aspetto *m.*

to appease [ə'piːz] *v. tr.* calmare, placare

to append [ə'pend] *v. tr.* **1** apporre **2** aggiungere, allegare, attaccare

appendicitis [ˌəpendɪ'saɪtɪs] *s.* appendicite *f.*

appendix [ə'pendɪks] (*pl.* **appendices, appendixes**) *s.* appendice *f.*

appetite ['æpɪtaɪt] *s.* appetito *m.*

appetizer ['æpɪtaɪzər] *s.* antipasto *m.*

appetizing ['æpɪtaɪzɪŋ] *agg.* appetitoso

to applaud [ə'plɔːd] *v. tr. e intr.* applaudire

applause [ə'plɔːz] *s.* applauso *m.*

apple ['æpl] *s.* mela *f.* ♦ **a.-pie** torta di mele

appliance [ə'plaɪəns] *s.* apparecchio *m.*, strumento *m.* ♦ **household a.** elettrodomestico

applicant ['æplɪkənt] *s.* candidato *m.*

application [ˌæplɪ'keɪʃ(ə)n] *s.* **1** applicazione *f.* **2** richiesta *f.*, istanza *f.* ♦ **a. form** modulo di domanda

applied [ə'plaɪd] *agg.* applicato

to apply [ə'plaɪ] **A** *v. tr.* **1** applicare **2** azionare **B** *v. intr.* **1** rivolgersi, inoltrare domanda **2** riguardare, concernere ♦ **to a. for** fare domanda per; **to a. to** rivolgersi a, riferirsi a; **to a. oneself** applicarsi, indirizzarsi

to appoint [ə'pɔɪnt] *v. tr.* **1** designare, nominare, eleggere **2** stabilire, fissare **3** prescrivere, ordinare

appointee [əpɔɪn'tiː] *s.* incaricato *m.*

appointment [ə'pɔɪntmənt] *s.* **1** appuntamento *m.* **2** nomina *f.* **3** incarico *m.*, carica *f.* **4** prescrizione *f.*, decreto *m.*

appraisal [ə'preɪz(ə)l] *s.* perizia *f.*, stima *f.*

to appraise [ə'preɪz] *v. tr.* valutare, stimare

to appreciate [ə'priːʃɪeɪt] **A** *v. tr.* **1** apprezzare, stimare **2** rendersi conto di **B** *v. intr.* aumentare di valore

appreciation [əˌpriːʃɪ'eɪʃ(ə)n] *s.* **1** apprezzamento *m.*, valutazione *f.* **2** (*fin.*) rivalutazione *f.*

to apprehend [ˌæprɪ'hend] *v. tr.* **1** arrestare **2** afferrare, comprendere

apprehension [ˌæprɪ'henʃ(ə)n] *s.* apprensione *f.*

apprehensive [ˌæprɪ'hensɪv] *agg.* apprensivo

apprentice [ə'prentɪs] *s.* apprendista *m. f.*

apprenticeship [ə'prentɪʃɪp] *s.* apprendistato *m.*, tirocinio *m.*

approach [ə'prəʊtʃ] *s.* **1** avvicinamento *m.*, approccio *m.* **2** accesso *m.*

to approach [ə'prəʊtʃ] **A** *v. intr.* avvicinarsi **B** *v. tr.* **1** avvicinare, accostare **2** rivolgersi a

approachable [ə'prəʊtʃəbl] *agg.* **1** accessibile, avvicinabile **2** disponibile

appropriate [ə'prəʊprɪət] *agg.* appropriato, opportuno

to appropriate [ə'prəʊprɪeɪt] *v. tr.* **1** appropriarsi, impadronirsi di **2** accantonare, stanziare

approval [ə'pruːv(ə)l] *s.* **1** approvazione *f.* **2** prova *f.*, esame *m.*

to approve [ə'pruːv] *v. tr. e intr.* approvare

approximate [ə'prɒks(ɪ)mət] *agg.* **1** approssimato **2** approssimativo

approximately [ə'prɒksɪmɪtlɪ] *avv.* approssimativamente, circa

après-ski [ˌæpreɪ'skiː] *agg.* doposcì

apricot ['eɪprɪkɒt] *s.* albicocca *f.*

April ['eɪpr(ə)l] *s.* aprile *m.*

apron ['eɪpr(ə)n] *s.* **1** grembiule *m.* **2** (*teatro*) ribalta *f.*

apse [æps] *s.* abside *f.*

apt [æpt] *agg.* **1** adatto **2** pronto, intelligente **3** propenso, soggetto

apterous ['æptərəs] *agg.* aptero

aptitude ['æptɪtjuːd] *s.* **1** abilità *f.* **2** attitudine *f.*, propensione *f.* **3** prontezza *f.*

aqualung ['ækwəlʌŋ] *s.* autorespiratore *m.*

aquamarine [ˌækwəmə'riːn] *s.* acquamarina *f.*

aquarium [ə'kweərɪəm] *s.* acquario *m.*

Aquarius [ə'kweərɪəs] *s.* (*astr.*) acquario *m.*

aquatic [ə'kwætɪk] *agg.* acquatico

aqueduct ['ækwɪdʌkt] *s.* acquedotto *m.*

Arab ['ærəb] *agg. e s.* arabo *m.*

arabesque [ˌærəˈbesk] s. arabesco m.

Arabian [əˈreɪbjən] agg. arabo, arabico

Arabic [ˈærəbɪk] A agg. arabo, arabico B s. arabo m. (lingua) ♦ A. numerals numeri arabi

arbiter [ˈɑːbɪtər] s. arbitro m.

arbitrary [ˈɑːbɪtrərɪ] agg. arbitrario

to arbitrate [ˈɑːbɪtreɪt] v. tr. e intr. arbitrare

arboreal [ɑːˈbɔːrɪəl] agg. arboreo

arboriculture [ˈɑːbərɪˌkʌltʃər] s. arboricoltura f.

arc [ɑːk] s. arco m.

arcade [ɑːˈkeɪd] s. 1 arcata f. 2 galleria f., porticato m.

Arcadian [əˈkeɪdjən] agg. arcadico

arcane [ɑːˈkeɪn] agg. arcano

arch (1) [ɑːtʃ] s. arco m., arcata f.

arch (2) [ɑːtʃ] agg. 1 arci-, principale, superiore 2 astuto, malizioso

archaeologic [ˌɑːkɪəˈlɒdʒɪk] agg. archeologico

archaeologist [ˌɑːkɪˈɒlədʒɪst] s. archeologo m.

archaeology [ˌɑːkɪˈɒlədʒɪ] s. archeologia f.

archaic [ɑːˈkeɪɪk] agg. arcaico

archangel [ˈɑːkeɪn(d)ʒ(ə)l] s. arcangelo m.

archbishop [ˌɑːtʃˈbɪʃəp] s. arcivescovo m.

archer [ˈɑːtʃər] s. arciere m.

archery [ˈɑːtʃərɪ] s. tiro m. con l'arco

archetype [ˈɑːkɪtaɪp] s. archetipo m.

archipelago [ˌɑːkɪˈpelɪɡəʊ] s. arcipelago m.

architect [ˈɑːkɪtekt] s. architetto m.

architectonic [ˌɑːkɪtekˈtɒnɪk] agg. architettonico

architecture [ˈɑːkɪtektʃər] s. architettura f.

architrave [ˈɑːkɪtreɪv] s. architrave f.

archive [ˈɑːkaɪv] s. archivio m.

archivolt [ˈɑːkɪvəʊlt] s. archivolto m.

Arctic [ˈɑːktɪk] agg. artico

ardent [ˈɑːdənt] agg. ardente, appassionato, fervente

arduous [ˈɑːdjʊəs] agg. arduo, difficile

are [ɑːr] s. (misura) ara f.

area [ˈeərɪə] s. area f., zona f. ♦ a. code prefisso telefonico

arena [əˈriːnə] s. arena f.

argil [ˈɑːdʒɪl] s. argilla f.

arguable [ˈɑːɡjʊəb(ə)l] agg. sostenibile, discutibile

to argue [ˈɑːɡjuː] A v. intr. 1 ragionare, argomentare 2 disputare, discutere, litigare B v. tr. 1 provare, dimostrare 2 persuadere ♦ to a sb. into doing st. persuadere qc. a fare q.c.

argument [ˈɑːɡjʊmənt] s. 1 argomento m. 2 contesa f., disputa f.

argumentative [ˌɑːɡjʊˈmentətɪv] agg. polemico, litigioso

arid [ˈærɪd] agg. arido

Aries [ˈeəriːz] s. (astr.) ariete m.

to arise [əˈraɪz] (pass. arose, p. p. arisen) v. intr. 1 sorgere, alzarsi, levarsi 2 risultare, derivare 3 presentarsi

aristocracy [ˌærɪsˈtɒkrəsɪ] s. aristocrazia f.

aristocrat [ˈærɪstəˌkræt] s. aristocratico m.

aristocratic(al) [ˌærɪstəˈkrætɪk((ə)l)] agg. aristocratico

arithmetic [əˈrɪθmətɪk] s. aritmetica f.

arithmetic(al) [ˌærɪθˈmetɪk((ə)l)] agg. aritmetico

ark [ɑːk] s. arca f.

arm (1) [ɑːm] s. 1 braccio m. 2 bracciolo m. 3 manica f.

arm (2) [ɑːm] s. 1 al pl. armi f. pl., armamenti m. pl. 2 arma f. (dell'esercito) ♦ to bear arms essere sotto le armi; to take up arms prendere le armi

to arm [ɑːm] v. tr. e intr. armare, armarsi

armament [ˈɑːməmənt] s. armamento m.

armchair [ˈɑːmˌtʃeər] s. poltrona f.

armed [ɑːmd] agg. armato ♦ a. robbery rapina a mano armata

armful [ˈɑːmfʊl] s. bracciata f.

armistice [ˈɑːmɪstɪs] s. armistizio m.

armour [ˈɑːmər] s. armatura f., corazza f.

to armour [ˈɑːmər] v. tr. corazzare, blindare ♦ armoured car autoblindo

armoury [ˈɑːmərɪ] s. armeria f.

armpit [ˈɑːmpɪt] s. ascella f.

armrest [ˈɑːmˌrest] s. bracciolo m.

army [ˈɑːmɪ] s. esercito m. ♦ a. corps corpo d'armata

aroma [əˈrəʊmə] s. aroma m.

aromatic [ˌærə(ʊ)ˈmætɪk] agg. aromatico

arose [əˈrəʊz] pass. di to arise

around [əˈraʊnd] A avv. 1 intorno, da ogni parte 2 in giro 3 circa B prep. attorno a, intorno a ♦ all a. tutt'intorno

to arouse [əˈraʊz] v. tr. 1 svegliare 2 provocare, suscitare

to arrange [əˈreɪn(d)ʒ] A v. tr. 1 ordinare, sistemare 2 preparare, disporre, stabilire 3 (mus.) arrangiare B v. intr. accordarsi ♦ to a. to do st. accordarsi per fare q.c.

arrangement [əˈreɪn(d)ʒmənt] s. 1 sistemazione f., disposizione f., ordinamento m. 2 piano m., progetto m., preparativo m. 3 accordo m. 4 (mus.) arrangiamento m.

array [əˈreɪ] s. 1 assortimento m. 2 (mil.) schieramento m., spiegamento m. 3 schiera f. 4 insieme m.

to array [əˈreɪ] v. tr. 1 ordinare, disporre, schierare 2 adornare, addobbare

arrear [əˈrɪər] A agg. arretrato B s. 1 al pl. arretrati m. pl. 2 lavoro m. arretrato

arrest [əˈrest] s. 1 arresto m., fermo m. 2 fermata f. ♦ under a. in arresto

to arrest [əˈrest] v. tr. 1 arrestare, catturare 2 fermare 3 attirare (l'attenzione)

arrival [əˈraɪv(ə)l] s. arrivo m.

to arrive [əˈraɪv] v. intr. 1 arrivare, giungere 2 raggiungere il successo, arrivare

arrogant [ˈærəɡənt] agg. arrogante, prepotente

arrow [ˈærəʊ] s. freccia f.

arsenal [ˈɑːsɪnl] s. arsenale m.

arson [ˈɑːs(ə)n] s. (dir.) incendio m. doloso

art [ɑːt] s. arte f. ♦ a. gallery galleria d'arte; Arts lettere; a. school scuola d'arte

artefact [ˈɑːtɪˌfækt] (USA artifact) s. manufatto m.

arterial [ɑːˈtɪərɪəl] agg. arterioso

arteriosclerosis [ɑːˌtɪərɪəʊsklɪəˈrəʊsɪs] s. arteriosclerosi f.

artery [ˈɑːtərɪ] s. arteria f.

artful [ˈɑːtf(ʊ)l] agg. 1 astuto, furbo 2 abile

arthritis [ɑːˈθraɪtɪs] s. artrite f.

artichoke [ˈɑːtɪtʃəʊk] s. carciofo m.

article [ˈɑːtɪkl] s. 1 articolo m. 2 spec. al pl. regolamenti m. pl., statuto m.

articulate [ɑːˈtɪkjʊlət] agg. 1 articolato 2 (di parola) distinto 3 (di persona) eloquente

to articulate [ɑːˈtɪkjʊleɪt] v. tr. 1 articolare 2 pronunciare distintamente, scandire

articulated [ɑːˈtɪkjʊleɪtɪd] agg. articolato

artifact [ˈɑːtɪfækt] s. (USA) → **artefact**

artifice [ˈɑːtɪfɪs] s. artificio m., stratagemma m.

artificial [ˌɑːtɪˈfɪʃ(ə)l] agg. artificiale

artillery [ɑːˈtɪləri] s. artiglieria f.

artisan [ˌɑːtɪˈzæn] s. artigiano m.

artist [ˈɑːtɪst] s. artista m. e f.

artistic [ɑːˈtɪstɪk] agg. artistico

artless [ˈɑːtlɪs] agg. semplice, ingenuo

as [æz], ëz] **A** avv. e cong. 1 (in frasi comp.) come **2 as ... as, so ... as** così ... come, tanto ... quanto **B** cong. 1 (temporale) quando, mentre (ES: **as he was eating** mentre mangiava) 2 (causale) poiché, dal momento che (ES: **as it was raining, we caught a bus** poiché pioveva, prendemmo l'autobus) 3 (concessiva) sebbene (ES: **handsome as he is, he is not happy** sebbene sia bello, non è felice) 4 (modale) come, secondo (ES: **do as I did** fa' come me) 5 in qualità di, come (ES: **I'm talking to you as a friend** ti parlo come amico) 6 (relativo) che, quale (ES: **you have the same chances as I had** hai le stesse possibilità che ho avuto io) ♦ **as far as** fino a, per quanto; **as if** come se; **as long as** per tutto il tempo che; **as many** altrettanti; **as much** altrettanto; **as soon as** appena; **as usual** come al solito; **as well as** come pure

to ascend [əˈsend] v. tr. 1 salire, ascendere 2 risalire

ascending [əˈsendɪŋ] agg. ascendente

ascent [əˈsent] s. 1 ascensione f., ascesa f. 2 salita f., pendio m.

to ascertain [ˌæsəˈteɪn] v. tr. accertare, constatare

asceticism [əˈsetɪsɪz(ə)m] s. ascetismo m.

ascribable [əˈskraɪbəbl] agg. attribuibile

to ascribe [əˈskraɪb] v. tr. attribuire

ash (1) [æʃ] s. frassino m.

ash (2) [æʃ] s. cenere f. ♦ **A. Wednesday** mercoledì delle ceneri

ashamed [əˈʃeɪmd] agg. vergognoso ♦ **to be a. of st.** vergognarsi di q.c.

ashen [ˈæʃn] agg. cinereo, livido

ashlar [ˈæʃlə] s. (arch.) bugnato m.

ashore [əˈʃɔː] avv. a riva, a terra

ashtray [ˈæʃtreɪ] s. portacenere m. inv.

Asian [ˈeɪʃ(ə)n] agg. e s. asiatico m.

Asiatic [ˌeɪʃɪˈætɪk] agg. e s. asiatico m.

aside [əˈsaɪd] **A** avv. da parte, a parte **B** s. digressione f. ♦ **a. from** a parte, eccetto

to ask [ɑːsk] v. tr. 1 domandare, chiedere 2 invitare ♦ **to a. after/for sb.** chiedere di q.c.; **to a. a question** fare una domanda; **to a. for st.** chiedere (per avere) q.c.; **to a. sb. to dinner** invitare q.c. a pranzo; **to a. sb. st.** chiedere q.c. a q.c.

askance [əˈskæns] avv. sospettosamente, di traverso

askew [əˈskjuː] **A** agg. storto, obliquo **B** avv. di traverso

asleep [əˈsliːp] agg. pred. addormentato ♦ **to be a.** dormire; **to fall a.** addormentarsi

asparagus [əˈspærəgəs] s. asparago m.

aspect [ˈæspekt] s. 1 aspetto m., apparenza f. 2 (di edificio) esposizione f.

aspersion [əˈspɜːʃ(ə)n] s. diffamazione f.

asphalt [ˈæsfælt] s. asfalto m.

to asphalt [ˈæsfælt] v. tr. asfaltare

to asphyxiate [æsˈfɪksɪeɪt] v. intr. asfissiare

asphyxiation [æsˌfɪksɪˈeɪʃ(ə)n] s. asfissia f.

to aspire [əˈspaɪə] v. intr. aspirare

aspirin [ˈæsp(ə)rɪn] s. aspirina f.

ass [æs] s. asino m., somaro m. ♦ **to make an a. of oneself** rendersi ridicolo

to assail [əˈseɪl] v. tr. assalire, attaccare

assailant [əˈseɪlənt] s. assalitore m.

assassin [əˈsæsɪn] s. assassino m.

to assassinate [əˈsæsɪneɪt] v. tr. assassinare

assassination [əˌsæsɪˈneɪʃ(ə)n] s. assassinio m.

assault [əˈsɔːlt] s. attacco m., assalto m., aggressione f.

to assault [əˈsɔːlt] v. tr. assaltare, aggredire

to assemble [əˈsembl] **A** v. tr. 1 riunire 2 montare, assemblare **B** v. intr. riunirsi

assembly [əˈsemblɪ] s. 1 assemblea f., riunione f. 2 montaggio m.

assent [əˈsent] s. assenso m., approvazione f.

to assent [əˈsent] v. intr. acconsentire, assentire

to assert [əˈsɜːt] v. tr. 1 asserire, affermare, sostenere 2 rivendicare, far valere ♦ **to a. oneself** far valere i propri diritti

assertion [əˈsɜːʃ(ə)n] s. 1 asserzione f. 2 rivendicazione f.

to assess [əˈses] v. tr. 1 accertare 2 gravare d'imposta 3 valutare

assessment [əˈsesmənt] s. accertamento m., valutazione f.

asset [ˈæset] s. 1 bene m., vantaggio m., risorsa f. 2 al pl. (econ.) attivo m.

assiduous [əˈsɪdjʊəs] agg. assiduo

to assign [əˈsaɪn] v. tr. 1 assegnare 2 designare, incaricare 3 stabilire, fissare

assignment [əˈsaɪnmənt] s. 1 assegnazione f. 2 designazione f. 3 compito m.

to assist [əˈsɪst] v. tr. assistere, aiutare

assistance [əˈsɪst(ə)ns] s. assistenza f., soccorso m.

assistant [əˈsɪst(ə)nt] s. assistente m. e f. ♦ **shop a.** commesso

associate [əˈsəʊʃɪɪt] **A** agg. associato **B** s. socio m., collega m. e f.

to associate [əˈsəʊʃɪeɪt] **A** v. tr. 1 associare 2 unire, congiungere **B** v. intr. associarsi ♦ **to a. with sb.** frequentare qc.

association [əˌsəʊsɪˈeɪʃ(ə)n] s. associazione f.

assorted [əˈsɔːtɪd] agg. assortito

assortment [əˈsɔːtmənt] s. assortimento m.

to assume [əˈsjuːm] v. tr. 1 supporre 2 assumere, prendere

assumption [əˈsʌm(p)ʃ(ə)n] s. 1 supposizione f. 2 premessa f., ipotesi f. 3 assunzione f.

assurance [əˈʃʊər(ə)ns] s. 1 assicurazione f. 2 fiducia f., certezza f.

to assure [ə'ʃʊər] v. tr. assicurare

asthma ['æsmə] s. asma f. o m.

asthmatic [æs'mætik] agg. asmatico

astigmatic [æstɪg'mætik] agg. astigmatico

astir [ə'stəːr] avv. e agg. pred. **1** in agitazione, in moto **2** in piedi

to astonish [əs'tɒnɪʃ] v. tr. meravigliare, sorprendere, stupire

astonished [əs'tɒnɪʃt] agg. stupito ♦ **to be a. at st.** stupirsi di q.c.

astonishing [əs'tɒnɪʃɪŋ] agg. stupefacente

astonishment [əs'tɒnɪʃmənt] s. stupore m., meraviglia f.

to astound [əs'taʊnd] v. tr. sbalordire

astounding [əs'taʊndɪŋ] agg. sbalorditivo

astragal ['æstrəg(ə)l] s. (arch.) astragalo m.

astragalus [æs'trægələs] s. (anat., bot.) astragalo m.

astray [əs'treɪ] avv. e agg. pred. fuori strada

astride [əs'traɪd] **A** avv. a cavalcioni **B** prep. a cavalcioni di

astringent [əs'trɪn(d)ʒ(ə)nt] agg. astringente

astrolabe ['æstrə(ʊ)leɪb] s. astrolabio m.

astrologer [əs'trɒlədʒər] s. astrologo m.

astrologic [æstrə'lɒdʒɪk] agg. astrologico

astrology [əs'trɒlədʒɪ] s. astrologia f.

astronaut ['æstrənɔːt] s. astronauta m. e f.

astronautical [æstrə'nɔːtɪk(ə)l] agg. astronautico

astronautics [æstrə'nɔːtɪks] s. pl. (v. al sing.) astronautica f.

astronomer [əs'trɒnəmər] s. astronomo m.

astronomic(al) [æstrə'nɒmɪk(ə)l] agg. astronomico

astronomy [əs'trɒnəmɪ] s. astronomia f.

astute [əs'tjuːt] agg. astuto

asylum [ə'saɪləm] s. **1** asilo m., rifugio m. **2** casa f. di ricovero ♦ **lunatic a.** manicomio

asymmetric [æsɪ'metrɪk] agg. asimmetrico

at [æt, ət] prep. **1** (luogo, direzione) a, in, da, presso, verso, contro (ES: **at school** a scuola, **he threw a shoe at the cat** tirò una scarpa al gatto) **2** (tempo) a, di, (ES: **at night** di notte) **3** (condizione) a, in, (ES: **at work** al lavoro) **4** (misura, valore) a (ES: **at a low price** a basso prezzo) **5** (modo) a, con (ES: **at leisure** con comodo) **6** (causa) per (ES: **surprised at st.** sorpreso per q.c.) ♦ **at all** affatto; **at best** nella migliore delle ipotesi; **at first** dapprima; **at hand** a portata di mano; **at last** finalmente; **at least** almeno; **at most** al massimo; **at once** subito; **at times** a volte

atavic [ə'tævɪk] agg. atavico

ate [et] pass. di **to eat**

atheism ['eɪθɪɪz(ə)m] s. ateismo m.

atheist ['eɪθɪɪst] s. ateo m.

athlete ['æθliːt] s. atleta m. e f.

athletic [æθ'letɪk] agg. atletico

athletics [æθ'letɪks] s. pl. (v. al sing.) atletica f.

athwart [ə'θwɔːt] **A** prep. attraverso **B** avv. di traverso

Atlantic [ət'læntɪk] agg. atlantico

atlas ['ætləs] s. atlante m.

atmosphere ['ætməsfɪər] s. atmosfera f.

atmospheric [ætməs'ferɪk] agg. atmosferico

atoll ['ætɒl] s. atollo m.

atom ['ætəm] s. atomo m.

atomic [ə'tɒmɪk] agg. atomico

atomizer ['ætəmaɪzər] s. vaporizzatore m., nebulizzatore m.

to atone [ə'təʊn] v. intr. espiare

atop [ə'tɒp] avv. e prep. in cima (a)

atrocious [ə'trəʊʃəs] agg. **1** atroce **2** (fam.) pessimo, orribile

atrocity [ə'trɒsɪtɪ] s. atrocità f.

to attach [ə'tætʃ] v. tr. **1** attaccare, unire **2** allegare **3** apporre

attaché [ə'tæʃeɪ] s. addetto m.

attached [ə'tætʃt] agg. **1** attaccato, unito **2** legato, devoto **3** addetto, assegnato

attachment [ə'tætʃmənt] s. **1** attaccatura f. **2** attaccamento, devozione f. **3** (mecc.) accessorio m.

attack [ə'tæk] s. attacco m. ♦ **heart a.** attacco cardiaco

to attack [ə'tæk] v. tr. **1** attaccare **2** iniziare **3** aggredire

attacker [ə'tækər] s. **1** aggressore m. **2** attaccante m.

to attain [ə'teɪn] v. tr. ottenere, raggiungere, conseguire ♦ **to a. to** arrivare a

attainable [ə'teɪnəbl] agg. raggiungibile

attainment [ə'teɪnmənt] s. **1** risultato m., conseguimento m. **2** al pl. cognizioni f. pl., cultura f.

attempt [ə'tem(p)t] s. **1** tentativo m., sforzo m. **2** attentato m.

to attempt [ə'tem(p)t] v. tr. **1** osare, tentare, provare **2** attentare a

to attend [ə'tend] **A** v. tr. **1** assistere a, frequentare, partecipare a **2** assistere, curare **3** accompagnare **B** v. intr. **1** occuparsi di, prendersi cura di **2** badare, prestare attenzione

attendance [ə'tendəns] s. **1** frequenza f., presenza f. **2** servizio m. **3** assistenza f. **4** pubblico m., spettatori m. pl.

attendant [ə'tendənt] **A** agg. **1** connesso, concomitante **2** dipendente, al servizio di **3** presente **B** s. guardiano m., custode m. e f., inserviente m. e f.

attention [ə'tenʃ(ə)n] s. attenzione f.

attentive [ə'tentɪv] agg. **1** attento **2** premuroso

to attest [ə'test] v. tr. attestare, testimoniare

attic ['ætɪk] s. **1** (arch.) attico m. **2** soffitta f.

attitude ['ætɪtjuːd] s. **1** atteggiamento m. **2** opinione f. **3** assetto m.

attorney [ə'təːnɪ] s. **1** procuratore m. **2** avvocato m.

to attract [ə'trækt] v. tr. attirare, attrarre

attraction [ə'trækʃən] s. **1** attrattiva f. **2** attrazione f.

attractive [ə'træktɪv] agg. attraente

attributable [ə'trɪbjʊtəbl] agg. attribuibile

attribute ['ætrɪbjuːt] s. attributo m.

to attribute [ə'trɪbjuː(ː)t] v. tr. attribuire, ascrivere

attrition [ə'trɪʃ(ə)n] s. attrito m., logoramento m.

atypical [ə'tɪpɪk(ə)l] agg. atipico

aubergine ['əʊbəʒiːn] s. melanzana f.

auction ['ɔːkʃ(ə)n] s. asta f.

to auction ['ɔːkʃ(ə)n] v. tr. vendere all'asta

auctioneer [ˌɔːkʃə'nɪər] s. banditore m.

audible ['ɔːdɪbl] agg. udibile

audience ['ɔːdjəns] s. **1** pubblico m., spettatori m. pl. **2** udienza f.

audio ['ɔːdɪəʊ] *agg. e s.* audio *m. inv.*
audiovisual [,ɔːdɪə(ʊ)'vɪʒʊəl] *agg.* audiovisivo
audit ['ɔːdɪt] *s. (comm.)* revisione *f.* (dei conti)
to audit ['ɔːdɪt] *v. tr. (comm.)* rivedere, verificare
audition [ɔː'dɪʃ(ə)n] *s.* audizione *f.*
auditor ['ɔːdɪtə*] *s. (di società)* sindaco *m.*, *(dei conti)* revisore *m.*
auditorium [,ɔːdɪ'tɔːrɪəm] *s.* auditorio *m.*
to augment [ɔːg'ment] *v. tr.* aumentare
to augur ['ɔːgə*] *v. intr.* essere di auspicio
August ['ɔːgəst] *s.* agosto *m.*
aunt [ɑːnt] *s.* zia *f.*
auricle ['ɔːrɪkl] *s. (anat.)* padiglione *m.*
aurora [ɔː'rɔːrə] *s.* aurora *f.* ♦ **a. borealis** aurora boreale
auspicious [ɔːs'pɪʃəs] *agg.* propizio, fausto
austere [ɒs'tɪə*] *agg.* austero
austerity [ɒs'terɪtɪ] *s.* austerità *f.*
austral ['ɒstr(ə)l] *agg.* australe
Australian [ɒs'treɪljən] *agg. e s.* australiano *m.*
Austrian ['ɒstrɪən] *agg. e s.* austriaco *m.*
authentic [ɔː'θentɪk] *agg.* autentico, genuino
to authenticate [ɔː'θentɪkeɪt] *v. tr.* autenticare, vidimare
authenticity [,ɔːθen'tɪsɪtɪ] *s.* autenticità *f.*
author ['ɔːθə*] *s.* autore *m.*
authoritarian [ɔː,θɒrɪ'teərɪən] *agg.* autoritario
authoritative [ɔː'θɒrɪtətɪv] *agg.* **1** autorevole **2** autoritario
authority [ɔː'θɒrɪtɪ] *s.* **1** autorità *f.* **2** autorizzazione *f.*
authorization [,ɔːθ(ə)raɪ'zeɪʃ(ə)n] *s.* autorizzazione *f.*
to authorize ['ɔːθəraɪz] *v. tr.* autorizzare
auto ['ɒ(ː)təʊ] **A** *agg.* automobilistico **B** *s. (USA)* automobile *f.*
autobiographic(al) [,ɔːtə(ʊ),baɪə(ʊ)'græfɪk((ə)l)] *agg.* autobiografico
autobiography [,ɔːtə(ʊ)baɪ'ɒgrəfɪ] *s.* autobiografia *f.*
autograph ['ɔːtəgrɑːf] *agg. e s.* autografo *m.*
to autograph ['ɔːtəgrɑːf] *v. tr.* firmare
automatic [,ɔːtə'mætɪk] *agg.* automatico
automation [,ɔːtə'meɪʃ(ə)n] *s.* automazione *f.*
automaton [ɔː'tɒmət(ə)n] *s.* automa *m.*
autonomous [ɔː'tɒnəməs] *agg.* autonomo
autonomy [ɔː'tɒnəmɪ] *s.* autonomia *f.*
autumn ['ɔːtəm] *s.* autunno *m.*
autumnal [ɔː'tʌmnəl] *agg.* autunnale
auxiliary [ɔːg'zɪljərɪ] *agg.* ausiliario, di riserva
to avail [ə'veɪl] *v. intr.* servire, favorire ♦ **to a. oneself of** servirsi di
availability [ə,veɪlə'bɪlɪtɪ] *s.* disponibilità *f.*
available [ə'veɪləbl] *agg.* **1** disponibile, utilizzabile **2** libero

avalanche ['ævəlɑːnʃ] *s.* valanga *f.*
avant-garde [,ævɒŋ'gɑːd] *s.* avanguardia *f.*
to avenge [ə'ven(d)ʒ] *v. tr.* vendicare
avenue ['ævɪnjuː] *s.* **1** viale *m.* **2** via *f.*, strada *f.*
average ['ævərɪdʒ] **A** *agg.* medio, comune **B** *s.* **1** *(mat.)* media *f.* **2** *(naut.)* avaria *f.*
to average ['ævərɪdʒ] *v. tr.* **1** calcolare la media **2** fare in media ♦ **to a. out at** aggirarsi su
averse [ə'vɜːs] *agg.* contrario
aversion [ə'vɜːʃ(ə)n] *s.* riluttanza *f.*
to avert [ə'vɜːt] *v. tr.* **1** distogliere **2** evitare
aviary ['eɪvjərɪ] *s.* voliera *f.*
aviation [,eɪvɪ'eɪʃ(ə)n] *s.* aviazione *f.*
aviculture ['eɪvɪkʌltʃə*] *s.* avicoltura *f.*
avid ['ævɪd] *agg.* avido, bramoso
avifauna [,eɪvɪ'fɔːnə] *s.* avifauna *f.*
avocado [,ævə'kɑːdəʊ] *s.* avocado *m. inv.*
to avoid [ə'vɔɪd] *v. tr.* evitare, fuggire, scansare
avoidable [ə'vɔɪdəbl] *agg.* evitabile
avowal [ə'vaʊəl] *s.* ammissione *f.*
avuncular [ə'vʌŋkjʊlə*] *agg.* di zio
to await [ə'weɪt] *v. tr.* aspettare, attendere
to awake [ə'weɪk] *(pass.* **awoke, awaked,** *p. p.* **awoken, awaked)** *v. tr. e intr.* svegliare, svegliarsi
awakening [ə'weɪk(ə)nɪŋ] *s.* risveglio *m.*
award [ə'wɔːd] *s.* **1** premio *m.* **2** risarcimento *m.*
to award [ə'wɔːd] *v. tr.* assegnare, attribuire, aggiudicare
aware [ə'weə*] *agg. pred.* **1** consapevole **2** informato ♦ **to be a. of st.** rendersi conto di q.c.
awash [ə'wɒʃ] *avv.* a galla
away [ə'weɪ] *avv.* **1** via **2** lontano **3** da parte **4** continuamente, via via **5** *(sport)* fuori casa ♦ **far and a.** moltissimo; **right a.** subito
awe [ɔː] *s.* timore *m.*
awesome ['ɔːsəm] *agg.* imponente
awful ['ɔːfʊl] *agg.* terribile, tremendo
awhile [ə'waɪl] *avv.* per un po'
awkward ['ɔːkwəd] *agg.* **1** goffo **2** scomodo **3** inopportuno
awning ['ɔːnɪŋ] *s.* tendone *m.*
awoke [ə'wəʊk] *pass. di* **to awake**
awoken [ə'wəʊkən] *p. p. di* **to awake**
awry [ə'raɪ] **A** *agg. pred.* storto, bieco **B** *avv.* di traverso
axe [æks] *s.* scure *f.*, ascia *f.*
axis ['æksɪs] *(pl.* **axes)** *s. (mat., fis.)* asse *m.*
axle ['æksl] *s.* asse *f.* ♦ **a.-shaft** *(autom.)* semiasse *m.*
ay(e) [aɪ] **A** *avv.* sì **B** *s.* voto *m.* favorevole
azalea [ə'zeɪljə] *s.* azalea *f.*
azimuth ['æzɪməθ] *s.* azimut *m. inv.*
azote [ə'zəʊt] *s.* azoto *m.*

B

to baa [bɑ:] (*pass. e p. p.* **baaed**) *v. intr.* belare
to babble [ˈbæbl] **A** *v. tr.* balbettare, farfugliare **B** *v. intr.* **1** balbettare, farfugliare **2** cianciare, parlare a vanvera
baboon [bəˈbu:n] *s.* babbuino *m.*
baby [ˈbeɪbɪ] *s.* neonato *m.*, bambino *m.* ♦ **b. carriage** carrozzina
babyhood [ˈbeɪbɪhʊd] *s.* prima infanzia *f.*
to baby-sit [ˈbeɪbɪˌsɪt] *v. intr.* fare da baby-sitter
baby-sitter [ˈbeɪbɪˌsɪtəʳ] *s.* baby-sitter *f. e m. inv.*
bachelor [ˈbætʃ(ə)ləʳ] *s.* **1** scapolo *m.* **2** laureato *m.*
back [bæk] **A** *agg.* **1** posteriore **2** remoto, lontano **3** arretrato **B** *s.* **1** dorso *m.*, schiena *f.* **2** schienale *m.* **3** retro *m.*, parte *f.* posteriore **4** fondo *m.*, sfondo *m.* **C** *avv.* **1** indietro **2** di ritorno **3** prima **4** di rimando ♦ **b. to front** alla rovescia; **to be b.** essere di ritorno
to back [bæk] **A** *v. tr.* **1** far indietreggiare **2** sostenere, spalleggiare **3** puntare su, scommettere su **4** sottoscrivere, controfirmare **B** *v. intr.* indietreggiare, fare marcia indietro ♦ **to b. down** indietreggiare; **to b. out of st.** ritirarsi da q.c.; **to b. up** appoggiare, sostenere
backache [ˈbækeɪk] *s.* mal *m.* di schiena
backbone [ˈbækbəʊn] *s.* colonna *f.* vertebrale
backcloth [ˈbækklɒθ] *s.* **1** (*teatro*) fondale *m.* **2** sfondo *m.*
to backdate [ˌbækˈdeɪt] *v. tr.* retrodatare
backfire [ˈbækfaɪəʳ] *s.* ritorno *m.* di fiamma
background [ˈbækgraʊnd] **A** *s.* **1** sfondo *m.* **2** ambiente *m.*, retroterra *m. inv.* **3** antefatto *m.* **B** *agg.* di fondo
backhand [ˈbækhænd] *s.* (*tennis*) rovescio *m.*
backhanded [ˈbækˌhændɪd] *agg.* **1** (*tennis*) dato di rovescio **2** ambiguo, a doppio senso
backing [ˈbækɪŋ] *s.* **1** rinforzo *m.* (posteriore) **2** sostegno *m.*, appoggio *m.* **3** (*mus.*) sottofondo *m.*
backlash [ˈbæklæʃ] *s.* **1** (*mecc.*) rinculo *m.* **2** ripercussione *f.*
backlog [ˈbæklɒg] *s.* (lavoro) arretrato *m.*
backpack [ˌbækˈpæk] *s.* zaino *m.*
backside [ˈbækˌsaɪd] *s.* parte *f.* posteriore
backstage [ˌbækˈsteɪdʒ] *s.* retroscena *f.*
backstairs [ˈbækˈsteəz] *s. pl.* scala *f.* di servizio
back-stitch [ˈbækstɪtʃ] *s.* impuntura *f.*
backstroke [ˈbækˌstrəʊk] *s.* **1** contraccolpo *m.* **2** nuoto *m.* sul dorso
backup [ˈbækʌp] **A** *s.* **1** riserva *f.* **2** supporto *m.*, appoggio *m.* **B** *agg. attr.* di riserva
backward [ˈbækwəd] *agg.* **1** volto all'indietro, a rovescio **2** arretrato **3** ritardato, sottosviluppato
backwards [ˈbækwədz] *avv.* indietro, all'indietro
backwash [ˈbækwɒʃ] *s.* risacca *f.*
bacon [ˈbeɪk(ə)n] *s.* pancetta *f.*
bacterium [bækˈtɪərɪəm] *s.* batterio *m.*
bad [bæd] (*comp.* **worse**, *sup. rel.* **worst**) **A** *agg.* **1** cattivo **2** brutto **3** dannoso **4** andato a male, guasto **B** *s.*

male *m.*, rovina *f.* ♦ **b. luck** sfortuna *f.*; **b. mood** malumore; **b. weather** maltempo; **to feel b.** sentirsi male; **to go b.** andare a male; **to go to the b.** andare in rovina
bade [beɪd] *pass. di* to bid
badge [bædʒ] *s.* distintivo *m.*, insegna *f.*
badger [ˈbædʒəʳ] *s.* (*zool.*) tasso *m.*
badly [ˈbædlɪ] *avv.* **1** male, malamente **2** duramente **3** grandemente ♦ **b.-off** povero, spiantato
bad-tempered [ˈbædˌtempəd] *agg.* irritabile, irascibile
to baffle [ˈbæfl] *v. tr.* **1** sconcertare, confondere **2** frustrare, impedire **3** (*tecnol.*) deviare
bag [bæg] *s.* **1** sacco *m.*, sacchetto *m.* **2** borsa *f.*, borsetta *f.* **3** carniere *m.* ♦ **bags of** un sacco di; **sleeping b.** sacco a pelo; **shoulder b.** borsa a tracolla
to bag [bæg] *v. tr.* **1** insaccare **2** (*fam.*) intascare **3** (*fam.*) accaparrare
baggage [ˈbægɪdʒ] *s.* bagaglio *m.* ♦ **b. car** bagagliaio; **b. claim** ritiro bagagli; **b. room** deposito bagagli
baggy [ˈbægɪ] *agg.* gonfio, cascante
bagpipe [ˈbægpaɪp] *s.* cornamusa *f.*
bail [beɪl] *s.* cauzione *f.* ♦ **to be on b.** essere in libertà provvisoria (su cauzione)
to bail (1) [beɪl] *v. tr.* dar garanzia per ♦ **to b. sb. out** ottenere la libertà provvisoria di qc.
to bail (2) [beɪl] *v. tr.* (*naut.*) sgottare
bailer [ˈbeɪləʳ] *s.* (*naut.*) sassola *f.*
bailiff [ˈbeɪlɪf] *s.* ufficiale *m.* giudiziario
bain-marie [ˌbæn.mɑˈri:] *s.* bagnomaria *m.*
bait [beɪt] *s.* esca *f.*
to bait [beɪt] *v. tr.* **1** fornire di esca **2** adescare, lusingare
to bake [beɪk] *v. tr. e intr.* cuocere al forno
baker [ˈbeɪkəʳ] *s.* fornaio *m.* ♦ **b.'s (shop)** panetteria *f.*
bakery [ˈbeɪkərɪ] *s.* panificio *m.*, panetteria *f.*
baking [ˈbeɪkɪŋ] *s.* cottura *f.* al forno ♦ **b. pan** stampo; **b. powder** lievito in polvere; **b. tin** teglia, tortiera
balance [ˈbæləns] *s.* **1** bilancia *f.* **2** equilibrio *m.* **3** bilancio *m.*, saldo *m.* **4** contrappeso *m.* ♦ **b. of trade** bilancia commerciale; **b. sheet** bilancio di esercizio
to balance [ˈbæləns] **A** *v. tr.* **1** bilanciare, equilibrare **2** pesare, valutare **3** pareggiare, saldare **B** *v. intr.* **1** stare in equilibrio **2** (*comm.*) quadrare, essere in pareggio
balanced [ˈbælənst] *agg.* bilanciato, equilibrato
balancing [ˈbælənsɪŋ] *s.* equilibratura *f.*
balcony [ˈbælkənɪ] *s.* **1** balcone *m.* **2** (*teatro*) balconata *f.*, galleria *f.*
bald [bɔ:ld] *agg.* **1** calvo, pelato **2** spoglio, disadorno **3** esplicito, immediato
baldachin [ˈbɔ:ldəkɪn] *s.* baldacchino *m.*
baldly [ˈbɔ:ldlɪ] *avv.* chiaramente, schiettamente

baldness ['bɔːldnɪs] s. **1** calvizie f. **2** nudità f. **3** schiettezza f.

baldric ['bɔːldrɪk] s. bandoliera f.

bale [beɪl] s. (*di merce*) balla f.

baleful ['beɪlf(u)l] agg. funesto

ball (1) [bɔːl] s. **1** palla f., pallone m. **2** sfera f. **3** gomitolo m. ♦ **b. bearings** cuscinetti a sfere; **b.-pen** penna a sfera

ball (2) [bɔːl] s. ballo m.

ballad ['bæləd] s. ballata f.

ballast ['bæləst] s. **1** zavorra f. **2** equilibrio m. **3** massicciata f.

ballet ['bæleɪ] s. balletto m. ♦ **b. dancer** ballerino

balloon [bə'luːn] s. pallone m. ♦ **hot-air b.** mongolfiera

ballot ['bælət] s. **1** scheda f. (per votazione) **2** voto m. ♦ **b. box** urna elettorale

ballroom ['bɔːlrum] s. sala f. da ballo

balm [bɑːm] s. balsamo m.

balmy ['bɑːmɪ] agg. **1** balsamico **2** (*pop.*) svanito, sventato

balsam ['bɔːlsəm] s. balsamo m.

balsamic [bɔːl'sæmɪk] agg. balsamico

balustrade [ˌbæləs'treɪd] s. balaustra f.

bamboo [bæm'buː] s. bambù m.

ban [bæn] s. **1** bando m., proclama m. **2** interdizione f.

to ban [bæn] v. tr. proibire, interdire

banal [bə'nɑːl] agg. banale

banana [bə'nɑːnə] s. banana f.

band (1) [bænd] s. **1** benda f., fascia f., nastro m. **2** (*radio*) banda f.

band (2) [bænd] s. (*mus.*) banda f., orchestra f.

bandage ['bændɪdʒ] s. benda f., fascia f.

to bandage ['bændɪdʒ] v. tr. bendare

bandaging ['bændɪdʒɪŋ] s. bendaggio m., fasciatura f.

bandit ['bændɪt] s. bandito m.

bandy ['bændɪ] agg. arcuato ♦ **b.-legged** con le gambe storte

to bandy ['bændɪ] v. tr. scambiare (*parole, accuse, colpi*)

bang (1) [bæŋ] s. **1** colpo m., botta f. **2** scoppio m.

bang (2) [bæŋ] s. (*di capelli*) frangia f.

to bang [bæŋ] **A** v. tr. **1** colpire, battere **2** sbattere **B** v. intr. **1** scoppiare, esplodere **2** sbattere

bangle ['bæŋgl] s. braccialetto m.

to banish ['bænɪʃ] v. tr. bandire

banisters ['bænɪstəz] s. pl. balaustra f.

bank (1) [bæŋk] s. **1** argine m., riva f., sponda f. **2** banco m., cumulo m.

bank (2) [bæŋk] s. **1** banca f., banco m. **2** (*gioco*) banco m. ♦ **b. holiday** giorno di festa; **b. note** banconota; **b. robber** scassinatore; **b. statement** estratto conto; **b. transfer** bonifico bancario

to bank (1) [bæŋk] **A** v. tr. ammucchiare, ammassare **B** v. intr. **1** ammucchiarsi, ammassarsi **2** (*aer.*) inclinarsi in virata

to bank (2) [bæŋk] **A** v. tr. depositare in banca **B** v. intr. **1** avere un conto in banca **2** (*gioco*) tenere il banco ♦ **b. on** fare affidamento su

banker ['bæŋkə'] s. banchiere m.

banking ['bæŋkɪŋ] **A** agg. bancario **B** s. attività f. bancaria ♦ **b. hours** orario di banca

bankrupt ['bæŋkrʌpt] agg. fallito ♦ **to go b.** fallire

bankruptcy ['bæŋkrʌptsɪ] s. bancarotta f., fallimento m.

banner ['bænə'] s. **1** bandiera f., stendardo m. **2** striscione m., insegna f.

banns [bænz] s. pl. pubblicazioni f. pl. di matrimonio

banquet ['bæŋkwɪt] s. banchetto m.

to banter ['bæntə'] v. tr. stuzzicare, canzonare

baptism ['bæptɪz(ə)m] s. battesimo m.

baptismal [bæp'tɪzm(ə)l] agg. battesimale

baptistery ['bæptɪst(ə)rɪ] s. battistero m.

to baptize [bæp'taɪz] v. tr. battezzare

bar (1) [bɑː'] s. **1** barra f., spranga f., tavoletta f. **2** ostacolo m., restrizione f. **3** barra f. (di sabbia) **4** banco m., bar m. inv. **5** (*dir.*) sbarra f., tribunale m. ♦ **b. code** codice a barre; **the Bar** professione forense

bar (2) [bɑː'] prep. eccetto, tranne

to bar [bɑː'] v. tr. **1** sbarrare, chiudere **2** ostacolare, impedire **3** vietare

barbarian [bɑː'beərɪən] agg. e s. barbaro m.

barbaric [bɑː'bærɪk] agg. barbaro, barbarico

barbarization [ˌbɑːbəraɪ'zeɪʃ(ə)n] s. imbarbarimento m.

barbarous ['bɑːb(ə)rəs] agg. barbaro

barbecue ['bɑːbɪkjuː] s. barbecue m. inv.

barbed wire [ˌbɑːbd'waɪə'] s. filo m. spinato

barber ['bɑːbə'] s. barbiere m. ♦ **b.'s shop** barbiere (*bottega*)

barbiturate [bɑː'bɪtjurɪt] s. barbiturico m.

bare [beə'] agg. **1** nudo, spoglio, brullo **2** vuoto, privo di **3** semplice

to bare [beə'] v. tr. **1** scoprire, denudare **2** (*fig.*) rivelare, mostrare

bareback ['beəbæk] agg. senza sella

barefaced ['beəfeɪst] agg. sfacciato

barefoot ['beəfʊt] agg. scalzo

barely ['beəlɪ] avv. **1** appena **2** chiaramente, apertamente **3** poveramente

bargain ['bɑːgɪn] s. **1** affare m. **2** accordo m., transazione f. ♦ **into the b.** per di più

to bargain ['bɑːgɪn] v. tr. e intr. trattare, contrattare ♦ **to b. for** aspettarsi

barge [bɑːdʒ] s. chiatta f.

to barge [bɑːdʒ] **A** v. tr. trasportare su chiatta **B** v. intr. muoversi pesantemente ♦ **to b. in** intromettersi a sproposito

baritone ['bærɪtəʊn] s. baritono m.

bark (1) [bɑːk] s. corteccia f.

bark (2) [bɑːk] s. abbaio m., latrato m.

to bark [bɑːk] v. intr. abbaiare

barley ['bɑːlɪ] s. orzo m.

barmaid ['bɑːmeɪd] s. barista f.

barman ['bɑːmən] s. (pl. **barmen**) barista m.

barn [bɑːn] s. fienile m., granaio m.

barometer [bə'rɒmɪtə'] s. barometro m.

baron ['bær(ə)n] s. barone m.

baroness ['bær(ə)nɪs] s. baronessa f.

baroque [bə'rəʊk] agg. e s. barocco m.

barracks ['bærəks] s. pl. caserma f.

barrage ['bærɑːʒ] s. **1** sbarramento m. **2** serie f. continua

barred [bɑːd] *agg.* **1** sbarrato, ostruito **2** vietato

barrel [ˈbær(ə)l] *s.* **1** barile *m.*, botte *f.* **2** (*di fucile*) canna *f.* **3** (*di rivoltella*) tamburo *m.* ♦ **b. vault** volta a botte

barren [ˈbær(ə)n] *agg.* **1** sterile **2** arido

barrenness [ˈbær(ə)nnɪs] *s.* **1** sterilità *f.* **2** aridità *f.*

barricade [ˈbærɪkeɪd] *s.* barricata *f.*

barrier [ˈbærɪə⁻] *s.* barriera *f.*, transenna *f.* ♦ **sound b.** muro del suono

barrister [ˈbærɪstə⁻] *s.* avvocato *m.*

barrow (1) [ˈbærəʊ] *s.* **1** carriola *f.* **2** barella *f.*

barrow (2) [ˈbærəʊ] *s.* **1** altura *f.* **2** tumulo *m.*

bartender [ˈbɑːˌtendə⁻] *s.* (*USA*) barista *m.* e *f.*

barter [ˈbɑːtə⁻] *s.* baratto *m.*, permuta *f.*

to barter [ˈbɑːtə⁻] *v. tr.* barattare, scambiare

base [beɪs] **A** *s.* **1** base *f.* **2** zoccolo *m.*, basamento *m.* **B** *agg.* basso, ignobile, vile

to base [beɪs] *v. tr.* basare, fondare

baseball [ˈbeɪsbɔːl] *s.* baseball *m. inv.*

basement [ˈbeɪsmənt] *s.* **1** seminterrato *m.* **2** basamento *m.*

to bash [bæʃ] *v. tr.* colpire con violenza

bashful [ˈbæʃf(ʊ)l] *agg.* timido

basic [ˈbeɪsɪk] *agg.* fondamentale, essenziale, di base

basically [ˈbeɪsɪklɪ] *avv.* fondamentalmente

basil [ˈbæzɪl] *s.* basilico *m.*

basilica [bəˈzɪlɪkə] *s.* basilica *f.*

basin [ˈbeɪsn] *s.* **1** bacino *m.* **2** bacinella *f.*, vasca *f.*

basis [ˈbeɪsɪs] *s.* (*pl.* **bases**) base *f.*

to bask [bɑːsk] *v. intr.* crogiolarsi

basket [ˈbɑːskɪt] *s.* cestino *m.*, canestro *m.*

basketball [ˈbɑːskɪtbɔːl] *s.* pallacanestro *f.*

bas-relief [ˈbæsrɪˌliːf] *s.* bassorilievo *m.*

bass [bæs] *s.* (*mus.*) basso *m.*

bassoon [bəˈsuːn] *s.* (*mus.*) fagotto *m.*

bastard [ˈbæstəd] *agg.* bastardo

to baste [beɪst] *v. tr.* **1** imbastire **2** (*cuc.*) ungere **3** (*fam.*) battere

bastion [ˈbæstɪən] *s.* bastione *m.*

bat (1) [bæt] *s.* pipistrello *m.*

bat (2) [bæt] *s.* **1** racchetta *f.* **2** mazza *f.*

to bat [bæt] *v. tr.* battere (le palpebre)

batch [bætʃ] *s.* **1** infornata *f.* **2** (*di merce*) gruppo *m.*, partita *f.*

to bate [beɪt] *v. tr.* **1** diminuire **2** trattenere ♦ **with bated breath** col fiato sospeso

bath [bɑːθ] *s.* **1** bagno *m.* **2** *al pl.* bagni *m. pl.* pubblici, terme *f. pl.* ♦ **b. towel** asciugamano; **b. tub** vasca da bagno; **bubble b.** bagnoschiuma; **to have a b.** fare il bagno

to bathe [beɪð] **A** *v. tr.* bagnare **B** *v. intr.* nuotare

bather [ˈbeɪðə⁻] *s.* bagnante *m.* e *f.*

bathing [ˈbeɪðɪŋ] *s.* il bagnarsi, i bagni *m. pl.* ♦ **b. hut** cabina; **b. suit** costume da bagno

bathrobe [ˈbɑːθrəʊb] *s.* accappatoio *m.*

bathroom [ˈbɑːθrʊm] *s.* stanza *f.* da bagno

baton [ˈbæt(ə)n] *s.* **1** sfollagente *m. inv.*, bastone *m.* **2** bacchetta *f.*

to batter [ˈbætə⁻] *v. tr. e intr.* battere, picchiare ♦ **to b. down** abbattere; **battered** sformato, malconcio

battery [ˈbætərɪ] *s.* batteria *f.*, pila *f.*

battle [ˈbætl] *s.* battaglia *f.* ♦ **b.-field** campo di battaglia; **b.-ship** nave da guerra

bawdy [ˈbɔːdɪ] *agg.* osceno

bawl [bɔːl] *s.* urlo *m.*

to bawl [bɔːl] *v. tr. e intr.* **1** urlare **2** piangere ♦ **to b. out** sgridare

bay (1) [beɪ] *s.* baia *f.*

bay (2) [beɪ] *s.* **1** (*arch.*) campata *f.* **2** recesso *m.*

bay (3) [beɪ] *s.* **1** (*bot.*) alloro *m.*

bay-window [ˌbeɪˈwɪndəʊ] *s.* bovindo *m.*

to be [biː, bɪ] (*pass.* **was**, *p. p.* **been**) *v.* **1** (*copula, ausiliare nelle forme passive*) essere (ES: **this is a dictionary** questo è un dizionario, **he was not chosen** non fu prescelto) **2** essere, esistere, stare, trovarsi, andare, venire, fare (ES: **to be or not to be** essere o non essere, **to be at school** essere a scuola, **he has been to Paris twice** è stato a Parigi due volte, **has anyone been here?** è venuto qualcuno?, **it is five o'clock** sono le cinque) **3** (*seguito da gerundio*) stare (ES: **how are you? what are you drinking?** cosa stai bevendo?) **4** (*preceduto da 'there'*) esserci (ES: **there was no one** non c'era nessuno) **5** stare (*di salute*) (ES: **how are you?** come stai?) **6** costare (ES: **how much is it?** quanto costa?) **7** avvenire, avere luogo (ES: **the party is tomorrow** la festa avrà luogo domani) **8** essere, fare (*di professione*) (ES: **he's a doctor** fa il medico) **9** (*seguito da infinito*) dovere, essere da (ES: **you are not to see him again** non devi vederlo più)

beach [biːtʃ] *s.* spiaggia *f.*, lido *m.* ♦ **b. umbrella** ombrellone

to beach [biːtʃ] *v. tr.* (*naut.*) tirare in secco

beacon [ˈbiːk(ə)n] *s.* **1** segnale *m.* **2** faro *m.*, meda *f.* ♦ **radio b.** radiofaro

bead [biːd] *s.* perlina *f.*, grano *m.*

beak [biːk] *s.* **1** becco *m.* **2** rostro *m.*

beam [biːm] *s.* **1** trave *f.* **2** raggio *m.* **3** (*naut.*) baglio *m.*

to beam [biːm] *v. intr.* sfavillare, brillare

beaming [ˈbiːmɪŋ] *agg.* splendente

bean [biːn] *s.* fagiolo *m.* ♦ **French b.** fagiolino

bear [beə⁻] *s.* **1** orso *m.* **2** (*Borsa*) ribasso *m.*

to bear [beə⁻] (*pass.* **bore**, *p. p.* **borne**, **born**) *v. tr.* **1** portare, reggere **2** tollerare, sopportare **3** generare, partorire, produrre ♦ **to b. away** portar via; **to be born** nascere; **to b. down** premere, sconfiggere; **to b. on** influire; **to b. oneself** comportarsi; **to b. out** convalidare; **to b. up** farsi forza

bearable [ˈbeərəbl] *agg.* sopportabile

beard [bɪəd] *s.* barba *f.*

bearded [ˈbɪədɪd] *agg.* barbuto

bearer [ˈbeərə⁻] *s.* portatore *m.*, latore *m.*

bearing [ˈbeərɪŋ] *s.* **1** rapporto *m.*, attinenza *f.* **2** condotta *f.*, comportamento *m.* **3** (*naut.*) rilevamento *m.* **4** supporto *m.* **5** (*mecc.*) cuscinetto *m.*

beast [biːst] *s.* bestia *f.*, animale *m.*

beastly [ˈbiːs(t)lɪ] *agg.* **1** bestiale **2** orribile, abominevole

beat [biːt] *s.* **1** colpo *m.* **2** battito *m.* **3** (*mus.*) battuta *f.*, ritmo *m.*

to beat [biːt] (*pass.* **beat**, *p. p.*, **beaten**, **beat**) *v. tr.* battere, colpire, percuotere ♦ **to b. about** perlustrare;

to b. off respingere; **to b. up** picchiare (*una perso-na*), sbattere (*le uova*)

beaten ['biːtn] **A** *p. p. di* **to beat B** *agg.* **1** battuto, picchiato **2** abbattuto

beating ['biːtɪŋ] *s.* **1** percossa *f. pl.* **2** sconfitta *f.*

beautician [bjuːˈtɪʃ(ə)n] *s.* estetista *m. e f.*

beautiful ['bjuːtəf(ʊ)l] *agg.* bello, piacevole

beauty ['bjuːtɪ] *s.* bellezza *f.*

beaver ['biːvə] *s.* castoro *m.*

became [bɪˈkeɪm] *pass. di* **to become**

because [bɪˈkɒz] *cong.* perché, poiché ♦ **b. of** a causa di

beck (1) [bek] *s.* cenno *m.*, segno *m.*

beck (2) [bek] *s.* ruscello *m.*

to beckon ['bek(ə)n] *v. tr.* chiamare con un cenno

to become [bɪˈkʌm] (*pass.* **became**, *p. p.* **become**) **A** *v. intr.* **1** diventare **2** accadere **B** *v. tr.* adattarsi a

becoming [bɪˈkʌmɪŋ] *agg.* adatto, conveniente

bed [bed] *s.* **1** letto *m.* **2** fondo *m.*, fondamento *m.*, strato *m.* sottostante **3** aiuola *f.* ♦ **b. and board** vitto e alloggio; **b. and breakfast** alloggio e prima colazione; **b. clothes** biancheria *f.* da letto; **b. cover** copriletto; **double b.** letto matrimoniale; **single b.** letto a una piazza

bedding ['bedɪŋ] *s.* biancheria *f.* da letto

bedlam ['bedləm] *s.* pandemonio *m.*

bedridden ['bedˌrɪdn] *agg.* costretto a letto

bedroom ['bedrʊm] *s.* camera *f.* da letto

bedside ['bedsaɪd] *s.* capezzale *m.* ♦ **b. carpet** scendiletto; **b. table** comodino

bedsitter [ˌbedˈsɪtə] *s.* monolocale *m.*

bedspread ['bedspred] *s.* copriletto *m.*

bedtime ['bedtaɪm] *s.* ora *f.* di andare a letto

bee [biː] *s.* ape *f.*

beech [biːtʃ] *s.* faggio *m.*

beef [biːf] *s.* manzo *m.*

beehive ['biːhaɪv] *s.* alveare *m.*

beeline ['biːlaɪn] *s.* linea *f.* retta

been [biːn] *p. p. di* **to be**

beep [biːp] *s.* trillo *m.*, bip *m. inv.*

beeper [biːpə] *s.* cicalino *m.*

beer [bɪə] *s.* birra *f.* ♦ **draught b.** birra alla spina

beet [biːt] *s.* barbabietola *f.*

beetle ['biːtl] *s.* scarafaggio *m.*

beetroot ['biːtruːt] *s.* barbabietola *f.* rossa

before [bɪˈfɔː] **A** *avv.* prima, in passato, già **B** *prep.* **1** prima di **2** davanti a, di fronte a **C** *cong.* prima che, prima di ♦ **b. long** presto, prossimamente

beforehand [bɪˈfɔːhænd] **A** *avv.* in anticipo, prima **B** *agg.* precipitoso

to beg [beg] **A** *v. tr.* **1** pregare, supplicare **2** chiedere **B** *v. intr.* chiedere l'elemosina ♦ **I b. your pardon** chiedo scusa

began [bɪˈgæn] *pass. di* **to begin**

beggar ['begə] *s.* **1** accattone *m.*, mendicante *m. e f.* **2** (*fam.*) individuo *m.*

to begin [bɪˈgɪn] (*pass.* **began**, *p. p.* **begun**) *v. tr. e intr.* cominciare, incominciare, iniziare ♦ **to b. again** ricominciare, **to b. with** per cominciare, anzitutto

beginner [bɪˈgɪnə] *s.* principiante *m. e f.*

beginning [bɪˈgɪnɪŋ] *s.* inizio *m.*, principio *m.*

begonia [bɪˈgəʊnjə] *s.* begonia *f.*

to begrudge [bɪˈgrʌdʒ] *v. tr.* **1** lesinare **2** invidiare

to beguile [bɪˈgaɪl] *v. tr.* ingannare, illudere

begun [bɪˈgʌn] *p. p. di* **to begin**

behalf [bɪˈhɑːf] *s.* **1 on b. of** per conto di **2 in b. of** a favore di

to behave [bɪˈheɪv] *v. intr.* **1** comportarsi **2** funzionare

behaviour [bɪˈheɪvjə] (*USA* **behavior**) *s.* **1** comportamento *m.*, condotta *f.* **2** funzionamento *m.*

to behead [bɪˈhed] *v. tr.* decapitare

beheld [bɪˈheld] *pass. e p. p. di* **to behold**

behind [bɪˈhaɪnd] **A** *avv.* **1** dietro, indietro **2** in ritardo **B** *prep.* dietro a

to behold [bɪˈhəʊld] (*pass. e p. p.* **beheld**) *v. tr.* vedere, scorgere, guardare

being ['biːɪŋ] *s.* l'essere *m.*, esistenza *f.*

belated [bɪˈleɪtɪd] *agg.* tardivo, tardo

to belay [bɪˈleɪ] *v. tr.* (*naut.*) legare, assicurare ♦ **belaying pin** caviglia

to belch [beltʃ] **A** *v. tr.* eruttare **B** *v. intr.* ruttare

belfry ['belfrɪ] *s.* campanile *m.*

Belgian ['beldʒ(ə)n] *agg. e s.* belga *m. e f.*

to belie [bɪˈlaɪ] *v. tr.* smentire

belief [bɪˈliːf] *s.* **1** credenza *f.*, fede *f.* **2** opinione *f.*, parere *m.* ♦ **beyond b.** incredibile

believable [bɪˈliːvəbl] *agg.* credibile

to believe [bɪˈliːv] **A** *v. tr.* **1** credere, prestar fede a **2** ritenere, pensare **B** *v. intr.* credere, aver fede, aver fiducia

believer [bɪˈliːvə] *s.* credente *m. e f.*

to belittle [bɪˈlɪtl] *v. tr.* sminuire

bell [bel] *s.* **1** campana *f.* **2** campanello *m.* ♦ **b. tower** campanile

belligerent [bɪˈlɪdʒər(ə)nt] *agg. e s.* belligerante *m.*

bellow ['beləʊ] *s.* **1** muggito *m.* **2** urlo *m.* **3** fragore *m.*

bellows ['beləʊz] *s. pl.* soffietto *s.*

belly ['belɪ] *s.* pancia *f.*, ventre *m.* ♦ **b. ache** mal di pancia

bellyful ['belɪfʊl] *s.* mangiata *f.*, scorpacciata *f.*

to belong [bɪˈlɒŋ] *v. intr.* **1** appartenere, far parte di **2** concernere, spettare **3** stare di posto

belongings [bɪˈlɒŋɪŋz] *s. pl.* roba *f.*, effetti *m. pl.* personali

beloved [bɪˈlʌvd] *agg.* adorato

below [bɪˈləʊ] **A** *avv.* sotto, in basso, giù **B** *prep.* sotto, al di sotto di ♦ **see b.** vedi oltre

belt [belt] *s.* **1** cintura *f.*, cinghia *f.* **2** fascia *f.*, zona *f.* ♦ **safety b.** cintura di sicurezza

to belt [belt] *v. tr.* **1** cingere con una cinghia **2** (*fam.*) percuotere, picchiare

beltway ['beltweɪ] *s.* (*USA*) circonvallazione *f.*

to bemuse [bɪˈmjuːz] *v. tr.* confondere, stupire

bench [ben(t)ʃ] *s.* **1** panca *f.*, panchina *f.* **2** banco *m.* **3** seggio *m.* ♦ **the B.** la magistratura

bend [bend] *s.* curva *f.*

to bend [bend] (*pass. e p. p.* **bent**) **A** *v. tr.* **1** curvare, flettere, piegare **2** sottomettere **B** *v. intr.* piegarsi, curvarsi

beneath [bɪˈniːθ] **A** *avv.* sotto, di sotto **B** *prep.* **1** sotto a **2** inferiore a, indegno di

benediction [ˌbenɪˈdɪkʃ(ə)n] s. benedizione f.

benefactor [ˈbenɪfæktə] s. benefattore m.

beneficence [bɪˈnefɪs(ə)ns] s. beneficenza f.

beneficial [benɪˈfɪʃ(ə)l] agg. che giova, che fa bene, vantaggioso

benefit [ˈbenɪfɪt] s. **1** beneficio m., giovamento m. **2** indennità f.

to benefit [ˈbenɪfɪt] v. tr. giovare a, beneficare ♦ **to b. by** giovarsi di, trarre vantaggio da

benevolent [bɪˈnevələnt] agg. **1** benevolo **2** benefico

benign [bɪˈnaɪn] agg. benigno, benevolo

bent (1) [bent] s. tendenza f., attitudine f.

bent (2) [bent] A p. p. di **to bend** B agg. **1** piegato, curvo **2** propenso **3** corrotto, disonesto **4** (pop.) omosessuale ♦ **to be b. on doing st.** essere propenso a fare q.c.

bequest [bɪˈkwest] s. (dir.) lascito m.

bereavement [bɪˈriːvmənt] s. perdita f., lutto m.

beret [ˈbereɪ] s. berretto m.

berry [ˈberɪ] s. **1** bacca f. **2** chicco m.

berth [bɜːθ] s. **1** cuccetta f. **2** ancoraggio m., ormeggio m.

to berth [bɜːθ] v. tr. e intr. attraccare, ormeggiare

to beseech [bɪˈsiːtʃ] (pass. e p. p. **besought**) v. tr. supplicare

to beset [bɪˈset] (pass. e p. p. **beset**) v. tr. **1** circondare **2** assalire

beside [bɪˈsaɪd] prep. presso, accanto ♦ **to be b. oneself** essere fuori di sé

besides [bɪˈsaɪdz] A avv. inoltre B prep. oltre a

to besiege [bɪˈsiːdʒ] v. tr. **1** assediare **2** importunare, tempestare

besought [bɪˈsɔːt] pass. e p. p. di **to beseech**

bespoke [bɪˈspəʊk] agg. fatto su misura

best [best] A agg. (sup. di **good**) (il) migliore B avv. (sup. di **well**) meglio C s. il meglio m. ♦ **at b.** nella migliore delle ipotesi, tutt'al più; **b. man** testimone (dello sposo); **the b.** il migliore, il meglio; **the b. part of** la maggior parte di

bestiary [ˈbestɪərɪ] s. bestiario m.

to bestow [bɪˈstəʊ] v. tr. concedere, conferire

bestowal [bɪˈstəʊ(ə)l] s. concessione f.

bet [bet] s. **1** scommessa f. **2** puntata f.

to bet [bet] (pass. e p. p. **bet**) v. tr. e intr. **1** scommettere **2** puntare

to betray [bɪˈtreɪ] v. tr. tradire

betrayal [bɪˈtre(ɪ)əl] s. tradimento m.

betrayer [bɪˈtreɪə] s. traditore m.

better (1) [ˈbetə] A agg. (comp. di **good**) migliore, meglio B avv. (comp. di **well**) **1** meglio **2** di più C s. il meglio m. ♦ **all the b.** tanto meglio; **b. and b.** sempre meglio; **b. still** ancora meglio; **I had b.** farei meglio a; **to get b.** migliorare; **to have the b. of** avere il meglio su; **to like b.** preferire; **you had b.** ti converrebbe

better (2) [ˈbetə] s. scommettitore m.

to better [ˈbetə] v. tr. e intr. migliorare, migliorarsi

betting [ˈbetɪŋ] s. scommesse f. pl. ♦ **b. shop** corse

between [bɪˈtwiːn] A prep. fra, tra B avv. **1** nel mezzo **2** nel frattempo

beverage [ˈbevərɪdʒ] s. bevanda f.

to beware [bɪˈweə] v. tr. e intr. guardarsi da, stare attento a ♦ **b. the dog** attenti al cane

to bewilder [bɪˈwɪldə] v. tr. disorientare, confondere

bewilderment [bɪˈwɪldəmənt] s. confusione f., perplessità f.

to bewitch [bɪˈwɪtʃ] v. tr. incantare, affascinare

bewitching [bɪˈwɪtʃɪŋ] agg. affascinante

beyond [bɪˈjɒnd] A prep. oltre, al di là di, al di sopra di B avv. oltre, al di là ♦ **b. belief** incredibile; **b. doubt** senza dubbio

bias [ˈbaɪəs] s. pregiudizio m., prevenzione f.

bias(s)ed [ˈbaɪəst] agg. prevenuto, parziale

bib [bɪb] s. bavaglino m.

Bible [ˈbaɪbl] s. bibbia f.

biblical [ˈbɪblɪk(ə)l] agg. biblico

bibliographic(al) [ˌbɪblɪəˈgræfɪk((ə)l)] agg. bibliografico

bibliography [ˌbɪblɪˈɒgrəfɪ] s. bibliografia f.

bibliophile [ˈbɪblɪəʊfaɪl] s. bibliofilo m.

bicarbonate [baɪˈkɑːbənɪt] s. bicarbonato m.

to bicker [ˈbɪkə] v. intr. litigare

bicoloured [ˌbaɪˈkʌləd] agg. bicolore

bicycle [ˈbaɪsɪkl] s. bicicletta f.

bid [bɪd] s. **1** offerta f. **2** tentativo m.

to bid [bɪd] (pass. **bid, bade**, p. p. **bidden, bid**) A v. tr. **1** dire, augurare **2** ordinare B v. intr. (a un'asta) fare un'offerta ♦ **to b. sb. farewell** dire addio a qc.; **to b. up** fare un'offerta superiore

bidder [ˈbɪdə] s. offerente m. e f.

to bide [baɪd] (pass. **bode**, p. p. **bided**) v. tr. (letter.) aspettare

biennial [baɪˈenɪəl] agg. biennale

bifocal [baɪˈfəʊk(ə)l] agg. bifocale

big [bɪg] agg. **1** grande, grosso **2** importante ♦ **b. dipper** montagne russe; **b. toe** alluce; **b. top** tendone da circo

bigamist [ˈbɪgəmɪst] s. bigamo m.

bigamy [ˈbɪgəmɪ] s. bigamia f.

big-headed [ˌbɪgˈhedɪd] agg. presuntuoso

big-hearted [ˌbɪgˈhɑːtɪd] agg. generoso

bike [baɪk] s. bicicletta f.

bilberry [ˈbɪlb(ə)rɪ] s. mirtillo m.

bilge [bɪldʒ] s. sentina f.

bilingual [baɪˈlɪŋgw(ə)l] agg. bilingue

bilingualism [baɪˈlɪŋgwəlɪz(ə)m] s. bilinguismo m.

bill (1) [bɪl] s. **1** conto m., fattura f., parcella f. **2** manifesto m., locandina f. **3** (USA) banconota f. **4** (comm.) effetto m., cambiale f. **5** bolla f., bolletta f., documento m. ♦ **b. of credit** lettera di credito; **b. of fare** lista delle vivande; **b. of sale** atto di vendita; **to ask for the b.** chiedere il conto

bill (2) [bɪl] s. becco m.

to bill [bɪl] v. tr. **1** (comm.) fatturare **2** mettere in programma

billboard [ˈbɪlbɔːd] s. tabellone m.

billet [ˈbɪlɪt] s. (mil.) alloggio m.

billfold [ˈbɪlfəʊld] s. (USA) portafoglio m.

billiards [ˈbɪljədz] s. pl. (v. al sing.) biliardo m. sing.

billion [ˈbɪljən] s. **1** bilione m. **2** (USA) miliardo m.

billionaire [ˌbɪljənˈeə] s. (USA) miliardario m.

bimonthly [baɪˈmʌnθlɪ] **A** agg. bimestrale **B** avv. ogni due mesi

bin [bɪn] s. bidone m., recipiente m.

to bind [baɪnd] (pass. e p. p. **bound**) **A** v. tr. **1** legare, fissare **2** rilegare **3** obbligare, impegnare **B** v. intr. **1** legare **2** (mecc.) grippare ♦ **to b. oneself to do st.** impegnarsi a fare q.c.

binder [ˈbaɪndər] s. **1** rilegatore m. **2** cartella f., fascetta f.

binding [ˈbaɪndɪn] **A** agg. **1** legante **2** impegnativo, obbligatorio **B** s. **1** copertina f., rilegatura f. **2** legame m., legatura f.

binge [bɪndʒ] s. (pop.) baldoria f.

binoculars [bɪˈnɒkjʊləz] s. pl. binocolo m.

biochemistry [ˌbaɪo(u)ˈkemɪstrɪ] s. biochimica f.

biodegradable [ˌbaɪo(u)dɪˈɡreɪdəb(ə)l] agg. biodegradabile

biographer [baɪˈɒɡrəfər] s. biografo m.

biographical [ˌbaɪo(u)ˈɡræfɪk(ə)l] agg. biografico

biography [baɪˈɒɡrəfɪ] s. biografia f.

biological [ˌbaɪəˈlɒdʒɪk(ə)l] agg. biologico

biologist [baɪˈɒlədʒɪst] s. biologo m.

biology [baɪˈɒlədʒɪ] s. biologia f.

birch [bɜːtʃ] s. betulla f.

bird [bɜːd] s. uccello m., volatile m. ♦ **b.'s eye view** veduta dall'alto; **to be an early b.** essere in anticipo

biro [ˈbaɪrəʊ] s. biro f. inv.

birth [bɜːθ] s. **1** nascita f. **2** origine f. ♦ **b. control** controllo delle nascite; **b. rate** indice di natalità; **to give b. to** partorire, procreare, causare

birthday [ˈbɜːθdeɪ] s. compleanno m.

birthplace [ˈbɜːθpleɪs] s. luogo m. di nascita

biscuit [ˈbɪskɪt] s. biscotto m.

to bisect [baɪˈsekt] v. tr. tagliare in due

bisexual [baɪˈseksjʊəl] agg. bisessuale

bishop [ˈbɪʃəp] s. **1** vescovo m. **2** (scacchi) alfiere m.

bishopric [ˈbɪʃəprɪk] s. vescovado m.

bison [ˈbaɪsn] s. bisonte m.

bistoury [ˈbɪstʊrɪ] s. bisturi m.

bit (1) [bɪt] s. **1** morso m., boccone m. **2** pezzo m., pezzetto m., un poco m. **3** (inf.) bit m. inv. ♦ **b. by b.** a poco a poco; **not a b.** niente affatto

bit (2) [bɪt] pass. di **to bite**

bitch [bɪtʃ] s. **1** cagna f., lupa f. **2** (volg.) puttana f.

bite [baɪt] s. **1** morso m., puntura f. **2** boccone m., spuntino m.

to bite [baɪt] (pass. **bit**, p. p. **bitten**) **A** v. tr. mordere, pungere **B** v. intr. abboccare ♦ **to get bitten** farsi imbrogliare

biting [ˈbaɪtɪn] agg. pungente, tagliente

bitten [ˈbɪtn] p. p. di **to bite**

bitter [ˈbɪtər] **A** agg. **1** amaro **2** pungente **3** aspro, duro **4** accanito **B** s. al pl. amaro m. ♦ **b.-sweet** agrodolce

bitterness [ˈbɪtənɪs] s. amarezza f., gusto m. amaro

biweekly [baɪˈwiːklɪ] **A** agg. bisettimanale **B** avv. ogni due settimane

biyearly [baɪˈjɪəlɪ] **A** agg. biennale **B** avv. ogni due anni

bizarre [bɪˈzɑːr] agg. bizzarro

to blab [blæb] **A** v. tr. spifferare **B** v. intr. fare la spia

black [blæk] agg. **1** nero, buio, scuro **2** clandestino, sommerso **3** lugubre, triste

blackberry [ˈblækb(ə)rɪ] s. mora f.

blackbird [ˈblækbɜːd] s. merlo m.

blackboard [ˈblækbɔːd] s. lavagna f.

blackcurrant [ˌblækˈkʌrənt] s. ribes m. nero

to blacken [ˈblæk(ə)n] v. tr. annerire, oscurare

blackleg [ˈblækleɡ] s. **1** imbroglione m. **2** crumiro m.

blackmail [ˈblækmeɪl] s. ricatto m.

to blackmail [ˈblækmeɪl] v. tr. ricattare

blackmailer [ˈblækmeɪlər] s. ricattatore m.

blackout [ˈblækaut] s. **1** oscuramento m. **2** svenimento m. **3** interruzione f. di corrente

blacksmith [ˈblæksmɪθ] s. fabbro m. ferraio, maniscalco m.

blackthorn [ˈblækθɔːn] s. pruno m.

bladder [ˈblædər] s. vescica f.

blade [bleɪd] s. **1** lama f., lametta f. **2** pala f. **3** filo m. d'erba ♦ **b.-bone** scapola

blame [bleɪm] s. **1** riprovazione f. **2** colpa f., responsabilità f.

to blame [bleɪm] v. tr. **1** biasimare **2** incolpare ♦ **to be to b.** essere colpevole

bland [blænd] agg. **1** gentile **2** blando

blank [blæŋk] **A** agg. **1** vuoto, in bianco, non riempito **2** vacuo **3** totale, completo **B** s. **1** lacuna f., spazio m. vuoto **2** (USA) modulo m.

blanket [ˈblæŋkɪt] s. coperta f.

blare [bleər] s. squillo m.

blasphemous [ˈblæsfɪməs] agg. blasfemo

blasphemy [ˈblæsfɪmɪ] s. bestemmia f.

blast [blɑːst] s. **1** raffica f. **2** scoppio m., esplosione f.

to blast [blɑːst] v. tr. **1** far esplodere **2** rovinare, distruggere **3** inaridire

blasted [ˈblɑːstɪd] agg. maledetto

blatant [ˈbleɪtənt] agg. **1** chiassoso **2** vistoso, plateale

blaze [bleɪz] s. **1** fiammata f., vampata f. **2** incendio m. **3** splendore m.

to blaze [bleɪz] v. intr. ardere, bruciare, sfavillare, risplendere

blazer [ˈbleɪzər] s. blazer m. inv.

bleach [bliːtʃ] s. candeggio m.

to bleach [bliːtʃ] v. tr. candeggiare

bleaching [ˈbliːtʃɪn] s. candeggio m.

bleak [bliːk] agg. **1** brullo **2** squallido, triste

bleary [ˈblɪərɪ] agg. offuscato, ottenebrato ♦ **b.-eyed** con lo sguardo annebbiato

to bleat [bliːt] v. intr. **1** belare **2** piagnucolare

to bleed [bliːd] (pass. e p. p. **bled**) v. intr. sanguinare

bleeding [ˈbliːdɪn] s. dissanguamento m., emorragia f.

bleeper [ˈbliːpər] s. cicalino m.

blemish [ˈblemɪʃ] s. macchia f., imperfezione f.

blend [blend] s. mescolanza f., miscela f.

to blend [blend] **A** v. tr. mescolare, fondere **B** v. intr. mescolarsi, fondersi

blending [ˈblendɪn] s. miscela f., mescolanza f.

to bless [bles] (pass. e p. p. **blessed, blest**) v. tr. benedire

blessing [ˈblesɪn] s. benedizione f.

blew [bluː] pass. di **to blow**

to blight [blaɪt] v. tr. 1 danneggiare 2 deludere

blimey ['blaɪmɪ] inter. (pop.) accidenti

blind [blaɪnd] A agg. 1 cieco 2 chiuso, nascosto, senza aperture B s. cortina f., persiana f.

to blind [blaɪnd] v. tr. 1 accecare 2 oscurare

blindfold ['blaɪn(d)fəʊld] A agg. con gli occhi bendati B avv. a occhi bendati, alla cieca C s. benda f.

to blindfold ['blaɪn(d)fəʊld] v. tr. bendare gli occhi a

blindness ['blaɪndnɪs] s. cecità f.

to blink [blɪŋk] v. intr. 1 ammiccare 2 lampeggiare

bliss [blɪs] s. beatitudine f.

blister ['blɪstər] s. vescica f., bolla f.

blithe [blaɪð] agg. allegro

blizzard ['blɪzəd] s. bufera f. di neve

to bloat [bləʊt] v. tr. e intr. gonfiare, gonfiarsi

blob [blɒb] s. 1 goccia f. 2 macchia f., grumo m.

block [blɒk] s. 1 blocco m. 2 ingorgo m., intasamento m. 3 grande edificio m., isolato m. ♦ **b. letters** stampatello; **b. of flats** caseggiato; **road b.** posto di blocco

to block [blɒk] v. tr. bloccare, ostruire

blockade [blɒ'keɪd] s. blocco m.

to blockade [blɒ'keɪd] v. tr. bloccare ♦ **to run the b.** forzare il blocco

blockhouse ['blɒkhaʊs] s. fortino m.

bloke [bləʊk] s. (fam.) individuo m., tipo m.

blond [blɒnd] agg. biondo

blood [blʌd] s. sangue m. ♦ **b. group** gruppo sanguigno; **b. heat** temperatura corporea; **b. poisoning** setticemia; **b. test** analisi del sangue

bloodhound ['blʌdhaʊnd] s. segugio m.

bloodshed ['blʌdʃed] s. spargimento m. di sangue, massacro m.

bloodshot ['blʌdʃɒt] agg. iniettato di sangue

bloody ['blʌdɪ] agg. 1 sanguinante 2 sanguinoso, cruento 3 sanguinario 4 (fam.) dannato, maledetto ♦ **b.-minded** scontroso, indisponente

bloom [bluːm] s. fiore m., fioritura f.

to bloom [bluːm] v. intr. fiorire

blooming ['bluːmɪŋ] agg. fiorente

blossom ['blɒsəm] s. fiore m., fioritura f.

to blossom ['blɒsəm] v. intr. fiorire, essere in fiore

blot [blɒt] s. 1 macchia f. 2 difetto m.

to blot [blɒt] v. tr. 1 macchiare 2 assorbire, asciugare ♦ **blotting-paper** carta assorbente; **to b. out** offuscare, nascondere; **to b. up** prosciugare

blotch [blɒtʃ] s. macchia f.

to blotch [blɒtʃ] A v. tr. macchiare B v. intr. coprirsi di macchie

blouse [blaʊz] s. camicetta f.

blow (1) [bləʊ] s. soffio m., raffica f. ♦ **b.-dry** asciugatura dei capelli con il fon

blow (2) [bləʊ] s. colpo m., percossa f., pugno m.

to blow [bləʊ] (pass. **blew**, p. p. **blown**) A v. intr. 1 soffiare 2 ansimare 3 (di pneumatico) scoppiare B v. tr. 1 soffiare, spingere (soffiando) 2 far saltare 3 (strumento a fiato) suonare ♦ **to b. away** volare via; **to b. down** abbattere; **to b. out** spegnere, scoppiare; **to b. over** esaurirsi; **to b. up** esplodere, far saltare in aria, gonfiare, (fot.) ingrandire

blue [bluː] A agg. 1 azzurro, blu 2 depresso, triste 3 (fam.) (di film) osceno, pornografico B s. 1 blu m. 2 al pl. (fam.) tristezza f., depressione f. ♦ **out of the b.** all'improvviso

bluebell ['bluː(ː)bel] s. campanula f.

bluebottle ['bluːˌbɒtl] s. 1 (zool.) moscone m. 2 (bot.) fiordaliso m.

bluff [blʌf] A agg. 1 ripido, scosceso 2 brusco B s. 1 scogliera f. 2 promontorio m.

bluff (2) [blʌf] s. bluff m. inv.

to bluff [blʌf] v. tr. bluffare, ingannare

blunder ['blʌndər] s. errore m., strafalcione m.

blunt [blʌnt] agg. 1 smussato, spuntato 2 ottuso 3 brusco

blur [blɜːr] s. apparenza f. confusa

blurb [blɜːb] s. (fam.) 1 trafiletto m. pubblicitario 2 (di libro) fascetta f.

to blurt [blɜːt] v. tr. lasciarsi sfuggire, dire senza riflettere

blush [blʌʃ] s. rossore m.

to blush [blʌʃ] v. intr. arrossire

blustering ['blʌst(ə)rɪŋ] agg. 1 rumoroso 2 infuriato

boar [bɔːr] s. cinghiale m.

board [bɔːd] s. 1 asse f., tavola f. 2 cartellone m. 3 mensa f., vitto m. 4 comitato m., consiglio m. 5 (naut.) bordo m. 6 al pl. (teatro) palcoscenico m. ♦ **b. and lodging** vitto e alloggio; **full b.** pensione completa; **half b.** mezza pensione; **ironing b.** asse da stiro; **on b.** a bordo

to board [bɔːd] A v. tr. 1 ospitare 2 imbarcarsi su B v. intr. 1 essere a pensione 2 imbarcarsi

boarding ['bɔːdɪŋ] s. 1 tavolato m. 2 imbarco m. ♦ **b. card/pass** carta d'imbarco; **b. house** pensione; **b. school** collegio

boast [bəʊst] s. vanto m.

to boast [bəʊst] v. tr. e intr. vantare, vantarsi

boaster ['bəʊstər] s. gradasso m., spaccone m., sbruffone m.

boat [bəʊt] s. barca f., battello m., imbarcazione f., nave f. ♦ **b. race** regata; **fishing b.** peschereccio; **motor b.** barca a motore; **row(ing) b.** barca a remi; **sail(ing) b.** barca a vela

boating ['bəʊtɪŋ] s. canottaggio m.

boatman ['bəʊtmən] s. (pl. **boatmen**) barcaiolo m.

boatswain ['bəʊs(ə)n] s. nostromo m.

to bob [bɒb] v. tr. muovere, muoversi avanti e indietro ♦ **to b. for** cercare di afferrare; **to b. up** saltar fuori

bobby ['bɒbɪ] s. (fam.) poliziotto m.

to bode [bəʊd] v. intr. presagire ♦ **to b. well** essere di buon augurio

bodily ['bɒdɪlɪ] A agg. fisico, corporale B avv. 1 in persona 2 in massa 3 interamente

body ['bɒdɪ] s. 1 corpo m., struttura f. 2 busto m., tronco m. 3 massa f. 4 carrozzeria f., fusoliera f. 5 corporazione f., società f. 6 (miner.) giacimento m. ♦ **(dead) b.** cadavere; **b. work** carrozzeria

bodyguard ['bɒdɪgɑːd] s. guardia f. del corpo

bog [bɒg] s. acquitrino m., palude f.

to bog [bɒg] v. intr. impantanarsi

to boggle ['bɒgl] v. intr. 1 trasalire 2 esitare

boggy ['bɒgɪ] agg. paludoso

bogus ['bəʊgəs] *agg.* artefatto, finto
to boil [bɔɪl] *v. tr. e intr.* bollire, lessare ♦ **boiled beef** lesso; **to b. away** evaporare bollendo; **to b. down** ridursi; **to b. over** traboccare bollendo; **to b. up** riscaldare
boiler ['bɔɪlə'] *s.* caldaia *f.*, scaldabagno *m.* ♦ **b. suit** tuta da lavoro
boiling ['bɔɪlɪŋ] **A** *agg.* bollente **B** *s.* ebollizione *f.* ♦ **b. point** punto di ebollizione
boisterous ['bɔɪst(ə)rəs] *agg.* **1** chiassoso **2** turbolento
bold [bəʊld] *agg.* **1** baldo, audace **2** sfacciato
boldface ['bəʊldfeɪs] *s.* neretto *m.*
bollard ['bɒləd] *s.* bitta *f.*
to bolster ['bəʊlstə'] *v. tr.* sostenere ♦ **to b. up** rinforzare
bolt [bəʊlt] *s.* **1** chiavistello *m.*, spranga *f.* **2** bullone *m.* **3** freccia *f.* **4** fulmine *m.* **5** balzo *m.* **6** rotolo *m.*
to bolt [bəʊlt] **A** *v. tr.* **1** sprangare **2** imbullonare **3** (*USA*) disertare, abbandonare **B** *v. intr.* scappare ♦ **to b. down** tranguggiare
bomb [bɒm] *s.* bomba *f.*
bombardment [bɒm'bɑːdmənt] *s.* bombardamento *m.*
bombastic [bɒm'bæstɪk] *agg.* ampolloso
bomber ['bɒmə'] *s.* bombardiere *m.*
bombing ['bɒmɪŋ] *s.* bombardamento *m.*
bombshell ['bɒmʃel] *s.* **1** bomba *f.* **2** (*fig.*) notizia *f.* esplosiva
bond [bɒnd] *s.* **1** legame *m.*, vincolo *m.* **2** impegno *m.*, accordo *m.* **3** (*econ.*) obbligazione *f.* **4** cauzione *f.* ♦ **goods in b.** merci in attesa di sdoganamento
bondage ['bɒndɪdʒ] *s.* schiavitù *f.*
bone [bəʊn] *s.* **1** osso *m.* **2** lisca *f.*, spina *f.* **3** *al pl.* scheletro *m.*, ossatura *f.* ♦ **b. china** porcellana
to bone [bəʊn] *v. tr.* **1** disossare **2** togliere le spine a ♦ **to b. up** (*USA, fam.*) sgobbare
bonfire ['bɒn,faɪə'] *s.* falò *m.*
bonnet ['bɒnɪt] *s.* **1** cuffia *f.* **2** cofano *m.*
bonus ['bəʊnəs] *s.* **1** indennità *f.*, premio *m.* **2** (*econ.*) dividendo *m.* straordinario
bony ['bəʊnɪ] *agg.* **1** osseo **2** ossuto **3** pieno di lische
to boo [buː] *v. tr. e intr.* fischiare, disapprovare
booby ['buːbɪ] *s.* sciocco ♦ **b. trap** trappola, scherzo
book [bʊk] *s.* **1** libro *m.*, volume *m.* **2** registro *m.* **3** blocchetto *m.* ♦ **b. mark** segnalibro; **b. reset** leggio; **note b.** quaderno per appunti
to book [bʊk] *v. tr.* **1** annotare **2** prenotare, fissare **3** multare ♦ **b. a seat on a train** prenotare un posto in treno; **to b. in** riservare una stanza (*in albergo*)
bookbindery ['bʊk,baɪndərɪ] *s.* legatoria *f.*
bookcase ['bʊkkeɪs] *s.* libreria *f.*, scaffale *m.* per libri
booking ['bʊkɪŋ] *s.* prenotazione *f.* ♦ **b. office** biglietteria, ufficio prenotazioni; **to cancel a b.** annullare una prenotazione
bookish ['bʊkɪʃ] *agg.* libresco
book-keeper ['bʊk,kiːpə'] *s.* contabile *m. e f.*
booklet ['bʊklɪt] *s.* libretto *m.*, opuscolo *m.*
bookmaker ['bʊk,meɪkə'] *s.* allibratore *m.*
bookseller ['bʊk,selə'] *s.* libraio *m.*
bookshop ['bʊkʃɒp] *s.* libreria *f.*
bookstall ['bʊk,stɔːl] *s.* edicola *f.*

bookstore ['bʊk,stɔː] *s.* (*USA*) libreria *f.*
boom (1) [buːm] *s.* **1** (*econ.*) boom *m. inv.* **2** aumento *m.* improvviso
boom (2) [buːm] *s.* **1** (*naut.*) boma *m.* **2** (*TV*) giraffa *f.*
boom (3) [buːm] *s.* rimbombo *m.*
to boom (1) [buːm] *v. intr.* prosperare, espandersi
to boom (2) [buːm] *v. intr.* rimbombare
boon [buːn] *s.* vantaggio *m.*
boor [bʊə'] *agg.* maleducato, cafone
boorish ['bʊərɪʃ] *agg.* maleducato, cafone
boost [buːst] *s.* **1** spinta *f.*, impulso *m.* **2** aumento *m.*
boot [buːt] *s.* **1** stivale *m.*, scarpone *m.* **2** (*autom.*) bagagliaio *m.*
booth [buːð] *s.* **1** cabina *f.* **2** bancarella *f.*
booty ['buːtɪ] *s.* bottino *m.*
booze ['buːz] *s.* (*pop.*) bevanda *f.* alcolica
boozer ['buːzə'] *s.* (*pop.*) bevitore *m.*
border ['bɔːdə'] *s.* **1** bordo *m.*, confine *m.*, orlo *m.* **2** frontiera *f.*
to border ['bɔːdə'] *v. tr.* **1** orlare, delimitare **2** confinare con ♦ **to b. on** rasentare
borderline ['bɔːdəlaɪn] **A** *s.* linea *f.* di demarcazione **B** *agg.* **1** di confine, ai limiti del consentito **2** incerto
bore (1) [bɔː'] *s.* **1** foro *m.* **2** (*mecc.*) alesaggio *m.*
bore (2) [bɔː'] *s.* scocciatore *m.*
bore (3) [bɔː'] *pass. di* **to bear**
to bore (1) [bɔː'] *v. tr.* trivellare, perforare, trapanare
to bore (2) [bɔː'] *v. tr.* seccare, annoiare ♦ **to be bored** annoiarsi
boredom ['bɔːdəm] *s.* noia *f.*, uggia *f.*
boring ['bɔːrɪŋ] *agg.* noioso, seccante
born [bɔːn] **A** *p. p. di* **to bear B** *agg.* nato, generato
borne [bɔːn] *p. p. di* **to bear**
borough ['bʌrə] *s.* **1** borgo *m.*, cittadina *f.* **2** (*di città*) circoscrizione *f.* amministrativa
to borrow ['bɒrəʊ] *v. tr.* prendere in prestito
bosom ['bʊzəm] *s.* **1** seno *m.* **2** affetto *m.*
boss [bɒs] *s.* padrone *m.*, capo *m.*
bossy ['bɒsɪ] *agg.* prepotente, autoritario
botanic(al) [bə'tænɪk((ə)l)] *agg.* botanico
both [bəʊθ] *agg. e pron.* entrambi, entrambe ♦ **b. ... and ...** sia ... sia ..., insieme
bothany ['bɒtənɪ] *s.* botanica *f.*
bother ['bɒðə'] *s.* disturbo *m.*, seccatura *f.*
to bother ['bɒðə'] **A** *v. tr.* assillare, disturbare **B** *v. intr.* disturbarsi, preoccuparsi
bothersome ['bɒðəsəm] *agg.* fastidioso
bottle ['bɒtl] *s.* **1** bottiglia *f.* **2** bombola *f.* **3** biberon *m. inv.* ♦ **b. feeding** allattamento artificiale; **b. neck** collo di bottiglia, strozzatura; **b. opener** apribottiglie
to bottle ['bɒtl] *v. tr.* imbottigliare ♦ **to b. up** bloccare (il traffico), contenere
bottom ['bɒtəm] **A** *agg.* inferiore, ultimo (*in basso*) **B** *s.* **1** fondo *m.*, parte *f.* inferiore **2** carena *f.* **3** (*fam.*) sedere *m.*
bottomless ['bɒtəmlɪs] *agg.* sfondato
bough [baʊ] *s.* ramo *m.*
bought [bɔːt] *pass. e p. p. di* **to buy**
bouillon ['buːjɒŋ] *s.* brodo *m.* ♦ **b. cube** dado da brodo

boulder ['bəʊldə'] *s.* masso *m.*

boulevard ['buːl(ə)vɑːd] *s.* viale *m.*

boulter ['bəʊltə'] *s.* palamito *m.*

to bounce [baʊns] **A** *v. tr.* **1** far rimbalzare **2** respingere **B** *v. intr.* **1** rimbalzare **2** balzare **3** (*di assegno*) essere respinto

bound (1) [baʊnd] **A** *pass. e p. p. di* **to bind B** *agg.* **1** legato **2** costretto, obbligato **3** rilegato ♦ **b. to** destinato a; **to be b. for** essere diretto a

bound (2) [baʊnd] *s.* limite *m.*, confine *m.*

bound (3) [baʊnd] *s.* salto *m.*, balzo *m.*

boundary ['baʊnd(ə)rɪ] *s.* confine *m.*, frontiera *f.*, contorno *m.*

boundless ['baʊndlɪs] *agg.* illimitato

bouquet [buːˈkeɪ] *s.* mazzetto *m.*

bourgeois ['bʊəʒwɑː] *agg.* borghese

bourgeoisie [ˌbʊəʒwɑːˈziː] *s.* borghesia *f.*

bout [baʊt] *s.* **1** prova *f.* **2** (*med.*) attacco *m.* **3** incontro *m.*, gara *f.*

bovine ['bəʊvaɪn] *agg.* bovino

bow (1) [bəʊ] *s.* **1** arco *m.* **2** (*mus.*) archetto *m.* **3** fiocco *m.*, nodo *m.* ♦ **b. tie** cravatta a farfalla

bow (2) [bəʊ] *s.* inchino *m.*

bow (3) [baʊ] *s.* (*naut.*) prua *f.*

to bow [baʊ] **A** *v. tr.* piegare, curvare **B** *v. intr.* **1** chinarsi, curvarsi **2** sottomettersi

bowel ['baʊəl] *s.* intestino *m.*

bower ['baʊə'] *s.* pergolato *m.*

bowl [bəʊl] *s.* **1** coppa *f.*, ciotola *f.*, scodella *f.* **2** boccia *f.* ♦ **game of bowls** gioco delle bocce

bowler ['bəʊlə'] *s.* bombetta *f.*

bowling ['bəʊlɪŋ] *s.* bowling *m. inv.* ♦ **b. green** bocciodromo

bowman ['bəʊmən] *s.* (*pl.* **bowmen**) arciere *m.*

bowsprit ['bəʊsprɪt] *s.* bompresso *m.*

box (1) [bɒks] *s.* **1** cassa *f.*, cassetta *f.* **2** scatola *f.* **3** palco *m.* **4** riquadro *m.*, casella *f.* **5** cabina *f.* **6** (*USA, fam.*) televisione *f.* ♦ **b. office** botteghino; **letter b.** cassetta per le lettere; **P.O. b.** casella postale

box (2) [bɒks] *s.* pugno *m.*, schiaffo *m.*

box (3) [bɒks] *s.* bosso *m.*

to box (1) [bɒks] *v. tr.* inscatolare

to box (2) [bɒks] *v. intr.* **1** fare a pugni **2** fare il pugile

boxer ['bɒksə'] *s.* pugile *m.*

boxing (1) ['bɒksɪŋ] *s.* imballaggio *m.*, inscatolamento *m.*

boxing (2) ['bɒksɪŋ] *s.* pugilato *m.*

boy [bɔɪ] *s.* **1** ragazzo *m.* **2** figlio *m.* **3** garzone *m.* ♦ **little b.** bambino

to boycott ['bɔɪkɒt] *v. tr.* boicottare

boyfriend ['bɔɪfrend] *s.* ragazzo *m.*, fidanzato *m.*

boyhood ['bɔɪhʊd] *s.* fanciullezza *f.*

bra [brɑː] *s.* reggiseno *m.*

brace [breɪs] *s.* **1** sostegno *m.* **2** *al pl.* bretelle *f. pl.*

to brace [breɪs] *v. tr.* **1** sostenere **2** rinforzare ♦ **to b. oneself** farsi coraggio

bracelet ['breɪslɪt] *s.* braccialetto *m.*

bracing ['breɪsɪŋ] *agg.* tonificante

bracken ['brækən] *s.* felce *f.*

bracket ['brækɪt] *s.* **1** parentesi *f.* **2** supporto *m.*, mensola *f.*

bradyseism ['brædɪsaɪz(ə)m] *s.* bradisismo *m.*

to brag [bræg] *v. tr. e intr.* vantare, vantarsi

to braid [breɪd] *v. tr.* intrecciare

brain [breɪn] *s.* **1** cervello *m.* **2** *al pl.* ingegno *m.*

brainchild ['breɪntʃaɪld] *s.* (*fam.*) idea *f.*, creazione *f.*

brainwashing ['breɪnˌwɒʃɪŋ] *s.* lavaggio *m.* del cervello

braise [breɪz] *v. tr.* brasare

brake [breɪk] *s.* freno *m.*

to brake [breɪk] *v. tr.* frenare

bramble ['bræmbl] *s.* rovo *m.*

bran [bræn] *s.* crusca *f.*

branch [brɑːn(t)ʃ] *s.* **1** ramo *m.* **2** diramazione *f.* **3** sezione *f.*, succursale *f.*

to branch [brɑːn(t)ʃ] *v. intr.* **1** ramificare **2** diramarsi ♦ **to b. out** intraprendere una nuova attività

brand [brænd] *s.* **1** marca *f.* **2** marchio *m.* ♦ **b. new** nuovo di zecca

to brand [brænd] *v. tr.* marcare

to brandish ['brændɪʃ] *v. tr.* brandire

brandy ['brændɪ] *s.* acquavite *f.*

brash [bræʃ] *agg.* insolente, arrogante

brass [brɑːs] **A** *agg.* di ottone **B** *s.* **1** ottone *m.* **2** *al pl.* (*mus.*) ottoni *m. pl.* ♦ **b. band** fanfara

brassiere ['bræsɪə'] *s.* reggiseno *m.*

brat [bræt] *s.* (*spreg.*) marmocchio *m.*

brave [breɪv] *agg.* coraggioso, valoroso

to brave [breɪv] *v. tr.* sfidare, affrontare

brawl [brɔːl] *s.* rissa *f.*, tafferuglio *m.*

to brawl [brɔːl] *v. intr.* litigare, schiamazzare

brawny ['brɔːnɪ] *agg.* muscoloso

bray [breɪ] *s.* raglio *m.*

to bray [breɪ] *v. intr.* ragliare

brazen ['breɪzn] *agg.* sfacciato, sfrontato

brazier ['breɪzjə'] *s.* braciere *m.*

breach [briːtʃ] *s.* **1** rottura *f.*, breccia *f.* **2** violazione *f.*, infrazione *f.*

bread [bred] *s.* pane *m.* ♦ **wholemeal b.** pane integrale

to bread [bred] *v. tr.* (*cuc.*) impanare

breadstick ['bredstɪk] *s.* grissino *m.*

breadth [bredθ] *s.* larghezza *f.*, ampiezza *f.*

breadwinner ['bredˌwɪnə'] *s.* il sostegno *m.* della famiglia

break [breɪk] *s.* **1** rottura *f.* **2** interruzione *f.*, intervallo *m.*, pausa *f.* **3** (*fam.*) opportunità *f.* **4** violazione *f.*, irregolarità *f.*

to break [breɪk] (*pass.* **broke**, *p. p.* **broken**) **A** *v. tr.* **1** rompere, spezzare **2** infrangere, venir meno a **3** (*un record*) battere, superare **4** interrompere **5** rovinare **B** *v. intr.* **1** rompersi, spezzarsi **2** interrompersi, fare una pausa **3** diffondersi **4** (*di tempesta*) scoppiare ♦ **to b. away** allontanarsi; **to b. down** (*mecc.*) guastarsi, fallire, abbattere, crollare; **to b. even** chiudere in pareggio; **to b. in** irrompere, interrompere; **to b. off** staccare, interrompere; **to b. out** scoppiare, liberarsi da; **to b. through** sfondare, superare; **to b. up** distruggere, fare a pezzi, disperdere

breakage ['breɪkɪdʒ] *s.* **1** rottura *f.* **2** danni *m. pl.*

breakdown ['breɪkdaʊn] *s.* **1** (*mecc.*) guasto *m.*, (*naut.*) avaria *f.* **2** collasso *m.*, esaurimento *m.* **3** insuccesso *m.*, rottura *f.*

breakfast ['brekfəst] *s.* (prima) colazione *f.*

break-in ['breɪkɪn] *s.* irruzione *f.*

breaking ['breɪkɪŋ] *s.* **1** rottura *f.*, frattura *f.* **2** infrazione *f.* ♦ **b. and entering** violazione di domicilio con effrazione; **b.-point** punto di rottura

breakthrough ['breɪkθruː] *s.* **1** (*mil.*) sfondamento *m.* **2** passo *m.* in avanti

breakup ['breɪkʌp] *s.* disfacimento *m.*

breakwater ['breɪkˌwɔːtə'] *s.* frangiflutti *m. inv.*

breast [brest] *s.* petto *m.*, seno *m.* ♦ **b. pocket** taschino

to breast [brest] *v. tr.* **1** affrontare, tener testa a **2** scalare

breastbone ['bres(t)bəʊn] *s.* sterno *m.*

to breast-feed ['bres(t)fiːd] (*pass. e p. p.* **breast-fed**) *v. tr.* allattare al seno

breaststroke ['bres(t)strəʊk] *s.* nuoto *m.* a rana

breath [breθ] *s.* **1** fiato *m.*, respiro *m.* **2** soffio *m.* **3** mormorio *m.* ♦ **to be out of b.** essere senza fiato

to breathe [briːð] *v. tr. e intr.* respirare ♦ **to b. in/out** inspirare/espirare

breathing ['briːðɪŋ] *s.* respirazione *f.*, respiro *m.*

breathless ['breθlɪs] *agg.* **1** senza fiato, ansante **2** esanime

breathtaking ['breθˌteɪkɪŋ] *agg.* mozzafiato

bred [bred] *pass. e p. p. di* **to breed**

breed [briːd] *s.* (*zool.*) razza *f.*, (*bot.*) varietà *f.*

to breed [briːd] (*pass. e p. p.* **bred**) **A** *v. tr.* **1** generare, riprodurre **2** allevare, educare **B** *v. intr.* **1** (*di animali*) riprodursi, generare **2** originarsi

breeding ['briːdɪŋ] *s.* **1** allevamento *m.* **2** procreazione *f.*, riproduzione *f.* **3** educazione *f.*

breeze [briːz] *s.* brezza *f.*

breezy ['briːzɪ] *agg.* **1** ventilato **2** allegro

brew [bruː] *s.* **1** infuso *m.*, miscela *f.* **2** (*di birra*) fermentazione *f.*

to brew [bruː] **A** *v. tr.* **1** fare un infuso **2** fare la birra **3** preparare il tè **B** *v. intr.* **1** essere in fermentazione, essere in infusione **2** prepararsi

brewer ['bruːə'] *s.* birraio *m.*

briar ['braɪə'] *s.* **1** erica *f.* **2** pipa *f.* di radica

bribe [braɪb] *s.* bustarella *f.*, tangente *f.*

bribery ['braɪbərɪ] *s.* corruzione *f.*

brick [brɪk] *s.* mattone *m.*, laterizio *m.*

bricklayer ['brɪkˌle(ɪ)ə'] *s.* muratore *m.*

bridal ['braɪdl] *agg.* nuziale

bride [braɪd] *s.* sposa *f.* ♦ **b.'s cake** torta nuziale

bridegroom ['braɪdgrum] *s.* sposo *m.*

bridesmaid ['braɪdzmeɪd] *s.* damigella *f.* d'onore

bridge [brɪdʒ] *s.* **1** ponte *m.* **2** (*gioco*) bridge *m. inv.* ♦ **swing b.** ponte girevole

to bridge [brɪdʒ] *v. tr.* **1** costruire un ponte su, collegare con un ponte **2** (*fig.*) colmare ♦ **to b. over** essere d'aiuto a

bridle ['braɪdl] *s.* briglia *f.*

brief [briːf] **A** *agg.* breve **B** *s.* **1** riassunto *m.* **2** (*dir.*) memoria *f.*, fascicolo *m.* **3** direttive *f. pl.*, istruzioni *f. pl.* **4** *al pl.* mutande *f. pl.*

to brief [briːf] *v. tr.* **1** riassumere **2** dare istruzioni a,

ragguagliare

briefcase ['briːfkeɪs] *s.* cartella *f.* (portadocumenti)

briefing ['briːfɪŋ] *s.* briefing *m. inv.*

brig [brɪg] *s.* (*naut.*) brigantino *m.*

bright [braɪt] *agg.* **1** luminoso, brillante **2** vivace, sveglio (*fig.*)

to brighten ['braɪtn] **A** *v. tr.* **1** ravvivare, far brillare **2** rallegrare **B** *v. intr.* **1** illuminarsi, schiarirsi **2** rallegrarsi

brightness ['braɪtnɪs] *s.* **1** luminosità *f.* **2** vivacità *f.*, intelligenza *f.*

brights [braɪts] *s. pl.* (*USA*) (*autom.*) abbaglianti *m. pl.*

brilliance ['brɪljəns] *s.* **1** brillantezza *f.*, splendore *m.* **2** vivacità *f.*

brilliant ['brɪljənt] *agg.* **1** brillante **2** splendido

brim [brɪm] *s.* **1** orlo *m.*, margine *m.* **2** (*di cappello*) falda *f.*

brine [braɪn] *s.* salamoia *f.*

to bring [brɪŋ] (*pass. e p. p.* **brought**) *v. tr.* **1** portare, prendere con sé **2** causare, produrre **3** persuadere ♦ **to b. about** causare, determinare; **to b. along** condurre con sé; **to b. back** riportare, restituire; **to b. down** far calare, abbattere; **b. forward** anticipare, avanzare (*proposte*); **to b. off** portare a termine; **to b. out** tirare fuori, far uscire (*un prodotto, un libro*); **to b. round** convincere; **b. up** allevare, educare, sollevare (*una questione*)

brink [brɪŋk] *s.* orlo *m.*, margine *m.*

brisk [brɪsk] *agg.* svelto, vivace

bristle ['brɪsl] *s.* setola *f.*

British ['brɪtɪʃ] *agg.* britannico

brittle ['brɪtl] *agg.* fragile

broach [brəʊtʃ] *s.* **1** spiedo *m.* **2** guglia *f.*

to broach [brəʊtʃ] *v. tr.* **1** (*una botte*) spillare **2** (*una bottiglia*) stappare **3** (*un argomento*) affrontare

broad [brɔːd] *agg.* **1** largo, esteso **2** evidente, chiaro **3** marcato, spiccato **4** generale, essenziale ♦ **b.-minded** tollerante

broadcast ['brɔːdkɑːst] *s.* (*radio*, *TV*) trasmissione *f.*

to broadcast ['brɔːdkɑːst] (*pass. e p. p.* **broadcast**) *v. tr.* (*radio*, *TV*) trasmettere

to broaden ['brɔːdn] **A** *v. tr.* allargare **B** *v. intr.* allargarsi

broadness ['brɔːdnɪs] *s.* larghezza *f.*

brocade [brə'keɪd] *s.* broccato *m.*

broccoli ['brɒkəlɪ] *s.* broccolo *m.*

brochure ['brəʊʃuə'] *s.* opuscolo *m.*

to broil [brɔɪl] **A** *v. tr.* cuocere (*allo spiedo, alla griglia*) **B** *v. intr.* bruciare, arrostirsi

broken ['brəʊk(ə)n] **A** *p. p. di* **to break B** *agg.* **1** rotto, spezzato **2** interrotto **3** indebolito ♦ **b. ground** terreno accidentato; **b.-hearted** dal cuore spezzato; **b. sleep** sonno agitato

broker ['brəʊkə'] *s.* mediatore *m.*, agente *m.*, broker *m. inv.*

brolly ['brɒlɪ] *s.* (*pop.*) ombrello *m.*

bronchitis [brɒŋ'kaɪtɪs] *s.* bronchite *f.*

bronchopneumonia [ˌbrɒŋkəʊ(ʊ)njuː(ː)'məʊnjə] *s.* broncopolmonite *f.*

bronze [brɒnz] *s.* bronzo *m.*

brooch [brəʊtʃ] *s.* spilla *f.*

brood [bruːd] s. nidiata f., covata f.

to brood [bruːd] v. tr. e intr. **1** covare **2** (fig.) meditare, rimuginare

brook [brʊk] s. ruscello m.

broom [brum] s. **1** ginestra f. **2** ramazza f., scopa f.

broth [brɒθ] s. brodo m.

brothel ['brɒθl] s. postribolo m.

brother ['brʌðər] s. fratello m. ◆ **b.-in-law** cognato

brought [brɔːt] pass. e p. p. di **to bring**

brow [braʊ] s. **1** fronte f. **2** al pl. sopracciglia f. pl. **3** orlo m.

brown [braʊn] **A** agg. bruno, castano **B** s. marrone m. ◆ **b. bread** pane nero

to browse [braʊz] v. intr. **1** brucare **2** girellare

bruise [bruːz] s. ammaccatura f., contusione f., livido m.

to bruise [bruːz] v. tr. e intr. ammaccare, farsi un livido

brunt [brʌnt] s. urto m.

brush [brʌʃ] s. **1** spazzola f., spazzolino m. **2** pennello m. **3** boscaglia f. ◆ **hair b.** spazzola per capelli; **shaving b.** pennello da barba

to brush [brʌʃ] v. tr. **1** spazzolare **2** sfiorare ◆ **to b. away/aside** cacciar via, scostare; **to b. off** rifiutare seccamente, ignorare; **to b. up** dare una ripassata

brusque [bruː(ː)sk] agg. brusco

Brussels sprouts [ˌbrʌs(ə)lz'spraʊts] s. pl. cavolini m. pl. di Bruxelles

brutal ['bruːtl] agg. brutale

brute [bruːt] s. bruto m.

bubble ['bʌbl] s. bolla f. ◆ **b. bath** bagno schiuma

to bubble ['bʌbl] v. intr. gorgogliare, spumeggiare

buck [bʌk] s. **1** (maschio di) daino m., cervo m., antilope f., coniglio m., lepre f. **2** (USA, fam.) dollaro m.

to buck [bʌk] v. intr. **1** (di cavallo) impennarsi **2** fare resistenza ◆ **to b. off** disarcionare; **to b. up** rallegrare, rianimarsi

bucket ['bʌkɪt] s. secchiello m.

buckle ['bʌkl] s. fibbia f.

to buckle ['bʌkl] **A** v. tr. allacciare (con fibbia) **B** v. intr. (mecc.) deformarsi, piegarsi

buckskin ['bʌkskɪn] s. pelle f. di camoscio

bucolic [bjuː(ː)'kɒlɪk] agg. bucolico

bud [bʌd] s. **1** bocciolo m. **2** gemma f.

to bud [bʌd] v. intr. **1** sbocciare **2** germogliare

Buddhism ['bʊdɪz(ə)m] s. buddismo m.

budding ['bʌdɪŋ] agg. attr. in erba

buddy ['bʌdɪ] s. (USA, fam.) amico m., compagno m.

to budge ['bʌdʒ] **A** v. tr. spostare, muovere **B** v. intr. spostarsi, scostarsi

budget ['bʌdʒɪt] s. bilancio m. preventivo

to budget ['bʌdʒɪt] **A** v. tr. preventivare, programmare **B** v. intr. fare un bilancio preventivo

buff [bʌf] s. **1** pelle f. scamosciata **2** (fam.) appassionato m.

buffalo ['bʌfələʊ] s. bufalo m.

buffer ['bʌfər] s. **1** (ferr.) respingente m. **2** (mecc., inf.) tampone m.

buffet (1) ['bʌfɪt] s. **1** credenza f. **2** buffet m. inv. ◆ **b. car** vagone ristorante

buffet (2) ['bʌfɪt] s. schiaffo m., colpo m.

to buffet ['bʌfɪt] v. tr. **1** colpire, schiaffeggiare **2** urtare

buffoon [bʌ'fuːn] s. buffone m.

bug [bʌg] s. **1** cimice f. **2** (USA) insetto m. **3** (fam.) microbo m., germe m. **4** (fam.) problema m. **5** (inf.) errore m., difetto m. **6** (fam.) microspia f.

buggy ['bʌgɪ] s. **1** carrozzino m. **2** passeggino m.

bugle ['bjuːgl] s. corno m. da caccia, tromba f.

build [bɪld] s. **1** struttura f. **2** corporatura f.

to build [bɪld] (pass. e p. p. **built**) v. tr. costruire, edificare ◆ **to b. in** incassare, incorporare; **to b. up** aumentare, sviluppare, accumulare

builder ['bɪldər] s. costruttore m.

building ['bɪldɪŋ] **A** s. **1** costruzione f. **2** edificio m. **B** agg. edile, edilizio ◆ **b. code** regolamento edilizio

built [bɪlt] pass. e p. p. di **to build** ◆ **b.-in** incassato, incorporato; **b.-up** costruito

bulb [bʌlb] s. **1** (bot.) bulbo m. **2** lampadina f. ◆ **b. socket** portalampada

Bulgarian [bʌl'geərɪən] agg. bulgaro

bulge [bʌldʒ] s. rigonfiamento m.

to bulge [bʌldʒ] v. intr. gonfiare, gonfiarsi

bulk [bʌlk] s. **1** mole f., volume m. **2** la maggior parte f.

bulkhead ['bʌlkhed] s. (naut.) paratia f.

bulky ['bʌlkɪ] agg. massiccio, voluminoso

bull (1) [bʊl] s. **1** toro m. **2** (di grandi mammiferi) maschio m. **3** (Borsa) rialzo m.

bull (2) [bʊl] s. bolla f., editto m.

bulldozer ['bʊlˌdəʊzər] s. bulldozer m. inv.

bullet ['bʊlɪt] s. proiettile m.

bulletin ['bʊlɪtɪn] s. bollettino m.

bulletproof ['bʊlɪtˌpruːf] agg. antiproiettile, blindato

bullfight ['bʊlˌfaɪt] s. corrida f.

bullion ['bʊljən] s. oro m. (in lingotti), argento m. (in lingotti)

bullock ['bʊlək] s. manzo m.

bully ['bʊlɪ] agg. prepotente

bulwark ['bʊlwək] s. **1** baluardo m. **2** frangiflutti m. inv. **3** (naut.) murata f.

bum [bʌm] s. (volg.) sedere m.

to bum [bʌm] (pass. e p. p. **bummed**) **A** v. intr. (USA) oziare, fare il vagabondo **B** v. tr. (USA, fam.) scroccare

bump [bʌmp] s. **1** urto m., colpo m., scossone m. **2** protuberanza f., bernoccolo m.

to bump [bʌmp] v. tr. e intr. **1** urtare, collidere **2** tamponare ◆ **to b. into** sbattere contro, imbattersi in

bumper ['bʌmpər] **A** s. paraurti m. inv., respingente m. **B** agg. eccezionale, abbondante

bumptious ['bʌmp(ʃ)əs] agg. presuntuoso

bumpy ['bʌmpɪ] agg. accidentato, dissestato

bun [bʌn] s. focaccia f., ciambella f., panino m. dolce

bunch [bʌn(t)ʃ] s. **1** mazzo m., grappolo m. **2** gruppo m.

bundle ['bʌndl] s. **1** fascio m. **2** involto m., fagotto m.

to bundle ['bʌndl] v. tr. **1** affastellare, impacchettare **2** spingere a forza ◆ **to b. off** spingere via

bungalow ['bʌŋgələʊ] s. bungalow m. inv.

to bungle ['bʌŋgl] v. tr. pasticciare, abborracciare

bunion ['bʌnjən] s. callo m. (al piede)

bunk [bʌŋk] s. cuccetta f. ◆ **b. bed** letto a castello

bunker ['bʌŋkər] s. **1** serbatoio m. di combustibile **2** bunker m. inv.

bunny ['bʌnɪ] s. coniglietto m.

bunting ['bʌntɪŋ] s. pavese m.

buoy [bɔɪ] s. boa f., gavitello m.

to buoy [bɔɪ] v. tr. **1** far galleggiare, tenere a galla **2** sostenere

buoyancy ['bɔɪənsɪ] s. galleggiabilità f.

buoyant ['bɔɪənt] agg. **1** galleggiante **2** allegro, vivace

burden ['bɜːdn] s. peso m., carico m.

to burden ['bɜːdn] v. tr. caricare, gravare

burdensome ['bɜːdnsəm] agg. gravoso, oneroso

bureau ['bjʊə(ə)rəʊ] s. (pl. **bureaux**) **1** ufficio m. **2** scrittoio m., scrivania f. **3** (USA) dipartimento m.

bureaucracy [bjʊə'rɒkrəsɪ] s. burocrazia f.

bureaucratic [ˌbjʊərə(ʊ)'krætɪk] agg. burocratico

burglar ['bɜːglə'] s. scassinatore m. ♦ **b. alarm** (allarme) antifurto

burglary ['bɜːglərɪ] s. furto m. con scasso

to burgle ['bɜːgl] v. tr. scassinare, svaligiare

burial ['berɪəl] s. sepoltura f. ♦ **b. ground** cimitero

burlesque [bɜː'lesk] agg. burlesco

burly ['bɜːlɪ] agg. corpulento

burn [bɜːn] s. scottatura f., ustione f.

to burn [bɜːn] (pass. e p. p. **burnt**, raro **burned**) A v. tr. **1** bruciare, incendiare **2** ustionare, scottare B v. intr. **1** bruciare, incendiarsi **2** scottare **3** divampare ♦ **to b. down** distruggere col fuoco; **to b. out** estinguersi, consumarsi

burner ['bɜːnə'] s. bruciatore m.

burning ['bɜːnɪŋ] A s. bruciore m., bruciatura f. B agg. rovente, scottante

burnt [bɜːnt] pass. e p. p. di **to burn**

burrow ['bʌrəʊ] s. tana f.

to burrow ['bʌrəʊ] A v. tr. scavare (una tana) B v. intr. rintanarsi, nascondersi

burst [bɜːst] s. esplosione f., scoppio m.

to burst [bɜːst] (pass. e p. p. **burst**) v. intr. esplodere, scoppiare, saltare in aria ♦ **to b. in** interrompere; **to b. into**, **to b. out** scoppiare a (ridere, piangere)

to bury ['berɪ] v. tr. seppellire ♦ **to b. away** nascondere

bus [bʌs] s. autobus m. inv. ♦ **b. line** autolinea; **b.-stop** fermata d'autobus

bush [bʊʃ] s. **1** cespuglio m. **2** boscaglia f.

busily ['bɪzɪlɪ] avv. alacremente

business ['bɪznɪs] s. **1** affare m., affari m. pl. **2** lavoro m., occupazione f. **3** commercio m. ♦ **b. consultant** commercialista; **b.-like** efficiente; **b. trip** viaggio d'affari

businessman ['bɪznɪsm(ə)n] s. (pl. **businessmen**) uomo m. d'affari

busker ['bʌskə'] s. suonatore m. ambulante

bust (1) [bʌst] s. busto m.

bust (2) [bʌst] A s. (fam.) fallimento m., rovina f. B agg. rotto ♦ **to go b.** fallire

bustle ['bʌsl] s. trambusto m.

to bustle ['bʌsl] v. intr. agitarsi, darsi da fare

busy ['bɪzɪ] agg. **1** attivo, indaffarato **2** (di telefono) occupato

busybody ['bɪzɪˌbɒdɪ] s. intrigante m., ficcanaso m.

but [bʌt, bət] A cong. ma, però, tuttavia, eppure B prep. eccetto, tranne C avv. soltanto ♦ **b. for** se non fosse stato per

butcher ['bʊtʃə'] s. macellaio m. ♦ **b.'s shop** macelleria

butler ['bʌtlə'] s. maggiordomo m.

butt (1) [bʌt] s. botte f.

butt (2) [bʌt] s. **1** impugnatura f., estremità f. **2** mozzicone m. **3** bersaglio m.

to butt [bʌt] v. tr. e intr. cozzare, urtare ♦ **to b. in** intromettersi

butter ['bʌtə'] s. burro m.

to butter ['bʌtə'] v. tr. imburrare

buttercup ['bʌtəkʌp] s. ranuncolo m.

butterfly ['bʌtəflaɪ] s. farfalla f.

buttock ['bʌtək] s. natica f.

button ['bʌtn] s. **1** bottone m. **2** pulsante m. **3** (USA) distintivo m. **4** germoglio m.

to button ['bʌtn] v. tr. abbottonare

buttonhole ['bʌtnhəʊl] s. asola f., occhiello m.

buttress ['bʌtrɪs] s. **1** sostegno m. **2** contrafforte m.

buxom ['bʌksəm] agg. (di donna) formosa

to buy [baɪ] (pass. e p. p. **bought**) v. tr. comprare ♦ **to b. back** ricomprare; **to b. by instalments** comprare a rate; **to b. out** rilevare; **to b. up** accaparrarsi

buyer ['baɪə'] s. compratore m.

to buzz [bʌz] v. intr. ronzare

buzzer ['bʌzə'] s. cicalino m.

by [baɪ] A prep. **1** (luogo) presso, davanti, accanto a, attraverso, per, via, verso (ES: **by the river** presso il fiume) **2** (tempo) di, per, entro (by **night** di notte, **by tomorrow** entro domani) **3** (mezzo) con, a, per, per mezzo di, in (ES: **by train** in treno, **by cheque** con assegno) **4** (modo) per, di, a, secondo, da (ES: **to judge by appearances** giudicare dalle apparenze) **5** (agente) da (ES: **Penicillin was discovered by Fleming** la penicillina fu scoperta da Fleming) **6** (misura) per, a, di (ES: **2 feet by 3** 2 piedi per 3) B avv. **1** vicino, accanto **2** da parte, in disparte ♦ **by chance** per caso; **by hand** a mano; **by all means** senz'altro; **by now** ormai; **by the way** a proposito, incidentalmente; **by then** allora; **one by one** uno per volta

bye(-bye) ['baɪbaɪ] inter. ciao

bygone ['baɪgɒn] agg. passato, antico

bylaw ['baɪlɔː] s. (dir.) legge f. locale

bypass ['baɪˌpɑːs] s. **1** tangenziale f., circonvallazione f. **2** derivazione f. **3** deviazione f., by-pass m. inv.

by-product ['baɪˌprɒdʌkt] s. **1** sottoprodotto m. **2** effetto m. secondario

byroad ['baɪrəʊd] s. strada f. secondaria

bystander ['baɪˌstændə'] s. spettatore m.

by-way ['baɪˌweɪ] s. **1** strada f. appartata **2** scorciatoia f.

by-word ['baɪwɜːd] s. **1** detto m., proverbio m. **2** personificazione f.

by-work ['baɪwɜːk] s. lavoro m. secondario

C

cab [kæb] s. 1 (*USA*) taxi *m. inv.* 2 (*ferr., di camion*) cabina *f.*

cabal [kəˈbæl] s. 1 congiura *f.*, intrigo *m.* 2 combriccola *f.*

cabaret [ˈkæbəˌreɪ] s. cabaret *m. inv.*

cabbage [ˈkæbɪdʒ] s. cavolo *m.*

cab(b)ala [kəˈbɑːlə] s. cabala *f.*

cab(b)alistic [ˌkæbəˈlɪstɪk] *agg.* cabalistico

cabin [ˈkæbɪn] s. 1 cabina *f.* 2 capanna *f.* ◆ **c. boy** mozzo

cabinet [ˈkæbɪnɪt] s. 1 stipo *m.*, mobiletto *m.* 2 (*pol.*) gabinetto *m.*, consiglio *m.* dei ministri

cable [ˈkeɪbl] s. 1 cavo *m.* 2 cablogramma *f.* ◆ **c. car** funivia; **c. television** televisione via cavo

cableway [ˈkeɪblweɪ] s. 1 teleferica *f.* 2 funivia *f.*

cabman [ˈkæbmən] s. (*USA*) tassista *m. e f.*

cabotage [ˈkæbətɪdʒ] s. cabotaggio *m.*

cacao [kəˈkɑːəʊ] s. cacao *m.*

cache [kæʃ] s. nascondiglio *m.*

to cache [kæʃ] *v. tr.* nascondere

to cackle [ˈkækl] *v. intr.* schiamazzare

cactus [ˈkæktəs] s. cactus *m. inv.*

cad [kæd] s. mascalzone *m.*

cadastre [kəˈdæstrə] s. catasto *m.*

cadence [ˈkeɪd(ə)ns] s. cadenza *f.*

cadet [kəˈdet] s. cadetto *m.*

to cadge [kædʒ] **A** *v. intr.* mendicare **B** *v. tr.* scroccare

cadre [ˈkɑːdrə] s. 1 (*pol., mil.*) quadro *m.* 2 schema *m.*

café [ˈkæfeɪ] s. caffè *m. inv.*

cafeteria [ˌkæfɪˈtɪərɪə] s. tavola *f.* calda, mensa *f.*, self-service *m. inv.*

caffeine [ˈkæfiːn] s. caffeina *f.*

cage [keɪdʒ] s. 1 gabbia *f.* 2 recinto *m.*

cagey [ˈkeɪdʒɪ] *agg.* (*fam.*) cauto, riluttante

cake [keɪk] s. 1 torta *f.*, focaccia *f.*, pasticcino *m.* 2 tavoletta *f.* ◆ **c. of soap** saponetta

to cake [keɪk] *v. tr. e intr.* incrostare, incrostarsi

calamity [kəˈlæmɪtɪ] s. calamità *f.*

calcareous [kælˈkɛərɪəs] *agg.* calcareo

calcium [ˈkælsɪəm] s. (*chim.*) calcio *m.*

to calculate [ˈkælkjʊleɪt] **A** *v. tr.* calcolare **B** *v. intr.* 1 fare affidamento su 2 (*USA*) credere, ritenere

calculation [ˌkælkjʊˈleɪʃ(ə)n] s. 1 (*mat.*) calcolo *m.*, conto *m.* 2 congettura *f.*

calculator [ˈkælkjʊleɪtər] s. calcolatrice *f.*

calculus [ˈkælkjʊləs] s. (*med., mat.*) calcolo *m.*

calendar [ˈkælɪndər] s. calendario *m.* ◆ **c. year** anno civile

calf (1) [kɑːf] (*pl.* **calves**) s. vitello *m.*

calf (2) [kɑːf] (*pl.* **calves**) s. polpaccio *m.*

to calibrate [ˈkælɪbreɪt] *v. tr.* calibrare

calibre [ˈkælɪbər] (*USA* **caliber**) s. 1 (*mecc.*) calibro *m.* 2 (*fig.*) importanza *f.*

calix [ˈkælɪks] s. calice *m.*

call [kɔːl] s. 1 richiamo *m.* 2 chiamata *f.*, telefonata *f.*, comunicazione *f.* 3 breve visita *f.* 4 scalo *m.*, (*di tre-*

no) fermata *f.* 5 richiesta *f.* 6 necessità *f.*, motivo *m.* ◆ **c. box** cabina telefonica; **charge c.** (*USA* **collect c.**) telefonata a carico del destinatario; **self-dialled c.** chiamata in teleselezione; **trunk c.** (*USA* **long distance c.**) telefonata interurbana

to call [kɔːl] **A** *v. tr.* 1 chiamare 2 annunciare 3 telefonare a 4 convocare, far venire **B** *v. intr.* 1 chiamare, gridare 2 telefonare 3 fare una visita, passare 4 fare scalo, fare una fermata ◆ **to c. attention** richiamare l'attenzione; **to c. back** richiamare; **to c. for** passare a prendere, richiedere; **to c. in** far intervenire, richiamare; **to c. off** disdire, annullare; **to c. on** fare una visita a; **to c. out** urlare, chiamare a voce alta; **to c. up** telefonare a, richiamare alle armi

caller [ˈkɔːlər] s. visitatore *m.*

calligraphy [kəˈlɪɡrəfɪ] s. calligrafia *f.*

calling [ˈkɔːlɪŋ] s. 1 occupazione *f.*, professione *f.* 2 vocazione *f.* ◆ **c. card** biglietto da visita

callous [ˈkæləs] *agg.* 1 calloso 2 (*fig.*) insensibile

callus [ˈkæləs] s. callo *m.*

calm [kɑːm] **A** *agg.* calmo, tranquillo **B** s. calma *f.*

to calm [kɑːm] *v. tr.* calmare, placare ◆ **to c. down** calmarsi, calmare

calmative [ˈkælmətɪv] *agg. e s.* tranquillante *m.*

calmly [ˈkɑːmlɪ] *avv.* con calma

caloric [kəˈlɒrɪk] *agg.* calorico

calorie [ˈkælərɪ] s. caloria *f.*

Calvinism [ˈkælvɪnɪz(ə)m] s. calvinismo *m.*

Calvinist [ˈkælvɪnɪst] s. calvinista *m. e f.*

camber [ˈkæmbər] s. (*tecnol.*) curvatura *f.*

came [keɪm] *pass. di* **to come**

camel [ˈkæməl] s. cammello *m.*

camellia [kəˈmiːljə] s. camelia *f.*

cameo [ˈkæmɪəʊ] s. cammeo *m.*

camera [ˈkæmərə] s. 1 macchina *f.* fotografica 2 cinepresa *f.*, telecamera *f.*

camisole [ˈkæmɪsəʊl] s. maglietta *f.*

camomile [ˈkæməmaɪl] s. camomilla *f.*

camouflage [ˈkæmʊflɑːʒ] s. travestimento *m.*, mimetizzazione *f.*

to camouflage [ˈkæmʊflɑːʒ] *v. tr.* mimetizzare, camuffare

camp (1) [kæmp] s. 1 (*mil.*) campo *m.*, accampamento *m.* 2 campeggio *m.* 3 (*fig.*) campo *m.*, partito *m.*

camp (2) [kæmp] *agg.* (*fam.*) affettato, effeminato

to camp [kæmp] *v. intr.* 1 accamparsi 2 campeggiare

campaign [kæmˈpeɪn] s. campagna *f.*

to campaign [kæmˈpeɪn] *v. intr.* fare una campagna

camper [ˈkæmpər] s. 1 campeggiatore *m.* 2 camper *m. inv.*

camping [ˈkæmpɪŋ] s. (il fare) campeggio *m.*

campsite [ˈkæmpsaɪt] s. campeggio *m.* (*luogo*)

campus [ˈkæmpəs] s. campus *m. inv.*

campy [ˈkæmpɪ] *agg.* effeminato

can (1) [kæn, k(ə)n] (*congiuntivo pass. e condiz.* **could**;

forme neg. **cannot, can not, can't, couldn't, could not**) *v. difett.* **1** (*possibilità, capacità*) potere, riuscire a, essere in grado di, sapere (ES: **I can write the report today** posso scrivere la relazione oggi, **can he speak Italian?** sa parlare italiano?) **2** (*permesso*) potere, essere permesso (ES: **you cannot go outside Europe without your passport** non puoi uscire dall'Europa senza il passaporto) **3** (*per chiedere informazioni, permesso e sim.*) potere (ES: **can I use the phone?** posso usare il telefono?, **could you open the window?** potresti aprire la finestra?) **4** (*supposizione*) essere possibile (ES: **c. it be true?** possibile che sia vero?) **5** (*idiom.*) (ES: **can you see that woman at the window?** vedi quella donna alla finestra?)

can (2) [kæn] *s.* barattolo *m.*, latta *f.*, lattina *f.*, tanica *f.*, scatola *f.* ♦ **c. opener** apriscatole

to can [kæn] *v. tr.* inscatolare

Canadian [kə'neɪdjən] *agg.* canadese

canal [kə'næl] *s.* canale *m.*

canalization [ˌkænəlar'zeɪʃ(ə)n] *s.* canalizzazione *f.*

to canalize ['kænəlaɪz] *v. tr.* **1** canalizzare **2** incanalare

canary [kə'neərɪ] *s.* canarino *m.*

canasta [kə'næstə] *s.* canasta *f.*

to cancel ['kæns(ə)l] *v. tr.* **1** cancellare **2** annullare, disdire

cancellation [ˌkænsə'leɪʃ(ə)n] *s.* cancellazione *f.*, annullamento *m.*

cancer ['kænsə'] *s.* cancro *m.*

candelabrum [ˌkændɪ'lɑːbrəm] *s.* candelabro *m.*

candid ['kændɪd] *agg.* sincero, schietto

candidate ['kændɪdət] *s.* candidato *m.*

candidature ['kændɪdɪtʃə'] *s.* candidatura *f.*

candied ['kændɪd] *agg.* candito

candle ['kændl] *s.* candela *f.*

candlelight ['kændllaɪt] *s.* lume *m.* di candela

candlestick ['kændlstɪk] *s.* candeliere *m.*, bugia *f.*

candour ['kændə'] (*USA* **candor**) *s.* franchezza *f.*, candore *m.*

candy ['kændɪ] *s.* **1** zucchero *m.* candito **2** (*USA*) caramella *f.*, dolciume *m.* ♦ **c. floss** zucchero filato

cane [keɪn] *s.* **1** canna *f.*, giunco *m.* **2** bastone *m.* (*da passeggio*) **3** verga *f.*

to cane [keɪn] *v. tr.* bastonare, fustigare

canine ['kænaɪn] *agg. e s.* canino *m.*

canister ['kænɪstə'] *s.* scatola *f.* metallica

canna ['kænə] *s.* (*bot.*) canna *f.*

canned [kænd] *agg.* in scatola ♦ **c. food** scatolame

cannibal ['kænɪb(ə)l] *s.* cannibale *m.*

cannibalism ['kænɪbəlɪz(ə)m] *s.* cannibalismo *m.*

cannon ['kænən] *s.* cannone *m.*

cannot ['kænɒt] → **can** (1)

canny ['kænɪ] *agg.* circospetto, astuto

canoe [kə'nuː] *s.* canoa *f.*

canon ['kænən] *s.* **1** canone *m.* **2** canonico *m.*

canonical [kə'nɒnɪk(ə)l] *agg.* canonico

canopy ['kænəpɪ] *s.* baldacchino *m.*

to cant [kænt] *v. intr.* inclinarsi, curvarsi

cantankerous [kən'tæŋk(ə)rəs] *agg.* (*fam.*) irascibile, litigioso

cantata [kæn'tɑːtə] *s.* (*mus.*) cantata *f.*

canteen [kæn'tiːn] *s.* **1** mensa *f.* **2** posto *m.* di ristoro **3** servizio *m.* di posate

canter ['kæntə'] *s.* piccolo galoppo *m.*

cantilever ['kæntɪˌliːvə'] *s.* mensola *f.*, trave *f.* a sbalzo ♦ **c. roof** pensilina

canvas ['kænvəs] *s.* tela *f.*

canvass ['kænvəs] *s.* **1** propaganda *f.* elettorale, sollecitazione *f.* (di voti) **2** analisi *f.*

to canvass ['kænvəs] *v. tr.* **1** sollecitare voti, fare propaganda **2** esaminare a fondo

canyon ['kænjən] *s.* canyon *m. inv.*

cap [kæp] *s.* **1** berretto *m.* **2** tappo *m.*, cappuccio *m.* **3** (*di fungo*) cappella *f.*

to cap [kæp] *v. tr.* **1** tappare, coprire **2** coronare **3** superare

capability [ˌkeɪpə'bɪlɪtɪ] *s.* capacità *f.*, facoltà *f.*

capable ['keɪpəbl] *agg.* **1** capace, abile **2** suscettibile di

capacious [kə'peɪʃəs] *agg.* capiente, spazioso

capacity [kə'pæsɪtɪ] *s.* **1** capacità *f.*, capienza *f.*, portata *f.* **2** capacità *f.*, abilità *f.*

cape [keɪp] *s.* **1** capo *m.*, promontorio *m.* **2** cappa *f.*, mantellina *f.*

caper (1) ['keɪpə'] *s.* cappero *m.*

caper (2) ['keɪpə'] *s.* **1** capriola *f.*, salto *m.* **2** monelleria *f.*

to caper ['keɪpə'] *v. intr.* saltellare, fare capriole

capillarity [ˌkæpɪ'lærɪtɪ] *s.* capillarità *f.*

capillary [kə'pɪlərɪ] *agg.* capillare

capital (1) ['kæpɪt(ə)l] **A** *agg.* **1** capitale **2** (*econ.*) relativo al capitale **3** (*di lettera*) maiuscolo **B** *s.* **1** (*di città*) capitale *f.* **2** (*lettera*) maiuscola *f.* **3** (*econ.*) capitale *m.* ♦ **c. punishment** pena capitale; **share c.** capitale azionario

capital (2) ['kæpɪt(ə)l] *s.* (*arch.*) capitello *m.*

capitalism ['kæpɪtəlɪz(ə)m] *s.* capitalismo *m.*

capitalist ['kæpɪtəlɪst] *s.* capitalista *m. e f.*

to capitalize [kə'pɪtəlaɪz] **A** *v. tr.* capitalizzare **B** giovarsi di

to capitulate [kə'pɪtjʊleɪt] *v. intr.* capitolare, arrendersi

caprice [kə'priːs] *s.* capriccio *m.*

caprine ['kæpraɪn] *agg.* caprino

to capsize [kæp'saɪz] *v. tr. e intr.* capovolgere, capovolgersi

capsule ['kæpsjuːl] *s.* capsula *f.*

captain ['kæptɪn] *s.* capitano *m.*, comandante *m.*

caption ['kæpʃ(ə)n] *s.* didascalia *f.*, titolo *m.*

to captivate ['kæptɪveɪt] *v. tr.* avvincere, attrarre

captive ['kæptɪv] *agg. e s.* prigioniero *m.*

captivity [kæp'tɪvɪtɪ] *s.* cattività *f.*

capture ['kæptʃə'] *s.* **1** cattura *f.* **2** preda *f.*, bottino *m.*

to capture ['kæptʃə'] *v. tr.* catturare

Capuchin ['kæpjʊʃɪn] *s.* (frate) cappuccino *m.*

car [kɑː'] *s.* **1** automobile *f.*, macchina *f.*, vettura *f.* **2** vagone *m.* ♦ **c. body repairer** carrozziere; **c. electrician** elettrauto; **c. hire** autonoleggio; **c. park** parcheggio, **c. wash** autolavaggio; **sleeping c.** vagone letto

carafe [kə'rɑːf] *s.* caraffa *f.*

caramel ['kærəmɛl] s. **1** caramello m. **2** caramella f.

caravan ['kærəvæn] s. **1** carovana f. **2** roulotte f. inv.

carbohydrate [ˌkɑːbo(ʊ)'haɪdreɪt] s. carboidrato m.

carbon ['kɑːbən] s. carbonio m.

to carbonize ['kɑːbənaɪz] v. tr. carbonizzare

carburettor [ˌkɑːbjʊ'retə*] (USA **carburator**) s. carburatore m.

carcinogenic [ˌkɑːsɪno(ʊ)'dʒenɪk] agg. cancerogeno

card [kɑːd] s. **1** scheda f., tessera f. **2** biglietto m. da visita f. ♦ **c. holder** schedario; **c. member** tesserato; **identity c.** carta d'identità; **playing cards** carte da gioco; **post c.** cartolina

cardboard ['kɑːdbɔːd] s. cartone m.

cardiac ['kɑːdiæk] agg. cardiaco

cardigan ['kɑːdɪgən] s. cardigan m. inv.

cardinal ['kɑːdɪn(ə)l] agg. e s. cardinale m.

cardiogram ['kɑːdɪəʊgræm] s. cardiogramma m.

cardiologist [ˌkɑːdɪ'ɒlədʒɪst] s. cardiologo m.

cardiopath ['kɑːdɪo(ʊ)pɑːθ] s. cardiopatico m.

care [keə*] s. **1** cura f., attenzione f. **2** vigilanza f., custodia f. **3** preoccupazione f. ♦ **c. of** (abbr. **c/o**) (negli indirizzi) presso; **to take c. of** curare, occuparsi di

to care [keə*] v. intr. **1** preoccuparsi, importare, interessarsi **2** voler bene ♦ **to c. for** prendersi cura di, piacere

career [kə'rɪə*] s. carriera f.

carefree ['keəfriː] agg. spensierato

careful ['keəf(ʊ)l] agg. **1** accurato **2** attento, sollecito ♦ **be c.!** attenzione!

carefully ['keəflɪ] avv. attentamente

careless ['keəlɪs] agg. **1** disattento, incurante **2** spensierato

carelessness ['keəlɪsnɪs] s. **1** disattenzione f. **2** incuria f.

caress [kə'res] s. carezza f.

to caress [kə'res] v. tr. accarezzare

caretaker ['keəˌteɪkə*] s. custode m. e f.

caricature [ˌkærɪkə'tjʊə*] s. caricatura f.

caries ['keərɪːz] s. inv. carie f.

caring ['keərɪŋ] agg. premuroso, altruista

carnation [kɑː'neɪʃ(ə)n] s. garofano m.

carnival ['kɑːnɪv(ə)l] s. carnevale m.

carnivorous [kɑː'nɪv(ə)rəs] agg. carnivoro

carol ['kær(ə)l] s. canto m. (gioioso, religioso) ♦ **Christmas c.** canzone f. di Natale

to carp [kɑːp] v. intr. cavillare, trovare da ridire

carpenter ['kɑːpɪntə*] s. falegname m., carpentiere m.

carpet ['kɑːpɪt] s. tappeto m., moquette f. inv. ♦ **c.-slippers** ciabatte; **c. sweeper** battitappeto

carriage ['kærɪdʒ] s. **1** carrozza f., vettura f. **2** trasporto m. **3** carrello m. **4** portamento m. ♦ **c. way** carreggiata

carrier ['kærɪə*] s. **1** corriere m., spedizioniere m. **2** portapacchi m. inv. **3** supporto m., sostegno m. **4** (med.) portatore m. ♦ **c. bag** sacchetto; **c. pigeon** piccione viaggiatore

carrot ['kærət] s. carota f.

to carry ['kærɪ] (pass. e p. p. **carried**) **A** v. tr. **1** portare, trasportare **2** (malattie) trasmettere, diffondere **3** comportare **B** v. intr. raggiungere, farsi sentire ♦ **to**

be carried away lasciarsi trascinare dall'entusiasmo; **to c. back** riportare, ricordare; **to c. off** rapire, cavarsela; **to c. on** proseguire, mandare avanti; **to c. out** effettuare, eseguire; **to c. through** portare a termine

carry-on ['kærɪˌɒn] s. (fam.) confusione f.

cart [kɑːt] s. carro m., carrozzino m.

cartilage ['kɑːtɪlɪdʒ] s. cartilagine f.

cartographic(al) [ˌkɑːtə'græfɪk(ə)l)] agg. cartografico

cartography [kɑː'tɒgrəfɪ] s. cartografia f.

carton ['kɑːtən] s. **1** cartone m., scatola f. di cartone **2** (di sigarette) stecca f.

cartoon [kɑː'tuːn] s. **1** vignetta f., fumetto m. **2** cartone m. animato

cartoonist [kɑː'tuːnɪst] s. vignettista m. e f., disegnatore m. (di fumetti, cartoni animati)

cartridge ['kɑːtrɪdʒ] s. **1** cartuccia f. **2** (di registratore) cassetta f.

to carve [kɑːv] v. tr. **1** incidere, intagliare **2** scolpire **3** trinciare, affettare ♦ **to c. out** ottenere con sforzo; **to c. up** suddividere

carving ['kɑːvɪŋ] s. intaglio m.

caryatid [ˌkærɪ'ætɪd] s. cariatide f.

cascade [kæs'keɪd] s. cascata f.

case (1) [keɪs] s. **1** caso m., fatto m., avvenimento m. **2** (dir.) causa f., processo m. ♦ **c. history** anamnesi, casistica; **in any c.** in ogni caso; **in c. of** in caso di

case (2) [keɪs] s. **1** cassa f. **2** astuccio m., custodia f.

cash [kæʃ] s. **1** cassa f. **2** (denaro) contante m., moneta f. ♦ **c. desk** cassa; **c. dispenser** cassa di prelievo automatico; **c. register** registratore di cassa

to cash [kæʃ] v. tr. incassare, riscuotere

cashmere [kæʃ'mɪə*] s. cachemire m. inv.

cashew [kæ'ʃuː] s. anacardio m.

cashier [kæ'ʃɪə*] s. cassiere m.

casing ['keɪsɪŋ] s. involucro m., rivestimento m.

cask [kɑːsk] s. barile m., botte f.

casket ['kɑːskɪt] s. scrigno m., cofanetto m.

casserole ['kæsərəʊl] s. casseruola f., tegame m.

cassette [kæ'set] s. cassetta f. ♦ **c. player** mangianastri; **c. recorder** registratore a cassetta

cassock ['kæsək] s. tonaca f.

cast [kɑːst] s. **1** tiro m., lancio m. **2** (teatro) cast m. inv.

to cast [kɑːst] (pass. e p. p. **cast**) v. tr. e intr. **1** lanciare, buttare **2** (teatro) assegnare una parte ♦ **to c. off** liberarsi di; **to c. out** buttare fuori

castaway ['kɑːstəweɪ] s. naufrago m.

casting vote ['kɑːstɪŋvəʊt] s. voto m. decisivo

cast iron [ˌkɑːst'aɪən] s. ghisa f.

castle ['kɑːsl] s. **1** castello m. **2** (scacchi) torre f.

castor oil [ˌkɑːstər'ɔɪl] s. olio m. di ricino

to castrate [kæs'treɪt] v. tr. castrare

casual ['kæʒjʊəl] agg. **1** casuale, accidentale, occasionale **2** indifferente, noncurante **3** informale, disinvolto

casually ['kæʒjʊəlɪ] avv. **1** casualmente **2** con noncuranza

casualty ['kæʒjʊəltɪ] s. **1** ferito m., vittima f. **2** infortunio m., incidente m. ♦ **c. ward** pronto soccorso

cat [kæt] *s.* gatto *m.* ♦ **c.'s eye** catarifrangente
cataclysm ['kætəklɪz(ə)m] *s.* cataclisma *m.*
catacomb ['kætəkəʊm] *s.* catacomba *f.*
catalogue ['kætəlɒg] (*USA* **catalog**) *s.* catalogo *m.*
to catalogue ['kætəlɒg] (*USA* **to catalog**) *v. tr.* catalogare
catalyst ['kætəlɪst] *s.* catalizzatore *m.*
catamaran [,kætəmə'ræn] *s.* catamarano *m.*
catapult ['kætəpʌlt] *s.* **1** catapulta *f.* **2** fionda *f.*
cataract ['kætərækt] *s.* cateratta *f.*
catarrh [kə'tɑːr] *s.* catarro *m.*
catastrophe [kə'tæstrəfɪ] *s.* catastrofe *f.*
catastrophic [,kætə'strɒfɪk] *agg.* catastrofico
catch [kætʃ] *s.* **1** presa *f.*, cattura *f.* **2** pesca *f.*, retata *f.* **3** gancio *m.*, fermo *m.* **4** inganno *m.*, trucco *m.*
to catch [kætʃ] (*pass. e p. p.* **caught**) **A** *v. tr.* **1** prendere, afferrare, sorprendere **2** attirare, attrarre **3** agganciare **4** raggiungere **B** *v. intr.* **1** impigliarsi, restar preso **2** far presa **3** essere contagioso ♦ **to c. a cold** raffreddarsi; **to c. on** capire, diventare di moda; **to c. out** cogliere in fallo; **to c. up** catturare, mettersi in pari
catching ['kætʃɪŋ] *agg.* **1** contagioso, infettivo **2** attraente
catchphrase ['kætʃfreɪz] *s.* slogan *m. inv.*, frase *f.* fatta
catchy ['kætʃɪ] *agg.* orecchiabile
catechism ['kætɪkɪz(ə)m] *s.* catechismo *m.*
category ['kætɪgərɪ] *s.* categoria *f.*
to cater ['keɪtər] *v. intr.* **1** fornire (*cibi, bevande*), organizzare il servizio (*per ricevimenti*) **2** provvedere a, considerare
caterpillar ['kætəpɪlər] *s.* bruco *m.*
cathedral [kə'θiːdr(ə)l] *s.* cattedrale *f.*
Catherine-wheel ['kæθ(ə)rɪnwiːl] *s.* girandola *f.*
catholic ['kæθəlɪk] *agg.* **1** universale, generale **2** cattolico
Catholicism [kə'θɒlɪsɪz(ə)m] *s.* cattolicesimo *m.*
catlike ['kætlaɪk] *agg.* felino
cattle ['kætl] *s.* **1** bestiame *m.* **2** (*spreg.*) marmaglia *f.*
catty ['kætɪ] *agg.* dispettoso, malizioso
caucus ['kɔːkəs] *s.* comitato *m.* (politico)
caught [kɔːt] *pass. e p. p. di* **to catch**
cauliflower ['kɒlɪflaʊər] *s.* cavolfiore *m.*
causal ['kɔːz(ə)l] *agg.* causale
cause [kɔːz] *s.* causa *f.*, ragione *f.*
to cause [kɔːz] *v. tr.* causare, procurare, produrre ♦ **to c. sb. to do st.** far fare q.c. a qc.
caustic ['kɔːstɪk] *agg.* caustico
caution ['kɔːʃ(ə)n] *s.* **1** cautela *f.*, circospezione *f.* **2** cauzione *f.* **3** avvertimento *m.*
to caution ['kɔːʃ(ə)n] *v. tr.* mettere in guardia, avvertire
cautious ['kɔːʃəs] *agg.* prudente, cauto
cavalier [,kævə'lɪər] *agg.* superbo, altezzoso
cavalry ['kæv(ə)lrɪ] *s.* cavalleria *f.*
cave [keɪv] *s.* caverna *f.*, grotta *f.*
to cave [keɪv] *v. tr.* incavare, scavare ♦ **to c. in** sprofondare, crollare
caveman ['keɪvmæn] (*pl.* **cavemen**) *s.* uomo *m.* delle caverne

cavern ['kævən] *s.* caverna *f.*, grotta *f.*
caviar(e) ['kævɪɑːr] *s.* caviale *m.*
cavil ['kævɪl] *s.* cavillo *m.*
cavity ['kævɪtɪ] *s.* cavità *f.*
to cavort [kə'vɔːt] *v. intr.* saltellare, fare capriole
to cease [siːs] *v. tr. e intr.* cessare
cease-fire ['siːsfaɪər] *s.* cessate il fuoco *m.*
ceaseless ['siːslɪs] *agg.* incessante
cedar ['siːdər] *s.* cedro *m.*
ceiling ['siːlɪŋ] *s.* **1** soffitto *m.* **2** (*fig.*) tetto *m.*, plafond *m. inv.*
celebrant ['selɪbr(ə)nt] *s.* celebrante *m.*
to celebrate ['selɪbreɪt] *v. tr. e intr.* **1** celebrare **2** festeggiare
celebrated ['selɪbreɪtɪd] *agg.* celebre
celebration [,selɪ'breɪʃ(ə)n] *s.* celebrazione *f.*, festeggiamento *m.*
celebrity [sɪ'lebrɪtɪ] *s.* celebrità *f.*
celery ['selərɪ] *s.* sedano *m.*
celestial [sɪ'lestjəl] *agg.* **1** celeste **2** celestiale
cell [sel] *s.* **1** cella *f.* **2** cellula *f.* **3** (*elettr.*) pila *f.*
cellar ['selər] *s.* **1** cantina *f.* **2** scantinato *m.*, sotterraneo *m.*
cellular ['seljʊlər] *agg.* cellulare
Celtic ['keltɪk] *agg.* celtico
cement [sɪ'ment] *s.* cemento *m.*
cemeterial [,semɪ'tɪərɪəl] *agg.* cimiteriale
cemetery ['semɪtrɪ] *s.* cimitero *m.*
censor ['sensər] *s.* **1** censura *f.* **2** censore *m.*
to censor ['sensər] *v. tr.* censurare
censorship ['sensəʃɪp] *s.* censura *f.*
to censure ['senʃər] *v. tr.* riprovare, biasimare
census ['sensəs] *s.* censimento *m.*
cent [sent] *s.* (*USA*) centesimo *m.* (*di dollaro*) ♦ **per c.** per cento
centaur ['sentɔːr] *s.* centauro *m.*
centenarian [,sentɪ'neərɪən] *agg. e s.* (*di persona*) centenario *m.*
centenary [sen'tiːnərɪ] *agg. e s.* centenario *m.*
centennial [sen'tenjəl] **A** *agg.* centennale **B** *s.* centenario *m.* (*anniversario*)
center ['sentər] → **centre**
centigrade ['sentɪgreɪd] *agg.* centigrado
centimetre ['sentɪ,miːtər] (*USA* **centimeter**) *s.* centimetro *m.*
central ['sentr(ə)l] *agg.* centrale
to centralize ['sentrəlaɪz] *v. tr.* accentrare, centralizzare
centre ['sentər] (*USA* **center**) *s.* centro *m.* ♦ **c. field** centrocampo; **c. forward** centravanti, centrattacco; **c. piece** centrotavola
to centre ['sentər] **A** *v. tr.* **1** centrare **2** incentrare, concentrare **B** *v. intr.* **1** convergere, concentrarsi **2** basarsi, imperniarsi
centreboard ['sentəbɔːd] *s.* (*naut.*) deriva *f.* mobile
centrifugal [sen'trɪfjʊg(ə)l] *agg.* centrifugo
centrifuge ['sentrɪ,fjuːdʒ] *s.* centrifuga *f.*
centring ['sentrɪŋ] *s.* **1** centina *f.* **2** centraggio *m.*, centratura *f.*
centripetal [sen'trɪpɪt(ə)l] *agg.* centripeto
century ['sentʃʊrɪ] *s.* secolo *m.*
cephalalgy [,sefə'lædʒɪ] *s.* cefalea *f.*

ceramics [sɪ'ræmɪks] *s. pl.* (*v. al sing.*) ceramica *f.*
ceramist [sɪ'ræmɪst] *s.* ceramista *m. e f.*
cereal ['sɪərɪəl] *s.* cereale *m.*
cerebellum [,serɪ'beləm] *s.* cervelletto *m.*
cerebral ['serɪbr(ə)l] *agg.* cerebrale
ceremony ['serɪmənɪ] *s.* cerimonia *f.*
certain ['sɜːtɪn] *agg.* certo, sicuro ♦ **for c.** di sicuro; **to make c. of st.** accertarsi di q.c.
certainly ['sɜːtɪnlɪ] *avv.* certamente
certainty ['sɜːtɪntɪ] *s.* certezza *f.*, sicurezza *f.*
certificate [sə'tɪfɪkɪt] *s.* certificato *m.*, diploma *m.*
certified ['sɜːtɪfaɪd] *agg.* certificato, attestato
to certify ['sɜːtɪfaɪ] *v. tr.* **1** certificare, attestare, dichiarare **2** autenticare
cervical ['sɜːvɪk(ə)l] *agg.* cervicale
cervix ['sɜːvɪks] *s.* cervice *f.*
to chafe [tʃeɪf] **A** *v. tr.* **1** sfregare, logorare **2** irritare **B** *v. intr.* **1** sfregarsi, logorarsi **2** irritarsi
chaff [tʃɑːf] *s.* pula *f.*, paglia *f.*
chafing-dish ['tʃeɪfɪŋdɪʃ] *s.* scaldavivande *m. inv.*
chagrin ['ʃægrɪn] *s.* imbarazzo *m.*, disappunto *m.*
chain [tʃeɪn] *s.* catena *f.* ♦ **c. reaction** reazione a catena
to chain [tʃeɪn] *v. tr.* incatenare
chair [tʃeər] *s.* **1** sedia *f.* **2** seggio *m.*, cattedra *f.* ♦ **c. lift** seggiovia; **to take the c.** assumere la presidenza
chairman ['tʃeəmən] (*pl.* **chairmen**) *s.* presidente *m.*
chairmanship ['tʃeəmənʃɪp] *s.* presidenza *f.*
chalet ['ʃæleɪ] *s.* chalet *m.*, villetta *f.*
chalice ['tʃælɪs] *s.* calice *m.*
chalk [tʃɔːk] *s.* gesso *m.*
challenge ['tʃælɪn(d)ʒ] *s.* sfida *f.*
to challenge ['tʃælɪn(d)ʒ] *v. tr.* **1** sfidare, provocare **2** contestare
challenging ['tʃælɪn(d)ʒɪŋ] *agg.* **1** sfidante **2** impegnativo, stimolante
chamber ['tʃeɪmbər] *s.* **1** sala *f.*, aula *f.* **2** camera *f.* **3** cavità *s.* ♦ **c. maid** cameriera d'albergo; **c. music** musica da camera
chamois ['ʃæmwɑː] *s.* camoscio *m.*
champion ['tʃæmpjən] *agg. e s.* campione *m.*
championship ['tʃæmpjənʃɪp] *s.* campionato *m.*
chance [tʃɑːns] **A** *s.* **1** caso *m.*, combinazione *f.*, fortuna *f.*, probabilità *f.* **2** occasione *f.*, opportunità *f.* **B** *agg.* casuale, fortuito, occasionale ♦ **by c.** per caso; **to take a c.** correre un rischio
to chance [tʃɑːns] *v. tr.* rischiare, arrischiare
chancellery ['tʃɑːnsələrɪ] *s.* cancelleria *f.* (*ufficio*)
chancellor ['tʃɑːnsələr] *s.* cancelliere *m.*
chandelier [,ʃændɪ'lɪər] *s.* lampadario *m.*
change [tʃeɪn(d)ʒ] *s.* **1** cambiamento *m.*, cambio *m.* **2** spiccioli *pl.*, resto *m.*
to change [tʃeɪn(d)ʒ] *v. tr. e intr.* **1** cambiare, modificare **2** sostituire ♦ **to c. into** trasformarsi in; **to c. over** passare a, scambiarsi di ruoli
changeable ['tʃeɪn(d)ʒəbl] *agg.* variabile, instabile
changeover ['tʃeɪn(d)ʒˌəʊvər] *s.* cambiamento *m.*, trasformazione *f.*
changing ['tʃeɪn(d)ʒɪŋ] *agg.* mutevole, cangiante ♦ **c. room** camerino, spogliatoio

channel ['tʃænl] *s.* **1** canale *m.*, stretto *m.* **2** alveo *m.* **3** condotto *m.* **4** (*TV, radio*) canale *m.* **5** scanalatura *f.* ♦ **English Channel** la Manica
chant [tʃɑːnt] *s.* canto *m.* (*liturgico*)
chaos [keɪ(ɪ)ɒs] *s.* caos *m.*
chaotic [keɪ(ɪ)'ɒtɪk] *agg.* caotico
chap (1) [tʃæp] *s.* screpolatura *f.*
chap (2) [tʃæp] *s.* (*zool.*) mascella *f.*
chap (3) [tʃæp] *s.* (*fam.*) tipo *m.*, individuo *m.*
to chap [tʃæp] *v. tr. e intr.* screpolare, screpolarsi
chapel ['tʃæp(ə)l] *s.* cappella *f.*
chaplain ['tʃæplɪn] *s.* cappellano *m.*
chappy ['tʃæpɪ] *agg.* screpolato
chapter ['tʃæptər] *s.* capitolo *m.*
to char (1) [tʃɑːr] *v. tr.* carbonizzare
to char (2) [tʃɑːr] *v. intr.* lavorare a ore, a giornata
character ['kærɪktər] *s.* **1** carattere *m.* **2** personaggio *m.*
characteristic [,kærɪktə'rɪstɪk] **A** *s.* caratteristica *f.* **B** *agg.* caratteristico
to characterize ['kærɪktəraɪz] *v. tr.* caratterizzare
charade [ʃə'rɑːd] *s.* sciarada *f.*
charcoal ['tʃɑːkəʊl] *s.* **1** carbonella *f.* **2** carboncino *m.*
chard [tʃɑːd] *s.* bietola *f.*
charge [tʃɑːdʒ] *s.* **1** carica *f.*, incarico *m.*, onere *m.* **2** cura *f.*, sorveglianza *f.* **3** addebito *m.*, spesa *f.*, prezzo *m.* richiesto **4** (*dir.*) accusa *f.* **5** (*elettr.*) carica *f.*
to charge [tʃɑːdʒ] **A** *v. tr.* **1** addebitare, far pagare **2** accusare **3** caricare **4** incaricare **B** *v. intr.* **1** lanciarsi, precipitarsi **2** andare alla carica
chariot ['tʃærɪət] *s.* cocchio *m.*
charioteer [,tʃærɪə'tɪər] *s.* auriga *m.*
charismatic [,kærɪz'mætɪk] *agg.* carismatico
charitable ['tʃærɪtəbl] *agg.* caritatevole
charity ['tʃærɪtɪ] *s.* **1** carità *f.*, elemosina *f.* **2** beneficenza *f.*, istituzione *f.* benefica
charlady ['tʃɑːˌleɪdɪ] *s.* domestica *f.* a ore
charlatan ['ʃɑːlətən] *s.* ciarlatano *m.*
charm [tʃɑːm] *s.* **1** incantesimo *m.* **2** fascino *m.* ♦ **lucky c.** portafortuna
to charm [tʃɑːm] *v. tr.* incantare, affascinare
charming ['tʃɑːmɪŋ] *agg.* affascinante, avvincente, incantevole
chart [tʃɑːt] *s.* **1** diagramma *m.*, grafico *m.* **2** carta *f.* nautica **3** *al pl.* hit-parade *f.*
charter ['tʃɑːtər] **A** *s.* statuto *m.* **B** *agg.* a noleggio ♦ **c. flight** volo charter
to charter ['tʃɑːtər] *v. tr.* noleggiare
charterer ['tʃɑːtərər] *s.* noleggiatore *m.*
chartreuse [ʃɑː'trɜːz] *s.* certosa *f.*
chase [tʃeɪs] *s.* caccia *f.*, inseguimento *m.*
to chase [tʃeɪs] **A** *v. tr.* cacciare, inseguire **B** *v. intr.* affrettarsi
chasm ['kæz(ə)m] *s.* baratro *m.*, voragine *f.*
chassis ['ʃæsɪ] *s.* châssis *m. inv.*, telaio *m.*
chaste [tʃeɪst] *agg.* castigato
chastity ['tʃæstɪtɪ] *s.* castità *f.*
chat [tʃæt] *s.* chiacchierata *f.*
to chat [tʃæt] *v. intr.* chiacchierare
chatter ['tʃætər] *s.* **1** chiacchiera *f.*, ciarla *f.* **2** cinguettio *m.* **3** il battere i denti

to chatter ['tʃætə] v. intr. 1 chiacchierare 2 cinguettare 3 battere i denti

chatterbox ['tʃætəbɒks] s. chiacchierone m.

chatty ['tʃætɪ] agg. 1 chiacchierone 2 familiare, amichevole

chauvinism ['ʃəʊvɪnɪz(ə)m] s. sciovinismo m.

cheap [tʃiːp] A agg. 1 economico, conveniente 2 dozzinale, grossolano 3 meschino, volgare B avv. a basso prezzo

cheapish ['tʃiːpɪʃ] agg. dozzinale

cheat [tʃiːt] s. 1 imbroglione m., truffatore m. 2 imbroglio m., truffa f.

to cheat [tʃiːt] v. tr. e intr. imbrogliare, truffare

check [tʃek] s. 1 controllo m., verifica f., ispezione f. 2 ostacolo m., arresto m. 3 (USA) assegno m. 4 (USA) (al ristorante) conto m. 5 scontrino m. 6 scacco m.

to check [tʃek] A v. tr. 1 controllare, verificare 2 frenare, impedire 3 contrassegnare 4 depositare, lasciare in custodia B v. intr. concordare ♦ **to c. in** (in albergo, aeroporto) registrarsi; **to c. out** controllare, saldare il conto dell'albergo; **to c. up** verificare, controllare

checkmate ['tʃekˌmeɪt] s. scaccomatto m.

to checkmate ['tʃekˌmeɪt] v. tr. dare scaccomatto a

cheek [tʃiːk] s. 1 guancia f. 2 sfacciataggine f.

cheekbone ['tʃiːkbəʊn] s. zigomo m.

cheeky ['tʃiːkɪ] agg. impertinente, sfacciato

to cheep [tʃiːp] v. intr. pigolare

cheer [tʃɪə] s. grido m. di incoraggiamento, evviva m. inv.

to cheer [tʃɪə] A v. tr. rallegrare B v. intr. applaudire, incoraggiare ♦ **c. up!** coraggio!; **to c. up** rallegrarsi

cheerful ['tʃɪəf(ʊ)l] agg. allegro, contento

cheerfulness ['tʃɪəf(ʊ)lnɪs] s. allegria f., contentezza f.

cheering ['tʃɪərɪŋ] s. applauso m.

cheese [tʃiːz] s. formaggio m. ♦ **c. factory** caseificio m.

cheetah ['tʃiːtə] s. ghepardo m.

chemical ['kemɪk(ə)l] A agg. chimico B s. prodotto m. chimico

chemist ['kemɪst] s. 1 chimico m. 2 farmacista m. e f. ♦ **c.'s shop** farmacia f.

chemistry ['kemɪstrɪ] s. chimica f.

cheque [tʃek] s. assegno m. ♦ **blank c.** assegno in bianco; **c. book** libretto degli assegni; **c. card** carta assegni; **uncovered c.** assegno scoperto

to cherish ['tʃerɪʃ] v. tr. aver caro, curare

cherry ['tʃerɪ] s. ciliegia f.

chess [tʃes] s. scacchi m. pl. ♦ **c. board** scacchiera f.

chest [tʃest] s. 1 cassa f., cassapanca f. 2 scatola f. 3 torace m., petto m. ♦ **c. of drawers** cassettone m.

chestnut ['tʃesnʌt] s. castagna f.

to chew [tʃuː] v. tr. masticare

chewing gum ['tʃu(ː)ɪŋgʌm] s. gomma f. da masticare

chick [tʃɪk] s. pulcino m.

chicken ['tʃɪkɪn] s. pollo m. ♦ **c. pox** varicella f.; **roast c.** pollo arrosto

chickpea ['tʃɪkpiː] s. cece m.

chicory ['tʃɪkərɪ] s. cicoria f.

chief [tʃiːf] A s. capo m., comandante m. B agg. principale ♦ **c. town** capoluogo

chiefly ['tʃiːflɪ] avv. principalmente

child [tʃaɪld] (pl. **children**) bambino m., figlio m. ♦ **c. birth** parto; **only c.** figlio unico

childhood ['tʃaɪldhʊd] s. infanzia f.

childish ['tʃaɪldɪʃ] agg. puerile

chill [tʃɪl] agg. e s. freddo m.

to chill [tʃɪl] v. tr. e intr. raffreddare, raffreddarsi

chilli ['tʃɪlɪ] s. peperoncino m.

chilly ['tʃɪlɪ] agg. 1 freddo 2 freddoloso

to chime [tʃaɪm] v. intr. scampanare, rintoccare

chimney ['tʃɪmnɪ] s. camino m., comignolo m., ciminiera f. ♦ **c.-sweep(er)** spazzacamino

chimpanzee [ˌtʃɪmpən'ziː] s. scimpanzé m.

chin [tʃɪn] s. mento m.

china ['tʃaɪnə] s. porcellana f. ♦ **c. clay** caolino

chinaware ['tʃaɪnəweə] s. stoviglie f. pl. di porcellana

Chinese [tʃaɪ'niːz] agg. e s. cinese m. e f.

chip [tʃɪp] s. 1 scheggia f., scaglia f., pezzetto m. 2 al pl. patatine f. pl. fritte 3 gettone m. 4 (elettron.) chip m. inv.

to chip [tʃɪp] A v. tr. scalpellare, scheggiare B v. intr. scheggiarsi ♦ **to c. in** interloquire, contribuire

chiromancer ['kaɪərəmænsə] s. chiromante m. e f.

chiropodist [kɪ'rɒpədɪst] s. pedicure m. e f. inv.

to chirp [tʃɜːp] v. intr. cinguettare, frinire

to chirrup ['tʃɪrəp] v. intr. cinguettare, frinire

chisel ['tʃɪzl] s. cesello m., scalpello m.

to chisel ['tʃɪzl] v. tr. cesellare, scalpellare

chit [tʃɪt] s. (fam.) biglietto m.

chivalrous ['ʃɪv(ə)l(r)əs] agg. cavalleresco

chivalry ['ʃɪv(ə)lrɪ] s. cavalleria f.

chive [tʃaɪv] s. erba f. cipollina

chlorine ['klɔːriːn] s. cloro m.

chlorophyl ['klɒrəfɪl] s. clorofilla f.

chock-a-block [ˌtʃɒkə'blɒk] agg. pieno zeppo

chocolate ['tʃɒk(ə)lɪt] A agg. di cioccolato B s. cioccolato m., cioccolata f., cioccolatino m. ♦ **milk c.** cioccolato al latte; **plain c.** cioccolato fondente

choice [tʃɔɪs] A agg. scelto B s. scelta f. ♦ **at c.** a volontà

choir ['kwaɪə] s. coro m.

choke [tʃəʊk] s. 1 soffocamento m. 2 ingorgo m., intasamento m. 3 (autom.) valvola f. dell'aria

to choke [tʃəʊk] A v. tr. 1 soffocare, strozzare 2 intasare, ingolfare B v. intr. soffocare

choking ['tʃəʊkɪŋ] A agg. soffocante B s. soffocamento m.

cholera ['kɒlərə] s. colera m.

cholesterol [kə'lestərɒl] s. colesterolo m.

to choose [tʃuːz] (pass. **chose**, p. p. **chosen**) v. tr. e intr. 1 scegliere 2 gradire, preferire

choosy ['tʃuːzɪ] agg. (fam.) schizzinoso

chop (1) [tʃɒp] s. 1 costata f. 2 taglio m. ♦ **lamb c.** costata d'agnello; **pork c.** costata di maiale

chop (2) [tʃɒp] s. mascella f.

to chop [tʃɒp] v. tr. 1 tagliare, fare a pezzi 2 tritare ♦ **to c. off** recidere

chopping-board ['tʃɒpɪŋbɔːd] s. tagliere m.

choppy ['tʃɒpɪ] *agg.* (*di mare*) increspato

choral ['kɔːr(ə)l] *agg.* corale

chord [kɔːd] *s.* (*mus.*) accordo *m.*

choreography [ˌkɒrɪ'ɒɡrəfɪ] *s.* coreografia *f.*

chorister ['kɒrɪstə'] *s.* corista *m. e f.*

chorus ['kɔːrəs] *s.* **1** coro *m.* **2** corpo *m.* di ballo ♦ **c. girl** ballerina di fila

chose [tʃəʊz] *pass. di* **to choose**

chosen ['tʃəʊzn] *p. p. di* **to choose**

chowder ['tʃaʊdə'] *s.* zuppa *f.* (*di pesce*) ♦ **clam c.** zuppa di vongole

to christen ['krɪsn] *v. tr.* battezzare

Christendom ['krɪsndəm] *s.* cristianità *f.*

Christian ['krɪstjən] *agg.* cristiano ♦ **C. name** nome (di battesimo)

Christianity [ˌkrɪstɪ'ænɪtɪ] *s.* cristianesimo *m.*

Christmas ['krɪsməs] *s.* Natale *m.* ♦ **C. Eve** vigilia di Natale; **merry C.** buon Natale

chromatic [krə'mætɪk] *agg.* cromatico

chrome [krəʊm] *s.* cromo *m.*

chromium ['krəʊmjəm] *s.* cromo *m.* ♦ **c. plating** cromatura

chronic ['krɒnɪk] *agg.* cronico

chronicle ['krɒnɪkl] *s.* cronaca *f.*, cronistoria *f.*

chronicler ['krɒnɪklə'] *s.* cronista *m. e f.*

chronologic(al) [ˌkrɒnə'lɒdʒɪk((ə)l)] *agg.* cronologico

chronometer [krə'nɒmɪtə'] *s.* cronometro *m.*

chubby ['tʃʌbɪ] *agg.* paffuto

to chuck [tʃʌk] *v. tr.* gettare, buttare ♦ **to c. out** sbattere fuori

to chuckle ['tʃʌkl] *v. intr.* ridacchiare, sogghignare

chum [tʃʌm] *s.* compagno *m.*, amico *m.*

chunk [tʃʌŋk] *s.* pezzo *m.* (*grosso*)

church [tʃɜːtʃ] *s.* chiesa *f.* ♦ **c.-officer** sagrestano; **c. tower** campanile

churchyard ['tʃɜːtʃjɑːd] *s.* **1** cimitero *m.* (*presso una chiesa*) **2** sagrato *m.*

churlish ['tʃɜːlɪʃ] *agg.* villano, rozzo

churn [tʃɜːn] *s.* **1** zangola *f.* **2** bidone *m.* (*per latte*)

chute [ʃuːt] *s.* **1** scivolo *m.* **2** canale *m.* di scarico **3** cascata *f.*

cicada [sɪ'kɑːdə] *s.* cicala *f.*

cicerone [ˌtʃɪtʃə'rəʊnɪ] *s.* cicerone *m.*

cider ['saɪdə'] *s.* sidro *m.*

cigar [sɪ'gɑː'] *s.* sigaro *m.*

cigarette [sɪgə'rɛt] *s.* sigaretta *f.* ♦ **c. end** mozzicone; **c. holder** bocchino

cinecamera ['sɪnɪˌkæm(ə)rə] *s.* cinepresa *f.*

cinema ['sɪnɪmə] *s.* cinema *m. inv.*

cinematographic [ˌsɪnɪˌmætə'græfɪk] *agg.* cinematografico

cinerary ['sɪnərərɪ] *agg.* cinerario

cinnabar ['sɪnəbɑː'] *s.* cinabro *m.*

cinnamon ['sɪnəmən] *s.* cannella *f.*

circle ['sɜːkl] *s.* **1** cerchio *m.* **2** circolo *m.*, anello *m.* **3** (*teatro*) galleria *f.* **4** cerchia *f.*

to circle ['sɜːkl] **A** *v. tr.* **1** circondare **2** girare intorno a **B** *v. intr.* muoversi in cerchio

circuit ['sɜːkɪt] *s.* **1** circuito *m.* **2** giro *m.*

circuitous [sə(ː)'kjuːɪtəs] *agg.* tortuoso, indiretto

circular ['sɜːkjʊlə'] **A** *agg.* circolare **B** *s.* (lettera) circolare *f.*

to circulate ['sɜːkjʊleɪt] **A** *v. intr.* **1** circolare **2** diffondersi **B** *v. tr.* far circolare

circulation [ˌsɜːkjʊ'leɪʃ(ə)n] *s.* **1** circolazione *f.* **2** diffusione *f.*

circumcision [ˌsɜːkəm'sɪʒ(ə)n] *s.* circoncisione *f.*

circumference [sə'kʌmf(ə)r(ə)ns] *s.* circonferenza *f.*

to circumscribe ['sɜːkəmskraɪb] *v. tr.* circoscrivere

circumstance ['sɜːkəmstəns] *s.* circostanza *f.*

to circumvent [ˌsɜːkəm'vɛnt] *v. tr.* **1** circuire **2** eludere

circus ['sɜːkəs] *s.* circo *m.*

Cistercian [sɪs'tɜːʃən] *agg.* cistercense

cistern ['sɪstən] *s.* cisterna *f.*, serbatoio *m.*

citadel ['sɪtədl] *s.* cittadella *f.*

citation [saɪ'teɪʃ(ə)n] *s.* citazione *f.*

to cite [saɪt] *v. tr.* citare

citizen ['sɪtɪzn] *s.* cittadino *m.*

citizenship ['sɪtɪz(ə)nʃɪp] *s.* cittadinanza *f.*

citron ['sɪtr(ə)n] *s.* cedro *m.* (*frutto*)

city ['sɪtɪ] *s.* città *f.* ♦ **c. planner** urbanista; **c. planning** urbanistica

civic ['sɪvɪk] *agg.* civico

civil ['sɪvl] *agg.* civile ♦ **c. servant** impiegato statale; **c. service** pubblica amministrazione

civility [sɪ'vɪlɪtɪ] *s.* civiltà *f.*, educazione *f.*

civilization [ˌsɪvɪlaɪ'zeɪʃ(ə)n] *s.* civiltà *f.*, civilizzazione *f.*

clad [klæd] *agg.* (*arc.*) vestito, rivestito

claim [kleɪm] *s.* **1** richiesta *f.*, rivendicazione *f.* **2** reclamo *m.* **3** affermazione *f.*

to claim [kleɪm] *v. tr.* **1** pretendere, rivendicare **2** reclamare **3** sostenere

claimant ['kleɪmənt] *s.* richiedente *m. e f.*

clam [klæm] *s.* **1** vongola *f.* **2** mollusco *m.* (bivalve)

to clamber ['klæmbə'] *v. intr.* arrampicarsi (*con mani e piedi*)

clammy ['klæmɪ] *agg.* viscido, appiccicaticcio

clamorous ['klæm(ə)rəs] *agg.* clamoroso

clamour ['klæmə'] (*USA* **clamor**) *s.* **1** clamore *m.* **2** rimostranza *f.*

to clamour ['klæmə'] (*USA* **to clamor**) *v. intr.* **1** strepitare **2** chiedere a gran voce

clamp [klæmp] *s.* morsetto *m.*, pinza *f.*

clan [klæn] *s.* clan *m. inv.*

clandestine [klæn'dɛstɪn] *s.* clandestino *m.*

to clang [klæŋ] *v. intr.* produrre un suono metallico

to clap [klæp] **A** *v. tr.* **1** applaudire **2** dare un colpo con la mano **3** (*fam.*) mandare **B** *v. intr.* applaudire ♦ **to c. on** infilarsi

to clarify ['klærɪfaɪ] *v. tr.* **1** chiarire **2** (*tecnol.*) raffinare

clarinet [ˌklærɪ'nɛt] *s.* clarinetto *m.*

clarity ['klærɪtɪ] *s.* chiarezza *f.*

clash [klæʃ] *s.* **1** cozzo *m.*, urto *m.*, rumore *m.* metallico **2** (*fig.*) scontro *m.*

to clash [klæʃ] *v. intr.* **1** cozzare, urtare, stridere **2** (*fig.*) scontrarsi

clasp [klɑːsp] *s.* **1** fermaglio *m.*, fibbia *f.* **2** stretta *f.*

to clasp [klɑːsp] *v. tr.* **1** affibbiare, agganciare **2** stringere, serrare

class [klɑːs] s. 1 classe f., categoria f. 2 corso m., lezione f. ♦ **first c.** prima classe; **middle c.** ceto medio

to class [klɑːs] v. tr. classificare

classic ['klæsɪk] agg. e s. classico m.

classical ['klæsɪkl] agg. classico

classicism ['klæsɪsɪz(ə)m] s. classicismo m.

classicist ['klæsɪsɪst] s. classicista m. e f.

classification [ˌklæsɪfɪ'keɪʃ(ə)n] s. classificazione f.

classified ['klæsɪfaɪd] agg. 1 (di documento) segreto, riservato 2 classificato

to classify ['klæsɪfaɪ] v. tr. classificare

classmate ['klɑːsmeɪt] s. compagno m. di classe

classroom ['klɑːsrʊm] s. aula f.

clatter ['klætə'] s. 1 acciottolio m. 2 scalpitio m.

clause [klɔːz] s. 1 clausola f. 2 (gramm.) proposizione f.

claustrophobia [ˌklɔːstrə'fəʊbjə] s. claustrofobia f.

clavicle ['klævɪkl] s. clavicola f.

claw [klɔː] s. 1 artiglio m. 2 chela f., pinza f. 3 zampa f.

to claw [klɔː] v. tr. artigliare ♦ **to c. at** afferrarsi a; **to c. off** prendere il largo

clay [kleɪ] s. argilla f., creta f.

clean [kliːn] A agg. 1 pulito, puro, limpido 2 armonioso 3 accurato, preciso B avv. completamente

to clean [kliːn] v. tr. e intr. pulire, pulirsi ♦ **to c. out** ripulire; **to c. up** pulire, raccogliere

clean-cut [ˌkliːn'kʌt] agg. 1 ben delineato, marcato 2 (di persona) pulito, per bene

cleaner ['kliːnə'] s. 1 addetto m. alle pulizie 2 depuratore m. ♦ **c.'s** tintoria

cleaning ['kliːnɪŋ] s. pulizia f.

to cleanse [klenz] v. tr. 1 pulire, detergere 2 (fig.) purificare

clean-shaven [ˌkliːn'ʃeɪvn] agg. ben rasato

cleansing ['klenzɪŋ] agg. detergente

clear [klɪə'] agg. 1 chiaro, limpido, nitido 2 aperto, libero, sgombro 3 (di somma) netto 4 sicuro

to clear [klɪə'] A v. tr. 1 chiarire, schiarire 2 discolpare 3 liberare, svuotare sgomberare 4 superare 5 sdoganare B v. intr. diventare chiaro, rasserenarsi ♦ **to c. off** squagliarsela; **to c. out** andarsene; **to c. up** chiarire, ripulire

clearing ['klɪərɪŋ] s. radura f.

clearly ['klɪəlɪ] avv. chiaramente

clearness ['klɪənɪs] s. limpidezza f.

clearway ['klɪəweɪ] s. strada f. con divieto di sosta

to cleave [kliːv] (pass. e p.p. **cleaved, cleft**) v. tr. fendere, spaccare

cleaver ['kliːvə'] s. mannaia f.

clef [klef] s. (mus.) chiave f.

cleft [kleft] A pass. e p.p. di **to cleave** B s. crepaccio m., fessura f.

to clench [klen(t)ʃ] v. tr. stringere, serrare

clepsydra ['klepsɪdrə] s. clessidra f.

clergy ['klɜːdʒɪ] s. clero m.

clergyman ['klɜːdʒɪmən] s. ecclesiastico m.

cleric ['klerɪk] s. chierico m.

clerical ['klerɪkl] agg. 1 clericale 2 di impiegato, di scrivano

clerk [klɑːk] s. 1 impiegato m. 2 (USA) commesso

clever ['klevə'] agg. 1 bravo, abile, intelligente 2 eseguito con abilità

cleverness ['klevənɪs] s. ingegnosità f., abilità f., intelligenza f.

clew [kluː] s. 1 gomitolo m. 2 (naut.) bugna f.

click [klɪk] s. scatto m.

to click [klɪk] v. tr. e intr. 1 battere, far scattare, schioccare 2 (fam.) riuscire

client ['klaɪənt] s. cliente m. e f.

cliff [klɪf] s. rupe f., scogliera f.

climate ['klaɪmɪt] s. clima m.

climatic [klaɪ'mætɪk] agg. climatico

climax ['klaɪmæks] s. culmine m., apice m.

climb [klaɪm] s. salita f., arrampicata f.

to climb [klaɪm] v. tr. e intr. arrampicarsi, scalare, salire ♦ **to c. down** scendere

climber ['klaɪmə'] s. 1 scalatore m., arrampicatore m. 2 (bot.) rampicante m.

climbing ['klaɪmɪŋ] A agg. rampicante B s. 1 alpinismo m. 2 arrampicata f. ♦ **free c.** arrampicata libera

to clinch [klɪn(t)ʃ] v. tr. concludere

to cling [klɪŋ] (pass. e p.p. **clung**) v. intr. aggrapparsi, attaccarsi

clinging ['klɪŋɪŋ] agg. 1 attillato, aderente 2 appiccicoso

clinic ['klɪnɪk] s. clinica f.

clinical ['klɪnɪk(ə)l] agg. clinico

clip [klɪp] s. 1 fermaglio m., molletta f. 2 spilla f.

to clip (1) [klɪp] v. tr. unire, attaccare

to clip (2) [klɪp] v. tr. 1 tosare f. (una siepe) potare

clipper ['klɪpə'] s. 1 al pl. forbici f. pl., cesoie f. pl. 2 (naut.) clipper m. inv.

clipping ['klɪpɪŋ] s. 1 taglio m., tosatura f. 2 (di giornale) ritaglio m.

clique [kliːk] s. conventicola f.

cloak [kləʊk] s. mantello m. ♦ **c. room** guardaroba (in locale pubblico), gabinetti

to cloak [kləʊk] v. tr. avvolgere, nascondere

clock [klɒk] s. orologio m. ♦ **alarm c.** sveglia

to clock [klɒk] v. tr. cronometrare ♦ **to c. in (on)/off (out)** timbrare il cartellino all'entrata/uscita

clockwise ['klɒkwaɪz] avv. in senso orario

clog [klɒg] s. 1 zoccolo m. 2 impedimento m., ostacolo m.

to clog [klɒg] A v. tr. 1 inceppare, impedire 2 ostruire B v. intr. intasarsi, otturarsi

cloister ['klɔɪstə'] s. chiostro m.

close [kləʊs] A agg. 1 vicino 2 intimo 3 chiuso, serrato, ristretto 4 nascosto, riservato, appartato 5 afoso B avv. vicino ♦ **c. on** quasi; **c. to** vicino a

to close [kləʊz] A v. tr. 1 chiudere 2 concludere B v. intr. 1 chiudere, chiudersi 2 finire ♦ **to c. about/around** avvolgere; **to c. down** chiudere, cessare l'attività; **to c. up** ostruire, serrare; **closing time** ora di chiusura

closely ['kləʊslɪ] avv. 1 strettamente 2 attentamente

closet ['klɒzɪt] s. stanzino m., bugigattolo m., armadio m.

close-up ['kləʊsʌp] s. (fot., cine.) primo piano m.

closure ['kləʊʒə'] s. chiusura f.

clot [klɒt] s. 1 grumo m., coagulo m. 2 (pop.) stupido m.

to clot [klɒt] v. tr. e intr. coagulare, coagularsi

cloth [klɒθ] s. 1 stoffa f., tela f. 2 straccio m. ◆ **table c.** tovaglia

clothes [kləʊðz] s. pl. 1 abbigliamento m., vestiti m. pl. 2 biancheria f. (da letto) ◆ **c. hanger** gruccia; **c. hook** attaccapanni; **c. peg** molletta per panni

clothing [ˈkləʊðɪŋ] s. abbigliamento m., vestiario m.

cloud [klaʊd] s. 1 nube f., nuvola f. 2 macchia f. ◆ **c. burst** nubifragio

to cloud [klaʊd] v. 1 annuvolarsi 2 macchiarsi, intorbidarsi

cloudy [ˈklaʊdɪ] agg. 1 nuvoloso 2 di cattivo umore 3 torbido

clove (1) [kləʊv] s. chiodo m. di garofano

clove (2) [kləʊv] s. (di aglio) spicchio m.

clover [ˈkləʊvə] s. trifoglio m.

clown [klaʊn] s. clown m. inv., pagliaccio m.

to cloy [klɔɪ] v. tr. saziare, stuccare, nauseare

club [klʌb] s. 1 mazza f., randello m. 2 club m. inv., circolo m., associazione f. 3 (carta di) fiori m. pl.

to club [klʌb] A v. tr. bastonare B v. intr. raccogliersi in un circolo ◆ **to c. with** associarsi

to cluck [klʌk] v. intr. chiocciare

clue [kluː] s. 1 indizio m., indicazione f. 2 (di cruciverba) definizione f. 3 (naut.) bugna f.

clumsy [ˈklʌmzɪ] agg. goffo, maldestro

clung [klʌŋ] pass. e p. p. di **to cling**

cluster [ˈklʌstə] s. 1 grappolo m., mazzo m., ammasso m. 2 sciame m.

to cluster [ˈklʌstə] v. intr. raggrupparsi

clutch [klʌtʃ] s. 1 presa f., stretta f. 2 (mecc.) frizione f.

to clutch [klʌtʃ] A v. tr. afferrare, stringere B v. intr. aggrapparsi

to clutter [ˈklʌtə] v. tr. ingombrare, mettere in disordine

coach [kəʊtʃ] s. 1 carrozza f., pullman m., vettura f. 2 insegnante m. privato f. 3 (sport) allenatore m.

coagulant [kəʊˈæɡjʊlənt] s. coagulante m.

coal [kəʊl] s. carbone m.

coalition [ˌkəʊəˈlɪʃən] s. coalizione f.

coalmine [ˈkəʊlmaɪn] s. miniera f. di carbone

coarse [kɔːs] agg. 1 grossolano, volgare 2 (di tessuto e sim.) ruvido, grezzo

coast [kəʊst] s. costa f., litorale m.

to coast [kəʊst] v. intr. costeggiare

coastal [ˈkəʊstl] agg. costiero

coat [kəʊt] s. 1 giacca f., soprabito m., mantello m. 2 pelo m., pelliccia f. 3 rivestimento m. 4 (di vernice) mano f. ◆ **c. hanger** attaccapanni; **c. of arms** stemma

to coat [kəʊt] v. tr. rivestire

coating [ˈkəʊtɪŋ] s. 1 rivestimento m. 2 (di vernice) mano f. 3 tessuto m.

coauthor [kəʊˈɔːθə] s. coautore m.

to coax [kəʊks] v. tr. e intr. persuadere, indurre

cob [kɒb] s. pannocchia f.

cobble [ˈkɒbl] s. ciottolo m.

cocaine [kəʊˈkeɪn] s. cocaina f.

cock [kɒk] s. 1 gallo m. 2 (di uccelli) maschio m.

cockerel [ˈkɒk(ə)r(ə)l] s. galletto m.

cockeyed [ˈkɒkaɪd] agg. 1 strabico 2 strampalato

cockpit [ˈkɒkpɪt] s. 1 abitacolo m., cabina f. di pilotaggio 2 (naut.) pozzetto m.

cockroach [ˈkɒkrəʊtʃ] s. scarafaggio m.

cocktail [ˈkɒkteɪl] s. cocktail m. inv.

cocoa [ˈkəʊkəʊ] s. cacao m. (in polvere)

coconut [ˈkəʊkənʌt] s. (noce di) cocco m.

cocoon [kəˈkuːn] s. bozzolo m.

cod [kɒd] s. merluzzo m. ◆ **dried c.** stoccafisso; **salted c.** baccalà

code [kəʊd] s. 1 codice m. 2 prefisso m. ◆ **dialling c.** (USA **area c.**) prefisso telefonico; **postal c.** (USA **zip c.**) codice postale

codification [ˌkɒdɪfɪˈkeɪʃ(ə)n] s. codifica f.

coefficient [ˌkəʊɪˈfɪʃ(ə)nt] s. coefficiente m.

to coerce [kəʊˈɜːs] v. tr. costringere

coercion [kəʊˈɜːʃ(ə)n] s. coercizione f.

coeval [kəʊˈiːv(ə)l] agg. coevo

coexistent [kəʊ(ʊ)ɪɡˈzɪstənt] agg. coesistente

coffee [ˈkɒfɪ] s. caffè m. ◆ **black c.** caffè nero; **c. break** pausa per il caffè; **c. cup** tazzina; **c. table** tavolino (da salotto); **instant c.** caffè solubile; **strong c.** caffè ristretto; **weak c.** caffè lungo

coffeepot [ˈkɒfɪpɒt] s. caffettiera f.

coffer [ˈkɒfə] s. 1 cofano m., forziere m., scrigno m. 2 (arch.) cassettone m.

coffin [ˈkɒfɪn] s. bara f.

cog [kɒɡ] s. (mecc.) dente m., ingranaggio m.

cogent [ˈkəʊdʒ(ə)nt] agg. persuasivo, convincente

to cohabit [kəʊ(ʊ)ˈhæbɪt] v. intr. convivere

cohabitation [ˌkəʊ(ʊ)hæbɪˈteɪʃ(ə)n] s. coabitazione f.

to cohere [kəʊ(ʊ)ˈhɪə] v. tr. aderire

coherent [kəʊ(ʊ)ˈhɪərənt] agg. coerente

coil [kɔɪl] s. 1 spira f. 2 (elettr.) avvolgimento m.

to coil [kɔɪl] v. tr. avvolgere, attorcigliare

coin [kɔɪn] s. moneta f.

to coin [kɔɪn] v. tr. coniare

to coincide [kəʊ(ʊ)ɪnˈsaɪd] v. intr. coincidere, concordare

coincidence [kəʊ(ʊ)ˈɪnsɪd(ə)ns] s. coincidenza f., combinazione f.

coke [kəʊk] 1 (carbone) coke m. inv. 2 Coca-Cola f. 3 cocaina f.

colander [ˈkʌləndə] s. colino m.

cold [kəʊld] A agg. freddo m. 1 freddo m. 2 raffreddore m., infreddatura f. ◆ **in c. blood** a sangue freddo; **to be c.** aver freddo, far freddo; **to catch a c.** prendere un raffreddore

coldly [ˈkəʊldlɪ] avv. freddamente

cole [kəʊl] s. ravizzone m.

colic [ˈkɒlɪk] s. colica f.

colitis [kɒˈlaɪtɪs] s. colite f.

to collaborate [kəˈlæbəreɪt] v. intr. cooperare, collaborare

collaboration [kəˌlæbəˈreɪʃ(ə)n] s. collaborazione f.

collaborator [kəˈlæbəˌreɪtə] s. collaboratore m.

collapse [kəˈlæps] s. 1 crollo m. 2 (med.) collasso m.

to collapse [kəˈlæps] v. intr. 1 crollare, franare, sprofondare 2 (med.) avere un collasso

collar [ˈkɒlə] s. 1 colletto m. 2 collare m.

collarbone ['kɒləbəʊn] s. clavicola f.

collateral [kɒ'læt(ə)r(ə)l] agg. collaterale

colleague ['kɒliːg] s. collega m. e f.

collect [kə'lekt] agg. e avv. (USA) con tassa a carico ◆ **c. call** telefonata a carico del destinatario

to collect [kə'lekt] A v. tr. 1 raccogliere, radunare 2 riscuotere, incassare 3 collezionare B v. intr. 1 raccogliersi, radunarsi 2 raccogliere offerte, fare una colletta ◆ **to c. up** riunire

collection [kə'lekʃ(ə)n] s. 1 collezione f., raccolta f. 2 colletta f.

collective [kə'lektɪv] agg. collettivo

collectivity [,kɒlek'tɪvɪtɪ] s. collettività f.

collector [kə'lektə'] s. 1 collezionista m. e f. 2 esattore m.

college ['kɒlɪdʒ] s. 1 istituto m., scuola f. secondaria 2 (USA) università f. 3 collegio m. (edificio)

to collide [kə'laɪd] v. intr. urtare, scontrarsi

colliery ['kɒljərɪ] s. miniera f. di carbone

collision [kə'lɪʒ(ə)n] s. 1 collisione f., scontro m. 2 conflitto m.

colloquial [kə'ləʊkwɪəl] agg. colloquiale

colon (1) ['kəʊlən] s. colon m. inv.

colon (2) ['kəʊlən] s. due punti m. pl. (segno di punteggiatura)

colonel ['kɜːnl] s. colonnello m.

colonial [kə'ləʊnjəl] agg. coloniale

colonialism [kə'ləʊnjəlɪz(ə)m] s. colonialismo m.

colonialist [kə'ləʊnjəlɪst] s. colonialista m. e f.

to colonize ['kɒlənaɪz] v. tr. colonizzare

colonnade [,kɒlə'neɪd] s. colonnato m.

colony ['kɒlənɪ] s. colonia f.

colour ['kʌlə'] (USA color) s. colore m. ◆ **c. bar** segregazione f. razziale; **c. blind** daltonico; **in (full) c.** a colori

to colour ['kʌlə'] (USA to color) v. tr. e intr. colorare, colorarsi

coloured ['kʌləd] agg. 1 colorato 2 (di persona) di colore

colourful ['kʌləf(ʊ)l] agg. 1 colorato 2 colorito, pittoresco

colt [kəʊlt] s. puledro m.

column ['kɒləm] s. 1 colonna f. 2 (di giornale) rubrica f.

columnist ['kɒləmnɪst] s. giornalista m. e f. (che cura una rubrica), cronista m. mondano

coma ['kəʊmə] s. coma m. inv.

comb [kəʊm] s. pettine m.

to comb [kəʊm] v. tr. 1 pettinare 2 perlustrare

combat ['kɒmbæt] s. combattimento m.

to combat ['kɒmbæt] v. tr. e intr. combattere

combination [,kɒmbɪ'neɪʃ(ə)n] s. combinazione f., associazione f.

combine [kəm'baɪn] s. associazione f.

to combine [kəm'baɪn] A v. tr. 1 combinare, unire 2 associare B v. intr. 1 combinarsi, unirsi 2 associarsi

to come [kʌm] (pass. **came**, p. p. **come**) v. intr. 1 venire 2 arrivare, giungere 3 provenire 4 accadere ◆ **to c. about** accadere; **to c. across** imbattersi in; **to c. along** presentarsi; **to c. away** venir via; **to c. back** ritornare; **to c. by** procacciarsi; **to c. before** prece-

dere; **to c. down** scendere, crollare; **to c. forward** farsi avanti; **to c. from** derivare; **to c. in** entrare; **to c. into** entrare, ereditare; **to c. off** staccarsi, venir via; **to c. on** affrettarsi, progredire, sopraggiungere, entrare in campo, entrare in azione; **to c. out** uscire, risultare; **to c. round** ritornare in sé; **to c. up** salire, spuntare

comedian [kə'miːdjən] s. comico m., commediante m. e f.

comedy ['kɒmɪdɪ] s. commedia f.

comet ['kɒmɪt] s. cometa f.

comfort ['kʌmfət] s. 1 comfort m. inv., comodità f. 2 conforto m., consolazione f.

to comfort ['kʌmfət] v. tr. confortare, consolare

comfortable ['kʌmf(ə)təbl] agg. 1 confortevole, accogliente 2 agiato

comforting ['kʌmfətɪŋ] agg. confortante

comic ['kɒmɪk] A agg. comico B s. 1 comico m. 2 (attore) comico m. 3 giornale m. a fumetti, al pl. fumetti m. pl. ◆ **comics strip** striscia (di fumetti)

comicality [,kɒmɪ'kælɪtɪ] s. comicità f.

coming ['kʌmɪŋ] A agg. prossimo, futuro B s. arrivo m. ◆ **c. and going** viavai

comma ['kɒmə] s. virgola f.

command [kə'mɑːnd] s. 1 comando m. 2 padronanza f.

to command [kə'mɑːnd] A v. tr. 1 comandare, ordinare 2 disporre di B v. intr. avere il comando

commander [kə'mɑːndə'] s. comandante m. ◆ **c. in chief** comandante in capo

to commemorate [kə'meməreɪt] v. tr. commemorare

commemoration [kə,memə'reɪʃ(ə)n] s. commemorazione f.

to commence [kə'mens] v. tr. e intr. cominciare

to commend [kə'mend] v. tr. 1 lodare 2 raccomandare

comment ['kɒment] s. 1 commento m. 2 critica f.

to comment ['kɒment] v. tr. 1 commentare 2 criticare

commentary ['kɒmənt(ə)rɪ] s. 1 commento m. 2 (radio, TV) cronaca f.

commentator ['kɒmenteɪtə'] s. 1 commentatore m. 2 (radio, TV) cronista m. e f.

commercial [kə'mɜːʃ(ə)l] A agg. commerciale B s. annuncio m. pubblicitario

to commiserate [kə'mɪzəreɪt] A v. tr. commiserare B v. intr. dolersi

commission [kə'mɪʃ(ə)n] s. 1 commissione f. 2 (mil.) grado m. da ufficiale ◆ **out of c.** (di nave) in disarmo, fuori servizio

to commit [kə'mɪt] v. tr. 1 commettere 2 affidare

commitment [kə'mɪtmənt] s. 1 impegno m. 2 responsabilità f.

committee [kə'mɪtɪ] s. comitato m., commissione f.

commodity [kə'mɒdɪtɪ] s. 1 merce f., prodotto m. 2 al pl. comodità f. pl.

common ['kɒmən] A agg. 1 comune, usuale, corrente 2 generale, condiviso 3 ordinario B s. 1 (ciò che è) comune m. 2 terreno m. demaniale ◆ **c. law** diritto consuetudinario; **c. sense** buon senso

commoner ['kɒmənə'] s. cittadino m. (non nobile)

commonly ['kɒmənlı] avv. comunemente

commonplace ['kɒmənpleıs] **A** agg. banale **B** s. banalità f., luogo m. comune

commotion [kə'məʊʃ(ə)n] s. confusione f., tumulto m.

communal ['kɒmjʊnl] agg. comunale, della comunità

to commune [kə'mjuːn] v. intr. comunicare, essere in comunione (spirituale)

to communicate [kə'mjuːnıkeıt] **A** v. tr. comunicare, trasmettere **B** v. intr. essere in comunicazione

communication [kəˌmjuːnı'keıʃ(ə)n] s. comunicazione f. ◆ **c. cord** (ferr.) segnale d'allarme

communion [kə'mjuːnjən] s. **1** comunione f., comunanza f. **2** (relig.) comunione f., eucaristia f.

communism ['kɒmjʊnız(ə)m] s. comunismo m.

communist ['kɒmjʊnıst] agg. e s. comunista m. e f.

community [kə'mjuːnıtı] s. comunità f., collettività f. ◆ **c. center** centro ricreativo

to commute [kə'mjuːt] **A** v. tr. commutare **B** v. intr. fare il pendolare

commuter [kə'mjuː(ː)tə'] s. pendolare m. e f.

compact [kəm'pækt] agg. compatto ◆ **c. car** utilitaria

companion [kəm'pænjən] s. compagno m.

companionship [kəm'pænjənʃıp] s. compagnia f., amicizia f.

company ['kʌmp(ə)nı] s. **1** compagnia f. **2** società f. ◆ **insurance c.** compagnia d'assicurazioni; **to keep sb. c.** tenere compagnia a qc.

comparable ['kɒmp(ə)rəbl] agg. comparabile, paragonabile

comparative [kəm'pærətıv] agg. **1** relativo **2** (gramm.) comparativo **3** comparato

to compare [kəm'peə'] **A** v. tr. confrontare, paragonare **B** v. intr. reggere il confronto

comparison [kəm'pærısn] s. **1** paragone m. **2** (gramm.) comparazione f.

compartment [kəm'pɑːtmənt] s. compartimento m., scompartimento m.

compass ['kʌmpəs] s. **1** bussola f. **2** al pl. compasso m. **3** ambito m., portata f. ◆ **c. card** rosa dei venti

compassion [kəm'pæʃ(ə)n] s. compassione f.

compatible [kəm'pætəbl] agg. compatibile

to compel [kəm'pel] v. tr. costringere, forzare, obbligare

compelling [kəm'pelıŋ] agg. irresistibile, attraente

to compensate ['kɒmpenseıt] v. tr. compensare, risarcire

compensation [ˌkɒmpen'seıʃ(ə)n] s. compensazione f., risarcimento m.

compere ['kɒmpeə'] s. (radio, TV) presentatore m.

to compete [kəm'piːt] v. intr. competere, gareggiare

competence ['kɒmpıtəns] s. competenza f.

competent ['kɒmpıtənt] agg. competente

competition [ˌkɒmpı'tıʃ(ə)n] s. **1** competizione f., gara f. **2** concorrenza f.

competitive [kəm'petıtıv] agg. **1** competitivo **2** concorrenziale

competitiveness [kəm'petıtıvnıs] s. competitività f.

competitor [kəm'petıtə'] s. concorrente m. e f.

compilation [ˌkɒmpı'leıʃ(ə)n] s. compilazione f.

to compile [kəm'paıl] v. tr. compilare, redigere

complacence [kəm'pleısns] s. compiacimento m.

to complain [kəm'pleın] v. intr. **1** lagnarsi, lamentarsi **2** reclamare **3** (dir.) citare in giudizio

complaint [kəm'pleınt] s. **1** lagnanza f., lamentela f. **2** reclamo m., protesta f. **3** (dir.) citazione f., denuncia f. **4** malattia f.

complement ['kɒmplımənt] s. complemento m.

complementary [ˌkɒmplı'ment(ə)rı] agg. complementare

complete [kəm'pliːt] agg. completo

to complete [kəm'pliːt] v. tr. **1** completare, finire **2** riempire

to completely [kəm'pliːtlı] avv. completamente

completion [kəm'pliːʃ(ə)n] s. completamento m., compimento m.

complex ['kɒmpleks] agg. e s. complesso m.

complexion [kəm'plekʃ(ə)n] s. carnagione f., colorito m.

complexity [kəm'pleksıtı] s. complessità f.

compliance [kəm'plaıəns] s. **1** condiscendenza f., conformità f. **2** sottomissione f. ◆ **in c. with** in conformità di

to complicate ['kɒmplıkeıt] v. tr. e intr. complicare, complicarsi

complicated ['kɒmplıkeıtıd] agg. complicato

compliment ['kɒmplımənt] s. **1** complimento m. **2** al pl. ossequi m. pl., omaggi m. pl. ◆ **to pay a c.** fare un complimento

to compliment ['kɒmplımənt] v. tr. congratularsi con, complimentarsi con

complimentary [ˌkɒmplı'ment(ə)rı] agg. **1** complimentoso **2** gratuito, in omaggio

to comply [kəm'plaı] v. intr. accondiscendere, conformarsi a

component [kəm'pəʊnənt] agg. e s. componente m. e f.

to compose [kəm'pəʊz] v. tr. **1** comporre, costituire, disporre **2** (mus., letter.) comporre **3** calmare

composer [kəm'pəʊzə'] s. compositore m.

composite ['kɒmpəzıt] agg. composito

composition [ˌkɒmpə'zıʃ(ə)n] s. componimento m., composizione f.

compost ['kɒmpɒst] s. concime m.

compound (1) ['kɒmpaʊnd] **A** agg. composto **B** s. miscuglio m., composto m.

compound (2) ['kɒmpaʊnd] s. recinto m.

to compound [kɒm'paʊnd] **A** v. tr. **1** comporre, mescolare **2** (una vertenza) conciliare **B** v. intr. accordarsi, effettuare una transizione

comprehend [ˌkɒmprı'hend] v. tr. comprendere

comprehension [ˌkɒmprı'henʃ(ə)n] s. comprensione f.

comprehensive [ˌkɒmprı'hensıv] agg. comprensivo, globale

compress ['kɒmpres] s. compressa f. (di garza)

to compress [kəm'pres] v. tr. comprimere

compressor [kəm'presə'] s. compressore m.

to comprise [kəm'praız] v. tr. comprendere

compromise ['kɒmprəmaız] s. compromesso m.

to compromise ['kɒmprəmaız] **A** v. tr. **1** compro-

mettere **2** transigere **B** v. intr. venire a un compromesso
compulsion [kəm'pʌlʃ(ə)n] s. costrizione f.
compulsive [kəm'pʌlsɪv] agg. **1** coercitivo **2** incontrollabile
compulsory [kəm'pʌls(ə)rɪ] agg. obbligatorio
to compute [kəm'pju:t] v. tr. calcolare
computer [kəm'pju:tə°] s. computer m. inv. ◆ **c. science** informatica
comrade ['kɒmrɪd] s. compagno m., camerata m.
comradely ['kɒmrɪdlɪ] agg. cameratesco
con [kɒn] (pop.) truffa f.
concatenation [kɒn,kætɪ'neɪʃ(ə)n] s. concatenazione f.
concave [kɒn'keɪv] agg. concavo
to conceal [kən'si:l] v. tr. nascondere
to concede [kən'si:d] v. tr. **1** concedere **2** ammettere, riconoscere
conceit [kən'si:t] s. presunzione f., vanità f.
conceited [kən'si:tɪd] agg. presuntuoso, vanitoso
conceivable [kən'si:vəbl] agg. concepibile, plausibile
to conceive [kən'si:v] **A** v. tr. **1** concepire, generare **2** ideare, immaginare **B** v. intr. immaginare
to concentrate ['kɒnsɛntreɪt] v. tr. e intr. concentrare, concentrarsi
concentration [,kɒnsɛn'treɪʃ(ə)n] s. concentrazione f.
concentric [kɒn'sɛntrɪk] agg. concentrico
concept ['kɒnsɛpt] s. concetto m.
conception [kən'sɛpʃ(ə)n] s. concezione f., concetto m. **2** concepimento m.
conceptual [kən'sɛptjʊəl] agg. concettuale
concern [kən'sɜːn] s. **1** affare m., interesse m. **2** ansietà f., preoccupazione f.
to concern [kən'sɜːn] v. tr. **1** concernere, riguardare **2** preoccupare
concerning [kən'sɜːnɪŋ] prep. riguardo a
concert ['kɒnsət] s. **1** (mus.) concerto m. **2** accordo m.
concerted [kɒn'sɜːtɪd] agg. convenuto
concertina [,kɒnsə'ti:nə] s. piccola fisarmonica f.
concerto [kən'tʃɜːtəʊ] s. (mus.) concerto m.
concession [kən'sɛʃ(ə)n] s. concessione f.
concessionaire [kən,sɛʃə'neə°] s. concessionario m.
conch [kɒŋk] s. conchiglia f.
to conciliate [kən'sɪlɪeɪt] v. tr. **1** conciliare **2** accattivarsi
concise [kən'saɪs] agg. conciso, sintetico
to conclude [kən'klu:d] v. tr. e intr. concludere, concludersi
conclusion [kən'klu:ʒ(ə)n] s. conclusione f.
conclusive [kən'klʊsɪv] agg. conclusivo
to concoct [kən'kɒkt] v. tr. **1** mescolare, mettere insieme **2** ordire, architettare
concoction [kən'kɒkʃ(ə)n] s. **1** miscuglio m. **2** macchinazione f.
concomitant [kən'kɒmɪtənt] agg. concomitante
concourse ['kɒŋkɔːs] s. **1** concorso m., affluenza f. **2** (USA) atrio m.
concrete ['kɒnkriːt] **A** agg. **1** concreto, reale **2** di calcestruzzo **B** s. calcestruzzo m.

concreteness [kɒn'kriːtnɪs] s. concretezza f.
to concur [kən'kɜːr] v. intr. **1** concordare, essere d'accordo **2** concorrere, contribuire
concurrent [kən'kʌr(ə)nt] agg. **1** concorrente, simultaneo **2** concordante
concurrently [kən'kʌr(ə)ntlɪ] avv. simultaneamente
concussion [kən'kʌʃ(ə)n] s. **1** (med.) commozione f. cerebrale **2** (dir.) concussione f.
to condemn [kən'dɛm] v. tr. **1** condannare **2** dichiarare inagibile
condemnation [,kɒndɛm'neɪʃ(ə)n] s. condanna f. ◆ **c. by default** condanna in contumacia
condensation [,kɒndɛn'seɪʃ(ə)n] s. condensazione f.
to condense [kən'dɛns] v. tr. e intr. condensare, condensarsi
condescending [,kɒndɪ'sɛndɪŋ] agg. condiscendente
condescension [,kɒndɪ'sɛnʃ(ə)n] s. condiscendenza f.
condiment ['kɒndɪmənt] s. condimento m.
condition [kən'dɪʃ(ə)n] s. condizione f. ◆ **on c. that** a condizione che
to condition [kən'dɪʃ(ə)n] v. tr. **1** pattuire, stipulare **2** condizionare, influenzare
conditional [kən'dɪʃənl] agg. condizionale
conditioner [kən'dɪʃ(ə)nə°] s. **1** condizionatore m. **2** (per capelli) balsamo m. **3** (per tessuti) ammorbidente m.
conditioning [kən'dɪʃ(ə)nɪŋ] s. condizionamento m.
condolence [kən'dəʊləns] s. condoglianza f.
condom ['kɒndəm] s. preservativo m.
condominium [,kɒndə'mɪnɪəm] s. **1** condominio m. **2** (USA) appartamento m.
to condone [kən'dəʊn] v. tr. condonare
condor ['kɒndɔːr] s. condor m. inv.
conducive [kən'djuːsɪv] agg. tendente
conduct ['kɒndʌkt] s. **1** condotta f. **2** gestione f.
to conduct [kən'dʌkt] v. tr. **1** condurre, guidare **2** (un'orchestra) dirigere ◆ **to c. oneself** comportarsi
conductor [kən'dʌktə°] s. **1** (d'orchestra) direttore m. **2** (su mezzi pubblici) bigliettaio m., controllore m. **3** accompagnatore m. (turistico) **4** (fis.) conduttore m.
conduit ['kɒndɪt] s. **1** condotto m., tubazione f. **2** passaggio m.
cone [kəʊn] s. cono m.
confectioner [kən'fɛkʃənə°] s. pasticciere m. ◆ **c.'s shop** pasticceria
confectionery [kən'fɛkʃ(ə)nərɪ] s. **1** confetteria f., pasticceria f. **2** dolci m. pl.
confederation [kən,fɛdə'reɪʃ(ə)n] s. confederazione f.
to confer [kən'fɜːr] **A** v. tr. conferire, accordare **B** v. intr. conferire, consultarsi
conference ['kɒnf(ə)r(ə)ns] s. conferenza f.
to confess [kən'fɛs] v. tr. confessare
confessional [kən'fɛʃənl] agg. e s. confessionale m.
confetti [kən'fɛtɪ(ː)] s. coriandoli m. pl.
to confide [kən'faɪd] v. tr. **1** confidare **2** affidare ◆ **to c. in** confidare in, confidarsi con

confidence ['kɒnfɪd(ə)ns] s. 1 fiducia f. 2 confidenza f., familiarità f. 3 sicurezza f. (di sé) ♦ **c. trick** truffa; **no-c.** (pol.) sfiducia

confident ['kɒnfɪdənt] agg. 1 fiducioso 2 sicuro di sé

confidential [,kɒnfɪ'denʃ(ə)l] agg. confidenziale, riservato

configuration [kən,fɪgjʊ'reɪʃ(ə)n] s. configurazione f., composizione f.

to confine [kən'faɪn] v. tr. 1 confinare, relegare, imprigionare 2 limitare

confined [kən'faɪnd] agg. ristretto, limitato

confinement [kən'faɪnmənt] s. reclusione f., prigionia f.

to confirm [kən'fɜːm] v. tr. 1 confermare 2 (relig.) cresimare

confirmation [,kɒnfə'meɪʃ(ə)n] s. 1 conferma f. 2 (relig.) cresima f.

confirmed [kən'fɜːmd] agg. 1 inveterato, cronico 2 (relig.) cresimato

confiscable [kɒn'fɪskəbl] agg. confiscabile

to confiscate ['kɒnfɪskeɪt] v. tr. confiscare

confiscation [,kɒnfɪs'keɪʃn] s. confisca f.

conflict ['kɒnflɪkt] s. conflitto m.

to conflict [kən'flɪkt] v. intr. essere in conflitto

conflicting [kən'flɪktɪŋ] agg. contraddittorio, contrastante

confluence ['kɒnfluəns] s. confluenza f.

to conform [kən'fɔːm] A v. tr. conformare, adattare B v. intr. conformarsi, adeguarsi, concordare

conformism [kən'fɔːmɪz(ə)m] s. conformismo m.

to confound [kən'faʊnd] v. tr. confondere

to confront [kən'frʌnt] v. tr. 1 affrontare 2 stare di fronte a 3 mettere a confronto, paragonare

confrontation [,kɒnfrən'teɪʃ(ə)n] s. confronto m., scontro m.

to confuse [kən'fjuːz] v. tr. confondere ♦ **to get confused** confondersi

confusion [kən'fjuːʒ(ə)n] s. confusione f.

to confute [kən'fjuːt] v. tr. confutare

to congeal [kən'dʒiːl] v. tr. e intr. 1 congelare, congelarsi 2 coagulare, coagularsi

congenial [kən'dʒiːnjəl] agg. 1 congeniale, affine 2 simpatico

to congest [kən'dʒest] v. tr. congestionare

congestion [kən'dʒestʃ(ə)n] s. congestione f.

to conglobate ['kɒnglo(u)beɪt] v. tr. conglobare

conglomerate [kən'glɒmərɪt] agg. e s. conglomerato m.

to congratulate [kən'grætjʊleɪt] v. tr. congratularsi, felicitarsi, complimentarsi

congratulations [kən,grætjʊ'leɪʃ(ə)nz] s. pl. congratulazioni f. pl., felicitazioni f. pl.

to congregate ['kɒngrɪgeɪt] v. tr. e intr. riunire, riunirsi

congregation [,kɒngrɪ'geɪʃ(ə)n] s. 1 congregazione f. 2 riunione f.

congress ['kɒngres] s. congresso m.

congruency ['kɒngruənsɪ] s. congruenza f.

conical ['kɒnɪkl] agg. conico

conifer ['kɒ(u)nɪfə] s. conifera f.

conjecture [kən'dʒektʃər] s. congettura f.

to conjugate ['kɒn(d)ʒʊgeɪt] v. tr. coniugare

conjunction [kən'dʒʌŋkʃ(ə)n] s. congiunzione f.

conjunctivitis [kən,dʒʌŋktɪ'vaɪtɪs] s. congiuntivite f.

to conjure ['kʌn(d)ʒər] v. intr. fare giochi di prestigio ♦ **to c. up** evocare, rievocare, far apparire

conjurer ['kʌn(d)ʒərər] s. prestigiatore m.

to conk [kɒŋk] v. tr. (pop.) dare un colpo in testa a ♦ **to c. out** incepparsi, guastarsi

to connect [kə'nekt] A v. tr. connettere, collegare B v. intr. 1 connettersi, collegarsi 2 (di mezzi di trasporto) fare coincidenza ♦ **to be connected with** essere imparentato con, aver rapporti con

connected [kə'nektɪd] agg. 1 connesso, collegato 2 imparentato

connection [kə'nekʃ(ə)n] s. 1 collegamento m., connessione f. 2 relazione f., rapporto m. 3 (di mezzi di trasporto) coincidenza f. 4 (elettr.) contatto m.

to connive [kə'naɪv] v. intr. essere connivente

connoisseur [,kɒnɪ'sɜːr] s. conoscitore m., intenditore m.

to conquer ['kɒŋkər] A v. tr. conquistare B v. intr. vincere

conquest ['kɒŋkwest] s. conquista f.

conscience ['kɒnʃ(ə)ns] s. coscienza f.

conscientious [,kɒnʃɪ'enʃəs] agg. coscienzioso ♦ **c. objector** obiettore di coscienza

conscious ['kɒnʃəs] agg. cosciente, consapevole

consciousness ['kɒnʃəsnɪs] s. coscienza f., consapevolezza f.

conscription [kən'skrɪpʃ(ə)n] s. 1 coscrizione f. 2 precettazione f.

to consecrate ['kɒnsɪkreɪt] v. tr. consacrare

consecutive [kən'sekjʊtɪv] agg. consecutivo

consent [kən'sent] s. consenso m.

to consent [kən'sent] v. intr. acconsentire

consequence ['kɒnsɪkwəns] s. 1 conseguenza f. 2 importanza f.

consequent ['kɒnsɪkwənt] agg. conseguente

conservation [,kɒnsə(ː)'veɪʃ(ə)n] s. conservazione f.

conservative [kən'sɜːvə(ə)tɪv] agg. 1 conservatore 2 prudente

conservatory [kən'sɜːvətrɪ] s. 1 serra f. 2 conservatorio m.

conserve ['kɒnsɜːv] s. conserva f. (di frutta)

to consider [kən'sɪdər] v. tr. 1 considerare 2 tener conto di ♦ **to c. doing st.** pensare di fare q.c.

considerable [kən'sɪd(ə)rəbl] agg. considerevole

considerably [kən'sɪd(ə)rəblɪ] avv. considerevolmente, notevolmente

considerate [kən'sɪd(ə)rɪt] agg. premuroso

consideration [kən,sɪdə'reɪʃ(ə)n] s. 1 considerazione f., riflessione f. 2 riguardo m. 3 rimunerazione f.

considering [kən'sɪdərɪŋ] A prep. in considerazione di, tenendo conto di, in vista di B cong. considerato che

to consign [kən'saɪn] v. tr. 1 consegnare, spedire 2 affidare 3 relegare

to consist [kən'sɪst] v. intr. consistere, constare

consistency [kən'sɪst(ə)nsɪ] s. 1 coerenza f. 2 compattezza f.

consistent [kən'sɪstənt] agg. 1 coerente, conforme 2 costante

consolation [ˌkɒnsəˈleɪʃ(ə)n] s. consolazione f.

console [ˈkɒnsəʊl] s. 1 (arch.) mensola f. 2 console f. inv., quadro m. di comando

to console [kənˈsəʊl] v. tr. consolare

to consolidate [kənˈsɒlɪdeɪt] v. tr. e intr. consolidare, consolidarsi

consolidation [kənˌsɒlɪˈdeɪʃ(ə)n] s. consolidamento m.

consonant [ˈkɒnsənənt] s. consonante f.

consort [ˈkɒnsɔːt] s. consorte m. e f.

consortium [kənˈsɔːtjəm] s. consorzio m.

conspicuous [kənˈspɪkjʊəs] agg. cospicuo

conspiracy [kənˈspɪrəsɪ] s. cospirazione f.

conspirator [kənˈspɪrətə] s. cospiratore m.

constable [ˈkʌnstəbl] s. 1 agente m. di polizia 2 (stor.) conestabile m., governatore m.

constabulary [kənˈstæbjʊlərɪ] s. corpo m. di polizia

constant [ˈkɒnst(ə)nt] A agg. 1 costante, invariabile B s. (mat., fis.) costante f.

constellation [ˌkɒnstəˈleɪʃ(ə)n] s. costellazione f.

constipated [ˈkɒnstɪpeɪtɪd] agg. stitico

constipation [ˌkɒnstɪˈpeɪʃ(ə)n] s. costipazione f., stitichezza f.

constituency [kənˈstɪtjʊənsɪ] s. collegio m. elettorale

constituent [kənˈstɪtjʊənt] A agg. costituente B s. elettore m.

to constitute [ˈkɒnstɪtjuːt] v. tr. costituire

constitution [ˌkɒnstɪˈtjuːʃ(ə)n] s. costituzione f.

constitutional [ˌkɒnstɪˈtjuːʃənl] agg. costituzionale

to constrain [kənˈstreɪn] v. tr. costringere

constraint [kənˈstreɪnt] s. costrizione f.

to constrict [kənˈstrɪkt] v. tr. costringere, comprimere

constriction [kənˈstrɪkʃ(ə)n] s. costrizione f., compressione f.

to construct [kənˈstrʌkt] v. tr. costruire, edificare

construction [kənˈstrʌkʃ(ə)n] s. costruzione f.

constructive [kənˈstrʌktɪv] agg. costruttivo

consul [ˈkɒns(ə)l] s. console m.

consulate [ˈkɒnsjʊlɪt] s. consolato m.

to consult [kənˈsʌlt] v. tr. e intr. consultare, consultarsi

consultant [kənˈsʌltənt] s. 1 consulente m. 2 medico m. specialista

consultation [ˌkɒns(ə)lˈteɪʃ(ə)n] s. consultazione f., consulto m.

to consume [kənˈsjuːm] v. tr. consumare

consumer [kənˈsjuːmə] s. 1 consumatore m. 2 utente m. e f. ♦ c. goods beni di consumo

consummation [ˌkɒnsəˈmeɪʃ(ə)n] s. compimento m., completamento m.

consumption [kənˈsʌm(p)ʃ(ə)n] s. consumo m.

contact [ˈkɒntækt] s. 1 contatto m., relazione f. 2 conoscenza f. ♦ c. lenses lenti a contatto

to contact [ˈkɒntækt] v. tr. mettere in contatto, contattare

contagion [kənˈteɪdʒ(ə)n] s. contagio m.

contagious [kənˈteɪdʒəs] agg. contagioso

to contain [kənˈteɪn] v. tr. 1 contenere, comprendere 2 trattenere, reprimere

container [kənˈteɪnə] s. 1 contenitore m., recipiente m. 2 container m. inv.

to contaminate [kənˈtæmɪneɪt] v. tr. contaminare

contamination [kənˌtæmɪˈneɪʃ(ə)n] s. contaminazione f.

to contemplate [ˈkɒntɛmpleɪt] v. tr. 1 contemplare 2 prevedere

contemplative [kənˈtɛmplətɪv] agg. contemplativo

contemporary [kənˈtɛmp(ə)rərɪ] A agg. contemporaneo B s. coetaneo m., contemporaneo m.

contempt [kənˈtɛm(p)t] s. 1 disprezzo m. 2 (dir.) inosservanza f.

contemptible [kənˈtɛm(p)təbl] agg. spregevole

to contend [kənˈtɛnd] A v. intr. contendere, combattere B v. tr. asserire

contender [kənˈtɛndə] s. contendente m. e f., concorrente m. e f.

content (1) [ˈkɒntɛnt] s. contenuto m. (table of) contents (di libro) indice

content (2) [ˈkɒntɛnt] A agg. contento, soddisfatto B s. 1 contentezza f. 2 voto m. favorevole

contention [kənˈtɛnʃ(ə)n] s. 1 contesa f., controversia f. 2 opinione f.

contest [ˈkɒntɛst] s. competizione f., concorso m.

to contest [kənˈtɛst] v. tr. 1 contestare 2 contendere, disputare 3 (dir.) impugnare

contestant [kənˈtɛstənt] s. concorrente m. e f.

context [ˈkɒntɛkst] s. contesto m.

continent [ˈkɒntɪnənt] s. continente m.

continental [ˌkɒntɪˈnɛntl] agg. continentale

contingency [kənˈtɪn(d)ʒ(ə)nsɪ] s. contingenza f., eventualità f.

continual [kənˈtɪnjʊəl] agg. continuo

continually [kənˈtɪnjʊəlɪ] avv. continuamente

continuation [kənˌtɪnjʊˈeɪʃ(ə)n] s. continuazione f.

to continue [kənˈtɪnjuː] v. tr. e intr. continuare, proseguire

continuity [ˌkɒntɪˈnjuːɪtɪ] s. 1 continuità f. 2 (cine.) sceneggiatura f.

continuous [kənˈtɪnjʊəs] agg. continuo

to contort [kənˈtɔːt] v. tr. contorcere

contortion [kənˈtɔːʃ(ə)n] s. contorcimento m., contorsione f.

contour [ˈkɒntʊə] s. contorno m. ♦ c. lines curve di livello

contraband [ˈkɒntrəbænd] s. contrabbando m.

contraceptive [ˌkɒntrəˈsɛptɪv] agg. e s. contraccettivo m.

contract [ˈkɒntrækt] s. contratto m.

to contract [kənˈtrækt] A v. tr. contrarre, restringere B v. intr. 1 contrarsi, restringersi 2 impegnarsi 3 prendere in appalto ♦ to c. in/out associarsi/dissociarsi

contraction [kənˈtrækʃ(ə)n] s. contrazione f.

contractor [kənˈtræktə] s. 1 contraente m. e f. 2 imprenditore m., appaltatore m.

to contradict [ˌkɒntrəˈdɪkt] v. tr. e intr. contraddire

contradiction [ˌkɒntrəˈdɪkʃ(ə)n] s. contraddizione f.

contraindication [ˌkɒntrəˌɪndɪˈkeɪʃ(ə)n] s. controindicazione f.

contraposition [ˌkɒntrəpəˈzɪʃ(ə)n] s. contrapposizione f.

contraption [kənˈtræpʃ(ə)n] s. (fam.) congegno m.

contrary ['kɒntrərɪ] *agg. e s.* contrario *m.*, opposto *m.*
♦ **on the c.** al contrario; **c. to** contrariamente a

contrast ['kɒntræst] *s.* contrasto *m.*

to contrast [kən'træst] **A** *v. tr.* mettere in contrasto **B** *v. intr.* contrastare

contravention [ˌkɒntrə'venʃ(ə)n] *s.* contravvenzione *f.*

to contribute [kən'trɪbjut] **A** *v. intr.* **1** contribuire **2** (*con un giornale*) collaborare **B** *v. tr.* **1** contribuire con **2** scrivere (*un articolo*)

contribution [ˌkɒntrɪ'bjuːʃ(ə)n] *s.* **1** contributo *m.* **2** (*con un giornale*) collaborazione *f.*

contrivance [kən'traɪv(ə)ns] *s.* **1** espediente *m.* **2** congegno *m.*

to contrive [kən'traɪv] **A** *v. tr.* **1** escogitare **2** fare in modo **B** *v. intr.* fare piani

control [kən'trəʊl] *s.* **1** controllo *m.* **2** (dispositivo di) comando *m.* ♦ **to be in c. of** avere il controllo di

to control [kən'trəʊl] *v. tr.* **1** controllare, dirigere **2** trattenere, dominare

controller [kən'trəʊləʳ] *s.* **1** sovrintendente *m.* **2** (*USA*) direttore *m.* amministrativo

controversial [ˌkɒntrə'vɜːʃ(ə)l] *agg.* **1** controverso **2** polemico

controversy ['kɒntrəvɜːsɪ] *s.* **1** controversia *f.*, polemica *f.* **2** (*dir.*) vertenza *f.*

to convalesce [ˌkɒnvə'les] *v. intr.* essere in convalescenza

convalescence [ˌkɒnvə'lesns] *s.* convalescenza *f.*

convalescent [ˌkɒnvə'les(ə)nt] *agg. e s.* convalescente *m. e f.*

convection [kən'vekʃ(ə)n] *s.* (*fis.*) convezione *f.*

to convene [kən'viːn] **A** *v. tr.* convocare, adunare **B** *v. intr.* convenire, adunarsi

convenience [kən'viːnjəns] *s.* **1** convenienza *f.*, vantaggio *m.* **2** comodità *f.*

convenient [kən'viːnjənt] *agg.* **1** conveniente, comodo **2** (*di luogo*) vicino

convent ['kɒnv(ə)nt] *s.* convento *m.*

convention [kən'venʃ(ə)n] *s.* **1** convenzione *f.*, accordo *m.* **2** convegno *m.*

conventional [kən'venʃənl] *agg.* convenzionale, comune

to converge [kən'vɜːdʒ] *v. intr.* convergere, confluire

convergence [kən'vɜːdʒ(ə)ns] *s.* convergenza *f.*

conversant [kən'vɜːs(ə)nt] *agg.* pratico, al corrente

conversation [ˌkɒnvə'seɪʃ(ə)n] *s.* conversazione *f.*, discorso *m.*

conversational [ˌkɒnvə'seɪʃənl] *agg.* **1** loquace **2** discorsivo

converse ['kɒnvɜːs] *agg.* contrario

to converse [kən'vɜːs] *v. intr.* conversare

conversely [kən'vɜːslɪ] *avv.* invece, al contrario, per converso

conversion [kən'vɜːʃ(ə)n] *s.* conversione *f.*

to convert [kən'vɜːt] *v. tr.* convertire

convertible [kən'vɜːtəbl] *agg.* convertibile

convex [ˌkɒn'veks] *agg.* convesso

to convey [kən'veɪ] *v. tr.* **1** trasmettere **2** trasportare

conveyance [kən've(ɪ)əns] *s.* trasmissione *f.*

conveyor [kən'veɪəʳ] *s.* trasportatore *m.* ♦ **c. belt** nastro trasportatore

convict ['kɒnvɪkt] *s.* condannato *m.*, detenuto *m.*

to convict [kən'vɪkt] *v. tr.* condannare, dichiarare colpevole

conviction [kən'vɪkʃ(ə)n] *s.* **1** condanna *f.*, verdetto *m.* di colpevolezza **2** convinzione *f.*

to convince [kən'vɪns] *v. tr.* convincere

convincing [kən'vɪnsɪŋ] *agg.* convincente

convocation [ˌkɒnvə'keɪʃ(ə)n] *s.* convocazione *f.*

convoluted ['kɒnvəljuːtɪd] *agg.* **1** ritorto **2** involuto, contorto

convoy ['kɒnvɔɪ] *s.* scorta *f.*, convoglio *m.*

convulsion [kən'vʌlʃ(ə)n] *s.* convulsione *f.*

to coo [kuː] *v. intr.* tubare

cook [kʊk] *s.* cuoco *m.*

to cook [kʊk] *v. tr. e intr.* cucinare, cuocere

cookbook ['kʊkbʊk] *s.* ricettario *m.*

cooker ['kʊkəʳ] *s.* **1** fornello *m.*, cucina *f.* **2** pentola *f.* ♦ **pressure c.** pentola a pressione

cookery ['kʊkərɪ] *s.* arte *f.* culinaria, gastronomia *f.*

cookie ['kʊkɪ] *s.* (*USA*) biscotto *m.*

cooking ['kʊkɪŋ] *s.* **1** cottura *f.* **2** cucina *f.*, arte *f.* culinaria

cool [kuːl] *agg.* **1** fresco **2** (*di persona*) tranquillo, freddo, compassato **3** impudente, sfacciato

to cool [kuːl] *v. tr.* **1** raffreddare, rinfrescare **2** calmare ♦ **to c. down** raffreddarsi; **cool it!** calma!

coolness ['kuːlnɪs] *s.* **1** fresco *m.* **2** freddezza *f.*

coop [kuːp] *s.* stia *f.*

to coop [kuːp] *v. tr.* rinchiudere

to cooperate [kǝ(ʊ)'ɒpəreɪt] *v. intr.* cooperare, collaborare

cooperation [kǝ(ʊ)ˌɒpə'reɪʃ(ə)n] *s.* cooperazione *f.*, collaborazione *f.*

cooperative [kǝ(ʊ)'ɒp(ə)rətɪv] *s.* cooperativa *f.*

coordinate [kǝ(ʊ)'ɔːdɪnɪt] **A** *agg.* **1** uguale **2** coordinato **B** *s.* coordinata *f.*

coordination [kǝ(ʊ)ˌɔːdɪ'neɪʃ(ə)n] *s.* coordinazione *f.*

coordinator [kǝ(ʊ)'ɔːdɪneɪtəʳ] *s.* coordinatore *m.*

coowner [kǝ(ʊ)'əʊnəʳ] *s.* comproprietario *m.*

to cope [kəʊp] *v. intr.* tener testa, far fronte

copper ['kɒpəʳ] *s.* rame *m.*

coppice ['kɒpɪs] *s.* bosco *m.* ceduo

copse [kɒps] *s.* bosco *m.* ceduo

copy ['kɒpɪ] *s.* copia *f.* ♦ **c. book** quaderno

to copy ['kɒpɪ] *v. tr.* **1** copiare **2** imitare **3** riprodurre ♦ **to c. down** trascrivere

copyright ['kɒpɪraɪt] *s.* copyright *m. inv.*, diritto *m.* d'autore

coral ['kɒr(ə)l] **A** *s.* corallo *m.* **B** *agg.* corallino ♦ **c. reef** barriera corallina

cord [kɔːd] *s.* **1** corda *f.* **2** filo *m.*, cordone *m.* **3** velluto *m.* a coste

cordial ['kɔːdjəl] *agg.* cordiale

cordiality [ˌkɔːdɪ'ælɪtɪ] *s.* cordialità *f.*

cordon ['kɔːdn] *s.* cordone *m.*

core [kɔːʳ] *s.* **1** nucleo *m.*, centro *m.* **2** torsolo *m.*

coriaceous [ˌkɒrɪ'eɪʃəs] *agg.* coriaceo

Corinthian [kə'rɪnθɪən] *agg.* corinzio

cork [kɔːk] *s.* **1** sughero *m.* **2** tappo *m.* ♦ **c. oak** quercia da sughero; **c. skrew** cavatappi

to cork [kɔːk] *v. tr.* tappare, turare
cormorant ['kɔːm(ə)r(ə)nt] *s.* cormorano *m.*
corn (1) [kɔːn] *s.* **1** cereale *m.*, granaglie *f. pl.* **2** grano *m.* **3** (*USA*) mais *m.* ♦ **c. cob** pannocchia; **c.-flakes** fiocchi di mais
corn (2) [kɔːn] *s.* callo *m.*
to corn [kɔːn] *v. tr.* conservare (sotto sale), salare ♦ **corned beef** carne in scatola
cornea ['kɔːniə] *s.* cornea *f.*
corner ['kɔːnə'] *s.* **1** angolo *m.*, spigolo *m.* **2** (*di merce*) accaparramento *m.*
to corner ['kɔːnə'] **A** *v. intr.* curvare, svoltare **B** *v. tr.* **1** mettere alle strette **2** accaparrare, imboscare
cornet ['kɔːnɪt] *s.* **1** (*mus.*) cornetta *f.* **2** cartoccio *m.* (*a cono*) **3** cono *m.* gelato
cornflower ['kɔːnˌflaʊə'] *s.* fiordaliso *m.*
cornice ['kɔːnɪs] *s.* (*arch.*) cornicione *m.*
cornucopia [ˌkɔːnjʊ'kəʊpjə] *s.* cornucopia *f.*
corny ['kɔːnɪ] *agg.* **1** di grano, ricco di grano **2** trito, banale
corolla [kə'rɒlə] *s.* corolla *f.*
coronary ['kɒrənərɪ] **A** *agg.* coronario **B** *s.* trombosi *f.* coronaria
coronation [ˌkɒrə'neɪʃ(ə)n] *s.* incoronazione *f.*
coronet ['kɒrənɪt] *s.* corona *f.*, diadema *m.*
corporal (1) ['kɔːp(ə)r(ə)l] *agg.* corporale
corporal (2) ['kɔːp(ə)r(ə)l] *s.* (*mil.*) caporale *m.*
corporate ['kɔːp(ə)rɪt] *agg.* **1** corporativo **2** societario, aziendale ♦ **c. name** ragione sociale
corporation [ˌkɔːpə'reɪʃ(ə)n] *s.* compagnia *f.*, società *f.* ♦ **municipal c.** consiglio comunale
corps [kɔː'] *s. inv.* **1** (*mil.*) corpo *m.* **2** (*di persone*) gruppo *m.*
corpse [kɔːps] *s.* cadavere *m.*
corpuscle ['kɔːpʌsl] *s.* corpuscolo *m.*
corral [kɒ'rɑːl] *s.* recinto *m.* per bestiame
correct [kə'rekt] *agg.* **1** corretto, giusto **2** adatto, opportuno
to correct [kə'rekt] *v. tr.* correggere
correction [kə'rekʃ(ə)n] *s.* correzione *f.*
correctly [kə'rektlɪ] *avv.* **1** correttamente, giustamente **2** opportunamente
correlation [ˌkɒrɪ'leɪʃ(ə)n] *s.* correlazione *f.*
to correspond [ˌkɒrɪs'pɒnd] *v. intr.* corrispondere
correspondence [ˌkɒrɪs'pɒndəns] *s.* **1** corrispondenza *f.*, carteggio *m.* **2** accordo *m.*
corresponding [ˌkɒrɪs'pɒndɪŋ] *agg. e s.* corrispondente *m. e f.*
corridor ['kɒrɪdɔː'] *s.* corridoio *m.*
to corroborate [kə'rɒbəreɪt] *v. tr.* corroborare, avvalorare
to corrode [kə'rəʊd] *v. tr. e intr.* corrodere, corrodersi
corrosive [kə'rəʊsɪv] *agg.* corrosivo
corrugated ['kɒrʊgeɪtɪd] *agg.* corrugato, increspato ♦ **c. iron** lamiera ondulata
to corrupt [kə'rʌpt] *v. tr.* **1** corrompere **2** alterare
corruption [kə'rʌpʃ(ə)n] *s.* corruzione *f.*
corset ['kɔːsɪt] *s.* busto *m.*
cortisone ['kɔːtɪzəʊn] *s.* cortisone *m.*
corvée ['kɔːveɪ] *s.* corvè *f. inv.*
cosh [kɒʃ] *s.* manganello *m.*

cosmetic [kɒz'metɪk] **A** *agg.* **1** cosmetico **2** apparente, superficiale **B** *s.* cosmetico *m.*
cosmic ['kɒzmɪk] *agg.* cosmico
cosmopolitan [ˌkɒzmə'pɒlɪt(ə)n] *agg.* cosmopolita
cosmos ['kɒzmɒs] *s.* cosmo *m.*
to cosset ['kɒsɪt] *v. tr.* vezzeggiare, coccolare
cost [kɒst] *s.* costo *m.*, prezzo *m.* ♦ **at all costs** a ogni costo; **c.-effective** efficace, conveniente; **c. price** prezzo di costo
to cost [kɒst] (*pass. e p. p.* **cost**) **A** *v. intr.* costare **B** *v. tr.* valutare i costi
costly ['kɒstlɪ] *agg.* costoso, caro
costume ['kɒstjuːm] *s.* **1** costume *m.* **2** tailleur *m. inv.* ♦ **c. ball** ballo in costume; **c. jewellery** bigiotteria; **swimming c.** costume da bagno
cosy ['kəʊzɪ] (*USA* **cozy**) *agg.* accogliente, confortevole
cot [kɒt] *s.* **1** culla *f.*, lettino *f.* **2** branda *f.*
coterie ['kəʊtərɪ] *s.* circolo *m.*, cenacolo *m.*
cottage ['kɒtɪdʒ] *s.* casetta *f.*, villetta *f.*
cotton ['kɒtn] *s.* cotone *m.* ♦ **c. wool** cotone idrofilo
to cotton ['kɒtn] *v. intr.* fraternizzare ♦ **to c. on** afferrare, iniziare a capire
couch [kaʊtʃ] *s.* divano *m.*
couchette [kuː'ʃet] *s.* cuccetta *f.*
cough [kɒf] *s.* tosse *f.* ♦ **c.-drop** pasticca per la tosse
to cough [kɒf] *v. intr.* tossire
could [kʊd, kəd] *pass. di* **can**
council ['kaʊnsl] *s.* **1** (*adunanza di persone*) consiglio *m.* **2** (*relig.*) concilio *m.* ♦ **city/town c.** consiglio comunale; **c. house** casa popolare; **c. estate** quartiere popolare
councillor ['kaʊnsɪlə'] *s.* consigliere *m.*
counsel ['kaʊns(ə)l] *s.* **1** consiglio *m.*, consultazione *f.* **2** (*dir.*) avvocato *m.*, consulente *m. e f.*
to counsel ['kaʊns(ə)l] *v. tr.* consigliare
counsellor ['kaʊnsələ'] *s.* **1** consigliere *m.*, consulente *m. e f.* **2** (*USA*) avvocato *m.*
count (1) [kaʊnt] *s.* conto *m.*, conteggio *m.*
count (2) [kaʊnt] *s.* conte *m.*
to count [kaʊnt] **A** *v. tr.* **1** contare, calcolare **2** considerare, annoverare **B** *v. intr.* **1** contare **2** avere importanza ♦ **to c. down** fare il conto alla rovescia; **to c. in** includere; **to c. on** fare assegnamento
countenance ['kaʊntɪnəns] *s.* **1** espressione *f.*, aria *f.* **2** approvazione *f.*, appoggio *m.*
to countenance ['kaʊntɪnəns] *v. tr.* approvare, appoggiare
counter (1) ['kaʊntə'] *s.* (*tecnol.*) contatore *m.*, misuratore *m.*
counter (2) ['kaʊntə'] *s.* **1** gettone *m.* **2** banco *m.*, cassa *f.* ♦ **telephone c.** gettone telefonico
counter (3) ['kaʊntə'] *avv.* contrariamente
to counter ['kaʊntə'] *v. tr. e intr.* **1** opporsi a **2** respingere, mandare a vuoto **3** replicare
to counteract [ˌkaʊntə'rækt] *v. tr.* **1** agire contro **2** contrastare
counterclockwise [ˌkaʊntə'klɒkwaɪs] *agg.* antiorario
countercurrent [ˌkaʊntə'kʌrənt] *s.* controcorrente *f.*

counterfeit ['kauntəfɪt] **A** agg. falso, contraffatto **B** s. contraffazione f., falsificazione f.

to counterfeit ['kauntəfɪːt] v. tr. contraffare, falsificare

counterfoil ['kauntəfɔɪl] s. matrice f.

countermand [,kauntə'mɑːnd] s. contrordine m.

to countermand ['kauntə,mɑːnd] v. tr. annullare, revocare

counterpart ['kauntəpɑːt] s. 1 controparte f. 2 duplicato m., copia f.

counterproductive ['kauntəprə,dʌktɪv] agg. controproducente

Counter-Reformation ['kauntərefə,meɪʃ(ə)n] s. controriforma f.

countersign ['kauntəsaɪn] s. contrassegno m., controfirma f.

to countersign ['kauntəsaɪn] v. tr. contrassegnare, controfirmare

countess ['kauntɪs] s. contessa f.

countless ['kauntlɪs] agg. innumerevole

country ['kʌntrɪ] **A** s. 1 paese m., nazione f., regione f. 2 patria f. 3 campagna f. **B** agg. di campagna

countryman ['kʌntrɪmən] (pl. **countrymen**) s. 1 campagnolo m., contadino m. 2 compatriota m.

countryside ['kʌntrɪsaɪd] s. campagna f.

countrywide ['kʌntrɪwaɪd] agg. esteso a tutto il territorio nazionale

county ['kauntɪ] s. contea f.

couple ['kʌpl] s. coppia f., paio m.

to couple ['kʌpl] v. tr. 1 accoppiare, abbinare 2 unire insieme

coupon ['kuːpɒn] s. buono m., scontrino m., tagliando m.

courage ['kʌrɪdʒ] s. coraggio m.

courageous [kə'reɪdʒəs] agg. coraggioso

courgette [kuə'ʒet] s. zucchino m.

courier ['kurɪə'] s. 1 corriere m., messaggero m. 2 guida f. (turistica)

course [kɔːs] s. 1 corso m., decorso m. 2 direzione f., rotta f. 3 pietanza f., portata f. 4 (sport) campo m., percorso m. 5 al pl. mestruazioni f. pl. ♦ **of c.** naturalmente, senz'altro

court [kɔːt] s. 1 corte f., cortile m. 2 (dir.) corte f., tribunale m. 3 castello m., dimora f. 4 (sport) campo m. (di gioco) 5 corteggiamento m. ♦ **c.-martial** corte marziale; **c. of inquiry** commissione d'inchiesta; **c. room** aula di tribunale

to court [kɔːt] v. tr. corteggiare

courteous ['kɜːtjəs] agg. cortese

courtesy ['kɜːtɪsɪ] s. cortesia f. ♦ **by c. of** per gentile concessione di

courtier ['kɔːtjə'] s. cortigiano m.

courtyard ['kɔːtjɑːd] s. cortile m.

cousin ['kʌzn] s. cugino m.

cove [kəuv] s. baia f., caletta f.

covenant ['kʌvɪnənt] s. convenzione f., accordo m.

cover ['kʌvə'] s. 1 copertura f., coperchio m., coperta f., fodera f. 2 (di libro, giornale) copertina f. 3 riparo m. 4 (econ.) copertura f. 5 coperto m. ♦ **c. charge** prezzo del coperto; **c. girl** fotomodella; **to take c.** mettersi al riparo

to cover ['kʌvə'] v. tr. 1 coprire 2 ricoprire, rivestire 3 comprendere ♦ **to c. up** coprire, nascondere

coverage ['kʌvərɪdʒ] s. 1 copertura f. 2 (radio, TV) zona f. di ricezione 3 servizio m. d'informazione

covering ['kʌvərɪŋ] s. rivestimento m.

to covet ['kʌvɪt] v. tr. agognare, bramare

cow [kau] s. mucca f. ♦ **c. house** stalla

to cow [kau] v. tr. intimorire

coward ['kauəd] agg. vigliacco

cowardice ['kauədɪs] s. vigliaccheria f.

cowl [kaul] s. 1 cappuccio m. 2 tonaca f.

cowslip ['kauslɪp] s. primula f.

cox(wain) ['kɒks(weɪn)] s. timoniere m.

coy [kɔɪ] agg. schivo, riservato

cozy ['kəuzɪ] agg. (USA) → **cosy**

crab (1) [kræb] s. granchio m.

crab (2) [kræb] s. melo m. selvatico

crack [kræk] **A** agg. di prim'ordine, scelto **B** s. 1 rottura f., crepa f. 2 schianto m., esplosione f. 3 crollo m., tracollo m.

to crack [kræk] **A** v. tr. 1 rompere, incrinare 2 schioccare 3 (fam.) decifrare 4 (pop.) scassinare **B** v. intr. 1 rompersi, incrinarsi 2 schioccare ♦ **to c. a joke** dire una barzelletta; **to c. on** darci dentro; **to c. up** rompere, andare in mille pezzi

cracker ['krækə'] s. 1 cracker m. inv. 2 petardo m.

to crackle ['krækl] v. intr. 1 crepitare, scricchiolare 2 screpolarsi

cradle ['kreɪdl] s. culla f. ♦ **c. song** ninnananna

craft [krɑːft] s. 1 mestiere m. 2 corporazione f., categoria f. 3 abilità f. 4 imbarcazione f.

craftsman ['krɑːftsmən] (pl. **craftsmen**) s. artigiano m.

crafty ['krɑːftɪ] agg. astuto

crag [kræg] s. picco m., dirupo m.

to cram [kræm] **A** v. tr. riempire, rimpinzare **B** v. intr. 1 rimpinzarsi, ingozzarsi 2 ammassarsi

cramp [kræmp] s. crampo m.

cramped [kræmpt] agg. 1 ristretto, limitato 2 contratto

crampon ['kræmpən] s. rampone m.

crane [kreɪn] s. (zool., mecc.) gru f. inv. ♦ **bridge c.** carroponte

cranial ['kreɪnjəl] agg. cranico

cranium ['kreɪnjəm] s. cranio m.

crank [kræŋk] s. 1 manovella f. 2 (fam.) persona f. eccentrica ♦ **c. shaft** albero a gomiti

crash [kræʃ] s. 1 fragore m., schianto m. 2 scontro m., collisione f. 3 crollo m., caduta f. ♦ **c. barrier** guardrail; **c. helmet** casco di protezione; **c. landing** atterraggio di fortuna; **c.-proof** a prova d'urto

to crash [kræʃ] v. tr. rompere, fracassare **B** v. intr. 1 schiantarsi, precipitare 2 (autom.) scontrarsi 3 crollare, precipitare

crate [kreɪt] s. cassa f., cesta f.

crater ['kreɪtə'] s. cratere m.

to crave [kreɪv] **A** v. intr. desiderare fortemente **B** v. tr. scongiurare, chiedere con insistenza

craving ['kreɪvɪŋ] s. desiderio m., brama f.

crawl [krɔːl] s. crawl m. inv.

to crawl [krɔːl] v. intr. 1 strisciare 2 avanzare carponi

crayfish ['kreɪ,fɪʃ] s. 1 gambero m. 2 aragosta f.

crayon ['kreɪ)ən] s. pastello m.

craze [kreɪz] s. mania f.

crazy ['kreɪzɪ] agg. **1** matto **2** entusiasta, maniaco **3** (pop.) fantastico

creak [kriːk] s. scricchiolio m.

cream [kriːm] s. **1** panna f. **2** crema f. ♦ **whipped c.** panna montata

creamy ['kriːmɪ] agg. cremoso

crease [kriːs] s. piega f., grinza f.

to crease [kriːs] v. tr. stropicciare, spiegazzare

to create [kriː'eɪt] v. tr. creare

creation [kriː'eɪʃ(ə)n] s. creazione f.

creative [kriː(ː)'eɪtɪv] agg. creativo

creature ['kriːtʃə'] s. creatura f.

crèche [kreɪʃ] s. asilo m. infantile

credence ['kriːd(ə)ns] s. credenza f., credito m. ♦ **to give c. to st.** prestar fede a q.c.

credentials [krɪ'denʃ(ə)lz] s. pl. credenziali f. pl.

credit ['kredɪt] s. **1** credito m. **2** merito m. ♦ **c. card** carta di credito; **to give c. to** prestar fede a; **to place c. in** aver fiducia in

to credit ['kredɪt] v. tr. **1** prestar fede **2** attribuire **3** accreditare ♦ **to c. sb. with st.** attribuire q.c. a qc.

creditor ['kredɪtə'] s. creditore m.

creed [kriːd] s. (relig.) credo m.

creek [kriːk] s. **1** insenatura f. **2** (USA) torrente m.

to creep [kriːp] (pass. e p. p. **crept**) v. intr. **1** strisciare **2** avanzare furtivamente **3** rabbrividire, avere la pelle d'oca ♦ **to c. away** allontanarsi furtivamente; **to c. in** prendere piede; **to c. up** salire lentamente, insinuarsi

creeper ['kriːpə'] s. **1** verme m. **2** (bot.) rampicante m. **3** (naut.) grappino m.

creeping ['kriːpɪŋ] agg. rampicante

creepy ['kriːpɪ] agg. **1** strisciante **2** che fa accapponare la pelle

to cremate [krɪ'meɪt] v. tr. cremare

cremation [krɪ'meɪʃ(ə)n] s. cremazione f.

crematorium [ˌkremə'tɔːrɪəm] s. forno m. crematorio

crepe [kreɪp] s. crespo m.

crept [krept] pass. e p. p. di **to creep**

crepuscular [krɪ'pʌskjʊlə'] agg. crepuscolare

crescendo [krɪ'ʃendəʊ] s. crescendo m.

crescent ['kresnt] A agg. **1** crescente **2** a mezzaluna **3** a semicerchio B s. **1** luna f. crescente, falce m. di luna **2** mezzaluna f.

cress [kres] s. crescione m.

crest [krest] s. **1** cresta f., ciuffo m. **2** (arald.) cimiero m. **3** crinale m.

crestfallen ['krest,fɔːlən] agg. abbattuto, mortificato

crevasse [krɪ'væs] s. crepaccio m.

crevice ['krevɪs] s. crepa f., fenditura f.

crew [kruː] s. equipaggio m.

crewman ['kruːmən] (pl. **crewmen**) s. membro m. dell'equipaggio

crew-neck ['kruːnek] agg. (a) girocollo

crib [krɪb] s. **1** greppia f. **2** presepe m. **3** (USA) culla f.

to crib [krɪb] v. tr. (fam.) copiare (i compiti)

crick [krɪk] s. crampo m.

cricket (1) ['krɪkɪt] s. (sport) cricket m. inv.

cricket (2) ['krɪkɪt] s. grillo m.

crime [kraɪm] s. crimine m., delitto m.

criminal ['krɪmɪnl] agg. e s. criminale m. e f.

crimson ['krɪmzn] agg. cremisi

to cringe [krɪndʒ] v. intr. **1** acquattarsi, farsi piccolo **2** umiliarsi, essere servile

crinkle ['krɪŋkl] s. crespa f., grinza f.

to crinkle ['krɪŋkl] v. tr. e intr. increspare, incresparsi

cripple ['krɪpl] s. zoppo m., mutilato m.

to cripple ['krɪpl] v. tr. azzoppare, menomare

crisis ['kraɪsɪs] (pl. **crises**) s. crisi f.

crisp [krɪsp] agg. **1** croccante **2** fresco, frizzante

crisscross ['krɪskrɒs] agg. incrociato

criterion [kraɪ'tɪərɪən] (pl. **criteria**) s. criterio m.

critic ['krɪtɪk] s. critico m.

critical ['krɪtɪk(ə)l] agg. critico

criticism ['krɪtɪsɪz(ə)m] s. critica f.

criticizable ['krɪtɪsaɪzəbl] agg. criticabile

to criticize ['krɪtɪsaɪz] v. tr. criticare, fare la critica

to croak [krəʊk] v. intr. gracchiare, gracidare

crochet ['krəʊʃeɪ] s. uncinetto m.

crockery ['krɒkərɪ] s. terraglie f. pl., vasellame m.

crocodile ['krɒkədaɪl] s. coccodrillo m.

crook [krʊk] s. **1** uncino m., gancio m. **2** bastone m. **3** (pop.) truffatore m.

to crook [krʊk] v. tr. piegare, curvare

crooked ['krʊkɪd] agg. **1** storto **2** disonesto

crop [krɒp] s. **1** raccolto m., messe f. **2** (di uccello) gozzo m. **3** frustino m. **4** (di capelli) rapata f.

to crop [krɒp] v. tr. **1** spuntare, tosare **2** coltivare ♦ **to c. up** spuntare, presentarsi

croquette [krɒ(ʊ)'ket] s. crocchetta f.

cross [krɒs] A agg. **1** trasversale, obliquo **2** seccato, di cattivo umore **3** opposto, contrario B s. **1** croce f. **2** contrarietà f. **3** (biol.) incrocio m.

to cross [krɒs] A v. tr. **1** attraversare, intersecare **2** incrociare **3** ostacolare **4** sbarrare B v. intr. **1** incrociarsi **2** compiere una traversata ♦ **to c. off/out** cancellare; **to c. over** attraversare

crossbar ['krɒsbɑː'] s. asticella f.

crossbow ['krɒsbəʊ] s. balestra f.

crossbreed ['krɒsbriːd] s. incrocio m. (di razze)

cross-country [ˌkrɒs'kʌntrɪ] agg. campestre

cross-eyed ['krɒsaɪd] agg. strabico

crossfire ['krɒs,faɪə'] s. fuoco m. incrociato

crossing ['krɒsɪŋ] s. **1** attraversamento m., incrocio m. **2** traversata f. ♦ **level c.** passaggio a livello

cross-purposes [ˌkrɒs'pɜːpəsɪz] s. pl. scopi m. pl. contrastanti ♦ **to be at c.** fraintendersi

cross-reference [ˌkrɒs'ref(ə)rəns] s. rinvio m., rimando m.

crossroad ['krɒsrəʊd] s. **1** traversa f. **2** crocevia m. inv., crocicchio m.

cross-section ['krɒs,sekʃ(ə)n] s. **1** sezione f. trasversale **2** gruppo m. rappresentativo

crosswalk ['krɒswɔːk] s. (USA) attraversamento m. pedonale

crosswise ['krɒswaɪz] avv. attraverso

crossword ['krɒswɜːd] s. cruciverba m. inv.

crotchet ['krɒtʃɪt] s. **1** gancio m. **2** mania f. **3** (mus.) semiminima f.

to crouch [kraʊtʃ] v. intr. rannicchiarsi

crouton ['kruːtɒn] s. crostino m.

crow (1) [krəʊ] s. corvo m., cornacchia f.

crow (2) [krəʊ] s. canto m. del gallo

crowd [kraʊd] s. calca f., folla f., moltitudine f.

to crowd [kraʊd] v. intr. affollarsi, accalcarsi

crowded ['kraʊdɪd] agg. affollato

crowding ['kraʊdɪŋ] s. affollamento m.

crown [kraʊn] s. 1 corona f. 2 calotta f. ◆ c. cap tappo a corona

to crown [kraʊn] v. tr. incoronare

crucial ['kruːʃəl] agg. cruciale, decisivo

cruciate ['kruːʃɪeɪt] agg. (bot.) cruciforme

crucifix ['kruːsɪfɪks] s. crocifisso m.

crucifixion [ˌkruːsɪ'fɪkʃ(ə)n] s. crocifissione f.

cruciform ['kruːsɪfɔːm] agg. cruciforme

crude [kruːd] A agg. 1 grezzo 2 rozzo, grossolano B s. (petrolio) greggio m.

cruel [krʊəl] agg. crudele

cruelty ['krʊəltɪ] s. crudeltà f.

cruise [kruːz] s. crociera f.

cruiser ['kruːzə'] s. incrociatore m.

crumb [krʌm] s. 1 briciola f. 2 mollica f.

to crumb [krʌm] v. tr. 1 sbriciolare 2 impanare

to crumble ['krʌmbl] v. tr. e intr. sbriciolare, sbriciolarsi

to crumple ['krʌmpl] v. tr. stropicciare

crunch [krʌntʃ] s. 1 lo sgranocchiare 2 scricchiolio m. 3 (fam.) momento m. cruciale

to crunch [krʌntʃ] v. tr. sgranocchiare

crusade [kruː'seɪd] s. crociata f.

crush [krʌʃ] s. 1 calca f., folla f. 2 (fam.) cotta f.

to crush [krʌʃ] v. tr. 1 schiacciare 2 stroncare, annientare

crust [krʌst] s. crosta f.

crustacean [krʌs'teɪʃən] s. crostaceo m.

crutch [krʌtʃ] s. 1 gruccia f., stampella f. 2 biforcazione f.

crux [krʌks] s. punto m. cruciale

cry [kraɪ] s. 1 grido m. 2 (di animale) verso m. 3 lamento m., pianto m.

to cry [kraɪ] v. tr. e intr. 1 gridare 2 piangere ◆ to c. down denigrare; to c. for chiedere a gran voce; to c. off tirarsi indietro

crying ['kraɪɪŋ] s. pianto m.

crypt [krɪpt] s. cripta f.

cryptic ['krɪptɪk] agg. criptico

crystal ['krɪstl] s. cristallo m. ◆ c. clear limpido, cristallino

crystalline ['krɪstəlaɪn] agg. cristallino

to crystallize ['krɪstəlaɪz] v. tr. cristallizzare

cub [kʌb] s. cucciolo m.

cube [kjuːb] s. cubo m.

cubic ['kjuːbɪk] agg. cubico

cubism ['kjuːbɪz(ə)m] s. cubismo m.

cubital ['kjuːbɪtl] agg. (anat.) cubitale

cuckoo ['kukuː] s. cuculo m. ◆ c. clock orologio m. cucù

cucumber ['kjuːkʌmbə'] s. cetriolo m.

to cuddle ['kʌdl] v. tr. abbracciare, coccolare ◆ to c. up raggomitolarsi

cudgel ['kʌdʒ(ə)l] s. randello m.

cue (1) [kjuː] s. 1 (teatro, mus.) battuta f. d'entrata, attacco m. 2 imbeccata f.

cue (2) [kjuː] s. (biliardo) stecca f.

cuff (1) [kʌf] s. 1 polsino m. 2 risvolto m. 3 al pl. manette f. pl. ◆ c. links gemelli (per polsino)

cuff (2) [kʌf] s. schiaffo m.

to cuff [kʌf] v. tr. schiaffeggiare

culinary ['kʌlɪnərɪ] agg. culinario

to cull [kʌl] v. tr. scegliere, selezionare

to culminate ['kʌlmɪneɪt] v. intr. culminare

culmination [ˌkʌlmɪ'neɪʃ(ə)n] s. culmine m.

culprit ['kʌlprɪt] s. colpevole m. e f.

cult [kʌlt] s. culto m.

cultivable ['kʌltɪvəbl] agg. coltivabile

to cultivate ['kʌltɪveɪt] v. tr. coltivare

cultivated ['kʌltɪveɪtɪd] agg. 1 coltivato 2 colto

cultivation [ˌkʌltɪ'veɪʃ(ə)n] s. coltura f.

cultural ['kʌltʃ(ə)r(ə)l] agg. culturale

culture ['kʌltʃə'] s. 1 cultura f., istruzione f. 2 civiltà f. 3 coltura f., coltivazione f.

cumbersome ['kʌmbəsəm] agg. ingombrante

cumulus ['kjuːmjʊləs] s. (meteor.) cumulo m.

cuneiform ['kjuːnɪfɔːm] agg. cuneiforme

cunning ['kʌnɪŋ] A agg. astuto, furbo B s. astuzia f., furberia f.

cup [kʌp] s. 1 tazza f., tazzina f. 2 coppa f. ◆ paper c. bicchiere di carta

cupboard ['kʌbəd] s. armadio m.

curable ['kjʊərəbl] agg. curabile

curate ['kjʊərɪt] s. curato m., cappellano m.

curator [kjʊə'reɪtə'] s. (di museo, biblioteca) direttore m., sovrintendente m. e f.

curb [kɜːb] s. freno m., ostacolo m.

cure [kjʊə'] s. cura f., rimedio m.

to cure [kjʊə'] A v. tr. 1 guarire, curare 2 (un materiale) trattare 3 (un alimento) affumicare, salare B v. intr. (di alimento) conservarsi

curfew ['kɜːfjuː] s. coprifuoco m.

curia ['kjʊərɪə] s. curia f.

curio ['kjʊ(ə)rɪəʊ] s. curiosità f., oggetto m. da collezione

curiosity [ˌkjʊərɪ'ɒsɪtɪ] s. curiosità f.

curious ['kjʊərɪəs] agg. curioso

curl [kɜːl] s. riccio m., ricciolo m.

to curl [kɜːl] v. tr. e intr. arricciare, arricciarsi ◆ to c. up raggomitolarsi, accartocciarsi

curler ['kɜːlə'] s. bigodino m.

curly ['kɜːlɪ] agg. 1 ricciuto 2 increspato

currant ['kʌr(ə)nt] s. 1 ribes m. 2 uva f. sultanina

currency ['kʌr(ə)nsɪ] s. 1 valuta f., moneta f. 2 circolazione f., diffusione f.

current ['kʌr(ə)nt] A agg. corrente, attuale B s. corrente f.

currently ['kʌr(ə)ntlɪ] avv. attualmente

curriculum [kə'rɪkjʊləm] s. curriculum m.

curry ['kʌrɪ] s. curry m. inv.

to curry ['kʌrɪ] v. tr. 1 strigliare 2 (pelli) conciare 3 adulare

curse [kɜːs] s. 1 maledizione f. 2 imprecazione f., bestemmia f.

to curse [kə(:)s] A *v. tr.* maledire B *v. intr.* imprecare, bestemmiare
cursed ['kɜːsɪd] *agg.* maledetto
cursor ['kɜːsə'] *s.* cursore *m.*
curt [kɜːt] *agg.* brusco, secco, conciso
to curtail [kɜː'teɪl] *v. tr.* **1** accorciare, abbreviare **2** ridurre, limitare
curtain ['kɜːt(ə)n] *s.* **1** tenda *f.* **2** (*teatro*) sipario *m.* ♦ **behind the c.** dietro le quinte
curts(e)y ['kɜːtsɪ] *s.* inchino *m.*, riverenza *f.*
curve [kɜːv] *s.* curva *f.*
to curve [kɜːv] *v. tr. e intr.* curvare, curvarsi
curvilinear [kɜːvɪ'lɪnɪə'] *agg.* curvilineo
cushion ['kʊʃ(ə)n] *s.* cuscino *m.*
to cushion ['kʊʃ(ə)n] *v. tr.* **1** imbottire **2** smorzare, attutire
custard ['kʌstəd] *s.* crema *f.* pasticciera
custodian [kʌs'təʊdjən] *s.* custode *m.*
custody ['kʌstədɪ] *s.* **1** custodia *f.*, sorveglianza *f.* **2** detenzione *f.*
custom ['kʌstəm] *s.* **1** costume *m.*, abitudine *f.*, usanza *f.* **2** *al pl.* dogana *f.* **3** clientela *f.* ♦ **c.-made** su ordinazione, su misura; **customs officer** doganiere
customary ['kʌstəm(ə)rɪ] *agg.* consueto, usuale
customer ['kʌstəmə'] *s.* cliente *m. e f.*
customized ['kʌstəmaɪzd] *agg.* fuori serie, su misura
cut [kʌt] *s.* **1** taglio *m.* **2** riduzione *f.*
to cut [kʌt] (*pass. e p. p.* **cut**) A *v. tr.* **1** tagliare **2** incidere **3** ridurre B *v. intr.* tagliare, tagliarsi ♦ **to c. a tooth** mettere un dente; **to c. back** ridurre; **to c. down** abbattere, ridurre; **to c. in** interloquire; **to c. off** troncare, recidere; **to c. up**

tagliare a pezzetti
cutaneous [kjʊ(:)'teɪnjəs] *agg.* cutaneo
cute [kjuːt] *agg.* (*fam.*) carino
cutis ['kjuːtɪs] *s.* cute *f.*
cutlery ['kʌtlərɪ] *s.* posate *f. pl.*
cutlet ['kʌtlɪt] *s.* costoletta *f.*
cutoff ['kʌtɒf] *s.* **1** limite *m.* estremo **2** (*USA*) scorciatoia *f.* **3** (*mecc.*) otturatore *m.* **4** (*elettr.*) apertura *f.* di circuito
cut-out ['kʌtaʊt] *s.* **1** (*di giornale*) ritaglio *m.* **2** (*elettr.*) interruttore *m.*
cut-price ['kʌtpraɪs] *agg.* a prezzo ridotto
cutthroat ['kʌtθrəʊt] *s.* assassino *m.*
cutting ['kʌtɪŋ] A *agg.* **1** tagliente **2** sferzante B *s.* **1** taglio *m.* **2** ritaglio *m.* **3** (*bot.*) talea *f.* **4** (*cine.*) montaggio *m.*
cuttlefish ['kʌtlfɪʃ] *s.* seppia *f.*
cyanide ['saɪənaɪd] *s.* cianuro *m.*
cycle ['saɪkl] *s.* **1** ciclo *m.* **2** bicicletta *f.* ♦ **c. track** velodromo
cyclic ['sɪklɪk] *agg.* ciclico
cycling ['saɪklɪŋ] *s.* ciclismo *m.*
cyclist ['saɪklɪst] *s.* ciclista *m. e f.*
cyclopean [saɪ'kləʊpjən] *agg.* ciclopico
cylinder ['sɪlɪndə'] *s.* **1** cilindro *m.* **2** bombola *f.*
cylindrical [sɪ'lɪndrɪk(ə)l] *agg.* cilindrico
cynical ['sɪnɪkl] *agg.* cinico
cynicism ['sɪnɪsɪz(ə)m] *s.* cinismo *m.*
cypress ['saɪprɪs] *s.* cipresso *m.*
cyst [sɪst] *s.* cisti *f.*
cystitis [sɪs'taɪtɪs] *s.* cistite *f.*
czar [zɑː'] *s.* zar *m. inv.*
Czech [tʃɛk] *agg. e s.* ceco *m.*

D

to dab [dæb] *v. tr.* **1** picchiettare, tamponare **2** applicare, spalmare
to dabble ['dæbl] A *v. tr.* schizzare, bagnare B *v. intr.* sguazzare ♦ **to d. in/at** occuparsi da dilettante di (q.c.)
dabbler ['dæblə'] *s.* dilettante *m. e f.*
dad [dæd] *s.* (*fam.*) papà *m.*
Dadaism ['dɑːdaɪz(ə)m] *s.* dadaismo *m.*
daddy ['dædɪ] *s.* (*fam.*) papà *m.*
daffodil ['dæfədɪl] *s.* giunchiglia *f.*
daft [dɑːft] *agg.* (*fam.*) sciocco
dagger ['dægə'] *s.* pugnale *m.*
daily ['deɪlɪ] A *agg.* giornaliero, quotidiano B *s.* quotidiano *m.* C *avv.* giornalmente, quotidianamente
daintiness ['deɪntɪnɪs] *s.* delicatezza *f.*, raffinatezza *f.*
dainty ['deɪntɪ] *agg.* **1** delicato, fine **2** prelibato
dairy ['dɛərɪ] *s.* **1** caseificio *m.* **2** latteria *f.* ♦ **d. prod-**

ucts latticini
dais ['deɪs] *s.* predella *f.*, palco *m.*
daisy ['deɪzɪ] *s.* margherita *f.*
dale [deɪl] *s.* vallata *f.*
dam [dæm] *s.* diga *f.*
to dam [dæm] *v. tr.* sbarrare, arginare
damage ['dæmɪdʒ] *s.* **1** avaria *f.*, danno *m.*, guasto *m.* **2** *al pl.* danni *m. pl.*, risarcimento *m.* ♦ **claim for damages** richiesta di risarcimento
to damage ['dæmɪdʒ] *v. tr.* danneggiare, lesionare
damask ['dæməsk] *s.* damasco *m.*
damn [dæm] *inter.* maledizione!
to damn [dæm] *v. tr.* **1** dannare, condannare **2** maledire, imprecare **3** rovinare
damned [dæmd] *agg.* **1** dannato **2** (*pop.*) maledetto
damp [dæmp] A *agg.* umido, bagnato B *s.* umidità *f.*, umido *m.*

to damp [dæmp] v. tr. **1** inumidire, bagnare **2** soffocare, estinguere **3** deprimere

to dampen ['dæmp(ə)n] v. tr. inumidire

damper ['dæmpər] s. **1** freno m. **2** (autom.) ammortizzatore m.

damson ['dæmz(ə)n] s. susino m. selvatico

dance [dɑːns] s. ballo m., danza f. ♦ **d. hall** sala da ballo

to dance [dɑːns] v. tr. e intr. ballare, danzare

dancer ['dɑːnsər] s. ballerino m., ballerina f.

dancing ['dɑːnsɪŋ] s. la danza f., il ballo m. ♦ **d. school** scuola di danza

dandelion ['dændɪlaɪən] s. (bot.) tarassaco m., dente m. di leone

dandruff ['dændrəf] s. forfora f.

dandy ['dændɪ] agg. elegante, affettato

Dane [deɪn] s. danese m. e f.

danger ['deɪn(d)ʒər] s. pericolo m.

dangerous ['deɪn(d)ʒrəs] agg. pericoloso

to dangle ['dæŋgl] **A** v. intr. penzolare, dondolare **B** v. tr. **1** far penzolare, far dondolare **2** far balenare

Danish ['deɪnɪʃ] **A** agg. danese **B** s. (lingua) danese m.

dapper ['dæpər] agg. azzimato

dapple ['dæpl] agg. maculato, pezzato

dare [deər] s. sfida f.

to dare [deər] (pass. **dared, durst**, p. p. **dared**) **A** v. intr. osare **B** v. tr. **1** sfidare **2** atterrire ♦ **I d. say** suppongo; **to d. sb. to do st.** sfidare qc. a fare q.c.

daredevil ['deə,devl] **A** agg. audace, temerario **B** s. scavezzacollo m.

daring ['deərɪŋ] **A** agg. ardito, audace **B** s. audacia f.

dark [dɑːk] **A** agg. **1** buio, scuro **2** (di colore) cupo **3** (fig.) nero, tetro, triste **B** s. buio m., oscurità f. ♦ **to get d.** oscurare, farsi notte

to darken ['dɑːk(ə)n] **A** v. tr. oscurare, offuscare **B** v. intr. **1** oscurarsi, offuscarsi **2** imbrunire

darkness ['dɑːknɪs] s. buio m., oscurità f.

darling ['dɑːlɪŋ] **A** agg. caro, diletto **B** s. caro m., tesoro m.

to darn [dɑːn] v. tr. rammendare

darnel ['dɑːnl] s. loglio m.

darning ['dɑːnɪŋ] s. rammendo m.

dart [dɑːt] s. **1** freccetta f. **2** (letter.) dardo m. **3** pungiglione m. **4** pince f. inv.

to dart [dɑːt] **A** v. tr. scagliare **B** v. intr. **1** dardeggiare, saettare **2** scagliarsi in avanti

dash [dæʃ] s. **1** balzo m., scatto m. **2** slancio m., impeto m. **3** tonfo m., urto m. **4** piccola quantità f., goccia f. **5** trattino m., lineetta f.

to dash [dæʃ] **A** v. tr. **1** gettare, lanciare, sbattere **2** infrangere **3** cospargere, spruzzare **B** v. intr. **1** precipitarsi, scagliarsi **2** cozzare, urtare ♦ **to d. off** scappare via

dashboard ['dæʃbɔːd] s. cruscotto m.

dashing ['dæʃɪŋ] agg. **1** impetuoso, focoso **2** vivace, vistoso

data ['deɪtə] s. pl. dati m. pl. ♦ **d. bank** banca dati; **d. processing** elaborazione di dati

date (1) [deɪt] s. **1** data f. **2** scadenza f. **3** appuntamento m., impegno m. ♦ **at long/short d.** a lunga/breve scadenza; **to d.** fino a oggi; **up to d.** aggiornato

date (2) [deɪt] s. dattero m.

to date [deɪt] **A** v. tr. **1** datare, mettere la data **2** attribuire la data, far risalire a **3** (USA, fam.) frequentare **B** v. intr. datare, risalire a

dated ['deɪtɪd] agg. datato, sorpassato

daub [dɔːb] s. (fam.) sgorbio m.

to daub [dɔːb] v. tr. impiastricciare, imbrattare

daughter ['dɔːtər] s. figlia f. ♦ **d.-in-law** nuora

to daunt [dɔːnt] v. tr. **1** intimidire **2** scoraggiare

to dawdle ['dɔːdl] v. intr. gingillarsi

dawn [dɔːn] s. **1** alba f. **2** (fig.) principio m.

to dawn [dɔːn] v. intr. **1** albeggiare **2** apparire ♦ **to d. on** venire in mente, rendersi conto di

day [deɪ] s. **1** giorno m., giornata f. **2** tempo m., epoca f. ♦ **by d.** di giorno; **d. by d.** giorno per giorno; **d. return** biglietto di andata e ritorno in giornata; **d. time** diurno; **d.-to-d.** quotidiano; **every other d.** un giorno sì e uno no; **the d. before yesterday** l'altro ieri; **the d. after tomorrow** dopodomani

daybreak ['deɪbreɪk] s. alba f.

to daydream ['deɪdriːm] v. intr. sognare a occhi aperti

daylight ['deɪlaɪt] s. luce f. del giorno

daze [deɪz] s. stupore m., stordimento m. ♦ **to be in a d.** essere sbalordito

to daze [deɪz] v. tr. stordire

to dazzle ['dæzl] v. tr. abbagliare

dead [ded] agg. **1** morto **2** fuori uso **3** completo, perfetto **4** spento, insensibile ♦ **d. and gone** morto e sepolto; **d. end** vicolo cieco; **d. heat** (in gara) arrivo alla pari; **d. letter** lettera giacente; **d.-shot** tiratore scelto; **d. wood** ramo secco; **to come to a d. stop** fermarsi di colpo

to deaden ['dedn] v. tr. **1** attutire, smorzare **2** insonorizzare

deadline ['dedlaɪn] s. scadenza f.

deadlock ['dedlɒk] s. punto m. morto

deadly ['dedlɪ] agg. micidiale, letale

deadpan ['dedpæn] agg. (fam.) impassibile

deaf [def] agg. sordo ♦ **d.-and-dumb** sordomuto

deafness ['defnɪs] s. sordità f.

deal (1) [diːl] s. quantità f. ♦ **a great d. of** un bel po' di

deal (2) [diːl] s. **1** accordo m., affare m. **2** trattamento m. **3** (giocando a carte) mano f.

to deal [diːl] (pass. e p. p. **dealt**) **A** v. tr. **1** distribuire, fornire **2** dare le carte **B** v. intr. fare affari ♦ **to d. in** commerciare in; **to d. with** trattare con, fare affari con, trattare di

dealer ['diːlər] s. commerciante m. e f., distributore m.

dealing ['diːlɪŋ] s. **1** al pl. rapporti m. pl. **2** commercio m. **3** distribuzione f.

dealt [delt] pass. e p. p. di **to deal**

deambulatory [dɪ'æmbjulətərɪ] s. deambulatorio m.

dean [diːn] s. **1** (relig.) decano m. **2** (di facoltà universitaria) preside m. e f.

dear [dɪər] agg. **1** caro, amato **2** caro, costoso

dearly ['dɪəlɪ] avv. **1** caramente **2** ardentemente, intensamente **3** a caro prezzo

death [deθ] s. morte f. ♦ **d. duty** tassa di successione; **d. rate** indice di mortalità; **d. toll** vittime

to debar [dɪ'bɑːr] v. tr. escludere, impedire, privare di ♦ **to d. sb. from doing st.** impedire a qc. di fare q.c.

to debase [dɪ'beɪs] v. tr. 1 avvilire, degradare 2 adulterare 3 deprezzare

debatable [dɪ'beɪtəbl] agg. discutibile

debate [dɪ'beɪt] s. dibattito m., discussione f.

to debate [dɪ'beɪt] v. tr. e intr. 1 dibattere, discutere 2 considerare, pensare

debauched [dɪ'bɔːtʃt] agg. dissoluto

debauchery [dɪ'bɔːtʃ(ə)rɪ] s. dissolutezza f., pervertimento m.

debit ['debɪt] s. (comm.) debito m., addebito m.

to debit ['debɪt] v. tr. (comm.) addebitare

debris ['debriː] s. inv. detriti m. pl., macerie f. pl.

debt [det] s. debito m. ♦ **to be in d.** essere indebitato con; **to get out of d.** sdebitarsi

debtor ['detər] s. debitore m.

to debug [dɪ'bʌg] v. tr. 1 mettere a punto 2 (inf.) eliminare errori

to debunk [ˌdiː'bʌŋk] v. tr. (fam.) ridimensionare

debut ['deɪbuː] s. debutto m.

decade ['dekeɪd] s. decade f., decennio m.

decadence ['dekəd(ə)ns] s. decadenza f.

decadent ['dekədənt] agg. decadente

decadentism ['dekədəntɪz(ə)m] s. decadentismo m.

to decaffeinate [diː'kæfɪˌneɪt] v. tr. decaffeinare

decalogue ['dekəlɒg] decalogo m.

to decant [dɪ'kænt] v. tr. travasare

decanter [dɪ'kæntər] s. caraffa f.

to decapitate [dɪ'kæpɪteɪt] v. tr. decapitare

decay [dɪ'keɪ] s. 1 decadenza f., degrado m. 2 disfacimento m., putrefazione f.

to decay [dɪ'keɪ] v. intr. 1 andare in rovina, crollare 2 decadere, deperire 3 marcire, imputridire

to decease [dɪ'siːs] v. intr. decedere

deceased [dɪ'siːst] s. defunto m.

deceit [dɪ'siːt] s. 1 inganno m. 2 falsità f.

deceitful [dɪ'siːtf(ʊ)l] agg. ingannevole, perfido

to deceive [dɪ'siːv] v. tr. 1 ingannare, raggirare 2 deludere

deceleration [diːˌselə'reɪʃ(ə)n] s. decelerazione f., rallentamento m.

December [dɪ'sembər] s. dicembre m.

decency ['diːsnsɪ] s. 1 decenza f., pudore m. 2 decoro m.

decennium [dɪ'senɪəm] s. decennio m.

decent ['diːs(ə)nt] agg. 1 decente, dignitoso 2 discreto, soddisfacente 3 (fam.) simpatico, carino

decentralization [diːˌsentrəlaɪ'zeɪʃ(ə)n] s. decentramento m.

deception [dɪ'sepʃ(ə)n] s. inganno m.

deceptive [dɪ'septɪv] agg. ingannevole

to decide [dɪ'saɪd] A v. tr. 1 decidere, risolvere 2 indurre B v. intr. prendere una decisione, decidersi ♦ **to d. on** decidere su; **to d. (not) to do st.** decidere di (non) fare q.c.

decided [dɪ'saɪdɪd] agg. 1 deciso, risoluto 2 indubbio

deciduous [dɪ'sɪdjʊəs] agg. deciduo

decilitre ['desɪˌliːtər] s. decilitro m.

decimal ['desɪm(ə)l] agg. decimale

to decimate ['desɪmeɪt] v. tr. decimare

to decipher [dɪ'saɪfər] v. tr. decifrare

decision [dɪ'sɪʒ(ə)n] s. decisione f.

decisive [dɪ'saɪsɪv] agg. 1 decisivo 2 deciso, risoluto

deck [dek] s. 1 (naut.) ponte m., coperta f. 2 (di autobus) piano m. 3 (fam.) mazzo m. di carte ♦ **d. house** tuga

to deck [dek] v. tr. adornare

deckchair ['dekˌtʃeər] s. sedia f. a sdraio

to declaim [dɪ'kleɪm] v. tr. declamare

declaration [ˌdeklə'reɪʃ(ə)n] s. dichiarazione f.

to declare [dɪ'kleər] v. tr. dichiarare, proclamare

decline [dɪ'klaɪn] s. declino m., decadenza f.

to decline [dɪ'klaɪn] A v. tr. declinare, rifiutare, evitare B v. intr. declinare, diminuire, deperire

decoction [dɪ'kɒkʃ(ə)n] s. decotto m.

to decode [ˌdiː'kəʊd] v. tr. decifrare, decodificare

decolorization [diːˌkʌləraɪ'zeɪʃ(ə)n] s. decolorazione f.

decomposable [ˌdiː(ː)kəm'pəʊzəbl] agg. scomponibile

to decompose [ˌdiːkəm'pəʊz] v. tr. decomporre, scomporre

decomposition [ˌdiːkɒmpə'zɪʃ(ə)n] s. decomposizione f., scomposizione f.

to decongest [ˌdiːkən'dʒest] v. tr. decongestionare

decor ['deɪkɔːr] s. 1 arredamento m. 2 decorazione f.

to decorate ['dekəreɪt] v. tr. 1 decorare 2 imbiancare 3 arredare

decoration [ˌdekə'reɪʃ(ə)n] s. 1 decorazione f., ornamento m. 2 onorificenza f.

decorative ['dek(ə)rətɪv] agg. decorativo

decorator ['dekəreɪtər] s. decoratore m.

decoy [dɪ'kɔɪ] s. esca f., richiamo m.

decrease [dɪ'kriːs] s. diminuzione f.

to decrease [diː'kriːs] v. tr. e intr. diminuire

decree [dɪ'kriː] s. decreto m., sentenza f.

to decree [dɪ'kriː] v. tr. decretare

decrepit [dɪ'krepɪt] agg. decrepito

to dedicate ['dedɪkeɪt] v. tr. dedicare

dedication [ˌdedɪ'keɪʃ(ə)n] s. 1 dedica f. 2 dedizione f.

to deduce [dɪ'djuːs] v. tr. dedurre, desumere

deducible [dɪ'djuːsəbl] agg. deducibile

to deduct [dɪ'dʌkt] v. tr. dedurre, detrarre

deductible [dɪ'dʌktəbl] agg. deducibile

deduction [dɪ'dʌkʃ(ə)n] s. deduzione f., detrazione f.

deed [diːd] s. 1 atto m., azione f. 2 (dir.) atto m. (legale)

to deem [diːm] v. tr. credere, ritenere

deep [diːp] A agg. 1 fondo, profondo 2 largo 3 (di suono) grave, (di colore) intenso B avv. in profondità

to deepen ['diːp(ə)n] A v. tr. 1 approfondire 2 rendere più cupo, rendere più intenso B v. intr. 1 approfondirsi 2 incupirsi, farsi più intenso, farsi più grave

deep-freeze [ˌdiːp'friːz] s. congelatore m., freezer m. inv.

to deep-freeze [ˌdiːp'friːz] v. tr. surgelare

deep-sea [ˌdiːp'siː] A agg. abissale B s. alto mare m.

deep-seated [ˌdiːp'siːtɪd] agg. inveterato, radicato

deer [dɪər] s. cervo m., daino m., capriolo m.

deerskin ['dɪəˌskɪn] s. pelle f. di daino

to deface [dɪˈfeɪs] v. tr. deturpare, sfregiare

defacement [dɪˈfeɪsmənt] s. deturpazione f., sfregio m.

defamation [ˌdefəˈmeɪʃ(ə)n] s. diffamazione f.

default [dɪˈfɔːlt] s. 1 difetto m., mancanza f. 2 inadempienza f. 3 (dir.) contumacia f. 4 (sport) abbandono m.

defeat [dɪˈfiːt] s. sconfitta f., insuccesso m.

to defeat [dɪˈfiːt] v. tr. 1 sconfiggere 2 far fallire

defeatist [dɪˈfiːtɪst] disfattista m. e f.

defect [ˈdiːfekt] s. difetto m., imperfezione f.

to defect [dɪˈfekt] v. intr. disertare

defection [dɪˈfekʃ(ə)n] s. defezione f., diserzione f.

defective [dɪˈfektɪv] agg. difettoso

defence [dɪˈfens] (USA **defense**) s. difesa f. ◆ **self d.** autodifesa

to defend [dɪˈfend] v. tr. difendere

defendant [dɪˈfendənt] s. imputato m.

defender [dɪˈfendə] s. difensore s.

defensive [dɪˈfensɪv] A agg. 1 difensivo 2 diffidente B s. difensiva f.

to defer [dɪˈfɜː] v. tr. differire, prorogare

deferential [ˌdefəˈrenʃ(ə)l] agg. deferente, rispettoso

defiance [dɪˈfaɪəns] s. sfida f. ◆ **in d. of** a dispetto di

defiant [dɪˈfaɪənt] agg. provocatorio, insolente

deficiency [dɪˈfɪʃ(ə)nsɪ] s. 1 deficienza f., difetto m., mancanza f., carenza f. 2 (comm.) disavanzo m.

deficient [dɪˈfɪʃ(ə)nt] agg. deficiente, difettoso, insufficiente

deficit [ˈdefɪsɪt] s. deficit m. inv.

to defile [dɪˈfaɪl] v. tr. 1 contaminare, lordare 2 profanare

to define [dɪˈfaɪn] v. tr. definire, determinare

definite [ˈdefɪnɪt] agg. 1 definito, preciso 2 sicuro, determinato 3 (gramm.) determinativo

definitely [ˈdefɪnɪtlɪ] avv. senza dubbio

definition [ˌdefɪˈnɪʃ(ə)n] s. definizione f.

definitive [dɪˈfɪnɪtɪv] agg. definitivo, decisivo

deflagration [ˌdefləˈgreɪʃ(ə)n] s. deflagrazione f.

to deflate [diːˈfleɪt] v. tr. 1 sgonfiare 2 (econ.) deflazionare

to deflect [dɪˈflekt] v. intr. deviare, deflettere

to deforest [diːˈfɒrɪst] v. tr. disboscare

to deform [dɪˈfɔːm] v. tr. deformare

deformation [ˌdiːfɔːˈmeɪʃ(ə)n] s. deformazione f.

deformed [dɪˈfɔːmd] agg. deforme

deformity [dɪˈfɔːmɪtɪ] s. deformità f.

to defraud [dɪˈfrɔːd] v. tr. defraudare

to defrost [diːˈfrɒst] v. tr. 1 sgelare, scongelare 2 sbrinare

defroster [diːˈfrɒstə] s. sbrinatore m.

deft [deft] agg. abile, destro

defunct [dɪˈfʌŋkt] agg. 1 defunto 2 liquidato

to defuse [diːˈfjuːz] v. tr. disinnescare

to defy [dɪˈfaɪ] v. tr. 1 sfidare 2 resistere a ◆ **to d. solution** essere insolubile

degenerate [dɪˈdʒenərət] agg. e s. degenerato m.

to degenerate [dɪˈdʒenəreɪt] v. intr. degenerare

degeneration [dɪˌdʒenəˈreɪʃ(ə)] s. degenerazione f.

to degrade [dɪˈgreɪd] v. tr. degradare, avvilire

degrading [dɪˈgreɪdɪŋ] agg. degradante

to degrease [diːˈgriːs] v. tr. sgrassare

degree [dɪˈgriː] s. 1 grado m. 2 livello m., condizione f. 3 laurea f. ◆ **by degrees** gradatamente; **honorary d.** laurea ad honorem; **to take one's d.** laurearsi

to dehydrate [diːˈhaɪdreɪt] v. tr. disidratare

dehydration [ˌdiːhaɪˈdreɪʃ(ə)n] s. disidratazione f.

to deign [deɪn] A v. intr. degnarsi B v. tr. degnarsi di dare, concedere

deism [ˈdiːɪz(ə)m] s. deismo m.

deity [ˈdiːɪtɪ] s. divinità f.

to deject [dɪˈdʒekt] v. tr. abbattere, deprimere

dejection [dɪˈdʒekʃ(ə)n] s. 1 depressione f., abbattimento m. 2 deiezione f.

delation [dɪˈleɪʃ(ə)n] s. delazione f.

delay [dɪˈleɪ] s. 1 ritardo m., indugio m. 2 dilazione f.

to delay [dɪˈleɪ] A v. tr. ritardare, rimandare, prorogare B v. intr. tardare, indugiare

delectable [dɪˈlektəbl] agg. delizioso

to delegate [ˈdelɪgeɪt] v. tr. delegare

delegation [ˌdelɪˈgeɪʃ(ə)n] s. 1 delega f. 2 delegazione f.

to delete [dɪˈliːt] v. tr. 1 cancellare 2 annullare

deleterious [ˌdelɪˈtɪərɪəs] agg. deleterio

deletion [dɪˈliːʃ(ə)n] s. cancellazione f., soppressione f.

deliberate [dɪˈlɪbərət] agg. 1 deliberato, intenzionale 2 cauto, prudente

to deliberate [dɪˈlɪbəreɪt] A v. tr. deliberare B v. intr. 1 deliberare 2 riflettere, ponderare

delicacy [ˈdelɪkəsɪ] s. 1 delicatezza f. 2 manicaretto m.

delicate [ˈdelɪkɪt] agg. delicato

delicatessen [ˌdelɪkəˈtesn] s. negozio m. di gastronomia, salumeria f.

delicious [dɪˈlɪʃəs] agg. delizioso, squisito

delight [dɪˈlaɪt] s. 1 delizia f., diletto m. 2 gioia f. ◆ **to take d. in doing st.** provare piacere nel fare q.c.

to delight [dɪˈlaɪt] A v. tr. deliziare, rallegrare B v. intr. rallegrarsi, compiacersi

delighted [dɪˈlaɪtɪd] agg. 1 ammirato 2 lietissimo, molto felice

delightful [dɪˈlaɪtf(ʊ)l] agg. delizioso

to delimit [diːˈlɪmɪt] v. tr. delimitare

delimitation [dɪˌlɪmɪˈteɪʃ(ə)n] s. delimitazione f.

delinquent [dɪˈlɪŋkwənt] s. delinquente m. e f., malfattore m.

delirious [dɪˈlɪrɪəs] agg. delirante

delirium [dɪˈlɪrɪəm] s. delirio m.

to deliver [dɪˈlɪvə] A v. tr. 1 consegnare, recapitare, distribuire 2 far partorire 3 pronunciare B v. intr. 1 fare consegne a domicilio 2 partorire

delivery [dɪˈlɪv(ə)rɪ] s. 1 consegna f., distribuzione f. 2 parto m. 3 dizione f. ◆ **cash on d.** pagamento alla consegna; **home d.** consegna a domicilio; **d. room** sala parto

delta [ˈdeltə] s. delta m. inv.

to delude [dɪˈluːd] v. tr. illudere, ingannare

deluge [ˈdeljuːdʒ] s. diluvio m.

delusion [dɪˈluːʒ(ə)n] s. illusione f.

to delve [delv] v. tr. e intr. fare ricerche, scavare, rivangare

demagogy [ˈdeməgɒgɪ] s. demagogia f.

demand [dɪ'mɑːnd] *s.* **1** domanda *f.*, richiesta *f.* **2** esigenza *f.* **3** rivendicazione *f.*

to demand [dɪ'mɑːnd] *v. tr.* **1** domandare, richiedere **2** esigere **3** rivendicare

demanding [dɪ'mɑːndɪŋ] *agg.* **1** impegnativo, gravoso **2** (*di persona*) esigente

to demean [dɪ'miːn] *v. tr.* avvilire ♦ **to d. oneself** umiliarsi, avvilirsi

demented [dɪ'mentɪd] *agg.* demente

dementia [dɪ'menʃɪə] *s.* (*med.*) demenza *f.*

demise [dɪ'maɪz] *s.* **1** decesso *m.* **2** (*dir.*) trasferimento *m.*

democracy [dɪ'mɒkrəsɪ] *s.* democrazia *f.*

democratic [ˌdemə'krætɪk] *agg.* democratico

demographic [ˌdemə'ɡræfɪk] *agg.* demografico

demography [dɪ'mɒɡrəfɪ] *s.* demografia *f.*

to demolish [dɪ'mɒlɪʃ] *v. tr.* demolire

demolition [ˌdemə'lɪʃ(ə)n] *s.* demolizione *f.*

demon ['diːmən] *s.* demone *m.*

demonstrable [dɪ'mɒnstrəbl] *agg.* dimostrabile

to demonstrate ['demənstreɪt] **A** *v. tr.* **1** dimostrare, spiegare **2** mostrare **B** *v. intr.* manifestare

demonstration [ˌdemən'streɪʃ(ə)n] *s.* **1** dimostrazione *f.* **2** manifestazione *f.*

demonstrator ['demənˌstreɪtəʳ] *s.* **1** dimostratore *m.* **2** dimostrante *m. e f.*

to demoralize [dɪ'mɒrəlaɪz] *v. tr.* demoralizzare, scoraggiare

to demote [dɪ(ː)'məʊt] *v. tr.* retrocedere (*di grado*)

to demount [dɪ(ː)'maʊnt] *v. tr.* (*mecc.*) smontare

demur [dɪ'mɜːʳ] *s.* **1** esitazione *f.* **2** (*dir.*) obiezione *f.*

demure [dɪ'mjʊəʳ] *agg.* contegnoso, schivo

demystification [diːˌmɪstɪfɪ'keɪʃ(ə)n] *s.* demistificazione *f.*

den [den] *s.* **1** tana *f.* **2** covo *m.*, rifugio *m.*

to denature [dɪ'neɪtʃəʳ] *v. tr.* (*chim.*) denaturare

denial [dɪ'naɪ(ə)l] *s.* **1** rifiuto *m.*, diniego *m.* **2** smentita *f.*

to denigrate ['denɪɡreɪt] *v. tr.* denigrare

denomination [dɪˌnɒmɪ'neɪʃ(ə)n] *s.* **1** denominazione *f.* **2** (*econ.*) valore *m.* nominale, (*di banconote*) taglio *m.* **3** (*relig.*) setta *f.*, confessione *f.*

to denote [dɪ'nəʊt] *v. tr.* denotare

to denounce [dɪ'naʊns] *v. tr.* denunciare

dense [dens] *agg.* **1** denso, fitto, spesso **2** ottuso

density ['densɪtɪ] *s.* densità *f.*

dent [dent] *s.* **1** ammaccatura *f.* **2** (*tecnol.*) tacca *f.*

dental ['dentl] *agg.* dentale

dentist ['dentɪst] *s.* dentista *m. e f.*

denture ['dentʃəʳ] *s.* dentiera *f.*

denunciation [dɪˌnʌnsɪ'eɪʃ(ə)n] *s.* denuncia *f.*

to deny [dɪ'naɪ] *v. tr.* **1** negare, smentire **2** rinnegare **3** rifiutare ♦ **to d. oneself st.** privarsi di q.c.

deodorant [diː'əʊdərənt] *agg. e s.* deodorante *m.*

to depart [dɪ'pɑːt] *v. intr.* **1** partire, allontanarsi **2** venir meno a, derogare

department [dɪ'pɑːtmənt] *s.* **1** dipartimento *m.*, reparto *m.* **2** ministero *m.* ♦ **d. store** grande magazzino

departure [dɪ'pɑːtʃəʳ] *s.* **1** partenza *f.* **2** allontanamento *m.*, deviazione *f.* **3** tendenza *f.*, direzione *f.* ♦

time of d. ora di partenza

to depend [dɪ'pend] *v. intr.* **1** dipendere **2** essere a carico **3** fare assegnamento su ♦ **depending on** a seconda; **to d. on** dipendere da; **d. on it!** non c'è dubbio!

dependable [dɪ'pendəbl] *agg.* fidato, affidabile

dependent [dɪ'pendənt] *agg.* dipendente ♦ **to be d. on** essere a carico di

to depict [dɪ'pɪkt] *v. tr.* dipingere, rappresentare

depilation [ˌdepɪ'leɪʃ(ə)n] *s.* depilazione *f.*

depilatory [de'pɪlət(ə)rɪ] *agg.* depilatorio

to deplete [dɪ'pliːt] *v. tr.* esaurire, vuotare

deplorable [dɪ'plɔːrəbl] *agg.* deplorevole

to deploy [dɪ'plɔɪ] *v. tr.* (*mil.*) schierare, dispiegare

depollution [ˌdiːpə'luːʃ(ə)n] *s.* disinquinamento *m.*

depopulation [diːˌpɒpjʊ'leɪʃ(ə)n] *s.* spopolamento *m.*

to deport [dɪ'pɔːt] *v. tr.* deportare, esiliare

deportment [dɪ'pɔːtmənt] *s.* **1** portamento *m.* **2** comportamento *m.*, condotta *f.*

to depose [dɪ'pəʊz] *v. tr.* **1** deporre, destituire **2** (*dir.*) deporre, testimoniare

deposit [dɪ'pɒzɪt] *s.* **1** deposito *m.* **2** acconto *m.*, caparra *f.*, cauzione *f.* **3** giacimento *m.*, sedimento *m.*

to deposit [dɪ'pɒzɪt] *v. tr.* **1** depositare **2** versare come acconto

depot ['depəʊ] *s.* **1** deposito *m.*, magazzino *m.* **2** (*USA*) rimessa *f.* (di autobus), stazione *f.* ferroviaria

depravity [dɪ'prævɪtɪ] *s.* depravazione *f.*

deprecable ['deprɪkəbl] *agg.* deprecabile

to depreciate [dɪ'priːʃɪeɪt] *v. tr. e intr.* **1** svalutare **2** ammortizzare

depreciation [dɪˌpriːʃɪ'eɪʃ(ə)n] *s.* **1** svalutazione *f.*, deprezzamento *m.* **2** ammortamento *m.*

to depress [dɪ'pres] *v. tr.* **1** deprimere, rattristare **2** abbassare, premere **3** (*comm.*) indebolire, ridurre

depressant [dɪ'presənt] *agg. e s.* sedativo *m.*

depressed [dɪ'prest] *agg.* **1** depresso, abbattuto **2** (*econ.*) depresso, in crisi

depressing [dɪ'presɪŋ] *agg.* deprimente

depression [dɪ'preʃ(ə)n] *s.* depressione *f.*

deprivation [ˌdeprɪ'veɪʃ(ə)n] *s.* privazione *f.*

to deprive [dɪ'praɪv] *v. tr.* privare

deprived [dɪ'praɪvd] *agg.* deprivato, svantaggiato

depth [depθ] *s.* **1** profondità *f.* **2** fondo *m.*, fondale *m.* **3** (*di colore*) intensità *f.*, (*di suono*) altezza *f.* **4** *al pl.* abisso *m.* ♦ **d. finder** profondimetro; **in the depths of** nel profondo di

to depurate ['depjʊreɪt] *v. tr.* depurare

depurator ['depjʊreɪtəʳ] *s.* depuratore *m.*

to deputize ['depjʊtaɪz] *v. intr.* fare le veci di

deputy ['depjʊtɪ] *s.* **1** deputato *m.*, delegato *m.* **2** sostituto *m.*, vice *m. inv.* ♦ **by d.** per procura

to derail [dɪ'reɪl] *v. intr.* deragliare

derailment [dɪ(ː)'reɪlmənt] *s.* deragliamento *m.*

to derange [dɪ'reɪn(d)ʒ] *v. tr.* sconvolgere, turbare, guastare

deranged [dɪ'reɪn(d)ʒd] *agg.* squilibrato ♦ **to become d.** diventare pazzo

deratization [dɪ(ː)ˌrætaɪ'zeɪʃ(ə)n] *s.* derattizzazione *f.*

derby ['dɑːbɪ] *s.* **1** (*sport*) derby *m. inv.* **2** (*USA*) bombetta *f.*

deregulation [di:‚regjʊ'leɪʃ(ə)n] s. deregolamentazione f., liberalizzazione f.
derelict ['derɪlɪkt] agg. derelitto, abbandonato
to deride [dɪ'raɪd] v. tr. deridere
derisive [dɪ'raɪsɪv] agg. 1 derisorio 2 irrisorio
derivation [‚derɪ'veɪʃ(ə)n] s. derivazione f.
to derive [dɪ'raɪv] v. tr. e intr. derivare
dermatitis [‚dɜːmə'taɪtɪs] s. dermatite f.
dermatologist [‚dɜːmə'tɒlədʒɪst] s. dermatologo m.
derogation [‚derə'geɪʃ(ə)n] s. 1 deroga f. 2 detrimento m.
derogatory [dɪ'rɒɡət(ə)rɪ] agg. sprezzante, spregiativo
derv [dɜːv] s. gasolio m.
desalter [diː'sɔːltə'] s. dissalatore m.
to descend [dɪ'send] v. tr. e intr. scendere, discendere
descendant [dɪ'sendənt] s. discendente m. e f.
descent [dɪ'sent] s. 1 discesa f. 2 discendenza f., lignaggio m.
to describe [dɪ'skraɪb] v. tr. descrivere
description [dɪ'skrɪpʃ(ə)n] s. 1 descrizione f. 2 (fam.) genere m., sorta f.
descriptive [dɪ'skrɪptɪv] agg. descrittivo
to desecrate ['desɪkreɪt] v. tr. 1 sconsacrare 2 profanare
desert ['dezət] agg. e s. deserto m.
to desert [dɪ'zɜːt] A v. tr. abbandonare B v. intr. (mil.) disertare
deserted [dɪ'zɜːtɪd] agg. 1 deserto 2 abbandonato
deserter [dɪ'zɜːtə] s. disertore m.
desertion [dɪ'zɜːʃ(ə)n] s. 1 diserzione f., defezione f. 2 (dir.) abbandono m.
deserts [dɪ'zɜːts] s. pl. meriti m. pl. ♦ **to get one's d.** avere quel che ci si merita
to deserve [dɪ'zɜːv] v. tr. meritare
deserving [dɪ'zɜːvɪŋ] agg. meritevole
design [dɪ'zaɪn] s. 1 disegno m., motivo m. 2 piano m., progetto m. 3 design m. inv., progettazione f. 4 proposito m., intento m., mira f.
to design [dɪ'zaɪn] v. tr. 1 progettare, ideare 2 disegnare, fare il progetto di
to designate ['dezɪgneɪt] v. tr. designare, nominare
designer [dɪ'zaɪnə'] s. designer m. inv., progettista m. e f.
desinence ['desɪnəns] s. desinenza f.
desirable [dɪ'zaɪərəbl] agg. desiderabile
desire [dɪ'zaɪə'] s. desiderio m.
to desire [dɪ'zaɪə'] v. tr. desiderare
to desist [dɪ'zɪst] v. intr. desistere
desk [desk] s. 1 scrivania f. 2 cattedra f. 3 banco m., cassa f.
desolate ['desəlɪt] agg. desolato
desolation [‚desə'leɪʃ(ə)n] s. desolazione f.
despair [dɪs'peə'] s. disperazione f.
to despair [dɪs'peə'] v. intr. disperare, disperarsi
desperate ['desp(ə)rɪt] agg. disperato
desperation [‚despə'reɪʃ(ə)n] s. disperazione f.
despicable ['despɪkəbl] agg. disprezzabile, spregevole
to despise [dɪs'paɪz] v. tr. disprezzare
despite [dɪs'paɪt] prep. malgrado, a dispetto di
to despond [dɪs'pɒnd] v. intr. abbattersi, perdersi d'animo

despondent [dɪs'pɒndənt] agg. scoraggiato, abbattuto
despotic [des'pɒtɪk] agg. dispotico
dessert [dɪ'zɜːt] s. dessert m. inv.
destination [‚destɪ'neɪʃ(ə)n] s. destinazione f., meta f.
to destine ['destɪn] A v. tr. destinare B v. intr. avere come destinazione
destiny ['destɪni] s. destino m., sorte f.
destitute ['destɪtjuːt] agg. 1 indigente, bisognoso 2 destituito, privo
to destroy [dɪs'trɔɪ] v. tr. distruggere
destroyer [dɪs'trɔɪə'] s. (mil.) cacciatorpediniere m.
destruction [dɪs'trʌkʃ(ə)n] s. distruzione f.
to detach [dɪ'tætʃ] v. tr. 1 staccare, separare 2 (mil.) distaccare
detachable [dɪ'tætʃəbl] agg. staccabile
detached [dɪ'tætʃt] agg. 1 distaccato, disinteressato 2 separato, isolato ♦ **d. house** casa unifamiliare
detachment [dɪ'tætʃmənt] s. 1 distacco m. 2 (mil.) distaccamento m.
detail ['diːteɪl] s. dettaglio m., particolare m. ♦ **in d.** dettagliatamente
to detail ['diːteɪl] v. tr. esporre dettagliatamente
detailed ['diːteɪld] agg. dettagliato, particolareggiato
to detain [dɪ'teɪn] v. tr. trattenere, detenere
to detect [dɪ'tekt] v. tr. 1 scoprire 2 individuare, percepire, discernere 3 (fis.) rilevare
detection [dɪ'tekʃ(ə)n] s. 1 scoperta f. 2 investigazione f. 3 (fis.) rilevazione f.
detective [dɪ'tektɪv] s. investigatore m.
detector [dɪ'tektə'] s. 1 scopritore m. 2 (fis.) rilevatore m. ♦ **lie d.** macchina della verità
detention [dɪ'tenʃ(ə)n] s. detenzione f.
to deter [dɪ'tɜː'] v. tr. dissuadere, trattenere
detergent [dɪ'tɜːdʒ(ə)nt] agg. e s. detergente m.
to deteriorate [dɪ'tɪərɪəreɪt] v. tr. e intr. deteriorare, deteriorarsi
to determine [dɪ'tɜːmɪn] v. tr. 1 determinare, definire 2 decidere, risolvere 3 (dir.) por termine
determined [dɪ'tɜːmɪnd] agg. 1 fissato, stabilito 2 risoluto, determinato
detersive [dɪ'tɜːsɪv] s. detersivo m.
to detest [dɪ'test] v. tr. detestare
detestable [dɪ'testəbl] agg. detestabile, odioso
detour ['diːtʊə'] s. deviazione f.
detoxication [diː‚tɒksɪ'keɪʃ(ə)n] s. disintossicazione f.
to detract [dɪ'trækt] A v. tr. detrarre B v. intr. diminuire
detraction [dɪ'trækʃ(ə)n] s. 1 detrazione f. 2 diffamazione f.
devaluation [‚diː‚væljʊ'eɪʃ(ə)n] s. svalutazione f.
to devalue [diː'væljuː] v. tr. svalutare
to devastate ['devəsteɪt] v. tr. devastare, rovinare
devastating ['devəsteɪtɪŋ] agg. 1 devastante, rovinoso 2 sconvolgente
to develop [dɪ'veləp] A v. tr. sviluppparsi, evolversi, trasformarsi B v. tr. 1 sviluppare 2 potenziare, valorizzare 3 generare ♦ **developing countries** paesi in via di sviluppo
developer [dɪ'veləpə'] s. 1 (fot.) sviluppatore m. 2 costruttore m. edile, società f. immobiliare

development [dɪ'vɛləpmənt] s. 1 sviluppo m. 2 valorizzazione f.

to deviate ['di:vɪeɪt] v. intr. deviare

deviation [,di:vɪ'eɪʃ(ə)n] s. deviazione f.

device [dɪ'vaɪs] s. 1 congegno m., dispositivo m. 2 espediente m., stratagemma m.

devil ['dɛvl] s. diavolo m.

devilish ['dɛvlɪʃ] agg. diabolico, infernale

devious [dɪ'vjəs] agg. 1 tortuoso 2 ambiguo, subdolo

to devise [dɪ'vaɪz] v. tr. 1 escogitare 2 (dir.) lasciare per testamento

devoid [dɪ'vɔɪd] agg. destituito, privo

to devote [dɪ'vəʊt] v. tr. dedicare, consacrare

devotion [dɪ'vəʊʃ(ə)n] s. devozione f., dedizione f.

to devour [dɪ'vaʊə'] v. tr. divorare

devout [dɪ'vaʊt] agg. 1 devoto 2 fervente, leale

dew [dju:] s. rugiada f.

dexterity [dɛks'tɛrɪtɪ] s. destrezza f.

dexterous ['dɛkst(ə)rəs] agg. destro, abile

diabetes [,daɪə'bi:ti:z] s. diabete m.

diabetic [,daɪə'bɛtɪk] agg. e s. diabetico m.

diabolical [,daɪə'bɒlɪk(ə)l] agg. diabolico

diadem ['daɪədɛm] s. diadema f.

to diagnose ['daɪəgnəʊz] v. tr. diagnosticare

diagnosis [,daɪəg'nəʊsɪs] s. diagnosi f.

diagonal [daɪ'ægənl] agg. e s. diagonale f.

diagram ['daɪəgræm] s. diagramma m., schema m.

dial ['daɪ(ə)l] s. 1 (di strumento, orologio) quadrante m. 2 (di telefono) disco m. combinatore

to dial ['daɪ(ə)l] v. tr. 1 comporre (un numero telefonico), chiamare al telefono 2 sintonizzarsi su (una stazione)

dialect ['daɪəlɛkt] s. dialetto m.

dialectal [,daɪə'lɛktl] agg. dialettale

dialectic [,daɪə'lɛktɪk] A agg. dialettico B s. dialettica f.

dialling ['daɪ(ə)lɪŋ] s. selezione f. (telefonica) ♦ **d. code** (USA **dial code**) prefisso telefonico; **d. tone** (USA **dial tone**) segnale di linea libera; **direct d.** teleselezione

dialogue ['daɪəlɒg] (USA **dialog**) s. dialogo m.

dialysis [daɪ'ælɪsɪs] s. dialisi f.

diameter [daɪ'æmɪtə'] s. diametro m.

diamond ['daɪəmənd] s. 1 diamante m. 2 rombo m. 3 al pl. (carte da gioco) quadri m. pl.

diaper ['daɪəpə'] s. (USA) pannolino m.

diarrh(o)ea [,daɪə'rɪə] s. diarrea f.

diary ['daɪərɪ] s. 1 diario m. 2 agenda f.

dice [daɪs] s. inv. dado m., gioco m. dei dadi

to dice [daɪs] A v. tr. tagliare a cubetti B v. intr. giocare a dadi ♦ **to d. away** perdere ai dadi

to dictate [dɪk'teɪt] v. tr. dettare

dictation [dɪk'teɪʃ(ə)n] s. dettato m.

dictator [dɪk'teɪtə'] s. dittatore m.

dictatorship [dɪk'teɪtəʃɪp] s. dittatura f.

diction ['dɪkʃ(ə)n] s. dizione f.

dictionary ['dɪkʃ(ə)nrɪ] s. dizionario m., vocabolario m.

did [dɪd] pass. di **to do**

didactic [dɪ'dæktɪk] agg. didattico

didactics [dɪ'dæktɪks] s. pl. (v. al sing.) didattica f.

die [daɪ] s. 1 dado m. 2 stampo m.

to die [daɪ] v. intr. morire ♦ **to d. away** smorzarsi; **to d. down** affievolirsi, appassire; **to d. out** estinguersi; **to be dying to do st.** morire dalla voglia di fare q.c.

diesel [ˈdiːz(ə)l] s. diesel m. inv. ♦ **d. engine** motore diesel; **d. oil** gasolio

diet ['daɪət] s. dieta f., alimentazione f. ♦ **to be on d.** essere a dieta

to diet ['daɪət] v. intr. essere a dieta

dietetic [,daɪə'tɛtɪk] agg. dietetico

dietician [,daɪə'tɪʃ(ə)n] s. dietologo m.

to differ ['dɪfə'] v. intr. 1 differire, essere diverso 2 dissentire

difference ['dɪfr(ə)ns] s. 1 differenza f. 2 divergenza f., dissapore m.

different ['dɪfr(ə)nt] agg. differente, diverso

differential [,dɪfə'rɛnʃ(ə)l] agg. e s. differenziale m.

to differentiate [,dɪfə'rɛnʃɪeɪt] v. tr. 1 differenziare 2 distinguere

difficult ['dɪfɪk(ə)lt] agg. difficile

difficulty ['dɪfɪk(ə)ltɪ] s. difficoltà f.

diffident ['dɪfɪd(ə)nt] agg. timido, sfiduciato

diffuse [dɪ'fjuːs] agg. 1 diffuso 2 prolisso

to diffuse [dɪ'fjuːz] v. tr. diffondere

diffused [dɪ'fjuːzd] agg. diffuso

diffusion [dɪ'fjuːʒ(ə)n] s. 1 (fis.) diffusione f. 2 prolissità f.

dig [dɪg] s. 1 scavo m., sterro m. 2 (pop.) spintone m. 3 (fig.) frecciata f. 4 al pl. (fam.) camera f. ammobiliata

to dig [dɪg] (pass. e p. p. **dug**) A v. tr. 1 scavare 2 (pop.) dare uno spintone B v. intr. 1 scavare, zappare 2 (fam.) sgobbare ♦ **to d. in** affondare; **to d. out** scovare, scoprire

digest [ˈdaɪdʒest] s. riassunto m.

to digest [daɪ'dʒest] v. tr. 1 digerire, assimilare 2 riassumere

digester [dɪ'dʒestə'] s. digestivo m.

digestible [dɪ'dʒestəbl] agg. digeribile

digestion [dɪ'dʒestʃ(ə)n] s. digestione f.

digestive [dɪ'dʒestɪv] A agg. 1 digestivo 2 digerente B s. digestivo m.

digger ['dɪgə'] s. 1 scavatrice f. 2 zappatore m., sterratore m. ♦ **gold d.** cercatore d'oro

digit ['dɪdʒɪt] s. 1 numero m., cifra f. 2 dito m.

digital ['dɪdʒɪtl] agg. digitale

dignified ['dɪgnɪfaɪd] agg. dignitoso

dignitary ['dɪgnɪt(ə)rɪ] s. dignitario m.

dignity ['dɪgnɪtɪ] s. dignità f., decoro m.

to digress [daɪ'grɛs] v. intr. fare una digressione, divagare ♦ **to d. from** allontanarsi da

digression [daɪ'grɛʃ(ə)n] s. digressione f.

dike [daɪk] (o **dyke**) s. argine m., diga f.

dilapidated [dɪ'læpɪdeɪtɪd] agg. decrepito, cadente

dilatation [,daɪlə'teɪʃ(ə)n] s. dilatazione f.

to dilate [daɪ'leɪt] v. tr. e intr. dilatare, dilatarsi

dilemma [dɪ'lɛmə] s. dilemma m.

dilettante [,dɪlɪ'tæntɪ] s. dilettante m. e f.

diligence ['dɪlɪdʒ(ə)ns] s. diligenza f.

diligent ['dɪlɪdʒ(ə)nt] agg. diligente

to dilute [daɪ'ljuːt] v. tr. 1 diluire 2 (fig.) attenuare

dim [dɪm] *agg.* **1** debole, fioco **2** incerto, indistinto **3** (*fam.*) ottuso

to dim [dɪm] *v. tr.* offuscare, oscurare

dimension [dɪˈmenʃ(ə)n] *s.* dimensione *f.*

to diminish [dɪˈmɪnɪʃ] *v. tr. e intr.* diminuire

diminutive [dɪˈmɪnjʊtɪv] **A** *agg.* (*fam.*) minuscolo **B** *s.* diminutivo *m.*

dimmer [ˈdɪməʳ] *s.* (*autom.*) commutatore *m.* delle luci

din [dɪn] *s.* fracasso *m.*

to din [dɪn] *v. tr.* assordare

to dine [daɪn] *v. intr.* cenare, pranzare ◆ **to d. in/out** cenare a casa/fuori

diner [ˈdaɪnəʳ] *s.* **1** commensale *m.*, (*di ristorante*) cliente *m. e f.* **2** (*USA*) tavola *f.* calda

dinghy [ˈdɪŋgɪ] *s.* (*naut.*) canotto *m.*

dingy [ˈdɪn(d)ʒɪ] *agg.* **1** nerastro, grigio **2** sporco, squallido

dining-car [ˈdaɪnɪŋkɑːʳ] *s.* carrozza *f.* ristorante

dining-room [ˈdaɪnɪŋruːm] *s.* sala *f.* da pranzo

dinner [ˈdɪnəʳ] *s.* cena *f.*, pasto *m.* (*principale*) ◆ **d. jacket** smoking; **d. set** servizio da tavola; **to ask sb. to d.** invitare qc. a cena; **to be at d.** essere a tavola; **to have d.** cenare

dinosaur [ˈdaɪnəsɔːʳ] *s.* dinosauro *m.*

dint [dɪnt] *s.* **1** tacca *f.*, segno *m.* **2** (*arc.*) forza *f.* ◆ **by d. of** a forza di

diocese [ˈdaɪəsɪs] *s.* diocesi *f.*

dioptre [daɪˈɒptəʳ] (*USA* **diopter**) *s.* diottria *f.*

dip [dɪp] *s.* **1** immersione *f.*, tuffo *m.* **2** inclinazione *f.*, avvallamento *m.* **3** flessione *f.* **4** (*cuc.*) salsa *f.*

to dip [dɪp] **A** *v. tr.* **1** immergere, tuffare **2** abbassare **B** *v. intr.* **1** immergersi, bagnarsi **2** abbassarsi **3** scendere ◆ **to d. into** attingere

diploma [dɪˈpləʊmə] *s.* diploma *m.*

diplomacy [dɪˈpləʊməsɪ] *s.* diplomazia *f.*

diplomat [ˈdɪpləmæt] *s.* diplomatico *m.*

diplomatic [ˌdɪpləˈmætɪk] *agg.* diplomatico

dipper [ˈdɪpəʳ] *s.* mestolo *m.*

dipstick [ˈdɪpstɪk] *s.* asta *f.* di livello

dipswitch [ˈdɪpswɪtʃ] *s.* (*autom.*) commutatore *m.* delle luci

dire [daɪəʳ] *agg.* atroce, terribile

direct [dɪˈrekt] **A** *agg.* **1** diretto, immediato **2** franco, esplicito **B** *avv.* direttamente

to direct [dɪˈrekt] *v. tr.* **1** indirizzare, inviare **2** rivolgere **3** indicare (*la strada*) **4** dirigere, ordinare

direction [dɪˈrekʃ(ə)n] *s.* **1** direzione *f.*, senso *m.* **2** istruzione, indicazione *f.* **3** regia *f.*, direzione *f.*

directional [dɪˈrekʃənl] *agg.* direzionale

directly [dɪˈrektlɪ] *avv.* **1** direttamente **2** immediatamente

director [dɪˈrektəʳ] *s.* **1** direttore *m.*, dirigente *m. e f.* **2** amministratore *m.* **3** regista *m. e f.* ◆ **board of directors** consiglio di amministrazione

directory [dɪˈrekt(ə)rɪ] *s.* elenco *m.* ◆ **telephone d.** elenco telefonico

dirt [dɜːt] *s.* **1** sporcizia *f.*, immondizia *f.* **2** terra *f.* ◆ **d.-cheap** da due soldi; **d. road** strada sterrata

dirty [ˈdɜːtɪ] *agg.* **1** sporco, sudicio **2** (*del tempo*) brutto, orribile **3** grossolano, sconcio

to dirty [ˈdɜːtɪ] *v. tr. e intr.* sporcare, sporcarsi

disability [ˌdɪsəˈbɪlɪtɪ] *s.* **1** incapacità *f.* **2** invalidità *f.*

disabled [dɪsˈeɪbld] *agg. e s.* disabile *m. e f.*, invalido *m.*

disadvantage [ˌdɪsədˈvɑːntɪdʒ] *s.* svantaggio *m.*

disadvantageous [ˌdɪsædvɑːnˈteɪdʒəs] *agg.* svantaggioso

disaffected [ˌdɪsəˈfektɪd] *agg.* disaffezionato, maldisposto, ostile

to disagree [ˌdɪsəˈgriː] *v. tr.* **1** dissentire **2** discordare, non coincidere **3** non confarsi

disagreeable [ˌdɪsəˈgrɪəbl] *agg.* sgradevole, antipatico

disagreement [ˌdɪsəˈgriːmənt] *s.* **1** disaccordo *m.*, discordia *f.* **2** discordanza *f.*

to disallow [ˌdɪsəˈlaʊ] *v. tr.* respingere, rifiutare

to disappear [ˌdɪsəˈpɪəʳ] *v. intr.* scomparire, svanire

disappearance [ˌdɪsəˈpɪər(ə)ns] *s.* sparizione *f.*, scomparsa *f.*

to disappoint [ˌdɪsəˈpɔɪnt] *v. tr.* deludere

disappointed [ˌdɪsəˈpɔɪntɪd] *agg.* deluso, insoddisfatto

disappointment [ˌdɪsəˈpɔɪntmənt] *s.* delusione *f.*, disappunto *m.*

disapproval [ˌdɪsəˈpruːv(ə)l] *s.* disapprovazione *f.*

to disapprove [ˌdɪsəˈpruːv] *v. tr.* disapprovare ◆ **to d. of** trovare da ridire su

to disarm [dɪsˈɑːm] *v. tr.* disarmare

disarmament [dɪsˈɑːməmənt] *s.* disarmo *m.*

disarray [ˌdɪsəˈreɪ] *s.* disordine *m.*, scompiglio *m.*

to disassemble [ˌdɪsəˈsembl] *v. tr.* smontare

disassembly [ˌdɪsəˈsemblɪ] *s.* smontaggio *m.*

disaster [dɪˈzɑːstəʳ] *s.* disastro *m.*, sciagura *f.*

disastrous [dɪˈzɑːstrəs] *agg.* disastroso

to disband [dɪsˈbænd] *v. tr.* disperdere, sciogliere, congedare

disbandment [dɪsˈbændmənt] *s.* **1** sbandamento *m.*, dispersione *f.* **2** congedo *m.*

disbelief [ˌdɪsbɪˈliːf] *s.* incredulità *f.*

to disbelieve [ˌdɪsbɪˈliːv] *v. tr. e intr.* non credere

disbursement [dɪsˈbɜːsmənt] *s.* esborso *m.*, pagamento *m.*

disc [dɪsk] *s.* disco *m.*

discard [ˈdɪskɑːd] *s.* scarto *m.*

to discard [dɪsˈkɑːd] *v. tr.* **1** scartare **2** abbandonare

to discern [dɪˈsɜːn] *v. tr.* discernere, distinguere

discerning [dɪˈsɜːnɪŋ] *agg.* perspicace, oculato

discharge [dɪsˈtʃɑːdʒ] *s.* **1** scarico *m.* **2** (*elettr., arma da fuoco*) scarica *f.* **3** congedo *m.*, licenziamento *m.* **4** (*dir.*) assoluzione *f.*, liberazione *f.* **5** (*med.*) emissione *f.*, suppurazione *f.* **6** (*di debito*) pagamento *m.* **7** adempimento *m.*

to discharge [dɪsˈtʃɑːdʒ] *v. tr.* **1** scaricare **2** congedare, licenziare **3** emettere **4** (*dir.*) liberare, assolvere **5** (*un debito*) saldare **6** (*un dovere*) compiere

disciple [dɪˈsaɪpl] *s.* discepolo *m.*

discipline [ˈdɪsɪplɪn] *s.* disciplina *f.*

to discipline [ˈdɪsɪplɪn] *v. tr.* **1** disciplinare **2** punire

to disclaim [dɪsˈkleɪm] *v. tr.* **1** (*dir.*) rinunciare **2** disconoscere, rinnegare **3** negare

to disclose [dɪsˈkləʊz] *v. tr.* **1** scoprire, svelare **2** rivelare

disclosure [dɪsˈkləʊʒəʳ] *s.* rivelazione *f.*, scoperta *f.*

disco ['dɪskəʊ] s. discoteca f.
to discolour [dɪs'kʌləʳ] (USA to discolor) v. tr. e intr. scolorire, scolorirsi
discomfort [dɪs'kʌmfət] s. 1 disagio m. 2 comodità f.
to discomfort [dɪs'kʌmfət] v. tr. mettere a disagio
to disconcert [ˌdɪskən'sɜːt] v. tr. 1 sconcertare, turbare 2 sconvolgere
to disconnect [ˌdɪskə'nekt] v. tr. 1 sconnettere, staccare 2 interrompere un collegamento
disconnected [ˌdɪskə'nektɪd] agg. 1 sconnesso 2 disinserito, scollegato
disconsolate [dɪs'kɒns(ə)lɪt] agg. sconsolato, sconfortato
discontent [ˌdɪskən'tent] s. scontentezza f., scontento m.
to discontinue [ˌdɪskən'tɪnjuː] v. tr. e intr. cessare, interrompere, interrompersi
discontinuous [ˌdɪskən'tɪnjʊəs] agg. discontinuo, intermittente
discord ['dɪskɔːd] s. 1 discordia f., contrasto m. 2 (mus.) dissonanza f.
discordant [dɪs'kɔːd(ə)nt] agg. discordante
discotheque ['dɪskətek] s. discoteca f.
discount ['dɪskaʊnt] s. sconto m., ribasso m., riduzione f.
to discount ['dɪskaʊnt] v. tr. 1 scontare 2 tenere in poco conto, non dar credito a
discountable [dɪs'kaʊntəbl] agg. scontabile
to discourage [dɪs'kʌrɪdʒ] v. tr. 1 scoraggiare 2 dissuadere
discouragement [dɪs'kʌrɪdʒmənt] s. 1 scoraggiamento m., sconforto m. 2 disapprovazione f.
discourteous [dɪs'kɜːtjəs] agg. scortese
to discover [dɪs'kʌvəʳ] v. tr. scoprire
discoverer [dɪs'kʌvərəʳ] s. scopritore m.
discovery [dɪs'kʌv(ə)rɪ] s. scoperta f.
discredit [dɪs'kredɪt] s. 1 discredito m. 2 dubbio m.
to discredit [dɪs'kredɪt] v. tr. 1 discreditare 2 mettere in dubbio
discreet [dɪs'kriːt] agg. discreto, riservato
discrepancy [dɪs'krep(ə)nsɪ] s. discrepanza f., divario m.
discretion [dɪs'kreʃ(ə)n] s. 1 discrezione f., discernimento m. 2 riservatezza f.
to discriminate [dɪs'krɪmɪneɪt] A v. tr. discriminare, distinguere B v. intr. fare discriminazioni
discriminating [dɪs'krɪmɪneɪtɪŋ] agg. 1 acuto, perspicace 2 distintivo
discrimination [dɪsˌkrɪmɪ'neɪʃ(ə)n] s. 1 discernimento m. 2 discriminazione f.
discus ['dɪskəs] s. (sport) disco m.
to discuss [dɪs'kʌs] v. tr. discutere
discussion [dɪs'kʌʃ(ə)n] s. discussione f.
disdain [dɪs'deɪn] s. sdegno m., disprezzo m.
disease [dɪ'ziːz] s. malattia f.
diseased [dɪ'ziːzd] agg. malato
to disembark [ˌdɪsɪm'bɑːk] v. tr. e intr. sbarcare
to disengage [ˌdɪsɪn'geɪdʒ] v. tr. 1 districare, liberare 2 (mecc.) disinnestare
to disentangle [ˌdɪsɪn'tæŋgl] v. tr. sbrogliare, districare

to disfigure [dɪs'fɪgəʳ] v. tr. sfigurare, deturpare
disgrace [dɪs'greɪs] s. 1 disonore m., vergogna f. 2 disgrazia f. sfavore m.
to disgrace [dɪs'greɪs] v. tr. 1 disonorare 2 discreditare, far cadere in disgrazia
disgraceful [dɪs'greɪsf(ʊ)l] agg. disonorevole, vergognoso
disgruntled [dɪs'grʌntld] agg. scontento, di cattivo umore
disguise [dɪs'gaɪz] s. travestimento m.
to disguise [dɪs'gaɪz] v. tr. 1 mascherare, travestire 2 dissimulare
disgust [dɪs'gʌst] s. disgusto m., schifo m., nausea f.
to disgust [dɪs'gʌst] v. tr. disgustare, nauseare
disgusting [dɪs'gʌstɪŋ] agg. disgustoso, nauseante
dish [dɪʃ] s. 1 piatto m. 2 pietanza f.
to dish [dɪʃ] v. tr. scodellare, servire ♦ to d. up servire, presentare
dishcloth ['dɪʃklɒθ] s. strofinaccio m.
to dishearten [dɪs'hɑːtn] v. tr. scoraggiare, sconfortare
disheartening [dɪs'hɑːtnɪŋ] agg. sconsolante
to dishevel [dɪ'ʃev(ə)l] v. tr. scompigliare
dishevelled [dɪ'ʃev(ə)ld] agg. arruffato, scarmigliato
dishonest [dɪs'ɒnɪst] agg. disonesto
dishonour [dɪs'ɒnəʳ] (USA dishonor) s. disonore m.
to dishonour [dɪs'ɒnəʳ] (USA to dishonor) v. tr. 1 disonorare 2 venir meno a 3 (comm.) rifiutare di pagare, far andare in protesto
dishtowel ['dɪʃtaʊəl] s. strofinaccio m.
dishwasher ['dɪʃˌwɒʃəʳ] s. lavastoviglie f.
disillusion [ˌdɪsɪ'luːʒ(ə)n] s. disillusione f.
to disillusion [ˌdɪsɪ'luːʒ(ə)n] v. tr. disilludere, disingannare
disincentive [ˌdɪsɪn'sentɪv] s. disincentivo m.
to disinfect [ˌdɪsɪn'fekt] v. tr. disinfettare
disinfectant [ˌdɪsɪn'fektənt] agg. e s. disinfettante m.
to disinfest [ˌdɪsɪn'fest] v. tr. disinfestare
disinhibited [ˌdɪsɪn'hɪbɪtɪd] agg. disinibito
to disintegrate [dɪs'ɪntɪgreɪt] v. tr. e intr. disintegrare, disintegrarsi
disinterested [dɪs'ɪntrɪstɪd] agg. 1 disinteressato 2 imparziale
to disjoint [dɪs'dʒɔɪnt] v. tr. disgiungere, smembrare
disjointed [dɪs'dʒɔɪntɪd] agg. 1 disgiunto, smembrato 2 sconnesso
disk [dɪsk] s. disco m.
diskette [dɪs'ket] s. dischetto m., disco m.
dislike [dɪs'laɪk] s. avversione f., antipatia f.
to dislike [dɪs'laɪk] v. tr. 1 non piacere 2 provare avversione per
to dislocate ['dɪsləkeɪt] v. tr. slogare, lussare
dislocation [ˌdɪslə'keɪʃ(ə)n] s. slogatura f., lussazione f.
to dislodge [dɪs'lɒdʒ] v. tr. 1 sloggiare 2 rimuovere
disloyal [dɪs'lɔɪəl] agg. sleale
dismal ['dɪzm(ə)l] agg. lugubre, tetro
to dismantle [dɪs'mæntl] v. tr. smontare, smantellare
dismay [dɪs'meɪ] s. sgomento m.
to dismay [dɪs'meɪ] v. tr. sgomentare, costernare
to dismiss [dɪs'mɪs] v. tr. 1 congedare, licenziare

destituire **2** abbandonare, scartare **3** (*dir.*) respingere

to dismount [dɪsˈmaʊnt] *v. intr.* smontare, scendere

disobedient [ˌdɪsəˈbiːdjənt] *agg.* disobbediente

to disobey [ˌdɪsəˈbeɪ] *v. intr.* disubbidire

disorder [dɪsˈɔːdə] *s.* **1** disordine *m.*, confusione *f.* **2** tumulto *m.* **3** (*med.*) disturbo *m.*

disorderly [dɪsˈɔːdəlɪ] *agg.* **1** disordinato **2** tumultuoso

disorganization [dɪsˌɔːɡənaɪˈzeɪʃ(ə)n] *s.* disorganizzazione *f.*

disorientation [dɪsˌɔrɪənˈteɪʃ(ə)n] *s.* disorientamento *m.*

disparaging [dɪsˈpærɪdʒɪŋ] *agg.* spregiativo, sprezzante

disparate ['dɪspərət] *agg.* disparato

dispassionate [dɪsˈpæʃnɪt] *agg.* spassionato, imparziale

dispatch [dɪsˈpætʃ] *s.* **1** invio *m.*, spedizione *f.* **2** messaggio *m.*

to dispatch [dɪsˈpætʃ] *v. tr.* **1** spedire, inviare **2** espletare, sbrigare

to dispel [dɪsˈpel] *v. tr.* disperdere, scacciare

to dispense [dɪsˈpens] *v. tr.* **1** dispensare, distribuire **2** esentare **3** amministrare **4** somministrare ♦ **to d. with** fare a meno di

dispenser [dɪsˈpensə] *s.* distributore *m.*

to disperse [dɪsˈpɜːs] *v. tr. e intr.* disperdere, disperdersi

dispersion [dɪsˈpɜːʃ(ə)n] *s.* dispersione *f.*

to dispirit [dɪˈspɪrɪt] *v. tr.* scoraggiare

dispirited [dɪˈspɪrɪtɪd] *agg.* scoraggiato, abbattuto

to displace [dɪsˈpleɪs] *v. tr.* **1** spostare **2** sostituire, rimpiazzare **3** (*naut.*) dislocare

displacement [dɪsˈpleɪsmənt] *s.* (*naut.*) dislocamento *m.*

display [dɪˈspleɪ] *s.* **1** mostra *f.*, esibizione *f.* **2** manifestazione *f.* **3** schermo *m.*, display *m. inv.*

to display [dɪˈspleɪ] *v. tr.* **1** esporre, mostrare **2** manifestare

to displease [dɪsˈpliːz] *v. tr.* scontentare, dispiacere a ♦ **to be displeased with** essere scontento di

displeasure [dɪsˈpleʒə] *s.* dispiacere *m.*, malcontento *m.*

disposable [dɪsˈpəʊzəbl] *agg.* **1** disponibile **2** monouso, usa e getta

disposal [dɪsˈpəʊz(ə)l] *s.* **1** disposizione *f.* **2** eliminazione *f.*, smaltimento *m.* **3** (*comm.*) cessione *f.*

to dispose [dɪsˈpəʊz] *v. tr. e intr.* disporre ♦ **to d. of** disfarsi di, risolvere

disposed [dɪsˈpəʊzd] *agg.* disposto, incline ♦ **to be d. to** essere portato a

disposition [ˌdɪspəˈzɪʃ(ə)n] *s.* **1** disposizione *f.* **2** inclinazione *f.*, attitudine *f.* **3** prescrizione *f.*

disproportion [ˌdɪsprəˈpɔːʃ(ə)n] *s.* sproporzione *f.*

disproportionate [ˌdɪsprəˈpɔːʃnɪt] *agg.* sproporzionato

to disprove [dɪsˈpruːv] *v. tr.* confutare

dispute [dɪsˈpjuːt] *s.* disputa *f.*, vertenza *f.*, controversia *f.*

to dispute [dɪsˈpjuːt] *v. intr.* disputare, discutere

disqualification [dɪsˌkwɒlɪfɪˈkeɪʃ(ə)n] *s.* squalifica *f.*

to disqualify [dɪsˈkwɒlɪfaɪ] *v. tr.* **1** squalificare, escludere **2** interdire

disquiet [dɪsˈkwaɪət] **A** *agg.* inquieto **B** *s.* inquietudine *f.*, ansia *f.*

to disregard [ˌdɪsrɪˈɡɑːd] *v. tr.* trascurare, non badare a

disrepair [ˌdɪsrɪˈpeə] *s.* sfacelo *m.*, rovina *f.*

disreputable [dɪsˈrepjʊtəbl] *agg.* sconveniente, disonorevole

disrepute [ˌdɪsrɪˈpjuːt] *s.* discredito *m.*

disrespect [ˌdɪsrɪˈspekt] *s.* irriverenza *f.*

disrespectful [ˌdɪsrɪsˈpektf(ʊ)l] *agg.* irriverente

to disrupt [dɪsˈrʌpt] **1** disgregare **2** disturbare

dissatisfaction [dɪ(s)ˌsætɪsˈfækʃ(ə)n] *s.* insoddisfazione *f.*, scontentezza *f.*

to dissatisfy [dɪ(s)ˈsætɪsfaɪ] *v. tr.* scontentare

to dissect [dɪˈsekt] *v. tr.* **1** sezionare, dissezionare **2** sviscerare

to disseminate [dɪˈsemɪneɪt] *v. tr.* disseminare

dissent [dɪˈsent] *s.* dissenso *m.*

to dissent [dɪˈsent] *v. intr.* dissentire

dissertation [ˌdɪsəˈteɪʃ(ə)n] *s.* dissertazione *f.*

disservice [dɪsˈsɜːvɪs] *s.* cattivo servizio *m.*, danno *m.*

dissident ['dɪsɪd(ə)nt] *agg.* dissidente

dissimilar [dɪˈsɪmɪlə] *agg.* dissimile

dissimilarity [ˌdɪsɪmɪˈlærɪtɪ] *s.* difformità *f.*, diversità *f.*

to dissimulate [dɪˈsɪmjʊleɪt] *v. tr.* dissimulare

to dissipate ['dɪsɪpeɪt] *v. tr.* dissipare, disperdere

to dissociate [dɪˈsəʊʃɪeɪt] *v. tr. e intr.* dissociare, dissociarsi

dissolute ['dɪsəluːt] *agg.* dissoluto

dissolution [ˌdɪsəˈluːʃ(ə)n] *s.* dissoluzione *f.*, scioglimento *m.*

to dissolve [dɪˈzɒlv] **A** *v. tr.* **1** dissolvere, sciogliere **2** annullare **B** *v. intr.* **1** dissolversi, sciogliersi **2** disperdersi **3** svanire

dissonant ['dɪsənənt] *agg.* dissonante

to dissuade [dɪˈsweɪd] *v. tr.* dissuadere, distogliere

distance ['dɪst(ə)ns] *s.* distanza *f.*

distant ['dɪst(ə)nt] *agg.* **1** distante, lontano **2** riservato

distaste [dɪsˈteɪst] *s.* avversione *f.*, disgusto *m.*

distasteful [dɪsˈteɪstf(ʊ)l] *agg.* repellente, sgradevole

distension [dɪsˈtenʃ(ə)n] *s.* (*med.*) dilatazione *f.*, gonfiore *m.*

to distil(l) [dɪsˈtɪl] *v. tr.* distillare

distillate ['dɪstɪlɪt] *s.* distillato *m.*

distillery [dɪsˈtɪlərɪ] *s.* distilleria *f.*

distinct [dɪsˈtɪŋ(k)t] *agg.* **1** distinto, definito **2** separato, diverso

distinction [dɪsˈtɪŋ(k)ʃ(ə)n] *s.* **1** distinzione *f.* **2** caratteristica *f.* **3** onorificenza *f.*

distinctive [dɪsˈtɪŋ(k)tɪv] *agg.* distintivo

to distinguish [dɪsˈtɪŋɡwɪʃ] *v. tr.* **1** distinguere, discernere **2** caratterizzare

distinguished [dɪsˈtɪŋɡwɪʃt] *agg.* **1** distinto, raffinato **2** famoso, illustre

distinguishing [dɪsˈtɪŋɡwɪʃɪŋ] *agg.* distinto, peculiare

to distort [dis'tɔːt] *v. tr.* **1** distorcere **2** travisare

distortion [dis'tɔːʃ(ə)n] *s.* **1** distorsione *f.* **2** deformazione *f.*

to distract [dis'trækt] *v. tr.* distrarre

distraction [dis'trækʃ(ə)n] *s.* **1** distrazione *f.* **2** diversivo *m.*

to distrain [dis'trein] *v. tr.* pignorare

distraught [dis'trɔːt] *agg.* sconvolto, turbato

distress [dis'tres] *s.* **1** pena *f.*, angoscia *f.* **2** pericolo *m.* ♦ **d. signal** segnale di soccorso

to distress [dis'tres] *v. tr.* affliggere, angustiare

distressing [dr'stresin] *agg.* doloroso, penoso

to distribute [dis'tribju:(:)t] *v. tr.* distribuire, assegnare

distribution [,distri'bju:ʃ(ə)n] *s.* distribuzione *f.*

distributor [dis'tribjutər] *s.* **1** distributore *m.* **2** spinterogeno *m.*

district ['distrikt] *s.* **1** distretto *m.*, circondario *m.* **2** regione *f.*, territorio *m.*

distrust [dis'trʌst] *s.* diffidenza *f.*, sospetto *m.*

to distrust [dis'trʌst] *v. tr.* diffidare di, non avere fiducia in

to disturb [dis'tə:b] *v. tr.* disturbare

disturbance [dis'tə:b(ə)ns] *s.* **1** disordine *m.*, confusione *f.* **2** disturbo *m.* **3** perturbazione *f.*

disturbed [dis'tə:bd] *agg.* disturbato, turbato

disuse [dis'ju:s] *s.* disuso *m.*

ditch [ditʃ] *s.* fossato *m.*, canale *m.*

to ditch [ditʃ] *v. tr.* **1** scavare, prosciugare **2** *(fam.)* piantare in asso

dither ['diðər] *v. intr.* **1** tremare **2** oscillare, vacillare

ditto ['ditəu] *s.* idem *pron. e avv.*

diuretic [,daiju9'retik] *agg. e s.* diuretico *m.*

divan [di'væn] *s.* divano *m.*

dive [daiv] *s.* **1** tuffo *m.* **2** immersione *f.* **3** *(aer.)* picchiata *f.*

to dive [daiv] *v. intr.* **1** tuffarsi **2** immergersi **3** *(aer.)* lanciarsi in picchiata ♦ **to d. in** farsi avanti

diver ['daivər] *s.* **1** tuffatore *m.* **2** palombaro *m.*, sommozzatore *m.*

to diverge [dai'və:dʒ] *v. intr.* divergere

diverse [dai'və:s] *agg.* diverso

diversion [dai'və:ʃ(ə)n] *s.* **1** diversione *f.*, deviazione *f.* **2** passatempo *m.*

diversity [dai'və:siti] *s.* diversità *f.*

to divert [dai'və:t] *v. tr.* deviare

to divide [di'vaid] **A** *v. tr.* **1** dividere, separare **2** ripartire **B** *v. intr.* **1** dividersi, separarsi **2** divergere

dividend ['dividend] *s.* dividendo *m.*

divine [di'vain] *agg.* divino

diving ['daivin] *s.* **1** tuffo *m.* **2** immersione *f.* **3** *(aer.)* picchiata *f.* ♦ **d. board** trampolino; **d. suit** scafandro

divinity [di'viniti] *s.* **1** divinità *f.* **2** teologia *f.*

divisible [di'vizəbl] *agg.* divisibile

division [di'viʒ(ə)n] *s.* **1** divisione *f.* **2** suddivisione *f.*, ripartizione *f.* **3** sezione *f.*

divorce [di'vɔːs] *s.* divorzio *m.*

to divorce [di'vɔːs] *v. intr.* divorziare

divorcee [di,vɔː'siː] *s.* divorziato *m.*

to divulge [dai'vʌldʒ] *v. tr.* divulgare

dizzy ['dizi] *agg.* **1** vertiginoso **2** che ha le vertigini

do [du:] *s.* **1** ciò che si deve fare **2** *(fam.)* truffa *f.* **3** *(fam.)* festa *f.*

to do [du:, du, də] *(pass.* **did**, *p. p.* **done)** **A** *v. ausiliare* **1** *(nella forma interr.)* (ES: **do you understand?** capisci?) **2** *(nella forma neg.)* (ES: **I don't understand** non capisco) **3** *(enf.)* (ES: **I did see him** l'ho visto davvero) **4** *(in sostituzione di un altro v.)* (ES: **who took my book? I did** chi ha preso il mio libro? io) **B** *v. tr.* **1** fare, compiere, eseguire, portare a termine **2** causare, procurare **3** visitare **4** ingannare, imbrogliare **C** *v. intr.* **1** comportarsi, agire **2** finire, smettere **3** stare, passarsela **4** bastare, andar bene ♦ **to do away with** abolire, sopprimere; **to do by st.** trattare qc., comportarsi con qc.; **to do for** arrangiarsi, fare le faccende, rovinare; **to do out of** rubare; **to do out of** portare via; **to do up** rinnovare, incartare; **to do with** aver bisogno di, avere a che fare con, andar bene

dock (1) [dɔk] *s.* **1** bacino *m.* **2** *al pl.* zona *f.* portuale

dock (2) [dɔk] *s.* banco *m.* degli imputati

to dock [dɔk] *v. intr.* entrare in bacino, attraccare

docking ['dɔkin] *s.* attracco *m.*

dockyard ['dɔkjɑːd] *s.* arsenale *m.*, cantiere *m.* navale

doctor ['dɔktər] *s.* dottore *m.*, medico *m.*

to doctor ['dɔktər] *v. tr.* **1** curare, medicare **2** aggiustare **3** adulterare, falsificare **4** conferire una laurea a

doctrine ['dɔktrin] *s.* dottrina *f.*

document ['dɔkjumənt] *s.* documento *m.*

to document ['dɔkjumənt] *v. tr.* documentare

documentary [,dɔkju'mentəri] *s.* documentario *m.*

dodge [dɔdʒ] *s.* **1** balzo *m.* **2** espediente *m.*, trucco *m.*

to dodge [dɔdʒ] *v. tr.* **1** schivare, scansare **2** abbindolare

dodgem ['dɔdʒəm] *s.* autoscontro *m.*

doe [dəu] *s.* femmina *f.* di cervo, daino, lepre, coniglio

dog [dɔg] *s.* cane *m.* ♦ **d. catcher** accalappiacani; **d. collar** collare; **d. days** canicola; **d.-fancier** allevatore di cani

dogged ['dɔgid] *agg.* ostinato, tenace

dogma ['dɔgmə] *s.* dogma *m.*

dogmatic [dɔg'mætik] *agg.* dogmatico

doings ['du:iŋz] *s. pl.* fatti *m. pl.* azioni *f. pl.*

do-it-yourself ['du:itjɔ:,self] *s.* bricolage *m. inv.*, faida-te *m. inv.*

doldrums ['dɔldrəmz] *s. pl.* **1** zona *f.* delle calme equatoriali **2** *(fig.)* depressione *f.* ♦ **to be in the d.** essere depresso

dole [dəul] *s.* sussidio *m.* di disoccupazione

doleful ['dəulf(u)l] *agg.* triste

doll [dɔl] *s.* bambola *f.*

dollar ['dɔlər] *s.* dollaro *m.*

to doll up [dɔl,ʌp] *v. tr. e intr.* *(fam.)* agghindare, agghindarsi

dolly ['dɔli] *s.* **1** bambola *f.* **2** piattaforma *f.*, carrello *m.* ♦ **d. shot** *(cine.)* carrellata

dolphin ['dɔlfin] *s.* delfino *m.*

doltish ['dəultiʃ] *agg.* sciocco

domain [dəˈmeɪn] s. dominio m.

dome [dəʊm] s. cupola f.

domestic [dəˈmestɪk] agg. **1** domestico, casalingo **2** nazionale

to domesticate [dəˈmestɪkeɪt] v. tr. addomesticare

domicile [ˈdɒmɪsaɪl] s. domicilio m.

dominant [ˈdɒmɪnənt] agg. dominante

to dominate [ˈdɒmɪneɪt] v. tr. e intr. dominare

domination [ˌdɒmɪˈneɪʃ(ə)n] s. dominazione f.

dominator [ˈdɒmɪneɪtəʳ] s. dominatore m.

domineering [ˌdɒmɪˈnɪərɪŋ] agg. dispotico

dominion [dəˈmɪnjən] s. **1** dominio m., autorità f. **2** (paese) dominion m. inv.

dominoes [ˈdɒmɪnəʊz] s. pl. (gioco del) domino m.

to donate [do(ʊ)ˈneɪt] v. tr. donare, elargire

donation [do(ʊ)ˈneɪʃ(ə)n] s. donazione f., elargizione f.

done [dʌn] A p. p. di **to do** B agg. **1** fatto, finito **2** giusto **3** cotto ♦ **well d.** ben cotto

donjon [ˈdɒn(d)ʒ(ə)n] s. torrione m.

donkey [ˈdɒŋkɪ] s. asino m.

donor [ˈdəʊnəʳ] s. donatore m. ♦ **blood d.** donatore di sangue

to doodle [ˈduːdl] v. intr. (fam.) scarabocchiare

door [dɔːʳ] s. **1** porta f. **2** sportello m. ♦ **d.-to-d.** porta a porta

doorbell [ˈdɔːbel] s. campanello m.

doorkeeper [ˈdɔːkiːpəʳ] s. portiere m.

doormat [ˈdɔːmæt] s. zerbino m.

doorway [ˈdɔːweɪ] s. vano m. della porta

dope [dəʊp] s. (fam.) droga f.

to dope [dəʊp] v. tr. drogare, somministrare stupefacenti

doping [ˈdəʊpɪŋ] s. (sport) doping m. inv.

dopy [ˈdəʊpɪ] agg. inebetito (da alcol, stupefacenti)

Doric [ˈdɒrɪk] agg. dorico

dormant [ˈdɔːmənt] agg. **1** inattivo **2** in letargo

dormitory [ˈdɔːmɪtrɪ] s. **1** dormitorio m. **2** (USA) casa f. per studenti

dormouse [ˈdɔːmaʊs] (pl. **dormice**) s. ghiro m.

dosage [ˈdəʊsɪdʒ] s. dosaggio m., posologia f.

dose [dəʊs] s. dose f.

to dose [dəʊs] v. tr. **1** somministrare **2** mescolare

dosshouse [ˈdɒshaʊs] s. dormitorio m. pubblico

dot [dɒt] s. punto m.

to dot [dɒt] v. tr. punteggiare

to dote [dəʊt] v. intr. essere rimbambito ♦ **to d. on sb. one** amare qc. alla follia

double [ˈdʌbl] A agg. doppio, duplice B avv. doppio, doppiamente, in due C s. **1** doppio m. **2** controfigura f. ♦ **d. bed** letto matrimoniale

to double [ˈdʌbl] A v. tr. **1** raddoppiare **2** piegare in due **3** (naut.) doppiare B v. intr. raddoppiare ♦ **to d. up with** dividere la stanza con

double-bass [ˌdʌblˈbeɪs] s. contrabbasso m.

double-breasted [ˌdʌblˈbrestɪd] agg. (a) doppio petto

double-cross [ˌdʌblˈkrɒs] s. doppio gioco m.

double-decker [ˌdʌblˈdekəʳ] s. autobus m. inv. a due piani

doublet [ˈdʌblɪt] s. doppione m.

doubling [ˈdʌblɪŋ] s. raddoppio m.

doubly [ˈdʌblɪ] avv. doppiamente

doubt [daʊt] s. dubbio m.

to doubt [daʊt] A v. tr. dubitare di B v. intr. dubitare

doubtful [ˈdaʊtf(ʊ)l] agg. **1** incerto, dubbio **2** dubbioso

doubtless [ˈdaʊtlɪs] avv. indubbiamente

dough [dəʊ] s. **1** impasto m., pasta f. per pane **2** al pl. (fam.) quattrini m. pl.

to douse [daʊs] v. tr. **1** immergere in acqua **2** gettare acqua su **3** (fam.) spegnere

dove [dʌv] s. colomba f., colombo m.

dovetail [ˈdʌvteɪl] s. (tecnol.) incastro m. a coda di rondine

dowdy [ˈdaʊdɪ] agg. sciatto, trasandato

down (1) [daʊn] s. collina f.

down (2) [daʊn] s. piuma f., piumino m.

down (3) [daʊn] A avv. giù, in basso, da sotto B agg. **1** diretto verso il basso, inferiore, discendente **2** abbattuto, depresso **3** fuori uso

down-and-out [ˌdaʊnəndˈaʊt] agg. **1** squattrinato **2** malandato, malconcio

down-at-heel [ˌdaʊnətˈhiːl] agg. scalcagnato, scalcinato

downcast [ˈdaʊnkɑːst] agg. abbattuto, depresso

downfall [ˈdaʊnfɔːl] s. **1** caduta f., crollo m. **2** (di pioggia) rovescio m.

to downgrade [ˈdaʊngreɪd] v. tr. degradare, retrocedere

downhill [ˌdaʊnˈhɪl] A agg. e avv. in discesa, in pendio B s. **1** (sport) discesa f. **2** declino m. ♦ **to go d.** andare declinando, peggiorare

downhiller [ˌdaʊnˈhɪləʳ] s. discesista m. e f.

downpour [ˈdaʊnpɔːʳ] s. acquazzone m.

downright [ˈdaʊnraɪt] A agg. **1** schietto, sincero **2** assoluto B avv. assolutamente, del tutto

downstairs [ˌdaʊnˈsteəz] avv. giù, disotto, al piano inferiore

downtown [ˌdaʊnˈtaʊn] s. centro m. (di città)

downward [ˈdaʊnwəd] agg. e avv. verso il basso

downwind [ˌdaʊnˈwɪnd] avv. sottovento

dowry [ˈdaʊərɪ] s. dote f.

doze [dəʊz] s. pisolino m.

to doze [dəʊz] v. intr. sonnecchiare ♦ **to d. off** appisolarsi

dozen [ˈdʌzn] s. dozzina f.

drab [dræb] agg. **1** grigiastro **2** scialbo, incolore

draft [drɑːft] (anche **draught**) s. **1** tiro m., trazione f. **2** schema m., abbozzo m. **3** (tip.) bozza f. **4** (USA, mil.) leva f. **5** (naut.) immersione f., pescaggio m. **6** (comm.) tratta f.

to draft [drɑːft] v. tr. **1** tirare **2** abbozzare **3** (USA) arruolare

draftsman [ˈdrɑːftsmən] (pl. **draftsmen**) s. disegnatore m.

drag [dræg] s. **1** draga f. **2** rete f. a strascico **3** (fis.) resistenza f. **4** impedimento m., ostacolo m. **5** seccatura f. ♦ **a man in d.** un uomo travestito da donna

to drag [dræg] v. tr. **1** trascinare, tirare **2** pescare a strascico ♦ **to d. on** protrarsi, andare avanti; **to d. out** tirare fuori a forza

dragon [ˈdræg(ə)n] s. drago m.

dragonfly ['dræg(ə)nflaɪ] s. libellula f.

drain [dreɪn] s. 1 tubo m. di scarico, fogna f. 2 (fig.) salasso m. 3 (fam.) goccio m.

to drain [dreɪn] v. tr. 1 far scolare 2 prosciugare 3 (fig.) dissanguare

drainage ['dreɪnɪdʒ] s. 1 scolo m., scarico m., fognatura f. 2 drenaggio m.

drama ['drɑːmə] s. dramma m.

dramatic [drə'mætɪk] agg. 1 drammatico 2 sensazionale

dramatist ['dræmətɪst] s. drammaturgo m.

dramatization [ˌdræmətaɪ'zeɪʃ(ə)n] s. drammatizzazione f.

to dramatize ['dræmətaɪz] v. tr. 1 drammatizzare 2 adattare alla rappresentazione

drank [dræŋk] pass. di **to drink**

to drape [dreɪp] v. tr. drappeggiare

draper ['dreɪpə'] s. negoziante m. e f. di tessuti

drapery ['dreɪpərɪ] s. 1 tessuti m. pl., tendaggi m. pl. 2 drappeggio m. ♦ **d. store** negozio di tessuti

drastic ['dræstɪk] agg. energico

draught [drɑːft] s. → **draft** ♦ **d. beer** birra alla spina

draughtboard [drɑːftbɔːd] s. scacchiera f.

draughts [drɑːfts] s. pl. (gioco della) dama f.

draw [drɔː] s. 1 tiro m., strattone m. 2 estrazione f., sorteggio m. 3 pareggio m.

to draw [drɔː] (pass. **drew**, p. p. **drawn**) A v. tr. 1 tirare, tendere, trascinare 2 attirare 3 estrarre, prelevare, spillare 4 tracciare, disegnare 5 (naut.) (di imbarcazione) pescare B v. intr. 1 avanzare 2 (di camino) tirare 3 disegnare 4 (sport) pareggiare ♦ **to d. away/back** tirarsi indietro; **to d. on** incitare; **to d. up** avvicinarsi, accostare, redigere

drawback ['drɔːbæk] s. inconveniente m., svantaggio m.

drawbridge ['drɔːbrɪdʒ] s. ponte m. levatoio

drawer [drɔːr] s. cassetto m.

drawing ['drɔːɪŋ] s. disegno m. ♦ **d. board** tavolo da disegno; **d. room** salotto

to drawl [drɔːl] v. intr. strascicare le parole

drawn [drɔːn] p. p. di **to draw**

dread [dred] s. paura f., timore m.

to dread [dred] v. tr. temere

dreadful ['dredf(ʊ)l] agg. terribile, spaventoso

dream [driːm] s. sogno m.

to dream [driːm] (pass. e p. p. **dreamt, dreamed**) v. tr. e intr. sognare

dreamy ['driːmɪ] agg. 1 sognante 2 vago

dreary ['drɪərɪ] agg. tetro

dredge [dredʒ] s. draga f.

to dredge [dredʒ] v. tr. dragare

dress [dres] s. 1 abito m., vestito m. (da donna) 2 abbigliamento m. ♦ **d. hanger** gruccia

to dress [dres] A v. tr. 1 vestire, abbigliare 2 allestire, preparare, adornare 3 (cuc.) condire, guarnire 4 medicare B v. intr. vestirsi, abbigliarsi

dresser ['dresə'] s. 1 credenza f. 2 (USA) cassettone m. 3 (teatro, cine.) costumista m. e f.

dressing ['dresɪŋ] s. 1 abbigliamento m. 2 allestimento m. 3 (cuc.) condimento m. 4 medicazione f., bendaggio m. ♦ **d. gown** vestaglia; **d. room** spogliatoio; **d. table** toilette; **d.-up** travestimento; **salad d.** condimento per insalata

dressmaker ['dresˌmeɪkə'] s. sarta f., sarto m.

dressy ['dresɪ] agg. elegante

drew [druː] pass. di **to draw**

to dribble ['drɪbl] v. intr. 1 sgocciolare 2 sbavare 3 (sport) dribblare

dried [draɪd] agg. secco ♦ **d. milk** latte in polvere

drier ['draɪə'] → **dryer**

drift [drɪft] s. 1 moto m., corso m. spostamento m. 2 tendenza f. 3 cumulo m., ammasso m., mucchietto m. 4 deriva f. 5 turbine m., raffica f. 6 senso m., significato m.

to drift [drɪft] v. intr. 1 essere trasportato, andare alla deriva 2 ammucchiarsi

drill [drɪl] s. 1 trapano m. 2 esercitazione f.

to drill [drɪl] v. tr. 1 trapanare, trivellare 2 addestrare, esercitare

drink [drɪŋk] s. 1 bevanda f. 2 bevuta f., sorso m.

to drink [drɪŋk] (pass. **drank**, p. p. **drunk**) v. tr. e intr. bere

drinkable ['drɪŋkəbl] agg. bevibile, potabile

drinker ['drɪŋkə'] s. bevitore m.

drip [drɪp] s. 1 gocciolamento m. 2 (arch.) gocciolatoio m. 3 fleboclisi f.

to drip [drɪp] v. tr. e intr. gocciolare

drip-dry ['drɪp'draɪ] agg. da non stirare

drive [draɪv] s. 1 giro m. in automobile 2 strada f. d'accesso 3 spinta f., impulso m. 4 (autom.) trazione f. 5 (autom.) guida f. 6 (inf.) drive m. inv. ♦ **four-wheel d.** quattro ruote motrici; **left-hand/right-hand d.** guida a sinistra/destra

to drive [draɪv] (pass. **drove**, p. p. **driven**) A v. tr. 1 (un veicolo) guidare 2 azionare, far funzionare 3 conficcare 4 spingere B v. intr. 1 guidare 2 andare in automobile 3 avanzare ♦ **to d. away** scacciare; **to d. back** respingere; **to d. off** partire, portare via (su un'automobile)

driver ['draɪvə'] s. conducente m., guidatore m. ♦ **d.'s license** (USA) patente di guida; **screw d.** cacciavite

driving ['draɪvɪŋ] s. guida f. ♦ **d. mirror** specchietto retrovisore; **d. school** scuola guida

to drizzle ['drɪzl] v. intr. piovigginare

droll [drəʊl] agg. buffo

dromedary ['drɒməd(ə)rɪ] s. dromedario m.

drone [drəʊn] s. 1 fuco m. 2 (fam.) fannullone m. 3 ronzio m.

to drool [druːl] v. intr. sbavare

to droop [druːp] v. intr. afflosciarsi, ripiegarsi

drop [drɒp] s. 1 goccia f. 2 pasticca f. 3 sorso m. 4 caduta f., diminuzione f. 5 dislivello m.

to drop [drɒp] A v. intr. 1 cadere 2 diminuire 3 abbassarsi B v. tr. 1 far cadere 2 abbassare 3 (da un veicolo) far scendere 4 omettere, sopprimere ♦ **to d. in** far visita; **to d. off** diminuire, addormentarsi; **to d. out** ritirarsi

dropper ['drɒpə'] s. contagocce m. inv.

droppings ['drɒpɪŋz] s. pl. sterco m.

drought [draʊt] s. siccità f.

drove [drəʊv] *pass. di* **to drive**

to drown [draʊn] **A** *v. tr.* **1** affogare, annegare **2** soffocare, offuscare **B** *v. intr.* affogare, annegare

drowsiness ['draʊzɪnɪs] *s.* sonnolenza *f.*

drowsy ['draʊzɪ] *agg.* sonnolento

drudge [drʌdʒ] *s.* sgobbone *m.*

to drudge [drʌdʒ] *v. intr.* sgobbare

drug [drʌg] *s.* **1** farmaco *m.* **2** droga *f.* ♦ **d. addict** tossicodipendente; **hard d.** droga pesante

drugstore ['drʌgstɔː] *s.* drugstore *m. inv.*

drum [drʌm] *s.* **1** tamburo *m.*, *al pl.* batteria *f.* **2** bidone *m.* ♦ **ear d.** timpano

to drum [drʌm] *v. intr.* **1** suonare il tamburo **2** tamburellare

drunk [drʌŋk] **A** *p. p. di* **to drink B** *agg.* ubriaco ♦ **dead d.** ubriaco fradicio; **to get d.** sbronzarsi

drunkenness ['drʌŋk(ə)nnɪs] *s.* ubriachezza *f.*

dry [draɪ] *agg.* asciutto, arido, secco ♦ **d. cleaning** lavaggio a secco; **d. cleaner's** tintoria *f.*, **d. goods** (*USA*) tessuti

to dry [draɪ] *v. tr. e intr.* asciugare, seccare ♦ **to d. up** prosciugarsi

dryer ['draɪə] *s.* **1** essiccatore *m.* **2** asciugacapelli *m.*

drying ['draɪɪŋ] *s.* asciugatura *f.*

dryness ['draɪnɪs] *s.* siccità *f.*

dual ['djuːəl] *agg.* doppio, duplice

dualism ['djuː(ː)əlɪz(ə)m] *s.* dualismo *f.*

to dub [dʌb] *v. tr.* (*cine.*) doppiare

dubber ['dʌbə] *s.* doppiatore *m.*

dubbing ['dʌbɪŋ] *s.* doppiaggio *m.*

dubious ['djuːbjəs] *agg.* **1** dubbio **2** dubbioso, incerto

duchess ['dʌtʃɪs] *s.* duchessa *f.*

duchy ['dʌtʃɪ] *s.* ducato *m.*

duck [dʌk] *s.* anatra *f.*

to duck [dʌk] **A** *v. tr.* **1** tuffare, immergere rapidamente **2** piegare **B** *v. intr.* **1** tuffare la testa **2** piegare la testa

duct [dʌkt] *s.* condotto *m.*, canale *m.*

ductile ['dʌktaɪl] *agg.* duttile

dud [dʌd] **A** *s.* **1** cosa *f.* che non funziona, bidone *m.* (*fam.*) **2** (*di persona*) incapace *m. e f.* **B** *agg.* falso ♦ **d. cheque** assegno a vuoto

due [djuː] **A** *agg.* **1** dovuto, da pagarsi **2** doveroso, adatto, adeguato **B** *avv.* (esattamente) in direzione **C** *s.* **1** il dovuto *m.* **2** *al pl.* tasse *f. pl.*, diritti *m. pl.* ♦ **d. to** a causa di; **to be d. to do** dover fare; **to be d. to** essere causato da

duel ['djuː(ː)əl] *s.* duello *m.*

duet [djuː(ː)ɛt] *s.* (*mus.*) duetto *m.*

duffel ['dʌf(ə)l] *s.* tessuto *m.* pesante ♦ **d. bag** sacca da viaggio; **d. coat** montgomery

dug [dʌg] *pass. e p. p. di* **to dig**

duke [djuːk] *s.* duca *m.*

dukedom ['djuːkdəm] *s.* ducato *m.*

dull [dʌl] *agg.* **1** tardo, ottuso, lento **2** sordo, soffocato **3** smorto, opaco **4** monotono **5** smorto, fosco, scuro

to dull [dʌl] *v. tr.* **1** intorpidire **2** smussare **3** attenuare, smorzare

duly ['djuːlɪ] *avv.* **1** debitamente **2** puntualmente

dumb [dʌm] *agg.* **1** muto **2** (*fam.*) stupido

to dumbfound [dʌm'faʊnd] *v. tr.* stupire, stordire

dummy ['dʌmɪ] **A** *agg.* **1** muto **2** falso, fittizio **B** *s.* **1** manichino *m.* **2** prestanome *m.* **3** tettarella *f.* **4** (*tip.*) menabò *m.*

dump [dʌmp] *s.* **1** discarica *f.* **2** mucchio *m.*, ammasso *m.* **3** vendita *f.* sottocosto **4** tonfo *m.*

to dump [dʌmp] **A** *v. tr.* **1** scaricare **2** abbandonare **3** vendere sottocosto **B** *v. intr.* **1** scaricare rifiuti **2** vendere sottocosto

dumpy [dʌmpɪ] *agg.* tarchiato

dunce [dʌns] *s.* (*fam.*) somaro *m.*, ignorante *m. e f.*

dune [djuːn] *s.* duna *f.*

dung [dʌŋ] *s.* letame *m.*

dungarees [ˌdʌŋgə'riːz] *s. pl.* tuta *f.* da lavoro

dungeon ['dʌn(d)ʒən] *s.* segreta *f.*, prigione *f.*

duo ['djuː(ː)əʊ] *s.* duo *m. inv.*, duetto *m.*

dupe [djuːp] *s.* gonzo *m.*, zimbello *m.*

to dupe [djuːp] *v. tr.* ingannare, abbindolare

duplex ['djuːpleks] **A** *agg.* duplice, doppio **B** *s.* **1** (*USA*) casa *f.* bifamiliare **2** (*USA*) appartamento *m.* su due livelli

to duplicate ['djuːplɪkeɪt] *v. tr.* duplicare

duplication [ˌdjuːplɪ'keɪʃ(ə)n] *s.* duplicazione *f.*, raddoppio *m.*

durable ['djʊərəbl] *agg.* durevole

duration [djʊ(ə)'reɪʃ(ə)n] *s.* durata *f.*

duress [djʊə'res] *s.* costrizione *f.*

during ['djʊərɪŋ] *prep.* durante

dusk [dʌsk] *s.* crepuscolo *m.*

dust [dʌst] *s.* **1** polvere *f.*, pulviscolo *m.* **2** polline *m.* **3** spazzatura *f.*

to dust [dʌst] *v. tr.* **1** spolverare **2** cospargere

dustbin ['dʌs(t)bɪn] *s.* pattumiera *f.*

duster ['dʌstə'] *s.* straccio *m.* per la polvere

dustman ['dʌs(t)mən] (*pl.* **dustmen**) *s.* netturbino *m.*

dustpan ['dʌs(t)pæn] *s.* paletta *f.* (*per la spazzatura*)

dusty [dʌstɪ] *agg.* polveroso

Dutch [dʌtʃ] *agg.* olandese ♦ **to go d.** pagare alla romana

Dutchman ['dʌtʃmən] (*pl.* **Dutchmen**) *s.* olandese *m.*

Dutchwoman ['dʌtʃˌwʊmən] (*pl.* **Dutchwomen**) *s.* olandese *f.*

dutiful ['djuːtɪf(ʊ)l] *agg.* rispettoso, deferente

duty ['djuːtɪ] *s.* **1** dovere *m.* **2** compito *m.*, incarico *m.* **3** servizio *m.* **4** dazio *m.*, imposta *f.* ♦ **d.-free** esente da dazio; **harbour duties** diritti portuali; **to be on/ off d.** essere in servizio/fuori servizio

dwarf [dwɔːf] *s.* nano *m.*, gnomo *m.*

to dwell [dwel] (*pass. e p. p.* **dwelt, dwelled**) *v. intr.* (*letter.*) dimorare, risiedere

dwelling ['dwelɪŋ] *s.* dimora *f.*

to dwindle ['dwɪndl] *v. intr.* diminuire, rimpicciolire

dye [daɪ] *s.* colorante *m.*, tinta *f.* ♦ **hair d.** tintura per capelli

to dye [daɪ] *v. tr.* tingere

dyeing ['daɪɪŋ] *s.* tintura *f.*

dyer ['daɪə'] *s.* tintore *m.*

dying ['daɪɪŋ] *agg.* morente, moribondo

dyke [daɪk] *s.* → **dike**

dynamic [daɪ'næmɪk] *agg.* dinamico

dynamics [daɪ'næmɪks] *s. pl.* (*v. al sing.*) dinamica *f.*

dynamism ['daɪnəmɪz(ə)n] s. dinamismo m.
dynamite ['daɪnəmaɪt] s. dinamite f.
dynamo ['daɪnəməʊ] s. dinamo f. inv.

dynasty ['dɪnəsti] s. dinastia f.
dysentery ['dɪsntri] s. dissenteria f.
dystrophy ['dɪstrəfɪ] s. distrofia f.

E

each [iːtʃ] A agg. ciascuno, ogni B pron. ognuno, ciascuno ◆ **e. other** l'un l'altro

eager ['iːgər] agg. 1 appassionato, entusiasta 2 desideroso, avido ◆ **to be e. to do st.** essere impaziente di fare q.c.

eagle ['iːgl] s. aquila f.

ear (1) [ɪər] s. orecchio m.

ear (2) [ɪər] s. (bot.) spiga f., pannocchia f.

earache ['ɪəreɪk] s. mal m. d'orecchio

eardrum ['ɪədrʌm] s. (anat.) timpano m.

earl [ɜːl] s. conte m.

early ['ɜːlɪ] A agg. 1 mattiniero, mattutino 2 primo, della prima parte, iniziale 3 precoce, prematuro, primaticcio 4 (nel tempo) prossimo 5 remoto, antico B avv. 1 presto, di buon'ora 2 al principio ◆ **to be e.** essere in anticipo; **to get up e.** alzarsi presto

to earmark ['ɪəmɑːk] v. tr. 1 marchiare 2 contrassegnare 3 destinare

to earn [ɜːn] v. tr. 1 guadagnare 2 ottenere, meritare ◆ **to e. one's living** mantenersi

earnest ['ɜːnɪst] agg. 1 serio, zelante 2 ardente, pressante ◆ **in e.** sul serio

earnings ['ɜːnɪŋz] s. pl. guadagno m., stipendio m.

earphone ['ɪəfəʊn] s. auricolare m.

earring ['ɪərɪŋ] s. orecchino m.

earshot ['ɪəʃɒt] s. portata f. d'orecchio

earth [ɜːθ] s. 1 terra f., globo m. terrestre 2 suolo m., terreno m. 3 covo m., tana f. 4 (elettr.) terra f., massa f.

earthenware ['ɜːθənweər] s. terraglia f., terracotta f.

earthly ['ɜːθlɪ] agg. 1 terrestre 2 (fam.) concepibile

earthquake ['ɜːθkweɪk] s. terremoto m.

earthy ['ɜːθɪ] agg. 1 terroso 2 grossolano

ease [iːz] s. 1 agio m., comodo m., comodità f. 2 sollievo m. ◆ **to take one's e.** mettersi a proprio agio

to ease [iːz] v. tr. 1 alleviare, calmare 2 alleggerire, liberare 3 attenuare ◆ **to e. off** rallentare, diminuire

easel ['iːzl] s. cavalletto m.

easily ['iːzɪlɪ] avv. 1 facilmente 2 comodamente

east [iːst] A s. est m. inv. B agg. orientale

Easter ['iːstər] s. Pasqua f. ◆ **E. Monday** pasquetta; **E. holidays** vacanze pasquali

easterly ['iːstəlɪ] A agg. dall'est, orientale B avv. verso est

eastern ['iːstən] agg. orientale

easy ['iːzɪ] A agg. 1 facile 2 comodo, agiato 3 tranquillo 4 disinvolto B avv. 1 facilmente 2 comodamente, con calma ◆ **e. chair** poltrona; **take it e.!** calma!; **to make e.** facilitare

easygoing ['iːzɪˌgəʊɪŋ] agg. accomodante, compiacente

to eat [iːt] (pass. **ate**, p. p. **eaten**) A v. tr. 1 mangiare 2 corrodere, consumare B v. intr. mangiare, consumare i pasti ◆ **to e. into** corrodere, intaccare; **to e. up** divorare, rodere

eatable ['iːtəbl] agg. commestibile, mangiabile

eaten ['iːtn] p. p. di **to eat**

eaves [iːvz] s. pl. gronda f., cornicione m.

to eavesdrop ['iːvzdrɒp] v. intr. 1 origliare 2 (comunicazioni) intercettare

ebb [eb] s. riflusso m. ◆ **e. tide** bassa marea

to ebb [eb] v. intr. 1 (di marea) rifluire 2 decadere, scemare

ebony ['ebənɪ] s. ebano m.

ebullition [ˌebəˈlɪʃ(ə)n] s. ebollizione f.

eccentric [ɪkˈsentrɪk] agg. eccentrico

ecchymosis [ˌekɪˈməʊsɪs] s. ecchimosi f.

ecclesiastic [ɪˌkliːzɪˈæstɪk] agg. e s. ecclesiastico m.

echo ['ekəʊ] s. eco m. e f. ◆ **e. sounder** ecoscandaglio

to echo ['ekəʊ] v. tr. e intr. echeggiare

eclectic [ɪˈklektɪk] agg. eclettico

eclecticism [ekˈlektɪsɪz(ə)m] s. eclettismo m.

eclipse [ɪˈklɪps] s. eclissi f.

to eclipse [ɪˈklɪps] v. tr. eclissare

ecliptic [ɪˈklɪptɪk] agg. eclittico

ecological [ˌiːkəˈlɒdʒɪk(ə)l] agg. ecologico

ecology [iːˈkɒlədʒɪ] s. ecologia f.

economic [ˌiːkəˈnɒmɪk] agg. economico

economical [ˌiːkəˈnɒmɪk(ə)l] agg. 1 economico, parsimonioso 2 che fa risparmiare

economics [ˌiːkəˈnɒmɪks] s. pl. (v. al sing.) economia f., scienze f. pl. economiche

economist [iːˈkɒnəmɪst] s. economista m. e f.

to economize [iːˈkɒnəmaɪz] v. intr. economizzare, risparmiare

economy [ɪˈkɒnəmɪ] s. 1 economia f., sistema m. economico 2 risparmio m. ◆ **e. size** formato risparmio

ecosystem ['iːkəʊˌsɪstəm] s. ecosistema m.

ecstasy ['ekstəsɪ] s. estasi f.

eczema ['eksɪmə] s. eczema m.

eddy ['edɪ] s. gorgo m., vortice m.

edge [edʒ] s. 1 bordo m., estremità f., orlo m. 2 spigolo *m.* **3** taglio *m.*, filo *m.*

to edge [edʒ] **A** *v. tr.* **1** bordare **2** affilare, arrotare **B** *v. intr.* muoversi lentamente ♦ **to e. away** allontanarsi

edgeways ['edʒweɪz] *avv.* di taglio, di traverso

edgy ['edʒɪ] *agg.* **1** affilato, tagliente **2** irritabile

edible ['edɪbl] *agg.* commestibile

edict ['iːdɪkt] *s.* editto *m.*

to edit ['edɪt] *v. tr.* **1** (*una pubblicazione, una trasmissione*) curare **2** (*un giornale*) dirigere **3** correggere, rivedere ♦ **edited by** a cura di

editing ['edɪtɪŋ] *s.* **1** redazione *f.* **2** (*di giornale e sim.*) direzione *f.*

edition [ɪ'dɪʃ(ə)n] *s.* edizione *f.*

editor ['edɪtə'] *s.* **1** curatore *m.* **2** (*di giornale*) direttore *m.*, redattore *m.*

editorial [ˌedɪ'tɔːrɪəl] **A** *agg.* editoriale, redazionale **B** *s.* editoriale *m.*

to educate ['edju(ː)keɪt] *v. tr.* istruire, educare

education [ˌedju(ː)'keɪʃ(ə)n] *s.* educazione *f.*, istruzione *f.*

educational [ˌedju(ː)'keɪʃənl] *agg.* educativo

eel [iːl] *s.* anguilla *f.*

eerie ['ɪərɪ] *agg.* **1** fantastico, soprannaturale **2** che fa rabbrividire

effect [ɪ'fekt] *s.* **1** effetto *m.*, conseguenza *f.* **2** senso *m.*, tenore *m.* ♦ **in e.** effettivamente; **of no e.** senza risultato; **to take e.** entrare in vigore

to effect [ɪ'fekt] *v. tr.* **1** effettuare, compiere **2** causare, determinare

effective [ɪ'fektɪv] *agg.* **1** efficace **2** effettivo, reale **3** che fa effetto **4** (*USA*) vigente, operante

effectively [ɪ'fektɪvlɪ] *avv.* **1** efficacemente **2** effettivamente

effectiveness [ɪ'fektɪvnɪs] *s.* efficacia *f.*

effeminate [ɪ'femɪneɪt] *agg.* effeminato

efficiency [ɪ'fɪʃ(ə)nsɪ] *s.* efficienza *f.*, rendimento *m.*

efficient [ɪ'fɪʃənt] *agg.* efficiente

effigy ['efɪdʒɪ] *s.* effigie *f.*

effluvium [e'fluːvjəm] *s.* effluvio *m.*

effort ['efət] *s.* sforzo *m.*, fatica *f.*

effrontery [e'frʌntərɪ] *s.* sfrontatezza *f.*

effusion [ɪ'fjuːʒ(ə)n] *s.* effusione *f.*

effusive [ɪ'fjuːsɪv] *agg.* espansivo

egg [eg] *s.* uovo *m.* ♦ **e. plant** melanzana; **e. cup** portauovo; **fried/hard-boiled/ soft-boiled e.** uovo fritto/sodo/alla coque; **scrambled eggs** uova strapazzate

to egg [eg] *v. tr.* **to e. on** incitare

ego ['egəʊ] *s.* (*psic.*) Ego *m. inv.*, Io *m. inv.*

egocentric [ˌegəʊ'sentrɪk] *agg.* egocentrico

egoist ['egəʊɪst] *s.* egoista *m. e f.*

Egyptian [ɪ'dʒɪpʃ(ə)n] *agg.* egiziano, egizio

Egyptology [ˌiːdʒɪp'tɒlədʒɪ] *s.* egittologia *f.*

eiderdown ['aɪdəˌdaʊn] *s.* **1** piumino *m.* (d'oca) **2** piumino *m.*, trapunta *f.*

eight [eɪt] *agg. num. card.* e *s.* otto *m. inv.*

eighteen [eɪ'tiːn] *agg. num. card.* e *s.* diciotto *m. inv.*

eighth [eɪtθ] *agg. num. ord.* ottavo

eighty ['eɪtɪ] *agg. num. card.* e *s.* ottanta *m. inv.*

either ['aɪðə'] **A** *agg. e pron.* **1** l'uno o l'altro, l'uno e l'altro, entrambi **2** (*in frasi neg.*) né l'uno né l'altro, nessuno dei due **B** *avv.* (*in frasi neg.*) neanche, nemmeno, neppure **C** *cong.* o ♦ **e. ... or** o ... o

to eject [ɪ(ː)'dʒekt] *v. tr.* espellere, gettare fuori, emettere

to eke [iːk] *v. tr.* **to e. out** integrare, arrotondare

to elaborate [ɪ'læbəreɪt] **A** *v. tr.* elaborare **B** *v. intr.* sviluppare un concetto, fornire particolari

to elapse [ɪ'læps] *v. intr.* (*del tempo*) trascorrere

elastic [ɪ'læstɪk] *agg.* e *s.* elastico *m.*

elasticity [ˌiːlæs'tɪsɪtɪ] *s.* elasticità *f.*

elated [ɪ'leɪtɪd] *agg.* esultante, euforico

elbow ['elbəʊ] *s.* gomito *m.*

elder (1) ['eldə'] **A** *agg.* (*comp. di* old) (*di età tra due*) maggiore, più vecchio **B** *s.* (*di età tra due*) il maggiore *m.*, anziano *m.*

elder (2) ['eldə'] *s.* sambuco *m.*

elderly ['eldəlɪ] *agg.* anziano, attempato

eldest ['eldɪst] *agg.* (*sup. di* old) (*tra fratelli*) il maggiore

elect [ɪ'lekt] *agg.* eletto, designato

to elect [ɪ'lekt] *v. tr.* **1** eleggere **2** decidere, scegliere

election [ɪ'lekʃ(ə)n] *s.* elezione *f.*

electioneering [ɪˌlekʃə'nɪərɪŋ] *s.* propaganda *f.* elettorale

elector [ɪ'lektə'] *s.* elettore *m.*

electoral [ɪ'lekt(ə)r(ə)l] *agg.* elettorale

electorate [ɪ'lekt(ə)rɪt] *s.* elettorato *m.*

electric [ɪ'lektrɪk] *agg.* elettrico

electrical [ɪ'lektrɪk(ə)l] *agg.* elettrico

electrician [ɪlek'trɪʃ(ə)n] *s.* elettricista *m.*

electricity [ɪlek'trɪsɪtɪ] *s.* elettricità *f.*

to electrify [ɪ'lektrɪfaɪ] *v. tr.* **1** elettrificare **2** elettrizzare

electrocardiogram [ɪˌlektrəʊ'kɑːdjəʊˌgræm] *s.* elettrocardiogramma *m.*

to electrocute [ɪ'lektrəkjuːt] *v. tr.* fulminare

electrocution [ɪˌlektrə'kjuːʃ(ə)n] *s.* elettrocuzione *f.*, folgorazione *f.*

electroencephalogram [ɪˌlektrəʊen'sefələˌgræm] *s.* elettroencefalogramma *m.*

electromagnetic [ɪˌlektrəʊmæg'netɪk] *agg.* elettromagnetico

electronic [ɪlek'trɒnɪk] *agg.* elettronico

electronics [ɪlek'trɒnɪks] *s. pl.* (*v. al sing.*) elettronica *f.*

electrotechnician [ɪˌlektrəʊtek'nɪʃ(ə)n] *s.* elettrotecnico *m.*

elegance ['elɪgəns] *s.* eleganza *f.*

elegant ['elɪgənt] *agg.* elegante, raffinato

elegiac [ˌelɪ'dʒaɪæk] *agg.* elegiaco

element ['elɪmənt] *s.* elemento *m.*

elemental [ˌelɪ'mənt(ə)l] *agg.* **1** elementare **2** fondamentale, essenziale

elementary [ˌelɪ'ment(ə)rɪ] *agg.* elementare, rudimentale

elephant ['elɪfənt] *s.* elefante *m.*

to elevate ['elɪveɪt] *v. tr.* elevare, innalzare

elevated ['elɪveɪtɪd] *agg.* elevato

elevation [ˌelɪ'veɪʃ(ə)n] *s.* elevazione *f.*

elevator ['elɪveɪtə'] *s.* **1** (*USA*) ascensore *m.* **2** elevatore *m.*, montacarichi *m. inv.*

eleven [ɪˈlevn] *agg. num. card. e s.* undici *m. inv.*

eleventh [ɪˈlevnθ] *agg. num. ord.* undicesimo

elf [elf] *s.* elfo *m.*

to elicit [ɪˈlɪsɪt] *v. tr.* **1** provocare, suscitare **2** cavar fuori

eligible [ˈelɪdʒəbl] *agg.* eleggibile, idoneo, che ha i requisiti per

to eliminate [ɪˈlɪmɪneɪt] *v. tr.* eliminare

elitist [eɪˈliːtɪst] *agg.* elitario

Elizabethan [ɪˌlɪzəˈbiːθ(ə)n] *agg.* elisabettiano

elk [elk] *s.* alce *m.*

ellipse [ɪˈlɪps] *s.* ellisse *f.*

elliptic [ɪˈlɪptɪk] *agg.* ellittico

elm [elm] *s.* olmo *m.*

to elongate [ˈiːlɒŋgeɪt] *v. tr. e intr.* allungare, allungarsi

to elope [ɪˈləʊp] *v. intr.* scappare (*con un amante*)

elopement [ɪˈləʊpmənt] *s.* fuga *f.* (*con un amante*)

eloquent [ˈeləkw(ə)nt] *agg.* eloquente

else [els] *A agg. pred. e avv.* altro **B** *cong.* oppure, altrimenti ♦ **everybody e.** tutti gli altri; **everything e.** tutto il resto; **nothing e.** nient'altro; **what e.?** che altro?

elsewhere [ˌelsˈweəʳ] *avv.* altrove

to elucidate [ɪˈluːsɪdeɪt] *v. tr.* delucidare

elucidation [ɪˌluːsɪˈdeɪʃ(ə)n] *s.* delucidazione *f.*

to elude [ɪˈluːd] *v. tr.* eludere, schivare

elusive [ɪˈluːsɪv] *agg.* elusivo

emaciated [ɪˈmeɪʃɪeɪtɪd] *agg.* emaciato

to emanate [ˈemaneɪt] *v. intr.* emanare, provenire

to emancipate [ɪˈmænsɪpeɪt] *v. tr.* emancipare

emancipation [ɪˌmænsɪˈpeɪʃ(ə)n] *s.* emancipazione *f.*

to embalm [ɪmˈbɑːm] *v. tr.* imbalsamare

embankment [ɪmˈbæŋkmənt] *s.* argine *m.*, terrapieno *m.*

embargo [emˈbɑːgəʊ] *s.* embargo *m. inv.*

to embark [ɪmˈbɑːk] *v. tr. e intr.* imbarcare, imbarcarsi ♦ **to e. on** intraprendere, imbarcarsi in

embarkation [ˌembɑːˈkeɪʃ(ə)n] *s.* imbarco *m.*

to embarrass [ɪmˈbærəs] *v. tr.* imbarazzare

embarrassing [ɪmˈbærəsɪŋ] *agg.* imbarazzante

embarrassment [ɪmˈbærəsmənt] *s.* imbarazzo *m.*, disagio *m.*

embassy [ˈembəsɪ] *s.* ambasciata *f.*

to embed [ɪmˈbed] *v. tr.* incassare, incastrare

to embellish [ɪmˈbelɪʃ] *v. tr.* abbellire

ember [ˈembəʳ] *s.* **1** tizzone *m.* **2** *al pl.* brace *f.*

to embezzle [ɪmˈbezl] *v. tr.* impossessarsi (indebitamente)

to embitter [ɪmˈbɪtəʳ] *v. tr.* amareggiare, inasprire

emblematic(al) [ˌembləˈmætɪk(l)] *agg.* emblematico

to embody [ɪmˈbɒdɪ] *v. tr.* **1** incarnare **2** incorporare

embolism [ˈembəlɪz(ə)m] *s.* embolia *f.*

embolus [ˈembələs] *s.* embolo *m.*

to emboss [ɪmˈbɒs] *v. tr.* **1** lavorare a sbalzo **2** stampare in rilievo

embossed [ɪmˈbɒst] *agg.* **1** sbalzato **2** stampato in rilievo

embrace [ɪmˈbreɪs] *s.* **1** abbraccio *m.*, stretta *f.* **2** amplesso *m.*

to embrace [ɪmˈbreɪs] *v. tr.* **1** abbracciare, stringere

2 dedicarsi a

to embroider [ɪmˈbrɔɪdəʳ] *v. tr.* ricamare

embroidery [ɪmˈbrɔɪd(ə)rɪ] *s.* ricamo *m.*

embryo [ˈembrɪəʊ] *s.* embrione *m.*

emerald [ˈemər(ə)ld] *s.* smeraldo *m.*

to emerge [ɪˈmɜːdʒ] *v. intr.* emergere

emergency [ɪˈmɜːdʒ(ə)nsɪ] *s.* emergenza *f.* ♦ **e. cord** segnale di allarme; **e. exit** uscita di sicurezza

emergent [ɪˈmɜːdʒənt] *agg.* emergente

emersion [ɪ(ː)ˈmɜːʃ(ə)n] *s.* emersione *f.*

emery [ˈemərɪ] *s.* smeriglio *m.* ♦ **e. board** limetta per unghie

emigrant [ˈemɪgrənt] *agg. e s.* emigrante *m. e f.*

to emigrate [ˈemɪgreɪt] *v. intr.* emigrare

emigration [ˌemɪˈgreɪʃ(ə)n] *s.* emigrazione *f.*

eminent [ˈemɪnənt] *agg.* eminente

emir [eˈmɪəʳ] *s.* emiro *m.*

emirate [eˈmɪərɪt] *s.* emirato *m.*

emission [ɪˈmɪʃ(ə)n] *s.* emissione *f.*

to emit [ɪˈmɪt] *v. tr.* emettere

emitter [ɪˈmɪtəʳ] *s.* emettitore *m.*

emotion [ɪˈməʊʃ(ə)n] *s.* emozione *f.*

emotional [ɪˈməʊʃ(ə)nl] *agg.* **1** emotivo **2** emozionante, commovente

emperor [ˈempərəʳ] *s.* imperatore *m.*

emphasis [ˈemfəsɪs] (*pl.* **emphases**) *s.* **1** accentuazione *f.*, rilievo *m.*, evidenza *f.* **2** enfasi *f.*

to emphasize [ˈemfəsaɪz] *v. tr.* **1** accentuare, dare rilievo, mettere in evidenza **2** pronunciare con enfasi, enfatizzare

emphatic [ɪmˈfætɪk] *agg.* **1** accentuato, enfatico **2** chiaro, netto

emphysema [ˌemfɪˈsiːmə] *s.* enfisema *m.*

empire [ˈempaɪəʳ] *s.* impero *m.*

empiric [emˈpɪrɪk] *agg.* empirico

to employ [ɪmˈplɔɪ] *v. tr.* **1** impiegare, assumere **2** adoperare

employee [ˌemplɔɪˈiː] *s.* impiegato *m.*, dipendente *m. e f.*

employer [ɪmˈplɔɪəʳ] *s.* datore *m.* di lavoro, principale *m.*

employment [ɪmˈplɔɪmənt] *s.* impiego *m.*, occupazione *f.*

to empower [ɪmˈpaʊəʳ] *v. tr.* autorizzare

empty [ˈem(p)tɪ] *agg.* **1** vuoto **2** vano, vacuo ♦ **e.-handed** a mani vuote

to empty [ˈem(p)tɪ] *v. tr.* vuotare

to emulate [ˈemjʊleɪt] *v. tr.* emulare

emulator [ˈemjʊˌleɪtəʳ] *s.* emulo *m.*

emulsion [ɪˈmʌlʃ(ə)n] *s.* emulsione *f.*

to enable [ɪˈneɪbl] *v. tr.* permettere, rendere capace di, mettere in grado di

to enact [ɪˈnækt] *v. tr.* **1** (*dir.*) decretare, promulgare **2** (*teatro*) recitare, rappresentare

enamel [ɪˈnæm(ə)l] *s.* **1** smalto *m.* **2** pittura *f.* a smalto

enamelling [ɪˈnæməlɪŋ] *s.* smaltatura *f.*

to encase [ɪnˈkeɪs] *v. tr.* **1** racchiudere **2** rivestire, ricoprire

to enchain [ɪnˈtʃeɪn] *v. tr.* incatenare

to enchant [ɪnˈtʃɑːnt] *v. tr.* incantare, affascinare

enchanting [ɪnˈtʃɑ(ː)ntɪŋ] *agg.* incantevole, affascinante

enchantment [ɪnˈtʃɑ(ː)ntmənt] s. incanto m., incantesimo m.
to encircle [ɪnˈsɜːkl] v. tr. circondare
to enclose [ɪnˈkləʊz] v. tr. 1 chiudere, circondare, avvolgere 2 allegare, accludere
enclosure [ɪnˈkləʊʒə] s. 1 recinto m., recinzione f. 2 allegato m.
to encompass [ɪnˈkʌmpəs] v. tr. 1 attorniare, circondare, racchiudere 2 compiere
encore [ˈɒŋkɔː] s. e inter. (teatro) bis m. inv.
encounter [ɪnˈkaʊntə] s. 1 incontro m. 2 scontro m.
to encounter [ɪnˈkaʊntə] v. tr. 1 incontrare 2 affrontare
to encourage [ɪnˈkʌrɪdʒ] v. tr. incoraggiare
encouragement [ɪnˈkʌrɪdʒmənt] s. incoraggiamento m.
to encroach [ɪnˈkrəʊtʃ] v. intr. **to e. (up)on** intaccare, ledere, abusare, usurpare
encrustation [ˌɪnkrʌsˈteɪʃ(ə)n] s. incrostazione f.
to encumber [ɪnˈkʌmbə] v. tr. 1 ingombrare, intralciare, impedire 2 gravare
encyclopaedia [ɛnˌsaɪkləʊ(ʊ)ˈpiːdjə] s. enciclopedia f.
end [ɛnd] s. 1 fine f., estremità f., limite m. 2 fine f., termine, conclusione f. 3 (fig.) morte f., distruzione f. 4 fine m., scopo m., mira f., finalità f. 5 residuo m., avanzo m. ♦ **at the e.** infine; **in the e.** infondo; **on e.** di seguito, (di oggetto) diritto
to end [ɛnd] v. tr. e intr. finire, terminare, concludere ♦ **to e. up** concludersi
to endanger [ɪnˈdeɪn(d)ʒə] v. tr. mettere in pericolo
endearing [ɪnˈdɪərɪŋ] agg. affettuoso, avvincente
endeavour [ɪnˈdɛvə] (USA **endeavor**) s. sforzo m., tentativo m.
to endeavour [ɪnˈdɛvə] (USA **to endeavor**) v. tr. cercare, sforzarsi, tentare di
endemic [ɛnˈdɛmɪk] agg. endemico
ending [ˈɛndɪŋ] s. 1 fine f., finale m. 2 (gramm.) desinenza f.
endive [ˈɛndaɪv] s. indivia f.
endless [ˈɛndlɪs] agg. 1 infinito, senza fine 2 interminabile
endocrinologist [ˌɛndəʊ(ʊ)krɪˈnɒlədʒɪst] s. endocrinologo m.
endocrinology [ˌɛndəʊ(ʊ)krɪˈnɒlədʒɪ] s. endocrinologia f.
to endorse [ɪnˈdɔːs] v. tr. 1 (assegno, cambiale) girare 2 approvare
endorsement [ɪnˈdɔ(ː)smənt] s. 1 (di assegno, cambiale) girata f. 2 approvazione f., appoggio m.
to endow [ɪnˈdaʊ] v. tr. dotare, assegnare, fornire
endowment [ɪnˈdaʊmənt] s. 1 dotazione f., assegnazione f. 2 (fig.) dote f.
endurable [ɪnˈdjʊərəbl] agg. sopportabile
endurance [ɪnˈdjʊər(ə)ns] s. 1 resistenza f., sopportazione f. 2 (mecc.) durata f.
to endure [ɪnˈdjʊə] v. intr. sopportare, tollerare, resistere
enemy [ˈɛnɪmɪ] s. nemico m.
energetic [ˌɛnəˈdʒɛtɪk] agg. energetico
energy [ˈɛnədʒɪ] s. energia f.
to enforce [ɪnˈfɔːs] v. tr. 1 imporre, far valere 2 (dir.)

applicare, mettere in vigore
to engage [ɪnˈgeɪdʒ] **A** v. tr. 1 ingaggiare, assumere 2 impegnare, impegnarsi 3 attirare 4 (mecc.) ingranare, innestare **B** v. intr. 1 (mil.) attaccare 2 (mecc.) innestarsi, ingranare ♦ **to e. in** dedicarsi a
engaged [ɪnˈgeɪdʒd] agg. 1 impegnato 2 fidanzato 3 occupato, riservato
engagement [ɪnˈgeɪdʒmənt] s. 1 impegno m., appuntamento m. 2 fidanzamento m. 3 assunzione f., reclutamento m. ♦ **e. ring** anello di fidanzamento
engaging [ɪnˈgeɪdʒɪŋ] agg. attraente, affascinante
engine [ˈɛn(d)ʒɪn] s. 1 motore m., macchina f. 2 (ferr.) locomotiva f.
engineer [ˌɛn(d)ʒɪˈnɪə] s. 1 ingegnere m. 2 tecnico m. 3 (ferr.) macchinista m.
engineering [ˌɛn(d)ʒɪˈnɪərɪŋ] s. ingegneria f.
English [ˈɪŋglɪʃ] agg. e s. inglese m. (lingua)
Englishman [ˈɪŋglɪʃmən] (pl. **Englishmen**) s. inglese m.
Englishwoman [ˈɪŋglɪʃˌwʊmən] (pl. **Englishwomen**) s. inglese f.
to engrave [ɪnˈgreɪv] v. tr. incidere
engraver [ɪnˈgreɪvə] agg. incisore
engraving [ɪnˈgreɪvɪŋ] s. incisione f.
to enhance [ɪnˈhɑːns] v. tr. aumentare, accrescere, intensificare
enhancement [ɪnˈhɑːnsmənt] s. aumento m., accrescimento m., rinforzo m.
enigma [ɪˈnɪgmə] s. enigma m.
enigmatic [ˌɛnɪgˈmætɪk] agg. enigmatico
to enjoy [ɪnˈdʒɔɪ] v. tr. godere, gustare, provar piacere di ♦ **e. your meal!** buon appetito!; **to e. oneself doing st.** divertirsi a fare q.c.
enjoyable [ɪnˈdʒɔɪəbl] agg. gradevole, piacevole
enjoyment [ɪnˈdʒɔɪmənt] s. gioia f., piacere m., godimento m.
to enlarge [ɪnˈlɑːdʒ] v. tr. 1 allargare, ampliare 2 (fot.) ingrandire ♦ **to e. on** dilungarsi su
enlargement [ɪnˈlɑːdʒmənt] s. 1 allargamento m., ampliamento m. 2 (fot.) ingrandimento m.
to enlighten [ɪnˈlaɪtn] v. tr. 1 illuminare 2 chiarire
to enlist [ɪnˈlɪst] **A** v. tr. 1 (mil.) arruolare 2 procurarsi **B** v. intr. 1 (mil.) arruolarsi 2 aderire, dare il proprio appoggio a
enmity [ˈɛnmɪtɪ] s. inimicizia f., ostilità f.
enormous [ɪˈnɔːməs] agg. enorme
enough [ɪˈnʌf] **A** agg. sufficiente, bastante **B** avv. abbastanza, sufficientemente ♦ **that's e.!** basta!; **to be e.** bastare
to enounce [ɪ(ː)ˈnaʊns] v. tr. enunciare
to enrage [ɪnˈreɪdʒ] v. tr. irritare, far infuriare
enraged [ɪnˈreɪdʒd] agg. furibondo
to enrich [ɪnˈrɪtʃ] v. tr. arricchire
to enrol(l) [ɪnˈrəʊl] **A** v. tr. 1 arruolare, ingaggiare, iscrivere 2 registrare **B** v. intr. arruolarsi, iscriversi
enrol(l)ment [ɪnˈrəʊlmənt] s. 1 iscrizione f., arruolamento m. 2 registrazione f.
ensemble [ɒnˈsɒmbl] s. complesso m.
ensign [ˈɛnsaɪn] s. insegna f., bandiera f.
to ensue [ɪnˈsjuː] v. intr. conseguire, derivare
to ensure [ɪnˈʃʊə] v. tr. assicurare, garantire

to entail [ɪn'teɪl] *v. tr.* comportare, implicare

to entangle [ɪn'tæŋgl] *v. tr.* impigliare, intrappolare

to enter ['entə'] **A** *v. tr.* **1** entrare in, penetrare in **2** entrare a far parte di **3** iscrivere, partecipare **4** (*comm.*) registrare **B** *v. intr.* **1** entrare **2** iscriversi ♦ **to e. into** iniziare, avviare, entrare in, far parte di

enterprise ['entəpraɪz] *s.* **1** impresa *f.*, avventura *f.* **2** iniziativa *f.* **3** impresa *f.*, azienda *f.*

to entertain [,entə'teɪn] **A** *v. tr.* **1** ricevere, ospitare **2** intrattenere, divertire **3** avere (in mente), nutrire **4** prendere in considerazione **B** *v. intr.* ricevere, dare ricevimenti

entertainer [,entə'teɪnə'] *s.* intrattenitore *m.*, showman *m. inv.*

entertaining [,entə'teɪnɪŋ] *agg.* divertente

entertainment [,entə'teɪnmənt] *s.* **1** divertimento *m.* **2** spettacolo *m.* **3** ricevimento *m.*

to enthral(l) [ɪn'θrɔːl] *v. tr.* affascinare, incantare

enthusiasm [ɪn'θjuːzɪæz(ə)m] *s.* entusiasmo *m.*

enthusiast [ɪn'θjuːzɪæst] *s.* entusiasta *m. e f.*, appassionato *m.*

enthusiastic [ɪn,θjuːzɪ'æstɪk] *agg.* entusiasta

enthusiastically [ɪn,θjuːzɪ'æstɪk(ə)lɪ] *avv.* entusiasticamente

to entice [ɪn'taɪs] *v. tr.* sedurre, adescare, allettare

enticement [ɪn'taɪsmənt] *s.* adescamento *m.*, allettamento *m.*

entire [ɪn'taɪə'] *agg.* intero, completo

entirely [ɪn'taɪəlɪ] *avv.* interamente, completamente

entirety [ɪn'taɪətɪ] *s.* interezza *f.*, complesso *m.*

to entitle [ɪn'taɪtl] *v. tr.* **1** (*un libro*) intitolare **2** concedere un titolo, riconoscere un diritto ♦ **to be entitled to** avere diritto a

entrails ['entreɪlz] *s. pl.* interiora *f. pl.*

entrance ['entr(ə)ns] *s.* **1** entrata *f.*, accesso *m.*, ingresso *m.* **2** ammissione *f.* ♦ **e. fee** tassa d'iscrizione, biglietto d'ingresso; **free e.** ingresso libero; **main/side e.** entrata principale/laterale; **no e.** vietato l'ingresso

entrant ['entr(ə)nt] *s.* **1** partecipante *m. e f.*, concorrente *m. e f.* **2** debuttante *m. e f.*

to entreat [ɪn'triːt] *v. tr.* implorare, supplicare

entrenched [ɪn'trentʃt] *agg.* trincerato

entrepreneur [,ɒntrəprə'nɜːr] *s.* **1** imprenditore *m.* **2** (*teatro*) impresario *m.*

to entrust [ɪn'trʌst] *v. tr.* affidare, consegnare

entry ['entrɪ] *s.* **1** entrata *f.*, accesso *m.*, ingresso *m.* **2** iscrizione *f.* **3** (*di dizionario*) voce *f.* **4** (*comm.*) registrazione *f.*, annotazione *f.* ♦ **no e.** vietato l'accesso

to enumerate [ɪ'njuːməreɪt] *v. tr.* enumerare

enuresis [,enjʊə'riː(:)sɪs] *s.* enuresi *f.*

to envelop [ɪn'veləp] *v. tr.* avvolgere, avviluppare

envelope ['envɪləʊp] *s.* **1** busta *f.* **2** involucro *m.*

envious ['envɪəs] *agg.* invidioso

environment [ɪn'vaɪər(ə)nmənt] *s.* **1** ambiente *m.*, condizioni *f. pl.* ambientali **2** territorio *m.* circostante

environmental [ɪn,vaɪərən'ment(ə)l] *agg.* ambientale

to envisage [ɪn'vɪzɪdʒ] *v. tr.* immaginare

envoy ['envɔɪ] *s.* inviato *m.*, delegato *m.*

envy ['envɪ] *s.* invidia *f.*

to envy ['envɪ] *v. tr.* invidiare ♦ **to e. sb. st.** invidiare q.c. a qc.

ephebic [e'fiːbɪk] *agg.* efebico

ephemeral [ɪ'femər(ə)l] *agg.* effimero

ephemeris [ɪ'fem(ə)rɪs] (*pl.* **ephemerides**) *s.* effemeride *f.*

epic ['epɪk] **A** *agg.* epico **B** *s.* poema *m.* epico, epopea *f.*

epicentre ['episentə'] (*USA* **epicenter**) *s.* epicentro *m.*

Epicureanism [,epɪkjʊə'ri(ː)ənɪz(ə)m] *s.* epicureismo *m.*

epidemic [,epɪ'demɪk] **A** *agg.* epidemico **B** *s.* epidemia *f.*

epidermic [,epɪ'dɜːmɪk] *agg.* epidermico

epigraph ['epɪɡrɑːf] *s.* epigrafe *f.*

epigraphy [e'pɪɡrəfɪ] *s.* epigrafia *f.*

epilepsy ['epɪlepsɪ] *s.* epilessia *f.*

epilogue ['epɪlɒɡ] *s.* epilogo *m.*

Epiphany [ɪ'pɪfənɪ] *s.* epifania *f.*

episcopal [ɪ'pɪskəp(ə)l] *agg.* episcopale, vescovile

episode ['epɪsəʊd] *s.* episodio *m.*

epistaxis [,epɪ'stæksɪs] *s.* epistassi *f.*

epistle [ɪ'pɪsl] *s.* epistola *f.*

epitaph ['epɪtɑːf] *s.* epitaffio *m.*

epithet ['epɪθet] *s.* epiteto *m.*

epitome [ɪ'pɪtəmɪ] *s.* **1** epitome *f.*, compendio *m.* **2** personificazione *f.*, quintessenza *f.*

to epitomize [ɪ'pɪtəmaɪz] *v. tr.* **1** epitomare, compendiare **2** personificare, incarnare

epoch ['iːpɒk] *s.* epoca *f.*

eponym ['epə(ʊ)nɪm] *s.* eponimo *m.*

eponymous [ɪ'pɒnɪməs] *agg.* eponimo

equable ['ekwəbl] *agg.* **1** uniforme **2** equilibrato, sereno

equal ['iːkw(ə)l] *agg.* **1** uguale, pari **2** calmo, fermo

to equal ['iːkw(ə)l] *v. tr.* uguagliare, equivalere

equality [ɪ(ː)'kwɒlɪtɪ] *s.* uguaglianza *f.*, parità *f.*

to equalize ['iːkwəlaɪz] *v. tr.* **1** uguagliare, equiparare **2** pareggiare

equally ['iː(ː)kwəlɪ] *avv.* **1** ugualmente **2** allo stesso modo

equation [ɪ'kweɪʒ(ə)n] *s.* equazione *f.*

equator [ɪ'kweɪtə'] *s.* equatore *m.*

equatorial [,ekwə'tɔːrɪəl] *agg.* equatoriale

equestrian [ɪ'kwestrɪən] *agg.* equestre

equidistant [,iːkwɪ'dɪst(ə)nt] *agg.* equidistante

equilibrium [,iːkwɪ'lɪbrɪəm] *s.* equilibrio *m.*

equine ['iːkwaɪn] *agg. e s.* equino *m.*

equinox ['iːkwɪnɒks] *s.* equinozio *m.*

to equip [ɪ'kwɪp] *v. tr.* equipaggiare, allestire, attrezzare ♦ **to be equipped with** essere fornito di

equipment [ɪ'kwɪpmənt] *s.* equipaggiamento *m.*, attrezzatura *f.*

equitable ['ekwɪtəbl] *agg.* equo, giusto

equity ['ekwɪtɪ] *s.* **1** equità *f.* **2** (*econ.*) azione *f.* ordinaria

equivalent [ɪ'kwɪvələnt] *agg. e s.* equivalente *m.*

equivocal [ɪ'kwɪvək(ə)l] *agg.* equivoco

era ['ɪərə] *s.* era *f.*

to eradicate [ɪ'rædɪkeɪt] *v. tr.* sradicare

to erase [ɪ'reɪz] *v. tr.* cancellare

raser [ˈreɪzəʳ] s. gomma f. (per cancellare)
rect [ɪˈrɛkt] agg. eretto
o erect [ɪˈrɛkt] v. tr. erigere
rection [ɪˈrɛkʃ(ə)n] s. erezione f.
o erode [ɪˈrəʊd] v. tr. erodere, corrodere
rosion [ɪˈrəʊʒ(ə)n] s. erosione f.
rotic [ɪˈrɒtɪk] agg. erotico
rotism [ˈɪrɒtɪz(ə)m] s. erotismo m.
o err [ɜːʳ] v. intr. 1 errare, sbagliare 2 vagabondare
rrand [ˈɛr(ə)nd] s. commissione f. ♦ **e. boy** fattorino
rratic [ɪˈrætɪk] agg. 1 irregolare, incostante 2 eccentrico 3 (geol.) erratico
rror [ˈɛrəʳ] s. 1 errore m., sbaglio m. 2 colpa f.
o erupt [ɪˈrʌpt] A v. intr. 1 eruttare, entrare in eruzione 2 scoppiare B v. tr. eruttare
ruption [ɪˈrʌpʃ(ə)n] s. 1 eruzione f. 2 scoppio m.
rythema [ˌɛrɪˈθiːmə] s. eritema m.
o escalate [ˈɛskəleɪt] v. tr. e intr. intensificare, aumentare
scalation [ˌɛskəˈleɪʃ(ə)n] s. escalation f. inv., intensificazione f.
scalator [ˈɛskəleɪtəʳ] s. scala f. mobile
scalope [ˈɛskəlɒp] s. scaloppina f.
scapade [ˌɛskəˈpeɪd] s. scappatella f.
scape [ɪsˈkeɪp] s. 1 fuga f., evasione f. 2 scampo m. 3 scarico m., scappamento m.
o escape [ɪsˈkeɪp] v. intr. 1 fuggire, sfuggire, evadere 2 scamparla 3 fuoriuscire
scapism [ɪsˈkeɪpɪz(ə)m] s. evasione f. (dalla realtà)
scarpment [ɪsˈkɑːpmənt] s. scarpata f.
schatological [ˌɛskətəˈlɒdʒɪk(ə)l] agg. escatologico
scort [ˈɛskɔːt] s. 1 scorta f. 2 accompagnatore m., cavaliere m.
o escort [ɪsˈkɔːt] v. tr. scortare, accompagnare
skimo [ˈɛskɪməʊ] agg. e s. eschimese m. e f.
soteric [ˌɛsəʊˈtɛrɪk] agg. esoterico
special [ɪsˈpɛʃ(ə)l] agg. speciale, particolare
spionage [ˌɛspɪəˈnɑːʒ] s. spionaggio m.
splanade [ˌɛspləˈneɪd] s. passeggiata f., spianata f.
ssay [ˈɛseɪ] s. 1 saggio m., prova f., tentativo m. 2 saggio m. (libro), composizione f. (scolastica)
ssayist [ˈɛseɪɪst] s. saggista m. e f.
ssence [ˈɛsns] s. essenza f.
ssential [ɪˈsɛnʃ(ə)l] agg. essenziale
ssentially [ɪˈsɛnʃ(ə)lɪ] avv. essenzialmente
o establish [ɪsˈtæblɪʃ] A v. tr. 1 stabilire, costituire, fondare, impiantare 2 insediare, nominare 3 stabilire, dimostrare B v. intr. installarsi
stablished [ɪsˈtæblɪʃt] agg. 1 istituito, fondato 2 provato, dimostrato 3 affermato, stabilito
stablishment [ɪsˈtæblɪʃmənt] s. 1 istituzione f., fondazione f. 2 azienda f., impresa f. 3 establishment m. inv., classe f. dirigente
state [ɪsˈteɪt] s. 1 proprietà f., tenuta f. 2 patrimonio m., beni m. pl. 3 stato m., condizione f. ♦ **e. agency** agenzia immobiliare; **real e.** beni immobili
steem [ɪsˈtiːm] s. stima f.
o esteem [ɪsˈtiːm] v. tr. stimare
stimate [ˈɛstɪmeɪt] s. 1 stima f., valutazione f. 2 (comm.) preventivo m.

to estimate [ˈɛstɪmeɪt] v. tr. 1 stimare, valutare 2 preventivare
estimation [ˌɛstɪˈmeɪʃ(ə)n] s. 1 stima f., apprezzamento m. 2 opinione f.
estimator [ˈɛstɪmeɪtəʳ] s. (comm.) estimatore m.
to estrange [ɪsˈtreɪn(d)ʒ] v. tr. alienare, allontanare
estuary [ˈɛstjʊərɪ] s. estuario m.
etching [ˈɛtʃɪŋ] s. acquaforte f.
eternal [ɪ(ː)ˈtɜːnl] agg. eterno
eternity [ɪ(ː)ˈtɜːnɪtɪ] s. eternità f.
ether [ˈiːθəʳ] s. etere m.
ethereal [ɪ(ː)ˈθɪərɪəl] agg. etereo
ethical [ˈɛθɪk(ə)l] agg. etico
ethics [ˈɛθɪks] s. pl. (v. al sing.) etica f.
ethnic [ˈɛθnɪk] agg. etnico
ethnology [ɛθˈnɒlədʒɪ] s. etnologia f.
etiquette [ˌɛtɪˈkɛt] s. etichetta f., cerimoniale m.
Etruscan [ɪˈtrʌskən] agg. e s. etrusco m.
etymology [ˌɛtɪˈmɒlədʒɪ] s. etimologia f.
euphemism [ˈjuːfɪmɪz(ə)m] s. eufemismo m.
euphemistic [ˌjuːfɪˈmɪstɪk] agg. eufemistico
euphoria [juːˈfɔːrɪə] s. euforia f.
European [ˌjʊərəˈpɪ(ː)ən] agg. e s. europeo m.
Europeanism [ˌjʊərəˈpɪ(ː)ənɪz(ə)m] s. europeismo m.
euthanasia [ˌjuːθəˈneɪʒə] s. eutanasia f.
to evacuate [ɪˈvækjʊeɪt] v. tr. e intr. evacuare
to evade [ɪˈveɪd] v. tr. evitare, eludere
to evaluate [ɪˈvæljʊeɪt] v. tr. valutare
evaluation [ɪˌvæljʊˈeɪʃ(ə)n] s. valutazione f.
evangelical [ˌiːvænˈdʒɛlɪk(ə)l] agg. evangelico
to evaporate [ɪˈvæpəreɪt] v. intr. evaporare
evaporation [ɪˌvæpəˈreɪʃ(ə)n] s. evaporazione f.
evasion [ɪˈveɪʒ(ə)n] s. 1 evasione f. 2 pretesto m., scappatoia f. ♦ **tax e.** evasione fiscale
evasive [ɪˈveɪsɪv] agg. evasivo
eve [iːv] s. vigilia f.
even [ˈiːv(ə)n] A agg. 1 uguale, piano, uniforme 2 costante, regolare 3 pari, equo 4 (mat.) pari B avv. perfino, addirittura ♦ **e. if** anche se; **e. more** ancora di più; **e. so** ciò nonostante; **e. then** anche allora; **not e.** neppure
to even [ˈiːv(ə)n] v. tr. 1 appianare, livellare 2 uguagliare ♦ **to e. out** distribuire; **to e. up** pareggiare
evening [ˈiːvnɪŋ] s. sera f., serata f. ♦ **last e.** ieri sera
event [ɪˈvɛnt] s. 1 caso m., eventualità f. 2 avvenimento m., fatto m. 3 (sport) prova f. ♦ **at all events** in ogni caso; **in the e.** di fatto; **in the e. of** in caso di
eventful [ɪˈvɛntfʊl] agg. pieno d'eventi, movimentato
eventual [ɪˈvɛntjʊəl] agg. finale, conclusivo
eventuality [ɪˌvɛntjʊˈælɪtɪ] s. eventualità f., evenienza f.
eventually [ɪˈvɛntjʊəlɪ] avv. infine, col tempo
ever [ˈɛvəʳ] avv. 1 (in frasi neg. e interr.) mai 2 sempre ♦ **as e.** come sempre; **e. after** da allora; **e. since** sin da (quando), da allora in poi; **for e.** per sempre; **hardly e.** quasi sempre
evergreen [ˈɛvəgriːn] agg. sempreverde
everlasting [ˌɛvəˈlɑːstɪŋ] agg. perenne, eterno
every [ˈɛvrɪ] agg. ogni, ciascuno ♦ **e. bit** tutto, del

tutto; **e. day** tutti i giorni; **e. one** ciascuno, ognuno; **e. other day** un giorno sì e uno no; **e. time** ogni volta; **in e. way** in tutto e per tutto

everybody ['ɛvrɪbɒdɪ] *pron. indef.* ciascuno, ognuno, tutti

everyday ['ɛvrɪdeɪ] *agg.* giornaliero, quotidiano, comune

everyone ['ɛvrɪwʌn] *pron. indef.* ciascuno, ognuno, tutti

everything ['ɛvrɪθɪŋ] *pron. indef.* tutto, ogni cosa

everywhere ['ɛvrɪweə'] *avv.* dovunque

to evict [ɪ(ː)'vɪkt] *v. tr.* sfrattare

eviction [ɪ(ː)'vɪkʃ(ə)n] *s.* sfratto *m.*

evidence ['ɛvɪd(ə)ns] *s.* **1** prova *f.*, dimostrazione *f.* **2** evidenza *f.* ♦ **to be called in e.** (*dir.*) essere chiamato a testimoniare

evident ['ɛvɪd(ə)nt] *agg.* evidente

evil ['iːvl] *A agg.* **1** cattivo, malvagio **2** spiacevole *B s.* **1** male *m.*, malvagità *f.* **2** danno *m.*

evocative ['ɪvɒkətɪv] *agg.* suggestivo

to evoke [ɪ'vəʊk] *v. tr.* **1** evocare **2** suscitare

evolution [ˌiːvə'luːʃ(ə)n] *s.* evoluzione *f.*

evolutive ['ɛvəlʊ(ː)tɪv] *agg.* evolutivo

to evolve [ɪ'vɒlv] *A v. tr.* evolvere, sviluppare *B v. intr.* evolversi, svilupparsi

ewe [juː] *s.* pecora *f.* femmina

to exacerbate [ɛks'æsə(ː)beɪt] *v. tr.* esacerbare, inasprire

exact [ɪg'zækt] *agg.* esatto

to exact [ɪg'zækt] *v. tr.* **1** esigere, estorcere **2** pretendere, richiedere

exacting [ɪg'zæktɪŋ] *agg.* **1** esigente **2** impegnativo

exactly [ɪg'zæktlɪ] *avv.* esattamente, precisamente, proprio così

to exaggerate [ɪg'zædʒəreɪt] *v. tr. e intr.* esagerare

exaggeration [ɪgˌzædʒə'reɪʃ(ə)n] *s.* esagerazione *f.*

to exalt [ɪg'zɔːlt] *v. tr.* **1** innalzare, elevare **2** esaltare

exam [ɪg'zæm] *s.* esame *m.*

examination [ɪgˌzæmɪ'neɪʃ(ə)n] *s.* **1** esame *m.* **2** ispezione *f.*, verifica *f.* **3** (*med.*) controllo *m.*, visita *f.*

to examine [ɪg'zæmɪn] *v. tr.* **1** esaminare, controllare **2** interrogare **3** (*med.*) visitare

example [ɪg'zɑːmpl] *s.* esempio *m.* ♦ **for e.** ad esempio

to exasperate [ɪg'zɑːsp(ə)reɪt] *v. tr.* **1** esasperare **2** peggiorare, aggravare

exasperation [ɪgˌzɑːspə'reɪʃ(ə)n] *s.* **1** esasperazione *f.* **2** peggioramento *m.*, aggravamento *m.*

to excavate ['ɛkskəveɪt] *v. tr.* scavare

excavation [ˌɛkskə'veɪʃ(ə)n] *s.* scavo *m.*

excavator ['ɛkskəveɪtə'] *s.* scavatrice *f.*

to exceed [ɪk'siːd] *A v. tr.* eccedere, oltrepassare, superare *B v. intr.* eccedere, esagerare

to excel [ɪk'sɛl] *A v. tr.* eccellere, primeggiare *B v. tr.* essere superiore a

excellent ['ɛksələnt] *agg.* eccellente, ottimo

except [ɪk'sɛpt] *prep.* eccetto, escluso, fuorché ♦ **e. for** fatta eccezione per; **e. that** salvo che; **e. when** tranne quando

exception [ɪk'sɛpʃ(ə)n] *s.* **1** eccezione *f.* **2** obiezione *f.*

exceptional [ɪk'sɛpʃənl] *agg.* eccezionale

excerpt ['ɛksɜːpt] *s.* estratto *m.*, passo *m.* scelto

excess [ɪk'sɛs] *A s.* **1** eccesso *m.*, abuso *m.* **2** eccedenza *f.* *B agg.* eccedente, in eccesso ♦ **e. fare** supplemento di tariffa

excessive [ɪk'sɛsɪv] *agg.* eccessivo

exchange [ɪks'tʃeɪn(d)ʒ] *s.* **1** scambio *m.* **2** (*econ.*) cambio *m.* **3** Borsa *f.*, mercato *m.* **4** (*tel.*) centralin *m.* ♦ **e. rate** tasso di cambio; **Stock E.** Borsa valo

to exchange [ɪks'tʃeɪn(d)ʒ] *v. tr.* **1** cambiare, scam biare, permutare **2** (*valuta*) cambiare

excise [ɛk'saɪz] *s.* dazio *m.*, imposta *f.*

excitable [ɪk'saɪtəbl] *agg.* eccitabile

to excite [ɪk'saɪt] *v. tr.* **1** eccitare, animare **2** suscitar

exciting [ɪk'saɪtɪŋ] *agg.* eccitante, emozionante, sti molante

to exclaim [ɪks'kleɪm] *v. tr. e intr.* esclamare

exclamation [ˌɛksklə'meɪʃ(ə)n] *s.* esclamazione *f* grido *m.* ♦ **e. mark** punto esclamativo

to exclude [ɪks'kluːd] *v. tr.* escludere

exclusion [ɪks'kluːʒ(ə)n] *s.* esclusione *f.*

exclusive [ɪks'kluːsɪv] *agg.* esclusivo ♦ **e. of** esclusione di, escluso

to excommunicate [ˌɛkskə'mjuːnɪkeɪt] *v. tr.* scomu nicare

excommunication ['ɛkskəˌmjuːnɪ'keɪʃ(ə)n] *s.* sco munica *f.*

to excoriate [ɛks'kɔːrɪeɪt] *v. tr.* escoriare, scorticare

excoriation [ɛksˌkɔːrɪ'eɪʃ(ə)n] *s.* escoriazione *f.*

excruciating [ɪks'kruːʃɪeɪtɪŋ] *agg.* straziante, atro ce

to exculpate ['ɛkskʌlpeɪt] *v. tr.* discolpare, scagiona re

excursion [ɪks'kɜːʃ(ə)n] *s.* escursione *f.*, gita *f.*

excursionist [ɪks'kɜːʃnɪst] *s.* escursionista *m. e f.*, gi tante *m. e f.*

excuse [ɪks'kjuːs] *s.* **1** scusa *f.*, giustificazione *f.* pretesto *m.*

to excuse [ɪks'kjuːz] *v. tr.* **1** scusare, perdonare **2** giu stificare **3** dispensare ♦ **e. me!** (mi) scusi!

to execute ['ɛksɪkjuːt] *v. tr.* **1** giustiziare **2** eseguir mettere in atto **3** interpretare

execution [ˌɛksɪ'kjuːʃ(ə)n] *s.* **1** esecuzione *f.* capital **2** esecuzione *f.*

executioner [ˌɛksɪ'kjuːʃnə'] *s.* boia *m.*

executive [ɪg'zɛkjʊtɪv] *A agg.* **1** esecutivo **2** direttiv *B s.* **1** (potere) esecutivo *m.* **2** dirigente *m. e f.*, funzio nario *m.*

exedra [ɛk'sɪ(ː)drə] *s.* esedra *f.*

exemplary [ɪg'zɛmplərɪ] *agg.* esemplare

exemplification [ɪgˌzɛmplɪfɪ'keɪʃ(ə)n] *s.* esemplifi cazione *f.*

to exemplify [ɪg'zɛmplɪfaɪ] *v. tr.* esemplificare

exempt [ɪg'zɛm(p)t] *agg.* esente, dispensato

to exempt [ɪg'zɛm(p)t] *v. tr.* esentare, dispensare

exemption [ɪg'zɛm(p)ʃ(ə)n] *s.* esenzione *f.*, dispens *f.*

exercise ['ɛksəsaɪz] *s.* **1** esercizio *m.*, pratica *f.* moto *m.*, esercizio *m.* fisico **3** esercizio *m.*, compit *m.*, esercitazione *f.* ♦ **e. book** quaderno

to exercise ['ɛksəsaɪz] *A v. tr.* **1** esercitare, praticar **2** allenare **3** preoccupare *B v. intr.* esercitarsi, allenar si

to exert [ɪgˈzɜːt] v. tr. impiegare, esercitare

exertion [ɪgˈzɜːʃ(ə)n] s. **1** esercizio m., impiego m. **2** sforzo m.

exhalation [ˌɛks(h)əˈleɪʃ(ə)n] s. esalazione f.

to exhale [ɪgˈzeɪl] **A** v. tr. esalare, emanare **B** v. intr. evaporare

exhaust [ɪgˈzɔːst] s. scarico m., scappamento m. ♦ **e. pipe** tubo di scarico

to exhaust [ɪgˈzɔːst] v. tr. **1** esaurire **2** vuotare **3** aspirare **4** scaricare

exhausted [ɪgˈzɔːstɪd] agg. esausto, esaurito

exhaustion [ɪgˈzɔːstʃ(ə)n] s. **1** esaurimento m. **2** spossatezza f.

exhaustive [ɪgˈzɔːstɪv] agg. esauriente

to exhibit [ɪgˈzɪbɪt] v. tr. esibire

exhibition [ˌɛksɪˈbɪʃ(ə)n] s. esposizione f., mostra f.

exhilaration [ɪgˌzɪləˈreɪʃ(ə)n] s. euforia f.

to exhort [ɪgˈzɔːt] v. tr. esortare

exhortation [ˌɛgzɔːˈteɪʃ(ə)n] s. esortazione f.

to exhume [ɛksˈhjuːm] v. tr. esumare

exiguous [egˈzɪgjuəs] agg. esiguo

exile [ˈɛksaɪl] s. **1** esilio m. **2** esule m. e f., esiliato m.

to exile [ˈɛksaɪl] v. tr. esiliare

to exist [ɪgˈzɪst] v. intr. esistere

existence [ɪgˈzɪst(ə)ns] s. esistenza f.

existing [ɪgˈzɪstɪŋ] agg. esistente

exit [ˈɛksɪt] s. uscita f. ♦ **emergency e.** uscita di sicurezza

exodus [ˈɛksədəs] s. esodo m.

to exonerate [ɪgˈzɒnəreɪt] v. tr. **1** esonerare **2** discolpare

exorbitant [ɪgˈzɔːbɪtənt] agg. esorbitante

to exorcize [ˈɛksɔːsaɪz] v. tr. esorcizzare

exotic [egˈzɒtɪk] agg. esotico

to expand [ɪksˈpænd] **A** v. tr. **1** espandere, dilatare **2** estendere, ingrandire **B** v. intr. **1** espandersi, dilatarsi **2** ingrandirsi, ampliarsi

expanse [ɪksˈpæns] s. **1** distesa f., estensione f. **2** espansione f.

expansion [ɪksˈpænʃ(ə)n] s. **1** espansione f., dilatazione f. **2** sviluppo m., crescita f.

expansive [ɪksˈpænsɪv] agg. **1** espansibile, dilatabile **2** (di persona) espansivo

to expatriate [ɛksˈpætrɪeɪt] v. intr. espatriare

to expect [ɪksˈpekt] v. tr. **1** aspettare, aspettarsi, prevedere **2** esigere, pretendere **3** supporre

expectancy [ɪksˈpekt(ə)nsɪ] s. aspettativa f., attesa f.

expectant [ɪksˈpekt(ə)nt] agg. speranzoso, in attesa ♦ **e. mother** gestante

expectation [ˌɛkspekˈteɪʃ(ə)n] s. aspettativa f., attesa f.

expedience [ɪksˈpiːdjəns] s. **1** opportunità f., convenienza f. **2** opportunismo m.

expedient [ɪksˈpiːdjənt] **A** agg. conveniente, opportuno **B** s. espediente m., ripiego m.

expedition [ˌɛkspɪˈdɪʃ(ə)n] s. spedizione f.

expeditious [ˌɛkspɪˈdɪʃəs] agg. sbrigativo

to expel [ɪksˈpel] v. tr. **1** espellere, scacciare **2** emettere

to expend [ɪksˈpend] v. tr. **1** spendere, impiegare **2** consumare

expendable [ɪksˈpendəbl] agg. **1** spendibile **2** sacrificabile

expenditure [ɪksˈpendɪtʃəʳ] s. **1** dispendio m., consumo m. **2** spesa f.

expense [ɪksˈpens] s. **1** spesa f., costo m. **2** al pl. spese f. pl., indennità f.

expensive [ɪksˈpensɪv] agg. costoso, caro

experience [ɪksˈpɪərɪəns] s. esperienza f.

to experience [ɪksˈpɪərɪəns] v. tr. esperimentare, provare

experiment [ɪksˈperɪmənt] s. esperimento m., prova f.

to experiment [ɪksˈperɪment] v. intr. sperimentare, fare esperimenti

experimental [ɛksˌperɪˈmentl] agg. sperimentale

expert [ˈɛkspɜːt] **A** agg. esperto, competente **B** s. esperto m., perito m.

expertise [ˌɛkspɜː(ː)ˈtiː(ː)z] s. **1** abilità f., competenza f. **2** (arte) perizia f.

to expiate [ˈɛkspɪeɪt] v. tr. espiare

expiration [ˌɛkspɪˈreɪʃ(ə)n] s. **1** espirazione f. **2** scadenza f.

to expire [ɪksˈpaɪəʳ] **A** v. intr. **1** scadere, finire **2** morire, svanire **B** v. tr. espirare

expiry [ɪksˈpaɪərɪ] s. scadenza f., termine m.

to explain [ɪksˈpleɪn] v. tr. spiegare, chiarire

explanation [ˌɛkspləˈneɪʃ(ə)n] s. spiegazione f.

explanatory [ɪksˈplænət(ə)rɪ] agg. esplicativo

explicative [ɪksˈplɪkətɪv] agg. esplicativo

explicit [ɪksˈplɪsɪt] agg. esplicito

to explode [ɪksˈpləʊd] **A** v. tr. **1** far esplodere **2** screditare, smontare **B** v. intr. esplodere, scoppiare

exploit [ˈɛksplɔɪt] s. impresa f., prodezza f.

to exploit [ɪksˈplɔɪt] v. tr. sfruttare

exploitation [ˌɛksplɔɪˈteɪʃ(ə)n] s. sfruttamento m.

exploiter [ɪksˈplɔɪtəʳ] s. sfruttatore m.

exploration [ˌɛksplɔːˈreɪʃ(ə)n] s. esplorazione f.

to explore [ɪksˈplɔːʳ] v. tr. **1** esplorare **2** analizzare

explorer [ɪksˈplɔːrəʳ] s. esploratore m.

explosion [ɪksˈpləʊʒ(ə)n] s. esplosione f., scoppio m.

explosive [ɪksˈpləʊsɪv] agg. e s. esplosivo m.

exponent [ɛksˈpəʊnənt] s. esponente m. e f.

export [ˈɛkspɔːt] s. **1** esportazione f. **2** prodotto m. d'esportazione

to export [ɛksˈpɔːt] v. tr. esportare

exporter [ɛksˈpɔ(ː)təʳ] s. esportatore m.

to expose [ɪksˈpəʊz] v. tr. **1** esporre **2** svelare, smascherare

exposition [ˌɛkspəˈzɪʃ(ə)n] s. **1** esposizione f. **2** spiegazione f.

exposure [ɪksˈpəʊʒəʳ] s. **1** esposizione f. **2** mostra f. **3** (fot.) (tempo di) esposizione f. ♦ **e. meter** esposimetro

to expound [ɪksˈpaʊnd] v. tr. esporre, spiegare

express [ɪksˈpres] **A** agg. **1** chiaro, esplicito **2** espresso, rapido **3** esatto, fedele **B** s. **1** (corrispondenza) espresso m. **2** (treno) espresso m.

to express [ɪksˈpres] v. tr. **1** esprimere **2** mandare per espresso

expression [ɪksˈpreʃ(ə)n] s. espressione f.

expressionism [ɪksˈpreʃnɪz(ə)m] s. espressionismo m.

expressive [ɪksˈpresɪv] agg. espressivo, significativo

expressly [ıks'preslı] *avv.* espressamente
expressway [ıks'preswei] *s.* (*USA*) autostrada *f.*
expropriation [eks,prəuprı'eıʃ(ə)n] *s.* esproprio *m.*, espropriazione *f.*
expulsion [ıks'pʌlʃ(ə)n] *s.* espulsione *f.*
exquisite ['ekskwızıt] *agg.* squisito
extemporary [ıks'temp(ə)rərı] *agg.* estemporaneo
to extend [ıks'tend] A *v. tr.* **1** estendere, allargare, ampliare **2** prorogare, protrarre, prolungare **3** offrire, porgere B *v. intr.* **1** estendersi, allungarsi **2** protrarsi
extension [ıks'tenʃ(ə)n] *s.* **1** estensione *f.*, prolungamento *m.*, ampliamento *m.* **2** proroga *f.* **3** (*di edificio*) prolunga *f.*, ampliamento *m.* **4** (*tel.*) interno *m.*
extensive [ıks'tensıv] *agg.* **1** esteso, vasto **2** estensivo
extent [ıks'tent] *s.* **1** estensione *f.*, ampiezza *f.* **2** limite *m.*, grado *m.*
to extenuate [eks'tenjʊeıt] *v. tr.* attenuare
exterior [eks'tıərıər] A *agg.* esterno, esteriore B *s.* **1** esterno *m.* **2** esteriorità *f.*
to exterminate [eks'tɜːmıneıt] *v. tr.* sterminare, distruggere
extermination [eks,tɜːmı'neıʃ(ə)n] *s.* sterminio *m.*, distruzione *f.*
external [eks'tɜːnl] *agg.* **1** esterno, esteriore **2** estero **3** superficiale
extinct [ıks'tıŋkt] *agg.* estinto
extinction [ıks'tıŋkʃ(ə)n] *s.* estinzione *f.*
to extinguish [ıks'tıŋgwıʃ] *v. tr.* estinguere, spegnere
extinguisher [ıks'tıŋgʊıʃə'] *s.* estintore *m.*
to extirpate ['ekstɜːpeıt] *v. tr.* estirpare
to extort [ıks'tɔːt] *v. tr.* estorcere
extortionate [ıks'tɔːʃnıt] *agg.* esorbitante
extra ['ekstrə] A *agg.* aggiuntivo, supplementare B *avv.* extra, in più

extract ['ekstrækt] *s.* **1** estratto *m.* **2** citazione *f.*
to extract [ıks'trækt] *v. tr.* estrarre
extractable [ıks'træktəbl] *agg.* estraibile
extraction [ıks'trækʃ(ə)n] *s.* estrazione *f.*
extradition [,ekstrə'dıʃ(ə)n] *s.* estradizione *f.*
extrados [eks'treıdɒs] *s.* estradosso *m.*
extramarital [,ekstrə'mærıtl] *agg.* extraconiugale
extramural [,ekstrə'mjʊər(ə)l] *agg.* fuori dell'università
extraneous [eks'treınjəs] *agg.* estraneo
extraordinary [ıks'trɔːd(ə)n(ə)rı] *agg.* straordinario, eccezionale
extraterrestrial [,ekstrətı'restrıəl] *agg.* extraterrestre
extravagance [ıks'trævıgəns] *s.* **1** stravaganza *f.* **2** prodigalità *f.*
extravagant [ıks'trævıgənt] *agg.* **1** stravagante **2** prodigo
extreme [ıks'triːm] A *agg.* **1** estremo, ultimo **2** eccezionale B *s.* estremo *m.*, estremità *f.*
extremist [ıks'triːmıst] *s.* estremista *m. e f.*
extremity [ıks'tremıtı] *s.* estremità *f.*
to extricate ['ekstrıkeıt] *v. tr.* districare, sbrogliare
extrinsic [eks'trınsık] *agg.* estrinseco
extrovert [,ekstrə(ʊ)'vɜːt] *agg. e s.* estroverso *m.*
extroverted [,ekstrə(ʊ)'vɜːtıd] *agg.* estroverso
exuberant [ıg'zjuːb(ə)r(ə)nt] *agg.* esuberante
to exude [ıg'zjuːd] *v. tr. e intr.* essudare, trasudare
to exult [ıg'zʌlt] *v. intr.* esultare
eye [aı] *s.* **1** occhio *m.*, sguardo *m.* **2** (*bot.*) gemma *f.* **3** occhiello *m.*, cruna *f.* ♦ **e. ball** bulbo oculare; **e. opener** fatto rivelatore; **e. socket** orbita; **e. shadow** ombretto; **e. witness** testimone oculare
eyebrow ['aıbraʊ] *s.* sopracciglio *m.*
eyelash ['aılæʃ] *s.* ciglio *m.*
eyelid ['aılıd] *s.* palpebra *f.*
eyesight ['aısaıt] *s.* vista *f.*

F

fable ['feıbl] *s.* **1** favola *f.* **2** mito *m.*, leggenda *f.*
fabric ['fæbrık] *s.* **1** tessuto *m.*, stoffa *f.* **2** (*fig.*) struttura *f.*
to fabricate ['fæbrıkeıt] *v. tr.* **1** architettare, falsificare **2** fabbricare
fabrication [,fæbrı'keıʃ(ə)n] *s.* **1** invenzione *f.* **2** falsificazione *f.*, contraffazione *f.*
fabulous ['fæbjʊləs] *agg.* favoloso
façade [fə'sɑːd] *s.* facciata *f.*
face [feıs] *s.* **1** faccia *f.*, volto *m.* **2** facciata *f.*, fronte *m.* ♦ **f. down** a faccia in giù; **f. mask** maschera di bellezza; **f. powder** cipria; **f. to f.** faccia a faccia; **in the f. of** di fronte a, a dispetto di; **on the f. of it** a prima vista

to face [feıs] *v. tr.* **1** fronteggiare, essere di fronte a, essere volto a **2** affrontare, tener testa a **3** ricoprire ♦ **to f. out** tener duro, far fronte
facet [fæsıt] *s.* sfaccettatura *f.*
facetious [fə'siːʃəs] *agg.* faceto
facial ['feıʃ(ə)l] *agg.* facciale
facile ['fæsaıl] *agg.* **1** facile **2** svelto, abile **3** superficiale
facilitation [fə,sılı'teıʃ(ə)n] *s.* facilitazione *f.*, agevolazione *f.*
facility [fə'sılıtı] *s.* **1** facilitazione *f.*, agevolazione *f.* **2** *al pl.* attrezzature *f. pl.*, mezzi *m. pl.*, servizi *m. pl.*

acing ['feisiŋ] **A** agg. prospiciente **B** s. **1** rivestimento m. **2** risvolto m.

acsimile ['fæk'simili] s. facsimile m. inv.

act [fækt] s. **1** fatto m., avvenimento m. **2** realtà f.

actious ['fækʃəs] agg. fazioso

actor ['fæktər] s. fattore m., coefficiente m.

actoring ['fæktəriŋ] s. factoring m. inv.

actory ['fækt(ə)ri] s. fabbrica f., stabilimento m., manifattura f.

actual ['fæktjuəl] agg. effettivo, reale

aculty ['fæk(ə)lti] s. facoltà f.

ad [fæd] capriccio m., mania f.

ade [feid] s. (cine.) dissolvenza f.

to fade [feid] **A** v. intr. **1** avvizzire, appassire **2** scolorire, sbiadire **3** svanire **B** v. tr. **1** far appassire **2** scolorire ◆ **to f. in** rinforzarsi, aumentare di intensità; **to f. out** affievolirsi, dissolversi

ading ['feidiŋ] s. **1** appassimento m. **2** (cine.) dissolvenza f. **3** (fig.) tramonto m.

aeces ['fi:si:z] s. pl. feci f. pl.

ag (1) [fæg] s. (fam.) faticata f., sgobbata f.

ag (2) [fæg] s. (pop.) sigaretta f., cicca f.

aience [far'ɑ:(n)s] s. ceramica f., porcellana f.

ail [feil] s. fallo m., insuccesso m. ◆ **without f.** senza fallo, certamente

to fail [feil] **A** v. intr. **1** fallire, non riuscire **2** mancare, venir meno **3** essere respinto, essere bocciato **B** v. tr. **1** bocciare, respingere **2** non superare

ailing ['feiliŋ] **A** agg. debole, scarso **B** s. **1** debolezza f., difetto m. **2** mancanza f. **C** prep. in mancanza di

ailure ['feiljər] s. **1** fallimento m., insuccesso m. **2** mancanza f., difetto m. **3** (mecc.) guasto m.

aint [feint] agg. **1** debole, esile, pallido **2** languido, fiacco **3** timido **4** vago **B** s. svenimento m.

to faint [feint] v. intr. svenire ◆ **to feel f.** sentirsi svenire

air (1) [feər] **A** agg. **1** giusto, leale, onesto **2** discreto, sufficiente **3** biondo, chiaro **4** sereno, propizio, favorevole **5** gentile, affabile **B** avv. **1** giustamente **2** correttamente, onestamente **3** in bella copia

air (2) [feər] s. fiera f. ◆ **trade f.** fiera campionaria

airly ['feəli] avv. **1** discretamente, abbastanza **2** equamente, onestamente

airness ['feənis] s. **1** bellezza f. **2** equità f., imparzialità f.

air play [,feə'plei] s. fair play m. inv., correttezza f.

airy ['feəri] **A** agg. fatato, magico **B** s. fata f. ◆ **f. tale** fiaba

faith [feiθ] s. **1** fede f., fiducia f. **2** lealtà f.

faithful ['feiθf(u)l] agg. **1** fedele, leale **2** accurato

faithfully ['feiθf(u)li] avv. **1** fedelmente, lealmente **2** accuratamente ◆ **yours f.** distinti saluti

faithfulness ['feiθf(u)lnis] s. **1** fedeltà f., lealtà f. **2** esattezza f.

fake [feik] **A** s. **1** impostore m. **2** falsificazione f., falso m. **B** agg. falso

to fake [feik] v. tr. **1** falsificare, contraffare **2** fingere

fakir ['fɑ:kiər] s. fachiro m.

falcon ['fɔ:lkən] s. falco m., falcone m.

fall [fɔ:l] s. **1** caduta f., crollo m. **2** discesa f., pendio m. **3** spec. al pl. cascata f. **4** ribasso m., diminuzione f.

5 (USA) autunno m. ◆ **f. off** contrazione

to fall [fɔ:l] (pass. **fell**, p. p. **fallen**) v. intr. **1** cadere, precipitare **2** diminuire **3** suddividersi **4** riversarsi, sfociare ◆ **to f. asleep** addormentarsi; **to f. back** indietreggiare, ritirarsi; **to f. back on** ripiegare su, ricorrere a; **to f. down** crollare; **to f. for** prendere una cotta per; **to f. ill** ammalarsi; **to f. in** crollare; **to f. in love** innamorarsi; **to f. off** cadere, diminuire; **to f. on** gettarsi su; **to f. out** cadere, litigare; **to f. through** fallire

fallacy ['fæləsi] s. errore m., credenza f. errata

fallen ['fɔːl(ə)n] p. p. di to **fall**

falling ['fɔːliŋ] **A** agg. cadente **B** s. **1** caduta f. **2** decadimento m., abbassamento m.

fallout ['fɔːlaut] s. ricaduta f. radioattiva

fallow ['fæləu] agg. incolto

false [fɔːls] **A** agg. **1** falso, falsificato, posticcio **2** errato, sbagliato **3** illusorio **B** avv. falsamente, slealmente

falsification [,fɔːlsifi'kei(ə)n] s. falsificazione f.

falsifier ['fɔːlsifaiər] s. falsario m.

to falsify ['fɔːlsifai] v. tr. falsificare, truccare

to falter ['fɔːltər] v. intr. **1** barcollare, esitare **2** balbettare

fame [feim] s. fama f., rinomanza f.

familiar [fə'miljər] agg. **1** familiare **2** consueto, comune ◆ **to be f. with** conoscere bene

to familiarize [fə'miljəraiz] v. tr. rendere familiare ◆ **to f. oneself** familiarizzarsi

family ['fæmili] **A** s. **1** famiglia f. **2** gruppo m. **B** agg. attr. familiare ◆ **f. name** cognome

famine ['fæmin] s. carestia f.

to famish ['fæmiʃ] **A** v. tr. affamare **B** v. intr. morire di fame

famous ['feiməs] agg. famoso

fan (1) [fæn] s. **1** ventaglio m. **2** ventilatore m., ventola f.

fan (2) [fæn] s. fan m. e f. inv., ammiratore m.

to fan [fæn] **A** v. tr. sventolare, fare vento **B** v. intr. aprirsi a ventaglio

fanatic [fə'nætik] agg. fanatico, tifoso

fanaticism [fə'nætisiz(ə)m] s. fanatismo m.

fanciful ['fænsif(u)l] agg. fantastico, fantasioso, immaginario

fancy ['fænsi] **A** s. **1** immaginazione f., fantasia f. **2** capriccio m. **3** inclinazione f. **B** agg. attr. **1** di fantasia **2** speciale **3** stravagante, elaborato ◆ **f. dress** costume in maschera

to fancy ['fænsi] **A** v. tr. **1** immaginare, pensare **2** gradire, aver voglia di **B** v. intr. fantasticare

fang [fæŋ] s. **1** zanna f. **2** (spec. di serpente) dente m.

fantastic [fæn'tæstik] agg. fantastico

fantasy ['fæntəsi] s. **1** fantasia f., immaginazione f. **2** fantasticheria f.

far [fɑːr] (comp. **farther**, **further**, sup. rel. **farthest**, **furthest**) **A** agg. lontano **B** avv. **1** lontano **2** assai, di gran lunga ◆ **as f. as** per quanto riguarda, fino a; **by f.** di gran lunga; **f. from** lontano da; **f. reaching** di vasta portata; **f. seeing** lungimirante; **how f.?** quanto lontano?, fino a dove?; **so f.** finora; **the Far East** l'Estremo Oriente

faraway ['fɑːrəwei] *agg.* **1** lontano, distante **2** assente

farce [fɑːs] *s.* farsa *f.*

farcical ['fɑːsɪk(ə)l] *agg.* farsesco

fare [feə'] *s.* **1** (*mezzo di trasporto, taxi*) prezzo *m.* della corsa, tariffa *f.* **2** passeggero *m.* **3** cibo *m.*, vitto *m.*

farewell [,feə'wel] **A** *s.* commiato *m.*, addio *m.* **B** *inter.* addio!

farinaceous [,færɪ'neɪʃəs] *agg.* farinaceo

farm [fɑːm] *s.* **1** podere *m.* **2** fattoria *f.* **3** allevamento *m.* ◆ **f. holidays** agriturismo

to farm [fɑːm] *v. tr.* **1** coltivare **2** allevare

farmer ['fɑːmə'] *s.* **1** agricoltore *m.*, contadino *m.* **2** allevatore *m.*

farmhand ['fɑːm,hænd] *s.* bracciante *m.*

farmhouse ['fɑːmhaʊs] *s.* fattoria *f.*

farming ['fɑːmɪŋ] *s.* agricoltura *f.*, coltivazione *f.*

farrier ['færɪə'] *s.* maniscalco *m.*

farther ['fɑːðə'] (*comp. di* **far**) **A** *agg.* **1** più lontano, più distante **2** addizionale **B** *avv.* **1** oltre, più lontano **2** in più

farthest ['fɑːðɪst] (*sup. rel. di* **far**) **A** *agg.* il più lontano, più distante **B** *avv.* il più lontano possibile

to fascinate ['fæsɪneɪt] *v. tr.* affascinare

fascinating ['fæsɪneɪtɪŋ] *agg.* affascinante

fascination [,fæsɪ'neɪʃ(ə)n] *s.* fascino *m.*

Fascism ['fæʃɪz(ə)m] *s.* fascismo *m.*

fashion ['fæʃ(ə)n] *s.* **1** foggia *f.*, maniera *f.* **2** moda *f.* ◆ **in f.** alla moda; **out of f.** fuori moda

fashionable ['fæʃ(ə)nəbl] *agg.* alla moda

fast (1) [fɑːst] **A** *agg.* **1** veloce, rapido **2** fisso, solido **B** *avv.* **1** velocemente, in fretta **2** saldamente, fermamente

fast (2) [fɑːst] *s.* digiuno *m.*

to fast [fɑːst] *v. intr.* digiunare

to fasten ['fɑːsn] **A** *v. tr.* **1** attaccare, fissare **2** allacciare **B** *v. intr.* chiudersi, allacciarsi

fastening ['fɑːsnɪŋ] *s.* chiusura *f.*

fastidious [fæs'tɪdɪəs] *agg.* meticoloso

fat [fæt] **A** *agg.* **1** grasso, untuoso **2** adiposo, grosso **3** pingue, fertile **B** *s.* grasso *m.*

fatal ['feɪtl] *agg.* **1** fatidico, fatale **2** disastroso

fatalist ['feɪt(ə)lɪst] *s.* fatalista *m. e f.*

fatality [fə'tælɪtɪ] *s.* **1** fatalità *f.* **2** morte *f.* violenta

fate [feɪt] *s.* fato *m.*, sorte *f.*

fateful ['feɪtf(ʊ)l] *agg.* fatale, fatidico

father ['fɑːðə'] *s.* padre *m.* ◆ **f.-in-law** suocero

fatherhood ['fɑːðəhʊd] *s.* paternità *f.*

fatherly ['fɑːðəlɪ] *agg.* paterno

fathom ['fæðəm] *s.* braccio *m.* (*misura*)

fatigue [fə'tiːg] *s.* fatica *f.*, stanchezza *f.*

to fatten ['fætn] *v. tr. e intr.* ingrassare

fatty ['fætɪ] **A** *agg.* grasso, untuoso **B** *s.* (*fam.*) grassone *m.*, ciccione *m.*

fatuous ['fætjʊəs] *agg.* fatuo

faucet ['fɔːsɪt] *s.* (*USA*) rubinetto *m.*

fault [fɔːlt] *s.* **1** difetto *m.* **2** colpa *f.* **3** mancanza *f.*, errore *m.* **4** (*sport*) fallo *m.* **5** (*geol.*) faglia *f.*

faultless ['fɔːltlɪs] *agg.* inappuntabile

faulty ['fɔːltɪ] *agg.* **1** difettoso **2** scorretto

faun [fɔːn] *s.* fauno *m.*

fauna ['fɔːnə] *s.* fauna *f.*

favour ['feɪvə'] (*USA* **favor**) *s.* **1** favore *m.*, benevolenza *f.* **2** cortesia *f.* ◆ **to be in f. of** essere favorevole a

to favour ['feɪvə'] (*USA* **favor**) *v. tr.* favorire, proteggere

favourable ['feɪv(ə)rəbl] *agg.* favorevole, vantaggioso

favourite ['feɪv(ə)rɪt] *agg. e s.* favorito *m.*

favouritism ['feɪv(ə)rɪtɪz(ə)m] *s.* favoritismo *m.*

fawn [fɔːn] *s.* daino *m.*, cerbiatto *m.*

fax [fæks] *s.* fax *m. inv.*

to fax [fæks] *v. tr.* trasmettere via fax

fear [fɪə'] *s.* timore *m.*, spavento *m.*, paura *f.*

to fear [fɪə'] *v. tr.* temere

fearful ['fɪəf(ʊ)l] *agg.* **1** spaventoso **2** pauroso **3** spaventato

fearless ['fɪəlɪs] *agg.* intrepido

feasible ['fiːzəbl] *agg.* fattibile

feast [fiːst] *s.* **1** festa *f.* **2** banchetto *m.*

to feast [fiːst] *v. intr.* banchettare

feat [fiːt] *s.* prodezza *f.*, atto *m.*

feather ['feðə'] *s.* penna *f.*, piuma *f.*

feature ['fiːtʃə'] *s.* **1** sembianza *f.* **2** caratteristica *f.*, aspetto *m.* **3** (*TV, stampa*) numero *m.*, servizio *m.* principale ◆ **f. film** lungometraggio

to feature ['fiːtʃə'] *v. tr.* **1** rappresentare **2** avere come protagonista

February ['febrʊərɪ] *s.* febbraio *m.*

to fecundate ['fiːkəndeɪt] *v. tr.* fecondare

fed [fed] *pass. e p. p. di* **to feed** ◆ **f. up** (*fam.*) stufo

federal ['fedərəl] *agg.* federale

federation [,fedə'reɪʃ(ə)n] *s.* federazione *f.*

fee [fiː] *s.* **1** tassa *f.* **2** compenso *m.*, onorario *m.* ◆ **school fees** tasse scolastiche

feeble ['fiːbl] *agg.* debole, fragile

to feed [fiːd] (*pass. e p. p.* **fed**) *v. tr.* **1** cibare, nutrire **2** imboccare **3** (*mecc.*) alimentare ◆ **to f. oneself** nutrirsi

feedback ['fiːdbæk] *s.* retroazione *f.*, feedback *m. inv.*

feeding ['fiːdɪŋ] **A** *agg.* **1** nutriente **2** di alimentazione **B** *s.* nutrizione *f.*, alimentazione *f.* ◆ **f. bottle** biberon

feel [fiːl] *s.* **1** tatto *m.*, tocco *m.* **2** sensibilità *f.* **3** (*fig.*) atmosfera *f.*

to feel [fiːl] (*pass. e p. p.* **felt**) **A** *v. tr.* **1** sentire, toccare, palpare **2** percepire, provare **3** ritenere **B** *v. intr.* **1** sentire, sentirsi **2** sembrare (al tatto) **3** (*impers.*) sembrare ◆ **to f. as if** avere l'impressione che; **to f. blue** essere di cattivo umore; **to f. hungry** aver fame; **to f. like** aver voglia di; **to f. up to st.** sentirsi in grado di fare q.c.

feeler ['fiːlə'] *s.* **1** (*zool.*) antenna *f.* **2** sonda *f.*

feeling ['fiːlɪŋ] *s.* sensazione *f.*, impressione *f.*

feet [fiːt] *pl. di* **foot**

to feign [feɪn] *v. tr.* fingere, dissimulare

feline ['fiːlaɪn] *agg. e s.* felino *m.*

fell [fel] *pass. di* **to fall**

to fell [fel] *v. tr.* abbattere, atterrare

fellow ['feləʊ] *s.* **1** individuo *m.*, tipo *m.* **2** compagno *m.* **3** (*di associazione, accademia*) membro *m.* ◆ **f. citizen** concittadino; **f. countryman** connazionale

fellowship ['feləʊʃɪp] s. **1** compagnia f., amicizia f. **2** associazione f. **3** (*università*) borsa f. di studio

felony ['felənɪ] s. (*dir.*) crimine m.

felt (1) [felt] s. feltro m.

felt (2) [felt] pass. e p.p. di **to feel**

female ['fiːmeɪl] **A** agg. femminile **B** s. femmina f.

feminine ['femɪnɪn] agg. femminile, femmineo

femur ['fiːmər] s. femore m.

fen [fen] s. palude f.

fence [fens] s. **1** palizzata f., recinto m., staccionata f. **2** scherma f.

to fence [fens] **A** v. tr. recingere **B** v. intr. tirare di scherma

fencing ['fensɪŋ] s. scherma f.

to fend [fend] v. tr. e intr. difendere, difendersi ◆ **to f. off** schivare

fender ['fendər] s. **1** parafuoco m. **2** (*naut.*) parabordo m. **3** (*USA*) paraurti m. inv.

fennel ['fenl] s. finocchio m.

ferment ['fɜːmənt] s. **1** fermento m. **2** fermentazione f.

to ferment [fə(ː)'ment] **A** v. tr. **1** far fermentare **2** fomentare **B** v. intr. **1** fermentare **2** essere in fermento

fermentation [ˌfɜːmen'teɪʃ(ə)n] s. fermentazione f.

fern [fɜːn] s. felce f.

ferocious [fə'rəʊʃəs] agg. feroce

ferret ['ferɪt] s. furetto m.

to ferret ['ferɪt] v. tr. indagare ◆ **to f. out** scovare

ferrule ['feruːl] s. puntale m.

ferry ['ferɪ] s. traghetto m.

to ferry ['ferɪ] v. tr. traghettare

fertile ['fɜːtaɪl] agg. fertile

fertilizer ['fɜːtɪlaɪzər] s. fertilizzante f.

to fester ['festər] v. intr. **1** suppurare **2** guastarsi

festival ['festəv(ə)l] s. festa f., festival m. inv.

festive ['festɪv] agg. festivo

festivity [fes'tɪvɪtɪ] s. **1** festività f. **2** al pl. festeggiamenti m. pl.

to festoon [fes'tuːn] v. intr. ornare di festoni

to fetch [fetʃ] v. tr. **1** portare, andare a prendere **2** rendere, raggiungere (*un certo prezzo*)

fetching ['fetʃɪŋ] agg. (*fam.*) attraente

fetish ['fetɪʃ] s. feticcio m.

fetishism ['fetɪʃɪz(ə)m] s. feticismo m.

fetus ['fiːtəs] s. → **foetus**

feud [fjuːd] s. **1** contesa f. **2** feudo m.

feudal ['fjuːdl] agg. feudale

feudalism ['fjuːdəlɪz(ə)m] s. feudalesimo m.

fever ['fiːvər] s. febbre f. ◆ **hay f.** febbre da fieno

feverish ['fiːv(ə)rɪʃ] agg. **1** febbricitante **2** febbrile

few [fjuː] **A** agg. **1** pochi **2 a f.** alcuni, qualche **B** pron. **1** pochi **2 a f.** alcuni ◆ **a good f.** un buon numero; **not a f.** non pochi

fiancé [fɪ'ɑ̃(ː)seɪ] s. fidanzato m.

fiancée [fɪ'ɑ̃(ː)seɪ] s. fidanzata f.

fib [fɪb] s. (*fam.*) bugia f.

fibre ['faɪbər] (*USA* **fiber**) s. fibra f. ◆ **f.-glass** fibra di vetro

fibula ['fɪbjʊlə] s. **1** (*anat.*) perone m. **2** (*archeol.*) fibula f.

fickle ['fɪkl] agg. incostante, mutevole

fiction ['fɪkʃ(ə)n] s. **1** narrativa f. **2** finzione f.

fictitious [fɪk'tɪʃəs] agg. fittizio, immaginario

fiddle ['fɪdl] s. **1** violino m. **2** (*fam.*) truffa f.

to fiddle ['fɪdl] **A** v. intr. **1** (*fam.*) suonare il violino **2** gingillarsi **B** v. tr. (*fam.*) falsificare, contraffare

fiddler ['fɪdlər] s. violinista m. e f.

fidelity [fɪ'delɪtɪ] s. fedeltà f.

to fidget ['fɪdʒɪt] **A** v. intr. agitarsi, dimenarsi **B** v. tr. infastidire

fief [fiːf] s. feudo m.

field [fiːld] s. **1** campo m., terreno m. **2** settore m.

fieldwork ['fiːldwɜːk] s. ricerca f. sul campo

fiend [fiːnd] s. demonio m.

fierce [fɪəs] agg. **1** feroce, violento **2** intenso

fiery ['faɪərɪ] agg. ardente, infocato

fifteen [fɪf'tiːn] agg. e s. quindici m. inv.

fifteenth [fɪf'tiːnθ] agg. e s. quindicesimo m.

fifth [fɪfθ] agg. e s. quinto m., la quinta parte f.

fiftieth ['fɪftɪɪθ] agg. e s. cinquantesimo m.

fifty ['fɪftɪ] agg. e s. cinquanta m. inv. ◆ **f.-f.** a metà

fig [fɪg] s. fico m.

fight [faɪt] s. **1** combattimento m. **2** zuffa f., rissa f.

to fight [faɪt] (*pass. e p.p.* **fought**) **A** v. intr. **1** combattere, lottare **2** fare a pugni, azzuffarsi **B** v. tr. combattere, opporsi a

fighter ['faɪtər] s. **1** combattente m. e f. **2** aereo m. da caccia

figment ['fɪgmənt] s. finzione f.

figurative ['fɪgjʊrətɪv] agg. **1** figurato **2** figurativo

figure ['fɪgər] s. **1** figura f., immagine f. **2** figura f., personaggio m. **3** cifra f., numero m.

to figure ['fɪgər] **A** v. tr. **1** raffigurare **2** immaginare **B** v. intr. spiccare, figurare ◆ **to f. out** calcolare, capire

to filch [fɪltʃ] v. tr. rubacchiare

file (1) [faɪl] s. **1** archivio m., schedario m. **2** (*inf.*) file m. inv.

file (2) [faɪl] s. lima f. ◆ **f. dust** limatura

file (3) [faɪl] s. fila f.

to file (1) [faɪl] v. tr. archiviare, schedare

to file (2) [faɪl] v. tr. limare

to file (3) [faɪl] v. intr. marciare in fila

filibustering ['fɪlɪbʌstərɪŋ] s. (*USA*) ostruzionismo m.

filiform ['fɪlɪfɔːm] agg. filiforme

filigree ['fɪlɪgriː] s. filigrana f.

fill [fɪl] s. **1** sazietà f., sufficienza f. **2** (*autom.*) pieno m.

to fill [fɪl] **A** v. tr. **1** riempire, colmare **2** (*un dovere, una mansione*) adempiere, compiere **B** v. intr. riempirsi ◆ **to f. in** compilare (*un modulo*); **to f. up** (*autom.*) fare il pieno

fillet ['fɪlɪt] s. **1** nastro m. **2** (*cuc.*) filetto m.

filling ['fɪlɪŋ] s. **1** riempimento m. **2** otturazione f. **3** ripieno m. **4** compilazione f. ◆ **f. station** stazione di servizio

film [fɪlm] s. **1** pellicola f., membrana f. **2** (*fot.*) pellicola f. **3** (*cine.*) film m. inv.

to film [fɪlm] v. tr. filmare

filter ['fɪltər] s. filtro m.

to filter ['fɪltər] v. tr. e intr. filtrare

filth [fɪlθ] s. porcheria f., sporcizia f.

filthiness ['fɪlθɪnɪs] s. sporcizia f.

filthy ['fɪlθɪ] *agg.* lurido, sporco

fin [fɪn] *s.* pinna *f.*

final ['faɪnl] *agg.* **1** finale, ultimo **2** definitivo, conclusivo **B** *s.* **1** finale *f.* **2** *al pl.* esami *m. pl.* finali

finalist ['faɪnəlɪst] *s.* finalista *m. e f.*

finalize ['faɪnəlaɪz] *v. tr.* **1** concludere, ultimare **2** definire

finally ['faɪnlɪ] *avv.* infine, finalmente

finance [faɪ'næns] *s.* finanza *f.*

financial [faɪ'næn∫(ə)l] *agg.* finanziario

financier [faɪ'nænsɪəʳ] *s.* **1** finanziere *m.* **2** finanziatore *m.*

financing [faɪ'nænsɪŋ] *s.* finanziamento *m.*

find [faɪnd] *s.* scoperta *f.*, trovata *f.*, ritrovamento *m.*

to find [faɪnd] (*pass. e p. p.* **found**) *v. tr.* **1** trovare, ritrovare, rinvenire **2** pensare, considerare **3** provare **4** (*dir.*) giudicare ♦ **all found** tutto compreso; **to f. out** scoprire, cogliere in fallo

finding ['faɪndɪŋ] *s.* **1** ritrovamento *m.*, scoperta *f.* **2** (*dir.*) verdetto *m.*, sentenza *f.* **3** *al pl.* conclusioni *f. pl.*

fine (1) [faɪn] **A** *agg.* **1** bello, bravo, eccellente **2** fine, sottile **3** raffinato, pregiato **B** *avv.* **1** bene, benissimo **2** a piccoli pezzi ♦ **f. arts** belle arti; **to be f.** (*di persona*) star bene, (*di tempo*) far bello

fine (2) [faɪn] *s.* multa *f.*, contravvenzione *f.*

to fine [faɪn] *v. tr.* multare

finger ['fɪŋgəʳ] *s.* dito *m.* ♦ **little f.** mignolo; **ring f.** anulare

to finger ['fɪŋgəʳ] *v. tr.* palpare, toccare

fingernail ['fɪŋgəneɪl] *s.* unghia *f.* (*della mano*)

fingerprint ['fɪŋgəprɪnt] *s.* impronta *f.* digitale

fingertip ['fɪŋgətɪp] *s.* punta *f.* del dito

finicky ['fɪnɪkɪ] *agg.* esigente, pignolo

finish ['fɪnɪ∫] *s.* **1** fine *f.*, finale *m.* **2** finitura *f.*

to finish ['fɪnɪ∫] **A** *v. tr.* finire, rifinire **B** *v. intr.* cessare, terminare ♦ **to f. off** compiere, uccidere

finishing ['fɪnɪ∫ɪŋ] *agg.* conclusivo ♦ **f. line** traguardo; **f. touch** ritocco

finite ['faɪnaɪt] *agg.* **1** circoscritto **2** (*mat., gramm.*) finito

Finlander ['fɪnləndəʳ] *s.* finlandese *m. e f.*

Finn [fɪn] *s.* finlandese *m. e f.*

Finnish ['fɪnɪ∫] **A** *agg.* finlandese **B** *s.* (*lingua*) finlandese *m.*

fiord [fjɔːd] *s.* fiordo *m.*

fir [fɜːʳ] *s.* abete *m.*

fire ['faɪəʳ] *s.* **1** fuoco *m.* **2** incendio *m.* **3** sparo *m.*, tiro *m.* ♦ **f. engine** autopompa; **f. extinguisher** estintore; **f. station** caserma dei pompieri; **on f.** in fiamme

to fire ['faɪəʳ] *v. tr.* **1** sparare **2** infiammare

firearm ['faɪərɑːm] *s.* arma *f.* da fuoco

fireguard ['faɪəgɑːd] *s.* parafuoco *m.*

fireman ['faɪəmən] (*pl.* **firemen**) *s.* pompiere *m.*

fireplace ['faɪəpleɪs] *s.* caminetto *m.*, camino *m.*

fireproof ['faɪəpruːf] *agg.* ignifugo

firewood ['faɪəwʊd] *s.* legna *f.* da ardere

fireworks ['faɪəwɜːks] *s. pl.* fuochi *m. pl.* d' artificio

firm (1) [fɜːm] *agg.* fermo, saldo, solido

firm (2) [fɜːm] *s.* azienda *f.*, ditta *f.* ♦ **f. name** ragione sociale

firmament ['fɜːməmənt] *s.* firmamento *m.*

first [fɜːst] **A** *agg. num. ord.* primo **B** *avv.* **1** per primo, innanzi tutto, prima **2** per la prima volta ♦ **at f.** dapprima; **f. aid** pronto soccorso; **f. born** primogenito; **f. class** prima classe, prima qualità; **f. floor** pianterreno; **f. fruits** primizie; **f.-hand** di prima mano; **f. lady** (*USA*) consorte del Presidente; **f. mate** (*naut.*) primo ufficiale; **f. name** (*USA*) nome di battesimo; **f. night** (*teatro*) prima; **f. rate** eccellente

fiscal ['fɪsk(ə)l] *agg.* fiscale

fish [fɪ∫] *s.* pesce *m.* ♦ **f. farm** vivaio

to fish [fɪ∫] *v. tr. e intr.* pescare

fishbone ['fɪ∫bəʊn] *s.* lisca *f.*

fisherman ['fɪ∫əmən] *s.* (*pl.* **fishermen**) pescatore *m.*

fishhook ['fɪ∫hʊk] *s.* amo *m.*

fishing ['fɪ∫ɪŋ] *s.* pesca *f.* ♦ **f. boat** peschereccio; **f. net** rete da pesca; **f. rod** canna da pesca

fishline ['fɪ∫laɪn] *s.* lenza *f.*

fishmonger ['fɪ∫mʌŋgəʳ] *s.* pescivendolo *m.*

fissure ['fɪ∫əʳ] *s.* fessura *f.*

fist [fɪst] *s.* pugno *m.*

fistful ['fɪstfəl] *s.* manciata *f.*

fit (1) [fɪt] **A** *agg.* **1** adatto, conveniente **2** in forma, sano **3** pronto **B** *s.* **1** adattamento *m.* **2** misura *f.*, taglia *f.*

fit (2) [fɪt] *s.* (*med.*) attacco *m.*, accesso *m.*

to fit [fɪt] **A** *v. tr.* **1** adattarsi a **2** adattare, adeguare **3** preparare, munire **4** (*un vestito*) provare **B** *v. intr.* **1** calzare, andare bene **2** adattarsi ♦ **to f. in** infilare inserirsi; **to f. in with** accordarsi; **to f. out** fornire di; **to f. up** installare

fitchew ['fɪt∫uː] *s.* puzzola *f.*

fitful ['fɪtf(ʊ)l] *agg.* irregolare, incostante

fitment ['fɪtmənt] *s.* arredo *m.*

fitness ['fɪtnɪs] *s.* **1** idoneità *f.* **2** buona salute *f.*, forma *f.* fisica

fitted ['fɪtɪd] *agg.* **1** adatto **2** attrezzato **3** aderente **4** su misura ♦ **f. carpet** moquette

fitter ['fɪtəʳ] *s.* (*mecc.*) aggiustatore *m.*

fitting ['fɪtɪŋ] **A** *agg.* adatto, conveniente **B** *s.* **1** prova *f.* **2** misura *f.* **3** *al pl.* attrezzatura *f.*, equipaggiamento *m.*, accessori *m. pl.* ♦ **f. out** (*naut.*) allestimento, armamento; **f. room** camerino

five [faɪv] *agg. e s.* cinque *m. inv.*

fix [fɪks] *s.* (*fam.*) pasticcio *m.*

to fix [fɪks] *v. tr.* **1** fissare, attaccare **2** stabilire **3** sistemare ♦ **to f. up** sistemare, aggiustare

fixation [fɪk'seɪ∫(ə)n] *s.* fissazione *f.*

fixed [fɪkst] *agg.* fisso

fixing ['fɪksɪŋ] *s.* **1** (*fot.*) fissaggio *m.* **2** (*fin.*) quotazione *f.* ufficiale

fixture ['fɪkst∫əʳ] *s.* **1** apparecchiatura *f.* **2** installazioni *f. pl.* fisse, impianto *m.*

fizz [fɪz] *s.* **1** sibilo *m.* **2** effervescenza *f.* **3** bevanda effervescente

to fizz [fɪz] *v. intr.* frizzare, spumeggiare

to fizzle ['fɪzl] *v. intr.* spumeggiare ♦ **to f. out** finire in nulla

fizzy ['fɪzɪ] *agg.* effervescente, frizzante

to flabbergast ['flæbəgɑːst] *v. tr.* sbalordire

flabby ['flæbɪ] *agg.* flaccido, molle

flag (1) [flæg] *s.* bandiera *f.*, insegna *f.*

flag (2) [flæg] *s.* pietra *f.* da lastrico

to flag (1) [flæg] *v. tr.* imbandierare ♦ **to f. down** fare segno di fermarsi (*a un taxi*)

to flag (2) [flæg] *v. tr.* lastricare

flagellation [,flædʒə'leɪʃ(ə)n] *s.* flagellazione *f.*

flageolet [,flædʒə'let] *s.* zufolo *m.*

flagon ['flægən] *s.* **1** caraffa *f.* **2** fiasco *m.*, bottiglione *m.*

flagship ['flægʃɪp] *s.* nave *f.* ammiraglia

flair [fleər] *s.* fiuto *m.*, intuito *m.*

flak [flæk] *s.* **1** fuoco *m.* contraereo **2** (*fam.*) opposizione *f.*

flake [fleɪk] *s.* **1** fiocco *m.* **2** scaglia *f.* ♦ **snow f.** fiocco di neve

to flake [fleɪk] *v. intr.* sfaldarsi

flame [fleɪm] *s.* fiamma *f.*

flamingo [fləˈmɪŋɡəʊ] *s.* fenicottero *m.*

flammable ['flæməbl] *agg.* infiammabile

flan [flæn] *s.* flan *m. inv.*

flank [flæŋk] *s.* fianco *m.*, fiancata *f.*

to flank [flæŋk] *v. tr.* fiancheggiare

flannel ['flænl] *s.* flanella *f.*

flap [flæp] *s.* **1** falda *f.*, risvolto *m.*, ribalta *f.* **2** (*aer.*) ipersostentatore *m.*

to flap [flæp] **A** *v. tr.* agitare, battere **B** *v. intr.* sbattere

flare [fleər] *s.* **1** fiammata *f.* **2** svasatura *f.*

to flare [fleər] *v. intr.* **1** sfolgorare **2** allargarsi ♦ **to f. up** prendere fuoco

flash [flæʃ] *s.* **1** bagliore *m.*, lampo *m.* **2** (*fot.*) flash *m. inv.* **3** notizia *f.* lampo

to flash [flæʃ] **A** *v. intr.* lampeggiare, scintillare **B** *v. tr.* **1** proiettare, far balenare **2** trasmettere

flashback ['flæʃbæk] *s.* flashback *m. inv.*

flashy ['flæʃɪ] *agg.* sgargiante

flask [flɑːsk] *s.* fiasco *m.*, fiaschetta *f.*

flat [flæt] **A** *agg.* **1** piano, pianeggiante **2** netto **3** (*di pneumatico*) sgonfio **4** (*elettr.*) scarico **B** *s.* **1** appartamento *m.* **2** pianura *f.* **3** (*mus.*) bemolle *m. inv.*

to flatten ['flætn] **A** *v. tr.* **1** appiattire, spianare **2** abbattere, deprimere **B** *v. intr.* **1** appiattirsi, spianarsi **2** abbattersi, deprimersi

to flatter ['flætər] *v. tr.* lusingare

flattering ['flætərɪŋ] *agg.* lusinghiero

flavour ['fleɪvər] (*USA* flavor) *s.* aroma *m.*, gusto *m.*

to flavour ['fleɪvər] (*USA* **to flavor**) *v. tr.* aromatizzare, insaporire, condire

flavouring ['fleɪvərɪŋ] *s.* condimento *m.*, essenza *f.*

flavourless ['fleɪvəlɪs] *agg.* insapore

flaw [flɔː] *s.* imperfezione *f.*, difetto *m.*

flax [flæks] *s.* lino *m.*

flaxen ['flæks(ə)n] *agg.* **1** di lino **2** biondo chiaro

flea [fliː] *s.* pulce *f.* ♦ **f. market** mercatino delle pulci

fleck [flek] *s.* macchiolina *f.*

fled [fled] *pass. e p. p. di* **flee**

to flee [fliː] (*pass. e p. p.* **fled**) **A** *v. intr.* fuggire, scappare **B** *v. tr.* scappare da

fleece [fliːs] *s.* vello *m.*

to fleece [fliːs] *v. tr.* tosare

fleet [fliːt] *s.* flotta *f.*

fleeting ['fliːtɪŋ] *agg.* fugace

Fleming ['flemɪŋ] *s.* fiammingo *m.*

Flemish ['flemɪʃ] *agg. e s.* fiammingo *m.*

flesh [fleʃ] *s.* **1** carne *f.* **2** polpa *f.*

flew [fluː] *pass. di* **fly**

flex [fleks] *s.* (*elettr.*) cordone *m.*

to flex [fleks] *v. tr.* contrarre, flettere

flexibility [,fleksə'bɪlɪtɪ] *s.* flessibilità *f.*, elasticità *f.*

flexible ['fleksəbl] *agg.* flessibile

flexuous ['fleksjʊəs] *agg.* flessuoso

flick [flɪk] *s.* **1** colpo *m.* secco **2** buffetto *m.* **3** scarto *m.*

to flick [flɪk] **A** *v. tr.* **1** colpire leggermente **2** far schioccare **B** *v. intr.* muoversi a scatti ♦ **to f. through** (*un libro*) sfogliare

to flicker ['flɪkər] *v. intr.* **1** tremolare **2** battere le ali

flight [flaɪt] *s.* **1** volo *m.* **2** stormo *m.* **3** traiettoria *f.* **4** fuga *f.*

flimsy ['flɪmzɪ] *agg.* fragile

to flinch [flɪntʃ] *v. intr.* ritirarsi, tirarsi indietro

to fling [flɪŋ] (*pass. e p. p.* **flung**) *v. tr.* gettare, scagliare

flint [flɪnt] *s.* **1** selce *f.* **2** (*di accendino*) pietrina *f.*

to flip [flɪp] **A** *v. tr.* **1** (*una moneta*) lanciare **2** far scattare

flippant ['flɪpənt] *agg.* impertinente

flipper ['flɪpər] *s.* pinna *f.*

flirt [flɜːt] *s.* (*di ragazza*) civetta *f.*

to flirt [flɜːt] *v. intr.* civettare, flirtare

to flit [flɪt] *v. intr.* svolazzare, volteggiare

float [fləʊt] *s.* galleggiante *m.*

to float [fləʊt] *v. intr.* **1** galleggiare **2** fluttuare

floating ['fləʊtɪŋ] *agg.* **1** galleggiante **2** fluttuante **3** mobile

flock (1) [flɒk] *s.* batuffolo *m.*

flock (2) [flɒk] *s.* **1** gregge *m.*, stormo *m.* **2** stuolo *m.*

to flog [flɒg] *v. tr.* frustare

flogging ['flɒgɪŋ] *s.* fustigazione *f.*

flood [flʌd] *s.* **1** alluvione *f.*, diluvio *m.* **2** piena *f.* **3** marea *f.*

to flood [flʌd] **A** *v. tr.* allagare, inondare **B** *v. intr.* **1** (*di marea*) salire **2** straripare ♦ **to f. in** riversarsi in

flooding ['flʌdɪŋ] *agg.* (*di carburatore*) ingolfato

floodlight ['flʌdlaɪt] *s.* riflettore *m.*

floor [flɔːr] *s.* **1** pavimento *m.* **2** piano *m.* **3** fondo *m.* ♦ **ground f.** pianterreno

to floor [flɔːr] *v. tr.* pavimentare

flooring ['flɔːrɪŋ] *s.* pavimentazione *f.*

flop [flɒp] *s.* **1** tonfo *m.* **2** (*fam.*) fiasco *m.*, insuccesso *m.*

to flop [flɒp] *v. intr.* **1** cadere pesantemente **2** fallire

floppy ['flɒpɪ] *agg.* floscio ♦ **f. disk** floppy disk

flora ['flɔːrə] *s.* flora *f.*

floral ['flɔːr(ə)l] *agg.* floreale

floriculture ['flɔːrɪ,kʌltʃər] *s.* floricoltura *f.*

florid ['flɒrɪd] *agg.* **1** florido **2** fiorito

florist ['flɒrɪst] *s.* fioraio *m.*

flotilla [flə(ʊ)'tɪlə] *s.* flottiglia *f.*

flounce [flaʊns] *s.* **1** balzo *m.*, scatto *m.* **2** balza *f.*

to flounder ['flaʊndər] *v. intr.* agitarsi, dibattersi

flour ['flaʊər] *s.* farina *f.*

to flourish ['flʌrɪʃ] *v. intr.* fiorire, prosperare

flourishing ['flʌrɪʃɪŋ] *agg.* prosperoso

flout [flaʊt] *s.* burla *f.*

to flout [flaʊt] v. tr. schernire, disprezzare

flow [fləʊ] s. 1 flusso m., corrente f. 2 portata f. ♦ **f. chart** schema di flusso

to flow [fləʊ] v. intr. 1 fluire, scorrere 2 circolare 3 ricadere, scendere ♦ **to f. in** affluire; **to f. out** defluire

flower ['flaʊə'] s. fiore m. ♦ **f. bed** aiuola; **f. box** fioriera

to flower ['flaʊə'] v. intr. fiorire

flowering ['flaʊərɪŋ] s. fioritura f.

flowing ['fləʊɪŋ] agg. fluido, scorrevole

flown [fləʊn] p. p. di **to fly**

flu [fluː] s. influenza f.

to fluctuate ['flʌktjʊeɪt] v. intr. fluttuare, oscillare

fluctuating ['flʌktjʊətɪŋ] agg. fluttuante, oscillante

fluctuation [ˌflʌktjʊ'eɪʃ(ə)n] s. fluttuazione f., oscillazione f.

fluency ['fluːənsɪ] s. scorrevolezza f., scioltezza f., facilità f. (di parola)

fluent ['fluːənt] agg. scorrevole, fluente ♦ **to speak f. English** parlare inglese correntemente

fluff [flʌf] s. lanugine f., peluria f.

fluid ['fluːɪd] agg. e s. fluido m.

fluke [fluːk] s. colpo m. di fortuna

flung [flʌŋ] pass. e p. p. di **to fling**

fluorescent [flʊə'resənt] agg. fluorescente

fluorine ['flʊəriːn] s. fluoro m.

flurry ['flʌrɪ] s. 1 raffica f. 2 (di neve) tempesta f. 3 (di pioggia) scroscio m.

flush [flʌʃ] A agg. 1 abbondante, ben fornito 2 prodigo B s. 1 getto m. 2 afflusso m. 3 rossore m. 4 rigoglio m., vigore m.

to flush [flʌʃ] A v. intr. 1 scorrere 2 arrossire B v. tr. sciacquare, lavare (con un getto d'acqua) ♦ **to f. the toilet** tirare lo sciacquone

to fluster ['flʌstə'] v. tr. agitare, sconvolgere

flute [fluːt] s. 1 flauto m. 2 (arch.) scanalatura f.

flutter ['flʌtə'] s. 1 (di ali) battito m. 2 agitazione f. 3 vibrazione f.

to flutter ['flʌtə'] A v. intr. 1 battere le ali 2 fluttuare, ondeggiare, sventolare 3 agitarsi, tremare B v. tr. 1 battere 2 sventolare 3 scompigliare

flux [flʌks] s. 1 flusso m. 2 mutamento m. continuo

fly (1) [flaɪ] s. mosca f.

fly (2) [flaɪ] s. 1 volo m. 2 lembo m., risvolto m. ♦ **f. leaf** risguardo, risvolto

to fly [flaɪ] (pass. **flew**, p. p. **flown**) A v. intr. 1 volare, andare in aereo 2 sventolare 3 fuggire B v. tr. 1 (un aereo) pilotare 2 (in aereo) trasportare 3 agitare 4 fuggire da ♦ **to f. across** trasvolare; **to f. off** decollare, fuggire

flying ['flaɪɪŋ] agg. 1 volante 2 ondeggiante 3 di volo, di aviazione 4 rapido 5 frettoloso ♦ **f. saucer** disco volante

flyover ['flaɪˌəʊvə'] s. cavalcavia m. inv.

foal [fəʊl] s. puledro m.

foam [fəʊm] s. schiuma f. ♦ **f. rubber** gommapiuma

foamy ['fəʊmɪ] agg. schiumoso

to fob [fɒb] v. tr. imbrogliare ♦ **to f. st. off on sb.** rifilare q.c. a qc.

focus ['fəʊkəs] s. 1 (fot.) fuoco m. 2 focolaio m., cen-

tro m. ♦ **in f.** a fuoco; **out of f.** sfocato

to focus ['fəʊkəs] v. tr. 1 mettere a fuoco 2 far convergere ♦ **to f. on** fissare lo sguardo su

fodder ['fɒdə'] s. foraggio m., mangime m.

foe [fəʊ] s. nemico m.

foetus ['fiːtəs] (USA **fetus**) s. feto m.

fog [fɒg] s. nebbia f. ♦ **f. horn** corno da nebbia; **f. lamp** faro antinebbia

foggy ['fɒgɪ] agg. nebbioso

foil (1) [fɔɪl] s. lamina f., (di stagnola) foglio m.

foil (2) [fɔɪl] s. (sport) fioretto m.

to foil (1) [fɔɪl] v. tr. 1 rivestire con lamina metallica 2 far risaltare

to foil (2) [fɔɪl] v. tr. 1 (tracce) confondere 2 frustrare

fold (1) [fəʊld] s. 1 piega f. 2 battente m.

fold (2) [fəʊld] s. 1 ovile m. 2 gregge m.

to fold [fəʊld] A v. tr. 1 piegare 2 avvolgere 3 stringere B v. intr. piegarsi, chiudersi

folder ['fəʊldə'] s. cartelletta f.

folding ['fəʊldɪŋ] agg. pieghevole

foliage ['fəʊlɪdʒ] s. fogliame m.

folk [fəʊk] A s. 1 gente f., popolo m. 2 persone f. pl. B agg. popolare, folcloristico ♦ **one's folks** i parenti, i familiari

folklore ['fəʊklɔː'] s. folclore m.

to follow ['fɒləʊ] A v. tr. 1 seguire 2 derivare da B v. intr. 1 seguire, venir dopo 2 derivare, conseguire ♦ **to f. on** perseverare; **to f. up** fare seguito a

follower ['fɒləʊə'] s. seguace m. e f., discepolo m.

following ['fɒləʊɪŋ] A agg. seguente, successivo B s. seguito m.

folly ['fɒlɪ] s. follia f., sciocchezza f.

fond [fɒnd] agg. affezionato, appassionato ♦ **to be f. of** piacere, voler bene a

to fondle ['fɒndl] v. tr. vezzeggiare, accarezzare

font (1) [fɒnt] s. 1 fonte m. battesimale 2 acquasantiera f.

font (2) [fɒnt] s. (tip.) font m. inv.

food [fuːd] s. cibo m., nutrimento m., vitto m. ♦ **f. grinder** tritatutto; **sea f.** frutti di mare

foodstuffs ['fuːdstʌfs] s. pl. generi m. pl. alimentari, cibarie f. pl.

fool [fuːl] s. sciocco m., stupido m.

to fool [fuːl] A v. tr. ingannare B v. intr. fare lo sciocco

foolhardy ['fuːlˌhɑːdɪ] agg. avventato

foolish ['fuːlɪʃ] agg. sciocco, balordo

foolishness ['fuːlɪʃnɪs] s. stupidità f.

foolproof ['fuːlpruːf] agg. 1 sicurissimo, di semplice funzionamento 2 infallibile

foot [fut] (pl. **feet**) s. 1 piede m. 2 zampa f. 3 (arch.) zoccolo m. ♦ **on f.** a piedi

football ['fʊtbɔːl] s. 1 (sport) calcio m. 2 pallone m.

footballer ['fʊtbɔːlə'] s. calciatore m.

footboard ['fʊtbɔːd] s. pedana f.

footbridge ['fʊtbrɪdʒ] s. passerella f.

foothold ['fʊthəʊld] s. appiglio m., punto m. di poggio

footing ['fʊtɪŋ] s. posizione f., appoggio m. ♦ **to lose one's f.** mettere un piede in fallo

footlights ['fʊtlaɪts] s. pl. luci f. pl. della ribalta

footman ['fʊtmən] (pl. **footmen**) s. valletto m.

footnote ['futnəut] s. nota f. a piè pagina
footpath ['futpɑːθ] s. sentiero m.
footprint ['futprɪnt] s. orma f.
footstep ['futstep] s. **1** passo m. **2** orma f.
footwear ['futweə'] s. calzature f. pl.
fop [fɒp] s. vanesio m.
foppish ['fɒpɪʃ] agg. vanesio
for [fɔː', fə'] **A** prep. **1** (scopo) per, al fine di (ES: **to dress for lunch** vestirsi per il pranzo) **2** (causa) per, a causa di (ES: **he was convicted for driving without licence** fu condannato per aver guidato senza patente) **3** (tempo) per, durante, da (ES: **I drove for hours** guidai per ore) **4** (direzione) per (ES: **the bus for Oxford** l'autobus per Oxford) **5** (termine) per (ES: **what can I do for you?** cosa posso fare per lei?) **6** (prezzo) per (ES: **I got it for five pounds** l'ho avuto per cinque sterline) **7** al posto di, per conto di (ES: **he spoke for us** parlò per conto nostro) **8** per quanto riguarda, come, in rapporto a (ES: **it's very expensive for a second-hand car** è molto cara per una macchina di seconda mano) **9** malgrado (ES: **for all you say** nonostante ciò che dici) **10** (idiom.) (ES: **it's necessary for me to go to the doctor** è necessario che vada dal medico) **B** cong. dal momento che, poiché
forage ['fɒrɪdʒ] s. foraggio m.
foray ['fɒreɪ] s. incursione f.
forbade [fə'beɪd] (o **forbad** [fə'bæd]) pass. di to **forbid**
to forbid [fə'bɪd] (pass. **forbad(e)**, p. p. **forbidden**) v. tr. proibire, vietare
forbidden [fə'bɪdn] p. p. di to **forbid**
forbidding [fə'bɪdɪŋ] agg. ostile, minaccioso
force [fɔːs] s. forza f. ♦ **in f.** in gran numero, in vigore
to force [fɔːs] v. tr. forzare, costringere ♦ **to f. in** far entrare, conficcare; **to f. on** imporre a; **to f. out** spingere fuori; **to f. up** far salire
forced [fɔːst] agg. forzato, costretto
forcedly ['fɔːsɪdlɪ] avv. forzatamente
to force-feed ['fɔːsfiːd] (pass. e p. p. **force-fed**) v. tr. alimentare artificialmente
forceful ['fɔːsf(ʊ)l] agg. forte, vigoroso
forceps ['fɔːseps] s. inv. forcipe m.
forcibly ['fɔːsɪblɪ] avv. con forza
ford [fɔːd] s. guado m.
to ford [fɔːd] v. tr. guadare
fore [fɔː'] agg. **1** anteriore **2** (naut.) di prua
forearm ['fɔːrɑːm] s. avambraccio m.
to forebode [fɔː'bəud] v. tr. presagire
forecast ['fɔːkɑːst] s. previsione f.
to forecast ['fɔːkɑːst] (pass. e p. p. **forecast**, **forecasted**) v. tr. prevedere
forefather ['fɔː‚fɑːðə'] s. antenato m., progenitore m.
forefinger ['fɔː‚fɪŋgə'] s. (dito) indice m.
forefront ['fɔːˌfrʌnt] s. **1** parte f. anteriore **2** avanguardia f.
foregone [fɔː'gɒn] agg. previsto, scontato
foreground ['fɔːgraund] s. primo piano m.
forehead ['fɒrɪd] s. fronte f.
foreign ['fɒrɪn] agg. **1** straniero, estero **2** estraneo ♦

f. office ministero degli esteri
foreigner ['fɒrɪnə'] s. straniero m.
foreman ['fɔːmən] (pl. **foremen**) s. caposquadra m.
foremost ['fɔːməust] **A** agg. principale, eminente **B** avv. **1** in prima fila **2** anzitutto ♦ **first and f.** per prima cosa
forename ['fɔːneɪm] s. nome m. (di battesimo)
forensic [fə'rensɪk] agg. forense
forerunner ['fɔːˌrʌnə'] s. precursore m.
to foresee [fɔː'siː] (pass. **foresaw**, p. p. **foreseen**) v. tr. presagire, prevedere
to foreshadow [fɔː'ʃædəu] v. tr. prefigurare
foreshortening [fɔː'ʃɔːt(ə)nɪŋ] s. (arte) scorcio m.
foresight ['fɔːsaɪt] s. **1** preveggenza f. **2** previdenza f., lungimiranza f.
forest ['fɒrɪst] s. foresta f.
to forestall [fɔː'stɔːl] v. tr. prevenire
to foretaste ['fɔːˌteɪst] v. tr. pregustare
to foretell [fɔː'tel] (pass. e p. p. **foretold**) v. tr. predire
foretold [fɔː'təuld] pass. e p. p. di to **foretell**
forever [fə'revə'] avv. sempre, per sempre
to forewarn [fɔː'wɔːn] v. tr. preavvisare
foreword ['fɔːwɜːd] s. prefazione f.
forfeit ['fɔːfɪt] s. **1** perdita f. **2** penale f., penalità f. **3** (nel gioco) penitenza f.
forgave [fə'geɪv] pass. di to **forgive**
to forge [fɔːdʒ] v. tr. **1** falsificare **2** forgiare ♦ **to f. ahead** avanzare con decisione, tirare avanti
forger ['fɔːdʒə'] s. falsario m.
forgery ['fɔːdʒ(ə)rɪ] s. **1** falsificazione f. **2** falso m.
to forget [fə'get] (pass. **forgot**, p. p. **forgotten**) v. tr. e intr. dimenticare
forgetful [fə'getf(ʊ)l] agg. immemore, dimentico
forgetfulness [fə'getf(ʊ)lnɪs] s. dimenticanza f.
forget-me-not [fə'getmɪnɒt] s. nontiscordardimé f. inv.
forgivable [fə'gɪvəbl] agg. perdonabile
to forgive [fə'gɪv] (pass. **forgave**, p. p. **forgiven**) v. tr. e intr. perdonare
forgiven [fə'gɪvn] p. p. di to **forgive**
forgiveness [fə'gɪvnɪs] s. perdono m.
to forgo [fɔː'gəu] (pass. **forwent**, p. p. **forgone**) v. tr. astenersi da, rinunciare a
forgot [fə'gɒt] pass. di to **forget**
forgotten [fə'gɒtn] p. p. di to **forget**
fork [fɔːk] s. **1** forchetta f. **2** forca f., forcone m. **3** bivio m., biforcazione f.
to fork [fɔːk] v. intr. biforcarsi ♦ **to f. out** sborsare
forlorn [fə'lɔːn] agg. **1** abbandonato, trascurato **2** misero **3** vano
form [fɔːm] s. **1** forma f. **2** modulo m., scheda f. **3** classe f. ♦ **bad f.** maleducazione
to form [fɔːm] **A** v. tr. formare, comporre, costituire **B** v. intr. **1** formarsi, costituirsi **2** ordinarsi, disporsi
formal ['fɔːm(ə)l] agg. **1** formale **2** simmetrico, regolare ♦ **f. dress** abito da cerimonia
formalism ['fɔːməlɪz(ə)m] s. formalismo m.
formality [fɔː'mælɪtɪ] s. formalità f.
format ['fɔːmæt] s. formato m.
formation [fɔː'meɪʃ(ə)n] s. formazione f.
formative ['fɔːmətɪv] agg. formativo
former ['fɔːmə'] agg. **1** anteriore, precedente **2** passa-

to, ex ♦ **the f. ... the latter** quello ... questo, (*di un elenco*) il primo ... l'ultimo

formerly ['fɔːməlɪ] *avv.* già, in passato

formidable ['fɔːm(ɪ)dəbl] *agg.* formidabile

formula ['fɔːmjʊlə] *s.* formula *f.*

formulary ['fɔːmjʊlərɪ] *s.* formulario *m.*

fornix ['fɔːnɪks] *s.* fornice *m.*

to forsake [fə'seɪk] (*pass.* **forsook**, *p. p.* **forsaken**) *v. tr.* abbandonare

forsaken [fə'seɪk(ə)n] *p. p. di* **to forsake**

forsook [fə'sʊk] *pass. di* **to forsake**

fort [fɔːt] *s.* forte *m.*

forth [fɔːθ] *avv.* avanti ♦ **and so f.** e così via

forthcoming [fɔːθ'kʌmɪŋ] *agg.* **1** prossimo, venturo **2** disponibile **3** aperto, schietto

fortieth ['fɔːtɪɪθ] *agg. e s.* quarantesimo *m.*

fortification [ˌfɔːtɪfɪ'keɪʃ(ə)n] *s.* fortificazione *f.*, rafforzamento *m.*

to fortify ['fɔːtɪfaɪ] *v. tr.* fortificare

fortnight ['fɔːtnaɪt] *s.* due settimane *f. pl.*

fortnightly ['fɔːtnaɪtlɪ] *agg.* quindicinale

fortress ['fɔːtrɪs] *s.* rocca *f.*

fortuitous [fɔː'tjuː(ː)ɪtəs] *agg.* fortuito

fortunate ['fɔːtʃnɪt] *agg.* **1** fortunato **2** fausto

fortune ['fɔːtʃ(ə)n] *s.* fortuna *f.*, sorte *f.* ♦ **f. teller** indovino

forty ['fɔːtɪ] *agg. num. card. e s.* quaranta *m. inv.*

forum ['fɔːrəm] *s.* foro *m.*

forward ['fɔːwəd] *agg.* **1** in avanti **2** in anticipo, precoce **3** sollecito **4** insolente

to forward ['fɔːwəd] *v. tr.* **1** promuovere, appoggiare **2** inoltrare, inviare

forwarder ['fɔːwədər] *s.* spedizioniere *m.*

forwarding ['fɔːwədɪŋ] *s.* (*comm.*) invio *m.*, spedizione *f.*

forward(s) ['fɔːwəd(z)] *avv.* avanti, in avanti ♦ **to go f.** progredire; **to look f.** to attendere con ansia

fossil ['fɒsɪl] *s. e agg.* fossile *m.*

to fossilize ['fɒsɪlaɪz] *v. intr.* fossilizzarsi

foster ['fɒstər] **A** *s.* **1** tutela *f.* **2** nutrimento *m.* **B** *agg.* adottivo ♦ **f. child** figlio adottivo; **f. parent** genitore adottivo

to foster ['fɒstər] *v. tr.* **1** allevare, nutrire **2** favorire

fought [fɔːt] *pass. e p. p. di* **to fight**

foul [faʊl] **A** *agg.* **1** putrido, cattivo, schifoso **2** scorretto, disonesto **3** osceno **B** *s.* (*sport*) fallo *m.*

found [faʊnd] *pass. e p. p. di* **to find**

to found (1) [faʊnd] *v. tr.* fondare, istituire

to found (2) [faʊnd] *v. tr.* fondere

foundation [faʊn'deɪʃ(ə)n] *s.* fondazione *f.*

founder ['faʊndər] *s.* fondatore *m.*

founding ['faʊndɪŋ] **A** *agg.* fondatore **B** *s.* **1** fondazione *f.* **2** fondatore *m.*

foundry ['faʊndrɪ] *s.* fonderia *f.*

fountain ['faʊntɪn] *s.* fontana *f.* ♦ **f. pen** stilografica

four [fɔː] *agg. num. card. e s.* quattro *m. inv.*

fourteen [ˌfɔː'tiːn] *agg. num. card. e s.* quattordici *m. inv.*

fourteenth [ˌfɔː'tiːnθ] *agg. num. ord. e s.* quattordicesimo *m.*

fourth [fɔːθ] *agg. num. ord. e s.* quarto *m.*

fowl [faʊl] *s.* **1** pollame *m.* **2** volatile *m.*

fox [fɒks] *s.* volpe *f.*

to fox [fɒks] *v. tr.* (*fam.*) ingannare

fraction ['frækʃ(ə)n] *s.* frazione *f.*

to fractionize ['frækʃ(ə)naɪz] *v. tr.* frazionare

fracture ['fræktʃər] *s.* frattura *f.*

fragile ['frædʒaɪl] *agg.* fragile

fragment ['frægmənt] *s.* frammento *m.*

fragmentary ['frægmənt(ə)rɪ] *agg.* frammentario

fragrant ['freɪgrənt] *agg.* fragrante, odoroso

frail [freɪl] *agg.* fragile, debole

frame [freɪm] *s.* **1** intelaiatura *f.*, armatura *f.* **2** cornice *f.* **3** struttura *f.* **4** ossatura *f.*, corpo *m.* **5** montatura *f.* ♦ **f. of mind** stato d'animo

to frame [freɪm] *v. tr.* **1** formare, formulare **2** incorniciare, inquadrare

framework ['freɪmwɜːk] *s.* **1** intelaiatura *f.* **2** struttura *f.*

franchise ['fræntʃaɪz] *s.* franchigia *f.*

Francophone ['fræŋko(ʊ)fəʊn] *agg.* francofono

frank [fræŋk] *agg.* franco, aperto

to frank [fræŋk] *v. tr.* (*corrispondenza*) affrancare

frantic ['fræntɪk] *agg.* frenetico

fraternity [frə'tɜːnɪtɪ] *s.* **1** fraternità *f.*, fratellanza *f.* **2** confraternita *f.*

to fraternize ['frætənaɪz] *v. intr.* fraternizzare

fraud [frɔːd] *s.* **1** frode *f.* **2** imbroglione *m.*

fraudulent ['frɔːdjʊlənt] *agg.* fraudolento

fraught [frɔːt] *agg.* carico, denso, gravido

fray [freɪ] *s.* mischia *f.*, baruffa *f.*

to fray [freɪ] **A** *v. tr.* logorare, consumare **B** *v. intr.* consumarsi, logorarsi

freak [friːk] *s.* **1** bizzarria *f.* **2** fenomeno *m.*, mostro *m.*

freckle ['frekl] *s.* lentiggine *f.*

free [friː] **A** *agg.* **1** libero **2** indipendente **3** esente, gratuito **4** abbondante **5** sciolto **B** *avv.* **1** gratis, gratuitamente **2** liberamente ♦ **admission f.** entrata libera

to free [friː] *v. tr.* **1** liberare **2** esentare

freedom ['friːdəm] *s.* libertà *f.*

freelance ['friːlɑːns] *agg.* indipendente

freely ['friːlɪ] *avv.* liberamente

to freeze [friːz] (*pass.* **froze**, *p. p.* **frozen**) *v. tr. e intr.* congelare

freezer ['friːzər] *s.* congelatore *m.*

freezing ['friːzɪŋ] *agg.* ghiacciato ♦ **f.-point** punto di congelamento

freight [freɪt] *s.* **1** trasporto *m.* **2** carico *m.* **3** noleggio *m.*

freighter ['freɪtər] *s.* **1** nave *f.* da carico, aereo *m.* da trasporto **2** noleggiatore *m.*

French [fren(t)ʃ] *agg. e s.* francese *m.* (*lingua*) ♦ **F. bean** fagiolino; **F. fries** (*USA*) patate fritte

Frenchman ['fren(t)ʃmən] (*pl.* **Frenchmen**) *s.* francese *m.*

Frenchwoman ['fren(t)ʃˌwʊmən] (*pl.* **Frenchwomen**) *s.* francese *f.*

frenzied ['frenzɪd] *agg.* frenetico

frenzy ['frenzɪ] *s.* frenesia *f.*

frequency ['friːkwənsɪ] *s.* frequenza *f.*

frequent ['friːkwənt] *agg.* frequente

to frequent [frɪ'kwənt] *v. tr.* frequentare, praticare

frequently ['friːkwəntlɪ] *avv.* frequentemente

fresco ['freskəʊ] *s.* affresco *m.*

fresh [freʃ] *agg.* **1** fresco, recente, nuovo **2** sfacciato

to freshen ['freʃn] *v. tr. e intr.* rinfrescare, rinfrescarsi

freshly ['freʃlɪ] *agg.* di fresco, di recente, appena

freshness ['freʃnɪs] *s.* freschezza *f.*

freshwater ['freʃ,wɔ:tə'] *agg.* d'acqua dolce

to fret [fret] **A** *v. tr.* **1** consumare **2** affliggere, agitare **B** *v. intr.* **1** consumarsi **2** affliggersi, irritarsi

friable ['fraɪəbl] *agg.* friabile

friar ['fraɪə'] *s.* frate *m.*

friction ['frɪkʃ(ə)n] *s.* frizione *f.*

Friday ['fraɪdɪ] *s.* venerdì *m.*

fridge [frɪdʒ] *s.* frigorifero *m.*

fried [fraɪd] *p. p. di* **to fry** fritto

friend [frend] *s.* amico *m.*

friendly ['frendlɪ] *agg.* amico, amichevole

friendship ['fren(d)ʃɪp] *s.* amicizia *f.*

frieze [fri:z] *s.* fregio *m.*

fright [fraɪt] *s.* paura *f.*, spavento *m.* ♦ **to take f. at st.** spaventarsi di q.c.

to frighten ['fraɪtn] *v. tr.* impaurire, spaventare, atterrire

frightful ['fraɪtf(ʊ)l] *agg.* spaventoso, tremendo

frigid ['frɪdʒɪd] *agg.* **1** glaciale **2** frigido

frill [frɪl] *s.* gala *f.*, trina *f.*

fringe [frɪn(d)ʒ] *s.* **1** frangia *f.* **2** margine *m.*

frippery ['frɪpərɪ] *s.* fronzolo *m.*

frisk [frɪsk] *v. tr.* **1** agitare **2** perquisire

frisky ['frɪskɪ] *agg.* vivace

fritter ['frɪtə'] *s.* frittella *f.*

frivolous ['frɪvələs] *agg.* frivolo

frizzy ['frɪzɪ] *agg.* crespo

fro [frəʊ] *avv.* to and f. avanti e indietro

frock [frɒk] *s.* **1** vestito *m.* **2** tonaca *f.*

frog [frɒg] *s.* rana *f.*

frogman ['frɒgmən] *s.* sommozzatore *m.*

to frolic ['frɒlɪk] *v. intr.* **1** sgambettare **2** folleggiare

from [frɒm, frəm] *prep.* **1** (*provenienza*) da (ES: **a letter from my mother** una lettera da mia madre) **2** (*causa*) per, a causa di (ES: **to speak from experience** parlare per esperienza) **3** (*tempo e luogo*) da (ES: **from May to August** da maggio ad agosto, **how far is it from Rome to Naples?** quanto c'è da Roma a Napoli?)

front [frʌnt] **A** *agg. attr.* anteriore, frontale **B** *s.* **1** fronte *f.*, facciata *f.*, parte *f.* anteriore **2** fronte *m.* ♦ **f. page** prima pagina; **in f. of** di fronte a; **sea f.** lungomare

frontage ['frʌntɪdʒ] *s.* facciata *f.*

frontal ['frʌntl] *agg.* frontale

frontier ['frʌntjə'] *s.* frontiera *f.*

frontispiece ['frʌntɪspi:s] *s.* frontespizio *m.*

fronton ['frʌntən] *s.* frontone *m.*

frost [frɒst] *s.* **1** gelo *m.* **2** brina *f.*

frostbite ['frɒs(t)baɪt] *s.* congelamento *m.*

froth [frɒθ] *s.* schiuma *f.*, spuma *f.*

frothy ['frɒθɪ] *agg.* schiumoso, spumoso

to frown [fraʊn] *v. intr.* aggrottare le ciglia

froze ['frəʊz] *pass. di* **to freeze**

frozen ['frəʊzn] **A** *p. p. di* **to freeze B** *agg.* **1** gelato, ghiacciato **2** congelato

frugal ['fru:g(ə)l] *agg.* frugale

fruit [fru:t] *s.* frutto *m.*, frutta *f.* ♦ **f. salad** macedonia

fruiterer ['fru:tərə'] *s.* fruttivendolo *m.*

fruitful ['fru:tf(ʊ)l] *agg.* fecondo, fertile

fruition [fru:'ɪʃ(ə)n] *s.* **1** fruizione *f.*, godimento *m.* **2** realizzazione *f.*

to frustrate [frʌs'treɪt] *v. tr.* frustrare, deludere

frustration [frʌs'treɪʃ(ə)n] *s.* frustrazione *f.*

fry [fraɪ] *s.* frittura *f.*, fritto *m.*

to fry [fraɪ] *v. tr.* friggere

frying ['fraɪɪŋ] *s.* frittura *f.* ♦ **f. pan** padella

fuel [fjʊəl] *s.* combustibile *m.* ♦ **f. tank** serbatoio della benzina

fugitive ['fju:dʒɪtɪv] *agg. e s.* fuggiasco *m.*, profugo *m.*

fulcrum ['fʌlkrəm] *s.* fulcro *m.*

to fulfil [fʊl'fɪl] *v. tr.* **1** compiere, adempiere **2** esaudire, appagare

fulfilment [fʊl'fɪlm(ə)nt] *s.* **1** adempimento *m.*, esecuzione *f.* **2** appagamento *m.*

full [fʊl] **A** *agg.* **1** pieno, completo **2** intero **3** ampio, abbondante **B** *avv.* completamente, interamente ♦ **at f. speed** a tutta velocità; **f. age** maggiore età; **f. size** a grandezza naturale; **f. stop** punto (*segno ortografico*); **f.-time** a tempo pieno; **f. up** sazio; **in f.** completamente

fully [fʊlɪ] *avv.* interamente, del tutto

fulminant ['fʌlmɪnənt] *agg.* fulminante

fulsome ['fʊlsəm] *agg.* esagerato, eccessivo

to fumble ['fʌmbl] *v. intr.* **1** armeggiare **2** brancolare

fume [fju:m] *s.* fumo *m.*, esalazione *f.*

to fume [fju:m] *v. intr.* **1** fumare, esalare vapore **2** essere furioso

fumigator ['fju:mɪgeɪtə'] *s.* zampirone *m.*

fun [fʌn] *s.* divertimento *m.* ♦ **f. fair** luna park; **to have f.** divertirsi; **to make f. of sb.** prendersi gioco di qc.

function ['fʌŋkʃ(ə)n] *s.* funzione *f.*

functional ['fʌŋkʃənl] *agg.* funzionale

functionalism ['fʌŋkʃ(ə)nəlɪz(ə)m] *s.* funzionalismo *m.*

functionality [fʌŋkʃə'nælɪtɪ] *s.* funzionalità *f.*

functionary ['fʌŋ(k)ʃənrɪ] *s.* funzionario *m.*

fund [fʌnd] *s.* **1** fondo *m.*, cassa *f.* **2** *al pl.* capitali *m. pl.*

fundamental [,fʌndə'mentl] *agg.* fondamentale, basilare

funeral ['fju:n(ə)r(ə)l] **A** *agg.* funebre, funerario **B** *s.* funerale *m.*

funerary ['fju:nərərɪ] *agg.* funerario

funereal [fju(:)'nɪərɪəl] *agg.* funereo

fungicide ['fʌndʒɪsaɪd] *s.* fungicida *m.*

fungus ['fʌŋgəs] *s.* fungo *m.*

funicular [fju(:)'nɪkjʊlə'] *s.* funicolare *f.*

funk [fʌŋk] *s.* (*fam.*) paura *f.*, fifa *f.*

funnel ['fʌnl] *s.* **1** imbuto *m.* **2** ciminiera *f.*

funny ['fʌnɪ] *agg.* **1** buffo, divertente **2** strano

fur [fɜ:'] *s.* pelo *m.*, pelliccia *f.*

furious ['fjʊərɪəs] *agg.* furioso

furlough ['fɜ:ləʊ] *s.* (*mil.*) licenza *f.*

furnace ['fɜ:nɪs] *s.* fornace *f.*

to furnish ['fɜ:nɪʃ] *v. tr.* **1** ammobiliare **2** fornire

furnishing ['fɜ:nɪʃɪŋ] *s.* arredamento *m.*

furnishings [ˈfɜːnɪʃɪŋz] s. pl. mobili m. pl., arredamento m.

furniture [ˈfɜːnɪtʃər] s. arredamento m.

furrier [ˈfʌrɪər] s. pellicciaio m.

furrow [ˈfʌrəʊ] s. solco m.

further [ˈfɜːðər] (comp. di far) A agg. 1 ulteriore 2 più lontano, altro B avv. 1 oltre 2 ulteriormente

furthermore [ˌfɜːðəˈmɔːr] avv. per di più, inoltre

furthest [ˈfɜːðɪst] (sup. rel. di far) A agg. il più lontano, remoto B avv. più lontano

fury [ˈfjʊərɪ] s. furia f.

fuse [fjuːz] s. 1 fusibile m. 2 miccia f.

to fuse [fjuːz] v. tr. e intr. fondere, fondersi

fuselage [ˈfjuːzɪlɑːʒ] s. fusoliera f.

fusible [ˈfjuːzəbl] agg. fusibile

fusion [ˈfjuːʒ(ə)n] s. fusione f.

fuss [fʌs] s. 1 confusione f., trambusto m. 2 smancerie f. pl.

to fuss [fʌs] v. intr. agitarsi

fussiness [ˈfʌsɪnɪs] s. agitazione f.

fussy [ˈfʌsɪ] agg. 1 agitato 2 puntiglioso, esigente

fustian [ˈfʌstɪən] s. fustagno m.

futility [fju(ː)ˈtɪlɪtɪ] s. futilità f.

future [ˈfjuːtʃər] agg. e s. futuro m. ♦ **in f., for the f.** in futuro, d'ora innanzi

futurism [ˈfjuːtʃərɪz(ə)m] s. futurismo m.

futuristic [ˌfjuːtʃərɪstɪk] agg. 1 avveniristico 2 (arte) futuristico

fuzzy [ˈfʌzɪ] agg. 1 crespo 2 (fot.) sfocato, indistinto

G

gab [ɡæb] s. (fam.) chiacchiera f., parlantina f.

to gabble [ˈɡæbl] v. tr. e intr. borbottare, farfugliare

gable [ˈɡeɪbl] s. (arch.) timpano m.

gadfly [ˈɡædflaɪ] s. 1 (zool.) tafano m. 2 seccatore m.

gadget [ˈɡædʒɪt] s. aggeggio m., congegno m., dispositivo m.

Gaelic [ˈɡeɪlɪk] agg. e s. gaelico m. (lingua)

gaff [ɡæf] s. fiocina f., arpione m.

gag [ɡæɡ] s. 1 bavaglio m. 2 facezia f., battuta f.

to gag [ɡæɡ] A v. tr. imbavagliare B v. intr. improvvisare battute

gaiety [ˈɡeɪətɪ] s. allegria f., gaiezza f.

gaily [ˈɡeɪlɪ] avv. gaiamente, allegramente

gain [ɡeɪn] s. 1 guadagno m., profitto m. 2 miglioramento m., aumento m.

to gain [ɡeɪn] A v. tr. guadagnare, conseguire, ottenere B v. intr. 1 guadagnarci 2 progredire, aumentare, migliorare 3 (di orologio) andare avanti ♦ **to g. on** guadagnare terreno su

gait [ɡeɪt] s. andatura f.

galaxy [ˈɡæləksɪ] s. galassia f.

gale [ɡeɪl] s. 1 burrasca f., vento m. forte 2 (di risa) scoppio m.

gall [ɡɔːl] s. bile f., fiele m. ♦ **g. bladder** cistifellea; **g.-stone** calcolo biliare

gallant [ˈɡælənt] agg. 1 coraggioso, valoroso 2 galante 3 sfarzoso

galleon [ˈɡælɪən] s. galeone m.

gallery [ˈɡælərɪ] s. 1 galleria f. 2 loggione m.

galley [ˈɡælɪ] s. 1 galea f. 2 (naut.) cucina f.

gallicism [ˈɡælɪsɪz(ə)m] s. gallicismo m.

gallon [ˈɡælən] s. gallone m.

gallop [ˈɡæləp] s. galoppo m.

to gallop [ˈɡæləp] v. intr. galoppare

gallows [ˈɡæləʊz] s. pl. forca f., patibolo m.

galore [ɡəˈlɔːr] avv. in abbondanza, a iosa

to galvanize [ˈɡælvənaɪz] v. tr. galvanizzare

gamble [ˈɡæmbl] s. azzardo m., rischio m.

to gamble [ˈɡæmbl] v. intr. giocare d'azzardo ♦ **to g. on** giocare su

gambler [ˈɡæmblər] s. giocatore m. d'azzardo

gambling [ˈɡæmblɪŋ] s. gioco m. d'azzardo

game [ɡeɪm] A s. 1 gioco m. 2 partita f., mano f. 3 tranello m., scherzo m. 4 selvaggina f. B agg. pronto ♦ **big g.** selvaggina grossa; **g.-licence** licenza di caccia

gamekeeper [ˈɡeɪmˌkiːpər] s. guardacaccia m. inv.

gammon [ˈɡæmən] s. 1 prosciutto m. affumicato 2 quarto m. di maiale

gamut [ˈɡæmət] s. gamma f.

gang [ɡæŋ] s. banda f., squadra f.

gangrene [ˈɡæŋɡriːn] s. cancrena f.

gangster [ˈɡæŋstər] s. gangster m., bandito m.

gangway [ˈɡæŋweɪ] s. passerella f.

gap [ɡæp] s. 1 apertura f., varco m. 2 divario m., lacuna f.

to gape [ɡeɪp] v. intr. 1 spalancare la bocca, restare a bocca aperta 2 aprirsi

garage [ˈɡærɑːʒ] s. garage m. inv., autorimessa f.

garbage [ˈɡɑːbɪdʒ] s. immondizia f., rifiuti m. pl. ♦ **g. can** pattumiera

to garble [ˈɡɑːbl] v. tr. alterare, confondere

garden [ˈɡɑːdn] s. 1 giardino m. 2 orto m. ♦ **g. centre** vivaio; **roof g.** giardino pensile

gardener [ˈɡɑːdnər] s. giardiniere m.

gardenia [ɡɑːˈdiːnjə] s. gardenia f.

gardening [ˈɡɑːdnɪŋ] s. giardinaggio m.

gargle [ˈɡɑːɡl] s. gargarismo m.

garish [ˈɡɛərɪʃ] agg. sgargiante, vistoso

garland [ˈɡɑːlənd] s. ghirlanda f.

garlic ['gɑːlɪk] s. aglio m.

garment ['gɑːmənt] s. indumento m.

garnish ['gɑːnɪʃ] s. guarnizione f.

to garnish ['gɑːnɪʃ] v. tr. guarnire

garrison ['gærɪsn] s. guarnigione f.

garrulous ['gærʊləs] agg. garrulo, loquace

garter ['gɑːtər] s. giarrettiera f. ◆ **g. belt** reggicalze

gas [gæs] s. **1** gas m. inv. **2** (USA) benzina f. ◆ **g. mask** maschera antigas; **g. meter** contatore del gas; **g. ring** fornello; **g. station** (USA) distributore di benzina

gash [gæʃ] s. sfregio m.

to gash [gæʃ] v. tr. sfregiare

gasket ['gæskɪt] s. (mecc.) guarnizione f.

gasoline ['gæsəliːn] s. benzina f.

gasp [gɑːsp] s. respiro m. affannoso

to gasp [gɑːsp] v. intr. **1** boccheggiare, ansimare **2** restare senza fiato ◆ **to g. out** dire a fatica, dire ansimando

gassy ['gæsɪ] agg. gassoso

gastric ['gæstrɪk] agg. gastrico

gastritis [gæs'traɪtɪs] s. gastrite f.

gastroenteric [ˌgæstrəʊ(ʊ)en'terɪk] agg. gastroenterico

gastronomic [ˌgæstrə'nɒmɪk] agg. gastronomico

gastronomy [gæs'trɒnəmɪ] s. gastronomia f.

gate [geɪt] s. **1** cancello m., porta f. **2** (aer.) uscita f.

to gatecrash ['geɪtkræʃ] v. intr. (fam.) partecipare senza invito

gateway ['geɪtˌweɪ] s. **1** entrata f., ingresso m. **2** porta f.

to gather ['gæðər] A v. tr. **1** raccogliere, radunare **2** assumere, prendere **3** increspare B v. intr. **1** raccogliersi, radunarsi **2** aumentare, gonfiarsi

gathering ['gæðərɪŋ] s. raduno m.

gauche [ɡəʊʃ] agg. goffo, maldestro

gaudy ['ɡɔːdɪ] agg. sgargiante

gauge [geɪdʒ] s. **1** calibro m., manometro m., misuratore m. **2** (ferr.) scartamento m.

gaunt [ɡɔːnt] agg. **1** scarno, macilento **2** desolato, arido

gauntlet ['ɡɔːntlɪt] s. guanto m. di sfida

gauze [ɡɔːz] s. garza f.

gave [geɪv] pass. di **to give**

gay [geɪ] A agg. allegro, vivace B s. omosessuale m. e f.

gaze [ɡeɪz] s. sguardo m. fisso

to gaze [ɡeɪz] v. intr. guardare fissamente ◆ **to g. at/ on** fissare

gazebo [ɡə'ziːbəʊ] s. gazebo m. inv.

gazelle [ɡə'zəl] s. gazzella f.

gazette [ɡə'zet] s. gazzetta f.

gazetteer [ˌgæzɪ'tɪər] s. dizionario m. geografico

gear [ɡɪər] s. **1** meccanismo m., ingranaggio m. **2** arnesi m. pl., equipaggiamento m. **3** (autom.) cambio m. ◆ **g. box** scatola del cambio; **in g.** con la marcia ingranata

geese [ɡiːs] pl. di **goose**

gel [dʒel] s. gelatina f., gel m. inv.

gelatin(e) [ˌdʒelə'tɪ(ː)n] s. gelatina f.

gem [dʒem] s. gemma f., pietra f. preziosa

gender ['dʒendər] s. (gramm.) genere m.

genealogy [ˌdʒiːnɪ'ælədʒɪ] s. genealogia f.

general ['dʒen(ə)r(ə)l] A agg. **1** generale, comune **2** generico B s. generale m. ◆ **g. delivery** fermo posta; **in g.** in genere

generality [ˌdʒenə'rælɪt] s. generalità f.

to generalize ['dʒen(ə)rəlaɪz] v. tr. generalizzare

generally ['dʒen(ə)r(ə)lɪ] avv. generalmente

to generate ['dʒenəreɪt] v. tr. generare

generation [ˌdʒenə'reɪʃ(ə)n] s. generazione f.

generational [ˌdʒenə'reɪʃ(ə)n(ə)l] agg. generazionale

generator ['dʒenəreɪtər] s. generatore m.

generic [dʒɪ'nerɪk] agg. generico

generosity [ˌdʒenə'rɒsɪtɪ] s. generosità f.

generous ['dʒen(ə)rəs] agg. **1** generoso **2** abbondante

genesis ['dʒenɪsɪs] s. genesi f.

genetic [dʒɪ'netɪk] agg. genetico

genetics [dʒɪ'netɪks] s. pl. (v. al sing.) genetica f.

genial ['dʒiːnjəl] agg. **1** cordiale, socievole **2** benigno, mite

genie ['dʒiːnɪ] s. genio m.

genitalia [ˌdʒenɪ'teɪljə] s. pl. genitali m. pl.

genitals ['dʒenɪtlz] s. pl. genitali m. pl.

genius ['dʒiːnjəs] s. genio m.

genteel [dʒen'tiːl] agg. garbato

gentle ['dʒentl] agg. **1** gentile, garbato **2** delicato, lieve

gentleman ['dʒentlmən] (pl. **gentlemen**) s. signore m., gentiluomo m.

gently ['dʒentlɪ] avv. delicatamente, dolcemente

gentry ['dʒentrɪ] s. piccola nobiltà f.

genuine ['dʒenjʊɪn] agg. genuino, autentico

genuineness ['dʒenjʊɪnnɪs] s. genuinità f., autenticità f.

genus ['dʒiːnəs] s. genere m.

geographic [dʒɪə'ɡræfɪk] agg. geografico

geography [dʒɪ'ɒɡrəfɪ] s. geografia f.

geology [dʒɪ'ɒlədʒɪ] s. geologia f.

geometric(al) [dʒɪə'metrɪk(ə)l] agg. geometrico

geometry [dʒɪ'ɒmɪtrɪ] s. geometria f.

geophysics [ˌdʒiːə(ʊ)'fɪzɪks] s. pl. (v. al sing.) geofisica f.

geopolitics [ˌdʒiːə(ʊ)'pɒlɪtɪks] s. pl. (v. al sing.) geopolitica f.

georgic ['dʒɔːdʒɪk] agg. georgico

geothermal [ˌdʒiːə(ʊ)'θɜːm(ə)l] agg. geotermico

geranium [dʒɪ'reɪnjəm] s. geranio m.

geriatric [ˌdʒerɪ'ætrɪk] agg. geriatrico

geriatrics [ˌdʒerɪ'ætrɪks] s. pl. (v. al sing.) geriatria f.

germ [dʒɜːm] s. germe m.

German ['dʒɜːmən] agg. tedesco ◆ **G. measles** rosolia

to germinate ['dʒɜːmɪneɪt] v. intr. germogliare

gestation [dʒes'teɪʃ(ə)n] s. gestazione f.

gesture ['dʒestʃər] s. gesto m., atto m.

to get [get] (pass. **got**, p. p. **got**, USA **gotten**) A v. tr. **1** prendere **2** ottenere, procurarsi **3** afferrare, capire, cogliere **4** convincere, persuadere **5** mettere **6** portare, mandare, condurre B v. intr. **1** diventare, farsi **2** andare, arrivare **3** mettersi **4** (nella costruzione passiva) essere, venire (ES: **my father got dismissed last week** mio padre è stato licenziato la settimana scorsa) ♦ **to g. about** circolare, diffondersi; **to g. along** andare d'accordo; **to g. away** scappare; **to g. back** riavere; **to g. down** scendere; **to g. off** scendere **to g. on** salire; **to g. over** superare; **to g. out** uscire; **to g. up** alzarsi, salire; **to have got** avere, dovere

getaway ['getawei] s. fuga f.

ghastly ['gɑːstlɪ] agg. 1 orribile, spaventoso 2 spettrale

gherkin ['gɜːkɪn] s. cetriolino m.

ghetto ['getəʊ] s. ghetto m.

ghost [gəʊst] s. fantasma m., spirito m. ♦ **g. writer** scrittore per conto di altri

giant ['dʒaɪənt] agg. e s. gigante m.

gibberish ['gɪbərɪʃ] s. borbottio m.

giblets ['dʒɪblɪts] s. pl. frattaglie f. pl.

giddiness ['gɪdɪnɪs] s. capogiro m., vertigini f. pl.

giddy ['gɪdɪ] agg. stordito ♦ **to be g.** avere le vertigini

gift [gɪft] s. 1 dono m., regalo m. 2 pregio m., dote f.

gifted ['gɪftɪd] agg. dotato

gigantic [dʒaɪ'gæntɪk] agg. gigantesco

gigantism ['dʒaɪgænˌtɪz(ə)m] s. gigantismo m.

to giggle ['gɪgl] v. intr. sghignazzare, ridere scioccamente

gills [gɪlz] s. pl. (zool.) branchie f. pl.

gilt [gɪlt] A agg. dorato B s. doratura f.

gimmick ['gɪmɪk] s. (fam.) 1 trovata f., trucco m. 2 aggeggio m.

gin [dʒɪn] s. gin m. inv.

ginger ['dʒɪn(dʒ)əʳ] s. zenzero m.

gingerly ['dʒɪndʒəlɪ] avv. cautamente, con circospezione m.

gipsy ['dʒɪpsɪ] s. gitano m., zingaro m.

giraffe [dʒɪ'rɑːf] s. giraffa f.

to gird [gɜːd] (pass. e p. p. **girded**, **girt**) v. tr. cingere

girder ['gɜːdəʳ] s. trave f.

girdle ['gɜːdl] s. guaina f., busto m.

girl [gɜːl] s. 1 ragazza f., signorina f. 2 figlia f. 3 fidanzata f.

girlfriend ['gɜːlfrend] s. ragazza f., fidanzata f.

girlish ['gɜːlɪʃ] agg. da ragazza

giro ['dʒaɪrəʊ] s. giroconto m., postagiro m.

girt [gɜːt] pass. e p. p. di **to gird**

girth [gɜːθ] s. giro m., circonferenza f.

gist [dʒɪst] s. essenza f.

to give [gɪv] (pass. **gave**, p. p. **given**) A v. tr. 1 dare, fornire 2 regalare 3 eseguire, rappresentare 4 dare come risultato 5 causare B v. intr. 1 cedere, piegarsi, addolcirsi 2 dare su, guardare su ♦ **to g. back** rendere; **to g. in** cedere; **to g. up** consegnare, rinunciare

giver ['gɪvəʳ] s. donatore m.

glacial ['gleɪsjəl] agg. glaciale

glacier ['glæsjəʳ] s. ghiacciaio m.

glad [glæd] agg. 1 felice, lieto 2 grato

glade [gleɪd] s. radura f.

gladly ['glædlɪ] avv. volentieri, con piacere

glamorous ['glæmərəs] agg. attraente, affascinante

glamour ['glæməʳ] s. fascino m., seduzione f., incanto m.

glance [glɑːns] s. occhiata f., sguardo m.

to glance [glɑːns] v. tr. 1 guardare brevemente 2 far rimbalzare, deviare ♦ **to g. at** gettare uno sguardo su

gland [glænd] s. ghiandola f.

glare [gleəʳ] s. 1 bagliore m., riverbero m., luce f. abbagliante 2 sguardo m. furioso

to glare [gleəʳ] v. intr. sfolgorare ♦ **to g. at** guardare di traverso

glaring ['gleərɪŋ] agg. 1 abbagliante 2 torvo 3 evidente, madornale

glass [glɑːs] s. 1 vetro m. 2 bicchiere m. 3 al pl. occhiali m. pl. ♦ **sun-glasses** occhiali da sole

glasshouse ['glɑːshaʊs] s. serra f.

glassware ['glɑːsweəʳ] s. cristalleria f.

glassworks ['glɑːswɜːks] s. pl. (v. al sing.) vetreria f.

glaze [gleɪz] s. 1 smalto m. 2 (cuc.) glassa f.

to glaze [gleɪz] v. tr. 1 fornire di vetri 2 smaltare 3 (cuc.) glassare

glazier ['gleɪzjəʳ] s. vetraio m.

gleam [gliːm] v. intr. brillare, luccicare

to glean [gliːn] v. tr. e intr. spigolare, racimolare

glee [gliː] s. gioia f.

glib [glɪb] agg. 1 loquace 2 scorrevole

glide [glaɪd] s. 1 scivolata f. 2 planata f.

to glide [glaɪd] v. intr. 1 scivolare 2 fluire 3 planare

glider ['glaɪdəʳ] s. aliante m.

gliding ['glaɪdɪŋ] s. volo m. a vela

glimmer ['glɪməʳ] s. barlume m.

glimpse [glɪm(p)s] s. 1 occhiata f. di sfuggita 2 apparizione f.

to glint [glɪnt] v. intr. brillare, luccicare

to glisten ['glɪsn] v. intr. brillare, luccicare

to glitter ['glɪtəʳ] v. intr. brillare, luccicare

to gloat [gləʊt] v. intr. gongolare

global ['gləʊbl] agg. globale

globe [gləʊb] s. 1 globo m., sfera f. 2 mappamondo m.

gloom [gluːm] s. 1 oscurità f. 2 tristezza f.

gloomy ['gluːmɪ] agg. 1 oscuro, cupo, lugubre 2 tetro, triste

glorious ['glɔːrɪəs] agg. 1 glorioso 2 magnifico

glory ['glɔːrɪ] s. 1 gloria f. 2 splendore m.

gloss (1) [glɒs] s. 1 lucentezza f., lustro m. 2 vernice f., smalto m.

gloss (2) [glɒs] s. glossa f., chiosa f.

to gloss (1) [glɒs] v. tr. lucidare, lustrare ♦ **to g. over** scivolare su, dissimulare

to gloss (2) [glɒs] v. tr. glossare, chiosare

glossary ['glɒsərɪ] s. glossario m.

glossy ['glɒsɪ] agg. lucente, lucido

glottology [glɒ'tɒlədʒɪ] s. glottologia f.

glove [glʌv] s. guanto m.

to glow [gləʊ] v. intr. ardere, fiammeggiare

to glower ['glaʊəʳ] v. intr. guardare in cagnesco

glucose ['gluːkəʊs] s. glucosio m.

glue [gluː] s. colla f.

to glue [gluː] v. tr. incollare

glum [glʌm] agg. depresso, abbattuto

glut [glʌt] s. eccesso m., saturazione f.

to glut [glʌt] v. tr. saziare, saturare

gluteus [gluːˈtiːəs] s. gluteo m.

glutton ['glʌtn] s. ghiottone
gluttonous ['glʌtnəs] agg. ghiotto
glyc(a)emia [glaɪˈsiːmɪə] s. glicemia f.
glycerin(e) ['glɪsəˈriː(ɪ)n] s. glicerina f.
gnarled [nɑːld] agg. (di legno) nodoso
gnat [næt] s. moscerino m., zanzara f.
to gnaw [nɔː] v. tr. e intr. rosicchiare
gnome [nəʊm] s. gnomo m.
to go [gəʊ] (pass. **went**, p. p. **gone**) v. intr. 1 andare, andarsene, viaggiare 2 (seguito da agg.) diventare (ES: **to go mad** diventare matto, impazzire) 3 andare, svolgersi 4 funzionare 5 (seguito da participio pres.) andare a (ES: **to go swimming** andare a fare una nuotata) ◆ **let's go!** andiamo!; **to be going to** (seguito da infinito) stare per, essere sul punto di; **to go away** andar via; **to go back** ritornare; **to go in** entrare; **to go on** continuare; **to go out** uscire; **to go through** esaminare, subire
to goad [gəʊd] v. tr. incitare, spronare
go-ahead ['gəʊ(ʊ)əhed] **A** agg. intraprendente, audace **B** s. via m., permesso m. di agire
goal [gəʊl] s. 1 meta f., scopo m. 2 (sport) goal m. inv., rete f.
goalkeeper ['gəʊl,kiː(ː)pər] s. (sport) portiere m.
goat [gəʊt] s. capra f. ◆ **the G.** Capricorno
to gobble ['gɒbl] v. tr. ingoiare, tranguggiare
go-between ['gəʊbɪˌtwiːn] s. intermediario m.
goblet ['gɒblɪt] s. calice m.
goblin ['gɒblɪn] s. gnomo m.
God [gɒd] s. Dio m.
godchild ['gɒdtʃaɪld] (pl. **godchildren**) s. figlioccio m.
goddaughter ['gɒd,dɔːtər] s. figlioccia f.
goddess ['gɒdɪs] s. dea f.
godfather ['gɒd,faːðər] s. padrino m.
god-forsaken ['gɒdfəˌseɪkn] agg. desolato, abbandonato
godhead ['gɒdhed] s. divinità f.
godmother ['gɒd,mʌðər] s. madrina f.
godson ['gɒdsʌn] s. figlioccio m.
goggles ['gɒglz] s. pl. occhiali m. pl. di protezione
going ['gəʊɪŋ] **A** agg. 1 corrente, in vigore 2 efficiente 3 di moda 4 disponibile **B** s. 1 andata f. 2 andatura f. 3 (di strada, terreno) stato m., condizione f. ◆ **coming and g.** andirivieni; **g.-down** discesa
gold [gəʊld] **A** s. oro m. **B** agg. aureo ◆ **fine g.** oro zecchino; **g.-mine** miniera; **g. plated** placcato in oro
golden ['gəʊld(ə)n] agg. 1 dorato, d'oro 2 biondo
goldsmith ['gəʊldsmɪθ] s. orafo m.
golf [gɒlf] s. (sport) golf m. inv. ◆ **g. club** circolo del golf, mazza da golf; **g. course** campo da golf
golfer ['gɒlfər] s. giocatore m. di golf
gone [gɒn] **A** p. p. di **to go B** agg. 1 andato, finito 2 debole, sfinito
gong [gɒŋ] s. gong m. inv.
good [gʊd] (comp. **better**, sup. rel. **best**) **A** agg. 1 buono, bravo, bello 2 piacevole, felice **B** s. 1 bene m., beneficio m. 2 al pl. beni m. pl., merce f. ◆ **as g. as** praticamente, come; **for g.** per sempre; **g. evening** buonasera; **G. Friday** Venerdì santo; **g. looking** prestante, bello; **g. morning** buongiorno; **g. night**

buonanotte; **goods train** treno merci; **to be g. at** essere bravo in
goodbye [gʊ(d)ˈbaɪ] inter. addio, arrivederci
goodness ['gʊdnɪs] s. bontà f., cortesia f. ◆ **my g.!** accidenti!
goodwill [ˌgʊdˈwɪl] s. benevolenza f., amicizia f.
goose [guːs] (pl. **geese**) s. oca f.
gooseberry ['gʊzb(ə)rɪ] s. uva f. spina
gooseflesh ['guːsfleʃ] s. pelle f. d'oca
to gore [gɔːr] v. tr. incornare
gorge [gɔːdʒ] s. gola f.
to gorge [gɔːdʒ] v. tr. e intr. rimpinzare, rimpinzarsi
gorgeous ['gɔːdʒəs] agg. fastoso, magnifico
gorilla [gəˈrɪlə] s. gorilla m. inv.
gorse [gɔːs] s. ginestrone m.
gory ['gɔːrɪ] agg. insanguinato, sanguinoso
gosh [gɒʃ] inter. perbacco!
gospel ['gɒsp(ə)l] s. vangelo m.
gossip ['gɒsɪp] s. 1 chiacchiera f., pettegolezzo m. 2 pettegolo m.
to gossip ['gɒsɪp] v. intr. 1 chiacchierare 2 pettegolare
gossipy ['gɒsɪpɪ] agg. pettegolo
got [gɒt] pass. e p. p. di **to get**
Gothic ['gɒθɪk] agg. gotico
gotten ['gɒtn] p. p. di **to get** (USA)
gouache [gʊˈɑːʃ] s. (arte) guazzo m.
gourmet ['gʊəmeɪ] s. buongustaio m.
gout [gaʊt] s. (med.) gotta f.
to govern ['gʌv(ə)n] v. tr. 1 governare, dirigere 2 controllare
government ['gʌvnmənt] s. governo m., amministrazione f.
governor ['gʌvənər] s. governatore m., amministratore m.
gown [gaʊn] s. 1 toga f. 2 veste f. lunga
to grab [græb] v. tr. afferrare, agguantare ◆ **to g. at** tentare di afferrare
grace [greɪs] s. grazia f.
to grace [greɪs] v. tr. 1 abbellire 2 onorare
graceful ['greɪsf(ʊ)l] agg. leggiadro, elegante
gracious ['greɪʃəs] agg. 1 grazioso, benevolo 2 misericordioso
gradation [grəˈdeɪʃ(ə)n] s. gradazione f.
grade [greɪd] s. 1 grado m. 2 categoria f., qualità f. 3 (USA) classe f., anno m. (di scuola) 4 (USA) voto m. (scolastico) ◆ **g. school** scuola elementare
to grade [greɪd] v. tr. classificare
gradient ['greɪdjənt] s. 1 pendenza f., inclinazione f. 2 gradiente m.
gradual ['grædjʊəl] agg. graduale
gradually ['grædjʊəlɪ] avv. gradualmente
graduate ['grædjʊət] s. 1 laureato m. 2 (USA) diplomato m.
to graduate ['grædjʊeɪt] v. intr. 1 laurearsi 2 (USA) diplomarsi
graduation [ˌgrædjʊˈeɪʃ(ə)n] s. 1 laurea f. 2 (USA) diploma m. 3 graduazione f. 4 scala f. graduata
graffito [grɑːˈfiːtəʊ] (pl. **graffiti**) s. graffito m.
graft (1) [grɑːft] s. 1 (bot.) innesto m. 2 (med.) trapianto m.

graft (2) [grɑːft] s. corruzione f., peculato m.
to graft (1) [grɑːft] v. tr. **1** (bot.) innestare **2** (med.) trapiantare
to graft (2) [grɑːft] v. tr. guadagnare con mezzi illeciti
grain [greɪn] s. **1** grano m., granello m. **2** grana f., (del legno) venatura f.
grained [greɪnd] agg. granulato
gram (1) [græm] s. grammo m.
gram (2) [græm] s. cece m.
grammar [ˈgræmə] s. grammatica f. ♦ **g. school** liceo
grammatical [grəˈmætɪk(ə)l] agg. grammaticale
granary [ˈgrænərɪ] s. granaio m.
grand [grænd] agg. **1** grandioso, imponente **2** grande, importante **3** complessivo ♦ **g. piano** pianoforte a coda
grandchild [ˈgræn(d)tʃaɪld] (pl. **grandchildren**) s. nipote m. e f. (di nonni)
granddaughter [ˈgræn,dɔːtə] s. nipote f. (di nonni)
grandeur [ˈgræn(d)ʒə] s. grandiosità f.
grandfather [ˈgræn(d),fɑːðə] s. nonno m.
grandma [ˈgrænmɑː] s. (fam.) nonna f.
grandmother [ˈgræn,mʌðə] s. nonna f.
grandpa [ˈgrænpɑː] s. (fam.) nonno m.
grandparent [ˈgræn(d),peər(ə)nt] s. nonno m., nonna f.
grandson [ˈgræn(d)sʌn] s. nipote m. (di nonni)
granite [ˈgrænɪt] s. granito m.
granny [ˈgrænɪ] s. (fam.) nonna f.
grant [grɑːnt] s. **1** concessione f., assegnazione f. **2** sussidio m., sovvenzione f. **3** borsa f. di studio
to grant [grɑːnt] v. tr. **1** accordare, concedere **2** accogliere, esaudire **3** attribuire ♦ **to take st. for granted** dare q.c. per scontato
granular [ˈgrænjʊlə] agg. granuloso, granulare
granulation [,grænjʊˈleɪʃ(ə)n] s. granulazione f.
granule [ˈgrænjuːl] s. granello m.
grape [greɪp] s. **1** acino m. **2** al pl. uva f.
grapefruit [ˈgreɪpfruːt] s. pompelmo m.
graph [græf] s. grafico m., diagramma m.
graphic [ˈgræfɪk] agg. grafico
graphically [ˈgræfɪkəlɪ] avv. graficamente
graphics [ˈgræfɪks] s. pl. (v. al sing.) grafica f.
to grapple [ˈgræpl] v. tr. afferrare, agganciare ♦ **to g. with** lottare con, essere alle prese con
grasp [grɑːsp] s. **1** presa f., stretta f. **2** padronanza f., controllo m. **3** comprensione f.
to grasp [grɑːsp] v. tr. **1** afferrare, stringere **2** comprendere ♦ **to g. at** cercare di afferrare
grass [grɑːs] s. erba f.
grasshopper [ˈgrɑːs,hɒpə] s. cavalletta f.
grassland [ˈgrɑːslænd] s. prateria f.
grate [greɪt] s. grata f.
to grate [greɪt] A v. tr. grattugiare B v. intr. cigolare, stridere
grateful [ˈgreɪtf(ʊ)l] agg. grato
gratefully [ˈgreɪtf(ʊ)lɪ] avv. con gratitudine
grater [ˈgreɪtə] s. grattugia f.
to gratify [ˈgrætɪfaɪ] v. tr. gratificare, compiacere
grating (1) [ˈgreɪtɪŋ] s. griglia f., grata f.
grating (2) [ˈgreɪtɪŋ] A agg. stridulo B s. stridore m.

gratis [ˈgreɪtɪs] avv. gratis
gratitude [ˈgrætɪtjuːd] s. gratitudine f.
gratuity [grəˈtjuːɪtɪ] s. mancia f., gratifica f.
grave (1) [greɪv] s. tomba f.
grave (2) [greɪv] agg. grave, serio
gravel [ˈgræv(ə)l] s. ghiaia f.
gravelly [ˈgrævəlɪ] agg. ghiaioso
gravestone [ˈgreɪvstəʊn] s. pietra f. tombale
graveyard [ˈgreɪvjɑːd] s. cimitero m.
gravity [ˈgrævɪtɪ] s. **1** gravità f., peso m. **2** serietà f., solennità f.
gravy [ˈgreɪvɪ] s. sugo m. (di carne) ♦ **g. boat** salsiera
gray [greɪ] agg. (USA) → **grey**
graze [greɪz] s. escoriazione f.
to graze (1) [greɪz] v. tr. **1** sfiorare **2** scalfire, escoriare, graffiare
to graze (2) [greɪz] v. intr. pascolare
grazing [ˈgreɪzɪŋ] s. pascolo m. ♦ **g. land** terreno da pascolo
grease [griːs] s. **1** grasso m. **2** brillantina f. ♦ **g.-proof paper** carta oleata
to grease [griːz] v. tr. ungere, ingrassare, lubrificare
greasing [ˈgriːsɪŋ] s. ingrassaggio m.
greasy [ˈgriːsɪ] agg. untuoso, grasso
great [greɪt] agg. **1** grande, grosso **2** grandioso **3** insigne, celebre
greatly [ˈgreɪtlɪ] avv. molto, grandemente
greatness [ˈgreɪtnɪs] s. grandezza f.
grecism [ˈgriːsɪz(ə)m] s. grecismo m.
greediness [ˈgriːdɪnɪs] s. **1** avidità f. **2** golosità f.
greedy [ˈgriːdɪ] agg. **1** avido **2** goloso
Greek [griːk] agg. e s. greco m.
green [griːn] A agg. **1** verde **2** giovane, fresco **3** inesperto B s. **1** verde m. **2** prato **3** al pl. verdura f.
greengrocer [ˈgriːn,grəʊsə] s. fruttivendolo m.
greenhouse [ˈgriːnhaʊs] s. serra f.
greenish [ˈgriːnɪʃ] agg. verdastro
to greet [griːt] v. tr. salutare
greeting [ˈgriːtɪŋ] s. **1** saluto m. **2** al pl. auguri m. pl.
gregarious [grɪˈgeərɪəs] agg. **1** gregario **2** socievole
gremlin [ˈgremlɪn] s. folletto m.
grenade [grɪˈneɪd] s. (mil.) granata f.
grew [gruː] pass. di to **grow**
grey [greɪ] (USA **gray**) agg. grigio ♦ **g.-haired** brizzolato
greyhound [ˈgreɪhaʊnd] s. levriero m.
grid [grɪd] s. **1** grata f., griglia f. **2** reticolo m., rete f.
grief [griːf] s. afflizione f., dolore m.
grievance [ˈgriːv(ə)ns] s. lagnanza f., reclamo m.
to grieve [griːv] A v. tr. addolorare, affliggere B v. intr. addolorarsi, affliggersi ♦ **to g. at/for sb.** rattristarsi per qc.
grievous [ˈgriːvəs] agg. doloroso, atroce ♦ **g. bodily harm** grave danno fisico, aggressione
griffin [ˈgrɪfɪn] s. grifone m.
grill [grɪl] s. **1** griglia f., grata f. **2** grigliata f.
to grill [grɪl] v. tr. cuocere alla griglia
grille [grɪl] s. grata f., griglia f.
grilled [grɪld] agg. alla griglia
grim [grɪm] agg. **1** orribile, sinistro **2** spietato, feroce,

risoluto **3** sgradevole, repellente

grimace [grɪ'meɪs] s. smorfia f.

grime [graɪm] s. sporcizia f.

grin [grɪn] s. **1** sogghigno m. **2** sorriso m.

grind [graɪnd] s. **1** cigolio m. **2** (fam.) sgobbata f.

to grind [graɪnd] (pass. e p. p. **ground**) v. tr. **1** macinare, frantumare **2** arrotare, affilare **3** smerigliare

grinder ['graɪndər] s. **1** arrotino m. **2** macina f., macinino m. **3** (dente) molare m.

grinding ['graɪndɪŋ] s. macinazione f.

grip [grɪp] s. **1** stretta f., presa f. **2** impugnatura f. **3** (USA) borsa f. da viaggio

to grip [grɪp] v. tr. **1** stringere, impugnare **2** avvincere

grisly ['grɪzlɪ] agg. orrendo, macabro

gristle ['grɪsl] s. cartilagine f.

grit [grɪt] s. **1** ghiaia f., pietrisco m. **2** coraggio m.

grizzled ['grɪzld] agg. brizzolato

groan [grəʊn] s. gemito m.

to groan [grəʊn] v. intr. gemere

grocer ['grəʊsər] s. droghiere m.

grocery ['grəʊsərɪ] s. drogheria f.

groggy ['grɒgɪ] agg. barcollante, intontito

groin [grɔɪn] s. inguine m.

groom [gruːm] s. **1** stalliere m. **2** sposo m.

groove [gruːv] s. scanalatura f., incavo m.

to grope [grəʊp] v. intr. brancolare, andare a tentoni ♦ **to g. for st.** cercare q.c. a tentoni

gross [grəʊs] agg. **1** grossolano, volgare **2** grasso **3** complessivo, lordo

grotesque [grəʊ(ʊ)'tesk] agg. grottesco

grotto ['grɒtəʊ] s. grotta f.

grotty ['grɒtɪ] agg. orrendo

ground (1) [graʊnd] **A** pass. e p. p. di **to grind B** agg. **1** macinato **2** levigato **3** arrotato

ground (2) [graʊnd] **A** agg. **1** terrestre, di terra **2** del suolo **3** di base **B** s. **1** terreno m., terra f. **2** campo m. **3** (di mare, lago) fondo m. **4** sfondo m. **5** motivo m., ragione f. **6** (elettr.) massa f., terra f. **7** al pl. sedimenti m. pl., fondi m. pl. ♦ **g. floor** pianterreno

to ground [graʊnd] v. intr. **1** fondarsi, basarsi **2** (naut.) incagliarsi

grounding ['graʊndɪŋ] s. **1** basi f. pl., fondamento m. **2** messa f. a terra

groundless ['graʊndlɪs] agg. infondato

groundwork ['graʊndwɜːk] s. fondamento m.

group [gruːp] s. gruppo m.

to group [gruːp] **A** v. tr. raggruppare, radunare **B** v. intr. raggrupparsi, radunarsi

grouper ['gruːpər] s. cernia f.

grouse [graʊs] s. gallo m. cedrone.

grove [grəʊv] s. boschetto m.

to grovel ['grɒvl] v. intr. **1** strisciare per terra **2** umiliarsi

to grow [grəʊ] (pass. **grew**, p. p. **grown**) **A** v. intr. **1** crescere, aumentare **2** diventare **B** v. tr. coltivare ♦ **to g. old** invecchiare; **to g. rich** arricchire; **to g. up** diventare adulto, crescere

grower ['grəʊər] s. coltivatore m.

to growl [graʊl] v. intr. ringhiare, grugnire

grown [grəʊn] p. p. di **to grow**

growth [grəʊθ] s. **1** crescita f., sviluppo m. **2** produ-

zione f. **3** escrescenza f.

grub [grʌb] s. **1** larva f. **2** (fam.) cibo m.

grubby ['grʌbɪ] agg. sporco

grudge [grʌdʒ] s. rancore m.

gruelling ['gruːəlɪŋ] agg. faticoso

gruesome ['gruːsəm] agg. orribile

gruff [grʌf] agg. **1** rude, aspro **2** roco

to grumble ['grʌmbl] v. intr. lamentarsi, brontolare

grumpy ['grʌmpɪ] agg. scontroso

to grunt [grʌnt] v. intr. grugnire, borbottare

guarantee [ˌgærən'tiː] s. garanzia f.

to guarantee [ˌgærən'tiː] v. tr. garantire

guaranty ['gærəntɪ] s. garanzia f.

guard [gɑːd] s. **1** guardia f., custodia f. **2** guardiano m. **3** capotreno m.

to guard [gɑːd] **A** v. tr. sorvegliare, proteggere **B** v. intr. stare in guardia ♦ **to g. against st.** guardarsi da q.c.

guardian ['gɑːdjən] s. **1** guardiano m., custode m. **2** tutore m.

Guelph [gwelf] s. guelfo m.

guerilla [gə'rɪlə] s. guerriglia f.

guess [ges] s. congettura f. ♦ **to take a g.** provare a indovinare

to guess [ges] v. tr. e intr. indovinare, azzeccare

guest [gest] s. **1** ospite m. e f., invitato m. **2** (d'albergo) cliente m. e f. ♦ **g.-house** pensione; **g.-room** stanza degli ospiti

to guffaw [gʌ'fɔː] v. intr. sghignazzare

guidance ['gaɪdəns] s. guida f.

guide [gaɪd] s. **1** guida f., cicerone m. **2** guida f., manuale m.

to guide [gaɪd] v. tr. guidare

guideline ['gaɪdlaɪn] s. direttiva f., orientamento m.

guild [gɪld] s. corporazione f., gilda f.

guile [gaɪl] s. astuzia f.

guillotine [ˌgɪlə'tiːn] s. ghigliottina f.

guilt [gɪlt] s. colpa f., colpevolezza f.

guilty ['gɪltɪ] agg. colpevole

guinea-pig ['gɪnɪpɪg] s. cavia f., porcellino m. d'India

guise [gaɪz] s. **1** sembianza f. **2** maschera f.

guitar [gɪ'tɑːr] s. chitarra f.

guitarist [gɪ'tɑːrɪst] s. chitarrista m. e f.

gulf [gʌlf] s. **1** golfo m. **2** abisso m.

gull [gʌl] s. gabbiano m.

gullet ['gʌlɪt] s. gola f.

gully ['gʌlɪ] s. **1** burrone m., gola f. **2** calanco m. **3** canale m.

gulp [gʌlp] s. sorso m., boccone m.

to gulp [gʌlp] **A** v. intr. deglutire **B** v. tr. inghiottire, tracannare

gum [gʌm] s. **1** gomma f. **2** colla f. **3** caramella f. gommosa **4** gengiva f.

gumption ['gʌm(p)ʃ(ə)n] s. buon senso m.

gun [gʌn] s. fucile m., pistola f., arma f. da fuoco, cannone m.

gunman ['gʌnmən] (pl. **gunmen**) s. bandito m.

gunpoint ['gʌn,pɔɪnt] s. mira f. ♦ **at g.** sotto tiro

gunpowder ['gʌn,paʊdər] s. polvere f. da sparo

gunshot ['gʌnʃɒt] s. sparo m.

to gurgle ['gɜːgl] v. intr. gorgogliare
guru ['goruː] s. guru m. inv.
gush [gʌʃ] s. zampillo m.
to gush [gʌʃ] v. intr. 1 sgorgare 2 entusiasmarsi
gushing ['gʌʃɪŋ] agg. zampillante
gust [gʌst] s. raffica f.
gusto ['gʌstəʊ] s. 1 godimento m., piacere m. 2 gusto m., sapore m.
gut [gʌt] s. budello m., al pl. budella f. pl.
gutter ['gʌtər] s. 1 grondaia f. 2 cunetta f.

guttural ['gʌt(ə)r(ə)l] agg. gutturale
guy [gaɪ] s. (USA, fam.) individuo m., tipo m.
to guzzle ['gʌzl] v. intr. gozzovigliare
gym [dʒɪm] s. 1 palestra f. 2 ginnastica f.
gymnasium [dʒɪm'neɪzjəm] s. palestra f.
gymnastics [dʒɪm'næstɪks] s. pl. (v. al sing.) ginnastica f.
gyn(a)ecologist [ˌgaɪnɪ'kɒlədʒɪst] s. ginecologo m.
to gyrate [ˌdʒaɪ'reɪt] v. intr. girare, turbinare
gyroscope ['dʒaɪərəskəʊp] s. giroscopio m.

H

haberdasher ['hæbədæʃər] s. merciaio m.
haberdashery ['hæbədæʃərɪ] s. merceria f.
habit ['hæbɪt] s. 1 abitudine f. 2 temperamento m. 3 abito m., tonaca f.
habitual [hə'bɪtjʊəl] agg. 1 abituale 2 inveterato
hack (1) [hæk] s. 1 spacco m., fenditura f. 2 ferita f. 3 piccone m.
hack (2) [hæk] s. 1 scribacchino m. 2 ronzino m.
to hack [hæk] v. tr. fare a pezzi
hackneyed ['hæknɪd] agg. trito, banale
had [hæd, həd, əd] pass. e p. p. di **to have**
h(a)emorrhage ['hemərɪdʒ] s. emorragia f.
h(a)emostatic [ˌhiːmo(ʊ)'stætɪk] agg. e s. emostatico m.
haggard ['hægəd] agg. smunto, sparuto
to haggle ['hægl] v. intr. 1 mercanteggiare 2 cavillare
hagiography [ˌhægɪ'ɒgrəfɪ] s. agiografia f.
hail (1) [heɪl] s. 1 grandine f. 2 gragnuola f.
hail (2) [heɪl] inter. salve, saluto
to hail (1) [heɪl] A v. intr. grandinare B v. tr. scagliare, lanciare
to hail (2) [heɪl] v. tr. 1 chiamare, salutare 2 fare un cenno (per fermare)
hailstone ['heɪlˌstəʊn] s. chicco m. di grandine
hailstorm ['heɪlˌstɔːm] s. grandinata f.
hair [heər] s. 1 capelli m. pl., chioma f. 2 capello m. 3 (di animale) pelo m., mantello m. ♦ **h.-raising** orripilante; **h.-splitting** pedanteria
hairbrush ['heəbrʌʃ] s. spazzola f. (per capelli)
haircut ['heəkʌt] s. taglio m. di capelli
hairdo ['heəduː] s. pettinatura f.
hairdresser ['heəˌdresər] s. parrucchiere m.
hairdryer ['heəˌdraɪər] s. asciugacapelli m. inv.
hairgrip ['heəgrɪp] s. molletta f.
hairless ['heəlɪs] agg. calvo, glabro
hairpin ['heəpɪn] s. molletta f. ♦ **h. bend** tornante
hairstyle ['heəstaɪl] s. acconciatura f.
hairy ['heərɪ] agg. 1 peloso, irsuto 2 (fam.) pericoloso
hake [heɪk] s. nasello m.
half [hɑːf] (pl. **halves**) A agg. mezzo B s. 1 metà f.,

mezzo m. 2 (sport) tempo m. C avv. mezzo, a metà ♦ **h.-and-h.** metà e metà, a metà; **h. an hour** mezz'ora; **h. brother** fratellastro; **h.-mast** mezz'asta; **h.-price** metà prezzo; **h. time** (sport) intervallo; **two and a h.** due e mezzo
half-baked [ˌhɑːf'beɪkt] agg. 1 cotto a metà 2 (fig.) immaturo
half-hearted [ˌhɑːf'hɑːtɪd] agg. apatico, tiepido
halfway [ˌhɑːf'weɪ] agg. e avv. a metà strada
halibut ['hælɪbət] s. ippoglosso m.
hall [hɔːl] s. 1 sala f., salone m. 2 vestibolo m. 3 palazzo m., villa f.
hallmark ['hɔːlˌmɑːk] s. 1 marchio m. di garanzia 2 (fig.) caratteristica f.
hallo [hə'ləʊ] inter. 1 ciao, salve 2 (al telefono) pronto
hallucination [həˌluːsɪ'neɪʃ(ə)n] s. allucinazione f.
hallway ['hɔːlweɪ] s. (USA) corridoio m., vestibolo m.
halo ['heɪləʊ] s. aureola f.
halt [hɔːlt] A s. sosta f., fermata f. B inter. alt!
to halt [hɔːlt] A v. tr. 1 fermare 2 (mil.) far fare tappa a B v. intr. fermarsi
to halve [hɑːv] v. tr. dimezzare, fare a metà di
halves [hɑːvz] pl. di **half**
halyard ['hæljəd] s. (naut.) drizza f.
ham (1) [hæm] s. prosciutto m.
ham (2) [hæm] s. (fam.) radioamatore m.
hamburger ['hæmbɜːgər] s. hamburger m. inv.
hamlet ['hæmlɪt] s. borgo m.
hammer ['hæmər] s. 1 martello m. 2 maglio m. 3 martelletto m. ♦ **h. drill** martello pneumatico
to hammer ['hæmər] v. tr. e intr. martellare, battere
hammering ['hæmərɪŋ] s. martellamento m.
hammock ['hæmək] s. amaca f.
hamper ['hæmpər] s. cesta f., paniere m.
to hamper ['hæmpər] v. tr. impedire, ostacolare
hamster ['hæmstər] s. criceto m.
hand [hænd] s. 1 mano f. 2 manovale m., operaio m. 3 (di orologio) lancetta f. 4 grafia f., firma f. 5 (nel gioco delle carte) mano f. 6 (di banane) casco m. ♦

at h. a portata di mano; **by h.** a mano; **h. luggage** bagaglio a mano; **in h.** a disposizione, sotto controllo

to hand [hænd] v. tr. dare, porgere ♦ **to h. back** restituire; **to h. out** distribuire; **to h. over** consegnare, trasmettere

handbag ['hæn(d)bæg] s. borsetta f.

handball ['hæn(d)bɔːl] s. pallamano f.

handbook ['hæn(d)bʊk] s. manuale m.

handbrake ['hæn(d)breɪk] s. freno m. a mano

handcart ['hæn(d)kɑːt] s. carretto m.

handcuffs ['hæn(d)kʌfs] s. pl. manette f. pl.

handful ['hæn(d)fʊl] s. manciata f.

handhold ['hændhəʊld] s. appiglio m.

handicap ['hændɪkæp] s. **1** (med.) handicap m. inv. **2** ostacolo m., svantaggio m. **3** (sport) handicap m. inv.

to handicap ['hændɪkæp] v. tr. **1** ostacolare **2** (sport) dare un handicap

handicraft ['hændɪkrɑːft] s. **1** artigianato m., lavoro m. artigianale **2** abilità f. manuale

handiwork ['hændɪwɜːk] s. **1** lavoro m. manuale **2** operato m.

handkerchief ['hæŋkətʃɪf] s. fazzoletto m.

handle ['hændl] s. **1** manico m., maniglia f., impugnatura f. **2** (fig.) appiglio m., pretesto m.

to handle ['hændl] v. tr. **1** maneggiare, manipolare **2** trattare, occuparsi di ♦ **h. with care** maneggiare con cura

handlebar ['hændlbɑːr] s. spec. al pl. manubrio m. (di bicicletta)

handling ['hændlɪŋ] s. trattamento m.

handmade [ˌhæn(d)'meɪd] agg. fatto a mano

handout ['hændaʊt] s. **1** sussidio m., elemosina f. **2** volantino m. **3** dichiarazione f. (per la stampa)

handrail ['hændreɪl] s. corrimano m.

handshake ['hændʃeɪk] s. stretta f. di mano

handsome ['hænsəm] agg. **1** bello, prestante **2** generoso **3** considerevole

handwork ['hændwɜːk] s. → **handiwork**

handwriting ['hændˌraɪtɪŋ] s. scrittura f., grafia f.

handy ['hændɪ] agg. **1** abile **2** maneggevole, manovrabile **3** comodo, utile **4** vicino, sottomano

handyman ['hændɪmæn] (pl. **handymen**) s. tuttofare m. inv.

to hang [hæŋ] (pass. e p. p. **to hung**) A v. tr. **1** appendere, sospendere **2** impiccare B v. intr. pendere, penzolare ♦ **to h. about** ciondolare, perdere tempo; **to h. on** aggrapparsi, aspettare; **to h. up** riattaccare (il telefono)

hangar ['hæŋər] s. hangar m. inv.

hanger ['hæŋər] s. **1** gruccia f. **2** gancio m. ♦ **h.-on** scroccone

hang-glider ['hæŋˌɡlaɪdər] s. deltaplano m.

hanging ['hæŋɪŋ] A agg. sospeso, pendente B s. impiccagione f.

hangover ['hæŋˌəʊvər] s. postumi m. pl. di sbornia

hang-up ['hæŋʌp] s. **1** (fam.) problema m. **2** (inf.) sospensione f.

hank [hæŋk] s. matassa f.

to hanker ['hæŋkər] v. intr. desiderare ardentemente

hanky ['hæŋkɪ] s. fazzoletto m.

haphazard [ˌhæp'hæzəd] A agg. casuale, fortuito B avv. a casaccio

to happen ['hæp(ə)n] v. intr. **1** accadere, succedere **2** (costruzione pers.) capitare, accadere (ES: **I happened to loose my way home** mi capitò di perdere la strada di casa) ♦ **as it happens** guarda caso, precisamente

happening ['hæpənɪn] s. avvenimento m.

happy ['hæpɪ] agg. felice, contento

happy-go-lucky ['hæpɪɡəʊ(ʊ)ˌlʌkɪ] agg. spensierato

harangue [hə'ræŋ] s. arringa f.

to harangue [hə'ræŋ] v. tr. arringare

to harass ['hærəs] v. tr. molestare

harassment ['hærəsmənt] s. molestia f.

harbour ['hɑːbər] (USA **harbor**) s. porto m. ♦ **h.-master** capitano del porto; **h. office** capitaneria

to harbour ['hɑːbər] (USA **to harbor**) v. tr. accogliere, ospitare

hard [hɑːd] A agg. **1** duro **2** severo, spietato **3** difficile, gravoso **4** accanito **5** (di bevanda) forte, (di droga) pesante B avv. **1** energicamente, con forza **2** duramente, con difficoltà ♦ **h. disk** disco rigido; **h. luck** sfortuna; **h. of hearing** duro d'orecchi; **to be h. on sb.** trattare qc. duramente; **to drink h.** bere molto; **to follow h. on sb.** seguire qc. da vicino; **to look h. at sb.** guardare fisso qc.

hardback ['hɑːdbæk] s. libro m. rilegato

hardcover ['hɑːdkʌvər] agg. rilegato

hardheaded [ˌhɑːd'hedɪd] agg. pratico, realista

hardly ['hɑːdlɪ] avv. **1** appena, a malapena **2** quasi ♦ **h. ever** quasi mai

hardness ['hɑːdnɪs] s. durezza f.

hardship ['hɑːdʃɪp] s. privazione f., stento m.

hard-up [ˌhɑːd'ʌp] agg. (fam.) **1** al verde **2** bisognoso di

hardware ['hɑːdweər] s. **1** ferramenta f. **2** attrezzi m. pl. **3** (mil.) armamenti m. pl. **4** (inf.) hardware m. inv.

hardwearing [ˌhɑːd'weərɪŋ] agg. resistente

hardy ['hɑːdɪ] agg. robusto, resistente

hare [heər] s. lepre f.

hare-brained ['heəbreɪnd] agg. scervellato

harm [hɑːm] s. danno m.

to harm [hɑːm] v. tr. nuocere a, danneggiare

harmful ['hɑːmf(ʊ)l] agg. nocivo

harmless ['hɑːmlɪs] agg. innocuo, inoffensivo

harmonica [hɑː'mɒnɪkə] s. armonica f.

harmonious [hɑː'məʊnjəs] agg. armonioso, melodioso

harmony ['hɑː(ə)nɪ] s. armonia f., accordo m.

harness ['hɑːnɪs] s. **1** finimenti m. pl. **2** imbracatura f.

to harness ['hɑːnɪs] v. tr. **1** mettere i finimenti **2** imbrigliare

harp [hɑːp] s. arpa f.

to harp [hɑːp] v. intr. suonare l'arpa ♦ **to h. on** insistere noiosamente

harpoon [hɑː'puːn] s. arpione m., fiocina f., rampone m.

harquebus ['hɑːkwɪbəs] s. archibugio m.

harrowing ['hærəʊɪŋ] agg. straziante

harsh [hɑːʃ] agg. **1** aspro, ruvido **2** duro, severo **3** stridente, stridulo **4** (di clima) rigido

hart [hɑːt] s. cervo m. maschio

harvest ['hɑːvɪst] s. mietitura f., raccolto m., vendemmia f.

to harvest [ˈhɑːvɪst] v. tr. mietere, fare il raccolto, vendemmiare

has [hæz, həz, əz] 3ᵃ sing. pres. di **to have**

to hash [hæʃ] v. tr. 1 tritare, sminuzzare 2 pasticciare

hashish [ˈhæʃiːʃ] s. hascisc m. inv.

hassle [ˈhæsl] s. (fam.) 1 problema m. 2 scocciatura f.

haste [heɪst] s. fretta f., premura f.

to hasten [ˈheɪsn] A v. tr. affrettare, sollecitare B v. intr. affrettarsi, precipitarsi

hasty [ˈheɪstɪ] agg. 1 frettoloso, affrettato 2 sconsiderato

hat [hæt] s. cappello m. ◆ **top h.** cilindro

hatch [hætʃ] s. 1 portello m. 2 (naut.) boccaporto m.

hatchet [ˈhætʃɪt] s. accetta f.

hate [heɪt] s. odio m.

to hate [heɪt] v. tr. odiare, detestare

hateful [ˈheɪtf(ʊ)l] agg. odioso

hatred [ˈheɪtrɪd] s. odio m.

haughty [ˈhɔːtɪ] agg. arrogante, superbo

haul [hɔːl] s. 1 tiro m. 2 raccolta f., retata f. 3 bottino m.

to haul [hɔːl] v. tr. 1 tirare, trainare 2 trasportare

haulage [ˈhɔːlɪdʒ] s. trasporto m.

haulier [ˈhɔːljə] s. autotrasportatore m.

haunch [hɔːn(t)ʃ] s. 1 anca f., fianco m. 2 (in macelleria) coscia f.

to haunt [hɔːnt] v. tr. 1 frequentare, bazzicare 2 (di fantasmi) infestare 3 perseguitare

to have [hæv, həv, əv] (pass. e p. p. **had**) v. tr. 1 (ausiliare) avere, essere (ES: **have you seen it?** l'hai visto?, **she has already been here** è già stata qui) 2 avere 3 possedere, ottenere, ricevere 4 prendere, mangiare, bere 5 fare, compiere 6 **to h. to** (seguito da infinito) dovere (ES: **I h. to stay at home tonight** devo stare in casa questa sera)

haven [ˈheɪvn] s. 1 porto m. 2 rifugio m. ◆ **tax h.** paradiso fiscale

haversack [ˈhævəsæk] s. bisaccia f.

havoc [ˈhævək] s. rovina f., distruzione f.

hawk [hɔːk] s. falco m.

hay [heɪ] s. fieno m. ◆ **h. fever** febbre da fieno

hayloft [ˈheɪlɒft] s. fienile m.

haystack [ˈheɪstæk] s. pagliaio m.

haywire [ˈheɪwaɪə] agg. confuso ◆ **to go h.** impazzire

hazard [ˈhæzəd] s. 1 azzardo m., rischio m., pericolo m. 2 caso m., sorte f.

to hazard [ˈhæzəd] v. tr. 1 azzardare 2 rischiare

hazardous [ˈhæzədəs] agg. rischioso, pericoloso

haze [heɪz] s. 1 foschia f. 2 confusione f. mentale

hazel [ˈheɪzl] s. nocciolo m.

hazelnut [ˈheɪzlnʌt] s. nocciola f.

hazy [ˈheɪzɪ] agg. 1 nebbioso 2 confuso

he [hiː] pron. pers. 3ᵐ m. sing. egli, lui

head [hed] A s. 1 testa f. 2 capo m. B agg. principale, centrale ◆ **h. office** sede centrale

to head [hed] v. tr. 1 dirigere, capeggiare 2 intestare, intitolare 3 affrontare ◆ **to h. for** dirigersi, **to h. off** precedere

headache [ˈhedeɪk] s. cefalea f., mal m. di testa

headdress [ˈhedres] s. 1 copricapo m. 2 acconciatura f.

headfirst [ˌhedˈfɜːst] avv. a capofitto

heading [ˈhedɪŋ] s. intestazione f., titolo m.

headland [ˈhedlənd] s. promontorio m.

headlight [ˈhedlaɪt] s. faro m., fanale m.

headline [ˈhedlaɪn] s. titolo m.

headlong [ˈhedlɒŋ] avv. 1 a capofitto 2 precipitosamente

headmaster [ˌhedˈmɑːstə] s. direttore m. di scuola

head-on [ˌhedˈɒn] agg. frontale

headphones [ˈhedfəʊnz] s. pl. auricolare m., cuffia f.

headquarters [ˈhedˌkwɔːtəz] s. pl. 1 quartier m. generale 2 sede f. centrale

headrest [ˈhedrest] s. poggiatesta m. inv.

headscarf [ˈhedskɑːf] s. foulard m. inv.

headstrong [ˈhedstrɒŋ] agg. caparbio, ostinato

headway [ˈhedweɪ] s. 1 abbrivio m. 2 (fig.) progresso m.

heady [ˈhedɪ] s. eccitante

to heal [hiːl] A v. tr. curare B v. intr. guarire, rimarginarsi

healing [ˈhiːlɪŋ] s. guarigione f.

health [helθ] s. salute f. ◆ **h. farm** clinica della salute; **h. food** cibo naturale; **public h. office** ufficio d'igiene

healthy [ˈhelθɪ] agg. 1 sano 2 salubre

heap [hiːp] s. cumulo m., mucchio m.

to heap [hiːp] v. tr. 1 accumulare, ammassare 2 riempire di

to hear [hɪə] (pass. e p. p. **heard**) A v. tr. 1 sentire, udire 2 venire a sapere 3 ascoltare B v. intr. sentire ◆ **to h. about/of** sentir parlare di

heard [hɜːd] pass. e p. p. di **to hear**

hearing [ˈhɪərɪŋ] s. 1 udito m. 2 udienza f. ◆ **h. aid** apparecchio acustico

hearsay [ˈhɪəseɪ] s. diceria f. ◆ **by h.** per sentito dire

heart [hɑːt] s. 1 cuore m. 2 (fig.) centro m., nucleo m. 3 al pl. (carte da gioco) cuori m. pl. ◆ **by h.** a memoria; **h. attack** attacco di cuore; **h. broken** desolato; **to be out of h.** essere scoraggiato; **to take h.** farsi coraggio; **to take st. to h.** prendere q.c. a cuore

heartbeat [ˈhɑːtbiːt] s. battito m. del cuore

heartbreak [ˈhɑːtbreɪk] s. crepacuore m. inv.

heartbreaking [ˈhɑːtbreɪkɪŋ] agg. straziante

heartbroken [ˈhɑːtbrəʊk(ə)n] agg. straziato, affranto

heartburn [ˈhɑːtbɜːn] s. bruciore m. di stomaco

heartfelt [ˈhɑːtfelt] agg. sincero

hearth [hɑːθ] s. focolare m.

heartily [ˈhɑːtɪlɪ] avv. 1 cordialmente, di cuore 2 vigorosamente 3 assai, abbondantemente

heartless [ˈhɑːtlɪs] agg. insensibile, crudele

hearty [ˈhɑːtɪ] agg. 1 cordiale, caloroso 2 robusto, vigoroso

heat [hiːt] s. 1 caldo m., calore m. 2 foga f., impeto m. 3 fuoco m., fiamma f. 4 (sport) batteria f.

to heat [hiːt] v. tr. scaldare, riscaldare

heated [ˈhiːtɪd] agg. 1 riscaldato 2 (fig.) appassionato, animato

heater [ˈhiːtə] s. calorifero m., stufa f., impianto m. di riscaldamento

heath [hiːθ] s. 1 brughiera f. 2 erica f.

heathen [ˈhiːð(ə)n] agg. e s. pagano m.

heathenism ['hi:ðənɪz(ə)m] s. paganesimo m.

heather ['heðər] s. erica f.

heating ['hi:tɪŋ] s. riscaldamento m. ♦ **central h.** riscaldamento centrale

heatstroke ['hi:tstrəʊk] s. colpo m. di calore

to heave [hi:v] (pass. e p. p. **heaved, hove**) **A** v. tr. 1 sollevare, alzare 2 gettare, lanciare, tirare 3 emettere **B** v. intr. 1 sollevarsi, alzarsi 2 sminuire

heaven ['hevn] s. cielo m., paradiso m.

heavenly ['hevnlɪ] agg. celeste, divino

heavily ['hevɪlɪ] avv. 1 pesantemente 2 assai, molto 3 duramente, fortemente

heaviness ['hevɪnɪs] s. pesantezza f.

heavy ['hevɪ] agg. 1 pesante, gravoso 2 grande, forte, violento 3 triste, grave 4 plumbeo

Hebraic [hɪ(:)'breɪɪk] agg. ebraico

Hebrew ['hi:bru:] agg. e s. ebreo m.

hecatomb ['hekətəʊm] s. ecatombe f.

hectare ['hektɑ:r] s. ettaro m.

hectic ['hektɪk] agg. febbrile, agitato

hedge [hedʒ] s. 1 siepe f. 2 barriera f.

hedgehog ['hedʒhɒg] s. (zool.) riccio m.

hedonism ['hi:dənɪz(ə)m] s. edonismo m.

heed [hi:d] s. attenzione f., cura f. ♦ **to give h. to** dare ascolto a

to heed [hi:d] v. tr. fare attenzione a

heedless ['hi:dlɪs] agg. sbadato, disattento

heel (1) [hi:l] s. 1 calcagno m., tallone m. 2 tacco m.

heel (2) [hi:l] s. (naut.) sbandamento m.

to heel [hi:l] v. intr. (naut.) sbandare

hefty ['heftɪ] agg. (fam.) forte, robusto

hegemony [hɪ(:)'geməni] s. egemonia f.

heifer ['hefər] s. giovenca f.

height [haɪt] s. 1 altezza f. 2 altitudine f. 3 cima f., apice m.

to heighten ['haɪtn] **A** v. tr. accrescere, innalzare **B** v. intr. aumentare, innalzarsi

heir [eər] s. erede m.

heiress ['eərɪs] s. erede f.

heirloom ['eəlu:m] s. 1 (dir.) bene m. spettante all'erede 2 oggetto m. di famiglia

held [held] pass. e p. p. di **to hold**

helicopter ['helɪkɒptər] s. elicottero m.

heliotherapy [hi:lɪə(ʊ)'θerəpɪ] s. elioterapia f.

heliport ['helɪpɔ:t] s. eliporto m.

helium ['hi:lɪəm] s. elio m.

hell [hel] s. inferno m.

Hellenic [he'li:nɪk] agg. ellenico

Hellenistic [ˌhelɪ'nɪstɪk] agg. ellenistico

hellish ['helɪʃ] agg. infernale

hello [he'ləʊ] inter. 1 salve, ciao 2 (al telefono) pronto

helm [helm] s. timone m.

helmet ['helmɪt] s. 1 elmetto m. 2 casco m.

help [help] s. 1 aiuto m., assistenza f. 2 rimedio m. 3 persona f. di servizio

to help [help] v. tr. 1 aiutare, assistere, soccorrere 2 contribuire a, favorire 3 (a tavola) servire, passare 4 (preceduto da 'can', 'could') fare a meno di, evitare ♦ **I can't h. laughing** non posso fare a meno di ridere; **it can't be helped** non c'è niente da fare; **to h. oneself** to servirsi di

helper ['helpər] s. aiutante m. e f.

helpful ['helpf(ʊ)l] agg. 1 servizievole 2 utile, vantaggioso

helping ['helpɪŋ] s. (di cibo) porzione f.

helpless ['helplɪs] agg. 1 indifeso 2 debole, impotente

hem [hem] s. orlo m., bordo m.

to hem [hem] v. tr. orlare ♦ **to h. in** circondare

hemisphere ['hemɪsfɪər] s. emisfero m.

hemp [hemp] s. canapa f.

hen [hen] s. 1 gallina f. 2 (di volatili) femmina f. ♦ **h. house** pollaio

hence [hens] avv. 1 da questo momento, di qui a 2 quindi, perciò ♦ **a h. week** fra una settimana

henceforth [ˌhens'fɔ:θ] avv. d'ora innanzi

henchman ['hen(t)ʃmən] (pl. **henchmen**) s. accolito m.

henpecked ['henpekt] agg. bistrattato dalla moglie

hepatic [hɪ'pætɪk] agg. epatico

hepatitis [ˌhepə'taɪtɪs] s. epatite f.

her [hɜːr, (h)ər] **A** pron. pers. 3ª sing. f. (compl.) lei, la, a lei, le **B** agg. poss. (riferito a possessore f.) suo, sua, suoi, sue

heraldic [he'rældɪk] agg. araldico

heraldry ['her(ə)ldrɪ] s. araldica f.

herb [hɜːb] s. erba f.

herbaceous [hɜː'beɪʃəs] agg. erbaceo

herbarium [hɜː'beərɪəm] s. erbario m.

herbicide ['hɜːbɪˌsaɪd] s. erbicida m.

herbivorous [hɜː'bɪvərəs] agg. erbivoro

herd [hɜːd] s. 1 mandria f., gregge m. 2 moltitudine f.

here [hɪər] avv. 1 qua, qui 2 ecco ♦ **h.!** (rispondendo a un appello) presente!; **h. and now** una volta per tutte; **h. I am** eccomi; **h. he is** eccolo qui; **near h.** qua vicino; **up h.** quassù

hereafter [ˌhɪər'ɑːftər] avv. in avvenire

hereby [ˌhɪə'baɪ] avv. con ciò, con la presente

hereditary [hɪ'redɪt(ə)rɪ] agg. ereditario

heredity [hɪ'redɪtɪ] s. eredità f.

herein [ˌhɪər'ɪn] avv. (comm.) qui accluso

heresy ['herəsɪ] s. eresia f.

heretic [he'retɪk] agg. e s. eretico m.

heretical [hɪ'retɪk(ə)l] agg. eretico

herewith [ˌhɪə'wɪθ] avv. qui accluso

heritage ['herɪtɪdʒ] s. 1 eredità f. 2 retaggio m.

hermaphrodite [hɜː'mæfrədaɪt] agg. e s. ermafrodito m.

hermetic [hɜː'metɪk] agg. ermetico

hermit ['hɜːmɪt] s. eremita m.

hermitage ['hɜːmɪtɪdʒ] s. eremo m.

hernia ['hɜːnjə] s. ernia f.

hero ['hɪərəʊ] s. eroe m.

heroic [hɪ'rəʊ(ʊ)ɪk] agg. eroico

heroin ['herə(ʊ)ɪn] s. (chim.) eroina f.

heroine ['herə(ʊ)ɪn] s. eroina f.

heron ['her(ə)n] s. airone m.

herring ['herɪŋ] s. aringa f.

hers [hɜːz] pron. poss. 3ª sing. (riferito a possessore f.) suo, sua, suoi, sue

herself [hɜː'self] **A** pron. 3ª sing. f. 1 (rifl.) se stessa, si 2 (enf.) ella stessa, lei stessa **B** s. ella stessa, lei ♦ **she is not h. today** oggi non sembra nemmeno lei

hesitant ['hɛzɪt(ə)nt] *agg.* esitante
to hesitate ['hɛzɪteɪt] *v. intr.* esitare
hesitation [,hɛzɪ'teɪʃ(ə)n] *s.* esitazione *f.*
heterodox ['het(ə)rədɒks] *agg.* eterodosso
heterogeneous [,hetərə(ʊ)'dʒɪːnjəs] *agg.* eterogeneo
heterosexual [,hetərə(ʊ)'seksjuəl] *agg.* eterosessuale
heuristic [hjʊ(ə)'rɪstɪk] *agg.* euristico
to hew [hjuː] (*pass.* **hewed**, *p. p.* **hewed, hewn**) *v. tr.* tagliare, spaccare, fendere ♦ **to h. out** sbozzare, scavare
hexagonal [hek'sægənl] *agg.* esagonale
heyday ['heɪdeɪ] *s.* apice *m.*, apogeo *m.*
hi [haɪ] *inter.* ciao!
hiatus [haɪ'eɪtəs] *s.* **1** iato *m.* **2** lacuna *f.*
to hibernate ['haɪbɜːneɪt] *v. intr.* **1** ibernare **2** svernare
hiccup ['hɪkʌp] (o **hiccough**) *s.* singhiozzo *m.*
to hiccup ['hɪkʌp] (o **hiccough**) *v. intr.* avere il singhiozzo
hid [hɪd] *pass. e p. p. di* **to hide**
hidden ['hɪdn] **A** *p. p. di* **to hide B** *agg.* **1** nascosto, segreto **2** ignoto
hide (1) [haɪd] *s.* pellame *m.*
hide (2) [haɪd] *s.* nascondiglio *m.*
to hide [haɪd] (*pass.* **hid**, *p. p.* **hid, hidden**) **A** *v. tr.* nascondere **B** *v. intr.* nascondersi ♦ **to h. st. from sb.** nascondere q.c. a qc.
hideaway ['haɪdəweɪ] *s.* nascondiglio *m.*
hideous ['hɪdɪəs] *agg.* ripugnante, orribile
hiding (1) ['haɪdɪŋ] *s.* occultamento *m.* ♦ **h.-place** nascondiglio; **to be in h.** tenersi nascosto
hiding (2) ['haɪdɪŋ] *s.* (*fam.*) bastonatura *f.*
hierarchic [,haɪə'rɑːkɪk] *agg.* gerarchico
hierarchy ['haɪərɑːkɪ] *s.* gerarchia *f.*
hieratic [,haɪə'rætɪk] *agg.* ieratico
hieroglyph ['haɪərəglɪf] *s.* geroglifico *m.*
high [haɪ] **A** *agg.* **1** alto, elevato **2** forte, intenso, acuto **3** caro, costoso **4** avanzato, inoltrato **B** *avv.* **1** alto, in alto **2** fortemente ♦ **h. class** di prim'ordine; **h. court** corte suprema; **h. school** scuola secondaria; **h. season** alta stagione; **h. street** strada principale; **h. relief** altorilievo
highbrow ['haɪ,braʊ] *s.* (*fam.*) intellettuale *m. e f.*, (*spreg.*) intellettualoide *m. e f.*
high-handed [,haɪ'hændɪd] *agg.* prepotente
highlight ['haɪlaɪt] *s.* momento *m.* culminante
to highlight ['haɪlaɪt] *v. tr.* mettere in luce
highly ['haɪlɪ] *avv.* estremamente, molto, assai ♦ **h.-strung** nervoso
highness ['haɪnɪs] *s.* altezza *f.*, elevatezza *f.* ♦ **His Royal H.** Sua Altezza Reale
high-pitched [,haɪ'pɪtʃt] *agg.* **1** (*di suono*) acuto **2** (*di tetto*) spiovente
high-tech [,haɪ'tek] **A** *s.* alta tecnologia *f.* **B** *agg.* tecnologicamente avanzato
highway ['haɪweɪ] *s.* strada *f.* di grande comunicazione ♦ **h. code** codice della strada
to hijack ['haɪdʒæk] *v. tr.* dirottare
hijacker ['haɪdʒækə] *s.* dirottatore *m.*
hijacking ['haɪdʒækɪŋ] *s.* dirottamento *m.*
hike [haɪk] *s.* escursione *f.* (*a piedi*)

to hike [haɪk] *v. intr.* fare un'escursione (*a piedi*)
hiker ['haɪkə] *s.* escursionista *m. e f.*
hilarious [hɪ'leərɪəs] *agg.* allegro, divertente
hill [hɪl] *s.* **1** colle *m.*, collina *f.* **2** pendio *m.*
hillock ['hɪlək] *s.* poggio *m.*
hillside ['hɪl,saɪd] *s.* pendio *m.*
hilly ['hɪlɪ] *agg.* collinoso
hilt [hɪlt] *s.* elsa *f.*
him [hɪm, ɪm] *pron. pers. 3ª sing. m.* (*compl.*) lui, lo, gli
himself [hɪm'self] **A** *pron. 3ª sing. m.* **1** (*rifl.*) se stesso, si **2** (*enf.*) egli stesso, proprio lui **B** *s.* se stesso, lui, sé ♦ **(all) by h.** da solo; **he is not h. today** oggi non è proprio in sé
hind [haɪnd] *agg.* posteriore
to hinder ['hɪndə] *v. tr.* **1** impedire **2** inceppare, ostacolare
hindrance ['hɪndr(ə)ns] *s.* impaccio *m.*, ostacolo *m.*, impedimento *m.*
hindsight ['haɪndsaɪt] *s.* il senno *m.* di poi
Hindu ['hɪndu] *agg. e s.* indù *m. e f.*
hinge [hɪn(d)ʒ] *s.* cardine *m.*, cerniera *f.*
to hinge [hɪn(d)ʒ] *v. intr.* girare sui cardini ♦ **to h. on/upon** dipendere da
hint [hɪnt] *s.* **1** cenno *m.*, traccia *f.*, allusione *f.* **2** piccola quantità *f.* **3** consiglio *m.*, suggerimento *m.*
to hint [hɪnt] **A** *v. tr.* accennare, suggerire **B** *v. intr.* fare insinuazioni, dare suggerimenti ♦ **to h. at st.** insinuare q.c.
hinterland ['hɪntəlænd] *s.* hinterland *m. inv.*, retroterra *m. inv.*
hip [hɪp] *s.* anca *f.*
hippo ['hɪpəʊ] *s.* ippopotamo *m.*
hippocampus [,hɪpə(ʊ)'kæmpəs] *s.* ippocampo *m.*
hippodrome ['hɪpədrəʊm] *s.* ippodromo *m.*
hippopotamus [,hɪpə'pɒtəməs] *s.* ippopotamo *m.*
hire ['haɪə] *s.* **1** noleggio *m.*, affitto *m.* **2** salario *m.* ♦ **h. purchase** acquisto (o vendita) rateale
to hire ['haɪə] *v. tr.* **1** noleggiare, affittare **2** assumere, dare lavoro a
his [hɪz, ɪz] *agg. e pron. poss. 3ª sing.* (*riferito a possessore m.*) suo, sua, suoi, sue
Hispanic [hɪs'pænɪk] *agg.* ispanico
hiss [hɪs] *s.* sibilo *m.*, fischio *m.*
to hiss [hɪs] *v. intr.* sibilare, fischiare
historian [hɪs'tɔːrɪ(ə)n] *s.* storico *m.*
historic(al) [hɪs'tɒrɪk(ə)l)] *agg.* storico
historiography [hɪs,tɔːrɪ'ɒgrəfɪ] *s.* storiografia *f.*
history ['hɪst(ə)rɪ] *s.* storia *f.*
histrion ['hɪstrɪən] *s.* istrione *m.*
hit [hɪt] *s.* **1** colpo *m.*, urto *m.* **2** successo *m.*
to hit [hɪt] (*pass. e p. p.* **hit**) **A** *v. tr.* **1** battere, colpire, picchiare **2** incontrare, trovare **3** raggiungere **B** *v. intr.* urtare, entrare in collisione ♦ **to h. it off with sb.** andare d'accordo con qc.; **to h. on** trovare per caso, scoprire
hitch [hɪtʃ] *s.* **1** strattoni *m.*, sobbalzo *m.* **2** intoppo *m.*, difficoltà *f.*
to hitch [hɪtʃ] **A** *v. tr.* **1** muovere a strattoni **2** attaccare **B** *v. intr.* **1** muoversi a sbalzi **2** attaccarsi **3** (*pop.*) fare l'autostop ♦ **to h. up** sollevare, tirare su

to hitchhike ['hɪtʃhaɪk] *v. intr.* fare l'autostop
hitchhiker ['hɪtʃhaɪkə*] *s.* autostoppista *m. e f.*
hitchhiking ['hɪtʃhaɪkɪŋ] *s.* autostop *m. inv.*
hitherto [ˌhɪðə'tuː] *avv.* finora
hive [haɪv] *s.* alveare *m.*
to hive [haɪv] *v. intr.* 1 entrare nell'alveare 2 vivere in comunità ♦ **to h. off** separare, sciamare
hoard [hɔːd] *s.* 1 gruzzolo *m.* 2 *al pl.* scorte *f. pl.*
to hoard [hɔːd] *v. tr.* accumulare, ammassare, accaparrare
hoarding ['hɔːdɪŋ] *s.* 1 staccionata *f.* 2 tabellone *m.* pubblicitario
hoarfrost ['hɔːˌfrɒst] *s.* brina *f.*
hoarse [hɔːs] *agg.* rauco
hoarseness ['hɔːsnɪs] *s.* raucedine *f.*
hoax [həʊks] *s.* beffa *f.*, truffa *f.*
hob [hɒb] *s.* piastra *f.* (di fornello)
to hobble ['hɒbl] *v. intr.* zoppicare
hobby ['hɒbɪ] *s.* hobby *m. inv.*, passatempo *m.*
hobbyhorse ['hɒbɪhɔːs] *s.* 1 cavalluccio *m.* di legno 2 *(fig.)* cavallo *m.* di battaglia, chiodo *m.* fisso
hobo ['həʊbəʊ] *s.* *(USA, pop.)* vagabondo *m.*
hockey ['hɒkɪ] *s.* hockey *m. inv.* ♦ **ice h.** hockey su ghiaccio
hoe [həʊ] *s.* zappa *f.*
to hoe [həʊ] *v. tr.* zappare
hog [hɒg] *s.* maiale *m.*
to hog [hɒg] *v. tr. (fam.)* arraffare
hoist [hɔɪst] *s.* paranco *m.*
to hoist [hɔɪst] *v. tr.* issare, sollevare
hold (1) [həʊld] *s.* 1 presa *f.* 2 ascendente *m.*, influenza *f.* 3 sostegno *m.* ♦ **on h.** *(al telefono)* in linea; **to catch h. over** afferrare; **to have an h. over** avere il controllo su
hold (2) [həʊld] *s. (naut.)* stiva *f.*
to hold [həʊld] *(pass. e p. p.* **held)** **A** *v. tr.* 1 tenere, mantenere 2 contenere 3 possedere, detenere, occupare 4 trattenere, fermare 5 ritenere, pensare **B** *v. intr.* 1 durare, continuare, persistere 2 essere valido ♦ **to h. back** trattenere, tener nascosto; **to h. down** tener giù, trattenere; **to h. off** tenere a distanza; **to h. on** aspettare, *(al telefono)* rimanere in linea, restare aggrappato a; **to h. out** resistere, offrire; **to h. up** bloccare, rapinare
holdall ['həʊldɔːl] *s.* sacca *f.* da viaggio
holder ['həʊldə*] *s.* 1 detentore *m.*, titolare *m. e f.* 2 contenitore *m.*
holding ['həʊldɪŋ] *s.* 1 possesso *m.* 2 tenuta *f.*, proprietà *f.* 3 patrimonio *m.*, dotazione *f.* 4 *al pl. (econ.)* azioni *f. pl.*, pacchetto *m.* azionario ♦ **h. company** holding, società finanziaria
holdup ['həʊldʌp] *s.* 1 rapina *f.* a mano armata 2 *(nel traffico)* intoppo *m.*, ingorgo *m.*
hole [həʊl] *s.* 1 buco *m.*, foro *m.*, apertura *f.* 2 tana *f.* 3 *(golf)* buca *f.*
to hole [həʊl] *v. tr.* bucare, forare
holiday ['hɒlədeɪ] *s.* 1 festività *f.*, giorno *m.* festivo 2 vacanza *f.* ♦ **h. camp** villaggio turistico; **h. resort** luogo di villeggiatura
holidaymaker ['hɒlədeɪˌmeɪkə*] *s.* villeggiante *m. e f.*
holiness ['həʊlɪnɪs] *s.* santità *f.*

hollow ['hɒləʊ] **A** *agg.* 1 cavo, incavato, vuoto 2 *(di suono)* cupo, sordo 3 vacuo, vano **B** *s.* 1 cavità *f.*, buca *f.* 2 valletta *f.*
to hollow ['hɒləʊ] *v. tr.* incavare, scavare
holly ['hɒlɪ] *s.* agrifoglio *m.*
holocaust ['hɒləkɔːst] *s.* olocausto *m.*
holster ['həʊlstə*] *s.* fondina *f.*
holy ['həʊlɪ] *agg.* sacro, santo
homage ['hɒmɪdʒ] *s.* omaggio *m.* ♦ **to pay h. to** rendere omaggio a
home [həʊm] **A** *s.* 1 casa *f.*, dimora *f.*, abitazione *f.* 2 patria *f.* 3 asilo *m.*, ricovero *m.* 4 *(sport)* meta *f.*, traguardo *m.*, porta *f.* **B** *agg. attr.* 1 casalingo, domestico, familiare 2 nazionale ♦ **h. address** domicilio; **h. cooking** cucina casalinga; **h. fire** focolare domestico; **h. life** vita familiare; **h. of rest** casa di riposo
homeland ['həʊmlænd] *s.* patria *f.*
homeless ['həʊmlɪs] *agg.* senzatetto
homely ['həʊmlɪ] *agg.* 1 semplice, modesto 2 casalingo
homemade [ˌhəʊm'meɪd] *agg.* fatto in casa
homesick ['həʊmsɪk] *agg.* nostalgico ♦ **to be h.** avere la nostalgia
homesickness ['həʊmsɪknɪs] *s.* nostalgia *f.*
homestead ['həʊmsted] *s.* fattoria *f.*
hometown ['həʊmtaʊn] *s.* luogo *m.* di nascita
homeward ['həʊmwəd] **A** *avv.* verso casa **B** *agg.* di ritorno
homework ['həʊmwɜːk] *s.* compiti *m. pl.* a casa
homicide ['hɒmɪsaɪd] *s.* 1 omicidio *m.* 2 omicida *m. e f.*
hom(o)eopathic [ˌhəʊmɪə(ʊ)'pæθɪk] *agg.* omeopatico
hom(o)eopathy [ˌhəʊmɪ'ɒpəθɪ] *s.* omeopatia *f.*
homogeneity [ˌhɒmɒdʒə'niːɪtɪ] *s.* omogeneità *f.*
homogeneous [ˌhɒmə(ʊ)'dʒiːnjəs] *agg.* omogeneo
homogenized [hɒ(ʊ)'mɒdʒənaɪzd] *agg.* omogeneizzato
to homologate [hɒ'mɒləgeɪt] *v. tr.* omologare
homology [hɒ'mɒlədʒɪ] *s.* omologia *f.*
homonym ['hɒmənɪm] *s.* omonimo *m.*
homonymous [hɒ'mɒnɪməs] *agg.* omonimo
homosexual [ˌhəʊmə(ʊ)'seksjʊəl] *agg.* omosessuale
honest ['ɒnɪst] *agg.* 1 onesto, sincero, leale 2 semplice, genuino
honestly ['ɒnɪstlɪ] *avv.* onestamente, sinceramente
honesty ['ɒnɪstɪ] *s.* onestà *f.*
honey ['hʌnɪ] *s.* 1 miele *m.* 2 *(fam.)* dolcezza *f.*, tesoro *m.* ♦ **h.-bee** ape domestica
honeycomb ['hʌnɪkəʊm] *s.* 1 favo *m.*, nido *m.* d'ape
honeyed ['hʌnɪd] *agg.* 1 dolce 2 mellifluo
honeymoon ['hʌnɪmuːn] *s.* luna *f.* di miele
honeysuckle ['hʌnɪˌsʌkl] *s.* caprifoglio *m.*
to honk [hɒŋk] *v. intr.* 1 starnazzare 2 suonare il clacson
honorary ['ɒn(ə)rərɪ] *agg.* onorario
honour ['ɒnə*] *(USA* **honor)** *s.* 1 onore *m.* 2 *al pl.* onorificenza *f.*
honourable ['ɒn(ə)rəbl] *agg.* onorevole
hood [hʊd] *s.* 1 cappuccio *m.* 2 cappa *f.* 3 capote *f. inv.* 4 *(USA)* cofano *m.*
hoodlum ['huːdl(ə)m] *s. (pop.)* teppista *m.*

to hoodwink ['hʊdwɪŋk] v. tr. ingannare
hoof [huːf] s. (zool.) zoccolo m.
hook [hʊk] s. 1 gancio m. 2 amo m.
to hook [hʊk] v. tr. 1 agganciare 2 prendere all'amo
hooligan ['huːlɪɡən] s. teppista m. e f.
hoop (1) [huːp] s. urlo m., grido m.
hoop (2) [huːp] s. cerchio m., cerchione m.
hoopoe ['huːpuː] s. upupa f.
hooray [hʊˈreɪ] inter. urrà!
hoot [huːt] s. 1 (di civetta) grido m. 2 fischio m. 3 colpo m. di clacson
to hoot [huːt] v. intr. 1 gridare, urlare 2 fischiare 3 suonare il clacson ♦ **to h. at sb.** fischiare qc.
hop (1) [hɒp] s. salto m.
hop (2) [hɒp] s. luppolo m.
to hop [hɒp] v. intr. saltare, saltellare
hope [hɒʊp] s. speranza f.
to hope [hɒʊp] v. tr. e intr. sperare ♦ **I h. so/not** spero di sì/di no
hopeful ['hɒʊpf(ʊ)l] agg. 1 pieno di speranza 2 promettente
hopeless ['hɒʊplɪs] agg. disperato, senza speranza
horde [hɔːd] s. orda f.
horizon [həˈraɪzn] s. orizzonte m.
horizontal [ˌhɒrɪˈzɒntl] agg. orizzontale
hormone ['hɔːmɒʊn] s. ormone m.
horn [hɔːn] s. 1 corno m. 2 clacson m. inv.
horned ['hɔːnd] agg. cornuto
hornet ['hɔːnɪt] s. calabrone m.
horoscope ['hɒrəskɒʊp] s. oroscopo m.
horrendous [hɒˈrendəs] agg. orrendo
horrible ['hɒrəbl] agg. orribile
horrid ['hɒrɪd] agg. orrido
horror ['hɒrə'] s. orrore m. ♦ **h. racing** ippica
horse [hɔːs] s. cavallo m. ♦
horseback ['hɔːsbæk] s. dorso m. di cavallo ♦ **on h.** a cavallo
horse-chestnut [ˌhɔːsˈtʃɛs(t)nʌt] s. ippocastano m.
horse-fly ['hɔːsflaɪ] s. tafano m.
horseman ['hɔːsmən] (pl. **horsemen**) s. cavallerizzo m.
horsepower ['hɔːsˌpaʊə'] s. cavallo m. (vapore)
horseradish ['hɔːsˌrædɪʃ] s. rafano m.
horseshoe ['hɔːsˌʃuː] s. ferro m. di cavallo
horsewoman ['hɔːsˌwʊmən] (pl. **horsewomen**) s. amazzone f.
horticulture ['hɔːtɪkʌltʃə'] s. orticoltura f.
hose [hɒʊz] s. 1 tubo m., manichetta f. 2 calze f. pl.
hosiery ['hɒʊʒərɪ] s. maglieria f.
hospice ['hɒspɪs] s. ospizio m.
hospitable ['hɒspɪt(ə)bl] agg. ospitale
hospital ['hɒspɪtl] s. ospedale m.
hospitality [ˌhɒspɪˈtælɪtɪ] s. ospitalità f.
to hospitalize ['hɒspɪtəlaɪz] v. tr. ospedalizzare, ricoverare in ospedale
host (1) [hɒʊst] **A** agg. ospite, che ospita **B** s. ospite m., padrone m. di casa
host (2) [hɒʊst] s. schiera f., moltitudine f.
hostage ['hɒstɪdʒ] s. ostaggio m.
hostel ['hɒst(ə)l] s. ostello m.
hostess ['hɒʊstɪs] s. 1 ospite f., padrona f. di casa 2 hostess f. inv., assistente f.

hostile ['hɒstaɪl] agg. ostile, nemico
hostility [hɒsˈtɪlɪtɪ] s. ostilità f.
hot [hɒt] agg. 1 caldo, rovente, bollente 2 piccante, forte 3 violento, ardente, focoso 4 ancora caldo, fresco, recente ♦ **h. air** aria fritta; **h. pepper** peroncino; **h. news** notizie fresche; **h. tempered** collerico; **to be h.** (di persona) aver caldo, (di cosa) essere caldo, (del tempo) far caldo
hotbed ['hɒtbɛd] s. focolaio m.
hotchpotch ['hɒtʃpɒtʃ] s. 1 stufato m. 2 guazzabuglio m.
hotel [hɒ(ʊ)ˈtel] s. albergo m. ♦ **h. keeper** albergatore
hot-headed [ˌhɒtˈhedɪd] agg. focoso, impetuoso
hotplate ['hɒtpleɪt] s. piastra f. (di fornello elettrico)
hound [haʊnd] s. (zool.) segugio m.
to hound [haʊnd] v. tr. 1 cacciare con i cani 2 (fig.) perseguitare
hour ['aʊə'] s. 1 ora f. 2 al pl. orario m. ♦ **an h. ago** un'ora fa; **at 9 on the h.** alle 9 in punto; **half an h.** mezz'ora; **peak hours** ore di punta
hourly ['aʊəlɪ] **A** agg. 1 orario 2 continuo **B** avv. 1 ogni ora 2 d'ora in ora, da un momento all'altro 3 continuamente
house [haʊs] s. 1 casa f., abitazione f., dimora f. 2 (pol.) camera f. 3 teatro m., pubblico m., spettacolo m. 4 casata f., dinastia f. 5 albergo m., pensione f. 6 ditta f. ♦ **full h.** (teatro) tutto esaurito
houseboat ['haʊsbɒʊt] s. houseboat f. inv., casa f. galleggiante
housebound ['haʊsbaʊnd] agg. costretto a stare in casa
housebreaker ['haʊsˌbreɪkə'] s. scassinatore m.
housecoat ['haʊsˌkɒʊt] s. vestaglia f.
housekeeper ['haʊsˌkiːpə'] s. 1 governante f. 2 donna f. di casa
housekeeping ['haʊsˌkiːpɪŋ] s. governo m. della casa
housemaid ['haʊsmeɪd] s. domestica f.
housewife ['haʊswaɪf] (pl. **housewives**) s. casalinga f.
housework ['haʊswɜːk] s. lavori m. pl. di casa
housing ['haʊzɪŋ] s. 1 alloggio m., abitazione f. 2 rifugio m.
hovel ['hɒv(ə)l] s. baracca f.
to hover ['hɒvə'] v. intr. librarsi, stare sospeso
hovercraft ['hɒvəˌkrɑːft] s. hovercraft m. inv.
how [haʊ] avv. 1 (in frasi interr. ed escl.) come, in che modo 2 quanto 3 in qualunque modo ♦ **h. about** che ne diresti di, a proposito di; **h.'s that?** come mai?; **h. far is?** quanto dista?; **h. long** quanto tempo; **h. much** quanto; **h. many** quanti; **h. often** quante volte; **h. old are you?** quanti anni hai?
however [haʊˈevə'] **A** avv. comunque, per quanto **B** cong. comunque, tuttavia
howl [haʊl] s. urlo m., ululato m.
to howl [haʊl] v. intr. urlare, ululare
hub [hʌb] s. 1 (di ruota) mozzo m. 2 (fig.) centro m.
hubbub ['hʌbʌb] s. confusione f., fracasso m.
hubcap ['hʌbkæp] s. (mecc.) coprimozzo m.
huddle ['hʌdl] s. calca f., folla f.
to huddle ['hʌdl] **A** v. tr. ammucchiare (alla rinfusa)

B v. intr. accalcarsi, affollarsi

hue (1) [hjuː] s. tinta f.

hue (2) [hjuː] s. grido m. ◆ **h. and cry** clamore

huff [hʌf] s. stizza f. ◆ **to be in a h.** essere di cattivo umore

to hug [hʌg] v. tr. abbracciare, stringere

huge [hjuːdʒ] agg. enorme, immenso

hull [hʌl] s. 1 guscio m. 2 (naut.) scafo m.

hullo [həˈləʊ] → **hello**

hum [hʌm] s. ronzio m., mormorio m.

to hum [hʌm] **A** v. intr. 1 ronzare, mormorare 2 canticchiare **B** v. tr. 1 canticchiare 2 borbottare

human [ˈhjuːmən] **A** agg. umano **B** s. essere m. umano

humane [hjʊ(ː)ˈmeɪn] agg. umano, umanitario

humanism [ˈhjuːmənɪz(ə)m] s. umanesimo m.

humanist [ˈhjuːmənɪst] s. umanista m. e f.

humanitarian [hjʊ(ː)ˌmænɪˈteərɪən] agg. umanitario

humanity [hjʊ(ː)ˈmænɪtɪ] s. umanità f.

humble [ˈhʌmbl] agg. umile, modesto

to humble [ˈhʌmbl] v. tr. umiliare, avvilire

humbug [ˈhʌmbʌg] s. falsità f., fandonia f.

humdrum [ˈhʌmdrʌm] agg. monotono, noioso

humerus [ˈhjuːmərəs] s. omero m.

humid [ˈhjuːmɪd] agg. umido

humidifier [hjʊ(ː)ˈmɪdɪfaɪə] s. umidificatore m.

to humidify [hjʊ(ː)ˈmɪdɪfaɪ] v. tr. umidificare

humidity [hjʊ(ː)ˈmɪdɪtɪ] s. umidità f.

to humiliate [hjʊ(ː)ˈmɪlɪeɪt] v. tr. umiliare

humiliating [hjʊ(ː)ˈmɪlɪeɪtɪŋ] agg. umiliante

humiliation [hjʊ(ː)ˌmɪlɪˈeɪʃ(ə)n] s. umiliazione f.

humility [hjʊ(ː)ˈmɪlɪtɪ] s. umiltà f.

humor [ˈhjuːmə] s. → **humour**

humorist [ˈhjuːmərɪst] s. umorista m. e f.

humorous [ˈhjuːm(ə)r(ə)s] agg. 1 umoristico, divertente 2 arguto, spiritoso

humour [ˈhjuːmə] (USA **humor**) s. 1 umore m., disposizione f. d'animo 2 umorismo m., senso m. dell'umorismo ◆ **to be out of h.** essere di cattivo umore

hump [hʌmp] s. 1 gobba f. 2 collinetta f. 3 (pop.) malinconia f., malumore m.

humpbacked [ˈhʌmpbækt] agg. con gobba ◆ **h. bridge** ponte a schiena d'asino

hunch [hʌn(t)ʃ] s. 1 gobba f., gibbosità f. 2 (pop.) sospetto m., impressione f.

hunchbacked [ˈhʌn(t)ʃbækt] agg. gobbo, gibboso

hundred [ˈhʌndrəd] agg. num. card. e s. cento m. inv. ◆ **by hundreds** a centinaia

hundredth [ˈhʌndrədθ] agg. num. ord. e s. centesimo m.

hung [hʌŋ] pass. e p. p. di **to hang**

Hungarian [hʌŋˈgeərɪən] agg. e s. ungherese m. e f.

hunger [ˈhʌŋgə] s. fame f. ◆ **h. strike** sciopero della fame

to hunger [ˈhʌŋgə] v. intr. desiderare ardentemente

hungry [ˈhʌŋgrɪ] agg. 1 affamato 2 avido, bramoso ◆ **to be h.** aver fame

hunk [hʌŋk] s. (fam.) pezzo m.

hunt [hʌnt] s. caccia f.

to hunt [hʌnt] **A** v. tr. 1 cacciare 2 perlustrare, battere **B** v. intr. 1 andare a caccia 2 cercare ◆ **to h. out** scovare

hunter [ˈhʌntə] s. cacciatore m.

hunting [ˈhʌntɪŋ] s. caccia f.

hurdle [ˈhɜːdl] s. 1 graticcio m., barriera f. 2 (sport) ostacolo m.

to hurl [hɜːl] v. tr. lanciare, scagliare

hurrah [hʊˈrɑː] inter. evviva!

hurricane [ˈhʌrɪkən] s. uragano m.

hurried [ˈhʌrɪd] agg. frettoloso, affrettato

hurry [ˈhʌrɪ] s. fretta f., premura f. ◆ **to be in a h.** aver fretta

to hurry [ˈhʌrɪ] **A** v. tr. 1 affrettare, sollecitare 2 spedire in fretta **B** v. intr. affrettarsi, sbrigarsi

hurt [hɜːt] s. 1 ferita f. 2 danno m., offesa f.

to hurt [hɜːt] (pass. e p. p. **hurt**) **A** v. tr. 1 ferire, far male 2 offendere 3 danneggiare **B** v. intr. far male ◆ **to h. oneself** ferirsi, farsi male

hurtful [ˈhɜːtf(ʊ)l] agg. 1 nocivo, dannoso 2 offensivo

to hurtle [ˈhɜːtl] v. intr. sfrecciare, precipitarsi

husband [ˈhʌzbənd] s. marito m.

hush [hʌʃ] s. silenzio m., quiete f.

to hush [hʌʃ] **A** v. tr. zittire, calmare **B** v. intr. far silenzio, tacere ◆ **to h. up** mettere a tacere

husk [hʌsk] s. buccia f., guscio m.

husky [ˈhʌskɪ] agg. rauco, fioco

Husky [ˈhʌskɪ] s. eschimese m. e f.

to hustle [ˈhʌsl] **A** v. tr. 1 far fretta, incalzare 2 spingere, spintonare **B** v. intr. 1 affrettarsi 2 spingere

hut [hʌt] s. capanna f., baracca f.

hutch [hʌtʃ] s. gabbia f.

hyacinth [ˈhaɪəsɪnθ] s. giacinto m.

hybrid [ˈhaɪbrɪd] agg. e s. ibrido m.

hydrant [ˈhaɪdr(ə)nt] s. idrante m.

hydraulic [haɪˈdrɔːlɪk] agg. idraulico

hydraulics [haɪˈdrɔːlɪks] s. pl. (v. al sing.) idraulica f.

hydrobiology [ˌhaɪdrə(ʊ)baɪˈɒlədʒɪ] s. idrobiologia f.

hydrocarbon [ˌhaɪdrə(ʊ)ˈkɑːbən] s. idrocarburo m.

hydrofoil [ˈhaɪdrəfɔɪl] s. aliscafo m.

hydrogen [ˈhaɪdrədʒ(ə)n] s. idrogeno m.

hydrography [haɪˈdrɒgrəfɪ] s. idrografia f.

hydrophobia [ˌhaɪdrəˈfəʊbɪə] s. idrofobia f.

hydrostatic [ˌhaɪdrə(ʊ)ˈstætɪk] agg. idrostatico

hydrothermal [ˌhaɪdrə(ʊ)ˈθɜːm(ə)l] agg. idrotermale

hyena [haɪˈiːnə] s. iena f.

hygiene [ˈhaɪdʒiːn] s. igiene f.

hygienic [haɪˈdʒiːnɪk] agg. igienico

hygrometer [haɪˈgrɒmɪtə] s. igrometro m.

hymn [hɪm] s. inno m.

hype [haɪp] s. 1 lancio m. pubblicitario 2 montatura f. giornalistica

hypercritical [ˌhaɪpəˈkrɪtɪk(ə)l] agg. ipercritico

hypermarket [ˈhaɪpəˌmɑːkɪt] s. ipermercato m.

hypermetropia [ˌhaɪpə(ː)mɪˈtrəʊpɪə] s. ipermetropia f.

hypertension [ˌhaɪpəˈtenʃ(ə)n] s. ipertensione f.

hyphen [ˈhaɪf(ə)n] s. trattino m.

to hyphenate [ˈhaɪfəneɪt] v. tr. unire (o dividere) parole con il trattino

hypnotism [ˈhɪpnətɪz(ə)m] s. ipnotismo m.

to hypnotize [ˈhɪpnətaɪz] v. tr. ipnotizzare

hypocrisy [hɪˈpɒkrəsɪ] s. ipocrisia f.

hypocrite [ˈhɪpəkrɪt] s. ipocrita m. e f.

hypocritical [ˌhɪpə'krɪtɪk(ə)l] agg. ipocrita
hypogeum [ˌhaɪpə'dʒiːəm] s. ipogeo m.
hypothesis [haɪ'pɒθɪsɪs] (pl. **hypotheses**) s. ipotesi f.
hypothetic(al) [ˌhaɪpə(ʊ)'θetɪk((ə)l)] agg. ipotetico

hysteria [hɪs'tɪərɪə] s. isterismo m.
hysteric(al) [hɪs'terɪk((ə)l)] agg. isterico
hysterics [hɪs'terɪks] s. pl. crisi f. isterica

I

I [aɪ] pron. pers. 1ª sing. io
ice [aɪs] s. 1 ghiaccio m. 2 gelo m. ♦ **i. cream** gelato; **i. crusher** tritaghiaccio; **i. cube** cubetto di ghiaccio; **i. lolly** ghiacciolo; **i. pack** banchisa; **i. rink** pista da pattinaggio
to ice [aɪs] A v. tr. 1 ghiacciare, congelare 2 (cuc.) glassare B v. intr. ghiacciare ♦ **to i. over/up** coprirsi di ghiaccio
iceberg ['aɪsbɜːg] s. iceberg m. inv.
icebox ['aɪsbɒks] s. 1 ghiacciaia f. 2 (USA) frigorifero m.
Icelander ['aɪslndər] s. islandese m. e f.
Icelandic [aɪs'lændɪk] agg. islandese
ice-skating ['aɪsˌskeɪtɪŋ] s. pattinaggio m. su ghiaccio
ichthyic ['ɪkθɪɪk] agg. ittico
ichthyology [ˌɪkθɪ'ɒlədʒɪ] s. ittiologia f.
icicle ['aɪsɪkl] s. ghiacciolo m.
icing ['aɪsɪŋ] A agg. glassato B s. glassa f. ♦ **i. sugar** zucchero a velo
icon ['aɪkɒn] s. icona f.
iconoclast [aɪ'kɒnəklæst] agg. iconoclasta
iconographic [aɪˌkɒnə'græfɪk] agg. iconografico
iconography [ˌaɪkə'nɒgrəfɪ] s. iconografia f.
icy ['aɪsɪ] agg. gelato, gelido
idea [aɪ'dɪə] s. idea f.
ideal [aɪ'dɪəl] agg. e s. ideale m.
idealism [aɪ'dɪəlɪz(ə)m] s. idealismo m.
to idealize [aɪ'dɪəlaɪz] v. tr. idealizzare
ideation [aɪdɪ'eɪʃ(ə)n] s. ideazione f.
identical [aɪ'dentɪk(ə)l] agg. identico
identifiable [aɪˌdentɪ'faɪəbl] agg. identificabile
identification [aɪˌdentɪfɪ'keɪʃ(ə)n] s. 1 identificazione f., riconoscimento m. 2 documento m. d'identità
to identify [aɪ'dentɪfaɪ] v. tr. identificare
identikit [aɪ'dentɪkɪt] s. identikit m. inv.
identity [aɪ'dentɪtɪ] s. identità f. ♦ **i. card** documento d'identità
ideogram ['ɪdɪo(ʊ)græm] s. ideogramma m.
ideological [ˌaɪdɪə'lɒdʒɪk(ə)l] agg. ideologico
ideology [ˌaɪdɪ'ɒlədʒɪ] s. ideologia f.
idiocy ['ɪdɪəsɪ] s. idiozia f.
idiom ['ɪdɪəm] s. 1 idioma m. 2 espressione f. idiomatica
idiosyncrasy [ˌɪdɪə'sɪŋkrəsɪ] s. idiosincrasia f.
idiot ['ɪdɪət] s. idiota m.

idiotic [ˌɪdɪ'ɒtɪk] agg. idiota
idle ['aɪdl] agg. 1 pigro, ozioso, sfaccendato 2 inutile, vano
to idle ['aɪdl] v. intr. 1 oziare 2 (di motore) girare al minimo ♦ **to i. away** sprecare
idleness ['aɪdlnɪs] s. 1 pigrizia f., ozio m. 2 inutilità f.
idol ['aɪdl] s. idolo m.
idolatry [aɪ'dɒlətrɪ] s. idolatria f.
to idolize ['aɪdəlaɪz] v. tr. idolatrare
idyllic [aɪ'dɪlɪk] agg. idilliaco
if [ɪf] cong. se, posto che, nel caso che, qualora, anche se ♦ **if anyting** se mai; **if I were you** se fossi in te; **if not** altrimenti; **if so** in tal caso
to ignite [ɪg'naɪt] v. tr. infiammare, dare fuoco
ignition [ɪg'nɪʃ(ə)n] s. accensione f. ♦ **i. key** (autom.) chiave dell'accensione
ignoble [ɪg'nəʊbl] agg. ignobile
ignorance ['ɪgn(ə)r(ə)ns] s. ignoranza f.
ignorant ['ɪgn(ə)r(ə)nt] agg. ignorante ♦ **to be i. of** ignorare
to ignore [ɪg'nɔːr] v. tr. ignorare, trascurare
ilex ['aɪleks] s. leccio m.
ill [ɪl] A agg. (comp. **worse**, sup. rel. **worst**) 1 malato 2 cattivo, dannoso, nocivo 3 sfavorevole, avverso B s. 1 male m. 2 malattia f. 3 al pl. avversità f. C avv. 1 male, malamente 2 a mala pena, a stento ♦ **i. at ease** a disagio; **to fall i.** ammalarsi; **to feel i.** sentirsi male; **to speak i. of sb.** parlar male di qc.
ill-advised [ˌɪləd'vaɪzd] agg. sconsiderato
illation [ɪ'leɪʃ(ə)n] s. illazione f.
ill-bred [ˌɪl'bred] agg. maleducato
illegal [ɪ'liːg(ə)l] agg. illegale
illegality [ˌɪlɪ(ː)'gælɪtɪ] s. illegalità f.
illegible [ɪ'ledʒəbl] agg. illeggibile
illegitimate [ˌɪlɪ'dʒɪtɪmɪt] agg. illegittimo
ill-fated [ˌɪl'feɪtɪd] agg. sfortunato
illicit [ɪ'lɪsɪt] agg. illecito
illiterate [ɪ'lɪt(ə)rɪt] agg. e s. 1 analfabeta m. e f. 2 ignorante m. e f.
ill-mannered [ˌɪl'mænəd] agg. maleducato
illness ['ɪlnɪs] s. malattia f.
illogical [ɪ'lɒdʒɪk(ə)l] agg. illogico
ill-timed [ˌɪl'taɪmd] agg. inopportuno
to ill-treat [ɪl'triːt] v. tr. maltrattare
to illuminate [ɪ'ljuːmɪneɪt] v. tr. 1 illuminare, rischiarare 2 miniare

illumination [ɪˌljuːmɪˈneɪʃ(ə)n] s. **1** illuminazione f. **2** miniatura f.

illusion [ɪˈluːʒ(ə)n] s. illusione f.

to illustrate [ˈɪləstreɪt] v. tr. illustrare

illustration [ˌɪləsˈtreɪʃ(ə)n] s. illustrazione f.

image [ˈɪmɪdʒ] s. immagine f.

imagery [ˈɪmɪdʒ(ə)rɪ] s. **1** immagini f. pl. **2** linguaggio m. figurato

imaginary [ɪˈmædʒɪn(ə)rɪ] agg. immaginario

imagination [ɪˌmædʒɪˈneɪʃ(ə)n] s. immaginazione f.

imaginative [ɪˈmædʒ(ɪ)nətɪv] agg. fantasioso

to imagine [ɪˈmædʒɪn] **A** v. tr. **1** immaginare **2** supporre, credere **B** v. intr. fantasticare

imbalance [ɪmˈbæləns] s. squilibrio m.

imbecile [ˈɪmbɪsaɪl] agg. imbecille

to imbue [ɪmˈbjuː] v. tr. impregnare, permeare

to imitate [ˈɪmɪteɪt] v. tr. imitare

imitation [ˌɪmɪˈteɪʃ(ə)n] s. imitazione f.

imitator [ˈɪmɪteɪtə] s. imitatore m.

immaculate [ɪˈmækjʊlɪt] agg. **1** immacolato **2** impeccabile

immanent [ˈɪmənənt] agg. immanente

immaterial [ˌɪməˈtɪərɪəl] agg. **1** indifferente, irrilevante **2** immateriale

immature [ˌɪməˈtjʊə] agg. immaturo

immeasurable [ɪˈmeʒ(ə)rəbl] agg. incommensurabile

immediate [ɪˈmiːdjət] agg. immediato

immediately [ɪˈmiːdjətlɪ] avv. immediatamente, subito

immemorial [ˌɪmɪˈmɔːrɪəl] agg. immemorabile

immense [ɪˈmens] agg. immenso

immensity [ɪˈmensɪtɪ] s. immensità f.

to immerse [ɪˈmɜːs] v. tr. immergere

immersion [ɪˈmɜːʃ(ə)n] s. immersione f.

immigrant [ˈɪmɪgr(ə)nt] agg. e s. immigrante m. e f.

to immigrate [ˈɪmɪgreɪt] v. intr. immigrare

immigration [ˌɪmɪˈgreɪʃ(ə)n] s. immigrazione f.

imminent [ˈɪmɪnənt] agg. imminente

to immobilize [ɪˈməʊbɪlaɪz] v. tr. immobilizzare

immoderate [ɪˈmɒd(ə)rɪt] agg. smodato

immodest [ɪˈmɒdɪst] agg. immodesto, impudico

immoral [ɪˈmɒr(ə)l] agg. immorale

immortal [ɪˈmɔːtl] agg. e s. immortale m. e f.

immortality [ˌɪmɔːˈtælɪtɪ] s. immortalità f.

to immortalize [ɪˈmɔːtəlaɪz] v. tr. immortalare

immovable [ɪˈmuːvəbl] agg. **1** immobile, immutabile **2** impassibile ♦ **i. estate** beni immobili

immune [ɪˈmjuːn] agg. immune

immunity [ɪˈmjuːnɪtɪ] s. immunità f.

to immunize [ˈɪmjʊ(ː)naɪz] v. tr. immunizzare

immutable [ɪˈmjuːtəbl] agg. immutabile

imp [ɪmp] s. diavoletto m., folletto m.

impact [ˈɪmpækt] s. impatto m.

to impair [ɪmˈpeə] v. tr. **1** indebolire **2** danneggiare

impairment [ɪmˈpeəmənt] s. **1** indebolimento m. **2** danneggiamento m., menomazione f.

to impale [ɪmˈpeɪl] v. tr. **1** impalare **2** immobilizzare (con lo sguardo)

impalpable [ɪmˈpælpəbl] agg. impalpabile

to impart [ɪmˈpɑːt] v. tr. **1** impartire **2** comunicare, rivelare **3** distribuire

impartial [ɪmˈpɑːʃ(ə)l] agg. imparziale

impartiality [ɪmˌpɑːʃɪˈælɪtɪ] s. imparzialità f.

impassable [ɪmˈpɑːsəbl] agg. invalicabile, impraticabile

impasse [æmˈpɑːs] s. impasse f. inv.

impassioned [ɪmˈpæʃ(ə)nd] agg. appassionato

impassive [ɪmˈpæsɪv] agg. impassibile

impatience [ɪmˈpeɪʃ(ə)ns] s. **1** impazienza f. **2** intolleranza f.

impatient [ɪmˈpeɪʃ(ə)nt] agg. **1** impaziente **2** intollerante

impeccable [ɪmˈpekəbl] agg. impeccabile

to impede [ɪmˈpiːd] v. tr. impedire, ostacolare

impediment [ɪmˈpedɪmənt] s. impedimento m., ostacolo m.

impeller [ɪmˈpelə] s. (mecc.) girante f.

impending [ɪmˈpendɪŋ] agg. incombente, imminente

impenetrable [ɪmˈpenɪtrəbl] agg. impenetrabile

imperative [ɪmˈperətɪv] **A** agg. **1** imperativo, imperioso, perentorio **2** (gramm.) imperativo **B** s. **1** imperativo m., obbligo m. **2** (gramm.) imperativo m.

imperceptible [ˌɪmpəˈseptəbl] agg. impercettibile

imperfect [ɪmˈpɜːfɪkt] **A** agg. **1** imperfetto, difettoso **2** (gramm.) imperfetto **B** s. (gramm.) imperfetto m.

imperfection [ˌɪmpəˈfekʃ(ə)n] s. imperfezione f.

imperial [ɪmˈpɪərɪəl] agg. imperiale

imperialism [ɪmˈpɪərɪəlɪz(ə)m] s. imperialismo m.

impersonal [ɪmˈpɜːsən(ə)l] agg. impersonale

to impersonate [ɪmˈpɜːsəneɪt] v. tr. **1** impersonare **2** spacciarsi per

impertinent [ɪmˈpɜːtɪnənt] agg. impertinente

imperturbable [ˌɪmpə(ː)ˈtɜːbəbl] agg. imperturbabile

impervious [ɪmˈpɜːvjəs] agg. **1** impervio, inaccessibile **2** insensibile

impetuosity [ɪmˌpetjʊˈɒsɪtɪ] s. impetuosità f.

impetuous [ɪmˈpetjʊəs] agg. impetuoso

impetus [ˈɪmpɪtəs] s. impeto m., impulso m.

to impinge [ɪmˈpɪn(d)ʒ] v. intr. **1** urtare contro **2** contrastare **3** violare

implacable [ɪmˈplækəbl] agg. implacabile

implement [ˈɪmplɪmənt] s. arnese m., utensile m., attrezzo m.

to implement [ˈɪmplɪmənt] v. tr. realizzare, compiere

to implicate [ˈɪmplɪkeɪt] v. tr. implicare

implication [ˌɪmplɪˈkeɪʃ(ə)n] s. **1** implicazione f., coinvolgimento m. **2** insinuazione f.

implicit [ɪmˈplɪsɪt] agg. **1** implicito **2** completo, assoluto

implied [ɪmˈplaɪd] agg. implicito

impluvium [ɪmˈpluːvjəm] s. impluvio m.

to imply [ɪmˈplaɪ] v. tr. **1** implicare, sottintendere **2** comportare

impolite [ˌɪmpəˈlaɪt] agg. scortese

import [ˈɪmpɔːt] s. importazione f.

to import [ɪmˈpɔːt] v. tr. importare

importance [ɪmˈpɔːt(ə)ns] s. importanza f.

important [ɪmˈpɔːtənt] agg. importante

importation [ˌɪmpɔːˈteɪʃ(ə)n] s. importazione f.

importer [ɪmˈpɔːtə] s. importatore m.

to importune [ɪmˈpɔːtjuːn] v. tr. importunare

to impose [ɪmˈpəʊz] v. tr. imporre ♦ **to i. on** approfittare di

imposing [ɪm'pəʊzɪŋ] *agg.* imponente
imposition [ˌɪmpə'zɪʃ(ə)n] *s.* imposizione *f.*
impossibility [ɪmˌpɒsə'bɪlɪtɪ] *s.* impossibilità *f.*
impossible [ɪm'pɒsəbl] *agg.* impossibile
imposture [ɪm'pɒstʃəʳ] *s.* impostura *f.*
impotent ['ɪmpətənt] *agg.* impotente
to impound [ɪm'paʊnd] *v. tr.* confiscare, sequestrare
to impoverish [ɪm'pɒv(ə)rɪʃ] *v. tr.* **1** impoverire **2** indebolire
impracticable [ɪm'præktɪkəbl] *agg.* **1** impraticabile **2** inattuabile
impractical [ɪm'præktɪkl] *agg.* non pratico
imprecation [ˌɪmprɪ'keɪʃ(ə)n] *s.* imprecazione *f.*
impregnable [ɪm'prɛgnəbl] *agg.* **1** inespugnabile **2** (*fig.*) incrollabile
to impregnate ['ɪmprɛgneɪt] *v. tr.* impregnare
to impress [ɪm'prɛs] *v. tr.* **1** imprimere **2** impressionare
impression [ɪm'prɛʃ(ə)n] *s.* **1** impressione *f.*, impronta *f.* **2** stampa *f.*, tiratura *f.* **3** (*fig.*) impressione *f.*, effetto *m.*
impressionism [ɪm'prɛʃnɪz(ə)m] *s.* impressionismo *m.*
impressive [ɪm'prɛsɪv] *agg.* **1** impressionante **2** toccante **3** solenne, di effetto
imprint ['ɪmprɪnt] *s.* **1** impronta *f.*, impressione *f.* **2** sigla *f.* editoriale
to imprison [ɪm'prɪzn] *v. tr.* imprigionare
imprisonment [ɪm'prɪznmənt] *s.* prigionia *f.*, reclusione *f.*
improbable [ɪm'prɒbəbl] *agg.* improbabile
improper [ɪm'prɒpəʳ] *agg.* **1** improprio **2** scorretto, sbagliato **3** sconveniente
to improve [ɪm'pruːv] **A** *v. tr.* **1** migliorare, perfezionare **2** profittare di, fare buon uso di **B** *v. intr.* perfezionarsi, migliorare
improvement [ɪm'pruːvmənt] *s.* miglioramento *m.*, perfezionamento *m.*, progresso *m.*
to improvise ['ɪmprəvaɪz] *v. tr. e intr.* improvvisare
imprudence [ɪm'pruːd(ə)ns] *s.* imprudenza *f.*, leggerezza *f.*
imprudent [ɪm'pruːdənt] *agg.* imprudente
impudence ['ɪmpjʊd(ə)ns] *s.* impudenza *f.*, sfacciataggine *f.*
impudent ['ɪmpjʊdənt] *agg.* impudente, sfacciato
impulse ['ɪmpʌls] *s.* impulso *m.*
impulsive [ɪm'pʌlsɪv] *agg.* impulsivo
impure [ɪm'pjʊəʳ] *agg.* impuro
impurity [ɪm'pjʊərɪtɪ] *s.* impurità *f.*
in [ɪn] **A** *prep.* **1** (*stato in luogo, posizione, condizione*) in, a, dentro (ES: **in Milan** a Milano, **in the light** alla luce) **2** (*tempo*) in, entro, durante, fra, di (ES: **in Spring** in primavera, **in the evening**, di sera) **3** (*limitazione, misura, modo*) in, di, su (ES: **Italy is rich in monuments** l'Italia è ricca di monumenti, **one in a million** uno su un milione) **4** (*seguito da un gerundio*) nell'atto di, in, *idiom.* (ES: **in driving home** nel tornare a casa, tornando a casa in macchina) **B** *avv.* dentro, in casa
inability [ɪnə'bɪlɪtɪ] *s.* inabilità *f.*, incapacità *f.*
inaccessible [ˌɪnæk'sɛsəbl] *agg.* inaccessibile

inaccuracy [ɪn'ækjʊrəsɪ] *s.* imprecisione *f.*, inesattezza *f.*
inaccurate [ɪn'ækjʊrɪt] *agg.* impreciso, inesatto
inactive [ɪn'æktɪv] *agg.* inattivo
inactivity [ˌɪnæk'tɪvɪtɪ] *s.* inattività *f.*, inerzia *f.*
inadequate [ɪn'ædɪkwɪt] *agg.* inadeguato
inadmissible [ˌɪnəd'mɪsəbl] *agg.* inammissibile
inadvertence [ˌɪnəd'vɜːt(ə)ns] *s.* sbadataggine *f.*, disattenzione *f.*
inadvertently [ˌɪnəd'vɜːt(ə)ntlɪ] *avv.* inavvertitamente
inadvisable [ˌɪnəd'vaɪzəbl] *agg.* sconsigliabile
inalienable [ɪn'eɪljənəbl] *agg.* inalienabile
inane [ɪ'neɪn] *agg.* vacuo, insensato
inanimate [ɪn'ænɪmɪt] *agg.* inanimato
inappropriate [ˌɪnə'prəʊprɪət] *agg.* non appropriato, inadeguato
inapt [ɪn'æpt] *agg.* **1** improprio, inadatto **2** incapace
inarticulate [ˌɪnɑː'tɪkjʊlɪt] *agg.* **1** inarticolato **2** che si esprime con difficoltà
inasmuch [ˌɪnəz'mʌtʃ] *avv.* in quanto ♦ **i. as** visto che
inattentive [ˌɪnə'tɛntɪv] *agg.* disattento
inaudible [ɪn'ɔːdəbl] *agg.* impercettibile
inaugural [ɪ'nɔːgjʊr(ə)l] *agg.* inaugurale
to inaugurate [ɪ'nɔːgjʊreɪt] *v. tr.* inaugurare
inauguration [ɪˌnɔːgjʊ'reɪʃ(ə)n] *s.* inaugurazione *f.*
inauspicious [ˌɪnɔːs'pɪʃəs] *agg.* nefasto
inboard ['ɪnbɔːd] *agg. e avv.* entrobordo
inborn [ˌɪn'bɔːn] *agg.* innato
inbred [ˌɪn'brɛd] *agg.* innato
incalculable [ɪn'kælkjʊləbl] *agg.* incalcolabile
incapable [ɪn'keɪpəbl] *agg.* incapace
to incapacitate [ˌɪnkə'pæsɪtett] *v. tr.* **1** rendere incapace **2** (*dir.*) dichiarare incapace
to incarnate ['ɪnkɑːnet] *v. tr.* incarnare
incense ['ɪnsɛns] *s.* incenso *m.*
to incense ['ɪnsɛns] *v. tr.* **1** incensare **2** esasperare, provocare
incentive [ɪn'sɛntɪv] *s.* incentivo *m.*
incessant [ɪn'sɛsnt] *agg.* incessante
incest ['ɪnsɛst] *s.* incesto *m.*
inch [ɪn(t)ʃ] *s.* pollice *m.* (*misura*)
to inch [ɪn(t)ʃ] *v. tr.* muovere gradatamente ♦ **to i. forward** avanzare poco alla volta
incidence ['ɪnsɪdəns] *s.* incidenza *f.*
incident ['ɪnsɪdənt] **A** *agg.* **1** inerente **2** incidente **B** *s.* incidente *m.*, caso *m.*
incidental [ˌɪnsɪ'dentl] *agg.* **1** incidentale **2** casuale, accidentale
incidentally [ˌɪnsɪ'dentlɪ] *avv.* incidentalmente
incision [ɪn'sɪʒ(ə)n] *s.* incisione *f.*
incisive [ɪn'saɪsɪv] *agg.* incisivo
incisor [ɪn'saɪzəʳ] *s.* incisivo *m.*
to incite [ɪn'saɪt] *v. tr.* incitare
incivility [ˌɪnsɪ'vɪlɪtɪ] *s.* inciviltà *f.*
inclinable [ɪn'klaɪnəbl] *agg.* inclinabile
inclination [ˌɪnklɪ'neɪʃ(ə)n] *s.* inclinazione *f.*, disposizione *f.*
incline [ɪn'klaɪn] *s.* pendenza *f.*
to incline [ɪn'klaɪn] **A** *v. tr.* inclinare **B** *v. intr.* tendere, propendere

to include [ɪnˈkluːd] v. tr. includere, comprendere

inclusive [ɪnˈkluːsɪv] agg. **1** inclusivo, comprendente **2** complessivo

incoherent [ˌɪnkə(ʊ)ˈhɪərənt] agg. incoerente

income [ˈɪnkʌm] s. reddito m., entrata f. ♦ **i. tax** imposta sul reddito

incoming [ˈɪnˌkʌmɪŋ] agg. **1** entrante, subentrante **2** in arrivo **3** (di marea) montante

incomparable [ɪnˈkɒmp(ə)rəbl] agg. incomparabile

incompetent [ɪnˈkɒmpɪt(ə)nt] agg. incompetente, incapace

incomplete [ˌɪnkəmˈpliːt] agg. incompleto

incomprehensible [ɪnˌkɒmprɪˈhensəbl] agg. incomprensibile

inconceivable [ˌɪnkənˈsiːvəbl] agg. inconcepibile

inconclusive [ˌɪnkənˈkluːsɪv] agg. inconcludente

incongruous [ɪnˈkɒŋɡrʊəs] agg. incongruente

inconsequent [ɪnˈkɒnsɪkwənt] agg. incongruente, illogico

inconsiderate [ˌɪnkənˈsɪd(ə)rɪt] agg. sconsiderato, avventato

inconsistency [ˌɪnkənˈsɪst(ə)nsɪ] s. incoerenza f.

inconsistent [ˌɪnkənˈsɪstənt] agg. incoerente

inconspicuous [ˌɪnkənˈspɪkjʊəs] agg. non appariscente

inconstant [ɪnˈkɒnstənt] agg. incostante

inconvenience [ˌɪnkənˈviːnjəns] s. disturbo m., disagio m.

to inconvenience [ˌɪnkənˈviːnjəns] v. tr. disturbare

inconvenient [ˌɪnkənˈviːnjənt] agg. fastidioso, scomodo

to incorporate [ɪnˈkɔːpəreɪt] **A** v. tr. **1** incorporare **2** includere, comprendere **B** v. intr. incorporarsi, fondersi

incorrect [ˌɪnkəˈrekt] agg. scorretto

incorrectness [ˌɪnkəˈrektnɪs] s. scorrettezza f.

incorruptible [ˌɪnkəˈrʌptəbl] agg. incorruttibile

increase [ˈɪnkriːs] s. aumento m., incremento m.

to increase [ɪnˈkriːs] v. tr. accrescere, aumentare **B** v. intr. crescere, ingrandirsi

increasing [ɪnˈkriːsɪŋ] agg. crescente

incredible [ɪnˈkredəbl] agg. incredibile

incredulous [ɪnˈkredjʊləs] agg. incredulo

increment [ˈɪnkrɪmənt] s. incremento m.

to incriminate [ɪnˈkrɪmɪneɪt] v. tr. incriminare

incubator [ˈɪnkjʊbeɪtə] s. incubatrice f.

to inculcate [ˈɪnkʌlkeɪt] v. tr. inculcare

incumbent [ɪnˈkʌmbənt] agg. incombente

incunabulum [ˌɪnkjuː(ˌ)næbjʊləm] s. incunabolo m.

to incur [ɪnˈkɜːr] v. tr. **1** incorrere in **2** esporsi a **3** attirarsi

incurable [ɪnˈkjʊərəbl] agg. incurabile

indebted [ɪnˈdetɪd] agg. **1** indebitato **2** obbligato

indecent [ɪnˈdiːs(ə)nt] agg. indecente

indecipherable [ˌɪndɪˈsaɪf(ə)rəbl] agg. indecifrabile

indecision [ˌɪndɪˈsɪʒ(ə)n] s. indecisione f.

indecisive [ˌɪndɪˈsaɪsɪv] agg. **1** indeciso **2** non decisivo

indeed [ɪnˈdiːd] **A** avv. realmente, infatti, in verità **B** inter. davvero ♦ **no i.!** no davvero!; **yes i.!** certamente!

indefatigable [ˌɪndɪˈfætɪɡəbl] agg. instancabile

indefinable [ˌɪndɪˈfaɪnəbl] agg. indefinibile

indefinite [ɪnˈdefɪnɪt] agg. indefinito

indefinitely [ɪnˈdefɪ(ə)nɪtlɪ] avv. indefinitamente

indelible [ɪnˈdelɪbl] agg. indelebile

indemnification [ɪnˌdemnɪfɪˈkeɪʃ(ə)n] s. indennizzo m.

to indemnify [ɪnˈdemnɪfaɪ] v. tr. indennizzare

indemnity [ɪnˈdemnɪtɪ] s. **1** indennità f. **2** assicurazione f.

to indent [ɪnˈdent] **A** v. tr. dentellare, frastagliare **B** v. intr. essere frastagliato

independence [ˌɪndɪˈpendəns] s. indipendenza f.

independent [ˌɪndɪˈpendənt] agg. indipendente

indestructible [ˌɪndɪsˈtrʌktəbl] agg. indistruttibile

indeterminate [ˌɪndɪˈtɜːmɪnɪt] agg. indeterminato

indeterminateness [ˌɪndɪˈtɜːmɪnɪtnɪs] s. indeterminatezza f.

index [ˈɪndeks] s. **1** indice m. **2** elenco m., catalogo m. ♦ **i. finger** (dito) indice

Indian [ˈɪndjən] agg. e s. indiano m.

to indicate [ˈɪndɪkeɪt] v. tr. indicare, mostrare

indication [ˌɪndɪˈkeɪʃ(ə)n] s. indicazione f.

indicative [ɪnˈdɪkətɪv] agg. indicativo

indicator [ˈɪndɪkeɪtə] s. **1** indicatore m. **2** (autom.) freccia f.

indictment [ɪnˈdaɪtmənt] s. (dir.) accusa f.

indifference [ɪnˈdɪfr(ə)ns] s. indifferenza f.

indifferent [ɪnˈdɪfr(ə)nt] agg. **1** indifferente **2** neutrale **3** mediocre

indigenous [ɪnˈdɪdʒɪnəs] agg. indigeno

indigestible [ˌɪndɪˈdʒestəbl] agg. indigesto

indigestion [ˌɪndɪˈdʒestʃ(ə)n] s. indigestione f.

indignant [ɪnˈdɪɡnənt] agg. indignato

indignity [ɪnˈdɪɡnɪtɪ] s. trattamento m. indegno, oltraggio m.

indirect [ˌɪndɪˈrekt] agg. indiretto

indiscreet [ˌɪndɪsˈkriːt] agg. indiscreto

indiscriminate [ˌɪndɪsˈkrɪmɪnɪt] agg. indiscriminato

indispensable [ˌɪndɪsˈpensəbl] agg. indispensabile

indisposition [ˌɪndɪspəˈzɪʃ(ə)n] s. indisposizione f.

indisputable [ˌɪndɪsˈpjuːtəbl] agg. indiscutibile

indissoluble [ˌɪndɪˈsɒljʊbl] agg. indissolubile

indistinct [ˌɪndɪsˈtɪŋkt] agg. indistinto

individual [ˌɪndɪˈvɪdjʊəl] **A** agg. **1** individuale **2** particolare **B** s. individuo m.

individualism [ˌɪndɪˈvɪdjʊəlɪz(ə)m] s. individualismo m.

individualist [ˌɪndɪˈvɪdjʊəlɪst] agg. e s. individualista m. e f.

to individualize [ˌɪndɪˈvɪdjʊəlaɪz] v. tr. individuare

individually [ˌɪndɪˈvɪdjʊəlɪ] avv. individualmente

indivisible [ˌɪndɪˈvɪzəbl] agg. indivisibile

indoctrination [ɪnˌdɒktrɪˈneɪʃ(ə)n] s. indottrinamento m.

Indo-European [ˈɪndo(ʊ)ˌjʊərəˈpiːən] agg. indoeuropeo

indolent [ˈɪndələnt] agg. indolente

indoor [ˈɪndɔːr] agg. interno, al coperto ♦ **i. plant** pianta da appartamento

indoors [ˌɪnˈdɔːz] avv. in casa, all'interno, al coperto ♦ **to go i.** entrare in casa

to induce [ɪn'djuːs] *v. tr.* **1** indurre, persuadere **2** provocare

inducement [ɪn'djuːsmənt] *s.* incentivo *m.*, stimolo *m.*

to indulge [ɪn'dʌldʒ] **A** *v. tr.* **1** assecondare, compiacere **2** appagare, soddisfare **B** *v. intr.* concedersi, permettersi

indulgence [ɪn'dʌldʒ(ə)ns] *s.* **1** indulgenza *f.*, compiacenza *f.* **2** appagamento *m.*

indulgent [ɪn'dʌldʒənt] *agg.* indulgente

industrial [ɪn'dʌstrɪəl] *agg.* industriale ♦ **i. action** agitazione sindacale; **i. estate/park** zona industriale

industrialization [ɪn,dʌstrɪəlaɪ'zeɪʃ(ə)n] *s.* industrializzazione *f.*

industrious [ɪn'dʌstrɪəs] *agg.* industrioso, operoso

industry ['ɪndəstrɪ] *s.* **1** industria *f.* **2** industriosità *f.*, operosità *f.*

inebriate [ɪ'niːbrɪɪt] *agg. e s.* ubriaco *m.*

inedible [ɪn'edɪbl] *agg.* immangiabile

ineffective [,ɪnɪ'fektɪv] *agg.* **1** inefficace **2** incapace, inefficiente

inefficiency [,ɪnɪ'fɪʃ(ə)nsɪ] *s.* inefficienza *f.*

inefficient [,ɪnɪ'fɪʃ(ə)nt] *agg.* inefficiente, inefficace

ineluctable [,ɪnɪ'lʌktəbl] *agg.* ineluttabile

inept [ɪ'nept] *agg.* inetto

inequality [,ɪnɪ(ː)'kwɒlɪtɪ] *s.* **1** ineguaglianza *f.* **2** irregolarità *f.*

inertia [ɪ'nɜː(ʃ)ə] *s.* inerzia *f.*

inescapable [,ɪnɪs'keɪpəbl] *agg.* inevitabile

inessential [,ɪnɪ'senʃ(ə)l] *agg.* non essenziale

inevitable [ɪn'evɪtəbl] *agg.* inevitabile

inexact [,ɪnɪg'zækt] *agg.* inesatto

inexactitude [,ɪnɪg'zæktɪtjuːd] *s.* inesattezza *f.*

inexcusable [,ɪnɪks'kjuːzəbl] *agg.* imperdonabile

inexhaustible [,ɪnɪg'zɔːstəbl] *agg.* inesauribile

inexistent [,ɪnɪg'zɪstənt] *agg.* inesistente

inexpensive [,ɪnɪks'pensɪv] *agg.* economico, a buon mercato

inexperience [,ɪnɪks'pɪərɪəns] *s.* inesperienza *f.*

inexperienced [,ɪnɪks'pɪərɪənst] *agg.* inesperto

inexpert [ɪn'ekspɜːt] *agg.* inesperto

inexplicable [ɪn'eksplɪkəbl] *agg.* inesplicabile

inexpugnable [,ɪnɪks'pʌgnəbl] *agg.* inespugnabile

infallible [ɪn'fælɪbl] *agg.* infallibile

infamous ['ɪnfəməs] *agg.* infame

infancy ['ɪnfənsɪ] *s.* infanzia *f.*

infant ['ɪnfənt] **A** *agg.* infantile **B** *s.* infante *m. e f.*, neonato *m.*

infantile ['ɪnfəntaɪl] *agg.* infantile

infantry ['ɪnf(ə)ntrɪ] *s.* fanteria *f.*

infarct [ɪn'fɑːkt] *s.* infarto *m.*

infatuated [ɪn'fætjʊeɪtɪd] *agg.* infatuato

infatuation [ɪn,fætjʊ'eɪʃ(ə)n] *s.* infatuazione *f.*

to infect [ɪn'fekt] *v. tr.* infettare, contagiare

infected [ɪn'fektɪd] *agg.* infetto

infection [ɪn'fekʃ(ə)n] *s.* infezione *f.*

infectious [ɪn'fekʃəs] *agg.* infettivo, contagioso

to infer [ɪn'fɜː] *v. tr.* **1** inferire, dedurre **2** insinuare

inference ['ɪnf(ə)r(ə)ns] *s.* inferenza *f.*, deduzione *f.*

inferior [ɪn'fɪərɪə] **A** *agg.* **1** inferiore, subordinato **2** scadente **B** *s.* inferiore *m. e f.*, subalterno *m.*

inferiority [ɪn,fɪərɪ'ɒrɪtɪ] *s.* inferiorità *f.*

infernal [ɪn'fɜːnl] *agg.* infernale

infertile [ɪn'fɜːtaɪl] *agg.* infecondo, sterile

to infest [ɪn'fest] *v. tr.* infestare

infighting ['ɪn,faɪtɪŋ] *s.* **1** lotta *f.* corpo a corpo **2** lotta *f.* intestina

to infiltrate [ɪn'fɪltreɪt] **A** *v. tr.* **1** infiltrarsi in **2** infiltrare **B** *v. intr.* infiltrarsi, insinuarsi

infinite ['ɪnfɪnɪt] *agg. e s.* infinito *m.*

infinitesimal [,ɪnfɪnɪ'tesɪm(ə)l] *agg.* infinitesimale

infinitive [ɪn'fɪnɪtɪv] *agg. e s.* (*gramm.*) infinito *m.*

infinity [ɪn'fɪnɪtɪ] *s.* **1** infinità *f.* **2** (*mat.*) infinito *m.*

infirmary [ɪn'fɜːmərɪ] *s.* infermeria *f.*

infirmity [ɪn'fɜːmɪtɪ] *s.* **1** infermità *f.* **2** debolezza *f.*

to inflame [ɪn'fleɪm] *v. tr. e intr.* infiammare, infiammarsi

inflammable [ɪn'flæməbl] *agg.* infiammabile

inflammation [,ɪnflə'meɪʃ(ə)n] *s.* infiammazione *f.*

inflatable [ɪn'fleɪtəbl] *agg.* gonfiabile

to inflate [ɪn'fleɪt] *v. tr. e intr.* gonfiare, gonfiarsi

inflated [ɪn'fleɪtɪd] *agg.* gonfio

inflation [ɪn'fleɪʃ(ə)n] *s.* inflazione *f.*

inflationary [ɪn'fleɪʃ(ə)n(ə)rɪ] *agg.* inflazionistico

inflexible [ɪn'fleksəbl] *agg.* inflessibile

to inflict [ɪn'flɪkt] *v. tr.* infliggere

influence ['ɪnflʊəns] *s.* influenza *f.*, influsso *m.*

to influence ['ɪnflʊəns] *v. tr.* influenzare, influire su

influential [,ɪnflʊ'enʃ(ə)l] *agg.* influente

influenza [,ɪnflʊ'enzə] *s.* (*med.*) influenza *f.*

influx ['ɪnflʌks] *s.* afflusso *m.*, affluenza *f.*

to inform [ɪn'fɔːm] **A** *v. tr.* informare, far sapere, avvertire **B** *v. intr.* dare informazioni

informal [ɪn'fɔːml] *agg.* informale

informally [ɪn'fɔːmlɪ] *avv.* senza formalità

informant [ɪn'fɔːmənt] *s.* informatore *m.*

informatics [,ɪnfə'mætɪks] *s. pl.* (*v. al sing.*) informatica *f.*

information [,ɪnfə'meɪʃ(ə)n] *s.* informazioni *f. pl.*

informative [ɪn'fɔːmətɪv] *agg.* informativo

informer [ɪn'fɔːmə] *s.* informatore *m.*

to infringe [ɪn'frɪn(d)ʒ] *v. tr.* infrangere, contravvenire a

infringement [ɪn'frɪn(d)ʒmənt] *s.* infrazione *f.*, trasgressione *f.*

to infuriate [ɪn'fjʊərɪeɪt] *v. tr.* far infuriare

to infuse [ɪn'fjuːz] *v. tr.* infondere

infusion [ɪn'fjuːʒ(ə)n] *s.* infusione *f.*

ingenious [ɪn'dʒiːnjəs] *agg.* **1** ingegnoso **2** geniale

ingenuity [,ɪn(d)ʒɪ'njuːɪtɪ] *s.* ingegnosità *f.*

ingenuous [ɪn'dʒenjʊəs] *agg.* **1** ingenuo, semplice **2** sincero

ingenuousness [ɪn'dʒenjʊəsnɪs] *s.* ingenuità *f.*

to ingest [ɪn'dʒest] *v. tr.* ingerire

ingot ['ɪŋɡət] *s.* lingotto *m.*

ingrained [ɪn'ɡreɪnd] *agg.* radicato, inveterato

to ingratiate [ɪn'ɡreɪʃɪeɪt] *v. tr.* ingraziare ♦ **to i. oneself with sb.** ingraziarsi qc.

ingratitude [ɪn'ɡrætɪtjuːd] *s.* ingratitudine *f.*

ingredient [ɪn'ɡriːdjənt] *s.* ingrediente *m.*

to inhabit [ɪn'hæbɪt] *v. tr.* abitare

inhabitant [ɪn'hæbɪtənt] *s.* abitante *m. e f.*

to inhale [ɪnˈheɪl] v. tr. inalare, aspirare

inherent [ɪnˈhɪər(ə)nt] agg. inerente, intrinseco

to inherit [ɪnˈherɪt] v. tr. e intr. ereditare

inheritance [ɪnˈherɪtəns] s. eredità f.

to inhibit [ɪnˈhɪbɪt] v. tr. **1** inibire, reprimere **2** impedire

inhibition [ˌɪn(h)ɪˈbɪʃ(ə)n] s. **1** inibizione f. **2** divieto m.

inhospitable [ɪnˈhɒspɪtəbl] agg. inospitale

inhuman [ɪnˈhjuːmən] agg. inumano

inimitable [ɪˈnɪmɪtəbl] agg. inimitabile

initial [ɪˈnɪʃ(ə)l] **A** agg. iniziale **B** s. iniziale f., sigla f.

to initial [ɪˈnɪʃ(ə)l] v. tr. siglare

to initiate [ɪˈnɪʃɪeɪt] agg. e s. iniziato m.

to initiate [ɪˈnɪʃɪeɪt] v. tr. **1** avviare, dare inizio **2** (una persona) iniziare

initiative [ɪˈnɪʃɪətɪv] s. iniziativa f.

initiator [ɪˈnɪʃɪeɪtəʳ] agg. iniziatore

to inject [ɪnˈdʒekt] v. tr. iniettare

injection [ɪnˈdʒekʃ(ə)n] s. iniezione f.

injector [ɪnˈdʒektəʳ] s. iniettore m.

injunction [ɪnˈdʒʌŋ(k)ʃ(ə)n] s. ingiunzione f.

to injure [ˈɪn(d)ʒəʳ] v. tr. **1** ferire **2** danneggiare

injury [ˈɪn(d)ʒərɪ] s. **1** ferita f., lesione f. **2** danno m.

injustice [ɪnˈdʒʌstɪs] s. ingiustizia f.

ink [ɪŋk] s. inchiostro m.

inkling [ˈɪŋklɪŋ] s. sentore m., sospetto m.

inland [ˈɪnlənd] **A** s. entroterra m. inv. **B** agg. interno **C** avv. all'interno, nell'entroterra

inlay [ˈɪnleɪ] s. intarsio m.

inlet [ˈɪnlet] s. **1** insenatura f. **2** (mecc.) immissione f.

inmate [ˈɪnmeɪt] s. **1** degente m. e f. **2** carcerato m.

inn [ɪn] s. locanda f., taverna f.

innate [ɪˈneɪt] agg. innato

inner [ˈɪnəʳ] agg. **1** interno, interiore **2** segreto, intimo
♦ **i. city** centro (di grande città); **i. tube** camera d'aria

innkeeper [ˈɪnˌkiːpəʳ] s. locandiere m.

innocence [ˈɪnəsəns] s. innocenza f.

innocent [ˈɪnəsənt] agg. innocente

innocuous [ɪˈnɒkjʊəs] agg. innocuo

innovator [ˈɪnə(ʊ)veɪtəʳ] s. innovatore m.

innuendo [ˌɪnjʊ(ː)ˈendəʊ] (pl. **innuendo(e)s**) s. insinuazione f.

innumerable [ɪˈnjuːm(ə)rəbl] agg. innumerevole

inoffensive [ˌɪnəˈfensɪv] agg. inoffensivo

inopportune [ɪnˈɒpətjuːn] agg. inopportuno

inordinate [ɪˈnɔːdɪnɪt] agg. smodato, eccessivo

inorganic [ˌɪnɔːˈɡænɪk] agg. inorganico

in-patient [ˈɪnˌpeɪʃ(ə)nt] s. degente m. e f.

input [ˈɪnpʊt] s. **1** introduzione f., immissione f., input m. inv. **2** (mecc.) energia f. assorbita **3** (inf.) input m. inv., ingresso m.

inquest [ˈɪnkwest] s. inchiesta f.

to inquire [ɪnˈkwaɪəʳ] **A** v. tr. chiedere, domandare **B** v. intr. indagare, investigare ♦ **to i. about/for** informarsi su; **to i. into** investigare su; **to i. of** informarsi da

inquiry [ɪnˈkwaɪərɪ] s. **1** domanda f. **2** indagine f. ♦ **i. office** ufficio informazioni

inquisition [ˌɪnkwɪˈzɪʃ(ə)n] s. investigazione f.

inquisitive [ɪnˈkwɪzɪtɪv] agg. curioso, indiscreto

inroad [ˈɪnrəʊd] s. **1** (mil.) incursione f. **2** intromissione f. ♦ **to make inroads on st.** danneggiare q.c., intaccare q.c.

insane [ɪnˈseɪn] agg. insano, pazzo

insanity [ɪnˈsænɪtɪ] s. insania f., pazzia f.

insatiable [ɪnˈseɪʃjəbl] agg. insaziabile

to inscribe [ɪnˈskraɪb] v. tr. **1** incidere, scolpire **2** (mat.) iscrivere **3** dedicare

inscription [ɪnˈskrɪpʃ(ə)n] s. **1** iscrizione f. **2** dedica f.

inscrutable [ɪnˈskruːtəbl] agg. imperscrutabile

insect [ˈɪnsekt] s. insetto m.

insecticide [ɪnˈsektɪsaɪd] s. insetticida m.

insecure [ˌɪnsɪˈkjʊəʳ] agg. insicuro, malsicuro

insecurity [ˌɪnsɪˈkjʊərɪtɪ] s. insicurezza f.

insemination [ɪnˌsemɪˈneɪʃ(ə)n] s. inseminazione f.

insensibility [ɪnˌsensəˈbɪlɪtɪ] s. **1** insensibilità f. **2** incoscienza f. ♦ **in a state of i.** privo di sensi

insensible [ɪnˈsensəbl] agg. **1** insensibile **2** privo di sensi **3** inconsapevole

insensitive [ɪnˈsensɪtɪv] agg. insensibile

inseparable [ɪnˈsep(ə)rəbl] agg. inseparabile

to insert [ɪnˈsɜːt] v. tr. inserire

insertion [ɪnˈsɜːʃ(ə)n] s. inserzione f.

inshore [ˌɪnˈʃɔːʳ] **A** agg. costiero **B** avv. verso la costa

inside [ˈɪnsaɪd] **A** agg. interno, interiore **B** s. interno m., parte f. interna **C** avv. dentro, interiormente **D** prep. **1** dentro, all'interno di **2** entro

insidious [ɪnˈsɪdɪəs] agg. insidioso

insight [ˈɪnsaɪt] s. acume m., intuito m.

insignificant [ˌɪnsɪɡˈnɪfɪkənt] agg. insignificante

insincere [ˌɪnsɪnˈsɪəʳ] agg. insincero

to insinuate [ɪnˈsɪnjʊeɪt] **A** v. tr. **1** insinuare **2** introdurre **B** v. intr. fare insinuazioni ♦ **to i. oneself** insinuarsi

insipid [ɪnˈsɪpɪd] agg. insipido

to insist [ɪnˈsɪst] **A** v. intr. insistere **B** v. tr. sostenere, asserire

insistent [ɪnˈsɪst(ə)nt] agg. insistente

insolation [ˌɪnsə(ʊ)ˈleɪʃ(ə)n] s. insolazione f.

insole [ˈɪnsəʊl] s. soletta f.

insolence [ˈɪns(ə)ləns] s. insolenza f.

insolent [ˈɪns(ə)lənt] agg. insolente

insoluble [ɪnˈsɒljʊbl] agg. insolubile

insolvent [ɪnˈsɒlv(ə)nt] agg. insolvente

insomnia [ɪnˈsɒmnɪə] s. insonnia f.

to inspect [ɪnˈspekt] v. tr. ispezionare, controllare

inspection [ɪnˈspekʃ(ə)n] s. ispezione f., controllo m.

inspector [ɪnˈspektəʳ] s. ispettore m.

inspiration [ˌɪnspəˈreɪʃ(ə)n] s. **1** (med.) inspirazione f. **2** ispirazione f.

to inspire [ɪnˈspaɪəʳ] v. tr. **1** (med.) inspirare **2** ispirare, infondere, suscitare

inspirer [ɪnˈspaɪərəʳ] s. ispiratore m.

to install [ɪnˈstɔːl] v. tr. insediare **2** installare

installation [ˌɪnstəˈleɪʃ(ə)n] s. **1** insediamento m., investitura f. **2** installazione f.

instalment [ɪnˈstɔːlmənt] (USA **installment**) s. **1** rata f. **2** puntata f., parte f., fascicolo m. **3** acconto m. ♦ **to pay by instalments** pagare a rate

instance [ˈɪnstəns] s. **1** esempio m. **2** caso m. ♦ **for i.** per esempio; **in the first i.** in primo luogo

instant ['ɪnstənt] **A** *agg.* **1** urgente **2** immediato, istantaneo **3** corrente **B** *s.* istante *m.*

instantaneous [ˌɪnst(ə)n'teɪnjəs] *agg.* istantaneo

instantly ['ɪnstəntlɪ] *avv.* istantaneamente

instead [ɪn'sted] *avv.* invece

instep ['ɪnstep] *s.* collo *m.* del piede

to instil [ɪn'stɪl] *v. tr.* instillare, infondere

instinct ['ɪnstɪŋkt] *s.* istinto *m.*

instinctive [ɪn'stɪŋktɪv] *agg.* istintivo

institute ['ɪnstɪtjuːt] *s.* istituto *m.*

to institute ['ɪnstɪtjuːt] *v. tr.* **1** istituire **2** iniziare **3** intentare

institution [ˌɪnstɪ'tjuːʃ(ə)n] *s.* istituzione *f.*

institutional [ˌɪnstɪ'tjuːʃənl] *agg.* istituzionale

to instruct [ɪn'strʌkt] *v. tr.* **1** istruire, insegnare **2** dare istruzioni, incaricare **3** informare ♦ **to i. sb. to do st.** dare ordini a qc. di fare q.c.

instruction [ɪn'strʌkʃ(ə)n] *s.* **1** insegnamento *m.* **2** istruzione *f.*

instructive [ɪn'strʌktɪv] *agg.* istruttivo

instructor [ɪn'strʌktər] *s.* istruttore *m.*

instrument ['ɪnstrəmənt] *s.* strumento *m.*, apparecchio *m.*

instrumental [ˌɪnstrə'ment(ə)l] *agg.* **1** attivo, utile **2** strumentale

instrumentalist [ˌɪnstrə'ment(ə)lɪst] *s. (mus.)* strumentista *m. e f.*

insubstantial [ˌɪnsəb'stænʃ(ə)l] *agg.* **1** incorporeo **2** inconsistente

insufficient [ˌɪnsə'fɪʃ(ə)nt] *agg.* insufficiente, inadeguato

insular ['ɪnsjʊlər] *agg.* **1** insulare **2** gretto, di vedute ristrette

to insulate ['ɪnsjʊleɪt] *v. tr.* isolare

insulated ['ɪnsjʊleɪtɪd] *agg.* isolato

insulating ['ɪnsjʊleɪtɪŋ] *agg.* isolante ♦ **i. tape** nastro isolante

insulation [ˌɪnsjʊ'leɪʃ(ə)n] *s.* isolamento *m.*

insulin ['ɪnsjʊlɪn] *s.* insulina *f.*

insult ['ɪnsʌlt] *s.* insulto *m.*, offesa *f.*

to insult [ɪn'sʌlt] *v. tr.* insultare, offendere

insulting [ɪn'sʌltɪŋ] *agg.* ingiurioso, offensivo

insuperable [ɪn'sjuːp(ə)rəbl] *agg.* insuperabile

insurance [ɪn'ʃʊər(ə)ns] *s.* assicurazione *f.* ♦ **i. policy** polizza di assicurazione; **life i.** assicurazione sulla vita

to insure [ɪn'ʃʊər] *v. tr.* assicurare

insurrection [ˌɪnsə'rekʃ(ə)n] *s.* insurrezione *f.*, sommossa *f.*

intact [ɪn'tækt] *agg.* intatto

intake ['ɪnteɪk] *s.* **1** *(d'acqua, ecc.)* presa *f.*, immissione *f.* **2** quantità *f.* immessa **3** *al pl.* reclute *f. pl.*, nuovi assunti *m. pl.*

integral ['ɪntɪgr(ə)l] *agg.* **1** integrale **2** integrante

to integrate ['ɪntɪgreɪt] *v. tr.* **1** unire, incorporare **2** integrare

integrity [ɪn'tegrɪtɪ] *s.* integrità *f.*

intellectual [ˌɪntɪ'lektjʊəl] *agg. e s.* intellettuale *m. e f.*

intellectualism [ˌɪntɪ'lektjʊəlɪz(ə)m] *s.* intellettualismo *m.*

intelligence [ɪn'telɪdʒ(ə)ns] *s.* **1** intelligenza *f.* **2** informazioni *f. pl.*, notizie *f. pl.*

intelligent [ɪn'telɪdʒ(ə)nt] *agg.* intelligente

intelligible [ɪn'telɪdʒəbl] *agg.* intelligibile

to intend [ɪn'tend] *v. tr.* **1** intendere, avere intenzione di **2** significare **3** destinare ♦ **to i. to do st.** avere intenzione di fare q.c.

intended [ɪn'tendɪd] *agg.* **1** intenzionale, premeditato **2** designato

intense [ɪn'tens] *agg.* intenso

to intensify [ɪn'tensɪfaɪ] *v. tr.* intensificare

intensity [ɪn'tensɪtɪ] *s.* intensità *f.*

intensive [ɪn'tensɪv] *agg.* intensivo, intenso ♦ **i. care unit** reparto di terapia intensiva

intent [ɪn'tent] **A** *agg.* **1** intento **2** deciso **B** *s.* intento *m.*, intenzione *f.*, scopo *m.* ♦ **to all intents and purposes** a tutti gli effetti; **to be i. to do st.** essere deciso a fare q.c.

intention [ɪn'tenʃ(ə)n] *s.* intenzione *f.*, proposito *m.*

intentional [ɪn'tenʃənl] *agg.* intenzionale

to inter [ɪn'tɜːr] *v. tr.* sotterrare

to interact [ˌɪntər'ækt] *v. intr.* interagire

interaction [ˌɪntər'ækʃ(ə)n] *s.* interazione *f.*

to intercept [ˌɪntə(ː)'sept] *v. tr.* intercettare

intercession [ˌɪntə(ː)'seʃ(ə)n] *s.* intercessione *f.*

interchange ['ɪntə(ː),tʃeɪndʒ] *s.* **1** scambio *m.* **2** avvicendamento *m.* **3** svincolo *m.* (autostradale)

interchangeable [ˌɪntə(ː)'tʃeɪn(d)ʒəbl] *agg.* intercambiabile

intercolumn [ˌɪntə'kɒləm] *s.* intercolunnio *f.*

intercom ['ɪntəkɒm] *s.* interfono *m.*

intercontinental [ˌɪntə,kɒntɪ'nentl] *agg.* intercontinentale

intercourse ['ɪntə(ː)kɔːs] *s.* rapporto *m.*

interdisciplinary [ˌɪntə'dɪsɪplɪnərɪ] *agg.* interdisciplinare

interface ['ɪntəˌfeɪs] *s.* interfaccia *f.*

to interfere [ˌɪntə'fɪər] *v. intr.* interferire, intromettersi ♦ **to i. with** toccare, manomettere

interference [ˌɪntə'fɪər(ə)ns] *s.* interferenza *f.*, ingerenza *f.*

interior [ɪn'tɪərɪər] **A** *agg.* interiore, interno **B** *s.* **1** interno *m.* **2** entroterra *m.* ♦ **i. decoration** arredamento

to interlace [ˌɪntə(ː)'leɪs] *v. tr. e intr.* allacciare, allacciarsi

to interlock [ˌɪntə(ː)'lɒk] **A** *v. tr.* congiungere, unire, collegare **B** *v. intr.* **1** unirsi, congiungersi **2** essere collegato

interlocutor [ˌɪntə(ː)'lɒkjʊtər] *s.* interlocutore *m.*

interloper ['ɪntə(ː),ləʊpər] *s.* intruso *m.*

interlude ['ɪntə(ː)luːd] *s.* interludio *m.*, intermezzo *m.*

intermediate [ˌɪntə(ː)'miːdjət] *agg.* intermedio

intermezzo [ˌɪntə(ː)'metsəʊ] *s.* intermezzo *m.*

interminable [ɪn'tɜːmɪnəbl] *agg.* interminabile

intermission [ˌɪntə(ː)'mɪʃ(ə)n] *s.* interruzione *f.*, pausa *f.*

intermittent [ˌɪntə'mɪt(ə)nt] *agg.* intermittente

intern ['intɜːn] s. (medico) interno m.

to intern [in'tɜːn] v. tr. internare

internal [in'tɜːnl] agg. interno, interiore

international [ˌintə(ː)'næʃənl] agg. internazionale

interphone ['intəfəʊn] s. citofono m.

interplay ['intə(ː)ˌpleɪ] s. interazione f.

to interpolate [in'tɜːpə(ʊ)leɪt] v. tr. interpolare

to interpose [ˌintə(ː)'pəʊz] A v. tr. interporre, frapporre B v. intr. 1 interporsi, intromettersi 2 interferire

to interpret [in'tɜːprit] A v. tr. interpretare B v. intr. fare da interprete

interpretation [inˌtɜːpri'teiʃ(ə)n] s. interpretazione f.

interpreter [in'tɜːpritə*] s. interprete m. e f.

to interrelate [ˌintəri'leit] v. tr. porre in relazione, collegare

to interrogate [in'terəɡeit] v. tr. interrogare

interrogation [inˌterə'ɡeiʃ(ə)n] s. interrogazione f., interrogatorio m.

interrogative [ˌintə'rɒɡətiv] agg. interrogativo

to interrupt [ˌintə'rʌpt] v. tr. interrompere

interruption [ˌintə'rʌpʃ(ə)n] s. interruzione f.

intersection [ˌintə(ː)'sekʃ(ə)n] s. 1 intersezione f. 2 incrocio m.

to intersperse [ˌintə(ː)'spɜːs] v. tr. cospargere

interstice [in'tɜːstis] s. interstizio m.

to intertwine [ˌintə(ː)'twain] A v. tr. intrecciare, attorcigliare B v. intr. intrecciarsi, attorcigliarsi

intertwinement [ˌintə(ː)'twainmənt] s. intreccio m.

interurban [ˌintər'ɜːbən] agg. interurbano

interval ['intəv(ə)l] s. intervallo m.

to intervene [ˌintə(ː)'viːn] v. intr. 1 intervenire 2 accadere 3 intercorrere

intervention [ˌintə(ː)'venʃ(ə)n] s. intervento m.

interview ['intəvjuː] s. 1 intervista f. 2 colloquio m., udienza f.

to interview ['intəvjuː] v. tr. 1 intervistare 2 sottoporre a un colloquio

intestinal [in'testinl] agg. intestinale

intestine [in'testin] s. intestino m.

intimacy ['intiməsi] s. intimità f.

intimate ['intimit] agg. 1 intimo, interiore 2 profondo, completo

to intimate ['intimeit] v. tr. 1 accennare, suggerire 2 (dir.) intimare, notificare

into ['intu, 'intə] prep. in, dentro

intolerable [in'tɒl(ə)rəbl] agg. intollerabile

intolerance [in'tɒlər(ə)ns] s. intolleranza f.

intolerant [in'tɒlərənt] agg. intollerante

intoxication [inˌtɒksi'keiʃ(ə)n] s. 1 intossicazione f. 2 ebbrezza f.

intractable [in'træktəbl] agg. intrattabile

intrados [in'treidɒs] s. intradosso m.

intransigent [in'trænsidʒ(ə)nt] agg. e s. intransigente m.

intransitive [in'trænsitiv] agg. e s. intransitivo m.

intravenous [ˌintrə'viːnəs] agg. endovenoso

intricate ['intrikit] agg. intricato, complicato

intrigue [in'triːɡ] s. intrigo m.

to intrigue [in'triːɡ] v. tr. 1 ottenere con intrighi 2 affascinare, interessare

intriguing [in'triːɡiŋ] agg. 1 intrigante 2 affascinante

intrinsic(al) [in'trinsik((ə)l)] agg. intrinseco

to introduce [ˌintrə'djuːs] v. tr. 1 introdurre 2 presentare

introduction [ˌintrə'dʌkʃ(ə)n] s. 1 introduzione f. 2 presentazione f.

introductory [ˌintrə'dʌkt(ə)ri] agg. introduttivo, preliminare

introspective [ˌintrə(ʊ)'spektiv] agg. introspettivo

introvert ['intrə(ʊ)vɜːt] agg. introverso

to intrude [in'truːd] A v. intr. intromettersi B v. tr. imporre

intruder [in'truːdə*] s. intruso m.

intrusion [in'truːʒ(ə)n] s. intrusione f.

intrusive [in'truːsiv] agg. importuno

intuition [ˌintju(ː)'iʃ(ə)n] s. intuizione f.

intuitive [in'tju(ː)itiv] agg. intuitivo

to inundate ['inʌndeit] v. tr. inondare

inundation [ˌinʌn'deiʃ(ə)n] s. inondazione f.

inurement [i'njʊəmənt] s. assuefazione f., abitudine f.

to invade [in'veid] v. tr. invadere

invader [in'veidə*] s. invasore m.

invalid [in'vælid] A agg. 1 invalido, infermo 2 non valido, nullo B s. invalido m.

invalidity [ˌinvə'liditi] s. invalidità f.

invaluable [in'væljuəbl] agg. inestimabile

invariable [in'veəriəbl] agg. invariabile

invasion [in'veiʒ(ə)n] s. invasione f.

to invent [in'vent] v. tr. inventare

invention [in'venʃ(ə)n] s. invenzione f.

inventiveness [in'ventivnis] s. inventiva f.

inventor [in'ventə*] s. inventore m.

inventory ['inventri] s. inventario m.

inversion [in'vɜːʃ(ə)n] s. inversione f.

to invert [in'vɜːt] v. tr. 1 invertire 2 capovolgere

invertebrate [in'vɜːtibreit] agg. e s. invertebrato m.

to invest [in'vest] v. tr. e intr. investire

to investigate [in'vestiɡeit] v. tr. e intr. investigare

investigation [inˌvesti'ɡeiʃ(ə)n] s. indagine f., investigazione f.

investment [in'ves(t)mənt] s. investimento m.

investor [in'vestə*] s. (fin.) investitore m.

invidious [in'vidiəs] agg. odioso, spiacevole

invigilation [inˌvidʒi'leiʃ(ə)n] s. sorveglianza f.

to invigorate [in'viɡəreit] v. tr. rinvigorire, rinforzare

invincible [in'vinsəbl] agg. invincibile

invisible [in'vizəbl] agg. invisibile

invitation [ˌinvi'teiʃ(ə)n] s. invito m. ♦ **i. card** biglietto d'invito

to invite [in'vait] v. tr. 1 invitare 2 sollecitare, stimolare

inviting [in'vaitiŋ] agg. invitante, attraente

invoice ['invɔis] s. fattura f.

to invoice ['invɔis] v. tr. fatturare

involuntary [in'vɒlənt(ə)ri] agg. involontario

involution [ˌinvə'luːʃ(ə)n] s. involuzione f.

to involve [in'vɒlv] v. tr. 1 coinvolgere 2 comportare, richiedere 3 complicare

involved [in'vɒlvd] agg. 1 coinvolto 2 complicato

inward ['inwəd] agg. interno, interiore

inwards ['inwədz] avv. 1 verso l'interno 2 in entrata

iodine ['aiədiːn] s. iodio m.

Ionian [aɪˈəʊnjən] agg. (geogr.) Ionico

ionic [aɪˈɒnɪk] agg. ionico

Iranian [ɪˈreɪnjən] agg. e s. iraniano m.

Iraqi [ɪˈrɑːkɪ] agg. e s. iracheno m.

irascible [ɪˈræsɪbl] agg. irascibile

irate [aɪˈreɪt] agg. irato

iris [ˈaɪərɪs] s. 1 (meteor., anat.) iride m. 2 (bot.) iris m.

Irish [ˈaɪərɪʃ] agg. e s. irlandese m. (lingua)

Irishman [ˈaɪərɪʃmən] (pl. **Irishmen**) s. irlandese m.

Irishwoman [ˈaɪərɪʃˌwʊmən] (pl. **Irishwomen**) s. irlandese f.

to irk [ɜːk] v. tr. affliggere, infastidire

irksome [ˈɜːksəm] agg. fastidioso, seccante

iron [ˈaɪən] A s. 1 ferro m. 2 ferro m. (da stiro) B agg. attr. 1 di ferro 2 relativo al ferro ♦ **steam i.** ferro a vapore

to iron [ˈaɪən] v. tr. stirare ♦ **to i. out** appianare, risolvere

ironic(al) [aɪˈrɒnɪk((ə)l)] agg. ironico

ironing [ˈaɪənɪŋ] A s. stiratura f. B agg. da stiro ♦ **i. board** asse da stiro

ironmongery [ˈaɪənˌmʌŋg(ə)rɪ] s. negozio m. di ferramenta

irony [ˈaɪərənɪ] s. ironia f.

irrational [ɪˈræʃənl] A agg. irrazionale B s. numero m. irrazionale

irredentism [ˌɪrɪˈdentɪz(ə)m] s. irredentismo m.

irregular [ɪˈregjʊləʳ] agg. irregolare

irrelevant [ɪˈrelɪvənt] agg. non pertinente

irremediable [ˌɪrɪˈmiːdjəbl] agg. irrimediabile

irreparable [ɪˈrep(ə)rəbl] agg. irreparabile

irreplaceable [ˌɪrɪˈpleɪsəbl] agg. insostituibile

irrepressible [ˌɪrɪˈpresəbl] agg. irrefrenabile

irresistible [ˌɪrɪˈzɪstəbl] agg. irresistibile

irrespective [ˌɪrɪˈspektɪv] agg. noncurante

irrespirable [ɪˈrespɪrəbl] agg. irrespirabile

irresponsible [ˌɪrɪsˈpɒnsəbl] agg. irresponsabile

to irrigate [ˈɪrɪgeɪt] v. tr. irrigare

irrigation [ˌɪrɪˈgeɪʃ(ə)n] s. irrigazione f.

irritable [ˈɪrɪtəbl] agg. irritabile

to irritate [ˈɪrɪteɪt] v. tr. irritare

irritating [ˈɪrɪteɪtɪŋ] agg. irritante

irritation [ˌɪrɪˈteɪʃ(ə)n] s. irritazione f.

irruption [ɪˈrʌpʃ(ə)n] s. irruzione f.

Islamic [ɪzˈlæmɪk] agg. islamico

island [ˈaɪlənd] s. isola f.

islander [ˈaɪləndəʳ] s. isolano m.

isle [aɪl] s. isola f.

islet [ˈaɪlɪt] s. isolotto m.

isobar [ˈaɪsəʊ(ʊ)bɑːʳ] s. isobara f.

isobath [ˈaɪsəʊ(ʊ)bæθ] s. isobata f.

to isolate [ˈaɪsəleɪt] v. tr. isolare

isolated [ˈaɪsəleɪtɪd] agg. isolato

isolation [ˌaɪsəˈleɪʃ(ə)n] s. isolamento m.

Israeli [ɪzˈreɪlɪ] agg. e s. israeliano m.

Israelite [ˈɪzrɪəlaɪt] agg. e s. israelita m. e f.

issue [ˈɪʃjuː] s. 1 questione f., problema m. 2 emissione f. 3 pubblicazione f., edizione f. 4 uscita f., sbocco m., fuoriuscita f.

to issue [ˈɪʃjuː] A v. tr. 1 emettere 2 pubblicare 3 rilasciare B v. intr. scaturire, venir fuori ♦ **to i. in** concludersi; **to i. tickets** rilasciare biglietti

isthmus [ˈɪsməs] s. istmo m.

it [ɪt] pron. neutro 3° sing. 1 (sogg.) esso, essa, ciò (spesso sottinteso) (ES: **at what time does it leave?** a che ora parte?) 2 (compl.) lo, la, ciò, gli, le, ne, ci, sé (ES: **I don't like it** non mi piace) 3 (sogg. di v. impers.) idiom. (ES: **it is snowing** sta nevicando, **it is midday** è mezzogiorno) 4 (prolettico) idiom. (ES: **it is obvious that ...** è ovvio che ...)

Italian [ɪˈtæljən] agg. e s. italiano m.

Italic [ɪˈtælɪk] agg. 1 italico 2 corsivo

italics [ɪˈtælɪks] s. pl. corsivo m.

itch [ɪtʃ] s. 1 prurito m. 2 (fig.) voglia f.

to itch [ɪtʃ] v. intr. 1 prudere, sentire prurito 2 (fig.) aver voglia

item [ˈaɪtəm] s. 1 articolo m., capo m. 2 elemento m. 3 notizia f.

to itemize [ˈaɪtəmaɪz] v. tr. specificare, esporre in dettaglio

iterative [ˈɪtərətɪv] agg. iterativo

itinerant [ɪˈtɪn(ə)rənt] agg. ambulante

itinerary [aɪˈtɪn(ə)rərɪ] s. itinerario m.

its [ɪts] agg. poss. (possessore neutro) suo, sua, suoi, sue

itself [ɪtˈself] pron. 3ª sing. neutro 1 (rifl.) si, sé, se stesso, se stessa 2 (enf.) stesso, stessa, in persona

ivory [ˈaɪv(ə)rɪ] s. avorio m.

ivy [ˈaɪvɪ] s. edera f.

J

jab [dʒæb] s. 1 stilettata f., stoccata f. 2 colpetto m. 3 (fam.) iniezione f.

to jab [dʒæb] v. tr. 1 conficcare 2 colpire

jack [dʒæk] s. 1 (fam.) tipo m., amico m. 2 boccino m.

3 (mecc.) cric m. 4 (carte da gioco) fante m.

jackal [ˈdʒækɔːl] s. sciacallo m.

jackass [ˈdʒækæs] s. asino m.

jackdaw [ˈdʒækdɔː] s. taccola f.

jacket ['dʒækɪt] s. **1** giacca f., giubbotto m. **2** rivestimento m. **3** copertina f., sovraccoperta f. ◆ **blue j.** marinaio; **dinner j.** smoking; **life j.** giubbotto di salvataggio

jackknife ['dʒæknaɪf] s. coltello m. a serramanico

Jacobin ['dʒækəbɪn] agg. e s. giacobino m.

jade [dʒeɪd] s. giada f.

jaded ['dʒeɪdɪd] agg. **1** stanco, affaticato **2** logoro

jag [dʒæg] s. sporgenza f. appuntita, dente m. di sega

jagged ['dʒægɪd] agg. frastagliato, dentellato

jail [dʒeɪl] s. prigione f.

to jail [dʒeɪl] v. tr. imprigionare

jailer ['dʒeɪlə'] s. carceriere m., secondino m.

jam (1) [dʒæm] s. **1** compressione f. **2** blocco m., inceppamento m. **3** (nel traffico) ingorgo m. **4** (fam.) pasticcio m.

jam (2) [dʒæm] s. confettura f., marmellata f.

to jam [dʒæm] **A** v. tr. **1** comprimere, schiacciare **2** bloccare, inceppare **3** (una trasmissione) disturbare con interferenze **B** v. intr. bloccarsi, incepparsi

Jamaican [dʒ(ə)'meɪkən] agg. e s. giamaicano m.

jamb [dʒæm] s. stipite m.

to jangle ['dʒæŋgl] v. intr. **1** stridere **2** risuonare

janitor ['dʒænɪtə'] s. custode m. e f.

January ['dʒænjʊərɪ] s. gennaio m.

Japanese [,dʒæpə'niːz] agg. e s. giapponese m. e f.

jar (1) [dʒɑː'] s. barattolo m., vasetto m.

jar (2) [dʒɑː'] s. **1** stridore m., vibrazione f. **2** colpo m., urto m. **3** litigio m.

to jar [dʒɑː'] v. intr. **1** stridere, vibrare **2** discordare **3** litigare

jargon ['dʒɑːgən] s. gergo m.

jasmin(e) ['dʒæsmɪn] s. gelsomino m.

jasper ['dʒæspə'] s. diaspro m.

jaundice ['dʒɔːndɪs] s. (med.) itterizia f.

jaunt [dʒɔːnt] s. gita f., passeggiata f.

jaunty ['dʒɔːntɪ] agg. vivace, disinvolto

javelin ['dʒævlɪn] s. giavellotto m.

jaw [dʒɔː] s. mascella f.

jay [dʒeɪ] s. **1** (zool.) ghiandaia f. **2** (fam.) chiacchierone m.

jazz [dʒæz] s. jazz m. inv.

jealous ['dʒeləs] agg. geloso, invidioso

jealousy ['dʒeləsɪ] s. gelosia f., invidia f.

jeans [dʒiːnz] s. pl. jeans m. pl.

jeer [dʒɪə'] s. beffa f.

to jeer [dʒɪə'] v. intr. prendersi gioco

jelly ['dʒelɪ] s. gelatina f.

jellyfish ['dʒelɪfɪʃ] s. medusa f.

jeopardy ['dʒepədɪ] s. pericolo m., rischio m., repentaglio m.

jerk [dʒɜːk] s. **1** sobbalzo m. **2** strattone m. **3** (fam.) stupido m.

to jerk [dʒɜːk] **A** v. tr. dare una spinta, dare un colpo **B** v. intr. sobbalzare

jerry can ['dʒerɪkæn] s. tanica f.

jersey ['dʒɜːzɪ] s. **1** maglia f. **2** jersey m. inv.

jest [dʒest] s. **1** scherzo m. **2** canzonatura f.

to jest [dʒest] v. intr. **1** scherzare **2** farsi beffe

jester ['dʒestə'] s. **1** giullare m. **2** buffone m.

Jesuit ['dʒezjuːt] **A** s. gesuita f. **B** agg. gesuitico

jet [dʒet] s. **1** getto m., zampillo m. **2** jet m. inv., aviogetto m. **3** ugello m.

jet-black [,dʒet'blæk] agg. nero lucente

to jettison ['dʒetɪsn] v. tr. **1** gettare a mare **2** scaricare in volo **3** disfarsi di

jetty ['dʒetɪ] s. gettata f., molo m.

Jew [dʒuː] s. ebreo m.

jewel ['dʒuːəl] s. **1** gioiello m. **2** gemma f.

jeweller ['dʒuːələ'] s. gioielliere m.

jewel(le)ry ['dʒuːəlrɪ] s. **1** gioielleria f. **2** gioielli m. pl.

Jewess ['dʒuːɪs] s. ebrea f.

Jewish ['dʒuːɪʃ] agg. ebraico

jib [dʒɪb] s. (naut.) fiocco m.

jibe [dʒaɪb] s. beffa f.

jiffy ['dʒɪfɪ] s. (fam.) attimo m. ◆ **in a j.** in un attimo

jigsaw ['dʒɪgsɔː] s. **1** sega f. per traforo **2** puzzle m. inv.

to jilt [dʒɪlt] v. tr. piantare (un innamorato)

jingle ['dʒɪŋgl] s. **1** tintinnio m. **2** cantilena f. **3** canzonetta f. pubblicitaria

to jingle ['dʒɪŋgl] v. intr. tintinnare

jinx [dʒɪŋks] s. **1** iettatura f. **2** iettatore m.

jitters ['dʒɪtəz] s. pl. (pop.) nervosismo m. ◆ **to have the j.** avere i nervi a fior di pelle, essere agitato

job [dʒɒb] s. **1** lavoro m., impiego m., occupazione f. **2** mansione f., compito m. **3** (fam.) faccenda f. ◆ **j. center** ufficio di collocamento

jobless ['dʒɒblɪs] agg. disoccupato

jockey ['dʒɒkɪ] s. fantino m.

jocular ['dʒɒkjʊlə'] agg. giocoso, gioviale

to jog [dʒɒg] **A** v. tr. **1** spingere, urtare **2** scuotere, sballottare **B** v. intr. **1** avanzare a scatti **2** avanzare, avviarsi **3** fare jogging

jogging ['dʒɒgɪŋ] s. jogging m. inv.

to join [dʒɔɪn] **A** v. tr. **1** unire, collegare **2** partecipare a **3** raggiungere **B** v. intr. **1** unirsi, congiungersi, confluire **2** essere contiguo ◆ **to j. in** prendere parte a; **to j. up** arruolarsi

joiner ['dʒɔɪnə'] s. falegname m.

joint [dʒɔɪnt] **A** agg. unito, congiunto **B** s. **1** giunzione f. **2** (mecc.) giunto m. **3** articolazione f., giuntura f. **4** (cuc.) arrosto m. **5** (pop.) bettola f. ◆ **out of j.** sconnesso

to joint [dʒɔɪnt] v. tr. **1** congiungere, unire **2** (mecc.) connettere

joist [dʒɔɪst] s. trave f.

joke [dʒəʊk] s. **1** scherzo m. **2** barzelletta f. ◆ **in j.** per scherzo; **no j.** senza scherzi; **to play a j. on sb.** fare uno scherzo a qc.

to joke [dʒəʊk] **A** v. intr. scherzare **B** v. tr. canzonare

joker ['dʒəʊkə'] s. jolly m. inv.

jolly ['dʒɒlɪ] **A** agg. gioviale, allegro **B** avv. **1** molto **2** certamente, proprio

jolt [dʒəʊlt] s. sobbalzo m.

to jolt [dʒəʊlt] **A** v. tr. scuotere **B** v. intr. sobbalzare

to jostle ['dʒɒsl] v. tr. **1** spingere, colpire a gomitate **2** (pop.) borseggiare

jostler ['dʒɒslə'] s. (pop.) borsaiolo m.

jot [dʒɒt] s. inezia f. ◆ **I don't care a j.** non me ne importa nulla

to jot [dʒɒt] v. tr. annotare in fretta

journal ['dʒɜːnl] s. **1** giornale m., rivista f. **2** diario m.

journalism ['dʒɜːnəlɪz(ə)m] s. giornalismo m.
journalist ['dʒɜːnəlɪst] s. giornalista m. e f.
journey ['dʒɜːnɪ] s. viaggio m., tragitto m. ♦ **the j. out/home** il viaggio d'andata/di ritorno
jovial ['dʒəʊvjəl] agg. gioviale
joy [dʒɔɪ] s. gioia f.
joyful ['dʒɔɪf(ʊ)l] agg. felice, allegro
jubilant ['dʒuːbɪlənt] agg. giubilante
jubilee ['dʒuːbɪliː] s. **1** giubileo m. **2** anniversario m.
judge [dʒʌdʒ] s. giudice m. e f.
to judge [dʒʌdʒ] v. tr. e intr. giudicare
judgment ['dʒʌdʒmənt] s. giudizio m.
judicial [dʒʊ(ː)'dɪʃ(ə)l] agg. giudiziario
judiciary [dʒʊ(ː)'dɪʃɪərɪ] A agg. giudiziario B s. magistratura f.
judo ['dʒuːdəʊ] s. judo m. inv.
jug [dʒʌg] s. brocca f.
juggle ['dʒʌgl] s. gioco m. di prestigio
juggler ['dʒʌgləʳ] s. giocoliere m.
juice [dʒuːs] s. succo m.
juicy ['dʒuːsɪ] agg. **1** succoso **2** interessante
July [dʒu(ː)'laɪ] s. luglio m.
jumble ['dʒʌmbl] s. miscuglio m.
to jumble ['dʒʌmbl] v. tr. mescolare, mescolarsi
jumbo ['dʒʌmbəʊ] s. jumbo m. inv.
jump [dʒʌmp] s. salto m., balzo m.
to jump [dʒʌmp] A v. intr. **1** saltare, balzare **2** trasalire **3** (di prezzo, merce) rincarare, avere un'impennata B v. tr. **1** saltare, scavalcare **2** far salire ♦ **to j. at** cogliere al volo; **to j. off** saltare giù
jumper (1) ['dʒʌmpəʳ] s. **1** maglione m. **2** (USA) grembiule m.
jumper (2) ['dʒʌmpəʳ] s. (elettr.) jumper m. inv., cavallotto m.
jumpy ['dʒʌmpɪ] agg. nervoso, agitato
junction ['dʒʌŋ(k)ʃ(ə)n] s. **1** congiunzione f. **2** (ferr., strada) raccordo m. **3** (elettr.) giunzione f.
June [dʒuːn] s. giugno m.
jungle ['dʒʌŋgl] s. giungla f.
junior ['dʒuːnjəʳ] agg. **1** inferiore **2** junior, il giovane, (tra fratelli) minore
juniper ['dʒuːnɪpəʳ] s. ginepro m.
junk [dʒʌŋk] s. **1** cianfrusaglie f. pl. **2** rottame m.
junkie ['dʒʌŋkɪ] s. (pop.) drogato m.
junoesque [,dʒuːnəʊ(ʊ)'esk] agg. giunonico
juridical [dʒʊə'rɪdɪk(ə)l] agg. giuridico
jurisdictional [,dʒʊərɪs'dɪkʃənl] agg. giurisdizionale
jurisprudence [,dʒʊərɪs,pruːdəns] s. giurisprudenza f.
jurist ['dʒʊərɪst] s. giurista m. e f.
juror ['dʒʊərəʳ] s. giurato m.
jury ['dʒʊərɪ] s. giuria f.
just [dʒʌst] A agg. **1** giusto, onesto **2** legittimo, fondato **3** adeguato, meritato B avv. **1** appena **2** proprio **3** soltanto, semplicemente **4** esattamente, precisamente **5** a malapena ♦ **j. about** quasi; **j. after** subito dopo; **j. a minute** un minuto; **j. in case** caso mai; **j. now** poco fa, in questo momento; **j. over** poco più; **j. so** proprio così; **j. then** proprio allora
justice ['dʒʌstɪs] s. giustizia f.
justifiable ['dʒʌstɪfaɪəbl] agg. giustificabile
justification [,dʒʌstɪfɪ'keɪʃ(ə)n] s. giustificazione f.
to justify ['dʒʌstɪfaɪ] v. tr. **1** giustificare, scusare **2** motivare
jut [dʒʌt] s. sporgenza f.
to jut [dʒʌt] v. intr. sporgere, aggettare
jute [dʒuːt] s. iuta f.
juvenile ['dʒuːvɪnaɪl] A agg. **1** giovanile **2** immaturo **3** minorile B s. **1** giovane m. e f. **2** minorenne m. e f.
to juxtapose ['dʒʌkstəpəʊz] v. tr. giustapporre
juxtaposition [,dʒʌkstəpə'zɪʃ(ə)n] s. giustapposizione f.

K

kaki ['kɑ(ː)kɪ] s. cachi m. inv.
kale [keɪl] s. ravizzone m.
kaleidoscope [kə'laɪdəskəʊp] s. caleidoscopio m.
kangaroo [,kæŋgə'ruː] s. canguro m.
kaolin ['keɪ(ə)lɪn] s. caolino m.
karate [kə'rɑːtɪ] s. karatè m. inv.
kayak ['kaɪæk] s. kayak m. inv.
keel [kiːl] s. (naut.) chiglia f. ♦ **on an even k.** in equilibrio
keen [kiːn] agg. **1** appassionato **2** forte, intenso **3** acuto, sottile, penetrante **4** aguzzo, affilato, tagliente ♦ **to be k. of st.** essere appassionato di q.c.
keep [kiːp] s. **1** mantenimento m., sostentamento m. **2** torrione m., fortezza f. ♦ **for keeps** per sempre
to keep [kiːp] (pass. e p. p. **kept**) A v. tr. **1** tenere, conservare **2** mantenere, sostentare, amministrare **3** trattenere, impedire **4** osservare, rispettare, attenersi a B v. intr. **1** mantenersi, restare **2** continuare, durare, perseverare ♦ **to k. away** stare lontano; **to k. from** sottrarre, trattenersi da; **to k. in** stare in casa; **to k. off** stare lontano, evitare; **to k. on** tenere, continuare; **to k. out** tenere fuori; **to k. up** mantenere
keeper ['kiːpəʳ] s. guardiano m.
keeping ['kiːpɪŋ] s. **1** guardia f., sorveglianza f. **2** accordo m. **3** conservazione f. ♦ **to be in k. with** essere in armonia con; **to be out of k.** essere in disaccordo con
keepsake ['kiːpseɪk] s. (oggetto) ricordo m.

kennel ['kɛnl] *s.* canile *m.*

kept [kɛpt] *pass. e p. p. di* **to keep**

kerb [kɜːb] *s.* orlo *m.* del marciapiede

kernel ['kɜːnl] *s.* **1** nocciolo *m.*, gheriglio *m.* **2** *(fis.)* nucleo *m.*

kerosene ['kɛrəsiːn] *s.* cherosene *m.*

ketch [kɛtʃ] *s. (naut.)* ketch *m. inv.*

kettle ['kɛtl] *s.* bollitore *m.*

kettledrum ['kɛtldrʌm] *s. (mus.)* timpano *m.*

key (1) [kiː] **A** *s.* **1** chiave *f.* **2** tasto *m.*, pulsante *m.* **3** tono *m.* **B** *agg. attr.* chiave, importante

key (2) [kiː] *s.* isoletta *f.*

to key [kiː] *v. tr.* **1** *(mecc.)* collegare con una chiavetta **2** *(mus.)* accordare **3** adattare ♦ **to k. in** *(inf.)* digitare; **to k. up** eccitare, stimolare

keyboard ['kiːbɔːd] *s.* tastiera *f.*

keyhole ['kiːhəʊl] *s.* buco *m.* della serratura

keynote ['kiːnəʊt] *s. (mus.)* nota *f.* fondamentale

keystone ['kiːstəʊn] *s.* chiave *f.* di volta

kick [kɪk] *s.* **1** calcio *m.*, pedata *f.* **2** *(fam.)* divertimento *m.*, gusto *m.* **3** *(fam.)* energia *f.*, forza *f.* ♦ **corner k.** calcio d'angolo; **penalty k.** calcio di rigore

to kick [kɪk] **A** *v. tr.* **1** dare calci a, spingere a calci **2** *(fam.)* liberarsi di **B** *v. intr.* **1** tirare calci **2** recalcitrare ♦ **to k. off** dare il calcio d'inizio; **to k. sb. out** buttare fuori qc. a calci

kid [kɪd] *s.* **1** capretto *m.* **2** *(fam.)* bambino *m.*, ragazzo *m.*

to kid [kɪd] *v. tr. (fam.)* prendere in giro

to kidnap ['kɪdnæp] *v. tr.* rapire

kidnapper ['kɪd,næpər] *s.* rapitore *m.*

kidnapping ['kɪd,næpɪŋ] *s.* rapimento *m.*

kidney ['kɪdnɪ] *s.* **1** rene *m.* **2** rognone *m.* ♦ **k. machine** rene artificiale

kill [kɪl] *s.* **1** uccisione *f.* **2** cacciagione *f.*, preda *f.*

to kill [kɪl] *v. tr.* **1** uccidere, ammazzare **2** distruggere, rovinare **3** respingere

killer ['kɪlər] *s.* killer *m. inv.*, sicario *m.*

killing ['kɪlɪŋ] **A** *agg.* **1** mortale **2** faticoso, massacrante **3** *(fam.)* attraente **B** *s.* **1** assassinio *m.*, uccisione *f.* **2** forte guadagno *m.*, bel colpo *m.*

killjoy ['kɪldʒɔɪ] *s.* guastafeste *m. e f.*

kiln [kɪln] *s.* fornace *f.*

kilogram ['kɪləgræm] *s.* chilogrammo *m.*

kilometre ['kɪlə,miːtər] *(USA* **kilometer)** *s.* chilometro *m.*

kilometric [,kɪlə(ʊ)'metrɪk] *agg.* chilometrico

kilt [kɪlt] *s.* kilt *m. inv.*

kin [kɪn] *s. inv.* parente *m. e f.*, congiunto *m.*

kind [kaɪnd] **A** *agg.* gentile, cortese **B** *s.* **1** genere *m.*, razza *f.* **2** tipo *m.*, varietà *f.*, categoria *f.* ♦ **a k. of** una specie di; **k. of** quasi; **to pay in k.** pagare in natura

kindergarten ['kɪndə,gɑːtn] *s.* asilo *m.*

kind-hearted [,kaɪnd'hɑːtɪd] *agg.* di animo gentile

to kindle ['kɪndl] *v. tr.* **1** accendere, infiammare **2** suscitare **B** *v. intr.* prender fuoco, infiammarsi

kindly ['kaɪndlɪ] **A** *agg.* **1** gentile, benevolo **2** piacevole, favorevole **B** *avv.* **1** gentilmente, per favore **2** benevolmente **3** volentieri

kindness ['kaɪndnɪs] *s.* gentilezza *f.*, cortesia *f.*

kindred ['kɪndrɪd] **A** *agg.* **1** imparentato **2** affine **B** *s.*

1 *(v. al pl.)* parenti *m. pl.* **2** parentela *f.*

kinetic [kaɪ'netɪk] *agg.* cinetico

king [kɪŋ] *s.* re *m. inv.*

kingdom ['kɪŋdəm] *s.* regno *m.*

kingfisher ['kɪŋ,fɪʃər] *s.* martin pescatore *m.*

king-size(d) ['kɪŋsaɪz(d)] *agg.* di taglia superiore al normale

kinky ['kɪŋkɪ] *agg.* **1** ingarbugliato **2** *(fam.)* eccentrico

kinship ['kɪnʃɪp] *s.* **1** parentela *f.* **2** affinità *f.*

kinsman ['kɪnzmən] *(pl.* **kinsmen)** *s.* consanguineo *m.*

kiosk [kɪ'ɒsk] *s.* chiosco *m.*, edicola *f.*

kiss [kɪs] *s.* bacio *m.*

to kiss [kɪs] *v. tr. e intr.* baciare, baciarsi

kit [kɪt] *s.* **1** equipaggiamento *m.*, corredo *m.* **2** attrezzi *m. pl.*

kitchen ['kɪtʃɪn] *s.* cucina *f.* ♦ **k. garden** orto *m.*

kite [kaɪt] *s.* **1** nibbio *m.* **2** aquilone *m.*

kith [kɪθ] *s.* amici *m. pl.* ♦ **k. and kin** amici e parenti

kitten ['kɪtn] *s.* gattino *m.*

knack [næk] *s.* abilità *f.*, destrezza *f.* ♦ **to have a k. for st.** essere tagliato per q.c.

knapsack ['næpsæk] *s.* zaino *m.*

to knead [niːd] *v. tr.* impastare

kneading ['niːdɪŋ] *s.* impastatura *f.* ♦ **k. trough** madia *f.*

knee [niː] *s.* ginocchio *m.*

kneecap ['niːkæp] *s.* rotula *f.*

to kneel [niːl] *(pass. e p. p.* **knelt)** *v. intr.* inginocchiarsi

knew [njuː] *pass. di* **to know**

knickers ['nɪkəz] *s. pl.* mutandine *f. pl.*

knickknack ['nɪknæk] *s.* gingillo *m.*, soprammobile *m.*

knife [naɪf] *(pl.* **knives)** *s.* coltello *m.*

to knife [naɪf] *v. tr.* **1** accoltellare, pugnalare **2** tagliare

knight [naɪt] *s.* **1** cavaliere *m.* **2** *(scacchi)* cavallo *m.*

to knit [nɪt] *(pass. e p. p.* **knit, knitted)** **A** *v. tr.* **1** lavorare a maglia **2** *(fronte, ciglia)* corrugare, aggrottare **3** saldare, unire **B** *v. intr.* **1** sferruzzare **2** saldarsi, unirsi

knitting ['nɪtɪŋ] *s.* lavoro *m.* a maglia ♦ **k. machine** macchina per maglieria; **k. needle** ferro da calza

knitwear ['nɪtweər] *s.* maglieria *f.*

knives ['naɪvz] *pl. di* **knife**

knob [nɒb] *s.* **1** protuberanza *f.*, *(di legno)* nodo *m.* **2** manopola *f.*, pomello *m.*

knock [nɒk] *s.* botta *f.*, colpo *m.*, percossa *f.*, bussata *f.*

to knock [nɒk] **A** *v. tr.* **1** picchiare, battere **2** *(fam.)* criticare **B** *v. intr.* battere, bussare ♦ **to k. about** girovagare, bazzicare; **to k. at the door** bussare alla porta; **to k. down** abbattere; **to k. in** conficcare; **to k. off** buttare giù, abbassare, rubare; **to k. out** mettere k.o.

knocker ['nɒkər] *s.* battente *m.*

knockout ['nɒk,aʊt] **A** *agg.* che mette fuori combattimento **B** *s.* knockout *m. inv.*

knoll [nəʊl] *s.* poggio *m.*

knot [nɒt] *s.* **1** nodo *m.* **2** *(fig.)* legame *m.*, vincolo *m.* **3** *(fig.)* difficoltà *f.*, problema *m.* **4** capannello *m.*, mucchio *m.*

to knot [nɒt] *v. tr.* annodare
knotty ['nɒtɪ] *agg.* **1** nodoso **2** intricato
to know [nəʊ] (*pass.* **knew**, *p. p.* **known**) *v. tr.* **1** conoscere, sapere **2** riconoscere, distinguere ♦ **to k. about** essere a conoscenza di; **you never k.** non si sa mai
know-all ['nəʊɔːl] *s.* saccente *m. e f.*
know-how ['nəʊhaʊ] *s.* **1** abilità *f.* tecnica **2** know-how *m. inv.*
knowing ['nəʊ(ʊ)ɪŋ] *agg.* **1** informato **2** intelligente,

abile **3** d'intesa
knowledge ['nɒlɪdʒ] *s.* **1** conoscenza *f.* **2** sapere *m.*, scienza *f.*
knowledgeable ['nɒlɪdʒəbl] *agg.* bene informato
known [nəʊn] **A** *p. p. di* **to know B** *agg.* noto, conosciuto
knuckle ['nʌkl] *s.* nocca *f.*
koala [kə(ʊ)ɑːlə] *s.* koala *m. inv.*
kudos ['kjuːdɒs] *s.* (*fam.*) fama *f.*
Kurdish ['kɜːdɪʃ] *agg.* curdo

L

lab [læb] *s.* (*fam.*) laboratorio *m.*
label ['leɪbl] *s.* etichetta *f.*, cartellino *m.*
to label ['leɪbl] *v. tr.* **1** contrassegnare, etichettare **2** classificare
laboratory [lə'bɒrət(ə)rɪ] *s.* laboratorio *m.*
labour ['leɪbər] (*USA* **labor**) *s.* **1** lavoro *m.* **2** manodopera *f.* **3** doglie *f. pl.*, travaglio *m.* ♦ **hard l.** lavori forzati; **L. party** partito laburista
to labour ['leɪbər] (*USA* **to labor**) *v. intr.* **1** lavorare, faticare **2** avere le doglie
laboured ['leɪbəd] *agg.* **1** affannoso, affaticato **2** elaborato
labourer ['leɪbərər] *s.* manovale *m.*
labyrinth ['læbərɪnθ] *s.* labirinto *m.*
lace [leɪs] *s.* **1** pizzo *m.* **2** laccio *m.*, stringa *f.*
to lace [leɪs] *v. tr.* **1** allacciare **2** ornare di pizzi **3** (*una bevanda*) correggere ♦ **to l. up one's shoes** allacciarsi le scarpe
laceration [ˌlæsə'reɪʃ(ə)n] *s.* lacerazione *f.*
lack [læk] *s.* mancanza *f.*, insufficienza *f.*
to lack [læk] *v. tr.* **1** mancare di **2** aver bisogno di ♦ **to be lacking in st.** essere privo di q.c.
lackadaisical [ˌlækə'deɪzɪk(ə)l] *agg.* apatico, noncurante
lackey ['lækɪ] *s.* lacchè *m.*
laconic [lə'kɒnɪk] *agg.* laconico
lacquer ['lækər] *s.* lacca *f.*
to lacquer ['lækər] *v. tr.* laccare
lactose ['læktəʊs] *s.* lattosio *m.*
lad [læd] *s.* ragazzo *m.*, giovanotto *m.*
ladder ['lædər] *s.* **1** scala *f.* (*a pioli*) **2** (*di calze*) smagliatura *f.* ♦ **double l.** scala a libro
to lade [leɪd] (*p. p.* **laden**) *v. tr.* caricare
ladle ['leɪdl] *s.* mestolo *m.*
lady ['leɪdɪ] *s.* signora *f.* ♦ **l.-in-waiting** dama di corte; **Our L.** la Madonna
ladybird ['leɪdɪbɜːd] *s.* coccinella *f.*
ladylike ['leɪdɪlaɪk] *agg.* adatto a una signora, signorile
lag (1) [læg] *s.* ritardo *m.*, intervallo *m.*

lag (2) [læg] *s.* **1** doga *f.* **2** rivestimento *m.* (isolante)
to lag (1) [læg] *v. intr.* ritardare, ristagnare
to lag (2) [læg] *v. tr.* rivestire (con materiale isolante)
lager ['lɑːgər] *s.* birra *f.* chiara
lagoon [lə'guːn] *s.* laguna *f.*
laicism ['leɪsɪz(ə)m] *s.* laicismo *m.*
laid [leɪd] *pass. e p. p. di* **to lay**
lain [leɪn] *p. p. di* **to lie**
lair [leər] *s.* covo *m.*, tana *f.*
lake (1) [leɪk] *s.* lago *m.*
lake (2) [leɪk] *s.* lacca *f.*
to lam [læm] *v. tr.* (*fam.*) bastonare, colpire
lamb [læm] *s.* agnello *m.* ♦ **l. chop** costata d'agnello
lame [leɪm] *agg.* **1** zoppo, storpio **2** zoppicante
lament [lə'ment] *s.* lamento *m.*
to lament [lə'ment] *v. tr. e intr.* lamentare, lamentarsi
lamina ['læmɪnə] *s.* (*pl.* **laminae**) *s.* lamina *f.*
to laminate ['læmɪneɪt] *v. tr.* laminare
lamp [læmp] *s.* lampada *f.*, lampadina *f.*, lampione *m.* ♦ **l. post** lampione; **l. shade** paralume
lampoon [læm'puːn] *s.* libello *m.* satirico
lance [lɑːns] *s.* lancia *f.*
lancer ['lɑːnsər] *s.* lanciere *m.*
lancet ['lɑːnsɪt] *s.* bisturi *m.* ♦ **l. window** finestra ogivale
lancinating ['lɑːnsɪneɪtɪŋ] *agg.* lancinante
land [lænd] *s.* **1** terra *f.* **2** suolo *m.*, terreno *m.* **3** paese *m.*, contrada *f.* **4** proprietà *f.* ♦ **l. agent** agente immobiliare; **l. tax** imposta fondiaria
to land [lænd] **A** *v. intr.* **1** sbarcare, approdare, atterrare **2** cadere **B** *v. tr.* **1** far approdare, far atterrare **2** sbarcare, scaricare **3** procurarsi **4** (*un colpo*) assestare ♦ **to l. up** finire
landed ['lændɪd] *agg.* fondiario
landing ['lændɪŋ] *s.* **1** approdo *m.*, sbarco *m.*, atterraggio *m.* **2** pianerottolo *m.* ♦ **l. gear** carrello di atterraggio; **l. strip** pista di atterraggio
landlady ['læn(d)ˌleɪdɪ] *s.* **1** padrona *f.* di casa **2** affittacamere *f. inv.*
landlord ['læn(d)lɔːd] *s.* **1** padrone *m.* di casa **2** affit-

tacamere *m. inv.*

landmark ['læn(d)mɑːk] *s.* **1** punto *m.* di riferimento **2** pietra *f.* miliare

landowner ['lænd,əʊnə'] *s.* proprietario *m.* terriero

landscape ['lændskeip] *s.* paesaggio *m.*, panorama *m.*

landslide ['læn(d)slaid] *s.* frana *f.*

landslip ['læn(d)slip] *s.* smottamento *m.*

lane [lein] *s.* **1** sentiero *m.*, viottolo *m.*, vicolo *m.* **2** corsia *f.*

language ['læŋgwidʒ] *s.* lingua *f.*, linguaggio *m.* ♦ **bad l.** linguaggio volgare; **l. laboratory** laboratorio linguistico

languid ['læŋgwid] *agg.* languido

languor ['læŋgə'] *s.* languore *m.*

lank [læŋk] *agg.* **1** smilzo, magro **2** (*di capelli*) liscio

lantern ['læntən] *s.* lanterna *f.*

lap (1) [læp] *s.* **1** lembo *m.*, falda *f.* **2** grembo *m.* **3** (*di circuito*) giro *m.* **4** tappa *f.*

lap (2) [læp] *s.* **1** leccata *f.* **2** sciabordio *m.*

to lap (1) [læp] *v. tr.* **1** piegare, avvolgere **2** coccolare **3** doppiare, dare giri di distacco

to lap (2) [læp] *v. tr. e intr.* **1** leccare, lappare **2** sciabordare ♦ **to l. up** bearsi di

lapel [lə'pel] *s.* risvolto *m.*

lapidary ['læpidəri] *agg.* lapidario

to lapidate ['læpideit] *v. tr.* lapidare

Laplander ['læplændə'] *s.* lappone *m. e f.*

Lappish ['læpiʃ] *agg. e s.* lappone *m.* (*lingua*)

lapse [læps] *s.* **1** errore *m.*, mancanza *f.*, scorrettezza *f.* **2** lasso *m.*, intervallo *m.* **3** (*dir.*) estinzione *f.* ♦ **l. of memory** vuoto di memoria; **l. of time** lasso di tempo

to lapse [læps] *v. intr.* **1** cadere, scivolare **2** passare, trascorrere **3** mancare, venir meno **4** estinguersi, cessare, scadere

larceny ['lɑːsini] *s.* (*dir.*) furto *m.*

larch [lɑːtʃ] *s.* larice *m.*

lard [lɑːd] *s.* lardo *m.*

larder ['lɑːdə'] *s.* dispensa *f.*

large [lɑːdʒ] *agg.* grande, grosso, ampio, vasto ♦ **at l.** in generale, nell'insieme, in libertà; **l.-scale** su larga scala

large-hearted [,lɑːdʒ'hɑːtid] *agg.* generoso

largely ['lɑːdʒli] *avv.* largamente, in gran parte

largeness ['lɑːdʒnis] *s.* larghezza *f.*, ampiezza *f.*, grandezza *f.*

largess(e) [lɑː'dʒes] *s.* liberalità *f.*

lark (1) [lɑːk] *s.* allodola *f.*

lark (2) [lɑːk] *s.* scherzo *m.*, beffa *f.*

larval ['lɑːv(ə)l] *agg.* larvale

laryngitis [,lærin'dʒaitis] *s.* laringite *f.*

larynx ['læriŋks] *s.* laringe *f.*

laser ['leizə'] *s.* laser *m. inv.*

lash [læʃ] *s.* **1** sferza *f.* **2** sferzata *f.*, frustata *f.* **3** (*dell'occhio*) ciglio *m.*

to lash [læʃ] *v. tr.* **1** sferzare, frustare **2** agitare **3** battere violentemente, frangersi su **4** legare ♦ **to l. out at** assalire, attaccare

lass [læs] *s.* ragazza *f.*

last [lɑːst] (*sup. rel. di* **late**) **A** *agg.* **1** ultimo *m.* scorso, più recente **3** finale, definitivo **B** *avv.* **1** per ultimo,

ultimo **2** ultimamente **C** *s.* termine *m.* ♦ **at l.** alla fine; **l. but one** penultimo; **l. name** cognome; **l. week** la settimana scorsa

to last [lɑːst] *v. intr.* durare, resistere

lasting ['lɑːstiŋ] *agg.* duraturo, durevole

lastly ['lɑːstli] *avv.* da ultimo, per finire

latch [lætʃ] *s.* chiavistello *m.*

late [leit] (*comp.* **later, latter**, *sup.* **latest, last**) **A** *agg.* **1** tardi, in ritardo **2** tardo, inoltrato **3** tardivo **4** precedente, defunto **B** *avv.* **1** tardi, in ritardo **2** recentemente ♦ **as l. as** fino a; **of l.** da poco; **to be l.** essere in ritardo

latecomer ['leit,kʌmə'] *s.* ritardatario *m.*

lately ['leitli] *avv.* recentemente

latent ['leit(ə)nt] *agg.* latente

later ['leitə'] (*comp. di* **late**) **A** *agg.* posteriore, ulteriore **B** *avv.* più tardi, dopo ♦ **l. on** poi; **see you l.!** a più tardi!

lateral ['læt(ə)r(ə)l] *agg.* laterale

latest ['leitist] (*sup. rel. di* **late**) *agg.* ultimo, recentissimo ♦ **at the l.** al più tardi

lathe [leið] *s.* tornio *m.*

lather ['lɑːðə'] *s.* schiuma *f.*

lathery ['lɑːðəri] *agg.* schiumoso

Latin ['lætin] *agg. e s.* latino *m.*

Latinism ['lætiniz(ə)m] *s.* latinismo *m.*

Latinist ['lætinist] *s.* latinista *m. e f.*

Latinity [lə'tiniti] *s.* latinità *f.*

latitude ['lætitjuːd] *s.* latitudine *f.*

latter ['lætə'] (*comp. di* **late**) **A** *agg.* posteriore, secondo, (quest')ultimo **B** *pron.* il secondo, l'ultimo (*di due*)

lattice ['lætis] *s.* grata *f.*, traliccio *m.*, reticolo *m.*

laudable ['lɔːdəbl] *agg.* lodevole

laugh [lɑːf] *s.* **1** riso *m.*, risata *f.* **2** divertimento *m.*, spasso *m.*

to laugh [lɑːf] **A** *v. intr.* ridere **B** *v. tr.* deridere ♦ **to l. at** ridere di

laughable ['lɑːfəbl] *agg.* ridicolo

laughing ['lɑːfiŋ] **A** *agg.* ridente, allegro **B** *s.* riso *m.*, risata *f.*

laughingstock ['lɑːfiŋstɒk] *s.* zimbello *m.*

laughter ['lɑːftə'] *s.* risata *f.*

launch (1) [lɔːn(t)ʃ] *s.* **1** varo *m.* **2** lancio *m.*

launch (2) [lɔːn(t)ʃ] *s.* lancia *f.*, scialuppa *f.*

to launch [lɔːn(t)ʃ] **A** *v. tr.* **1** varare **2** lanciare **B** *v. intr.* **1** lanciarsi **2** scendere in mare ♦ **to l. into** lanciarsi in

launching [lɔːn(t)ʃiŋ] *s.* **1** lancio *m.* **2** varo *m.*

to launder ['lɔːndə'] *v. tr.* lavare e stirare

launderette [,lɔːndə'ret] *s.* lavanderia *f.* automatica

laundry ['lɔːndri] *s.* **1** lavanderia *f.* **2** bucato *m.*

laurel ['lɒr(ə)l] *s.* alloro *m.*

lava ['lɑːvə] *s.* lava *f.*

lavage ['lævidʒ] *s.* (*med.*) lavaggio *m.* ♦ **gastric l.** lavanda gastrica

lavatory ['lævət(ə)ri] *s.* gabinetto *m.*

lavender ['lævində'] *s.* lavanda *f.*

lavish ['læviʃ] *agg.* **1** generoso **2** eccessivo **3** sontuoso, sfarzoso

to lavish ['læviʃ] *v. tr.* prodigare, profondere

law [lɔː] *s.* **1** legge *f.* **2** diritto *m.*, giurisprudenza *f.* **3** giustizia *f.* ♦ **l. court** tribunale

law-abiding [ˈlɔːəˌbaɪdɪŋ] *agg.* rispettoso della legge

lawful [ˈlɔːf(ʊ)l] *agg.* lecito, legale

lawgiver [ˈlɔːˌgɪvə*r*] *s.* legislatore *m.*

lawless [ˈlɔːlɪs] *agg.* **1** senza legge **2** illegale

lawn [lɔːn] *s.* prato *m.* ♦ **l.-mower** tosaerba

lawsuit [ˈlɔːsjuːt] *s.* causa *f.*, processo *m.*

lawyer [ˈlɔːjə*r*] *s.* avvocato *m.*

lax [læks] *agg.* **1** molle, rilassato **2** negligente, trascurato

laxative [ˈlæksətɪv] *agg. e s.* lassativo *m.*

lay (1) [leɪ] *agg.* **1** laico, secolare **2** profano

lay (2) [leɪ] *s.* disposizione *f.*, configurazione *f.*

to lay [leɪ] (*pass. e p. p.* **laid**) *v. tr.* **1** posare, collocare **2** (*uova*) deporre **3** disporre, preparare, ordire **4** abbattere **5** progettare, elaborare **6** sottoporre **7** ricoprire, rivestire **8** scommettere ♦ **to l. aside/by** mettere da parte; **to l. down** deporre, esporre, stabilire; **to l. off** riposare, licenziare; **to l. on** fornire, organizzare; **to l. out** preparare, distendere, tracciare, spendere; **to l. up** fare scorta di

layabout [ˈleɪəbaʊt] *s.* sfaccendato *m.*

lay-by [ˈleɪbaɪ] *s.* piazzuola *f.* (*di sosta*)

layer [ˈle(ɪ)ə*r*] *s.* strato *m.*

layman [ˈleɪmən] *s.* (*pl.* **laymen**) *s.* **1** laico *m.* **2** profano *m.*

layout [ˈleɪaʊt] *s.* **1** disposizione *f.* **2** tracciato *m.*, progetto *m.*, bozzetto *m.* **3** impaginazione *f.*

to laze [leɪz] *v. intr.* oziare

laziness [ˈleɪzɪnɪs] *s.* pigrizia *f.*

lazy [ˈleɪzɪ] *agg.* pigro

lead (1) [led] *s.* **1** piombo *m.* **2** (*per matita*) mina *f.*

lead (2) [liːd] *s.* **1** comando *m.*, guida *f.*, posizione *f.* di testa **2** vantaggio *m.* **3** guinzaglio *m.* **4** traccia *f.*, indizio *m.* **5** (*teatro*) parte *f.* principale **6** filo *m.* elettrico ♦ **to be in the l.** essere in testa, essere all'avanguardia

to lead [liːd] (*pass. e p. p.* **led**) **A** *v. tr.* **1** condurre, guidare **2** indurre a **B** *v. intr.* **1** condurre, portare **2** essere in testa ♦ **to l. away** condurre via; **to l. back** condurre; **to l. off** cominciare; **to l. on** trascinare; **to l. up to** portare a

leaden [ˈledn] *agg.* plumbeo

leader [ˈliːdə*r*] *s.* **1** leader *m. inv.*, capo *m.*, direttore *m.* **2** articolo *m.* di fondo

leadership [ˈliːdə*ʃ*ɪp] *s.* guida *f.*, direzione *f.*, comando *m.*

leading [ˈliːdɪŋ] *agg.* principale, primo ♦ **l. man/lady** primo attore/prima attrice

leaf [liːf] (*pl.* **leaves**) *s.* **1** foglia *f.*, fogliame *m.* **2** foglio *m.* ♦ **to come into l.** mettere le foglie

leaflet [ˈliːflɪt] *s.* volantino *m.*

league [liːg] *s.* **1** lega *f.*, associazione *f.* **2** (*sport*) federazione *f.* ♦ **to be in l. with sb.** essere in combutta con qc.

leak [liːk] *s.* **1** falla *f.*, fessura *f.* **2** fuoriuscita *f.*, fuga *f.*

to leak [liːk] **A** *v. intr.* **1** perdere, fare acqua **2** (*di liquido*) fuoriuscire **3** trapelare **B** *v. tr.* **1** (*liquido*) perdere **2** far trapelare

lean (1) [liːn] *s.* inclinazione *f.*, pendenza *f.*

lean (2) [liːn] *agg.* **1** magro **2** snello, agile **3** scarno

to lean [liːn] (*pass. e p. p.* **leaned, leant**) *v. intr.* **1** pendere, inclinarsi **2** appoggiarsi ♦ **to l. on** dipendere da; **to l. out** sporgersi; **to l. towards** tendere a

leaning [ˈliːnɪŋ] **A** *agg.* pendente **B** *s.* propensione *f.*

leanness [ˈliːnnɪs] *s.* magrezza *f.*

leant [lent] *pass. e p. p. di* **to lean**

leap [liːp] *s.* **1** salto *m.*, balzo *m.* **2** cambiamento *m.* ♦ **l. year** anno bisestile

to leap [liːp] (*pass. e p. p.* **leapt, leaped**) **A** *v. intr.* saltare, balzare, lanciarsi **B** *v. tr.* **1** saltare **2** far saltare ♦ **to l. up** balzare in piedi, sobbalzare

to learn [lɜːn] (*pass. e p. p.* **learned, learnt**) **A** *v. tr.* imparare, studiare **B** *v. intr.* **1** imparare, istruirsi **2** venire a sapere

learned [ˈlɜːnɪd] *agg.* colto, istruito

learner [ˈlɜːnə*r*] *s.* allievo *m.*, apprendista *m. e f.*

learning [ˈlɜːnɪŋ] *s.* **1** cultura *f.* **2** apprendimento *m.*

learnt [lɜːnt] *pass. e p. p. di* **to learn**

lease [liːs] *s.* contratto *m.* d'affitto

to lease [liːs] *v. tr.* affittare

leash [liːʃ] *s.* guinzaglio *m.*

least [liːst] (*sup. di* **little**) **A** *agg.* il minimo, il più piccolo **B** *avv.* il meno (di tutti), minimamente ♦ **at l.** almeno; **l. of all** tanto meno; **not in the l.** per nulla; **to say the l.** a dir poco

leather [ˈleðə*r*] *s.* cuoio *m.*, pelle *f.* ♦ **l. goods shop** pelletteria; **shammy l.** pelle di camoscio

leatherwear [ˈleðəweə*r*] *s.* pelletteria *f.*

leave [liːv] *s.* **1** permesso *m.*, autorizzazione *f.* **2** congedo *m.*

to leave [liːv] (*pass. e p. p.* **left**) **A** *v. tr.* **1** lasciare, abbandonare **2** partire da, allontanarsi da **3** consegnare, affidare **B** *v. intr.* partire, andarsene, uscire ♦ **to l. behind** dimenticare; **to l. off** smettere; **to l. out** tralasciare; **to be left** rimanere, avanzare

leaves [liːvz] *pl. di* **leaf**

leaving [ˈliːvɪŋ] *s.* **1** partenza *f.* **2** avanzi *m. pl.*

lecherous [ˈletʃərəs] *agg.* lascivo

lecture [ˈlektʃə*r*] *s.* **1** conferenza *f.*, lezione *f.* **2** predica *f.*

to lecture [ˈlektʃə*r*] **A** *v. tr.* **1** tenere una conferenza a, fare lezione a **2** fare una predica a **B** *v. intr.* tenere una conferenza, fare lezione

lecturer [ˈlektʃ(ə)rə*r*] *s.* conferenziere *m.*, docente *m. e f.*

led [led] *pass. e p. p. di* **to lead**

ledge [ledʒ] *s.* **1** sporgenza *f.*, ripiano *m.* **2** (*di montagna*) cornice *f.* ♦ **window l.** davanzale

ledger [ˈledʒə*r*] *s.* **1** libro *m.* mastro **2** pietra *f.* tombale

lee [liː] **A** *agg.* sottovento **B** *s.* **1** (*lato*) sottovento *m.* **2** ridosso *m.*

leech [liːtʃ] *s.* sanguisuga *f.*

leek [liːk] *s.* porro *m.*

to leer [lɪə*r*] *v. intr.* **1** guardare di traverso **2** dare occhiate maliziose

lees [liːz] *s.* sedimento *m.*, feccia *f.*

leeward [ˈliːwəd] *agg. e avv.* sottovento

leeway [ˈliːweɪ] *s.* **1** scarroccio *m.*, deriva *f.* **2** (*fig.*) margine *m.*

left (1) [left] **A** *agg.* **1** sinistro **2** di sinistra **B** *s.* sinistra *f.* **C** *avv.* a sinistra

left (2) [lɛft] *pass. e p. p. di* **to leave**
left-hand ['lɛfthænd] *agg.* di sinistra, a sinistra
left-handed [ˌlɛft'hændɪd] *agg.* mancino
leftovers ['lɛftˌəʊvəz] *s. pl.* avanzi *m. pl.*
leg [lɛg] *s.* **1** gamba *f.* **2** zampa *f.* **3** cosciotto *m.* **4** (*di viaggio*) tappa *f.*
legacy ['lɛgəsɪ] *s.* legato *m.*, eredità *f.*
legal ['liːg(ə)l] *agg.* legale
to legalize ['liːgəlaɪz] *v. tr.* legalizzare
legend ['lɛdʒ(ə)nd] *s.* leggenda *f.*
legendary ['lɛdʒ(ə)nd(ə)rɪ] *agg.* leggendario
legion ['liːdʒ(ə)n] *s.* legione *f.*
legislation [ˌlɛdʒɪs'leɪʃ(ə)n] *s.* legislazione *f.*
legislative ['lɛdʒɪslətɪv] *agg.* legislativo
legislature ['lɛdʒɪsleɪtʃəʳ] *s.* corpo *m.* legislativo
legitimate [lɪ'dʒɪtɪmɪt] *agg.* legittimo
to legitimate [lɪ'dʒɪtɪmeɪt] *v. tr.* legittimare
legroom ['lɛgˌruːm] *s.* spazio *m.* per le gambe
legume ['lɛgjuːm] *s.* legume *m.*
leisure ['lɛʒəʳ] *s.* **1** tempo *m.* libero **2** agio *m.*, ozio *m.*
leisurely ['lɛʒəlɪ] *avv.* con comodo
lemon ['lɛmən] *s.* limone *m.*
lemonade [ˌlɛmə'neɪd] *s.* limonata *f.*
to lend [lɛnd] (*pass. e p.p. lent*) **A** *v. tr.* prestare **B** *v. intr.* concedere prestiti ◆ **lending library** biblioteca circolante; **to l. oneself to st.** prestarsi a q.c.
length [lɛŋθ] *s.* **1** lunghezza *f.* **2** durata *f.* **3** pezzo *m.*, tratto *m.* ◆ **at l.** per esteso, alla fine; **l. and breadth** in lungo e in largo
to lengthen ['lɛŋθ(ə)n] *v. tr. e intr.* allungare, allungarsi
lengthways ['lɛŋθweɪz] *avv.* per il lungo
lengthy ['lɛŋθɪ] *agg.* lungo, prolisso
leniency ['liːnjənsɪ] *s.* mitezza *f.*
lenient ['liːnjənt] *agg.* indulgente, mite
lenitive ['lɛnɪtɪv] *agg.* lenitivo
lens [lɛnz] *s.* **1** lente *f.* **2** (*fot.*) obiettivo *m.* ◆ **contact l.** lente a contatto
lent [lɛnt] *pass. e p. p. di* **to lend**
Lent [lɛnt] *s.* quaresima *f.*
lentil ['lɛntɪl] *s.* lenticchia *f.*
leopard ['lɛpəd] *s.* leopardo *m.*
leotard ['liːətɑːd] *s.* calzamaglia *f.*
leper ['lɛpəʳ] *agg.* lebbroso
leprosy ['lɛprəsɪ] *s.* lebbra *f.*
lesbian ['lɛzbɪən] *agg.* lesbico
lesion ['liːʒ(ə)n] *s.* lesione *f.*
less [lɛs] (*comp. di little*) **A** *agg.* meno, minore **B** *avv.* meno, di meno **C** *s.* meno *m.* **D** *prep.* meno ◆ **l. and l.** sempre meno; **more or l.** più o meno; **none the l.** nondimeno
to lessen ['lɛsn] *v. tr. e intr.* diminuire
lesser ['lɛsəʳ] *agg.* minore
lesson ['lɛsn] *s.* lezione *f.* ◆ **to teach sb. a l.** dare una lezione a q.c.
lest [lɛst] *cong.* per paura che
let [lɛt] *s.* affitto *m.*
to let [lɛt] (*pass. e p. p. let*) *v. tr.* **1** lasciare, permettere, autorizzare **2** affittare **3** (*forma l'imperativo*) (ES: **let's go** andiamo, **l. it be** sia pure) ◆ **to l.** (*nei cartelli*) si affitta; **to l. down** abbassare, allungare, scontentare, sgonfiare; **to l. in** lasciar entrare, am-

mettere; **to l. off** scaricare, lasciar andare, far uscire; **to l. on** far salire, rivelare; **to l. out** emettere, far uscire; **to l. up** rallentare, allentare
lethal ['liːθ(ə)l] *agg.* letale
lethargy ['lɛθədʒɪ] *s.* letargo *m.*
letter ['lɛtəʳ] *s.* lettera *f.* ◆ **capital/small l.** lettera maiuscola/minuscola; **l. box** buca delle lettere; **l. paper** carta da lettere; **registered l.** raccomandata
lettuce ['lɛtɪs] *s.* lattuga *f.*
let-up ['lɛtˌʌp] *s.* diminuzione *f.*
leuk(a)emia [ljuːˈkiːmɪə] *s.* leucemia *f.*
level ['lɛvl] **A** *agg.* **1** livellato, piano **2** a livello, pari **3** equilibrato, regolare **B** *s.* **1** livello *m.* **2** superficie *f.* piana ◆ **l. crossing** passaggio a livello; **to be on a l. with sb.** essere sullo stesso piano di qc.
to level ['lɛvl] *v. tr.* livellare, pareggiare, uguagliare ◆ **to l. off** livellarsi
level-headed [ˌlɛvl'hɛdɪd] *agg.* equilibrato
lever ['liːvəʳ] *s.* leva *f.*
leverage ['liːv(ə)rɪdʒ] *s.* **1** azione *f.* di una leva **2** leveraggio *m.* **3** influenza *f.*, autorità *f.*
levity ['lɛvɪtɪ] *s.* frivolezza *f.*
levy ['lɛvɪ] *s.* **1** (*mil.*) leva *f.* **2** imposta *f.*
to levy ['lɛvɪ] *v. tr.* **1** (*mil.*) arruolare **2** tassare
lewd [luːd] *agg.* osceno
lexical ['lɛksɪk(ə)l] *agg.* lessicale
lexicon ['lɛksɪkən] *s.* lessico *m.*
liability [ˌlaɪə'bɪlɪtɪ] *s.* **1** (*dir.*) responsabilità *f.* **2** svantaggio *m.*, inconveniente *m.* **3** *al pl.* (*fin.*) passivo *m.*, debiti *m. pl.*
liable ['laɪəbl] *agg.* **1** (*dir.*) responsabile **2** soggetto, passibile
to liaise [lɪ'eɪz] *v. intr.* fare il collegamento
liaison [liː(ː)'eɪzɒn] *s.* **1** legame *m.*, relazione *f.* **2** collegamento *m.*
liar ['laɪəʳ] *s.* bugiardo *m.*
libel ['laɪb(ə)l] *s.* **1** libello *m.* **2** calunnia *f.*, diffamazione *f.*
to libel ['laɪb(ə)l] *v. tr.* diffamare
liberal ['lɪb(ə)r(ə)l] *agg.* generoso, liberale
liberalism ['lɪb(ə)rəlɪz(ə)m] *s.* liberalismo *m.*
liberalization [ˌlɪb(ə)rəlaɪ'zeɪʃ(ə)n] *s.* liberalizzazione *f.*
to liberate ['lɪbəreɪt] *v. tr.* liberare
libertine ['lɪbətiːn] *agg. e s.* libertino *m.*
liberty ['lɪbətɪ] *s.* libertà *f.*
librarian [laɪ'brɛərɪən] *s.* bibliotecario *m.*
library ['laɪbrərɪ] *s.* biblioteca *f.*
librettist [lɪ'brettɪst] *s.* librettista *m. e f.*
libretto [lɪ'brɛtəʊ] *s.* (*mus.*) libretto *m.*
licence ['laɪs(ə)ns] (*USA* **license**) *s.* licenza *f.*, autorizzazione *f.*, patente *f.* ◆ **driving l.** patente di guida
licentious [laɪ'sɛnʃəs] *agg.* licenzioso
licit ['lɪsɪt] *agg.* lecito
lick [lɪk] *s.* **1** leccata *f.* **2** piccola quantità *f.*
to lick [lɪk] *v. tr.* leccare
licorice ['lɪkərɪs] *s.* → **liquorice**
lid [lɪd] *s.* coperchio *m.*, copertura *f.*
lie (1) [laɪ] *s.* **1** bugia *f.* **2** falsa credenza *f.*
lie (2) [laɪ] *s.* posizione *f.*, disposizione *f.*, configurazione *f.*

to lie (1) [lai] (*pass. e p. p.* **lied**, *p. pres.* **lying**) *v. intr.* mentire, ingannare

to lie (2) [lai] (*pass.* **lay**, *p. p.* **lain**, *p. pr.* **lying**) *v. intr.* **1** giacere, star disteso, rimanere **2** trovarsi, essere posto **3** (*dir.*) essere ammissibile ♦ **to l. about** essere sparso qua e là, oziare; **to l. down** coricarsi, sdraiarsi; **to l. up** stare nascosto

lieu [lju:] *s.* luogo *m.* ♦ **in l. of** in luogo di

lieutenant [lef'tenənt] *s.* tenente *m.*

life [laif] (*pl.* **lives**) *s.* vita *f.* ♦ **l. annuity** vitalizio; **l. insurance** assicurazione sulla vita; **l. preserver** (giubbotto) salvagente; **l. sentence** ergastolo; **still l.** natura morta

lifebelt ['laifbelt] *s.* salvagente *m.*

lifeboat ['laifbout] *s.* battello *m.* di salvataggio

lifeguard ['laifgɑːd] *s.* bagnino *m.*

lifeless ['laiflis] *agg.* esanime, senza vita

lifelike ['laiflaik] *agg.* realistico

lifelong ['laifloŋ] *agg.* che dura tutta una vita

lifesize ['laifsaiz] *agg.* a grandezza naturale

lifespan ['laifspæn] *s.* durata *f.* (media) della vita

lifestyle ['laifstail] *s.* stile *m.* di vita

lifetime ['laiftaim] *s.* (durata della) vita *f.*

lift [lift] *s.* **1** ascensore *m.* **2** (*aer.*) portanza *f.* **3** (*su veicolo*) passaggio *m.*

to lift [lift] *v. tr.* **1** sollevare, alzare **2** plagiare, contraffare **3** abolire **4** (*pop.*) rubare ♦ **to l. off** decollare

light (1) [lait] **A** *agg.* chiaro, luminoso **B** *s.* **1** luce *f.*, bagliore *m.* **2** lume *m.*, lampada *f.*, faro *m.* **3** *al pl.* semaforo *m.* **4** (*per accendere*) fuoco *m.* ♦ **l. pen** penna ottica; **l. year** anno luce; **parking lights** luci di posizione

light (2) [lait] **A** *agg.* **1** leggero, lieve **2** piacevole, divertente **3** moderato **4** agile, svelto **B** *avv.* leggermente, facilmente

to light [lait] (*pass. e p. p.* **lighted**, **lit**) *v. tr.* **1** accendere **2** illuminare ♦ **have you got a l.?** ha da accendere?; **l. bulb** lampadina; **to l. up** illuminare, (*sigaretta e sim.*) accendere

to lighten (1) ['laitn] *v. tr. e intr.* illuminare, illuminarsi

to lighten (2) ['laitn] *v. tr.* **1** alleggerire **2** mitigare

lighter ['laitə'] *s.* accendino *m.*

light-headed [,lait'hedid] *agg.* **1** stordito **2** sventato

light-hearted [,lait'hɑːtid] *agg.* allegro

lighthouse ['laithaus] *s.* faro *m.*

lighting ['laitiŋ] *s.* illuminazione *f.*

lightness (1) ['laitnis] *s.* **1** luminosità *f.* **2** illuminazione *f.*

lightness (2) ['laitnis] *s.* **1** leggerezza *f.* **2** agilità *f.*

lightning ['laitniŋ] *s.* lampo *m.*, fulmine *m.* ♦ **l. conductor** (*USA* **l. rod**) parafulmine

like [laik] **A** *agg.* simile, somigliante, uguale, stesso **B** *s.* (l')uguale *m.* **C** *prep.* come, alla maniera di, tipico di **D** *avv.* come dire, per così dire **E** *cong.* come, come se ♦ **l. as not** forse; **l. enough** probabilmente; **to be l.** assomigliare

to like [laik] *v. tr.* (*costruzione pers.*) **1** piacere, gradire, amare, aver voglia di **2** volere ♦ **as you l.** come vuoi; **to l. best** preferire; **would you l. some coffee?** vuoi del caffè?

likelihood ['laiklihud] *s.* probabilità *f.*, verosimiglianza *f.*

likely ['laikli] **A** *agg.* probabile, verosimile **B** *avv.* probabilmente, verosimilmente

likeness ['laiknis] *s.* somiglianza *f.*

likewise ['laikwaiz] *avv.* similmente, allo stesso modo ♦ **to do l.** fare altrettanto

liking ['laikiŋ] *s.* simpatia *f.*, predilezione *f.*, gradimento *m.*

lilac ['lailək] **A** *agg.* lilla **B** *s.* lillà *m.*

lily ['lili] *s.* giglio *m.* ♦ **l. of the valley** mughetto

limb [lim] *s.* membro *m.*, arto *m.*

limber ['limbə'] *agg.* agile, flessibile

to limber ['limbə'] *v. tr.* rendere agile, rendere flessibile ♦ **to l. up** scaldarsi i muscoli

lime (1) [laim] *s.* tiglio *m.*

lime (2) [laim] *s.* lime *m. inv.*, limetta *f.*

lime (3) [laim] *s.* calce *f.*

limelight ['laimlait] *s.* (luci della) ribalta *f.*

limestone ['laimstəun] *s.* calcare *m.*

limit ['limit] *s.* limite *m.*

to limit ['limit] *v. tr.* limitare

limitation [,limi'teiʃ(ə)n] *s.* limitazione *f.*

limited ['limitid] *agg.* limitato, ristretto ♦ **l. company** società a responsabilità limitata

limousine ['limu(:)ziːn] *s.* limousine *f. inv.*

limp (1) [limp] *s.* andatura *f.* zoppicante ♦ **to have a l.** zoppicare

limp (2) [limp] *agg.* **1** floscio, flaccido **2** fiacco

to limp [limp] *v. intr.* zoppicare

limpet ['limpit] *s.* patella *f.*

limpid ['limpid] *agg.* limpido

line [lain] *s.* **1** linea *f.* **2** riga *f.*, fila *f.* **3** fune *f.* **4** lenza *f.* **5** (linea di) confine *m.* **6** ruga *f.*, solco *m.* **7** verso *m.* ♦ **finishing l.** linea del traguardo; **in l. with** d'accordo con, allineato con; **new l.** (*dettando*) a capo; **shipping l.** compagnia di navigazione; **the L.** l'equatore

to line (1) [lain] *v. tr.* **1** delineare, segnare **2** fiancheggiare ♦ **to l. up** allinearsi, mettersi in fila

to line (2) [lain] *v. tr.* foderare, rivestire

linear ['liniə'] *agg.* lineare

linearity [,lini'æriti] *s.* linearità *f.*

linen ['linin] *s.* **1** tela *f.* di lino **2** biancheria *f.* ♦ **table l.** biancheria da tavola

liner ['lainə'] *s.* **1** nave *f.* di linea **2** aereo *m.* di linea

linesman ['lainzmən] (*pl.* **linesmen**) *s.* segnalinee *m. inv.*

line-up ['lainʌp] *s.* **1** allineamento *m.*, schieramento *m.* **2** (*sport*) formazione *f.* di gioco

to linger ['liŋgə'] *v. intr.* **1** attardarsi **2** permanere

lingo ['liŋgəu] (*pl.* **lingoes**) *s.* gergo *m.*, linguaggio *m.*

linguistic [liŋ'gwistik] *agg.* linguistico

linguistics [liŋ'gwistiks] *s. pl.* (*v. al sing.*) linguistica *f.*

lining ['lainiŋ] *s.* **1** fodera *f.*, rivestimento *m.* **2** (*autom.*) pastiglia *f.*

link [liŋk] *s.* **1** (*di catena*) anello *m.* **2** collegamento *m.*, legame *m.*

to link [liŋk] *v. tr.* collegare, unire, congiungere

linoleum [li'nəuljəm] *s.* linoleum *m. inv.*

lint [lint] *s.* garza *f.*

lintel ['lintl] s. architrave m.

lion ['laiən] s. leone m.

lioness ['laiənis] s. leonessa f.

lip [lip] s. 1 labbro m. 2 orlo m. ♦ **l. service** adesione formale

lipid ['lipid] s. lipide m.

lipsalve ['lipsɑːv] s. pomata f. per labbra

lipstick ['lipstik] s. rossetto m.

to liquefy ['likwifai] v. tr. e intr. liquefare, liquefarsi

liqueur [li'kjuə] s. liquore m.

liquid ['likwid] agg. e s. liquido m.

to liquidate ['likwideit] v. tr. liquidare

liquidation [,likwi'dei∫(ə)n] s. liquidazione f.

liquidity [li'kwiditi] s. liquidità f.

liquor ['likə] s. liquore m.

liquorice ['likəris] (USA **licorice**) s. liquirizia f.

to lisp [lisp] v. intr. parlare con pronuncia blesa

list [list] s. 1 lista f., elenco m., catalogo m. 2 listino m. ♦ **l. price** prezzo di listino; **mailing l.** indirizzario; **price l.** listino prezzi; **waiting l.** lista d'attesa

to list [list] v. tr. 1 elencare, catalogare 2 mettere in listino

to listen ['lisn] v. intr. ascoltare ♦ **to l. in** ascoltare un programma; **to l. to sb.** ascoltare qc.

listener ['lisnə] s. ascoltatore m.

listless ['listlis] agg. disattento, sbadato

lit [lit] pass. e p. p. di **to light**

litany ['litəni] s. litania f.

liter ['liːtə] → **litre**

literacy ['lit(ə)rəsi] s. alfabetizzazione f.

literal ['lit(ə)r(ə)l] agg. letterale

literally ['lit(ə)rəli] avv. letteralmente

literary ['lit(ə)rəri] agg. letterario

literate ['litərit] agg. 1 che sa leggere e scrivere 2 colto, istruito

literature ['lit(ə)rit∫ə] s. letteratura f.

lithe [laið] agg. agile

lithograph ['liθəgrɑːf] s. litografia f. (riproduzione)

lithography [li'θɒgrəfi] s. litografia f. (arte)

litigation [,liti'gei∫(ə)n] s. (dir.) causa f., vertenza f.

litre ['liːtə] (USA **liter**) s. litro m.

litter ['litə] s. 1 rifiuti m. pl. 2 confusione f. 3 nidiata f. ♦ **l. bin** cestino per i rifiuti

little ['litl] (comp. **less**, **lesser** sup. **least**) A agg. 1 piccolo 2 breve, corto 3 poco B pron. indef. e s. poco m. C avv. 1 poco 2 (con art. indeterm.) piuttosto, alquanto ♦ **a l.** un po' (di); **as l. as possible** il meno possibile; **l. by l.** poco a poco; **l. or nothing** poco o nulla

liturgic(al) [li'tɜːdʒik(ə)l)] agg. liturgico

liturgy ['litədʒi] s. liturgia f.

live [laiv] agg. 1 vivo 2 (elettr.) sotto tensione 3 (di arma) carico, (di proiettile) inesploso 4 dal vivo, in diretta

to live [liv] A v. intr. 1 vivere 2 abitare, stare B v. tr. vivere ♦ **to l. down** far dimenticare; **to l. on st.** vivere di qc.; **to l. up to** essere all'altezza di

livelihood ['laivlihud] s. mezzi m. pl. di sussistenza

liveliness ['laivlinis] s. vivacità f.

lively ['laivli] agg. vivace, animato

to liven ['laivn] v. tr. e intr. animare, animarsi

liver ['livə] s. fegato m.

livery (1) ['livəri] s. livrea f.

livery (2) ['livəri] agg. 1 malato di fegato 2 irritabile

lives [laivz] pl. di **life**

livestock ['laivstɒk] s. bestiame m.

livid ['livid] agg. livido, paonazzo

living ['liviŋ] A agg. 1 vivente, vivo 2 profondo, forte 3 di vita B s. mezzi m. pl. di sussistenza, vita f. ♦ **l. conditions** condizioni di vita; **l. standard** tenore di vita; **to earn a l.** guadagnarsi da vivere

living-room ['liviŋrum] s. stanza f. di soggiorno

lizard ['lizəd] s. lucertola f.

load [ləud] s. carico m., peso m. ♦ **a l. of** un sacco di

to load [ləud] v. tr. 1 caricare 2 appesantire, opprimere, gravare

loaded ['ləudid] agg. 1 carico, caricato 2 insidioso 3 (fam.) ricco

loaf [ləuf] (pl. **loaves**) s. pagnotta f.

to loaf [ləuf] v. intr. bighellonare

loan [ləun] s. prestito m.

to loan [ləun] v. tr. prestare

loath [ləuθ] agg. restio, riluttante

to loathe [ləuð] v. tr. detestare, odiare

loaves [ləuvz] pl. di **loaf**

lobby ['lɒbi] s. 1 atrio m., ridotto m., vestibolo m. 2 lobby f. inv., gruppo m. di pressione

lobster ['lɒbstə] s. aragosta f.

local ['ləuk(ə)l] agg. locale

locality [lo(u)'kæliti] s. (USA) luogo m., vicinanze f. pl.

to localize ['ləukəlaiz] v. tr. localizzare

to locate [lo(u)'keit] v. tr. 1 individuare, localizzare 2 situare

location [lo(u)'kei∫(ə)n] s. 1 ubicazione f. 2 localizzazione f. 3 (cine.) set esterno m.

lock (1) [lɒk] s. 1 serratura f. 2 chiusa f. 3 (mecc.) blocco m.

lock (2) [lɒk] s. ciocca f., ricciolo m.

to lock [lɒk] v. tr. 1 chiudere (a chiave), serrare 2 mettere sotto chiave 3 bloccare ♦ **to l. in** rinchiudere; **to l. out** chiudere fuori; **to l. up** imprigionare

locker ['lɒkə] s. armadietto m.

locket ['lɒkit] s. medaglione m.

locksmith ['lɒk,smiθ] s. fabbro ferraio m.

lockup ['lɒkʌp] s. (fam.) guardina f.

locomotive [,ləukə'məutiv] s. locomotiva f.

locust ['ləukəst] s. locusta f.

lodge [lɒdʒ] s. 1 casetta f. 2 portineria f. 3 padiglione m. di caccia 4 loggia f. (massonica) 5 tana f.

to lodge [lɒdʒ] v. tr. 1 alloggiare, ospitare 2 assestare, piantare 3 (dir.) presentare

lodger ['lɒdʒə] s. pensionante m. e f.

lodging ['lɒdʒiŋ] s. 1 alloggio m. 2 al pl. appartamento m. in affitto, camera f. in affitto ♦ **board and l.** vitto e alloggio

loft [lɒft] s. 1 soffitta f., attico m. 2 loft m. inv.

lofty ['lɒfti] agg. 1 alto, elevato 2 altero

log [lɒg] s. 1 tronco m., ceppo m. 2 (naut.) solcometro m. 3 (naut.) giornale m. di bordo, log m. inv.

logbook ['lɒgbuk] s. 1 (naut.) giornale m. di bordo, log m. inv. 2 (autom.) libretto m. di circolazione

loggerhead ['lɒgəhed] agg. zuccone, testa di legno

♦ to be at loggerheads with sb. essere ai ferri corti con qc.

loggia ['lɔdʒɪə] *s.* (*arch.*) loggia *f.*

logic ['lɔdʒɪk] *s.* logica *f.*

logical ['lɔdʒɪk(ə)l] *agg.* logico

logically ['lɔdʒɪk(ə)lɪ] *avv.* logicamente

lollipop ['lɔlɪpɔp] *s.* lecca-lecca *m. inv.*

Londoner ['lʌndənə*] *s.* londinese *m. e f.*

lone [ləun] *agg.* solitario

loneliness ['ləunlɪnɪs] *s.* solitudine *f.*

lonely ['ləunlɪ] *agg.* **1** solo, solitario **2** isolato, poco frequentato

long [lɔŋ] **A** *agg.* lungo **B** *avv.* a lungo, (per) molto (tempo) **♦ as l. as** per tutto il tempo che, finché, se; **at l. last** finalmente; **before l.** tra poco; **how l.?** da quanto tempo?, per quanto tempo?; **l. after** molto dopo; **l. ago** molto tempo fa; **l. before** molto tempo prima; **no longer** non più

to long [lɔŋ] *v. intr.* desiderare, avere molta voglia di

long-distance [ˌlɔŋ'dɪst(ə)ns] *agg.* che copre una lunga distanza **♦ l. call** telefonata interurbana

long-haired [ˌlɔŋ'heəd] *agg.* dai capelli lunghi

longing ['lɔŋɪŋ] *s.* voglia *f.*

longitude ['lɔn(d)ʒɪtjuːd] *s.* longitudine *f.*

longitudinal [ˌlɔn(d)ʒɪ'tjuːdɪnl] *agg.* longitudinale

long-life ['lɔŋlaɪf] *agg.* di lunga durata

long-lived ['lɔŋlɪvd] *agg.* durevole

long-range [ˌlɔŋ'reɪn(d)ʒ] *agg.* a lungo raggio

long-sighted [ˌlɔŋ'saɪtɪd] *agg.* presbite

long-standing [ˌlɔŋ'stændɪŋ] *agg.* di vecchia data

long-suffering [ˌlɔŋ'sʌf(ə)rɪŋ] *agg.* paziente, tollerante

longways ['lɔŋweɪz] *avv.* per il lungo

long-winded [ˌlɔŋ'wɪndɪd] *agg.* prolisso

loo [luː] *s.* (*fam.*) gabinetto *m.*

look [lʊk] *s.* **1** sguardo *m.*, occhiata *f.* **2** aspetto *m.* **3** look *m. inv.*, stile *m.*

to look [lʊk] **A** *v. tr.* guardare **B** *v. intr.* **1** guardare, dare un'occhiata a **2** parere, sembrare **3** (*di edificio*) dare su, essere esposto a **♦ to l. after** curare, curarsi di; **to l. (a)round** guardarsi intorno, dare un'occhiata; **to l. at** guardare, osservare; **to l. back** guardare indietro, ricordare; **to l. down on** guardare dall'alto in basso; **to l. for** cercare; **to l. forward to** non vedere l'ora di; **to l. in** fare una visitina; **to l. like** assomigliare; **to l. on** considerare; **to l. out** stare in guardia, scovare; **to l. up** alzare lo sguardo; **to l. up to** guardare con rispetto

lookout ['lʊkaʊt] *s.* **1** guardia *f.*, vigilanza *f.* **2** posto *m.* di osservazione

loom [luːm] *s.* telaio *m.*

to loom [luːm] *v. intr.* profilarsi, apparire in lontananza

loony ['luːnɪ] *agg.* (*fam.*) pazzo

loop [luːp] *s.* **1** cappio *m.* **2** anello *m.*, occhiello *m.* **3** ansa *f.* **4** (*inf.*) ciclo *m.*

loophole ['luːphəʊl] *s.* **1** feritoia *f.* **2** scappatoia *f.*

loose [luːs] **A** *agg.* **1** sciolto, slegato **2** (*di vestito*) largo, ampio **3** sciolto, non confezionato **4** vago **5** libertà *f.*, libero sfogo *m.* **♦ l. cash/change** spiccioli; **l. end** questione insoluta; **to be at a l. end** non saper che fare

to loose [luːs] *v. tr.* **1** sciogliere, slacciare **2** liberare

to loosen ['luːsn] *v. tr.* **1** sciogliere, slacciare, allentare **2** mitigare **♦ to l. up** rilassarsi

loot [luːt] *s.* refurtiva *f.*, bottino *m.*

to loot [luːt] *v. tr.* saccheggiare

to lop (1) [lɔp] *v. tr.* tagliare, potare

to lop (2) [lɔp] *v. intr.* pendere, penzolare

lop-sided [ˌlɔp'saɪdɪd] *agg.* sbilenco, asimmetrico

loquacious [lɔ(u)'kweɪʃəs] *agg.* loquace

lord [lɔːd] *s.* **1** signore *m.*, capo *m.*, padrone *m.* **2** lord *m.* **♦ The L.** il Signore

lore [lɔː*] *s.* tradizioni *f. pl.*

lorry ['lɔrɪ] *s.* camion *m. inv.* **♦ l. driver** camionista *m.*

to lose [luːz] (*pass. e p.p.* **lost**) **A** *v. tr.* **1** perdere, smarrire **2** sprecare, sciupare **3** far perdere, sciupare **4** (*di orologio*) rimanere indietro **B** *v. intr.* **1** perdere **2** essere sconfitto **3** (*di orologio*) ritardare **♦ to l. oneself** perdersi, smarrirsi

loser ['luːzə*] *s.* perdente *m. e f.*

loss [lɔs] *s.* **1** perdita *f.* **2** danno *m.*, svantaggio *m.* **♦ to be at a l.** essere in perdita, essere perplesso

lost [lɔst] **A** *pass. e p.p. di* **to lose B** *agg.* smarrito, perduto **♦ l. property (office)** (ufficio) oggetti smarriti; **to be l.** essere perduto

lot [lɔt] *s.* **1** gran quantità *f.*, mucchio *m.* **2** lotto *m.*, appezzamento *m.* **3** (*comm.*) lotto *m.*, partita *f.* **4** sorte *f.* **♦ a l. of/lots of** un mucchio di; **the l.** tutto

lotion ['ləʊʃ(ə)n] *s.* lozione *f.*

lottery ['lɔtərɪ] *s.* lotteria *f.*

lotting ['lɔtɪŋ] *s.* lottizzazione *f.*

loud [laʊd] **A** *agg.* **1** forte, alto **2** sgargiante, vistoso **B** *avv.* forte, ad alta voce

loud-hailer [ˌlaʊd'heɪlə*] *s.* megafono *m.*

loud-speaker [ˌlaʊd'spiːkə*] *s.* altoparlante *m.*

lounge [laʊn(d)ʒ] *s.* salone *m.*, salotto *m.*, sala *f.* (d'albergo)

to lounge [laʊn(d)ʒ] *v. intr.* **1** bighellonare **2** poltrire

lounger ['laʊn(d)ʒə*] *s.* fannullone *m.*

louse [laʊs] (*pl.* **lice**) *s.* pidocchio *m.*

lousy ['laʊzɪ] *agg.* **1** pidocchioso **2** schifoso

lout [laʊt] *s.* villano *m.*

lovable ['lʌvəbl] *agg.* amabile, carino

love [lʌv] *s.* amore *m.* **♦ l. affair** relazione (amorosa); **l. life** vita sentimentale; **to fall in l. with sb.** innamorarsi di qc.; **to make l.** fare l'amore

to love [lʌv] *v. tr.* **1** amare, voler bene **2** provar piacere in **♦ l l. travelling** mi piace viaggiare

lovely ['lʌvlɪ] *agg.* bello, piacevole, attraente

lover ['lʌvə*] *s.* **1** innamorato *m.*, amante *m. e f.* **2** appassionato *m.*

loving ['lʌvɪŋ] *agg.* **1** affettuoso, affezionato **2** d'amore

low [ləʊ] **A** *agg.* **1** basso **2** profondo **3** umile **4** abietto, volgare **5** scarso, povero di **B** *avv.* **1** in basso, giù **2** a voce bassa **♦ l. beam headlights** anabbaglianti; **l. fat** a basso contenuto di grassi; **l. season** bassa stagione

to lower ['lɔ(u)ə*] *v. tr.* **1** abbassare **2** calare, far scendere **3** umiliare

lowland ['ləʊlənd] *s.* bassopiano *m.*, pianura *f.*

lowly ['ləʊlɪ] **A** *agg.* umile, modesto **B** *avv.* umilmente, modestamente

loyal ['lɔɪ(ə)l] agg. leale
loyalty ['lɔɪ(ə)ltɪ] s. lealtà f.
lozenge ['lɒzɪn(d)ʒ] s. 1 losanga f. 2 pasticca f.
lubricant ['lu:brɪkənt] s. lubrificante m.
to lubricate ['lu:brɪkeɪt] v. tr. lubrificare
lubrication [,lu:brɪ'keɪʃ(ə)n] s. lubrificazione f.
lucid ['lu:sɪd] agg. lucido
lucidity [lu:'sɪdɪtɪ] s. lucidità f.
luck [lʌk] s. 1 sorte f., destino m. 2 fortuna f. ♦ bad l. sfortuna; good l.! buona fortuna!
lucky ['lʌkɪ] agg. fortunato
lucre ['lu:kə'] s. lucro m.
ludicrous ['lu:dɪkrəs] agg. ridicolo
to luff [lʌf] v. intr. (naut.) orzare
to lug [lʌg] v. tr. tirare, trascinare
luggage ['lʌgɪdʒ] s. bagaglio m. ♦ hand l. bagaglio a mano; left l. office deposito bagagli
lukewarm ['lu:kwɔːm] agg. tiepido
lull [lʌl] s. momento m. di quiete, stasi f.
to lull [lʌl] v. tr. 1 cullare 2 calmare
lullaby ['lʌləbaɪ] s. ninnananna f.
lumbago [lʌm'beɪgəʊ] s. lombaggine f.
lumber ['lʌmbə'] s. 1 (USA) legname m. 2 cianfrusaglie f. pl. ♦ l. room ripostiglio
lumberjack ['lʌmbə,dʒæk] s. 1 taglialegna m. inv. 2 (USA) commerciante m. e f. in legname
luminosity [,lu:mɪ'nɒsɪtɪ] s. luminosità f.
luminous ['lu:mɪnəs] agg. luminoso
lump [lʌmp] s. 1 grumo m., zolletta f. 2 gonfiore m., protuberanza f.
to lump [lʌmp] A v. tr. ammucchiare, mettere insieme B v. intr. raggrumarsi
lunacy ['lu:nəsɪ] s. demenza f.
lunar ['lu:nə'] agg. lunare
lunatic ['lu:nətɪk] agg. e s. pazzo m.
lunch [lʌn(t)ʃ] s. pranzo m. ♦ l. time ora di pranzo; to have l. pranzare

to lunch [lʌn(t)ʃ] v. intr. pranzare
luncheon ['lʌn(t)ʃ(ə)n] s. pranzo m.
lunette [lu:'net] s. lunetta f.
lung [lʌŋ] s. polmone m.
to lunge [lʌndʒ] v. intr. balzare in avanti
to lurch [lɜːtʃ] v. intr. 1 (naut.) rollare, beccheggiare 2 barcollare
lure [ljʊə'] s. esca f., richiamo m.
to lure [ljʊə'] v. tr. adescare, allettare
lurid ['ljʊərɪd] agg. 1 fosco, livido 2 impressionante, sensazionale
to lurk [lɜːk] v. intr. appostarsi, stare in agguato
luscious ['lʌʃəs] agg. delizioso, succulento
lush [lʌʃ] agg. lussureggiante
lust [lʌst] s. 1 lussuria f. 2 brama f., avidità f.
to lust [lʌst] v. intr. to l. after/for bramare, desiderare
lustful ['lʌstf(ʊ)l] agg. lussurioso
lustre ['lʌstə'] s. lustro m.
lusty ['lʌstɪ] agg. vigoroso
lute [lu:t] s. liuto m.
Lutheranism ['lu:θ(ə)r(ə)nɪz(ə)m] s. luteranesimo f.
lutist ['lu:tɪst] s. liutaio m.
luxuriant [lʌg'zjʊərɪənt] agg. lussureggiante, rigoglioso
luxurious [lʌg'zjʊərɪəs] agg. lussuoso
luxury ['lʌkʃ(ə)rɪ] s. lusso m.
lycée ['li:seɪ] s. liceo m.
lying (1) ['laɪɪŋ] agg. bugiardo
lying (2) ['laɪɪŋ] agg. giacente
lymph [lɪmf] s. linfa f.
to lynch [lɪntʃ] v. tr. linciare
lynching ['lɪn(t)ʃɪŋ] s. linciaggio m.
lyre ['laɪə'] s. (mus.) lira f.
lyric ['lɪrɪk] A agg. lirico B s. 1 lirica f. 2 al pl. (di canzone) testo m.
lyricism ['lɪrɪsɪz(ə)m] s. lirismo m.

M

ma [mɑ:] s. (fam.) mamma f.
mac [mæk] s. (fam.) → mackintosh
macabre [mə'kɑ:br] agg. macabro
macaroni [,mækə'rəʊnɪ] s. pasta f., maccheroni m. pl.
to macerate ['mæsəreɪt] v. tr. macerare
machination [,mækɪ'neɪʃ(ə)n] s. macchinazione f., complotto m.
machine [mə'ʃi:n] s. macchina f. ♦ answering m. segreteria telefonica; m. shop officina meccanica
to machine [mə'ʃi:n] v. tr. 1 fare (a macchina) 2 stampare
machinegun [mə'ʃi:ngʌn] s. mitragliatrice f.
machinery [mə'ʃi:nərɪ] s. 1 macchinario m. 2 mec-

canismo m. 3 (fig.) macchina f., organizzazione f.
mackerel ['mækr(ə)l] s. sgombro m. ♦ m. sky cielo a pecorelle
mackintosh ['mækɪntɒʃ] s. impermeabile m.
macrobiotic [,mækrəʊbaɪ'ɒtɪk] agg. macrobiotico
macroscopic [,mækrəʊ'skɒpɪk] agg. macroscopico
mad [mæd] agg. 1 folle, matto 2 furioso, arrabbiato 3 maniaco, entusiasta ♦ to be m. about andar matto per
to mad [mæd] v. intr. ammattire
madam ['mædəm] s. signora f. (al vocativo senza nome proprio)
to madden ['mædn] A v. tr. far impazzire B v. intr. im-

pazzire

made [meɪd] **A** *pass. e p. p. di* **to make B** *agg.* **1** fatto, fabbricato **2** adatto ♦ **m.-to-measure** fatto su misura; **m.-up** truccato, alterato

madhouse ['mædhaʊs] *s.* manicomio *m.*

madly ['mædlɪ] *avv.* follemente

madman ['mædmən] (*pl.* **madmen**) *s.* pazzo *m.*

madness ['mædnɪs] *s.* follia *f.*, pazzia *f.*

madrigal ['mædrɪg(ə)l] *s.* madrigale *m.*

maecenas [miː(ˈ)siːnæs] *s.* mecenate *m. e f.*

magazine [ˌmægəˈziːn] *s.* **1** periodico *m.*, rivista *f.* **2** (*di arma*) caricatore *m.* **3** (*mil.*) magazzino *m.*

maggot ['mægət] *s.* verme *m.*, larva *f.*

maggoty ['mægətɪ] *agg.* bacato

magic ['mædʒɪk] **A** *s.* magia *f.* **B** *agg.* magico

magical ['mædʒɪk(ə)l] *agg.* magico

magician [məˈdʒɪʃ(ə)n] *s.* mago *m.*

magistrate ['mædʒɪstrɪt] *s.* magistrato *m.*, giudice *m.*

magnanimous [mægˈnænɪməs] *agg.* magnanimo

magnate ['mægneɪt] *s.* magnate *m.*

magnet ['mægnɪt] *s.* magnete *m.*

magnetic [mægˈnetɪk] *agg.* magnetico

magnetism ['mægnɪtɪz(ə)m] *s.* magnetismo *m.*

magnificence [mægˈnɪfɪsns] *s.* grandiosità *f.*, sfarzo *m.*

magnificent [mægˈnɪfɪs(ə)nt] *agg.* magnifico, superbo

to magnify ['mægnɪfaɪ] *v. tr.* ingrandire ♦ **magnifying glass** lente d'ingrandimento

magnitude ['mægnɪtjuːd] *s.* **1** importanza *f.* **2** (*astr.*) magnitudine *f.*

magnolia [mægˈnəʊljə] *s.* magnolia *f.*

magpie ['mægpaɪ] *s.* gazza *f.*

mahogany [məˈhɒgənɪ] *s.* mogano *m.*

maid [meɪd] *s.* cameriera *f.*, donna *f.* di servizio

maiden ['meɪdn] **A** *s.* **1** (*letter.*) fanciulla *f.* **2** zitella *f.* **B** *agg.* **1** virginale **2** nubile **3** primo, inaugurale, da esordiente ♦ **m. name** cognome da ragazza

maidenhair ['meɪdn͵heə'] *s.* capelvenere *m.*

maidenhood ['meɪdnhʊd] *s.* (*di ragazza*) fanciullezza *f.*, verginità *f.*

mail [meɪl] *s.* posta *f.* ♦ **by air m.** per posta aerea; **m. order** ordinazione per corrispondenza

to mail [meɪl] *v. tr.* **1** mandare per posta **2** imbucare

mailbox ['meɪlbɒks] *s.* (*USA*) cassetta *f.* delle lettere

mailing ['meɪlɪŋ] *s.* mailing *m. inv.* ♦ **m. list** indirizzario

mailman ['meɪlmæn] (*pl.* **mailmen**) *s.* postino *m.*

to maim [meɪm] *v. tr.* mutilare, menomare

main [meɪn] **A** *agg.* principale **B** *s.* **1** conduttura *f.* principale **2** *al pl.* (*elettr.*) rete *f.* d'alimentazione ♦ **in the m.** nel complesso; **m. road** strada maestra; **m. street** (*USA*) strada principale

mainframe ['meɪnfreɪm] *s.* (*inf.*) mainframe *m. inv.*

mainland ['meɪnlənd] **A** *agg.* continentale **B** *s.* terraferma *f.*, continente *m.*

mainly ['meɪnlɪ] *avv.* **1** principalmente **2** nel complesso

mainsail ['meɪnseɪl] *s.* (*naut.*) randa *f.*

mainstream ['meɪn͵striːm] **A** *agg.* tradizionale **B** *s.* corrente *f.* principale

to maintain [meɪn'teɪn] *v. tr.* **1** mantenere, conservare **2** sostenere **3** curare la manutenzione di, mantenere in efficienza **4** affermare

maintenance ['meɪntɪnəns] *s.* **1** mantenimento *m.* **2** sostentamento *m.* **3** (*dir.*) alimenti *m. pl.* **4** manutenzione *f.*

maize [meɪz] *s.* granturco *m.*, mais *m.*

majestic [məˈdʒestɪk] *agg.* maestoso

majesty ['mædʒɪstɪ] *s.* maestà *f.* ♦ **His/Her M.** Sua Maestà

major ['meɪdʒə'] **A** *agg.* maggiore, principale **B** *s.* **1** maggiorenne *m. e f.* **2** (*mil.*) maggiore *m.*

majority [məˈdʒɒrɪtɪ] *s.* maggioranza *f.*

make [meɪk] *s.* **1** fattura *f.*, forma *f.* **2** fabbricazione *f.*, marca *f.*

to make [meɪk] (*pass. e p. p.* **made**) *v. tr.* **1** fare, creare, costruire, comporre, preparare **2** far diventare **3** compiere, commettere **4** calcolare, assommare a, guadagnare **5** diventare ♦ **to m. away** allontanarsi in fretta; **to m. for** dirigersi; **to m. of** capire; **to m. off** svignarsela; **to m. oneself understood** farsi capire; **to m. out** compilare, dichiarare, cavarsela; **to m. st. do** far bastare q.c.; **to m. up** riconciliarsi, truccare, truccarsi, inventare, fare, confezionare

make-believe ['meɪkbɪˌliːv] *s.* finzione *f.*

maker ['meɪkə'] *s.* creatore *m.*, fabbricante *m.*

makeshift ['meɪkʃɪft] **A** *agg.* improvvisato, di fortuna **B** *s.* ripiego *m.*

make-up ['meɪkʌp] *s.* **1** trucco *m.* **2** composizione *f.*, formazione *f.* **3** disposizione *f.*, temperamento *m.*

making ['meɪkɪŋ] *s.* **1** fattura *f.*, confezione *f.* **2** sviluppo *m.*, formazione *f.* **3** *al pl.* occorrente *m.*, qualità *f. pl.* necessarie ♦ **in the m.** in via di formazione

maladjusted [ˌmælə'dʒʌstɪd] *agg.* disadattato

malaise [mæ'leɪz] *s.* malessere *m.*

malaria [mə'leərɪə] *s.* malaria *f.*

male [meɪl] **A** *agg.* maschile, maschio **B** *s.* maschio *m.* ♦ **m. chauvinist** maschilista; **m. nurse** infermiere *m.*

malediction [ˌmælɪ'dɪkʃ(ə)n] *s.* maledizione *f.*

malefic [mə'lefɪk] *agg.* malefico

malevolent [mə'levələnt] *agg.* malevolo

malformation ['mælfɔː'meɪʃ(ə)n] *s.* (*med.*) malformazione *f.*

malfunction [mæl'fʌŋkʃ(ə)n] *s.* malfunzionamento *m.*

malice ['mælɪs] *s.* **1** malizia *f.* **2** malevolenza *f.*, astio *m.* **3** (*dir.*) dolo *m.*

malicious [mə'lɪʃəs] *agg.* **1** maligno, malizioso **2** (*dir.*) doloso

malign [mə'laɪn] *agg.* maligno

to malign [mə'laɪn] *v. tr.* malignare su, diffamare

malignant [mə'lɪgnənt] *agg.* maligno

malignity [mə'lɪgnɪtɪ] *s.* malignità *f.*

mall [mɔːl] *s.* **1** viale *m.* **2** centro *m.* commerciale

malleable ['mælɪəbl] *agg.* malleabile

malleolus [mə'liːə(ʊ)ləs] *s.* malleolo *m.*

mallet ['mælɪt] *s.* maglio *m.*, mazza *f.*

mallow ['mæləʊ] *s.* malva *f.*

malnutrition [ˌmælnjʊ(ː)'trɪʃ(ə)n] *s.* malnutrizione *f.*, denutrizione *f.*

malpractice [ˌmæl'præktɪs] *s.* azione *f.* illecita

malt [mɔːlt] *s.* malto *m.*

to maltreat [mæl'triːt] v. tr. maltrattare
mammal ['mæm(ə)l] s. mammifero m.
mammalian [mæ'meɪljen] agg. e s. mammifero m.
mammoth ['mæməθ] A s. mammut m. inv. B agg. mastodontico
man [mæn] (pl. **men**) s. 1 uomo m. 2 domestico m., operaio m., soldato m., giocatore m. 3 marito m., amante m. 4 (gioco della dama) pedina f. ♦ **m.-made** artificiale
to manage ['mænɪdʒ] A v. tr. 1 amministrare, gestire 2 saper trattare 3 maneggiare, manovrare B v. intr. riuscire, cavarsela
manageable ['mænɪdʒəbl] agg. 1 maneggevole f. 2 trattabile 3 agevole
management ['mænɪdʒmənt] s. 1 amministrazione f., direzione f., gestione f. 2 (v. al pl.) i dirigenti m. pl., la direzione f.
manager ['mænɪdʒə'] s. 1 direttore m., gestore m., dirigente m. e f. 2 impresario m., manager m. inv. ♦ **general m.** direttore generale
manageress ['mænɪdʒəres] s. direttrice f.
managerial [ˌmænə'dʒɪərɪəl] agg. direttivo, manageriale
managing ['mænɪdʒɪŋ] agg. dirigente, direttivo ♦ **m. director** amministratore m. delegato
mandarin ['mændərɪn] s. mandarino m.
mandatory ['mændət(ə)rɪ] A agg. obbligatorio B s. mandatario m.
mandible ['mændɪbl] s. mandibola f.
mandolin(e) [ˌmændə'liːn] s. mandolino m.
mandrel ['mændr(ə)l] s. mandrino m.
mane [meɪn] s. criniera f.
manège [mæ'neɪʒ] s. maneggio m.
maneuver [mə'nuːvə'] → **manoeuvre**
manful ['mænf(ʊ)l] agg. valoroso
manger ['meɪndʒə'] s. mangiatoia f.
to mangle ['mæŋgl] v. tr. straziare, mutilare
mango ['mæŋgəʊ] s. mango m.
mangrove ['mæŋgrəʊv] s. mangrovia f.
to manhandle ['mæn,hændl] v. tr. 1 manovrare 2 (fam.) maltrattare
manhole ['mænhəʊl] s. botola f. ♦ **m. cover** tombino
manhood ['mænhʊd] s. virilità f.
manhunt ['mænhʌnt] s. caccia f. all'uomo
mania ['meɪnjə] s. mania f.
maniac ['meɪnɪæk] agg. maniaco
manicure ['mænɪkjʊə'] s. manicure f. inv. ♦ **m. set** necessaire da unghie
manifest ['mænɪfest] agg. manifesto, palese
to manifest ['mænɪfest] A v. tr. manifestare, mostrare B v. intr. manifestarsi, apparire
manifestation [ˌmænɪfes'teɪʃ(ə)n] s. manifestazione f.
manifesto [ˌmænɪ'festəʊ] s. manifesto m. (ideologico, politico)
manifold ['mænɪfəʊld] agg. molteplice, vario
to manipulate [mə'nɪpjʊleɪt] v. tr. manipolare
manipulation [mə,nɪpjʊ'leɪʃ(ə)n] s. manipolazione f.
mankind [mæn'kaɪnd] s. genere m. umano
manliness ['mænlɪnɪs] s. virilità f.
manly ['mænlɪ] agg. maschio, virile

manna ['mænə] s. manna f.
manner ['mænə'] s. 1 modo m., maniera f. 2 contegno m. 3 al pl. usanze f. pl. 4 specie f., tipo m., sorta f. ♦ **good/bad manners** belle/cattive maniere
mannerism ['mænərɪz(ə)m] s. 1 affettazione f. 2 manierismo m.
manoeuvre [mə'nuːvə'] (USA **maneuvre**) s. manovra f.
to manoeuvre [mə'nuːvə'] (USA **to maneuvre**) v. tr. e intr. manovrare
manometer [mə'nɒmɪtə'] s. manometro m.
manor ['mænə'] s. proprietà f. terriera, feudo m. ♦ **m.-house** maniero, residenza di campagna
manpower ['mæn,paʊə'] s. manodopera f.
mansard ['mænsɑːd] s. mansarda f.
mansion ['mænʃ(ə)n] s. palazzo m., dimora f. ♦ **m.-house** castello, residenza di campagna
manslaughter ['mæn,slɔːtə'] s. (dir.) omicidio m. colposo
mantelpiece ['mæntl,piːs] s. mensola f. del caminetto
mantle ['mæntl] s. mantello m., manto m.
manual ['mænjʊəl] agg. e s. manuale m. ♦ **m. dexterity** abilità manuale
manufacture [ˌmænjʊ'fæktʃə'] s. manifattura f., lavorazione f., fabbricazione f.
to manufacture [ˌmænjʊ'fæktʃə'] v. tr. fabbricare, confezionare, produrre
manufacturer [ˌmænjʊ'fæktʃərə'] s. fabbricante m., industriale m.
manufacturing [ˌmænjʊ'fæktʃərɪŋ] A agg. 1 manifatturiero 2 industriale B s. manifattura f., produzione f.
manumission [ˌmænjʊ'mɪʃ(ə)n] s. (stor.) manomissione f.
manure [mə'njʊə'] s. concime m., letame m.
to manure [mə'njʊə'] v. tr. concimare
manuscript ['mænjʊskrɪpt] s. manoscritto m.
many ['menɪ] (comp. **more**, sup. **most**) A agg. molti, numerosi, un gran numero di B pron. molti C s. molti m. pl. molte persone f. pl. ♦ **a great m.** moltissimi; **as m.** altrettanti; **how m.?** quanti?; **m. sided** multiforme; **too m.** troppi
map [mæp] s. carta f. geografica, mappa f.
to map [mæp] v. tr. rilevare una carta, mappa ♦ **to m. out** progettare
maple ['meɪpl] s. acero m.
to mar [mɑː'] v. tr. danneggiare, guastare
marathon ['mærəθ(ə)n] s. maratona f.
to maraud [mə'rɔːd] v. tr. rubare, saccheggiare
marauder [mə'rɔːdə'] s. predone m., predatore m.
marble ['mɑːbl] s. 1 marmo m. 2 bilia f. ♦ **m.-cutter** marmista; **m.-paper** carta marmorizzata
March [mɑːtʃ] s. marzo m.
march [mɑːtʃ] s. marcia f.
to march [mɑːtʃ] v. intr. marciare
mare [meə'] s. cavalla f., giumenta f.
margarine [ˌmɑːdʒə'riːn] s. margarina f.
margin ['mɑːdʒɪn] s. margine m.
marginal ['mɑːdʒɪn(ə)l] agg. marginale
to marginalize ['mɑːdʒɪnəlaɪz] v. tr. emarginare

marigold ['mærɪgəʊld] s. calendola f.

marina [mə'ri:nə] s. porticciolo m. turistico, marina m. inv.

marine [mə'ri:n] **A** agg. **1** marino, marittimo **2** navale **B** s. **1** marina f. **2** (mil.) marine m.

mariner ['mærɪnər] s. marinaio m.

marital ['mærɪtl] agg. maritale, coniugale

maritime ['mærɪtaɪm] agg. marittimo

marjoram ['ma:dʒ(ə)rəm] s. maggiorana f.

mark (1) [ma:k] s. **1** segno m., impronta f. **2** marca f., marchio m. **3** voto m. **4** segno m. di interpunzione **5** (sulla pelle) macchia f., voglia f. **6** bersaglio m. ♦ **exclamation m.** punto esclamativo; **question m.** punto interrogativo; **quotation marks** virgolette

mark (2) [ma:k] s. (moneta) marco m.

to mark [ma:k] v. tr. **1** segnare, marcare **2** contraddistinguere **3** dare un voto a ♦ **to m. down** (prezzo) ribassare; **to m. out** tracciare, delimitare

marked [ma:kt] agg. **1** contrassegnato, marcato **2** considerevole, notevole

marker ['ma:kər] s. **1** segnapunti m. **2** segnalibro m. **3** segnale m.

market ['ma:kɪt] s. mercato m. ♦ **m. place** (piazza del) mercato; **m. price** prezzo di mercato; **m. research** ricerca di mercato; **to play the m.** giocare in Borsa

marketable ['ma:kɪtəbl] agg. vendibile

marketing ['ma:kɪtɪŋ] s. **1** commercializzazione f. **2** marketing m. inv.

marksman ['ma:ksmən] (pl. **marksmen**) s. tiratore m. scelto

marmalade ['ma:məleɪd] s. marmellata f. di agrumi

marmot ['ma:mət] s. marmotta f.

maroon [mə'ru:n] agg. e s. marrone m. rossiccio

marquee [ma:'ki:] s. tendone m.

marquess ['ma:kwɪs] s. marchese m.

marquis ['ma:kwɪs] s. marchese m.

marriage ['mærɪdʒ] s. matrimonio m. ♦ **m. licence** licenza di matrimonio; **to take in m.** prendere per marito (o per moglie)

married ['mærɪd] agg. **1** sposato **2** coniugale ♦ **to get m.** sposarsi

marrow ['mærəʊ] s. **1** (anat.) midollo m. **2** (bot.) zucca f. ♦ **m. squash** zucchino

marrowbone ['mærəʊ(ʊ)bəʊn] s. ossobuco m.

to marry ['mærɪ] v. tr. sposare, sposarsi ♦ **to m. again** risposarsi

marsh [ma:ʃ] s. acquitrino m., palude f.

marshal ['ma:ʃ(ə)l] s. **1** maresciallo m. **2** cerimoniere m.

to marshal ['ma:ʃ(ə)l] v. tr. ordinare, schierare

marshy ['ma:ʃɪ] agg. paludoso

martial ['ma:ʃ(ə)l] agg. marziale ♦ **m. court** corte marziale; **m. law** legge marziale

Martian ['ma:ʃjən] agg. e s. marziano m.

martyr ['ma:tər] s. martire m. e f.

martyrdom ['ma:tədəm] s. martirio m.

marvel ['ma:v(ə)l] s. meraviglia f.

to marvel ['ma:v(ə)l] v. intr. meravigliarsi, stupirsi

marvellous ['ma:vɪləs] agg. meraviglioso, stupendo

Marxism ['ma:ksɪz(ə)m] s. marxismo m.

Marxist ['ma:ksɪst] agg. e s. marxista m. e f.

marzipan [,ma:zɪ'pæn] s. marzapane m.

mascara [mæs'ka:rə] s. mascara m. inv.

mascot ['mæskət] s. mascotte f. inv.

masculine ['ma:skjʊlɪn] agg. maschile, mascolino

mash [mæʃ] s. **1** poltiglia f., pastone m. **2** purè m. inv.

to mash [mæʃ] v. tr. **1** schiacciare **2** macerare ♦ **mashed potatoes** purè di patate

masher ['mæʃər] s. passaverdure m.

mask [ma:sk] s. maschera f.

to mask [ma:sk] v. tr. **1** mascherare **2** nascondere

masochism ['mæsəkɪz(ə)m] s. masochismo m.

mason ['meɪsn] s. **1** muratore m. **2** massone m.

masonry ['meɪs(ə)nrɪ] s. **1** muratura f. **2** massoneria f.

masquerade [,mæskə'reɪd] s. **1** finzione f. **2** mascherata f., ballo m. in maschera

to masquerade [,mæskə'reɪd] v. intr. **1** mascherarsi **2** fingersi, farsi passare per

mass (1) [mæs] **A** s. **1** massa f., quantità f. **2** folla f., moltitudine f. **3** ammasso m. **4** (fis.) massa f. **B** agg. di massa ♦ **m. media** mezzi di comunicazione di massa

mass (2) [mæs] s. messa f. ♦ **to attend m.** andare a messa; **m. book** messale m.

to mass [mæs] v. tr. e intr. ammassare, ammassarsi

massacre ['mæsəkər] s. massacro m.

massage ['mæsɑ:ʒ] s. massaggio m.

to massage ['mæsɑ:ʒ] v. tr. massaggiare

masseur [mæ'sɜ:] s. massaggiatore m.

massif ['mæsi:f] s. (geogr.) massiccio m.

massive ['mæsɪv] agg. **1** massiccio, imponente **2** massivo, potente

mass-production ['mæsprə,dʌkʃ(ə)n] s. produzione f. in serie

mast [ma:st] s. (naut.) albero m.

master ['ma:stər] **A** s. **1** padrone m., datore m. di lavoro **2** maestro m. **3** insegnante m., professore m. **4** capo m., direttore m. **5** originale m. (da riprodurre) **6** (titolo accademico) master m. inv. **B** agg. **1** padrone **2** principale **3** generale

to master ['ma:stər] v. tr. **1** approfondire, conoscere a fondo **2** dominare

masterly ['ma:stəlɪ] agg. magistrale

mastermind ['ma:stəmaɪnd] s. mente f. direttiva

masterpiece ['ma:stəpi:s] s. capolavoro m.

mastery ['ma:st(ə)rɪ] s. **1** dominio m., padronanza f. **2** perizia f., abilità f.

mastic ['mæstɪk] s. mastice m.

to masticate ['mæstɪkeɪt] v. tr. masticare

mastodontic [,mæstə'dɒntɪk] agg. mastodontico

mat (1) [mæt] s. **1** stuoia f., zerbino m. **2** sottopiatto m. **3** groviglio m.

mat (2) [mæt] agg. opaco

match (1) [mætʃ] s. **1** incontro m., partita f. **2** compagno m., (l')uguale m. **3** matrimonio m., partito m. **4** coppia f.

match (2) [mætʃ] s. fiammifero m.

to match [mætʃ] **A** v. tr. **1** pareggiare, uguagliare **2** armonizzare, accompagnare **3** confrontare **4** accoppiare, unire in matrimonio **B** v. intr. **1** armonizzare, accordarsi, essere compatibile **2** competere, confrontarsi **3** combaciare

matching ['mætʃɪŋ] *agg.* ben assortito

mate [meɪt] *s.* **1** compagno *m.*, amico *m.* **2** coniuge *m.* e *f.* **3** aiutante *m.* e *f.* **4** (*naut.*) ufficiale *m.* in seconda

to mate [meɪt] *v. tr. e intr.* accoppiare, accoppiarsi

material [mə'tɪərɪəl] **A** *agg.* materiale **B** *s.* **1** materiale *m.*, sostanza *f.* **2** stoffa *f.* **3** *al pl.* occorrente *m.*, accessori *m. pl.*

materialism [mə'tɪərɪəlɪz(ə)m] *s.* materialismo *m.*

maternal [mə'tɜːnl] *agg.* materno

maternity [mə'tɜːnɪtɪ] *s.* maternità *f.* ♦ **m. leave** congedo per maternità

mathematic(al) [,mæθɪ'mætɪk(ə)l] *agg.* matematico

mathematics [,mæθɪ'mætɪks] *s. pl.* (*v. al sing.*) matematica *f.*

maths [mæθs] (*USA* **math**) *s. pl.* (*v. al sing.*) (*fam.*) matematica *f.*

matriarchal [,meɪtrɪ'ɑːk(ə)l] *agg.* matriarcale

matriarchy ['meɪtrɪɑː(ː)kɪ] *s.* matriarcato *m.*

to matriculate [mə'trɪkjuleɪt] *v. intr.* iscriversi all'università

matriculation [mə,trɪkju'leɪʃ(ə)n] *s.* immatricolazione *f.*, iscrizione *f.* (all'università)

matrimonial [,mætrɪ'məʊnjəl] *agg.* matrimoniale

matrimony ['mætrɪm(ə)nɪ] *s.* matrimonio *m.*

matrix ['meɪtrɪks] *s.* matrice *f.*

matron ['meɪtr(ə)n] *s.* **1** matrona *f.* **2** capo infermiera *f.*, governante *f.*

matted ['mætɪd] *agg.* ingarbugliato

matter ['mætə*r*] *s.* **1** affare *m.*, argomento *m.*, faccenda *f.* **2** importanza *f.* **3** materia *f.*, sostanza *f.*, contenuto *m.* ♦ **as a m. of fact** in verità; **no m.** non importa; **what is the m.?** cosa c'è?

to matter ['mætə*r*] *v. intr.* interessare

matter-of-fact [,mæt(ə)rəv'fækt] *agg.* prosaico, realistico

mattock ['mætək] *s.* zappa *f.*

mattress ['mætrɪs] *s.* materasso *m.*

maturation [,mætjʊə'reɪʃ(ə)n] *s.* maturazione *f.*

mature [mə'tjʊə*r*] *agg.* maturo

to mature [mə'tjʊə*r*] **A** *v. tr.* **1** far maturare, far stagionare **2** completare **B** *v. intr.* **1** maturare **2** completarsi **3** (*fin.*) maturare, scadere

maturity [mə'tjʊərɪtɪ] *s.* maturità *f.*

to maul [mɔːl] *v. tr.* **1** battere **2** bistrattare

mausoleum [,mɔːsə'lɪəm] *s.* mausoleo *m.*

mauve [məʊv] *agg. e s.* (color) malva *m.*

maxim ['mæksɪm] *s.* massima *f.*

maximalism ['mæksɪməlɪz(ə)m] *s.* massimalismo *m.*

maximum ['mæksɪməm] *agg. e s.* massimo *m.*

may [meɪ] (*congiuntivo pass. e condiz.* **might**) *v. difett.* **1** (*permesso*) potere, essere permesso, essere lecito (ES: **m. I speak?** posso parlare?) **2)** (*possibilità, probabilità*) potere, essere possibile, essere probabile (ES: **it m. be true** può essere vero, **it might be very important** potrebbe essere molto importante) **3** (*augurio, speranza, richiesta, rimprovero, ecc.*) potere (ES: **m. you live in peace!** che tu possa vivere in pace!)

May [meɪ] *s.* maggio *m.* ♦ **M. Day** il primo maggio

maybe ['meɪbiː] *avv.* forse, probabilmente, può darsi che

mayhem ['meɪhem] *s.* confusione *f.*

mayonnaise [,meɪə'neɪz] *s.* maionese *f.*

mayor [meə*r*] *s.* sindaco *m.*

maze [meɪz] *s.* dedalo *m.*, labirinto *m.* ♦ **to be in a m.** essere confuso

me [miː, mɪ] *pron. pers.* 1ª *sing.* (*compl.*) me, mi ♦ **it's me** sono io

meadow ['medəʊ] *s.* prato *m.*

meagre ['miːgə*r*] (*USA* **meager**) *agg.* magro, smunto

meal (1) [miːl] *s.* farina *f.*

meal (2) [miːl] *s.* pasto *m.* ♦ **m. ticket** buono pasto

mealtime ['miːltaɪm] *s.* ora *f.* dei pasti

mean (1) [miːn] *agg.* **1** gretto, meschino, avaro **2** sgarbato **3** miserabile, mediocre, spregevole

mean (2) [miːn] **A** *agg.* medio, intermedio **B** *s.* **1** mezzo *m.*, media *f.* **2** mezzo *m.*, strumento *m.*, maniera *f.* **3** *al pl.* mezzi *m.* economici, risorse *f. pl.* ♦ **by all means** con ogni mezzo; **by means of** per mezzo di

to mean [miːn] (*pass. e p. p.* **meant**) **A** *v. tr.* **1** significare, intendere **2** comportare, implicare **3** proporsi di, avere intenzione di **4** destinare, assegnare **B** *v. intr.* **1** voler dire, comportare **2** avere intenzione

meander [mɪ'ændə*r*] *s.* meandro *m.*

meaning ['miːnɪŋ] *s.* **1** significato *m.*, senso *m.* **2** pensiero *m.* **3** proposito *m.*

meaningful ['miːnɪŋful] *agg.* significativo

meaningless ['miːnɪŋlɪs] *agg.* insignificante, senza senso

meant [ment] *pass. e p. p. di* **to mean**

meantime ['miːn,taɪm] *avv.* intanto, nel frattempo ♦ **in the m.** nel frattempo

meanwhile [,miːn'waɪl] *avv.* intanto, nel frattempo

measles ['miːzlz] *s. pl.* (*v. al sing.*) morbillo *m.*

measly ['miːzlɪ] *agg.* (*fam.*) miserabile, meschino

measurable ['meʒ(ə)rəbl] *agg.* misurabile

measure ['meʒə*r*] *s.* **1** misura *f.* **2** provvedimento *m.*

to measure ['meʒə*r*] *v. tr. e intr.* misurare ♦ **to m. out** dosare

measurement ['meʒəmənt] *s.* **1** misurazione *f.* **2** misura *f.*, dimensione *f.*

meat [miːt] *s.* carne *f.* ♦ **m. ball** polpetta; **m. grinder** tritacarne; **m. skewer** spiedino di carne

mechanic [mɪ'kænɪk] *s.* meccanico *m.*

mechanical [mɪ'kænɪk(ə)l] *agg.* meccanico

mechanics [mɪ'kænɪks] *s. pl.* (*v. al sing.*) meccanica *f.*

mechanism ['mekənɪz(ə)m] *s.* meccanismo *m.*

mechanization [,mekənaɪ'zeɪʃ(ə)n] *s.* meccanizzazione *f.*

medal ['medl] *s.* medaglia *f.*

medallion [mɪ'dæljən] *s.* medaglione *m.*

to meddle ['medl] *v. intr.* immischiarsi, interferire

media ['miːdjə] *s. pl.* mezzi *m.* di comunicazione di massa, media *m. pl.*

median ['miːdjən] *agg.* medio, mediano ♦ **m. strip** (*USA*) spartitraffico

to mediate ['miːdɪeɪt] *v. tr. e intr.* mediare

mediator ['miːdɪeɪtə*r*] *s.* mediatore *m.*

medical ['medɪk(ə)l] **A** *agg.* medico, sanitario **B** *s.* visita *f.* medica

medicament [me'dɪkəmənt] *s.* medicamento *m.*, farmaco *m.*

to medicate ['medɪkeɪt] v. tr. medicare, curare
medicinal [me'dɪsɪnl] agg. medicinale
medicine ['medɪs(ɪ)n] s. medicina f.
medieval [ˌmedɪ'iːv(ə)l] agg. medievale
mediocre [ˌmiːdɪ'əʊkər] agg. mediocre
mediocrity [ˌmiːdɪ'ɒkrɪtɪ] s. mediocrità f.
to meditate ['medɪteɪt] v. tr. e intr. meditare
meditation [ˌmedɪ'teɪʃ(ə)n] s. meditazione f.
Mediterranean [ˌmedɪtə'reɪnjən] agg. mediterraneo
medium ['miːdjəm] A agg. medio B s. 1 mezzo m., strumento m. 2 ambiente m., elemento m. ◆ **m.-wave** a onde medie
medlar ['medlər] s. nespola f.
medley ['medlɪ] s. mescolanza f.
medusa [mɪ'djuːzə] s. medusa f.
meek [miːk] agg. docile, mite
to meet [miːt] (pass. e p. p. **met**) A v. tr. 1 incontrare, andare incontro, incrociare 2 conoscere, fare la conoscenza di 3 soddisfare, corrispondere, far fronte 4 affrontare B v. intr. 1 incontrarsi, riunirsi 2 conoscersi, far conoscenza ◆ **to m. up with** imbattersi in; **to m. with** incontrare
meeting ['miːtɪŋ] s. 1 riunione f., convegno m., meeting m. inv. 2 incontro m.
megalithic [ˌmegə'lɪθɪk] agg. megalitico
megalomaniac [ˌmegələ(ʊ)'meɪnɪæk] agg. e s. megalomane m. e f.
megaphone ['megəfəʊn] s. megafono m.
melancholic [ˌmelən'kɒlɪk] agg. malinconico
melancholy ['melənkəlɪ] A s. malinconia f. B agg. malinconico
mellow ['meləʊ] agg. 1 maturo, succoso 2 fertile, ricco 3 comprensivo, pacato 4 pastoso, (di luce, suono, ecc.) caldo
melodious [mɪ'ləʊdjəs] agg. melodioso
melodramatic [ˌmelə(ʊ)drə'mætɪk] agg. melodrammatico
melody ['melədɪ] s. melodia f.
melon ['melən] s. melone m.
to melt [melt] v. tr. e intr. fondere, liquefare, sciogliere
melting ['meltɪŋ] A agg. 1 fondente 2 struggente B s. fusione f. ◆ **m. pot** crogiolo
member ['membər] s. 1 membro m., socio m. 2 elemento m.
membership ['membəʃɪp] s. 1 l'insieme m. dei soci 2 condizione f. di socio
membrane ['membreɪn] s. membrana f.
memo ['meməʊ] → **memorandum**
memorable ['memərəbl] agg. memorabile
memorandum [ˌmemə'rændəm] s. promemoria m. inv., appunto m., comunicazione f. di servizio
memorial [mɪ'mɔːrɪəl] A agg. commemorativo B s. 1 monumento m. commemorativo 2 al pl. memoriale m. ◆ **m. tablet** lapide
memory ['memərɪ] s. memoria f.
men [men] pl. di **man**
menace ['menəs] s. minaccia f.
to menace ['menəs] v. tr. minacciare
menacing ['menəsɪŋ] agg. minaccioso
to mend [mend] A v. tr. aggiustare, rammendare, rattoppare B v. intr. correggersi, aggiustarsi

mendable ['mendəbl] agg. aggiustabile, riparabile
mending ['mendɪŋ] s. riparazione f., rammendo m.
menial ['miːnjəl] agg. servile, umile
meningitis [ˌmenɪn'dʒaɪtɪs] s. meningite f.
meniscus [mɪ'nɪskəs] s. menisco m.
menopause ['menə(ʊ)pɔːz] s. menopausa f.
menses ['mensiːz] s. pl. mestruazioni f. pl.
menstruation [ˌmenstrʊ'eɪʃ(ə)n] s. mestruazione f.
mental ['mentl] agg. mentale ◆ **m. hospital** manicomio
mentality [men'tælɪtɪ] s. mente f., mentalità f.
menthol ['menθɒl] s. mentolo m.
mention ['menʃ(ə)n] s. menzione f., citazione f.
to mention ['menʃ(ə)n] v. tr. nominare, menzionare, citare ◆ **above mentioned** sopracitato; **don't m. it!** non c'è di che!
menu ['menjuː] s. menu m. inv.
mercantile ['mɜːk(ə)ntaɪl] agg. mercantile
mercantilism ['mɜːkəntɪlɪz(ə)m] s. mercantilismo m.
mercenary ['mɜːsɪn(ə)rɪ] agg. e s. mercenario m.
merchandise ['mɜːtʃ(ə)ndaɪz] s. merce f.
merchant ['mɜːtʃ(ə)nt] A s. mercante m., commerciante m. e f. B agg. mercantile ◆ **m. bank** banca d'affari; **m. navy** marina mercantile
merciful ['mɜːsɪf(ʊ)l] agg. misericordioso, clemente, pietoso
merciless ['mɜːsɪlɪs] agg. spietato, crudele
mercury ['mɜːkjʊrɪ] s. mercurio m.
mercy ['mɜːsɪ] s. misericordia f., pietà f.
mere [mɪər] agg. mero, puro, semplice
merely ['mɪəlɪ] avv. semplicemente, soltanto, appena
to merge [mɜːdʒ] A v. tr. fondere, incorporare B v. intr. fondersi, incorporarsi, essere assorbito
merger ['mɜːdʒər] s. fusione f.
meridian [mə'rɪdɪən] s. meridiano m.
meringue [mə'ræŋ] s. meringa f.
merit ['merɪt] s. merito m., pregio m.
to merit ['merɪt] v. tr. meritare
merlon ['mɜːlən] s. (arch.) merlo m.
mermaid ['mɜːmeɪd] s. (mitol.) sirena f.
merry ['merɪ] agg. allegro, gioioso ◆ **m. go-round** giostra; **m. Christmas!** buon Natale!
mesh [meʃ] s. 1 (di rete) maglia f. 2 (mecc.) presa f. ◆ **in m.** inserito; **out of m.** disinserito
mess [mes] s. 1 confusione f., scompiglio m. 2 pasticcio m. 3 (mil.) mensa f., rancio m. ◆ **to make a m. of st.** rovinare qualcosa; **to get oneself in a m.** mettersi nei guai
to mess [mes] v. intr. 1 mangiare in mensa 2 (fam.) perdere tempo ◆ **to m. about** far baccano; **to m. around** bighellonare; **to m. up** mettere in disordine, mandare a monte
message ['mesɪdʒ] s. messaggio m.
messenger ['mesɪndʒər] s. messaggero m.
messy ['mesɪ] agg. disordinato, caotico
met [met] pass. e p. p. di **to meet**
metal ['metl] s. metallo m.
metallic [mɪ'tælɪk] agg. metallico
metallurgic(al) [ˌmetə'lɜːdʒɪk((ə)l)] agg. metallurgico
metamorphism [ˌmetə'mɔːfɪz(ə)m] s. metamorfismo m.

metamorphosis [ˌmetəˈmɔːfəsɪs] s. metamorfosi f.

metaphor [ˈmetəfər] s. metafora f.

metaphoric(al) [ˌmetəˈforɪk(ə)l)] agg. metaforico

metaphysical [ˌmetəˈfɪzɪk(ə)l] agg. metafisico

nétayage [ˈme(ɪ)təjuːʒ] s. mezzadria f.

to mete [miːt] v. tr. (letter.) misurare ♦ **to m. out** assegnare, infliggere

meteor [ˈmiːtjər] s. meteora f.

meteorologic(al) [ˌmiːtjərəˈlɒdʒɪk((ə)l)] agg. meteorologico

meteorology [ˌmiːtjəˈrɒlədʒi] s. meteorologia f.

neter [ˈmiːtər] s. **1** misuratore m., contatore m. **2** (fam.) tassametro m. **3** (USA) → **metre** ♦ **parking m.** parchimetro

nethane [ˈmeθeɪn] s. metano m.

nethod [ˈmeθəd] s. metodo m.

nethodic(al) [mɪˈθɒdɪk((ə)l)] agg. metodico

nethodist [ˈmeθədɪst] agg. s. metodista m. e f.

nethodological [ˌmeθədəˈlɒdʒɪk(ə)l] agg. metodologico

neths [meθs] s. (abbr. di **methylated spirits**) alcol m. denaturato

neticulous [mɪˈtɪkjuləs] agg. meticoloso

netope [ˈmetəʊp] s. metopa f.

netre [ˈmiːtər] (USA **meter**) s. metro m. ♦ **cubic m.** metro cubo; **square m.** metro quadrato

netric [ˈmetrɪk] agg. metrico

netrical [ˈmetrɪk(ə)l] agg. metrico

netropolitan [ˌmetrəˈpɒlɪt(ə)n] **A** agg. metropolitano **B** s. metropolita m.

nettle [ˈmetl] s. **1** coraggio m. **2** carattere m., temperamento m.

o mew [mjuː] v. intr. miagolare

Mexican [ˈmeksɪkən] agg. e s. messicano m.

nezzanine [ˈmezəniːn] s. mezzanino m., ammezzato m.

o miaow [miːˈaʊ] v. intr. miagolare

nice [maɪs] pl. di **mouse**

nicrobe [ˈmaɪkrəʊb] s. microbo m.

nicrochip [ˈmaɪkrəʊtʃɪp] s. microchip m. inv.

nicrocosm [ˈmaɪkrə(ʊ)kɒz(ə)m] s. microcosmo m.

nicrofilm [ˈmaɪkrə(ʊ)fɪlm] s. microfilm m. inv.

nicroorganism [ˌmaɪkrə(ʊ)ˈɔːɡənɪz(ə)m] s. microrganismo m.

nicrophone [ˈmaɪkrəfəʊn] s. microfono m.

microscope [ˈmaɪkrəskəʊp] s. microscopio m.

microwave [ˈmaɪkrə(ʊ)weɪv] s. microonda f. ♦ **m. oven** forno a microonde

mid [mɪd] agg. medio, di mezzo ♦ **m. August holiday** ferragosto; **in m. winter** nel cuore dell'inverno

midday [ˈmɪddeɪ] s. mezzogiorno m.

middle [ˈmɪdl] **A** agg. medio, di mezzo **B** s. mezzo m., centro m. ♦ **m. age** mezza età; **Middle Ages** medioevo; **m. class** borghesia; **m. name** secondo nome; **m.-of-the-road** moderato; **m. school** scuola media inferiore

middleman [ˈmɪdlmæn] (pl. **middlemen**) s. mediatore m., intermediario m.

middling [ˈmɪdlɪŋ] agg. **1** medio **2** mediocre

midge [mɪdʒ] s. moscerino m.

nidget [ˈmɪdʒɪt] **A** agg. minuscolo **B** s. nano m.

midnight [ˈmɪdnaɪt] s. mezzanotte f.

midriff [ˈmɪdrɪf] s. (anat.) diaframma m.

midst [mɪdst] s. (letter.) mezzo m., centro m.

midsummer [ˈmɪdˌsʌmər] s. mezza estate f.

midway [ˌmɪdˈweɪ] agg. e avv. a metà strada

midwife [ˈmɪdwaɪf] (pl. **midwives**) s. levatrice f., ostetrica f.

might [maɪt] s. potenza f., forza f.

mighty [ˈmaɪti] **A** agg. poderoso, forte **B** avv. estremamente

migraine [ˈmiːɡreɪn] s. emicrania f.

migrant [ˈmaɪɡr(ə)nt] agg. migratore, emigrante

to migrate [maɪˈɡreɪt] v. intr. migrare, emigrare

migratory [ˈmaɪɡrət(ə)rɪ] agg. migratorio, migratore

mike [maɪk] s. (fam.) microfono m.

mild [maɪld] agg. **1** mite, dolce **2** leggero

mildew [ˈmɪldjuː] s. muffa f.

mile [maɪl] s. miglio m. ♦ **nautical m.** miglio marino

mileage [ˈmaɪlɪdʒ] s. distanza f. in miglia

mileometer [maɪˈlɒmɪtər] s. contamiglia f.

milestone [ˈmaɪlstəʊn] s. pietra f. miliare

militant [ˈmɪlɪt(ə)nt] agg. e s. militante m. e f.

military [ˈmɪlɪt(ə)rɪ] s. militare m.

to militate [ˈmɪlɪteɪt] v. intr. militare ♦ **to m. against st.** opporsi a q.c.

milk [mɪlk] s. latte m. ♦ **curdled m.** latte cagliato; **powdered m.** latte in polvere; **skimmed m.** latte scremato

to milk [mɪlk] **A** v. tr. mungere **B** v. intr. produrre latte

mill [mɪl] s. **1** mulino m. **2** fabbrica f., opificio m. **3** macinino m. **4** (mecc.) fresa f.

to mill [mɪl] v. tr. **1** macinare, frantumare **2** (mecc.) fresare

milled [mɪld] agg. **1** macinato **2** (mecc.) fresato **3** (di moneta) zigrinato

millenary [mɪˈlenərɪ] **A** agg. millenario **B** s. millennio m.

millennium [mɪˈlenɪəm] s. millennio m.

miller [ˈmɪlər] s. **1** mugnaio m. **2** (mecc.) fresatrice f.

millesimal [mɪˈlesɪm(ə)l] agg. e s. millesimo f.

millet [ˈmɪlɪt] s. (bot.) miglio m.

milliard [ˈmɪljɑːd] s. miliardo m.

millimetre [ˈmɪlɪˌmiːtər] s. millimetro m.

millinery [ˈmɪlɪn(ə)rɪ] s. modisteria f.

million [ˈmɪljən] s. milione m.

millionaire [ˌmɪljəˈneər] agg. e s. milionario m.

millstone [ˈmɪlˌstəʊn] s. macina f.

mime [maɪm] s. mimo m.

to mime [maɪm] v. tr. mimare

mimetic [mɪˈmetɪk] agg. mimetico

mimic [ˈmɪmɪk] **A** agg. **1** imitativo, mimetico **2** simulato **B** s. imitatore m.

to mimic [ˈmɪmɪk] v. tr. **1** imitare **2** imitare, simulare

minaret [ˌmɪnəˈret] s. minareto m.

mince [mɪns] s. carne f. tritata

to mince [mɪns] **A** v. tr. tritare, sminuzzare **B** v. intr. **1** parlare con affettazione **2** camminare a passettini

mincer [ˈmɪnsər] s. tritacarne m. inv.

mind [maɪnd] s. **1** mente f., intelligenza f. **2** pensiero m. **3** opinione f., parere m. **4** spirito m., animo m. **5**

memoria *f.* ♦ **to have in m.** avere in mente; **to lose one's m.** perdere la testa; **to make up one's m.** decidersi; **to my m.** secondo me

to mind [maɪnd] *v. tr.* **1** badare a, occuparsi di **2** fare attenzione a **3** dispiacere, rincrescere ♦ **if you don't m.** se non le spiace; **m. the step!** attenzione al gradino!

minder ['maɪndəʳ] *s.* (*fam.*) guardia *f.* del corpo ♦ **child-m.** bambinaia

mindful ['maɪn(d)f(ʊ)l] *agg.* attento, memore

mindless ['maɪndlɪs] *agg.* **1** irragionevole **2** stupido **3** noncurante

mine (1) [maɪn] *pron. poss. 1ª sing.* il mio, la mia, i miei, le mie

mine (2) [maɪn] *s.* **1** miniera *f.* **2** mina *f.*

to mine [maɪn] *v. tr.* **1** estrarre, scavare **2** minare

minefield ['maɪn̩fiːld] *s.* campo *m.* minato

miner ['maɪnəʳ] *s.* minatore *m.*

mineral ['mɪn(ə)r(ə)l] *agg. e s.* minerale *m.*

mineralogy [ˌmɪnə'rælədʒɪ] *s.* mineralogia *f.*

to mingle ['mɪŋgl] *v. tr. e intr.* mescolare, mescolarsi

miniature ['mɪnɪətʃəʳ] **A** *s.* miniatura *f.* **B** *agg. in* miniatura, in scala ridotta

miniaturist ['mɪnɪətjʊərɪst] *s.* miniaturista *m. e f.*

minim ['mɪnɪm] *s.* (*mus.*) minima *f.*

minimize ['mɪnɪmaɪz] *v. tr.* minimizzare

minimum ['mɪnɪməm] *agg. e s.* minimo *m.*

mining ['maɪnɪŋ] *s.* estrazione *f.*, attività *f.* mineraria

miniskirt ['mɪnɪˌskəːt] *s.* minigonna *f.*

minister ['mɪnɪstəʳ] *s.* ministro *m.*

to minister ['mɪnɪstəʳ] *v. intr.* **1** portare aiuto, provvedere **2** officiare

ministerial [ˌmɪnɪs'tɪərɪəl] *agg.* ministeriale

ministry ['mɪnɪstrɪ] *s.* ministero *m.*

mink ['mɪŋk] *s.* visone *m.*

minnow ['mɪnəʊ] *s.* pesciolino *m.* d'acqua dolce

minor ['maɪnəʳ] **A** *agg.* minore, meno importante **B** *s.* minorenne *m. e f.*

minority [maɪ'nɒrɪtɪ] *s.* **1** minoranza *f.* **2** minorità *f.*

minster ['mɪnstəʳ] *s.* chiesa *f.* abbaziale

minstrel ['mɪnstr(ə)l] *s.* menestrello *m.*

mint (1) [mɪnt] *s.* menta *f.*

mint (2) [mɪnt] *s.* zecca *f.*

to mint [mɪnt] *v. tr.* coniare

minuet [ˌmɪnjʊ'et] *s.* minuetto *m.*

minus ['maɪnəs] **A** *agg.* **1** meno **2** negativo **B** *s.* meno *m.* **C** *prep.* meno

minute [mɪnt] **A** *agg.* **1** minuto, minuscolo **2** minuzioso **B** *s.* **1** minuto *m.* **2** minuta *f.*, appunto *m.* **3** *al pl.* verbale *m.*

to minute [mɪnt] *v. tr.* **1** verbalizzare **2** cronometrare

miracle ['mɪrəkl] *s.* miracolo *m.*

miraculous [mɪ'rækjʊləs] *agg.* miracoloso

mirage ['mɪrɑːʒ] *s.* miraggio *m.*

mire ['maɪəʳ] *s.* melma *f.*

mirror ['mɪrəʳ] *s.* specchio *m.*

to mirror ['mɪrəʳ] *v. tr.* rispecchiare

mirth [məːθ] *s.* allegria *f.*, gioia *f.*

miry ['maɪərɪ] *agg.* melmoso

misadventure [ˌmɪsəd'ventʃəʳ] *s.* disavventura *f.*, incidente *m.*

misanthrope ['mɪz(ə)nθrəʊp] *s.* misantropo *m.*

misanthropic(al) [ˌmɪzən'θrɒpɪk((ə)l)] *agg.* misantropico

to misapply [ˌmɪsə'plaɪ] *v. tr.* usare erroneamente

misapprehension [ˌmɪsæprɪ'henʃ(ə)n] *s.* malinteso *m.*, equivoco *m.*

to misappropriate [ˌmɪsə'prəʊprɪeɪt] *v. tr.* appropriarsi indebitamente di

misbecoming [ˌmɪsbɪ'kʌmɪŋ] *agg.* inadatto, sconveniente

to misbehave [ˌmɪsbɪ'heɪv] *v. intr.* comportarsi male

misbeliever [ˌmɪsbɪ'liːvəʳ] *s.* miscredente *m. e f.*

miscarriage ['mɪskærɪdʒ] *s.* **1** aborto *m.* **2** fallimento *m.* **3** (*di corrispondenza*) disguido *m.*, smarrimento *m.*

to miscarry [mɪs'kærɪ] *v. intr.* **1** abortire **2** fallire **3** (*di corrispondenza*) smarrirsi

miscellaneous [ˌmɪsɪ'leɪnjəs] *agg.* misto, eterogeneo

miscellany [mɪ'selənɪ] *s.* miscellanea *f.*

mischance [mɪs'tʃɑːns] *s.* disgrazia *f.*, sfortuna *f.*

mischief ['mɪstʃɪf] *s.* **1** danno *m.* **2** malizia *f.* **3** birichinata *f.*

misconception [ˌmɪskən'sepʃ(ə)n] *s.* idea *f.* sbagliata

misconduct [mɪs'kɒndʌkt] *s.* **1** cattiva condotta *f.* **2** cattiva amministrazione *f.*

misdeed [ˌmɪs'diːd] *s.* misfatto *m.*

misdemeanour [ˌmɪsdɪ'miːnəʳ] *s.* infrazione *f.*

miser ['maɪzəʳ] *s.* tirchio *m.*

miserable ['mɪz(ə)r(ə)bl] *agg.* **1** infelice, avvilito **2** deprimente, spiacevole **3** miserabile, misero ♦ **to feel m.** sentirsi depresso

miserly ['maɪzəlɪ] *agg.* taccagno

misery ['mɪzərɪ] *s.* **1** sofferenza *f.*, infelicità *f.* **2** miseria *f.*

to misfire [ˌmɪs'faɪəʳ] *v. tr.* **1** (*di arma*) far cilecca **2** (*autom.*) perdere colpi **3** (*fam.*) fallire

misfit ['mɪsfɪt] *s.* disadattato *m.*

misfortune [mɪs'fɔːtʃən] *s.* sfortuna *f.*, disgrazia *f.*

misgiving [mɪs'gɪvɪŋ] *s.* timore *m.*, apprensione *f.*

misgovernment [ˌmɪs'gʌvənmənt] *s.* malgoverno *m.*

misguided [ˌmɪs'gaɪdɪd] *agg.* malaccorto, fuorviato

to mishandle [ˌmɪs'hændl] *v. tr.* maltrattare

mishap ['mɪshæp] *s.* contrattempo *m.*, disavventura *f.*

to misinterpret [ˌmɪsɪn'təːprɪt] *v. tr.* interpretare male, travisare

to misjudge [ˌmɪs'dʒʌdʒ] *v. tr.* giudicare male

to mislay [mɪs'leɪ] (*pass. e p. p.* **mislaid**) *v. tr.* non trovare più

to mislead [mɪs'liːd] (*pass. e p. p.* **misled**) *v. tr.* **1** fuorviare, trarre in inganno **2** traviare

misleading [mɪs'liːdɪŋ] *agg.* ingannevole

to mismanage [ˌmɪs'mænɪdʒ] *v. tr.* amministrare male

misnomer [ˌmɪs'nəʊməʳ] *s.* nome *m.* sbagliato, definizione *f.* non appropriata

misogynist [maɪ'sɒdʒɪnɪst] *s.* misogino *m.*

to misplace [ˌmɪs'pleɪs] *v. tr.* collocare fuori posto

misprint ['mɪsprɪnt] *s.* errore *m.* di stampa, refuso *m.*

miss (1) [mɪs] *s.* signorina *f.* (*davanti al nome*)

miss (2) [mɪs] s. colpo m. mancato

to miss [mɪs] **A** v. tr. **1** fallire, sbagliare, non colpire **2** lasciarsi sfuggire, mancare a, far tardi a **3** tralasciare **4** sentire la mancanza, notare l'assenza **B** v. intr. **1** fallire, sbagliare il colpo **2** mancare ♦ **to m. the train** perdere il treno

missal [ˈmɪs(ə)l] s. messale m.

misshapen [ˌmɪsˈʃeɪp(ə)n] agg. deforme, sformato

missile [ˈmɪsaɪl] s. missile m.

missing [ˈmɪsɪŋ] agg. **1** smarrito, mancante **2** disperso, scomparso

mission [ˈmɪʃ(ə)n] s. missione f.

missionary [ˈmɪʃənərɪ] s. missionario m.

to misspend [ˌmɪsˈspend] (pass. e p. p. **misspent**) v. tr. dissipare, sprecare

mist [mɪst] s. **1** foschia f. **2** appannamento m.

to mist [mɪst] v. tr. e intr. annebbiare, annebbiarsi

mistake [mɪsˈteɪk] s. errore m., sbaglio m. ♦ **to make a m.** sbagliare

to mistake [mɪsˈteɪk] (pass. **mistook**, p. p. **mistaken**) v. tr. **1** fraintendere, equivocare **2** sbagliare **3** confondere

mistaken [mɪsˈteɪk(ə)n] **A** p. p. di **to mistake B** agg. **1** in errore **2** erroneo ♦ **to be m.** sbagliarsi

mister [ˈmɪstə^r] s. signore (davanti a nome proprio abbr. in **Mr**)

mistletoe [ˈmɪsltəʊ] s. vischio m.

mistook [mɪsˈtʊk] pass. di **to mistake**

mistress [ˈmɪstrɪs, mɪsɪz] s. **1** padrona f., signora f. **2** insegnante f. **3** mantenuta f. **4** signora (davanti a nome proprio abbr. in **Mrs**)

mistrust [ˌmɪsˈtrʌst] s. sfiducia f., diffidenza f.

to mistrust [ˌmɪsˈtrʌst] v. tr. diffidare di

misty [ˈmɪstɪ] agg. nebbioso

to misunderstand [ˌmɪsʌndəˈstænd] (pass. e p. p. **misunderstood**) v. tr. **1** equivocare, fraintendere **2** non capire

misunderstanding [ˌmɪsʌndəˈstændɪŋ] s. **1** equivoco m., malinteso m. **2** disaccordo m., incomprensione f.

misunderstood [ˌmɪsʌndəˈstʊd] **A** pass. e p. p. di **to misunderstand B** agg. **1** malinterpretato, frainteso **2** incompreso

to misuse [ˌmɪsˈjuːz] v. tr. fare cattivo uso di

nite (1) [maɪt] s. **1** obolo m. **2** oggetto m. minuscolo **3** bimbo m.

nite (2) [maɪt] s. acaro m.

to mitigate [ˈmɪtɪɡeɪt] v. tr. mitigare

nitre [ˈmaɪtə^r] s. mitra f.

mitt(en) [mɪt(n)] s. manopola f. (guanto), guantone m.

nix [mɪks] s. mescolanza f.

to mix [mɪks] v. tr. e intr. mescolare, mescolarsi ♦ **to m. up** mescolare, confondere, implicare

nixed [mɪkst] agg. misto ♦ **m. up** implicato, confuso; **to get m. up** confondersi

nixer [ˈmɪksə^r] s. **1** frullatore m., miscelatore m. **2** (fam.) persona f. socievole

nixture [ˈmɪkstʃə^r] s. mescolanza f., miscela f.

nix-up [ˈmɪksʌp] s. (fam.) confusione f.

mnemonic [niːˈmɒnɪk] agg. mnemonico

noan [məʊn] s. gemito m., lamento m.

to moan [məʊn] v. intr. gemere, lamentarsi

moat [məʊt] s. fossato m.

mob [mɒb] s. **1** folla f., calca f. **2** massa f., popolo m.

mobile [ˈməʊbaɪl] agg. **1** mobile **2** instabile

mobility [mɒ(ʊ)ˈbɪlɪtɪ] s. mobilità f.

mobilization [ˌməʊbɪlaɪˈzeɪʃ(ə)n] s. mobilitazione f.

moccassin [ˈmɒkəsɪn] s. mocassino m.

mock [mɒk] agg. **1** finto **2** scherzoso

to mock [mɒk] v. tr. **1** deridere, burlarsi di **2** imitare

mockery [ˈmɒkərɪ] s. **1** scherno m., derisione f. **2** beffa f.

mock-up [ˈmɒkʌp] s. (tecnol.) modello m.

modality [mɒ(ʊ)ˈdælɪtɪ] s. modalità f.

mode [məʊd] s. modo m.

model [ˈmɒdl] **A** agg. **1** modello, esemplare **2** in scala ridotta **B** s. **1** modello m. **2** modella f., modello m.

to model [ˈmɒdl] **A** v. tr. modellare, plasmare **B** v. intr. fare la modella/il modello

modem [ˈməʊdem] s. modem m. inv.

moderate [ˈmɒd(ə)rɪt] agg. moderato, modico, discreto

to moderate [ˈmɒdəreɪt] v. tr. e intr. moderare, moderarsi

moderation [ˌmɒdəˈreɪʃ(ə)n] s. moderazione f.

modern [ˈmɒdən] agg. moderno

modernism [ˈmɒdənɪz(ə)m] s. modernismo m.

modernity [mɒˈdɜːnɪtɪ] s. modernità f.

to modernize [ˈmɒdənaɪz] v. tr. modernizzare

modest [ˈmɒdɪst] agg. modesto

modesty [ˈmɒdəstɪ] s. modestia f.

modicum [ˈmɒdɪkəm] s. piccola quantità f., briciola f.

modifiable [ˈmɒdɪfaɪəbl] agg. modificabile

modification [ˌmɒdɪfɪˈkeɪʃ(ə)n] s. modifica f., modificazione f.

to modify [ˈmɒdɪfaɪ] v. tr. modificare

modular [ˈmɒdjʊlə^r] agg. componibile, modulare

module [ˈmɒdjʊl] s. modulo m.

Mohammedan [mɒ(ʊ)ˈhæmɪdən] agg. e s. maomettano m.

moist [mɔɪst] agg. umido

to moisten [ˈmɔɪsn] v. tr. e intr. inumidire, inumidirsi

moisture [ˈmɔɪstʃə^r] s. umidità f.

to moisturize [ˈmɔɪstʃəraɪz] v. tr. inumidire, (la pelle) idratare

moisturizing [ˈmɔɪstʃəraɪzɪŋ] agg. idratante

molar [ˈməʊlə^r] agg. e s. molare m.

mold [məʊld] (USA) → **mould**

mole (1) [məʊl] s. neo m.

mole (2) [məʊl] s. talpa f.

mole (3) [məʊl] s. molo m.

molecule [ˈmɒlɪkjuːl] s. molecola f.

to molest [mɒ(ʊ)ˈlest] v. tr. molestare

to mollycoddle [ˈmɒlɪˌkɒdl] v. tr. coccolare

molten [ˈməʊlt(ə)n] agg. fuso

mom [mɒm] s. (USA, fam.) mamma f.

moment [ˈməʊmənt] s. **1** momento m. **2** importanza f. ♦ **at the m.** momentaneamente

momentary [ˈməʊmənt(ə)rɪ] agg. momentaneo

momentous [mɒ(ʊ)ˈmentəs] agg. molto importante

monachism [ˈmɒnəkɪz(ə)m] s. monachesimo m.

monarchic(al) [mɒˈnɑːkɪk((ə)l)] agg. monarchico

monarchy ['mɒnəkɪ] s. monarchia f.

monastery ['mɒnəst(ə)rɪ] s. monastero m.

monastic [məˈnæstɪk] agg. monastico

Monday ['mʌndɪ] s. lunedì m.

monetary ['mʌnɪt(ə)rɪ] agg. monetario

money ['mʌnɪ] s. 1 denaro m., soldi m. pl. 2 (fin.) moneta f., valuta f. ♦ for m. in contanti; m. box salvadanaio; m. changer cambiavalute; m. order vaglia

mongrel ['mʌŋgr(ə)l] s. (cane) bastardo m.

monitor ['mɒnɪtəʳ] s. 1 dispositivo m. di controllo 2 monitor m. inv.

to monitor ['mɒnɪtəʳ] v. tr. controllare

monk [mʌŋk] s. monaco m.

monkey ['mʌŋkɪ] s. scimmia f. ♦ m. business imbrogli, scherzi; m. nut arachide

to monkey ['mʌŋkɪ] v. tr. scimmiottare

monochrome ['mɒnəkrəʊm] agg. monocromatico

monogamy [mɒˈnɒgəmɪ] s. monogamia f.

monograph ['mɒnəgrɑːf] s. monografia f.

monolithic [ˌmɒnə(ʊ)ˈlɪθɪk] agg. monolitico

monologue ['mɒnəlɒg] s. monologo m.

monomaniac [ˌmɒnə(ʊ)ˈmeɪnɪæk] agg. monomaniaco

monopoly [məˈnɒpəlɪ] s. monopolio m.

monosyllable ['mɒnəˌsɪləbl] s. monosillabo m.

monotheism ['mɒnə(ʊ)θiːˌɪz(ə)m] s. monoteismo m.

monotone ['mɒnətəʊn] A agg. monotono B s. monotonia f. tono m. uniforme

monotonous [məˈnɒt(ə)nəs] agg. monotono, uniforme

monotony [məˈnɒt(ə)nɪ] s. monotonia f.

monsoon [mɒnˈsuːn] s. monsone m. ♦ dry m. monsone invernale; wet m. monsone estivo

monster ['mɒnstəʳ] A s. mostro m. B agg. attr. colossale

monstrous ['mɒnstrəs] agg. mostruoso

month [mʌnθ] s. mese m.

monthly ['mʌnθlɪ] A agg. e s. mensile m. B avv. mensilmente

monument ['mɒnjʊmənt] s. monumento m. (anche funebre)

monumental [ˌmɒnjʊˈmentl] agg. monumentale

to moo [muː] v. intr. muggire

mood [muːd] s. umore m., stato m. d'animo

moody ['muːdɪ] agg. 1 di malumore 2 lunatico

moon [muːn] s. luna f.

moonlight ['muːnlaɪ] s. chiaro m. di luna

moor [mʊəʳ] s. brughiera f.

to moor [mʊəʳ] v. tr. e intr. ormeggiare

mooring ['mʊərɪŋ] s. ormeggio m.

moose [muːs] s. alce m. americano

mop [mɒp] s. 1 spazzolone m. (per pavimenti) 2 (fam.) zazzera f.

to mop [mɒp] v. tr. 1 pulire, lavare 2 asciugare, detergere ♦ to m. up asciugare, prosciugare

to mope [məʊp] v. intr. essere depresso, essere imbronciato

moped ['məʊped] s. motorino m.

moquette [mɒˈket] s. moquette f. inv.

moraine [mɒˈreɪn] s. morena f.

moral ['mɒr(ə)l] A agg. 1 morale 2 onesto, virtuoso B s. 1 morale f. 2 al pl. moralità f.

morale [mɒˈrɑːl] s. morale m., stato m. d'animo

moralism ['mɒr(ə)lɪz(ə)m] s. moralismo m.

moralist ['mɒrəlɪst] s. moralista m. e f.

morality [məˈrælɪtɪ] s. moralità f.

to moralize ['mɒrəlaɪz] v. tr. moralizzare

morally ['mɒr(ə)lɪ] avv. moralmente

morass [məˈræs] s. acquitrino m., palude f.

moray ['mɔːreɪ] s. murena f.

morbid ['mɔːbɪd] agg. morboso

more [mɔːʳ] (comp. di much, many) A agg. più, di più una maggior quantità di B avv. 1 maggiormente, più di più 2 ancora 3 (forma il comp. di agg. e avv.) più (ES: m. beautiful più bello) C pron. indef. e s. più m. una quantità f. maggiore ♦ m. or less pressappoco; once m. ancora una volta; no m. non più

moreover [mɔːˈrəʊvəʳ] avv. inoltre, peraltro

morgue [mɔːg] s. obitorio m.

moribund ['mɒrɪbʌnd] agg. e s. moribondo m.

morning ['mɔːnɪŋ] s. mattino m. ♦ in the m. di mattina; good m. buon giorno; m. performance (teatro) spettacolo pomeridiano; this m. stamattina

Moroccan [məˈrɒkən] agg. e s. marocchino m.

moron ['mɔːrɒn] s. ritardato m. mentale

morose [məˈrəʊs] agg. imbronciato, cupo

morphological [ˌmɔːfəˈlɒdʒɪk(ə)l] agg. morfologico

morphology [mɔːˈfɒlədʒɪ] s. morfologia f.

morsel ['mɔːs(ə)l] s. boccone m.

mortal ['mɔːtl] agg. e s. mortale m.

mortality [mɔːˈtælɪtɪ] s. mortalità f.

mortar ['mɔːtəʳ] s. mortaio m.

mortgage ['mɔːgɪdʒ] s. ipoteca f. ♦ m. loan prestito ipotecario

to mortgage ['mɔːgɪdʒ] v. tr. ipotecare

mortification [ˌmɔːtɪfɪˈkeɪʃ(ə)n] s. mortificazione f.

to mortify ['mɔːtɪfaɪ] v. tr. mortificare

mortuary ['mɔːtjʊərɪ] s. obitorio m., camera f. mortuaria

mosaic [məˈzeɪɪk] s. mosaico m.

Moslem ['mɒzləm] agg. e s. musulmano m.

mosque [mɒsk] s. moschea f.

mosquito [məsˈkiːtəʊ] s. zanzara f. ♦ m. net zanzariera

moss [mɒs] s. muschio m.

most [məʊst] (sup. di much, many) A agg. il più, la più, i più, le più, la maggior parte di B avv. 1 (forma il sup. di agg. e avv.) (ES: the m. beautiful woman la donna più bella) 2 estremamente 3 di più, maggiormente C pron. indef. e s. il massimo m., la maggior parte f. ♦ at (the) m. tutt'al più, al massimo

mostly ['məʊstlɪ] avv. soprattutto

motel [məʊˈtel] s. motel m. inv.

moth [mɒθ] s. 1 tarma f. 2 farfalla f. notturna

mother ['mʌðəʳ] A s. madre f., mamma f. B agg. materno, madre ♦ m.-in-law suocera; m.-of-pearl madreperla; m. to-be futura mamma; m. tongue madrelingua

motherhood ['mʌðəhʊd] s. maternità f.

motherland ['mʌðəlænd] s. madrepatria f.

motherly ['mʌðəlɪ] agg. materno

motif [mo(ʊ)'tiːf] s. motivo m., tema m.

motion ['məʊʃ(ə)n] s. **1** movimento m., moto m. **2** gesto m., atto m. **3** mozione f. ♦ **m. picture** pellicola cinematografica, film

to motion ['məʊʃ(ə)n] v. tr. fare cenno a

motionless ['məʊʃ(ə)nlɪs] agg. immobile

to motivate ['məʊtɪveɪt] v. tr. motivare

motive ['məʊtɪv] s. motivo m., movente m.

motocross ['məʊtəkrɒs] s. motocross m. inv.

motor ['məʊtər] A s. motore m. B agg. **1** a motore, motoristico, automobilistico **2** motorio ♦ **m. home** camper; **m. power** forza motrice; **m. scooter** motorino; **m. sled** motoslitta

motorbike ['məʊtəbaɪk] s. motocicletta f.

motorboat ['məʊtəbəʊt] s. barca f. a motore, motoscafo m.

motorcycle ['məʊtəsaɪkl] s. motocicletta f.

motorist ['məʊtərɪst] s. automobilista m. e f.

motorway ['məʊtəweɪ] s. autostrada f., superstrada f. ♦ **toll m.** autostrada a pedaggio

to mottle ['mɒtl] v. tr. screziare, chiazzare

motto ['mɒtəʊ] s. motto m., massima f.

mould (1) [məʊld] (USA **mold**) s. stampo m., forma f.

mould (2) [məʊld] s. muffa f.

to mould [məʊld] (USA **to mold**) v. tr. forgiare, modellare

moulding ['məʊldɪŋ] s. **1** (arch.) cornice f., modanatura f. **2** modellatura f. **3** formatura f.

mouldy ['məʊldɪ] agg. ammuffito

moult [məʊlt] s. muda f.

mound [maʊnd] s. **1** tumulo m. **2** cumulo m.

mount [maʊnt] s. monte m. (davanti al nome)

to mount [maʊnt] A v. tr. **1** salire su, ascendere a **2** montare, incastonare **3** mettere in scena **4** (zootecnia) montare B v. intr. **1** mettere in scena **4** (zootecnia) montare B v. intr. **1** mettere su, salire **2** montare a cavallo ♦ **to m. up** aumentare

mountain ['maʊntɪn] A s. montagna f. B agg. attr. **1** montuoso **2** montano, di montagna ♦ **m. climber** alpinista; **m. pass** valico

mountaineer [ˌmaʊntɪ'nɪər] s. alpinista m. e f.

mountaineering [ˌmaʊntɪ'nɪərɪŋ] s. alpinismo m.

mountainous ['maʊntɪnəs] agg. montagnoso

mountainside ['maʊntɪnˌsaɪd] s. versante m. (di montagna)

mountebank ['maʊntɪbæŋk] s. ciarlatano m.

mounting ['maʊntɪŋ] A agg. crescente B s. **1** montatura f., montaggio m. **2** allestimento m. **3** salita f., ascensione f.

to mourn [mɔːn] A v. tr. lamentare, piangere B v. intr. portare il lutto

mourner ['mɔːnər] s. chi è in lutto

mournful ['mɔːnf(ʊ)l] agg. funebre, luttuoso

mourning ['mɔːnɪŋ] s. lutto m.

mouse [maʊs] s. **1** (pl. **mice**) topo m. **2** (inf.) (pl. **mouses**) mouse m. inv.

mousetrap ['maʊsˌtræp] s. trappola f. per topi

mousse [muːs] s. mousse f. inv.

moustache [məs'taːʃ] s. baffi m. pl.

mouth [maʊθ] s. **1** bocca f. **2** imboccatura f., apertura f. **3** foce f.

mouthful ['maʊθfʊl] s. boccone m.

mouthorgan ['maʊθˌɔːgən] s. armonica f. a bocca

mouthpiece ['maʊθpiːs] s. **1** bocchino m., boccaglio m., imboccatura f. **2** portavoce m. inv.

mouthwash ['maʊθˌwɒʃ] s. collutorio m.

movable ['muːvəbl] agg. mobile

move [muːv] s. **1** movimento m. **2** mossa f. **3** trasloco m.

to move [muːv] A v. tr. **1** muovere, spostare **2** commuovere **3** proporre, chiedere B v. intr. **1** muoversi, spostarsi **2** traslocare **3** (al gioco) fare una mossa ♦ **to m. about/around** spostarsi, muoversi in continuazione; **to m. along** spostarsi in avanti; **to m. away** traslocare; **to m. in** andare ad abitare; **to m. out** sgombrare; **to m. over** spostarsi; **to m. up** fare carriera, aumentare

movement ['muːvmənt] s. movimento m., gesto m.

movie ['muːvɪ] s. **1** film m. inv. **2** al pl. cinema m.

moving ['muːvɪŋ] agg. **1** commovente **2** mobile, in movimento B s. trasloco m.

to mow [məʊ] (pass. **mowed**, p. p. **mown**) v. tr. falciare, mietere

mower ['məʊər] s. falciatrice f.

much [mʌtʃ] (comp. **more**, sup. **most**, pl. **many**) A agg. molto B avv. **1** molto, assai **2** più o meno C pron. indef. e s. molto m., gran parte f. ♦ **as m. as** tanto quanto; **how m.** quanto; **not so m. ... as** non tanto ... quanto; **so m.** (così) tanto; **too m.** troppo

muck [mʌk] s. **1** letame m. **2** (fam.) porcheria f.

to muck [mʌk] v. tr. **1** concimare **2** insozzare ♦ **to m. about/around** fare il cretino, perdere tempo; **to m. up** guastare, rovinare

mucous ['mjuːkəs] agg. mucoso ♦ **m. membrane** (membrana) mucosa

mud [mʌd] s. fango m., melma f.

to mud [mʌd] v. tr. infangare

muddle ['mʌdl] s. confusione f., scompiglio m.

to muddle ['mʌdl] v. tr. confondere, scompigliare

muddler ['mʌdlər] agg. e s. confusionario m.

muddy ['mʌdɪ] agg. limaccioso, torbido, fangoso

mudguard ['mʌdgɑːd] s. parafango m.

to muffle ['mʌfl] v. tr. **1** avvolgere, imbacuccare **2** attutire, smorzare

muffler ['mʌflər] s. **1** sciarpa f. **2** (USA) marmitta f., silenziatore m.

mug [mʌg] s. **1** boccale m., tazzone m. **2** (pop.) muso m., ceffo m. **3** (fam.) babbeo m.

to mug [mʌg] v. tr. **1** aggredire, rapinare **2** (fam.) sgobbare

mugging ['mʌgɪŋ] s. aggressione f., rapina f.

muggy ['mʌgɪ] agg. afoso, opprimente

mulberry ['mʌlb(ə)rɪ] s. **1** gelso m. **2** mora f. (di gelso)

mule [mjuːl] s. mulo m. ♦ **m. track** mulattiera

to mull [mʌl] v. tr. non riuscire in ♦ **to m. over st.** rimuginare q.c.

mullet ['mʌlɪt] s. **1** triglia f. **2** muggine m.

multiannual [ˌmʌltɪ'ænjʊəl] agg. poliennale

multicolour ['mʌltɪˌkʌlər] agg. multicolore

multiform ['mʌltɪfɔːm] agg. multiforme

multimillionaire [ˌmʌltɪmɪljə'neər] agg. e s. multimilionario m.

multinational [ˌmʌltɪ'næʃənl] agg. e s. multinazionale f.

multiple ['mʌltɪpl] **A** agg. multiplo, molteplice **B** s. multiplo m.

multiplication [ˌmʌltɪplɪ'keɪʃ(ə)n] s. moltiplicazione f.

to multiply ['mʌltɪplaɪ] v. tr. e intr. moltiplicare, moltiplicarsi

multistorey ['mʌltɪstɔːrɪ] agg. attr. a più piani

multitude ['mʌltɪtjuːd] s. moltitudine f.

mum (1) [mʌm] agg. (fam.) zitto ◆ **to keep m.** tacere

mum (2) [mʌm] s. (fam.) mamma f.

to mumble ['mʌmbl] v. tr. e intr. borbottare

mummy (1) ['mʌmɪ] s. mummia f.

mummy (2) ['mʌmɪ] s. (fam.) mamma f.

mumps [mʌmps] s. parotite f., orecchioni m. pl.

to munch [mʌn(t)ʃ] v. tr. sgranocchiare

mundane ['mʌndeɪn] agg. **1** mondano **2** banale

municipal [mjʊ(ː)'nɪsɪp(ə)l] agg. municipale

municipality [mjʊ(ː),nɪsɪ'pælɪtɪ] s. municipio m.

munificence [mjʊ(ː)'nɪfɪsns] s. munificenza f.

munition [mjʊ(ː)'nɪʃ(ə)n] s. **1** fortificazione f. **2** munizioni f. pl.

mural ['mjʊər(ə)l] s. murale m.

murder ['mɜːdər] s. assassinio m.

to murder ['mɜːdər] v. tr. assassinare

murderer ['mɜːdərər] s. assassino m., omicida m. e f.

murderous ['mɜːd(ə)rəs] agg. omicida

murky ['mɜːkɪ] agg. oscuro, tenebroso

murmur ['mɜːmər] s. **1** mormorio m., sussurro m. **2** (med.) soffio m.

to murmur ['mɜːmər] v. tr. e intr. mormorare

muscle ['mʌsl] s. **1** muscolo m. **2** (fig.) forza f.

to muscle ['mʌsl] v. intr. penetrare a forza, farsi largo ◆ **to m. in** intromettersi

muscular ['mʌskjʊlər] agg. **1** muscolare **2** muscoloso

muse [mjuːz] s. **1** meditazione f. **2** musa f.

to muse [mjuːz] v. tr. e intr. meditare, rimuginare

museum [mjʊ(ː)'zɪəm] s. museo m.

mushroom ['mʌʃruːm] s. fungo m.

to mushroom ['mʌʃruːm] v. intr. **1** raccogliere funghi **2** crescere come funghi

music ['mjuːzɪk] s. musica f. ◆ **m. box** carillon; **m. stand** leggio

musical ['mjuːzɪk(ə)l] **A** agg. **1** musicale **2** appassionato di musica **B** s. musical m. inv., commedia f. musicale

musicassette ['mjuːzɪkæˌset] s. musicassetta f.

musician [mjʊ(ː)'zɪʃ(ə)n] s. musicista m. e f. ◆ **street m.** suonatore ambulante

musk [mʌsk] s. (in profumeria) muschio m.

Muslim ['mʊslɪm] agg. e s. musulmano m.

muslin ['mʌzlɪn] s. mussola f.

mussel ['mʌsl] s. cozza f., mitilo m.

Mussulman ['mʌslmən] agg. e s. musulmano m.

must (1) [mʌst, məst] **A** v. difett. **1** (dovere, obbligo) dovere (ES: **you m. pay taxes** devi pagare le tasse) **2** (probabilità, supposizione) dovere (ES: **he m. be crazy** deve essere pazzo) **B** s. ciò di cui non si può fare a meno, dovere m., must m. inv.

must (2) [mʌst] s. mosto m.

mustard ['mʌstəd] s. senape f.

muster ['mʌstər] s. **1** (mil.) adunata f. **2** riunione f.

to muster ['mʌstər] **A** v. tr. (mil.) radunare, chiamare a raccolta **B** v. intr. radunarsi

musty ['mʌstɪ] agg. ammuffito, stantio

mute [mjuːt] agg. e s. muto m.

muted ['mjuːtɪd] agg. (di suono) smorzato

mutilation [ˌmjuːtɪ'leɪʃ(ə)n] s. mutilazione f.

mutineer [ˌmjuːtɪ'nɪər] s. ammutinato m.

mutinous ['mjuːtɪnəs] agg. ammutinato, ribelle, sovversivo

mutiny ['mjuːtɪnɪ] s. ammutinamento m., rivolta f.

to mutiny ['mjuːtɪnɪ] v. intr. ammutinarsi, ribellarsi

mutism ['mjuːtɪz(ə)m] s. mutismo m.

to mutter ['mʌtər] v. tr. e intr. borbottare

mutton ['mʌtn] s. carne f. di montone

mutual ['mjuːtʃʊəl] agg. mutuo, reciproco

muzzle ['mʌzl] s. **1** muso m. **2** museruola f. **3** (di arma da fuoco) bocca f.

to muzzle ['mʌzl] v. tr. **1** mettere la museruola a **2** (fig.) imbavagliare

my [maɪ] **A** agg. poss. 1ª sing. mio, mia, miei, mie **B** inter. perbacco, accipicchia

Mycenaean [ˌmaɪsɪ'nɪən] agg. miceneo

myopic [maɪ'ɒpɪk] agg. miope

myriad ['mɪrɪəd] s. miriade f.

myself [maɪ'self] pron. 1ª sing. **1** (rifl.) mi, me, me stesso, me stessa **2** (enf.) io stesso, proprio io

mysterious [mɪs'tɪərɪəs] agg. misterioso

mystery ['mɪst(ə)rɪ] s. mistero m.

mystical ['mɪstɪk(ə)l] agg. mistico

mysticism ['mɪstɪsɪz(ə)m] s. misticismo m.

mystifier ['mɪstɪfaɪər] s. mistificatore m.

to mystify ['mɪstɪfaɪ] v. tr. **1** mistificare, imbrogliare **2** confondere

mystique [mɪs'tiːk] s. **1** mistica f. **2** fascino m.

myth [mɪθ] s. mito m.

mythical ['mɪθɪk(ə)l] agg. mitico

to mythicize ['mɪθɪsaɪz] v. tr. mitizzare

mythologic(al) [ˌmɪθə'lɒdʒɪk((ə)l)] agg. mitologico

mythology [mɪ'θɒlədʒɪ] s. mitologia f.

mythomaniac [ˌmɪθə'meɪnɪæk] agg. e s. mitomane m. e f.

N

to nab ['næb] *v. tr.* (*pop.*) agguantare
nabob ['neibɒb] *s.* nababbo *m.*
nacelle [nə'sɛl] *s.* carlinga *f.*
to nag [næg] *v. tr. e intr.* brontolare, infastidire
nagging ['nægiŋ] **A** *agg.* insistente, fastidioso **B** *s.* rimprovero *m.*
naiad ['naiæd] *s.* naiade *f.*
nail [neil] *s.* **1** unghia *f.*, artiglio *m.* **2** chiodo *m.* ♦ **n. brush** spazzolino da unghie; **n. polish** smalto da unghie; **n. file** limetta
to nail [neil] *v. tr.* **1** inchiodare **2** (*fam.*) acchiappare
naïve [na:'i:v] *agg.* ingenuo, naïf
naïvety [na:'i:vti] *s.* ingenuità *f.*
naked ['neikid] *agg.* nudo
name [neim] *s.* nome *m.* ♦ **Christian n.** (*USA* **first n.**) nome di battesimo; **family n.** cognome; **full n.** nome e cognome; **my n. is ...** mi chiamo ...; **n. day** onomastico; **pen n.** pseudonimo; **what's your n. ?** come ti chiami?
to name [neim] *v. tr.* **1** chiamare, dare un nome a **2** designare, nominare **3** fissare
namely ['neimli] *cong.* ossia, cioè
namesake ['neim,seik] *s.* omonimo *m.*
nanny ['næni] *s.* (*fam.*) bambinaia *f.*
nap (1) [næp] *s.* pisolino *m.*, siesta *f.* ♦ **to take a n.** schiacciare un pisolino
nap (2) [næp] *s.* peluria *f.*
to nap [næp] *v. intr.* sonnecchiare
nape [neip] *s.* nuca *f.*
napkin ['næpkin] *s.* **1** tovagliolo *m.* **2** pannolino *m.*
nappy ['næpi] *s.* pannolino *m.*
narcissist [na:'sisist] *s.* narcisista *m. e f.*
narcissus [na:'sisəs] (*pl.* **narcissi**) *s.* narciso *m.*
narcotic [na:'kɒtik] *agg. e s.* narcotico *m.*
to narrate [næ'reit] *v. tr.* narrare
narration [næ'reiʃ(ə)n] *s.* narrazione *f.*
narrative ['nærətiv] **A** *agg.* narrativo **B** *s.* narrazione *f.*
narrator [næ'reitə'] *s.* narratore *m.*
narrow ['nærəu] **A** *agg.* stretto, ristretto, limitato **B** *s.* stretto *m.*
to narrow ['nærəu] **A** *v. tr.* **1** restringere **2** limitare **B** *v. intr.* stringersi
narrow-minded [,nærəu(u)'maindid] *agg.* gretto
narthex ['na:θeks] *s.* (*arch.*) nartece *m.*
nasal ['neiz(ə)l] *agg.* nasale
nasty ['na:sti] *agg.* **1** cattivo, sgradevole **2** brutto, pericoloso **3** osceno, schifoso ♦ **n. smell** puzza
natality [nei'tæliti] *s.* natalità *f.*
nation ['neiʃ(ə)n] *s.* nazione *f.*
national ['næʃənl] **A** *agg.* nazionale **B** *s.* cittadino *m.*
nationalism ['næʃnəliz(ə)m] *s.* nazionalismo *m.*
nationality [,næʃə'næliti] *s.* nazionalità *f.*
to nationalize ['næʃ(ə)nəlaiz] *v. tr.* nazionalizzare
nationwide ['neiʃ(ə)n,waid] **A** *agg.* diffuso in tutta la nazione, di carattere nazionale **B** *avv.* per tutta la nazione

native ['neitiv] **A** *agg.* **1** nativo, natale **2** innato, naturale **3** indigeno, originario, locale **B** *s.* nativo *m.*, indigeno *m.* ♦ **n. land** patria; **n. language** lingua materna
nativity [nə'tiviti] *s.* natività *f.*
natural ['nætʃr(ə)l] *agg.* **1** naturale, secondo natura **2** normale, ovvio **3** genuino, schietto, spontaneo **4** innato, connaturato
naturalism ['nætʃrəliz(ə)m] *s.* naturalismo *m.*
naturalist ['nætʃrəlist] *s.* naturalista *m. e f.*
to naturalize ['nætʃrəlaiz] *v. tr.* **1** naturalizzare **2** acclimatare
naturally ['nætʃrəli] *avv.* naturalmente
nature ['neitʃə'] *s.* **1** natura *f.* **2** carattere *m.*
naturism ['neitʃəriz(ə)m] *s.* naturismo *m.*
naturist ['neitʃərist] *s.* naturista *m. e f.*
naught [nɔ:t] *s.* nulla *m.*
naughtiness ['nɔ:tinis] *s.* cattiveria *f.*
naughty ['nɔ:ti] *agg.* **1** (*di bambino*) cattivo, disubbidiente **2** indecente
naumachia [nɔ:'meikjə] *s.* naumachia *f.*
nausea ['nɔ:sjə] *s.* nausea *f.*
to nauseate ['nɔ:sieit] *v. tr.* nauseare
nauseating ['nɔ:sieitiŋ] *agg.* nauseante
nautic(al) ['nɔ:tik((ə)l)] *agg.* nautico ♦ **n. mile** miglio marino; **n. almanac** effemeridi
naval ['neiv(ə)l] *agg.* navale, marittimo
nave [neiv] *s.* (*arch.*) navata *f.* centrale
navel ['neiv(ə)l] *s.* ombelico *m.*
navigability [,nævigə'biliti] *s.* navigabilità *f.*
navigable ['nævigəbl] *agg.* navigabile
to navigate ['nævigeit] **A** *v. intr.* navigare **B** *v. tr.* percorrere navigando, traversare
navigation [,nævi'geiʃ(ə)n] *s.* navigazione *f.*
navigator ['nævigeitə'] *s.* navigatore *m.*, ufficiale *m.* di rotta
navy ['neivi] *s.* marina *f.* militare
Nazi ['na:tsi] *agg. e s.* nazista *m. e f.*
Nazism ['na:tsiz(ə)m] *s.* nazismo *m.*
near [niə'] **A** *agg.* **1** vicino, prossimo **2** affine, stretto **3** avaro, tirchio **4** a sinistra **5** quasi **B** *avv.* **1** vicino, presso **2** quasi **C** *prep.* vicino a, presso a ♦ **n. friend** amico intimo; **n. miss** mancato per poco; **n. sighted** miope
to near [niə'] *v. tr. e intr.* avvicinare, avvicinarsi
nearby ['niəbai] **A** *agg.* vicino **B** *avv.* accanto, nelle vicinanze
nearly ['niəli] *avv.* quasi, per poco
nearside ['niəsaid] *agg. attr.* di sinistra
nearsight ['niəsait] *s.* miopia *f.*
neat [ni:t] *agg.* **1** ordinato, pulito, lindo **2** ben fatto, ben proporzionato **3** acuto, conciso **4** puro, non diluito
nebula ['nebjulə] *s.* nebulosa *f.*
nebulous ['nebjuləs] *agg.* nebuloso, vago, indistinto
necessarily ['nesis(ə)rili] *avv.* necessariamente

necessary ['nesɪs(ə)rɪ] *agg.* necessario, inevitabile
necessity [nɪ'ses(ɪ)tɪ] *s.* necessità *f.* ♦ **of n.** necessariamente
neck [nek] *s.* **1** collo *m.* **2** colletto *m.* **3** istmo *m.*
to neck [nek] *v. intr.* (*fam.*) sbaciucchiarsi
necklace ['neklɪs] *s.* collana *f.*
necklet ['neklɪt] *s.* colletto *m.*
neckline ['neklaɪn] *s.* scollatura *f.*
necktie ['nektaɪ] *s.* (*USA*) cravatta *f.*
necrology [ne'krɒlədʒɪ] *s.* necrologio *m.*
necropolis [ne'krɒpəlɪs] *s.* necropoli *f.*
nectar ['nektə^r] *s.* nettare *m.*
need [niːd] *s.* **1** necessità *f.*, bisogno *m.*, esigenza *f.* **2** indigenza *f.*
to need [niːd] *v. tr.* (*costruzione pers.*) **1** aver bisogno, occorrere (ES: **I don't n. your help** non ho bisogno del tuo aiuto) **2** essere obbligato, dovere, occorrere (ES: **I n. not go there** non occorre che ci vada)
needle ['niːdl] *s.* ago *m.*
to needle ['niːdl] *v. tr.* **1** cucire **2** forare (con un ago) **3** punzecchiare
needless ['niːdlɪs] *agg.* inutile, superfluo
needlework ['niːdlwɜːk] *s.* cucito *m.*, ricamo *m.*
needy ['niːdɪ] *agg.* bisognoso, povero
negation [nɪ'geɪʃ(ə)n] *s.* negazione *f.*
negative ['negətɪv] **A** *agg.* negativo **B** *s.* **1** negazione *f.* **2** qualità *f.* negativa **3** (*fot.*) negativa *f.* **C** *avv.* no
neglect [nɪ'glekt] *s.* trascuratezza *f.*, negligenza *f.*
to neglect [nɪ'glekt] *v. tr.* trascurare
negligence ['neglɪdʒ(ə)ns] *s.* negligenza *f.*
negligent ['neglɪdʒənt] *agg.* negligente
negligible ['neglɪdʒəbl] *agg.* trascurabile, insignificante
negotiable [nɪ'gəʊʃɪəbl] *agg.* **1** negoziabile **2** (*di assegno*) trasferibile **3** transitabile
to negotiate [nɪ'gəʊʃɪeɪt] **A** *v. tr.* **1** negoziare, trattare **2** (*banca*) trasferire **3** superare **B** *v. intr.* negoziare
negotiation [nɪ,gəʊʃɪ'eɪʃ(ə)n] *s.* negoziato *m.*, trattativa *f.*
neigh [neɪ] *s.* nitrito *m.*
to neigh [neɪ] *v. intr.* nitrire
neighbour ['neɪbə^r] (*USA* **neighbor**) *s.* vicino *m.*
to neighbour ['neɪbə^r] (*USA* **to neighbor**) *v. tr. e intr.* confinare con
neighbourhood ['neɪbəhʊd] (*USA* **neighborhood**) *s.* **1** quartiere *m.* **2** vicinato *m.* **3** dintorni *m. pl.*, vicinanze *f. pl.*
neighbourly ['neɪbəlɪ] (*USA* **neighborly**) *agg.* cortese, cordiale
neither ['naɪðə^r] **A** *agg. e pron.* né l'uno né l'altro, nessuno dei due **B** *avv.* né **C** *cong.* neppure, nemmeno ♦ **n. ... nor ...** né ... né ...
neoclassic(al) [,niːəʊ'klæsɪk((ə)l)] *agg.* neoclassico
neoclassicism [,niːəʊ'klæsɪsɪz(ə)m] *s.* neoclassicismo *m.*
Neolithic [,niːəʊ'lɪθɪk] *agg.* neolitico
neologism [niː'ɒlədʒɪz(ə)m] *s.* neologismo *m.*
neon ['niːən] *s.* neon *m. inv.*
neophyte ['niːə(ʊ)faɪt] *s.* neofita *m. e f.*
neorealism [,niːə(ʊ)'riːəlɪz(ə)m] *s.* neorealismo *m.*

nephew ['nevju(ː)] *s.* nipote *m.* (*di zii*)
nepotism ['nepətɪz(ə)m] *s.* nepotismo *m.*
nervation [nɑː(ː)'veɪʃ(ə)n] *s.* (*bot.*) nervatura *f.*
nerve [nɜːv] *s.* **1** nervo *m.* **2** nerbo *m.*, forza *f.* **3** coraggio *m.*, sangue *m.* freddo **4** (*fam.*) impudenza *f.*, faccia *f.* tosta ♦ **to get on sb.'s nerves** dare sui nervi a qc.; **to have a fit of nerves** avere una crisi di nervi
nerve-racking ['nɜːv,rækɪŋ] *agg.* esasperante
nervous ['nɜːvəs] *agg.* **1** nervoso **2** agitato, inquieto
nervousness ['nɜːvəsnɪs] *s.* nervosismo *m.*
nest [nest] *s.* **1** nido *m.* **2** covo *m.*, tana *f.* ♦ **n. egg** gruzzolo
to nest [nest] *v. intr.* **1** nidificare **2** annidarsi, inserirsi l'uno nell'altro
to nestle ['nesl] *v. intr.* accoccolarsi
net (1) [net] *agg.* netto
net (2) [net] *s.* rete *f.*
netting ['netɪŋ] *s.* reticolato *m.*
nettle ['netl] *s.* ortica *f.*
network ['netwɜːk] *s.* **1** rete *f.* **2** network *m. inv.*
neuralgia [njʊə'rældʒə] *s.* nevralgia *f.*
neurologist [njʊə'rɒlədʒɪst] *s.* neurologo *m.*
neurosis [njʊə'rəʊsɪs] *s.* nevrosi *f.*
neurotic [njʊə'rɒtɪk] *agg. e s.* nevrotico *m.*
neuter ['njuːtə^r] *agg.* neutro
to neuter ['njuːtə^r] *v. tr.* castrare
neutral ['njuːtr(ə)l] **A** *agg.* **1** neutrale **2** neutro **B** *s.* (*autom.*) folle *m.*
neutrality [nju:'trælɪtɪ] *s.* neutralità *f.*
to neutralize ['nju:trəlaɪz] *v. tr.* neutralizzare
never ['nevə^r] *avv.* mai ♦ **n. again** mai più; **n. ending** incessante; **n. mind** non importa, pazienza; **well, I n.!** ma guarda un po'!, chi l'avrebbe detto!; **you n. know** non si sa mai
nevertheless [,nevəð(ə)'les] *cong.* tuttavia
new [njuː] **A** *agg.* nuovo, novello, recente **B** *avv.* appena, di recente ♦ **brand n.** nuovo di zecca; **n. year's day** capodanno
newborn ['njuːbɔːn] *agg.* appena nato, neonato
newcomer ['njuː,kʌmə^r] *s.* nuovo venuto *m.*
newfangled ['njuː,fæŋgld] *agg.* modernissimo
newly ['njuːlɪ] *avv.* di recente ♦ **n.-weds** sposi novelli
news [njuːz] *s. pl.* (*v. al sing.*) **1** notizie *f. pl.* **2** notiziario *m.*, telegiornale *m.*, radiogiornale *m.* ♦ **a piece of n.** una notizia; **crime n.** cronaca nera; **n. agency** agenzia di stampa; **society n.** cronaca mondana
newsagent ['njuːz,eɪdʒ(ə)nt] *s.* giornalaio *m.*
newsletter ['njuːz,letə^r] *s.* notiziario *m.*
newspaper ['njuːs,peɪpə^r] *s.* giornale *m.*
newsprint ['njuːzprɪnt] *s.* carta *f.* da giornale
newsreader ['njuːz,riːdə^r] *s.* (*TV, radio*) commentatore *m.*
newsreel ['njuːz,riːl] *s.* cinegiornale *m.*
newsstand ['njuːzstænd] *s.* edicola *f.*
next [nekst] **A** *agg.* **1** prossimo, vicino, contiguo **2** prossimo, venturo, futuro, seguente **B** *avv.* dopo, in seguito ♦ **n.-door** della porta accanto, vicino; **n. to** vicino a, presso; **n. week** la prossima settimana
nexus ['neksəs] *s.* nesso *m.*

nib [nɪb] s. pennino m.

nice [naɪs] agg. **1** piacevole, bello, simpatico, grazioso **2** buono, gustoso **3** accurato, minuzioso, scrupoloso

nicely ['naɪslɪ] avv. **1** esattamente, bene **2** piacevolmente

niche [nɪtʃ] s. nicchia f.

nick [nɪk] s. **1** tacca f., intaglio m. **2** (pop.) prigione f. ♦ **in the n. of time** al momento opportuno

to nick [nɪk] v. tr. **1** intagliare, intaccare **2** (pop.) afferrare, cogliere **3** (pop.) arrestare **4** (pop.) rubare

nickname ['nɪkneɪm] s. soprannome m.

to nickname ['nɪkneɪm] v. tr. soprannominare

nicotine ['nɪkətiːn] s. nicotina f.

niece [niːs] s. f. nipote f. (di zii)

nigger ['nɪgə'] s. (spreg.) negro m.

to niggle ['nɪgl] v. intr. **1** fare il pignolo, cavillare **2** molestare

niggling ['nɪglɪŋ] agg. **1** pignolo, minuzioso **2** molesto **3** insignificante

nigh [naɪ] A avv. vicino, accanto B prep. vicino a

night [naɪt] s. notte f., sera f., serata f. ♦ **at n.**, **by n.** di notte; **good n.** buona notte; **last n.** ieri sera; **n. gown** camicia da notte; **n. porter** portiere di notte; **n. school** scuola serale; **n. time** ore notturne

nightclub ['naɪtklʌb] s. night-club m. inv., locale m. notturno

nightfall ['naɪtfɔːl] s. crepuscolo m.

nightie ['naɪtɪ] s. camicia f. da notte

nightingale ['naɪtɪŋgeɪl] s. usignolo m.

nightlife ['naɪtlaɪf] s. vita f. notturna

nightly ['naɪtlɪ] agg. notturno, di notte, serale, di ogni sera B avv. di notte, ogni notte, ogni sera

nightmare ['naɪtmeə'] s. incubo m.

nihilism ['naɪlɪz(ə)m] s. nichilismo m.

nil [nɪl] s. **1** niente m. **2** (sport) zero m. ♦ **n. all** zero a zero

nimble ['nɪmbl] agg. agile, lesto

nimbleness ['nɪmblnɪs] s. agilità f.

nine [naɪn] agg. num. card. e s. nove m. inv.

nineteen [ˌnaɪn'tiːn] agg. num. card. e s. diciannove m. inv.

nineteenth [ˌnaɪn'tiːnθ] agg. num. ord. e s. diciannovesimo m.

ninetieth ['naɪntɪɪθ] agg. num. ord. e s. novantesimo m.

ninety ['naɪntɪ] agg. num. card. e s. novanta m. inv.

ninth [naɪnθ] A agg. num. ord. nono B s. **1** nono m. **2** (mus.) nona f.

nip [nɪp] s. **1** pizzicotto m., morso m. **2** stretta f.

to nip [nɪp] s. A v. tr. **1** pizzicare, mordere **2** rovinare, distruggere B v. intr. **1** dare pizzicotti, dare morsi **2** (di freddo) essere pungente, mordere **3** (fam.) muoversi velocemente ♦ **to n. off** filarsela

nipper ['nɪpə'] s. **1** al pl. pinze f. pl., tenaglie f. pl. **2** al pl. chela f. **3** (fam.) ragazzo m.

nipple ['nɪpl] s. capezzolo m.

nitrogen ['naɪtrədʒən] s. azoto m.

no [nəʊ] A agg. nessuno, nessuna B s. (pl. noes) no m., rifiuto m., negazione f. C avv. no, non ♦ **no one** nessuno; **no parking** divieto di parcheggio; **no smoking** vietato fumare

nobiliary [nə(ʊ)'bɪljərɪ] agg. nobiliare

nobility [nə(ʊ)'bɪlɪtɪ] s. nobiltà f.

noble ['nəʊbl] agg. nobile

nobody ['nəʊbədɪ] A pron. indef. nessuno B s. nullità f. ♦ **n. else** nessun altro

nocturnal [nɒk'tɜːnl] agg. notturno

nod [nɒd] s. cenno m. (del capo)

to nod [nɒd] v. intr. **1** annuire, accennare col capo **2** ciondolare il capo, sonnecchiare ♦ **to n. off** addormentarsi

noise [nɔɪz] s. rumore m., chiasso m., schiamazzo m.

to noise [nɔɪz] v. tr. divulgare

noisy ['nɔɪzɪ] agg. rumoroso, chiassoso

nomad(e) ['nəʊmæd] agg. e s. nomade m. e f.

nominal ['nɒmɪnl] agg. nominale

nomination [ˌnɒmɪ'neɪʃ(ə)n] s. incarico m., nomina f., designazione f.

nominative ['nɒm(ɪ)nətɪv] agg. nominativo

nominee [ˌnɒmɪ'niː] s. persona f. incaricata, candidato m.

non-acceptance [ˌnɒnək'sept(ə)ns] s. (comm.) mancata accettazione f.

non-addicting [ˌnɒnə'dɪktɪŋ] agg. che non causa assuefazione

non-alcoholic [ˌnɒnælkə'hɒlɪk] agg. analcolico

nonchalance ['nɒnʃ(ə)ləns] s. noncuranza f.

non-compliance [ˌnɒnkəm'plaɪəns] s. (dir.) inadempienza f.

nonconformism [ˌnɒnkən'fɔːmɪz(ə)m] s. anticonformismo m.

non-denominational [ˌnɒndɪˌnɒmɪ'neɪ-ʃ(ə)n(ə)l] agg. aconfessionale

nondescript ['nɒndɪˌskrɪpt] agg. non classificabile

non-drinker [ˌnɒn'drɪŋkə'] s. astemio m.

none [nʌn] A pron. indef. nessuno, nessuna, niente B avv. non, per niente, niente affatto

nonentity [nɒn'entɪtɪ] s. **1** inesistenza f. **2** nullità f.

nonetheless [ˌnʌnðə'les] avv. ciò nonostante

non-existent [ˌnɒnɪg'zɪst(ə)nt] agg. inesistente

nonplus [ˌnɒn'plʌs] s. imbarazzo m., perplessità f.

to nonplus [ˌnɒn'plʌs] v. tr. imbarazzare, sconcertare

nonsense ['nɒns(ə)ns] s. nonsenso m., controsenso m., sciocchezza f.

non-smoker [ˌnɒn'sməʊkə'] s. non fumatore m.

non-stop [ˌnɒn'stɒp] A agg. ininterrotto B avv. di continuo

non-violence [ˌnɒn'vaɪələns] s. nonviolenza f.

nook [nʊk] s. cantuccio m., angolino m.

noon [nuːn] s. mezzogiorno m.

noose [nuːs] s. cappio m., laccio m.

to noose [nuːs] v. tr. accalappiare

nor [nɔː, nə'] cong. né, neanche ♦ **neither … n.** né … né

Nordic ['nɔːdɪk] agg. e s. nordico m.

norm [nɔːm] s. norma f.

normal ['nɔːm(ə)l] agg. normale

normality [nɔː'mælɪtɪ] s. normalità f.

Norman ['nɔːmən] agg. e s. normanno m.

north [nɔːθ] A agg. del nord, settentrionale B s. nord m., settentrione m. C avv. a nord, verso nord ♦ **the N. Star** la stella polare

northerly ['nɔːðəlɪ] A agg. settentrionale, del nord,

dal nord **B** *avv.* verso nord, dal nord
northern ['nɔːð(ə)n] *agg.* settentrionale, nordico
Norwegian [nɔː'wiːdʒ(ə)n] *agg. e s.* norvegese *m. e f.*
nose [nəʊz] *s.* **1** naso *m.* **2** (*fig.*) odorato *m.*, fiuto *m.* **3** parte *f.* anteriore, muso *m.*
to nose [nəʊz] *v. tr. e intr.* **1** fiutare, annusare **2** farsi largo, avanzare con cautela ♦ **to n. about/around** ficcare il naso; **to n. out** scovare
nosedive ['nəʊzdaɪv] *s.* (*aer.*) picchiata *f.*
nosey ['nəʊzɪ] *agg.* **1** nasuto **2** (*fam.*) ficcanaso
nostalgia [nɒs'tældʒɪə] *s.* nostalgia *f.*
nostalgic [nɒs'tældʒɪk] *agg.* nostalgico
nostril ['nɒstrɪl] *s.* narice *f.*
not [nɒt] *avv.* non, no ♦ **I hope n.** spero di no; **n. at all** niente affatto, (*in risposta a 'grazie'*) prego!; **n. even** neanche, neppure
notable ['nəʊtəbl] **A** *agg.* notevole, importante **B** *s.* notabile *m.*
notary ['nəʊtərɪ] *s.* notaio *m.*
notation [nəʊ'teɪʃ(ə)n] *s.* notazione *f.*
notch [nɒtʃ] *s.* tacca *f.*, incisione *f.*
note [nəʊt] *s.* **1** nota *f.*, annotazione *f.*, commento *m.* **2** (*mus.*) nota *f.* **3** comunicazione *f.* scritta, biglietto *m.* **4** tono *m.*, accento *m.* **5** (*fin.*) titolo *m.* **6** (*comm.*) bolla *f.* **7** banconota *f.*
to note [nəʊt] *v. tr.* **1** notare, osservare, constatare **2** prender nota, registrare
notebook ['nəʊtbʊk] *s.* taccuino *m.*
noted ['nəʊtɪd] *agg.* **1** degno di nota **2** noto, illustre
notepaper ['nəʊtpeɪpə'] *s.* carta *f.* da lettere
nothing ['nʌθɪŋ] **A** *pron. indef.* niente, nulla **B** *s.* **1** niente *m.*, cosa *f.* da nulla **2** (*mat.*) zero *m.*
notice ['nəʊtɪs] *s.* **1** avviso *m.*, annuncio *m.*, cartello *m.* **2** preavviso *m.*, disdetta *f.* **3** attenzione *f.*, cura *f.* ♦ **n. board** tabellone
to notice ['nəʊtɪs] *v. tr.* notare, osservare **2** fare attenzione a, occuparsi di
noticeable ['nəʊtɪsəbl] *agg.* **1** notevole **2** evidente
to notify ['nəʊtɪfaɪ] *v. tr.* notificare
notion ['nəʊʃ(ə)n] *s.* nozione *f.*, idea *f.*, concetto *m.*
notoriety [nəʊtə'raɪətɪ] *s.* notorietà *f.*
notorious [nɒ(ʊ)'tɔːrɪəs] *agg.* famigerato
notwithstanding [ˌnɒtwɪθ'stændɪŋ] **A** *prep.* nonostante **B** *avv.* tuttavia
nought [nɔːt] *s.* zero *m.*, nulla *m.*
noun [naʊn] *s.* nome *m.*, sostantivo *m.*
to nourish ['nʌrɪʃ] *v. tr.* nutrire
nourishing ['nʌrɪʃɪŋ] *agg.* nutriente
nourishment ['nʌrɪʃmənt] *s.* nutrimento *m.*, alimento *m.*
novel (1) ['nɒv(ə)l] *s.* romanzo *m.*
novel (2) ['nɒv(ə)l] *agg.* nuovo
novelist ['nɒvəlɪst] *s.* romanziere *m.*
novelty ['nɒv(ə)ltɪ] *s.* novità *f.*
November [nɒ(ʊ)'vembə'] *s.* novembre *m.*
novice ['nɒvɪs] *s.* **1** apprendista *m. e f.* **2** novizio *m.*

now [naʊ] **A** *avv.* **1** adesso, ora **2** subito, immediatamente **B** *cong.* ora che ♦ **by n.** ormai; **from n. on** d'ora in poi; **just n.** proprio ora
nowadays ['naʊədeɪz] *avv.* oggigiorno, al giorno d'oggi
nowhere ['nəʊweə'] *avv.* da nessuna parte
noxious ['nɒkʃəs] *agg.* nocivo
nozzle ['nɒzl] *s.* becco *m.*, beccuccio *m.*, ugello *m.*
nth [ɛnθ] *agg.* ennesimo
nuance [nju(ː)'ɑ:(n)s] *s.* sfumatura *f.*
nuclear ['njuːklɪə'] *agg.* nucleare
nucleus ['njuːklɪəs] (*pl.* **nuclei**) *s.* nucleo *m.*
nude [njuːd] *agg. e s.* nudo *m.*
nudge [nʌdʒ] *s.* gomitata *f.*
to nudge [nʌdʒ] *v. tr.* dare una gomitata a
nudism ['njuːdɪz(ə)m] *s.* nudismo *m.*
nudist ['njuːdɪst] *s.* nudista *m. e f.*
nuisance ['njuːsns] *s.* noia *f.*, seccatura *f.*, fastidio *m.*
null [nʌl] *agg.* nullo
numb [nʌm] *agg.* intorpidito, intirizzito
number ['nʌmbə'] *s.* numero *m.*
to number ['nʌmbə'] *v. tr.* **1** numerare, contare **2** annoverare **3** ammontare a
numbering ['nʌmb(ə)rɪŋ] *s.* numerazione *f.*
numberplate ['nʌmbə,pleɪt] *s.* (*autom.*) targa *f.*
numbness ['nʌmnɪs] *s.* torpore *m.*
numeral ['njuːm(ə)r(ə)l] **A** *agg.* numerale **B** *s.* numero *m.*, cifra *f.*
numeration [ˌnjuːmə'reɪʃ(ə)n] *s.* numerazione *f.*
numeric(al) [nju(ː)'merɪk((ə)l)] *agg.* numerico
numerous ['njuːm(ə)rəs] *agg.* numeroso ♦ **a n. acquaintance** un largo giro di conoscenze
numismatics [ˌnjuːmɪz'mætɪks] *s. pl.* (*v. al sing.*) numismatica *f.*
nun [nʌn] *s.* suora *f.* ♦ **cloistered n.** suora di clausura
nuptial ['nʌpʃ(ə)l] *agg.* nuziale
nurse [nɜːs] *s.* **1** balia *f.*, bambinaia *f.* **2** infermiera *f.*, infermiere *m.*
to nurse [nɜːs] *v. tr.* **1** curare, assistere **2** allattare **3** allevare ♦ **nursing home** casa di cura
nursery ['nɜːsrɪ] *s.* **1** stanza *f.* dei bambini **2** asilo *m.* **3** vivaio *m.* ♦ **n. school** scuola materna; **n. tale** fiaba
nut [nʌt] *s.* **1** noce *f.*, nocciola *f.* **2** (*fam.*) testa *f.* **3** (*fam.*) matto *m.* **4** (*mecc.*) dado *m.* ♦ **to go nuts** impazzire
nutcracker ['nʌt,krækə'] *s.* schiaccianoci *m. inv.*
nutmeg ['nʌtmeg] *s.* noce *f.* moscata
nutritionist [nju(ː)'trɪʃ(ə)nɪst] *s.* dietologo *m.*
nutritious [nju(ː)'trɪʃəs] *agg.* nutriente
nutshell ['nʌtʃəl] *s.* guscio *m.* di noce ♦ **in a n.** in poche parole
nylon ['naɪlən] *s.* nailon *m. inv.*
nymph [nɪmf] *s.* ninfa *f.*
nymphaeum [nɪm'fiːəm] *s.* ninfeo *m.*

O

oak [əʊk] s. quercia f. ♦ **bay o.** rovere
oar [ɔːr] s. remo m.
oarsman ['ɔːzmən] (pl. **oarsmen**) s. rematore m.
oasis [əʊ(ʊ)eɪsɪs] (pl. **oases**) s. oasi f.
oat [əʊt] s. avena f.
oath [əʊθ] s. 1 giuramento m. 2 imprecazione f., bestemmia f.
oatmeal ['əʊtmiːl] s. farina f. d'avena
obedience [ə'biːdjəns] s. ubbidienza f.
obedient [ə'biːdjənt] agg. ubbidiente
obelisk ['ɒbɪlɪsk] s. obelisco m.
obese [(ʊ)'biːs] agg. obeso
obesity [(ʊ)'biːsɪtɪ] s. obesità f.
to obey [ə'beɪ] v. tr. e intr. ubbidire
obituary [ə'bɪtjʊərɪ] s. necrologio m., necrologia f.
object ['ɒbdʒɪkt] s. 1 oggetto m., cosa f. 2 argomento m. 3 scopo m., fine m. 4 (gramm.) oggetto m. ♦ **o. glass** obiettivo; **o. lesson** dimostrazione pratica
to object [əb'dʒekt] A v. tr. obiettare B v. intr. fare obiezioni, opporsi, disapprovare ♦ **to o. to do st.** rifiutarsi di fare q.c.
to objectify [ɒb'dʒektɪfaɪ] v. tr. oggettivare
objection [əb'dʒekʃ(ə)n] s. obiezione f.
objectionable [əb'dʒekʃnəbl] agg. 1 riprovevole 2 sgradevole
objective [ɒb'kʒektɪv] A agg. obiettivo, oggettivo B s. 1 obiettivo m. 2 caso m. oggettivo
objectivity [,ɒbdʒek'tɪvɪtɪ] s. obiettività f.
obligation [,ɒblɪ'geɪʃ(ə)n] s. obbligo m., dovere m., impegno m.
obligatory [ɒ'blɪgət(ə)rɪ] agg. obbligatorio
to oblige [ə'blaɪdʒ] v. tr. 1 obbligare 2 fare un favore a ♦ **to be obliged to do st.** dover fare q.c.
oblique [ə'bliːk] agg. 1 obliquo, inclinato 2 asimmetrico 3 (gramm.) obliquo, indiretto
to obliterate [ə'blɪtəreɪt] v. tr. 1 distruggere, cancellare 2 dimenticare, rimuovere
oblivion [ə'blɪvɪən] s. oblio m.
oblivious [ə'blɪvɪəs] agg. 1 dimentico 2 ignaro, inconsapevole
oblong ['ɒblɒŋ] agg. oblungo
obnoxious [əb'nɒkʃəs] agg. odioso, sgradevole, ripugnante
obscene [ɒb'siːn] agg. osceno
obscenity [ɒb'siːnɪtɪ] s. oscenità f.
obscurantism [,ɒbskjʊə'ræntɪz(ə)m] s. oscurantismo m.
obscure [əb'skjʊər] agg. oscuro
to obscure [əb'skjʊər] v. tr. 1 oscurare 2 nascondere
obscurity [əb'skjʊərɪtɪ] s. oscurità f.
observance [əb'zɜːv(ə)ns] s. osservanza f.
observant [əb'zɜːv(ə)nt] agg. osservatore, perspicace
observation [,ɒbzəveɪʃ(ə)n] s. osservazione f.
observatory [əb'zɜːvətrɪ] s. osservatorio m.
to observe [əb'zɜːv] A v. tr. 1 osservare, rispettare 2

onorare 3 notare 4 studiare attentamente B v. intr. osservare, commentare, fare osservazioni
observer [əb'zɜːvər] s. osservatore m.
to obsess [əb'ses] v. tr. ossessionare
obsession [əb'seʃ(ə)n] s. ossessione f., fissazione f.
obsessive [əb'sesɪv] agg. ossessivo
obsolescence [,ɒbsə'lesəns] s. obsolescenza f.
obsolete ['ɒbsəliːt] agg. obsoleto
obstacle ['ɒbstəkl] s. ostacolo m.
obstetrician [,ɒbste'trɪʃ(ə)n] s. ostetrico m.
obstinacy ['ɒbstɪnəsɪ] s. ostinazione f.
obstinate ['ɒbstɪnɪt] agg. ostinato
to obstruct [əb'strʌkt] v. tr. 1 ostruire, otturare 2 impedire, ritardare
obstruction [əb'strʌkʃ(ə)n] s. 1 ostruzione f. 2 ostacolo m., impedimento m.
obstructionism [əb'strʌkʃənɪz(ə)m] s. ostruzionismo m.
to obtain [əb'teɪn] A v. tr. ottenere, raggiungere, conseguire B v. intr. essere in vigore, persistere
obtainable [əb'teɪnəbl] agg. ottenibile, disponibile
obturator ['ɒbtjʊə,reɪtər] s. otturatore m.
obtuse [əb'tjuːs] agg. ottuso
to obviate ['ɒbvɪeɪt] v. intr. ovviare
obvious ['ɒbvɪəs] agg. ovvio, evidente
occasion [ə'keɪʒ(ə)n] s. 1 occasione f., opportunità f. 2 motivo m., ragione f. 3 avvenimento m. ♦ **on o.** occasionalmente
occasional [ə'keɪʒənl] agg. occasionale
occidental [,ɒksɪ'dentl] agg. e s. occidentale m. e f.
to occlude [ə'kluːd] v. tr. occludere, ostruire
occlusion [ə'kluːʒ(ə)n] s. occlusione f.
to occult [ə'kʌlt] v. tr. e intr. occultare, occultarsi
occultism ['ɒk(ə)ltɪz(ə)m] s. occultismo m.
occupation [,ɒkjʊ'peɪʃ(ə)n] s. 1 occupazione f. 2 professione f.
occupational [,ɒkjʊ'peɪʃ(ə)nl] agg. professionale, occupazionale
to occupy ['ɒkjʊpaɪ] v. tr. occupare ♦ **to o. oneself with** occuparsi di
to occur [ə'kɜːr] v. intr. 1 accadere, succedere, capitare 2 venire in mente 3 ricorrere 4 esserci, trovarsi
occurrence [ə'kʌr(ə)ns] s. 1 evento m., avvenimento m. 2 il verificarsi ♦ **a thing of frequent o.** una cosa che capita spesso
ocean ['əʊʃ(ə)n] s. oceano m.
oceangoing ['əʊʃ(ə)n,gəʊɪŋ] agg. d'alto mare
oceanic [,əʊʃɪ'ænɪk] agg. oceanico
oceanography [,əʊʃ(ə)'nɒgrəfɪ] s. oceanografia f.
ocelot ['əʊsɪlɒt] s. ocelot m. inv.
ochre ['əʊkər] s. ocra f.
octagonal [ɒk'tægənl] agg. ottagonale
octave ['ɒktɪv] s. ottava f.
October [ɒk'təʊbər] s. ottobre m.
octopus ['ɒktəpəs] s. polpo m.
ocular ['ɒkjʊlər] agg. oculare

oculist ['ɒkjʊlɪst] s. oculista m. e f.

odd [ɒd] agg. 1 dispari 2 scompagnato 3 occasionale, casuale 4 strano, bizzarro ♦ **o. jobs** lavoretti occasionali; **o.-job man** tuttofare; **one pound o.** una sterlina e rotti

oddity ['ɒdɪtɪ] s. stranezza f., bizzarria f.

oddly ['ɒdlɪ] avv. stranamente

oddments ['ɒdmənts] s. pl. fondi m. pl. di magazzino, rimasugli m. pl.

odds [ɒdz] s. pl. 1 disparità f., differenza f. 2 disaccordo m. 3 vantaggio m. 4 probabilità f. 5 (di scommessa) quotazione f. ♦ **o. and ends** cianfrusaglie; **to be at o. with** essere in disaccordo con

odometer [ɒ(ʊ)'dɒmɪtə'] s. (USA) contachilometri m. inv.

odontologist [,ɒdɒn'tɒlədʒɪst] s. odontoiatra m. e f.

odour ['əʊdə'] (USA odor) s. odore m., profumo m.

odourless ['əʊdəlɪs] agg. inodore

oecumenical [,iːkjuː'menɪk(ə)l] agg. ecumenico

oedema [ɪ(ː)'diːmə] s. edema m.

oenological [,iːnɒ(ʊ)'lɒdʒɪk(ə)l] agg. enologico

oenology ['iːnɒlədʒɪ] s. enologia f.

of [ɒv, əv] prep. 1 (specificazione, denominazione, materia, qualità, causa, ecc.) di (ES: **the piece of wood** il pezzo di legno, **to die of a broken heart** morire di creapcuore, **a cup of tea** una tazza di tè) 2 da parte di (ES: **it was very kind of you to write a letter** è stato gentile da parte tua scrivere una lettera) ♦ **of course** certamente; **of late** di recente

off [ɔːf] A avv. 1 via, lontano, distante 2 (di apparecchio) non in funzione, spento B prep. 1 da, via da 2 in meno di C agg. 1 libero 2 laterale, secondario 3 non funzionante, spento, disinserito 4 (di cibo) guasto

offal ['ɒf(ə)l] s. 1 frattaglie f. pl. 2 avanzi m. pl., rifiuti m. pl.

offence [ə'fens] (USA **offense**) s. 1 offesa f. 2 reato m. ♦ **to take o.** offendere

to offend [ə'fend] A v. tr. offendere B v. intr. commettere reati

offender [ə'fendə'] s. colpevole m. e f., delinquente m. e f.

offensive [ə'fensɪv] A agg. 1 offensivo 2 ripugnante B s. (mil.) offensiva f.

offer ['ɒfə'] s. offerta f.

to offer ['ɒfə'] v. tr. e intr. offrire, offrirsi

offerer ['ɒfərə'] s. offerente m. e f.

offering ['ɒfərɪŋ] s. offerta f.

offhand [ɒf'hænd] A agg. 1 improvvisato, estemporaneo 2 sbrigativo B avv. 1 lì per lì, su due piedi 2 senza cerimonie

office ['ɒfɪs] s. 1 ufficio m. 2 ministero m. 3 funzione f., carica f. 4 servizio m. ♦ **o. boy** fattorino; **o. hours** orario d'ufficio; **o.-worker** impiegato; **post o.** ufficio postale; **tourist o.** ufficio turistico

officer ['ɒfɪsə'] s. 1 (mil.) ufficiale m. 2 funzionario m. 3 agente m. di polizia

official [ə'fɪʃ(ə)l] A agg. ufficiale B s. funzionario m., pubblico ufficiale m.

officialdom [ə'fɪʃ(ə)ldəm] s. burocrazia f.

officious [ə'fɪʃəs] agg. 1 invadente, importuno 2 ufficioso

offing ['ɒfɪŋ] s. largo m., mare m. aperto ♦ **in the o.** in vista

offset ['ɔːfset] s. 1 germoglio m. 2 rampollo m. 3 deviazione f. 4 (tip., inf.) offset m. inv.

to offset ['ɔːfset] (pass. e p. p. **offset**) A v. tr. 1 controbilanciare 2 deviare B v. intr. germogliare

offshoot ['ɔːfʃuːt] s. germoglio m.

offshore ['ɒfʃɔː'] agg. 1 offshore, di mare aperto 2 (econ.) all'estero

offside [,ɒf'saɪd] A s. 1 fuori gioco m. 2 parte f. destra B avv. e agg. 1 di fuori gioco, in fuori gioco 2 sulla parte destra

offspring ['ɒfsprɪŋ] s. inv. 1 discendenza f., prole f. 2 frutto m.

offstage [,ɒf'steɪdʒ] agg. e avv. fuori scena, dietro le quinte

off-the-rack [,ɒfðə'ræk] agg. (USA, fam.) di serie

off-the-record [,ɒfðə'rekɔːd] agg. ufficioso, da non verbalizzare

off-white [,ɒf'waɪt] agg. bianco sporco

often ['ɒfn] avv. frequentemente, spesso ♦ **as o. as not** il più delle volte; **how o.?** quante volte?

ogive ['əʊdʒaɪv] s. ogiva f.

ogle ['əʊgl] s. occhiata f. languida, sguardo m. amoroso

to ogle ['əʊgl] A v. tr. vagheggiare B v. intr. ammiccare

oil [ɔɪl] s. 1 olio m. 2 petrolio m., nafta f. ♦ **castor o.** olio di ricino; **in o.** sott'olio; **o. mill** frantoio; **o. tanker** petroliera; **o. well** pozzo petrolifero; **sun tan o.** olio solare

to oil [ɔɪl] v. tr. lubrificare, oliare

oilcan ['ɔɪl,kæn] s. oliatore m. (a mano)

oiler ['ɔɪlə'] s. oliatore m.

oilfield ['ɔɪl,fiːld] s. giacimento m. petrolifero

oily ['ɔɪlɪ] agg. oleoso, unto

ointment ['ɔɪntmənt] s. unguento m., pomata f.

OK, okay [,əʊ'keɪ] agg., avv. e inter. bene, tutto bene

old [əʊld] agg. vecchio, antico ♦ **how o. are you?** quanti anni hai?; **o. age** vecchiaia; **o. fashions** moda antiquata; **o. fashioned** superato; **to be o. in** essere esperto in; **to grow o.** invecchiare

oleander [,əʊlɪ'ændə'] s. oleandro m.

olfaction [ɒl'fækʃən] s. olfatto m.

oligarchy ['ɒlɪgɑːkɪ] s. oligarchia f.

olive ['ɒlɪv] s. oliva f.

Olympiad [ɒ(ʊ)'lɪmpɪæd] s. olimpiade f.

Olympic [ɒ(ʊ)'lɪmpɪk] agg. olimpico ♦ **O. games** olimpiadi

omelette ['ɒmlɪt] s. omelette f. inv., frittata f.

omen ['əʊmən] s. presagio m.

ominous ['ɒmɪnəs] agg. di malaugurio

omission [ɒ(ʊ)'mɪʃ(ə)n] s. omissione f.

to omit [ɒ(ʊ)'mɪt] v. tr. omettere

omnipotent [ɒm'nɪpət(ə)nt] agg. onnipotente

omnipresent [,ɒmnɪ'prez(ə)nt] agg. onnipresente

omnivorous [ɒm'nɪv(ə)rəs] agg. onnivoro

on [ɒn] A prep. 1 (posizione, luogo) sopra, su, a (ES: **a teapot on the table** una teiera sul tavolo, **to get on the bus** salire sull'autobus) 2 (argomento) su, circa, di (ES: **a book on the President's life** un libro sulla vita del Presidente) 3 (tempo) di, in, a (ES:

on Saturdays di sabato) **4** (*modo, mezzo, funzione, ecc.*) con, in, da, di (ES: **on strike** in sciopero, **on principle** per principio) **B** *avv.* **1** su, sopra, addosso **2** avanti, in avanti, in poi **3** in corso, in atto, (*di apparecchio*) in funzione ◆ **go on!** avanti!; **on board** a bordo; **on foot** a piedi; **to switch on** accendere

once [wʌns] **A** *avv.* una volta, un tempo **B** *cong.* una volta che ◆ **all at o.** improvvisamente; **at o.** subito; **for o.** per una volta; **o. in a while** una o due volte; **O. upon a time there was ...** C'era una volta ...

one [wʌn] **A** *agg. num. card. e s.* uno **m**. **B** *agg.* **1** (*indef.*) uno, un certo (ES: **one Mr Jones** un certo Mr Jones) **2** solo, unico, stesso (ES: **that's the one and only way to do it** questo è l'unico modo per farlo) **C** *pron.* **1** (*indef.*) uno, una, l'uno, l'una, qualcuno (ES: **one by one** a una a una; **any one of us** uno qualunque di noi) **2** (*dimostr.*) questo, quello (ES: **I don't like modern cars, I prefer old ones** non mi piacciono le automobili moderne, preferisco quelle antiche) ◆ **no one** nessuno; **one another** l'un l'altro; **one's** il proprio

one-man [ˌwʌnˈmæn] *agg.* individuale
one-off [ˌwʌnˈɔːf] *s.* esemplare *m.* unico
onerous ['ɒnərəs] *agg.* oneroso
oneself [wʌnˈself] *pron. rifl.* sé, se stesso ◆ **by o.** da solo
one-sided [ˌwʌnˈsaɪdɪd] *agg.* **1** unilaterale **2** impari
one-to-one [ˌwʌntəˈwʌn] *agg.* **1** biunivoco **2** tra due persone
one-way [ˌwʌnˈweɪ] *agg.* **1** a senso unico **2** di sola andata
ongoing ['ɒnˌɡəʊ(ʊ)ɪŋ] *agg.* in corso
onion ['ʌnjən] *s.* cipolla *f.*
only ['əʊnlɪ] **A** *agg.* solo, unico **B** *cong.* solo (che), ma **C** *avv.* solo, soltanto, unicamente ◆ **not o. ... but also** non solo ... ma anche; **o. if** solamente se; **o. just** a malapena; **o. too** fin troppo
onset ['ɒnset] *s.* assalto *m.*
onshore ['ɒnˌʃɔːr] **A** *agg.* di terra verso terra **B** *avv.* a terra, verso terra ◆ **o. wind** vento di mare
onslaught ['ɒnslɔːt] *s.* assalto *m.*
onto ['ɒntʊ] (*anche* **on to**) *prep.* su, sopra
onus ['əʊnəs] *s.* onere *m.*
onward(s) ['ɒnwəd(z)] *avv.* avanti, in avanti, oltre
onyx ['ɒnɪks] *s.* onice *f.*
to ooze [uːz] *v. intr.* colare, filtrare, stillare
opal ['əʊp(ə)l] *s.* opale *m.*
opalescent [ˌəʊpəˈles(ə)nt] *agg.* opalescente
opaque [ə(ʊ)ˈpeɪk] *agg.* opaco
open ['əʊp(ə)n] *agg.* **1** aperto **2** dischiuso, sbocciato **3** (aperto al) pubblico, disponibile, vacante **4** incerto, insoluto **5** manifesto, evidente ◆ **o. day** giorno di apertura
to open ['əʊp(ə)n] **A** *v. tr.* **1** aprire **2** inaugurare **B** *v. intr.* **1** aprire, aprirsi **2** sbocciare **3** cominciare ◆ **to o. onto** aprirsi su; **to o. out** aprire, allargarsi; **to o. up** aprire (la porta), aprirsi
open-air [ˌəʊp(ə)nˈeər] *agg.* all'aperto
opener ['əʊp(ə)nər] *s.* (*nei composti*) che apre ◆ **bottle-o.** apribottiglie; **tin-o.** apriscatole

opening ['əʊp(ə)nɪŋ] **A** *agg.* d'inizio, d'apertura **B** *s.* **1** apertura *f.*, inaugurazione *f.*, esordio *m.* **2** varco *m.* **3** opportunità *f.*
openly ['əʊp(ə)nlɪ] *avv.* apertamente, francamente
open-minded [ˌəʊpnˈmaɪndɪd] *agg.* di larghe vedute
opera ['ɒp(ə)rə] *s.* opera *f.* (lirica) ◆ **comic o.** opera buffa
to operate ['ɒpəreɪt] **A** *v. intr.* **1** operare, agire, avere effetto **2** funzionare **3** (*med.*) operare **B** *v. tr.* **1** produrre, provocare **2** far funzionare **3** (*med.*) operare **4** gestire
operatic [ˌɒpəˈrætɪk] *agg.* operistico, lirico
operating ['ɒpəreɪtɪŋ] *agg.* operativo ◆ **o. theatre** sala operatoria
operation [ˌɒpəˈreɪʃ(ə)n] *s.* **1** operazione *f.* **2** azione *f.*, effetto *m.* **3** funzionamento *m.*, funzione *f.* ◆ **to come into o.** entrare in vigore
operative ['ɒp(ə)rətɪv] *agg.* operativo, efficace
operator ['ɒpəreɪtər] *s.* **1** operatore *m.* e *f.* **2** (*tel.*) centralinista *m.* e *f.*
operetta [ˌɒpəˈretə] *s.* operetta *f.*
ophthalmology [ˌɒfθælˈmɒlədʒɪ] *s.* oftalmologia *f.*
opinion [əˈpɪnjən] *s.* **1** opinione *f.*, parere *m.* **2** stima *f.* ◆ **in his/in my o.** secondo lui/secondo me; **o. poll** sondaggio d'opinione
opinionated [əˈpɪnjəneɪtɪd] *agg.* supponente, presuntuoso
opium ['əʊpjəm] *s.* oppio *m.*
opponent [əˈpəʊnənt] *s.* avversario *m.*
opportune ['ɒpətjuːn] *agg.* opportuno, tempestivo
opportunism [ˌɒpəˈtjuːnɪz(ə)m] *s.* opportunismo *m.*
opportunist [ˌɒpəˈtjuː(ː)nɪst] *s.* opportunista *m.* e *f.*
opportunity [ˌɒpəˈtjuːnɪtɪ] *s.* opportunità *f.*, occasione *f.*
to oppose [əˈpəʊz] **A** *v. tr.* **1** opporsi a, contrastare, osteggiare **2** opporre, contrapporre **B** *v. tr.* opporsi
opposed [əˈpəʊzd] *agg.* **1** contrario, avverso **2** opposto ◆ **as o. to** in confronto a, rispetto a, invece di
opposite ['ɒpəzɪt] **A** *agg.* **1** opposto, contrario **2** di fronte **B** *s.* opposto *m.*, contrario *m.* **C** *avv.* davanti, di fronte **D** *prep.* di fronte a
opposition [ˌɒpəˈzɪʃ(ə)n] *s.* opposizione *f.*
to oppress [əˈpres] *v. tr.* opprimere
oppression [əˈpreʃ(ə)n] *s.* oppressione *f.*
oppressive [əˈpresɪv] *agg.* **1** oppressivo **2** opprimente
oppressor [əˈpresər] *s.* oppressore *m.*
to opt [ɒpt] *v. intr.* optare ◆ **to o. out** dissociarsi, distaccarsi
optic ['ɒptɪk] *agg.* ottico
optical ['ɒptɪk(ə)l] *agg.* ottico
optician [ɒpˈtɪʃ(ə)n] *s.* ottico *m.*
optics ['ɒptɪks] *s. pl.* (*v. al sing.*) ottica *f.*
optimal ['ɒptɪməl] *agg.* ottimale
optimism ['ɒptɪmɪz(ə)m] *s.* ottimismo *m.*
optimist ['ɒptɪmɪst] *s.* ottimista *m.* e *f.*
optimistic [ˌɒptɪˈmɪstɪk] *agg.* ottimistico
to optimize ['ɒptɪmaɪz] **A** *v. tr.* ottimizzare **B** *v. intr.* essere ottimista
optimum ['ɒptɪmən] **A** *s.* optimum *m.* **B** *agg.* ottimale
option ['ɒpʃ(ə)n] *s.* scelta *f.*, opzione *f.*

optional [ˈɒpʃənl] agg. opzionale, facoltativo

opulence [ˈɒpjʊləns] s. opulenza f.

or [ɔː, əʳ] cong. o, oppure ♦ **either ... or ...** o ... o ...; **or else** altrimenti

oracle [ˈɒrəkl] s. oracolo m.

oral [ˈɔːr(ə)l] agg. orale

orange [ˈɒrɪn(d)ʒ] **A** s. arancia f. **B** agg. arancione, arancio ♦ **o. peel** scorza d'arancia

orangeade [ˌɒrɪn(d)ʒˈeɪd] s. aranciata f.

orator [ˈɒrətəʳ] s. oratore m.

oratory [ˈɒrət(ə)rɪ] s. **1** oratorio m. **2** oratoria f.

orbit [ˈɔːbɪt] s. orbita f.

to orbit [ˈɔːbɪt] **A** v. intr. orbitare **B** v. tr. orbitare intorno a

orchard [ˈɔːtʃəd] s. frutteto m.

orchestra [ˈɔːkɪstrə] s. orchestra f.

orchid [ˈɔːkɪd] s. orchidea f.

to ordain [ɔːˈdeɪn] v. tr. **1** (relig.) ordinare **2** decretare

ordeal [ɔːˈdiːl] s. **1** (stor.) ordalia f. **2** prova f.

order [ˈɔːdəʳ] s. **1** ordine m. **2** successione f. **3** ordinamento m. **4** (comm.) commessa f. ♦ **mail o.** ordine per corrispondenza; **out of o.** fuori servizio; **postal o.** vaglia postale; **telegraphic money o.** vaglia telegrafico

to order [ˈɔːdəʳ] v. tr. **1** ordinare, disporre **2** (comm.) commissionare ♦ **to o. away** mandare via; **to o. out** espellere

orderly [ˈɔːdəlɪ] **A** agg. **1** ordinato, metodico **2** disciplinato **B** s. **1** (mil.) attendente m. **2** inserviente m.

ordinal [ˈɔːdɪnl] agg. ordinale

ordinance [ˈɔːdɪnəns] s. ordinanza f.

ordinary [ˈɔːdɪnrɪ] agg. **1** ordinario, comune **2** mediocre, dozzinale

ordination [ˌɔːdɪˈneɪʃ(ə)n] s. (relig.) ordinazione f.

ore [ɔːʳ] s. minerale m. ♦ **o. district** distretto minerario

organ [ˈɔːɡən] s. organo m.

organic [ɔːˈɡænɪk] agg. organico

organism [ˈɔːɡənɪz(ə)m] s. organismo m.

organization [ˌɔːɡənaɪˈzeɪʃ(ə)n] s. organizzazione f., organismo m.

to organize [ˈɔːɡənaɪz] v. tr. e intr. organizzare, organizzarsi

orgasm [ˈɔːɡæz(ə)m] s. orgasmo m.

orgy [ˈɔːdʒɪ] s. orgia f.

orient [ˈɔːrɪənt] agg. e s. oriente m.

to orient [ˈɔːrɪənt] v. tr. orientare

Oriental [ˌɔːrɪˈentl] agg. e s. orientale m. e f.

to orientate [ˈɔːrɪenteɪt] v. tr. orientare

orientation [ˌɔːrɪenˈteɪʃ(ə)n] s. orientamento m.

origin [ˈɒrɪdʒɪn] s. **1** origine f., principio m. **2** nascita f.

original [əˈrɪdʒənl] **A** agg. originale, originario **B** s. originale m.

originality [əˌrɪdʒɪˈnælɪtɪ] s. originalità f.

to originate [əˈrɪdʒɪneɪt] **A** v. tr. dare origine **B** v. intr. aver origine, nascere, provenire

ornament [ˈɔːnəmənt] s. **1** ornamento m. **2** ninnolo m.

ornamental [ˌɔːnəˈment(ə)l] agg. ornamentale

ornate [ɔːˈneɪt] agg. riccamente ornato

ornithology [ˌɔːnɪˈθɒlədʒɪ] s. ornitologia f.

orography [ɒˈrɒɡrəfɪ] s. orografia f.

orphan [ˈɔːf(ə)n] agg. e s. orfano m.

orphanage [ˈɔːfənɪdʒ] s. orfanotrofio m.

orthodox [ˈɔːθədɒks] agg. ortodosso

orthodoxy [ˈɔːθədɒksɪ] s. ortodossia f.

orthogonal [ɔːˈθɒɡənl] agg. ortogonale

orthography [ɔː(ː)ˈθɒɡrəfɪ] s. ortografia f.

orthop(a)edist [ɔːθə(ʊ)ˈpiːdɪst] s. ortopedico m.

orthop(a)edy [ˌɔːθə(ʊ)ˈpiːdɪ] s. ortopedia f.

to oscillate [ˈɒsɪleɪt] v. intr. oscillare

oscillation [ˌɒsɪˈleɪʃ(ə)n] s. oscillazione f.

osseous [ˈɒsɪəs] agg. osseo

ostensible [ɒsˈtensəbl] agg. apparente, simulato

ostensibly [ɒsˈtensəblɪ] avv. apparentemente

ostensory [ɒsˈtensərɪ] s. ostensorio m.

ostentation [ˌɒstenˈteɪʃ(ə)n] s. ostentazione f., esibizione f.

ostentatious [ˌɒstenˈteɪʃəs] agg. ostentato

ostrich [ˈɒstrɪtʃ] s. struzzo m.

other [ˈʌðəʳ] **A** agg. altro, diverso **B** pron. indet. (l')altro, (l')altra **C** avv. altrimenti, diversamente ♦ **any o.** qualche altro; **every o.** ogni altro; **none o.** than proprio, non altri che; **o. people** altri; **o.'s, o. people's** altrui; **o. than** tranne

otherwise [ˈʌðəwaɪz] **A** agg. diverso **B** avv. diversamente, altrimenti **C** cong. altrimenti, in caso contrario

otitis [ɒ(ʊ)ˈtaɪtɪs] s. otite f.

otter [ˈɒtəʳ] s. lontra f.

Ottoman [ˈɒtəmən] agg. e s. ottomano m.

ought [ɔːt] v. difett. (consiglio, dovere, rimprovero, probabilità) dovere ♦ **You o. to do it** dovresti farlo; **he o. to have phoned me** avrebbe dovuto telefonarmi

ounce [aʊns] s. oncia f.

our [ˈaʊəʳ] agg. poss. 1ª pl. nostro, nostra, nostri, nostre

ours [ˈaʊəz] pron. poss. 1ª pl. il nostro, la nostra, i nostri, le nostre

ourselves [ˌaʊəˈselvz] pron. rifl. 1ª pl. noi stessi

to oust [aʊst] v. tr. cacciare, espellere

out [aʊt] **A** avv. **1** fuori, all'aperto, in fuori **2** spento, disattivato **3** finito, compiuto **4** passato di moda, inaccettabile **B** prep. **o. of 1** fuori, fuori da, da **2** a causa di, per **3** senza **4** su (ES: **in one case o. of ten** in un caso su dieci) ♦ **all o.** a tutta velocità; **o. here** qui fuori; **o. there** laggiù

out-and-out [ˈaʊtəndaʊt] agg. completo, vero e proprio

outboard [ˈaʊtbɔːd] agg. e avv. fuoribordo

outbreak [ˈaʊtbreɪk] s. **1** scoppio m., esplosione f. **2** eruzione f. **3** epidemia f. **4** sommossa f.

outburst [ˈaʊtbɜːst] s. esplosione f., scoppio m.

outcast [ˈaʊtkɑːst] s. emarginato m., reietto m.

outcome [ˈaʊtkʌm] s. esito m., risultato m.

outcry [ˈaʊtkraɪ] s. **1** protesta f., scalpore m. **2** grido m.

outdated [ˌaʊtˈdeɪtɪd] agg. antiquato, sorpassato

to outdo [ˌaʊtˈduː] (pass. **outdid**, p. p. **outdone**) v. tr. sorpassare, far meglio di

outdoor [ˈaʊtdɔːʳ] agg. esterno, all'aperto

outdoors [ˌaʊtˈdɔːz] **A** avv. all'aperto, all'aria aperta **B** s. l'aperto m., l'esterno m.

outer ['aʊtər] agg. esteriore, esterno ♦ **o. space** spazio cosmico

outfit ['aʊtfɪt] s. 1 equipaggiamento m., attrezzatura f. 2 tenuta f.

outgoing ['aʊt,gəʊɪŋ] A agg. 1 uscente, dimissionario 2 socievole, estroverso B s. 1 uscita f. 2 al pl. spese f. pl.

to outgrow [aʊt'grəʊ] (pass. **outgrew**, p. p. **outgrown**) v. tr. 1 superare in statura 2 perdere, disfarsi di ♦ **to o. one's clothes** diventare troppo grande per i propri vestiti

outing ['aʊtɪŋ] s. gita f., escursione f.

outlandish [aʊt'lændɪʃ] agg. 1 straniero, esotico 2 strano, bizzarro

outlaw ['aʊtlɔː] A s. fuorilegge m. e f., criminale m. e f. B agg. illegale

to outlaw ['aʊtlɔː] v. tr. bandire, proscrivere

outlay ['aʊtleɪ] s. spesa f.

outlet ['aʊtlet] s. 1 sbocco m., sfogo m. 2 punto m. di vendita 3 presa f. elettrica

outline ['aʊtlaɪn] s. 1 contorno m., profilo m. 2 abbozzo m., schema m.

to outline ['aʊtlaɪn] v. tr. 1 tracciare il contorno di 2 delineare, abbozzare

to outlive [aʊt'lɪv] v. tr. sopravvivere a

outlook ['aʊtlʊk] s. 1 vista f., veduta f. 2 prospettiva f. 3 modo m. di vedere

outlying ['aʊtlaɪɪŋ] agg. 1 esterno 2 remoto

outmatch [aʊt'mætʃ] v. tr. sorpassare

outmoded [aʊt'məʊdɪd] agg. antiquato, passato di moda

to outnumber [aʊt'nʌmbər] v. tr. superare in numero

out-of-date [aʊtəv'deɪt] agg. 1 fuori moda 2 scaduto

out-of-the-way [,aʊtəv(ə)'weɪ] agg. 1 fuori mano 2 fuori del comune

outpost ['aʊtpəʊst] s. avamposto m.

output ['aʊtpʊt] s. 1 produzione f., rendimento m. 2 (inf.) output m. inv.

outrage ['aʊtreɪdʒ] s. 1 oltraggio m., offesa f. 2 indignazione f.

to outrage ['aʊtreɪdʒ] v. tr. oltraggiare

outrageous [aʊt'reɪdʒəs] agg. 1 oltraggioso, atroce 2 eccessivo, esorbitante

outright [aʊt'raɪt] A agg. attr. 1 aperto, schietto, diretto 2 completo, integrale 3 immediato B avv. 1 apertamente, francamente 2 completamente 3 immediatamente, sul colpo

outside ['aʊtsaɪd] A agg. 1 esterno, esteriore 2 estremo, massimo B s. 1 esterno m., parte f. esterna 2 apparenza f., aspetto m. esteriore C avv. 1 fuori, all'aperto 2 all'esterno D prep. 1 fuori di, all'esterno di 2 al di fuori, al di là di 3 all'infuori di, eccetto

outsider [aʊt'saɪdər] s. outsider m. inv.

outsize ['aʊt,saɪz] agg. 1 molto grande 2 (di abito) di taglia forte

outskirts ['aʊtskɜːts] s. pl. periferia f., sobborghi m. pl.

outspoken [aʊt'spəʊk(ə)n] agg. esplicito, schietto

outstanding [aʊt'stændɪŋ] agg. 1 sporgente 2 notevole, rilevante 3 eccezionale 4 in arretrato, in sospeso, inevaso

outward ['aʊtwəd] A agg. 1 esterno 2 esteriore 3 d'andata B s. aspetto m. esteriore C avv. al di fuori, esternamente

to outweigh [aʊt'weɪ] v. tr. superare (in peso o valore)

to outwit [aʊt'wɪt] v. tr. superare in astuzia

ouzel ['uːzl] s. (zool.) merlo m.

oval ['əʊv(ə)l] agg. ovale

ovary ['əʊvərɪ] s. ovaia f.

oven ['ʌvn] s. forno m.

ovenware ['ʌv(ə)nweər] s. stoviglie f. pl. da forno

over ['əʊvər] A agg. terminato, finito B avv. 1 al di sopra, di sopra 2 completamente, da cima a fondo 3 di più, troppo, in eccesso C prep. 1 sopra, su, al di sopra di 2 nei confronti di, riguardo a 3 durante, per 4 più di, oltre, al di là di ♦ **o. again** più volte, di nuovo, ripetutamente; **o. tired** stanchissimo

overall ['əʊvərɔːl] A agg. complessivo B avv. complessivamente C s. tuta f. (da lavoro)

to overawe [,əʊvər'ɔː] v. tr. intimidire

to overbalance [,əʊvə'bæləns] A v. tr. 1 superare in peso 2 prevalere su 3 sbilanciare B v. intr. sbilanciarsi

overbearing [,əʊvə'beərɪŋ] agg. 1 arrogante, imperioso 2 soverchiante

overboard ['əʊvəbɔːd] avv. fuori bordo

to overburden [,əʊvə'bɜːdn] v. tr. sovraccaricare

overcast ['əʊvə,kɑːst] agg. nuvoloso, coperto

overcharge [,əʊvə'tʃɑːdʒ] s. 1 sovraccarico m. 2 sovrapprezzo m.

to overcharge [,əʊvə'tʃɑːdʒ] v. tr. 1 far pagare troppo caro 2 sovraccaricare

overcoat ['əʊvəkəʊt] s. soprabito m.

to overcome [,əʊvə'kʌm] (pass. **overcame**, p. p. **overcome**) v. tr. superare, sopraffare

overcooked [,əʊvə'kʊkt] agg. troppo cotto

overcrowded [,əʊvə'kraʊdɪd] agg. sovraffollato

to overdo [,əʊvə'duː] (pass. **overdid**, p. p. **overdone**) A v. tr. 1 eccedere in, esagerare 2 affaticare 3 far cuocere troppo B v. intr. esagerare

overdose ['əʊvədəʊs] s. dose f. eccessiva, overdose f. inv.

overdraft ['əʊvədrɑːft] s. (banca) scoperto m.

overdue [,əʊvə'djuː] agg. 1 (comm.) scaduto 2 in ritardo 3 atteso, in attesa

to overestimate [,əʊvər'estɪmeɪt] v. tr. sopravvalutare

to overexpose [,əʊvə(ə)rɪk'spəʊz] v. tr. (fot.) sovraesporre

overflow ['əʊvəfləʊ] s. 1 straripamento m. inondazione f. 2 eccedenza f. 3 (inf.) overflow m. inv.

to overflow [,əʊvə'fləʊ] v. intr. straripare, traboccare

overflowing [,əʊvə'fləʊɪŋ] A agg. 1 straripante, traboccante 2 sovrabbondante B s. straripamento m., inondazione f.

overhang ['əʊvəhæŋ] s. 1 sporgenza f. 2 strapiombo m.

overhaul ['əʊvəhɔːl] s. revisione f.

to overhaul [,əʊvə'hɔːl] v. tr. 1 revisionare, verificare 2 esaminare, rivedere 3 sorpassare, superare

overhead [,əʊvə'hed] A avv. in alto, di sopra B agg. 1 alto, sopraelevato, aereo 2 globale, generale C s. al pl. spese f. pl. generali

to overhear [ˌəʊvəˈhɪəʳ] (*pass. e p. p.* **overheard**) *v. tr.* udire per caso

to overheat [ˌəʊvəˈhiːt] *v. tr. e intr.* surriscaldare

overjoyed [ˌəʊvəˈdʒɔɪd] *agg.* felicissimo

overland [ˌəʊvəˈlænd] *agg. e avv.* via terra

to overlap [ˌəʊvəˈlæp] *v. intr.* sovrapporsi, coincidere

to overlay [ˌəʊvəˈleɪ] (*pass. e p. p.* **overlaid**) *v. tr.* **1** coprire, ricoprire **2** opprimere

overleaf [ˌəʊvəˈliːf] *avv.* sul retro, a tergo

to overload [ˌəʊvəˈləʊd] *v. tr.* sovraccaricare

to overlook [ˌəʊvəˈlʊk] *v. tr.* **1** guardare dall'alto, dominare **2** trascurare, non rilevare, lasciarsi sfuggire **3** tollerare **4** sorvegliare

overnight [ˌəʊvəˈnaɪt] **A** *agg.* **1** che si svolge di notte **2** per una notte **3** immediato **B** *avv.* **1** di notte, per la notte **2** improvvisamente

overpass [ˈəʊvəpɑːs] *s.* cavalcavia *m. inv.*

to overpower [ˌəʊvəˈpaʊəʳ] *v. tr.* sopraffare, opprimere

overpowering [ˌəʊvəˈpaʊərɪŋ] *agg.* **1** opprimente **2** irresistibile

to overrate [ˌəʊvəˈreɪt] *v. tr.* sopravvalutare

to override [ˌəʊvəˈraɪd] (*pass.* **overrode**, *p. p.* **overridden**) *v. tr.* **1** passare sopra, non tener conto di **2** annullare

to overrule [ˌəʊvəˈruːl] *v. tr.* **1** annullare, revocare **2** dominare

to overrun [ˌəʊvəˈrʌn] (*pass.* **overran**, *p. p.* **overrun**) **A** *v. tr.* **1** invadere, devastare, infestare **2** sommergere **3** oltrepassare, superare **B** *v. intr.* **1** traboccare, straripare **2** protrarsi

overseas [ˌəʊvəˈsiː(z)] **A** *agg.* estero, d'oltremare **B** *avv.* all'estero, oltremare

to overshadow [ˌəʊvəˈʃædəʊ] *v. tr.* **1** ombreggiare, fare ombra su **2** (*fig.*) oscurare, eclissare

to overshoot [ˌəʊvəˈʃuːt] (*pass. e p. p.* **overshot**) *v. tr.* **1** lanciare troppo alto, sparare al di là del bersaglio, mancare **2** andare oltre

oversight [ˈəʊvəsaɪt] *s.* **1** disattenzione *f.*, svista *f.* **2** sorveglianza *f.*

to oversleep [ˌəʊvəˈsliːp] *v. intr.* dormire troppo

to overstate [ˌəʊvəˈsteɪt] *v. tr.* esagerare

to overstep [ˌəʊvəˈstep] *v. tr.* oltrepassare

overt [ˈəʊvɜːt] *agg.* chiaro, evidente

to overtake [ˌəʊvəˈteɪk] (*pass.* **overtook**, *p. p.* **overtaken**) *v. tr.* **1** raggiungere, sorpassare **2** sorprendere

overtaking [ˌəʊvəˈteɪkɪŋ] *s.* sorpasso *m.* ♦ **no o.** divieto di sorpasso

to overthrow [ˌəʊvəˈθrəʊ] (*pass.* **overthrew**, *p. p.* **overthrown**) *v. tr.* rovesciare, abbattere

overtime [ˈəʊvətaɪm] *s.* **1** (lavoro) straordinario *m.* **2** (*sport*) tempo *m.* supplementare

overturn [ˈəʊvɜːtɜːn] *s.* ribaltamento *m.*

to overturn [ˌəʊvəˈtɜːn] **A** *v. tr.* capovolgere, rovesciare **B** *v. intr.* ribaltarsi, capottarsi

overweight [ˈəʊvəweɪt] *agg.* in sovrappeso

to overwhelm [ˌəʊvəˈwelm] *v. tr.* **1** distruggere, sopraffare **2** seppellire, sommergere

overwhelming [ˌəʊvəˈwelmɪŋ] *agg.* opprimente, travolgente

to overwork [ˌəʊvəˈwɜːk] *v. intr.* lavorare troppo

overwrought [ˌəʊvəˈrɔːt] *agg.* **1** nervoso, agitato **2** ricercato

ovine [ˈəʊvaɪn] *agg.* ovino

oviparous [ɒ(ʊ)ˈvɪpərəs] *s.* oviparo *m.*

ovoid [ˈəʊvɔɪd] *agg.* ovoidale

to owe [əʊ] **A** *v. tr.* dovere, essere debitore di **B** *v. intr.* essere indebitato ♦ **to o. sb. st.** dovere q.c. a qc.

owing [ˈəʊ(ʊ)ɪŋ] *agg. attr.* dovuto ♦ **o. to** a causa di

owl [aʊl] *s.* gufo *m.*

own [əʊn] **A** *agg.* proprio **B** *s.* il proprio *m.*

to own [əʊn] *v. tr.* **1** possedere, avere **2** ammettere, riconoscere ♦ **to o. up** confessare

owner [ˈəʊnəʳ] *s.* proprietario *m.*, padrone *m.*

ownership [ˈəʊnəʃɪp] *s.* proprietà *f.*

ox [ɒks] (*pl.* **oxen**) *s.* bue *m.*

oxide [ˈɒksaɪd] *s.* ossido *m.*

to oxidize [ˈɒksɪdaɪz] *v. tr. e intr.* ossidare, ossidarsi

oxygen [ˈɒksɪdʒ(ə)n] *s.* ossigeno *m.*

oyster [ˈɔɪstəʳ] *s.* ostrica *f.*

ozone [ˈəʊzəʊn] *s.* ozono *m.*

P

pa [pɑː] *s.* (*fam.*) papà *m.*

pace [peɪs] *s.* **1** passo *m.* **2** andatura *f.*, ritmo *m.* **3** ambio *m.*

to pace [peɪs] **A** *v. intr.* andare al passo, camminare **B** *v. intr.* percorrere, misurare a passi

pacemaker [ˈpeɪsˌmeɪkəʳ] *s.* **1** battistrada *m.* **2** (*med.*) pacemaker *m. inv.*

pacific [pəˈsɪfɪk] *agg.* pacifico

pacification [ˌpæsɪfɪˈkeɪʃ(ə)n] *s.* pacificazione *f.*

pacifism [ˈpæsɪfɪz(ə)m] *s.* pacifismo *m.*

to pacify [ˈpæsɪfaɪ] *v. tr.* pacificare

pack [pæk] *s.* **1** pacco *m.*, pacchetto *m.*, imballaggio *m.* **2** carico *m.*, soma *f.* **3** zaino *m.* **4** muta *f.*, branco *m.* **5** (*di carte da gioco*) mazzo *m.* **6** ammasso *m.*

to pack [pæk] **A** *v. tr.* **1** imballare, impacchettare **2** pigiare, pressare, stipare **B** *v. intr.* **1** fare i bagagli **2** stiparsi, accalcarsi ♦ **to p. in** smettere; **to p. off** mandar via; **to p. up** fare le valigie, smettere di lavorare, (di motore) spegnersi

package ['pækɪdʒ] s. **1** pacco m., confezione f. **2** (di proposte) pacchetto m. ◆ **p. tour** viaggio organizzato

packet ['pækɪt] s. pacchetto m.

packing ['pækɪŋ] s. imballaggio m.

pact [pækt] s. patto m.

pad [pæd] s. **1** cuscinetto m., imbottitura f. **2** tampone m. **3** blocco m. di carta **4** (autom.) pastiglia f. **5** piattaforma f., (di missile) rampa f.

to pad [pæd] v. tr. **1** imbottire **2** (fig.) gonfiare

padding ['pædɪŋ] s. imbottitura f.

paddle ['pædl] s. **1** pagaia f. **2** spatola f. **3** (naut.) (di elica, ruota) pala f. **4** (zool.) pinna f. ◆ **p. steamer** battello a ruota

to paddle (1) ['pædl] v. intr. remare (con le pagaie)

to paddle (2) ['pædl] v. intr. sguazzare ◆ **paddling pool** piscina per bambini

paddock ['pædək] s. **1** (per cavalli) recinto m. **2** prato m. recintato

paddy ['pædɪ] s. riso m. (in erba) ◆ **p. field** risaia

padlock ['pædlɒk] s. lucchetto m.

p(a)ediatrics [ˌpiːdɪˈætrɪks] s. pl. (v. al sing.) pediatria f.

p(a)ediatrist [ˌpiːdɪˈætrɪst] s. pediatra m. e f.

pagan ['peɪgən] agg. e s. pagano m.

paganism ['peɪgənɪz(ə)m] s. paganesimo m.

page (1) [peɪdʒ] s. pagina f.

page (2) [peɪdʒ] s. **1** fattorino m. **2** paggio m.

pageant ['pædʒ(ə)nt] s. **1** parata f. storica **2** pompa f., sfarzo m.

pagoda [pəˈgəʊdə] s. pagoda f.

paid [peɪd] pass. e p. p. di **to pay**

pail [peɪl] s. secchio m.

pain [peɪn] s. **1** dolore m., male m. **2** pena f., castigo m. **3** al pl. fatica f., pena f. ◆ **p.-killer** antidolorifico

pained [peɪnd] agg. addolorato, afflitto

painful ['peɪnf(ʊ)l] agg. doloroso, penoso

painless ['peɪnlɪs] agg. indolore

paint [peɪnt] s. pittura f., vernice f., tinta f. ◆ **wet p.** vernice fresca

to paint [peɪnt] v. tr. e intr. dipingere, pitturare, verniciare

paintbrush ['peɪntbrʌʃ] s. pennello m.

painter ['peɪntə'] s. **1** pittore m. **2** decoratore m., imbianchino m.

painting ['peɪntɪŋ] s. **1** pittura f., verniciatura f. **2** dipinto m., quadro m. **3** pittura f. (arte)

pair [peə'] s. **1** paio m. **2** coppia f. ◆ **in pairs** a coppie

Pakistani [ˌpɑːkɪsˈtɑːnɪ] agg. e s. pachistano m.

pal [pæl] s. (fam.) amico m., compagno m.

palace ['pælɪs] s. **1** palazzo m. **2** reggia f.

paladin ['pælədɪn] s. paladino m.

palaeography [ˌpælɪˈɒgrəfɪ] s. paleografia f.

Palaeolithic [ˌpælɪə(ʊ)ˈlɪθɪk] agg. paleolitico

palafitte ['pæləfɪt] s. palafitta f.

palatable ['pælətəbl] agg. appetitoso, gustoso, gradevole

palate ['pælɪt] s. palato m.

palatial [pəˈleɪʃ(ə)l] agg. sontuoso, lussuoso

palaver [pəˈlɑːvə'] s. **1** colloquio m. **2** chiacchiere f. pl.

pale (1) [peɪl] agg. pallido, fioco, debole ◆ **p. ale** birra chiara

pale (2) [peɪl] s. **1** palo m., picchetto m. **2** (fig.) limite m. **3** (stor.) territorio m.

to pale [peɪl] v. intr. impallidire

Palestinian [ˌpælɪsˈtɪnɪən] agg. e s. palestinese m. e f.

palette ['pælɪt] s. tavolozza f.

paling ['peɪlɪŋ] s. palizzata f.

pall [pɔːl] s. **1** drappo m. funebre **2** (fig.) cappa f.

pallet (1) ['pælɪt] s. giaciglio m.

pallet (2) ['pælɪt] s. **1** paletta f., spatola f. **2** pallet m. inv.

palliative ['pælɪətɪv] agg. e s. palliativo m.

pallid ['pælɪd] agg. pallido, smunto

pallor ['pælə'] s. pallore m.

palm (1) [pɑːm] s. (bot.) palma f. ◆ **date p.** palma da datteri

palm (2) [pɑːm] s. palmo m.

to palm [pɑːm] v. tr. **1** maneggiare **2** nascondere (in mano) ◆ **to p. st. off on sb.** affibbiare q.c. a qc.

palmiped ['pælmɪped] agg. e s. palmipede m.

palmist ['pɑːmɪst] s. chiromante m. e f.

palpable ['pælpəbl] agg. palpabile, tangibile

to palpate ['pælpeɪt] v. tr. palpare

palpitation [ˌpælpɪˈteɪʃ(ə)n] s. palpitazione f.

paltry ['pɔːltrɪ] agg. meschino, ridicolo

to pamper ['pæmpə'] v. tr. viziare, vezzeggiare

pamphlet ['pæmflɪt] s. opuscolo m.

pan [pæn] s. pentola f. ◆ **baking p.** teglia; **frying p.** padella

pancake ['pænkeɪk] s. frittella f.

pancreas ['pæŋkrɪəs] s. pancreas m. inv.

panda ['pændə] s. panda m. inv. ◆ **p. car** auto della polizia; **p. crossing** attraversamento pedonale con semaforo a controllo manuale

pandemonium [ˌpændɪˈməʊnjəm] s. pandemonio m.

to pander ['pændə'] v. intr. fare il mezzano ◆ **to p. to** favorire, assecondare

pane [peɪn] s. **1** (lastra di) vetro m. **2** pannello m.

panegyric [ˌpænɪˈdʒɪrɪk] s. panegirico m.

panel ['pænl] s. **1** pannello m., quadro m., riquadro m. **2** lista f., elenco m. **3** gruppo m. di esperti, commissione f., giuria f. ◆ **p. doctor** medico della mutua

panelling ['pænlɪŋ] s. rivestimento m. a pannelli

pang [pæŋ] s. dolore m. acuto, fitta f. ◆ **pangs of hunger** morsi della fame

panic ['pænɪk] **A** agg. panico, dettato dal panico **B** s. **1** panico m., terrore m. **2** (fam.) fretta f. **3** (fam.) spasso m. ◆ **p.-stricken** in preda al panico

to panic ['pænɪk] (pass. e p. p. **panicked**) **A** v. tr. **1** gettare il panico tra **2** (fam.) divertire (il pubblico) **B** v. intr. essere in preda al panico

panicky ['pænɪkɪ] agg. (fam.) in preda al panico

panicle ['pænɪkl] s. pannocchia f.

panning ['pænɪŋ] s. (cine.) panoramica f.

panorama [ˌpænəˈrɑːmə] s. paesaggio m.

panoramic [ˌpænəˈræmɪk] agg. panoramico

pansy ['pænzɪ] s. viola f. del pensiero

pantagruelian [ˌpæntəgruːˈelɪən] agg. pantagruelico

pantheism ['pænθiːɪz(ə)m] s. panteismo m.

panther ['pænθər] s. pantera f.

panties ['pæntɪz] s. pl. mutandine f. pl. (da bambino o da donna)

pantihose ['pæntɪhəʊz] s. (USA) collant m. inv.

pantomime ['pæntəmaɪm] s. pantomima f.

pantry ['pæntrɪ] s. dispensa f.

pants [pænts] s. pl. 1 mutande f. pl. 2 (USA) pantaloni m. pl.

pap [pæp] s. pappa f.

papa [pə'pɑː] s. (fam.) papà m.

papacy ['peɪpəsɪ] s. papato m.

papal ['peɪp(ə)l] agg. papale, pontificio

paper ['peɪpər] s. 1 carta f. 2 documento m. 3 prova f. scritta, composizione f. 4 saggio m., relazione f. 5 giornale m. ♦ **heap of p.** scartoffia; **morning p.** giornale del mattino; **p. knife** tagliacarte; **p. mill** cartiera; **p. money** cartamoneta; **sheet of p.** foglio di carta; **toilet p.** carta igienica; **writing p.** carta da lettere

paperback ['peɪpəbæk] s. paperback m. inv., libro m. in brossura

paperweight ['peɪpəweɪt] s. fermacarte m. inv.

paperwork ['peɪpəwɜːk] s. lavoro m. d'ufficio

papier maché [ˌpæpjeɪ'mɑːʃeɪ] s. cartapesta f.

papism ['peɪpɪz(ə)m] s. papismo m.

paprika ['pæprɪkə] s. paprica f., pepe m. rosso

papyrus [pə'paɪərəs] s. papiro m.

par [pɑːr] s. parità f., pari f. ♦ **on a p. with** alla pari con

parable ['pærəbl] s. parabola f. (racconto)

parabola [pə'ræbələ] s. (geom.) parabola f.

parachute ['pærəʃuːt] s. paracadute m. inv.

parade [pə'reɪd] s. 1 parata f., mostra f. 2 sfilata f., rivista f.

to parade [pə'reɪd] v. tr. 1 passare in rivista 2 ostentare

paradise ['pærədaɪs] s. paradiso m.

paradox ['pærədɒks] s. paradosso m.

paradoxical [ˌpærə'dɒksɪk(ə)l] agg. paradossale

paraffin ['pærəfɪ(ː)n] s. paraffina f.

paragon ['pærəgən] s. esemplare m., modello m.

paragraph ['pærəgrɑːf] s. 1 paragrafo m. 2 capoverso m. 3 trafiletto m.

parallel ['pærəlel] A agg. parallelo B s. 1 (geom.) parallela f. 2 (geogr.) parallelo m.

parallelepiped [ˌpærə,lelə'paɪped] s. parallelepipedo m.

parallelism ['pærəleliz(ə)m] s. parallelismo m.

to paralyse ['pærəlaɪz] (USA **paralyze**) v. tr. paralizzare

paralysis [pə'rælɪsɪs] s. paralisi f.

parameter [pə'ræmɪtər] s. parametro m.

paramount ['pærəmaʊnt] agg. supremo, primario

paranoia [ˌpærə'nɔɪə] s. paranoia f.

paranoid ['pærə,nɔɪd] A agg. paranoide B s. paranoico m.

parapet ['pærəpɪt] s. parapetto m.

paraphernalia [ˌpærəfə'neɪljə] s. pl. 1 attrezzi m. pl., accessori m. pl. 2 oggetti m. pl. personali

paraphrase ['pærəfreɪz] s. parafrasi f.

parapsychology [ˌpærəsaɪ'kɒlədʒɪ] s. parapsicologia f.

parasite ['pærəsaɪt] s. parassita m.

parasol ['pærəsɒl] s. parasole m. inv.

paratrooper ['pærə,truːpər] s. (mil.) paracadutista m.

parcel ['pɑːsl] s. 1 pacco m., pacchetto m. 2 (comm.) partita f. 3 lotto m.

to parcel ['pɑːsl] v. tr. impacchettare

to parch [pɑːtʃ] v. tr. 1 essiccare 2 inaridire

parching ['pɑːtʃɪŋ] agg. bruciante

parchment ['pɑːtʃmənt] s. pergamena f.

pardon ['pɑːdn] s. 1 perdono m., scusa f. 2 (dir.) grazia f. ♦ **p.?** (per invitare a ripetere) prego?; **I beg your p.!** mi scusi!

to pardon ['pɑːdn] v. tr. 1 perdonare, scusare 2 (dir.) graziare

pardonable ['pɑːdnəbl] agg. perdonabile

parent ['peərənt] s. genitore m.

parenthesis [pə'renθɪsɪs] (pl. **parentheses**) s. parentesi f.

paresis [pə'riːsɪs] s. paresi f.

parish ['pærɪʃ] s. 1 parrocchia f. 2 distretto m. rurale ♦ **p. priest** parroco

Parisian [pə'rɪʒən] agg. e s. parigino m.

parity ['pærɪtɪ] s. parità f.

park [pɑːk] s. parco m.

to park [pɑːk] v. tr. e intr. parcheggiare

parking ['pɑːkɪŋ] s. parcheggio m., posteggio m. ♦ **no p.** divieto di sosta; **p. meter** parchimetro; **p. place** posto macchina

parlance ['pɑːləns] s. parlata f., linguaggio m.

parliament ['pɑːləmənt] s. parlamento m.

parliamentary [ˌpɑːlə'ment(ə)rɪ] agg. parlamentare

parlour ['pɑːlər] (USA **parlor**) s. 1 salotto m. 2 parlatorio m. 3 (USA) salone m., istituto m. ♦ **beauty p.** istituto di bellezza

parochial [pə'rəʊkjəl] agg. 1 parrocchiale 2 (spreg.) provinciale

parochialism [pə'rəʊkjəliz(ə)m] s. (spreg.) provincialismo m.

parody ['pærədɪ] s. parodia f.

parole [pə'rəʊl] s. 1 parola f. d'onore 2 parola f. d'ordine

paroxysmal [ˌpærək'sɪzməl] agg. parossistico

parquet ['pɑːkeɪ] s. parquet m. inv.

parricide ['pærɪsaɪd] s. 1 parricidio m. 2 parricida m. e f.

parrot ['pærət] s. pappagallo m.

to parry ['pærɪ] v. tr. parare, schivare

parsimonious [ˌpɑːsɪ'məʊnjəs] agg. parsimonioso

parsley ['pɑːslɪ] s. prezzemolo m.

parsnip ['pɑːsnɪp] s. pastinaca f.

parson ['pɑːsn] s. (anglicano) parroco m., (protestante) pastore m.

part [pɑːt] A agg. parziale B avv. parzialmente C s. 1 parte f. 2 (mecc.) pezzo m. 3 dispensa f., fascicolo m. 4 (USA) scriminatura f. ♦ **on my p.** da parte mia; **spare parts** pezzi di ricambio

to part [pɑːt] A v. tr. dividere, separare B v. intr. 1 dividersi, divergere 2 separarsi ♦ **to p. with st.** rinunciare a q.c.

to partake [pɑː'teɪk] (pass. **partook**, p. p. **partaken**) v. intr. prender parte

partial ['pɑːʃ(ə)l] agg. parziale

to participate [pɑːˈtɪsɪpeɪt] *v. intr.* partecipare
participation [pɑːˌtɪsɪˈpeɪʃ(ə)n] *s.* partecipazione *f.*
participle [ˈpɑːtsɪpl] *s.* participio *m.*
particle [ˈpɑːtɪkl] *s.* particella *f.*
particular [pəˈtɪkjʊləˈ] **A** *agg.* 1 particolare, speciale 2 preciso, accurato 3 esigente, meticoloso **B** *s.* 1 particolare *m.* 2 ragguaglio *m.*, informazione *f.*
particularity [pəˌtɪkjʊˈlærɪtɪ] *s.* particolarità *f.*
particularly [pəˈtɪkjʊləlɪ] *avv.* in particolare
parting [ˈpɑːtɪŋ] *s.* 1 distacco *m.*, partenza *f.*, separazione *f.* 2 scriminatura *f.* ♦ **p. visit** visita di congedo
partisan [ˌpɑːtɪˈzæn] *agg. e s.* partigiano *m.*
partition [pɑːˈtɪʃ(ə)n] *s.* 1 partizione *f.*, divisione *f.* 2 tramezzo *m.*
partly [ˈpɑːtlɪ] *avv.* parzialmente
partner [ˈpɑːtnəˈ] *s.* socio *m.*, compagno *m.*, partner *m. e f. inv.*
partnership [ˈpɑːtnəʃɪp] *s.* società *f.*, associazione *f.*
partridge [ˈpɑːtrɪdʒ] *s.* pernice *f.*
party [ˈpɑːtɪ] *s.* 1 partito *m.*, fazione *f.* 2 gruppo *m.*, squadra *f.*, comitiva *f.* 3 festa *f.*, ricevimento *m.* 4 (*dir.*) parte *f.* (in causa) ♦ **p. dress** abito da sera
pass (1) [pɑːs] *s.* passo *m.*, valico *m.*
pass (2) [pɑːs] *s.* 1 passaggio *m.* 2 lasciapassare *m.*, permesso *m.* 3 biglietto *m.* gratuito 4 tessera *f.*, abbonamento *m.*
to pass [pɑːs] **A** *v. tr.* 1 passare, oltrepassare, superare 2 dare, porgere 3 promuovere 4 trascorrere **B** *v. intr.* 1 passare, andare oltre 2 finire 3 trascorrere 4 accadere 5 essere promosso ♦ **to p. away** morire; **to p. by** passare vicino, trascurare; **to p. over** trascurare, lasciarsi sfuggire
passable [ˈpɑːsəbl] *agg.* 1 transitabile 2 passabile
passage [ˈpæsɪdʒ] *s.* 1 passaggio *m.*, varco *m.* 2 corridoio *m.* 3 tragitto *m.*, traversata *f.* 4 brano *m.*
passbook [ˈpɑːsbʊk] *s.* libretto *m.* di risparmio
passenger [ˈpæsɪn(d)ʒəˈ] *s.* passeggero *m.*, viaggiatore *m.*
passer-by [ˌpɑːsəˈbaɪ] (*pl.* **passers-by**) *s.* passante *m.*
passing [ˈpɑːsɪŋ] **A** *agg.* 1 passante, passeggero, di passaggio 2 casuale, incidentale **B** *s.* 1 passaggio *m.* 2 trapasso *m.*, morte *f.* ♦ **in p.** incidentalmente; **p. bell** campana a morto
passion [ˈpæʃ(ə)n] *s.* passione *f.*
passional [ˈpæʃənl] *agg.* passionale
passionate [ˈpæʃənɪt] *agg.* appassionato
passionflower [ˈpæʃ(ə)nˌflaʊəˈ] *s.* passiflora *f.*
passive [ˈpæsɪv] *agg.* passivo
Passover [ˈpɑːsˌəʊvəˈ] *s.* Pasqua *f.* ebraica
passport [ˈpɑːspɔːt] *s.* passaporto *m.*
password [ˈpɑːswɜːd] *s.* parola *f.* d'ordine
past [pɑːst] **A** *agg.* 1 passato, trascorso 2 (*gramm.*) passato **B** *s.* passato *m.* **C** *avv.* presso, accanto, oltre **D** *prep.* dopo, oltre ♦ **to go p.** passare
pasta [ˈpæstə] *s.* pasta *f.*, pastasciutta *f.*
paste [peɪst] *s.* 1 pasta *f.* 2 colla *f.* ♦ **tooth p.** dentifricio
pastel [ˈpæstəl] *s.* pastello *m.*
to pasteurize [ˈpæstəraɪz] *v. tr.* pastorizzare
pastille [ˈpæstiːl] *s.* pastiglia *f.*

pastime [ˈpɑːstaɪm] *s.* passatempo *m.*
pastor [ˈpɑːstəˈ] *s.* pastore *m.*
pastoral [ˈpɑːst(ə)r(ə)l] *agg.* pastorale
pastry [ˈpeɪstrɪ] *s.* 1 pasta *f.* (*per dolci*) 2 pasticcino *m.* ♦ **p. shop** pasticceria *f.*; **puff p.** pasta sfoglia
pasture [ˈpɑːstʃəˈ] *s.* pascolo *m.*
pasty (1) [ˈpeɪstɪ] *agg.* pastoso
pasty (2) [ˈpæstɪ] *s.* (*cuc.*) pasticcio *m.* di carne
to pat [pæt] **A** *v. tr.* dare un buffetto, accarezzare **B** *v. intr.* tamburellare
patch [pætʃ] *s.* 1 toppa *f.* 2 macchia *f.* 3 benda *f.*
to patch [pætʃ] *v. tr.* rattoppare, aggiustare ♦ **to p. up** appianare
patchwork [ˈpætʃwɜːk] *s.* patchwork *m. inv.*
patchy [ˈpætʃɪ] *agg.* 1 rappezzato 2 chiazzato, a macchie 3 irregolare
paté [ˈpæteɪ] *s.* paté *m. inv.*
patent [ˈpeɪt(ə)nt] **A** *agg.* 1 manifesto, palese 2 patentato, brevettato 3 (*fam.*) ingegnoso **B** *s.* brevetto *m.*
to patent [ˈpeɪt(ə)nt] *v. tr.* brevettare
paternal [pəˈtɜːnl] *agg.* paterno
paternalism [pəˈtɜːn(ə)lɪz(ə)m] *s.* paternalismo *m.*
paternity [pəˈtɜːnɪtɪ] *s.* paternità *f.*
path [pɑːθ] *s.* 1 sentiero *m.* 2 via *f.*, strada *f.* 3 traiettoria *f.* 4 (*inf.*) percorso *m.*, path *m. inv.*
pathetic [pəˈθetɪk] *agg.* patetico
pathologic(al) [ˌpæθəˈlɒdʒɪk((ə)l)] *agg.* patologico
pathology [pəˈθɒlədʒɪ] *s.* patologia *f.*
pathos [ˈpeɪθɒs] *s.* pathos *m.*
pathway [ˈpɑːθˌweɪ] *s.* sentiero *m.*
patience [ˈpeɪʃ(ə)ns] *s.* 1 pazienza *f.* 2 (*con le carte*) solitario *m.*
patient [ˈpeɪʃ(ə)nt] *agg. e s.* paziente *m. e f.*
patina [ˈpætɪnə] *s.* patina *f.*
patriarch [ˈpeɪtrɪɑːk] *s.* patriarca *m.*
patriarchate [ˈpeɪtrɪɑːkɪt] *s.* patriarcato *m.*
patrician [pəˈtrɪʃ(ə)n] *agg.* patrizio
patrimonial [ˌpætrɪˈməʊnjəl] *agg.* patrimoniale
patrimony [ˈpætrɪmənɪ] *s.* patrimonio *m.*
patriot [ˈpeɪtrɪət] *s.* patriota *m. e f.*
patriotic [ˌpætrɪˈɒtɪk] *agg.* patriottico
patriotism [ˈpætrɪətɪz(ə)m] *s.* patriottismo *m.*
patrol [pəˈtrəʊl] *s.* 1 pattuglia *f.*, ronda *f.* 2 perlustrazione *f.*, pattugliamento *m.* ♦ **p. boat** vedetta della guardia costiera; **p. car** auto della polizia; **to be on p.** essere di pattuglia
patron [ˈpeɪtr(ə)n] *s.* 1 patrono *m.*, protettore *m.*, mecenate *m.* 2 cliente *m. e f.* (abituale)
patronage [ˈpætrənɪdʒ] *s.* 1 patrocinio *m.*, mecenatismo *m.*, protezione *f.* 2 clientela *f.*
to patronize [ˈpætrənaɪz] *v. tr.* 1 patrocinare 2 trattare con condiscendenza 3 essere cliente abituale di
patronymic [ˌpætrəˈnɪmɪk] *s.* patronimico *m.*
patter [ˈpætəˈ] *s.* picchiettio *m.*
to patter [ˈpætəˈ] *v. intr.* 1 picchiettare 2 sgambettare
pattern [ˈpætən] *s.* 1 modello *m.*, campione *m.* 2 motivo *m.*, disegno *m.*
paunch [ˈpɔːn(t)ʃ] *s.* pancione *m.*
pauper [ˈpɔːpəˈ] *s.* povero *m.*
pause [pɔːz] *s.* pausa *f.*, sosta *f.*, tregua *f.*
to pause [pɔːz] *v. intr.* fare una pausa

to pave [peɪv] *v. tr.* **1** (*una strada*) pavimentare, lastricare **2** (*fig.*) aprire la strada
pavement ['peɪvmənt] *s.* **1** selciato *m.* **2** marciapiede *m.*
pavilion [pə'vɪljən] *s.* padiglione *m.*
paving ['peɪvɪŋ] *s.* pavimentazione *f.*, selciato *m.*
paw [pɔ:] *s.* zampa *f.*
pawn (1) [pɔ:n] *s.* pegno *m.*, garanzia *f.*
pawn (2) [pɔ:n] *s.* pedina *f.*, (*scacchi*) pedone *m.*
to pawn [pɔ:n] *v. tr.* impegnare, dare in pegno
pay [peɪ] *s.* paga *f.*, compenso *m.* ♦ **p. packet** (*USA* **p. envelope**) busta paga
to pay [peɪ] (*pass. e p. p.* **paid**) **A** *v. tr.* **1** pagare, compensare **2** rendere, fruttare **3** fare, rendere **B** *v. intr.* **1** pagare **2** essere vantaggioso, convenire ♦ **to p. attention** prestare attenzione; **to p. back** ripagare; **to p. in** versare; **to p. off** saldare, liquidare; **to p. up** saldare
payable ['peɪəbl] *agg.* pagabile
payee [peɪ'i:] *s.* beneficiario *m.*
payment ['peɪmənt] *s.* pagamento *m.* ♦ **p. in full** saldo; **terms of p.** condizioni di pagamento
payroll ['peɪrəʊl] *s.* libro *m.* paga
pea [pi:] *s.* pisello *m.*
peace [pi:s] *s.* pace *f.*
peaceful ['pi:sf(ʊ)l] *agg.* pacifico, tranquillo
peach [pi:tʃ] *s.* pesca *f.* (*frutto*)
peacock [pi:kɒk] *s.* pavone *m.*
peak [pi:k] **A** *s.* **1** vetta *f.*, picco *m.* **2** punta *f.* **3** visiera *f.* **4** massimo *m.* **B** *agg.* di punta, massimo ♦ **p. hours** ore di punta
peal [pi:l] *s.* **1** scampanio *m.* **2** scoppio *m.*, scroscio *m.*
peanut ['pi:nʌt] *s.* arachide *f.*
pear [peər] *s.* pera *f.*
pearl [pɜ:l] *s.* perla *f.*
pearly ['pɜ:lɪ] *agg.* perlaceo
peasant ['pez(ə)nt] *s.* contadino *m.*
peat [pi:t] *s.* torba *f.*
pebble ['pebl] *s.* ciottolo *m.*
peck [pek] *s.* **1** beccata *f.*, colpo *m.* di becco **2** (*fam.*) bacetto *m.*
to peck [pek] *v. tr. e intr.* beccare
peckish ['pekɪʃ] *s.* (*fam.*) languorino *m.*
peculiar [pɪ'kju:lɪər] *agg.* **1** peculiare **2** strano, insolito
peculiarity [pɪ,kju:lɪ'ærɪtɪ] *s.* **1** peculiarità *f.* **2** stranezza *f.*
pedagogy ['pedəgɒgɪ] *s.* pedagogia *f.*
pedal ['pedl] *s.* pedale *m.*
to pedal ['pedl] *v. intr.* pedalare
pedant ['ped(ə)nt] *s.* pedante *m. e f.*, pignolo *m.*
pedantic [pɪ'dæntɪk] *agg.* pedante
pedantry ['ped(ə)ntrɪ] *s.* pedanteria *f.*
to peddle ['pedl] **A** *v. intr.* fare il venditore ambulante **B** *v. tr.* **1** (*di ambulante*) vendere al minuto **2** (*droga*) spacciare
pedestal ['pedɪstl] *s.* piedistallo *m.*
pedestrian [pɪ'destrɪən] **A** *agg.* **1** che va a piedi **2** pedestre **B** *s.* pedone *m.* ♦ **p. crossing** passaggio pedonale
pedicure ['pedɪkjʊər] *s.* pedicure *m. e f. inv.*
pedigree ['pedɪgri:] *s.* **1** albero *m.* genealogico **2** li-

gnaggio *m.* **3** pedigree *m. inv.*
pediment ['pedɪmənt] *s.* (*arch.*) frontone *m.*
pee [pi:] *s.* (*fam.*) pipì *f.*
to pee [pi:] *v. intr.* (*fam.*) fare pipì
to peek [pi:k] *v. intr.* sbirciare
peel [pi:l] *s.* buccia *f.*, scorza *f.*
to peel [pi:l] **A** *v. tr.* pelare, sbucciare **B** *v. intr.* spellarsi, sbucciarsi, squamarsi
peep (1) [pi:p] *s.* sbirciata *f.*
peep (2) [pi:p] *s.* pigolio *m.*, squittio *m.*
to peep (1) [pi:p] *v. intr.* **1** sbirciare, occhieggiare **2** fare capolino, spuntare ♦ **to p. at st.** guardare furtivamente q.c.
to peep (2) [pi:p] *v. intr.* pigolare, squittire
peephole ['pi:phəʊl] *s.* spioncino *m.*
peer [pɪər] *s.* **1** pari *m.*, persona *f.* di pari rango **2** (*membro della Camera dei Lord*) Pari *m.*
to peer [pɪər] *v. intr.* **1** far capolino, spuntare **2** scrutare
peerless ['pɪəlɪs] *agg.* impareggiabile
peeved [pi:vd] *agg.* (*fam.*) irritato
peevish ['pi:vɪʃ] *agg.* irritabile, permaloso
peg [peg] *s.* **1** piolo *m.*, picchetto *m.* **2** attaccapanni *m. inv.* **3** (*per bucato*) molletta *f.* **4** (*fig.*) appiglio *m.*, pretesto *m.*
pejorative [pɪ'dʒɒrətɪv] *agg.* peggiorativo
pelican ['pelɪkən] *s.* pellicano *m.* ♦ **p. crossing** attraversamento pedonale con semaforo a controllo manuale
pellet ['pelɪt] *s.* **1** pallina *f.* **2** pallottola *f.* **3** pillola *f.*
pelt (1) [pelt] *s.* pelle *f.* non conciata
pelt (2) [pelt] *s.* colpo *m.* (*di proiettile, sasso e sim.*) ♦ **at full p.** a tutta velocità
to pelt [pelt] **A** *v. tr.* colpire (*con proiettili, sassi e sim.*) **B** *v. intr.* scrosciare, piovere a dirotto
pelvis ['pelvɪs] *s.* pelvi *f.*, bacino *m.*
pen (1) [pen] *s.* penna *f.* ♦ **ballpoint p.** penna a sfera; **fountain p.** stilografica; **p. friend/p. pal** amico di penna; **p. name** pseudonimo; **quill p.** penna d'oca
pen (2) [pen] *s.* recinto *m.* (*per animali*)
penal ['pi:nl] *agg.* penale
to penalize ['pi:nəlaɪz] *v. tr.* penalizzare
penalty ['pen(ə)ltɪ] *s.* penalità *f.*, ammenda *f.*, punizione *f.* ♦ **p. kick** calcio di rigore
penance ['penəns] *s.* penitenza *f.*
pence [pens] *pl. di* **penny**
pencil ['pensl] *s.* matita *f.* ♦ **p. case** portamatite; **p. sharpener** temperamatite
pendant ['pendənt] *s.* pendente *m.*, ciondolo *m.*
pending ['pendɪŋ] **A** *agg.* **1** pendente, in sospeso **2** imminente **B** *prep.* **1** durante **2** fino a, in attesa di
pendular ['pendjʊlər] *agg.* pendolare
pendulum ['pendjʊləm] *s.* pendolo *m.*
to penetrate ['penɪtreɪt] **A** *v. tr.* **1** penetrare **2** pervadere, permeare **3** comprendere **B** *v. intr.* **1** penetrare, introdursi **2** capire
penetration [,penɪ'treɪʃ(ə)n] *s.* penetrazione *f.*
penguin ['peŋgwɪn] *s.* pinguino *m.*
penicillin [,penɪ'sɪlɪn] *s.* penicillina *f.*
peninsula [pɪ'nɪnsjʊlə] *s.* penisola *f.*

peninsular [pɪ'nɪnsjulə'] agg. peninsulare

penis ['piːnɪs] s. pene m.

penitence ['penɪt(ə)ns] s. penitenza f., pentimento m.

penitent ['penɪt(ə)nt] agg. e s. penitente m. e f.

penitentiary [ˌpenɪ'tenʃərɪ] s. (USA) penitenziario m.

penknife ['pennaɪf] s. temperino m.

pennant ['penənt] s. **1** pennone m. **2** bandierina f.

penny ['penɪ] s. (pl. **pennies** o **pence**) **1** un centesimo m. di sterlina **2** (USA) centesimo m.

pensile ['pensaɪl] agg. pensile

pension ['penʃ(ə)n] s. pensione f.

pensioner ['penʃənə'] s. pensionato m.

pensive ['pensɪv] agg. pensieroso

pentagon ['pentəgən] s. pentagono m.

pentagonal [pen'tægən(ə)l] agg. pentagonale

Pentecost ['pentɪkɒst] s. pentecoste f.

penthouse ['penthaus] s. attico m.

pent up ['pent ʌp] agg. **1** rinchiuso **2** represso

penultimate [pɪ'nʌltɪmɪt] agg. penultimo

penury ['penjurɪ] s. penuria f., miseria f.

peony ['piːənɪ] s. peonia f.

people ['piːpl] s. **1** popolo m., gente f. **2** (pl. collettivo) persone f. pl., folla f. ♦ **a lot of p.** un mucchio di gente; **p. say** si dice

to people ['piːpl] v. tr. popolare

pep [pep] s. (fam.) energia f., vigore m.

to pep [pep] v. tr. (fam.) **to p. up** stimolare, vivacizzare

peplos ['pɒpləs] s. peplo m.

pepper ['pepə'] s. **1** pepe m. **2** peperone m. ♦ **p. mill** macinapepe; **red p.** peperoncino

to pepper ['pepə'] v. tr. **1** pepare **2** cospargere di **3** mitragliare, tempestare

peppermint ['pepəmɪnt] s. **1** menta f. piperita **2** caramella f. di menta

peppery ['pepərɪ] agg. pepato

peppy ['pepɪ] agg. (fam.) energico, vigoroso

per [pɑ(ː)r] prep. **1** per, per mezzo di, attraverso **2** per, ogni, a ♦ **p. capita** pro capite; **p. cent** per cento; **p. hour** all'ora

to perceive [pə'siːv] v. tr. **1** percepire **2** accorgersi

percent [pə'sent] agg. e s. percentuale f.

percentage [pə'sentɪdʒ] s. percentuale f.

perceptible [pə'septəbl] agg. percettibile

perception [pə'sepʃ(ə)n] s. percezione f.

perceptive [pə'septɪv] agg. percettivo

perch (1) [pɜːtʃ] s. pertica f., bastone m.

perch (2) [pɜːtʃ] s. pesce m. persico

to perch [pɜːtʃ] v. intr. appollaiarsi

to percolate ['pɜːkəlent] v. tr. e intr. filtrare

percolator ['pɜːkəlentə'] s. **1** filtro m. **2** macchinetta f. per il caffè

percussion [pə'kʌʃ(ə)n] s. percussione f.

peregrination [ˌperɪgrɪ'neɪʃ(ə)n] s. peregrinazione f.

peremptory [pə'rem(p)t(ə)rɪ] agg. perentorio

perennial [pə'renjəl] agg. perenne

perfect ['pɜːfɪkt] A agg. perfetto B s. (gramm.) perfetto m.

to perfect [pə'fekt] v. tr. perfezionare

perfection [pə'fekʃ(ə)n] s. **1** perfezione f. **2** perfezionamento m.

perfectionism [pə'fekʃ(ə)nɪz(ə)m] s. perfezionismo m.

perfectionist [pə'fekʃ(ə)nɪst] s. perfezionista m. e f.

perfidious [pɜː'fɪdɪəs] agg. perfido

to perforate [pə:fərent] v. tr. forare

perforation [ˌpɜːfə'reɪʃ(ə)n] s. perforazione f., traforo m.

to perform [pə'fɔːm] A v. tr. **1** eseguire, compiere **2** (teatro) recitare, rappresentare B v. intr. **1** funzionare, comportarsi **2** (teatro) esibirsi, interpretare una parte

performance [pə'fɔːməns] s. **1** esecuzione f., rappresentazione f., spettacolo m. **2** prestazione f., rendimento m.

performer [pə'fɔːmə'] s. **1** artista m. e f., attore m., interprete m. e f. **2** esecutore m.

perfume ['pɜːfjuːm] s. profumo m. ♦ **p. shop** profumeria

to perfume [pə'fjuːm] v. tr. profumare

perfunctory [pə'fʌŋ(k)tərɪ] agg. superficiale, trascurato

pergola ['pɜːgələ] s. pergola f.

perhaps [pə'hæps] avv. forse, probabilmente

peril ['perɪl] s. pericolo m.

perimeter [pə'rɪmɪtə'] s. perimetro m.

perimetric(al) [ˌperɪ'metrɪk((ə)l)] agg. perimetrale

period ['pɪərɪəd] A s. **1** periodo m., epoca f. **2** (gramm.) frase f., periodo m. **3** (segno ortografico) punto m. **4** al pl. mestruazioni f. pl. B agg. d'epoca, caratteristico di un periodo

periodical [ˌpɪərɪ'ɒdɪk(ə)l] agg. periodico

periodicity [ˌpɪərɪə'dɪsɪtɪ] s. periodicità f.

peripheral [pə'rɪfərəl] A agg. **1** periferico **2** marginale B s. (inf.) (unità) periferica f.

periphrasis [pə'rɪfrəsɪs] s. perifrasi f.

periscope ['perɪskəup] s. periscopio m.

to perish ['perɪʃ] v. intr. **1** perire, morire **2** deperire, deteriorarsi

perishable ['perɪʃəbl] agg. deperibile, deteriorabile

peritonitis [ˌperɪtə'naɪtɪs] s. peritonite f.

perjury ['pɜːdʒ(ə)rɪ] s. spergiuro m.

to perk up [ˌpɜːk'ʌp] v. intr. rianimarsi, riprendersi

perky ['pɜːkɪ] agg. **1** vivace, allegro **2** baldanzoso

perm [pɜːm] s. (fam.) permanente f.

permanent ['pɜːmənənt] agg. permanente, stabile ♦ **p. wave** permanente

permeable ['pɜːmjəbl] agg. permeabile

to permeate ['pɜːmɪeɪt] A v. tr. permeare B v. intr. diffondersi, penetrare

permissible [pə'mɪsəbl] agg. ammissibile

permission [pə'mɪʃ(ə)n] s. permesso m.

permissive [pə'mɪsɪv] agg. **1** permissivo, tollerante **2** lecito

permit ['pɜːmɪt] s. permesso m., autorizzazione f.

to permit [pə'mɪt] v. tr. permettere, concedere

permutation [ˌpɜːmjuː'teɪʃ(ə)n] s. permuta f.

pernicious [pɜː'nɪʃəs] agg. pernicioso

perpendicular [ˌpɜːp(ə)n'dɪkjulə'] agg. e s. perpendicolare f.

perpetual [pə'petjuəl] agg. perpetuo

to perplex [pə'pleks] v. tr. **1** rendere perplesso **2** complicare

perplexed [pə'plɛkst] *agg.* 1 perplesso 2 complicato
perplexity [pə'plɛksɪtɪ] *s.* 1 perplessità *f.* 2 complicazione *f.*
to persecute ['pɜːsɪkjuːt] *v. tr.* perseguitare, molestare
persecution [ˌpɜːsɪ'kjuːʃ(ə)n] *s.* persecuzione *f.*
perseverance [ˌpɜːsɪ'vɪərəns] *s.* perseveranza *f.*
to persevere [ˌpɜːsɪ'vɪəʳ] *v. intr.* perseverare ♦ **to p. in doing st.** insistere nel fare q.c.
Persian ['pɜːʃ(ə)n] *agg. e s.* persiano *m.*
to persist [pə'sɪst] *v. intr.* 1 persistere, continuare 2 ostinarsi
persistent [pə'sɪst(ə)nt] *agg.* persistente
person ['pɜːsn] *s.* persona *f.* ♦ **in p.** personalmente
personage ['pɜːsnɪdʒ] *s.* personaggio *m.*
personal ['pɜːsnl] *agg.* personale
personality [ˌpɜːsə'nælɪtɪ] *s.* 1 personalità *f.* 2 personaggio *m.* 3 *al pl.* osservazioni *f. pl.* di carattere personale
to personalize ['pɜːs(ə)nəlaɪz] *v. tr.* personalizzare
personification [pɜːˌsɒnɪfɪ'keɪʃ(ə)n] *s.* personificazione *f.*
to personify [pɜː'sɒnɪfaɪ] *v. tr.* personificare
personnel [ˌpɜːsə'nɛl] *s.* personale *m.*
perspective [pə'spɛktɪv] **A** *agg.* prospettico **B** *s.* prospettiva *f.*
perspicacity [ˌpɜːspɪ'kæsɪtɪ] *s.* perspicacia *f.*, sagacia *f.*
perspiration [ˌpɜːspə'reɪʃ(ə)n] *s.* sudore *m.*, sudorazione *f.*
to perspire [pə'spaɪəʳ] *v. intr.* sudare
to persuade [pə'sweɪd] *v. tr.* persuadere
persuasion [pə'sweɪʒ(ə)n] *s.* persuasione *f.*, convincimento *m.*
persuasive [pə'sweɪsɪv] *agg.* persuasivo
pert [pɜːt] *agg.* impertinente
to pertain [pə'teɪn] *v. intr.* essere di pertinenza, spettare
pertinent ['pɜːtɪnənt] *agg.* pertinente, relativo
to perturb [pə'tɜːb] *v. tr.* turbare, sconvolgere
perturbation [ˌpɜːtɜː'beɪʃ(ə)n] *s.* perturbazione *f.*, turbamento *m.*
to peruse [pə'ruːz] *v. tr.* 1 leggere attentamente 2 esaminare
to pervade [pɜː'veɪd] *v. tr.* pervadere
pervasive [pɜː'veɪsɪv] *agg.* penetrante
perverse [pə'vɜːs] *agg.* perverso, iniquo
perversion [pə'vɜːʃ(ə)n] *s.* perversione *f.*
pervert ['pɜːvɜːt] *s.* pervertito *m.*
to pervert [pə'vɜːt] *v. tr.* pervertire, corrompere
pessimism ['pɛsɪmɪz(ə)m] *s.* pessimismo *m.*
pessimist ['pɛsɪmɪst] *s.* pessimista *m. e f.*
pessimistic [ˌpɛsɪ'mɪstɪk] *agg.* pessimistico
pest [pɛst] *s.* 1 insetto *m.* nocivo 2 pianta *f.* infestante 3 persona *f.* fastidiosa
to pester ['pɛstəʳ] *v. tr.* seccare, importunare
pestiferous [pɛs'tɪf(ə)rəs] *agg.* pestifero
pestilence ['pɛstɪləns] *s.* pestilenza *f.*
pet [pɛt] *s.* 1 animale *m.* domestico 2 beniamino *m.* ♦ **p. name** vezzeggiativo
to pet [pɛt] **A** *v. tr.* 1 coccolare 2 *(fam.)* pomiciare con **B** *v. intr. (fam.)* pomiciare

petal ['pɛtl] *s.* petalo *m.*
petard [pɒ'tɑːd] *s.* petardo *m.*
to peter ['piːtəʳ] *v. intr. (fam.)* **to p. out** esaurirsi estinguersi
petition [pɪ'tɪʃən] *s.* 1 petizione *f.*, supplica *f.* 2 *(dir.)* ricorso *m.*
petrified ['pɛtrɪfaɪd] *agg.* 1 pietrificato 2 impietrito
to petrify ['pɛtrɪfaɪ] *v. intr.* 1 pietrificarsi 2 impietrirsi
petrol ['pɛtr(ə)l] *s.* benzina *f.* ♦ **p. station** stazione di servizio; **p. tank** serbatoio della benzina
petroleum [pɪ'trəʊljəm] *s.* petrolio *m.* ♦ **crude p.** petrolio grezzo
petticoat ['pɛtɪkəʊt] *s.* sottoveste *f.*
pettifogger ['pɛtɪfɒgəʳ] *s.* leguleio *m.*
petty ['pɛtɪ] *agg.* 1 piccolo, insignificante 2 meschino 3 subalterno, subordinato ♦ **p. officer** sottufficiale di marina
petulance ['pɛtjʊləns] *s.* petulanza *f.*
petulant ['pɛtjʊlənt] *agg.* petulante, irritabile
pew [pjuː] *s. (di chiesa)* panca *f.*
pewter ['pjuːtəʳ] *s.* peltro *m.*
phagocyte ['fægəʊsaɪt] *s. (biol.)* fagocita *m.*
phalanstery ['fælənst(ə)rɪ] *s.* falansterio *m.*
phalanx ['fælæŋks] *s.* falange *f.*
phallic ['fælɪk] *agg.* fallico
phallus ['fæləs] *s.* fallo *m.*
phantom ['fæntəm] *s.* fantasma *m.*
pharaonic [feə'rɒnɪk] *agg.* faraonico
pharmaceutic(al) [ˌfɑːmə'sjuːtɪk((ə)l)] **A** *agg.* farmaceutico **B** *s.* farmaco *m.*
pharmacy ['fɑːməsɪ] *s.* farmacia *f.*
pharyngitis [ˌfærɪn'dʒaɪtɪs] *s.* faringite *f.*
pharynx ['færɪŋks] *s.* faringe *f.*
phase [feɪz] *s.* fase *f.* ♦ **p. displacement** *(elettr.)* sfasamento
pheasant ['fɛznt] *s.* fagiano *m.*
phenomena [fɪ'nɒmɪnə] *pl. di* **phenomenon**
phenomenal [fɪ'nɒmɪnl] *agg.* fenomenale
phenomenon [fɪ'nɒmɪnən] *(pl.* **phenomena)** *s.* fenomeno *m.*
philanthropic(al) [ˌfɪlən'θrɒpɪk((ə)l)] *agg.* filantropico
philanthropist [fɪ'lænθrəpɪst] *s.* filantropo *m.*
philanthropy [fɪ'lænθrəpɪ] *s.* filantropia *f.*
philatelic(al) [ˌfɪlə'tɛlɪk((ə)l)] *agg.* filatelico
philately [fɪ'lætəlɪ] *s.* filatelia *f.*
philharmonic [ˌfɪlɑː'mɒnɪk] *agg. e s.* filarmonica *f.*
Philippine ['fɪlɪpiːn] *agg.* filippino
philology [fɪ'lɒlədʒɪ] *s.* filologia *f.*
philosopher [fɪ'lɒsəfəʳ] *s.* filosofo *m.*
philosophic(al) [ˌfɪlə'sɒfɪk((ə)l)] *agg.* filosofico
philosophy [fɪ'lɒsəfɪ] *s.* filosofia *f.*
phlebitis [flɪ'baɪtɪs] *s.* flebite *f.*
phleboclysis ['flɛbəʊ(ʊ)ˌklaɪsɪs] *s.* fleboclisi *f.*
phlegm [flɛm] *s.* 1 *(med.)* muco *m.* 2 flemma *f.*, sangue *m.* freddo
phlegmatic [flɛg'mætɪk] *agg.* flemmatico
phlogosis [flə'gəʊsɪs] *s.* flogosi *f.*
phobia ['fəʊbjə] *s.* fobia *f.*
Phoenician [fɪ'niːʃ(ɪ)ən] *agg. e s.* fenicio *m.*
phone [fəʊn] *s.* telefono *m.* ♦ **p. book** elenco tele

fonico; **p. booth/box** cabina telefonica; **to be on the p.** essere al telefono

to phone [fəʊn] v. tr. e intr. telefonare ♦ **to p. back** richiamare; **to p. in** comunicare per telefono; **to p. up** telefonare

phonetic [fəʊ'netik] agg. fonetico

phonetics [fəʊ'netiks] s. pl. (v. al sing.) fonetica f.

phoney ['fəʊni] A agg. (fam.) falso, fasullo B s. 1 cosa f. falsa 2 impostore m.

phosphorescent [,fɒsfə'resənt] agg. fosforescente

phosphorus ['fɒsfərəs] s. fosforo m.

photo ['fəʊtəʊ] s. fotografia f.

photocell ['fəʊtəsel] s. fotocellula f.

photocopier ['fəʊtəʊ,kɒpiə] s. fotocopiatrice f.

photocopy ['fəʊtəʊ,kɒpi] s. fotocopia f.

to photocopy ['fəʊtəʊ,kɒpi] v. tr. fotocopiare

photogenic [,fəʊtəʊ'dʒenik] agg. fotogenico

photograph ['fəʊtəgrɑːf] s. fotografia f.

to photograph ['fəʊtəgrɑːf] v. tr. fotografare

photographer [fə'tɒgrəfə] s. fotografo m.

photographic [,fəʊtə'græfik] agg. fotografico

photography [fə'tɒgrəfi] s. fotografia f.

phrasal ['freiz(ə)l] agg. di locuzione, di frase ♦ **p. verb** verbo fraseologico

phrase [freiz] s. 1 locuzione f., espressione f., frase f. fatta 2 (mus.) frase f.

phraseological [,freizɪə'lɒdʒɪk(ə)l] agg. fraseologico

physical ['fizik(ə)l] agg. fisico

physician [fɪ'zɪʃ(ə)n] s. medico m.

physics ['fiziks] s. pl. (v. al sing.) fisica f.

physiognomist [,fizɪ'ɒnəmist] s. fisionomista m. e f.

physiological [,fizɪə'lɒdʒɪk(ə)l] agg. fisiologico

physiology [,fizɪ'ɒlədʒɪ] s. fisiologia f.

physiotherapist [,fizɪə(ʊ)'θerəpist] s. fisioterapista m. e f.

physiotherapy [,fizɪə(ʊ)'θerəpɪ] s. fisioterapia f.

physique [fɪ'ziːk] s. fisico m., corporatura f.

pianist ['pɪənɪst] s. pianista m. e f.

piano ['pjænəʊ] s. pianoforte m.

pick (1) [pɪk] s. 1 piccone m. 2 strumento m. appuntito

pick (2) [pɪk] s. 1 scelta f. 2 parte f. migliore

to pick [pɪk] A v. tr. 1 cogliere, raccogliere 2 togliere 3 scegliere 4 pulire, ripulire 5 perforare, grattare, scavare 6 rubare, borseggiare B v. intr. 1 piccconare 2 mangiucchiare, pilluccare ♦ **to p. at** sbocconcellare; **to p. on** prendersela con; **to p. out** scegliere, riconoscere; **to p. up** raccogliere, dare un passaggio, passare a prendere, imparare, acquistare

picket ['pɪkɪt] s. 1 piolo m., picchetto m. 2 (di scioperanti) picchetto m.

pickle ['pɪkl] s. 1 salamoia f. 2 sottaceti m. pl.

to pickle ['pɪkl] v. tr. mettere sotto aceto, conservare in salamoia

pickpocket ['pɪk,pɒkɪt] s. borseggiatore m.

picnic ['pɪknɪk] s. picnic m. inv.

pictorial [pɪk'tɔːrɪəl] agg. 1 illustrato 2 pittorico

picture ['pɪktʃə] s. 1 quadro m., immagine f., illustrazione f., disegno m. 2 fotogramma m., fotografia f. 3 ritratto m. 4 descrizione f. 5 situazione f., quadro m. 6 film m. inv., cinema m. ♦ **p. book** libro illustrato; **to be in the p.** essere informato

to picture ['pɪktʃə] v. tr. 1 dipingere, ritrarre, raffigurare 2 immaginare ♦ **to p. to oneself** immaginarsi

picturesque [,pɪktʃə'resk] agg. pittoresco

pie [paɪ] s. torta f., pasticcio m. ♦ **apple p.** torta di mele; **p. chart** diagramma a torta

piece [piːs] s. 1 pezzo m. 2 moneta f. 3 **a p. of** (seguito da s.) un, una ♦ **a p. of news** una notizia

to piece [piːs] v. tr. 1 unire, connettere 2 rappezzare ♦ **to p. together** mettere insieme

piecemeal ['piːsmiːl] A agg. frammentario B avv. pezzo per pezzo, un po' alla volta

piecework ['piːswɜːk] s. lavoro m. a cottimo

pier [pɪə] s. 1 banchina f., molo m. 2 (di ponte) pila f.

to pierce [pɪəs] v. tr. 1 forare, perforare 2 trafiggere ♦ **to p. through st.** penetrare attraverso q.c.

piercing ['pɪəsɪŋ] agg. penetrante, pungente

pig [pɪg] s. 1 maiale m., porco m. 2 (metall.) pane m. ♦ **Guinea p.** porcellino d'India; **sucking p.** maialino da latte

pigeon ['pɪdʒɪn] s. piccione m. ♦ **carrier p.** piccione viaggiatore; **p. house** piccionaia

pigeonhole ['pɪdʒɪnhəʊl] s. casella f.

piggery ['pɪgərɪ] s. porcile m., allevamento m. di suini

piggy ['pɪgɪ] s. porcellino m., maialino m. ♦ **p. bank** salvadanaio (a forma di porcellino)

pigheaded [,pɪg'hedɪd] agg. (fam.) caparbio

piglet ['pɪglɪt] s. porcellino m., maialino m.

pigment ['pɪgmənt] s. pigmento m.

pigmentation [,pɪgmən'teɪʃ(ə)n] s. pigmentazione f.

pigpen ['pɪgpen] s. (USA) porcile m.

pigskin ['pɪgskɪn] s. (pelle di) cinghiale m.

pigsty ['pɪgstaɪ] s. porcile m.

pigtail ['pɪgteɪl] s. 1 codino m. di maiale 2 treccia f.

pike [paɪk] s. luccio m.

pilchard ['pɪltʃəd] s. sardina f.

pile (1) [paɪl] s. 1 pila f., catasta f., mucchio m. 2 (fig.) grande quantità f. 3 (fis.) pila f.

pile (2) [paɪl] s. palo m., palafitta f., pilone m.

pile (3) [paɪl] s. (di tessuto) pelo m.

to pile [paɪl] A v. tr. ammucchiare, accatastare B v. intr. ammucchiarsi, affollarsi ♦ **to p. on** esagerare, aumentare; **to p. up** accumularsi, (di veicoli) tamponarsi

piles [paɪlz] s. pl. emorroidi f. pl.

pileup ['paɪlʌp] s. (fam.) tamponamento m. a catena

to pilfer ['pɪlfə] v. tr. e intr. rubacchiare

pilgrim ['pɪlgrɪm] s. pellegrino f.

pilgrimage ['pɪlgrɪmɪdʒ] s. pellegrinaggio m.

pill [pɪl] s. pillola f.

pillage ['pɪlɪdʒ] s. saccheggio m.

to pillage ['pɪlɪdʒ] v. tr. e intr. saccheggiare

pillager ['pɪlɪdʒə] s. saccheggiatore m.

pillar ['pɪlə] s. pilastro m., colonna f. ♦ **p. box** buca delle lettere

pillion ['pɪljən] s. sellino m. posteriore

to pillory ['pɪlərɪ] v. tr. mettere alla berlina

pillow ['pɪləʊ] s. guanciale m., cuscino m. ♦ **p. case** federa

pilot ['paɪlət] A s. pilota m. B agg. pilota, sperimenta-

le, di prova ♦ **p. book** portolano; **p. boat** pilotina
to pilot ['pailət] *v. tr.* pilotare
pimp [pimp] *s.* protettore *m.*, magnaccia *m.*
pimple ['pimpl] *s.* pustola *f.*, foruncolo *m.*
pin [pin] *s.* **1** spillo *m.* **2** perno *m.*, spinotto *m.*
to pin [pin] *v. tr.* puntare con spilli, fissare ♦ **to p. down** costringere; **to p. up** appendere con spilli
pinafore ['pinəfɔ] *s.* grembiulino *m.*
pinball ['pinbɔl] *s.* flipper *m. inv.*
pincers ['pinsəz] *s. pl.* pinze *f. pl.*, tenaglie *f. pl.*
pinch [pintʃ] *s.* **1** pizzico *m.*, pizzicotto *m.* **2** (*di sale, tabacco*) presa *f.* **3** stretta *f.*, morsa *f.*, angustia *f.*
to pinch [pintʃ] *v. tr.* **1** pizzicare, schiacciare **2** tormentare **3** lesinare **4** (*pop.*) rubare
pine [pain] *s.* pino *m.* ♦ **p. cone** pigna; **p. seed** pinolo; **p. wood** pineta
to pine [pain] *v. intr.* **1** struggersi, tormentarsi **2** anelare ♦ **to p. after st.** desiderare ardentemente q.c.; **to p. away** consumarsi dal dolore
pineapple ['painæpl] *s.* ananas *m. inv.*
ping [piŋ] *s.* sibilo *m.*
ping-pong ['piŋpɒŋ] *s.* ping-pong *m. inv.*
pink [piŋk] **A** *agg.* rosa **B** *s.* **1** (*color*) rosa *m.* **2** garofano *m.*
pinnacle ['pinəkl] *s.* pinnacolo *m.*
to pinpoint ['pinpɔint] *v. tr.* localizzare, indicare con esattezza
pint [paint] *s.* pinta *f.*
pioneer [paiə'niə] *s.* pioniere *m.*
pious ['paiəs] *agg.* **1** pio, devoto **2** ipocrita
pip (1) [pip] *s.* (*di frutto*) seme *m.*
pip (2) [pip] *s.* (*pop.*) malessere *m.*
pipe [paip] *s.* **1** tubo *m.*, condotto *m.*, conduttura *f.* **2** (*dell'organo*) canna *f.* **3** piffero *m.*, *al pl.* cornamusa *f.* **4** pipa *f.* ♦ **exhaust p.** tubo di scappamento; **p. dream** sogno irrealizzabile
to pipe [paip] **A** *v. intr.* **1** suonare il piffero (o la cornamusa) **2** fischiare **3** parlare (o cantare) con voce acuta **B** *v. tr.* **1** convogliare con tubazioni **2** suonare (con il piffero, la cornamusa) **3** dire con voce acuta ♦ **to p. down** tacere
pipeline ['paiplain] *s.* conduttura *f.* ♦ **oil p.** oleodotto
piper ['paipə] *s.* pifferaio *m.*, zampognaro *m.*
piping ['paipiŋ] **A** *s.* tubazioni *f. pl.* **B** *agg.* acuto, penetrante ♦ **p. hot** bollente
pique [pik] *s.* ripicca *f.*, puntiglio *m.*
piracy ['paiərəsi] *s.* pirateria *f.*
pirate ['paiərit] *agg. e s.* pirata *m.*
pisciculture ['pisikʌltʃə] *s.* piscicoltura *f.*
to piss [pis] *v. intr.* (*volg.*) pisciare
pissed [pist] *agg.* (*volg.*) sbronzo
pistachio [pis'tɑːʃiəu] *s.* pistacchio *m.*
pistol ['pistl] *s.* pistola *f.*
piston ['pistən] *s.* pistone *m.*
pit (1) [pit] *s.* **1** buca *f.*, fossa *f.* **2** cava *f.*, miniera *f.* **3** platea *f.*
pit (2) [pit] *s.* nocciolo *m.*, seme *m.*
to pit [pit] *v. tr.* **1** infossare **2** butterare **3** contrapporre ♦ **to p. against** aizzare contro, opporre
pitch (1) [pitʃ] *s.* **1** lancio *m.* **2** intonazione *f.*, tono *m.*

3 grado *m.*, punto *m.* **4** (*arch.*) altezza *f.* (*di arco*) **5** (*di elica*) passo *m.* **6** (*di carattere tipografico*) passo *m.*, pitch *m. inv.* **7** (*naut.*) beccheggio *m.* **8** campo *m.* da gioco
pitch (2) [pitʃ] *s.* pece *f.*
to pitch [pitʃ] **A** *v. tr.* **1** piantare, rizzare **2** lanciare **3** intonare, impostare **4** ingranare **5** pavimentare **B** *v. intr.* **1** accamparsi **2** cadere, stramazzare **3** (*naut.*) beccheggiare ♦ **pitched battle** battaglia campale; **to p. in** darci dentro
pitcher (1) ['pitʃə] *s.* brocca *f.*
pitcher (2) ['pitʃə] *s.* (*baseball*) lanciatore *m.*
pitchfork ['pitʃfɔk] *s.* forcone *m.*
piteous ['pitiəs] *agg.* pietoso, miserevole
pitfall ['pitfɔl] *s.* trappola *f.*
pith [piθ] *s.* **1** midollo *m.* **2** (*bot.*) albedo *f.* **3** (*fig.*) essenza *f.*
pithy ['piθi] *agg.* **1** conciso **2** vigoroso
pitiful ['pitif(u)l] *agg.* pietoso
pitiless ['pitilis] *agg.* spietato
pittance ['pit(ə)ns] *s.* paga *f.* (*esigua*)
pity ['piti] *s.* **1** pietà *f.*, compassione *f.* **2** peccato *m.* ♦ **what a p.!** che peccato!
to pity ['piti] *v. tr.* compatire
pivot ['pivət] *s.* cardine *m.*, perno *m.*
pixie ['piksi] *s.* fata *f.*, folletto *m.*
placard ['plækɑd] *s.* manifesto *m.*, cartellone *m.*
to placate [plə'keit] *v. tr.* placare
place [pleis] *s.* **1** località *f.*, luogo *m.*, posto *m.* **2** impiego *m.*, posizione *f.* **3** (*a sedere, a tavola*) posto *m.* **4** (*fam.*) casa *f.*, casa *f.* di campagna ♦ **in p. of** invece di; **in the first p.** in primo luogo; **out of p.** fuori posto, inopportuno; **p. card** segnaposto; **to take p.** accadere
to place [pleis] *v. tr.* **1** collocare, disporre, mettere **2** riconoscere, individuare **3** (*denaro*) investire ♦ **to be placed** piazzarsi; **to p. oneself** mettersi, porsi
placement ['pleismənt] *s.* collocamento *m.*
placid ['plæsid] *agg.* placido
plagiarism ['pleidʒəriz(ə)m] *s.* plagio *m.*
to plagiarize ['pleidʒəraiz] *v. tr.* plagiare
plague [pleig] *s.* **1** peste *f.* **2** piaga *f.*, flagello *m.*
to plague [pleig] *v. tr.* affliggere, tormentare
plaice [pleis] *s.* passera *f.* di mare
plaid [plæd] *s.* plaid *m. inv.*
plain [plein] **A** *agg.* **1** chiaro, evidente **2** semplice, liscio, non lavorato **3** facile **4** comune, ordinario **5** sincero, schietto **6** puro **B** *s.* pianura *f.* **C** *avv.* **1** chiaramente, francamente **2** semplicemente ♦ **p. chocolate** cioccolato fondente; **p.-clothes** in borghese; **p. cooking** cucina casalinga; **the p. truth** la pura verità
plaintiff ['pleintif] *s.* (*dir.*) attore *m.*
plaintive ['pleintiv] *agg.* lamentoso
plait [plæt] *s.* treccia *f.*
plan [plæn] *s.* **1** piano *m.*, progetto *m.* **2** pianta *f.*
to plan [plæn] **A** *v. tr.* **1** impostare, progettare, pianificare **2** fare il piano di **B** *v. intr.* fare progetti
plane (1) [plein] **A** *agg.* piano **B** *s.* **1** piano *m.* **2** livello *m.* **3** aereo *m.*
plane (2) [plein] *s.* platano *m.*

plane (3) [pleɪn] s. pialla f.

to plane (1) [pleɪn] v. intr. planare

to plane (2) [pleɪn] v. tr. piallare

planer ['pleɪnə'] s. piallatrice f.

planet ['plænɪt] s. pianeta m.

planimetry [plæ'nɪmɪtrɪ] s. planimetria f.

planisphere ['plænɪsfɪə'] s. planisfero m.

plank [plæŋk] s. asse f., tavola f.

planner ['plænə'] s. progettista m. f.

planning ['plænɪŋ] s. progettazione f., pianificazione f. ♦ **p. permission** licenza edilizia

plant [plɑːnt] s. 1 pianta f. 2 impianto m., stabilimento m.

to plant [plɑːnt] v. tr. 1 piantare 2 fissare, conficcare 3 collocare, mettere

plantation [plæn'teɪʃən] s. piantagione f.

plaque [plɑːk] s. placca f.

plaster ['plɑːstə'] s. 1 cerotto m. 2 gesso m., intonaco m. 3 (med.) gesso m.

to plaster ['plɑːstə'] v. tr. 1 intonacare 2 ingessare 3 ricoprire

plastered ['plɑːstəd] agg. 1 ricoperto 2 ubriaco

plastic ['plæstɪk] A agg. plastico B s. plastica f. ♦ **p. surgery** chirurgia plastica

plasticity [plæs'tɪsɪtɪ] s. plasticità f.

to plasticize ['plæstɪsaɪz] v. tr. plastificare

plate [pleɪt] s. 1 piatto m. 2 posateria f., vasellame m. (di metallo prezioso) 3 lamiera f., lastra f., lamina f. 4 (autom.) targa f. 5 (tip.) lastra f. 6 (illustrazione) tavola f. 7 (premio per il vincitore) coppa f. 8 dentiera f.

plateau ['plætəʊ] s. altopiano m.

platform ['plætfɔːm] s. 1 piattaforma f. 2 palco m., impalcatura f. 3 (ferr.) marciapiede m. ♦ **p. roof** pensilina

platinum ['plætɪnəm] s. platino m.

platitude ['plætɪtjuːd] s. banalità f.

Platonic [plə'tɒnɪk] agg. platonico

platonically [plə'tɒnɪkəlɪ] avv. platonicamente

platoon [plə'tuːn] s. plotone f.

platter ['plætə'] s. piatto m. da portata

plausible ['plɔːzəbl] agg. plausibile

play [pleɪ] s. 1 gioco m. 2 partita f., mossa f. 3 azione f., attività f. 4 commedia f., dramma m. 5 (mus.) esecuzione f. ♦ **fair p.** lealtà; **p. on words** gioco di parole

to play [pleɪ] v. tr. e intr. 1 giocare 2 suonare 3 recitare, interpretare 4 agire, comportarsi ♦ **to p. about** scherzare; **to p. down** minimizzare; **to p. off** disputare la bella; **to p. up** mettere in evidenza, tormentare

playbill ['pleɪbɪl] s. locandina f.

playboy ['pleɪbɔɪ] s. playboy m. inv.

player ['pleɪə'] s. giocatore m., suonatore m.

playful ['pleɪf(ʊ)l] agg. giocoso

playground ['pleɪgraʊnd] s. terreno m. di gioco, luogo m. di svago

playgroup ['pleɪgruːp] s. asilo m. infantile

playing-card ['pleɪɪŋkɑːd] s. carta f. da gioco

playing-field ['pleɪɪŋfiːld] s. campo m. da gioco

playmate ['pleɪmeɪt] s. compagno m. di gioco

play-off ['pleɪɔːf] s. (sport) spareggio m.

playpen ['pleɪpen] s. box m. inv. (per bambini)

plaything ['pleɪθɪŋ] s. giocattolo m.

playtime ['pleɪtaɪm] s. ricreazione f.

playwright ['pleɪraɪt] s. commediografo m., drammaturgo m.

plea [pliː] s. 1 richiesta f., petizione f., appello m. 2 (dir.) difesa f. 3 scusa f.

to plead [pliːd] v. tr. 1 (dir.) patrocinare 2 chiedere, supplicare 3 addurre a giustificazione

pleasant ['pleznt] agg. piacevole, gradevole, ameno

please [pliːz] inter. per favore!, prego!

to please [pliːz] A v. tr. 1 piacere a, essere gradito a 2 volere, aver voglia di B v. intr. 1 piacere, volere 2 accontentare, soddisfare ♦ **p. yourself** fa' come vuoi

pleased [pliːzd] agg. contento, compiaciuto

pleasing ['pliːzɪŋ] agg. piacevole

pleasure ['pleʒə'] s. piacere m., godimento m., divertimento m. ♦ **to take p. in** compiacersi, divertirsi

pleat [pliːt] s. piega f.

plebs [plebz] s. (stor.) plebe f.

plectrum ['plektrəm] s. plettro f.

pledge [pledʒ] s. 1 pegno m. 2 promessa f.

to pledge [pledʒ] v. tr. 1 impegnare 2 promettere ♦ **to p. oneself to do st.** impegnarsi a fare q.c.

plentiful ['plentɪf(ʊ)l] agg. abbondante

plenty ['plentɪ] A agg. pred. abbondante, sufficiente B s. abbondanza f. C avv. abbondantemente, molto

pleonastic [ˌplɪə'næstɪk] agg. pleonastico

pleurisy ['plʊərɪsɪ] s. pleurite f.

pliable ['plaɪəbl] agg. pieghevole, flessibile

pliant ['plaɪənt] agg. pieghevole, flessibile

pliers ['plaɪəz] s. pl. pinze f. pl.

plight [plaɪt] s. condizione f. (spec. avversa)

plimsolls ['plɪms(ə)lz] s. pl. scarpe f. pl. da ginnastica

plinth [plɪnθ] s. (arch.) plinto m., base f.

to plod [plɒd] v. intr. 1 arrancare 2 sgobbare

plonk [plɒŋk] s. tonfo m., rumore m. sordo

plot [plɒt] s. 1 appezzamento m. di terreno 2 intreccio m., trama f. 3 macchinazione f., complotto m.

to plot [plɒt] v. tr. 1 rilevare, fare la pianta di 2 disegnare, tracciare 3 complottare, tramare

plotter ['plɒtə'] s. 1 cospiratore m. 2 (inf.) plotter m. inv.

plough [plaʊ] (USA **plow**) s. aratro m.

to plough [plaʊ] (USA **to plow**) A v. tr. arare, solcare B v. intr. 1 arare 2 farsi strada ♦ **to p. into** fendere, assalire, (denaro) investire; **to p. through** avanzare attraverso

ploy [plɔɪ] s. stratagemma m.

pluck [plʌk] s. 1 strappo m. 2 al pl. frattaglie f. pl. 3 (fig.) coraggio m., fegato m.

to pluck [plʌk] v. tr. 1 strappare, cogliere 2 tirare 3 (strumento musicale) pizzicare 4 spennare

plug [plʌg] s. 1 tappo m. 2 (elettr.) spina f. 3 (mecc.) candela f. 4 (med.) tampone m. 5 (fam.) annuncio m. pubblicitario

to plug [plʌg] v. tr. 1 tappare, tamponare 2 pubblicizzare 3 (pop.) colpire ♦ **to p. in** innestare (la spina)

plum [plʌm] s. 1 prugna f., susina f. 2 (fig.) cosa f. eccellente

plumb [plʌm] **A** s. (filo a) piombo m., piombino m. **B** agg. **1** a piombo **2** completo, assoluto **C** avv. **1** a piombo, verticalmente **2** esattamente

to plumb [plʌm] v. tr. **1** mettere a piombo **2** scandagliare **3** piombare

plumber ['plʌmə'] s. idraulico m.

plumbing ['plʌmɪŋ] s. **1** piombatura f. **2** impianto m. idraulico, tubazioni f. pl.

plume [plu:m] s. penna f., piuma f.

plummet ['plʌmɪt] s. **1** (filo a) piombo **2** scandaglio m.

to plummet ['plʌmɪt] v. intr. cadere a piombo, precipitare

plump (1) [plʌmp] agg. paffuto, grassottello

plump (2) [plʌmp] **A** agg. **1** diretto, netto **2** a piombo **B** avv. **1** di peso **2** verticalmente **3** chiaramente

to plump (1) [plʌmp] v. tr. e intr. gonfiare, gonfiarsi

to plump (2) [plʌmp] v. intr. piombare, cadere ♦ **to p. for** scegliere, preferire, votare per

plunder ['plʌndə'] s. saccheggio m.

to plunder ['plʌndə'] v. tr. saccheggiare

plunge [plʌn(d)ʒ] s. **1** tuffo m., immersione f. **2** (fam.) speculazione f. avventata **3** (econ.) caduta f., crollo m.

to plunge [plʌn(d)ʒ] **A** v. tr. tuffare, immergere **B** v. intr. **1** tuffarsi, immergersi **2** precipitarsi **3** scommettere, rischiare

plunger ['plʌn(d)ʒə'] s. **1** tuffatore m. **2** pistone m. **3** sturalavandini m. inv. **4** (pop.) speculatore m.

pluperfect [plu:'pɜ:fɪkt] agg. e s. (gramm.) piuccheperfetto m.

plural ['pluər(ə)l] agg. e s. plurale m.

pluralism ['pluərəlɪz(ə)m] s. pluralismo m.

plurality [pluə'rælɪtɪ] s. pluralità f.

pluriannual [,pluərɪ'ænjuəl] agg. pluriennale

plus [plʌs] **A** agg. **1** addizionale, in più **2** positivo **B** s. **1** (mat.) più m. **2** quantità f. in più, extra m. inv. **3** fattore m. positivo **C** prep. più

plush [plʌʃ] **A** agg. lussuoso, elegante **B** s. felpa f.

plutocracy [plu:'tɒkrəsɪ] s. plutocrazia f.

pluvial ['plu:vjəl] agg. pluviale

ply [plaɪ] s. **1** piega f. **2** capo m., filo m., trefolo m. **3** (di legno, cartone) strato m.

to ply [plaɪ] **A** v. tr. **1** maneggiare, adoperare **2** attendere a, esercitare **3** (con offerte, domande) importunare **4** rimpinzare **B** v. intr. **1** lavorare assiduamente **2** (naut.) fare servizio di linea

plywood ['plaɪwʊd] s. (legno) compensato m.

pneumatic [nju:'mætɪk] agg. e s. pneumatico m.

pneumonia [nju:'məʊnjə] s. polmonite f.

to poach (1) [pəʊtʃ] v. tr. cuocere in bianco ♦ **poached eggs** uova affogate

to poach (2) [pəʊtʃ] v. tr. e intr. cacciare (o pescare) di frodo

pocket ['pɒkɪt] **A** agg. tascabile **B** s. **1** tasca f. **2** cavità f., sacca f. ♦ **p. money** piccola somma (corrisposta ai figli)

to pocket ['pɒkɪt] v. tr. **1** intascare, appropriarsi di **2** sopportare **3** nascondere, soffocare

pocketbook ['pɒkɪtbʊk] s. **1** taccuino m. **2** (USA) portafoglio m.

pocketknife ['pɒkɪtnaɪf] s. temperino m.

pod [pɒd] s. baccello m., guscio m.

podgy ['pɒdʒɪ] agg. tozzo, grassoccio

podiatrist [pə'daɪətrɪst] s. podologo m.

podium ['pəʊdɪəm] s. podio m.

poem ['pəʊ(ɪ)m] s. poesia f., poema m.

poet ['pəʊ(ɪ)t] s. poeta m.

poetic(al) [pəʊ(ɪ)'etɪk(ə)l] agg. poetico

poetics [pəʊ(ɪ)'etɪks] s. pl. (v. al sing.) poetica f.

poetry ['pəʊ(ɪ)trɪ] s. poesia f.

poignant ['pɔɪnjənt] agg. **1** acuto, intenso **2** mordace

point [pɔɪnt] s. **1** punto m. **2** motivo m., scopo m., senso m. **3** punta f., estremità f. **4** (geogr.) punta f., promontorio m. **5** al pl. (ferr.) scambio m. ♦ **at all points** sotto ogni aspetto; **p. of view** punto di vista

to point [pɔɪnt] v. tr. e intr. **1** indicare **2** appuntire, fare la punta a **3** puntare ♦ **to p. to/at** indicare, guardare su; **to p. out** far notare, segnalare; **to p. up** mettere in evidenza

point-blank [,pɔɪnt'blæŋk] **A** agg. **1** netto, preciso **2** a bruciapelo **B** avv. **1** nettamente, chiaro e tondo **2** a bruciapelo

pointed ['pɔɪntɪd] agg. **1** appuntito, aguzzo **2** (fig.) pungente, arguto **3** esplicito, intenzionale

pointer ['pɔɪntə'] s. **1** indice m., lancetta f. **2** bacchetta f. **3** (zool.) pointer m. inv. **4** (fam.) suggerimento m., indicazione f.

pointillism ['pwæntɪlɪz(ə)m] s. divisionismo m.

pointless ['pɔɪntlɪs] agg. **1** spuntato, smussato **2** inutile, vano

poise [pɔɪz] s. **1** equilibrio m., stabilità f. **2** portamento m.

poison ['pɔɪzn] s. veleno m.

to poison ['pɔɪzn] v. tr. avvelenare

poisoning ['pɔɪznɪŋ] s. avvelenamento m.

poisonous ['pɔɪznəs] agg. velenoso

to poke [pəʊk] **A** v. tr. **1** colpire, urtare, spingere **2** infilare, conficcare **3** sporgere **4** attizzare (il fuoco) **B** v. intr. **1** dare un colpo, pungolare **2** sporgere **3** curiosare, immischiarsi, intromettersi ♦ **to p. about** frugare

poker (1) ['pəʊkə'] s. attizzatoio m.

poker (2) ['pəʊkə'] s. (gioco) poker m. inv.

poky ['pəʊkɪ] agg. angusto, misero

polar ['pəʊlə'] agg. polare

polarity [pə(ʊ)'lærɪt] s. polarità f.

to polarize ['pəʊləraɪz] v. tr. polarizzare

pole (1) [pəʊl] s. asta f., palo m.

pole (2) [pəʊl] s. polo m.

Pole [pəʊl] s. polacco m.

polecat ['pəʊlkæt] s. puzzola f.

polemic ['pəˈlemɪk] **A** agg. polemico **B** s. polemica f.

police [pəˈliːs] s. polizia f. ♦ **p. dog** cane poliziotto; **p. station** stazione di polizia

policeman [pəˈliːsmən] (pl. **policemen**) s. poliziotto m.

policewoman [pəˈliːswʊmən] (pl. **policewomen**) s. donna f. poliziotto

policy (1) ['pɒlɪsɪ] s. politica f., linea f. di condotta

policy (2) ['pɒlɪsɪ] s. polizza f.

Polish ['pəʊlɪʃ] agg. e s. polacco m. (lingua)

polish ['pɒlɪʃ] s. **1** lucentezza f. **2** lucidatura f. **3** luci...

do m., cera f., smalto m.

to polish ['pɒlɪʃ] v. tr. **1** lucidare, levigare **2** raffinare, ingentilire ♦ **to p. off** sbrigare, finire, mangiarsi

polished ['pɒlɪʃt] agg. **1** lucido **2** raffinato

polite [pə'laɪt] agg. **1** cortese, garbato **2** raffinato, elegante

politeness [pə'laɪtnɪs] s. **1** cortesia f., educazione f. **2** raffinatezza f., eleganza f.

political [pə'lɪtɪk(ə)l] agg. politico

politics ['pɒlɪtɪks] s. pl. (v. al sing.) politica f. ♦ **home p.** politica interna; **foreign p.** politica estera

poll [pəʊl] s. **1** votazione f., elezione f. **2** scrutinio m., voti m. pl. **3** seggio m. elettorale **4** sondaggio m.

to poll [pəʊl] v. tr. **1** ottenere (voti) **2** scrutinare **3** sondare (l'opinione)

pollen ['pɒlɪn] s. polline m.

pollination [,pɒlɪ'neɪʃ(ə)n] s. impollinazione f.

polling ['pəʊlɪŋ] A agg. votante B s. votazione f. ♦ **p. day** giorno delle elezioni; **p. station** seggio elettorale

to pollute [pə'luːt] v. tr. inquinare

pollution [pə'luːʃ(ə)n] s. inquinamento m.

polo ['pəʊləʊ] s. (sport) polo m. ♦ **water p.** pallanuoto

polychromatic [,pɒlɪkrɔ(ʊ)'mætɪk] agg. policromatico

polyclinic [,pɒlɪ'klɪnɪk] s. policlinico m.

polyester ['pɒlɪ,estə] s. poliestere m.

polygamist [pɒ'lɪɡəmɪst] s. poligamo m.

polygamous [pɒ'lɪɡəməs] agg. poligamo

polygamy [pɒ'lɪɡəmɪ] s. poligamia f.

polyglot ['pɒlɪɡlɒt] agg. e s. poliglotta m. e f.

polygon ['pɒlɪɡən] s. poligono m.

polygonal [pɒ'lɪɡənl] agg. poligonale

polyhedral [,pɒlɪ'hedrəl] agg. poliedrico

polymer ['pɒlɪmə] s. polimero m.

polymorphous [,pɒlɪ'mɔːfəs] agg. polimorfo

polyp ['pɒlɪp] s. polipo m.

polyphonic [,pɒlɪ'fɒnɪk] agg. polifonico

polyptych ['pɒlɪptɪk] s. polittico m.

polytechnic [,pɒlɪ'teknɪk] agg. e s. politecnico m.

polytheism ['pɒlɪθiːɪz(ə)m] s. politeismo m.

polyvalent [pɒlɪ'veɪlənt] agg. polivalente

pomegranate ['pɒmɪ,ɡrænɪt] s. melagrana f.

pomp [pɒmp] s. pompa f., sfarzo m.

pompom ['pɒmpɒm] s. pompon m. inv.

pompous ['pɒmpəs] agg. pomposo

pond [pɒnd] s. stagno m., laghetto m.

to ponder ['pɒndə] A v. tr. ponderare, considerare B v. intr. meditare, riflettere

ponderous ['pɒnd(ə)rəs] agg. ponderoso, pesante

pong [pɒŋ] s. (fam.) puzzo m.

pontiff ['pɒntɪf] s. pontefice m.

pontifical [pɒn'tɪfɪk(ə)l] agg. pontificio

pontificate [pɒn'tɪfɪkɪt] s. pontificato m.

pony ['pəʊnɪ] s. pony m. inv. ♦ **p. tail** (pettinatura a) coda di cavallo; **p. trekking** trekking a cavallo

poodle ['puːdl] s. (cane) barbone m.

pool (1) [puːl] s. **1** stagno m., laghetto m. **2** pozza f. ♦ **swimming p.** piscina

pool (2) [puːl] s. **1** (nei giochi di carte) piatto m. **2** biliardo m. **3** consorzio m., pool m. inv. **4** al pl. totocalcio m. inv.

to pool [puːl] v. tr. mettere in comune, consorziare, riunire

poor [pʊə] agg. **1** povero, misero **2** scarso, insufficiente **3** scadente ♦ **p. figure** figuraccia

poorly ['pʊəlɪ] A avv. malamente, scarsamente B agg. indisposto, malaticcio

pop (1) [pɒp] s. **1** schiocco m., botto m. **2** (fam.) bevanda f. gassata

pop (2) [pɒp] agg. e s. (mus.) pop m. inv.

pop (3) [pɒp] s. (fam.) papà m.

to pop [pɒp] A v. tr. **1** far scoppiare, far schioccare **2** far fuoco con **3** (granturco) soffiare **4** ficcare **5** dare in pegno, impegnare B v. intr. **1** schioccare **2** scoppiare ♦ **to p. in** fare una capatina in; **to p. off** saltare via, andarsene in fretta; **to p. out** fare un salto fuori, fare capolino; **to p. up** balzar fuori, saltar su

popcorn ['pɒpkɔːn] s. popcorn m. inv.

pope [pəʊp] s. papa m.

poplar ['pɒplə] s. pioppo m.

popper ['pɒpə] s. (bottone) automatico m.

poppy ['pɒpɪ] s. papavero m.

populace ['pɒpjʊləs] s. plebaglia f.

popular ['pɒpjʊlə] agg. popolare

popularity [,pɒpjʊ'lærɪtɪ] s. popolarità f.

to popularize ['pɒpjʊləraɪz] v. tr. **1** rendere popolare **2** divulgare

to populate ['pɒpjʊleɪt] v. tr. popolare

population [,pɒpjʊ'leɪʃ(ə)n] s. popolazione f.

populism ['pɒpjʊlɪz(ə)m] s. populismo m.

populous ['pɒpjʊləs] agg. popoloso

porcelain ['pɔːslɪn] s. porcellana f.

porch [pɔːtʃ] s. **1** portico m. **2** (USA) veranda f.

porcupine ['pɔːkjʊpaɪn] s. porcospino m.

pore [pɔː] s. poro m.

to pore [pɔː] v. intr. **to p. over** esaminare attentamente, riflettere su

pork [pɔːk] s. (carne di) maiale m. ♦ **p. chop** braciola di maiale

pornographic [,pɔːnə'ɡræfɪk] agg. pornografico

pornography [pɔː'nɒɡrəfɪ] s. pornografia f.

porphyry ['pɔːfɪrɪ] s. porfido m.

porpoise ['pɔːpəs] s. **1** focena f. **2** (pop.) delfino m.

porridge ['pɒrɪdʒ] s. porridge m. inv.

port (1) [pɔːt] s. porto m. ♦ **p. of call** scalo

port (2) [pɔːt] s. (naut.) sinistra f., fianco m. sinistro

port (3) [pɔːt] s. (naut.) portello m.

portable ['pɔːtəbl] agg. portatile

portal ['pɔːtl] s. portale m.

portent ['pɔːtent] s. **1** presagio m. (negativo) **2** portento m.

portentous [pɔː'tentəs] agg. **1** funesto **2** prodigioso

porter (1) ['pɔːtə] s. portiere m., portinaio m.

porter (2) ['pɔːtə] s. facchino m., portabagagli m. inv.

portfolio [pɔːt'fəʊljəʊ] s. **1** cartella f. **2** portfolio m. inv. **3** (fin.) portafoglio m. (di attività)

porthole ['pɔːthəʊl] s. oblò m.

portico ['pɔːtɪkəʊ] s. loggiato m., portico m.

portion ['pɔːʃ(ə)n] s. porzione f., quota f.

portly ['pɔːtlɪ] agg. corpulento

portrait ['pɔːtrɪt] s. ritratto m.

to portray [pɔː'treɪ] v. tr. **1** ritrarre, fare il ritratto di **2** descrivere

Portuguese [ˌpɔːtjuˈgiːz] agg. e s. portoghese m. e f.

pose [pəʊz] s. posa f.

to pose [pəʊz] **A** v. intr. **1** posare, mettersi in posa **2** atteggiarsi a, spacciarsi per **B** v. tr. **1** mettere in posa **2** (un quesito) porre, sollevare

posh [pɒʃ] agg. (fam.) elegante

position [pəˈzɪʃ(ə)n] s. posizione f.

to position [pəˈzɪʃ(ə)n] v. tr. collocare, sistemare

positive ['pɒzɪtɪv] agg. **1** positivo **2** preciso, assoluto, esplicito **3** certo, sicuro, convinto

positivism ['pɒzɪtɪvɪz(ə)m] s. positivismo m.

posology [pɒ(ʊ)ˈsɒlədʒɪ] s. posologia f.

to possess [pəˈzɛs] v. tr. possedere, avere

possession [pəˈzɛʃ(ə)n] s. possesso m.

possessive [pəˈzɛsɪv] agg. possessivo

possibility [ˌpɒsəˈbɪlɪtɪ] s. possibilità f.

possible ['pɒsəbl] agg. possibile

possibly ['pɒsɪblɪ] avv. **1** forse **2** in alcun modo

post (1) [pəʊst] s. posta f. ♦ **p. office** ufficio postale

post (2) [pəʊst] s. **1** palo m., pilastro m. **2** (sport) traguardo m.

post (3) [pəʊst] s. posto m., postazione f.

to post (1) [pəʊst] v. tr. imbucare, impostare ♦ **to p. up** informare, mettere al corrente

to post (2) [pəʊst] v. tr. **1** affiggere **2** annunciare

postage ['pəʊstɪdʒ] s. affrancatura f.

postal ['pəʊst(ə)l] agg. postale ♦ **p. order** vaglia postale

postcard ['pəʊstkɑːd] s. cartolina f.

postcode ['pəʊs(t)kəʊd] s. codice m. postale

to postdate [ˌpəʊst'deɪt] v. tr. postdatare

poster ['pəʊstə'] s. poster m. inv., manifesto m.

posterior [pɒsˈtɪərɪə'] agg. posteriore

posterity [pɒsˈtɛrɪtɪ] s. posterità f.

posthumous ['pɒstjʊməs] agg. postumo

postman ['pəʊs(t)mən] (pl. **postmen**) s. postino m.

postmark ['pəʊs(t)mɑːk] s. timbro m. postale

post-modern [ˌpəʊs(t)'mɒdən] agg. e s. postmoderno m.

postmortem [ˌpəʊs(t)'mɔːtəm] **A** agg. post mortem **B** s. autopsia f.

to postpone [ˌpəʊs(t)'pəʊn] v. tr. posporre, posticipare

postponement [pəʊs(t)'pəʊnmənt] s. rinvio m.

postscript ['pəʊs.skrɪpt] s. poscritto m.

postulate ['pɒstjʊlɪt] s. postulato m.

posture ['pɒstʃə'] s. posizione f., atteggiamento m.

post-war ['pəʊst'wɔː'] agg. postbellico

posy ['pəʊzɪ] s. mazzolino m. di fiori

pot [pɒt] s. **1** vaso m., barattolo m. **2** pentola f. **3** teiera f., caffettiera f. **4** (fam.) premio m. **5** (pop.) marijuana f. ♦ **a big p.** (fam.) un pezzo grosso

potable ['pəʊtəbl] agg. potabile

potato [pəˈteɪtəʊ] (pl. **potatoes**) s. patata f.

potency ['pəʊt(ə)nsɪ] s. efficacia f.

potent ['pəʊt(ə)nt] agg. potente

potential [pəˈtɛnʃ(ə)l] agg. e s. potenziale m.

to potentiate [pəˈtɛnʃ(ɪ)eɪt] v. tr. potenziare

pot-herbs ['pɒthɜːbz] s. pl. erbe f. pl. aromatiche

pothole ['pɒthəʊl] s. **1** buca f. **2** caverna f.

potholing ['pɒthəʊlɪŋ] s. (fam.) speleologia f.

potluck [ˌpɒt'lʌk] s. **1** pasto m. alla buona **2** sorte f. ♦ **to take p.** tentare la sorte

potroast ['pɒtrəʊst] s. brasato m.

potted ['pɒtɪd] agg. **1** (di pianta) in vaso **2** (di cibo) conservato, inscatolato **3** (fig.) condensato, abbreviato

potter ['pɒtə'] s. vasaio m.

to potter ['pɒtə'] v. intr. lavoricchiare

pottery ['pɒtərɪ] s. **1** ceramica f., ceramiche f. pl. **2** arte f. della ceramica **3** fabbrica f. di ceramiche

potty ['pɒtɪ] agg. **1** insignificante **2** pazzo, bizzarro

pouch [paʊtʃ] s. **1** borsa f., sacchetto m. **2** marsupio m.

poultry ['pəʊltrɪ] s. pollame m. ♦ **p. farming** pollicoltura

to pounce [paʊns] v. intr. balzare addosso, avventarsi

pound (1) [paʊnd] s. **1** libbra f. **2** sterlina f.

pound (2) [paʊnd] s. **1** botta f., martellata f.

to pound [paʊnd] v. tr. **1** triturare **2** colpire, battere

to pour [pɔː'] **A** v. tr. versare **B** v. intr. **1** riversarsi **2** (anche **to p. down**) piovere a dirotto ♦ **to p. in** affluire; **to p. out** riversarsi fuori

pout [paʊt] s. broncio m.

poverty ['pɒvətɪ] s. miseria f., povertà f. ♦ **p.-stricken** molto povero

powder ['paʊdə'] s. **1** polvere f. **2** cipria f. ♦ **bath p.** borotalco

to powder ['paʊdə'] **A** v. tr. **1** spolverizzare **2** ridurre in polvere **3** incipriare **B** v. intr. **1** polverizzarsi **2** incipriarsi ♦ **powdered milk** latte in polvere

power ['paʊə'] s. **1** potere m., autorità f., potenza f. facoltà f. **2** (elettr.) energia f., forza f., corrente f. **3** (fam.) quantità f., mucchio m. ♦ **p. boat** barca a motore; **p. cut** interruzione di corrente; **p. point** presa di corrente; **p. station** centrale elettrica; **p. steering** servosterzo

powerful ['paʊəf(ʊ)l] agg. poderoso, potente

powerless ['paʊəlɪs] agg. impotente

practicable ['præktɪkəbl] agg. praticabile

practical ['præktɪk(ə)l] agg. pratico

practicality [ˌpræktɪ'kælɪtɪ] s. praticità f.

practically ['præktɪkəlɪ] avv. **1** praticamente **2** quasi

practice ['præktɪs] s. **1** pratica f. **2** abitudine f., prassi f. **3** esercizio m. della professione **4** (sport) allenamento m. **5** clientela f. ♦ **out of p.** fuori esercizio; **to get p.** impratichirsi

to practise ['præktɪs] (USA **to practice**) **A** v. tr. **1** esercitarsi in, allenarsi in **2** professare, praticare **B** v. intr. esercitarsi, fare esercizi

practising ['præktɪsɪŋ] agg. praticante

practitioner [præk'tɪʃnə'] s. professionista m. e f. (spec. medico) ♦ **general p.** medico generico

praetor ['priːtə'] s. (stor.) pretore m.

pragmatic [præg'mætɪk] agg. pragmatico

prairie ['prɛərɪ] s. prateria f.

praise [preɪz] s. elogio m., lode f.

to praise [preɪz] v. tr. elogiare, lodare

praiseworthy ['preɪzˌwɜːðɪ] agg. lodevole, encomiabile

pram (1) [præm] s. carrozzina f. (per bambini)

pram (2) [præm] *s. (naut.)* battellino *m.*
to prance [prɑːns] *v. intr.* **1** *(di cavallo)* impennarsi **2** camminare impettito
prank [præŋk] *s.* birichinata *f.*, burla *f.*
prawn [prɔːn] *s.* gamberetto *m.*
praxis [ˈpræksɪs] *s.* prassi *f.*
to pray [preɪ] *v. tr. e intr.* pregare
prayer [preəʳ] *s.* preghiera *f.*
preach [priːtʃ] *s.* predica *f.*
to preach [priːtʃ] *v. tr. e intr.* predicare
preacher [ˈpriːtʃəʳ] *s.* predicatore *m.*
preaching [ˈpriːtʃɪŋ] *s.* predicazione *f.*
preamble [priːˈæmbl] *s.* preambolo *m.*
precarious [prɪˈkeərɪəs] *agg.* precario
precariousness [prɪˈkeərɪəsnɪs] *s.* precarietà *f.*
precaution [prɪˈkɔːʃ(ə)n] *s.* precauzione *f.*
to precede [prɪ(ː)ˈsiːd] *v. tr. e intr.* precedere
precedence [ˈpresɪd(ə)ns] *s.* precedenza *f.*, priorità *f.*
precedent [ˈpresɪd(ə)nt] *agg.* precedente
preceding [prɪ(ː)ˈsiːdɪŋ] *agg.* precedente
precept [ˈpriːsept] *s.* precetto *m.*
precinct [ˈpriːsɪŋ(k)t] *s.* **1** recinto *m.* **2** area *f.* delimitata **3** distretto *m.* **4** *al pl.* vicinanze *f. pl.* ◆ **pedestrian p.** zona pedonale
preciosity [ˌpresɪˈɒsɪtɪ] *s.* preziosismo *m.*
precious [ˈpreʃəs] *agg.* prezioso
to precipitate [prɪˈsɪpɪteɪt] *v. tr. e intr.* precipitare
precipitation [prɪˌsɪpɪˈteɪʃ(ə)n] *s.* precipitazione *f.*
precipitous [prɪˈsɪpɪtəs] *agg.* precipitoso
precise [prɪˈsaɪs] *agg.* preciso
precisely [prɪˈsaɪslɪ] *avv.* precisamente
precision [prɪˈsɪʒ(ə)n] *s.* precisione *f.*
to preclude [prɪˈkluːd] *v. tr.* precludere
precocious [prɪˈkəʊʃəs] *agg.* precoce
preconception [ˌpriːkənˈsepʃ(ə)n] *s.* preconcetto *m.*
precondition [ˌpriːkənˈdɪʃ(ə)n] *s.* requisito *m.* indispensabile
precursor [priːˈkɜːsəʳ] *s.* precursore *m.*
predator [ˈpredətəʳ] *s.* predatore *m.*
predatory [ˈpredət(ə)rɪ] *agg.* predatore
to predecease [ˌpriːdɪˈsiːs] *v. tr.* premorire
predecessor [ˈpriːdɪsesəʳ] *s.* predecessore *m.*
to predestinate [priːˈdestɪneɪt] *v. tr.* predestinare
predestination [priːˌdestɪˈneɪʃ(ə)n] *s.* predestinazione *f.*
to predetermine [ˌpriːdɪˈtɜːmɪn] *v. tr.* predeterminare
predicament [prɪˈdɪkəmənt] *s.* frangente *m.*, situazione *f.* *(spec. difficile)*
to predict [prɪˈdɪkt] *v. tr.* predire
predictable [prɪˈdɪktəbl] *agg.* prevedibile
prediction [prɪˈdɪkʃ(ə)n] *s.* predizione *f.*, profezia *f.*
to predispose [ˌpriːdɪsˈpəʊz] *v. tr.* predisporre
predominance [prɪˈdɒmɪnəns] *s.* predominanza *f.*, prevalenza *f.*
predominant [prɪˈdɒmɪnənt] *agg.* predominante, prevalente
to predominate [prɪˈdɒmɪneɪt] *v. intr.* predominare, prevalere
pre-eminent [prɪˈemɪnənt] *agg.* preminente
pre-empt [prɪ(ː)ˈem(p)t] *v. tr.* **1** acquistare con diritto di prelazione **2** pregiudicare, mandare a vuoto **3** impadronirsi di

to preen [priːn] *v. tr. (di uccello)* lisciarsi col becco ◆ **to p. oneself** agghindarsi
to pre-exist [ˌpriːɪgˈzɪst] *v. intr.* preesistere
pre-existent [ˌpriːɪgˈzɪst(ə)nt] *agg.* preesistente
prefab [ˈpriːfæb] *s. (fam.)* casa *f.* prefabbricata
preface [ˈprefɪs] *s.* prefazione *f.*
prefecture [ˈpriːfektjʊəʳ] *s.* prefettura *f.*
to prefer [prɪˈfɜːʳ] *v. tr.* **1** preferire **2** *(dir.)* presentare, avanzare
preferable [ˈpref(ə)rəbl] *agg.* preferibile
preference [ˈpref(ə)r(ə)ns] *s.* preferenza *f.*
preferential [ˌprefəˈren(ʃ(ə)l] *agg.* preferenziale
to prefigure [priːˈfɪgəʳ] *v. tr.* prefigurare
prefix [ˈpriːfɪks] *s.* prefisso *m.*
to prefix [priːˈfɪks] *v. tr.* **1** premettere **2** prefissare
pregnancy [ˈpregnənsɪ] *s.* **1** gestazione *f.*, gravidanza *f.* **2** pregnanza *f.*
pregnant [ˈpregnənt] *agg.* **1** incinta **2** pregnante
prehistoric [ˌpriːh)ɪsˈtɒrɪk] *agg.* preistorico
prehistory [ˌpriː(h)ɪst(ə)rɪ] *s.* preistoria *f.*
prejudice [ˈpredʒʊdɪs] *s.* **1** pregiudizio *m.* **2** danno *m.*
prejudiced [ˈpredʒʊdɪst] *agg.* prevenuto ◆ **p. in favour of** ben disposto nei confronti di
prelate [ˈprelɪt] *s.* prelato *m.*
preliminary [prɪˈlɪm(ɪ)nərɪ] *agg. e s.* preliminare *m.*
prelude [ˈpreljuːd] *s.* preludio *m.*
premarital [priːˈmærɪt(ə)l] *agg.* prematrimoniale
premature [ˌpremə'tjʊəʳ] *agg.* prematuro
premeditation [prɪ(ː)ˌmedɪˈteɪʃ(ə)n] *s.* premeditazione *f.*
premier [ˈpremjəʳ] **A** *agg.* primo **B** *s.* premier *m. inv.*, primo ministro *m.*
première [ˈpremɪeəʳ] *s. (teatro)* prima *f.*
premise [ˈpremɪs] *s.* **1** premessa *f.* **2** *al pl.* edificio *m.*, fabbricato *m.* ◆ **to be drunk on the premises** da bersi sul posto
to premise [prɪˈmaɪz] *v. tr. e intr.* premettere
premium [ˈpriːmjəm] *s.* premio *m.*
premonition [ˌpriːməˈnɪʃ(ə)n] *s.* premonizione *f.*
premonitory [prɪˈmɒnɪt(ə)rɪ] *agg.* premonitore
preoccupation [prɪˌɒkjʊˈpeɪʃ(ə)n] *s.* **1** preoccupazione *f.* **2** coinvolgimento *m.*
preoccupied [ˌprɪˈɒkjʊpaɪd] *agg.* preoccupato, assorto
prepaid [ˌpriːˈpeɪd] **A** *pass. e p. p. di* **to prepay B** *agg.* pagato in anticipo
preparation [ˌprepəˈreɪʃ(ə)n] *s.* preparazione *f.*, preparativo *m.*
preparatory [prɪˈpærət(ə)rɪ] *agg.* preparatorio
to prepare [prɪˈpeəʳ] *v. tr. e intr.* preparare, prepararsi
preponderant [prɪˈpɒnd(ə)r(ə)nt] *agg.* preponderante
preposition [ˌprepəˈzɪʃ(ə)n] *s.* preposizione *f.*
preposterous [prɪˈpɒst(ə)rəs] *agg.* **1** assurdo **2** ridicolo
Pre-Raphaelite [ˌpriːˈræfəlaɪt] *agg. e s.* preraffaellita *m. e f.*
prerequisite [priːˈrekwɪzɪt] **A** *agg.* necessario **B** *s.* requisito *m.* indispensabile
prerogative [prɪˈrɒgətɪv] *s.* prerogativa *f.*

presage ['presɪdʒ] s. presagio m.

to presage ['presɪdʒ] v. tr. presagire

Presbyterian [,prezbɪ'tɪərɪən] agg. presbiteriano

presbytery ['prezbɪt(ə)rɪ] s. presbiterio m.

to prescind [prɪ'sɪnd] v. intr. prescindere

to prescribe [prɪs'kraɪb] v. tr. prescrivere

prescription [prɪs'krɪpʃ(ə)n] s. **1** prescrizione f. **2** (med.) ricetta f.

presence ['prezns] s. presenza f.

present (1) ['preznt] **A** agg. **1** presente **2** attuale, corrente **B** s. presente m. ♦ **at p.** momentaneamente; **to be p.** presenziare, assistere

present (2) ['preznt] s. presente m., dono m.

to present [prɪ'zent] v. tr. **1** presentare **2** regalare ♦ **to p. sb. with st.** regalare q.c. a q.c.

presentable [prɪ'zentəbl] agg. presentabile

presentation [,prezen'teɪʃ(ə)n] s. **1** presentazione f. **2** rappresentazione f.

present-day [,prez(ə)nt'deɪ] agg. attuale

presenter [prɪ'zentə'] s. presentatore m.

presentiment [prɪ'zentɪmənt] s. presentimento m.

presently ['prezntlɪ] avv. **1** tra poco, a momenti **2** attualmente

preservation [,prezə(ː)'veɪʃ(ə)n] s. preservazione f., conservazione f.

preservative [prɪ'zɜːvətɪv] s. conservante m.

preserve [prɪ'zɜːv] s. **1** marmellata f., conserva f. **2** (di caccia, pesca) riserva f.

to preserve [prɪ'zɜːv] v. tr. **1** preservare, proteggere **2** mantenere, conservare **3** mettere in conserva

to preside [prɪ'zaɪd] v. intr. presiedere

presidency ['prezɪd(ə)nsɪ] s. presidenza f.

president ['prezɪd(ə)nt] s. presidente m.

presidential [,prezɪ'denʃ(ə)l] agg. presidenziale

press [pres] s. **1** stampa f. **2** pressione f., stretta f. **3** pressa f., torchio m. ♦ **p. conference** conferenza stampa

to press [pres] **A** v. tr. **1** comprimere, premere, spremere **2** stringere, abbracciare **3** stirare **4** incalzare, insistere su **B** v. intr. **1** incalzare **2** affollarsi, premere ♦ **to p. on** continuare

pressing ['presɪŋ] agg. urgente, incalzante

pressure ['preʃə'] s. pressione f. ♦ **blood p.** pressione sanguigna; **p. cooker** pentola a pressione; **p. gauge** manometro

to pressure ['preʃə'] v. tr. fare pressione su

to pressurize ['preʃəraɪz] v. tr. **1** fare pressione su **2** pressurizzare

prestige [pres'tiːʒ] **A** agg. prestigioso **B** s. prestigio m.

prestigious [pres'tɪdʒəs] agg. prestigioso

presumable [prɪ'zjuːməbl] agg. presumibile

to presume [prɪ'zjuːm] v. tr. presumere

presumption [prɪ'zʌm(p)ʃ(ə)n] s. presunzione f.

presumptuous [prɪ'zʌm(p)tjʊəs] agg. presuntuoso

to presuppose [,priːsə'pəʊz] v. tr. presupporre

presupposition [,priːsʌpə'zɪʃ(ə)n] s. presupposizione f., presupposto m.

pretence [prɪ'tens] (USA **pretense**) s. **1** finzione f., simulazione f. **2** pretesa f. **3** pretesto m. ♦ **to make a p. of** far finta di

to pretend [prɪ'tend] **A** v. tr. **1** fingere, simulare **2** pretendere **B** v. intr. **1** fingere **2** aspirare a

pretender [prɪ'tendə'] s. **1** simulatore m. **2** pretendente m. e f.

pretension [prɪ'tenʃ(ə)n] s. **1** pretesa f. **2** presunzione f.

pretentious [prɪ'tenʃəs] agg. pretenzioso

pretext ['priːtekst] s. pretesto m.

pretty ['prɪtɪ] **A** agg. **1** carino, grazioso, gradevole **2** acuto, intelligente **3** considerevole **B** avv. piuttosto, abbastanza

to prevail [prɪ'veɪl] v. intr. **1** prevalere, avere la meglio su **2** predominare, essere diffuso ♦ **to p. (up) on sb. to do st.** convincere qc. a fare q.c.

prevailing [prɪ'veɪlɪŋ] agg. prevalente, dominante

prevalence ['prevələns] s. prevalenza f.

prevalent ['prevələnt] agg. prevalente, comune

to prevaricate [prɪ'værɪkeɪt] v. intr. **1** tergiversare **2** equivocare

to prevent [prɪ'vent] v. tr. **1** impedire, ostacolare **2** evitare ♦ **to p. oneself** trattenersi; **to p. sb. from doing st.** impedire a qc. di fare q.c.

prevention [prɪ'venʃ(ə)n] s. prevenzione f.

preventive [prɪ'ventɪv] **A** agg. preventivo, profilattico **B** s. misura f. preventiva

preview ['priːvjuː] s. anteprima f.

previous ['priːvjəs] agg. **1** precedente, anteriore **2** (fam.) precipitoso, prematuro ♦ **p. to** prima di

previously ['priːvjəslɪ] avv. precedentemente, prima

prevision [prɪ(ː)'vɪʒ(ə)n] s. previsione f.

pre-war [,priː'wɔːr] agg. prebellico

prey [preɪ] s. preda f.

to prey [preɪ] v. intr. **1** (di animale) predare, cacciare **2** depredare, saccheggiare **3** tormentare

price [praɪs] s. prezzo m. ♦ **p. list** listino prezzi

to price [praɪs] v. tr. **1** fissare il prezzo di **2** stimare, valutare

priceless ['praɪsləs] agg. inestimabile, d'incalcolabile valore

prick [prɪk] s. **1** punta f., aculeo m. **2** puntura f.

to prick [prɪk] **A** v. tr. **1** pungere, punzecchiare **2** tormentare **3** rizzare, aguzzare **B** v. intr. formicolare, pizzicare

prickle ['prɪkl] s. **1** spina f., pungiglione m. **2** pungolo m. **3** formicolio m.

prickly ['prɪklɪ] agg. **1** spinoso, pungente **2** (fig.) permaloso ♦ **p.-pear** fico d'India

pride [praɪd] s. **1** orgoglio m., superbia f. **2** colmo m., pienezza f.

priest [priːst] s. prete m., sacerdote m.

priesthood ['priːsthʊd] s. sacerdozio m.

prig [prɪg] s. **1** presuntuoso m. **2** ladro m.

prim [prɪm] agg. affettato, cerimonioso

primal ['praɪm(ə)l] agg. **1** primario, principale **2** originale, primitivo

primarily ['praɪm(ə)rɪlɪ] avv. **1** principalmente, soprattutto **2** originalmente

primary ['praɪmərɪ] **A** agg. **1** primo, primario, originario **2** principale, fondamentale **3** elementare, di base **B** s. **1** fondamento m., elemento m. principale **2** elezioni f. pl. primarie **3** scuola f. elementare

prime [praɪm] **A** agg. **1** primario, primo **2** di prima qualità B *s.* 1 principio *m.* 2 rigoglio *m.*, fiore *m.* 3 (minuto) primo *m.*

to prime ['praim] *v. tr.* 1 innescare, caricare 2 mettere al corrente

primeval [prai'mi:v(ə)l] *agg.* primordiale, primitivo

primitive ['primitiv] *agg.* primitivo

primordial [prai'mɔːdjəl] *agg.* primordiale

primrose ['primrəuz] *s.* primula *f.*

prince [prins] *s.* principe *m.* ♦ **p. Charming** il principe azzurro

princedom ['prinsdəm] *s.* principato *m.*

princess [prin'ses] *s.* principessa *f.*

principal ['prinsəp(ə)l] A *agg.* principale B *s.* 1 capo *m.*, direttore *m.*, preside *m. e f.* 2 (*econ.*) capitale *m.*

principality [,prinsi'pæliti] *s.* principato *m.*

principle ['prinsipl] *s.* principio *m.*, regola *f.*, norma *f.* ♦ **in p.** in linea di principio; **on p.** per principio

print [print] *s.* 1 impronta *f.*, segno *m.* 2 stampa *f.* 3 tessuto *m.* stampato ♦ **out of p.** (*di libro*) esaurito; **off-p.** estratto

to print [print] *v. tr.* 1 stampare 2 imprimere

printed ['printid] *agg.* stampato, pubblicato ♦ **p. matter** stampe

printer ['printər] *s.* 1 tipografo *m.* 2 stampante *f.*

printing ['printiŋ] *s.* 1 stampa *f.* 2 tiratura *f.* 3 pubblicazione *f.*

printout ['print,aut] *s.* tabulato *m.*

prior ['praiər] A *agg.* 1 precedente, anteriore 2 prioritario B *s.* priore *m.*

priority [prai'ɔriti] *s.* priorità *f.*

prism ['priz(ə)m] *s.* prisma *f.*

prison ['prizn] *s.* prigione *f.*

prisoner ['priznər] *s.* prigioniero *m.*

pristine ['pristain] *agg.* 1 originario 2 puro, incontaminato

privacy ['praivəsi] *s.* 1 intimità *f.*, vita *f.* privata, privacy *f. inv.* 2 riserbo *m.*

private ['praivit] A *agg.* 1 privato 2 personale, riservato 3 isolato, solitario B *s.* soldato *m.* semplice ♦ **in p.** privatamente; **p. eye/detective** investigatore privato; **p. parts** parti intime; **p. property** proprietà privata

privet ['privit] *s.* ligustro *m.*

privilege ['privilidʒ] *s.* privilegio *m.*

to privilege ['privilidʒ] *v. tr.* privilegiare

privy ['privi] *agg.* privato, segreto ♦ **to be p. to st.** essere a conoscenza di q.c.

prize [praiz] A *s.* premio *m.* B *agg.* 1 premiato, da premio 2 dato come premio 3 a premi 4 (*fam.*) perfetto, classico ♦ **p. giving** premiazione

to prize (1) [praiz] *v. tr.* stimare, valutare

to prize (2) [praiz] *v. tr.* far leva su ♦ **to p. out** estorcere

pro [prəu] *s.* (*fam.*) professionista *m. e f.*

probability [,probə'biliti] *s.* probabilità *f.* ♦ **in all p.** con tutta probabilità

probable ['prob(ə)bl] *agg.* probabile

probation [prə'beiʃ(ə)n] *s.* 1 prova *f.*, esame *m.* 2 tirocinio *m.* 3 (*dir.*) sospensione *f.* condizionale della pena

probe [prəub] *s.* 1 sonda *f.* 2 (*fig.*) indagine *f.*

to probe [prəub] *v. tr.* sondare

problem ['probləm] *s.* problema *m.*

problematic(al) [,probli'mætik((ə)l)] *agg.* problematico

procedural [prə'si:dʒər(ə)l] *agg.* procedurale

procedure [prə'si:dʒər] *s.* procedura *f.*, procedimento *m.*

to proceed [prə'si:d] *v. intr.* 1 procedere, proseguire 2 agire 3 provenire

proceeding [prə'si:diŋ] *s.* 1 procedimento *m.* 2 *al pl.* riunione *f.* 3 *al pl.* (*di convegno*) atti *m. pl.*

proceeds ['prəusi:dz] *s. pl.* ricavo *m.*, profitto *m.*

process ['prəuses] *s.* 1 andamento *m.*, procedimento *m.* 2 processo *m.*, sviluppo *m.* 3 elaborazione *f.*

to process ['prəuses] *v. tr.* 1 trattare, sottoporre a un processo 2 (*dir.*) procedere contro 3 (*inf.*) elaborare

processing ['prəusesiŋ] *s.* 1 trattamento *m.*, lavorazione *f.* 2 (*inf.*) elaborazione *f.*

procession [prə'seʃ(ə)n] *s.* processione *f.*, corteo *m.*

to proclaim [prə'kleim] *v. tr.* proclamare

proclamation [,proklə'meiʃ(ə)n] *s.* proclamazione *f.*

to procreate ['prəukrieit] *v. tr.* procreare, generare

to procure [prə'kjuər] *v. tr.* procurare, procacciare

to prod [prod] *v. tr. e intr.* pungolare, incitare

prodigal ['prodigəl] A *agg.* prodigo B *s.* scialacquatore *m.*

prodigality [,prodi'gæliti] *s.* prodigalità *f.*, generosità *f.*

prodigious [prə'didʒəs] *agg.* prodigioso

prodigy ['prodidʒi] *s.* prodigio *m.*, portento *m.*

produce ['prodju:s] *s.* 1 prodotto *m.*, risultato *m.* 2 produzione *f.* agricola, materie *f. pl.* prime

to produce [prə'dju:s] *v. tr.* 1 produrre, fabbricare, generare 2 esibire, presentare

producer [prə'dju:sər] *s.* produttore *m.*

product ['prodʌkt] *s.* prodotto *m.*

production [prə'dʌkʃ(ə)n] *s.* produzione *f.*

productivity [,prodʌk'tiviti] *s.* produttività *f.*, rendimento *m.*

profane [prə'fein] *agg.* 1 profano 2 empio

to profess [prə'fes] A *v. tr.* 1 professare, dichiarare 2 pretendere di, fingere di 3 esercitare B *v. intr.* esercitare una professione

profession [prə'feʃ(ə)n] *s.* professione *f.*

professional [prə'feʃənl] A *agg.* professionale B *s.* professionista *m. e f.*

professionalism [prə'feʃnəliz(ə)m] *s.* professionismo *m.*

professor [prə'fesər] *s.* professore *m.* (*universitario*)

proficiency [prə'fiʃ(ə)nsi] *s.* abilità *m.*, competenza *f.*, conoscenza *f.*

profile ['prəufail] *s.* profilo *m.*

profit ['profit] *s.* profitto *m.*, beneficio *m.*, guadagno *m.*

to profit ['profit] A *v. tr.* giovare a B *v. intr.* beneficiare, approfittare

profitability [,profitə'biliti] *s.* redditività *f.*

profitable ['profitəbl] *agg.* proficuo, redditizio

profound [prə'faund] *agg.* 1 profondo 2 intenso 3 assoluto

profuse [prə'fju:s] *agg.* 1 profuso, abbondante 2 prodigo

profusion [prəˈfjuːʒ(ə)n] s. 1 profusione f. 2 prodigalità f.

progenitor [prəˈ(ʊ)dʒenɪtəʳ] s. progenitore m.

prognosis [prɒgˈnəʊsɪs] s. prognosi f.

prognostic [prɒgˈnɒstɪk] s. pronostico m.

program [ˈprəʊgræm] s. (USA) programma m.

to program [ˈprəʊgræm] v. tr. (USA) programmare

programme [ˈprəʊgræm] s. programma m.

programmer [ˈprəʊgræməʳ] s. programmatore m.

programming [ˈprəʊgræmɪŋ] s. programmazione f.

progress [ˈprəʊgres] s. 1 avanzamento m. 2 andamento m., corso m. 3 progresso m., sviluppo m. ♦ **works in p.** lavori in corso

to progress [prəˈgres] v. intr. progredire, avanzare

progression [prəˈgreʃ(ə)n] s. progressione f.

progressive [prəˈgresɪv] agg. 1 progressivo 2 progressista

to prohibit [prəˈhɪbɪt] v. tr. proibire

prohibition [ˌprə(ʊ)ɪˈbɪʃ(ə)n] s. 1 proibizione f. 2 proibizionismo m.

prohibitive [prəˈhɪbɪtɪv] agg. proibitivo

project [ˈprɒdʒekt] s. progetto m., piano m.

to project [prəˈdʒekt] A v. tr. 1 proiettare 2 progettare B v. intr. sporgere, aggettare

projectile [prəˈdʒektaɪl] A s. proiettile m. B agg. 1 propulsivo 2 proiettabile

projection [prəˈdʒekʃ(ə)n] s. 1 proiezione f. 2 aggetto m., sporgenza f.

projector [prəˈdʒektəʳ] s. proiettore m.

proletarian [ˌprəʊlɪˈteərɪən] agg. e s. proletario m.

to proliferate [prəˈ(ʊ)lɪfəreɪt] v. intr. proliferare

prolific [prəˈlɪfɪk] agg. prolifico, fecondo

prolix [ˈprəʊlɪks] agg. prolisso

prologue [ˈprəʊlɒg] s. prologo m.

to prolong [prəˈlɒŋ] v. tr. prolungare

prolongation [ˌprəʊlɒŋˈgeɪʃ(ə)n] s. prolungamento m.

promenade [ˌprɒmɪˈnɑːd] s. lungomare m., passeggiata f.

prominence [ˈprɒmɪnəns] s. 1 prominenza f., sporgenza f. 2 importanza f.

prominent [ˈprɒmɪnənt] agg. 1 prominente, sporgente 2 importante

promiscuity [ˌprɒmɪsˈkjuː(ː)tɪ] s. promiscuità f.

promiscuous [prəˈmɪskjʊəs] agg. 1 promiscuo, confuso 2 casuale

promise [ˈprɒmɪs] s. promessa f.

to promise [ˈprɒmɪs] v. tr. e intr. promettere ♦ **to p. oneself st.** ripromettersi q.c.

promising [ˈprɒmɪsɪŋ] agg. promettente

to promote [prəˈməʊt] v. tr. promuovere

promoter [prəˈməʊtəʳ] s. promotore m.

promotion [prəˈməʊʃ(ə)n] s. promozione f.

prompt [prɒm(p)t] A agg. 1 pronto, sollecito 2 (di pagamento) in contanti, a pronti B s. 1 suggerimento m. 2 termine m. di pagamento 3 (inf.) prompt m. inv. C avv. in punto

to prompt [prɒm(p)t] v. tr. 1 suggerire, consigliare 2 incitare

prompter [ˈprɒm(p)təʳ] s. suggeritore m.

pronaos [prə(ʊ)ˈneɪɒs] s. pronao m.

prone [prəʊn] agg. 1 prono 2 disposto, incline

prong [prɒŋ] s. 1 forca f. 2 rebbio m.

pronoun [ˈprəʊnaʊn] s. pronome m.

to pronounce [prəˈnaʊns] A v. tr. 1 pronunciare 2 dichiarare B v. intr. pronunciarsi, dichiararsi

pronunciation [prəˌnʌnsɪˈeɪʃ(ə)n] s. pronuncia f.

proof [pruːf] A s. 1 prova f., dimostrazione f. 2 (tip.) bozza f. 3 (fot.) provino m. B agg. (nei composti) a prova di, resistente a ♦ **bullet-p.** antiproiettile; **water-p.** impermeabile

prop [prɒp] s. puntello m., sostegno m.

to prop [prɒp] v. tr. 1 appoggiare, puntellare 2 sostenere

propaganda [ˌprɒpəˈgændə] s. propaganda f.

to propagate [ˈprɒpəgeɪt] v. tr. e intr. propagare, propagarsi

to propel [prəˈpel] v. tr. muovere in avanti, spingere

propeller [prəˈpeləʳ] s. elica f.

proper [ˈprɒpəʳ] agg. 1 proprio, particolare 2 appropriato, corretto 3 decoroso, rispettabile 4 propriamente detto, vero e proprio

properly [ˈprɒpəlɪ] avv. 1 bene, opportunamente 2 convenientemente 3 propriamente

property [ˈprɒpətɪ] s. proprietà f. 2 beni m., patrimonio m.

prophecy [ˈprɒfɪsɪ] s. profezia f.

prophet [ˈprɒfɪt] s. profeta m.

prophetic(al) [prəˈfetɪk((ə)l)] agg. profetico

prophylactic [ˌprɒfɪˈlæktɪk] s. preservativo m.

prophylaxis [ˌprɒfɪˈlæksɪs] s. profilassi f.

to propitiate [prəˈpɪʃɪeɪt] v. tr. propiziare

propitious [prəˈpɪʃəs] agg. propizio

proportion [prəˈpɔːʃ(ə)n] s. proporzione f.

proportional [prəˈpɔːʃənl] agg. proporzionale

proportionate [prəˈpɔːʃnɪt] agg. proporzionato

proposal [prəˈpəʊz(ə)l] s. proposta f.

to propose [prəˈpəʊz] v. tr. e intr. 1 proporre, presentare 2 fare una proposta di matrimonio

proposition [ˌprɒpəˈzɪʃ(ə)n] s. 1 affermazione f. 2 proposizione f. 3 proposta f.

proprietor [prəˈpraɪətəʳ] s. proprietario m., titolare m. e f.

propriety [prəˈpraɪətɪ] s. 1 convenienza f., proprietà f., correttezza f. 2 decoro m., decenza f. 3 al pl. convenienze f. pl. sociali

propulsion [prəˈpʌlʃ(ə)n] s. propulsione f.

propylaeum [ˌprɒpɪˈliːəm] s. propileo m.

prose [prəʊz] s. prosa f.

to prosecute [ˈprɒsɪkjuːt] v. tr. 1 proseguire, portare avanti 2 (dir.) perseguire

prosecution [ˌprɒsɪˈkjuːʃ(ə)n] s. 1 prosecuzione f. 2 (dir.) accusa f., processo m.

prosecutor [ˈprɒsɪkjuːtəʳ] s. 1 prosecutore m. 2 (dir.) accusatore m., attore m.

prospect [ˈprɒspekt] s. prospettiva f.

prospective [prəˈspektɪv] agg. 1 futuro, concernente il futuro 2 probabile, potenziale

prospectus [prəˈspektəs] s. prospetto m., programma m.

to prosper [ˈprɒspəʳ] v. intr. prosperare

prosperity [prɒsˈperɪtɪ] s. prosperità f.

prosperous [ˈprɒsp(ə)rəs] agg. prospero, favorevole

prosthesis [ˈprɒsθɪsɪs] s. protesi f.

prostitute ['prɒstɪtjuːt] s. prostituta f.

prostrate [prɒ'streɪt] agg. prostrato, abbattuto

prostyle ['prəʊstaɪl] s. prostilo m.

protagonist [prə(ʊ)'tægənɪst] s. protagonista m. e f.

to protect [prə'tekt] v. tr. proteggere

protection [prə'tekʃ(ə)n] s. protezione f., difesa f., riparo m.

protectionism [prə'tekʃənɪz(ə)m] s. protezionismo m.

protective [prə'tektɪv] agg. protettivo

protein ['prəʊtiːn] s. proteina f.

protest A s. 1 protesta f. 2 protesto m.

to protest [prə'test] A v. tr. 1 dichiarare 2 mandare in protesto B v. intr. 1 protestare, reclamare 2 fare una dichiarazione

Protestant ['prɒtɪst(ə)nt] agg. e s. protestante m. e f.

Protestantism ['prɒtɪst(ə)ntɪz(ə)m] s. protestantesimo m.

protester [prə'testə] s. dimostrante m. e f.

protocol ['prəʊtəkɒl] s. protocollo m.

protomartyr ['prəʊtə(ʊ),mɑːtə] s. protomartire m.

prototype ['prəʊtətaɪp] s. prototipo m.

to protract [prə'trækt] v. tr. protrarre

to protrude [prə'truːd] v. tr. e intr. sporgere

protruding [prə'truːdɪŋ] agg. sporgente

protuberance [prə'tjuːb(ə)r(ə)ns] s. protuberanza f.

protuberant [prə'tjuːb(ə)r(ə)nt] agg. sporgente

proud [praʊd] agg. 1 orgoglioso, fiero 2 superbo

to prove [pruːv] A v. tr. 1 provare, dimostrare 2 mettere alla prova 3 verificare B v. intr. risultare, rivelarsi

provenance ['prɒvɪnəns] s. provenienza f., origine f.

Provençal [,prɒvɑː(n)'sɑːl] agg. e s. provenzale m. e f.

proverb ['prɒvɜːb] s. proverbio m.

proverbial [prə'vɜːbjəl] agg. proverbiale

to provide [prə'vaɪd] A v. tr. provvedere, fornire, procurare B v. intr. 1 provvedere 2 premunirsi ◆ **to p. oneself with st.** fornirsi di q.c.

provided [prə'vaɪdɪd] (spesso **p. that**) cong. purché, sempre che, a condizione che

providence ['prɒvɪd(ə)ns] s. 1 previdenza f. 2 provvidenza f.

provident ['prɒvɪd(ə)nt] agg. previdente

providential [,prɒvɪ'denʃ(ə)l] agg. provvidenziale, opportuno

providing [prə'vaɪdɪŋ] cong. purché

province ['prɒvɪns] s. provincia f.

provincial [prə'vɪnʃ(ə)l] agg. provinciale

provincialism [prə'vɪnʃəlɪz(ə)m] s. provincialismo m.

provision [prə'vɪʒ(ə)n] s. 1 provvedimento m., preparativo m. 2 fornitura f. 3 al pl. provviste f. pl., viveri m. pl. 4 riserva f. 5 (dir.) clausola f.

provisional [prə'vɪʒ(ə)nl] agg. provvisorio

proviso [prə'vaɪzəʊ] s. (dir.) condizione f.

provocation [,prɒvə'keɪʃ(ə)n] s. provocazione f.

provocative [prə'vɒkətɪv] agg. provocante, stimolante

to provoke [prə'vəʊk] v. tr. 1 provocare 2 irritare

provoking [prə'vəʊkɪŋ] agg. 1 provocante 2 irritante

prow [praʊ] s. prua f.

prowess ['praʊɪs] s. prodezza f., abilità f.

to prowl [praʊl] v. intr. muoversi furtivamente ◆ **to**

p. about vagare

prowler ['praʊlə] s. malintenzionato m.

proximity [prɒk'sɪmɪtɪ] s. prossimità f., vicinanza f.

proxy ['prɒksɪ] A s. 1 procuratore m. 2 procura f. B agg. per procura

prudence ['pruːd(ə)ns] s. prudenza f.

prudent ['pruːd(ə)nt] agg. prudente

prudish ['pruːdɪʃ] s. moralista m. e f., puritano m.

prune [pruːn] s. prugna f. secca

to prune [pruːn] v. tr. potare

to pry [praɪ] v. intr. spiare, curiosare

psalm [sɑːm] s. salmo m.

pseudonym ['sjuːdənɪm] s. pseudonimo m.

psyche ['saɪkɪ] s. psiche f.

psychiatric(al) [,saɪkɪ'ætrɪk((ə)l)] agg. psichiatrico

psychiatrist [saɪ'kaɪətrɪst] s. psichiatra m. e f.

psychic(al) ['saɪkɪk((ə)l)] agg. 1 psichico 2 medianico

psychoanalysis [,saɪkə(ʊ)ə'næləsɪs] s. psicoanalisi f.

psychoanalyst [,saɪkə(ʊ)'ænəlɪst] s. psicoanalista m. e f.

psychologic(al) [,saɪkə'lɒdʒɪk((ə)l)] agg. psicologico

psychologist [saɪ'kɒlədʒɪst] s. psicologo m.

psychology [saɪ'kɒlədʒɪ] s. psicologia f.

psychopath ['saɪkə(ʊ)pæθ] s. psicopatico m.

psychosis [saɪ'kəʊsɪs] s. psicosi f.

pub [pʌb] s. pub m. inv.

puberty ['pjuːbətɪ] s. pubertà f.

pubic ['pjuːbɪk] agg. pubico

public ['pʌblɪk] agg. e s. pubblico m. ◆ **p.-address system** impianto di amplificazione; **p. house** pub; **p. relations** relazioni pubbliche

publican ['pʌblɪkən] s. oste m.

publication [,pʌblɪ'keɪʃ(ə)n] s. pubblicazione f.

publicity [pʌb'lɪsɪtɪ] s. pubblicità f.

to publicize ['pʌblɪsaɪz] v. tr. pubblicizzare

to publish ['pʌblɪʃ] v. tr. pubblicare

publisher ['pʌblɪʃə] s. editore m.

publishing ['pʌblɪʃɪŋ] s. editoria f.

to pucker ['pʌkə] v. tr. corrugare, increspare

pudding ['pʊdɪŋ] s. budino m.

puddle ['pʌdl] s. pozzanghera f.

puff [pʌf] s. soffio m., sbuffo m. ◆ **p. pastry** pasta sfoglia

to puff [pʌf] v. intr. soffiare, sbuffare ◆ **to p. out** gonfiare, spegnere con un soffio

puffy ['pʌfɪ] agg. 1 ansante 2 gonfio 3 paffuto

pull [pʊl] s. 1 strappo m., tiro m. 2 boccata f., sorso m. 3 maniglia f., tirante m. 4 (fig.) influenza f., ascendente m.

to pull [pʊl] A v. tr. 1 tirare, tendere 2 trascinare, trainare 3 estrarre, tirar fuori, cavare 4 attirare B v. intr. 1 tirare 2 lasciarsi tirare, trascinarsi ◆ **to p. about** maltrattare; **to p. apart** fare a pezzi; **to p. back** ritirarsi; **to p. down** abbassare, demolire; **to p. in** accostarsi, (di treno) entrare in stazione; **to p. off** togliere, togliersi, portare a segno; **to p. on** indossare; **to p. out** uscire, partire, staccare, ritirarsi; **to p. over** accostare; **to p. through** farcela; **to p. up** fermarsi, sradicare, strappare

pulley ['pʊlɪ] s. puleggia f.
pullover ['pʊl,əʊvə] s. pullover m. inv.
pulmonary ['pʌlmənərɪ] agg. polmonare
pulp [pʌlp] s. polpa f.
pulpit ['pʊlpɪt] s. pulpito m.
to pulsate [pʌl'seɪt] v. intr. pulsare
pulsation [pʌl'seɪʃ(ə)n] s. pulsazione f.
pulse (1) [pʌls] s. 1 (med.) polso m., battito m. 2 impulso m.
pulse (2) [pʌls] s. legume m.
to pulverize ['pʌlvəraɪz] v. tr. e intr. polverizzare, polverizzarsi
to pummel ['pʌml] v. tr. prendere a pugni
pump [pʌmp] s. 1 pompa f. 2 distributore di benzina
to pump [pʌmp] v. tr. pompare ♦ **to p. up** gonfiare
pumpkin ['pʌm(p)kɪn] s. zucca f.
pun [pʌn] s. gioco m. di parole
punch (1) [pʌn(t)ʃ] s. pugno m.
punch (2) [pʌn(t)ʃ] s. 1 punzone m. 2 perforatrice f.
punch (3) [pʌn(t)ʃ] s. ponce m. inv., punch m. inv.
to punch (1) [pʌn(t)ʃ] v. tr. dare un pugno a
to punch (2) [pʌn(t)ʃ] v. tr. punzonare, perforare
punch-up ['pʌn(t)ʃʌʊp] s. zuffa f.
punctual ['pʌn(k)tjʊəl] agg. puntuale
punctuality [,pʌn(k)tjʊ'ælɪtɪ] s. puntualità f.
to punctuate ['pʌn(k)tjʊeɪt] v. tr. punteggiare
punctuation [,pʌn(k)tjʊ'eɪʃ(ə)n] s. punteggiatura f.
puncture ['pʌnktʃə] s. 1 (di pneumatico) foratura f. 2 puntura f. ♦ **to get a p.** forare
pundit ['pʌndɪt] s. sapientone m.
pungent ['pʌndʒ(ə)nt] agg. pungente
to punish ['pʌnɪʃ] v. tr. punire, infliggere una punizione
punishment ['pʌnɪʃmənt] s. punizione f.
punk [pʌŋk] agg. e s. punk m. inv.
punt [pʌnt] s. barchino m.
punter ['pʌntə] s. 1 scommettitore m. 2 (pop.) cliente m. e f.
puny ['pjuːnɪ] agg. gracile, sparuto
pup [pʌp] s. cucciolo m.
pupil (1) ['pjuːpl] s. allievo m., scolaro m.
pupil (2) ['pjuːpl] s. pupilla f.
puppet ['pʌpɪt] s. burattino m., fantoccio m.
puppeteer [,pʌpɪ'tɪə] s. burattinaio m.
puppy ['pʌpɪ] s. cucciolo m.
purchase ['pɜːtʃəs] s. 1 acquisto m., compera f. 2 (spec. di immobili) valore m. 3 paranco m.
to purchase ['pɜːtʃəs] v. tr. 1 acquistare, comprare 2 acquisire 3 sollevare (con paranco)
purchaser ['pɜːtʃəsə] s. acquirente m. e f., compratore m.
purchasing ['pɜːtʃəsɪŋ] s. acquisto m.
pure [pjʊə] agg. puro
purée ['pjʊəreɪ] s. purè m.
purgative ['pɜːgətɪv] agg. e s. purgante m.
purgatory ['pɜːgət(ə)rɪ] s. purgatorio m.
purge [pɜːdʒ] s. 1 purga f., purgante m. 2 epurazione f.
to purge [pɜːdʒ] v. tr. 1 purgare, purificare 2 epurare
purging ['pɜːdʒɪŋ] s. purga f., purificazione f.
to purify ['pjʊərɪfaɪ] v. tr. purificare

purism ['pjʊərɪz(ə)m] s. purismo m.
Puritan ['pjʊərɪt(ə)n] agg. e s. puritano m.
Puritanism ['pjʊərɪt(ə)nɪz(ə)m] s. puritanesimo m.
purity ['pjʊərɪtɪ] s. purezza f.
to purloin [pɜː'lɔɪn] v. tr. trafugare
purple ['pɜːpl] A agg. purpureo, violaceo B s. (colore) porpora m., viola m.
to purport ['pɜːpɔːt] v. tr. 1 significare 2 dare a intendere
purpose ['pɜːpəs] s. 1 scopo m., fine m., intenzione f. 2 effetto m., risultato m. 3 proposito m., fermezza f. ♦ **on p.** appositamente; **to no p.** invano
purposeful ['pɜːpəsf(ʊ)l] agg. 1 risoluto, determinato 2 intenzionale
purpura ['pɜːpjʊərə] s. porpora f.
to purr [pɜː] v. intr. fare le fusa
purse [pɜːs] s. 1 borsellino m. 2 borsa f.
purser ['pɜːsə] s. commissario m. di bordo
pursuance [pə'sjuːəns] s. proseguimento m.
to pursue [pə'sjuː] v. tr. 1 inseguire 2 perseguire, aspirare a 3 proseguire, procedere
pursuit [pə'sjuːt] s. 1 inseguimento m., ricerca f. 2 occupazione f. 3 passatempo m.
pus [pʌs] s. pus m. inv.
push [pʊʃ] s. 1 spinta f. 2 pressione f. 3 sforzo m. 4 energia f. ♦ **p.-button** pulsante
to push [pʊʃ] v. tr. 1 spingere, premere 2 fare pressione su 3 propagandare 4 (pop.) spacciare (droga) ♦ **to p. aside** scostare; **to p. back** respingere; **to p. forward** spingere innanzi, avanzare; **to p. in** intromettersi; **to p. off** andar via; **to p. out** buttar fuori; **to p. up** far salire
pushchair ['pʊʃtʃeə] s. passeggino m.
pusher ['pʊʃə] s. spacciatore m.
pussycat ['pʊsɪkæt] s. micio m.
to put [pʊt] (pass. e p. p. put) A v. tr. 1 mettere, porre, collocare 2 apporre, applicare 3 esporre, presentare, esprimere 4 sottoporre 5 valutare, calcolare 6 piantare, conficcare 7 scommettere, puntare, investire B v. intr. (naut.) dirigersi, far rotta per ♦ **to p. away** mettere via, mettere da parte; **to p. back** riporre, posticipare, ritardare; **to p. by** risparmiare; **to p. down** posare, sopprimere, umiliare, annotare, attribuire; **to p. forward** proporre, suggerire, anticipare; **to p. in** inserire, intromettersi, presentare domanda; **to p. off** rinviare, impedire, dissuadere; **to p. on** indossare, accendere, metter su, mettere in scena; **to p. out** metter fuori, trasmettere, pubblicare, produrre, spegnere, offendere, disturbare; **to p. through** portare a compimento, far approvare, mettere in comunicazione; **to p. up** alzare, aumentare, affiggere, costruire, ospitare; **to p. up with** sopportare
putrefaction [,pjuːtrɪ'fækʃ(ə)n] s. putrefazione f., marciume m.
to putrefy ['pjuːtrɪfaɪ] v. intr. imputridire
putty ['pʌtɪ] s. stucco m., mastice m.
to putty ['pʌtɪ] v. tr. stuccare
puzzle [pʌzl] s. 1 rompicapo m., enigma m. 2 confusione f. ♦ **crossword p.** parole incrociate
to puzzle ['pʌzl] A v. tr. confondere B v. intr. essere

perplesso ♦ **to p. out** decifrare
puzzling ['pʌzlɪŋ] *agg.* sconcertante
pyjamas [pə'dʒɑːməz] *s. pl.* pigiama *m.*
pylon ['paɪlən] *s.* pilone *m.*
pyramid ['pɪrəmɪd] *s.* piramide *f.*
pyramidal [pɪ'ræmɪdl] *agg.* piramidale

pyre ['paɪə'] *s.* pira *f.*
pyromaniac [ˌpaɪrə(ʊ)'meɪnjæk] *s.* piromane. *m.* e *f.*
pyrotechnic(al) [ˌpaɪrə(ʊ)'teknɪk((ə)l)] *agg.* pirotecnico
python ['paɪθ(ə)n] *s.* pitone *m.*

Q

quack [kwæk] *s.* ciarlatano *m.*
quadrangle ['kwɒˌdræŋgl] *s.* **1** (*geom.*) quadrangolo *m.* **2** cortile *m.* quadrangolare interno
quadrangular [kwɒ'dræŋgjʊlə'] *agg.* quadrangolare
quadrant ['kwɒdr(ə)nt] *s.* quadrante *m.*
quadrature ['kwɒdrətʃə'] *s.* quadratura *f.*
quadrennial [kwɒ'drenjəl] *agg.* quadriennale
quadrilateral [ˌkwɒdrɪ'læt(ə)r(ə)l] *agg.* e *s.* quadrilatero *m.*
quadruped ['kwɒdrʊped] *agg.* e *s.* quadrupede *m.*
quadruple ['kwɒdrʊpl] *agg.* e *s.* quadruplo *m.*
to quadruple ['kwɒdrʊpl] *v. tr.* e *intr.* quadruplicare, quadruplicarsi
quagmire ['kwægmaɪə'] *s.* pantano *m.*
quail [kweɪl] *s.* quaglia *f.*
to quail [kweɪl] *v. intr.* sgomentarsi, avvilirsi
quaint [kweɪnt] *agg.* **1** pittoresco **2** bizzarro, curioso
quake [kweɪk] *s.* **1** scossa *f.*, tremito *m.* **2** (*fam.*) terremoto *m.*
to quake [kweɪk] *v. intr.* tremare
Quaker ['kweɪkə'] *s.* quacchero *m.*
Quakeress ['kweɪkərɪs] *s.* quacchera *f.*
qualifiable ['kwɒlɪfaɪəbl] *agg.* qualificabile
qualification [ˌkwɒlɪfɪ'keɪʃ(ə)n] *s.* **1** qualificazione *f.* **2** requisito *m.*, qualifica *f.*, titolo *m.* **3** restrizione *f.*
qualified ['kwɒlɪfaɪd] *agg.* **1** qualificato, adatto, competente **2** condizionato, limitato **3** abilitato
to qualify ['kwɒlɪfaɪ] **A** *v. tr.* **1** qualificare, definire **2** abilitare, autorizzare **3** modificare, limitare **B** *v. intr.* qualificarsi, abilitarsi
qualitative ['kwɒlɪtətɪv] *agg.* qualitativo
quality ['kwɒlɪtɪ] *s.* qualità *f.*
qualm [kwɑːm] *s.* **1** rimorso *m.* **2** nausea *f.*
quandary ['kwɒndərɪ] *s.* difficoltà *f.*, imbarazzo *m.*
quantic ['kwɒntɪk] *agg.* quantico, quantistico
to quantify ['kwɒntɪfaɪ] *v. tr.* quantificare
quantity ['kwɒntɪtɪ] *s.* quantità *f.*, abbondanza *f.*, quantitativo *m.*
quantum ['kwɒntəm] (*pl.* **quanta**) *s.* (*fis.*) quanto *m.*
quarantine ['kwɒr(ə)ntiːn] *s.* quarantena *f.*
quarrel ['kwɒr(ə)l] *s.* disputa *f.*, litigio *m.*
to quarrel ['kwɒr(ə)l] *v. intr.* bisticciare, litigare
quarrelsome ['kwɒr(ə)lsəm] *agg.* litigioso, rissoso
quarry (1) ['kwɒrɪ] *s.* **1** cava *f.* **2** (*fig.*) miniera *f.*, fonte *f.*

quarry (2) ['kwɒrɪ] *s.* preda *f.*
quart [kwɔːt] *s.* quarto *m.* di gallone
quarter ['kwɔːtə'] *s.* **1** quarto *m.* **2** trimestre *m.* **3** (*USA*) quarto *m.* di dollaro **4** quartiere *m.*, rione *m.* **5** alloggio *m.*
to quarter ['kwɔːtə'] *v. tr.* **1** dividere in quarti **2** squartare **3** alloggiare
quarterly ['kwɔːtəlɪ] **A** *agg.* trimestrale **B** *s.* pubblicazione *f.* trimestrale **C** *avv.* trimestralmente
quartet [kwɔː'tet] *s.* quartetto *m.* ♦ **string q.** quartetto d'archi
quartz [kwɔːts] *s.* quarzo *m.*
to quash [kwɒʃ] *v. tr.* **1** (*dir.*) annullare **2** sottomettere
quatrain ['kwɒtreɪn] *s.* quartina *f.*
quatrefoil ['kætrəfɔɪl] *s.* (*arch.*) quadrifoglio *m.*
quaver ['kweɪvə'] *s.* **1** trillo *m.* **2** tremolio *m.* **3** (*mus.*) croma *f.*
quay [kiː] *s.* banchina *f.*, molo *m.*
queasy ['kwiːzɪ] *agg.* **1** nauseabondo **2** delicato di stomaco
queen [kwiːn] *s.* regina *f.*
queer [kwɪə'] *agg.* **1** strano, bizzarro **2** dubbio **3** indisposto **4** (*fam.*) omosessuale
to quell [kwel] *v. tr.* **1** reprimere, domare **2** calmare
to quench [kwen(t)ʃ] *v. tr.* estinguere, spegnere ♦ **q. one's thirst** dissetarsi
querulous ['kwerʊləs] *agg.* querulo, lamentoso
query ['kwɪərɪ] *s.* domanda *f.*, quesito *m.*
to query ['kwɪərɪ] **A** *v. tr.* **1** interrogare, indagare su **2** mettere in dubbio **B** *v. intr.* fare domande
quest [kwest] *s.* cerca *f.*, ricerca *f.*
question ['kwestʃ(ə)n] *s.* **1** domanda *f.* **2** questione *f.*, problema *m.* ♦ **q. mark** punto interrogativo
to question ['kwestʃ(ə)n] *v. tr.* **1** interrogare **2** dubitare di
questionable ['kwestʃənəbl] *agg.* **1** dubbio, incerto **2** discutibile
questionnaire [ˌkwestʃə'neə'] *s.* questionario *m.*
queue [kjuː] *s.* **1** coda *f.* **2** fila *f.*
to queue [kjuː] *v. intr.* fare la coda ♦ **to q. up** mettersi in coda
to quibble ['kwɪbl] *v. intr.* cavillare
quick [kwɪk] **A** *agg.* **1** svelto, veloce **2** pronto, acuto

3 suscettibile **B** *avv.* rapidamente **C** *s.* **1** carne *f.* viva **2** punto *m.* vivo ♦ **to sting sb. to the q.** toccare qc. sul vivo

to quicken ['kwɪk(ə)n] *v. tr. e intr.* affrettare, affrettarsi

quickly ['kwɪklɪ] *avv.* in fretta, prontamente

quickness ['kwɪknɪs] *s.* sveltezza *f.*

quicksand ['kwɪksænd] *s.* sabbie *f. pl.* mobili

quicksilver ['kwɪk,sɪlvə] *s.* mercurio *m.*, argento *m.* vivo

quick-witted ['kwɪk,wɪtɪd] *agg.* perspicace

quid [kwɪd] *s. (fam.)* sterlina *f.*

quiet ['kwaɪət] **A** *agg.* **1** quieto, tranquillo **2** modesto, semplice **3** segreto **B** *s.* quiete *f.*, tranquillità *f.* ♦ **on the q.** di nascosto

to quiet ['kwaɪət] *v. tr. e intr.* calmare, calmarsi

to quieten ['kwaɪətn] *v. tr. e intr.* calmare, calmarsi

quilt [kwɪlt] *s.* trapunta *f.*, piumino *m.*

quince [kwɪns] *s.* mela *f.* cotogna

quinine [kwɪ'niːn] *s. (med.)* chinino *m.*

quinquennal [kwɪŋ'kwenɪəl] *agg.* quinquennale

quintal ['kwɪntl] *s.* quintale *m.*

quintet [kwɪn'tet] *s.* quintetto *m.*

quintuple ['kwɪntjʊpl] *agg. e s.* quintuplo *m.*

to quintuple ['kwɪntjʊpl] *v. tr. e intr.* quintuplicare, quintuplicarsi

quip [kwɪp] *s.* frizzo *m.*

quirk [kwɜːk] *s.* **1** coincidenza *f.* **2** stranezza *f.*, ghiribizzo *m.*

to quit [kwɪt] *(pass. e p. p.* quitted o quit) **A** *v. tr.* **1** abbandonare **2** smettere, cessare **3** lasciar andare, mollare **B** *v. intr.* **1** andarsene **2** dimettersi **3** arrendersi

quite [kwaɪt] *avv.* **1** proprio, del tutto, completamente **2** abbastanza, piuttosto **3** esattamente ♦ **q. a bit, q. a lot** *(di quantità)* abbastanza; **q. a while** *(di tempo)* abbastanza; **q. right** giustissimo; **q. (so)** esatto, proprio così

quits [kwɪts] *avv.* pari, alla pari

quittance ['kwɪt(ə)ns] *s.* quietanza *f.*, ricevuta *f.*

quiver (1) ['kwɪvə] *s.* faretra *f.*

quiver (2) ['kwɪvə] *s.* tremito *m.*

to quiver ['kwɪvə] *v. intr.* fremere, tremare

quiz [kwɪz] *s.* quiz *m. inv.*

quota ['kwəʊtə] *s.* quota *f.*

quotation [kwəʊ(ʊ)'teɪʃ(ə)n] *s.* **1** citazione *f.* **2** *(Borsa)* quotazione *f.* **3** preventivo *m.* ♦ **q. marks** virgolette

quote [kwəʊt] *s.* **1** citazione *f.* **2** *al pl.* virgolette *f. pl.* **3** preventivo *m.*

to quote [kwəʊt] *v. tr.* **1** citare, riportare **2** mettere fra virgolette **3** *(Borsa)* quotare

quotient ['kwəʊʃ(ə)nt] *s.* quoziente *m.*

R

rabbi ['ræbaɪ] *s.* rabbino *m.*

rabbinic(al) [ræ'bɪnɪk(ə)l] *agg.* rabbinico

rabbit ['ræbɪt] *s.* coniglio *m.*

rabble ['ræbl] *s. (spreg.)* folla *f.*, plebaglia *f.*

rabid ['ræbɪd] *agg.* **1** *(di animale)* rabbioso **2** furioso

rabies ['reɪbɪz] *s. (med.)* rabbia *f.*, idrofobia *f.*

raccoon [rə'kuːn] → **racoon**

race (1) [reɪs] *s.* **1** gara *f.*, corsa *f.*, competizione *f.* **2** *(di astro)* corso *m.* **3** *(geogr.)* corrente *f.*

race (2) [reɪs] *s.* **1** razza *f.* **2** categoria *f.*

to race [reɪs] **A** *v. intr.* **1** gareggiare, correre **2** andare a tutta velocità **3** *(di motore)* imballarsi **B** *v. tr.* **1** gareggiare con **2** far correre **3** far girare a vuoto

racecourse ['reɪskɔːs] *s.* ippodromo *m.*

racehorse ['reɪshɔːs] *s.* cavallo *m.* da corsa

racer ['reɪsə] *s.* **1** cavallo *m.* da corsa **2** automobile *f.* (imbarcazione *f.*, aeroplano *m.* e sim.) da competizione

racetrack ['reɪstræk] *s. (sport)* pista *f.*

rachis ['reɪkɪs] *s.* rachide *m.*

rachitic [ræ'kɪtɪk] *agg.* rachitico

rachitis [ræ'kaɪtɪs] *s.* rachitismo *m.*

racial ['reɪʃəl] *agg.* razziale

racing ['reɪsɪŋ] **A** *agg.* da corsa **B** *s.* corsa *f.*

racism ['reɪsɪz(ə)m] *s.* razzismo *m.*

racist ['reɪsɪst] *agg. e s.* razzista *m. e f.*

rack (1) [ræk] *s.* **1** rastrelliera *f.* **2** cremagliera *f.* ♦ **luggage r.** portabagagli; **plate r.** scolapiatti; **r. rail** rotaia a cremagliera

rack (2) [ræk] *s. (strumento di tortura)* ruota *f.*

rack (3) [ræk] *s.* nuvolaglia *f.*

rack (4) [ræk] *s.* rovina *f.*

to rack [ræk] *v. tr.* **1** torturare **2** sforzare ♦ **to r. one's brains** scervellarsi

racket (1) ['rækɪt] *s.* **1** baccano *m.*, fracasso *m.* **2** racket *m. inv.* **3** *(fam.)* attività *f.*, occupazione *f.*

racket (2) ['rækɪt] *s.* racchetta *f.*

rackety ['rækɪtɪ] *agg.* chiassoso, rumoroso

racoon [rə'kuːn] *s.* procione *m.*

racy ['reɪsɪ] *agg.* **1** vivace, frizzante **2** salace

radar ['reɪdɑ'] *s.* radar *m.*

radial ['reɪdjəl] *agg.* radiale

radiant ['reɪdjənt] *agg.* **1** raggiante **2** radiante

to radiate ['reɪdɪeɪt] **A** *v. intr.* diffondersi, irradiarsi **B** *v. tr.* emanare, irradiare

radiation [reɪdɪ'eɪʃ(ə)n] *s.* radiazione *f.*

radiator ['reɪdɪeɪtə'] *s.* radiatore *m.*

radical ['rædɪk(ə)l] *agg. e s.* radicale *m. e f.*

radicalism ['rædɪkəlɪz(ə)m] s. radicalismo m.

radio ['reɪdɪəʊ] **A** agg. radiofonico, (nei composti) radio- **B** s. radio f. ♦ **r. amateur** radioamatore

radioactive [,reɪdɪəʊ(ʊ)'æktɪv] agg. radioattivo

radioactivity [,reɪdɪəʊ(ʊ)æk'tɪvɪtɪ] s. radioattività f.

radiography [,reɪdɪ'ɒgrəfɪ] s. radiografia f.

radiologist [,reɪdɪ'ɒlədʒɪst] s. radiologo m.

radiology [,reɪdɪ'ɒlədʒɪ] s. radiologia f.

radiophone ['reɪdɪə(ʊ)fəʊn] s. radiotelefono m.

radioscopy [,reɪdɪ'ɒskəpɪ] s. radioscopia f.

radish ['rædɪʃ] s. 1 ravanello m. 2 rafano m.

radium ['reɪdjəm] s. (chim.) radio m.

radius ['reɪdjəs] (pl. **radii**) s. 1 raggio m. 2 (anat.) radio m.

raffle ['ræfl] s. riffa f., lotteria f.

raft [rɑːft] s. zattera f. ♦ **r. bridge** ponte galleggiante

rag [ræg] s. 1 straccio m., brandello m. 2 frammento m. 3 al pl. abiti m. pl. vecchi 4 (fam.) giornalaccio m. ♦ **r. doll** bambola di stoffa

rage [reɪdʒ] s. 1 furia f., rabbia f. 2 passione f., mania f. ♦ **to be (all) the r.** furoreggiare

to rage [reɪdʒ] v. intr. 1 infuriarsi 2 imperversare, infierire

ragged ['rægɪd] agg. 1 lacero, cencioso 2 frastagliato, scabroso 3 irsuto, ispido 4 imperfetto, rozzo 5 aspro, stridente

raging ['reɪdʒɪŋ] **A** agg. infuriato **B** s. furia f., furore m.

ragman ['rægmən] (pl. **ragmen**) s. straccivendolo m.

raid [reɪd] s. incursione f., irruzione f.

to raid [reɪd] v. tr. e intr. assalire, fare un'incursione

rail [reɪl] s. 1 sbarra f. 2 cancellata f., inferriata f. 3 parapetto m., ringhiera f., (naut.) battagliola f. 4 rotaia f. ♦ **by r.** su rotaia, per ferrovia

railing ['reɪlɪŋ] s. 1 sbarra f. 2 al pl. cancellata f. 3 ringhiera f., parapetto m.

railroad ['reɪlrəʊd] s. (USA) ferrovia f.

railway ['reɪlweɪ] s. ferrovia f. ♦ **r. bridge** cavalcavia; **r. station** stazione ferroviaria; **r. track** binario

railwayman ['reɪlweɪmən] (pl. **railwaymen**) s. ferroviere m.

rain [reɪn] s. pioggia f. ♦ **in the r.** sotto la pioggia; **r. pipe** grondaia

to rain [reɪn] v. intr. impers. piovere ♦ **to r. down** riversarsi; **to r. off** sospendere per la pioggia; **to r. out** smettere di piovere

rainbow ['reɪnbəʊ] s. arcobaleno m.

raincoat ['reɪnkəʊt] s. impermeabile m.

rainfall ['reɪnfɔːl] s. 1 pioggia f., precipitazione f. 2 piovosità f., quantità f. di pioggia

rainless ['reɪnlɪs] agg. senza pioggia, secco

rainproof ['reɪnpruːf] agg. impermeabile

rainstorm ['reɪnstɔːm] s. temporale m.

rainwater ['reɪnwɔːtər] s. acqua f. piovana

rainy ['reɪnɪ] agg. piovoso

raise [reɪz] s. aumento m.

to raise [reɪz] v. tr. 1 alzare, elevare, innalzare 2 sollevare, proporre, provocare 3 erigere 4 allevare, coltivare 5 (denaro) procurarsi, raccogliere 6 aumentare, far salire

raisin ['reɪzɪn] s. uva f. passa

raising ['reɪzɪŋ] s. 1 sollevamento m., aumento m. 2

allevamento m. 3 educazione f. 4 sopralzo m.

rake [reɪk] s. rastrello m.

to rake [reɪk] v. tr. 1 rastrellare 2 raschiare, grattare 3 setacciare ♦ **to r. in** racimolare

rally ['rælɪ] s. 1 comizio m., riunione f., adunata f. 2 ripresa f., recupero m. 3 (sport) rally m. inv. 4 (nel tennis e sim.) scambio m. di colpi

to rally ['rælɪ] **A** v. tr. 1 raccogliere, chiamare a raccolta, riunire 2 rianimare **B** v. intr. 1 raccogliersi, radunarsi 2 rianimarsi, riaversi ♦ **to r. round** venire in aiuto di, stringersi intorno a

ram [ræm] s. 1 montone m., ariete m. 2 rostro m.

to ram [ræm] v. tr. 1 speronare 2 conficcare

ramble ['ræmbl] s. escursione f.

to ramble ['ræmbl] v. intr. 1 gironzolare 2 divagare

rambler ['ræmblər] s. 1 escursionista m. e f. 2 rosa f. rampicante

rambling ['ræmblɪŋ] agg. 1 errante, girovago 2 incoerente, sconnesso 3 (bot.) rampicante 4 (di edificio) irregolare

ramification [,ræmɪfɪ'keɪ(ə)n] s. diramazione f.

ramp [ræmp] s. rampa f.

to rampage [ræm'peɪdʒ] v. intr. scatenarsi

rampant ['ræmpənt] agg. dilagante

rampart ['ræmpɑːt] s. bastione m.

ramshackle ['ræm,ʃækl] agg. decrepito, sgangherato

ran [ræn] pass. di **to run**

ranch [rɑːntʃ] s. ranch m. inv.

rancid ['rænsɪd] agg. rancido

rancour ['ræŋkər] (USA **rancor**) s. rancore m.

random ['rændəm] agg. 1 casuale 2 irregolare

randy ['rændɪ] agg. (fam.) lascivo

rang [ræŋ] pass. di **to ring**

range [reɪn(d)ʒ] s. 1 (di monti) catena f., fila f. 2 portata f., gittata f. 3 raggio m. d'azione, gamma f., campo m. 4 escursione f., gradazione f., variazione f., intervallo m. 5 (mus.) estensione f. 6 (di terreno) distesa f. 7 cucina f. economica 8 poligono m. di tiro

to range [reɪn(d)ʒ] **A** v. tr. 1 disporre, allineare, schierare 2 classificare 3 percorrere, vagare per **B** v. intr. 1 oscillare, variare 2 estendersi 3 avere una portata di

ranger ['reɪn(d)ʒər] s. 1 guardia f. forestale 2 poliziotto m. a cavallo

rank (1) [ræŋk] s. 1 fila f., schiera f. 2 rango m., grado m. 3 posteggio m. di taxi

rank (2) [ræŋk] agg. 1 rigoglioso, lussureggiante 2 rozzo 3 puzzolente, rancido 4 vero e proprio, bell'e buono

to rankle ['ræŋkl] v. intr. bruciare, far soffrire

to ransack ['rænsæk] v. tr. 1 frugare 2 saccheggiare, svaligiare

ransom ['rænsəm] s. riscatto m. ♦ **to hold sb. to r.** tenere in ostaggio qc. per ottenere il riscatto

to ransom ['rænsəm] v. tr. riscattare

to rant [rænt] v. intr. declamare

ranunculus [rə'nʌŋkjʊləs] s. ranuncolo m.

rap [ræp] s. 1 colpo m., colpetto m. 2 rimprovero m.

to rap [ræp] v. tr. e intr. picchiare, bussare

rapacious [rə'peɪʃəs] agg. rapace

rape (1) [reɪp] s. 1 stupro m. 2 (letter.) ratto m.

rape (2) [reɪp] *s.* **1** ravizzone *m.* **2** colza *f.*

to rape [reɪp] *v. tr.* stuprare, violentare

rapid ['ræpɪd] **A** *agg.* rapido **B** *s. al pl.* rapide *f. pl.*

rapidity [rə'pɪdɪtɪ] *s.* rapidità *f.*

rapist ['reɪpɪst] *s.* stupratore *m.*

rapture ['ræptʃər] *s.* rapimento *m.*, estasi *f.*

rare (1) [reər] *agg.* **1** raro, singolare **2** rarefatto

rare (2) [reər] *agg.* poco cotto, al sangue

rarely [reəlɪ] *avv.* **1** raramente **2** ottimamente

rareness ['reənɪs] *s.* rarità *f.*

rarity ['reərɪtɪ] *s.* rarità *f.*

rascal ['rɑːsk(ə)l] *s.* mascalzone *m.*

rash (1) [ræʃ] *agg.* imprudente, precipitoso

rash (2) [ræʃ] *s. (med.)* eruzione *f.*, esantema *m.*

rasher ['ræʃər] *s.* fetta *f.* di lardo (o prosciutto)

rashness ['ræʃnɪs] *s.* imprudenza *f.*

rasp [rɑːsp] *s.* raspa *f.*

to rasp [rɑːsp] *v. tr. e intr.* raspare

raspberry ['rɑːzb(ə)rɪ] *s.* lampone *m.*

rasping ['rɑːspɪŋ] *agg.* stridente

rat [ræt] *s.* ratto *m.*, topo *m.* ♦ **r. poison** topicida; **r. trap** trappola per topi

ratable ['reɪtəbl] *agg.* imponibile

rate [reɪt] *s.* **1** ammontare *m.*, indice *m.*, percentuale *f.* **2** velocità *f.*, ritmo *m.*, passo *m.* **3** tariffa *f.*, prezzo *m.* **4** *(fin.)* saggio *m.*, tasso *m.* **5** tassa *f.*, contributo *m.* ♦ **exchange r.** tasso di cambio

to rate [reɪt] *v. tr.* **1** valutare, stimare **2** giudicare, considerare **3** annoverare **4** tassare

rather ['rɑːðər] *avv.* **1** abbastanza, piuttosto **2** di preferenza, piuttosto che **3** *(fam.)* certamente, eccome ♦ **or r.** ovvero, o meglio

ratification [,rætɪfɪ'keɪʃ(ə)n] *s.* ratifica *f.*

to ratify ['rætɪfaɪ] *v. tr.* ratificare

rating ['reɪtɪŋ] *s.* **1** valutazione *f.*, qualifica *f.* **2** categoria *f.*, *(naut.)* rating *m. inv.* **3** *(fin.)* rating *m. inv.*

ratio ['reɪʃɪəʊ] *s.* proporzione *f.*, rapporto *m.*

ration ['ræʃ(ə)n] *s.* razione *f.*

rational ['ræʃənl] *agg.* razionale

rationale [ræʃə'nɑːl] *s.* ragione *f.* fondamentale

rationalism ['ræʃnəlɪz(ə)m] *s.* razionalismo *m.*

rationalistic [,ræʃnə'lɪstɪk] *agg.* razionalistico

to rationalize ['ræʃnəlaɪz] *v. tr.* razionalizzare

rattle ['rætl] *s.* **1** sonaglio *m.* **2** rumore *m.* secco frastuono *m.* **4** chiacchiericcio *m.*

to rattle ['rætl] *v. intr.* sbatacchiare, tintinnare, picchiettare

rattlesnake ['rætlsneɪk] *s.* serpente *m.* a sonagli

raucous ['rɔːkəs] *agg.* rauco, cupo

ravage ['rævɪdʒ] *s.* **1** rovina *f.* **2** *al pl.* danni *m. pl.*

to ravage ['rævɪdʒ] *v. tr.* devastare

to rave [reɪv] *v. intr.* **1** delirare **2** andare in estasi **3** *(di mare)* infuriare

raven ['reɪvn] *s.* corvo *m.*

ravenous ['rævɪnəs] *agg.* famelico, ingordo

ravine [rə'viːn] *s.* burrone *m.*

raving ['reɪvɪŋ] **A** *agg.* **1** delirante, furioso **2** eccezionale **B** *s.* delirio *m.*

ravishing ['rævɪʃɪŋ] *agg.* affascinante, incantevole

raw [rɔː] *agg.* **1** crudo **2** greggio **3** inesperto **4** aperto, vivo **5** *(di clima)* freddo ♦ **r. deal** trattamento in-

giusto; **r. materials** materie prime

ray [reɪ] *s.* raggio *m.*

to raze [reɪz] *v. tr.* radere al suolo, abbattere

razor ['reɪzər] *s.* rasoio *m.* ♦ **r. blade** lametta

re [riː] *prep.* in relazione a

reach [riːtʃ] *s.* **1** distanza *f.*, portata *f.* **2** possibilità *f.*, campo *m.* d'azione **3** tratto *m.* di fiume, braccio *m.* di mare

to reach [riːtʃ] **A** *v. tr.* **1** giungere a, raggiungere **2** allungare, porgere **3** stendere **4** toccare **B** *v. intr.* **1** estendersi, allungarsi **2** stendere il braccio, allungare la mano

to react [rɪ(ː)'ækt] *v. intr.* reagire

reaction [rɪ(ː)'ækʃ(ə)n] *s.* reazione *f.*

reactivity [,riːæk'tɪvɪtɪ] *s.* reattività *f.*

reactor [rɪ'æktər] *s.* reattore *m.*

to read [riːd] *(pass. e p. p.* **read)** *v. tr.* **1** leggere **2** *(di strumento)* segnare **3** interpretare, capire ♦ **to r. out** leggere a voce alta; **to r. through** leggere da cima a fondo; **to r. sb. a lesson** fare la predica a qc.

readable ['riːdəbl] *agg.* leggibile

reader ['riːdər] *s.* **1** lettore *m.* **2** libro *m.* di lettura

reading ['riːdɪŋ] *s.* **1** lettura *f.* **2** indicazione *f.* **3** interpretazione *f.*

to readjust [,riːə'dʒʌst] *v. tr.* riaggiustare

ready ['redɪ] *agg.* **1** pronto, preparato **2** disposto **3** svelto ♦ **to get r.** prepararsi; **to make r.** preparare

ready-made [,redɪ'meɪd] *agg.* confezionato, preconfezionato

to reaffirm [,riːə'fɜːm] *v. tr.* riaffermare

reagent [rɪ'eɪdʒənt] *s.* reagente *m.*

real [rɪəl] *agg.* **1** reale, effettivo **2** *(dir.)* immobile, immobiliare ♦ **r. estate** beni immobili

realism ['rɪəlɪz(ə)m] *s.* realismo *m.*

realist ['rɪəlɪst] *s.* realista *m. e f.*

realistic [rɪə'lɪstɪk] *agg.* realistico

reality [rɪ'ælɪtɪ] *s.* realtà *f.*

realization [,rɪələɪ'zeɪʃ(ə)n] *s.* **1** comprensione *f.*, percezione *f.* **2** realizzazione *f.* **3** *(econ.)* realizzo *m.*

to realize ['rɪəlaɪz] *v. tr.* **1** capire, accorgersi **2** realizzare, effettuare

really ['rɪəlɪ] *avv.* davvero, effettivamente, veramente, proprio

realm [relm] *s. (letter.)* regno *m.*

realtor ['rɪəltɔːr] *s. (USA)* agente *m. e f.* immobiliare

ream [riːm] *s.* risma *f.* (di carta)

to reap [riːp] *v. tr.* **1** mietere **2** raccogliere

to reappear [,riːə'pɪər] *v. intr.* riapparire

reappointment [,riːə'pɔɪntmənt] *s.* **1** reintegrazione *f.* **2** rielezione *f.*

rear [rɪər] **A** *agg.* posteriore **B** *s.* **1** parte *f.* posteriore, retro *m.* **2** retroguardia *f.* **3** *(fam.)* sedere *m.*

to rear [rɪər] **A** *v. tr.* **1** alzare, sollevare **2** crescere, allevare, coltivare **B** *v. intr.* innalzarsi ♦ **to r. up** impennarsi

to rearrange [,riːə'reɪndʒ] *v. tr.* riordinare

rearrangement [riːə'reɪndʒmənt] *s.* riordinamento *m.*

reason ['riːz(ə)n] *s.* **1** ragione *f.*, motivo *m.* **2** ragione *f.*, intelletto *m.*, raziocinio *m.*

to reason ['riːzn] **A** *v. intr.* ragionare **B** *v. tr.* **1** valutare, calcolare **2** convincere

reasonable [ˈriːznəbl] *agg.* ragionevole

reasoning [ˈriːznɪŋ] *s.* ragionamento *m.*

to reassure [ˌriːəˈʃʊəʳ] *v. tr.* rassicurare

rebate [ˈriːbeɪt] *s.* **1** rimborso *m.* **2** riduzione *f.*

to rebate [rɪˈbeɪt] *v. tr.* **1** rimborsare **2** ridurre, ribassare

rebel [ˈrɛbl] *s.* ribelle *m.*

to rebel [rɪˈbɛl] *v. intr.* ribellarsi

rebellion [rɪˈbɛljən] *s.* ribellione *f.*

rebellious [rɪˈbɛljəs] *agg.* ribelle

rebound [ˈriːbaʊnd] *s.* rimbalzo *m.*

to rebound [ˈrɪbaʊnd] *v. intr.* rimbalzare, ripercuotersi

rebuff [rɪˈbʌf] *s.* rifiuto *m.*

to rebuild [ˌriːˈbɪld] *v. tr.* ricostruire

rebuke [rɪˈbjuːk] *s.* rimprovero *m.*

to rebuke [rɪˈbjuːk] *v. tr.* rimproverare, sgridare

rebus [ˈriːbəs] *s.* rebus *m. inv.*

to rebut [rɪˈbʌt] *v. tr.* rifiutare

recall [rɪˈkɔːl] *s.* **1** richiamo *m.* **2** ricordo *m.*

to recall [rɪˈkɔːl] *v. tr.* **1** richiamare **2** rievocare, richiamare alla mente **3** ricordarsi **4** (*dir.*) revocare

to recant [rɪˈkænt] *v. tr.* **1** ritrattare **2** abiurare

to recapitulate [ˌriːkəˈpɪtjʊleɪt] *v. tr. e intr.* ricapitolare

recapitulation [ˌriːkəpɪtjʊˈleɪʃ(ə)n] *s.* ricapitolazione *f.*, riepilogo *m.*

to recede [rɪˈsiːd] *v. intr.* **1** ritirarsi, allontanarsi **2** calare, svanire

receipt [rɪˈsiːt] *s.* **1** ricevimento *m.* **2** ricevuta *f.*, quietanza *f.* **3** *al pl.* entrate *f. pl.*

to receive [rɪˈsiːv] *v. tr.* ricevere, accogliere

receiver [rɪˈsiːvəʳ] *s.* **1** destinatario *m.* **2** (*del telefono*) ricevitore *m.* **3** apparecchio *m.* ricevente **4** ricettatore *m.* **5** (*dir.*) curatore *m.* fallimentare

recent [ˈriːsnt] *agg.* recente

reception [rɪˈsɛpʃ(ə)n] *s.* **1** ricevimento *m.* **2** ricezione *f.* **3** accoglienza *f.* **4** accettazione *f.*, reception *f. inv.*

receptive [rɪˈsɛptɪv] *agg.* ricettivo

recess [rɪˈsɛs] *s.* **1** intervallo *m.*, vacanza *f.* **2** rientranza *f.*, nicchia *f.* **3** recesso *m.*

recession [rɪˈsɛʃ(ə)n] *s.* **1** (*econ.*) recessione *f.* **2** ritiro *m.*, arretramento *m.*

recharge [riːˈtʃɑːdʒ] *s.* ricarica *f.*

to recharge [riːˈtʃɑːdʒ] *v. tr.* ricaricare

recidivism [rɪˈsɪdɪvɪz(ə)m] *s.* recidiva *f.*

recipe [ˈrɛsɪpɪ] *s.* ricetta *f.*

recipient [rɪˈsɪpɪənt] *s.* ricevente *s. e f.*, destinatario *m.*

reciprocal [rɪˈsɪprək(ə)l] *agg.* reciproco

recital [rɪˈsaɪtl] *s.* recital *m. inv.*

recitation [ˌrɛsɪˈteɪʃ(ə)n] *s.* recitazione *f.*

to recite [rɪˈsaɪt] *v. tr.* **1** recitare, declamare **2** enumerare

reckless [ˈrɛklɪs] *agg.* spericolato

to reckon [ˈrɛk(ə)n] *v. tr.* **1** calcolare, computare **2** considerare, stimare **3** (*fam.*) credere, supporre ◆ **to r. on** fare conto su; **to r. up** fare il totale di; **to r. with/without** fare i conti con/senza

reckoning [ˈrɛkənɪŋ] *s.* conto *m.*, calcolo *m.*

to reclaim [rɪˈkleɪm] *v. tr.* **1** reclamare, rivendicare **2** redimere, riabilitare **3** bonificare **4** ricuperare

reclamation [ˌrɛkləˈmeɪʃ(ə)n] *s.* **1** rivendicazione *f.* **2** ricupero *m.*, ritiro *m.* **3** bonifica *f.*

to recline [rɪˈklaɪn] **A** *v. tr.* reclinare **B** *v. intr.* appoggiarsi, adagiarsi

recognition [ˌrɛkəɡˈnɪʃ(ə)n] *s.* riconoscimento *m.*

recognizable [ˈrɛkəɡnaɪzəbl] *agg.* riconoscibile

to recognize [ˈrɛkəɡnaɪz] *v. tr.* **1** riconoscere, distinguere **2** ammettere **3** approvare, accogliere

recoil [rɪˈkɔɪl] *s.* **1** balzo *m.* indietro **2** (*mecc.*) contraccolpo *m.*, rinculo *m.*

to recoil [rɪˈkɔɪl] *v. intr.* **1** indietreggiare, retrocedere **2** rinculare

to recollect (1) [ˌriːkəˈlɛkt] *v. tr.* raccogliere, radunare, rimettere insieme

to recollect (2) [ˌrɛkəˈlɛkt] *v. tr. e intr.* ricordare, ricordarsi

recollection [ˌrɛkəˈlɛkʃ(ə)n] *s.* ricordo *m.*

to recommence [ˌriːkəˈmɛns] *v. tr. e intr.* ricominciare

to recommend [ˌrɛkəˈmɛnd] *v. tr.* raccomandare, consigliare

recommendation [ˌrɛkəmɛnˈdeɪʃ(ə)n] *s.* raccomandazione *f.*

recompense [ˈrɛkəmpɛns] *s.* ricompensa *f.*, compenso *m.*

to recompense [ˈrɛkəmpɛns] *v. tr.* ricompensare

to reconcile [ˈrɛkənˌsaɪl] *v. tr.* riconciliare, conciliare ◆ **to r. oneself** rassegnarsi

reconciliation [ˌrɛkənsɪlɪˈeɪʃ(ə)n] *s.* **1** riconciliazione *f.* **2** conciliazione *f.*, composizione *f.*

to recondition [ˌriːkənˈdɪʃ(ə)n] *v. tr.* ripristinare, revisionare

reconnaissance [rɪˈkɒnɪs(ə)ns] *s.* perlustrazione *f.*, ricognizione *f.*

to reconnoitre [ˌrɛkəˈnɔɪtəʳ] *v. tr.* perlustrare

to reconsider [ˌriːkənˈsɪdəʳ] *v. tr.* riconsiderare, riesaminare

to reconstruct [ˌriːkənsˈtrʌkt] *v. tr.* ricostruire

record [ˈrɛkɔːd] *s.* **1** documento *m.*, registrazione *f.*, nota *f.*, verbale *m.*, testimonianza *f.* **2** *al pl.* atto *m.* pubblico, archivio *m.* **3** (*inf.*) record *m. inv.* **4** (*sport*) record *m. inv.*, primato *m.* **5** disco *m.* (fonografico) ◆ **r. holder** detentore di primato; **r. library** discoteca; **r. player** giradischi

to record [rɪˈkɔːd] *v. tr.* **1** registrare, prender nota di, verbalizzare **2** documentare, testimoniare **3** incidere, registrare

recorded [rɪˈkɔːdɪd] *agg.* registrato ◆ **r. delivery** raccomandata con ricevuta di ritorno

recorder [rɪˈkɔːdəʳ] *s.* registratore *m.*

recording [rɪˈkɔːdɪŋ] *s.* registrazione *f.*, incisione *f.*

to recount (1) [rɪˈkaʊnt] *v. tr.* raccontare dettagliatamente

to recount (2) [riːˈkaʊnt] *v. tr.* contare di nuovo

to recoup [rɪˈkuːp] *v. tr.* **1** rimborsare, risarcire **2** ricuperare

recourse [rɪˈkɔːs] *s.* ricorso *m.*

to recover [rɪˈkʌvəʳ] **A** *v. tr.* riacquistare, ricuperare, ritrovare **B** *v. intr.* ristabilirsi, riprendersi, guarire

recovery [rɪˈkʌvərɪ] *s.* **1** ricupero *m.* **2** guarigione *f.*

recreation [ˌrɛkrɪˈeɪʃ(ə)n] *s.* ricreazione *f.*, divertimento *m.*

recreational [ˌrekrɪ'eɪʃənl] *agg.* ricreativo

recreative ['rekrɪetɪv] *agg.* ricreativo

recrimination [rɪˌkrɪmɪ'neɪʃ(ə)n] *s.* recriminazione *f.*

recruit [rɪ'kruːt] *s.* **1** (*mil.*) recluta *f.* **2** principiante *m. e f.*, novellino *m.*

to recruit [rɪ'kruːt] *v. tr.* **1** (*mil.*) reclutare **2** assumere

rectangle ['rek,tæŋgl] *s.* rettangolo *m.*

rectangular [rek'tæŋgjʊlə] *agg.* rettangolare

rectification [ˌrektɪfɪ'keɪʃ(ə)n] *s.* rettifica *f.*

to rectify ['rektɪfaɪ] *v. tr.* rettificare

rectilinear [ˌrektɪ'lɪnɪə] *agg.* rettilineo

rector ['rektə] *s.* rettore *m.*

rectorate ['rektərət] *s.* rettorato *m.*

rectory ['rekt(ə)rɪ] *s.* canonica *f.*, presbiterio *m.*

to recuperate [rɪ'kjuːp(ə)reɪt] **A** *v. tr.* ricuperare, riguadagnare **B** *v. intr.* **1** ristabilirsi, riprendersi **2** rifarsi

to recur [rɪ'kɜː] *v. intr.* **1** ritornare, ricorrere **2** riandare col pensiero, ritornare in mente

recurrence [rɪ'kʌr(ə)ns] *s.* ricorso *m.*, riapparizione *f.*, ricorrenza *f.*

recurrent [rɪ'kʌr(ə)nt] *agg.* ricorrente

to recuse [rɪ'kjuːz] *v. tr.* ricusare

to recycle [riː'saɪkl] *v. tr.* riciclare

red [red] *agg. e s.* rosso *m.* ♦ **to be in the r.** essere in rosso

redcurrant [ˌred'kʌrənt] *s.* ribes *m.* rosso

to redden ['redn] **A** *v. intr.* arrossire **B** *v. tr.* **1** arrossare **2** far arrossire

reddish ['redɪʃ] *agg.* rossiccio

to redeem [rɪ'diːm] *v. tr.* **1** riscattare **2** redimere, salvare **3** compensare

redeemer [rɪ'diːmə] *s.* redentore *m.*

redemption [rɪ'dem(p)ʃ(ə)n] *s.* **1** redenzione *f.* **2** (*fin.*) riscatto *m.*, rimborso *m.*

to redeploy [ˌriːdɪ'plɔɪ] *v. tr.* reimpiegare, riorganizzare

red-haired [ˌred'head] *agg.* dai capelli rossi

red-handed [ˌred'hændɪd] *agg.* con le mani nel sacco, in flagrante

redhead ['redhed] *s.* persona *f.* dai capelli rossi

red-hot [ˌred'hɒt] *agg.* **1** rovente **2** appassionato

to rediscover [ˌriːdɪs'kʌvə] *v. tr.* riscoprire, ritrovare

to redo [riː'duː] (*pass. redid, p. p. redone*) *v. tr.* rifare

redolent ['redəʊlənt] *agg.* **1** fragrante **2** suggestivo

to redouble [riː'dʌbl] *v. tr. e intr.* raddoppiare

redress [rɪ'dres] *s.* riparazione *f.*, risarcimento *m.*

redskin ['redskɪn] *s.* pellerossa *m. e f.*

red tape [ˌred'teɪp] *s.* burocrazia *f.*

to reduce [rɪ'djuːs] *v. tr.* ridurre

reduction [rɪ'dʌkʃ(ə)n] *s.* riduzione *f.*

redundancy [rɪ'dʌndənsɪ] *s.* **1** sovrabbondanza *f.*, eccedenza *f.* **2** licenziamento *m.* (*per esuberanza di personale*) **3** ridondanza *f.*

redundant [rɪ'dʌndənt] *agg.* **1** eccedente, esuberante **2** ridondante ♦ **to be made r.** essere licenziato (*per esuberanza di personale*)

redwood ['redwʊd] *s.* sequoia *f.*

reed [riːd] *s.* **1** canna *f.* **2** (*mus.*) ancia *f.* ♦ **r.-pipe** zampogna

reef (1) [riːf] *s.* scogliera *f.*, banco *m.* ♦ **barrier r.** barriera corallina

reef (2) [riːf] *s.* (*naut.*) terzarolo *m.*

to reek [riːk] *v. intr.* puzzare

reel [riːl] *s.* **1** rocchetto *m.*, bobina *f.* **2** (*pesca*) mulinello *m.* **3** (*cine.*) pizza *f.*

to reel (1) [riːl] *v. tr.* avvolgere, arrotolare ♦ **to r. in** tirare su (*col mulinello*); **to r. off** dipanare

to reel (2) [riːl] *v. intr.* **1** barcollare, vacillare **2** avere il capogiro **3** girare, turbinare

to re-elect [ˌriːɪ'lekt] *v. tr.* rieleggere

re-election [ˌriːɪ'lekʃ(ə)n] *s.* rielezione *f.*

to re-enter [riː'entə] *v. intr.* rientrare

ref [ref] *s.* (*fam.*) arbitro *m.*

refection [rɪ'fekʃ(ə)n] *s.* refezione *f.*

refectory [rɪ'fekt(ə)rɪ] *s.* refettorio *m.*

to refer [rɪ'fɜː] *v. tr.* **1** indirizzare, rinviare **2** inoltrare **B** *v. intr.* **1** riferirsi, riguardare, fare riferimento **2** ricorrere

referee [ˌrefə'riː] *s.* **1** arbitro *m.* **2** garante *m.*, referenza *f.*

to referee [ˌrefə'riː] *v. tr.* arbitrare

reference ['refr(ə)ns] *s.* **1** riferimento *m.*, rapporto *m.*, relazione *f.* **2** allusione *f.*, accenno *m.* **3** consultazione *f.* **4** referenza *f.*, raccomandazione *f.*

referendum [ˌrefə'rendəm] *s.* referendum *m. inv.*

refill ['riːfɪl] *s.* **1** ricambio *m.*, ricarica *f.* **2** (*a tavola*) secondo giro *m.*

to refill [riː'fɪl] *v. tr.* riempire di nuovo, ricaricare

to refine [rɪ'faɪn] *v. tr.* raffinare

refined [rɪ'faɪnd] *agg.* raffinato

refinement [rɪ'faɪnmənt] *s.* **1** raffinazione *f.* **2** raffinatezza *f.*

refinery [rɪ'faɪnərɪ] *s.* raffineria *f.*

to reflect [rɪ'flekt] **A** *v. tr.* riflettere, rispecchiare **B** *v. intr.* **1** riflettersi **2** riflettere, meditare

reflection [rɪ'flekʃ(ə)n] *s.* **1** riflessione *f.*, riflesso *m.* **2** ripercussione *f.* **3** meditazione *f.*, considerazione *f.* **4** critica *f.*

reflex ['riːfleks] *agg. e s.* riflesso *m.* ♦ **r. camera** macchina fotografica reflex

reflexive [rɪ'fleksɪv] *agg.* riflessivo

reforestation [ˌriːfɒrɪs'teɪʃ(ə)n] *s.* rimboschimento *m.*

reform [rɪ'fɔːm] *s.* riforma *f.*

to reform [rɪ'fɔːm] *v. tr.* riformare

Reformation [ˌrefə'meɪʃ(ə)n] *s.* (*stor.*) riforma *f.*

reformatory [rɪ'fɔːmət(ə)rɪ] *s.* riformatorio *m.*

refraction [rɪ'frækʃ(ə)n] *s.* rifrazione *f.*

refrain [rɪ'freɪn] *s.* ritornello *m.*

to refrain [rɪ'freɪn] *v. intr.* trattenersi, astenersi

to refresh [rɪ'freʃ] **A** *v. tr.* **1** rinfrescare, ristorare, rianimare **2** ricaricare, rifornire **B** *v. intr.* rinfrescarsi, ristorarsi, rianimarsi

refreshing [rɪ'freʃɪŋ] *agg.* rinfrescante, ristoratore

refreshment [rɪ'freʃmənt] *s.* **1** ristoro *m.* **2** rinfresco *m.*

to refrigerate [rɪ'frɪdʒəreɪt] *v. tr.* refrigerare

refrigerator [rɪ'frɪdʒəreɪtə] *s.* **1** refrigerante *m.* **2** frigorifero *m.*

to refuel [riː'fjʊəl] **A** *v. tr.* rifornire (*carburante*) **B** *v. intr.* fare rifornimento

refuge ['refjuːdʒ] *s.* rifugio *m.* ♦ **to take r.** rifugiarsi

refugee [ˌrefjuː'dʒiː] *s.* rifugiato *m.*, profugo *m.*

refund ['ri:fʌnd] s. rimborso m.
to refund [ri'fʌnd] v. tr. rimborsare
to refurbish [ˌri:'fɜːbɪʃ] v. tr. rinnovare
refusal [ri'fju:z(ə)l] s. 1 rifiuto m. 2 (dir.) diritto m. di opzione
refuse [ri'fju:s] A agg. di scarto B s. rifiuti m. pl., immondizia f.
to refuse [ri'fju:z] v. tr. e intr. rifiutare, rifiutarsi
to refute [ri'fju:t] v. tr. confutare
to regain [ri'geɪn] v. tr. riguadagnare
regal ['ri:g(ə)l] agg. regale, regio
regard [ri'gɑːd] s. 1 riguardo m., considerazione f. 2 stima f., ammirazione f. 3 al pl. (nelle formule di cortesia) saluti m. pl. ♦ **in r. to** in merito a
to regard [ri'gɑːd] v. tr. 1 considerare, giudicare 2 stimare 3 riguardare, concernere ♦ **as regards**, **regarding** per quanto riguarda
regardless [ri'gɑːdlɪs] agg. incurante ♦ **r. of** a dispetto di
regatta [ri'gætə] s. regata f.
regency ['ri:dʒ(ə)nsi] s. reggenza f.
to regenerate [ri'dʒenəreɪt] v. tr. e intr. rigenerare, rigenerarsi
regent ['ri:dʒ(ə)nt] s. reggente m. e f.
regime [rei'ʒi:m] s. regime m.
regiment ['redʒɪmənt] s. reggimento m.
region ['ri:dʒ(ə)n] s. regione f.
regional ['ri:dʒənl] agg. regionale
register ['redʒɪstə*] s. 1 registro m. 2 lista f. elettorale
to register ['redʒɪstə*] A v. tr. 1 registrare, iscrivere, immatricolare 2 (corrispondenza) raccomandare 3 (di strumento) segnare B v. intr. iscriversi, registrarsi
registered ['redʒɪstəd] agg. registrato, immatricolato ♦ **r. letter** raccomandata; **r. trademark** marchio registrato
registration [ˌredʒɪs'treɪʃ(ə)n] s. registrazione f., iscrizione f. ♦ **r. number** numero di targa
registry ['redʒɪstri] s. 1 registrazione f. 2 ufficio m. di registrazione ♦ **r. office** anagrafe
regnant ['regnənt] agg. regnante
regress ['ri:gres] s. regresso m.
regression [ri'greʃ(ə)n] s. regressione f.
regret [ri'gret] s. rimpianto m., rincrescimento m.
to regret [ri'gret] v. tr. 1 rammaricarsi di 2 rimpiangere
regretfully [ri'gretf(u)li] avv. con rincrescimento, purtroppo
regrettable [ri'gretəbl] agg. spiacevole, deplorevole
regular ['regjulə*] A agg. regolare B s. 1 soldato m. regolare 2 cliente m. e f. abituale
regularly ['regjuləli] avv. regolarmente
to regulate ['regjuleit] v. tr. regolare
regulation [ˌregju'leɪʃ(ə)n] s. 1 regolazione f. 2 ordinamento m., regolamento m.
to rehabilitate [ˌri:ə'bɪlɪteɪt] v. tr. riabilitare
rehabilitation [ˌri:əˌbɪlɪ'teɪʃ(ə)n] s. riabilitazione f.
rehearsal [ri'hɜːs(ə)l] s. (teatro) prova f.
to rehearse [ri'hɜːs] v. tr. (teatro) provare, fare le prove di
reign [reɪn] s. regno m.
to reign [reɪn] v. intr. regnare

to reimburse [ˌri:ɪm'bɜːs] v. tr. rimborsare
reimbursement [ˌri:ɪm'bɜːsmənt] s. rimborso m., risarcimento m.
rein [reɪn] s. briglia f.
reincarnation [ˌri:ɪnkɑː'neɪʃ(ə)n] s. reincarnazione f.
reindeer ['reɪndɪə*] s. renna f.
to reinforce [ˌri:ɪn'fɔːs] v. tr. rinforzare
reinforcement [ˌri:ɪn'fɔːsmənt] s. 1 rinforzo m., rafforzamento m. 2 al pl. (mil.) rinforzi m. pl.
to reinstate [ˌri:ɪn'steɪt] v. tr. ristabilire, reintegrare
to reiterate [ri:'ɪtəreɪt] v. tr. reiterare
reject ['ri:dʒekt] s. scarto m.
to reject [ri'dʒekt] v. tr. 1 rifiutare, respingere 2 scartare 3 (med.) rigettare
rejection [ri'dʒekʃ(ə)n] s. 1 scarto m., rifiuto m. 2 (med.) rigetto m.
to rejoice [ri'dʒɔɪs] v. intr. rallegrarsi
to rejoin [ri:'dʒɔɪn] v. tr. e intr. ricongiungere, ricongiungersi
to rejuvenate [ri'dʒu:vɪnent] v. tr. e intr. ringiovanire
relapse [ri'læps] s. ricaduta f.
to relapse [ri'læps] v. intr. 1 ricadere 2 (med.) avere una ricaduta
to relate [ri'leɪt] A v. tr. 1 riferire, raccontare 2 collegare, mettere in relazione B v. intr. 1 riferirsi a, concernere 2 andare d'accordo
related [ri'leɪtɪd] agg. 1 imparentato 2 connesso
relation [ri'leɪʃ(ə)n] s. 1 racconto m., relazione f. 2 rapporto m. 3 parente m. e f.
relationship [ri'leɪʃ(ə)nʃɪp] s. 1 relazione f., rapporto m. 2 parentela f.
relative ['relətɪv] A agg. relativo B s. parente m. e f.
relativism ['relətɪvɪz(ə)m] s. relativismo m.
relativity [ˌrelə'tɪvɪtɪ] s. relatività f.
to relax [ri'læks] A v. tr. 1 rilassare, distendere 2 allentare, mitigare B v. intr. 1 rilassarsi, riposarsi 2 attenuarsi
relaxation [ˌri:læk'seɪʃ(ə)n] s. 1 rilassamento m. 2 riposo m., svago m., relax m. inv. 3 mitigazione f.
relay ['ri:leɪ] s. 1 (corsa a) staffetta f. 2 (squadra di) turno m. 3 (elettr.) relè m.
to relay [ri'leɪ] v. tr. 1 fornire 2 trasmettere 3 riferire
release [ri'li:s] s. 1 rilascio m., scarcerazione f. 2 quietanza f., remissione f. 3 (di film, disco) distribuzione f. 4 (inf.) versione f. 5 (mecc.) rilascio m., scatto m. 6 emissione f.
to release [ri'li:s] v. tr. 1 liberare, scarcerare 2 distribuire, diffondere 3 sganciare, sbloccare 4 emettere, scaricare ♦ **to r. on bail** rilasciare su cauzione
to relegate ['religeit] v. tr. relegare
to relent [ri'lent] v. intr. placarsi, addolcirsi
relentless [ri'lentlis] agg. implacabile
relevant ['relɪvənt] agg. relativo, pertinente, specifico
reliability [rɪˌlaɪə'bɪlɪtɪ] s. affidabilità f.
reliable [ri'laɪəbl] agg. affidabile, fidato
reliance [ri'laɪəns] s. fiducia f.
reliant [ri'laɪənt] agg. fiducioso
relic ['relɪk] s. reliquia f., resto m.
relief (1) [ri'li:f] s. 1 sollievo m. 2 aiuto m., soccorso m. 3 cambio m., sostituto m.
relief (2) [ri'li:f] s. rilievo m.

to relieve [rɪ'liːv] *v. tr.* **1** alleviare **2** soccorrere **3** alleggerire **4** dare il cambio, sostituire

reliever [rɪ'liːvə'] *s.* soccorritore *m.* ◆ **pain r.** farmaco antidolorifico

religion [rɪ'lɪdʒən] *s.* religione *f.*

religious [rɪ'lɪdʒəs] *agg.* religioso

to relinquish [rɪ'lɪŋkwɪʃ] *v. tr.* abbandonare, rinunciare a

reliquary ['relɪkwərɪ] *s.* reliquiario *m.*

relish ['relɪʃ] *s.* **1** gusto *m.*, attrattiva *f.* **2** condimento *m.*, salsa *f.*

to relish ['relɪʃ] *v. tr.* gustare, assaporare

to reload [ˌriː'ləʊd] *v. tr.* ricaricare

to relocate [ˌriːləʊ'keɪt] *v. tr. e intr.* trasferire, trasferirsi

reluctance [rɪ'lʌktəns] *s.* riluttanza *f.*

reluctant [rɪ'lʌktənt] *agg.* riluttante, restio

to rely [rɪ'laɪ] *v. intr.* **1** fare affidamento, fidarsi **2** dipendere

to remain [rɪ'meɪn] *v. intr.* rimanere

remainder [rɪ'meɪndə'] *s.* **1** resto *m.*, residuo *m.* **2** persone *f. pl.* rimanenti **3** rimanenza *f.*

remains [rɪ'meɪnz] *s. pl.* rovine *f. pl.*, resti *m. pl.*

remake ['riːmeɪk] *s.* remake *m. inv.*

to remake [riː'meɪk] *(pass. e p. p.* **remade***) v. tr.* rifare

remark [rɪ'mɑːk] *s.* osservazione *f.*, commento *m.*, nota *f.*

to remark [rɪ'mɑːk] *v. tr.* osservare, rimarcare

remarkable [rɪ'mɑːkəbl] *agg.* notevole

to remarry [riː'mærɪ] *v. tr. e intr.* risposare, risposarsi

remedial [rɪ'miːdjəl] *agg.* **1** riparatore **2** *(med.)* correttivo

remedy ['remɪdɪ] *s.* rimedio *m.*

to remedy ['remɪdɪ] *v. intr.* rimediare

to remember [rɪ'membə'] *v. tr. e intr.* ricordare, ricordarsi

remembrance [rɪ'membr(ə)ns] *s.* ricordo *m.*, memoria *f.*

to remind [rɪ'maɪnd] *v. tr.* ricordare, far ricordare

reminder [rɪ'maɪndə'] *s.* promemoria *m. inv.*

to reminisce [ˌremɪ'nɪs] *v. intr.* abbandonarsi ai ricordi

reminiscence [ˌremɪ'nɪsns] *s.* reminiscenza *f.*

reminiscent [ˌremɪ'nɪsnt] *agg.* **1** che richiama alla mente *f.* che si abbandona ai ricordi

remiss [rɪ'mɪs] *agg.* negligente

remission [rɪ'mɪʃ(ə)n] *s.* **1** remissione *f.* **2** diminuzione *f.*

to remit [rɪ'mɪt] *v. tr.* **1** rimettere, condonare **2** affidare **3** diminuire, ridurre **4** *(denaro)* rimettere, inviare **5** sospendere, differire, annullare

remittance [rɪ'mɪt(ə)ns] *s.* rimessa *f.*

remnant ['remnənt] *s.* **1** avanzo *m.*, resto *m.* **2** scampolo *m.*

to remonstrate ['remənstreɪt] *v. intr.* protestare, fare rimostranze

remorse [rɪ'mɔːs] *s.* rimorso *m.*

remorseless [rɪ'mɔːslɪs] *agg.* spietato, inesorabile

remote [rɪ'məʊt] *agg.* **1** remoto, lontano **2** estraneo, distaccato **3** comandato a distanza ◆ **r. control** telecomando

removable [rɪ'muːvəbl] *agg.* rimovibile

removal [rɪ'muːvəl] *s.* **1** rimozione *f.*, allontanamento *m.* **2** soppressione *f.*, destituzione *f.* **3** asportazione *f.* **4** trasferimento *m.*, trasloco *m.*

to remove [rɪ'muːv] *v. tr.* **1** rimuovere, togliere, spostare **2** destituire **3** sopprimere, eliminare **4** trasferire

to remunerate [rɪ'mjuːnəreɪt] *v. tr.* rimunerare

remuneration [rɪˌmjuːnə'reɪʃ(ə)n] *s.* rimunerazione *f.*

Renaissance [rə'neɪs(ə)ns] *s.* rinascimento *m.*

to rend [rend] *(pass. e p. p.* **rent***) v. tr.* spaccare, strappare

to render ['rendə'] *v. tr.* rendere

rendering ['rend(ə)rɪŋ] *s.* **1** traduzione *f.* **2** interpretazione *f.*, esecuzione *f.*

renegade ['renɪgeɪd] *s.* rinnegato *m.*

to renew [rɪ'njuː] *v. tr.* rinnovare, ripristinare

renewal [rɪ'njuːəl] *s.* **1** rinnovo *m.* **2** ripresa *f.*

rennet ['renɪt] *s.* caglio *m.*

to renounce [rɪ'naʊns] *v. tr.* **1** rinunciare a **2** rinnegare

to renovate ['renəveɪt] *v. tr.* rinnovare, ristrutturare

renovation [ˌrenə'veɪʃ(ə)n] *s.* rinnovamento *m.*, ristrutturazione *f.*

renown [rɪ'naʊn] *s.* rinomanza *f.*, fama *f.*

renowned [rɪ'naʊnd] *agg.* rinomato

rent (1) [rent] *s.* affitto *m.*, nolo *m.*

rent (2) [rent] **A** *pass. e p. p. di* **to rend B** *agg.* strappato **C** *s.* strappo *m.*

to rent [rent] *v. tr.* affittare

rentable ['rentəbl] *agg.* affittabile

rental ['rentl] *s.* canone *m.* (di affitto), (prezzo del) noleggio *m.*

renunciation [rɪˌnʌnsɪ'eɪʃ(ə)n] *s.* rinuncia *f.*

to rep [rep] *v. intr.* *(fam.)* fare il rappresentante

to repaint [riː'peɪnt] *v. tr.* ridipingere, riverniciare

repair [rɪ'peə'] *s.* **1** riparazione *f.* **2** condizione *f.*, stato *m.*

to repair [rɪ'peə'] *v. tr.* riparare, aggiustare

repairable [rɪ'peərəbl] *agg.* riparabile

to repatriate [riː'pætrieɪt] *v. intr.* rimpatriare

repatriation [riːˌpætrɪ'eɪʃ(ə)n] *s.* rimpatrio *m.*

to repay [rɪ'peɪ] *(pass. e p. p.* **repaid***) v. tr.* ripagare, restituire, risarcire

repayable [riː'peɪ(ə)bl] *agg.* rimborsabile

repayment [rɪ'peɪmənt] *s.* rimborso *m.*, ricompensa *f.*

repeal [rɪ'piːl] *s.* abrogazione *f.*, revoca *f.*

to repeal [rɪ'piːl] *v. tr.* abrogare, revocare

repeat [rɪ'piːt] *s.* **1** ripetizione *f.* **2** replica *f.*

to repeat [rɪ'piːt] *v. tr.* ripetere

to repel [rɪ'pel] *v. tr.* **1** respingere **2** ripugnare a

repellent [rɪ'pelənt] **A** *agg.* repellente, ripugnante **B** *s.* sostanza *f.* repellente

to repent [rɪ'pent] *v. tr. e intr.* pentirsi

repentance [rɪ'pentəns] *s.* pentimento *m.*

repertory ['repət(ə)rɪ] *s.* repertorio *m.*

repetition [ˌrepɪ'tɪʃ(ə)n] *s.* ripetizione *f.*

repetitive [rɪ'petɪtɪv] *agg.* ripetitivo

to replace [rɪ'pleɪs] *v. tr.* **1** rimpiazzare, sostituire **2** riporre

replaceable [rɪˈpleɪsəbl] *agg.* sostituibile

replacement [rɪˈpleɪsmənt] *s.* **1** sostituzione *f.*, rimpiazzo *m.* **2** sostituto *m.* **3** (pezzo di) ricambio *m.*

replay [ˈriːpleɪ] *s.* **1** (*sport*) partita *f.* ripetuta **2** (*TV*) replay *m. inv.*

to replenish [rɪˈplenɪʃ] *v. tr.* riempire, rifornire

replete [rɪˈpliːt] *agg.* **1** pieno, zeppo **2** satollo

replica [ˈreplɪkə] *s.* **1** (*di opera d'arte*) copia *f.*, produzione *f.* **2** duplicato *m.*

reply [rɪˈplaɪ] *s.* **1** risposta *f.* **2** (*dir.*) replica *f.*

to reply [rɪˈplaɪ] *v. tr.* rispondere, replicare

to repopulate [ˌriːˈpɒpjuleɪt] *v. tr.* ripopolare

report [rɪˈpɔːt] *s.* **1** diceria *f.* **2** rapporto *m.*, relazione *f.*, resoconto *m.*, cronaca *f.* **3** reputazione *f.* **4** pagella *f.* **5** rimbombo *m.*, detonazione *f.*

to report [rɪˈpɔːt] **A** *v. tr.* riportare, riferire **B** *v. intr.* **1** fare rapporto **2** fare il cronista

reportedly [rɪˈpɔːtɪdlɪ] *avv.* a quel che si dice

reporter [rɪˈpɔːtər] *s.* cronista *m. e f.*

reprehensible [ˌreprɪˈhensəbl] *agg.* riprovevole

to represent [ˌreprɪˈzent] *v. tr.* rappresentare

representation [ˌreprɪzenˈteɪʃ(ə)n] *s.* **1** rappresentazione *f.* **2** rappresentanza *f.* **3** rimostranza *f.*

representative [ˌreprɪˈzentətɪv] **A** *agg.* rappresentativo **B** *s.* **1** esempio *m.* tipico **2** rappresentante *m. e f.*

to repress [rɪˈpres] *v. tr.* reprimere

repression [rɪˈpreʃ(ə)n] *s.* repressione *f.*

reprieve [rɪˈpriːv] *s.* **1** dilazione *f.* **2** sospensione *f.* (di condanna a morte)

reprimand [ˈreprɪmɑːnd] *s.* rimprovero *m.*

to reprimand [ˈreprɪmɑːnd] *v. tr.* rimproverare

reprint [ˈriːprɪnt] *s.* ristampa *f.*

to reprint [riːˈprɪnt] *v. tr.* ristampare

reprisal [rɪˈpraɪz(ə)l] *s.* rappresaglia *f.*

reproach [rɪˈprəʊtʃ] *s.* **1** rimprovero *m.* **2** disonore *m.*, discredito *m.*

to reproach [rɪˈprəʊtʃ] *v. tr.* rimproverare, rinfacciare

to reproduce [ˌriːprəˈdjuːs] *v. tr. e intr.* riprodurre, riprodursi

reproducible [ˌriːprəˈdjuːsəbl] *agg.* riproducibile

reproduction [ˌriːprəˈdʌkʃ(ə)n] *s.* **1** riproduzione *f.*, generazione *f.* **2** copia *f.*

reproof [rɪˈpruːf] *s.* rimprovero *m.*, biasimo *m.*

to reprove [rɪˈpruːv] *v. tr.* rimproverare, biasimare

reptant [ˈreptənt] *agg.* **1** strisciante **2** rampicante

reptile [ˈreptaɪl] *s.* rettile *m.*

republic [rɪˈpʌblɪk] *s.* repubblica *f.*

republican [rɪˈpʌblɪkən] *agg.* repubblicano

to repudiate [rɪˈpjuːdɪeɪt] *v. tr.* **1** respingere, negare **2** rifiutare **3** ripudiare

repulse [rɪˈpʌls] *s.* **1** ripulsa *f.*, rifiuto *m.* **2** sconfitta *f.*, scacco *m.*

to repulse [rɪˈpʌls] *v. tr.* respingere

repulsive [rɪˈpʌlsɪv] *agg.* ripulsivo

reputable [ˈrepjʊtəbl] *agg.* rispettabile

reputation [ˌrepjʊˈteɪʃ(ə)n] *s.* reputazione *f.*, fama *f.*

repute [rɪˈpjuːt] *s.* reputazione *f.*

to repute [rɪˈpjuːt] *v. tr.* reputare

request [rɪˈkwest] *s.* domanda *f.*, richiesta *f.* ♦ **r. stop** fermata a richiesta

to request [rɪˈkwest] *v. tr.* richiedere

to require [rɪˈkwaɪər] *v. tr.* **1** richiedere, esigere **2** ordinare **3** aver bisogno di

required [rɪˈkwaɪəd] *agg.* richiesto, obbligatorio, occorrente

requirement [rɪˈkwaɪəmənt] *s.* **1** richiesta *f.*, esigenza *f.*, necessità *f.* **2** requisito *m.* **3** fabbisogno *m.*

requisite [ˈrekwɪzɪt] **A** *agg.* richiesto **B** *s.* requisito *m.*

requisition [ˌrekwɪˈzɪʃ(ə)n] *s.* **1** (*mil.*) requisizione *f.* **2** istanza *f.*

to requisition [ˌrekwɪˈzɪʃ(ə)n] *v. tr.* **1** (*mil.*) requisire **2** fare richiesta di

resale [ˈriːseɪl] *s.* rivendita *f.*

to rescind [rɪˈsɪnd] *v. tr.* rescindere

rescue [ˈreskjuː] *s.* salvataggio *m.*, soccorso *m.*

to rescue [ˈreskjuː] *v. tr.* salvare, liberare

rescuer [ˈreskjʊər] *s.* soccorritore *m.*

research [rɪˈsɜːtʃ] *s.* ricerca *f.*, indagine *f.*

to research [rɪˈsɜːtʃ] *v. intr.* fare ricerche

researcher [rɪˈsɜːtʃər] *s.* ricercatore *m.*

resemblance [rɪˈzembləns] *s.* somiglianza *f.*

to resemble [rɪˈzembl] *v. tr.* somigliare a

to resent [rɪˈzent] *v. tr.* risentirsi di

resentful [rɪˈzentf(ʊ)l] *agg.* risentito, offeso

resentment [rɪˈzentmənt] *s.* risentimento *m.*

reservation [ˌrezəˈveɪʃ(ə)n] *s.* **1** riserva *f.*, restrizione *f.* **2** prenotazione *f.* **3** scorta *f.*, provvista *f.*

reserve [rɪˈzɜːv] *s.* **1** riserva *f.* **2** riserbo *m.*

to reserve [rɪˈzɜːv] *v. tr.* **1** conservare, riservare **2** prenotare **3** riservarsi

reserved [rɪˈzɜːvd] *agg.* riservato, prenotato

reservoir [ˈrezəvwɑːr] *s.* **1** cisterna *f.*, serbatoio *m.* **2** giacimento *m.* petrolifero **3** (*fig.*) riserva *f.*

to reset [riːˈset] (*pass. e p. p.* reset) *v. tr.* **1** rimettere a posto, risistemare **2** regolare **3** (*inf.*) eseguire un reset

to reshuffle [riːˈʃʌfl] *v. tr.* **1** rimescolare le carte **2** maneggiare, rimpastare

to reside [rɪˈzaɪd] *v. intr.* risiedere

residence [ˈrezɪd(ə)ns] *s.* **1** residenza *f.*, soggiorno *m.* **2** dimora *f.*

resident [ˈrezɪd(ə)nt] **A** *agg.* **1** residente, locale **2** interno **B** *s.* residente *m. e f.*

residential [ˌrezɪˈdenʃ(ə)l] *agg.* residenziale

residue [ˈrezɪdjuː] *s.* residuo *m.*

to resign [rɪˈzaɪn] **A** *v. tr.* **1** dimettersi da, abbandonare **2** consegnare, affidare **B** *v. intr.* dimettersi ♦ **to r. oneself** rassegnarsi

resignation [ˌrezɪgˈneɪʃ(ə)n] *s.* **1** dimissioni *f. pl.* **2** rassegnazione *f.*

resigned [rɪˈzaɪnd] *agg.* rassegnato

resilience [rɪˈzɪlɪəns] *s.* **1** elasticità *f.* **2** capacità *f.* di ricupero

resilient [rɪˈzɪlɪənt] *agg.* **1** elastico, rimbalzante **2** che ha capacità di ricupero

resin [ˈrezɪn] *s.* resina *f.*

to resist [rɪˈzɪst] *v. intr.* resistere a, opporsi a

resistance [rɪˈzɪst(ə)ns] *s.* resistenza *f.*

to resole [riːˈsəʊl] *v. tr.* risuolare

resolution [ˌrezəˈluːʃ(ə)n] *s.* **1** risolutezza *f.* **2** risoluzione *f.* **3** scomposizione *f.*

to resolve [rɪˈzɒlv] *v. tr.* **1** risolvere **2** scomporre

resonance ['rezənəns] s. risonanza f.

resonant ['rezənənt] agg. risonante, sonoro

resort [rɪ'zɔːt] s. 1 luogo m. di soggiorno, stazione f. climatica 2 ricorso m. 3 risorsa f.

to resort [rɪ'zɔːt] v. intr. ricorrere

to resound [rɪ'zaʊnd] v. intr. risonare, echeggiare

resounding [rɪ'zaʊndɪŋ] agg. 1 risonante 2 clamoroso, strepitoso

resource [rɪ'sɔːs] s. risorsa f.

resourceful [rɪ'sɔːsf(ʊ)l] agg. pieno di risorse

respect [rɪ'spekt] s. rispetto m. ♦ **in r. of** riguardo a; **with r. to** in riferimento a

to respect [rɪ'spekt] v. tr. rispettare

respectability [rɪˌspektə'bɪlɪtɪ] s. rispettabilità f.

respectable [rɪ'spektəbl] agg. rispettabile

respectful [rɪ'spektf(ʊ)l] agg. rispettoso

respective [rɪ'spektɪv] agg. rispettivo

respiration [ˌrespə'reɪʃ(ə)n] s. respirazione f.

respite ['respaɪt] s. pausa f., tregua f., respiro m.

resplendent [rɪ'splendənt] agg. risplendente

to respond [rɪ'spɒnd] v. intr. rispondere

response [rɪ'spɒns] s. responso m.

responsibility [rɪˌspɒnsə'bɪlɪtɪ] s. responsabilità f.

responsible [rɪ'spɒnsəbl] agg. 1 responsabile 2 di responsabilità

responsive [rɪ'spɒnsɪv] agg. 1 di risposta 2 che reagisce

rest (1) [rest] s. 1 riposo m. 2 sosta f., pausa f. 3 sostegno m., appoggio m. 4 ricovero m., alloggio m. ♦ **r. home** casa di riposo

rest (2) [rest] s. resto m.

to rest (1) [rest] **A** v. tr. 1 far riposare 2 appoggiare **B** v. intr. 1 riposarsi 2 appoggiarsi

to rest (2) [rest] v. intr. restare, rimanere, stare ♦ **to r. with** spettare a

to restart [riː'stɑːt] **A** v. tr. 1 ricominciare 2 rimettere in moto **B** v. intr. 1 ricominciare 2 ripartire

restaurant ['rest(ə)rɒŋt] s. ristorante m.

restful ['restf(ʊ)l] agg. riposante

restitution [ˌrestɪ'tjuːʃ(ə)n] s. restituzione f.

restive ['restɪv] agg. 1 recalcitrante, restio 2 irrequieto

restless ['restlɪs] agg. 1 irrequieto 2 incessante

to restock [riː'stɒk] v. tr. rifornire

restoration [ˌrestə'reɪʃ(ə)n] s. 1 restituzione f. 2 restauro m. 3 (stor.) restaurazione f.

to restore [rɪ'stɔː] v. tr. 1 restituire 2 restaurare, ripristinare 3 reintegrare 4 ristorare

restorer [rɪ'stɔːrə] s. restauratore m.

to restrain [rɪ'streɪn] v. tr. 1 contenere, reprimere, trattenere 2 imprigionare

restrained [rɪ'streɪnd] agg. riservato, controllato

restraint [rɪ'streɪnt] s. 1 limitazione f., restrizione f. 2 riserbo m., controllo m. 3 detenzione f.

to restrict [rɪ'strɪkt] v. tr. restringere, limitare

restriction [rɪ'strɪkʃ(ə)n] s. restrizione f., limitazione f.

restrictive [rɪ'strɪktɪv] agg. restrittivo

rest room ['restrʊm] s. (USA) toilette f. inv.

to restructure [ˌriː'strʌktʃə] v. tr. ristrutturare

result [rɪ'zʌlt] s. risultato m.

to result [rɪ'zʌlt] v. intr. 1 risultare, derivare 2 risolversi

to resume [rɪ'zjuːm] v. tr. riprendere, ricominciare

résumé ['rezjuːmeɪ] s. 1 riassunto m. 2 (USA) curriculum m.

resumption [rɪ'zʌm(p)ʃ(ə)n] s. ripresa f.

resurgence [rɪ'sɜːdʒ(ə)ns] s. rinascita f.

resurrection [ˌrezə'rekʃ(ə)n] s. resurrezione f.

to resuscitate [rɪ'sʌsɪteɪt] v. tr. e intr. (med.) rianimare, rianimarsi

resuscitation [rɪˌsʌsɪ'teɪʃ(ə)n] s. (med.) rianimazione f.

retail ['riːteɪl] **A** s. (vendita al) dettaglio m. **B** agg. al dettaglio

retailer [riː'teɪlə] s. dettagliante m., rivenditore m.

to retain [rɪ'teɪn] v. tr. 1 trattenere, ritenere 2 conservare

to retaliate [rɪ'tælɪeɪt] v. intr. rivalersi, far rappresaglie

retaliation [rɪˌtælɪ'eɪʃ(ə)n] s. rappresaglia f.

to retard [rɪ'tɑːd] v. tr. e intr. ritardare

retardation [ˌriːtɑː'deɪʃ(ə)n] s. ritardo m.

to retch [riːtʃ] v. intr. avere conati di vomito

reticence ['retɪs(ə)ns] s. reticenza f.

retina ['retɪnə] s. (anat.) retina f.

to retire [rɪ'taɪə] v. intr. 1 ritirarsi 2 andare in pensione

retired [rɪ'taɪəd] agg. a riposo, pensionato

retirement [rɪ'taɪəmənt] s. 1 pensionamento m. 2 isolamento m.

retiring [rɪ'taɪərɪŋ] agg. 1 riservato 2 uscente, che si ritira

to retort [rɪ'tɔːt] v. tr. 1 ritorcere 2 ribattere

to retrace [rɪ'treɪs] v. tr. 1 rintracciare 2 ripercorrere ♦ **to r. one's steps** ritornare sui propri passi

to retract [rɪ'trækt] v. tr. 1 ritirare, tirare indietro 2 ritrattare

retractive [rɪ'træktɪv] agg. retrattile

to retrain [riː'treɪn] v. tr. riqualificare

retreat [rɪ'triːt] s. ritirata f.

to retreat [rɪ'triːt] v. intr. ritirarsi 2 battere in ritirata

retribution [ˌretrɪ'bjuːʃ(ə)n] s. 1 castigo m. 2 ricompensa f.

retrieval [rɪ'triːvl] s. 1 ricupero m., ripristino m. 2 riparazione f.

to retrieve [rɪ'triːv] v. tr. 1 ricuperare 2 riparare, rimediare a 3 salvare 4 (di cane da caccia) riportare

retriever [rɪ'triːvə] s. cane m. da riporto

retrograde ['retro(ʊ)greɪd] agg. retrogrado

retrospect ['retro(ʊ)spekt] s. esame m. retrospettivo

retrospective [ˌretro(ʊ)'spektɪv] **A** agg. 1 retrospettivo 2 retroattivo **B** s. retrospettiva f.

return [rɪ'tɜːn] s. 1 ritorno m. 2 resa f. 3 profitto m. 4 rapporto m., rendiconto m. 5 (di elezione) risultato m. 6 (sport) rimando m., risposta f. ♦ **by r. (of mail)** a giro di posta; **in r. for** in cambio di; **r. match** rivincita; **r. ticket** biglietto di andata e ritorno

to return [rɪ'tɜːn] **A** v. intr. 1 ritornare 2 replicare, ribattere **B** v. tr. 1 restituire, ridare 2 rimettere 3 ricambiare, contraccambiare 4 rendere, produrre 5 eleggere 6 (sport) rinviare

reunion [riː'juːnjən] s. riunione f.

to reunite [ˌriːjuː'naɪt] v. tr. riunire

rev [rɛv] s. acrt. di **revolution** (*fam.*) giro m. (*di motore*) ◆ **r. counter** contagiri

revaluation [ri:vælju'eɪʃ(ə)n] s. rivalutazione f.

to revalue [ri:'vælju] v. tr. rivalutare

to revamp [ri:'væmp] v. tr. rimodernare

to reveal [rɪ'vi:l] v. tr. rivelare

to revel ['rɛvl] v. intr. divertirsi, far festa

revelation [ˌrɛvɪ'leɪʃ(ə)n] s. rivelazione f.

revelry ['rɛvlrɪ] s. baldoria f.

revenge [rɪ'vɛn(d)ʒ] s. **1** vendetta f. **2** rivincita f. ◆ **to give sb. his r.** dare la rivincita a qc.

to revenge [rɪ'vɛn(d)ʒ] v. tr. e intr. vendicare, vendicarsi

revenue ['rɛvɪnjuː] s. **1** reddito m. **2** fisco m.

to reverberate [rɪ'vɜːb(ə)reɪt] v. tr. e intr. **1** riverberare, riverberarsi **2** riecheggiare

reverberation [rɪˌvɜːbə'reɪʃ(ə)n] s. riverbero m.

to revere [rɪ'vɪər] v. tr. venerare

reverence ['rɛv(ə)r(ə)ns] s. riverenza f.

reverend ['rɛv(ə)r(ə)nd] agg. reverendo

reversal [rɪ'vɜːs(ə)l] s. inversione f., rovesciamento m.

reverse [rɪ'vɜːs] **A** agg. rovescio, inverso **B** s. **1** rovescio m., inverso m. **2** (*di fortuna*) rovescio m. **3** (*autom.*) retromarcia f. ◆ **on the r.** a marcia indietro

to reverse [rɪ'vɜːs] **A** v. tr. **1** rovesciare, invertire **2** far andare in senso contrario **3** (*dir.*) revocare **B** v. intr. **1** funzionare in senso contrario **2** (*autom.*) fare retromarcia

reversibility [rɪˌvɜːsə'bɪlɪtɪ] s. reversibilità f.

reversible [rɪ'vɜːsəbl] agg. reversibile

to revert [rɪ'vɜːt] v. intr. ritornare

review [rɪ'vjuː] s. **1** rivista f., parata f. **2** revisione f., esame f., analisi f. **3** rivista f., periodico m. **4** recensione f.

to review [rɪ'vjuː] v. tr. **1** passare in rassegna **2** rivedere, riesaminare **3** recensire

reviewer [rɪ'vjuər] s. recensore m.

to revile [rɪ'vaɪl] v. tr. ingiuriare

revisal [rɪ'vaɪz(ə)l] s. revisione f.

to revise [rɪ'vaɪz] v. tr. **1** rivedere, correggere **2** modificare **3** (*la lezione*) ripassare

reviser [rɪ'vaɪzər] s. revisore m.

revision [rɪ'vɪʒ(ə)n] s. revisione f.

revisionist [rɪ'vɪʒ(ə)nɪst] s. revisionista m. e f.

to revisit [riː'vɪzɪt] v. tr. rivisitare

to revitalize [riː'vaɪtəlaɪz] v. tr. rivitalizzare

revival [rɪ'vaɪv(ə)l] s. **1** revival m. inv., ripresa f. **2** rinascita f.

to revive [rɪ'vaɪv] **A** v. tr. **1** rianimare, ravvivare **2** far rivivere **3** rimettere in uso **B** v. intr. **1** rianimarsi, riprendersi **2** rivivere, tornare in vita

revocation [ˌrɛvə'keɪʃ(ə)n] s. revoca f.

to revoke [rɪ'vəʊk] v. tr. revocare

revolt [rɪ'vəʊlt] s. rivolta f., sommossa f.

to revolt [rɪ'vəʊlt] **A** v. intr. **1** rivoltarsi, ribellarsi **2** provare disgusto **B** v. tr. disgustare

revolution [ˌrɛvə'luːʃ(ə)n] s. **1** rivoluzione f. **2** giro m., rotazione f.

revolutionary [ˌrɛvə'luːʃnərɪ] agg. rivoluzionario

to revolve [rɪ'vɒlv] v. intr. ruotare

revolver [rɪ'vɒlvər] s. rivoltella f.

revolving [rɪ'vɒlvɪŋ] agg. girevole

revue [rɪ'vjuː] s. (*teatro*) rivista f.

reward [rɪ'wɔːd] s. **1** ricompensa f., premio m. **2** taglia f.

to reward [rɪ'wɔːd] v. tr. ricompensare, premiare

rewarding [rɪ'wɔːdɪŋ] agg. gratificante

to rewind [riː'waɪnd] (*pass. e p. p.* **rewound**) v. tr. **1** (*un orologio*) ricaricare **2** (*una cassetta*) riavvolgere

to reword [riː'wɜːd] v. tr. esprimere con altre parole

to rewrite [riː'raɪt] v. tr. riscrivere

rhapsodist ['ræpsədɪst] s. rapsodo m.

rhapsody ['ræpsədɪ] s. rapsodia f.

rhetoric ['rɛtərɪk] s. retorica f.

rhetorical [rɪ'tɒrɪk(ə)l] agg. retorico

rheumatism ['ruːmətɪz(ə)m] s. reumatismo m.

rhinoceros [raɪ'nɒs(ə)rəs] s. rinoceronte m.

rhododendron [ˌrəʊdə'dɛndr(ə)n] s. rododendro m.

rhomboidal [rɒm'bɔɪdl] agg. romboidale

rhombus ['rɒmbəs] s. rombo m.

rhubarb ['ruːbɑːb] s. rabarbaro m.

rhyme [raɪm] s. rima f.

rhythm ['rɪð(ə)m] s. ritmo m.

rhythmic(al) ['rɪðmɪk(ə)l] agg. ritmico

rib [rɪb] s. **1** costola f. **2** costoletta f. **3** nervatura f.

to rib [rɪb] v. tr. **1** rinforzare con nervature **2** scanalare **3** (*fam.*) prendere in giro

ribbon ['rɪbən] s. nastro m. ◆ **in ribbons** a brandelli

rice [raɪs] s. riso m. ◆ **r. field** risaia f.

rich [rɪtʃ] agg. ricco ◆ **r. in** ricco di

riches ['rɪtʃɪz] s. pl. ricchezze f. pl.

richly ['rɪtʃlɪ] avv. **1** riccamente **2** pienamente, abbondantemente

richness ['rɪtʃnɪs] s. ricchezza f.

rickets ['rɪkɪts] s. rachitismo m.

rickety ['rɪkɪtɪ] agg. **1** rachitico **2** traballante

rickshaw ['rɪkʃɔː] s. risciò m.

to rid [rɪd] (*pass.* **rid**, **ridded**, *p. p.* **rid**) v. tr. liberare, sbarazzare ◆ **to get r. of st.** sbarazzarsi di q.c.

ridden ['rɪdn] p. p. di **to ride**

riddle (1) ['rɪdl] s. indovinello m., rompicapo m., enigma m.

riddle (2) ['rɪdl] s. setaccio m.

to riddle (1) ['rɪdl] **A** v. tr. risolvere (*un enigma*) **B** v. intr. **1** parlare per enigmi **2** proporre indovinelli

to riddle (2) ['rɪdl] v. tr. **1** setacciare, vagliare **2** crivellare

ride [raɪd] s. **1** cavalcata f. **2** (*su un veicolo*) giro m., corsa f. **3** tragitto m. **4** (*per cavalli*) pista f., sentiero m.

to ride [raɪd] (*pass.* **rode**, *p. p.* **ridden**) **A** v. intr. **1** andare a cavallo, cavalcare **2** (*in bicicletta, moto, ecc.*) andare, (*su un veicolo*) viaggiare **3** (*di fantino*) pesare **4** (*naut.*) galleggiare, fluttuare **B** v. tr. **1** cavalcare, montare **2** percorrere **3** viaggiare su ◆ **to r. a bike** andare in bicicletta; **to r. at anchor** stare alla fonda

rider ['raɪdər] s. **1** cavaliere m., fantino m. **2** ciclista m. e f., motociclista m. e f., (*su un veicolo*) viaggiatore m.

ridge [rɪdʒ] s. **1** cresta f., cima f., colmo m. **2** catena f., dorsale f.

ridicule ['rɪdɪkjuːl] s. ridicolo m., derisione f.

to ridicule ['rɪdɪkjuːl] v. tr. ridicolizzare
ridiculous [rɪ'dɪkjələs] agg. ridicolo, assurdo
riding ['raɪdɪŋ] s. 1 cavalcata f. 2 equitazione f. 3 (naut.) ancoraggio m.
to rif [rɪf] v. tr. (USA, pop.) licenziare
rife [raɪf] agg. pred. 1 comune, diffuso 2 ricco, abbondante ♦ **to be r. with** abbondare di
riffraff ['rɪfræf] s. (fam.) canaglia f., marmaglia f.
rifle ['raɪfl] s. 1 fucile m., carabina f. 2 al pl. fucilieri m. pl. ♦ **r. range** poligono di tiro
to rifle [raɪfl] A v. tr. saccheggiare, depredare, svaligiare B v. intr. frugare
rift [rɪft] s. 1 crepaccio m., fenditura f. 2 (fig.) rottura f., dissenso m. ♦ **r. valley** fossa tettonica
rig [rɪg] s. 1 (naut.) attrezzatura f. 2 tenuta f., abbigliamento m. 3 impianto m., installazione f. 4 piattaforma f. di trivellazione
to rig (1) [rɪg] v. tr. 1 (naut.) attrezzare 2 allestire, sistemare 3 vestire ♦ **to be rigged out as** vestirsi da; **to r. up** rizzare
to rig (2) [rɪg] v. tr. truccare, manipolare
rigging ['rɪgɪŋ] s. (naut.) attrezzatura f., sartiame m.
right [raɪt] A agg. 1 giusto, retto, onesto 2 esatto, corretto 3 adatto, appropriato, conveniente 4 (geom.) retto 5 destro 6 sano, che sta bene B s. 1 (il) giusto m., (il) bene m. 2 diritto m., facoltà f. 3 destra f., lato m. destro, mano f. destra 4 (di tessuto) diritto m. C avv. 1 bene, giustamente, esattamente 2 direttamente, dritto 3 a destra 4 subito, immediatamente 5 del tutto, completamente ♦ **on the r., to the r.** a destra; **r. of way** (tra veicoli) (diritto di) precedenza; **r. on** senza interruzione; **to be r.** avere ragione
right-about ['raɪtəbaʊt] s. dietrofront, far. inv.
righteous ['raɪtʃəs] agg. retto, virtuoso
rightful ['raɪtfʊl] agg. 1 legittimo 2 giusto, equo
right-hand ['raɪthænd] agg. 1 destro 2 fatto con la destra 3 da usare con la destra ♦ **r.-h. man** braccio destro
rigid ['rɪdʒɪd] agg. rigido
rigidity [rɪ'dʒɪdɪti] s. rigidità f.
rigmarole ['rɪgm(ə)rəʊl] s. tiritera f.
rigorous ['rɪg(ə)rəs] agg. rigido, rigoroso
rigour ['rɪgə*] s. rigore m.
to rile [raɪl] v. tr. (fam.) irritare
rim [rɪm] s. 1 bordo m., ciglio m. 2 (autom.) cerchione m.
rime [raɪm] s. brina f.
rind [raɪnd] s. 1 buccia f., scorza f. 2 cotenna f.
ring (1) [rɪŋ] s. 1 anello m., cerchio m., alone m., collare m. 2 recinto m., pista f., quadrato m., ring m. ♦ **r. finger** anulare; **r. road** circonvallazione
ring (2) [rɪŋ] s. 1 squillo m., scampanellata f. 2 (fam.) telefonata f.
to ring (1) [rɪŋ] v. tr. accerchiare, circondare, cingere
to ring (2) [rɪŋ] (pass. **rang**, p. p. **rung**) A v. tr. 1 suonare 2 telefonare B v. intr. 1 suonare, squillare 2 risuonare 3 telefonare ♦ **to r. around** fare un giro di telefonate; **to r. back** richiamare; **to r. in/up** telefonare; **to r. off** metter giù (il telefono)
ringing ['rɪŋɪŋ] A agg. sonoro B s. suono m., scampanellio m.
ringleader ['rɪŋˌliːdə*] s. capobanda m. inv.

ringlet ['rɪŋlɪt] s. ricciolo m.
rink [rɪŋk] s. pista f. per pattinaggio
rinse [rɪns] s. risciacquo m.
to rinse [rɪns] v. tr. sciacquare
riot ['raɪət] s. 1 tumulto m., sommossa f. 2 fracasso m., frastuono m. 3 orgia f., sfrenatezza f. 4 profusione f.
to riot ['raɪət] v. intr. 1 tumultuare, insorgere 2 gozzovigliare
riotous ['raɪətəs] agg. 1 sedizioso, tumultuante 2 dissoluto
rip [rɪp] s. strappo m.
to rip [rɪp] v. tr. strappare
ripe [raɪp] agg. 1 maturo 2 stagionato 3 (fig.) pronto
to ripen ['raɪp(ə)n] v. tr. e intr. 1 maturare 2 stagionare
ripeness ['raɪpnɪs] s. maturità f.
ripple ['rɪpl] s. 1 increspatura f., ondulazione f. 2 mormorio m.
to ripple ['rɪpl] v. intr. 1 incresparsi, ondularsi 2 gorgogliare, mormorare
rise [raɪz] s. 1 altura f., rialzo m. 2 salita f., ascesa f. 3 aumento m., crescita f., rialzo m. 4 progresso m., avanzamento m., promozione f. 5 innalzamento m. di livello, altezza f. 6 origine f. ♦ **to give r. to** dare origine a
to rise [raɪz] (pass. **rose**, p. p. **risen**) v. intr. 1 alzarsi, sorgere, levarsi, spuntare 2 crescere, aumentare 3 ergersi 4 insorgere, sollevarsi, ribellarsi 5 provenire, aver origine
rising ['raɪzɪŋ] A agg. 1 sorgente, nascente 2 crescente 3 ascendente 4 promettente B s. 1 rivolta f., sommossa f. 2 salita f., ascesa f. 3 crescita f. 4 miglioramento m.
risk [rɪsk] s. rischio m. ♦ **at one's own r.** a proprio rischio e pericolo
to risk [rɪsk] v. tr. e intr. rischiare
risky ['rɪski] agg. rischioso
risqué [ˌriːs'keɪ] agg. osé
rissole ['rɪsəʊl] s. polpetta f.
rite [raɪt] s. rito m.
ritual ['rɪtjʊəl] agg. e s. rituale m.
rival ['raɪv(ə)l] agg. e s. rivale m. e f.
to rival ['raɪv(ə)l] v. tr. rivaleggiare con
rivalry ['raɪv(ə)lrɪ] s. rivalità f., concorrenza f.
to rive [raɪv] (pass. **rived**, p. p. **riven**) v. tr. strappare, spezzare
river ['rɪvə*] s. fiume m. ♦ **down r.** a valle; **r.-bank** sponda f.; **r.-bed** alveo m.; **up r.** a monte
rivet ['rɪvɪt] s. rivetto m.
to rivet ['rɪvɪt] v. tr. 1 inchiodare, rivettare 2 (fig.) fissare
road [rəʊd] s. 1 strada f., via f. 2 cammino m., percorso m. 3 (naut.) rada f. ♦ **main/side r.** strada principale/secondaria; **one-way r.** senso unico; **r. hog** pirata della strada; **r. map** carta stradale; **r. sign** segnale stradale; **uneven r.** strada dissestata
roadbed ['rəʊdbed] s. massicciata f.
roadblock ['rəʊdblɒk] s. blocco m. stradale
roadside ['rəʊdsaɪd] s. bordo m. della strada
roadway ['rəʊdweɪ] s. carreggiata f.
roadworthy ['rəʊdˌwɜːði] agg. (autom.) in grado di tenere la strada

to roam [rəʊm] v. intr. vagare

roar [rɔːr] s. 1 ruggito m. 2 mugghio m., rombo m., urlo m. 3 scoppio m., scroscio m.

to roar [rɔːr] v. intr. 1 ruggire 2 rumoreggiare, mugghiare, urlare

roast [rəʊst] agg. e s. arrosto m.

to roast [rəʊst] v. tr. 1 arrostire 2 tostare

to rob [rɒb] v. tr. derubare, rapinare

robber ['rɒbər] s. ladro m., rapinatore m.

robbery ['rɒbərɪ] s. rapina f.

robe [rəʊb] s. 1 toga f. 2 accappatoio m.

robin ['rɒbɪn] s. pettirosso m.

robot ['rəʊbɒt] s. robot m. inv.

robotics [rəʊ'bɒtɪks] s. pl. (v. al sing.) robotica f.

robust [rə'bʌst] agg. robusto, forte

rock (1) [rɒk] s. 1 roccia f. 2 macigno m., masso m. 3 scoglio m., scogliera f. 4 rocca f., rupe f. ♦ **on the rocks** con ghiaccio; **r.-bottom** fondo, punto più basso; **r. climber** rocciatore; **r. crystal** cristallo di rocca; **r. garden** giardino roccioso; **r. goat** stambecco

rock (2) [rɒk] s. 1 dondolio m., oscillazione f. 2 (mus.) rock m. inv.

to rock [rɒk] A v. tr. 1 dondolare 2 scuotere B v. intr. dondolarsi, oscillare

rocket ['rɒkɪt] s. razzo m.

rocking ['rɒkɪŋ] agg. 1 a dondolo 2 oscillante ♦ **r. chair** sedia a dondolo; **r. horse** cavallo a dondolo

rocky (1) ['rɒkɪ] agg. 1 roccioso, sassoso 2 duro come la roccia 3 saldo, irremovibile

rocky (2) ['rɒkɪ] agg. malfermo, traballante

rococo [rə'kəʊkəʊ] agg. e s. rococò m.

rod [rɒd] s. 1 verga f., bacchetta f. 2 asta f., barra f. 3 canna f. da pesca

rode [rəʊd] pass. di **to ride**

rodent ['rəʊd(ə)nt] agg. e s. roditore m.

rodeo [rɒ(ʊ)'deɪə(ʊ)] s. rodeo m.

roe (1) [rəʊ] s. capriolo m.

roe (2) [rəʊ] s. uova f. pl. di pesce

rogue [rəʊg] s. furfante m., imbroglione m.

role [rəʊl] s. ruolo m.

roll [rəʊl] s. 1 rotolo m., rullo m., rullino m. 2 panino m. 3 ruolo m., registro m. 4 (naut., aer.) rollio m. 5 ondeggiamento m. 6 (di tamburo) rullo m. ♦ **r. call** appello

to roll [rəʊl] A v. intr. 1 rotolare, rotolarsi 2 ruotare 3 arrotolarsi, avvolgersi 4 ondeggiare 5 (di tamburo) rullare 6 (naut., aer.) rollare B v. tr. 1 far rotolare 2 far ruotare, roteare 3 avvolgere, arrotolare 4 spianare (con rullo e sim.) ♦ **to r. down** srotolare; **to r. in** arrivare in gran quantità; **to r. over** rivoltare, rivoltarsi; **to r. up** arrotolare, arrivare

rolled ['rəʊld] agg. 1 arrotolato 2 laminato

roller ['rəʊlər] s. 1 rullo m., rotella f., cilindro m. 2 rullo m. compressore 3 onda f. lunga 4 bigodino m. ♦ **r. coaster** montagne russe; **r. skates** pattini a rotelle

rolling ['rəʊlɪŋ] A agg. 1 rotolante 2 rotante, girevole 3 oscillante 4 ondulato 5 rimbombante B s. rotolamento m. ♦ **r. mill** laminatoio; **r. pin** matterello

Roman ['rəʊmən] agg. e s. romano m. ♦ **R. numeral**

numero romano

romance [rə'mæns] s. 1 (letter.) romanzo m. cavalleresco, racconto m. fantastico 2 avventura f. romanzesca 3 avventura f. sentimentale, idillio m. 4 (mus.) romanza f.

Romance [rə'mæns] agg. romanzo

Romanesque [ˌrəʊmə'nesk] agg. romanico

romantic [rə'mæntɪk] agg. 1 romantico 2 romanzesco

Romanticism [rə'mæntɪsɪz(ə)m] s. romanticismo m.

romp [rɒmp] s. gioco m. chiassoso

rompers ['rɒmpəz] s. pl. pagliaccetto m.

rood [ruːd] s. croce f., crocifisso m.

roof [ruːf] s. tetto m., volta f. ♦ **r. garden** giardino pensile; **r. rack** portapacchi

to roof [ruːf] v. tr. coprire con un tetto

rook (1) [rʊk] s. 1 corvo m. 2 (fam.) truffatore m.

rook (2) [rʊk] s. (scacchi) torre f.

room [ruːm] s. 1 camera f., stanza f., locale m. 2 ambiente m., spazio m. 3 (fig.) possibilità f.

to room [ruːm] v. intr. (USA) alloggiare

roomy ['ruːmɪ] agg. spazioso

to roost [ruːst] v. intr. appollaiarsi

rooster ['ruːstər] s. (USA) gallo m.

root [ruːt] s. radice f.

to root (1) [ruːt] v. intr. attecchire, radicarsi ♦ **to r. out/up** sradicare

to root (2) [ruːt] v. intr. 1 grufolare 2 frugare ♦ **to r. for** fare il tifo per

rope [rəʊp] s. corda f., fune f., cima f. ♦ **r. ladder** scala di corda

to rope [rəʊp] v. tr. legare con corde ♦ **to r. in/off** cintare con corde

rosary ['rəʊzərɪ] s. rosario m.

rose (1) [rəʊz] agg. e s. rosa f. ♦ **r. bud** bocciolo di rosa; **r. window** rosone

rose (2) [rəʊz] pass. di **to rise**

rosemary ['rəʊzm(ə)rɪ] s. rosmarino m.

rosette [rɒ(ʊ)'zet] s. rosetta f., coccarda f.

roster ['rɒstər] s. 1 elenco m., lista f. 2 ruolino m.

rostrum ['rɒstrəm] s. rostro m.

rosy ['rəʊzɪ] agg. roseo

rot [rɒt] s. 1 putrefazione f., marciume m. 2 rovina f. 3 (fam.) sciocchezze f. pl.

to rot [rɒt] v. intr. imputridire, marcire

rota ['rəʊtə] s. tabella f. dei turni

rotary ['rəʊtərɪ] agg. rotante, rotatorio

to rotate [rɒ(ʊ)'teɪt] v. tr. e intr. ruotare

rotation [rɒ(ʊ)'teɪʃ(ə)n] s. rotazione f.

rotor ['rəʊtər] s. girante f., rotore m.

rotten ['rɒtn] agg. 1 marcio, putrido 2 corrotto 3 sgradevole ♦ **to feel r.** sentirsi male

rotula ['rɒtjʊlə] s. rotula f.

rotundity [rɒ(ʊ)'tʌndɪtɪ] s. rotondità f.

rouge [ruːʒ] s. rossetto m.

rough [rʌf] A agg. 1 ruvido, irregolare, scabro 2 tempestoso, burrascoso, agitato 3 grezzo, greggio 4 rozzo, grossolano, sgarbato 5 approssimativo 6 disagevole, scomodo, difficile 7 aspro B s. 1 terreno m. accidentato 2 teppista m. inv. C avv. 1 rudemente 2 semplicemente ♦ **r. and ready** alla buona; **r. copy**

brutta copia; **r. luck** sfortuna; **r. road** strada accidentata; **to have a r. time** passarsela male
roughage ['rʌfɪdʒ] *s.* crusca *f.* di cereali
roughcast ['rʌfkɑːst] *s.* intonaco *m.* rustico
roulette [ruːˈlet] *s.* roulette *f. inv.*
Roumanian [ruːˈmeɪnjən] *agg. e s.* romeno *m.*
round [raʊnd] **A** *agg.* **1** rotondo, circolare, rotondeggiante **2** completo, intero **3** *(di suono, voce)* pieno, sonoro **4** *(di stile)* fluente, scorrevole **B** *avv.* intorno, in giro **C** *prep.* intorno a, nelle vicinanze di, circa **D** *s.* **1** cerchio *m.*, tondo *m.*, sfera *f.* **2** giro *m.* **3** ciclo *m.*, turno *m.*, round *m. inv.* **4** colpo *m.*, scarica *f.*, proiettile *m.* ◆ **r. table** tavola rotonda; **r.-the-clock** ventiquattr'ore su ventiquattro; **r. trip** viaggio di andata e ritorno
to round [raʊnd] **A** *v. tr.* **1** arrotondare **2** girare **3** accerchiare **B** *v. intr.* **1** arrotondarsi **2** girare, girarsi, voltarsi ◆ **to r. down** arrotondare (alla cifra inferiore); **to r. up** riunire, arrotondare (alla cifra superiore)
roundabout ['raʊndəbaʊt] **A** *agg.* indiretto **B** *s.* **1** rotatoria *f.* **2** giostra *f.*
roundish ['raʊndɪʃ] *agg.* tondeggiante
roundly ['raʊndlɪ] *avv.* **1** completamente **2** francamente, esplicitamente
roundness ['raʊndnɪs] *s.* rotondità *f.*
roundup ['raʊndʌp] *s.* **1** riunione *f.*, raccolta *f.* **2** retata *f.*
to rouse [raʊz] *v. tr.* **1** svegliare **2** *(selvaggina)* stanare **3** suscitare, provocare
rout [raʊt] *s.* rotta *f.*, disfatta *f.*
to rout [raʊt] *v. tr.* sconfiggere
route [ruːt] *s.* itinerario *m.*, percorso *m.*, rotta *f.*
routine [ruːˈtiːn] *s.* **1** routine *f. inv.* **2** *(teatro)* numero *m.*
to rove [rəʊv] *v. intr.* vagabondare
row (1) [rəʊ] *s.* fila *f.*, riga *f.*
row (2) [raʊ] *s.* *(fam.)* **1** tafferuglio *m.*, zuffa *f.* **2** baccano *m.*
row (3) [rəʊ] *s.* remata *f.*, vogata *f.*
to row (1) [rəʊ] **A** *v. intr.* remare, vogare **B** *v. tr.* trasportare in barca a remi
to row (2) [raʊ] **A** *v. tr.* *(fam.)* sgridare **B** *v. intr.* litigare, azzuffarsi
rowboat ['rəʊbəʊt] *s.* barca *f.* a remi
rowdy ['raʊdɪ] *agg.* litigioso, turbolento
rower ['rəʊ(u)əʳ] *s.* rematore *m.*, vogatore *m.*
rowing ['rəʊɪŋ] *s.* canottaggio *m.*
royal ['rɔɪ(ə)l] *agg.* reale
royalty ['rɔɪ(ə)ltɪ] *s.* **1** regalità *f.*, dignità *f.* regale **2** la famiglia *f.* reale **3** *al pl.* diritti *m. pl.* d'autore
rub [rʌb] *s.* **1** sfregamento *m.*, massaggio *m.* **2** *(del terreno)* asperità *f.* **3** difficoltà *f.*
to rub [rʌb] *v. tr.* **1** fregare, strofinare **2** lucidare ◆ **to r. in** far penetrare sfregando; **to r. off/out** cancellare, togliere sfregando
rubber ['rʌbəʳ] *s.* gomma *f.* ◆ **r. band** elastico; **r. dinghy/boat** gommone, canotto
rubbing ['rʌbɪŋ] *s.* sfregamento *m.*, frizione *f.*
rubbish ['rʌbɪʃ] *s.* **1** immondizia *f.*, spazzatura *f.* **2** macerie *f. pl.* **3** sciocchezze *f. pl.* ◆ **r. bin** pattumiera
rubble ['rʌbl] *s.* **1** macerie *f. pl.* **2** pietrisco *m.* **3** detrito *m.*

ruby ['ruːbɪ] *s.* rubino *m.*
ruck [rʌk] *s.* mucchio *m.*
rucksack [rʌksæk] *s.* zaino *m.*
rudder ['rʌdəʳ] *s.* timone *m.*
ruddy ['rʌdɪ] *agg.* **1** rubicondo **2** *(pop.)* dannato
rude [ruːd] *agg.* **1** maleducato, villano **2** primitivo, grezzo **3** volgare, osceno
rudeness ['ruːdnɪs] *s.* maleducazione *f.*
rudiment ['ruːdɪmənt] *s.* rudimento *m.*
rudimentary [ˌruːdɪ'ment(ə)rɪ] *agg.* rudimentale
rueful ['ruːf(ʊ)l] *agg.* addolorato
ruffian ['rʌfjən] *s.* furfante *m.*
to ruffle ['rʌfl] **A** *v. tr.* **1** increspare **2** arruffare, scompigliare **3** agitare, turbare **B** *v. intr.* **1** incresparsi **2** arruffarsi **3** agitarsi, turbarsi
rug [rʌg] *s.* **1** coperta *f.* **2** tappeto *m.*, tappetino *m.*
rugby ['rʌgbɪ] *s.* rugby *m.*
rugged ['rʌgɪd] *agg.* **1** ruvido, aspro, irregolare **2** rozzo, rude **3** ispido, irsuto **4** duro, rigido
rugger ['rʌgəʳ] *s.* *(fam.)* rugby *m.*
rugosity [ruˈgɒsɪtɪ] *s.* *(bot.)* rugosità *f.*
ruin [ruɪn] *s.* rovina *f.*
to ruin [ruɪn] *v. tr.* rovinare
ruinous ['ruːɪnəs] *agg.* **1** rovinoso **2** in rovina
rule [ruːl] *s.* **1** regola *f.*, regolamento *m.*, norma *f.* **2** governo *m.*, dominazione *f.* **3** riga *f.* (da disegno)
to rule [ruːl] **A** *v. tr.* **1** governare, dominare **2** guidare, regolare **3** *(dir.)* dichiarare **B** *v. intr.* **1** governare **2** predominare ◆ **to r. out** escludere
ruler ['ruːləʳ] *s.* **1** governante *m.*, sovrano **2** riga *f.* (da disegno)
ruling ['ruːlɪŋ] *agg.* **1** dirigente, che governa **2** dominante **B** *s.* *(dir.)* decisione *f.*
rum [rʌm] *s.* rum *m. inv.*
rumble ['rʌmbl] *s.* rimbombo *m.*, rombo *m.*, borbottio *m.*
to rumble ['rʌmbl] *v. intr.* rimbombare, rumoreggiare
ruminant ['ruːmɪnənt] *agg. e s.* ruminante *m.*
to rummage ['rʌmɪdʒ] *v. tr. e intr.* frugare, perquisire
rummy ['rʌmɪ] *s.* ramino *m.*
rumour ['ruːməʳ] *(USA* **rumor**) *s.* diceria *f.*, voce *f.*
rump [rʌmp] *s.* *(di animale)* posteriore *m.*, groppa *f.* ◆ **r. steak** bistecca *f.* di scamone
rumpus ['rʌmpəs] *s.* *(fam.)* chiasso *m.*, cagnara *f.*
run [rʌn] *s.* **1** corsa *f.* tragitto *m.*, percorso *m.* **2** breve viaggio *m.*, giro *m.* **3** corso *m.*, andamento *m.*, direzione *f.* **4** serie *f.*, periodo *m.* **5** classe *f.*, categoria *f.* **6** adito *m.*, libero accesso *m.* **7** *(per animali)* recinto *m.* **8** *(sci)* pista *f.* **9** *(di libro)* tiratura *f.* ◆ **at a r.** di corsa; **in the long r.** a lungo andare; **in the short r.** a breve scadenza; **on the r.** in fuga
to run [rʌn] *(pass.* **ran**, *p. p.* **run**) **A** *v. intr.* **1** correre **2** fuggire **3** *(di veicoli)* passare, partire, fare servizio **4** andare, scorrere, estendersi **5** diventare **6** funzionare **7** essere in vigore, aver validità **8** presentarsi candidato **B** *v. tr.* **1** correre, far correre **2** dirigere, amministrare **3** far funzionare **4** seguire **5** passare, far scorrere ◆ **to r. about** correre qua e là; **to r. across** imbattersi in; **to r. along** andar via; **to r. away** fuggire; **to r. back** tornare indietro; **to r. down** scaricare, *(di batteria)* scaricarsi, *(con un'auto)* investire, indebolire; **to r. in** rodare; **to r.**

into imbattersi, sbattere contro; **to r. off** scappare, duplicare; **to r. out** esaurirsi, scadere; **to r. over** traboccare, investire; **to r. through** dare una scorsa, sperperare; **to r. to** bastare per, tendere a; **to r. up** issare, mettere insieme, accumulare

runaway ['rʌnəweɪ] *s.* fuggiasco *m.*

rung (1) [rʌŋ] *p. p. di* **to ring**

rung (2) [rʌŋ] *s.* piolo *m.*

runner ['rʌnə*] *s.* **1** corridore *m.* **2** fattorino *m.* **3** contrabbandiere *m.* **4** (*di slitta*) pattino *m.* **5** viticcio *m.*
   ♦ **r. bean** fagiolo rampicante; **r.-up** secondo classificato

running ['rʌnɪŋ] **A** *agg.* **1** in corsa, da corsa **2** corrente **3** continuo, consecutivo **4** funzionante **B** *s.* **1** corsa *f.* **2** marcia *f.*, funzionamento *m.* **3** gestione *f.*, direzione *f.* ♦ **r.-in** rodaggio

runny ['rʌnɪ] *agg.* **1** liquefatto **2** che cola

run-of-the-mill [ˌrʌnəvðə'mɪl] *agg.* ordinario, comune

run-up ['rʌnˌʌp] *s.* rincorsa *f.*

runway ['rʌnweɪ] *s.* (*aer.*) pista *f.*

rupture ['rʌptʃə*] *s.* **1** rottura *f.* **2** (*med.*) ernia *f.*

rural ['rʊər(ə)l] *agg.* campestre, rurale

ruse [ruːz] *s.* stratagemma *m.*

rush (1) [rʌʃ] *s.* **1** assalto *m.*, corsa *f.* precipitosa **2** furia *f.*, fretta *f.* **3** afflusso *m.*

rush (2) [rʌʃ] *s.* giunco *m.*

to rush [rʌʃ] **A** *v. intr.* **1** precipitarsi **2** affrettarsi **B** *v. tr.* **1** spingere, far fretta **2** spedire velocemente **3** affrettare, accelerare, prendere d'assalto

Russian ['rʌʃ(ə)n] *agg. e s.* russo *m.*

rust [rʌst] *s.* ruggine *f.*

to rust [rʌst] *v. tr. e intr.* arrugginire, arrugginirsi

rustic ['rʌstɪk] *agg.* rustico

rustle ['rʌsl] *s.* fruscio *m.*

to rustle ['rʌsl] *v. intr.* frusciare, stormire

rustproof ['rʌstpruːf] *agg.* antiruggine, inossidabile

rusty (1) ['rʌstɪ] *agg.* arrugginito

rusty (2) ['rʌstɪ] *agg.* arrabbiato

rut (1) [rʌt] *s.* **1** solco *m.*, carreggiata *f.* **2** routine *f. inv.*

rut (2) [rʌt] *s.* (*di animali*) fregola *f.*

ruthless ['ruːθlɪs] *agg.* spietato

rye [raɪ] *s.* segale *f.*

S

sabbatical [sə'bætɪk(ə)l] *agg.* sabbatico

sable ['seɪbl] *s.* zibellino *m.*

sabotage ['sæbətɑːʒ] *s.* sabotaggio *m.*

to sabotage ['sæbətɑːʒ] *v. tr.* sabotare

sabre ['seɪbə*] *s.* sciabola *f.*

saccharin(e) ['sækərɪn] *s.* saccarina *f.*

saccharose ['sækərəʊs] *s.* saccarosio *m.*

sachet ['sæʃeɪ] *s.* sacchetto *m.*, bustina *f.*

sack (1) [sæk] *s.* sacco *m.* ♦ **to get the s.** (*fam.*) essere licenziato

sack (2) [sæk] *s.* saccheggio *m.*

to sack (1) [sæk] *v. tr.* **1** insaccare **2** (*fam.*) licenziare
   ♦ **to s. out** andare a dormire

to sack (2) [sæk] *v. tr.* saccheggiare

sacker ['sækə*] *s.* saccheggiatore *m.*

sacking ['sækɪŋ] *s.* **1** tela *f.* da sacco **2** (*fam.*) licenziamento *m.*

sacrament ['sækrəmənt] *s.* sacramento *m.*

sacrarium [sə'kreərɪəm] *s.* sacrario *m.*

sacred ['seɪkrɪd] *agg.* sacro

sacrifice ['sækrɪfaɪs] *s.* sacrificio *m.*

to sacrifice ['sækrɪfaɪs] *v. tr.* sacrificare

sacrilege ['sækrɪlɪdʒ] *s.* sacrilegio *m.*

sad [sæd] *agg.* **1** triste, addolorato **2** (*di colore*) spento **3** scadente

saddle ['sædl] *s.* sella *f.*

to saddle ['sædl] *v. tr.* **1** sellare **2** gravare

saddlebag ['sædlˌbæg] *s.* **1** bisaccia *f.* **2** (*per bici-*

cletta e sim.) borsa *f.*

sadism ['seɪdɪz(ə)m] *s.* sadismo *m.*

sadist ['seɪdɪst] *s.* sadico *m.*

sadistic [sə'dɪstɪk] *agg.* sadico

sadness ['sædnɪs] *s.* tristezza *f.*

sadomasochism [ˌseɪdəʊ'mæsəkɪz(ə)m] *s.* sadomasochismo *m.*

safari [sə'fɑːrɪ] *s.* safari *m. inv.*

safe [seɪf] **A** *agg.* **1** sicuro, al sicuro, protetto **2** salvo, illeso **3** cauto, prudente **B** *s.* cassaforte *f.* ♦ **s. and sound** sano e salvo; **s.-deposit box** cassetta di sicurezza; **s. room** camera blindata

safe-conduct [ˌseɪf'kɒndʌkt] *s.* salvacondotto *m.*

safeguard ['seɪfgɑːd] *s.* salvaguardia *f.*

to safeguard ['seɪfgɑːd] *v. tr.* salvaguardare

safe-keeping [ˌseɪf'kiːpɪŋ] *s.* custodia *f.*

safety ['seɪftɪ] *s.* **1** salvezza *f.*, sicurezza *f.* **2** (*mecc.*) sicura *f.* ♦ **s. belt** cintura di sicurezza; **s. pin** spilla di sicurezza

saffron ['sæfr(ə)n] *s.* zafferano *m.*

to sag [sæg] *v. intr.* **1** incurvarsi, abbassarsi **2** diminuire, attenuarsi

saga ['sɑːgə] *s.* saga *f.*

sage (1) [seɪdʒ] *s.* salvia *f.*

sage (2) [seɪdʒ] *agg.* saggio

said [sed] *pass. e p. p. di* **to say**

sail [seɪl] *s.* vela *f.*, velatura *f.* ♦ **s. maker** velaio

to sail [seɪl] **A** *v. intr.* **1** navigare (*a vela*) **2** salpare **3**

volare, sorvolare **B** *v. tr.* **1** (*una barca a vela*) condurre **2** percorrere navigando ♦ **to s. into sb.** inveire contro qc.

sailer ['seɪlər] *s.* veliero *m.*

sailing ['seɪlɪŋ] *s.* **1** navigazione *f.* **2** (*sport*) vela *f.* ♦ **s. boat** barca a vela

sailor ['seɪlər] *s.* marinaio *m.*, navigante *m.*

saint [seɪnt] *agg. e s.* santo *m.*

sake [seɪk] *s.* interesse *m.*, beneficio *m.*, vantaggio *m.* ♦ **for the s. of** per amor di

salad ['sæləd] *s.* insalata *f.* ♦ **s. bowl** insalatiera; **s. dressing** condimento per l'insalata

salami [sə'lɑːmɪ] *s.* salame *m.*

salary ['sælərɪ] *s.* stipendio *m.*

sale [seɪl] *s.* **1** vendita *f.* **2** liquidazione *f.*, svendita *f.*, saldo *m.* ♦ **for/on s.** in vendita; **sales** saldi

saleable ['seɪləbl] *agg.* vendibile

salesman ['seɪlzmən] (*pl.* **salesmen**) *s.* commesso *m.*, venditore *m.*

saleswoman ['seɪlz,wʊmən] (*pl.* **saleswomen**) commessa *f.*, venditrice *f.*

saline ['seɪlaɪn] *agg.* salino

saliva [sə'laɪvə] *s.* saliva *f.*

sallow ['sæləʊ] *agg.* giallastro

salmi ['sælmɪ(ː)] *s.* salmì *m.*

salmon ['sæmən] *s.* salmone *m.* ♦ **s. trout** trota salmonata; **smoked s.** salmone affumicato

salmonellosis [,sælmənə'ləʊsɪs] *s.* salmonellosi *f.*

salon [sæ'lɒn] *s.* **1** sala *f.* (da ricevimenti) **2** negozio *m.*, salone *m.* **3** (*letterario*) salotto *m.* ♦ **beauty s.** salone di bellezza

saloon [sə'luːn] *s.* **1** salone *m.*, sala *f.* **2** (*USA*) saloon *m. inv.* **3** (*autom.*) berlina *f.*

salt [sɔːlt] **A** *s.* sale *m.* **B** *agg. attr.* **1** salato **2** conservato sotto sale ♦ **s. lake** lago salato; **s. pit** salina

to salt [sɔːlt] *v. tr.* salare ♦ **to s. away** mettere sotto sale

saltcellar ['sɔːlt,selər] *s.* saliera *f.*

saltless ['sɔːltlɪs] *agg.* insipido

saltwater ['sɔːlt,wɔtər] *agg. attr.* d'acqua salata, di mare

salty ['sɔːltɪ] *agg.* salato

salubrious [sə'luːbrɪəs] *agg.* salubre, sano

salubrity [sə'luːbrɪtɪ] *s.* salubrità *f.*

salutary ['sæljʊt(ə)rɪ] *agg.* salutare

salutation [,sæljʊ(ː)'teɪʃ(ə)n] *s.* saluto *m.*

salute [sə'luːt] *s.* saluto *m.*

to salute [sə'luːt] *v. tr.* **1** salutare **2** rendere gli onori

salvage ['sælvɪdʒ] *s.* **1** salvataggio *m.*, ricupero *m.* **2** merci *f. pl.* ricuperate

to salvage ['sælvɪdʒ] *v. tr.* salvare, ricuperare

salvation [sæl'veɪʃ(ə)n] *s.* salvezza *f.*

same [seɪm] **A** *agg.* stesso, medesimo **B** *pron.* lo stesso, la stessa cosa **C** *avv.* allo stesso modo ♦ **all the s.** lo stesso, ugualmente; **much the s.** quasi lo stesso; **s. here** anche da parte mia

sample ['sɑːmpl] *s.* campione *m.*, modello *m.*, esemplare *m.*

to sample ['sɑːmpl] *v. tr.* **1** assaggiare **2** campionare

sanatorium [,sænə'tɔːrɪəm] *s.* sanatorio *m.*

to sanctify [sæŋ(k)tɪfaɪ] *v. tr.* santificare, consacrare

sanctimonious [,sæŋ(k)tɪ'məʊnjəs] *agg.* bigotto

sanction ['sæŋ(k)ʃ(ə)n] *s.* **1** autorizzazione *f.* **2** ratifica *f.* **3** sanzione *f.*

to sanction ['sæŋ(k)ʃ(ə)n] *v. tr.* **1** autorizzare **2** ratificare **3** sancire

sanctity ['sæŋ(k)tɪtɪ] *s.* santità *f.*

sanctuary ['sæŋ(k)tjʊərɪ] *s.* **1** santuario *m.* **2** rifugio *m.* **3** riserva *f.* naturale

sand [sænd] *s.* **1** sabbia *f.* **2** *al pl.* spiaggia *f.* ♦ **s. bath** sabbiatura; **s. glass** clessidra

to sand [sænd] *v. tr.* **1** coprire di sabbia **2** insabbiare **3** sabbiare, smerigliare

sandal ['sændl] *s.* sandalo *m.*

sandbar ['sæn(d)bɑːr] *s.* barra *f.* di sabbia

sandcastle ['sæn(d),kɑːsl] *s.* castello *m.* di sabbia

sandpaper ['sæn(d),peɪpər] *s.* carta *f.* vetrata

sandstone ['sæn(d)stəʊn] *s.* arenaria *f.*

sandwich ['sænwɪdʒ] *s.* sandwich *m. inv.*, tramezzino *m.*

to sandwich ['sænwɪdʒ] *v. tr.* serrare, mettere in mezzo

sandy ['sændɪ] *agg.* **1** sabbioso **2** di color sabbia **3** (*di capelli*) biondo rossiccio

sane [seɪn] *agg.* **1** sano di mente **2** sensato

sang [sæŋ] *pass. di* **to sing**

sanitary ['sænɪt(ə)rɪ] *agg.* **1** sanitario **2** igienico ♦ **s. towel/napkin** assorbente igienico

sanitation [,sænɪ'teɪʃən] *s.* impianti *m. pl.* igienici, fognature *f. pl.*

sanity ['sænɪtɪ] *s.* **1** salute *f.* mentale **2** buon senso *m.*

sank [sæŋk] *pass. di* **to sink**

sap [sæp] *s.* linfa *f.*

to sap (1) [sæp] *v. tr.* essiccare (*legno*)

to sap (2) [sæp] **A** *v. intr.* scavare trincee **B** *v. tr.* **1** scavare, scalzare **2** fiaccare, indebolire

sapid ['sæpɪd] *agg.* sapido

sapling ['sæplɪŋ] *s.* alberello *m.*

to saponify [sə'pɒnɪfaɪ] *v. tr.* saponificare

sapphire ['sæfaɪər] *s.* zaffiro *m.*

sarcasm [sɑː'kæz(ə)m] *s.* sarcasmo *m.*

sarcastic [sɑː'kæstɪk] *agg.* sarcastico

sarcophagus [sɑː'kɒfəgəs] *s.* sarcofago *m.*

sardine [sɑː'diːn] *s.* sardina *f.*

Sardinian [sɑː'dɪnjən] *agg. e s.* sardo *m.*

sash (1) [sæʃ] *s.* fascia *f.*, sciarpa *f.*

sash (2) [sæʃ] *s.* (*di finestra*) telaio *m.* scorrevole ♦ **s. window** finestra a ghigliottina

sat [sæt] *pass. e p. p. di* **to sit**

satanic(al) [sə'tænɪk((ə)l)] *agg.* satanico

satchel ['sætʃ(ə)l] *s.* cartella *f.*

satellite ['sætəlaɪt] *s.* satellite *m.*

to satiate ['seɪʃɪeɪt] *v. tr.* saziare

satin ['sætɪn] *s.* raso *m.*

satire ['sætaɪər] *s.* satira *f.*

satiric(al) [sə'tɪrɪk((ə)l)] *agg.* satirico

satisfaction [,sætɪs'fæk'ʃ(ə)n] *s.* soddisfazione *f.*

satisfactory [,sætɪs'fækt(ə)rɪ] *agg.* soddisfacente, esauriente

to satisfy ['sætɪsfaɪ] *v. tr.* **1** soddisfare, appagare **2** convincere, persuadere **3** (*comm.*) pagare

satisfying ['sætɪsfaɪɪŋ] *agg.* soddisfacente

to saturate ['sætʃəreɪt] *v. tr.* **1** saturare **2** impregnare

saturation [ˌsætʃəˈreɪʃ(ə)n] s. saturazione f.
Saturday [ˈsætədɪ] s. sabato m.
satyr [ˈsætər] s. satiro m.
sauce [sɔːs] s. 1 salsa f., sugo m. 2 (fam.) impertinenza f. ◆ **s.-boat** salsiera
saucepan [ˈsɔːspən] s. casseruola f.
saucer [ˈsɔːsər] s. piattino m.
saucy [ˈsɔːsɪ] agg. (fam.) impertinente
Saudi [ˈsaʊdɪ] agg. saudita
sauna [ˈsɔːnə] s. sauna f.
to saunter [ˈsɔːntər] v. intr. gironzolare
sausage [ˈsɒsɪdʒ] s. 1 salsiccia f. 2 al pl. salumi m. pl.
savage [ˈsævɪdʒ] A agg. 1 selvaggio, primitivo 2 feroce, crudele 3 non coltivato B s. 1 selvaggio m. 2 individuo m. brutale
to savage [ˈsævɪdʒ] v. tr. assalire con violenza
savanna(h) [səˈvænə] s. savana f.
save [seɪv] prep. eccetto, salvo, tranne B s. (sport) parata f.
to save [seɪv] A v. tr. 1 salvare, preservare 2 conservare, mettere da parte, risparmiare 3 (inf.) salvare, memorizzare B v. intr. 1 risparmiare 2 (sport) parare
saver [ˈseɪvər] s. risparmiatore m.
saving [ˈseɪvɪŋ] A agg. 1 che salva 2 parsimonioso 3 economico B s. 1 salvezza f. 2 economia f., al pl. risparmi m. pl. C prep. e cong. eccetto, tranne ◆ **savings bank** cassa di risparmio; **the s. grace** l'unica buona qualità
saviour [ˈseɪvjər] (USA savior) s. salvatore m.
savour [ˈseɪvər] (USA savor) s. sapore m.
to savour [ˈseɪvər] (USA to savor) v. tr. gustare, assaporare ◆ **to s. of** sapere di
savoury [ˈseɪv(ə)rɪ] agg. saporito, appetitoso
savoy [səˈvɔɪ] s. verza f.
saw (1) [sɔː] s. sega f.
saw (2) [sɔː] pass. di to see
to saw [sɔː] (pass. sawed, p. p. sawn, sawed) v. tr. segare
sawdust [ˈsɔːdʌst] s. segatura f.
sawmill [ˈsɔːmɪl] s. segheria f.
sawn [sɔːn] p. p. di to saw
sax [sæks] s. sassofono m.
Saxon [ˈsæksən] agg. e s. sassone m. e f.
saxophone [ˈsæksəfəʊn] s. sassofono m.
saxophonist [sækˈsɒfənɪst] s. sassofonista m. e f.
say [seɪ] s. detto m., parola f., voce f. ◆ **to have a s. in the matter** aver voce in capitolo; **to have one's s.** dire la propria
to say [seɪ] (pass. e p. p. said) v. tr. e intr. dire
saying [ˈseɪɪŋ] s. detto m., proverbio m.
scab [skæb] s. 1 (di ferita) crosta f. 2 scabbia f., rogna f. 3 (fam.) crumiro m.
scabrous [ˈskeɪbrəs] agg. scabroso
scaffold [ˈskæf(ə)ld] s. 1 impalcatura f., ponteggio m. 2 patibolo m.
scald [skɔːld] s. scottatura f.
to scald [skɔːld] v. tr. scottare, ustionare
scalding [ˈskɔːldɪŋ] A agg. bollente B s. scottatura f., ustione f.
scale (1) [skeɪl] s. 1 piatto m. di bilancia 2 al pl. bilancia f.

scale (2) [skeɪl] s. 1 scaglia f., squama f. 2 incrostazione f.
scale (3) [skeɪl] s. 1 scala f., gradazione f. 2 (mus.) scala f.
to scale (1) [skeɪl] v. tr. pesare, soppesare
to scale (2) [skeɪl] v. tr. 1 squamare 2 incrostare ◆ **to s. off** scrostarsi
to scale (3) [skeɪl] A v. tr. 1 scalare, arrampicarsi su 2 graduare B v. intr. arrampicarsi ◆ **to s. down/up** aumentare/diminuire progressivamente
scallion [ˈskæljən] s. scalogno m.
scallop [ˈskɒləp] s. 1 (zool.) pettine m. 2 conchiglia f. di pettine 3 dentellatura f., smerlo m.
scalp [skælp] s. scalpo m.
scalpel [ˈskælp(ə)l] s. scalpello m., bisturi m.
to scan [skæn] v. tr. 1 esaminare, scrutare 2 analizzare 3 scandire
scandal [ˈskændl] s. 1 scandalo m. 2 maldicenza f. ◆ **to talk s. about sb.** sparlare di qc.
to scandalize [ˈskændəlaɪz] v. tr. scandalizzare
scandalmonger [ˈskændlˌmʌŋgər] s. seminatore m. di scandali
scandalous [ˈskændələs] agg. scandaloso
Scandinavian [ˌskændɪˈneɪvjən] agg. e s. scandinavo m.
scant [skænt] agg. scarso, insufficiente
scanty [ˈskæntɪ] agg. scarso, insufficiente
scapegoat [ˈskeɪpgəʊt] s. capro m. espiatorio
scapula [ˈskæpjʊlə] s. scapola f.
scar [skɑːr] s. cicatrice f., sfregio m.
to scar [skɑːr] s. sfregiare, deturpare
scarce [skeəs] agg. 1 scarso 2 raro, introvabile ◆ **to make oneself s.** squagliarsela
scarcely [ˈskeəslɪ] avv. appena, a malapena
scarcity [ˈskeəsɪtɪ] s. 1 scarsezza f. 2 rarità f.
scare [skeər] s. terrore m., spavento m., allarme m.
to scare [skeər] v. tr. spaventare, atterrire
scarecrow [ˈskeəkrəʊ] s. spaventapasseri m.
scarf [skɑːf] s. sciarpa f., foulard m. inv.
to scarify [ˈskeərɪfaɪ] v. tr. scarificare
scarlet [ˈskɑːlɪt] agg. scarlatto ◆ **s. fever** scarlattina
scarred [skɑːd] agg. sfregiato
scary [ˈskeərɪ] agg. pauroso, terrificante
to scat [skæt] v. intr. (fam.) svignarsela
scathing [ˈskeɪðɪŋ] agg. aspro, pungente
to scatter [ˈskætər] A v. tr. 1 spargere, cospargere 2 disperdere B v. intr. 1 spargersi, sparpagliarsi 2 disperdersi
scatterbrain [ˈskætəbreɪn] s. sbadato m.
to scavenge [ˈskævɪn(d)ʒ] v. tr. 1 pulire dai rifiuti 2 frugare tra i rifiuti 3 scovare
scenario [sɪˈnɑːrɪəʊ] s. sceneggiatura f.
scene [siːn] s. scena f. ◆ **s. painter** scenografo
scenery [ˈsiːnərɪ] s. 1 scena f., scenario m. 2 veduta f.
scenic [ˈsiːnɪk] agg. 1 scenico 2 panoramico, pittoresco
scenographer [sɪˈnɒgrəfər] s. scenografo m.
scenographic [ˌsiːnə(ʊ)ˈgræfɪk] agg. scenografico
scenography [sɪˈnɒgrəfɪ] s. scenografia f.
scent [sent] s. 1 odore m., profumo m. 2 (miscela) profumo m. 3 pista f., scia f. 4 odorato m.
to scent [sent] v. tr. 1 fiutare 2 (fig.) subodorare 3

profumare

sceptical ['skeptɪk(ə)l] *agg.* scettico

scepticism ['skeptɪsɪz(ə)m] *s.* scetticismo *m.*

sceptre ['septə] *s.* scettro *m.*

schedule ['ʃedjuːl] *s.* 1 tabella *f.*, elenco *m.*, distinta *f.* 2 programma *m.*, piano *m.*, orario *m.*

to schedule ['ʃedjuːl] *v. tr.* 1 elencare, includere in una lista 2 programmare ♦ **scheduled flight** volo di linea

schematic [skɪˈmætɪk] *agg.* schematico

scheme [skiːm] *s.* 1 schema *m.*, progetto *m.* 2 disposizione *f.*, sistema *m.* 3 intrigo *m.* 4 abbozzo *m.*

to scheme [skiːm] *v. tr. e intr.* 1 pianificare 2 complottare

scheming ['skiːmɪŋ] *agg.* intrigante

schism ['sɪz(ə)m] *s.* scisma *m.*

schizophrenia [ˌskɪtsəʊ(ʊ)ˈfriːnjə] *s.* schizofrenia *f.*

schizophrenic [ˌskɪtsəʊ(ʊ)ˈfrenɪk] *agg. e s.* schizofrenico *m.*

scholar ['skɒlə] *s.* 1 studioso *m.*, erudito *m.* 2 borsista *m. e f.*

scholarship ['skɒləʃɪp] *s.* 1 dottrina *f.* 2 borsa *f.* di studio

scholastic [skəˈlæstɪk] *agg.* 1 scolastico 2 accademico

school [skuːl] *s.* scuola *f.* ♦ **s. age** età scolare; **s.-days** giorni di scuola; **s.-friend** compagno di scuola

schoolboy ['skuːlbɔɪ] *s.* scolaro *m.*

schoolgirl ['skuːlgɜːl] *s.* scolara *f.*

schoolroom ['skuːlruːm] *s.* aula *f.*

schoolteacher ['skuːlˌtiːtʃə] *s.* insegnante *m. e f.*

schooner ['skuːnə] *s.* goletta *f.*

sciatica [saɪˈætɪkə] *s.* sciatica *f.*

science ['saɪəns] *s.* scienza *f.* ♦ **s. fiction** fantascienza

scientific [ˌsaɪənˈtɪfɪk] *agg.* scientifico

scientist ['saɪəntɪst] *s.* scienziato *m.*

scissors ['sɪzəz] *s. pl.* forbici *f. pl.*

sclerosis [sklɪəˈrəʊsɪs] *s.* sclerosi *f.*

scoff [skɒf] *s.* beffa *f.*

to scoff (1) [skɒf] *v. intr.* farsi beffe

to scoff (2) [skɒf] *v. tr.* (*fam.*) ingozzarsi

to scold [skəʊld] *v. tr.* rimproverare, sgridare

scolding ['skəʊldɪŋ] *s.* rimprovero *m.*

scoliosis [ˌskɒlɪˈəʊsɪs] *s.* scoliosi *f.*

scoop [skuːp] *s.* 1 cucchiaione *m.*, mestolo *m.*, paletta *f.* 2 cucchiaiata *f.*, mestolata *f.*, palettata *f.* 3 (*fam.*) colpo *m.* di fortuna 4 scoop *m. inv.*

to scoop [skuːp] *v. tr.* 1 (*con mestolo e sim.*) tirare su, raccogliere 2 cavare 3 battere con uno scoop

scooter ['skuːtə] *s.* 1 monopattino *m.* 2 scooter *m. inv.*

scope [skəʊp] *s.* 1 possibilità *f.*, opportunità *f.* 2 portata *f.*, ambito *m.*

scorch [skɔːtʃ] *s.* bruciatura *f.*, scottatura *f.*

to scorch [skɔːtʃ] *v. tr.* 1 bruciacchiare, scottare 2 inaridire, seccare

score [skɔː] *s.* 1 linea *f.*, segno *m.*, tratto *m.* 2 punto *m.*, punteggio *m.*, votazione *f.* 3 (*mus.*) spartito *m.*, partitura *f.* 4 (*fam.*) colpo *m.* di fortuna 5 ventina *f.* 6 *al pl.* grande quantità *f.* 7 causa *f.*, motivo *m.* ♦ **half a s.** una decina; **on the s. of** a causa di; **scores of**

un mucchio di; **to keep the s.** segnare i punti

to score [skɔː] *v. tr.* 1 segnare, marcare 2 (*sport*) segnare, fare (un punto) 3 ottenere, riportare 4 (*mus.*) orchestrare ♦ **to s. out** cancellare; **to s. up** mettere in conto, registrare

scoreboard ['skɔːbɔːd] *s.* tabellone *m.* segnapunti

scorekeeper ['skɔːˌkiːpə] *s.* segnapunti *m. inv.*

scoria ['skɔːrɪə] *s.* scoria *f.*

scorn [skɔːn] *s.* disprezzo *m.*

to scorn [skɔːn] *v. tr.* disprezzare

scornful [ˈskɔːnf(ʊ)l] *agg.* sprezzante

Scorpio ['skɔːpɪəʊ] *s.* (*astr.*) Scorpione *m.*

scorpion ['skɔːpjən] *s.* scorpione *m.*

Scot [skɒt] *s.* scozzese *m. e f.*

Scotch [skɒtʃ] **A** *agg.* scozzese **B** *s.* 1 **the S.** gli scozzesi *m. pl.* 2 scotch *m. inv.*, whisky *m.* scozzese

to scotch (1) [skɒtʃ] *v. tr.* 1 colpire 2 mettere a tacere, rendere innocuo

to scotch (2) [skɒtʃ] *v. tr.* 1 bloccare (con una zeppa) 2 impedire, ostacolare

Scots [skɒts] *agg.* scozzese

Scotsman ['skɒtsmən] (*pl.* **Scotsmen**) *s.* scozzese *m.*

Scottish ['skɒtɪʃ] *agg.* (*di cose*) scozzese

scoundrel ['skaʊndr(ə)l] *s.* mascalzone *m.*

to scour (1) ['skaʊə] *v. tr.* 1 strofinare, lucidare 2 sgombrare

to scour (2) ['skaʊə] *v. tr.* 1 percorrere 2 perlustrare

scourge [skɜːdʒ] *s.* 1 frusta *f.* 2 flagello *m.*

to scourge [skɜːdʒ] *v. tr.* 1 frustare 2 affliggere

scout [skaʊt] *s.* 1 esploratore *m.* 2 scout *m. inv.* 3 aereo *m.* (o nave *f.*) da ricognizione

to scout [skaʊt] *v. intr.* andare in esplorazione ♦ **to s. around for** andare in cerca di

scouting ['skaʊtɪŋ] *s.* 1 esplorazione *f.* 2 scoutismo *m.*

scowl [skaʊl] *s.* cipiglio *m.*, sguardo *m.* minaccioso

to scowl [skaʊl] *v. intr.* accigliarsi

to scrabble ['skræbl] *v. intr.* 1 raspare, grattare 2 frugare, rovistare

scraggy ['skrægɪ] *agg.* scheletrico

to scram [skræm] *v. intr.* (*pop.*) battersela

scramble ['skræmbl] *s.* 1 arrampicata *f.* 2 gara *f.*, mischia *f.*

to scramble ['skræmbl] **A** *v. intr.* 1 arrampicarsi 2 affrettarsi 3 accapigliarsi **B** *v. tr.* 1 mescolare 2 (*cuc.*) strapazzare ♦ **scrambled eggs** uova strapazzate

scrap (1) [skræp] *s.* 1 pezzo *m.*, frammento *m.* 2 avanzo *m.*, scarto *m.*, (*di giornale*) ritaglio *m.* 3 rottame *m.* ♦ **s. metal** ferraglia

scrap (2) [skræp] *s.* (*fam.*) bisticcio *m.*

to scrap (1) [skræp] *v. tr.* 1 smantellare, demolire 2 scartare

to scrap (2) [skræp] *v. intr.* (*fam.*) bisticciare

scrape [skreɪp] *s.* 1 graffio *m.*, scorticatura *f.* 2 raschiatura *f.* 3 stridore *m.* 4 (*fam.*) guaio *m.*, impiccio *m.*

to scrape [skreɪp] *v. tr.* 1 raschiare, grattare 2 scorticare 3 raggranellare ♦ **to s. along** tirare avanti; **to s. through** farcela a malapena **to s. together** raggranellare

scraper ['skreɪpə] *s.* raschietto *m.*

scrap-heap ['skræpˌhiːp] *s.* mucchio *m.* di rifiuti ♦

on the s. nel dimenticatoio

craping ['skreipiŋ] s. raschiatura f., scrostatura f.

crappy ['skræpi] agg. frammentario, sconnesso

cratch [skrætʃ] **A** agg. raffazzonato, raccogliticcio **B** s. **1** graffio m. **2** sgorbio m. **3** grattata f. **4** linea f. di partenza ♦ **to start from s.** cominciare da zero

o scratch [skrætʃ] v. tr. **1** graffiare **2** grattare

o crawl [skrɔːl] s. scarabocchio m.

o scrawl [skrɔːl] v. tr. e intr. scarabocchiare

crawly ['skrɔːli] agg. pieno di scarabocchi

crawny ['skrɔːni] agg. magro, ossuto

cream [skriːm] s. grido m.

o scream [skriːm] v. tr. e intr. gridare

o screech [skriːtʃ] v. intr. **1** gridare **2** stridere

creen [skriːn] s. **1** cortina f., riparo m., paravento m. **2** schermo m. **3** vaglio m. ♦ **wide s.** schermo panoramico

o screen [skriːn] v. tr. **1** riparare, proteggere **2** schermare **3** setacciare, selezionare **4** (cine.) proiettare

creening ['skriːniŋ] s. **1** schermatura f. **2** proiezione f. **3** selezione f. **4** (med.) controllo m. (a scopo diagnostico)

creenplay ['skriːn,plei] s. sceneggiatura f.

creenwriter ['skriːn,raitər] s. sceneggiatore m.

crew [skruː] s. **1** (mecc.) vite f. **2** giro m. (di vite) **3** elica f. ♦ **s. thread** filettatura

o screw [skruː] v. tr. **1** avvitare **2** torcere, accartocciare ♦ **to s. up** accartocciare, rovinare

crewdriver ['skruː,draivər] s. cacciavite m. inv.

cribble ['skribl] s. scarabocchio m.

o scribble ['skribl] v. tr. e intr. scarabocchiare

cript [skript] s. **1** testo m., manoscritto m., copione m. **2** esame m. scritto ♦ **s. writer** sceneggiatore

cripture ['skriptʃər] s. (la Sacra) Scrittura f.

croll [skrəʊl] s. **1** (di carta) rotolo m. **2** (arch.) voluta f.

o scrounge ['skraʊn(d)ʒ] v. tr. scroccare

crub (1) [skrʌb] s. boscaglia f.

crub (2) [skrʌb] s. spazzolata f., pulitura f.

o scrub [skrʌb] v. tr. **1** pulire sfregando **2** annullare

cruff [skrʌf] s. collottola f.

cruffy ['skrʌfi] agg. (fam.) trasandato

crum(mage) ['skrʌm(idʒ)] s. (sport) mischia f.

cruple ['skruːpl] s. scrupolo m.

crupulous ['skruːpjuləs] agg. scrupoloso

crutiny ['skruːtini] s. esame m. minuzioso

cuba ['skjuːbə] s. autorespiratore m.

o scuff [skʌf] v. tr. **1** (i piedi) strascicare **2** (le scarpe) consumare

cuffle ['skʌfl] s. mischia f., tafferuglio m.

o scuffle ['skʌfl] v. intr. azzuffarsi

culptor ['skʌlptər] s. scultore m.

cultural ['skʌlptʃ(ə)r(ə)l] agg. scultoreo

culpture ['skʌlptʃər] s. scultura f.

o sculpture ['skʌlptʃər] v. tr. scolpire

cum [skʌm] s. schiuma f. superficiale m. (fig.) feccia f.

currilous ['skʌriləs] agg. scurrile

o scurry ['skʌri] v. intr. correre velocemente

curvy ['skɜːvi] s. scorbuto m.

to scuttle ['skʌtl] v. intr. correr via

scythe [saið] s. falce f.

sea [siː] s. mare m. ♦ **s. level** livello del mare; **s. mile** miglio marino; **s. quake** maremoto; **s. storm** mareggiata; **s. urchin** riccio di mare

seabird ['siːbɜːd] s. uccello m. marino

seaboard ['siːbɔːd] s. costa f., litorale m.

seafood ['siːfuːd] s. frutti m. pl. di mare

seafront ['siːfrʌnt] s. lungomare m.

seagull ['siːgʌl] s. gabbiano m.

seahorse ['siːhɔːs] s. ippocampo m.

seal (1) [siːl] s. foca f.

seal (2) [siːl] s. sigillo m.

to seal [siːl] v. tr. sigillare ♦ **to s. in** chiudere dentro; **to s. off** isolare (una zona)

seam [siːm] s. **1** cucitura f., giuntura f. **2** (miner.) filone m., strato m.

seaman ['siːmən] (pl. **seamen**) s. marinaio m.

seamy ['siːmi] agg. **1** provvisto di cuciture **2** squallido

seaplane ['siːplein] s. idrovolante m.

search [sɜːtʃ] s. **1** ricerca f. **2** perquisizione f. ♦ **s. warrant** mandato di perquisizione

to search [sɜːtʃ] **A** v. tr. **1** perquisire, perlustrare **2** frugare, rovistare **B** v. intr. andare in cerca di ♦ **to s. about/through** frugare; **to s. out** scovare

searching ['sɜːtʃiŋ] **A** agg. **1** penetrante, scrutatore **2** approfondito, minuzioso **B** s. **1** esame m., indagine f. **2** perlustrazione f.

searchlight ['sɜːtʃ,lait] s. riflettore m.

seashore ['siːʃɔː] s. spiaggia f., lido m.

seasickness ['siː,siknis] s. mal m. di mare

seaside ['siː,said] s. spiaggia f., lido m. ♦ **s. resort** stazione balneare; **to go to the s.** andare al mare

season ['siːzn] s. **1** stagione f. **2** epoca f., tempo m. ♦ **high/low s.** alta/bassa stagione; **s. ticket** abbonamento m.; **off s.** fuori stagione

to season ['siːzn] v. tr. **1** condire, insaporire **2** stagionare, far maturare

seasonal ['siːzənl] agg. stagionale

seasoned ['siːzənd] agg. **1** stagionato condito **3** abituato, esperto

seasoning ['siːzniŋ] s. **1** condimento m. **2** stagionatura f.

seat [siːt] s. **1** sedile m., sedia f., posto m. (a sedere) **2** seggio m. **3** didietro m., fondo m. **4** sede f. ♦ **s. belt** cintura di sicurezza

to seat [siːt] v. tr. **1** far sedere **2** insediare, collocare **3** (posti a sedere) disporre di

seawards ['siːwədz] avv. verso il mare

seaweed ['siːwiːd] s. alga f. marina

sebaceous [si'beiʃəs] agg. sebaceo

secession [si'seʃ(ə)n] s. secessione f.

secessionism [si'seʃniz(ə)m] s. secessionismo m.

to seclude [si'kluːd] v. tr. isolare, appartare

secluded [si'kluːdid] agg. isolato, appartato

seclusion [si'kluːʒ(ə)n] s. **1** isolamento m. **2** clausura f.

second ['sek(ə)nd] **A** agg. **1** secondo **2** secondario, inferiore **B** s. **1** secondo m. **2** (minuto) secondo m. **C** avv. secondariamente ♦ **s. born** secondogenito; **s.-class** di seconda classe, di qualità

scadente; **s.-hand** usato, di seconda mano; **s.-rate**
scadente; **s. thoughts** ripensamento
to second (1) [ˈsɛk(ə)nd] v. tr. assecondare, favorire
to second (2) [sɛk(ə)nd] v. tr. distaccare (ad altro
incarico)
secondary [ˈsɛk(ə)nd(ə)rɪ] agg. secondario
seconder [ˈsɛk(ə)ndə'] s. sostenitore m.
secondly [ˈsɛk(ə)ndlɪ] avv. in secondo luogo
secrecy [ˈsiːkrɪsɪ] s. segretezza f.
secret [ˈsiːkrɪt] agg. e s. segreto m. ♦ **to keep a s.**
mantenere un segreto
secretariat [ˌsɛkrəˈtɛərɪət] s. segretariato m.
secretary [ˈsɛkrətrɪ] s. segretario m., segretaria f.
to secrete [sɪˈkriːt] v. tr. secernere
secretion [sɪˈkriːʃ(ə)n] s. secrezione f.
secretive [sɪˈkriːtɪv] agg. riservato, segreto
sect [sɛkt] s. setta f.
sectarian [sɛkˈtɛərɪən] s. settario m.
section [ˈsɛkʃ(ə)n] s. **1** sezione f., porzione f., parte f.
2 paragrafo m. **3** (geom.) sezione f.
sector [ˈsɛktə'] s. settore m.
secular [ˈsɛkjələ'] agg. secolare, laico
secure [sɪˈkjuə'] agg. **1** sicuro, certo **2** (dir.) garanti-
to **3** saldo, ben fermato
to secure [sɪˈkjuə'] v. tr. **1** assicurare, difendere **2**
(dir.) garantire **3** assicurare, fissare **4** assicurarsi,
ottenere, procurarsi
security [sɪˈkjuərɪtɪ] s. **1** sicurezza f., certezza f. **2**
protezione f., difesa f. **3** garanzia f., cauzione f. ♦
social s. previdenza sociale
sedan [sɪˈdæn] s. **1** (USA) berlina f. **2** portantina f.
sedate [sɪˈdeɪt] agg. calmo, posato
sedative [ˈsɛdətɪv] agg. e s. sedativo m.
sedentary [ˈsɛdnt(ə)rɪ] agg. sedentario
sediment [ˈsɛdɪmənt] s. sedimento m.
sedition [sɪˈdɪʃ(ə)n] s. sedizione f.
to seduce [sɪˈdjuːs] v. tr. sedurre, corrompere
seducer [sɪˈdjuːsə'] s. seduttore m.
seduction [sɪˈdʌkʃ(ə)n] s. seduzione f.
seductive [sɪˈdʌktɪv] agg. seducente
to see [siː] (pass. **saw**, p. p. **seen**) A v. tr. **1** capire, rendersi conto di **3** esaminare, osservare **4** visitare **5** accompagnare B v. intr. **1** vedere, vederci **2**
capire, accorgersi **3** pensare **4** fare in modo ♦ **s.**
you (later) ci vediamo (più tardi); **to s. about** occuparsi di: **to s. off** salutare (alla partenza); **to s.**
out accompagnare alla porta; **to s. to** occuparsi di
seed [siːd] s. seme m., semenza f.
seeding [ˈsiːdɪŋ] s. semina f.
seedling [ˈsiːdlɪŋ] s. piantina f.
to seek [siːk] (pass. e p. p. **sought**) v. tr. **1** cercare **2**
chiedere **3** tentare di ♦ **to s. out** scovare
to seem [siːm] v. intr. sembrare, parere
seemingly [ˈsiːmɪŋlɪ] avv. apparentemente
seen [siːn] p. p. di **see**
to seep [siːp] v. intr. gocciolare, filtrare
seer [ˈsɪə'] s. veggente m. e f.
seesaw [ˈsiːsɔː] A agg. ondeggiante B s. altalena f.
to seethe [siːð] v. intr. ribollire
see-through [ˈsiːθruː] agg. (di indumento) trasparente

segment [ˈsɛgmənt] s. segmento m.
to segregate [ˈsɛgrɪgeɪt] v. tr. segregare
segregation [ˌsɛgrɪˈgeɪʃ(ə)n] s. segregazione f.
seismic(al) [ˈsaɪzmɪk((ə)l)] agg. sismico
seismologist [saɪzˈmɒlədʒɪst] s. sismologo m.
to seize [siːz] v. tr. **1** afferrare, impadronirsi di
(dir.) confiscare ♦ **to s. on** appigliarsi a; **to s. u**
gripparsi, bloccarsi
seizure [ˈsiːʒə'] s. **1** presa f., conquista f., cattura f.
(dir.) confisca f. **3** (med.) attacco m. **4** (mecc.) gri
paggio m.
seldom [ˈsɛldəm] avv. raramente
select [sɪˈlɛkt] agg. scelto, selezionato
to select [sɪˈlɛkt] v. tr. scegliere, selezionare
selection [sɪˈlɛkʃ(ə)n] s. scelta f., selezione f.
selective [sɪˈlɛktɪv] agg. selettivo
self (1) [sɛlf] (pl. **selves**) s. l'io m., l'individuo m.
one's better s. la parte migliore di sé
self (2) [sɛlf] agg. **1** della stessa sostanza **2** dello ste
so colore
self- [sɛlf] pref. da sé, automatico, auto- ♦ **s.-actin**
automatico; **s.-centred** egocentrico; **s.-con**
dence fiducia in sé; **s.-consistent** coerente; **s**
control autocontrollo; **s.-defence** autodifesa; **s**
employed che lavora in proprio; **s.-explanato**
che si spiega da sé; **s.-government** autogovern
s.-interest interesse personale; **s.-made** che si
fatto da sé; **s.-portrait** autoritratto; **s.-respe**
amor proprio; **s.-sticking** autoadesivo; **s.-suff**
cient autosufficiente; **s.-taught** autodidatta; **s**
willed ostinato
to sell [sɛl] (pass. e p. p. **sold**) v. tr. vendere ♦ **to s. o**
svendere; **to be sold out** essere esaurito
seller [ˈsɛlə'] s. venditore m.
selling [ˈsɛlɪŋ] s. vendita f. ♦ **s. off** svendita
selves [sɛlvz] pl. di **self**
semaphore [ˈsɛmafɔː'] s. **1** sistema m. di segnal
zione con bandierine **2** (ferr.) semaforo m.
semblance [ˈsɛmbləns] s. **1** apparenza f. **2** som
glianza f.
semen [ˈsiːmən] s. sperma m.
semester [sɪˈmɛstə'] s. semestre m.
semiaxis [ˌsɛmiˈæksɪs] s. semiasse m.
semicircle [ˈsɛmɪˌsɜːkəl] s. semicerchio m.
semicircular [ˌsɛmɪˈsɜːkjələ'] agg. semicircolare
semicolon [ˌsɛmɪˈkəʊlən] s. punto e virgola m.
semiconductor [ˌsɛmɪkənˈdʌktə'] s. semicondutt
re m.
semifinal [ˌsɛmɪˈfaɪnl] s. semifinale f.
seminar [ˈsɛmɪnɑː'] s. seminario m. (di studio)
seminarist [ˈsɛmɪnərɪst] s. (relig.) seminarista m.
seminary [ˈsɛmɪnərɪ] s. (relig.) seminario m.
semolina [ˌsɛməˈliːnə] s. semolino m.
senate [ˈsɛnɪt] s. senato m.
senator [ˈsɛnətə'] s. senatore m.
to send [sɛnd] (pass. e p. p. **sent**) v. tr. mandare, invi
re, spedire ♦ **to s. away** scacciare; **to s. away fo**
ordinare per posta; **to s. back** restituire; **to s. fo**
mandare a chiamare; **to s. off** spedire; **to s. out d**
stribuire, far circolare; **to s. up** far salire, prende
in giro

ender ['sendər] s. mittente m. e f.

end-off ['send,ɔːf] s. festa f. di commiato

enile ['siːnail] agg. senile

enility [sɪ'nɪlɪtɪ] s. senilità f.

enior ['siːnɪər] agg. **1** più vecchio, più anziano **2** (abbr. **sen.**, **sr.**) senior, padre, fratello maggiore

eniority [ˌsiːnɪ'ɔrɪtɪ] s. anzianità f.

ensation [sen'seɪʃ(ə)n] s. sensazione f.

ensational [sen'seɪʃənl] agg. sensazionale

ense [sens] s. **1** senso m. **2** sensazione f. **3** significato m. **4** opinione f. comune, buonsenso m.

ensibility [ˌsensɪ'bɪlɪtɪ] s. sensibilità f.

ensible ['sensəbl] agg. **1** sensato, ragionevole **2** sensibile, percepibile

ensitive ['sensɪtɪv] agg. **1** sensibile **2** permaloso, suscettibile

ensual ['sensjʊəl] agg. sensuale

ensuality [ˌsensjʊ'ælɪtɪ] s. sensualità f.

ensuous ['sensjʊəs] agg. sensuale, voluttuoso

ent [sent] pass. e p.p. di **to send**

entence ['sentəns] s. **1** sentenza f., condanna f. **2** (gramm.) frase f.

o sentence ['sentəns] v. tr. pronunciare una sentenza, condannare

entiment ['sentɪmənt] s. **1** sentimento m. **2** opinione f.

entimental [ˌsentɪ'mentl] agg. sentimentale

entry ['sentrɪ] s. sentinella f. ♦ **s. box** garitta

eparate ['seprɪt] **A** agg. **1** separato, staccato **2** distinto **B** s. al pl. (di abiti) coordinati m. pl.

o separate ['separeɪt] v. tr. e intr. separare, separarsi

eparation [ˌsepə'reɪʃ(ə)n] s. separazione f.

eparator ['separeɪtər] s. separatore m.

epia ['siːpjə] s. nero m. di seppia

eptember [səp'tembər] s. settembre m.

eptic ['septɪk] agg. settico ♦ **to go s.** infettarsi

eptic(a)emia [ˌseptɪ'siːmɪə] s. setticemia f.

eptum ['septəm] s. setto m.

epulchral [sɪ'pʌlkr(ə)l] agg. sepolcrale

epulchre ['sep(ə)lkər] s. sepolcro m.

epulture ['sep(ə)ltʃər] s. sepoltura f.

equel ['siːkw(ə)l] s. **1** seguito m. **2** effetto m.

equence ['siːkwəns] s. sequenza f., successione f., serie f.

o sequestrate [sɪ'kwestreɪt] v. tr. sequestrare

equestration [ˌsiːkwes'treɪʃ(ə)n] s. sequestro m.

equin ['siːkwɪn] s. lustrino m.

erene [sɪ'riːn] agg. sereno

erenity [sɪ'renɪtɪ] s. serenità f.

ergeant ['sɑːdʒ(ə)nt] s. **1** sergente m. **2** (di polizia) brigadiere m.

erial ['stərɪəl] **A** agg. **1** seriale, in serie **2** a puntate, a fascicoli **B** s. **1** sceneggiato m., serial m. inv. **2** romanzo m. a puntate

o serialize ['stərɪəlaɪz] v. tr. pubblicare (o trasmettere) a puntate

series ['stəriːz] s. inv. serie f. inv.

serious ['stərɪəs] agg. **1** serio **2** grave

seriousness ['stərɪəsnɪs] s. **1** serietà f. **2** gravità f.

sermon ['sɜːmən] s. sermone m.

o sermonize ['sɜːmənaɪz] v. intr. **1** predicare **2** fare la predica

serotherapy [ˌstərə(ʊ)'θerəpɪ] s. sieroterapia f.

serpent ['sɜːp(ə)nt] s. serpente m.

serpentine ['sɜːp(ə)ntaɪn] **A** agg. serpentino, serpeggiante **B** s. serpentina f.

serrate ['serɪt] agg. dentellato, seghettato

serrated [se'reɪtɪd] agg. → **serrate**

serum ['stərəm] s. siero m.

servant ['sɜːv(ə)nt] s. **1** domestico m., cameriere m. **2** (fig.) servitore m. **3** impiegato m. ♦ **civil s.** dipendente pubblico

to serve [sɜːv] **A** v. tr. **1** servire, offrire **2** essere al servizio di **3** essere utile a **4** espiare, scontare **B** v. intr. **1** prestare servizio **2** servire, essere utile **3** (sport) servire ♦ **to s. out** distribuire, servire

service ['sɜːvɪs] s. **1** servizio m., prestazione f. **2** favore m. **3** al pl. servizi m. pl. **4** assistenza f., manutenzione f. **5** (di posate) servizio m. ♦ **s. charge** (al ristorante) servizio; **s. station** stazione di servizio

to service ['sɜːvɪs] v. tr. **1** revisionare **2** fornire

serviceable ['sɜːvɪsəbl] agg. **1** utile, pratico **2** resistente

serviette [ˌsɜːvɪ'et] s. tovagliolo m.

servile ['sɜːvaɪl] agg. servile

servo-brake ['sɜːvəˌbreɪk] s. servofreno m.

servo-control ['sɜːvə(ʊ)kənˌtrəʊl] s. servocomando m.

servo-mechanism ['sɜːvə(ʊ)ˌmekənɪz(ə)m] s. servomeccanismo m.

servomotor ['sɜːvə(ʊ)ˌməʊtər] s. servomotore m.

sesame ['sesəmɪ] s. sesamo m.

session ['seʃ(ə)n] s. **1** sessione f., seduta f. **2** anno m. accademico

set [set] **A** agg. **1** fisso, saldo, stabilito **2** posto, collocato **3** studiato, preparato **4** pronto **B** s. **1** complesso m., insieme m., assortimento m., collezione f., serie f., (di posate, biancheria, ecc.) set m. inv. **2** (di persone) gruppo m. **3** (radio, TV) apparecchio m. **4** (tennis) set m. inv. **5** posizione f. **6** messa f. in piega **7** (cine., teatro) set m. inv., scene f. pl. **8** tendenza f., direzione f. **9** (bot.) pianticella f. **10** (mat.) insieme m.

to set [set] (pass. e p.p. set) **A** v. tr. **1** mettere, porre, disporre, collocare **2** piantare, conficcare **3** regolare, registrare, mettere a punto, preparare **4** assegnare **5** fissare, stabilire **6** indurire, rendere solido **7** incastonare, montare **8** (inf.) impostare **B** v. intr. **1** tramontare **2** indurirsi, solidificarsi **3** volgersi, muoversi ♦ **to s. about** accingersi a; **to s. against** mettere contro; **to s. aside** mettere da parte, lasciare da parte; **to s. back** bloccare, ritardare, mettere indietro, (fam.) costare; **to s. in** incominciare; **to s. off** far scoppiare, far risaltare, partire; **to s. out** partire, disporre, esporre; **to s. up** installare, costituire, causare, fornire

setback ['setˌbæk] s. **1** ostacolo m., intoppo m. **2** (med.) ricaduta f.

set-down ['setˌdaʊn] s. rimbrotto m.

settee [se'tiː] s. divano m.

setting ['setɪŋ] s. **1** collocazione f., installazione f., sistemazione f. **2** incastonatura f. **3** regolazione f., messa f. a punto **4** messa f. in scena, ambientazione f. **5** tramonto m.

settle ['sɛtl] s. cassapanca f.

to settle ['sɛtl] **A** v. tr. **1** decidere, fissare, stabilire, risolvere, definire **2** pagare, saldare **3** sistemare, aggiustare **4** calmare **B** v. intr. **1** sistemarsi, accomodarsi **2** stabilirsi, insediarsi **3** calmarsi, ricomporsi **4** depositarsi, decantare, sedimentare **5** abbassarsi, assestarsi ♦ **to s. down** adagiarsi, calmarsi, stabilirsi, stabilizzarsi; **to s. in** sistemarsi; **to s. up** saldare (il conto)

settlement ['sɛtlmənt] s. **1** sistemazione f., accordo m., soluzione f. **2** saldo m., liquidazione f. **3** insediamento m., colonizzazione f., colonia f.

settler ['sɛtlər] s. **1** colonizzatore m. **2** (fam.) argomento m. decisivo

set-up ['sɛt,ʌp] s. **1** organizzazione f., sistemazione f. **2** situazione f.

seven ['sɛvn] agg. num. card. e s. sette m. inv.

seventeen [,sɛvn'ti:n] agg. num. card. e s. diciassette m. inv.

seventeenth [,sɛvn'ti:nθ] agg. num. ord. e s. diciassettesimo m.

seventh ['sɛvnθ] agg. num. ord. e s. settimo m.

seventhieth ['sɛvntiiθ] agg. num. ord. e s. settantesimo m.

seventy ['sɛvnti] agg. num. card. e s. settanta m. inv.

several ['sɛvr(ə)l] agg. e pron. parecchi, diversi, alcuni

severance ['sɛv(ə)r(ə)ns] s. separazione f., rottura f. ♦ **s. pay** liquidazione

severe [sɪ'vɪər] agg. **1** severo, rigoroso **2** rigido, duro **3** acuto, violento **4** difficile, arduo

severity [sɪ'vɛrɪti] s. **1** severità f., rigore m. **2** gravità f. **3** difficoltà f.

to sew [səʊ] (pass. **sewed**, p. p. **sewn**) v. tr. cucire ♦ **s. up** rammendare

sewage ['sju:dʒ] s. acque f. pl. di scolo

sewer ['sjuːər] s. fogna f.

sewing ['sɔ(ʊ)ɪŋ] s. **1** cucitura f. **2** cucito m. ♦ **s. machine** macchina per cucire

sewn ['səʊn] p. p. di **sew**

sex [sɛks] **A** s. sesso m. **B** agg. sessuale ♦ **to have s. with** avere rapporti sessuali con

sexism ['sɛksɪz(ə)m] s. discriminazione f. sessuale

sexist ['sɛksɪst] agg. sessista

sexologist [sɛk'blɒdʒɪst] s. sessuologo m.

sexology [,sɛk'blɒdʒɪ] s. sessuologia f.

sextant ['sɛkst(ə)nt] s. sestante m.

sexual ['sɛksjʊəl] agg. sessuale

sexuality [,sɛksjʊ'ælɪti] s. sessualità f.

sexy ['sɛksi] agg. (fam.) sexy

shabby ['ʃæbɪ] agg. **1** malmesso, trasandato **2** meschino

shack [ʃæk] s. capanna f.

shackles ['ʃæklz] s. pl. ferri m. pl., catene f. pl.

shade [ʃeɪd] s. **1** ombra f. **2** sfumatura f.

to shade [ʃeɪd] v. tr. ombreggiare

shading ['ʃeɪdɪŋ] s. **1** ombreggiatura f. **2** sfumatura f. **3** protezione f. (dalla luce)

shadow ['ʃædəʊ] s. **1** ombra f. **2** spettro m. **3** segno m., traccia f. **4** pedinatore m.

to shadow ['ʃædəʊ] v. tr. **1** ombreggiare **2** oscurare **3** pedinare

shadowy ['ʃædə(ʊ)ɪ] agg. **1** ombroso, ombreggiato **2** indistinto **3** irreale

shady ['ʃeɪdɪ] agg. **1** ombroso, ombreggiato **2** equivoco, losco

shaft [ʃɑːft] s. **1** asta f., palo m., stanga f. **2** freccia f., strale m. **3** fusto m., gambo m. **4** (mecc.) albero m. (miniera) pozzo m.

shaggy ['ʃægɪ] agg. irsuto, ruvido

shake [ʃeɪk] s. **1** scossa f., scossone m. **2** tremito m. frappé m. inv., frullato m.

to shake [ʃeɪk] (pass. **shook**, p. p. **shaken**) **A** v. tr. agitare, scuotere **2** impressionare **3** (fam.) liberarsi di **B** v. intr. **1** scuotersi, agitarsi **2** barcollare, traballare ♦ **to s. down** ambientarsi, adattarsi; **to s. hands with sb.** stringere la mano a qc.; **to s. off** scuotersi di dosso, liberarsi di; **to s. up** scuotere

shaking ['ʃeɪkɪŋ] **A** agg. **1** che scuote, che agita **2** tremante, traballante **B** s. **1** scossone m. **2** tremore m.

shaky ['ʃeɪki] agg. malfermo, traballante

shall [ʃæl, ʃəl] (pass. **should**) v. difett. **1** (ausiliare per la formazione del futuro) (ES: **we s. be in London tomorrow** saremo a Londra domani) **2** (in frasi interr.) dovere (ES: **s. I close the door?** devo chiudere la porta?)

shallop ['ʃæləp] s. scialuppa f.

shallow ['ʃæləʊ] agg. **1** basso, poco profondo **2** (fig.) superficiale

sham [ʃæm] **A** agg. falso, simulato **B** s. **1** finzione f., imitazione f. **2** impostore m.

shambles ['ʃæmblz] s. pl. **1** macello m., carneficina f. **2** confusione f.

shame [ʃeɪm] s. vergogna f.

to shame [ʃeɪm] v. tr. **1** far vergognare **2** disonorare

shamefaced ['ʃeɪm,feɪst] agg. vergognoso, imbarazzato

shameful ['ʃeɪmf(ʊ)l] agg. vergognoso

shameless ['ʃeɪmlɪs] agg. svergognato

shammy ['ʃæmɪ] **A** s. pelle f. di daino **B** agg. scamosciato

shampoo [ʃæm'puː] s. shampoo m. inv.

shamrock ['ʃæmrɒk] s. trifoglio m.

shank [ʃæŋk] s. stinco m.

shanty ['ʃæntɪ] s. baracca f. ♦ **s. town** bidonville

shape [ʃeɪp] s. **1** forma f., foggia f., sagoma f., modello m. **2** condizione f., forma f. fisica ♦ **to be in s.** essere in forma; **to be out of s.** essere fuori forma

to shape [ʃeɪp] **A** v. tr. **1** formare, modellare, plasmare **2** adattare **B** v. intr. prendere forma, concretarsi ♦ **to s. up** procedere, darsi da fare

shaped [ʃeɪpt] agg. (nei composti) a forma di ♦ **leaf-s.** a forma di foglia

shapeless ['ʃeɪplɪs] agg. informe

shapely ['ʃeɪplɪ] agg. armonioso, ben proporzionato

share [ʃeər] s. **1** parte f., porzione f., quota f. **2** (fin.) azione f.

to share [ʃeər] **A** v. tr. **1** dividere, distribuire **2** condividere, avere in comune **B** v. intr. partecipare ♦ **to s. out** distribuire

sharecropping ['ʃeə,krɒpɪŋ] s. mezzadria f.

shareholder ['ʃeə,həʊldər] s. azionista m. e f.

sharing ['ʃeərɪŋ] s. **1** divisione f., distribuzione f. **2** (econ.) partecipazione f.

shark [ʃɑːk] s. squalo m.

sharp [ʃɑːp] A agg. 1 affilato, acuminato, tagliente 2 (fig.) acuto, sveglio, pungente 3 netto, chiaro, marcato 4 secco, brusco, improvviso 5 scaltro, disonesto, privo di scrupoli 6 energico, forte 7 (mus.) diesis B avv. 1 esattamente, in punto 2 bruscamente

to sharpen [ˈʃɑːp(ə)n] v. tr. affilare, aguzzare, appuntire

sharp-eyed [ˈʃɑːpˌaɪd] agg. 1 dalla vista acuta 2 perspicace

to shatter [ˈʃætə] A v. tr. 1 frantumare, infrangere 2 rovinare B v. intr. frantumarsi, andare in pezzi

shave [ʃeɪv] s. rasatura f.

to shave [ʃeɪv] A v. tr. 1 radere, rasare, sbarbare 2 tagliare, affettare 3 pareggiare, lisciare, piallare 4 rasentare 5 ridurre leggermente B v. intr. radersi

shaver [ˈʃeɪvə] s. 1 rasoio m. (elettrico) 2 barbiere m.

shaving [ˈʃeɪvɪŋ] s. rasatura f. ♦ **s. brush** pennello da barba; **s. foam** schiuma da barba

shawl [ʃɔːl] s. scialle m.

she [ʃiː] A pron. pers. 3ª sing. f. ella, lei B s. femmina f.

sheaf [ʃiːf] (pl. **sheaves**) s. 1 covone m. 2 fascio m.

to shear [ʃɪə] (pass. **sheared**, p. p. **shorn**, **sheared**) v. tr. 1 tosare 2 tagliare, recidere

shears [ʃɪəz] s. cesoie f. pl.

sheath [ʃiːθ] s. guaina f., fodero m.

sheaves [ʃiːvz] pl. di **sheaf**

shed [ʃed] s. capannone m.

to shed [ʃed] (pass. e p. p. **shed**) v. tr. 1 spargere, versare 2 perdere, lasciar cadere 3 diffondere, emanare

sheen [ʃiːn] s. lucentezza f.

sheep [ʃiːp] s. pecora f.

sheepdog [ˈʃiːpdɒg] s. cane m. da pastore

sheepfold [ˈʃiːpfəʊld] s. ovile m.

sheepish [ˈʃiːpɪʃ] agg. 1 imbarazzato, vergognoso 2 mite, timido

sheer [ʃɪə] A agg. 1 puro, semplice 2 liscio, non diluito 3 perpendicolare, a picco 4 sottile, diafano B avv. 1 completamente, del tutto 2 a picco

sheet [ʃiːt] s. 1 lenzuolo m. 2 foglio m., lamina f. 3 lamiera f., lastra f. 4 (naut.) scotta f.

sheik(h) [ʃeɪk] s. sceicco m.

shelf [ʃelf] s. mensola f., scaffale m.

shell [ʃel] s. 1 guscio m., conchiglia f. 2 carcassa f., ossatura f., struttura f. 3 apparenza f. 4 schema m., schizzo m. 5 proiettile m., granata f.

to shell [ʃel] v. tr. 1 sgusciare, sgranare 2 bombardare

shellfish [ˈʃelfɪʃ] s. mollusco m., crostaceo m.

shelter [ˈʃeltə] s. riparo m., rifugio m.

to shelter [ˈʃeltə] A v. tr. riparare, proteggere B v. intr. ripararsi, rifugiarsi

to shelve [ʃelv] v. tr. accantonare, rimandare

shepherd [ˈʃepəd] s. pastore m.

to shepherd [ˈʃepəd] v. tr. guidare, custodire

sheriff [ˈʃerɪf] s. sceriffo m.

sherry [ˈʃerɪ] s. sherry m. inv.

shield [ʃiːld] s. 1 scudo m. 2 riparo m., protezione f.

to shield [ʃiːld] v. tr. 1 proteggere, riparare 2 schermare

shift [ʃɪft] s. 1 cambiamento m., spostamento m., avvicendamento m. 2 turno m. 3 espediente m. ♦ **s. work** lavoro a turni; **to make s.** ingegnarsi

to shift [ʃɪft] A v. tr. 1 spostare, trasferire, cambiare 2 rimuovere B v. intr. 1 spostarsi, trasferirsi, muoversi 2 ingegnarsi 3 (autom.) cambiare marcia

shiftless [ˈʃɪftlɪs] agg. incapace, inefficiente

shifty [ˈʃɪftɪ] agg. sfuggente, ambiguo

shilling [ˈʃɪlɪŋ] s. scellino m.

to shilly-shally [ˈʃɪlɪˌʃælɪ] v. intr. (fam.) esitare

to shimmer [ˈʃɪmə] v. intr. brillare, luccicare

shin [ʃɪn] s. stinco m. ♦ **s.-bone** tibia

shine [ʃaɪn] s. 1 splendore m., lucentezza f. 2 lucidata f.

to shine [ʃaɪn] (pass. e p. p. **shone**) A v. intr. brillare, risplendere B v. tr. 1 far luce su 2 (pass. e p. p. **shined**) lucidare, lustrare

shingle (1) [ˈʃɪŋgl] s. ciottoli m. pl.

shingle (2) [ˈʃɪŋgl] s. (edil.) scandola f.

shingles [ˈʃɪŋglz] s. pl. (v. al sing.) (med.) herpes zoster m. inv.

shining [ˈʃaɪnɪŋ] agg. fulgido, lucente

shiny [ˈʃaɪnɪ] agg. brillante, lucente

ship [ʃɪp] s. nave f. ♦ **s.'s chandler** fornitore navale

to ship [ʃɪp] A v. tr. 1 imbarcare 2 trasportare, spedire B v. intr. imbarcarsi

shipbuilder [ˈʃɪpˌbɪldə] s. costruttore m. navale

shipmaster [ˈʃɪpˌmɑːstə] s. capitano m.

shipment [ˈʃɪpmənt] s. 1 carico m. 2 imbarco m., spedizione f.

shipping [ˈʃɪpɪŋ] s. 1 imbarco m., spedizione f. 2 naviglio m., navigazione f. ♦ **s. agent** spedizioniere marittimo

shipshape [ˈʃɪpʃeɪp] A agg. ordinato B avv. in perfetto ordine

shipwreck [ˈʃɪprek] s. 1 naufragio m. 2 relitto m.

to shipwreck [ˈʃɪprek] A v. intr. naufragare B v. tr. far naufragare

shipyard [ˈʃɪpjɑːd] s. cantiere m. navale

shire [ˈʃaɪə] s. contea f.

to shirk [ʃɜːk] v. tr. evitare, sottrarsi a

shirt [ʃɜːt] s. camicia f., camicetta f.

shit [ʃɪt] s. (volg.) merda f.

shiver [ˈʃɪvə] s. brivido m.

to shiver [ˈʃɪvə] v. intr. rabbrividire

shivering [ˈʃɪvərɪŋ] agg. tremante

shoal (1) [ʃəʊl] s. bassofondo m., secca f.

shoal (2) [ʃəʊl] s. 1 (di pesci) banco m. 2 moltitudine f.

shock [ʃɒk] s. 1 colpo m., collisione f. 2 scossa f. 3 (med.) collasso m., shock m. inv. ♦ **s. absorber** ammortizzatore

to shock [ʃɒk] A v. tr. 1 colpire, scuotere 2 scandalizzare B v. intr. scontrarsi

shocking [ˈʃɒkɪŋ] agg. 1 vistoso 2 scioccante, scandaloso

shoe [ʃuː] s. 1 scarpa f. 2 ferro m. di cavallo ♦ **s. lace** stringa; **s. rack** scarpiera; **s. repairer** calzolaio

shoehorn [ˈʃuːhɔːn] s. calzascarpe m. inv.

shoemaker [ˈʃuːˌmeɪkə] s. calzolaio m.

shoeshine [ˈʃuːʃaɪn] s. lustrascarpe m. inv.

shone [ʃɒn] *pass. e p. p. di* **to shine**

shoo [ʃuː] *inter.* sciò

shook [ʃʊk] *pass. di* **to shake**

shoot [ʃuːt] *s.* **1** germoglio *m.* **2** battuta *f.* di caccia

to shoot [ʃuːt] *(pass. e p. p.* **shot**) A *v. tr.* **1** sparare a **2** lanciare, gettare **3** filmare, riprendere B *v. intr.* **1** sparare, tirare **2** andare a caccia **3** *(cine.)* girare **4** passare velocemente, sfrecciare **5** germogliare ♦ **to s. at** mirare a; **to s. down** abbattere; **to s. up** balzare fuori, salire alle stelle

shooting [ˈʃuːtɪŋ] *s.* **1** sparatoria *f.* **2** caccia *f.* ♦ **s. box** casino di caccia; **s. range** tiro a segno

shop [ʃɒp] *s.* **1** bottega *f.*, negozio *m.* **2** officina *f.*, laboratorio *m.* ♦ **s. assistant** commesso, commessa; **s. lifter** taccheggiatore; **s. window** vetrina

to shop [ʃɒp] *v. intr.* fare acquisti

shopkeeper [ˈʃɒpˌkiːpə³] *s.* negoziante *m. e f.*

shopper [ˈʃɒpə³] *s.* acquirente *m. e f.*

shopping [ˈʃɒpɪŋ] *s.* **1** compere *f. pl.*, acquisti *m. pl.*, shopping *m. inv.* **2** spesa *f.* ♦ **s. mall/centre** centro commerciale

shore (1) [ʃɔː³] *s.* riva *f.*, sponda *f.*, spiaggia *f.*, lido *m.* ♦ **off s.** al largo; **on s.** a terra

shore (2) [ʃɔː³] *s.* puntello *m.*

to shore [ʃɔː³] *v. tr.* puntellare

shorn [ʃɔːn] *p. p. di* **to shear**

short [ʃɔːt] A *agg.* **1** corto, breve **2** basso, piccolo **3** scarso, insufficiente **4** brusco, rude **5** friabile **6** *(metall.)* fragile **7** *(comm.)* a breve scadenza **8** *(fam.)* *(di liquore)* liscio B *s.* **1** (sillaba) breve *f.* **2** *(cine.)* cortometraggio *m.* **3** *al pl.* pantaloni *m. pl.* corti, shorts *m. pl.* C *avv.* **1** bruscamente, improvvisamente **2** brevemente ♦ **in s.** in breve; **s. cut** scorciatoia; **s. lived** momentaneo, caduco; **s. of** all'infuori di; **s. pastry** pasta frolla; **s. sighted** miope; **s. story** racconto; **s. tempered** irascibile; **s.-wave** a onde corte; **to fall s. st.** non raggiungere q.c., essere inadeguato a q.c.; **to run s. of** essere a corto di

shortage [ˈʃɔːtɪdʒ] *s.* mancanza *f.*, scarsità *f.*

shortbread [ˈʃɔːtbred] *s.* biscotto *m.* di pasta frolla

short-circuit [ʃɔːtˈsɜːkɪt] *s.* cortocircuito *m.*

shortcoming [ˈʃɔːtˌkʌmɪŋ] *s.* **1** mancanza *f.*, deficienza *f.* **2** difetto *m.*

to shorten [ˈʃɔːtn] *v. tr.* accorciare, ridurre

shortfall [ˈʃɔːtfɔːl] *s.* **1** diminuzione *f.* **2** *(econ.)* deficit *m. inv.*

shorthand [ˈʃɔːthænd] *s.* stenografia *f.*

shortly [ˈʃɔːtlɪ] *avv.* **1** presto, in breve tempo **2** bruscamente

shot (1) [ʃɒt] *s.* **1** sparo *m.*, colpo *m.* **2** *(sport)* tiro *m.* **3** tiratore *m.* **4** pallottola *f.*, proiettile *m.* **5** *(atletica)* peso *m.* **6** *(fam.)* prova *f.*, tentativo *m.* **7** *(fam.)* foto *f.* **8** *(fam.)* *(di droga)* iniezione *f.* **9** *(fam.)* sorso *m.*, goccio *m.* ♦ **s. put** lancio del peso

shot (2) [ʃɒt] *pass. e p. p. di* **to shoot**

shotgun [ˈʃɒtɡʌn] *s.* fucile *m.* da caccia, schioppo *m.*

should [ʃʊd, ʃəd] *(pass. di* **shall**) *v. difett.* **1** *(ausiliare per la formazione del condizionale)* (ES: **I s. eat it if I were not on a diet** lo mangerei se non fossi a dieta) **2** *(indica suggerimento o probabilità)* dovere (ES: **you s. pay your debts** dovresti pagare i tuoi

debiti, **if the weather s. get worse** se il tempo dovesse peggiorare) **3** *(ausiliare per la formazione del congiuntivo)* (ES: **it's wonderful that you s come** è stupendo che tu venga)

shoulder [ˈʃəʊldə³] *s.* **1** spalla *f.* **2** *(di strada)* bordo *m.* ♦ **hard s.** corsia d'emergenza; **s. bag** borsa a tracolla; **s. blade** scapola *f.*; **s. strap** spallina

to shoulder [ˈʃəʊldə³] *v. tr.* **1** portare sulle spalle **2** addossarsi

shout [ʃaʊt] *s.* grido *m.*, urlo *m.*

to shout [ʃaʊt] *v. tr. e intr.* gridare, urlare ♦ **to s. sb down** far tacere qc. gridando

shouting [ˈʃaʊtɪŋ] *s.* grida *f. pl.*

shove [ʃʌv] *s.* spinta *f.*

to shove [ʃʌv] A *v. tr.* **1** spingere **2** *(fam.)* ficcare, mettere **3** respingere B *v. intr.* **1** farsi largo a spinte **2** spostarsi ♦ **to s. off** scostarsi da terra, andarsene

shovel [ˈʃʌvl] *s.* pala *f.*, paletta *f.*

to shovel [ˈʃʌvl] *v. tr.* spalare

show [ʃəʊ] *s.* **1** mostra *f.*, esposizione *f.* **2** dimostrazione *f.*, manifestazione *f.* **3** apparenza *f.*, parvenza *f.* **4** spettacolo *m.* **5** *(fam.)* affare *m.*, faccenda *f.*

to show [ʃəʊ] *(pass.* **showed**, *p. p.* **shown**) A *v. tr.* **1** mostrare, esporre, esibire **2** indicare, rappresentare **3** provare, rivelare **4** accompagnare **5** *(spettacoli, film)* programmare, dare B *v. intr.* apparire, vedersi ♦ **to s. in** introdurre; **to s. off** mettere in risalto ostentare; **to s. oneself** mostrarsi; **to s. out** accompagnare all'uscita; **to s. up** mettere in luce, farsi vivo

showcase [ˈʃəʊkeɪs] *s.* bacheca *f.*

shower [ˈʃaʊə³] *s.* **1** acquazzone *m.*, scroscio *m.* **2** *(fig.)* pioggia *f.*, scarica *f.*, nugolo *m.* **3** doccia *f.* ♦ **to take a s.** fare la doccia

to shower [ˈʃaʊə³] A *v. tr.* **1** far cadere, versare **2** inondare di B *v. intr.* **1** diluviare **2** fare la doccia

showing [ˈʃəʊ(ʊ)ɪŋ] *s.* rappresentazione *f.*, spettacolo *m.*

shown [ʃəʊn] *p. p. di* **to show**

showpiece [ˈʃəʊpiːs] *s.* **1** pezzo *m.* forte **2** oggetto *m.* da esposizione

showroom [ˈʃəʊruːm] *s.* sala *f.* da esposizione showroom *m. inv.*

showy [ˈʃəʊ(ʊ)ɪ] *agg.* appariscente, vistoso

shrank [ʃræŋk] *pass. di* **shrink**

shred [ʃred] *s.* brandello *m.*, frammento *m.*

to shred [ʃred] *v. tr.* lacerare, ridurre a brandelli

shrewd [ʃruːd] *agg.* accorto, sagace

shriek [ʃriːk] *s.* **1** grido *m.*, strillo *m.* **2** fischio *m.*

to shriek [ʃriːk] *v. intr.* gridare, strillare

shrill [ʃrɪl] *agg.* stridulo, acuto

shrimp [ʃrɪmp] *s.* gamberetto *m.*

shrine [ʃraɪn] *s.* **1** reliquiario *m.* **2** santuario *m.*

shrink [ʃrɪŋk] *s.* *(pop.)* psichiatra *m. e f.*

to shrink [ʃrɪŋk] *(pass.* **shrank**, *p. p.* **shrunk**) A *v. intr.* **1** restringersi, ritirarsi **2** indietreggiare, tirarsi indietro, rifugire B *v. tr.* far restringere, accorciare ♦ **to s. into oneself** chiudersi in sé

shrinkage [ˈʃrɪŋkɪdʒ] *s.* contrazione *f.*, restringimento *m.*

shrinkproof [ˈʃrɪŋkpruːf] *agg.* irrestringibile

to shrivel [ˈʃrɪvl] *v. intr.* raggrinzirsi

shroud [ʃraʊd] s. **1** sudario m. **2** (fig.) velo m. **3** (naut.) sartia f.

to shroud [ʃraʊd] v. tr. **1** avvolgere nel sudario **2** velare, nascondere

Shrove Tuesday [ʃrəʊv'tjuːzdɪ] s. martedì m. grasso

shrub [ʃrʌb] s. arbusto m.

shrubbery ['ʃrʌbərɪ] s. **1** boschetto m. **2** arbusti m. pl.

to shrug [ʃrʌg] v. intr. scrollare le spalle ♦ **to s. off** passare sopra a

shrunk [ʃrʌŋk] p. p. di **to shrink**

shuck [ʃʌk] s. **1** guscio m., baccello m. **2** conchiglia f.

shudder ['ʃʌdə] s. brivido m.

to shudder ['ʃʌdə] v. intr. rabbrividire

to shuffle ['ʃʌfl] v. tr. **1** rimescolare **2** trascinare, strascicare ♦ **to s. off** sottrarsi a

to shun [ʃʌn] v. tr. evitare, schivare

to shunt [ʃʌnt] v. tr. **1** deviare **2** smistare **3** accantonare

shunting ['ʃʌntɪŋ] s. **1** (elettr.) derivazione f. **2** smistamento m.

shut [ʃʌt] agg. chiuso

to shut [ʃʌt] (pass. e p. p. **shut**) v. tr. e intr. chiudere, chiudersi ♦ **to s. down** chiudere i battenti; **to s. off** chiudere, bloccare; **to s. out** escludere; **to s. up** serrare, rinchiudere, mettere a tacere; **s. up!** piantala!

shutter ['ʃʌtə] s. **1** persiana f., saracinesca f. **2** (fot.) otturatore m.

shuttle ['ʃʌtl] s. navetta f.

shy [ʃaɪ] agg. **1** timido, pauroso **2** diffidente

shyness ['ʃaɪnɪs] s. timidezza f.

sibling ['sɪblɪŋ] s. spec. al pl. fratello m., sorella f.

sick [sɪk] agg. **1** malato, indisposto **2** che ha la nausea **3** nauseante ♦ **to be s.** stare per vomitare; **to fall s.** ammalarsi; **to feel s.** avere la nausea

sickbay ['sɪkbeɪ] s. infermeria f.

to sicken ['sɪkn] A v. tr. **1** nauseare, disgustare **2** far ammalare B v. intr. **1** ammalarsi **2** sentire nausea, essere disgustato **3** annoiarsi

sickening ['sɪknɪŋ] agg. nauseabondo

sickle ['sɪkl] s. falce f.

sickly ['sɪklɪ] agg. **1** malaticcio **2** pallido **3** malsano, nauseabondo

sickness ['sɪknɪs] s. **1** malattia f. **2** nausea f., vomito m.

side [saɪd] A s. **1** lato m., fianco m., fiancata f. **2** sponda f., margine m. **3** parte f., lato m. **4** partito m., fazione f., squadra f. B agg. **1** laterale **2** secondario ♦ **from s. to s.** da una parte all'altra; **on the other s.** d'altra parte; **s. by s.** fianco a fianco; **s. effect** effetto collaterale; **s. glance** sguardo in tralice

to side [saɪd] v. intr. parteggiare

sideboard ['saɪdbɔːd] s. credenza f.

sideboards ['saɪdbɔːdz] s. pl. basette f. pl.

sidecar ['saɪdkɑː] s. sidecar m. inv.

sidelight ['saɪdlaɪt] s. (autom.) luce f. di posizione

sideline ['saɪdlaɪn] s. attività f. secondaria

sidelong ['saɪdlɒŋ] A agg. obliquo B avv. obliquamente

sideslip ['saɪdslɪp] s. slittamento m., sbandata f.

to sidestep ['saɪdstep] v. tr. scansare

sidewalk ['saɪd,wɔːk] s. (USA) marciapiede m.

sideways ['saɪd,weɪz] avv. lateralmente, obliquamente

siding ['saɪdɪŋ] s. (ferr.) binario m. di raccordo

to sidle ['saɪdl] v. intr. muoversi furtivamente

siege [siːdʒ] s. assedio m.

sieve [sɪv] s. setaccio m.

to sieve [sɪv] v. tr. setacciare

to sift [sɪft] v. tr. **1** setacciare **2** vagliare

sigh [saɪ] s. sospiro m.

to sigh [saɪ] v. intr. sospirare

sight [saɪt] s. **1** vista f. **2** visione f., veduta f. **3** mira f. **4** giudizio m., opinione f. **5** al pl. cose f. pl. da vedere, curiosità f. pl.

to sight [saɪt] v. tr. **1** avvistare **2** traguardare **3** prendere la mira con, mirare a

sightseeing ['saɪt,siːɪŋ] s. giro m. turistico

sign [saɪn] s. **1** segno m., cenno m., gesto m. **2** indizio m., traccia f. **3** insegna f., segnale m. **4** (mat., astr.) segno m.

to sign [saɪn] v. tr. **1** firmare, sottoscrivere **2** arruolare, ingaggiare ♦ **to s. away/over** cedere (una proprietà firmando un documento); **to s. on** arruolarsi, sottoscrivere un impegno; **to s. up** arruolarsi, iscriversi

signal ['sɪgnl] s. segnale m. ♦ **warning s.** segnale d'allarme

to signal ['sɪgnl] v. tr. e intr. segnalare

signature ['sɪgnɪtʃə] s. firma f. ♦ **s. tune** sigla musicale

signboard ['saɪnbɔːd] s. cartello m., insegna f.

signet ['sɪgnɪt] s. sigillo m.

significance [sɪg'nɪfɪkəns] s. **1** significato m. **2** importanza f.

significant [sɪg'nɪfɪkənt] agg. **1** significativo, espressivo **2** importante

to signify ['sɪgnɪfaɪ] A v. tr. **1** significare, voler dire **2** denotare B v. intr. **1** essere significativo **2** avere importanza

signpost ['saɪn,pəʊst] s. cartello m. indicatore

silence ['saɪləns] s. silenzio m.

to silence ['saɪləns] v. tr. far tacere

silencer ['saɪlənsə] s. silenziatore m.

silent ['saɪlənt] agg. **1** silenzioso **2** muto

silhouette [,sɪlu(ː)'et] s. silhouette f. inv., sagoma f. ♦ **in s.** in controluce

silicon ['sɪlɪkən] s. silicio m.

silicone ['sɪlɪkəʊn] s. silicone m.

silk [sɪlk] s. seta f.

silky ['sɪlkɪ] agg. **1** di seta, serico **2** morbido, lucente

sill [sɪl] s. soglia f., davanzale m.

silly ['sɪlɪ] agg. e s. sciocco m.

silo ['saɪləʊ] (pl. **silos**) s. silo m.

silt [sɪlt] s. limo m.

silvan ['sɪlvən] agg. silvestre

silver ['sɪlvə] A s. **1** argento m. **2** argenteria f. B agg. d'argento ♦ **s. fox** volpe argentata; **s. paper** carta stagnola; **s. wedding** nozze d'argento

to silver-plate ['sɪlvəpleɪt] v. tr. placcare d'argento

silverware ['sɪlvəweə] s. argenteria f.

similar ['sɪmɪlə] agg. simile

similarity [ˌsɪmɪˈlærɪtɪ] s. somiglianza f.
simile [ˈsɪmɪlɪ] s. similitudine f.
similitude [sɪˈmɪlɪtjuːd] s. similitudine f.
to simmer [ˈsɪməʳ] v. tr. far bollire lentamente ♦ **to s. down** calmarsi
to simper [ˈsɪmpəʳ] v. intr. sorridere affettatamente
simple [ˈsɪmpl] agg. semplice
simplicity [sɪmˈplɪsɪtɪ] s. semplicità f.
to simplify [ˈsɪmplɪfaɪ] v. tr. semplificare
simply [ˈsɪmplɪ] avv. semplicemente
to simulate [ˈsɪmjʊleɪt] v. tr. simulare
simulation [ˌsɪmjʊˈleɪʃ(ə)n] s. simulazione f.
simultaneous [ˌsɪm(ə)lˈteɪnjəs] agg. simultaneo
sin [sɪn] s. peccato m., colpa f.
to sin [sɪn] v. intr. peccare
since [sɪns] A avv. da allora B prep. da C cong. 1 da quando 2 poiché, giacché ♦ **ever s.** da allora in poi; **long s.** da tempo
sincere [sɪnˈsɪəʳ] agg. sincero
sincerely [sɪnˈsɪəlɪ] avv. sinceramente ♦ **yours s.** (nelle lettere) cordialmente vostro
sincerity [sɪnˈserɪtɪ] s. sincerità f.
sine [saɪn] s. (mat.) seno m.
sinew [ˈsɪnjuː] s. tendine m.
sinewy [ˈsɪnjuːɪ] agg. muscoloso
sinful [ˈsɪnf(ʊ)l] agg. peccaminoso
to sing [sɪŋ] (pass. **sang**, p. p. **sung**) v. tr. e intr. cantare
to singe [ˈsɪn(dʒ)] v. tr. e intr. bruciacchiare, bruciacchiarsi
singer [ˈsɪŋəʳ] s. cantante m. e f.
singing [ˈsɪŋɪŋ] s. canto m.
single [ˈsɪŋgl] A agg. 1 singolo, semplice, individuale 2 celibe, nubile 3 sincero, leale B s. 1 singolo m. 2 single m. e f. inv. 3 (camera) singola f. 4 biglietto m. di sola andata ♦ **s. file** fila indiana
to single [ˈsɪŋgl] v. tr. scegliere ♦ **to s. out** selezionare
single-handed [ˌsɪŋglˈhændɪd] A agg. 1 con una mano sola 2 da solo B avv. da solo, senza aiuto
singly [ˈsɪŋglɪ] avv. singolarmente
singsong [ˈsɪŋsɒŋ] s. cantilena f.
singular [ˈsɪŋgjʊləʳ] agg. e s. singolare m.
sinister [ˈsɪnɪstəʳ] agg. 1 sinistro, funesto 2 infame
sink [sɪŋk] s. lavandino m.
to sink [sɪŋk] (pass. **sank**, p. p. **sunk**) A v. intr. 1 affondare 2 sprofondare 3 abbassarsi, calare 4 cadere 5 penetrare, filtrare 6 incavarsi, infossarsi B v. tr. 1 affondare 2 abbassare, far calare 3 scavare, perforare, incassare 4 dimenticare 5 (denaro) investire ♦ **to s. in** penetrare, far presa
sinner [ˈsɪnəʳ] s. peccatore m.
sinus [ˈsaɪnəs] s. (anat.) seno m.
sinusitis [ˌsaɪnəˈsaɪtɪs] s. sinusite f.
sip [sɪp] s. sorso m.
to sip [sɪp] v. tr. e intr. sorseggiare
siphon [ˈsaɪf(ə)n] s. sifone m.
sir [sɜːʳ] s. 1 signore m. (al vocativo) 2 sir m. inv.
siren [ˈsaɪərɪn] s. sirena f.
sirloin [ˈsɜːlɔɪn] s. lombo m. di manzo, controfiletto m.
sissy [ˈsɪsɪ] s. (fam.) donnicciola f.
sister [ˈsɪstəʳ] s. 1 sorella f. 2 suora f. 3 (infermiera)

caposala f. ♦ **half s.** sorellastra; **s.-in-law** cognata
to sit [sɪt] (pass. e p. p. **sat**) v. intr. 1 sedere, stare seduto 2 essere in seduta 3 posare 4 (di uccelli) covare 5 (di abiti) cadere ♦ **to s. down** mettersi a sedere, accomodarsi; **to s. for** sostenere (un esame); **to s. in on** partecipare a; **to s. up** tirarsi su a sedere, stare alzato
site [saɪt] s. sito m., luogo m.
sitting [ˈsɪtɪŋ] s. 1 seduta f. 2 sessione f., udienza f. 3 turno m. ♦ **s. room** salotto
situated [ˈsɪtjʊeɪtɪd] agg. situato, posto
situation [ˌsɪtjʊˈeɪʃ(ə)n] s. 1 situazione f., posizione f. 2 impiego m.
six [sɪks] agg. num. card. e s. sei m. inv.
sixteen [ˌsɪksˈtiːn] agg. num. card. e s. sedici m. inv.
sixteenth [ˌsɪksˈtiːnθ] agg. num. ord. e s. sedicesimo m.
sixth [sɪksθ] agg. num. ord. e s. sesto m.
sixtieth [ˈsɪkstɪɪθ] agg. num. ord. e s. sessantesimo m.
sixty [ˈsɪkstɪ] agg. num. card. e s. sessanta m. inv.
sizable [ˈsaɪzəbl] agg. considerevole
size (1) [saɪz] s. 1 dimensione f., grandezza f. 2 misura f., taglia f., formato m.
size (2) [saɪz] s. colla f., appretto m.
to size [saɪz] s. classificare secondo la misura ♦ **to s. up** valutare
skate (1) [skeɪt] s. pattino m.
skate (2) [skeɪt] s. (zool.) razza f.
to skate [skeɪt] v. intr. pattinare
skateboard [ˈskeɪtbɔːd] s. skateboard m. inv.
skater [ˈskeɪtəʳ] s. pattinatore m.
skating [ˈskeɪtɪŋ] s. pattinaggio m. ♦ **figure s.** pattinaggio artistico; **ice s.** pattinaggio su ghiaccio; **roller s.** pattinaggio a rotelle; **s. rink** pista da pattinaggio
skein [skeɪn] s. matassa f.
skeleton [ˈskelɪtn] A s. 1 scheletro m. 2 ossatura f. 3 schema m., abbozzo m. B agg. ridotto (all'essenziale)
sketch [sketʃ] s. 1 schizzo m., abbozzo m. 2 scenetta f., sketch m. inv.
sketchy [ˈsketʃɪ] agg. abbozzato, approssimativo
skewer [ˈskjʊəʳ] s. spiedo m.
ski [skiː] s. sci m. ♦ **s. boot** scarpone da sci; **s. jump** salto (con gli sci, dal trampolino); **s. lift** ski-lift, sciovia; **s. rack** portasci; **s. slope** pista da sci; **s. stick/pole** racchetta da sci; **water s.** sci nautico
to ski [skiː] v. intr. sciare
skid [skɪd] s. slittamento m., slittata f.
to skid [skɪd] v. intr. scivolare, slittare
skier [ˈskiːəʳ] s. sciatore m.
skiing [ˈskiːɪŋ] s. (sport) sci m.
skilful [ˈskɪlf(ʊ)l] agg. abile, destro
skill [skɪl] s. destrezza f., maestria f.
skilled [skɪld] agg. esperto, qualificato
to skim [skɪm] v. tr. 1 schiumare, scremare 2 sfiorare 3 scorrere, sfogliare ♦ **skimmed milk** latte scremato
to skimp [skɪmp] A v. tr. economizzare B v. intr. 1 lesinare 2 fare economie
skimpy [ˈskɪmpɪ] agg. scarso, misero
skin [skɪn] s. 1 pelle f. 2 buccia f., scorza f.
to skin [skɪn] v. tr. spellare, sbucciare

skin-deep [ˌskɪnˈdiːp] *agg.* superficiale

to skin-dive [ˈskɪndaɪv] *v. intr.* immergersi in apnea

skinny [ˈskɪnɪ] *agg.* macilento

skin-tight [ˌskɪnˈtaɪt] *agg.* aderente

skip [skɪp] *s.* 1 salto *m.* 2 omissione *f.*

to skip [skɪp] *v. tr. e intr.* saltare

skipper [ˈskɪpər] *s.* 1 (*naut.*) skipper *m. inv.*, comandante *m.* 2 (*sport*) capitano *m.*

skirmish [ˈskɜːmɪʃ] *s.* scaramuccia *f.*

skirt [skɜːt] *s.* 1 gonna *f.* 2 lembo *m.*, margine *m.*

to skirt [skɜːt] *v. tr.* costeggiare, fiancheggiare

skit [skɪt] *s.* parodia *f.*

skittish [ˈskɪtɪʃ] *agg.* 1 vivace, volubile 2 (*di cavallo*) ombroso

skittle [ˈskɪtl] *s.* birillo *m.*

to skive [skaɪv] *v. intr.* (*fam.*) fare il lavativo, gingillarsi

to skulk [skʌlk] *v. intr.* 1 muoversi furtivamente 2 nascondersi

skull [skʌl] *s.* cranio *m.*, teschio *m.*

skunk [skʌŋk] *s.* moffetta *f.*

sky [skaɪ] *s.* cielo *m.* ♦ **s. diving** paracadutismo

skylark [ˈskaɪlɑːk] *s.* allodola *f.*

skylight [ˈskaɪlaɪt] *s.* lucernario *m.*

skyscraper [ˈskaɪˌskreɪpər] *s.* grattacielo *m.*

slab [slæb] *s.* 1 lastra *f.*, piastra *f.* 2 fetta *f.*

slack [slæk] **A** *agg.* 1 lento, allentato 2 pigro, indolente 3 fiacco **B** *s.* 1 rilassamento *m.* 2 periodo *m.* morto 3 *al pl.* pantaloni *m. pl.* 4 (*mecc.*) gioco *m.*

to slacken [ˈslæk(ə)n] **A** *v. tr.* 1 allentare, mollare 2 diminuire **B** *v. intr.* 1 rilassarsi, rallentare il ritmo 2 ridursi

slag [slæg] *s.* scoria *f.*

slain [sleɪn] *p. p. di* **to slay**

to slam [slæm] **A** *v. tr.* 1 sbattere, chiudere violentemente 2 scaraventare 3 (*fam.*) criticare **B** *v. intr.* (*di porta*) sbattere

slander [ˈslɑːndər] *s.* calunnia *f.*, diffamazione *f.*

slang [slæŋ] *s.* gergo *m.*, slang *m. inv.*

slant [slɑːnt] *s.* 1 inclinazione, pendenza *f.*, pendio *m.* 2 angolazione *f.*

to slant [slɑːnt] **A** *v. intr.* 1 pendere, inclinarsi 2 propendere **B** *v. tr.* 1 deviare 2 presentare in maniera tendenziosa

slanting [ˈslɑːntɪŋ] *agg.* obliquo, inclinato

slap [slæp] **A** *s.* ceffone *m.*, sberla *f.* **B** *avv.* 1 improvvisamente 2 in pieno ♦ **s.** di colpo

to slap [slæp] *v. tr.* 1 schiaffeggiare 2 sbattere

slapdash [ˈslæpdæʃ] **A** *agg.* precipitoso, affrettato **B** *avv.* frettolosamente

slap-up [ˈslæpʌp] *agg.* (*fam.*) eccellente

slash [slæʃ] *s.* 1 taglio *m.*, squarcio *m.* 2 frustata *f.* 3 (*segno grafico*) barra *f.*

to slash [slæʃ] *v. tr.* 1 tagliare, squarciare 2 frustare 3 ridurre drasticamente 4 criticare, stroncare

slat [slæt] *s.* assicella *f.*, stecca *f.*

slate [sleɪt] *s.* 1 ardesia *f.* 2 tegola *f.* d'ardesia

to slate [sleɪt] *v. tr.* (*fam.*) 1 criticare, stroncare 2 rimproverare

slating [ˈsleɪtɪŋ] *s.* stroncatura *f.*

slaughter [ˈslɔːtər] *s.* massacro *m.*, strage *f.* ♦ **s.**

house mattatoio

to slaughter [ˈslɔːtər] *v. tr.* massacrare, macellare

slave [sleɪv] *agg. e s.* schiavo *m.*

slavery [ˈsleɪvərɪ] *s.* schiavitù *f.*

Slavic [ˈslɑːvɪk] *agg. e s.* slavo *m.*

slavish [ˈsleɪvɪʃ] *agg.* servile

to slay [sleɪ] (*pass.* **slew**, *p. p.* **slain**) *v. tr.* (*letter.*) ammazzare

sleazy [ˈsliːzɪ] *agg.* squallido

sled [sled] *s.* slitta *f.*

sledge [sledʒ] *s.* slitta *f.*

sledgehammer [ˈsledʒˌhæmər] *s.* mazza *f.*, maglio *m.*

sleek [sliːk] *agg.* 1 liscio, lucido 2 mellifluo 3 di lusso, elegante

sleep [sliːp] *s.* 1 sonno *m.* 2 dormita *f.* ♦ **sound s.** sonno profondo; **to go to s.** addormentarsi

to sleep [sliːp] (*pass. e p. p.* **slept**) *v. intr.* dormire ♦ **to s. in** dormire fino a tardi

sleeper [ˈsliːpər] *s.* 1 dormiglione *m.* 2 (*ferr.*) traversina *f.* 3 (*ferr.*) vagone letto *m.*

sleepiness [ˈsliːpɪnɪs] *s.* sonnolenza *f.*

sleeping [ˈsliːpɪŋ] *agg.* addormentato ♦ **s. bag** sacco a pelo; **s. car** vagone letto; **s. draught/pill** sonnifero

sleepless [ˈsliːplɪs] *agg.* insonne

sleeplessness [ˈsliːplɪsnɪs] *s.* insonnia *f.*

sleepwalker [ˈsliːpˌwɔːkər] *s.* sonnambulo *m.*

sleepy [ˈsliːpɪ] *agg.* assonnato ♦ **s. head** dormiglione

sleet [sliːt] *s.* nevischio *m.*

sleeve [sliːv] *s.* 1 manica *f.* 2 copertina *f.*, custodia *f.*

sleigh [sleɪ] *s.* slitta *f.*

sleight [slaɪt] *s.* abilità *f.* ♦ **s. of hand** gioco di prestigio

slender [ˈslendər] *agg.* 1 esile, snello 2 scarso, tenue

slept [slept] *pass. e p. p. di* **to sleep**

slew [sluː] *pass. di* **to slay**

slice [slaɪs] *s.* fetta *f.*, trancio *m.*

to slice [slaɪs] *v. tr.* affettare, tagliare

slick [slɪk] **A** *agg.* 1 liscio, sdrucciolevole 2 astuto 3 untuoso, viscido **B** *s.* **oil s.** chiazza *f.* di petrolio

slide [slaɪd] *s.* 1 scivolata *f.*, scivolone *m.* 2 scivolo *m.* 3 (*mecc.*) guida *f.*, cursore *m.* 4 (*per microscopio*) vetrino *m.* 5 diapositiva *f.* ♦ **s. fastener** chiusura lampo

to slide [slaɪd] (*pass. e p. p.* **slid**) *v. intr.* scivolare

sliding [ˈslaɪdɪŋ] *agg.* scorrevole, mobile ♦ **s. scale** scala mobile (*dei salari*)

slight [slaɪt] **A** *agg.* 1 esile, smilzo, minuto 2 leggero, lieve 3 insignificante **B** *s.* 1 affronto *m.*, mancanza *f.* di riguardo 2 trascuratezza *f.*

to slight [slaɪt] *v. tr.* 1 disprezzare 2 trascurare

slightly [ˈslaɪtlɪ] *avv.* 1 leggermente, un poco 2 scarsamente

slim [slɪm] *agg.* magro, snello

to slim [slɪm] *v. intr.* 1 dimagrire (*seguendo una dieta*) 2 fare una dieta

slime [slaɪm] *s.* limo *m.*, melma *f.*

slimming [ˈslɪmɪŋ] *agg.* dimagrante

slimy [ˈslaɪmɪ] *agg.* 1 fangoso 2 viscido

sling [slɪŋ] *s.* 1 fionda *f.* 2 imbracatura *f.* ♦ **baby s.** marsupio

to sling [slɪŋ] (*pass. e p. p.* **slung**) *v. tr.* **1** lanciare, scagliare **2** sospendere, imbracare **3** portare a tracolla

slip [slɪp] *s.* **1** scivolone *m.* **2** errore *m.*, svista *f.* **3** tagliando *m.*, scontrino *m.* **4** striscia *f.* **5** scivolo *m.*, imbarcadero *m.* **6** federa *f.* **7** sottoveste *f.* ♦ **s.-road** rampa di accesso (*a un'autostrada*)

to slip [slɪp] **A** *v. intr.* **1** scivolare **2** sgusciare, sgattaiolare **3** decadere, peggiorare **B** *v. tr.* **1** far scivolare, infilare **2** sciogliere, liberare **3** sottrarsi a ♦ **to let s.** lasciarsi scappare; **to s. away** svignarsela; **to s. up** sbagliare

slipper ['slɪpə'] *s.* pantofola *f.*

slippery ['slɪp(ə)rɪ] *agg.* scivoloso, sdrucciolevole, viscido

slipshod ['slɪpʃɒd] *agg.* trasandato

slip-up ['slɪpʌp] *s.* (*fam.*) sbaglio *m.*

slipway ['slɪpweɪ] *s.* (*naut.*) scalo *m.*

slit [slɪt] *s.* fenditura *f.*, fessura *f.*, spacco *m.*

to slit [slɪt] (*pass. e p. p.* **slit**) *v. tr.* tagliare, fendere

to slither ['slɪðə'] *v. intr.* scivolare

sliver ['slɪvə'] *s.* scheggia *f.*, frammento *m.*

slob [slɒb] *s.* (*pop.*) zoticone *m.*

to slog [slɒg] *v. intr.* **1** colpire con violenza **2** sgobbare **3** procedere a fatica

slogan ['sləʊgən] *s.* slogan *m. inv.*

to slop [slɒp] **A** *v. tr.* **1** versare, rovesciare **2** schizzare **B** *v. intr.* **1** traboccare **2** sguazzare

slope [sləʊp] *s.* **1** pendio *m.*, scarpata *f.* **2** inclinazione *f.*, pendenza *f.*

to slope [sləʊp] *v. intr.* pendere, essere inclinato ♦ **to s. off** svignarsela

sloppy ['slɒpɪ] *agg.* **1** fangoso, umido **2** trascurato, sciatto

slot [slɒt] *s.* **1** fessura *f.*, apertura *f.* **2** scanalatura *f.*

to slot [slɒt] *v. tr.* **1** (*in una fessura*) introdurre, inserire **2** scanalare

sloth [sləʊθ] *s.* pigrizia *f.*

to slouch [slaʊtʃ] *v. intr.* trascinarsi, ciondolare ♦ **to s. about** gironzolare

slow [sləʊ] **A** *agg.* **1** lento **2** tardo, ottuso **3** monotono, noioso **4** indietro, in ritardo **B** *avv.* lentamente, piano ♦ **in s. motion** al rallentatore

to slow [sləʊ] *v. tr. e intr.* rallentare

slowness ['sləʊnɪs] *s.* lentezza *f.*

sludge [slʌdʒ] *s.* fango *m.*

slug (1) [slʌg] *s.* lumaca *f.*

slug (2) [slʌg] *s.* **1** pallottola *f.*, proiettile *m.* **2** gettone *m.*

sluggish ['slʌgɪʃ] *agg.* indolente, pigro

sluice [sluːs] *s.* chiusa *f.*

slum [slʌm] *s.* **1** catapecchia *f.* **2** *al pl.* bassifondi *m. pl.*

slumber ['slʌmbə'] *s.* sonno *m.*

slump [slʌmp] *s.* **1** crollo *m.*, caduta *f.* **2** (*econ.*) recessione *f.*

to slump [slʌmp] *v. intr.* crollare

slung [slʌŋ] *pass. e p. p. di* **to sling**

slur [slɜː'] *s.* **1** affronto *m.*, accusa *f.* **2** pronuncia *f.* indistinta **3** (*mus.*) legatura *f.*

to slurp [slɜːp] *v. tr. e intr.* tranguiare

slush [slʌʃ] *s.* fanghiglia *f.* ♦ **s. fund** fondi neri

slut [slʌt] *s.* **1** sciattona *f.* **2** sgualdrina *f.*

sly [slaɪ] *agg.* furbo, scaltro

smack (1) [smæk] *s.* aroma *m.*, gusto *m.*

smack (2) [smæk] *s.* **1** schiaffo *m.* **2** (*di bacio, frusta*) schiocco *m.* **3** bacio *m.* con lo schiocco

to smack (1) [smæk] *v. intr.* sapere di

to smack (2) [smæk] *v. tr.* **1** schioccare **2** schiaffeggiare

small [smɔːl] *agg.* piccolo ♦ **s. change** spiccioli; **s. hours** ore piccole; **s. talk** chiacchiere

smallpox ['smɔːlpɒks] *s.* vaiolo *m.*

smart [smɑːt] *agg.* **1** elegante, alla moda **2** intelligente, sveglio **3** forte, acuto, aspro ♦ **the s. set** il bel mondo

to smart [smɑːt] *v. intr.* **1** bruciare, far male **2** soffrire

to smarten up ['smɑːtn ʌp] **A** *v. tr.* **1** abbellire **2** ravvivare **B** *v. intr.* farsi bello

smash [smæʃ] *s.* **1** scontro *m.*, collisione *f.* **2** tracollo *m.*, rovina *f.* **3** (*fam.*) grande successo *m.* **4** (*tennis*) smash *m. inv.*, schiacciata *f.*

to smash [smæʃ] **A** *v. tr.* **1** fracassare, schiantare **2** sconfiggere, stroncare **3** (*tennis*) schiacciare **B** *v. intr.* frantumarsi, schiantarsi

smashing ['smæʃɪŋ] *agg.* (*fam.*) formidabile

smash-up ['smæʃʌp] *s.* **1** scontro *m.*, incidente *m.* stradale **2** rovina *f.*

smattering ['smæt(ə)rɪŋ] *s.* infarinatura *f.* (*fig.*)

smell [smel] *s.* **1** odorato *m.* **2** odore *m.*

to smell [smel] (*pass. e p. p.* **smelt**) **A** *v. tr.* annusare, fiutare **B** *v. intr.* odorare, aver profumo, puzzare

smile [smaɪl] *s.* sorriso *m.*

to smile [smaɪl] *v. intr.* sorridere

smiling ['smaɪlɪŋ] *agg.* sorridente

smirk [smɜːk] *s.* sorriso *m.* affettato

smith [smɪθ] *s.* fabbro *m.*

smithery ['smɪθərɪ] *s.* fucina *f.*

smock [smɒk] *s.* grembiule *m.*

smog [smɒg] *s.* smog *m. inv.*

smoke [sməʊk] *s.* fumo *m.*

to smoke [sməʊk] **A** *v. tr.* **1** fumare **2** affumicare **B** *v. intr.* fumare

smoker ['sməʊkə'] *s.* **1** fumatore *m.* **2** scompartimento *m.* per fumatori

smoking ['sməʊkɪŋ] *s.* fumo *m.* ♦ **no s.** vietato fumare

smoky ['sməʊkɪ] *agg.* fumoso

smooth [smuːð] *agg.* **1** liscio, levigato **2** omogeneo, ben amalgamato **3** dolce, amabile **4** sdolcinato, mellifluo **5** facile

to smooth [smuːð] *v. tr.* **1** lisciare, levigare **2** appianare

smoothness ['smuːðnɪs] *s.* levigatezza *f.*

to smother ['smʌðə'] *v. tr.* soffocare, reprimere

to smoulder ['sməʊldə'] (*USA* **to smolder**) *v. intr.* covare sotto la cenere

smudge [smʌdʒ] *s.* **1** macchia *f.*, sbavatura *f.* **2** (*USA*) fumo *m.* denso

to smudge [smʌdʒ] *v. tr.* macchiare, imbrattare

smug [smʌg] *agg.* compiaciuto

to smuggle ['smʌgl] *v. tr.* contrabbandare

smuggler ['smʌglə'] *s.* contrabbandiere *m.*

smuggling ['smʌglɪŋ] *s.* contrabbando *m.*

smut [smʌt] *s.* **1** fuliggine *f.* **2** (*fam.*) oscenità *f.*

snack [snæk] *s.* spuntino *m.*, snack *m. inv.*

snag [snæg] *s.* **1** protuberanza *f.* **2** impedimento *m.*, ostacolo *m.*

snail [sneɪl] *s.* lumaca *f.*, chiocciola *f.*

snake [sneɪk] *s.* serpente *m.*

snap [snæp] **A** *s.* **1** scatto *m.*, schiocco *m.*, schianto *m.* **2** fermaglio *m.* **3** (*fot.*) istantanea *f.* **B** *agg.* **1** improvviso **2** a scatto

to snap [snæp] **A** *v. tr.* **1** spezzare **2** schioccare, far scattare **3** addentare **4** fare una foto **a B** *v. intr.* **1** spezzarsi **2** scattare, schioccare **3** parlare in modo brusco ♦ **to s. at** addentare, afferrare; **to s. up** prendere al volo

snappy ['snæpɪ] *agg.* **1** brusco, aspro **2** brillante **3** alla moda ♦ **make it s.!** sbrigati!

snapshot ['snæpʃɒt] *s.* (*fot.*) istantanea *f.*

snare [sneər] *s.* tranello *m.*, trappola *f.*

to snarl [snɑːl] *v. intr.* ringhiare

snarling ['snɑːlɪŋ] *agg.* ringhioso

snatch [snætʃ] *s.* **1** strappo *m.*, strattone *m.* **2** (*pop.*) scippo *m.* **3** frammento *m.*

to snatch [snætʃ] *v. tr.* **1** afferrare, strappare **2** scippare, rubare

sneer [snɪər] *s.* sogghigno *m.*

to sneer [snɪər] *v. intr.* sogghignare

sneeze [sniːz] *s.* starnuto *m.*

to sneeze [sniːz] *v. intr.* starnutire

to sniff [snɪf] *v. tr. e intr.* annusare, fiutare, tirare su con il naso

to snigger ['snɪgər] *v. intr.* ridacchiare

snip [snɪp] *s.* **1** forbiciata *f.* **2** ritaglio *m.*, pezzetto *m.* **3** scampolo *m.* **4** (*fam.*) affare *m.*, occasione *f.*

to snip [snɪp] *v. tr.* tagliare (*con forbici*)

snipe [snaɪp] *s.* beccaccino *m.*

sniper ['snaɪpər] *s.* franco tiratore *m.*

snippet ['snɪpɪt] *s.* frammento *m.*

snivelling ['snɪvlɪŋ] *agg.* piagnucoloso

snob [snɒb] *s.* snob *m. e f. inv.*

snobbery ['snɒbərɪ] *s.* snobismo *m.*

snobbish ['snɒbɪʃ] *agg.* snobistico, snob

to snoop [snuːp] *v. intr.* curiosare

snooty ['snuːtɪ] *agg.* borioso

snooze [snuːz] *s.* pisolino *m.*, dormitina *f.*

to snooze [snuːz] *v. intr.* sonnecchiare

to snore [snɔːr] *v. intr.* russare

snorkel ['snɔːk(ə)l] *s.* boccaglio *m.*

snort [snɔːt] *s.* sbuffo *m.*

to snort [snɔːt] *v. intr.* sbuffare

snout [snaʊt] *s.* muso *m.*, grugno *m.*

snow [snəʊ] *s.* neve *f.*

to snow [snəʊ] *v. intr.* nevicare

snowball ['snəʊbɔːl] *s.* palla *f.* di neve

snowbound ['snəʊbaʊnd] *agg.* bloccato dalla neve

snowdrift ['snəʊdrɪft] *s.* cumulo *m.* di neve

snowdrop ['snəʊdrɒp] *s.* bucaneve *m.*

snowfall ['snəʊfɔːl] *s.* nevicata *f.*

snowflake ['snəʊfleɪk] *s.* fiocco *m.* di neve

snowman ['snəʊmæn] (*pl.* **snowmen**) *s.* pupazzo *m.* di neve

snowplough ['snəʊplaʊ] (*USA* **snowplow**) *s.* spazzaneve *m. inv.*

snowshoe ['snəʊʃuː] *s.* racchetta *f.* da neve

snowslide ['snəʊslaɪd] *s.* slavina *f.*

snowstorm ['snəʊstɔːm] *s.* bufera *f.* di neve

snowy ['snəʊ(ʊ)ɪ] *agg.* **1** nevoso **2** candido

snub (1) [snʌb] *s.* affronto *m.*

snub (2) [snʌb] *agg.* camuso

to snub [snʌb] *v. tr.* **1** rimproverare, umiliare **2** snobbare

snuff [snʌf] *s.* tabacco *m.* da fiuto

snug [snʌg] **1** comodo, accogliente **2** (*di abito*) aderente

to snuggle ['snʌgl] *v. intr.* rannicchiarsi

so [səʊ] **A** *avv.* **1** così, tanto, talmente **2** allora, così **3** molto **B** *cong.* perciò, così ♦ **and so on** e così via; **or s.** all'incirca; **so as** così da; **so much** (così) tanto; **so many** (così) tanti; **so far** finora; **so long** a presto!; **so what?** e allora?

to soak [səʊk] **A** *v. tr.* **1** immergere, mettere a bagno **2** (*fam.*) tartassare **B** *v. intr.* **1** inzupparsi **2** penetrare ♦ **to s. up** assorbire

soap [səʊp] *s.* sapone *m.* ♦ **s. dish** portasapone; **s. flakes** sapone in scaglie; **s. powder** detersivo in polvere

to soap [səʊp] *v. tr.* insaponare

soapy ['səʊpɪ] *agg.* insaponato, saponoso

to soar [sɔːr] *v. intr.* **1** alzarsi in volo **2** (*aer.*) veleggiare **3** elevarsi, svettare **4** aumentare vertiginosamente, salire alle stelle

sob [sɒb] *s.* singhiozzo *m.*

to sob [sɒb] *v. intr.* singhiozzare, piangere

sober ['səʊbər] *agg.* **1** sobrio, non ubriaco **2** moderato, equilibrato

to sober ['səʊbər] **A** *v. tr.* **1** calmare, moderare **2 to s. up** far passare la sbornia a **B** *v. intr.* **1** calmarsi, rinsavire **2 to s. up** smaltire la sbornia

so-called [,səʊ'kɔːld] *agg.* cosiddetto

soccer ['sɒkər] *s.* (*sport*) calcio *m.*

sociable ['səʊʃəbl] *agg.* socievole

social ['səʊʃəl] *agg.* **1** sociale **2** socievole ♦ **s. democracy** socialdemocrazia; **s. security** previdenza sociale; **s. worker** assistente sociale

socialism ['səʊʃəlɪz(ə)m] *s.* socialismo *m.*

socialist ['səʊʃəlɪst] *agg. e s.* socialista *m. e f.*

to socialize ['səʊʃəlaɪz] *v. tr. e intr.* socializzare

society [sə'saɪətɪ] *s.* società *f.*

sociologist [,səʊsɪ'ɒlədʒɪst] *s.* sociologo *m.*

sociology [,səʊsɪ'ɒlədʒɪ] *s.* sociologia *f.*

sock [sɒk] *s.* calza *f.* (*da uomo*), calzino *m.*

socket ['sɒkɪt] *s.* **1** cavità *f.*, incavo *m.* **2** presa *f.* di corrente **3** (*elettron.*) zoccolo *m.* ♦ **eye s.** orbita

sod (1) [sɒd] *s.* zolla *f.*

sod (2) [sɒd] *s.* canaglia *f.*

sodium ['səʊdjəm] *s.* sodio *m.*

sofa ['səʊfə] *s.* sofà *m.*

soft [sɒft] *agg.* **1** molle, morbido, tenero **2** leggero, delicato **3** sommesso, tenue **4** gentile, amabile **5** (*fam.*) facile **6** leggero, non alcolico ♦ **s. drink** bevanda non alcolica

to soften ['sɒfn] **A** *v. tr.* **1** ammorbidire **2** abbassare, mitigare, attenuare **B** *v. intr.* **1** ammorbidirsi **2** addolcirsi, intenerirsi **3** placarsi ♦ **to s. up** indebolire

softness ['sɒftnɪs] s. **1** mollezza f., morbidezza f. **2** mitezza f., dolcezza f. **3** stupidità f.

to soft-soap ['sɒft,səʊp] v. tr. (fam.) adulare, lisciare

software ['sɒftweə'] s. software m. inv.

soggy ['sɒgi] agg. fradicio, inzuppato

soil (1) [sɔɪl] s. suolo m., terreno m.

soil (2) [sɔɪl] s. **1** sporco m., sudiciume m. **2** concime m.

to soil [sɔɪl] v. tr. imbrattare, sporcare

soiled [sɔɪld] agg. sporco, macchiato

solace ['sɒləs] s. conforto m., consolazione f.

solar ['səʊlə'] agg. solare

sold [səʊld] pass. e p. p. di **to sell** ♦ **s. out** (di merce) esaurito

to solder ['sɒldə'] v. tr. saldare

soldier ['səʊldʒə'] s. soldato m.

soldierly ['səʊldʒəlɪ] agg. militaresco

sole (1) [səʊl] agg. unico, singolo

sole (2) [səʊl] s. **1** suola f. **2** (del piede) pianta f. **3** base f., fondo m.

sole (3) [səʊl] s. sogliola f.

to sole [səʊl] v. tr. risuolare

solely ['səʊllɪ] avv. solamente, unicamente

solemn ['sɒləm] agg. solenne

solemnity [sə'lemnɪtɪ] s. solennità f.

solfeggio [sɒl'fedʒɪəʊ] s. solfeggio m.

to solicit [sə'lɪsɪt] v. tr. **1** sollecitare **2** adescare **3** istigare

solicitation [sə,lɪsɪ'teɪʃ(ə)n] s. **1** sollecitazione f. **2** adescamento m. **3** istigazione f.

solicitor [sə'lɪsɪtə'] s. procuratore m. legale

solicitous [sə'lɪsɪtəs] agg. premuroso

solid ['sɒlɪd] A agg. **1** solido **2** compatto, uniforme **3** pieno, massiccio B s. solido m., sostanza f. solida

solidarity [,sɒlɪ'dærɪtɪ] s. solidarietà f.

solidity [sə'lɪdɪtɪ] s. solidità f.

soliloquy [sə'lɪləkwɪ] s. monologo m.

solitaire [,sɒlɪ'teə'] s. solitario m.

solitary ['sɒlɪt(ə)rɪ] agg. solitario ♦ **s. confinement** cella d'isolamento

solitude ['sɒlɪtjuːd] s. solitudine f.

to solmizate ['sɒlmɪzeɪt] v. t. e intr. (mus.) solfeggiare

solo ['səʊləʊ] s. (mus.) assolo m.

soloist ['səʊləʊ(ɪ)ɪst] s. solista m. e f.

solstice ['sɒlstɪs] s. solstizio m.

soluble ['sɒljʊbl] agg. solubile

solution [sə'luːʃ(ə)n] s. soluzione f.

to solve [sɒlv] v. tr. risolvere

solvent ['sɒlv(ə)nt] A agg. **1** (comm.) solvibile **2** (chim.) solvente B s. solvente m.

sombre ['sɒmbə'] (USA **somber**) agg. **1** scuro cupo, malinconico

some [sʌm, səm] A agg. **1** (con valore partitivo) del, dello, dei, della, delle, un po' di (ES: **would you like s. tea?** gradisci del tè?) **2** alcuni, alcune, qualche (ES: **s. years ago** alcuni anni fa) **3** un, una, un certo, una certa, qualche (ES: **s. time or other** una volta o l'altra) B pron. indef. alcuni, alcune, qualcuno, qualcuna, un po', ne (ES: **would you like s. biscuits? I already had s.** vuoi dei biscotti? ne ho già presi) C avv. **1** circa **2** (fam.) un po', piuttosto

somebody ['sʌmbədɪ] pron. indef. qualcuno

someday ['sʌmdeɪ] avv. un giorno o l'altro

somehow ['sʌmhaʊ] avv. in qualche modo, in un modo o nell'altro

someone ['sʌmwʌn] pron. indef. qualcuno

someplace ['sʌmpleɪs] avv. (USA) in qualche luogo

somersault ['sʌməsɔːlt] s. **1** capriola f. **2** salto m. mortale

something ['sʌmθɪŋ] pron. indef. qualcosa

sometime ['sʌmtaɪm] A agg. attr. di un tempo, precedente, ex, già B avv. un giorno o l'altro

sometimes ['sʌmtaɪmz] avv. qualche volta, talvolta

somewhat ['sʌmwɒt] avv. piuttosto, un po'

somewhere ['sʌmweə'] avv. in qualche parte ♦ **s. else** in qualche altra parte

son [sʌn] s. figlio m. ♦ **s.-in-law** genero

song [sɒŋ] s. canto m., canzone f. ♦ **s.-bird** uccello canoro; **s-book** canzoniere

sonic ['sɒnɪk] agg. sonico

sonnet ['sɒnɪt] s. sonetto m.

sonneteer [,sɒnɪ'tɪə'] s. scrittore m. di sonetti

sonny ['sʌnɪ] s. (fam.) ragazzo m. mio, figlio m. mio

sonority [sə'nɒrɪtɪ] s. sonorità f.

sonorous [sə'nɔːrəs] agg. sonoro

soon [suːn] avv. **1** presto, fra breve, fra poco **2** piuttosto ♦ **as s. as (possible)** non appena (possibile); **sooner or later** prima o poi

soot [sʊt] s. fuliggine f.

to soothe [suːð] v. tr. consolare, calmare

to sophisticate [sə'fɪstɪkeɪt] v. tr. sofisticare, adulterare

sophisticated [sə'fɪstɪkeɪtɪd] agg. **1** sofisticato, raffinato **2** adulterato

soppy ['sɒpɪ] agg. (fam.) **1** fradicio **2** sentimentale

soprano [sə'prɑːnəʊ] s. soprano m.

sorbet ['sɔːbət] s. sorbetto m.

sorcerer ['sɔːs(ə)rə'] s. stregone m., mago m.

sorceress ['sɔːs(ə)rɪs] s. strega f., maga f.

sorcery ['sɔːs(ə)rɪ] s. stregoneria f.

sordid ['sɔːdɪd] agg. sordido

sore [sɔː'] A agg. **1** dolorante, che fa male **2** addolorato **3** (fam.) irritato B s. piaga f., infiammazione f. ♦ **to have a s. throat** avere mal di gola

sorely ['sɔːlɪ] avv. grandemente, molto

sorrow ['sɒrəʊ] s. dolore m., pena f.

sorrowful ['sɒrəf(ʊ)l] agg. **1** addolorato, afflitto **2** doloroso

sorry ['sɒrɪ] A agg. **1** spiacente, dolente **2** pentito, rammaricato **3** meschino, miserabile B inter. **1** scusi, scusate, scusa **2** prego?, come? ♦ **to be s.** dispiacersi

sort [sɔːt] s. **1** genere m., qualità f., tipo m. **2** ordinamento m. ♦ **a s. of** di una specie di

to sort [sɔːt] v. tr. **1** classificare, selezionare, smistare **2** (inf.) ordinare

sorting ['sɔːtɪŋ] s. **1** classificazione f. **2** smistamento m. **3** (inf.) ordinamento m.

so-so ['səʊsəʊ] agg. e avv. così così

sought [sɔːt] pass. e p. p. di **to seek**

soul [səʊl] s. anima f.

soulful ['səʊlf(ʊ)l] agg. sentimentale

sound (1) [saʊnd] A agg. **1** sano, in buono stato **2** solido, valido, efficace **3** accurato **4** completo, totale, profondo **B** *avv.* profondamente

sound (2) [saʊnd] *s.* **1** suono *m.*, rumore *m.* **2** tono *m.* **3** audio *m. inv.* ◆ **s. effects** effetti sonori

sound (3) [saʊnd] *s.* scandaglio *m.*, sonda *f.*

sound (4) [saʊnd] *s.* braccio *m.* di mare, stretto *m.*

to sound (1) [saʊnd] **A** *v. intr.* **1** suonare, risuonare **2** sembrare **B** *v. tr.* **1** suonare, far risuonare **2** far risapere, proclamare **3** auscultare ◆ **to s. like** assomigliare a

to sound (2) [saʊnd] *v. tr.* scandagliare, sondare ◆ **to s. out** tastare il terreno su

sounding [saʊndɪŋ] *s.* **1** scandaglio *m.* **2** *al pl.* bassi fondali *m. pl.* **3** sondaggio *m.*

soundness [saʊndnɪs] *s.* **1** vigore *m.*, buona condizione *f.* **2** solidità *f.*

soundproof [saʊnd,pruf] *agg.* insonorizzato

soundtrack [saʊndtræk] *s.* colonna *f.* sonora

soup [su:p] *s.* minestra *f.*, zuppa *f.* ◆ **to be in the s.** trovarsi nei pasticci

sour [saʊə*r*] *agg.* **1** acidulo, aspro **2** bisbetico, inacidito ◆ **s. orange** arancia amara

to sour [saʊə*r*] *v. tr. e intr.* inacidire, inacidirsi

source [sɔ:s] *s.* sorgente *f.*, fonte *f.*

soutane [su:'ta:n] *s.* tonaca *f.*

south [saʊθ] **A** *s.* sud *m. inv.*, meridione *m.* **B** *agg.* del sud, meridionale **C** *avv.* a sud, da sud

southeast [,saʊθ'i:st] **A** *s.* sud-est *m. inv.* **B** *agg.* di sud-est, sud-orientale

southerly [ˈsʌðəlɪ] **A** *agg.* **1** meridionale **2** proveniente da sud **B** *avv.* verso sud, da sud

southern [ˈsʌðən] *agg.* meridionale

southwards [ˈsaʊθwədz] *avv.* verso sud

southwest [,saʊθ'west] **A** *s.* sud-ovest *m. inv.* **B** *agg.* di sud-ovest, sud-occidentale

souvenir [ˈsu:vəniə*r*] *s.* souvenir *m. inv.*

sovereign [ˈsɒvrɪn] *s.* sovrano *m.*, sovrana *f.*

soviet [ˈsəʊvɪət] **A** *s.* soviet *m. inv.* **B** *agg.* sovietico

sow [saʊ] *s.* scrofa *f.*

to sow [səʊ] (*pass.* sowed, *p. p.* sowed, sown) *v. tr.* seminare

sowing [ˈsəʊ(ʊ)ɪŋ] *s.* semina *f.*

sown [saʊn] *p. p. di* **to sow**

soya-bean [ˈsɔɪəbiːn] *s.* soia *f.*

spa [spa:] *s.* terme *f. pl.*

space [speɪs] *s.* spazio *m.* **B** *agg.* spaziale

to space [speɪs] *v. tr.* spaziare, distanziare

space-bar [ˈspeɪsba:*r*] *s.* barra *f.* spaziatrice

spaceman [ˈspeɪsmən] (*pl.* **spacemen**) *s.* astronauta *m.*

spaceship [ˈspeɪsʃɪp] *s.* astronave *f.*

spacing [ˈspeɪsɪŋ] *s.* spaziatura *f.*

spacious [ˈspeɪʃəs] *agg.* spazioso

spade [speɪd] *s.* **1** vanga *f.* **2** (*carte da gioco*) picche *m. inv.*

to spade [speɪd] *v. tr.* vangare

span [spæn] *s.* **1** spanna *f.*, palmo *m.* **2** intervallo *m.*, durata *f.* **3** larghezza *f.*, apertura *f.* **4** (*aer.*) apertura *f.* alare **5** (*arch.*) campata *f.*

Spaniard [ˈspænjəd] *s.* spagnolo *m.*

Spanish [ˈspænɪʃ] *agg.* spagnolo

to spank [spæŋk] *v. tr.* sculacciare

spanking [ˈspæŋkɪŋ] *agg.* (*fam.*) magnifico, ottimo

spanner [ˈspænə*r*] *s.* (*mecc.*) chiave *f.*

spare [speə*r*] **A** *agg.* **1** di scorta, di ricambio **2** disponibile, libero, in più **3** scarno, sparuto **4** frugale, misero **B** *s.* (pezzo di) ricambio *m.* ◆ **s. time** tempo libero; **s. wheel** ruota di scorta

to spare [speə*r*] *v. tr.* **1** risparmiare, fare a meno di **2** dare, offrire, dedicare **3** evitare, risparmiarsi

spark [spa:k] *s.* scintilla *f.*

to spark [spa:k] *v. intr.* emettere scintille

sparking plug [ˈspa:kɪŋ plʌg] *s.* candela *f.* (d'accensione)

to sparkle [ˈspa:kl] *v. intr.* **1** scintillare **2** spumeggiare

sparkling [ˈspa:klɪŋ] *agg.* **1** scintillante **2** spumante, effervescente ◆ **s. water** acqua gassata; **s. wine** spumante

sparrow [ˈspærəʊ] *s.* passero *m.*

sparse [spa:s] *agg.* sparso, rado

spasm [ˈspæz(ə)m] *s.* spasmo *m.*, accesso *m.*

spasmodic(al) [spæz'mɒdɪk((ə)l)] *agg.* spasmodico

spastic [ˈspæstɪk] *agg. e s.* spastico *m.*

spat [spæt] *pass. e p. p. di* **to spit**

spate [speɪt] *s.* **1** piena *f.* **2** grande quantità *f.*

spatter [ˈspætə*r*] *s.* schizzo *m.*

to spatter [ˈspætə*r*] *v. tr.* schizzare

spawn [spɔ:n] *s.* uova *f. pl.* (*di pesci, molluschi*)

to speak [spi:k] (*pass.* **spoke**, *p. p.* **spoken**) **A** *v. intr.* parlare **B** *v. tr.* **1** dire, esprimere **2** (*una lingua*) parlare ◆ **to s. about** parlare di; **to s. up** parlare a voce alta, parlare chiaro

speaker [ˈspi:kə*r*] *s.* **1** oratore *m.* **2** speaker *m. inv.*, annunciatore *m.* **3** altoparlante *m.*

spear [spɪə*r*] *s.* **1** lancia *f.* **2** fiocina *f.*

to spear [spɪə*r*] *v. tr.* **1** colpire (con una lancia), trafiggere **2** fiocinare

spearhead [ˈspɪəhed] *s.* **1** punta *f.* di lancia **2** avanguardia *f.*

to spearhead [ˈspɪəhed] *v. tr.* essere alla testa di

special [ˈspeʃ(ə)l] *agg.* speciale, particolare

specialist [ˈspeʃəlɪst] *s.* specialista *m. e f.*

speciality [,speʃɪ'ælɪtɪ] *s.* specialità *f.*

specialization [,speʃəlaɪ'zeɪʃ(ə)n] *s.* specializzazione *f.*

to specialize [ˈspeʃəlaɪz] *v. tr. e intr.* specializzare, specializzarsi

specialized [ˈspeʃəlaɪzd] *agg.* specializzato

specially [ˈspeʃəlɪ] *avv.* **1** specialmente **2** appositamente

species [ˈspi:ʃi:z] *s.* specie *f. inv.*

specific [sprˈɪfɪk] *s.* specifico *m.*

to specify [ˈspesɪfaɪ] *v. tr.* specificare

specimen [ˈspesɪmɪn] *s.* esemplare *m.*, campione *m.*

speck [spek] *s.* **1** macchiolina *f.* **2** granello *m.*

to speckle [ˈspekl] *v. tr.* macchiettare, punteggiare

specs [speks] *s. pl.* (*fam.*) occhiali *m. pl.*

spectacle [ˈspektəkl] *s.* spettacolo *m.*

spectacular [spek'tækjʊlə*r*] *agg.* spettacolare

spectator [spek'teɪtə*r*] *s.* spettatore *m.*

spectre [ˈspektə*r*] (*USA* **specter**) *s.* spettro *m.*

spectrum [ˈspektrəm] (*pl.* **spectra**) *s.* (*fis.*) spettro *m.*

specular [ˈspekjʊlə*r*] *agg.* speculare

to speculate ['spɛkjuleɪt] *v. intr.* **1** meditare, fare congetture **2** speculare

speculation [,spɛkju'leɪʃ(ə)n] *s.* speculazione *f.*

speech [spiːtʃ] *s.* **1** linguaggio *m.*, parola *f.* **2** lingua *f.*, parlata *f.* **3** discorso *m.*

speechless ['spiːtʃlɪs] *agg.* **1** ammutolito, muto **2** inesprimibile

speed [spiːd] *s.* **1** velocità *f.*, rapidità *f.* **2** (*autom.*) marcia *f.* ◆ **s. limit** limite di velocità

to speed [spiːd] (*pass. e p. p.* **sped, speeded**) *v. intr.* **1** andare a tutta velocità **2** affrettarsi ◆ **to s. up** accelerare

speeding ['spiːdɪŋ] *s.* eccesso *m.* di velocità

speedometer [spɪ'dɒmɪtər] *s.* tachimetro *m.*

speedway ['spiːdweɪ] *s.* **1** (*USA*) autostrada *f.* **2** (*per corse motociclistiche*) pista *f.*

speedy ['spiːdɪ] *agg.* veloce, rapido

spel(a)eologist [,spiːlɪ'ɒlədʒɪst] *s.* speleologo *m.*

spel(a)eology [,spiːlɪ'ɒlədʒɪ] *s.* speleologia *f.*

spell (1) [spɛl] *s.* incantesimo *m.*

spell (2) [spɛl] *s.* **1** turno *m.* di lavoro **2** periodo *m.*, intervallo *m.*

to spell [spɛl] (*pass. e p. p.* **spelt, spelled**) *v. tr.* **1** compitare **2** (*fam.*) significare

spellbound ['spɛlbaʊnd] *agg.* incantato

spelling ['spɛlɪŋ] *s.* **1** compitazione *f.* ortografia *f.* ◆ **s. book** sillabario

spelt [spɛlt] *pass. e p. p. di* **to spell**

to spend [spɛnd] (*pass. e p. p.* **spent**) **A** *v. tr.* **1** spendere **2** dedicare **3** trascorrere, passare **B** *v. intr.* **1** spendere (denaro) **2** esaurirsi

spendthrift ['spɛn(d)θrɪft] *s.* spendaccione *m.*

spent [spɛnt] *pass. e p. p. di* **to spend**

sperm [spɜːm] *s.* sperma *m.*

to spew [spjuː] *v. tr. e intr.* vomitare

sphere [sfɪər] *s.* sfera *f.*

sphinx [sfɪŋks] *s.* sfinge *f.*

spice [spaɪs] *s.* **1** spezie *f. pl.*, droga *f.* **2** aroma *m.*, gusto *m.*

to spice [spaɪs] *v. tr.* aromatizzare

spick-and-span ['spɪkən'spæn] *agg.* lindo, splendente

spicy ['spaɪsɪ] *agg.* aromatico, piccante

spider ['spaɪdər] *s.* ragno *m.*

spike [spaɪk] *s.* punta *f.*, chiodo *m.*

to spill [spɪl] (*pass. e p. p.* **spilt, spilled**) **A** *v. tr.* **1** versare, rovesciare **2** far cadere **B** *v. intr.* versarsi, rovesciarsi ◆ **to s. over** traboccare

spin [spɪn] *s.* **1** rotazione *f.* **2** (*aer.*) avvitamento *m.* **3** (*fam.*) giretto *m.*

to spin [spɪn] (*pass. e p. p.* **span, span,** *p. p.* **spun**) **A** *v. tr.* **1** filare **2** far girare **B** *v. intr.* girare, ruotare ◆ **to s. out** prolungare

spinach ['spɪnɪdʒ] *s.* spinacio *m.*

spinal ['spaɪnl] *agg.* spinale ◆ **s. cord** midollo spinale

spindle ['spɪndl] *s.* **1** fuso *m.* **2** (*mecc.*) mandrino *m.*

spindly ['spɪndlɪ] *agg.* affusolato

spine [spaɪn] *s.* **1** spina *f.* **2** spina *f.* dorsale *f.* **3** (*di libro*) dorso *m.*

spinet [spɪ'nɛt] *s.* spinetta *f.*

spinning ['spɪnɪŋ] **A** *agg.* girevole **B** *s.* filatura *f.* ◆ **s. top** trottola

spinster ['spɪnstər] *s.* zitella *f.*

spiral ['spaɪər(ə)l] *s.* spirale *f.* ◆ **s. staircase** scala a chiocciola

spire ['spaɪər] *s.* guglia *f.*

spirit ['spɪrɪt] *s.* **1** spirito *m.* **2** *al pl.* liquori *m. pl.*

spirited ['spɪrɪtɪd] *agg.* vivace, vigoroso

spirit-level ['spɪrɪt,lɛvl] *s.* livella *f.* a bolla

spiritual ['spɪrɪtjʊəl] **A** *agg.* spirituale **B** *s.* spiritual *m.*

spiritualism ['spɪrɪtjʊəlɪz(ə)m] *s.* **1** spiritualismo *m.* **2** spiritismo *m.*

spit (1) [spɪt] *s.* spiedo *m.*

spit (2) [spɪt] *s.* sputo *m.*, saliva *f.*

to spit [spɪt] (*pass. e p. p.* **spat**) *v. tr. e intr.* **1** sputare **2** spruzzare **3** scoppiettare

spite [spaɪt] *s.* dispetto *m.*, ripicca *f.* ◆ **in s. of** nonostante; **out of s.** per dispetto

to spite [spaɪt] *v. tr.* fare un dispetto a, contrariare

spittle ['spɪtl] *s.* sputo *m.*, saliva *f.*

splash [splæʃ] *s.* **1** schizzo *m.*, spruzzo *m.* **2** tonfo *m.* **3** macchia *f.* **4** colpo *m.*, sensazione *f.*

to splash [splæʃ] **A** *v. tr.* **1** schizzare, spruzzare **2** scialacquare **3** (*fam.*) dare (*una notizia*) con grande rilievo **B** *v. intr.* **1** schizzare **2** sguazzare

spleen [spliːn] *s.* **1** milza *f.* **2** malumore *m.* **3** malinconia *f.*

splendid ['splɛndɪd] *agg.* splendido

splendour ['splɛndər] *s.* splendore *m.*

spline [splaɪn] *s.* linguetta *f.*

splinter ['splɪntər] *s.* scheggia *f.*

to splinter ['splɪntər] *v. tr. e intr.* scheggiare, scheggiarsi

split [splɪt] *s.* **1** fessura *f.*, crepa *f.* **2** rottura *f.*, scissione *f.*, divisione *f.*

to split [splɪt] (*pass. e p. p.* **split**) **A** *v. tr.* **1** fendere, spaccare **2** dividere, scindere **3** strappare, lacerare **B** *v. intr.* **1** fendersi, spaccarsi **2** dividersi, separarsi **3** strapparsi, lacerarsi ◆ **to s. up** dividersi, suddividere

splitting ['splɪtɪŋ] *s.* **1** spaccatura *f.* **2** suddivisione *f.*

to splutter ['splʌtər] *v. tr. e intr.* farfugliare

spoil [spɔɪl] *s.* spoglie *f. pl.*, bottino *m.*

to spoil [spɔɪl] (*pass. e p. p.* **spoilt, spoiled**) **A** *v. tr.* **1** guastare, rovinare **2** viziare **B** *v. intr.* guastarsi, andare a male

spoilsport ['spɔɪlspɔːt] *s.* guastafeste *m. e f.*

spoilt [spɔɪlt] *pass. e p. p. di* **to spoil**

spoke (1) [spəʊk] *s.* **1** (*di ruota*) raggio *m.* **2** (*di scala*) piolo *m.*

spoke (2) [spəʊk] *pass. di* **to speak**

spoken ['spəʊk(ə)n] *p. p. di* **to speak**

spokesman ['spəʊksmən] (*pl.* **spokesmen**) *s.* portavoce *m. inv.*

spokeswoman ['spəʊks,wʊmən] (*pl.* **spokeswomen**) *s.* portavoce *f. inv.*

sponge [spʌn(d)ʒ] *s.* spugna *f.* ◆ **s. cake** pan di Spagna; **s. cloth** tessuto di spugna

to sponge [spʌn(d)ʒ] *v. tr.* **1** pulire con una spugna, passare una spugna su **2** (*fam.*) scroccare

sponsor ['spɒnsər] *s.* **1** (*dir.*) garante *m. e f.* **2** sponsor *m. inv.*

to sponsor ['sponsəʳ] v. tr. 1 garantire 2 sponsorizzare

sponsorship ['sponsəʃɪp] s. 1 garanzia f. 2 sponsorizzazione f.

spontaneity [ˌspontə'ni:ɪtɪ] s. spontaneità f.

spontaneous [spon'teɪnjəs] agg. spontaneo

spook [spu:k] s. (fam.) spettro m.

spooky ['spu:kɪ] agg. (fam.) sinistro, pauroso

spool [spu:l] s. bobina f.

spoon [spu:n] s. cucchiaio m.

spoonful ['spu:nf(ʊ)l] s. cucchiaiata f.

sporadic [spə'rædɪk] agg. sporadico

sport [spɔ:t] s. 1 sport m. inv. 2 al pl. gare f. pl. sportive 3 persona f. sportiva

sporting ['spɔ:tɪŋ] agg. sportivo

sports ['spɔ:ts] agg. 1 sportivo, dello sport 2 (di abbigliamento) sportivo, casual

sportswear ['spɔ:tsweəʳ] s. abbigliamento m. sportivo

spot [spot] s. 1 posto m., punto m. 2 chiazza f., macchia f., pallino m. 3 brufolo m. 4 piccola quantità f., goccio m. 5 spot m. inv., annuncio m. pubblicitario ♦ **on the s.** sul posto, su due piedi

to spot [spot] v. tr. 1 macchiare, punteggiare 2 individuare, riconoscere

spotless ['spotlɪs] agg. immacolato

spotlight ['spot,laɪt] s. proiettore m., riflettore m.

spotted ['spotɪd] agg. 1 chiazzato, maculato 2 a pallini

spouse [spauz] s. consorte m. e f.

spout [spaʊt] s. 1 beccuccio m. 2 tubo m. di scarico 3 getto m., zampillo m.

to spout [spaʊt] v. intr. scaturire, zampillare

sprain [spreɪn] s. distorsione f., slogatura f.

to sprain [spreɪn] v. tr. slogarsi

sprang [spræŋ] pass. di **to spring**

to sprawl [sprɔ:l] v. intr. 1 adagiarsi, distendersi 2 estendersi irregolarmente

spray (1) [spreɪ] s. ramoscello m.

spray (2) [spreɪ] s. 1 spruzzo m. 2 spray m. inv.

to spray [spreɪ] v. tr. spruzzare, vaporizzare

spread [spred] s. 1 diffusione f., propagazione f. 2 apertura f., ampiezza f. 3 (fam.) banchetto m. 4 (cuc.) pasta f. (da spalmare)

to spread [spred] (pass. e p. p. **spread**) A v. tr. 1 stendere, spiegare 2 spargere, diffondere, propagare 3 distribuire, dividere 4 spalmare B v. intr. 1 tendersi, estendersi 2 spargersi, diffondersi, propagarsi ♦ **to s. out** sparpagliarsi

spreadsheet ['spredʃi:t] s. (inf.) foglio m. elettronico

spree [spri:] s. baldoria f.

sprightly ['spraɪtlɪ] agg. allegro, vivace

spring [sprɪŋ] s. 1 salto m., balzo m. 2 sorgente f., fonte f. 3 origine f., motivo m. 4 primavera f. 5 molla f. ♦ **hot springs** sorgente termale; **s. board** trampolino; **s.-clean** pulizie f. di primavera; **s. water** acqua f. di sorgente

to spring [sprɪŋ] (pass. **sprang**, p. p. **sprung**) A v. intr. 1 saltare, balzare 2 derivare, provenire 3 sgorgare, zampillare B v. tr. 1 saltare 2 far scattare, azionare ♦

to s. up saltar su, spuntare

springtime ['sprɪŋ,taɪm] s. primavera f.

sprinkle ['sprɪŋkl] s. spruzzo m.

to sprinkle ['sprɪŋkl] v. tr. spruzzare

sprinkler ['sprɪŋkləʳ] s. spruzzatore m.

sprint [sprint] s. scatto m., volata f., sprint m. inv.

to sprint [sprint] v. intr. scattare

sprinter ['sprintəʳ] s. scattista m. e f., velocista m. e f.

sprite [spraɪt] s. folletto m.

sprout [spraʊt] s. germoglio m. ♦ **Brussels sprouts** cavolini di Bruxelles

to sprout [spraʊt] v. intr. germogliare, spuntare

spruce (1) [spru:s] agg. azzimato

spruce (2) [spru:s] s. abete m. rosso

sprung [sprʌŋ] p. p. di **to spring**

spry [spraɪ] agg. attivo, energico

spun [spʌn] pass. e p. p. di **to spin**

spur [spɜ:ʳ] s. 1 sperone m. 2 pungolo m., incentivo m.

to spur [spɜ:ʳ] v. tr. spronare, incitare

spurious ['spjʊərɪəs] agg. spurio

to spurn [spɜ:n] v. tr. rifiutare, respingere

spurt [spɜ:t] s. 1 getto m., zampillo m. 2 scatto m.

to spurt [spɜ:t] v. intr. 1 sprizzare, zampillare 2 scattare

spy [spaɪ] s. spia f.

to spy [spaɪ] A v. intr. fare la spia B v. tr. notare

spying ['spaɪɪŋ] s. spionaggio m.

squabble ['skwobl] s. diverbio m., litigio m.

to squabble ['skwobl] v. intr. litigare

squad [skwod] s. squadra f., plotone m.

squadron ['skwodr(ə)n] s. squadrone m., squadriglia f.

squalid ['skwolɪd] agg. squallido

squall (1) [skwɔ:l] s. grido m.

squall (2) [skwɔ:l] s. bufera f.

squalor ['skwoləʳ] s. squallore m.

to squander ['skwondəʳ] v. tr. dilapidare, dissipare

square [skweəʳ] A agg. 1 quadrato, quadro (mat.) al quadrato 2 tarchiato, tozzo 3 sistemato, in ordine 4 giusto, onesto 5 (sport) pari 6 (fam.) abbondante, sostanzioso 7 (fam.) antiquato, tradizionalista B s. 1 quadrato m. 2 piazza f. 3 squadra f. (da disegno) 4 casella f., riquadro m. C avv. 1 ad angolo retto, a squadra 2 esattamente ♦ **s. root** radice quadrata

to square [skweəʳ] v. tr. 1 quadrare, squadrare 2 regolare, pareggiare 3 elevare al quadrato

squash [skwoʃ] s. 1 spremuta f. 2 (sport) squash m. inv.

to squash [skwoʃ] v. tr. schiacciare, spremere

squat [skwot] agg. 1 tozzo, tarchiato 2 accovacciato

to squat [skwot] v. intr. 1 accovacciarsi 2 occupare abusivamente

to squawk [skwo:k] v. intr. emettere strida rauche

to squeak [skwi:k] v. intr. squittire, stridere

to squeal [skwi:l] v. intr. strillare

squeamish ['skwi:mɪʃ] agg. schifiltoso

squeeze [skwi:z] s. 1 compressione f., stretta f. 2 calca f. 3 spremitura f.

to squeeze [skwi:z] v. tr. 1 spremere, comprimere 2 stringere 3 infilare 4 estorcere

to squelch [skwel(t)ʃ] A v. tr. 1 schiacciare 2 soffocare B v. intr. sguazzare, fare cic ciac

squid [skwɪd] s. calamaro m.
squiggle [ˈskwɪg(ə)l] s. ghirigoro m.
squint [skwɪnt] **A** agg. strabico **B** s. strabismo m.
squire [ˈskwaɪəʳ] s. gentiluomo m.
to squirm [skwɜːm] v. intr. 1 contorcersi 2 essere imbarazzato
squirrel [ˈskwɪr(ə)l] s. scoiattolo m.
squirt [skwɜːt] s. schizzo m., zampillo m.
to squirt [skwɜːt] v. tr. schizzare
stab [stæb] s. 1 pugnalata f., coltellata f. 2 fitta f. 3 tentativo m.
to stab [stæb] v. tr. pugnalare
stability [stəˈbɪlɪtɪ] s. stabilità f.
stable [ˈsteɪbl] s. scuderia f., stalla f.
stack [stæk] s. 1 catasta f. 2 mucchio m., grande quantità f.
to stack [stæk] v. tr. accatastare, ammucchiare, ammassare
stadium [ˈsteɪdjəm] s. stadio m.
staff [stɑːf] s. personale m., staff m. inv.
to staff [stɑːf] v. tr. fornire di personale
stag [stæg] s. cervo m.
stage [steɪdʒ] s. 1 palcoscenico m. 2 scena f., teatro m. 3 stadio m., fase f., periodo m. 4 tappa f. 5 impalcatura f.
to stagger [ˈstægəʳ] **A** v. intr. barcollare **B** v. tr. 1 far barcollare 2 impressionare, sconcertare 3 scaglionare
staggering [ˈstæg(ə)rɪŋ] agg. 1 barcollante 2 sbalorditivo
stagnant [ˈstægnənt] agg. stagnante
to stagnate [ˈstægneɪt] v. intr. ristagnare
stagy [ˈsteɪdʒɪ] agg. teatrale
staid [steɪd] agg. serio, contegnoso
stain [steɪn] s. 1 macchia f. 2 colorante m. ♦ **s. remover** smacchiatore
to stain [steɪn] v. tr. 1 macchiare, sporcare 2 colorare
stainless [ˈsteɪnlɪs] agg. 1 immacolato 2 che non stinge 3 inossidabile ♦ **s. steel** acciaio inox
stair [steəʳ] s. 1 gradino m., scalino m. 2 al pl. scala f.
staircase [ˈsteəkeɪs] s. scala f.
stake [steɪk] s. 1 palo m., piolo m. 2 puntata f., scommessa f.
to stake [steɪk] v. tr. 1 recintare con pali 2 puntare, scommettere
stalactite [ˈstæləktaɪt] s. stalattite f.
stalagmite [ˈstæləgmaɪt] s. stalagmite f.
stale [steɪl] agg. 1 stantio, vecchio, raffermo 2 caduto in prescrizione
stalemate [ˈsteɪlmeɪt] s. stallo m., punto m. morto
stalk [stɔːk] s. gambo m., stelo m.
stall [stɔːl] s. 1 stalla f., box m. inv. 2 chiosco m., edicola f., bancarella f. 3 (teatro) poltrona f. (di platea)
to stall [stɔːl] v. intr. 1 impantanarsi 2 (di motore) spegnersi, bloccarsi 3 (fam.) tirare per le lunghe
stallion [ˈstæljən] s. stallone m.
stalwart [ˈstɔːlwət] agg. 1 forte, robusto 2 coraggioso
stamina [ˈstæmɪnə] s. vigore m., capacità f. di resistenza
stammer [ˈstæməʳ] s. balbuzie f.
to stammer [ˈstæməʳ] v. intr. balbettare

stamp [stæmp] s. 1 bollo m., francobollo m. 2 marchio m., timbro m. 3 (fig.) impronta f.
to stamp [stæmp] **A** v. tr. 1 timbrare, marchiare, marcare 2 affrancare 3 caratterizzare 4 frantumare **B** v. intr. pestare i piedi
stamping [ˈstæmpɪŋ] s. affrancatura f., stampigliatura f.
stand [stænd] s. 1 arresto m., fermata f. 2 posto m., posizione f. 3 palco m., podio m., tribuna f. 4 banco m., bancarella f., padiglione m. 5 (di taxi) posteggio m. 6 supporto m., sostegno m.
to stand [stænd] (pass. e p. p. **stood**) **A** v. intr. 1 stare in piedi 2 stare, trovarsi 3 resistere, durare 4 ristagnare, depositarsi **B** v. tr. 1 mettere (in piedi), collocare 2 sopportare, resistere a 3 sostenere 4 sostenere le spese di ♦ **to s. by** stare vicino, tenersi pronto; **to s. down** ritirarsi; **to s. for** stare per, significare; **to s. in for sb.** fare da controfigura a qc.; **to s. out** distinguersi; **to s. up** alzarsi in piedi; **to s. up for sb.** prendere le parti di qc.; **to s. up to sb.** tener testa a qc.
standard [ˈstændəd] **A** agg. 1 standard, comune, regolare 2 di base, fondamentale **B** s. 1 stendardo m. 2 standard m. inv., modello m., norma f. 3 livello m., tenore m. 4 base f., sostegno m.
standardization [ˌstændədaɪˈzeɪʃ(ə)n] s. standardizzazione f.
to standardize [ˈstændədaɪz] v. tr. standardizzare, normalizzare, unificare
stand-by [ˈstæn(d)baɪ] scorta f., riserva f.
stand-in [ˈstænd,ɪn] s. 1 sostituto m. 2 controfigura f.
standing [ˈstændɪŋ] **A** agg. 1 eretto, in piedi 2 fisso, stabile, permanente 3 fermo, inattivo **B** s. 1 posizione f., condizione f. 2 durata f. ♦ **s. price** prezzo fisso; **s. room** posti in piedi
standoffish [ˌstænˈdɒfɪʃ] agg. riservato, scostante
standpoint [ˈstændpɔɪnt] s. punto m. di vista
standstill [ˈstændstɪl] s. arresto m., stasi f., punto m. morto
stank [stæŋk] pass. di to stink
staple (1) [ˈsteɪpl] s. 1 forcella f. 2 graffetta f.
staple (2) [ˈsteɪpl] **A** agg. di base, di prima necessità **B** s. prodotto m. principale, alimento m. principale
to staple [ˈsteɪpl] v. tr. graffettare
star [stɑːʳ] s. 1 stella f., astro m. 2 stella f., celebrità f.
to star [stɑːʳ] v. intr. 1 (in un film) essere il protagonista 2 avere come interpreti principali
starboard [ˈstɑːbəd] s. (naut.) dritta f.
starch [stɑːtʃ] s. amido m.
to starch [stɑːtʃ] v. tr. inamidare
stardom [ˈstɑːdəm] s. celebrità f.
stardust [ˈstɑːdʌst] s. polvere f. di stelle
stare [steəʳ] s. sguardo m. fisso
to stare [steəʳ] v. tr. fissare, guardare fisso
starfish [ˈstɑːfɪʃ] s. stella f. di mare
stark [stɑːk] agg. 1 desolato 2 assoluto, completo
starling [ˈstɑːlɪŋ] s. (zool.) storno m.
starry [ˈstɑːrɪ] agg. stellato
start [stɑːt] s. 1 inizio m., avvio m., partenza f. 2 balzo m., sobbalzo m. 3 vantaggio m. 4 (mecc.) avviamento m.

to start [stɑːt] **A** *v. intr.* **1** balzare, sobbalzare **2** partire, avviarsi **3** cominciare, mettersi a **B** *v. tr.* **1** cominciare, avviare **2** mettere in moto ♦ **to s. doing st.** cominciare a fare q.c.

starter ['stɑːtər] *s.* **1** iniziatore *m.* **2** (*sport*) partente *m.* **3** antipasto *m.* **4** motorino *m.* d'avviamento, starter *m. inv.*

starting ['stɑːtɪŋ] *s.* **1** inizio *m.* **2** avviamento *m.*

to startle ['stɑːtl] *v. tr.* far trasalire, spaventare

starvation [stɑːˈveɪʃ(ə)n] *s.* inedia *f.*, fame *f.*

to starve [stɑːv] **A** *v. intr.* morire di fame **B** *v. tr.* far morire di fame

state [steɪt] **A** *s.* **1** stato *m.*, condizione *f.*, situazione *f.* **2** stato *m.*, nazione *f.* **B** *agg. attr.* **1** statale **2** di gala

to state [steɪt] *v. tr.* **1** dichiarare, affermare **2** stabilire

stately ['steɪtlɪ] *agg.* grandioso

statement ['steɪtmənt] *s.* **1** dichiarazione *f.* **2** rapporto *m.* ♦ **s. of account** estratto conto

statesman ['steɪtsmən] (*pl.* **statesmen**) *s.* statista *m.*

static ['stætɪk] **A** *agg.* statico **B** *s.* **1** scarica *f.* statica *f.* al *pl.* (*v. al sing.*) statica *f.*

station ['steɪʃ(ə)n] *s.* stazione *f.* ♦ **s. master** capostazione

to station ['steɪʃ(ə)n] *v. tr.* collocare, appostare

stationary ['steɪʃ(ə)rɪ] *agg.* stazionario, fermo

stationer ['steɪʃnər] *s.* cartolaio *m.*

stationery ['steɪʃ(ə)rɪ] *s.* cartoleria *f.*

statistics [stəˈtɪstɪks] *s. pl.* (*v. al sing.*) statistica *f. sing.*

statue ['stætjuː] *s.* statua *f.*

status ['steɪtəs] *s.* **1** condizione *f.* sociale, posizione *f.* **2** stato *m.* giuridico

statute ['stætjuːt] *s.* legge *f.*, statuto *m.*

statutory ['stætjut(ə)rɪ] *agg.* prescritto dalla legge

staunch [stɔːn(t)ʃ] *agg.* **1** fedele, devoto **2** solido, resistente

stave [steɪv] *s.* **1** doga *f.* **2** pentagramma *m.* **3** strofa *f.*

to stave [steɪv] (*pass. e p.p.* **stove, staved**) **A** *v. tr.* **1** costruire con doghe **2** sfondare **B** *v. intr.* sfondarsi ♦ **s. off** sfuggire a

stay (1) [steɪ] *s.* soggiorno *m.*, permanenza *f.*

stay (2) [steɪ] *s.* (*naut.*) strallo *m.*

to stay [steɪ] **A** *v. intr.* stare, rimanere, trattenersi, soggiornare **B** *v. tr.* **1** sopportare **2** differire ♦ **to s. in** stare in casa; **to s. on** trattenersi; **to s. up** stare alzato

stead [sted] *s.* **1** posto *m.*, vece *f.* **2** vantaggio *m.* ♦ **in my s.** in mia vece; **to stand sb. in good s.** tornare utile a qc.

steadfast ['stedfəst] *agg.* costante, risoluto

steadily ['stedɪlɪ] *avv.* **1** fermamente **2** costantemente

steady ['stedɪ] *agg.* **1** fermo, fisso, stabile **2** costante, regolare **3** serio, posato ♦ **(go) s.!** piano!, attenzione!

to steady ['stedɪ] **A** *v. tr.* consolidare, rinforzare **B** *v. intr.* consolidarsi, rafforzarsi

steak [steɪk] *s.* **1** bistecca *f.* **2** fetta *f.* ♦ **grilled s.** bistecca ai ferri; **rare/well-done s.** bistecca al sangue/ben cotta

to steal [stiːl] (*pass.* **stole,** *p. p.* **stolen**) **A** *v. tr.* rubare **B** *v. intr.* **1** rubare **2** muoversi furtivamente

stealth [stelθ] *s.* ♦ **by s.** di nascosto

stealthy ['stelθɪ] *agg.* furtivo

steam [stiːm] *s.* vapore *m.* ♦ **s.-engine** macchina a vapore

to steam [stiːm] **A** *v. tr.* **1** esporre al vapore, vaporizzare **2** cuocere a vapore **B** *v. intr.* **1** emettere vapore, fumare **2** funzionare a vapore

steamer ['stiːmər] *s.* battello *m.* a vapore

steamy ['stiːmɪ] *agg.* **1** coperto di vapore, appannato **2** che esala vapore

steel [stiːl] *s.* acciaio *m.*

steelworks ['stiːlwɜːks] *s. pl.* acciaieria *f.*

steep [stiːp] *agg.* **1** ripido, scosceso **2** (*fam.*) esorbitante, eccessivo

to steep [stiːp] *v. tr.* **1** bagnare, immergere, tuffare **2** impregnare

steeple ['stiːpl] *s.* **1** campanile *m.* **2** guglia *f.*

to steer [stɪər] **A** *v. tr.* **1** guidare, governare, pilotare **2** dirigere, indirizzare **B** *v. intr.* **1** timonare **2** governare, manovrare **3** dirigersi

steering ['stɪərɪŋ] *s.* sterzo *m.* ♦ **s. look** bloccasterzo; **s. wheel** volante, ruota del timone

steersman ['stɪəzmən] (*pl.* **steersmen**) *s.* timoniere *m.*

stele ['stiːlɪ] *s.* stele *f.*

stem [stem] *s.* gambo *m.*, stelo *m.*

to stem (1) [stem] *v. tr.* arginare, frenare

to stem (2) [stem] *v. intr.* derivare, scaturire

stench [sten(t)ʃ] *s.* puzzo *m.*

stencil ['stensl] *s.* stampino *m.*, matrice *f.*

stenography [steˈnɒgrəfɪ] *s.* stenografia *f.*

step [step] *s.* **1** passo *m.*, andatura *f.* **2** orma *f.*, impronta *f.* **3** (*fig.*) provvedimento, misura *f.*, mossa *f.* **4** gradino *m.*, scalino *m.* **5** promozione *f.*, avanzamento *m.*

to step [step] *v. intr.* **1** fare un passo, andare, venire **2** misurare a passi **3** mettere i piedi su ♦ **to s. down** discendere; **to s. off** scendere da; **to s. up** farsi avanti, aumentare

stepbrother ['step,brʌðər] *s.* fratellastro *m.*

stepdaughter ['step,dɔːtər] *s.* figliastra *f.*

stepfather ['step,fɑːðər] *s.* patrigno *m.*

stepladder ['step,lædər] *s.* scaletta *f.*

stepmother ['step,mʌðər] *s.* matrigna *f.*

stepsister ['step,sɪstər] *s.* sorellastra *f.*

stepson ['step,sʌn] *s.* figliastro *m.*

sterile ['steraɪl] *agg.* sterile

sterility [steˈrɪlɪtɪ] *s.* sterilità *f.*

sterilization [ˌsterɪlaɪˈzeɪʃ(ə)n] *s.* sterilizzazione *f.*

to sterilize ['sterɪlaɪz] *v. tr.* sterilizzare

sterilizer ['sterɪlaɪzər] *s.* sterilizzatore *m.*

sterling ['stɜːlɪŋ] **A** *agg.* genuino, di buona lega **B** *s.* sterlina *f.*

stern (1) [stɜːn] *agg.* severo, rigido

stern (2) [stɜːn] *s.* poppa *f.*

stew [stjuː] *s.* stufato *m.*

to stew [stjuː] *v. tr. e intr.* stufare

steward [stjʊəd] *s.* **1** assistente *m.* di volo, steward *m. inv.* **2** (*mil.*) dispensiere *m.*

stick [stɪk] *s.* **1** bastone *m.*, bastoncino *m.*, bacchetta *f.* **2** barra *f.*, stecca *f.* **3** gambo *m.*

to stick [stɪk] (*pass. e p.p.* **stuck**) **A** *v. tr.* **1** conficcare, infilare **2** attaccare, incollare **3** (*fam.*) sopportare **B**

v. intr. **1** conficcarsi **2** attaccarsi, appiccicarsi **3** incepparsi, bloccarsi ♦ **to s. out** sporgere; **to s. to** restare fedele a; **to s. up** attaccare, rapinare; **to s. up for** sostenere, difendere

sticker ['stɪkəʳ] *s.* cartellino *m.* adesivo, sticker *m. inv.*

sticking ['stɪkɪŋ] *agg.* appiccicoso, adesivo ♦ **s. plaster** cerotto

sticky ['stɪkɪ] *agg.* **1** appiccicoso, adesivo **2** *(fam.)* spiacevole

stiff [stɪf] **A** *agg.* **1** duro, rigido **2** indolenzito **3** freddo, austero **4** difficile, faticoso **5** *(di prezzo)* alto **6** *(di bevanda)* forte **B** *avv.* completamente ♦ **bored s.** annoiato a morte; **s. neck** torcicollo

to stiffen ['stɪfn] **A** *v. tr.* irrigidire, indurire **B** *v. intr.* **1** indurirsi, irrigidirsi **2** indolenzirsi

stiffening ['stɪfnɪŋ] *s.* irrigidimento *m.*

to stifle ['staɪfl] *v. tr. e intr.* soffocare

stifling ['staɪflɪŋ] *agg.* soffocante

to stigmatize ['stɪgmətaɪz] *v. tr.* stigmatizzare

stile [staɪl] *s.* scaletta *f.*

stiletto [stɪ'letəʊ] *s.* stiletto *m.*, punteruolo *m.* ♦ **s. heel** tacco a spillo

still (1) [stɪl] *agg.* **1** tranquillo, calmo **2** immobile, fermo ♦ **s. life** natura morta

still (2) [stɪl] *avv.* **1** ancora, tuttora **2** *(davanti a comp.)* anche, ancora **3** pure, tuttavia

stillborn ['stɪlbɔːn] *agg.* **1** nato morto **2** fallito

stillness ['stɪlnɪs] *s.* tranquillità *f.*

stilt [stɪlt] *s.* trampolo *m.*, palo *m.*

to stimulate ['stɪmjʊleɪt] *v. tr.* incentivare, stimolare

stimulus ['stɪmjʊləs] *(pl.* **stimuli)** *s.* stimolo *m.*

sting [stɪŋ] *s.* **1** pungiglione *m.*, aculeo *m.* **2** puntura *f.* **3** stimolo *m.*

to sting [stɪŋ] *(pass. e p. p.* **stung)** *v. tr.* **1** pungere **2** offendere, tormentare **3** incitare

stingy ['stɪndʒɪ] *agg.* avaro, taccagno

stink [stɪŋk] *s.* puzzo *m.*

to stink [stɪŋk] *(pass.* **stank**, **stunk**, *p. p.* **stunk)** *v. intr.* puzzare

stinking ['stɪŋkɪŋ] *agg.* **1** puzzolente, maleodorante **2** disgustoso

stint [stɪnt] *s.* **1** compito *m.*, lavoro *m.* **2** limite *m.*

to stint [stɪnt] *v. tr.* lesinare

to stipulate ['stɪpjʊleɪt] *v. tr.* stipulare, pattuire, convenire

stir [stɜːʳ] *s.* **1** rimescolata *f.* **2** confusione *f.*, trambusto *m.*

to stir [stɜːʳ] **A** *v. tr.* **1** agitare, mescolare **2** eccitare, incitare **B** *v. intr.* **1** agitarsi **2** alzarsi, essere attivo

stirrup ['stɪrəp] *s.* staffa *f.*

stitch [stɪtʃ] *s.* **1** punto *m.* **2** maglia *f.* **3** fitta *f.*

to stitch [stɪtʃ] *v. tr. e intr.* cucire

stoat [stəʊt] *s.* ermellino *m.*

stock [stɒk] **A** *s.* **1** assortimento *m.*, riserva *f.*, scorta *f.*, stock *m. inv.* **2** *(fin.)* azione *f.*, titolo *m.* **3** ceppo *m.*, tronco *m.* **4** base *f.*, sostegno *m.* **5** bestiame *m.* **6** razza *f.*, schiatta *f.* **7** materia *f.* prima **8** brodo *m.* **B** *agg.* comune, usuale ♦ **out of s.** esaurito; **s. cube** dado da brodo; **s. exchange** borsa valori; **s. farm** allevamento; **s. market** mercato azionario; **to take s.** fare l'inventario

to stock [stɒk] **A** *v. tr.* **1** fornire, approvvigionare **2** tenere in magazzino **B** *v. intr.* germogliare ♦ **to s. up** fare provviste

stockbroker ['stɒk,brəʊkəʳ] *s.* agente *m.* di cambio

stocking ['stɒkɪŋ] *s.* calza *f.*

stockist ['stɒkɪst] *s.* grossista *m.*, fornitore *m.*

stockpile ['stɒkpaɪl] *s.* scorta *f.*

stocktaking ['stɒkteɪkɪŋ] *s.* inventario *m.*

stocky ['stɒkɪ] *agg.* tarchiato

stodgy ['stɒdʒɪ] *agg.* **1** pesante, indigesto **2** noioso

to stoke [stəʊk] *v. tr.* attizzare, alimentare

stole (1) [stəʊl] *s.* stola *f.*

stole (2) [stəʊl] *pass. di* **to steal**

stolen ['stəʊl(ə)n] *p. p. di* **to steal**

stolid ['stɒlɪd] *agg.* imperturbabile, flemmatico

stomach ['stʌmək] *s.* stomaco *m.*, pancia *f.* ♦ **s.-ache** mal di stomaco

to stomach ['stʌmək] *v. tr.* **1** digerire **2** tollerare

stone [stəʊn] **A** *s.* **1** pietra *f.*, masso *m.*, sasso *m.*, ciottolo *m.* **2** nocciolo *m.* **3** *(med.)* calcolo *m.* **B** *avv.* completamente ♦ **S. Age** età della pietra; **s.-cold** gelido

to stone [stəʊn] *v. tr.* **1** lapidare **2** pavimentare **3** snocciolare

stood [stʊd] *pass. e p. p. di* **to stand**

stool [stuːl] *s.* sgabello *m.*

stoop (1) [stuːp] *s.* curvatura *f.*, inclinazione *f.*

stoop (2) [stuːp] *s.* *(USA)* veranda *f.*

to stoop [stuːp] *v. intr.* **1** chinarsi, piegarsi **2** accondiscendere

stop [stɒp] *s.* **1** arresto *m.*, fermata *f.*, sosta *f.* **2** segno *m.* di punteggiatura, punto *m.* **3** dispositivo *m.* di arresto ♦ **s. press** notizie dell'ultima ora

to stop [stɒp] **A** *v. tr.* **1** arrestare, fermare **2** interrompere, bloccare **3** tamponare **B** *v. intr.* **1** fermarsi, smettere, cessare **2** fare una fermata, fermarsi ♦ **to s. off** fare una sosta; **to s. up** intasare, ostruire

stopover ['stɒpˌəʊvəʳ] *s.* fermata *f.*, scalo *m.*

stoppage ['stɒpɪdʒ] *s.* **1** interruzione *f.*, sosta *f.* **2** ostruzione *f.*, intasamento *m.*

stopper ['stɒpəʳ] *s.* tappo *m.*, turacciolo *m.*

stopwatch ['stɒpwɒtʃ] *s.* cronografo *m.*

storage ['stɔːrɪdʒ] *s.* **1** immagazzinamento *m.* **2** magazzino *m.* **3** *(di batteria)* carica *f.*

store [stɔːʳ] *s.* **1** scorta *f.*, provvista *f.* **2** deposito *m.*, magazzino *m.* **3** negozio *m.* **4** *al pl.* depositi *m.* di magazzino ♦ **department s.** grande magazzino; **s. room** dispensa, ripostiglio

to store [stɔːʳ] *v. tr.* **1** immagazzinare, accumulare **2** fornire, provvedere **3** *(inf.)* memorizzare

storey ['stɔːrɪ] *(USA* **story)** *s.* *(di casa)* piano *m.*

stork [stɔːk] *s.* cicogna *f.*

storm [stɔːm] *s.* **1** tempesta *f.*, burrasca *f.*, uragano *m.* **2** assalto *m.*

to storm [stɔːm] **A** *v. intr.* **1** infuriare, scatenarsi **2** precipitarsi **B** *v. tr.* assalire

stormy ['stɔːmɪ] *agg.* tempestoso

story ['stɔːrɪ] *s.* storia *f.*, racconto *m.*, narrazione *f.* ♦ **s. teller** narratore

stout [staʊt] **A** *agg.* **1** forte, robusto **2** corpulento **3** coraggioso **B** *s.* birra *f.* scura

stove (1) [stəʊv] *s.* stufa *f.*, fornello *m.*

stove (2) [stəʊv] *pass. e p. p.* di **to stove**

to stow [stəʊ] *v. tr.* mettere via, stivare ♦ **to s. away** fare il clandestino

strabismus [strəˈbɪzməs] *s.* strabismo *f.*

to straddle [ˈstrædl] *v. intr.* **1** stare a cavalcioni **2** esitare, essere titubante

to straggle [ˈstrægl] *v. intr.* **1** disperdersi, sbandarsi **2** girovagare

straggly [ˈstræglɪ] *agg.* sparpagliato

straight [streɪt] **A** *agg.* **1** diritto, ritto, eretto **2** giusto, onesto **3** franco, leale **4** in ordine, a posto **5** puro, liscio **B** *avv.* **1** diritto, in linea retta **2** direttamente **3** francamente **4** onestamente ♦ **s. off** subito, senza esitazioni; **s. on** sempre dritto

to straightaway [ˈstreɪtəweɪ] *avv.* immediatamente

to straighten [ˈstreɪtn] *v. tr. e intr.* raddrizzare, raddrizzarsi ♦ **to s. out** mettere a posto

straightforward [streɪtˈfɔːwəd] *agg.* **1** diritto **2** retto, onesto **3** semplice, chiaro

strain [streɪn] *s.* **1** sforzo *m.*, tensione *f.* **2** preoccupazione *f.* **3** (*med.*) strappo *m.* muscolare, distorsione *f.* **4** (*tecnol.*) sollecitazione *f.*

to strain [streɪn] *v. tr.* **1** tendere, sforzare **2** affaticare **3** distorcere **4** abusare di **5** filtrare, colare

strained [streɪnd] *agg.* **1** teso, difficile **2** sforzato **3** affaticato, indebolito

strainer [ˈstreɪnə*] *s.* colino *m.*, filtro *m.*

strait [streɪt] *s.* **1** (*geogr.*) stretto *m.* **2** *al pl.* ristrettezze *f. pl.*, difficoltà *f. pl.*

straitjacket [ˈstreɪtˌdʒækɪt] *s.* camicia *f.* di forza

strand [strænd] *s.* **1** filo *m.*, trefolo *m.* **2** (*di capelli*) ciocca *f.*

to strand [strænd] *v. intr.* arenarsi, incagliarsi

strange [streɪndʒ] *agg.* **1** strano, bizzarro **2** estraneo, sconosciuto **3** non abituato

stranger [ˈstreɪn(d)ʒə*] *s.* sconosciuto *m.*

to strangle [ˈstræŋgl] *v. tr.* strangolare, strozzare

strap [stræp] *s.* **1** cinghia *f.*, cinturino *m.* **2** spallina *f.*, bretella *f.*

strapping [ˈstræpɪŋ] *agg.* robusto, ben piantato

strategic(al) [strəˈtiːdʒɪk((ə)l)] *agg.* strategico

strategics [strəˈtiːdʒɪks] *s. pl.* (*v. al sing.*) strategia *f.*

strategy [ˈstrætɪdʒɪ] *s.* strategia *f.*

to stratify [ˈstrætɪfaɪ] *v. tr. e intr.* stratificare, stratificarsi

stratosphere [ˈstrætə(ʊ)sfɪə*] *s.* stratosfera *f.*

stratum [ˈstrɑːtəm] (*pl.* **strata**) *s.* strato *m.*

straw [strɔː] *s.* **1** paglia *f.* **2** cannuccia *f.*

strawberry [ˈstrɔːb(ə)rɪ] *s.* fragola *f.*

stray [streɪ] *agg.* **1** smarrito, randagio **2** casuale, fortuito **3** isolato, sparso

to stray [streɪ] *v. intr.* **1** vagare, vagabondare **2** deviare, divagare

streak [striːk] *s.* **1** striscia *f.*, riga *f.* **2** vena *f.*, filone *m.* **3** traccia *f.*, tocco *m.*

to streak [striːk] **A** *v. tr.* venare, screziare **B** *v. intr.* (*fam.*) andare come un lampo

stream [striːm] *s.* **1** corso *m.* d'acqua, ruscello *m.*, torrente *m.* **2** corrente *f.* **3** fiumana *f.*, flusso *m.*, fiotto *m.*

to stream [striːm] *v. intr.* **1** scorrere, fluire **2** fluttuare, ondeggiare

streamer [ˈstriːmə*] *s.* **1** stella *f.* filante **2** aurora *f.* boreale **3** (*naut.*) fiamma *f.* **4** (*USA*) titolone *m.* (*su giornale*)

streamlined [ˈstriːmlaɪnd] *agg.* aerodinamico, affusolato

street [striːt] *s.* strada *f.*, via *f.* ♦ **s. lamp** lampione

streetcar [ˈstriːtkɑː*] *s.* tram *m.*

strength [streŋθ] *s.* forza *f.*, energia *f.*, potenza *f.*

to strengthen [ˈstreŋθ(ə)n] *v. tr.* fortificare, potenziare, rinforzare

strenuous [ˈstrenjʊəs] *agg.* **1** strenuo, energico, attivo **2** faticoso, arduo

stress [stres] *s.* **1** spinta *f.*, pressione *f.* **2** tensione *f.*, stress *m. inv.* **3** (*mecc.*) sforzo *m.*, sollecitazione *f.* **4** accento *m.*

to stress [stres] *v. tr.* **1** forzare **2** accentuare **3** accentare

stretch [stretʃ] *s.* **1** stiramento *m.*, allungamento *m.*, tensione *f.* **2** distesa *f.*, estensione *f.*

to stretch [stretʃ] **A** *v. tr.* **1** tendere, distendere, tirare, allungare **2** forzare **B** *v. intr.* stendersi, distendersi, allungarsi ♦ **to s. out** tendere, allungare

stretcher [ˈstretʃə*] *s.* barella *f.*

stretching [ˈstretʃɪŋ] *s.* stiramento *m.*, allungamento *m.*

to strew [struː] (*pass.* **strewed** *p. p.* **strewn**, **strewed**) *v. tr.* spargere, cospargere

stricken [ˈstrɪk(ə)n] *agg.* colpito

strict [strɪkt] *agg.* **1** severo, rigoroso **2** stretto, preciso

strictness [ˈstrɪk(t)nɪs] *s.* **1** severità *f.*, rigore *m.* **2** precisione *f.*

to stride [straɪd] (*pass.* **strode**, *p. p.* **stridden**) *v. intr.* camminare a gran passi

strife [straɪf] *s.* conflitto *m.*

strike [straɪk] *s.* **1** sciopero *m.* **2** (*mil.*) attacco *m.* **3** (*di giacimento*) scoperta *f.* **4** colpo *m.* di fortuna

to strike [straɪk] (*pass.* **struck**, *p. p.* **struck**, **stricken**) **A** *v. tr.* **1** battere, colpire **2** impressionare, trovare, scoprire **3** coniare **B** *v. intr.* **1** battere, urtare **2** battere le ore **3** penetrare, infiltrarsi **4** attecchire **5** scioperare ♦ **to s. at** colpire; **to s. down** abbattere; **to s. off** mozzare, cancellare, radiare; **to s. up** attaccare (a suonare)

striking [ˈstraɪkɪŋ] *agg.* impressionante

string [strɪŋ] *s.* **1** stringa *f.*, legaccio *m.* **2** corda *f.*, spago *m.* **3** (*mus.*) corda *f.* **4** serie *f.*, sfilza *f.*, catena *f.* ♦ **s. bean** fagiolino

to string [strɪŋ] (*pass. e p. p.* **strung**) *v. tr.* **1** legare con corde **2** incordare **3** infilare ♦ **to s. out** disporre in fila; **to s. up** appendere

stringed [strɪŋd] *agg.* (*mus.*) a corda

stringent [ˈstrɪn(d)ʒənt] *agg.* **1** rigoroso **2** impellente

strip [strɪp] *s.* striscia *f.* ♦ **s. cartoon** fumetto

to strip [strɪp] **A** *v. tr.* **1** strappare, togliere **2** denudare, spogliare **3** smontare, smantellare **B** *v. intr.* **1** spogliarsi, svestirsi **2** (*di vite*) spanarsi

stripe [straɪp] *s.* **1** striscia *f.* **2** gallone *m.*

striped [straɪpt] *agg.* **1** a strisce, a righe **2** gallonato

stripper [ˈstrɪpə*] *s.* spogliarellista *m. e f.*

striptease [ˈstrɪpˌtiːz] *s.* spogliarello *m.*

to strive [straɪv] (*pass.* **strove**, *p. p.* **striven**) *v. intr.*

sforzarsi, lottare

strode [strəʊd] *pass. di* **to stride**

stroke [strəʊk] *s.* **1** colpo *m.*, percossa *f.* **2** (*nuoto*) bracciata *f.*, (*canottaggio*) vogata *f.*, (*tennis*) battuta *f.* **3** tocco *m.*, tratto *m.* **4** (*med.*) colpo *m.* apoplettico

to stroke (1) [strəʊk] *v. tr.* lisciare, accarezzare

to stroke (2) [strəʊk] *v. intr.* vogare

stroll [strəʊl] *s.* passeggiata *f.*

to stroll [strəʊl] *v. intr.* passeggiare

stroller ['strəʊlər] *s.* passeggino *m.*

strong [strɒŋ] *agg.* **1** forte, robusto **2** energico, vigoroso **3** efficace **4** considerevole ♦ **s. room** camera blindata

strongbox ['strɒŋbɒks] *s.* cassaforte *f.*

stronghold ['strɒŋhəʊld] *s.* roccaforte *f.*

strongly ['strɒŋlɪ] *avv.* **1** molto, fortemente, vivamente **2** solidamente

strophe ['strəʊfɪ] *s.* strofa *f.*

strove [strəʊv] *pass. di* **to strive**

structural ['strʌktʃ(ə)r(ə)l] *agg.* strutturale

structuralism ['strʌktʃ(ə)r(ə)lɪz(ə)m] *s.* strutturalismo *m.*

structure ['strʌktʃər] *s.* struttura *f.*

struggle ['strʌgl] *s.* lotta *f.*

to struggle ['strʌgl] *v. intr.* lottare, sforzarsi

to strum [strʌm] *v. tr. e intr.* strimpellare

strung [strʌŋ] *pass. e p. p. di* **to string**

strut [strʌt] *s.* puntone *m.*

to strut [strʌt] *v. intr.* incedere impettito, pavoneggiarsi

stub [stʌb] *s.* **1** troncone *m.*, ceppo *m.* **2** mozzicone *m.* **3** matrice *f.*, talloncino *m.*

to stub [stʌb] *v. tr.* **1** estirpare, sradicare **2** urtare ♦ **to s. out** (*sigaretta*) spegnere

stubble ['stʌbl] *s.* stoppia *f.*

stubborn ['stʌbən] *agg.* ostinato, testardo

stubbornness ['stʌbənnɪs] *s.* ostinazione *f.*, testardaggine *f.*

stucco ['stʌkəʊ] *s.* stucco *m.*

stuck [stʌk] *A agg. e p. p. di* **to stick** *B agg.* **1** bloccato **2** incollato **3** (*fam.*) nei guai ♦ **s.-up** presuntuoso

stud (1) [stʌd] *s.* **1** bottoncino *m.* **2** borchia *f.* **3** perno *m.*

stud (2) [stʌd] *s.* **1** scuderia *f.* **2** stallone *m.*

student ['stju:d(ə)nt] *s.* **1** studente *m.* **2** studioso *m.*

studio ['stju:dɪəʊ] (*pl.* **studios**) *s.* **1** (*d'artista*) studio *m.* **2** (*cine.*, *TV*) teatro *m.* di posa, studio *m.* **3** monolocale *m.*

studious ['stju:dɪəs] *agg.* **1** studioso **2** studiato

study ['stʌdɪ] *s.* studio *m.*

to study ['stʌdɪ] *A v. tr.* **1** studiare **2** esaminare *B v. intr.* studiare

stuff [stʌf] *s.* **1** materiale *m.*, sostanza *f.* **2** cosa *f.*, roba *f.*

to stuff [stʌf] *v. tr.* **1** riempire, imbottire **2** (*cuc.*) farcire **3** impagliare, imbalsamare **4** rimpinzare

stuffing ['stʌfɪŋ] *s.* **1** imbottitura *f.* **2** (*cuc.*) ripieno *m.* ♦ **s. box** premistoppa

stuffy ['stʌfɪ] *agg.* **1** soffocante, senz'aria **2** ottuso

to stumble ['stʌmbl] *v. intr.* **1** inciampare **2** impappinarsi **3** fare un passo falso

stumbling-block ['stʌmblɪŋblɒk] *s.* ostacolo *m.*, impedimento *m.*

stump [stʌmp] *s.* **1** ceppo *m.* **2** moncone *m.* **3** matrice *f.*

to stun [stʌn] *v. tr.* **1** stordire **2** sbalordire

stung [stʌŋ] *pass. e p. p. di* **to sting**

stunk [stʌŋk] *pass. e p. p. di* **to stink**

stunning ['stʌnɪŋ] *agg.* **1** assordante **2** (*fam.*) stupendo

stunt [stʌnt] *s.* **1** acrobazia *f.* **2** bravata *f.*, esibizione *f.* **3** trovata *f.* pubblicitaria ♦ **s. man** cascatore

stunted ['stʌntɪd] *agg.* stentato, striminzito

to stupefy ['stju:pɪfaɪ] *v. tr.* **1** instupidire, stordire **2** stupefare

stupendous [stju:'pendəs] *agg.* stupendo

stupid ['stju:pɪd] *agg.* stupido, cretino

stupidity [stju:'pɪdɪtɪ] *s.* stupidità *f.*

sturdy ['stɜ:dɪ] *agg.* robusto, forte

stutter ['stʌtər] *s.* balbuzie *f.*

to stutter ['stʌtər] *v. intr.* balbettare

sty (1) [staɪ] *s.* porcile *m.*

sty (2) [staɪ] *s.* orzaiolo *m.*

style [staɪl] *s.* stile *m.*

stylish ['staɪlɪʃ] *agg.* elegante, alla moda

stylist ['staɪlɪst] *s.* stilista *m. e f.*

stylobate ['staɪləbeɪt] *s.* stilobate *m.*

stylus ['staɪləs] *s.* stilo *m.*

suave [swɑ:v] *agg.* soave

subaqueous [sʌb'eɪkwɪəs] *agg.* subacqueo

subconscious [sʌb'kɒnʃəs] *agg. e s.* subconscio *m.*

subcutaneous [ˌsʌbkju:'teɪnɪəs] *agg.* sottocutaneo

to subdivide [ˌsʌbdɪ'vaɪd] *v. tr. e intr.* suddividere, suddividersi

to subdue [səb'dju:] *v. tr.* **1** sottomettere, dominare **2** attenuare

subject ['sʌbdʒɪkt] *A agg.* soggetto, sottoposto *B s.* **1** soggetto *m.*, argomento *m.*, materia *f.* **2** (*gramm.*) soggetto *m.* **3** cittadino *m.*, suddito *m.* **4** esemplare *m.*, soggetto *m.*

to subject [səb'dʒekt] *v. tr.* **1** assoggettare **2** esporre, sottoporre

subjective [sʌb'dʒektɪv] *agg.* soggettivo

subjunctive [səb'dʒʌŋ(k)tɪv] *agg. e s.* (*gramm.*) congiuntivo *m.*

to sublet [sʌb'let] (*pass. e p. p.* **sublet**) *v. tr.* subaffittare

sublime [sə'blaɪm] *agg.* sublime, eccelso

submarine ['sʌbmari:n] *A agg.* sottomarino, subacqueo *B s.* sottomarino *m.*

to submerge [səb'mɜ:dʒ] *v. tr. e intr.* immergere, immergersi

submersion [səb'mɜ:ʃ(ə)n] *s.* immersione *f.*

submission [səb'mɪʃ(ə)n] *s.* **1** sottomissione *f.* **2** (*di domanda*) presentazione *f.*

to submit [səb'mɪt] *A v. tr.* sottoporre, presentare *B v. intr.* sottomettersi, arrendersi

subnormal [sʌb'nɔ:m(ə)l] *agg.* subnormale

subordinate [sə'bɔ:dɪnɪt] *agg. e s.* subordinato *m.*

to subordinate [sə'bɔ:dɪneɪt] *v. tr.* subordinare

subpoena [səb'pi:nə] *s.* (*dir.*) citazione *f.* in giudizio

to subscribe [səb'skraɪb] *A v. tr.* **1** sottoscrivere, firmare **2** contribuire con *B v. intr.* **1** sottoscrivere **2** approvare, aderire **3** abbonarsi

subscriber [səb'skraɪbər] *agg. e s.* abbonato *m.*

subscription [səb'skrɪpʃ(ə)n] s. **1** sottoscrizione f. **2** abbonamento m. ♦ **to discontinue a s.** disdire un abbonamento; **to take out a s.** abbonarsi

subsequent ['sʌbsɪkwənt] agg. successivo, seguente

to subside [səb'saɪd] v. intr. **1** calare, abbassarsi **2** calmarsi, placarsi **3** lasciarsi cadere

subsidence [səb'saɪd(ə)ns] s. **1** abbassamento m., cedimento m.

subsidiary [səb'sɪdjərɪ] A agg. sussidiario, ausiliario, accessorio B s. (società) consociata f.

to subsidize ['sʌbsɪdaɪz] v. tr. sovvenzionare

subsidy ['sʌbsɪdɪ] s. sussidio m.

subsistence [səb'sɪst(ə)ns] s. sussistenza f., mantenimento m.

substance ['sʌbst(ə)ns] s. sostanza f.

substantial [səb'stænʃ(ə)l] agg. **1** sostanzioso, solido **2** sostanziale, notevole

substantive ['sʌbst(ə)ntɪv] s. sostantivo m.

substitute ['sʌbstɪtjuːt] s. **1** sostituto m., delegato m. **2** surrogato m.

to substitute ['sʌbstɪtjuːt] v. tr. sostituire, rimpiazzare

substitution [ˌsʌbstɪ'tjuːʃ(ə)n] s. sostituzione f.

subterfuge ['sʌbtəfjuːdʒ] s. sotterfugio m.

subterranean [ˌsʌbtə'reɪnjən] agg. sotterraneo

to subtilize ['sʌtɪlaɪz] v. tr. e intr. sottilizzare

subtle ['sʌtl] agg. sottile

to subtract [səb'trækt] v. tr. sottrarre

subtraction [səb'trækʃ(ə)n] s. sottrazione f.

suburb ['sʌbɜːb] s. sobborgo m., periferia f.

suburban [sə'bɜːb(ə)n] agg. suburbano, periferico

suburbia [sə'bɜːbɪə] s. sobborghi m. pl.

subvention [sʌb'venʃ(ə)n] s. sovvenzione f.

subversive [sʌb'vɜːsɪv] agg. sovversivo

subway ['sʌbweɪ] s. **1** sottopassaggio m. **2** (USA) metropolitana f.

to succeed [sək'siːd] A v. intr. **1** riuscire, aver successo **2** succedere B v. tr. succedere a, subentrare a

succeeding [sək'siːdɪŋ] agg. successivo, seguente

success [sək'ses] s. successo m.

successful [sək'sesf(ʊ)l] agg. riuscito, di successo

succession [sək'seʃ(ə)n] s. successione f.

successive [sək'sesɪv] agg. successivo

successor [sək'sesər] s. successore m.

to succumb [sə'kʌm] v. intr. soccombere

such [sʌtʃ, sətʃ] A agg. **1** tale, simile **2** così tanto B pron. tale, tali, questo, questa, questi, queste C avv. così, talmente, tanto ♦ **and s.** e così via, e simili; **as s.** come tale; **s. as** come, quale; **s. that** tale che

to suck [sʌk] v. tr. succhiare

sucker ['sʌkər] s. **1** ventosa f. **2** (fam.) babbeo m.

to suckle ['sʌkl] v. tr. allattare

suction ['sʌkʃ(ə)n] s. **1** suzione f. **2** (mecc.) aspirazione f.

sudden ['sʌdn] agg. improvviso ♦ **all of a s.** improvvisamente

suds [sʌdz] s. pl. schiuma f. di sapone

to sue [sjuː] v. tr. querelare, citare in giudizio

suede [sweɪd] s. pelle f. scamosciata

suet [sjʊt] s. sugna f.

to suffer ['sʌfər] A v. tr. **1** soffrire, patire **2** sopportare

B v. intr. soffrire

sufferer ['sʌf(ə)rər] s. sofferente m. e f.

suffering ['sʌf(ə)rɪŋ] s. sofferenza f.

to suffice [sə'faɪs] v. tr. e intr. bastare

sufficient [s(ə)'fɪʃ(ə)nt] agg. sufficiente, bastante

to suffocate ['sʌfəkeɪt] v. tr. e intr. soffocare

suffocation [ˌsʌfə'keɪʃ(ə)n] s. soffocamento m.

suffrage ['sʌfrɪdʒ] s. suffragio m.

to suffuse [sə'fjuːz] v. tr. soffondere

sugar ['ʃʊgər] s. zucchero m. ♦ **cane s.** zucchero di canna; **lump s.** zucchero in zollette; **s. basin/bowl** zuccheriera; **s. beet** barbabietola da zucchero

to sugar ['ʃʊgər] v. tr. zuccherare

sugared ['ʃʊgəd] agg. zuccherato

sugary ['ʃʊgərɪ] agg. **1** zuccherino **2** mellifluo

to suggest [sə'dʒest] v. tr. **1** suggerire, proporre **2** indicare, far pensare a **3** sostenere

suggestible [sə'dʒestəbl] agg. suggestionabile

suggestion [sə'dʒestʃ(ə)n] s. suggerimento m.

suggestive [sə'dʒestɪv] agg. **1** suggestivo, evocativo **2** indicativo **3** provocante, sconveniente

suicide ['sjʊɪsaɪd] s. **1** suicidio m. **2** suicida m. e f.

suit [sjuːt] s. **1** abito m. (da uomo), completo m. **2** (di carte da gioco) seme m. **3** (dir.) causa f.

to suit [sjuːt] A v. tr. adattarsi a, soddisfare B v. intr. convenire, andare bene

suitable ['sjuːtəbl] agg. adatto, appropriato

suitcase ['sjuːtkeɪs] s. valigia f.

suite [swiːt] s. **1** appartamento m. **2** (mus.) suite f.

suitor ['sjuːtər] s. pretendente m. e f.

to sulk [sʌlk] v. intr. essere imbronciato

sulky ['sʌlkɪ] agg. imbronciato

sullen ['sʌlən] agg. scontroso

to sully ['sʌlɪ] v. tr. macchiare, deturpare

sulphate ['sʌlfeɪt] s. solfato m.

sulphur ['sʌlfər] s. zolfo m.

sultan ['sʌlt(ə)n] s. sultano m.

sultana [sʌl'tɑːnə] s. **1** sultana f. **2** uva f. sultanina

sultanate ['sʌltənɪt] s. sultanato m.

sultriness ['sʌltrɪnɪs] s. afa f.

sultry ['sʌltrɪ] agg. **1** afoso, soffocante **2** appassionato

sum [sʌm] s. **1** somma f., addizione f. **2** (di denaro) somma f., quantità f.

to sum [sʌm] v. tr. e intr. sommare ♦ **to s. up** ricapitolare, riassumere

to summarize ['sʌməraɪz] v. tr. ricapitolare, riassumere

summary ['sʌmərɪ] s. compendio m., riassunto m.

summer ['sʌmər] A s. estate f. B agg. estivo ♦ **s. house** casa di campagna, padiglione; **s. time** ora legale

summertime ['sʌmətaɪm] s. estate f.

summit ['sʌmɪt] s. **1** sommità f., vertice m. **2** summit m. inv., incontro m. al vertice

to summon ['sʌmən] v. tr. **1** citare in giudizio **2** convocare ♦ **to s. up** chiamare a raccolta

summons ['sʌmənz] s. citazione f.

sump [sʌmp] s. **1** pozzo m. nero **2** (mecc.) coppa f.

sumptuous ['sʌm(p)tjʊəs] agg. sontuoso

sun [sʌn] s. sole m.

to **sunbathe** ['sʌnbeɪð] v. intr. prendere il sole
sunburn ['sʌnbɜːn] s. scottatura f.
sunburnt ['sʌnbɜːnt] agg. scottato dal sole
Sunday ['sʌndɪ] s. domenica f.
sundial ['sʌndaɪ(ə)l] s. meridiana f.
sundown ['sʌndaʊn] s. tramonto m.
sundries ['sʌndrɪz] s. pl. **1** oggetti m. pl. vari, cianfrusaglie f. pl. **2** spese f. pl. varie
sundry ['sʌndrɪ] agg. diversi, vari
sunflower ['sʌn,flaʊər] s. girasole m.
sung [sʌŋ] p. p. di **to sing**
sunk [sʌŋk] p. p. di **to sink**
sunlight ['sʌnlaɪt] s. luce f. del giorno
sunny ['sʌnɪ] agg. **1** soleggiato **2** allegro
sunrise ['sʌnraɪz] s. levata f. del sole
sunset ['sʌnsɛt] s. tramonto m.
sunshade ['sʌnʃeɪd] s. parasole m. inv.
sunshine ['sʌnʃaɪn] s. (luce del) sole m.
sunstroke ['sʌnstrəʊk] s. insolazione f.
suntan ['sʌntæn] s. abbronzatura f.
super ['sjuːpər] agg. (fam.) ottimo, eccellente, di prim'ordine
superannuation [,sjuːpə,rænjʊ'eɪʃ(ə)n] s. collocamento m. a riposo, pensione f.
superb [sjuː'pɜːb] agg. superbo, magnifico
supercilious [,sjuːpə'sɪlɪəs] agg. altezzoso
superconductivity ['sjuːpə,kɒndʌk'tɪvɪtɪ] s. superconduttività f.
superficial [,sjuːpə'fɪʃ(ə)l] agg. superficiale
superfluous [sjuː(ː)'pɜːfluəs] agg. superfluo
superhuman [,sjuːpə'hjuːmən] agg. sovrumano
to **superimpose** [,sjuːpərɪm'pəʊz] v. tr. sovrapporre
to **superintend** [,sjuːpə(ə)rɪn'tɛnd] v. tr. e intr. soprintendere
superior [sjuː'pɪərɪər] agg. superiore
superiority [sjuː,pɪərɪ'ɒrɪtɪ] s. superiorità f.
superlative [sjuː'pɜːlətɪv] agg. e s. superlativo m.
supermarket ['sjuːpə,mɑːkɪt] s. supermercato m., supermarket m. inv.
supernatural [,sjuːpə'nætʃr(ə)l] agg. soprannaturale
superpower ['sjuːpə,paʊər] s. superpotenza f.
to **supersede** [,sjuː(ː)pə'siːd] v. tr. soppiantare, rimpiazzare
superstition [,sjuːpə'stɪʃ(ə)n] s. superstizione f.
superstitious [,sjuːpə'stɪʃəs] agg. superstizioso
supertanker ['sjuːpə,tæŋkər] s. superpetroliera f.
to **supervene** [,sjuːpə'viːn] v. intr. sopraggiungere
to **supervise** ['sjuːpəvaɪz] v. tr. sovrintendere, dirigere
supervision [,sjuːpə'vɪʒ(ə)n] s. supervisione f.
supervisor ['sjuːpəvaɪzər] s. sorvegliante m. e f., supervisore m.
supine [sjuː'paɪn] agg. supino
supper ['sʌpər] s. cena f.
to **supplant** [sə'plɑːnt] v. tr. soppiantare, scavalcare
supple ['sʌpl] agg. **1** flessibile **2** agile
supplement ['sʌplɪmənt] s. supplemento m.
to **supplement** ['sʌplɪ,mənt] v. tr. completare, integrare
supplementary [,sʌplɪ'ment(ə)rɪ] agg. supplementa-

re, integrativo
supplier [sə'plaɪər] s. fornitore m.
supply [sə'plaɪ] s. **1** rifornimento m., provvista f., scorta f. **2** (econ.) offerta f. **3** al pl. viveri m. pl. **4** al pl. sussidi m. pl.
to **supply** [sə'plaɪ] v. tr. **1** fornire, provvedere **2** soddisfare **3** supplire
support [sə'pɔːt] s. supporto m., sostegno m.
to **support** [sə'pɔːt] v. tr. sostenere
supporter [sə'pɔːtər] s. sostenitore m., tifoso m.
to **suppose** [sə'pəʊz] v. tr. supporre
supposedly [sə'pəʊzɪdlɪ] avv. **1** presumibilmente **2** apparentemente
supposition [,sʌpə'zɪʃ(ə)n] s. supposizione f.
suppository [sə'pɒzɪt(ə)rɪ] s. supposta f.
to **suppress** [sə'prɛs] v. tr. sopprimere
supremacy [sjʊ'prɛməsɪ] s. supremazia f.
supreme [sjʊ(ː)'priːm] agg. supremo
surcharge ['sɜːtʃɑːdʒ] s. **1** sovraccarico m. **2** soprattassa f., maggiorazione f. **3** sovrapprezzo m.
to **surcharge** [sɜː'tʃɑːdʒ] v. tr. **1** sovraccaricare **2** applicare una sovrattassa, un sovrapprezzo a
sure [ʃʊər] **A** agg. sicuro **B** avv. certamente, sicuramente, davvero
surely ['ʃʊəlɪ] avv. certamente
surety ['ʃʊətɪ] s. (dir.) garanzia f.
surf [sɜːf] s. **1** cresta f. dell'onda **2** al pl. frangenti m. pl.
to **surf** [sɜːf] v. intr. praticare il surf
surface ['sɜːfɪs] s. superficie f.
to **surface** ['sɜːfɪs] **A** v. tr. **1** far emergere **2** spianare, pavimentare **B** v. intr. venire alla superficie, emergere
surfboard ['sɜːf,bɔːd] s. (tavola da) surf m. inv.
surfeit ['sɜːfɪt] s. **1** eccesso m. **2** sazietà f.
surfing ['sɜːfɪŋ] s. surf m. inv.
surge [sɜːdʒ] s. **1** ondata f. **2** slancio m., impeto m.
to **surge** [sɜːdʒ] v. intr. ondeggiare, fluttuare, agitarsi
surgeon ['sɜːdʒ(ə)n] s. chirurgo m.
surgery ['sɜːdʒ(ə)rɪ] s. **1** chirurgia f. **2** ambulatorio m.
♦ **s. hours** orario delle visite
surgical ['sɜːdʒɪk(ə)l] agg. **1** chirurgico **2** ortopedico
surly ['sɜːlɪ] agg. burbero
surname ['sɜːneɪm] s. cognome m.
to **surpass** [sɜː'pɑːs] v. tr. superare
surplus ['sɜːpləs] **A** agg. eccedente **B** s. eccedenza f., sovrappiù m. inv., surplus m. inv. ♦ **s. value** plusvalore
surprise [sə'praɪz] s. sorpresa f.
to **surprise** [sə'praɪz] v. tr. sorprendere
surprising [sə'praɪzɪŋ] agg. sorprendente
surrealism [sə'rɪəlɪz(ə)m] s. surrealismo m.
surrealist [sə'rɪəlɪst] s. surrealista m. e f.
surrender [sə'rɛndər] s. **1** resa f., capitolazione f. **2** cessione f.
to **surrender** [sə'rɛndər] **A** v. tr. **1** cedere, consegnare **2** rinunciare a **B** v. intr. arrendersi, capitolare
surreptitious [,sʌrəp'tɪʃəs] agg. **1** clandestino, furtivo **2** (dir.) surrettizio
surrogate ['sʌrəgɪt] s. sostituto m., surrogato m.
to **surround** [sə'raʊnd] v. tr. circondare
surrounding [sə'raʊndɪŋ] **A** agg. circostante **B** s. al pl.

1 dintorni *m. pl.* **2** condizioni *f. pl.* ambientali
surveillance [sɜːˈveɪləns] *s.* sorveglianza *f.*
survey [ˈsɜːveɪ] *s.* **1** esame *m.*, indagine *f.*, rassegna *f.* **2** perizia *f.*, verifica *f.*, valutazione *f.* **3** rilevamento *m.*
to survey [sɜːˈveɪ] *v. tr.* **1** osservare, esaminare **2** ispezionare, sorvegliare, visitare **3** valutare, fare la perizia di **4** rilevare
surveyor [sɜːˈveɪəʳ] *s.* ispettore *m.*, sovraintendente *m.*
survival [səˈvaɪv(ə)l] *s.* **1** sopravvivenza *f.* **2** reliquia *f.*
to survive [səˈvaɪv] *v. tr. e intr.* sopravvivere (a)
survivor [səˈvaɪvəʳ] *s.* superstite *m. e f.*
susceptible [səˈseptəbl] *agg.* **1** sensibile **2** suscettibile
suspect [ˈsʌspekt] **A** *agg.* sospetto **B** *s.* persona *f.* sospetta
to suspect [ˈsəspekt] *v. tr. e intr.* sospettare
to suspend [səsˈpend] *v. tr.* **1** sospendere, appendere **2** differire
suspender [sʌsˈpendəʳ] *s.* **1** giarrettiera *f.* **2** *al pl.* (USA) bretelle *f. pl.* ◆ **s. belt** reggicalze
suspense [səsˈpens] *s.* suspense *f. inv.*
suspension [səsˈpenʃ(ə)n] *s.* sospensione *f.*
suspicion [səsˈpɪʃ(ə)n] *s.* sospetto *m.*
suspicious [səsˈpɪʃəs] *agg.* **1** sospettoso **2** sospetto
to sustain [səsˈteɪn] *v. tr.* **1** sostenere, sopportare, reggere **2** (dir.) appoggiare, accogliere **3** confermare
sustenance [ˈsʌstɪnəns] *s.* sostentamento *m.*
sutler [ˈsʌtləʳ] *s.* vivandiere *m.*
suture [ˈsuːtʃəʳ] *s.* sutura *f.*
to suture [ˈsuːtʃəʳ] *v. tr.* suturare
swab [swɒb] *s.* (med.) tampone *m.*
to swagger [ˈswægəʳ] *v. intr.* pavoneggiarsi
swallow (1) [ˈswɒləʊ] *s.* rondine *f.*
swallow (2) [ˈswɒləʊ] *s.* **1** deglutizione *f.* **2** boccone *m.*, sorso *m.*
to swallow [ˈswɒləʊ] *v. tr. e intr.* deglutire, inghiottire
swam [swæm] *pass. di* **to swim**
swamp [swɒmp] *s.* palude *f.*
to swamp [swɒmp] *v. tr.* inondare
swampy [ˈswɒmpɪ] *agg.* paludoso
swan [swɒn] *s.* cigno *m.*
to swap [swɒp] *v. tr.* barattare, scambiare
swarm [swɔːm] *s.* sciame *m.*
to swarm [swɔːm] *v. intr.* **1** sciamare **2** brulicare
swarthy [ˈswɔːðɪ] *agg.* bruno, scuro
swastika [ˈswæstɪkə] *s.* svastica *f.*
to swat [swɒt] *v. tr.* colpire, schiacciare
swatch [swɒtʃ] *s.* campione *m.* (di stoffa)
to sway [sweɪ] **A** *v. tr.* **1** far oscillare, far ondeggiare **2** dominare, governare **3** influenzare **B** *v. intr.* oscillare, ondeggiare
to swear [sweəʳ] (pass. **swore**, p. p. **sworn**) *v. tr. e intr.* **1** giurare **2** imprecare, bestemmiare
swearword [ˈsweəwɜːd] *s.* parolaccia *f.*, imprecazione *f.*
sweat [swet] *s.* **1** sudore *m.* **2** sudata *f.*, faticata *f.*
to sweat [swet] **A** *v. intr.* **1** sudare **2** sgobbare **B** *v. tr.* **1** sudare, trasudare **2** bagnare **3** sfruttare

sweater [ˈswetəʳ] *s.* maglione *m.*
sweatshirt [ˈswetʃɜːt] *s.* felpa *f.*
sweaty [ˈswetɪ] *agg.* sudato
Swede [swiːd] *s.* svedese *m. e f.*
Swedish [ˈswiːdɪʃ] *agg.* svedese
sweep [swiːp] *s.* **1** scopata *f.*, spazzata *f.* **2** movimento *m.* ampio **3** ambito *m.*, portata *f.* **4** distesa *f.*, tratto *m.* **5** spazzacamino *m.*
to sweep [swiːp] (pass. e p. p. **swept**) **A** *v. tr.* **1** scopare, spazzare **2** percorrere, sfiorare **3** spaziare su **B** *v. intr.* **1** incedere maestosamente **2** estendersi ◆ **to s. away** spazzar via, eliminare
sweeping [ˈswiːpɪŋ] **A** *agg.* **1** ampio, vasto **2** completo, assoluto **3** impetuoso **B** *s. al pl.* rifiuti *m. pl.*
sweet [swiːt] **A** *agg.* **1** dolce **2** piacevole **3** profumato **4** (fam.) carino **B** *s.* **1** caramella *f.* **2** dolce *m.* **3** dolcezza *f.*
to sweeten [ˈswiːtn] *v. tr.* **1** zuccherare **2** addolcire
sweetener [ˈswiːt(ə)nəʳ] *s.* dolcificante *m.*
sweetheart [ˈswiːthɑːt] *s.* innamorato *m.*
sweetish [ˈswiːtɪʃ] *agg.* dolciastro
sweetness [ˈswiːtnɪs] *s.* **1** dolcezza *f.* **2** aroma *f.*, fragranza *f.*
swell [swel] **A** *s.* **1** rigonfiamento *m.* **2** mare *m.* lungo **3** (mus.) crescendo *m.* **B** *agg.* **1** elegante **2** (fam.) magnifico
to swell [swel] (pass. **swelled**, p. p. **swollen**, **swelled**) **A** *v. intr.* **1** dilatarsi, gonfiarsi **2** aumentare, crescere **B** *v. tr.* **1** gonfiare, dilatare **2** aumentare
swelling [ˈswelɪŋ] *s.* gonfiore *m.*, rigonfiamento *m.*
sweltering [ˈsweltərɪŋ] *agg.* soffocante
swept [swept] *pass. e p. p. di* **to sweep**
to swerve [swɜːv] *v. intr.* deviare, sterzare
swift (1) [swɪft] *agg.* rapido, veloce
swift (2) [swɪft] *s.* rondone *m.*
swig [swɪg] *s.* sorsata *f.*
to swig [swɪg] *v. tr.* tracannare
swim [swɪm] *s.* nuotata *f.*
to swim [swɪm] (pass. **swam**, p. p. **swum**) **A** *v. intr.* **1** nuotare **2** essere inondato, essere coperto **3** vacillare, ondeggiare **B** *v. tr.* attraversare a nuoto
swimmer [ˈswɪməʳ] *s.* nuotatore *m.*
swimming [ˈswɪmɪŋ] *s.* nuoto *m.* ◆ **s. pool** piscina
swimsuit [ˈswɪmˌsjuːt] *s.* costume *m.* da bagno
swindle [ˈswɪndl] *s.* truffa *f.*, imbroglio *m.*
to swindle [ˈswɪndl] *v. tr.* truffare, raggirare
swine [swaɪn] *s. inv.* porco *m.*
swing [swɪŋ] *s.* **1** oscillazione *f.* **2** (mus.) ritmo *m.* **3** altalena *f.* **4** (mus.) swing *m. inv.* ◆ **in full s.** in piena attività
to swing [swɪŋ] (pass. e p. p. **swung**) **A** *v. tr.* **1** dondolare, far oscillare **2** agitare, roteare **B** *v. intr.* **1** dondolare, oscillare **2** ruotare, girare **3** girarsi, voltarsi
swingeing [ˈswɪn(d)ʒɪŋ] *agg.* (fam.) **1** violento, duro **2** enorme
swinging [ˈswɪŋɪŋ] **A** *s.* oscillazione *f.* **B** *agg.* **1** oscillante, orientabile **2** veloce **3** cadenzato, ritmico
to swipe [swaɪp] *v. tr.* (fam.) **1** colpire **2** rubare
to swirl [swɜːl] *v. intr.* turbinare
to swish [swɪʃ] *v. intr.* frusciare
Swiss [swɪs] *agg. e s. inv.* svizzero *m.*

switch [swɪtʃ] *s.* **1** frusta *f.* **2** cambiamento *m.* **3** interruttore *m.* **4** (*ferr.*) scambio *m.*

to switch [swɪtʃ] *v. tr.* **1** frustare **2** agitare **3** deviare, smistare **4** scambiare ♦ **to s. off** spegnere; **to s. on** accendere

switchboard ['swɪtʃbɔːd] *s.* centralino *m.*

to swivel ['swɪvl] *v. intr.* ruotare, fare perno

swollen ['swəʊl(ə)n] *A p. p. di* **to swell B** *agg.* gonfio

to swoon [swuːn] *v. intr.* svenire

to swoop [swuːp] *v. intr.* avventarsi, piombare ♦ **to s. up** afferrare al volo

sword [sɔːd] *s.* spada *f.*

swordfish ['sɔːdfɪʃ] *s.* pescespada *m.*

swore [swɔːr] *pass. di* **to swear**

sworn [swɔːn] *p. p. di* **to swear**

to swot [swɒt] *v. intr.* sgobbare

swum [swʌm] *p. p. di* **to swim**

swung [swʌŋ] *pass. e p. p. di* **to swing**

syllable ['sɪləbl] *s.* sillaba *f.*

symbiosis [ˌsɪmbɪ'əʊsɪs] *s.* simbiosi *f.*

symbol ['sɪmb(ə)l] *s.* simbolo *m.*

symbolic(al) [sɪm'bɒlɪk((ə)l)] *agg.* simbolico

symbolist ['sɪmbəlɪst] *s.* simbolista *m. e f.*

symmetric(al) [sɪ'metrɪk((ə)l)] *agg.* simmetrico

symmetry ['sɪmɪtrɪ] *s.* simmetria *f.*

sympathetic [ˌsɪmpə'θetɪk] *agg.* **1** comprensivo **2** congeniale **3** (*anat.*) simpatico

to sympathize ['sɪmpəθaɪz] *v. intr.* **1** mostrare comprensione **2** simpatizzare

sympathizer ['sɪmpəθaɪzər] *s.* simpatizzante *m. e f.*

sympathy ['sɪmpəθɪ] *s.* **1** comprensione *f.*, partecipazione *f.* **2** simpatia *f.* **3** condoglianza *f.*

symphonic [sɪm'fɒnɪk] *agg.* sinfonico

symphony ['sɪmfənɪ] *s.* sinfonia *f.*

symptom ['sɪm(p)təm] *s.* sintomo *m.*

symptomatology [ˌsɪm(p)təmə'tɒlədʒɪ] *s.* sintomatologia *f.*

synagogue ['sɪnəgɒg] *s.* sinagoga *f.*

synchrony ['sɪŋkrənɪ] *s.* sincronia *f.*

syndicalist ['sɪndɪkəlɪst] *s.* sindacalista *m. e f.*

syndicate ['sɪndɪkɪt] *s.* sindacato *m.*

syndrome ['sɪndrəʊm] *s.* sindrome *f.*

synonym ['sɪnənɪm] *s.* sinonimo *m.*

synonymous [sɪ'nɒnɪməs] *agg.* sinonimo

synopsis [sɪ'nɒpsɪs] *s.* sinossi *f.*

syntax ['sɪntæks] *s.* sintassi *f.*

synthesis ['sɪnθɪsɪs] *s.* (*pl.* **syntheses**) *s.* sintesi *f.*

synthetic(al) [sɪn'θetɪk((ə)l)] *agg.* sintetico

syphilis ['sɪfɪlɪs] *s.* sifilide *f.*

syringe ['sɪrɪn(d)ʒ] *s.* siringa *f.*

syrup ['sɪrəp] *s.* sciroppo *m.*

system ['sɪstɪm] *s.* **1** sistema *m.*, metodo *m.* **2** sistema *m.*, apparato *m.*, impianto *m.* **3** rete *f.* **4** organismo *m.*

systole ['sɪstəlɪ] *s.* sistole *f.*

T

ta [tɑː] *inter.* (*infantile*) grazie

tab [tæb] *s.* **1** linguetta *f.* **2** etichetta *f.*

tabby ['tæbɪ] *agg.* tigrato, a strisce ♦ **t. cat** gatto soriano

tabernacle ['tæbə(ː)nækl] *s.* tabernacolo *m.*

table ['teɪbl] *s.* **1** tavolo *m.*, tavola *f.* **2** tavolata *f.* **3** tabella *f.*, elenco *m.* **4** tavoletta *f.*, lastra *f.* ♦ **t. of contents** indice; **to lay/to clear the t.** apparecchiare/sparecchiare la tavola

tablecloth ['teɪblklɒθ] *s.* tovaglia *f.*

tablemat ['teɪblmæt] *s.* sottopiatto *m.*

tablespoon ['teɪblˌspuːn] *s.* cucchiaio *m.* da tavola

tablet ['tæblɪt] *s.* **1** compressa *f.*, pastiglia *f.* **2** targa *f.*, tavoletta *f.*

tabloid ['tæblɔɪd] **A** *agg.* conciso, ridotto **B** *s.* **1** compressa *f.* **2** (giornale) tabloid *m. inv.*

taboo [tə'buː] *s.* tabù *m.*

to tabulate ['tæbjuleɪt] *v. tr.* disporre in tabelle

tachycardia [ˌtækɪ'kɑːdɪə] *s.* tachicardia *f.*

tacit ['tæsɪt] *agg.* tacito

taciturn ['tæsɪtɜːn] *agg.* taciturno

tack [tæk] *s.* **1** bulletta *f.*, chiodino *m.* **2** imbastitura *f.* **3** linea *f.* di condotta

to tack [tæk] **A** *v. tr.* **1** imbullettare, inchiodare **2** imbastire **B** *v. intr.* (*naut.*) bordeggiare

tackle ['tækl] *s.* **1** attrezzatura *f.* **2** paranco *m.*

to tackle ['tækl] *v. tr.* **1** affrontare **2** afferrare

tacky ['tækɪ] *agg.* appiccicaticcio

tact [tækt] *s.* tatto *m.*

tactful ['tæktf(u)l] *agg.* pieno di tatto

tactical ['tæktɪk(ə)l] *agg.* tattico

tactics ['tæktɪks] *s. pl.* tattica *f.*

tactless ['tæktlɪs] *agg.* che manca di tatto

tadpole ['tædpəʊl] *s.* girino *m.*

taenia ['tiːnjə] *s.* tenia *f.*

tag [tæg] *s.* **1** cartellino *m.*, etichetta *f.* **2** appendice *f.*, estremità *f.* **3** puntale *m.* **4** frase *f.* fatta

to tag [tæg] *v. tr.* **1** contrassegnare (*con cartellino, etichetta*) **2** aggiungere **3** seguire da vicino ♦ **to t. along, t. behind** pedinare

tail [teɪl] *s.* coda *f.* ♦ **t. end** parte finale; **t. lamp** luce posteriore, fanalino

to tail [teɪl] *v. tr.* **1** essere in coda a **2** seguire, pedinare ♦ **to t. away/off** assottigliarsi, disperdersi; **to t. back** incolonnarsi

tailback ['teɪlbæk] *s.* (*di veicoli*) incolonnamento *m.*

ilcoat ['teil,kəut] s. frac m. inv.

ilor ['teilər] s. sarto m. ♦ **t.-made** fatto su misura; **:'s workshop** sartoria

iloring ['teilərɪŋ] s. sartoria f.

taint [teint] v. tr. corrompere, guastare

take [teik] (pass. **took**, p. p. **taken**) A v. tr. 1 prendere, afferrare, cogliere, conquistare 2 comprendere 3 condurre, portar via, accompagnare 4 fare 5 attirare, affascinare, colpire 6 impiegare, metterci, richiedere 7 (cine., TV) riprendere, girare 8 contenere B v. intr. 1 far presa, attecchire 2 (fam.) essere fotogenico ♦ **t. it easy!** calma!; **to t. after** somigliare a; **to t. away** allontanare, rimuovere, asportare; **to t. back** riportare, ritirare; **to t. down** smantellare, registrare; **to t. in** accogliere, ospitare, comprendere, imbrogliare; **to t. off** decollare, staccare, togliere; **to t. on** imbarcare, assumere, sfidare; **to t. out** portare fuori, emettere, sottoscrivere; **to t. over** subentrare; **to t. part (in)** presenziare; **to t. to** darsi a; **to t. up** sollevare, iniziare, occupare

ke-away ['teikəwei] agg. da asporto

ke-off ['teikɔːf] s. decollo m.

ke-over ['teik,əuvə] s. (di società) acquisizione f.

king ['teikiŋ] A agg. affascinante B s. 1 presa f. 2 al pl. incasso m.

alc [tælk] s. talco m.

alcum ['tælkəm] s. talco m. ♦ **t. powder** borotalco

ale [teil] s. racconto m., novella f.

alent ['tælənt] s. talento m.

alisman ['tælizmən] s. talismano m.

alk [tɔːk] s. 1 colloquio m., discorso m. 2 chiacchiere f. pl. 3 negoziato m.

talk [tɔːk] v. intr. 1 parlare, conversare 2 chiacchierare ♦ **to t. about** fare pettegolezzi su; **to t. out of** dissuadere da; **to t. to** rimproverare

all [tɔːl] agg. 1 (di statura) alto 2 (fam.) incredibile

ally ['tæli] s. 1 cartellino m., contrassegno m. 2 conteggio m.

tally ['tæli] v. intr. corrispondere

alon ['tælən] s. artiglio m.

amarind ['tæmərɪnd] s. tamarindo m.

ambour ['tæmbuə] s. (arch.) tamburo m.

ambourine [,tæmbə'riːn] s. tamburello m.

ame [teim] agg. 1 addomesticato 2 docile, mansueto 3 insulso, noioso

tame [teim] v. tr. addomesticare, domare

amer ['teimə] s. domatore m.

tamper ['tæmpə] v. intr. manomettere

ampon ['tæmpən] s. tampone m.

tampon ['tæmpən] v. tr. tamponare

amponage ['tæmpənidʒ] s. tamponamento m.

an [tæn] A agg. marrone rossiccio B s. 1 abbronzatura f. 2 concia f.

tan [tæn] A v. tr. 1 (pelli) conciare 2 abbronzare B v. intr. abbronzarsi

andem ['tændəm] s. tandem m. inv.

ang [tæŋ] s. 1 sapore m. piccante 2 punta f., traccia f.

angent ['tæn(d)ʒ(ə)nt] agg. e s. tangente f.

angerine [,tæn(d)ʒə'riːn] s. mandarino m.

angle ['tæŋgl] s. groviglio m., imbroglio m.

tangle ['tæŋgl] v. tr. aggrovigliare, imbrogliare

tango ['tæŋgəu] s. tango m.

tank [tæŋk] s. 1 serbatoio m., bidone m. 2 carro m. armato

tanker ['tæŋkə] s. 1 autobotte f. 2 petroliera f.

tanning ['tænɪŋ] s. 1 abbronzatura f. 2 concia f.

to tantalize ['tæntəlaiz] v. tr. tormentare

tantalizing ['tæntəlaizɪŋ] agg. allettante

tantamount ['tæntəmaunt] agg. pred. equivalente

tantrum ['tæntrəm] s. (fam.) collera f.

tap (1) [tæp] s. 1 rubinetto m., spina f. 2 presa f. ♦ **on t.** alla spina, a disposizione

tap (2) [tæp] s. colpetto m. ♦ **t. dance** tip tap

to tap (1) [tæp] v. tr. 1 spillare 2 incidere 3 (tel.) intercettare

to tap (2) [tæp] A v. intr. picchiettare, bussare B v. intr. battere leggermente

tape [teip] s. nastro m. ♦ **t. player** mangianastri; **t. recorder** registratore

to tape [teip] v. tr. 1 registrare (su nastro magnetico) 2 sigillare (con nastro adesivo)

taper ['teipə] s. 1 candelina f., lumicino m. 2 assottigliamento m., rastremazione f.

tapestry ['tæpistri] s. 1 arazzo m. 2 tappezzeria f.

tapeworm ['teip,wəːm] s. tenia f.

tapir ['teipə] s. tapiro m.

tar [tɑː] s. catrame m.

tare [teə] s. tara f.

target ['tɑːgit] s. 1 bersaglio m. 2 obiettivo m.

tariff ['tærif] s. tariffa f.

to tarnish ['tɑːnɪʃ] v. tr. 1 appannare, offuscare 2 macchiare

tarot ['tærəu] s. tarocco m.

tarpaulin [tɑː'pɔːlɪn] s. telone m. impermeabile

tarragon ['tærəgən] s. dragoncello m.

tarsia ['tɑːsiə] s. tarsia f.

tart (1) [tɑːt] agg. aspro, acido

tart (2) [tɑːt] s. torta f. (di frutta), crostata f.

tart (3) [tɑːt] s. (fam.) sgualdrina f.

tartan ['tɑːt(ə)n] s. tartan m. inv.

tartar ['tɑːtə] s. tartaro m.

task [tɑːsk] s. compito m., mansione f. ♦ **t. force** unità operativa, squadra speciale

tassel ['tæs(ə)l] s. nappa f., pennacchio m.

taste [teist] s. 1 gusto m., sapore m. 2 assaggio m. 3 propensione f., inclinazione f. 4 buon gusto m.

to taste [teist] A v. tr. 1 sentire (il sapore di), assaggiare 2 gustare, provare B v. intr. sapere di, avere sapore

tasteful ['teistf(u)l] agg. raffinato

tasteless ['teistlis] agg. insapore, insipido

tasting ['teistɪŋ] s. assaggio m., degustazione f.

tasty ['teisti] agg. gustoso, saporito

tatter ['tætə] s. straccio m., brandello m.

tattle ['tætl] s. chiacchiere f. pl.

tattoo (1) [tə'tuː] s. tatuaggio m.

tattoo (2) [tə'tuː] s. 1 (mil.) ritirata f. 2 parata f. militare

to tattoo [tə'tuː] v. tr. tatuare

taught [tɔːt] pass. e p. p. di **to teach**

taunt [tɔːnt] s. scherno m.

tauromachy [tɔː'rɔməki] s. tauromachia f.

Taurus ['tɔːrəs] *s.* (*astr.*) toro *m.*

taut [tɔːt] *agg.* **1** teso, tirato **2** stiracchiato, conciso **3** pulito, in ordine

tavern ['tævən] *s.* taverna *f.*

tax [tæks] **A** *agg.* fiscale, di imposta **B** *s.* **1** tassa *f.* **2** peso *m.*, onere *m.* ♦ **income t.** imposta sul reddito; **inheritance t.** tassa di successione; **t. allowance** detrazione fiscale; **t. disc** bollo di circolazione; **t.-free** esentasse; **t. return** dichiarazione dei redditi; **t. stamp** bollo

to tax [tæks] *v. tr.* **1** tassare **2** mettere alla prova

taxable ['tæksəbl] *agg.* tassabile

taxation [tæk'seɪʃ(ə)n] *s.* tassazione *f.*

taxi ['tæksɪ] *s.* taxi *m. inv.* ♦ **t. driver** tassista; **t. rank** (*USA* **t. stand**) posteggio di taxi

taximeter ['tæksɪ,miːtər] *s.* tassametro *m.*

taxpayer ['tæks,peɪər] *s.* contribuente *m. e f.*

tea [tiː] *s.* tè *m. inv.* ♦ **t. set** servizio da tè; **t. towel** strofinaccio

teabag ['tiːbæg] *s.* bustina *f.* di tè

to teach [tiːtʃ] (*pass. e p.p.* **taught**) *v. tr. e intr.* insegnare

teacher ['tiːtʃər] *s.* insegnante *m. e f.*, docente *m. e f.*, professore *m.*, maestro *m.*

teaching ['tiːtʃɪŋ] *s.* insegnamento *m.*

teacup ['tiːkʌp] *s.* tazza *f.* da tè

teak [tiːk] *s.* tek *m. f.*

team [tiːm] *s.* squadra *f.*, team *m. inv.* ♦ **t. work** lavoro d'équipe

teapot ['tiːpɒt] *s.* teiera *f.*

tear (1) [tɪər] *s.* lacrima *f.*

tear (2) [tɛər] *s.* spacco *m.*, lacerazione *f.*

to tear (*pass.* **tore**, *p. p.* **torn**) **A** *v. tr.* **1** lacerare, strappare **2** (*fig.*) dilaniare **B** *v. intr.* **1** lacerarsi, strapparsi **2** correre a gran velocità ♦ **to t. off** staccare; **to t. up** fare a pezzi

tearful ['tɪəf(ʊ)l] *agg.* lacrimoso, piangente

tearoom ['tiːruːm] *s.* sala *f.* da tè

to tease [tiːz] *v. tr.* canzonare, molestare, fare dispetti a

teaspoon ['tiːspuːn] *s.* cucchiaino *m.*

teatime ['tiːtaɪm] *s.* ora *f.* del tè

technical ['teknɪk(ə)l] *agg.* tecnico

technician [tek'nɪʃ(ə)n] *s.* tecnico *m.*

technique [tek'niːk] *s.* tecnica *f.*

technological [,teknə'lɒdʒɪkl] *agg.* tecnologico

technology [tek'nɒlədʒɪ] *s.* tecnologia *f.*

teddy bear ['tedɪ,beər] *s.* orsacchiotto *m.* (*di peluche*)

tedious ['tiːdjəs] *agg.* noioso

to teem [tiːm] *v. intr.* **1** abbondare, brulicare **2** diluviare

teenage ['tiːneɪdʒ] *agg.* di, per teen-ager

teen-ager ['tiːn,eɪdʒər] *s.* adolescente *m. e f.*

teens [tiːnz] *s. pl.* adolescenza *f.*

to teeter ['tiːtər] *v. intr.* traballare

teeth [tiːθ] *pl. di* **tooth**

to teethe [tiːð] *v. intr.* mettere i denti

teething ['tiːðɪŋ] *s.* dentizione *f.* ♦ **t. ring** dentaruolo; **t. troubles** difficoltà iniziali

teetotal [tiː'təʊtl] *agg. e s.* astemio *m.*

telecamera [,telɪ'kæmərə] *s.* telecamera *f.*

telecontrol [,telɪkən'trəʊl] *s.* telecomando *m.*

telegram ['telɪgræm] *s.* telegramma *m.*

telegraph ['telɪgrɑːf] *s.* telegrafo *m.*

telematics [,telɪ'mætɪks] *s. pl.* (*v. al sing.*) telematic *f.*

telepathy [tɪ'lepəθɪ] *s.* telepatia *f.*

telephone ['telɪfəʊn] *s.* telefono *m.* ♦ **t. book/dectory** elenco telefonico; **t. booth** cabina telefonica; **t. exchange** centralino; **t. number** nume di telefono

to telephone ['telɪfəʊn] *v. tr. e intr.* telefonare

telescope ['telɪskəʊp] *s.* telescopio *m.*

television ['telɪ,vɪʒ(ə)n] *s.* televisione *f.* ♦ **t. set** t levisore

telex ['teleks] *s.* telex *m. inv.*, telescrivente *f.*

to tell [tel] (*pass. e p.p.* **told**) **A** *v. tr.* **1** dire, racconta **2** rivelare, divulgare **3** distinguere, riconoscere **B** *intr.* avere effetto, farsi sentire ♦ **to t. off** rimprov rare

teller ['telər] *s.* (*banca*) cassiere *m.*

telling ['telɪŋ] *agg.* espressivo

telly ['telɪ] *s.* (*fam.*) televisione *f.*

temerity [tɪ'merɪtɪ] *s.* temerarietà *f.*

temper ['tempər] *s.* **1** carattere *m.*, umore *m.* **2** mal more *m.*, collera *f.* **3** calma *f.*, sangue *m.* freddo

to temper ['tempər] *v. tr.* temperare, moderare

tempera ['tempərə] *s.* tempera *f.*

temperament ['temp(ə)rəmənt] *s.* temperamento *m.*

temperamental [,temp(ə)rə'məntl] *agg.* **1** capriccio so, instabile **2** connaturato

temperate ['temp(ə)rɪt] *agg.* temperato

temperature ['temprɪtʃər] *s.* **1** temperatura *f.* **2** feb bre *f.*

tempest ['tempɪst] *s.* tempesta *f.*

Templar ['templər] *s.* templare *m.*

template ['templɪt] *s.* sagoma *f.*

temple (1) ['templ] *s.* tempio *m.*

temple (2) ['templ] *s.* tempia *f.*

temporary ['temp(ə)rərɪ] *agg.* temporaneo, provvisor

to tempt [tem(p)t] *v. tr.* tentare, allettare

temptation [tem(p)'teɪʃ(ə)n] *s.* tentazione *f.*

tempting ['tem(p)tɪŋ] *agg.* invitante, allettante

ten [ten] *agg. num. card. e s.* dieci *m. inv.*

tenacious [tɪ'neɪʃəs] *agg.* tenace

tenacity [tɪ'næsɪtɪ] *s.* tenacia *f.*

tenancy ['tenənsɪ] *s.* locazione *f.*, affitto *m.*

tenant ['tenənt] *s.* inquilino *m.*

tench [tenʃ] *s.* tinca *f.*

to tend [tend] *v. tr.* badare a

to tend (2) [tend] *v. intr.* tendere

tendency ['tendənsɪ] *s.* tendenza *f.*

tendentious [ten'denʃəs] *agg.* tendenzioso

tender (1) ['tendər] *agg.* **1** tenero, molle, morbido delicato

tender (2) ['tendər] *s.* **1** guardiano *m.* **2** (*naut.*) ter der *m. inv.*

tender (3) ['tendər] *s.* **1** offerta *f.* **2** valuta *f.*, moneta

to tender ['tendər] *v. tr.* offrire

tenderness ['tendənɪs] *s.* tenerezza *f.*

tendon ['tendən] *s.* tendine *m.*

tenement ['tenɪmənt] *s.* **1** appartamento *m.* **2** caseg giato *m.*

enet ['tɛnɪt] s. principio m., canone m.

ennis ['tɛnɪs] s. tennis m. inv.

enor ['tɛnər] s. (mus.) tenore m.

enpin ['tɛnpɪn] s. (USA) birillo m.

ense (1) [tɛns] agg. teso, teso

ense (2) [tɛns] s. (gramm.) tempo m.

ension ['tɛnʃ(ə)n] s. tensione f.

ent [tɛnt] s. tenda f., tendone m. ♦ **t.-peg** picchetto per tenda

o tent [tɛnt] v. intr. attendarsi

entative ['tɛntətɪv] agg. sperimentale, provvisorio

enth [tɛnθ] agg. num. ord. e s. decimo m.

enuous ['tɛnjʊəs] agg. tenue

enure ['tɛnjʊər] s. (dir.) possesso m.

epid ['tɛpɪd] agg. tiepido

erm [tɜːm] s. 1 termine m. 2 (a scuola) trimestre m. 3 (dir.) sessione f. 4 al pl. condizioni f. pl.

o term [tɜːm] v. tr. definire

erminal ['tɜːmɪnl] A agg. terminale, finale B s. 1 terminale m., estremità f. 2 capolinea m. inv., terminal m. inv. 3 (elettr.) morsetto m. 4 (inf.) terminale m.

o terminate ['tɜːmɪneɪt] v. tr. terminare, porre fine a

erminology [,tɜːmɪ'nɒlədʒɪ] s. terminologia f.

erminus ['tɜːmɪnəs] s. capolinea m. inv.

ermite ['tɜːmaɪt] s. termite f.

errace ['tɛrəs] s. 1 terrazzo m., terrapieno m. 2 terrazza f. 3 case f. pl. a schiera

erracotta [,tɛrə'kɒtə] s. terracotta f.

errain ['tɛreɪn] s. terreno m.

errestrial [tɪ'rɛstrɪəl] agg. terrestre

errible ['tɛrəbl] agg. terribile, tremendo

errier ['tɛrɪər] s. terrier m. inv.

errific [tə'rɪfɪk] agg. 1 spaventoso 2 (fam.) fantastico, straordinario

o terrify ['tɛrɪfaɪ] v. tr. terrorizzare

erritorial [,tɛrɪ'tɔːrɪəl] agg. territoriale

erritory ['tɛrɪt(ə)rɪ] s. territorio m.

error ['tɛrər] s. 1 terrore m. 2 (fam.) (di bambino) peste f.

errorism ['tɛrərɪz(ə)m] s. terrorismo m.

errorist ['tɛrərɪst] s. terrorista m. e f.

erse [tɜːs] agg. conciso

ertiary ['tɜːʃərɪ] s. terziario m.

est [tɛst] s. esame m., prova f., test m. inv. ♦ **t. pilot** pilota collaudatore; **t. tube** provetta

o test [tɛst] v. tr. esaminare, analizzare, collaudare, sperimentare

estament ['tɛstəmənt] s. testamento m.

estator [tɛs'teɪtər] s. testatore m.

esticle ['tɛstɪkl] s. testicolo m.

o testify ['tɛstɪfaɪ] v. tr. e intr. 1 testimoniare 2 dimostrare

estimony ['tɛstɪmənɪ] s. testimonianza f.

estis ['tɛstɪs] (pl. testes) s. testicolo m.

etanus ['tɛtənəs] s. tetano m.

ether ['tɛðər] s. 1 pastoia f., catena f. 2 (fig.) campo m., portata f.

ext [tɛkst] s. testo m.

extbook ['tɛks(t)bʊk] s. manuale m.

extile ['tɛkstaɪl] agg. tessile

exture ['tɛkstʃər] s. 1 trama f. 2 struttura f.

than [ðæn] cong. 1 (comparativo) che, di, di quello che (ES: **You are younger t. I am** sei più giovane di me) 2 (dopo 'other, else, rather, sooner') che (ES: **no other t.** nient'altro che, **rather t.** piuttosto che) 3 (correlativo di 'hardly, scarcely') quando, che (ES: **hardly was your mother gone t. you began crying** tua madre era appena uscita che già iniziavi a piangere)

to thank [θæŋk] v. tr. ringraziare ♦ **t. you** grazie!

thankful ['θæŋkf(ʊ)l] agg. riconoscente

thankfulness ['θæŋkf(ʊ)lnɪs] s. riconoscenza f.

thanks [θæŋks] s. pl. ringraziamenti m. pl. ♦ **t. to** grazie a

that [ðæt] (pl. those) A agg. dimostr. quello, quella (ES: **t. pen** quella penna) B pron. dimostr. quello, quella, questo, questa, ciò (ES: **who's t.?** chi è quello?, **what's t.** cos'è quello?) C pron. rel. 1 che, il quale, la quale, i quali, le quali (ES: **the book I. I read** il libro che ho letto) 2 in cui, che (ES: **the day t. Kennedy was murdered** il giorno in cui Kennedy venne assassinato) D cong. che (ES: **it was so cold t. we decided to stay at home** faceva così freddo che decidemmo di stare a casa)

thatch [θætʃ] s. paglia f.

thaw [θɔː] s. disgelo m.

to thaw [θɔː] v. tr. sgelare, scongelare

the [ðiː] art. determ. il, lo, la, i, gli, le

theatre ['θɪətər] (USA theater) s. teatro m.

theatrical [θɪ'ætrɪk(ə)l] agg. teatrale

theft [θɛft] s. furto m.

their [ðɛər] agg. poss. il loro, la loro, i loro, le loro

theirs [ðɛəz] pron. poss. il loro, la loro, i loro, le loro

them [ðɛm, ðəm] pron. pers. 3ª pl. (compl.) li, le, loro

theme [θiːm] s. tema m. ♦ **t. park** parco divertimenti; **t. song** tema musicale

themselves [ðəm'sɛlvz] pron. 3ª pl. 1 (rifl.) se stessi, se stesse, sé, si 2 (enf.) essi stessi, esse stesse, proprio loro

then [ðɛn] A avv. 1 allora, a quel tempo 2 dopo, poi 3 allora, in tal caso 4 anche, poi B cong. dunque, allora ♦ **before t.** prima di allora; **by t.** a quel tempo, ormai; **now and t.** di tanto in tanto; **what t.?** e allora?

theologian [θɪə'ləʊdʒɪən] s. teologo m.

theology [θɪ'ɒlədʒɪ] s. teologia f.

theorem ['θɪərəm] s. teorema m.

theory ['θɪərɪ] s. teoria f.

therapeutic [,θɛrə'pjuːtɪk] agg. terapeutico

therapy ['θɛrəpɪ] s. terapia f.

there [ðɛər] A avv. 1 là, lì (ES: **where is it? it is t.** dov'è? là) 2 ci, vi (ES: **t. is an apple on the table** c'è una mela sul tavolo) B interz. ecco!

thereabout(s) ['ðɛərə,baʊt(s)] avv. 1 nei pressi 2 all'incirca

thereafter [,ðɛər'ɑːftər] avv. da allora in poi, quindi

thereby [,ðɛə'baɪ] avv. con ciò, per mezzo di ciò

therefore ['ðɛəfɔːr] avv. dunque, perciò, quindi

thermae ['θɜːmiː] s. pl. (archeol.) terme f.

thermal ['θɜːm(ə)l] agg. termale

thermic ['θɜːmɪk] agg. termico

thermodynamics [,θɜːmo(ʊ)daɪ'næmɪks] s. pl. (v. sing.) termodinamica f.

thermometer [θə'mɒmɪtə'] s. termometro m.
thermos [θ:mɒs] s. thermos m. inv.
thermostat [θə:mo(u)stæt] s. termostato m.
thesaurus [θi:'sɔːrəs] s. dizionario m. dei sinonimi
these [ðiːz] pl. di **this**
thesis [θiːsɪs] (pl. **theses**) s. tesi f.
they [ðeɪ] pron. pers. 3ª pl. essi, esse, loro ♦ **t. say** si dice
thick [θɪk] A agg. 1 spesso, denso, folto 2 ottuso B s. il folto m. C avv. 1 fittamente 2 a strati spessi
to thicken [θɪk(ə)n] A v. tr. addensare, ispessire, infoltire B v. intr. 1 addensarsi, ispessirsi, infoltirsi 2 (del tempo) offuscarsi
thicket [θɪkɪt] s. boscaglia f.
thickness [θɪknɪs] s. 1 densità f. 2 spessore m.
thickset [θɪk'set] agg. 1 fitto, folto 2 tarchiato
thief [θiːf] s. ladro m.
thigh [θaɪ] s. coscia f. ♦ **t. bone** femore
thimble [θɪmbl] s. ditale m.
thin [θɪn] agg. 1 sottile, fine 2 magro 3 rado, poco denso 4 diluito
to thin [θɪn] A v. tr. 1 assottigliare 2 diradare; sfoltire 3 diluire B v. intr. 1 assottigliarsi 2 diradarsi, sfoltirsi
thing [θɪŋ] s. cosa f.
to think [θɪŋk] (pass. e p.p. **thought**) v. tr. e intr. pensare ♦ **to t. about** pensare a; **to t. out** meditare su, escogitare; **to t. over** riflettere; **to t. up** trovare, inventare
thinker [θɪŋkə'] s. pensatore m.
thinness [θɪnnɪs] s. 1 finezza f. 2 magrezza f.
third [θɜːd] A agg. num. ord. terzo B s. 1 terzo m. 2 (mus.) terza f. 3 (autom.) terza f. (marcia) ♦ **t.-rate** di terz'ordine, scadente
thirdly [θɜːdlɪ] avv. in terzo luogo
thirst [θɜːst] s. sete f.
thirsty [θɜːstɪ] agg. assetato
thirteen [θɜːtiːn] agg. num. card. e s. tredici m. inv.
thirteenth [θɜːtiːnθ] agg. num. ord. e s. tredicesimo m.
thirtieth [θɜːtiːθ] agg. num. ord. e s. trentesimo m.
thirty [θɜːtɪ] agg. num. card. e s. trenta m. inv.
this [ðɪs] (pl. **these**) A agg. dimostr. questo, questa B pron. dimostr. questo, questa, costui, ciò C avv. (fam.) così ♦ **t. evening** stasera; **t. morning** stamattina; **t. night** stanotte; **t. tIme** stavolta
thistle [θɪsl] s. cardo m.
thong [θɒŋ] s. cinghia f.
thorn [θɔːn] s. spina f.
thorough [θʌrə] agg. 1 completo, minuzioso, profondo 2 bell'e buono
thoroughbred [θʌrəbred] s. purosangue m.
thoroughfare [θʌrəfeə'] s. strada f. di transito ♦ **no t.** divieto di transito
thoroughly [θʌrəlɪ] avv. completamente
those [ðəʊz] pl. di **that**
though [ðəʊ] A cong. sebbene, benché, malgrado B avv. comunque
thought (1) [θɔːt] s. pensiero m.
thought (2) [θɔːt] pass. e p.p. di **to think**
thoughtful [θɔːtf(ʊ)l] agg. 1 pensieroso 2 sollecito, pieno di attenzioni
thoughtless [θɔːtlɪs] agg. 1 sconsiderato 2 noncu-

rante
thousand [θaʊz(ə)nd] A agg. num. card. mille B s. migliaio m. ♦ **by thousands, by the t.** a migliaia;
millions miliardo
to thrash [θræʃ] A v. tr. battere, percuotere B v. intr. muoversi ♦ **to t. about** dimenarsi; **to t. out** chiarire, definire
thread [θred] s. 1 filo m. 2 filetto m., filettatura f.
to thread [θred] v. tr. 1 infilare 2 filettare
threadbare [θredbeə'] agg. consumato, logoro
threat [θret] s. minaccia f.
to threaten [θretn] v. tr. e intr. minacciare
threatening [θretnɪŋ] agg. minaccioso
three [θriː] agg. num. card. e s. tre m. inv.
three-dimensional [θriːdɪ'menʃənl] agg. tridimensionale
threshing [θreʃɪŋ] s. trebbiatura f. ♦ **t. floor** aia;
machine trebbiatrice
threshold [θreʃ(h)əʊld] s. soglia f.
threw [θruː] pass. di **to throw**
thrifty [θrɪftɪ] agg. parsimonioso
thrill [θrɪl] s. brivido m.
to thrill [θrɪl] A v. tr. eccitare, commuovere B v. intr. fremere, rabbrividire, eccitarsi
thriller [θrɪlə'] s. thriller m. inv.
thrilling [θrɪlɪŋ] agg. elettrizzante, eccitante, sensazionale
to thrive [θraɪv] (pass. **throve**, p. p. **thriven**) v. intr. prosperare, aver fortuna 2 crescere rigogliosamente
throat [θrəʊt] s. gola f.
throb [θrɒb] s. 1 battito m., pulsazione f. 2 fremito m.
to throb [θrɒb] v. intr. 1 battere, pulsare 2 fremere
throes [θrəʊz] s. pl. doglie f. pl., spasimi m. pl.
thrombosis [θrɒm'bəʊsɪs] s. trombosi f.
throne [θrəʊn] s. trono m.
throng [θrɒŋ] s. folla f., ressa f.
throttle [θrɒtl] s. gola f. ♦ **t. valve** valvola a farfall
to throttle [θrɒtl] v. tr. strangolare
through (1) [θruː] A avv. 1 attraverso, da parte a pa te 2 da cima a fondo 3 direttamente B prep. 1 (mot per luogo) attraverso, per 2 (tempo) durante, per tut durata di, per 3 (mezzo) mediante, per mezzo di (causa) a causa di, per
through (2) [θruː] agg. 1 finito, chiuso 2 diretto
throughout [θruː'aʊt] A avv. da parte a parte, da principio alla fine, completamente B prep. in tutto per tutto, durante tutto
throve [θrəʊv] pass. di **to thrive**
throw [θrəʊ] s. lancio m., tiro m.
to throw [θrəʊ] (pass. **threw**, p. p. **thrown**) v. tr. 1 bu tare, lanciare, scagliare 2 abbattere, disarcionare confondere, imbarazzare ♦ **to t. away** gettare vi **to t. off** togliersi, disfarsi di; **to t. out** buttar via, r spingere; **to t. up** abbandonare, vomitare
thrush [θrʌʃ] s. tordo m.
thrust [θrʌst] s. spinta f.
to thrust [θrʌst] (pass. e p. p. **thrust**) A v. tr. 1 spinger ficcare 2 conficcare, piantare B v. intr. 1 ficcarsi, in filarsi, farsi largo 2 spingersi ♦ **to t. through** tra figgere

hud [θʌd] s. tonfo m.

humb [θʌmb] s. pollice m.

o thumb [θʌmb] v. tr. **1** (pagine) sfogliare **2** lasciare ditate su **3** strimpellare ◆ **to t. a lift** fare l'autostop

humbtack ['θʌmtæk] s. puntina f. da disegno

hump [θʌmp] s. **1** botta f., colpo m. **2** tonfo m.

o thump [θʌmp] A v. tr. battere, picchiare B v. intr. **1** menare colpi **2** cadere con un tonfo

hunder ['θʌndər] s. tuono m.

o thunder ['θʌndər] v. intr. tuonare

hunderbolt ['θʌndərˌboʊlt] s. fulmine m.

hunderclap ['θʌndərˌklæp] s. (rombo di) tuono m.

hunderstorm ['θʌndərˌstɔːr] s. temporale m.

hundery ['θʌndərɪ] agg. tempestoso, temporalesco

Thursday ['θɜːrzdɪ] s. giovedì m.

hus [ðʌs] avv. **1** così, pertanto, quindi **2** talmente

o thwart [θwɔːrt] v. tr. ostacolare

hyme [taɪm] s. (bot.) timo m.

hymus ['θaɪməs] s. (anat.) timo m.

hyroid ['θaɪrɔɪd] s. tiroide f.

iara [tɪˈɑːrə] s. tiara f.

ibia ['tɪbɪə] s. tibia f.

ick (1) [tɪk] s. (zool.) zecca f.

ick (2) [tɪk] s. **1** ticchettio m., tic tac m. inv. **2** attimo m. **3** visto m., segno m.

o tick [tɪk] A v. intr. **1** ticchettare, fare tic tac **2** funzionare B v. tr. segnare, spuntare ◆ **to t. off** sgridare; **to t. over** perdere colpi, tirare avanti

icket ['tɪkɪt] s. **1** biglietto m., tessera f. **2** scontrino m., cartellino m. ◆ **one-way t.** biglietto di sola andata; **return t.** biglietto di andata e ritorno; **t. clerk** (in stazione) bigliettaio; **t. collector** (in treno) bigliettaio, (sui mezzi pubblici) controllore; **t. office** biglietteria; **t. window** sportello della biglietteria

o tickle ['tɪkl] v. tr. **1** solleticare **2** stuzzicare, stimolare

icklish ['tɪklɪʃ] agg. **1** che soffre il solletico **2** delicato **3** permaloso, suscettibile

idal ['taɪdl] agg. di marea

iddlywinks ['tɪdlɪwɪŋks] s. gioco m. delle pulci

ide [taɪd] s. **1** marea f. **2** corso m., corrente f. ◆ **high/low t.** alta/bassa marea

o tide [taɪd] v. intr. navigare con la marea ◆ **to t. over** aiutare a superare

idy ['taɪdɪ] agg. ordinato, pulito

o tidy ['taɪdɪ] v. tr. riordinare ◆ **to t. out** sgombrare; **to t. up** riordinare

ie [taɪ] s. **1** laccio m., stringa f. **2** cravatta f. **3** legame m., vincolo m. **4** (sport) pareggio m., spareggio m.

o tie [taɪ] A v. tr. **1** legare, annodare **2** pareggiare, uguagliare B v. intr. **1** essere allacciato **2** pareggiare ◆ **to t. down** legare, vincolare; **to t. up** legare, collegare, impegnare, vincolare

ier [tɪər] s. fila f., ordine m., strato m.

iger ['taɪɡər] s. tigre f.

ight [taɪt] A agg. **1** teso, tirato **2** stretto, aderente **3** fermo, saldo, ben fissato **4** ermetico, stagno **5** severo, fermo, difficile **6** scarso **7** avaro, tirchio **8** (fam.) sbronzo B avv. **1** strettamente **2** fermamente **3** completamente

to tighten ['taɪtn] v. tr. **1** stringere, serrare **2** tendere, tirare

tightfisted [ˌtaɪtˈfɪstɪd] agg. avaro, tirchio

tightly ['taɪtlɪ] avv. strettamente

tightrope ['taɪtˌroʊp] s. fune f. (di funambolo)

tights [taɪts] s. pl. **1** collant m. inv. **2** calzamaglia f.

tile [taɪl] s. **1** piastrella f. **2** tegola f.

till (1) [tɪl] A cong. finché, fino a che non B prep. fino a ◆ **not t.** non prima di; **t. now** finora

till (2) [tɪl] s. cassa f. ◆ **cash t.** registratore di cassa

to till [tɪl] v. tr. coltivare, arare, dissodare

tiller ['tɪlər] s. (naut.) barra f. del timone

tilt (1) [tɪlt] s. copertone m., telone m.

tilt (2) [tɪlt] s. **1** inclinazione f., pendenza f. **2** (stor.) torneo m., giostra f. ◆ **at full t.** a tutta forza

to tilt [tɪlt] A v. intr. **1** inclinarsi, piegarsi **2** (stor.) giostrare B v. tr. inclinare, piegare ◆ **to t. up** rovesciare

timbal ['tɪmb(ə)l] s. (mus.) timballo m., timpano m.

timber ['tɪmbər] s. legname m.

timbre ['tɪmbər] s. (di voce) timbro m.

time [taɪm] s. **1** tempo m. **2** momento m., ora f. **3** periodo m., epoca f. **4** volta f. **5** orario m. ◆ **at any t.** in qualunque momento; **at no t.** mai; **at the same t.** contemporaneamente; **at times** talvolta; **from t. to t.** di tanto in tanto; **in good t.** per tempo; **next t.** la prossima volta; **t. table** orario; **on t.** puntuale; **opening t.** ora d'apertura; **t. bomb** bomba a orologeria; **t. off** periodo di permesso; **what t. is it?** che ora è?

to time [taɪm] v. tr. **1** fare al momento giusto **2** determinare i tempi, l'orario **3** sincronizzare **4** cronometrare

timeless ['taɪmlɪs] agg. senza tempo, eterno

timeliness ['taɪmlɪnɪs] s. tempestività f.

timely ['taɪmlɪ] agg. tempestivo

timer ['taɪmər] s. **1** cronometro m. **2** timer m. inv.

timid ['tɪmɪd] agg. timido, timoroso

timing ['taɪmɪŋ] s. **1** sincronizzazione f. **2** tempismo m.

tin [tɪn] s. **1** (chim.) stagno m. **2** latta f., lamiera f. **3** lattina f., barattolo m. ◆ **t. opener** apriscatole

tinfoil ['tɪnfɔɪl] s. stagnola f.

tinge [tɪn(d)ʒ] s. sfumatura f., traccia f.

to tinge [tɪn(d)ʒ] v. tr. sfumare

to tingle ['tɪŋɡl] v. intr. pizzicare, formicolare

to tinker ['tɪŋkər] v. tr. rabberciare, rattoppare ◆ **to t. up** riparare alla meglio

to tinkle ['tɪŋkl] v. intr. tintinnare

tinned [tɪnd] agg. in scatola

tinning ['tɪnɪŋ] s. **1** stagnatura f. **2** inscatolamento m.

tint [tɪnt] s. colore m., sfumatura f.

tiny ['taɪnɪ] agg. minuscolo, piccino

tip (1) [tɪp] s. punta f., estremità f.

tip (2) [tɪp] s. **1** inclinazione f. **2** deposito m., discarica f.

tip (3) [tɪp] s. colpetto m., tocco m.

tip (4) [tɪp] s. **1** mancia f. **2** informazione f. riservata, soffiata f.

to tip (1) [tɪp] v. tr. versare, rovesciare, scaricare ◆ **to t. up** ribaltare

to tip (2) [tɪp] v. tr. colpire leggermente

to tip (3) [tɪp] v. tr. **1** dare la mancia a **2** avvertire, informare ◆ **to t. off** passare una soffiata

tipsy ['tɪpsɪ] agg. (fam.) brillo

tiptoe ['tɪptəʊ] *avv.* **on t.** in punta di piedi

tiptop ['tɪp'tɒp] *agg.* (*fam.*) eccellente

tire [taɪəʳ] *s.* (*USA*) → **tyre**

to tire [taɪəʳ] *v. tr. e intr.* stancare, stancarsi

tired ['taɪəd] *agg.* **1** stanco **2** annoiato, infastidito ◆ **to get t.** affaticarsi

tiredness ['taɪədnɪs] *s.* stanchezza *f.*

tireless ['taɪəlɪs] *agg.* infaticabile

tiresome ['taɪəsəm] *agg.* noioso

tiring ['taɪərɪŋ] *agg.* faticoso

tissue ['tɪsjuː] *s.* **1** tessuto *m.* **2** fazzoletto *m.* di carta ◆ **t. paper** carta velina

titbit ['tɪtbɪt] *s.* golosità *f.*, leccornia *f.*

title ['taɪtl] *s.* titolo *m.* ◆ **t. deed** titolo di proprietà; **t. page** frontespizio

to titter ['tɪtəʳ] *v. intr.* ridacchiare

to (1) [tuː, tʊ, tə] *prep.* **1** (*termine, destinazione*) a, verso, per (ES: **I will send a letter to you** ti manderò una lettera) **2** (*moto a luogo*) in, a, verso (ES: **to go to school** andare a scuola) **3** (*confronto, relazione, preferenza*) a, in confronto a, per (ES: **three sets to one** tre set a uno)

to (2) [tuː, tʊ, tə] *particella preposta all'infinito* **1** (*idiom.*) (ES: **to be** essere, **I want to stay** voglio rimanere) **2** di, da, per, a (ES: **is there anything to do?** c'è qualcosa da fare?)

toad [təʊd] *s.* rospo *m.*

toadstool ['təʊdstuːl] *s.* fungo *m.* velenoso

toast (1) [təʊst] *s.* pane *m.* tostato

toast (2) [təʊst] *s.* brindisi *m.*

to toast (1) [təʊst] *v. tr.* abbrustolire, tostare

to toast (2) [təʊst] *v. intr.* brindare

toaster ['təʊstəʳ] *s.* tostapane *m. inv.*

tobacco [tə'bækəʊ] *s.* tabacco *m.*

tobacconist [tə'bækənɪst] *s.* tabaccaio *m.* ◆ **t.'s shop** tabaccheria

today [tə'deɪ] *s. e avv.* oggi *m. inv.*

toddler ['tɒdləʳ] *s.* bambino *m.* ai primi passi

toe [təʊ] *s.* **1** (*del piede*) dito *m.* **2** punta *f.* ◆ **big t.** alluce; **little t.** mignolo

toenail ['təʊneɪl] *s.* (*del piede*) unghia *f.*

toffee ['tɒfɪ] *s.* caramella *f.*

toga ['təʊɡə] *s.* toga *f.*

together [tə'ɡeðəʳ] *avv.* **1** insieme **2** contemporaneamente **3** di seguito

toil [tɔɪl] *s.* fatica *f.*

to toil [tɔɪl] *v. intr.* affaticarsi

toilet ['tɔɪlɪt] *s.* **1** gabinetto *m.* **2** toeletta *f.* ◆ **t. case** necessaire; **t. paper** carta igienica; **t. roll** rotolo di carta igienica

token ['təʊ(ʊ)k(ə)n] *s.* **1** segno *m.*, simbolo *m.* **2** pegno *m.* **3** contrassegno *m.*, gettone *m.* **4** buono *m.*

told [təʊld] *pass. e p. p. di* **to tell**

tolerable ['tɒlərəbl] *agg.* **1** tollerabile **2** passabile

tolerance ['tɒlər(ə)ns] *s.* tolleranza *f.*

tolerant ['tɒlər(ə)nt] *agg.* tollerante

to tolerate ['tɒləreɪt] *v. tr.* tollerare

toll (1) [təʊl] *s.* **1** pedaggio *m.* **2** tributo *m.*, costo *m.*

toll (2) [təʊl] *s.* rintocco *m.*

to toll [təʊl] *v. intr.* rintoccare

tomato [tə'mɑːtəʊ] *s.* pomodoro *m.*

tomb [tuːm] *s.* tomba *f.*, sepolcro *m.*

tombola ['tɒmbələ] *s.* tombola *f.*

tomboy ['tɒmbɔɪ] *s.* maschiaccio *m.*

tombstone ['tuːm,stəʊn] *s.* lapide *f.*

tomcat ['tɒm,kæt] *s.* (*fam.*) micio *m.*

tome [təʊm] *s.* tomo *m.*

tomfoolery ['tɒm'fuːlərɪ] *s.* scemenza *f.*

tomorrow [tə'mɒrə(ʊ)] *s. e avv.* domani *m. inv.* ◆ **th day after t.** dopodomani

ton [tʌn] *s.* tonnellata *f.*

tonality [tə(ʊ)'nælɪtɪ] *s.* tonalità *f.*

tone [təʊn] *s.* tono *m.*

to tone [təʊn] **A** *v. tr.* dare il tono a, intonare **B** *v. int* intonarsi ◆ **to t. down** attenuare; **to t. up** tonifica re

tongs [tɒŋz] *s. pl.* pinze *f. pl.*

tongue [tʌŋ] *s.* lingua *f.* ◆ **t. twister** scioglilingua

tonic ['tɒnɪk] **A** *agg.* tonico, tonificante **B** *s.* **1** tonic *m.*, ricostituente *m.* **2** (*mus.*) tonica *f.* ◆ **t. water** ac qua tonica

tonight [tə'naɪt] **A** *avv.* stasera, stanotte **B** *s.* quest sera *f.*, questa notte *f.*

tonnage ['tʌnɪdʒ] *s.* tonnellaggio *m.*

tonsil ['tɒnsl] *s.* tonsilla *f.*

tonsillitis [,tɒnsɪ'laɪtɪs] *s.* tonsillite *f.*

too [tuː] *avv.* **1** anche, pure **2** per di più, per giunta troppo ◆ **t. bad** che peccato!; **t. many** troppi; **much** troppo

took [tʊk] *pass. di* **to take**

tool [tuːl] *s.* attrezzo *m.*, strumento *m.*, utensile *m.*

toolbox ['tuːlbɒks] *s.* cassetta *f.* portautensili

toot [tuːt] *s.* colpo *m.* di clacson

tooth [tuːθ] (*pl.* **teeth**) *s.* dente *m.*

toothache ['tuːθ,eɪk] *s.* mal *m.* di denti

toothbrush ['tuːθbrʌʃ] *s.* spazzolino *m.* da denti

toothpaste ['tuːθpeɪst] *s.* dentifricio *m.*

toothpick ['tuːθpɪk] *s.* stuzzicadenti *m. inv.*

top (1) [tɒp] **A** *s.* **1** cima *f.*, vetta *f.*, sommità *f.* **2** part *f.* superiore **3** tappo *m.*, coperchio *m.* **B** *agg. attr.* supe riore, massimo, il più alto ◆ **t. floor** ultimo pianc **t. level** massimo livello

top (2) [tɒp] *s.* trottola *f.*

topaz ['təʊpæz] *s.* topazio *m.*

topic ['tɒpɪk] *s.* argomento *m.*, tema *m.*

topical ['tɒpɪk(ə)l] *agg.* d'attualità

topmost ['tɒpməʊst] *agg.* il più elevato

topography [tə'pɒɡrəfɪ] *s.* topografia *f.*

toponym ['tɒpənɪm] *s.* toponimo *m.*

to topple ['tɒpl] **A** *v. intr.* **1** crollare, cadere **2** trabal lare, vacillare **B** *v. tr.* far cadere, rovesciare

top-secret ['tɒp'siːkrɪt] *agg.* segretissimo, top-secre

topsy-turvy [,tɒpsɪ'tɜːvɪ] *avv. e agg.* sottosopra

torch [tɔːtʃ] *s.* **1** torcia *f.*, fiaccola *f.* **2** torcia *f.* elettri ca, lampadina *f.* tascabile

tore [tɔːʳ] *pass. di* **to tear**

torment ['tɔːment] *s.* tormento *m.*

to torment [tə'ment] *v. tr.* tormentare

torn [tɔːn] *p. p. di* **to tear**

tornado [tɔː'neɪdəʊ] *s.* tornado *m. inv.*

torpedo [tɔː'piːdəʊ] **1** (*zool.*) torpedine *f.* **2** siluro *m.*

torpor ['tɔːpəʳ] *s.* torpore *m.*

torrent ['tɒr(ə)nt] s. torrente m.

torrential [tɒ'renʃ(ə)l] agg. torrenziale

torrid ['tɒrɪd] agg. torrido

torsion ['tɔːʃ(ə)n] s. torsione f.

tortoise ['tɔːtəs] s. testuggine f.

tortuous ['tɔːtjʊəs] agg. tortuoso

torture ['tɔːtʃə'] s. tortura f.

to torture ['tɔːtʃə'] v. tr. torturare

Tory ['tɔːrɪ] agg. e s. conservatore m.

to toss [tɒs] A v. tr. 1 gettare, lanciare 2 sballottare, scuotere B v. intr. 1 lanciare una moneta, fare a testa o croce 2 agitarsi ♦ **to t. off** tracannare

tot [tɒt] s. 1 (fam.) bambino m 2 sorso m, goccio m.

total ['təʊtl] agg. e s. totale m.

to total ['təʊtl] v. tr. sommare, ammontare a

totem ['təʊtəm] s. totem m. inv.

to totter ['tɒtə'] v. intr. barcollare, vacillare

tottery ['tɒtərɪ] agg. barcollante, vacillante

touch [tʌtʃ] s. 1 tocco m., colpetto m. 2 tatto m. 3 contatto m., relazione f. 4 tocco m., modo m., impronta f. 5 pizzico m., piccola quantità f. ♦ **t. up** ritocco

to touch [tʌtʃ] A v. tr. 1 toccare 2 riguardare, concernere 3 raggiungere 4 essere in contatto con 5 commuovere B v. intr. toccarsi ♦ **to t. at a port** fare scalo in un porto; **to t. down** atterrare; **to t. on** sfiorare; **to t. up** ritoccare

touch-and-go [ˌtʌtʃən'gəʊ] agg. incerto, rischioso

touched [tʌtʃt] agg. 1 commosso 2 (fam.) tocco

touching ['tʌtʃɪŋ] agg. toccante

touchy ['tʌtʃɪ] agg. permaloso

tough [tʌf] agg. 1 duro, coriaceo 2 forte, robusto 3 difficile

to toughen ['tʌfn] v. tr. e intr. indurire, indurirsi

toughness ['tʌfnɪs] s. durezza f.

toupee ['tuːpeɪ] s. toupet m. inv.

tour [tʊə'] s. 1 giro m., viaggio m., escursione f. 2 tournée f. inv. ♦ **package t.** viaggio tutto compreso

to tour [tʊə'] v. intr. viaggiare, girare

touring ['tʊərɪŋ] A agg. turistico B s. turismo m., escursionismo m.

tourism ['tʊərɪz(ə)m] s. turismo m.

tourist ['tʊərɪst] A s. turista m. e f. B agg. turistico ♦ **t. class** classe turistica

tournament ['tʊənəmənt] s. torneo m.

to tousle ['taʊzl] v. tr. scompigliare

to tout [taʊt] v. intr. 1 fare il procacciatore, cercare clienti 2 fare il bagarinaggio

tow [təʊ] s. rimorchio m. ♦ **t. truck** carro attrezzi

to tow [təʊ] v. tr. rimorchiare, trainare

toward(s) [təˈwɔːd(z)] prep. 1 verso, in direzione di 2 nei confronti di 3 verso, circa 4 in previsione di

towel ['taʊəl] s. asciugamano m. ♦ **t. rack/horse** portasciugamani

tower ['taʊə'] s. torre f. ♦ **t. block** palazzo a molti piani

towering ['taʊərɪŋ] agg. torreggiante, imponente

town [taʊn] s. 1 città f. 2 cittadinanza f. ♦ **t. council** consiglio comunale; **t. hall** municipio; **t. planning** urbanistica

toxic ['tɒksɪk] agg. tossico

toxin ['tɒksɪn] s. tossina f.

toy [tɔɪ] s. giocattolo m. ♦ **t. soldier** soldatino

to toy [tɔɪ] v. intr. giocherellare, trastullarsi

trace [treɪs] s. 1 traccia f., orma f. 2 residuo m. 3 tracciato m.

to trace [treɪs] v. tr. 1 tracciare 2 seguire le tracce di 3 rintracciare

trachea [trəˈkiː(ː)ə] s. trachea f.

tracing ['treɪsɪŋ] s. tracciato m.

track [træk] s. 1 traccia f., impronta f. 2 pista f., sentiero m. 3 binario m.

to track [træk] v. tr. 1 inseguire 2 (un sentiero) percorrere, (una pista) seguire ♦ **to t. down** scovare; **to t. out** rintracciare

tracksuit ['træksuːt] s. tuta f. (sportiva)

tract (1) [trækt] s. tratto m., distesa f.

tract (2) [trækt] s. trattatello m., opuscolo m.

tractable ['træktəbl] agg. trattabile

traction ['trækʃ(ə)n] s. trazione f.

tractor ['træktə'] s. trattore m.

trade [treɪd] A s. 1 commercio m., scambio m. 2 industria f., settore m. 3 mestiere m., occupazione f. B agg. commerciale ♦ **building t.** industria edilizia; **free t.** libero scambio; **t. mark** marchio registrato; **t. name** nome depositato; **t. union** sindacato; **t. winds** alisei

to trade [treɪd] A v. tr. 1 scambiare 2 commerciare B v. intr. trafficare, commerciare ♦ **to t. in** dar dentro (l'usato); **to t. off** controbilanciare

trader ['treɪdə'] s. commerciante m. e f., mercante m.

tradition [trəˈdɪʃ(ə)n] s. tradizione f.

traditional [trəˈdɪʃənl] agg. tradizionale

traffic ['træfɪk] s. 1 traffico m. 2 circolazione f. ♦ **t. divider** spartitraffico; **t. jam** ingorgo stradale; **t. light** semaforo

tragedy ['trædʒɪdɪ] s. dramma m., tragedia f.

tragic ['trædʒɪk] agg. tragico

tragicomic(al) [ˌtrædʒɪ'kɒmɪk(ə)l)] agg. tragicomico

trail [treɪl] s. 1 traccia f., orma f. 2 pista f. 3 scia f.

to trail [treɪl] A v. tr. 1 trascinare, tirarsi dietro 2 inseguire B v. intr. 1 strisciare 2 seguire le tracce 3 (di pianta) arrampicarsi

trailer ['treɪlə'] s. 1 rimorchio m. 2 (USA) roulotte f. inv. 3 (cine.) trailer m. inv.

train [treɪn] s. 1 treno m. 2 strascico m., coda f., scia f. 3 corteo m. 4 serie f., successione f. ♦ **express t.** rapido; **fast t.** direttissimo; **slow t.** accelerato; **through t.** diretto

to train [treɪn] A v. tr. 1 allenare, addestrare, formare 2 puntare, orientare B v. intr. esercitarsi, allenarsi

trained [treɪnd] agg. 1 esperto, qualificato 2 ammaestrato

trainee [treɪ'niː] s. apprendista m. e f.

trainer ['treɪnə'] s. 1 allenatore m., istruttore m. 2 scarpa f. da ginnastica

training ['treɪnɪŋ] s. 1 allenamento m., preparazione f., formazione f. 2 apprendistato m.

to traipse [treɪps] v. intr. gironzolare

trait [treɪ] s. tratto m. saliente

traitor ['treɪtə'] s. traditore m.

trajectory [trəˈdʒekt(ə)rɪ] s. traiettoria f.

tram [træm] *s.* tram *m. inv.*

tramp [træmp] *s.* **1** vagabondo *m.* **2** scarpinata *f.* **3** (*fam.*) sgualdrina *f.*

to tramp [træmp] *v. intr.* scarpinare, camminare pesantemente

to trample [træmpl] *v. tr.* camminare su, calpestare

tranquil [ˈtræŋkwɪl] *agg.* tranquillo

tranquillity [træŋˈkwɪlɪtɪ] *s.* tranquillità *f.*

tranquillizer [ˈtræŋkwɪlaɪzəʳ] *s.* tranquillante *m.*, calmante *m.*

to transact [trænˈzækt] *v. tr.* trattare

transaction [trænˈzækʃ(ə)n] *s.* transazione *f.*

transatlantic [ˌtrænzətˈlæntɪk] *agg.* transatlantico

to transcribe [trænsˈkraɪb] *v. tr.* trascrivere

transcript [ˈtrænskrɪpt] *s.* trascrizione *f.*

transcription [trænsˈkrɪpʃ(ə)n] *s.* trascrizione *f.*

transept [ˈtrænsept] *s.* transetto *m.*

transfer [ˈtrænsfɜːʳ] *s.* trasferimento *m.*

to transfer [trænsˈfɜːʳ] *v. tr.* trasferire

to transform [trænsˈfɔːm] *v. tr. e intr.* trasformare, trasformarsi

transformer [trænsˈfɔːməʳ] *s.* trasformatore *m.*

transfusion [trænsˈfjuːʒ(ə)n] *s.* trasfusione *f.*

transgression [trænsˈgreʃ(ə)n] *s.* trasgressione *f.*

transiency [ˈtrænzɪənsɪ] *s.* transitorietà *f.*

transient [ˈtrænzɪənt] *agg.* transitorio

transistor [trænˈsɪstəʳ] *s.* transistor *m. inv.*

transit [ˈtrænsɪt] *s.* transito *m.*, passaggio *m.*

transitive [ˈtrænsɪtɪv] *agg.* (*gramm.*) transitivo

transitory [ˈtrænsɪt(ə)rɪ] *agg.* transitorio

to translate [trænsˈleɪt] *v. tr.* tradurre

translation [trænsˈleɪʃ(ə)n] *s.* traduzione *f.*

translator [trænsˈleɪtəʳ] *s.* traduttore *m.*

transliteration [ˌtrænzlɪtəˈreɪʃ(ə)n] *s.* traslitterazione *f.*

transmission [trænzˈmɪʃ(ə)n] *s.* trasmissione *f.*

to transmit [trænzˈmɪt] *v. tr.* trasmettere

transmitter [trænzˈmɪtəʳ] *s.* trasmettitore *m.*

transparency [trænsˈpeərənsɪ] *s.* **1** trasparenza *f.* **2** diapositiva *f.*

transparent [trænsˈpeər(ə)nt] *agg.* trasparente

transpiration [ˌtrænspɪˈreɪʃ(ə)n] *s.* traspirazione *f.*

to transpire [trænsˈpaɪəʳ] *v. intr.* **1** traspirare **2** trapelare **3** (*fam.*) accadere

transplant [ˈtrænsplɑːnt] *s.* trapianto *m.*

to transplant [trænsˈplɑːnt] *v. tr.* trapiantare

transplantation [ˌtrænsplɑːnˈteɪʃ(ə)n] *s.* trapianto *m.*

transport [ˈtrænspɔːt] *s.* **1** trasporto *m.* **2** mezzo *m.* di trasporto

to transport [trænsˈpɔːt] *v. tr.* trasportare

transportable [trænsˈpɔːtəbl] *agg.* trasportabile

transporter [trænsˈpɔːtəʳ] *s.* trasportatore *m.*

transsexual [trænˈsekʃʊəl] *agg. e s.* transessuale *m. e f.*

transversal [trænzˈvɜːs(ə)l] *agg.* trasversale

trap [træp] *s.* **1** trappola *f.* **2** tranello *m.* **3** calesse *m.*

to trap [træp] *v. tr.* prendere in trappola, intrappolare

trap-door [ˈtræpdɔːʳ] *s.* botola *f.*

trapeze [trəˈpiːz] *s.* trapezio *m.*

trapezium [trəˈpiːzɪəm] *s.* (*geom.*) trapezio *m.*

trappings [ˈtræpɪŋz] *s. pl.* **1** bardatura *f.* **2** ornamenti *m. pl.*

traps [træps] *s. pl.* (*fam.*) bagaglio *m.*

trapshooting [ˈtræpˌʃuːtɪŋ] *s.* tiro *m.* al piattello

trash [træʃ] *s.* **1** ciarpame *m.*, robaccia *f.* **2** (*USA*) immondizie *f. pl.* **3** porcheria *f.* **4** sciocchezza *f.*

trauma [ˈtrɔːmə] *s.* trauma *m.*

traumatic [trɔːˈmætɪk] *agg.* traumatico

travel [ˈtrævl] *s.* il viaggiare, viaggi *m. pl.* ♦ **t. agency** agenzia di viaggi

to travel [ˈtrævl] **A** *v. intr.* viaggiare **B** *v. tr.* attraversare, percorrere

traveller [ˈtrævləʳ] *s.* viaggiatore *m.* ♦ **t.'s cheque** travellers' chèque, assegno turistico

travelling [ˈtrævlɪŋ] *agg.* **1** viaggiante **2** da viaggio, di viaggio

travertine [ˈtrævə(ː)tɪn] *s.* travertino *m.*

travesty [ˈtrævɪstɪ] *s.* parodia *f.*

to trawl [trɔːl] *v. tr. e intr.* pescare a strascico

tray [treɪ] *s.* **1** vassoio *m.* **2** bacinella *f.*

treacherous [ˈtretʃ(ə)rəs] *agg.* sleale, infido

treachery [ˈtretʃ(ə)rɪ] *s.* tradimento *m.*, slealtà *f.*

treacle [ˈtriːkl] *s.* melassa *f.*

tread [tred] *s.* **1** passo *m.* **2** (*di scalino*) pedata *f.* **3** battistrada *m. inv.*

to tread [tred] (*pass.* **trod**, *p. p.* **trodden**) **A** *v. tr.* **1** calpestare **2** percorrere **B** *v. intr.* camminare, procedere

treason [ˈtriːz(ə)n] *s.* tradimento *m.*

treasure [ˈtreʒəʳ] *s.* tesoro *m.*

to treasure [ˈtreʒəʳ] *v. tr.* **1** accumulare **2** custodire gelosamente

treasurer [ˈtreʒ(ə)rəʳ] *s.* tesoriere *m.*

treat [triːt] *s.* trattenimento *m.*, festa *f.*

to treat [triːt] **A** *v. tr.* **1** trattare **2** curare **3** offrire, regalare **B** *v. intr.* **1** trattare, negoziare **2** trattare, discutere ♦ **to t. sb. to st.** offrire q.c. a qc.

treatable [ˈtriːtəbl] *agg.* trattabile

treatise [ˈtriːtɪz] *s.* trattato *m.*

treatment [ˈtriːtmənt] *s.* trattamento *m.*, cura *f.*

treaty [ˈtriːtɪ] *s.* trattato *m.*, accordo *m.*

treble [trebl] *agg. e s.* triplo *m.*

to treble [trebl] *v. tr. e intr.* triplicare, triplicarsi

tree [triː] *s.* albero *m.*, arbusto *m.*

trefoil [ˈtriːfoɪl] *s.* trifoglio *m.*

trek [trek] *s.* **1** migrazione *f.*, spedizione *f.* **2** percorso *m.* accidentato **3** trekking *m. inv.*

to trek [trek] *v. intr.* **1** emigrare **2** fare escursioni, fare trekking

trellis [ˈtrelɪs] *s.* traliccio *m.*

tremble [trembl] *s.* tremito *m.*

to tremble [trembl] *v. intr.* tremare

trembling [ˈtremblɪŋ] **A** *agg.* tremante **B** *s.* tremito *m.*

tremendous [trɪˈmendəs] *agg.* **1** formidabile, straordinario **2** tremendo, terribile

tremor [ˈtreməʳ] *s.* **1** tremore *m.*, tremito *m.* **2** (*di terremoto*) scossa *f.*

trench [tren(t)ʃ] *s.* **1** fosso *m.* **2** trincea *f.*

trend [trend] *s.* **1** direzione *f.* **2** andamento *m.*, orientamento *m.* **3** moda *f.*, tendenza *f.*

trendy [ˈtrendɪ] *agg.* di moda

trepidation [ˌtrepɪˈdeɪʃ(ə)n] *s.* trepidazione *f.*

to trespass [ˈtrespəs] *v. intr.* **1** trasgredire **2** introdursi abusivamente

trestle [ˈtresl] *s.* **1** cavalletto *m.* **2** traliccio *m.*

trial ['traɪ(ə)l] *s.* **1** (*dir.*) giudizio *m.*, processo *m.* **2** esperimento *m.*, prova *f.* **3** collaudo *m.* **4** sofferenza *f.*, fastidio *m.*

triangle ['traɪæŋgl] *s.* triangolo *m.*

triangular [traɪ'æŋgjʊlə'] *agg.* triangolare

triangulation [traɪæŋgjʊ'leɪʃ(ə)n] *s.* triangolazione *f.*

tribe [traɪb] *s.* tribù *f.*

tribunal [traɪ'bjuːnl] *s.* tribunale *m.*

tribune ['trɪbjuːn] *s.* tribuna *f.*

tributary ['trɪbjʊt(ə)rɪ] *agg. e s.* tributario *m.*, affluente *m.*

trice [traɪs] *s.* attimo *m.*

trichologist [trɪ'kɒlədʒɪst] *s.* tricologo *m.*

trichology [trɪ'kɒlədʒɪ] *s.* tricologia *f.*

trick [trɪk] *s.* **1** trucco *m.*, stratagemma *m.* **2** scherzo *m.*, raggiro *m.*, inganno *m.* **3** abitudine *f.* **4** (*nel gioco delle carte*) mano *f.*

to trick [trɪk] *v. tr.* ingannare, raggirare

trickery ['trɪkərɪ] *s.* inganno *m.*

to trickle ['trɪkl] *v. intr.* gocciolare

tricky ['trɪkɪ] *agg.* **1** scaltro **2** complicato

tricolour ['trɪkələ'] *agg.* tricolore

tricycle ['traɪsɪkl] *s.* triciclo *m.*

tridimensional [ˌtraɪdɪ'menʃənl] *agg.* tridimensionale

trifle ['traɪfl] *s.* inezia *f.*, sciocchezza *f.*

trifling ['traɪflɪŋ] *agg.* irrilevante

trigger ['trɪgə'] *s.* grilletto *m.*

triglyph ['traɪglɪf] *s.* triglifo *m.*

trill [trɪl] *s.* trillo *m.*

trim [trɪm] **A** *agg.* ordinato **B** *s.* **1** ordine *m.*, disposizione *f.* **2** assetto *m.* **3** taglio *m.*, spuntata *f.*

to trim [trɪm] *v. tr.* **1** ordinare **2** regolare **3** potare, spuntare **4** guarnire

trimming ['trɪmɪŋ] *s.* guarnizione *f.*

trinity ['trɪnɪtɪ] *s.* trinità *f.*

trinket ['trɪŋkɪt] *s.* gingillo *m.*, ciondolo *m.*

trio ['triːəʊ] *s.* trio *m.*

trip [trɪp] *s.* **1** gita *f.*, viaggio *m.*, escursione *f.* **2** passo *m.* leggero **3** passo *m.* falso **4** sgambetto *m.*

to trip [trɪp] **A** *v. intr.* **1** inciampare **2** camminare con passo leggero **3** fare un passo falso **B** *v. tr.* **1** far inciampare **2** fare lo sgambetto

tripe [traɪp] *s.* **1** trippa *f.* **2** (*fam.*) sciocchezze *f. pl.*

triple ['trɪpl] *agg.* triplo

triplicate ['trɪplɪkɪt] **A** *agg.* triplo **B** *s.* triplice copia *f.*

to triplicate ['trɪplɪkɪt] *v. tr.* triplicare

tripod ['traɪpɒd] *s.* treppiedi *m. inv.*

triptych ['trɪptɪk] *s.* trittico *m.*

trite [traɪt] *agg.* trito, banale

triumph ['traɪəmf] *s.* trionfo *m.*

to triumph ['traɪəmf] *v. intr.* trionfare

triumphal [traɪ'ʌmf(ə)l] *agg.* trionfale

trivial ['trɪvɪəl] *agg.* insignificante, banale

trod [trɒd] *pass. di* **to tread**

trodden ['trɒdn] *p. p. di* **to tread**

troglodyte ['trɒglədaɪt] *s.* troglodita *m. e f.*

trolley ['trɒlɪ] *s.* carrello *m.* ♦ **t. car** tram; **t.-bus** filobus

trombone [trɒm'bəʊn] *s.* trombone *m.*

troop [truːp] *s.* truppa *f.*, gruppo *m.* **2** squadrone *m.* di cavalleria **3** *al pl.* truppe *f. pl.*

to troop [truːp] **A** *v. intr.* adunarsi, ammassarsi, schierarsi **B** *v. tr.* adunare, schierare

trophy ['trəʊfɪ] *s.* trofeo *m.*, cimelio *m.*

tropic ['trɒpɪk] *s.* tropico *m.*

tropical ['trɒpɪk(ə)l] *agg.* tropicale

trot [trɒt] *s.* trotto *m.*

to trot [trɒt] *v. intr.* trottare

trotter ['trɒtə'] *s.* trottatore *m.*

trouble ['trʌbl] *s.* **1** guaio *m.*, pasticcio *m.* **2** disturbo *m.*, seccatura *f.* **3** difficoltà *f.*, preoccupazione *f.*, pena *f.* **4** disgrazia *f.* **5** disturbo *m.*, malattia *f.* **6** (*tecnol.*) guasto *m.*, anomalia *f.* ♦ **to get out of t.** tirarsi fuori dai guai; **t. shooting** ricerca e riparazione dei guasti

to trouble ['trʌbl] **A** *v. tr.* **1** disturbare **2** affliggere **B** *v. intr.* **1** disturbarsi **2** preoccuparsi, affliggersi

troubled ['trʌbld] *agg.* agitato, preoccupato

troublesome ['trʌblsəm] *agg.* fastidioso

trousers ['traʊzəz] *s. pl.* pantaloni *m. pl.*

trout [traʊt] *s. inv.* trota *f.*

trowel ['traʊ(ə)l] *s.* cazzuola *f.*, paletta *f.*

truant ['truːənt] *agg. e s.* che (o chi) marina la scuola ♦ **to play t.** marinare

truce [truːs] *s.* tregua *f.*

truck (1) [trʌk] *s.* camion *m. inv.* ♦ **t. driver** camionista

truck (2) [trʌk] *s.* **1** scambio *m.* **2** rapporto *m.*, relazione *f.*

to trudge [trʌdʒ] *v. intr.* trascinarsi a fatica

true [truː] *agg.* **1** vero, esatto **2** reale, autentico **3** preciso, accurato **4** puro, genuino **B** *avv.* esattamente, precisamente ♦ **t.-life** realistico

truffle ['trʌfl] *s.* tartufo *m.*

truly ['truːlɪ] *avv.* **1** veramente **2** sinceramente

trumpet ['trʌmpɪt] *s.* tromba *f.*

truncheon ['trʌn(t)ʃ(ə)n] *s.* sfollagente *m. inv.*

trunk [trʌŋk] *s.* **1** tronco *m.*, busto *m.* **2** (*d'albero*) tronco *m.* **3** proboscide *f.* **4** tratto *m.* **5** baule *m.* **6** calzoni *m. pl.* corti **7** (*USA, autom.*) bagagliaio *m.*

truss [trʌs] *s.* **1** travatura *f.* **2** fascio *m.* **3** (*med.*) cinto *m.* erniario

trust [trʌst] *s.* **1** fiducia *f.*, fede *f.* **2** credito *m.* **3** amministrazione *f.* fiduciaria **4** trust *m. inv.* **5** società *m.*

to trust [trʌst] **A** *v. tr.* **1** fidarsi di, aver fiducia in **2** sperare **3** far credito a **B** *v. intr.* **1** fidarsi, confidare **2** sperare **3** far credito

trustee [trʌs'tiː] *s.* **1** amministratore *m.* fiduciario, curatore *m.* **2** amministratore *m.*

trustful ['trʌstf(ʊ)l] *agg.* fiducioso

trustworthy ['trʌst,wɜːðɪ] *agg.* fidato

truth [truːθ] *s.* verità *f.*

truthful ['truːθf(ʊ)l] *s.* **1** vero **2** sincero

try [traɪ] *s.* prova *f.*, tentativo *m.*

to try [traɪ] **A** *v. tr.* **1** provare, tentare **2** assaggiare **3** mettere alla prova **4** collaudare **5** (*dir.*) processare, giudicare **B** *v. intr.* provare, tentare ♦ **to t. for** cercare di ottenere; **to t. on** (*un vestito*) provare; **to t. out** collaudare

trying ['traɪŋ] *agg.* duro, difficile

tsar [zɑː'] *s.* zar *m. inv.*

T-shirt ['tiːʃɜːt] *s.* maglietta *f.*, tee shirt *f. inv.*

tub [tʌb] s. tinozza f.

tuba ['tjuːbə] s. tuba f.

tubby ['tʌbɪ] agg. grasso, obeso

tube [tjuːb] s. 1 tubo m. 2 tubetto m., provetta f. 3 (fam., USA) metropolitana f. ◆ **inner t.** camera d'aria

tuber ['tjuːbə'] s. tubero m.

tuberculosis [tjʊ(ː)ˌbɜːkjuˈləʊsɪs] s. tubercolosi f.

tubular ['tjuːbjʊlə'] agg. tubolare

tuck [tʌk] s. 1 piega f. 2 (pop.) dolci m. pl., merendine f. pl.

to tuck [tʌk] v. tr. 1 piegare 2 riporre 3 mettere, infilare ◆ **to t. away** riporre, nascondere; **to t. in** rimboccare; **to t. into** ingozzarsi; **to t. up** rimboccare

Tuesday ['tjuːzdɪ] s. martedì m. ◆ **Shrove T.** martedì grasso

tufa ['tjuːfə] s. tufo m.

tuft [tʌft] s. ciuffo m.

tug [tʌg] s. 1 strappo m., tirata f. 2 rimorchiatore m.

to tug [tʌg] v. tr. 1 tirare, strappare 2 rimorchiare ◆ **t.-of-war** tiro alla fune

tuition [tjʊ(ː)ˈʃ(ə)n] s. 1 istruzione f. 2 tassa f. scolastica

tulip ['tjuːlɪp] s. tulipano m.

tumble ['tʌmbl] s. 1 capitombolo m. 2 crollo m., caduta f.

to tumble ['tʌmbl] v. intr. 1 ruzzolare, cascare 2 agitarsi 3 gettarsi, precipitarsi ◆ **to t. down** essere in rovina

tumbler ['tʌmblə'] s. 1 acrobata m. e f. 2 bicchiere m. (senza piede)

tumefaction [ˌtjuːmɪˈfækʃ(ə)n] s. tumefazione f.

tummy ['tʌmɪ] s. (fam.) pancia f.

tumour ['tjuːmə'] (USA **tumor**) s. tumore m.

tumulus ['tjuːmjʊləs] s. tumulo m.

tun [tʌn] s. tino m.

tuna ['tjuːnə] s. tonno m.

tundra ['tʌndrə] s. tundra f.

tune [tjuːn] s. 1 tono m. 2 melodia f., aria f. 3 (radio, TV) sintonia f.

to tune [tjuːn] v. tr. 1 accordare 2 mettere a punto 3 sintonizzare ◆ **to t. in** sintonizzarsi; **to t. up** accordarsi, armonizzarsi

tuneful ['tjuːnf(ʊ)l] agg. armonioso

tuner ['tjuːnə'] s. 1 accordatore m. 2 sintetizzatore m.

tunic ['tjuːnɪk] s. tunica f.

tunnel ['tʌnl] s. tunnel m. inv., galleria f.

tunny ['tʌnɪ] s. tonno m.

turban ['tɜːbən] s. turbante m.

turbine ['tɜːbaɪn] s. turbina f.

turbulence ['tɜːbjʊləns] s. turbolenza f.

turbulent ['tɜːbjʊlənt] agg. turbolento, agitato

tureen [təˈriːn] s. zuppiera f.

turf [tɜːf] s. zolla f., tappeto m. erboso

Turk [tɜːk] s. turco m.

turkey ['tɜːkɪ] s. tacchino m.

Turkish ['tɜːkɪʃ] agg. turco

turmoil ['tɜːmɔɪl] s. tumulto m., agitazione f.

turn [tɜːn] s. 1 giro m. 2 curva f., svolta f., cambiamento m. di direzione 3 turno m. 4 attitudine f., disposizione f. 5 numero m., esibizione f. 6 (fam.) brutto colpo m., accidente m. ◆ **in t.** a turno; **t.-off**

svincolo; **t.-up** risvolto (dei pantaloni)

to turn [tɜːn] A v. tr. 1 girare, curvare, voltare 2 rivolgere, dirigere 3 rovesciare 4 distogliere, sviare 5 cambiare, trasformare B v. intr. 1 girare, girarsi 2 dirigersi, rivolgersi 3 trasformarsi, diventare 4 andare a male ◆ **to t. about** fare dietrofront; **to t. against** rivoltarsi contro; **to t. away** girarsi, respingere; **to t. back** tornare indietro; **to t. down** abbassare, ripiegare; **to t. in** restituire, ripiegarsi, andare a letto; **to t. off** spegnere; **to t. on** accendere, eccitare; **to t. out** spegnere, mettere alla porta, rovesciare; **to t. over** girarsi, cappottare; **to t. up** saltar fuori, sopraggiungere, rialzare

turning ['tɜːnɪŋ] A agg. girevole B s. 1 giro m. 2 curva f., svolta f. 3 sterzata f.

turnip ['tɜːnɪp] s. rapa f. ◆ **t. tops** cime di rapa

turnover ['tɜːnˌəʊvə'] s. 1 rovesciamento m. 2 giro m. d'affari 3 turnover m. inv., ricambio m.

turnstile ['tɜːnstaɪl] s. tornello m.

turntable ['tɜːnˌteɪbl] s. (di giradischi) piatto m.

turpentine ['tɜːp(ə)ntaɪn] s. trementina f.

turquoise ['tɜːkwɔːz] s. turchese m.

turret ['tʌrɪt] s. torretta f.

turtle ['tɜːtl] s. tartaruga f.

tusk [tʌsk] s. zanna f.

tussle ['tʌsl] s. rissa f.

tutor ['tjuːtə'] s. 1 precettore m. 2 professore m., assistente m. e f.

tutorial [tjuːˈtɔːrɪəl] s. seminario m.

TV [tiːˈviː] s. TV f., televisione f.

twang [twæŋ] s. 1 vibrazione f. 2 suono m. nasale

tweed [twiːd] s. tweed m. inv.

tweezers ['twiːzəz] s. pl. pinzette f. pl.

twelfth [twelfθ] agg. num. ord. e s. dodicesimo m.

twelve [twelv] agg. num. card. e s. dodici m. inv.

twentieth ['twentɪɪθ] agg. num. ord. e s. ventesimo m.

twenty ['twentɪ] agg. num. card. e s. venti m. inv.

twice [twaɪs] avv. due volte

to twiddle ['twɪdl] A v. tr. far girare B v. intr. giocherellare

twig [twɪg] s. ramoscello m.

to twig [twɪg] v. tr. capire, afferrare

twilight ['twaɪlaɪt] s. crepuscolo m.

twin [twɪn] agg. e s. gemello m. ◆ **t. birth** parto gemellare; **t. beds** letti gemelli

twine [twaɪn] s. 1 spago m. 2 garbuglio m.

to twine [twaɪn] v. tr. e intr. torcere, attorcigliarsi

twinge [twɪndʒ] s. 1 fitta f. 2 rimorso m.

to twinkle ['twɪŋkl] v. intr. brillare, scintillare

twinkling ['twɪŋklɪŋ] s. scintillio m.

twinning ['twɪnɪŋ] s. gemellaggio m.

twirl [twɜːl] s. giravolta f.

to twirl [twɜːl] v. tr. e intr. roteare

twist [twɪst] s. 1 torsione f., storta f. 2 curva f., tornante m. 3 spira f., spirale f. 4 filo m. ritorto, treccia f. 5 variazione f., cambiamento m. 6 colpo m. di scena

to twist [twɪst] A v. tr. 1 torcere, distorcere 2 intrecciare, attorcigliare B v. intr. 1 intrecciarsi, attorcigliarsi 2 torcersi 3 serpeggiare

twisted ['twɪstɪd] agg. 1 torto, ritorto 2 contorto

twit [twɪt] s. 1 presa f. in giro 2 (fam.) cretino m.

twitch [twɪtʃ] *s.* **1** contrazione *f.* **2** strattone *m.*

two [tu:] *agg. num. card. e s.* due *m. inv.*

twofold ['tu:fəʊld] *agg.* doppio

twosome ['tu:səm] **A** *agg.* per due, in coppia **B** *s.* coppia *f.*

two-way ['tu:weɪ] *agg.* a doppio senso

tycoon [taɪ'ku:n] *s.* magnate *m.*

tympanum ['tɪmpənəm] *s.* timpano *m.*

type [taɪp] *s.* **1** tipo *m.*, modello *m.*, esemplare *m.* **2** tipo *m.*, specie *f.*, genere *m.* **3** (*tip.*) carattere *m.*

to type [taɪp] *v. tr.* battere (*su tastiera*), dattilografare

typescript ['taɪpˌskrɪpt] *s.* dattiloscritto *m.*

typesetting ['taɪpˌsetɪŋ] *s.* composizione *f.* tipografica

typewriter ['taɪpˌraɪtə'] *s.* macchina *f.* per scrivere

typhoon [taɪ'fu:n] *s.* tifone *m.*

typhus ['taɪfəs] *s.* (*med.*) tifo *m.*

typical ['tɪpɪk(ə)l] *agg.* tipico

to typify ['tɪpɪfaɪ] *v. tr.* impersonare, simboleggiare

typing ['taɪpɪŋ] *s.* dattilografia *f.*

typist ['taɪpɪst] *s.* dattilografo *m.*

typographer [taɪ'pɒgrəfə'] *s.* tipografo *m.*

typography [taɪ'pɒgrəfɪ] *s.* tipografia *f.*

typology [taɪ'pɒlədʒɪ] *s.* tipologia *f.*

tyrant ['taɪər(ə)nt] *s.* tiranno *m.*

tyre ['taɪə'] (*USA* **tire**) *s.* pneumatico *m.*, gomma *f.* ♦ **flat t.** gomma a terra; **t. repairer** gommista; **t. rim** cerchione; **t. tread** battistrada

U

ubiquitous [ju(:)'bɪkwɪtəs] *agg.* onnipresente

udder ['ʌdə'] *s.* (*zool.*) mammella *f.*

UFO ['ju:fəʊ] *s.* ufo *m. inv.*

ugh [ʊh] *inter.* puh!

ugly ['ʌglɪ] *agg.* **1** brutto, sgradevole **2** minaccioso

ulcer ['ʌlsə'] *s.* ulcera *f.*

ulna ['ʌlnə] *s.* ulna *f.*

ulterior [ʌl'tɪərɪə'] *agg.* **1** ulteriore, successivo **2** segreto, nascosto

ultimate ['ʌltɪmɪt] *agg.* **1** ultimo, estremo **2** definitivo **3** massimo, supremo

ultimately ['ʌltɪmɪtlɪ] *avv.* **1** in definitiva **2** fondamentalmente

ultrasound [ˌʌltrə'saʊnd] *s.* ultrasuono *m.*

ultraviolet [ˌʌltrə'vaɪəlɪt] *agg. e s.* ultravioletto *m.*

umbilical [ʌm'bɪlɪk(ə)l] *agg.* ombelicale ♦ **u. cord** cordone ombelicale

umbrella [ʌm'brelə] *s.* ombrello *m.* ♦ **u. stand** portaombrelli

umpire ['ʌmpaɪə'] *s.* arbitro *m.*

to umpire ['ʌmpaɪə'] *v. tr. e intr.* arbitrare

umpteen ['ʌm(p)ti:n] *agg.* (*fam.*) molti

umpteenth ['ʌm(p)ti:nθ] *agg.* (*fam.*) ennesimo

unable [ʌn'eɪbl] *agg.* incapace, impossibilitato, inadatto

unabridged [ˌʌnə'brɪdʒd] *agg.* (*di edizione*) non abbreviato, integrale

unacceptable [ˌʌnək'septəbl] *agg.* inaccettabile

unaccompanied [ˌʌnə'kʌmp(ə)nɪd] *agg.* **1** solo, non accompagnato **2** (*mus.*) senza accompagnamento

unaccountable [ˌʌnə'kaʊntəbl] *agg.* **1** inesplicabile **2** irresponsabile

unaccustomed [ˌʌnə'kʌstəmd] *agg.* **1** insolito **2** non abituato

unacquainted [ˌʌnə'kweɪntɪd] *agg.* non pratico, non abituato

unaffected [ˌʌnə'fektɪd] *agg.* **1** spontaneo, sincero **2** non soggetto

unaided [ʌn'eɪdɪd] *agg.* senza aiuto

unalterable [ʌn'ɔ:lt(ə)rəbl] *agg.* inalterabile

unanimity [ˌju:nə'nɪmɪtɪ] *s.* unanimità *f.*

unanimous [ju:'nænɪməs] *agg.* unanime

unanswerable [ʌn'ɑ:ns(ə)rəbl] *agg.* **1** incontestabile, irrefutabile **2** irresponsabile

unapproachable [ˌʌnə'prəʊtʃəbl] *agg.* inavvicinabile

unapt [ʌn'æpt] *agg.* non adatto

to unarm [ʌn'ɑ:m] *v. tr.* disarmare

unashamed [ˌʌnə'ʃeɪmd] *agg.* spudorato

unassuming [ˌʌnə'sju:mɪŋ] *agg.* senza pretese

unattached [ˌʌnə'tætʃt] *agg.* **1** libero, indipendente **2** senza legami (sentimentali)

unattainable [ˌʌnə'teɪnəbl] *agg.* irraggiungibile

unattended [ˌʌnə'tendɪd] *agg.* incustodito

unattractive [ˌʌnə'træktɪv] *agg.* poco attraente

unauthorized [ʌn'ɔ:θəraɪzd] *agg.* non autorizzato

unavailable [ˌʌnə'veɪləbl] *agg.* non disponibile

unavoidable [ˌʌnə'vɔɪdəbl] *agg.* inevitabile

unaware [ˌʌnə'weə'] *agg.* ignaro

unawares [ˌʌnə'weəz] *avv.* **1** inavvertitamente, inconsapevolmente **2** di sorpresa

unbalanced [ʌn'bælənst] *agg.* squilibrato

unbearable [ʌn'beərəbl] *agg.* insopportabile

unbeatable [ʌn'bi:təbl] *agg.* imbattibile

unbelievable [ˌʌnbɪ'li:vəbl] *agg.* incredibile

to unbend [ʌn'bend] (*pass. e p. p.* **unbent**) **A** *v. tr.* **1** raddrizzare **2** stendere, sciogliere **3** distendere, rilassare **B** *v. intr.* **1** raddrizzarsi **2** distendersi, rilassarsi

unbias(s)ed [ʌn'baɪəst] *agg.* imparziale

unborn [ʌn'bɔːn] *agg.* non ancora nato, futuro

unbreakable [ʌn'breɪkəbl] *agg.* infrangibile

unbroken [ʌn'brəuk(ə)n] *agg.* **1** intatto **2** ininterrotto **3** indomito

to unbutton [ʌn'bʌtn] *v. tr. e intr.* sbottonare, sbottonarsi

uncalled [ʌn'kɔ:ld] *agg.* non chiamato, non invitato ♦ **u. for** superfluo, fuori luogo

uncanny [ʌn'kænɪ] *agg.* misterioso

unceasing [ʌn'si:sɪŋ] *agg.* incessante

uncertain [ʌn'sɜ:tn] *agg.* incerto

uncertainty [ʌn'sɜ:t(ə)ntɪ] *s.* incertezza *f.*

to unchain [ʌn'tʃeɪn] *v. tr.* sciogliere

unchanged [ʌn'tʃeɪn(d)ʒd] *agg.* immutato

unchanging [ʌn'tʃeɪn(d)ʒɪŋ] *agg.* immutabile

unchecked [ʌn'tʃekt] *agg.* **1** sfrenato **2** non verificato

uncivil [ʌn'sɪvl] *agg.* incivile

uncle [ʌŋkl] *s.* zio *m.*

unclean [ʌŋ'kli:n] *agg.* immondo

unclear [ʌŋ'klɪə'] *agg.* non chiaro, incerto

uncomfortable [ʌn'kʌmf(ə)təbl] *agg.* **1** scomodo **2** spiacevole

uncommon [ʌn'kɒmən] *agg.* insolito

uncompromising [ʌn'kɒmprə,maɪzɪŋ] *agg.* intransigente

unconcerned [,ʌnkən'sɜ:nd] *agg.* **1** indifferente **2** imparziale

unconditional [,ʌnkən'dɪʃənl] *agg.* incondizionato

unconscious [ʌn'kɒnʃəs] **A** *agg.* **1** inconscio **2** incosciente **B** *s.* inconscio *m.*

unconstitutional [,ʌnkɒnstɪ'tju:ʃənl] *agg.* anticostituzionale

uncontrollable [,ʌnkən'trəuləbl] *agg.* incontrollabile

unconventional [,ʌnkən'venʃənl] *agg.* non convenzionale

uncouth [ʌn'ku:θ] *agg.* rozzo

to uncover [ʌn'kʌvə'] *v. tr.* **1** scoprire **2** svestire **3** rivelare

undamaged [ʌn'dæmɪdʒd] *agg.* non danneggiato

undated [ʌn'deɪtɪd] *agg.* non datato

undaunted [ʌn'dɔ:ntɪd] *agg.* imperterrito

undecided [,ʌndɪ'saɪdɪd] *agg.* indeciso, incerto

undeniable [,ʌndɪ'naɪəbl] *agg.* innegabile

under ['ʌndə'] **A** *prep.* **1** sotto **2** in, in corso di **3** meno di, per meno di **B** *avv.* sotto, al di sotto

underage [,ʌndə'reɪdʒ] *agg.* minorenne

undercarriage ['ʌndə,kærɪdʒ] *s.* carrello *m.* d'atterraggio

to undercharge [,ʌndə'tʃɑ:dʒ] *v. tr.* far pagare meno

underclothing ['ʌndə,kləuðɪŋ] *s.* biancheria *f.* intima

undercover [,ʌndə'kʌvə'] *agg.* segreto

undercurrent ['ʌndə,kʌrənt] *s.* **1** corrente *f.* sottomarina **2** tendenza *f.* occulta

to undercut [,ʌndə,kʌt] *(pass. e p.p.* **undercut**) *v. tr.* **1** colpire dal basso **2** tagliare dal basso **3** vendere a prezzo inferiore

underdevelopment [,ʌndədɪ'veləpmənt] *s.* sottosviluppo *m.*

underdone [,ʌndə'dʌn] *agg.* poco cotto, al sangue

to underestimate [,ʌndər'estɪmeɪt] *v. tr.* sottovalutare

underfed [,ʌndə'fed] *agg.* denutrito

to undergo [,ʌndə'gəu] *(pass.* **underwent**, *p. p.* **undergone**) *v. tr.* patire, subire

undergraduate [,ʌndə'grædjuət] *s.* studente *m.* universitario

underground [,ʌndə'graund] **A** *agg.* sotterraneo **B** *s.* **1** sottosuolo *m.* **2** metropolitana *f.* **3** movimento *m.* clandestino **C** *avv.* **1** sottoterra **2** segretamente, clandestinamente

undergrowth ['ʌndəgrəuθ] *s.* sottobosco *m.*

underhand ['ʌndəhænd] *agg.* nascosto, clandestino

to underlie [,ʌndə'laɪ] *(pass.* **underlay**, *p. p.* **underlain**) **A** *v. tr.* **1** stare sotto a **2** essere alla base di **B** *v. intr.* essere sottostante

to underline [,ʌndə'laɪn] *v. tr.* sottolineare, evidenziare

underlying [,ʌndə'laɪŋ] *agg.* sottostante

to undermine [,ʌndə'maɪn] *v. tr.* **1** minare **2** indebolire

underneath [,ʌndə'ni:θ] **A** *avv.* sotto, disotto **B** *prep.* sotto, al di sotto di **C** *agg. pred.* inferiore

underpaid ['ʌndə,peɪd] **A** *pass. e p. p. di* **to underpay** **B** *agg.* sottopagato

underpants ['ʌndəpænts] *s. pl.* mutande *f. pl.* (da uomo)

underpass ['ʌndəpɑ:s] *s.* sottopassaggio *m.*

to underrate [,ʌndə'reɪt] *v. tr.* sottostimare

undershirt ['ʌndəʃɜ:t] *s.* maglietta *f.* (intima)

underside ['ʌndəsaɪd] *s.* parte *f.* inferiore

underskirt ['ʌndəskɜ:t] *s.* sottogonna *f.*

to understand [,ʌndə'stænd] *(pass. e p. p.* **understood**) **A** *v. tr.* **1** capire, comprendere, intendere **2** venire a sapere, apprendere **3** interpretare **4** sottintendere **B** *v. intr.* **1** capire, rendersi conto **2** intendersi

understanding [,ʌndə'stændɪŋ] **A** *agg.* comprensivo **B** *s.* **1** intelligenza *f.*, comprensione *f.* **2** accordo *m.*

to understate [,ʌndə'steɪt] *v. tr.* sottovalutare, attenuare

understood [,ʌndə'stud] **A** *pass. e p. p. di* **to understand B** *agg.* sottinteso

understudy ['ʌndə,stʌdɪ] *s.* sostituto *m.* (di attore)

to undertake [,ʌndə'teɪk] *(pass.* **undertook**, *p. p.* **undertaken**) **A** *v. tr.* **1** intraprendere **2** assumersi l'impegno di **B** *v. intr.* garantire

undertaking [,ʌndə'teɪkɪŋ] *s.* **1** impresa *f.* **2** impegno *m.*

undertone ['ʌndə,təun] *s.* **1** tono *m.* sommesso **2** senso *m.* occulto

undertook [,ʌndə'tuk] *pass. di* to undertake

underwater [,ʌndə'wɔ:tə'] **A** *agg.* subacqueo **B** *avv.* sott'acqua

underwear ['ʌndəweə'] *s.* biancheria *f.* intima

underwood ['ʌndəwud] *s.* sottobosco *m.*

underworld ['ʌndəwɜ:ld] *s.* malavita *f.*

underwriting ['ʌndə,raɪtɪŋ] *s.* sottoscrizione *f.*

undeserved [,ʌndɪ'zɜ:vd] *agg.* immeritato

undesirable [,ʌndɪ'zaɪərəbl] *agg.* indesiderabile, sgradito

undid [ʌn'dɪd] *pass. di* to undo

undies ['ʌndɪz] *s. pl. (fam.)* biancheria *f.* intima (da donna)

undifferentiated [ʌn,dɪfə'renʃɪeɪtɪd] *agg.* indifferenziato

undisturbed [ˌʌndɪs'tɜ:bd] *agg.* indisturbato
to undo [ʌn'du:] (*pass.* **undid**, *p. p.* **undone**) *v. tr.* **1** disfare, annullare **2** sciogliere, sbrogliare **3** rovinare
undoing [ʌn'du:ɪŋ] *s.* rovina *f.*
undone [ʌn'dʌn] **A** *p. p. di* **to undo B** *agg.* **1** disfatto **2** incompiuto
undoubted [ʌn'dautɪd] *agg.* indubbio, sicuro
to undress [ʌn'dres] *v. intr.* denudarsi, spogliarsi
undue [ʌn'dju:] *agg.* **1** indebito **2** inadatto **3** eccessivo
undulating ['ʌndjuleɪtɪŋ] *agg.* **1** ondulato **2** ondeggiante
undulation [ˌʌndju'leɪʃ(ə)n] *s.* ondulazione *f.*
undulatory ['ʌndjulətərɪ] *agg.* **1** ondulato **2** ondulatorio
unduly [ʌn'dju:lɪ] *avv.* **1** eccessivamente **2** indebitamente
to unearth [ʌn'ɜ:θ] *v. tr.* **1** dissotterrare **2** scoprire
unearthly [ʌn'ɜ:θlɪ] *agg.* **1** non terreno, soprannaturale **2** sinistro, misterioso **3** impossibile, assurdo
uneasiness [ʌn'i:zɪnɪs] *s.* disagio *m.*, inquietudine *f.*
uneasy [ʌn'i:zɪ] *agg.* inquieto, preoccupato
uneatable [ʌn'i:təbl] *agg.* immangiabile
uneconomic(al) [ˌʌni:kə'nɒmɪk/(ə)l] *agg.* antieconomico
uneducated [ʌn'edjʊkeɪtɪd] *agg.* ignorante, illetterato
unemployed [ˌʌnɪm'plɔɪd] *s.* disoccupato *m.*
unemployment [ˌʌnɪm'plɔɪmənt] *s.* disoccupazione *f.*
unending [ʌn'endɪŋ] *agg.* senza fine
unequal [ʌn'i:kw(ə)l] *agg.* disuguale
unequalled [ʌn'i:kw(ə)ld] *agg.* incomparabile
unerring [ʌn'ɜ:rɪŋ] *agg.* infallibile
uneven [ʌn'i:v(ə)n] *agg.* irregolare, ineguale
unevenness [ʌn'i:v(ə)nɪs] *s.* disuguaglianza *f.*
unexceptionable [ʌnɪk'sepʃnəbl] *agg.* ineccepibile
unexpected [ˌʌnɪks'pektɪd] *agg.* imprevisto, improvviso, inatteso
unexplored [ˌʌnɪks'plɔ:d] *agg.* inesplorato
unfailing [ʌn'feɪlɪŋ] *agg.* **1** infallibile **2** immancabile **3** inesauribile
unfair [ʌn'feə°] *agg.* ingiusto, sleale
unfaithful [ʌn'feɪθf(ʊ)l] *agg.* infedele
unfamiliar [ʌnfə'mɪljə°] *agg.* poco familiare, sconosciuto
unfashionable [ʌn'fæʃnəbl] *agg.* fuori moda
to unfasten [ʌn'fɑ:sn] *v. tr.* slegare, slacciare
unfavourable [ʌn'feɪv(ə)rəbl] (*USA* **unfavorable**) *agg.* sfavorevole
unfeeling [ʌn'fi:lɪŋ] *agg.* insensibile
unfinished [ʌn'fɪnɪʃt] *agg.* incompiuto
unfit [ʌn'fɪt] *agg.* **1** inadatto, incapace **2** inabile
to unfold [ʌn'fəʊld] **A** *v. tr.* **1** schiudere, spiegare **2** rivelare **B** *v. intr.* aprirsi, schiudersi **2** rivelarsi
unforeseen [ˌʌnfɔ:'si:n] *agg.* imprevisto
unforgettable [ˌʌnfə'getəbl] *agg.* indimenticabile
unforgivable [ˌʌnfə'gɪvəbl] *agg.* imperdonabile
unfortunate [ʌn'fɔ:tʃ(ə)nɪt] *agg.* sfortunato
unfounded [ʌn'faʊndɪd] *agg.* infondato
unfruitful [ʌn'fru:tf(ʊ)l] *agg.* infruttuoso
unfulfilled [ˌʌnfʊl'fɪld] *agg.* incompiuto, inappagato

ungainly [ʌn'geɪnlɪ] *agg.* goffo
ungodly [ʌn'gɒdlɪ] *agg.* assurdo, impossibile
ungrateful [ʌn'greɪtf(ʊ)l] *agg.* ingrato
ungratefulness [ʌn'greɪtf(ʊ)lnɪs] *s.* ingratitudine *f.*
unhappiness [ʌn'hæpɪnɪs] *s.* infelicità *f.*
unhappy [ʌn'hæpɪ] *agg.* infelice
unharmed [ʌn'hɑ:md] *agg.* illeso, incolume
unhealthy [ʌn'helθɪ] *agg.* **1** malsano **2** malaticcio
unheard [ʌn'hɜ:d] *agg.* inascoltato ♦ **u. off** inaudito, incredibile
to unhinge [ʌn'hɪn(d)ʒ] *v. tr.* scardinare
to unhook [ʌn'hʊk] *v. tr.* sganciare
unhurt [ʌn'hɜ:t] *agg.* incolume
unification [ˌju:nɪfɪ'keɪʃ(ə)n] *s.* unificazione *f.*
uniform ['ju:nɪfɔ:m] **A** *agg.* uniforme **B** *s.* uniforme *f.*, divisa *f.*
uniformity [ju:nɪ'fɔ:mɪtɪ] *s.* uniformità *f.*
to unify ['ju:nɪfaɪ] *v. tr.* unificare
unimaginable [ˌʌnɪ'mædʒ(ɪ)nəbl] *agg.* inimmaginabile
uninhabitable [ˌʌnɪn'hæbɪtəbl] *agg.* inabitabile
uninhabited [ˌʌnɪn'hæbɪtɪd] *agg.* disabitato
uninjured [ʌn'ɪn(d)ʒəd] *agg.* illeso
unintelligible [ˌʌnɪn'telɪdʒəbl] *agg.* incomprensibile
unintentional [ˌʌnɪn'tenʃ(ə)nl] *agg.* involontario
uninterrupted [ˌʌnɪntə'rʌptɪd] *agg.* ininterrotto, incessante
union ['ju:njən] *s.* **1** unione *f.* **2** associazione *f.*, lega *f.*, consorzio *m.* **3** sindacato *m.*
unique [ju:'ni:k] *agg.* unico
unit ['ju:nɪt] *s.* **1** unità *f.* **2** complesso *m.*, gruppo *m.* **3** (*mil.*) reparto *m.*
to unite [ju:'naɪt] *v. tr. e intr.* unire, unirsi
united [ju:'naɪtɪd] *agg.* unito, congiunto
unity ['ju:nɪtɪ] *s.* **1** unità *f.* **2** accordo *m.*
universal [ju:nɪ'vɜ:s(ə)l] *agg.* universale
universe ['ju:nɪvɜ:s] *s.* universo *m.*
university [ju:nɪ'vɜ:sɪtɪ] *s.* università *f.*
univocal [ju:nɪ'vəʊk(ə)l] *agg.* univoco
unjust [ʌn'dʒʌst] *agg.* ingiusto
unkempt [ʌn'kem(p)t] *agg.* scarmigliato
unkind [ʌn'kaɪnd] *agg.* **1** scortese **2** crudele
unkindness [ʌn'kaɪn(d)nɪs] *s.* **1** scortesia *f.* **2** crudeltà *f.*
unknown [ʌn'nəʊn] **A** *agg.* sconosciuto **B** *s.* (*mat.*) incognita *f.*
to unlace [ʌn'leɪs] *v. tr.* slacciare
unlawful [ʌn'lɔ:f(ʊ)l] *agg.* abusivo, illegale
to unleash [ʌn'li:ʃ] *v. tr.* sguinzagliare
unless [ən'les] *cong.* eccetto che, a meno che
unlike [ʌn'laɪk] **A** *agg.* diverso **B** *prep.* diversamente da, a differenza di
unlikely [ʌn'laɪklɪ] *avv.* improbabile
unlimited [ʌn'lɪmɪtɪd] *agg.* illimitato
unlined [ʌn'laɪnd] *agg.* sfoderato
to unload [ʌn'ləʊd] *v. tr.* **1** scaricare **2** disfarsi di
unloaded [ʌn'ləʊdɪd] *agg.* scarico
unloading [ʌn'ləʊdɪŋ] *s.* scarico *m.*
to unlock [ʌn'lɒk] *v. tr.* **1** aprire **2** rivelare
unlucky [ʌn'lʌkɪ] *agg.* **1** sfortunato **2** di cattivo augurio

to unmake [ʌnˈmeɪk] (*pass. e p. p.* **unmade**) *v. tr.* disfare

unmarried [ʌnˈmærɪd] *agg.* non sposato

unmatched [ʌnˈmætʃt] *agg.* **1** impareggiabile **2** scompagnato

unmistakable [ˌʌnmɪsˈteɪkəbl] *agg.* inconfondibile

to unnail [ʌnˈneɪl] *v. tr.* schiodare

unnatural [ʌnˈnætʃr(ə)l] *agg.* innaturale

unnecessary [ʌnˈnesɪs(ə)rɪ] *agg.* non necessario, superfluo

unnoticed [ʌnˈnəʊtɪst] *agg.* inosservato

unobtainable [ˌʌnəbˈteɪnəbl] *agg.* non ottenibile

unobtrusive [ˌʌnəbˈtruːsɪv] *agg.* discreto, riservato

unofficial [ˌʌnəˈfɪʃ(ə)l] *agg.* non ufficiale

to unpack [ʌnˈpæk] *v. tr.* **1** (*valigie*) disfare **2** sballare

unpaid [ʌnˈpeɪd] *agg.* non pagato

unpalatable [ʌnˈpælətəbl] *agg.* sgradevole

unpleasant [ʌnˈplɛznt] *agg.* antipatico, sgradevole

to unplug [ʌnˈplʌg] *v. tr.* togliere la spina a, staccare

unpopular [ʌnˈpɒpjʊlər] *agg.* impopolare

unprecedented [ʌnˈpresɪd(ə)ntɪd] *agg.* inaudito

unpredictable [ˌʌnprɪˈdɪktəbl] *agg.* imprevedibile

unprepared [ʌnprɪˈpeəd] *agg.* impreparato

unprofessional [ʌnprəˈfeʃ(ə)nl] *agg.* poco professionale

unprotected [ʌnprəˈtektɪd] *agg.* indifeso

unprovided [ʌnprəˈvaɪdɪd] *agg.* sprovvisto

unpublished [ʌnˈpʌblɪʃt] *agg.* inedito

unqualified [ʌnˈkwɒlɪfaɪd] *agg.* **1** incompetente **2** non abilitato, non qualificato **3** assoluto, categorico

unquestionable [ʌnˈkwestʃ(ə)nəbl] *agg.* indiscutibile

to unravel [ʌnˈræv(ə)l] *v. tr.* districare, sbrogliare

unreal [ʌnˈrɪəl] *agg.* irreale

unrealistic [ʌnrɪˈlɪstɪk] *agg.* non realistico

unreality [ʌnrɪˈælɪtɪ] *s.* irrealtà *f.*

unreasonable [ʌnˈriːz(ə)nəbl] *agg.* irragionevole

unrelated [ʌnrɪˈleɪtɪd] *agg.* senza rapporti

unrelenting [ʌnrɪˈlentɪŋ] *agg.* inesorabile

unreliable [ʌnrɪˈlaɪəbl] *agg.* inaffidabile, inattendibile

unremitting [ʌnrɪˈmɪtɪŋ] *agg.* incessante

unrest [ʌnˈrest] *s.* agitazione *f.*

unrestricted [ʌnrɪsˈtrɪktɪd] *agg.* illimitato, senza limiti

unripe [ʌnˈraɪp] *agg.* acerbo

to unrivet [ʌnˈrɪvɪt] *v. tr.* schiodare

to unroll [ʌnˈrəʊl] *v. tr.* srotolare

unruly [ʌnˈruːlɪ] *agg.* indisciplinato

unsafe [ʌnˈseɪf] *agg.* pericoloso, malsicuro

unsaid [ʌnˈsed] *pass. e p. p. di* **to unsay**

unsaleable [ʌnˈseɪləbl] *agg.* invendibile

unsatisfactory [ʌnsætɪsˈfækt(ə)rɪ] *agg.* insoddisfacente

unsavoury [ʌnˈseɪv(ə)rɪ] *agg.* **1** scipito **2** disgustoso

to unsay [ʌnˈseɪ] (*pass. e p. p.* **unsaid**) *v. tr.* ritrattare, negare

unscathed [ʌnˈskeɪðd] *agg.* illeso

to unscrew [ʌnˈskruː] *v. tr.* svitare

unscrupulous [ʌnˈskruːpjʊləs] *agg.* senza scrupoli

unseasoned [ʌnˈsiːznd] *agg.* scondito

unseizable [ʌnˈsiːzəbl] *agg.* inafferrabile

unselfish [ʌnˈselfɪʃ] *agg.* altruista

unsettled [ʌnˈsetld] *agg.* **1** disordinato, sconvolto **2** indeciso, incerto **3** non saldato, non pagato

unshakable [ʌnˈʃeɪkəbl] *agg.* irremovibile

to unsheathe [ʌnˈʃiːð] *v. tr.* sfoderare

unsightly [ʌnˈsaɪtlɪ] *agg.* brutto, sgradevole

unskilfulness [ʌnˈskɪlf(ʊ)lnɪs] *s.* imperizia *f.*

unskilled [ʌnˈskɪld] *agg.* inesperto

unsound [ʌnˈsaʊnd] *agg.* malsano

unspeakable [ʌnˈspiːkəbl] *agg.* indicibile

unstable [ʌnˈsteɪbl] *agg.* instabile

unsteady [ʌnˈstedɪ] *agg.* malfermo

to unstick [ʌnˈstɪk] (*pass. e p. p.* **unstuck**) *v. tr.* scollare, staccare

to unstitch [ʌnˈstɪtʃ] *v. tr.* scucire

unsuccessful [ˌʌns(ə)kˈsesf(ʊ)l] *agg.* fallito, sfortunato

unsuitable [ʌnˈsjuːtəbl] *agg.* **1** inadatto **2** inopportuno

unsure [ʌnˈʃʊər] *agg.* incerto

unsuspected [ˌʌnsəsˈpektɪd] *agg.* insospettato

unsympathetic [ˌʌnsɪmpəˈθetɪk] *agg.* antipatico

untapped [ʌnˈtæpt] *agg.* non sfruttato

untenable [ʌnˈtenəbl] *agg.* insostenibile

unthinkable [ʌnˈθɪŋkəbl] *agg.* impensabile

untidiness [ʌnˈtaɪdɪnɪs] *s.* disordine *m.*

untidy [ʌnˈtaɪdɪ] *agg.* disordinato

to untie [ʌnˈtaɪ] *v. tr.* **1** slegare **2** risolvere

until [ənˈtɪl] **A** *prep.* fino a, fino al momento di **B** *cong.* finché non, fino a quando

untimely [ʌnˈtaɪmlɪ] *agg.* inopportuno

untiring [ʌnˈtaɪərɪŋ] *agg.* instancabile

untold [ʌnˈtəʊld] *agg.* **1** taciuto **2** innumerevole

untoward [ʌnˈtɔ(ʊ)əd] *agg.* **1** scomodo **2** sconveniente

untranslatable [ʌntrænsˈleɪtəbl] *agg.* intraducibile

unusable [ʌnˈjuːzəbl] *agg.* inutilizzabile

unused [ʌnˈjuːzd] *agg.* **1** non usato **2** non abituato

unusual [ʌnˈjuːʒʊəl] *agg.* inconsueto, insolito

to unveil [ʌnˈveɪl] *v. tr.* svelare

unwanted [ʌnˈwɒntɪd] *agg.* non desiderato

unwavering [ʌnˈweɪv(ə)rɪŋ] *agg.* incrollabile

unwelcome [ʌnˈwelkəm] *agg.* sgradito

unwell [ʌnˈwel] *agg. pred.* indisposto

unwieldy [ʌnˈwiːldɪ] *agg.* **1** ingombrante **2** impacciato

unwilling [ʌnˈwɪlɪŋ] *agg.* riluttante, non disposto

to unwind [ʌnˈwaɪnd] (*pass. e p. p.* **unwound**) **A** *v. tr.* sdipanare, srotolare **B** *v. intr.* **1** srotolarsi **2** rilassarsi

unwise [ʌnˈwaɪz] *agg.* malaccorto

unwitting [ʌnˈwɪtɪŋ] *agg.* involontario

unworkable [ʌnˈwɜːkəbl] *agg.* inattuabile

unworthy [ʌnˈwɜːðɪ] *agg.* immeritevole, indegno

to unwrap [ʌnˈræp] *v. tr.* scartare, disfare

up [ʌp] **A** *avv.* **1** su, in alto **2** più avanti, oltre **3** completamente **B** *prep.* su, su per **C** *agg.* **1** alzato **2** finito, compiuto **3** ascendente ♦ **up against** di fronte a; **up here** quassù; **up there** lassù; **up to** fino a; **up to now** finora

upbringing [ˈʌpˌbrɪŋɪŋ] s. allevamento m. (di bambini)
to update [ʌpˈdeɪt] v. tr. aggiornare
upgrade [ˈʌpɡreɪd] A s. salita f., pendenza f. B agg. e avv. in salita
to upgrade [ˌʌpˈɡreɪd] v. tr. 1 promuovere 2 incrementare
upheaval [ʌpˈhiːv(ə)l] s. 1 sollevamento m. 2 agitazione f.
upheld [ʌpˈheld] pass. e p. p. di **to uphold**
uphill [ˌʌpˈhɪl] A agg. 1 in salita 2 faticoso B s. salita f. C avv. in salita
to uphold [ʌpˈhəʊld] (pass. e p. p. **upheld**) v. tr. sostenere, sorreggere
upkeep [ˈʌpkiːp] s. manutenzione f.
upon [əˈpɒn] prep. sopra, su
upper [ˈʌpər] A agg. superiore, più alto B s. 1 parte f. superiore 2 tomaia f. ♦ **u. case** maiuscolo
uppermost [ˈʌpəmoʊst] A agg. 1 il più alto 2 principale, predominante B avv. al di sopra, per prima cosa
upright [ˈʌpˌraɪt] agg. 1 dritto, eretto, verticale 2 integro, onesto
uprising [ˈʌpˌraɪzɪŋ] s. sollevazione f.
uproar [ˈʌpˌrɔːr] s. pandemonio m., tumulto m.
to uproot [ʌpˈruːt] v. tr. sradicare
upset [ʌpˈsɛt] A agg. 1 capovolto 2 agitato, sconvolto B s. 1 capovolgimento m. 2 turbamento m.
to upset [ʌpˈsɛt] (pass. e p. p. **upset**) A v. tr. 1 capovolgere 2 agitare, sconvolgere B v. intr. capovolgersi
upsetting [ʌpˈsɛtɪŋ] agg. sconvolgente
upshot [ˈʌpʃɒt] s. conclusione f., risultato m.
upside [ˈʌpsaɪd] avv. di sopra ♦ **u. down** sottosopra, alla rovescia
upstairs [ˌʌpˈstɛəz] avv. al piano superiore
upstream [ˌʌpˈstriːm] agg. e avv. 1 a monte 2 contro corrente
uptake [ˈʌpteɪk] s. comprensione f., comprendonio m.
up-to-date [ˌʌptəˈdeɪt] agg. 1 aggiornato 2 alla moda
upturn [ˈʌptɜːn] s. ripresa f., rialzo m.
to upvalue [ʌpˈvæljuː] v. tr. sopravvalutare
upward [ˈʌpwəd] A agg. ascendente B avv. 1 in su, in alto 2 oltre
uranium [jʊˈreɪnjəm] s. uranio m.
urban [ˈɜːbən] agg. urbano, cittadino
urbane [ɜːˈbeɪn] agg. urbano, cortese
urbanist [ˈɜːbɛnɪst] s. urbanista m. e f.
urbanization [ˌɜːbənaɪˈzeɪʃ(ə)n] s. urbanizzazione f.
urchin [ˈɜːtʃɪn] s. 1 monello m. 2 riccio m., porcospino m.

urea [ˈjʊərɪə] s. urea f.
urethra [jʊəˈriːθrə] s. uretra f.
urge [ɜːdʒ] s. impulso m., stimolo m.
to urge [ɜːdʒ] v. tr. 1 spingere, sollecitare 2 raccomandare 3 addurre
urgency [ˈɜːdʒ(ə)nsɪ] s. 1 urgenza f. 2 insistenza f.
urgent [ˈɜːdʒ(ə)nt] agg. 1 urgente 2 insistente
urine [ˈjʊərɪn] s. urina f.
urn [ɜːn] s. urna f.
urologist [jʊəˈrɒlədʒɪst] s. urologo m.
urticaria [ˌɜːtɪˈkɛərɪə] s. orticaria f.
us [ʌs] pron. pers. 1ª pl. (compl.) noi, ci
usage [ˈjuːzɪdʒ] s. 1 uso m., applicazione f. 2 usanza f.
use [juːs] s. 1 uso m., utilizzo m., impiego m. 2 utilità f. 3 usanza f. ♦ **out of u.** fuori uso; **to be of u.** servire
to use [juːz] v. tr. usare, adoperare ♦ **to u. up** esaurire, consumare
used [juːzd] agg. usato
useful [ˈjuːsf(ʊ)l] agg. utile
usefulness [ˈjuːsf(ʊ)lnɪs] s. utilità f.
useless [ˈjuːslɪs] agg. inutile
user [ˈjuːzər] s. utente m. e f. ♦ **u.-friendly** di facile uso
usher [ˈʌʃər] s. usciere m.
to usher [ˈʌʃər] v. tr. fare strada a
usherette [ˌʌʃəˈrɛt] s. (cine.) maschera f.
usual [ˈjuːʒʊəl] agg. consueto, solito ♦ **as u.** come al solito
usually [ˈjuːʒʊəlɪ] avv. abitualmente, solitamente
usufruct [ˈjuːsjuːˌfrʌkt] s. usufrutto m.
utensil [juːˈtɛnsl] s. utensile m.
uterus [ˈjuːtərəs] s. utero m.
utility [juːˈtɪlɪtɪ] s. 1 utilità f. 2 al pl. servizi m. pl. pubblici 3 (inf.) utility f. inv. ♦ **u. car** utilitaria
utilization [ˌjuːtɪlaɪˈzeɪʃ(ə)n] s. utilizzo m.
to utilize [ˈjuːtɪlaɪz] v. tr. utilizzare
utmost [ˈʌtmoʊst] A agg. 1 estremo 2 massimo B s. limite m. estremo, massimo m. ♦ **to the u.** a oltranza; **to try one's u.** fare del proprio meglio
utopia [juːˈtəʊpjə] s. utopia f.
utopian [juːˈtəʊpjən] s. utopista m. e f.
utter [ˈʌtər] agg. completo, totale
to utter [ˈʌtər] v. tr. 1 emettere 2 pronunciare
utterly [ˈʌtəlɪ] avv. completamente
U-turn [ˈjuːtɜːn] s. inversione f. a U
uxoricide [ʌkˈsɒrɪsaɪd] s. uxoricida m. e f.

V

vacancy ['veɪk(ə)nsɪ] s. **1** vacanza f. (*l'essere vacante*) **2** posto m. libero ♦ **no vacancies** al completo
vacant ['veɪk(ə)nt] agg. **1** vacante, libero, disponibile **2** vacuo
to vacate [və'keɪt] v. tr. sgombrare
vacation [və'keɪʃ(ə)n] s. vacanza f., ferie f. pl.
to vaccinate ['væksɪneɪt] v. tr. e intr. vaccinare, fare una vaccinazione
vaccination [,væksɪ'neɪʃ(ə)n] s. vaccinazione f.
vaccine ['væksiːn] s. vaccino m.
vacuum ['vækjʊəm] s. vuoto m. ♦ **v. cleaner** aspirapolvere; **v.-packed** confezionato sotto vuoto
vagina [və'dʒaɪnə] s. vagina f.
vaginitis [,vædʒɪ'naɪtɪs] s. vaginite f.
vagrant ['veɪgrənt] agg. e s. vagabondo m.
vague [veɪg] agg. **1** vago, indistinto **2** incerto
vain [veɪn] agg. **1** vano, inutile **2** vanitoso
valediction [,vælɪ'dɪkʃ(ə)n] s. commiato m.
valentine ['væləntaɪn] s. biglietto m. di S. Valentino
valerian [və'lɪərɪən] s. valeriana f.
valet ['vælɪt] s. valletto m., cameriere m. (personale)
valiancy ['vælɪənsɪ] s. valore m.
valiant ['vælɪənt] agg. valoroso
valid ['vælɪd] agg. valido, valevole
to validate ['vælɪdeɪt] v. tr. **1** convalidare, render valido **2** (*inf.*) abilitare
validity [və'lɪdɪtɪ] s. validità f.
valley ['vælɪ] s. vallata f., valle f.
valour ['vælə'] s. valore m.
valuable ['væljʊəbl] **A** agg. pregevole, prezioso **B** s. al pl. oggetti m. pl. di valore
valuation [,væljʊ'eɪʃ(ə)n] s. valutazione f., stima f.
value ['væljuː] s. **1** valore m. **2** pregio m. ♦ **v.-added tax** imposta sul valore aggiunto
valued ['væljuːd] agg. **1** valutato, stimato **2** apprezzato, pregiato
valve [vælv] s. valvola f.
vampire ['væmpaɪə'] s. vampiro m.
van [væn] s. **1** furgone m. **2** vagone m.
vandal ['vænd(ə)l] s. vandalo m.
vandalic [væn'dælɪk] agg. vandalico
vandalism ['vændəlɪz(ə)m] s. vandalismo m.
vane [veɪn] s. **1** banderuola f. **2** aletta f., paletta f.
vanguard ['væŋgɑːd] s. avanguardia f.
vanilla [və'nɪlə] s. vaniglia f.
to vanish ['vænɪʃ] **A** v. intr. sparire, svanire **B** v. tr. far sparire
vanity ['vænɪtɪ] s. vanità f.
to vanquish ['væŋkwɪʃ] v. tr. debellare
vantage ['vɑːntɪdʒ] s. vantaggio m.
vaporization [,veɪpəraɪ'zeɪʃ(ə)n] s. vaporizzazione f.
vaporizer ['veɪpəraɪzə'] s. vaporizzatore m.
vapour ['veɪpə'] (*USA* **vapor**) s. vapore m.
variable ['veərɪəbl] agg. variabile, mutevole

variance ['veərɪəns] s. **1** variazione f. **2** divergenza f., disaccordo m. **3** varianza f.
variation [,veərɪ'eɪʃ(ə)n] s. variazione f.
varicella [,værɪ'selə] s. varicella f.
varicose ['værɪkəʊs] agg. varicoso
varied ['veərɪd] agg. vario, variato
variegated ['veərɪgeɪtɪd] agg. variegato
variety [və'raɪətɪ] s. varietà f.
various ['veərɪəs] agg. (*con s. pl.*) vari, diversi, parecchi
varix ['veərɪks] s. varice f.
varnish ['vɑːnɪʃ] s. vernice f.
to varnish ['vɑːnɪʃ] v. tr. verniciare
to vary ['veərɪ] **A** v. tr. variare, cambiare **B** v. intr. differire
vascular ['væskjʊlə'] agg. vascolare
vase [vɑːz] s. vaso m.
vasectomy [və'sektəmɪ] s. vasectomia f.
vaseline ['væsɪliːn] s. vaselina f.
vast [vɑːst] agg. vasto
vat [væt] s. tino m.
vaudeville ['vəʊdəvɪl] s. **1** vaudeville m. inv. **2** (*USA*) varietà m.
vault (1) [vɔːlt] s. **1** (*arch.*) volta f. **2** cripta f., sotterraneo m. ♦ **barrel v.** volta a botte
vault (2) [vɔːlt] s. volteggio m. ♦ **pole v.** salto con l'asta
to vault [vɔːlt] v. intr. volteggiare, saltare
vaulting ['vɔːltɪŋ] **A** agg. che salta **B** s. volteggio m.
to vaunt [vɔːnt] v. tr. e intr. vantare, vantarsi
veal [viːl] s. (*cuc.*) vitello m.
vector ['vektə'] s. vettore m.
veer [vɪə'] s. virata f.
to veer [vɪə'] v. intr. virare
vegetable ['vedʒɪtəbl] **A** agg. vegetale **B** s. **1** vegetale m. **2** ortaggio m., al pl. verdure f. pl.
vegetal ['vedʒɪtl] agg. vegetale, vegetativo
vegetarian [,vedʒɪ'teərɪən] agg. e s. vegetariano m.
vegetation [,vedʒɪ'teɪʃ(ə)n] s. vegetazione f.
vehemence ['viːɪməns] s. veemenza f.
vehement ['viːɪmənt] agg. veemente
vehicle ['viːɪkl] s. veicolo m.
veil [veɪl] s. velo m.
to veil [veɪl] v. tr. velare, coprire
vein [veɪn] s. **1** vena f. **2** venatura f., nervatura f.
velocity [vɪ'lɒsɪtɪ] s. velocità f.
velvet ['velvɪt] s. velluto m.
venal ['viːnl] agg. venale
vendor ['vendɔː'] s. venditore m.
veneer [vɪ'nɪə'] s. impiallacciatura f.
to venerate ['venəreɪt] v. tr. venerare
venereal [vɪ'nɪərɪəl] agg. venereo
Venetian [vɪ'niːʃ(ə)n] agg. e s. veneziano m. ♦ **v. blind** (tenda alla) veneziana
vengeance ['ven(d)ʒəns] s. vendetta f. ♦ **with a v.** a tutta forza

venison ['venzn] s. (cuc.) (carne di) cervo m.

venom ['venəm] s. veleno m.

venomous ['venəməs] agg. velenoso

vent [vent] s. 1 foro m., orifizio m., apertura f. 2 sfogo m.

to vent [vent] v. tr. 1 scaricare, svuotare 2 sfogare

to ventilate ['ventɪleɪt] v. tr. 1 ventilare 2 (med.) ossigenare

ventilation [ˌventɪ'leɪʃ(ə)n] s. 1 ventilazione f., aerazione f. 2 (med.) ossigenazione f.

ventilator ['ventɪleɪtər] s. ventilatore m.

ventriloquist [ven'trɪləkwɪst] s. ventriloquo m.

venture ['ventʃər] s. 1 avventura f., impresa f. 2 (econ.) attività f. imprenditoriale

to venture ['ventʃər] A v. tr. 1 rischiare, arrischiare 2 osare B v. intr. avventurarsi, arrischiarsi

venue ['venjuː] s. 1 luogo m. di convegno 2 (dir.) sede f. di processo

veranda(h) [vəˈrændə] s. veranda f.

verb [vɜːb] s. verbo m.

verbal ['vɜːb(ə)l] agg. verbale

verbena [vɜːˈbiːnə] s. verbena f.

verdant ['vɜːd(ə)nt] agg. verdeggiante

verdict ['vɜːdɪkt] s. verdetto m.

verge [vɜːdʒ] s. 1 limite f., orlo m., margine m. 2 verga f. 3 (arch.) fusto m. ♦ **on the v. of** sul punto di

to verge [vɜːdʒ] v. intr. 1 declinare, tendere, volgere 2 confinare con

verifiable ['verɪfaɪəbl] agg. verificabile

to verify ['verɪfaɪ] v. tr. verificare

verisimilitude [ˌverɪsɪˈmɪlɪtjuːd] s. verosimiglianza f.

verism ['vɪərɪz(ə)m] s. verismo m.

verist ['vɪərɪst] s. verista m. e f.

veritable ['verɪtəbl] agg. vero, genuino

vermilion [vəˈmɪljən] agg. vermiglio

vermin ['vɜːmɪn] s. animali m. pl. nocivi, insetti m. pl. parassiti

vernacular [vəˈnækjʊlər] A agg. 1 vernacolo 2 indigeno, locale B s. vernacolo m.

verruca [veˈruːkə] s. verruca f.

versant ['vɜːs(ə)nt] s. versante m.

versatile ['vɜːsətaɪl] agg. versatile

verse [vɜːs] s. verso m., versetto m.

versed [vɜːst] agg. versato, pratico

to versify ['vɜːsɪfaɪ] v. intr. verseggiare

version ['vɜːʃ(ə)n] s. versione f.

versus ['vɜːsəs] prep. contro

vertebra ['vɜːtɪbrə] s. vertebra f.

vertebral ['vɜːtɪbr(ə)l] agg. vertebrale

vertebrate ['vɜːtɪbrɪt] agg. e s. vertebrato m.

vertex ['vɜːteks] s. (geom.) vertice m.

vertical ['vɜːtɪk(ə)l] agg. verticale

vertiginous [vɜːˈtɪdʒɪnəs] agg. 1 vertiginoso 2 che soffre di vertigini

vertigo ['vɜːtɪɡəʊ] s. vertigine f.

vervain ['vɜːveɪn] s. verbena f.

verve [vɜːv] s. verve f. inv., brio m.

very ['verɪ] A agg. (enf.) proprio, esatto, assoluto, vero e proprio B avv. molto, assai

vesper ['vespər] s. vespro m.

vessel ['vesl] s. 1 nave f., vascello m. 2 recipiente m.

3 (anat.) vaso m.

vest [vest] s. 1 canottiera f. 2 (USA) panciotto m., giubbotto m. 3 maglietta f. ♦ **life v.** giubbotto di salvataggio

vested ['vestɪd] agg. (dir.) acquisito

vestibule ['vestɪbjuːl] s. vestibolo m.

vestige ['vestɪdʒ] s. vestigio m.

vet [vet] s. (fam.) veterinario m.

veteran ['vet(ə)r(ə)n] A agg. veterano B s. veterano m., reduce m.

veterinary ['vet(ə)rɪn(ə)rɪ] agg. veterinario ♦ **v. surgeon** (medico) veterinario

veto ['viːtəʊ] s. veto m.

to veto ['viːtəʊ] v. tr. mettere il veto a

to vex [veks] v. tr. 1 vessare, opprimere 2 irritare, contrariare

vexation [vekˈseɪʃ(ə)n] s. 1 vessazione f. 2 fastidio m., irritazione f.

via ['vaɪə] prep. per, attraverso, via

viable ['vaɪəbl] agg. 1 vitale 2 autosufficiente 3 praticabile, attuabile

viaduct ['vaɪədʌkt] s. viadotto m.

vibrant ['vaɪbr(ə)nt] agg. 1 vibrante 2 vivace

to vibrate [vaɪ'breɪt] v. intr. 1 vibrare 2 risuonare

vibration [vaɪ'breɪʃ(ə)n] s. vibrazione f.

vicar ['vɪkər] s. 1 curato m. 2 vicario m.

vicarage ['vɪkərɪdʒ] s. canonica f.

vicarious [vaɪˈkeərɪəs] agg. 1 vicario, sostituto 2 indiretto

vice (1) [vaɪs] s. 1 immoralità f. 2 vizio m. 3 difetto m.

vice (2) [vaɪs] s. (mecc.) morsa f.

vice (3) [vaɪs] A s. vice m. e f. B prep. al posto di

vice-president [ˌvaɪsˈprezɪd(ə)nt] s. vicepresidente m.

viceroy ['vaɪsrɔɪ] s. viceré m.

vice versa [ˌvaɪsɪ'vɜːsɑː] avv. viceversa

vicinity [vɪ'sɪnɪtɪ] s. 1 vicinanza f. 2 vicinanze f. pl., dintorni m. pl.

vicious ['vɪʃəs] agg. 1 cattivo, malvagio 2 pericoloso, feroce, ombroso 3 vizioso

vicissitude [vɪ'sɪsɪtjuːd] s. vicissitudine f., vicenda f.

victim ['vɪktɪm] s. vittima f.

victor ['vɪktər] s. vincitore m.

Victorian [vɪk'tɔːrɪən] agg. vittoriano

victorious [vɪk'tɔːrɪəs] agg. vittorioso

victory ['vɪkt(ə)rɪ] s. vittoria f.

victual ['vɪtl] s. vettovaglie f. pl.

vicugna o **vicuña** [vɪ'kjuːnə] s. vigogna f.

video ['vɪdɪəʊ] A agg. video B s. 1 videoregistrazione f. 2 videocassetta f. 3 videoregistratore m. ♦ **v. game** videogioco

to vie [vaɪ] v. intr. gareggiare, competere

Vietnamese [ˌvjetnə'miːz] agg. e s. vietnamita m. e f.

view [vjuː] s. 1 vista f., veduta f., visione f. 2 vista f., panorama m. 3 opinione f., giudizio m. 4 intento m., mira f., scopo m. 5 rassegna f., mostra f. ♦ **in my v.** secondo il mio punto di vista; **in v.** in vista; **in v. of** in considerazione di; **on v.** in mostra

to view [vjuː] v. tr. 1 guardare, osservare 2 esaminare, ispezionare 3 considerare

viewer ['vjuːər] s. 1 spettatore m. 2 ispettore m.

viewfinder ['vjuːˌfaɪndər] s. (fot.) mirino m.

viewpoint ['vjuːpɔɪnt] s. punto m. di vista

vigil ['vɪdʒɪl] s. veglia f.

vigilance ['vɪdʒɪləns] s. vigilanza f.

vigilant ['vɪdʒɪlənt] agg. vigile

vignette [vɪ'njet] s. vignetta f.

vigorous ['vɪg(ə)rəs] agg. vigoroso

vigour ['vɪgə] s. vigore m.

vile [vaɪl] agg. **1** vile, abietto **2** (fam.) pessimo

villa ['vɪlə] s. villa f.

village ['vɪlɪdʒ] s. villaggio m., paese m., borgo m.

villain ['vɪlən] s. furfante m., canaglia f.

to vindicate ['vɪndɪkeɪt] v. tr. **1** rivendicare **2** difendere, giustificare

vindictive [vɪn'dɪktɪv] s. vendicativo

vine [vaɪn] s. **1** (bot.) vite f., vitigno m. **2** pianta f. rampicante

vinegar ['vɪnɪgə] s. aceto m.

vineyard ['vɪnjəd] s. vigna f., vigneto m.

vintage ['vɪntɪdʒ] **A** s. **1** vendemmia f. **2** annata f., raccolto m. **B** agg. attr. d'annata, pregiato ♦ **v. car** auto d'epoca

vinyl ['vaɪnɪl] s. vinile m.

viola ['vaɪələ] s. (mus., bot.) viola f.

to violate ['vaɪəleɪt] v. tr. **1** violare, infrangere **2** violentare

violence ['vaɪələns] s. violenza f.

violent ['vaɪələnt] agg. violento

violet ['vaɪəlɪt] s. violetta f.

violin [ˌvaɪə'lɪn] s. violino m.

violinist [ˌvaɪə'lɪnɪst] s. violinista m. e f.

violoncellist [ˌvaɪələn'tʃelɪst] s. violoncellista m. e f.

violoncello [ˌvaɪələn'tʃeləʊ] s. violoncello m.

viper ['vaɪpə] s. vipera f.

viral ['vaɪrəl] agg. virale

virgin ['vɜːdʒɪn] agg. e s. vergine f.

virginity [vɜː'dʒɪnɪtɪ] s. verginità f.

Virgo ['vɜːgəʊ] s. (astr.) vergine f.

virile ['vɪraɪl] agg. virile

virility [vɪ'rɪlɪtɪ] s. virilità f.

virtual ['vɜːtjʊəl] agg. virtuale

virtue ['vɜːtjuː] s. **1** virtù f. **2** vantaggio m., merito m.

virtuoso [ˌvɜːtjʊ'əʊzəʊ] s. (mus.) virtuoso m.

virtuous ['vɜːtjʊəs] agg. virtuoso

virus ['vaɪrəs] s. virus m.

visa ['viːzə] s. visto m. ♦ **entry v.** visto d'ingresso

to visa ['viːzə] v. tr. vistare

viscid ['vɪsɪd] agg. viscido

viscount ['vaɪkaʊnt] s. visconte m.

viscountess ['vaɪkaʊntɪs] s. viscontessa f.

visibility [ˌvɪzɪ'bɪlɪtɪ] s. visibilità f. ♦ **poor v.** visibilità scarsa

visible ['vɪzəbl] agg. visibile

vision ['vɪʒ(ə)n] s. **1** vista f., capacità f. visiva **2** visione f.

visionary ['vɪʒənərɪ] agg. e s. visionario m.

visit ['vɪzɪt] s. visita f.

to visit ['vɪzɪt] v. tr. visitare, fare visita a, andare a trovare

visitor ['vɪzɪtə] s. **1** visitatore m., ospite m. e f. **2** ispettore m.

visor ['vaɪzə] s. visiera f.

vista ['vɪstə] s. **1** vista f., veduta f., prospettiva f. **2** ricordi m. pl., memorie f. pl.

visual ['vɪzjʊəl] agg. visuale, visivo

to visualize ['vɪzjʊəlaɪz] v. tr. **1** immaginare **2** visualizzare

vital ['vaɪtl] agg. vitale

vitality [vaɪ'tælɪtɪ] s. vitalità f.

vitamin ['vɪtəmɪn] s. vitamina f.

vitreous ['vɪtrɪəs] agg. vitreo

to vitrify ['vɪtrɪfaɪ] v. tr. e intr. vetrificare, vetrificarsi

vivacious [vɪ'veɪʃəs] agg. vivace

vivarium [vaɪ'veərɪəm] s. vivaio m. (di pesci)

vivid ['vɪvɪd] agg. vivido, vivo

vivisection [ˌvɪvɪ'sekʃ(ə)n] s. vivisezione f.

V-neck ['viːnek] s. scollatura f. a V

vocabulary [və'kæbjʊlərɪ] s. vocabolario m.

vocal ['vəʊk(ə)l] agg. vocale

vocalic [vəʊ'kælɪk] agg. vocalico

vocalization [ˌvəʊkəlaɪ'zeɪʃ(ə)n] s. vocalizzazione f.

vocation [və(ʊ)'keɪʃ(ə)n] s. **1** vocazione f. **2** professione f.

vocational [və(ʊ)'keɪʃ(ə)nl] agg. professionale

vociferous [və(ʊ)'sɪf(ə)rəs] agg. vociferante

vodka ['vɒdkə] s. vodka f. inv.

vogue [vəʊg] s. voga f., moda f.

voice [vɔɪs] s. voce f.

to voice [vɔɪs] v. tr. esprimere, dare voce a, farsi portavoce di

void [vɔɪd] agg. **1** vuoto **2** invalido, nullo **B** s. vuoto m.

volatile ['vɒlətaɪl] agg. **1** volatile **2** volubile

volcanic [vɒl'kænɪk] agg. vulcanico

volcano [vɒl'keɪnəʊ] s. vulcano m.

volley ['vɒlɪ] s. **1** raffica f., scarica f. **2** (sport) colpo m. al volo, volée f. inv.

volleyball ['vɒlɪbɔːl] s. pallavolo f.

volt [vəʊlt] s. volt m. inv.

voltage ['vəʊltɪdʒ] s. voltaggio m.

voluble ['vɒljʊbl] agg. **1** loquace **2** (bot.) volubile

volume ['vɒljʊm] s. volume m.

voluminous [və'ljuːmɪnəs] agg. voluminoso

voluntary ['vɒlənt(ə)rɪ] agg. volontario

volunteer [ˌvɒlən'tɪə] **A** agg. **1** volontario **2** (bot.) spontaneo **B** s. volontario m.

to volunteer [ˌvɒlən'tɪə] v. intr. **1** arruolarsi volontario **2** offrirsi volontariamente

voluptuous [və'lʌptjʊəs] agg. voluttuoso

volute [və'ljuːt] s. voluta f.

vomit ['vɒmɪt] s. vomito m.

to vomit ['vɒmɪt] v. tr. e intr. vomitare

vortex ['vɔːteks] s. vortice m.

vote [vəʊt] s. voto m.

to vote [vəʊt] v. tr. e intr. votare ♦ **to v. down** respingere (con votazione); **to v. in** eleggere; **to v. out** destituire (con votazione)

voter ['vəʊtə] s. elettore m.

voting ['vəʊtɪŋ] s. votazione f.

votive ['vəʊtɪv] agg. votivo

to vouch [vaʊtʃ] v. intr. garantire

voucher ['vaʊtʃə] s. **1** (dir.) garante m. **2** documento m. giustificativo **3** buono m., voucher m. inv.

vow [vaʊ] s. voto m., promessa f. solenne

to vow [vaʊ] v. tr. **1** fare voto di, promettere solennemente **2** votare, consacrare

vowel ['vaʊ(ə)l] s. vocale f.

voyage [vɔɪdʒ] s. viaggio m., traversata f.

voyager ['vɔɪədʒəʳ] s. viaggiatore m., passeggero m.

vulgar ['vʌlgəʳ] agg. volgare

vulgarity [vʌl'gærɪtɪ] s. volgarità f.

vulnerable ['vʌln(ə)rəbl] agg. vulnerabile

vulture ['vʌltʃəʳ] s. avvoltoio m.

W

wad [wɒd] s. **1** batuffolo m., tampone m. **2** rotolo m., fascio m.

to wad [wɒd] v. tr. **1** tamponare **2** foderare

to waddle ['wɒdl] v. intr. camminare ondeggiando

to wade [weɪd] **A** v. intr. **1** passare a guado **2** procedere a stento **B** v. tr. guadare

wader ['weɪdəʳ] s. **1** (zool.) trampoliere m. **2** al pl. stivaloni m. pl. impermeabili

wafer ['weɪfəʳ] s. cialda f.

to waffle ['wɒfl] v. intr. (fam.) cianciare, sbrodolare

to waft [wɑːft] **A** v. tr. spargere, diffondere **B** v. intr. spandersi, diffondersi

to wag [wæg] **A** v. tr. scuotere, agitare, dimenare **B** v. intr. scuotersi, agitarsi, dimenarsi

wage [weɪdʒ] s. paga f., salario m.

to wage [weɪdʒ] v. tr. **1** intraprendere, condurre **2** retribuire ♦ **to w. war** muovere guerra

to waggle ['wægl] v. tr. (fam.) agitare, dimenare, scuotere

wag(g)on ['wægən] s. **1** carro m. **2** vagone m.

wail [weɪl] s. gemito m., lamento m.

to wail [weɪl] v. intr. gemere, lamentarsi

waist [weɪst] s. **1** vita f., cintola f. **2** strozzatura f.

waistcoat ['weɪskəʊt] s. panciotto m.

waistline ['weɪstlaɪn] s. giro m. vita

wait [weɪt] s. **1** attesa f. **2** agguato m., imboscata f.

to wait [weɪt] **A** v. intr. **1** aspettare **2** rimanere in sospeso **3** (a tavola) servire **B** v. tr. **1** aspettare **2** ritardare, rinviare ♦ **to w. and see** stare a vedere; **to w. behind** rimanere, fermarsi; **to w. for sb.** aspettare qc.; **to w. on** servire; **to w. up** rimanere alzato

waiter ['weɪtəʳ] s. cameriere m.

waiting ['weɪtɪŋ] s. **1** attesa f. **2** servizio m. ♦ **no w.** divieto di sosta; **w. list** lista di attesa; **w. room** sala d'aspetto

waitress ['weɪtrɪs] s. cameriera f.

to waive [weɪv] v. tr. rinunciare a

wake (1) [weɪk] s. **1** veglia f. **2** vigilia f.

wake (2) [weɪk] s. scia f.

to wake [weɪk] (pass. **woke, waked,** p. p. **waked, woke, woken**) **A** v. tr. **1** svegliarsi, destarsi **2** fare la veglia **B** v. tr. **1** svegliare **2** ridestare, rianimare **3** vegliare

to waken ['weɪk(ə)n] v. tr. e intr. svegliare, svegliarsi

walk [wɔːk] s. **1** camminata f., passeggiata f. **2** percorso m. **3** andatura f., passo m. **4** sentiero m., viale m.

to walk [wɔːk] **A** v. intr. camminare, passeggiare **B** v. tr. **1** percorrere a piedi **2** far camminare **3** accompagnare ♦ **to w. away from** uscire incolume da, distanziare; **to w. in** entrare; **to w. out** uscire, scioperare, abbandonare per protesta; **to w. out on** piantare in asso; **to w. over** sconfiggere, sbaragliare; **to w. up** salire (a piedi)

walker ['wɔːkəʳ] s. camminatore m., pedone m.

walkie-talkie [,wɔːkɪ'tɔːkɪ] s. walkie-talkie m. inv.

walking ['wɔːkɪŋ] **A** agg. **1** che cammina **2** da passeggio **3** a piedi **B** s. il camminare ♦ **w. stick** bastone da passeggio; **w. tour** escursione a piedi

walk-on ['wɔːk,ɒn] s. (cine., teatro) comparsa f., figurante m.

walkout ['wɔːk,aʊt] s. (fam.) sciopero m.

walkway ['wɔːkweɪ] s. passaggio m. pedonale

wall [wɔːl] s. **1** muro m., parete f. **2** al pl. mura f. pl.

to wall [wɔːl] v. tr. cintare, cingere di mura

wallet ['wɒlɪt] s. portafoglio m.

wallflower ['wɔːl,flaʊəʳ] s. violacciocca f. ♦ **to be a w.** (fam.) fare da tappezzeria

wallop ['wɒləp] s. (fam.) bastonata f., percossa f.

to wallop ['wɒləp] s. (fam.) percuotere

to wallow ['wɒləʊ] v. intr. sguazzare, voltolarsi

wallpaper ['wɔːl,peɪpəʳ] s. carta f. da parati

wally ['wɒlɪ] agg. (fam.) scemo

walnut ['wɔːlnʌt] s. noce f. e m.

walrus ['wɔːlrəs] s. tricheco m.

waltz [wɔːls] s. valzer m. inv.

to waltz [wɔːls] v. intr. ballare il valzer

wan [wɒn] agg. pallido, esangue

wand [wɒnd] s. bacchetta f.

to wander ['wɒndəʳ] **A** v. intr. **1** vagare, girovagare **2** deviare, scostarsi **3** delirare **B** v. tr. vagare per

wandering ['wɒnd(ə)rɪŋ] **A** agg. **1** errante, nomade **2** tortuoso, serpeggiante **3** delirante **B** s. **1** vagabondaggio m., peregrinazione f. **2** smarrimento m. **3** vaneggiamento m.

wane [weɪn] s. declino m.

to wane [weɪn] v. intr. calare, declinare

wangle ['wæŋgl] s. (pop.) imbroglio m.

to wangle ['wæŋgl] v. tr. (pop.) procurarsi con l'inganno

want [wɒnt] s. **1** bisogno m., necessità f. **2** mancanza *f.*, scarsità *f.* **3** indigenza *f.*

to want [wɒnt] **A** *v. tr.* **1** volere, desiderare **2** aver bisogno di **3** ricercare **4** (*fam.*) dovere **B** *v. intr.* mancare ♦ **to w. for** esser privo di; **what do you w.?** cosa ti serve?, cosa vuoi?

wanted [ˈwɒntɪd] *agg.* **1** (*dir.*) ricercato **2** richiesto **3** (*negli annunci*) cercasi

wanting [ˈwɒntɪŋ] *agg.* mancante, carente

wanton [ˈwɒntən] *agg.* **1** sfrenato, sregolato **2** arbitrario, immotivato **3** licenzioso, scostumato

war [wɔːr] **A** *s.* guerra *f.* **B** *agg. attr.* bellico, di guerra ♦ **to be at w. with** essere in guerra con; **to wage w. upon** muovere guerra a

ward [wɔːd] *s.* **1** (*dir.*) tutela *f.*, custodia *f.* **2** (*dir.*) persona *f.* sotto tutela, pupillo *m.* **3** reparto *m.*, corsia *f.* **4** circoscrizione *f.*

warden [ˈwɔːdn] *s.* **1** guardiano *m.* **2** sovrintendente *m. e f.*, direttore *m.*

warder [ˈwɔːdər] *s.* carceriere *m.*

wardrobe [ˈwɔːdrəʊb] *s.* guardaroba *m. inv.*

ware [weər] *s.* articoli *m. pl.*, merce *f.*

warehouse [ˈweəhaʊs] *s.* magazzino *m.*

warfare [ˈwɔːfeər] *s.* guerra *f.*

warhead [ˈwɔːhed] *s.* (*mil.*) testata *f.*

warlike [ˈwɔːlaɪk] *agg.* bellico, guerriero

warm [wɔːm] *agg.* **1** caldo **2** caloroso, cordiale ♦ **to be w.** avere caldo, far caldo

to warm [wɔːm] **A** *v. tr.* **1** scaldare, riscaldare **2** animare **B** *v. intr.* **1** scaldarsi, riscaldarsi **2** animarsi

warm-blooded [ˌwɔːmˈblʌdɪd] *agg.* a sangue caldo

warm-hearted [ˌwɔːmˈhɑːtɪd] *agg.* affettuoso

warmonger [ˈwɔːˌmʌŋɡər] *s.* guerrafondaio *m.*

warmth [wɔːmθ] *s.* calore *m.*

to warn [wɔːn] *v. tr.* **1** avvertire, ammonire **2** (*dir.*) diffidare

warning [ˈwɔːnɪŋ] **A** *agg.* **1** di avvertimento **2** ammonitore **B** *s.* **1** avvertimento *m.*, preavviso *m.* **2** avviso *m.*, allarme *m.* **3** (*dir.*) diffida *f.* ♦ **w. light** spia luminosa

warp [wɔːp] *s.* **1** ordito *m.* **2** curvatura *f.*, deformazione *f.*

to warp [wɔːp] **A** *v. tr.* **1** curvare, distorcere, deformare **2** guastare **B** *v. intr.* **1** curvarsi, distorcersi, deformarsi **2** guastarsi

warrant [ˈwɒr(ə)nt] *s.* mandato *m.*, ordine *m.* ♦ **search w.** mandato di perquisizione

to warrant [ˈwɒr(ə)nt] *v. tr.* **1** garantire **2** autorizzare

warranty [ˈwɒr(ə)ntɪ] *s.* garanzia *f.*

warren [ˈwɒrɪn] *s.* conigliera *f.*

warrior [ˈwɒrɪər] *s.* guerriero *m.*

warship [ˈwɔːʃɪp] *s.* nave *f.* da guerra

wart [wɔːt] *s.* verruca *f.*

wartime [ˈwɔːtaɪm] *s.* tempo *m.* di guerra

wary [ˈweərɪ] *agg.* cauto, diffidente

was [wɒz, wəz] *1° e 3° sing. pass. di* **to be**

wash [wɒʃ] *s.* **1** lavaggio *m.*, lavata *f.* **2** bucato *m.* **3** sciabordìo *m.* **4** (*di nave*) scìa *f.*

to wash [wɒʃ] **A** *v. tr.* **1** lavare **2** bagnare, spruzzare **B** *v. intr.* lavarsi ♦ **to w. away/off** togliere lavando; **to w. down** lavare con un getto d'acqua; **to w. up** lavare i piatti

washable [ˈwɒʃəbl] *agg.* lavabile

washbasin [ˈwɒʃˌbeɪsn] *s.* lavandino *m.*

washer [ˈwɒʃər] *s.* (*mecc.*) rondella *f.*

washing [ˈwɒʃɪŋ] *s.* **1** lavaggio *m.* **2** bucato *m.* ♦ **w. machine** lavabiancheria; **w. powder** detersivo in polvere

washout [ˌwɒʃˈaʊt] *s.* (*fam.*) fiasco *m.*, fallimento *m.*

washroom [ˈwɒʃruːm] *s.* **1** gabinetto *m.* **2** lavanderia *f.*

wasp [wɒsp] *s.* vespa *f.*

wastage [ˈweɪstɪdʒ] *s.* **1** spreco *m.* **2** scarti *m. pl.* **3** diminuzione *f.*, calo *m.*

waste [weɪst] **A** *agg.* **1** deserto, incolto **2** di scarto, di rifiuto **3** di scarico, di scolo **B** *s.* **1** perdita *f.*, spreco *m.* **2** scarto *m.*, rifiuti *m. pl.*, scorie *f. pl.* **3** terreno *m.* incolto, deserto *m.* ♦ **radioactive w.** scorie radioattive; **w. pipes** tubazioni di scarico

to waste [weɪst] **A** *v. tr.* **1** sciupare, sprecare, dissipare **2** devastare, rovinare **B** *v. intr.* consumarsi, logorarsi ♦ **to w. away** deperire

wasteful [ˈweɪstf(ʊ)l] *agg.* **1** sprecone **2** dispendioso **3** superfluo

wastepaper [ˈweɪstˌpeɪpər] *s.* carta *f.* straccia ♦ **w. basket** cestino per la carta straccia

watch [wɒtʃ] *s.* **1** orologio *m.* (da polso) **2** guardia *f.*, ronda *f.*, sorveglianza *f.* **3** (*naut.*) turno *m.* di guardia, quarto *m.*

to watch [wɒtʃ] **A** *v. tr.* **1** osservare, guardare **2** sorvegliare, badare a, fare attenzione a **B** *v. intr.* **1** stare a guardare, osservare **2** stare in guardia, vigilare ♦ **to w. out** stare in guardia; **to w. over** vegliare su

watchdog [ˈwɒtʃdɒɡ] *s.* cane *m.* da guardia

watchful [ˈwɒtʃf(ʊ)l] *agg.* vigile

watchmaker [ˈwɒtʃˌmeɪkər] *s.* orologiaio *m.*

watchman [ˈwɒtʃmən] (*pl.* **watchmen**) *s.* sorvegliante *m.*, guardiano *m.*

watchstrap [ˈwɒtʃstræp] *s.* cinturino *m.* (dell'orologio)

water [ˈwɔːtər] *s.* acqua *f.* ♦ **drinking w.** acqua potabile; **high/low w.** alta/bassa marea; **mineral w.** acqua minerale; **plane w.** (*USA*) acqua naturale; **running w.** acqua corrente; **shallow w.** bassofondo; **w. cannon** idrante; **w. gate** chiusa; **w. heater** scaldabagno; **w. lily** ninfea; **w. polo** pallanuoto; **w. skiing** sci nautico

to water [ˈwɔːtər] **A** *v. tr.* **1** annaffiare, irrigare **2** annacquare **3** abbeverare **B** *v. intr.* **1** abbeverarsi **2** rifornirsi d'acqua **3** lacrimare ♦ **to w. down** allungare, diluire

watercolour [ˈwɔːtəˌkʌlər] *s.* acquerello *m.*

watercolourist [ˈwɔːtəˌkʌlərɪst] *s.* acquerellista *m. e f.*

waterfall [ˈwɔːtəfɔːl] *s.* cascata *f.*

watering [ˈwɔːtərɪŋ] *s.* **1** annaffiamento *m.*, irrigazione *f.* **2** diluizione *f.* **3** rifornimento *m.* d'acqua ♦ **w. can** annaffiatoio

waterline [ˈwɔːtəlaɪn] *s.* (*naut.*) linea *f.* di galleggiamento

to waterlog [ˈwɔːtəlɒɡ] *v. tr.* impregnare, imbevere

watermelon [ˈwɔːtəˌmelən] *s.* cocomero *m.*

waterproof [ˈwɔːtəpruːf] *agg.* impermeabile

watershed [ˈwɔːtəʃed] *s.* spartiacque *m. inv.*

watertight ['wɔːtətaɪt] *agg.* stagno, a tenuta d'acqua

waterway ['wɔːtəweɪ] *s.* canale *m.*, via *f.* d'acqua

waterworks ['wɔːtəwɜːks] *s. pl.* acquedotto *m.*, impianto *m.* idrico

watery ['wɔːtərɪ] *agg.* 1 acquoso 2 lacrimoso 3 insipido 4 slavato

watt [wɒt] *s.* watt *m. inv.*

wave [weɪv] *s.* 1 onda *f.*, ondata *f.* 2 ondulazione *f.* 3 cenno *m.*, gesto *m.*

to wave [weɪv] *A v. tr.* 1 ondeggiare, sventolare 2 fare un cenno (con la mano) 3 essere ondulato *B v. tr.* 1 agitare, brandire, sventolare 2 fare segno di 3 ondulare

wavefront ['weɪvfrʌnt] *s.* fronte *m.* d'onda

wavelength ['weɪvleŋ(k)θ] *s.* lunghezza *f.* d'onda

to waver ['weɪvə'] *v. intr.* 1 oscillare, vacillare 2 esitare, tentennare

wavy ['weɪvɪ] *agg.* 1 ondulato 2 ondeggiante

wax [wæks] *s.* cera *f.*

to wax (1) [wæks] *v. tr.* dare la cera a

to wax (2) [wæks] *v. intr.* 1 (*della luna*) crescere 2 divenire, farsi

waxwork ['wæks,wɜːk] *s.* 1 modello *m.* di cera, statua *f.* di cera 2 *al pl.* museo *m.* delle cere

way [weɪ] *s.* 1 via *f.*, strada *f.*, passaggio *m.*, percorso *m.*, cammino *m.* 2 maniera *f.*, modo *m.* 3 direzione *f.*, lato *m.* 4 abitudine *f.* 5 punto *m.* di vista, aspetto *m.* 6 condizione *f.*, stato *m.* ♦ **by the w.** a proposito, incidentalmente; **by w. of** via, passando per, a titolo di, invece di; **out of the w.** insolito, fuori mano; **in the wrong w.** in senso contrario; **in** in entrata; **w. out** uscita

wayfarer ['weɪ,fɛərə'] *s.* viandante *m.* e *f.*

to waylay [weɪ'leɪ] (*pass. e p. p.* **waylaid**) *v. tr.* tendere un agguato a, attendere al varco

wayward ['weɪwəd] *agg.* 1 capriccio 2 capriccioso

wc [,dʌb(ə)ljuː'siː] *s.* gabinetto *m.*, wc *m. inv.*

we [wiː(ː)] *pron. pers.* 1ª *pl.* noi

weak [wiːk] *agg.* 1 debole 2 diluito, leggero 3 tenue

to weaken ['wiːk(ə)n] *v. tr. e intr.* indebolire, indebolirsi

weakness ['wiːknɪs] *s.* 1 debolezza *f.* 2 lato *m.* debole

wealth [welθ] *s.* 1 ricchezza *f.* 2 abbondanza *f.*

wealthy ['welθɪ] *agg.* ricco

to wean [wiːn] *v. tr.* 1 svezzare 2 disabituare

weaning ['wiːnɪŋ] *s.* svezzamento *m.*

weapon ['wepən] *s.* arma *f.*

wear [wɛə'] *s.* 1 uso *m.* 2 consumo *m.*, logorio *m.* 3 durata *f.*, resistenza *f.* all'uso 4 abbigliamento *m.*

to wear [wɛə'] (*pass.* **wore**, *p. p.* **worn**) *A v. tr.* 1 indossare, portare 2 consumare *B v. intr.* 1 consumarsi, logorarsi 2 durare ♦ **to w. away** consumare, logorare; **to w. down** consumare, logorare, fiaccare; **to w. off** consumarsi, sparire lentamente; **to w. out** logorare, esaurire

weariness ['wɪərɪnɪs] *s.* stanchezza *f.*, fiacca *f.*

weary ['wɪərɪ] *agg.* 1 stanco 2 annoiato 3 stancante, estenuante

to weary ['wɪərɪ] *v. tr. e intr.* stancare, stancarsi

weasel ['wiːzl] *s.* donnola *f.*

weather ['weðə'] **A** *s.* tempo *m.* (atmosferico) **B** *agg. attr.* del tempo, meteorologico ♦ **bad/fine w.** tempo cattivo/buono; **w. forecast** previsioni del tempo

to weather ['weðə'] *v. tr.* 1 alterare, consumare 2 esporre all'aria 3 superare **B** (*naut.*) doppiare

weather-beaten ['weðə,biːtn] *agg.* esposto alle intemperie

weathercock ['weðəkɒk] *s.* banderuola *f.*

to weave [wiːv] (*pass.* **wove**, *p. p.* **woven**) *v. tr.* 1 tessere 2 intrecciare, ordire

weaver ['wiːvə'] *s.* tessitore *m.*

weaving ['wiːvɪŋ] *s.* tessitura *f.*

web [web] *s.* 1 tela *f.*, trama *f.* 2 ragnatela *f.*

to wed [wed] (*pass. e p. p.* **wedded**) *v. tr. e intr.* sposare, sposarsi

wedding ['wedɪŋ] *s.* matrimonio *m.*, nozze *f. pl.* ♦ **w. dress** abito da sposa; **w. list** lista di nozze; **w. ring** fede

wedge [wedʒ] *s.* zeppa *f.*

Wednesday ['wenzdɪ] *s.* mercoledì *m.*

wee [wiː] *agg.* (*fam.*) minuscolo

weed [wiːd] *s.* erbaccia *f.*

weed-killer ['wiːd,kɪlə] *s.* diserbante *m.*

weedy ['wiːdɪ] *agg.* 1 coperto di erbacce 2 allampanato

week [wiːk] *s.* settimana *f.* ♦ **last w.** la settimana scorsa; **next w.** la settimana prossima; **today w.** fra otto giorni

weekday ['wiːkdeɪ] *s.* giorno *m.* feriale

weekend [,wiːk'end] *s.* weekend *m. inv.*, fine settimana *m. inv.*

weekly ['wiːklɪ] **A** *agg.* e *s.* settimanale *m.* **B** *avv.* settimanalmente

to weep [wiːp] (*pass. e p. p.* **wept**) *v. tr. e intr.* 1 piangere 2 stillare, trasudare

weeping ['wiːpɪŋ] **A** *agg.* 1 piangente 2 trasudante **B** *s.* pianto *m.* ♦ **w. willow** salice piangente

weft [weft] *s.* (*tess.*) trama *f.*

to weigh [weɪ] **A** *v. tr.* 1 pesare 2 soppesare, valutare **B** *v. intr.* 1 pesare 2 incidere, avere peso ♦ **to w. anchor** salpare; **to w. down** piegare; **to w. in** pesarsi; **to w. up** soppesare

weight [weɪt] *s.* peso *m.* ♦ **net/gross w.** peso netto/lordo; **to lose w.** dimagrire; **to put on w.** ingrassare; **w. lifting** sollevamento pesi

weighting ['weɪtɪŋ] *s.* aggiunta *f.*, maggiorazione *f.*

weighty ['weɪtɪ] *agg.* pesante, gravoso

weir [wɪə'] *s.* chiusa *f.*, sbarramento *m.*

weird [wɪəd] *agg.* 1 soprannaturale, magico 2 strano

welcome ['welkəm] **A** *agg.* gradito **B** *s.* benvenuto *m.*, accoglienza *f.* **C** *inter.* benvenuto ♦ **you're w.!** prego!

to welcome ['welkəm] *v. tr.* 1 accogliere, dare il benvenuto 2 accettare, gradire

to weld [weld] *v. tr. e intr.* saldare, saldarsi

welder ['weldə'] *s.* saldatore *m.*, saldatrice *f.*

welding ['weldɪŋ] *s.* saldatura *f.*

welfare ['welfɛə'] *s.* 1 benessere *m.*, prosperità *f.* 2 sussidio *m.* ♦ **w. state** stato assistenziale; **w. work** assistenza sociale

well (1) [wɛl] *s.* **1** pozzo *m.* **2** fonte *f.*, sorgente *f.* **3** tromba *f.* delle scale

well (2) [wel] (*comp.* **better**, *sup.* **best**) **A** *avv.* bene **B** *agg.* **1** sano **2** opportuno, consigliabile **3** bello, buono **C** *inter.* dunque, ebbene, allora ♦ **as w.** anche; **as w. as** come pure; **very w.** ottimamente; **w. done!** ben fatto!, bravo!

well-advised [,weləd'varzd] *agg.* saggio

well-behaved [,welbr'hervd] *agg.* beneducato

well-being ['wel,bi:ɪŋ] *s.* benessere *m.*

well-dressed [,wel'drest] *agg.* ben vestito

well-heeled [,wel'hi:ld] *agg.* (*fam.*) ricco

well-known [,wel'nəʊn] *agg.* noto

well-meaning [,wel'mi:nɪŋ] *agg.* ben intenzionato

well-nigh ['welnaɪ] *avv.* quasi

well-off [,wel'ɔːf] *agg.* **1** benestante **2** ben fornito

well-read [,wel'red] *agg.* colto

well-timed [,wel'taɪmd] *agg.* tempestivo

well-to-do [,weltə'du:] *agg.* (*fam.*) ricco

well-wisher ['wel,wɪʃər] *s.* fautore *m.*

Welsh [welʃ] *agg. e s.* gallese *m.*

went [wɛnt] *pass. di* **to go**

wept [wɛpt] *pass. e p. p. di* **to weep**

were [wɜːr, wər] **1** *2ᵃ sing. e 1ᵃ, 2ᵃ, 3ᵃ pl. pass. di* **to be 2** *congiuntivo pass. di* **to be**

west [wɛst] **A** *s.* ovest *m. inv.*, occidente *m.*, ponente *m.* **B** *agg.* occidentale **C** *avv.* verso ovest, da ovest

westerly ['wɛstəlɪ] *agg.* occidentale, da ovest

western ['wɛstən] **A** *agg.* occidentale, dell'ovest **B** *s.* western *m. inv.*

westwards ['wɛstwədz] **A** *agg.* occidentale **B** *avv.* verso occidente

wet [wɛt] **A** *agg.* **1** bagnato, umido, fradicio **2** piovoso **3** (*di vernice*) non asciutto, fresco **B** *s.* umidità *f.*, pioggia *f.* ♦ **w. blanket** (*fam.*) guastafeste; **w. dock** darsena; **w. nurse** muta da sub

to wet [wɛt] (*pass. e p. p.* **wet**, **wetted**) *v. tr.* bagnare, inumidire, inzuppare

to whack [wæk] *v. tr.* battere, picchiare

whale [weɪl] *s.* balena *f.*

whaler ['weɪlər] *s.* baleniere *m.* **2** baleniera *f.*

whaling ['weɪlɪŋ] *s.* caccia *f.* alla balena

wharf [wɔːf] *s.* pontile *m.*, banchina *f.*

what [wɒt] **A** *agg.* **1** (*interr.*) quale?, quali?, che? **2** (*rel.*) quello che, quella, che, quelli che, quelle che **3** (*escl.*) che! **B** *pron.* **1** (*interr.*) che?, che cosa?, quale? **2** (*rel.*) ciò che **3** (*escl.*) quanto come! **C** *inter.* come! ♦ **w. for?** perché?; **w. a lot (of)** ... quanti ...!; **w. is more** peraltro

whatever [wɒt'evər] **A** *agg. indef.* **1** qualunque, qualsiasi **2** (*enf.*) alcuno, di sorta, affatto **B** *pron. indef.* qualunque cosa, qualsiasi cosa, ciò che, quello che

wheat [wi:t] *s.* frumento *m.*, grano *m.*

to wheedle ['wi:dl] *v. tr.* **1** adulare **2** ottenere con lusinghe

wheel [wi:l] *s.* **1** ruota *f.* **2** volante *m.*, ruota *f.* del timone ♦ **spare w.** ruota di scorta; **w. clamp** ceppo (*per auto in sosta vietata*)

to wheel [wi:l] **A** *v. tr.* **1** spingere, tirare **2** far girare, roteare **B** *v. intr.* **1** girare, ruotare, roteare **2** girarsi **3** fare un voltafaccia **4** (*fam.*) andare in bicicletta

wheelbarrow ['wi:l,bærəʊ] *s.* carriola *f.*

wheelchair ['wi:l,tʃeər] *s.* sedia *f.* a rotelle

to wheeze [wi:z] *v. intr.* ansimare

when [wɛn] **A** *avv.* **1** (*interr.*) quando? **2** (*rel.*) in cui **B** *cong.* **1** quando, nel momento in cui **2** sebbene **3** quando, qualora

whenever [wɛn'evər] *avv. e cong.* **1** ogni qualvolta, ogni volta che, quando **2** una volta che, quando

where [weər] **A** *avv.* **1** (*interr.*) dove? **2** dove, nel luogo in cui **B** *cong.* dove

whereabout(s) [,weərə'baʊt(s)] **A** *avv.* (*interr.*) dove?, da che parte? **2** (*rel.*) con cui, per mezzo di cui **B** *s.* luogo *m.*

whereas [weər'æz] *cong.* **1** dal momento che, siccome **2** (*avversativo*) mentre

whereby [weə'baɪ] *avv.* **1** (*interr.*) come?, in che modo? per mezzo di che cosa? **2** (*rel.*) con cui, per mezzo di cui, per cui

whereupon [,weərə'pɒn] *cong.* dopo di che, al che

wherever [weər'evər] **A** *avv.* **1** (*interr.*) dove (mai)? **2** in qualsiasi posto **B** *cong.* dovunque

wherewithal ['weərwɪðɔːl] *s.* l'occorrente *m.*, mezzi *m. pl.*

to whet [wɛt] *v. tr.* **1** affilare **2** aguzzare, stimolare

whether ['weðər] *cong.* **1** (*dubitativo*) se **2** (*avversativo*) **w.** ... **or** ... o

whey [weɪ] *s.* siero *m.* (del latte)

which [wɪtʃ] **A** *agg.* **1** (*interr.*) quale?, quali? **2** (*rel.*) il quale, la quale, i quali, le quali **B** *pron.* **1** (*interr.*) chi?, quale?, quali? **2** (*rel.*) il quale, la quale, i quali, le quali, che

whichever [wɪtʃ'evər] **A** *agg. indef.* qualunque, qualsiasi **B** *pron. indef.* chiunque, qualunque cosa

whiff [wɪf] *s.* **1** soffio *m.*, sbuffo *m.* **2** zaffata *f.*

while [waɪl] **A** *cong.* **1** mentre, intanto che **2** sebbene, quantunque **3** (*avversativo*) mentre **B** *s.* momento *m.*

to while [waɪl] *v. tr.* **to w. away** far passare piacevolmente (il tempo)

whim [wɪm] *s.* capriccio *m.*

whimper ['wɪmpər] *s.* **1** piagnucolio *m.* **2** pigolio *m.*, uggiolio *m.*

to whimper ['wɪmpər] *v. intr.* **1** piagnucolare **2** pigolare, uggiolare

whimsical ['wɪmzɪk(ə)l] *agg.* stravagante, capriccioso

whine [waɪn] *s.* **1** uggiolio *m.* **2** gemito *m.*, lamento *m.* **3** piagnucolio *m.*

to whine [waɪn] *v. intr.* **1** uggiolare **2** gemere, lamentarsi **3** piagnucolare

whinny ['wɪnɪ] *s.* nitrito *m.*

whip [wɪp] *s.* frusta *f.*

to whip [wɪp] *v. tr.* **1** frustare, battere **2** (*cuc.*) sbattere, montare, frullare ♦ **whipped cream** panna montata

whirl [wɜːl] *s.* **1** vortice *m.* **2** turbinio *m.* ♦ **w. wind** tromba d'aria

whirlpool ['wɜːlpuːl] *s.* vortice *m.*, mulinello *m.*

to whirr [wɜːr] *v. intr.* **1** ronzare **2** rombare

whisk [wɪsk] *s.* (*cuc.*) frusta *f.*, frullino *m.*

to whisk [wɪsk] *v. tr.* (*cuc.*) frullare, sbattere

whisker ['wɪskər] *s.* **1** basetta *f.* **2** baffo *f.* di gatto

whisky ['wɪskɪ] (*USA, Irlanda* **whiskey**) *s.* whisky *m. inv.*

whisper ['wɪspər] s. bisbiglio m., sussurro m.

to whisper ['wɪspər] v. tr. bisbigliare, sussurrare

whistle ['wɪsl] s. 1 fischio m. 2 fischietto m.

to whistle ['wɪsl] v. tr. e intr. fischiare

white [waɪt] agg. e s. bianco m. ♦ **w. coffee** caffellatte; **w. hot** incandescente

whiteness ['waɪtnɪs] s. 1 bianchezza f. 2 pallore m.

whitewash ['waɪtwɒʃ] s. (bianco di) calce f.

Whitsunday [,wɪt'sʌndɪ] s. pentecoste f.

to whittle ['wɪtl] v. tr. tagliuzzare ♦ **to w. away/down** ridurre

whizz [wɪz] s. 1 ronzio m. 2 (fam.) genio m., mago m.

who [huː, hʊ] pron. sogg. 1 (interr.) chi? 2 (rel.) chi, che, il quale, la quale, i quali, le quali ♦ **w. knows** chissà

whoever [huː'evər] pron. 1 (rel. indef.) chiunque, chi 2 (interr.) chi mai?

whole [həʊl] **A** agg. 1 intero, tutto 2 integro, incolume **B** s. il complesso m., l'insieme m., il tutto m.

wholefood ['həʊlfuːd] s. cibo m. integrale

whole-hearted [,həʊl'hɑːtɪd] agg. cordiale, generoso

wholemeal ['həʊlmiːl] agg. integrale

wholesale ['həʊlseɪl] **A** agg. all'ingrosso **B** s. vendita f. all'ingrosso

wholesaler ['həʊl,seɪlər] s. grossista m.

wholesome ['həʊlsəm] agg. salubre, salutare

wholly ['həʊlɪ] avv. completamente

whom [huːm] pron. compl. ogg. e ind. 1 (interr.) chi? 2 (rel.) che, il quale, la quale, i quali, le quali

whooping-cough ['huːpɪŋkɒf] s. pertosse f.

whore [hɔːr] s. (volg.) puttana f.

whose [huːz] pron. 1 (interr.) di chi? 2 (rel.) di cui, del quale, della quale, dei quali, delle quali

why [waɪ] **A** avv. 1 (interr.) perché 2 (rel.) per cui **B** cong. perché, per quale ragione **C** inter. ma come! ma via!

wick [wɪk] s. stoppino m.

wicked ['wɪkɪd] agg. 1 cattivo 2 peccaminoso

wickedness ['wɪkɪdnɪs] s. cattiveria f.

wicker ['wɪkər] **A** s. vimine m. **B** agg. di vimini

wide [waɪd] **A** agg. 1 ampio, largo 2 spalancato 3 lontano, fuori segno **B** avv. 1 largamente, in largo 2 completamente 3 fuori segno, a vuoto ♦ **w. angle** grandangolo

wide-awake [,waɪdə'weɪk] agg. perfettamente sveglio

widely ['waɪdlɪ] avv. ampiamente, molto

to widen ['waɪdn] v. tr. e intr. allargare, allargarsi

widespread ['waɪdspred] agg. diffuso

widget ['wɪdʒət] s. (USA) aggeggio m.

widow ['wɪdəʊ] s. vedova f.

widower ['wɪdəʊər] s. vedovo m.

width [wɪdθ] s. ampiezza f., larghezza f.

to wield [wiːld] v. tr. 1 brandire 2 esercitare

wife [waɪf] s. moglie f.

wig [wɪg] s. parrucca f.

to wiggle ['wɪgl] v. tr. e intr. dimenare, dimenarsi

wild [waɪld] **A** agg. 1 feroce, selvaggio 2 selvatico 3 incolto 4 scompigliato, disordinato 5 agitato, tempestoso 6 furibondo, pazzo 7 sconclusionato 8

(fam.) strepitoso, eccellente **B** s. regione f. selvaggia **C** avv. senza freno, all'impazzata

wilderness ['wɪldənɪs] s. 1 deserto m. 2 regione f. selvaggia, riserva f. naturale

wildlife ['waɪldlaɪf] s. natura f.

wildly ['waɪldlɪ] avv. 1 selvaggiamente 2 violentemente 3 follemente

wilful ['wɪlf(ʊ)l] agg. 1 caparbio 2 premeditato

wilfulness ['wɪlf(ʊ)lnɪs] s. 1 caparbietà f. 2 premeditazione f.

will (1) [wɪl] v. difett. 1 (ausiliare per la formazione del futuro semplice o volitivo) (ES: **he w. be here by eight o'clock** sarà qui per le otto) 2 volere, desiderare (ES: **w. you have some more coffee?** vuoi dell'altro caffè?)

will (2) [wɪl] s. 1 volere m., volontà f. 2 testamento m.

to will [wɪl] v. tr. 1 volere 2 costringere 3 lasciare (per testamento)

willing ['wɪlɪŋ] agg. volenteroso

willingly ['wɪlɪŋlɪ] avv. volentieri

willow ['wɪləʊ] s. salice m. ♦ **weeping w.** salice piangente

willpower ['wɪlpaʊər] s. forza f. di volontà

willy-nilly [,wɪlɪ'nɪlɪ] avv. volente o nolente

to wilt [wɪlt] v. intr. appassire

wily ['waɪlɪ] agg. astuto

win [wɪn] s. vincita f., vittoria f.

to win [wɪn] (pass. e p. p. **won**) v. tr. 1 vincere, battere 2 ottenere 3 persuadere ♦ **to w. out** trionfare; **to w. over** persuadere

winch [wɪntʃ] s. verricello m.

wind [wɪnd] s. 1 vento m. 2 respiro m., fiato m. 3 sentore m. ♦ **w. instrument** strumento m. a fiato

to wind (1) [wɪnd] v. tr. 1 arieggiare 2 fiutare 3 sfiatare

to wind (2) [waɪnd] (pass. e p. p. **wound**) **A** v. tr. 1 avvolgere, attorcigliare 2 caricare, girare **B** v. intr. 1 serpeggiare 2 avvolgersi, attorcigliarsi ♦ **to w. up** avvolgere, arrotolare, (orologio) caricare, concludere

windfall ['wɪn(d)fɔːl] s. guadagno m. inatteso

winding ['waɪndɪŋ] **A** agg. 1 sinuoso, tortuoso 2 a chiocciola **B** s. 1 sinuosità f. 2 meandro m.

windmill ['wɪn(d)mɪl] s. 1 mulino m. a vento 2 mulinello m., girandola f.

window ['wɪndəʊ] s. 1 finestra f. 2 vetrina f. 3 sportello m. ♦ **w. pane** vetro m. (di finestra)

windowsill ['wɪndəʊsɪl] s. davanzale m.

windpipe ['wɪn(d)paɪp] s. trachea f.

windscreen ['wɪn(d),skriːn] s. parabrezza m. inv. ♦ **w. wiper** tergicristallo

windshield ['wɪnd,fiːld] s. (USA) parabrezza m. inv.

windsurf ['wɪndsɜːf] s. windsurf m. inv.

windy ['wɪndɪ] agg. ventoso

wine [waɪn] s. vino m. ♦ **sparkling w.** spumante; **table w.** vino da pasto; **w. cellar** cantina

wing [wɪŋ] s. 1 ala f. 2 (di porta) battente m. 3 al pl. (teatro) quinte f. pl.

to wink [wɪŋk] v. intr. 1 ammiccare 2 lampeggiare

winner ['wɪnər] s. vincitore m.

winning ['wɪnɪŋ] **A** agg. 1 vincente 2 avvincente **B** s.

solo pl. vincite f. pl. (al gioco)

winter ['wɪntə'] A s. inverno m. B agg. attr. invernale

to winter ['wɪntə'] v. intr. svernare

wintry ['wɪntrɪ] agg. 1 invernale 2 freddo

to wipe [waɪp] v. tr. strofinare, asciugare, pulire ♦ **to w. off** cancellare; **to w. out** cancellare, estinguere, annullare; **to w. up** asciugare (con uno straccio)

wire [waɪə'] s. 1 filo m. (metallico, elettrico), cavo m. 2 (fam.) telegramma m.

wireless ['waɪəlɪs] agg. attr. senza fili

wiring ['waɪərɪŋ] s. (elettr.) impianto m.

wisdom ['wɪzdəm] s. saggezza f. ♦ **w. tooth** dente del giudizio

wise [waɪz] agg. previdente, saggio

wisecrack ['waɪzkræk] s. (fam.) spiritosaggine f.

wish [wɪʃ] s. 1 desiderio m. 2 augurio m. ♦ **best wishes** i migliori auguri

to wish [wɪʃ] v. tr. 1 desiderare 2 augurare

wishy-washy ['wɪʃɪ,wɒʃɪ] agg. 1 brodoso, annacquato 2 insipido

wisp [wɪsp] s. ciuffo m., fascio m.

wistaria [wɪs'teərɪə] s. glicine m.

wistful ['wɪstf(ʊ)l] agg. 1 desideroso 2 meditabondo

wit [wɪt] s. 1 brio m., spirito m. 2 persona f. arguta

witch [wɪtʃ] s. strega f.

witchcraft ['wɪtʃkrɑːft] s. stregoneria f.

with [wɪð] prep. 1 (compagnia) con, insieme a 2 (mezzo, modo) con, per mezzo di 3 (causa) per, di, con, a causa di 4 riguardo a, quanto a

to withdraw [wɪð'drɔː] (pass. **withdrew**, p. p. **withdrawn**) A v. tr. 1 tirare indietro 2 ritirare, prelevare 3 ritrattare B v. intr. 1 ritirarsi, allontanarsi, indietreggiare 2 ritrattare

withdrawal [wɪð'drɔː(ə)l] s. 1 ritirata f., ritiro m. 2 revoca f., rinuncia f. 3 prelievo m. 4 ritrattazione f.

to wither ['wɪðə'] v. intr. appassire

to withhold [wɪð'həʊld] (pass. e p. p. **withheld**) v. tr. 1 trattenere, rifiutare 2 nascondere

within [wɪ'ðɪn] A prep. 1 dentro, entro, al di qua di 2 nel giro di B avv. 1 all'interno, dentro 2 in casa

without [wɪ'ðaʊt] prep. senza

to withstand [wɪð'stænd] (pass. e p. p. **withstood**) v. tr resistere a

witness ['wɪtnɪs] s. testimone m. e f.

to witness ['wɪtnɪs] v. tr. e intr. testimoniare

witticism ['wɪtɪsɪz(ə)m] s. spiritosaggine f.

witty ['wɪtɪ] agg. spiritoso

wizard ['wɪzəd] s. mago m.

to wobble ['wɒbl] v. intr. 1 oscillare, vacillare 2 esitare, titubare

woe [wəʊ] s. 1 dolore m. 2 calamità f.

woke [wəʊk] pass. e p. p. di **to wake**

woken [wəʊk(ə)n] pass. e p. p. di **to wake**

wolf [wʊlf] s. lupo m.

woman ['wʊmən] (pl. **women**) s. donna f.

womanly ['wʊmənlɪ] agg. femminile

womb [wuːm] s. utero m.

won [wʌn] pass. e p. p. di **to win**

wonder ['wʌndə'] s. 1 meraviglia f., prodigio m. 2 stupore m.

to wonder ['wʌndə'] v. tr. e intr. 1 meravigliarsi (di) 2 domandarsi

wonderful ['wʌndəf(ʊ)l] agg. meraviglioso

to woo [wuː] v. tr. sollecitare, cercare

wood [wʊd] s. 1 bosco m. 2 legna f., legno m., legname m. ♦ **w. carver** intagliatore

woodcock ['wʊdkɒk] s. beccaccia f.

woodcut ['wʊdkʌt] s. incisione f. (su legno)

wooded ['wʊdɪd] agg. boscoso

wooden ['wʊdn] agg. 1 di legno 2 rigido

woodman ['wʊdmən] (pl. **woodmen**) s. boscaiolo m.

woodpecker ['wʊd,pekə'] s. picchio m.

woodwind ['wʊdwɪnd] s. (mus.) legni m. pl.

woodworm ['wʊdwɜːm] s. tarlo m.

woody ['wʊdɪ] agg. boscoso

wool [wʊl] s. lana f.

woollen ['wʊlən] (USA **woolen**) A agg. di lana B s. articolo m. di lana

word [wɜːd] s. 1 parola f., vocabolo m. 2 notizia f., informazione f. 3 parola f. d'ordine 4 ordine m., comando m. ♦ **w. processing** trattamento testi

to word [wɜːd] v. tr. esprimere, formulare

wording ['wɜːdɪŋ] s. 1 espressione f., formulazione f. 2 dicitura f.

wore [wɔː'] pass. di **to wear**

work [wɜːk] s. 1 lavoro m. 2 opera f. 3 al pl. (v. al sing.) officina f., fabbrica f. 4 al pl. meccanismo m. ♦ **out of w.** disoccupato

to work [wɜːk] A v. intr. 1 lavorare 2 funzionare, essere efficace 3 penetrare con difficoltà 4 contrarsi B v. tr. 1 lavorare, plasmare 2 far lavorare 3 far funzionare, manovrare, condurre 4 operare, causare, provocare 5 sfruttare ♦ **to w. in** introdurre; **to w. off** sbrigare, eliminare; **to w. out** elaborare, risolvere, calcolare, allenarsi; **to w. up** suscitare, elaborare, sviluppare

workable ['wɜːkəbl] agg. 1 lavorabile, sfruttabile 2 realizzabile

workaday ['wɜːkədeɪ] agg. 1 comune, ordinario 2 noioso

workaholic [,wɜːkə'hɒlɪk] s. (fam.) maniaco m. del lavoro

worker ['wɜːkə'] s. lavoratore m., operaio m.

working ['wɜːkɪŋ] A agg. 1 attivo, laborioso 2 funzionante 3 di lavoro, da lavoro B s. 1 lavoro m., lavorazione f. 2 funzionamento m. 3 al pl. meccanismo m. ♦ **w. class** classe operaia; **w. day** giorno lavorativo; **w. order** efficienza

workman ['wɜːkmən] (pl. **workmen**) s. operaio m.

workmanship ['wɜːkmənʃɪp] s. 1 abilità f. tecnica 2 fattura f., esecuzione f.

worksheet ['wɜːkʃiːt] s. foglio m. di lavoro

workshop ['wɜːkʃɒp] s. laboratorio m., officina f.

workstation ['wɜːk,steɪʃn] s. (inf.) stazione f. di lavoro

world [wɜːld] A s. mondo m. B agg. attr. mondiale, del mondo

worldly ['wɜːldlɪ] agg. mondano, terreno

worldwide [,wɜːld'waɪd] A agg. mondiale, universale B avv. in tutto il mondo

worm [wɜːm] s. verme m. ♦ **w. eaten** bacato, decrepito

worn [wɔːn] A *p. p. di* **to wear** B *agg.* **1** consumato **2** indebolito ♦ **w. out** esausto

worried ['wʌrɪd] *agg.* preoccupato

worry ['wʌrɪ] *s.* **1** preoccupazione *f.*, inquietudine *f.* **2** fastidio *m.*, guaio *m.*

to worry ['wʌrɪ] A *v. tr.* **1** infastidire, seccare **2** preoccupare, affliggere **3** azzannare, dilaniare B *v. intr.* preoccuparsi, affliggersi

worrying ['wʌrɪɪŋ] *agg.* **1** inquietante, preoccupante **2** molesto

worse [wɜːs] A *agg.* **1** (*comp. di* **bad**) peggio, peggiore **2** (*comp. di* **ill**) peggio, peggiorato B *s.* il peggio *m.* C *avv.* peggio ♦ **to get w.** peggiorare

to worsen ['wɜːsn] *v. tr. e intr.* peggiorare

worship ['wɜːʃɪp] *s.* **1** culto *m.*, venerazione *f.* **2** (*titolo*) eccellenza *f.*, eminenza *f.*

to worship ['wɜːʃɪp] *v. tr.* adorare, venerare

worst [wɜːst] A *agg.* (*sup. di* **bad**, **ill**) (il) peggiore B *s.* il peggio *m.* C *avv.* peggio, nel modo peggiore ♦ **at w.** al peggio

worth [wɜːθ] A *agg. pred.* **1** che vale, di valore, del valore di **2** degno, meritevole B *s.* valore *m.* ♦ **to be w.** meritare, valere

worthless ['wɜːθlɪs] *agg.* **1** di nessun valore **2** indegno, immeritevole

worthwile [ˌwɜːθ'waɪl] *agg.* utile, che vale la pena

worthy ['wɜːðɪ] A *agg.* **1** meritevole, degno **2** (*iron.*) rispettabile B *s.* notabile *m.*

would [wʊd, wəd] *v. difett.* **1** (*ausiliare per la formazione del condiz. pres. e pass.*) (ES: **I w. buy it, if I had enough money** lo comprerei, se avessi denaro a sufficienza) **2** volere, avere intenzione di (*passato e condizionale*) (ES: **I w. not stay** non volli rimanere, **w. you be so kind to give me a pen?** vorresti per favore darmi una penna?) **3** volere (*imperfetto cong.*) (ES: **I could do it, if I w.** potrei farlo se volessi) **4** (*idiom.*, *indica consuetudine*) (ES: **he w. stare into the distance day after day** se ne stava a guardare lontano giorno dopo giorno)

wound (1) [wuːnd] *s.* ferita *f.*

wound (2) [waʊnd] *pass. e p. p. di* **to wind**

to wound [wuːnd] *v. tr.* ferire

wove [wəʊv] *pass. di* **to weave**

woven ['wəʊvn] *p. p. di* **to weave**

wrangle ['ræŋgl] *s.* litigio *m.*

wrap [ræp] *s.* scialle *m.*

to wrap [ræp] *v. tr.* **1** avvolgere, fasciare **2** impacchettare, incartare

wrapper ['ræpə] *s.* involucro *m.*, copertina *f.*

wrapping ['ræpɪŋ] *s.* confezione *f.*, involucro *m.* ♦ **w. paper** carta da pacchi

wrath [rɔːθ] *s.* rabbia *f.*

wrathful ['rɔːθf(ʊ)l] *agg.* furibondo

to wreak [riːk] *v. tr.* **1** sfogare **2** provocare

wreath [riːθ] *s.* ghirlanda *f.*

wreck [rek] *s.* **1** naufragio *m.*, disastro *m.* **2** relitto *m.*

to wreck [rek] A *v. tr.* **1** far naufragare **2** rovinare, distruggere B *v. intr.* **1** naufragare **2** andare in pezzi

wreckage ['rekɪdʒ] *s.* relitti *m. pl.*, rottami *m. pl.*, macerie *f. pl.*

wren [ren] *s.* scricciolo *m.*

wrench [ren(t)ʃ] *s.* **1** strappo *m.*, torsione *f.* **2** (*med.*) strappo *m.* muscolare **3** (*USA*) (*mecc.*) chiave *f.*

to wrench [ren(t)ʃ] *v. tr.* strappare, torcere

wrestle ['resl] *s.* (*sport*) lotta *f.*

to wrestle ['resl] *v. intr.* (*sport*) lottare

wrestler ['reslə] *s.* (*sport*) lottatore *m.*

wretched ['retʃɪd] *agg.* **1** disgraziato, infelice **2** miserabile **3** orrendo, pessimo

to wriggle ['rɪgl] *v. intr.* **1** contorcersi, dimenarsi **2** essere evasivo

to wring [rɪŋ] (*pass. e p. p.* **wrung**) A *v. tr.* **1** torcere, strizzare **2** stringere con forza **3** estorcere B *v. intr.* contorcersi

wrinkle ['rɪŋkl] *s.* ruga *f.*, piega *f.*

to wrinkle ['rɪŋkl] *v. tr.* corrugare, raggrinzire

wrist [rɪst] *s.* polso *m.*

to write [raɪt] (*pass.* **wrote**, *p. p.* **written**) A *v. tr.* **1** scrivere **2** redigere, compilare B *v. intr.* **1** scrivere **2** fare lo scrittore ♦ **to w. down** prendere nota; **to w. in** inserire (in uno scritto); **to w. off** cancellare, annullare; **to w. out** trascrivere, compilare; **to w. up** riscrivere, recensire

writer ['raɪtə] *s.* scrittore *m.*

to writhe [raɪð] *v. intr.* contorcersi

writing ['raɪtɪŋ] *s.* **1** scrittura *f.*, calligrafia *f.* **2** documento *m.* scritto, scritta *f.* **3** *al pl.* scritti *m. pl.* ♦ **w.-book** quaderno; **w. pad** blocco; **w. paper** carta da lettera

written ['rɪtn] *p. p. di* **to write**

wrong [rɒŋ] A *agg.* **1** sbagliato, scorretto **2** inopportuno, sconveniente **3** illegittimo **4** difettoso, guasto B *s.* **1** ingiustizia *f.*, torto *m.*, danno *m.* **2** male *m.*, peccato *m.* C *avv.* **1** erroneamente, male **2** impropriamente ♦ **to be w.** ingannarsi, sbagliarsi

to wrong [rɒŋ] *v. tr.* far torto a

wrongful ['rɒŋf(ʊ)l] *agg.* **1** ingiusto, iniquo **2** illegittimo

wrongly ['rɒŋlɪ] *avv.* **1** male, erroneamente **2** a torto

wrote [rəʊt] *pass. di* **to write**

wrought [rɔːt] *agg.* lavorato, battuto

wrung [rʌŋ] *pass. e p. p. di* **wring**

wry [raɪ] *agg.* storto, obliquo

wryneck ['raɪnek] *s.* torcicollo *m.*

X

xenon ['zɛnɒn] s. xeno m.
xenophobia [zɛnə'fəubjə] s. xenofobia f.
xerography [zɪ'rɒgrəfɪ] s. xerografia f.
Xmas ['krɪsməs] s. (abbr. fam. di **Christmas**) Natale m.

X-ray ['ɛks,reɪ] s. **1** raggi X m. pl. **2** radiografia f. ♦ **X-r. therapy** rỲntgenterapia f.
xylography [zaɪ'lɒgrəfɪ] s. xilografia f.
xylophone ['zaɪləfəun] s. xilofono m.

Y

yacht [jɒt] s. yacht m. inv.
yachting ['jɒtɪŋ] s. navigazione f. da diporto, yachting m. inv.
yank [jænk] s. (fam.) strattone m.
Yankee ['jænkɪ] s. (fam.) yankee m. inv., americano m. (degli USA)
yard (1) [jɑːd] s. iarda f.
yard (2) [jɑːd] s. **1** cortile m., recinto m. **2** (ferr.) scalo m. **3** cantiere m.
yarn [jɑːn] s. **1** filo m., filato m. **2** (fig.) racconto m., storia f.
yawn [jɔːn] s. sbadiglio m.
to yawn [jɔːn] v. intr. sbadigliare
yeah [jɛə] avv. (fam.) sì
year [jɜːr, jɪər] s. **1** anno m., annata f. **2** al pl. anni m. pl., età f. ♦ **leap y.** anno bisestile; **y. book** annuario; **y. by y.** ogni anno
yearly ['jɜːlɪ] **A** agg. annuale, annuo **B** avv. annualmente
to yearn [jɜːn] v. intr. agognare
yeast [jiːst] s. lievito m.
yell [jɛl] s. urlo m.
to yell [jɛl] v. tr. e intr. urlare
yellow ['jɛləu] agg. e s. giallo m.
yelp [jɛlp] s. guaito m.
to yelp [jɛlp] v. intr. guaire
yeoman ['jəumən] (pl. **yeomen**) s. (stor.) piccolo proprietario m. terriero
yes [jɛs] **A** avv. **1** sì, certo **2** davvero?, ah sì? **B** inter. non solo, anzi **C** s. sì m. inv., risposta f. affermativa
yesterday ['jɛstədɪ] avv. e s. ieri m. inv. ♦ **the day before y.** ieri l'altro
yet [jɛt] **A** cong. ma, però, tuttavia **B** avv. **1** ancora, finora, tuttora **2** ancora, già ♦ **as y.** finora; **just y.** proprio ora; **not y.** (e) neppure; **y. once** ancora una volta

yew [juː] s. (bot.) tasso m.
yield [jiːld] s. **1** prodotto m., raccolto m. **2** produzione f., rendimento m. **3** rendita f. **4** (USA) diritto m. di precedenza
to yield [jiːld] **A** v. tr. **1** produrre, fruttare, rendere **2** concedere, dare **B** v. intr. **1** fruttare **2** sottomettersi **3** (USA) dare la precedenza
yoghurt ['jɒgət] s. yogurt m. inv.
yoke [jəuk] s. giogo m.
to yoke [jəuk] v. tr. aggiogare
yolk [jəuk] s. tuorlo m.
yonder ['jɒndər] avv. lassù
you [ju(ː)] pron. pers. 2ª sing. e pl. **1** tu, te, ti, voi, ve, vi **2** (con valore impers.) se, si (ES: **y. never can be sure!** non si può mai essere sicuri!)
young [jʌŋ] **A** agg. giovane **B** s. al pl. **1** i giovani m. pl. **2** (di animale) i piccoli m. pl. ♦ **y. child** bimbo; **y. lady** signorina
youngster ['jʌŋstər] s. giovincello m.
your [jɔːr] agg. poss. 2ª sing. e pl. **1** tuo, tua, tuoi, tue, vostro, vostra, vostri, vostre, Suo, Sua, Suoi, Sue, Loro **2** (con valore indef.) proprio
yours [jɔːz] pron. poss. 2ª sing. e pl. il tuo, la tua, i tuoi, le tue, il vostro, la vostra, i vostri, le vostre, il Suo, la Sua, i Suoi, le Sue, il Loro, la Loro, i Loro, le Loro
yourself [jɔː'sɛlf] (pl. **yourselves**) pron. 2ª sing. **1** (rifl.) ti, te, te stesso, si, se, Lei stesso, Lei stessa **2** (enf.) tu stesso, tu stessa, Lei stesso, Lei stessa (ES: **you have done it y.** lo hai fatto tu stesso)
youth [juːθ] s. **1** gioventù f., giovinezza f. **2** i giovani m. pl. **3** giovane m. ♦ **y. hostel** ostello della gioventù
youthful ['juːθf(ʊ)l] agg. **1** giovane **2** giovanile
yummy ['jʌmɪ] agg. (fam.) delizioso
yuppie ['jʌpɪ] s. yuppie m. e f. inv.

Z

zany ['zeɪnɪ] **A** s. buffone m. **B** agg. buffonesco

to zap [zæp] **A** v. tr. (fam.) eliminare, cancellare **B** v. intr. sfrecciare

zeal [ziːl] s. zelo m.

zebra ['ziːbrə] s. zebra f. ♦ **z. crossing** passaggio pedonale, zebre

zebrine ['ziːbraɪn] agg. zebrato

zebu ['ziːbuː] s. zebù m.

zed [zed] s. zeta f. inv.

zee [ziː] s. (USA) zeta f. inv.

zero ['zɪərəʊ] s. zero m.

to zero ['zɪərəʊ] v. tr. azzerare

zest [zest] s. **1** aroma m., gusto m. **2** (di arancio, limone) scorza f. **3** entusiasmo m., interesse m.

zibeline ['zɪbəlɪn] s. zibellino m.

zigzag ['zɪgzæg] **A** s. zigzag m. inv. **B** agg. a zigzag

to zigzag ['zɪgzæg] v. intr. andare a zigzag, zigzagare

zinc [zɪŋk] s. zinco m.

zing [zɪŋ] s. (fam.) **1** sibilo m. **2** brio m.

Zionism ['zaɪənɪz(ə)m] s. sionismo m.

Zionist ['zaɪənɪst] s. sionista m. e f.

zip [zɪp] s. **1** (o **z. fastener**) cerniera f., chiusura f. lampo **2** (fam.) fischio m., sibilo m.

to zip [zɪp] v. tr. **1** aprire (o chiudere) con una cerniera lampo **2** trasportare velocemente **B** v. intr. **1** aprire (o chiudere) una cerniera lampo **2** sfrecciare **3** fischiare, sibilare

zip code ['zɪpˌkəʊd] s. (USA) codice m. postale

zircon ['zɜːkɒn] s. zircone m.

zodiac ['zəʊdɪæk] s. zodiaco m.

zodiacal [zə(ʊ)'daɪək(ə)l] agg. zodiacale

zombie ['zɒmbɪ] s. zombie m. inv.

zone [zəʊn] s. zona f.

zoo [zuː] s. zoo m. inv.

zoologist [zə(ʊ)'ɒlədʒɪst] s. zoologo m.

zoology [zə(ʊ)'ɒlədʒɪ] s. zoologia f.

zoom [zuːm] s. **1** rombo m. **2** (cin., TV) zumata f. ♦ **z. lens** zoom

zootechnical [ˌzə(ʊ)ə'teknɪk(ə)l] agg. zootecnico

zootechnics [ˌzə(ʊ)ə'teknɪks] s. pl. (v. al sing.) zootecnia f.

zucchini [zuː'kiːnɪ] s. (USA) zucchino m.

zygoma [zaɪ'gəʊmə] s. zigomo m.

zyme [zaɪm] s. enzima m.

ITALIANO-INGLESE
ITALIAN-ENGLISH

A

a o **ad** *prep.* **1** (*stato in luogo*) at, in (ES: **essere a casa** to be at home, **abitare a Londra** to live in London) **2** (*moto a luogo, direzione*) to, at, in (ES: **andare a teatro, a Londra** to go to the theatre, to London) **3** (*termine*) to (ES: **dai questo libro a Paolo** give this book to Paul) **4** (*tempo*) at, in (ES: **a mezzanotte** at midnight, **a maggio** in May) **5** (*mezzo*) by, in (ES: **scritto a mano** written by hand, **dipinto all'acquerello** painted in watercolours) **6** (*scopo, vantaggio, danno*) to, for (ES: **a proprio rischio** at one's own risk) **7** (*distributivo*) a, by, at (ES: **due volte al giorno** twice a day, **a uno a uno** one by one)

àbaco *s. m.* (*arch.*) abacus

abàte *s. m.* abbot

abbacchiàto *agg.* (*fam.*) depressed

abbagliànte *agg.* dazzling ♦ **luci abbaglianti** (*autom.*) high-beams, (*USA*) brights

abbagliàre *v. tr.* to dazzle

abbàglio *s. m.* blunder

abbaiàre *v. intr.* to bark

abbandonàre A *v. tr.* **1** to abandon, to desert, to leave, to forsake **2** (*rinunciare a*) to renounce, to give up **B** *v. rifl.* to let oneself go

abbandóno *s. m.* **1** abandonment **2** (*trascuratezza*) neglect

abbassaménto *s. m.* lowering

abbassàre A *v. tr.* **1** to lower **2** (*ridurre*) to reduce **3** (*far scendere*) to let down **B** *v. rifl.* **1** (*chinarsi*) to stoop **2** (*diminuire*) to lower **3** (*fig.*) to lower oneself **4** (*di vento, temperatura, ecc.*) to drop

abbastànza *avv.* **1** (*a sufficienza*) enough **2** (*alquanto*) quite, rather ♦ **averne a. di qc.** to have had enough of sb.

abbàttere A *v. tr.* **1** (*atterrare*) to knock down **2** (*demolire*) to demolish, to put down **B** *v. rifl.* **1** (*cadere*) to fall **2** (*scoraggiarsi*) to lose heart

abbazìa *s. f.* abbey

abbellire *v. tr.* to embellish, to adorn

abbeveràre *v. tr.* to water

abbiènte *agg.* well-to-do

abbigliaménto *s. m.* clothes *pl.*, clothing ♦ **negozio d'a.** clothes shop

abbinàre *v. tr.* to couple, to combine

abboccàre *v. intr.* **1** to bite **2** (*fig.*) to rise to the bait

abboccàto *agg.* sweetish

abbonaménto *s. m.* **1** (*trasporti, teatro*) season ticket **2** (*a giornale*) subscription

abbonàrsi *v. rifl.* **1** (*trasporti, teatro*) to get a season ticket **2** (*giornale*) to subscribe, to take out a subscription

abbonàto *agg. e s. m.* **1** (*trasporti, teatro*) season ticket holder **2** (*giornale*) subscriber

abbondànte *agg.* abundant, plentiful

abbondànza *s. f.* abundance, plenty

abbottonàre *v. tr.* to button up

abbozzàre *v. tr.* to sketch, to outline

abbòzzo *s. m.* sketch, outline

abbracciàre A *v. tr.* **1** to embrace, to hug **2** (*comprendere*) to enclose, to include **B** *v. rifl. rec.* to embrace each other

abbràccio *s. m.* embrace, hug

abbreviàre *v. tr.* to shorten, to cut short, to abbreviate

abbreviazióne *s. f.* abbreviation

abbronzàre A *v. tr.* to tan **B** *v. rifl.* to get brown

abbronzatùra *s. f.* tan

abbrustolire *v. tr.* (*pane*) to toast, (*caffè, carne*) to roast

abbuffàrsi *v. rifl.* to stuff oneself

abdicàre *v. intr.* to abdicate

abdicazióne *s. f.* abdication

aberrànte *agg.* aberrant

aberrazióne *s. f.* aberration

abéte *s. m.* fir

abiètto *agg.* despicable, base

àbile *agg.* **1** able, capable **2** (*idoneo*) fit

abilità *s. f.* ability, cleverness, skill

abilitàre *v. tr.* to qualify

abilitàto *agg.* qualified

abìsso *s. m.* abyss, gulf

abitàcolo *s. m.* cockpit, cabin

abitànte *s. m. e f.* inhabitant

abitàre A *v. intr.* to live, to reside **B** *v. tr.* to inhabit, to live in

abitazióne *s. f.* residence, house

àbito *s. m.* (*da uomo*) suit, (*da donna*) dress

abituàle *agg.* habitual, usual ♦ **cliente a.** regular customer

abitualménte *avv.* usually, regularly

abituàre A *v. tr.* to accustom **B** *v. rifl.* to get used (to), to get accustomed (to), to accustom oneself (to)

abitùdine *s. f.* habit, custom ♦ **come d'a.** as usual

abolire *v. tr.* to abolish, to suppress

abolizióne *s. f.* abolition, suppression

abolizionìsmo *s. m.* abolitionism

abominévole *agg.* abominable

aborìgeno *agg. e s. m.* aboriginal, native

aborrire *v. tr.* to abhor

abortire *v. intr.* to miscarry, (*volontariamente*) to abort

abòrto *s. m.* miscarriage, (*volontario*) abortion

abrasióne *s. f.* abrasion

abrogàre *v. tr.* to abrogate, to cancel, to repeal

abrogazióne *s. f.* abrogation, annulment, repeal

àbside *s. f.* (*arch.*) apse

abusàre *v. intr.* **1** to abuse, to misuse **2** (*approfittare*) to take advantage (of)

abusivaménte *avv.* illegally, unlawfully

abusìvo *agg.* abusive, unlawful, unauthorized

acàcia *s. f.* acacia

acànto *s. m.* acanthus

àcca *s. f.* aitch

accadèmia *s. f.* academy

accadèmico agg. academic
accadére v. intr. to happen, to occur
accalappiacàni s. m. dog-catcher
accalappiàre v. tr. to catch
accalcàrsi v. intr. pron. to crowd
accaldàrsi v. intr. pron. to grow hot
accaloràrsi v. rifl. to get heated
accampaménto s. m. camp
accampàre A v. tr. 1 to camp 2 (fig.) to advance B v. rifl. to camp
accaniménto s. m. 1 fury 2 (ostinazione) obstinacy
accanìrsi v. intr. pron. 1 to rage 2 (ostinarsi) to persist (in)
accanìto agg. 1 relentless, pitiless 2 (ostinato) obstinate, dogged ◆ **fumatore a.** inveterate smoker
accànto A avv. nearby B agg. next C prep. **a.** anear, by, next to, close to
accantonàre v. tr. to set aside
accaparràre v. tr. to corner, to buy up
accapigliàrsi v. rifl. rec. to come to blows
accappatóio s. m. bathrobe
accarezzàre v. tr. to caress, to stroke
accartocciàre v. tr. to crumple up
accasàre A v. tr. to marry B v. intr. pron. to get married
accasciàre A v. tr. to prostrate B v. intr. pron. 1 to fall, to collapse 2 (fig.) to lose heart
accattóne s. m. beggar
accavallàre A v. tr. 1 (incrociare) to cross 2 (sovrapporre) to overlap 3 (lavoro a maglia) to cross over B v. intr. pron. to overlap, to pile up
accecàre A v. tr. to blind B v. intr. pron. e rifl. to become blind
accèdere v. intr. 1 to approach 2 (entrare in) to enter
acceleràre A v. tr. to speed up, to quicken B v. intr. to accelerate
acceleratóre s. m. accelerator
accelerazióne s. f. acceleration
accèndere v. tr. 1 to light 2 (interruttore, radio, ecc.) to switch on, to turn on
accendìno s. m. lighter
accendisìgaro s. m. lighter
accennàre A v. intr. 1 (fare cenno) to beckon, (col capo) to nod, to sign 2 (alludere a) to hint 3 (dare segno di) to show signs B v. tr. to outline
accénno s. m. 1 (cenno) sign, nod 2 (allusione) hint
accensióne s. f. 1 lighting 2 (autom.) ignition
accentàre v. tr. to accent, to accentuate
accènto s. m. accent, stress
accentràre v. tr. to centralize
accentuàre v. tr. to accentuate, to stress, to emphasize
accerchiàre v. tr. to encircle, to surround
accertàre v. tr. 1 to ascertain 2 (verificare) to control, to check
accéso agg. 1 alight (pred.), lit up 2 (in funzione) on 3 (di colore) bright
accessìbile agg. 1 accessible 2 (persona) approachable 3 (prezzo) reasonable
accèsso s. m. 1 access, admittance, entry 2 (med.) fit, attack, access
accessòrio A agg. accessory, secondary B s. m. accessory

accétta s. f. hatchet
accettàbile agg. acceptable
accettàre v. tr. to accept, to agree to
accettazióne s. f. 1 acceptance 2 (ufficio) reception
accezióne s. f. meaning
acchiappàre v. tr. to catch
acciàcco s. m. ailment
acciaierìa s. f. steelworks
acciàio s. m. steel ◆ **a. inossidabile** stainless steel
accidentàle agg. accidental
accidentàto agg. (di strada, terreno) uneven, bumpy
accidènte s. m. 1 accident 2 (fam.) (colpo) fit
accidènti inter. damn!
acciglàto agg. frowning
accìngersi v. rifl. to set about, to get ready
acciottolàto s. m. cobbled paving
acciuffàre v. tr. to seize, to catch
acciùga s. f. anchovy
acclamàre v. tr. to acclaim
acclimatàre A v. tr. to acclimatize B v. rifl. to become acclimatized, to get acclimatized
acclùdere v. tr. to enclose
acclùso agg. enclosed
accoccolàrsi v. rifl. to crouch
accogliènte agg. comfortable, cosy
accogliènza s. f. reception, welcome
accògliere v. tr. 1 (ricevere) to receive, to welcome 2 (accettare) to accept, to agree to 3 (esaudire) to grant
accollàto agg. high-necked
accoltellàre v. tr. to stab, to knife
accomiatàre A v. tr. to dismiss B v. rifl. to take leave (of)
accomodaménto s. m. agreement, settlement
accomodànte agg. obliging, accommodating
accomodàre A v. tr. 1 (riparare) to repair 2 (sistemare) to settle B v. rifl. 1 (sedersi) to sit down, to take a seat 2 (entrare) to come in ◆ **si accomodi!** take a seat!, come in!
accompagnaménto s. m. 1 (seguito) retinue 2 (mus.) accompaniment
accompagnàre v. tr. 1 to take to, to see to, (in auto) to drive 2 (mus.) to accompany
accompagnatóre s. m. companion ◆ **a. turistico** tourist guide
accomunàre v. tr. to join
acconciatùra s. f. hairstyle
accondiscéndere v. intr. to consent, to agree
acconsentìre v. intr. to consent, to assent
accontentàre A v. tr. to satisfy B v. rifl. to be satisfied (with), to be content (with)
accónto s. m. advance, part payment ◆ **in a.** in advance, on account
accoppiaménto s. m. 1 coupling, matching 2 (mecc.) connection 3 (di animali) mating
accoppiàre A v. tr. 1 to couple 2 (unire) to join B v. rifl. 1 (accordarsi) to match 2 (di animali) to mate
accorciàre A v. tr. to shorten B v. intr. pron. to shorten, to become shorten
accordàre A v. tr. 1 (concedere) to grant 2 (gramm.) to make agree 3 (mus.) to tune up B v. rifl. rec. to

reach an agreement **C** v. intr. pron. (*armonizzarsi*) to match

accòrdo s. m. **1** (*intesa*) agreement, consent **2** (*patto*) arrangement, agreement **3** (*mus.*) chord ♦ **andare d'a. con qc.** to get on well with sb.; **essere d'a.** to agree

accòrgersi v. intr. pron. **1** (*notare*) to notice **2** (*rendersi conto*) to realize, to become aware (of)

accorgiménto s. m. **1** (*accortezza*) shrewdness **2** (*espediente*) trick, device

accórrere v. intr. to run, to rush

accòrto agg. shrewd

accostàre **A** v. tr. **1** to draw near **2** (*porta, finestra*) to set ajar **3** (*persone*) to approach **B** v. rifl. to go near

accovacciàrsi v. rifl. to crouch

accozzàglia s. f. rabble, jumble

accreditàre v. tr. **1** (*una somma*) to credit **2** (*una notizia*) to confirm **3** (*diplomazia*) to accredit

accréscere v. tr. e intr. pron. to increase

accrescitivo agg. e s. m. (*gramm.*) augmentative

accucciàrsi v. rifl. to lie down

accudire v. tr. e intr. to look after, to attend to

accumulàre v. tr. e intr. pron. to accumulate, to pile up

accumulatóre s. m. accumulator

accuratézza s. f. accuracy, care

accuràto agg. accurate, careful

accùsa s. f. accusation, charge

accusàre v. tr. to accuse, to charge ♦ **a. ricevuta** (*comm.*) to acknowledge receipt

accusativo agg. e s. m. (*gramm.*) accusative

accusàto s. m. (*dir.*) accused

accusatóre s. m. (*dir.*) accuser, prosecutor

acèfalo agg. acephalous

acèrbo agg. **1** unripe, green **2** (*aspro*) sour, sharp

àcero s. m. maple

acéto s. m. vinegar

àcido agg. e s. m. acid

acidulo agg. acidulous

acino s. m. grape

àcne s. f. acne

aconfessionàle agg. non-denominational, undenominational

àcqua s. f. water ♦ **a. dolce** fresh water; **a. minerale** mineral water; **a. piovana** rainwater; **a. potabile** drinking water; **sott'a.** underwater

acquafòrte s. f. etching

acquamarina s. f. aquamarine

acquaràgia s. f. turpentine

acquàrio s. m. **1** aquarium **2** (*astr.*) Aquarius

acquasantièra s. f. stoup

acquàtico agg. aquatic

acquavite s. f. brandy

acquazzóne s. m. downpour

acquedótto s. m. aqueduct, waterworks

àcqueo agg. aqueous

acquerellista s. m. e f. watercolourist

acquerèllo s. m. watercolour

acquirènte s. m. e f. purchaser, buyer, shopper

acquisire v. tr. to acquire

acquisizióne s. f. acquisition

acquistàre v. tr. **1** (*comprare*) to buy, to purchase **2**

(*ottenere*) to acquire, to gain, to obtain, to get

acquisto s. m. **1** purchase, buy **2** (*acquisizione*) acquisition ♦ **andare a fare acquisti** to go shopping

acquitrino s. m. bog, marsh, swamp

acquóso agg. watery

àcre agg. acrid, pungent

acrilico agg. acrylic

acritico agg. uncritical

acròbata s. m. e f. acrobat

acrobazia s. f. acrobatics pl.

acròpoli s. f. acropolis

acrotèrio s. m. acroterium

acuire v. tr. to sharpen, to whet

acùleo s. m. **1** (*bot.*) aculeus, prickle **2** (*zool.*) aculeus, sting

acùme s. m. acumen, perspicacity

acùstica s. f. acoustics pl. (v. al sing.)

acùstico agg. acoustic ♦ **apparecchio a.** hearing aid

acùto **A** agg. **1** acute, sharp **2** (*intenso*) intense **3** (*perspicace*) sharp, subtle **4** (*mus.*) high **B** s. m. (*mus.*) high note

ad prep. → **a**

adagiàre **A** v. tr. to lay down **B** v. rifl. **1** to lie down **2** (*fig.*) to subside, to sink .

adàgio (1) **A** avv. slowly **B** s. m. (*mus.*) adagio

adàgio (2) s. m. adage, proverb

adattaménto s. m. adaptation

adattàre **A** v. tr. to fit, to adapt, to adjust **B** v. rifl. to adapt oneself, to fit oneself **C** v. intr. pron. to suit, to be suitable

adàtto agg. fit, suited, suitable, right

addebitàre v. tr. to debit, to charge

addèbito s. m. debit, charge

addensàre **A** v. tr. to thicken **B** v. rifl. **1** to thicken **2** (*ammassarsi*) to gather, to crowd

addentàre v. tr. to bite

addentràrsi v. rifl. to penetrate, to go into

addestraménto s. m. training

addestràre v. tr. e rifl. to train

addétto **A** agg. assigned (to) **B** s. m. **1** (*impiegato*) employee **2** (*mil., ambasciata*) attaché ♦ **a. stampa** press agent

addiàccio s. m. pen, (*mil.*) bivouac ♦ **dormire all'a.** to sleep in the open

addietro avv. before, ago

addio **A** s. m. **1** goodbye **2** (*letter.*) farewell **B** inter. goodbye, byebye

addirittùra avv. **1** (*direttamente*) directly, straight away **2** (*persino*) even **3** (*assolutamente*) absolutely

addirsi v. rifl. to become, to suit

additàre v. tr. to point (at, out)

additivo agg. e s. m. additive

addizionàre v. tr. to add (up), to sum (up)

addizióne s. f. addition

addobbàre v. tr. to adorn, to decorate

addòbbo s. m. decoration, ornament

addolcìre **A** v. tr. **1** to sweeten **2** (*fig.*) to soften **B** v. intr. pron. to soften, to become milder

addoloràre **A** v. tr. to pain, to grieve **B** v. intr. pron. to grieve, to be sorry

ddòme *s. m.* abdomen

ddomesticàre *v. tr.* to domesticate, to tame

ddomesticàto *agg.* tame

ddominàle *agg.* abdominal

ddormentàre A *v. tr.* **1** to send to sleep **2** (*anestetizzare*) to anaesthetize **3** (*intorpidire*) to deaden **B** *v. intr. pron.* to fall asleep

ddormentàto *agg.* **1** sleeping, asleep (*pred.*) **2** (*assonnato*) sleepy **3** (*fig.*) slow

ddossàre A *v. tr.* **1** (*appoggiare*) to lean **2** (*una colpa*) to charge with **B** *v. rifl.* **1** to lean **2** (*prendere su di sé*) to take upon oneself

ddòsso A *avv.* on **B** *prep.* **a. a 1** on **2** (*vicino*) close to ◆ **mettere le mani a. a qc.** to lay hands on sb.; **mettersi q.c. a.** to put st. on

ddùrre *v. tr.* to adduce, to advance

deguàre A *v. tr.* to conform, to adapt **B** *v. rifl.* to conform oneself

démpiere *v. tr. e intr.* to fulfil, to accomplish, to carry out

dèpto *s. m.* initiate

derènte *agg.* **1** adherent, sticking **2** (*di vestito*) tight, close-fitting

derìre *v. intr.* **1** (*attaccarsi*) to adhere, to stick **2** (*acconsentire*) to assent, (*a un invito*) to accept, (*a una richiesta*) to comply with **3** (*associarsi*) to join

descaménto *s. m.* enticement, allurement

descàre *v. tr.* to entice, to allure

desióne *s. f.* **1** adhesion, adherence **2** (*fig.*) assent, agreement

desivo *agg. e s. m.* adhesive

dèsso *avv.* now ◆ **per a.** right now; **proprio a.** just now

diacènte *agg.* adjacent, adjoining

dibìre *v. tr.* to use as, to assign

diràrsi *v. intr. pron.* to get angry

dìto *s. m.* access, entrance

docchiàre *v. tr.* to eye

dolescènte *s. m. e f.* adolescent, teenager

dolescènza *s. f.* adolescence, teens

doperàre *v. tr.* to use, to employ

doràre *v. tr.* to adore, to worship

dornàre *v. tr.* to adorn, to decorate

dottàre *v. tr.* to adopt

dottìvo *agg.* adoptive, adopted

dozióne *s. f.* adoption

dulàre *v. tr.* to flatter

dulazióne *s. f.* adulation, flattery

dulteràre *v. tr.* to adulterate

dultèrio *s. m.* adultery

dùlto A *agg.* adult, grown-up, (*bot., zool.*) fully-grown **B** *s. m.* grown-up

dunànza *s. f.* meeting, assembly

dunàre *v. tr. e intr. pron.* to assemble, to gather

dunàta *s. f.* assembly, (*mil.*) muster

dùnco *agg.* hooked

eràre *v. tr.* to air, to ventilate

erazióne *s. f.* aeration, ventilation

èreo A *agg.* air, aerial **B** *s. m.* airplane, plane

eròbica *s. f.* aerobics *pl.* (*v. al sing.*)

aeròbico *agg.* aerobic

aerodinàmica *s. f.* aerodynamics *pl.* (*v. al sing.*)

aerodinàmico *agg.* aerodynamic

aerofotografìa *s. f.* aerial photography

aeromodèllo *s. m.* model aircraft

aeronàutica *s. f.* aeronautics *pl.* (*v. al sing.*)

aeronàutico *agg.* aeronautic(al)

aeroplàno *s. m.* aircraft, aeroplane, plane, (*USA*) airplane

aeropòrto *s. m.* airport

aerosòl *s. m.* aerosol

aerospaziàle *agg.* aerospace

aerovìa *s. f.* airway

àfa *s. f.* sultriness

affàbile *agg.* affable

affaccendàrsi *v. rifl.* to busy oneself

affacciàrsi *v. rifl.* to appear

affamàto *agg.* hungry, starving

affannàrsi *v. intr. pron.* **1** to worry **2** (*darsi da fare*) to busy oneself

affànno *s. m.* **1** breathlessness **2** (*fig.*) worry, anxiety

affàre *s. m.* **1** affair, matter **2** (*comm.*) business, transaction, (*vantaggioso*) bargain **3** (*fam.*) (*aggeggio*) thing ◆ **concludere un a.** to strike a bargain; **fare affari** to do business; **viaggiare per affari** to travel on business

affascinànte *agg.* charming, fascinating

affascinàre *v. tr.* to charm, to fascinate

affaticàre A *v. tr.* to tire **B** *v. rifl.* to tire oneself, to get tired

affàtto *avv.* **1** quite, completely, entirely **2** (*in frasi neg.*) at all ◆ **niente a.** not at all

affermàre A *v. tr.* to assert, to affirm, to state **B** *v. rifl.* to impose oneself, to make a name for oneself

affermatìvo *agg.* affirmative

affermazióne *s. f.* **1** affirmation, assertion **2** (*successo*) achievement

afferràre *v. tr.* to seize, to grasp, to catch

affettàre (1) *v. tr.* (*tagliare a fette*) to slice

affettàre (2) *v. tr.* (*ostentare*) to affect

affettàto (1) *s. m.* (*salumi*) sliced salami

affettàto (2) *agg.* (*ostentato*) affected

affettìvo *agg.* affective

affètto *s. m.* affection, love

affettuosaménte *avv.* affectionately, lovingly

affettuóso *agg.* loving, affectionate, fond

affezionàrsi *v. rifl.* to grow fond (of)

affezionàto *agg.* affectionate, fond

affezióne *s. f.* affection, attachment ◆ **prezzo d'a.** fancy price

affiancàre *v. tr.* **1** to place side by side, to put beside **2** (*aiutare*) to help, to support

affiatàrsi *v. rifl.* to get on well

affibbiàre *v. tr.* (*fam., fig.*) to saddle with, (*dare*) to give

affidàbile *agg.* reliable

affidaménto *s. m.* trust, confidence ◆ **fare a. su qc.** to rely (up) on sb.

affidàre A *v. tr.* to entrust, to confide **2** (*dir.*) to grant **B** *v. rifl.* to rely (up) on

affievolìre A *v. tr.* to weaken **B** *v. intr. pron.* to weaken, to grow weak

affiggere *v. tr.* to put up, to stick up

affilare *v. tr.* to sharpen

affilàto *agg.* **1** sharp **2** (*fig.*) thin

affiliàre A *v. tr.* to affiliate (with), to become a member (of) **B** *v. rifl.* to affiliate (with), to become a member (of)

affinàre *v. tr.* to improve, to refine

affinché *cong.* so that, in order that

affine *agg.* similar, analogous

affinità *s. f.* affinity

affioràre *v. intr.* **1** to surface **2** (*fig.*) to emerge, to appear

affissióne *s. f.* bill-posting ♦ **divieto d'a.** post no bills

affittacàmere *s. m. e f. inv.* landlord *m.*, landlady *f.*

affittàre *v. tr.* **1** (*dare in affitto*) to let, to rent, to lease (out), (*a noleggio*) to hire (out) **2** (*prendere in affitto*) to rent, (*a noleggio*) to hire ♦ **affittasi** to rent

affitto *s. m.* rent, (*contratto*) lease

affliggere A *v. tr.* to afflict, to distress **B** *v. rifl.* to grieve, to worry

afflizióne *s. f.* affliction, distress

afflosciàrsi *v. intr. pron.* to wilt, to sag

affluènte *s. m.* affluent, tributary

affluènza *s. f.* **1** flow **2** (*di persone*) crowd

affluire *v. intr.* **1** to flow **2** (*di persone*) to crowd

afflùsso *s. m.* **1** flow **2** (*econ.*) inflow, influx

affogàre *v. tr. e intr.* to drown

affogàto *agg.* drowned ♦ **uova affogate** poached eggs

affollaménto *s. m.* crowding, over-crowding

affollàre *v. tr. e intr. pron.* to crowd

affollàto *agg.* crowded

affondàre *v. tr. e intr.* to sink

affrancàre A *v. tr.* **1** to free, to release **2** (*corrispondenza*) to stamp, to frank **B** *v. rifl.* to free oneself

affrancatùra *s. f.* (*posta*) stamping, postage

affrànto *agg.* **1** broken-hearted, disheartened **2** (*distrutto*) worn out

affrescàre *v. tr.* to fresco

affrésco *s. m.* fresco

affrettàre A *v. tr.* **1** to hasten, to hurry **2** (*anticipare*) to anticipate **B** *v. rifl.* to hurry, to make haste ♦ **a. il passo** to quicken one's pace

affrontàre A *v. tr.* **1** to face, to confront **2** (*fig.*) to tackle, to deal with **B** *v. rifl. rec.* to come to blows

affrónto *s. m.* affront, insult

affumicàre *v. tr.* **1** (*riempire di fumo*) to fill with smoke **2** (*annerire di fumo*) to blacken with smoke **3** (*alimenti*) to smoke, to cure

affumicàto *agg.* (*di alimenti*) smoked, cured

affusolàto *agg.* tapered, tapering

àfono *agg.* voiceless, (*rauco*) hoarse

afóso *agg.* sultry

africàno *agg. e s. m.* African

afrodisiaco *agg. e s. m.* aphrodisiac

àfta *s. f.* aphtha

àgave *s. f.* agave

agènda *s. f.* diary

agènte *s. m.* agent ♦ **a. di cambio** stockbroker; **a. immobiliare** estate agent, realtor; **a. investigati-**vo detective; **a. di polizia** policeman

agenzia *s. f.* **1** agency **2** (*succursale*) branch ♦ **a. di pubblicità** advertising agency; **a. di viaggi** travel agency/bureau; **a. immobiliare** estate agency

agevolàre *v. tr.* to facilitate

agevolazióne *s. f.* facilitation, facility

agévole *agg.* easy

agganciàre *v. tr.* **1** to hook **2** (*ferr.*) to couple

aggéggio *s. m.* gadget, device, contraption

aggettivo *s. m.* adjective

agghiacciànte *agg.* chilling, dreadful

agghindàre *v. tr. e rifl.* to deck (oneself) out

aggiornaménto *s. m.* **1** updating **2** (*rinvio*) adjournment ♦ **corso di a.** refresher course

aggiornàre A *v. tr.* **1** to update, to bring up to date **2** (*rinviare*) to adjourn **B** *v. rifl.* to keep oneself up to date

aggiornàto *agg.* up-to-date

aggiràre A *v. tr.* **1** to go round, to avoid **2** (*mil.*) to outflank **B** *v. intr. pron.* **1** to wander about, to go about **2** (*approssimarsi*) to be around, to be about

aggiudicàre *v. tr.* **1** to award **2** (*asta*) to knock down **3** (*aggiudicarsi*) to win

aggiùngere A *v. tr.* to add **B** *v. intr. pron.* to join, to be added

aggiùnta *s. f.* addition

aggiustàre A *v. tr.* **1** (*riparare*) to mend, to repair, to fix **2** (*sistemare*) to adjust **B** *v. intr. pron.* to come out right **C** *v. rifl.* to make do

agglomeràto *s. m.* agglomerate

aggrappàrsi *v. rifl.* to cling

aggravàre A *v. tr.* to make worse, to worsen **B** *v. intr. pron.* to become worse

aggraziàto *agg.* graceful

aggredire *v. tr.* to attack, to assault

aggregàre A *v. tr.* to aggregate **B** *v. rifl.* to join

aggressióne *s. f.* attack, assault

aggressività *s. f.* aggressiveness

aggressivo *agg.* aggressive

aggressóre *s. m.* aggressor

aggrottàre *v. tr.* to wrinkle, (*le ciglia*) to frown

aggrovigliàre A *v. tr.* to tangle **B** *v. rifl.* to get entangled

agguantàre *v. tr.* to seize, to catch

agguàto *s. m.* ambush

agiàto *agg.* well-to-do

àgile *agg.* agile, nimble

agilità *s. f.* agility, nimbleness

àgio *s. m.* **1** comfort, ease **2** (*opportunità*) chance, time ♦ **sentirsi a proprio a.** to be at one's ease

agiografia *s. f.* hagiography

agire *v. intr.* **1** to act **2** (*comportarsi*) to behave **3** (*influenzare*) to act, to influence **4** (*funzionare*) to work

agitàre A *v. tr.* **1** to agitate, to shake **2** (*fig.*) to upset **B** *v. intr. pron.* **1** to toss (about) **2** (*turbarsi*) to get excited, to become upset

agitazióne *s. f.* agitation, unrest

àglio *s. m.* garlic

agnèllo *s. m.* lamb

agnòstico *agg.* agnostic

go s. m. needle
gonìa s. f. death throes pl., agony
gonìstico agg. agonistic, competitive
gonizzàre v. intr. to be in the throes of death
gopuntùra s. f. acupuncture
gósto s. m. August
grària s. f. agriculture
gràrio agg. agricultural, agrarian
gricolo agg. agricultural
gricoltóre s. m. farmer
gricoltùra s. f. agriculture, farming
grifòglio s. m. holly
griturismo s. m. farm holidays pl.
gro agg. **1** sour, bitter **2** (fig.) sharp
grodólce agg. bitter-sweet, sweet-and-sour
grùme s. m. citrus (fruit, tree)
gróne s. m. heron
guzzàre v. tr. to sharpen
gùzzo agg. sharp
ia s. f. threshing-floor, farmyard
iuòla s. f. flowerbed
iutànte s. m. e f. assistant ♦ **a. di campo** aide-de-camp
iutàre A v. tr. **1** to help, to assist, to aid **2** (favorire) to stimulate B v. rifl. to help oneself C v. rifl. rec. to help each other
iùto s. m. **1** help, aid, assistance **2** (persona) helper, assistant ♦ **a.!** help!; **chiedere a.** to call for help
izzàre v. tr. to incite
la s. f. wing
labàstro s. m. alabaster
lano s. m. (zool.) Great Dane
làre (1) agg. wing (attr.)
làre (2) s. m. firedog, andiron
lba s. f. dawn
lbatro s. m. albatross
lbeggiàre v. intr. to dawn
lbergatóre s. m. hotel keeper
lberghièro agg. hotel (attr.)
lbèrgo s. m. hotel
lbero s. m. **1** tree **2** (naut.) mast **3** (mecc.) shaft
lbicòcca s. f. apricot
lbo s. m. roll, register
lbum s. m. album ♦ **a. da disegno** sketchbook
lbùme s. m. albumen
lcalino agg. alkaline
lce s. m. elk ♦ **a. americano** moose
lchimìa s. f. alchemy
lcol s. m. alcohol
lcòlico A agg. alcoholic B s. m. alcoholic drink
lcolismo s. m. alcoholism
lcolizzàto agg. e s. m. alcoholic
lcùno A agg. indef. **1** (in frasi afferm. o interr. con risposta afferm.) some, a few (ES: **alcuni anni fa** some years ago) **2** (in frasi neg., interr., dubit.) any, no (ES: **senza a. dubbio** without any doubt, **in garage non c'era alcuna macchina** no car was in the garage) B pron. indef. **1** (in frasi afferm. o interr. con risposta positiva) some, a few, some people (ES: **alcuni pensano che pioverà** some people think that it will rain **2** (in frasi neg., interr., dubit.) (persone)

anyone, anybody, no one, nobody (cose) any, none (ES: **non vidi a.** I didn't see anyone, I saw no one)
aldilà s. m. afterlife
alesàggio s. m. (mecc.) bore
alétta s. f. fin, flap
alettóne s. m. aileron
alfabèto s. m. alphabet
alfière s. m. **1** (mil.) ensign **2** (fig.) standard bearer **3** (scacchi) bishop
àlga s. f. alga, (di mare) seaweed
àlgebra s. f. algebra
aliànte s. m. glider
àlibi s. m. alibi
alìce s. f. anchovy
alienàre v. tr. to alienate
alienazióne s. f. alienation
alièno A agg. averse (to), opposed (to) B s. m. alien
alimentàre (1) agg. alimentary, food (attr.)
alimentàre (2) v. tr. to feed, to nourish
alimentazióne s. f. feeding
aliménto s. m. **1** food, nourishment **2** al pl. (dir.) alimony
alìquota s. f. **1** share, quote **2** (tasse) rate
alìscafo s. m. hydrofoil
alisèi s. m. pl. trade winds, trades
àlito s. m. breath
allacciàre v. tr. **1** to lace (up), to tie, to fasten **2** (abbottonare) to button up
allagaménto s. m. flooding
allagàre v. tr. to flood, to inundate
allargàre A v. tr. **1** to widen, to enlarge **2** (estendere) to extend, to spread **3** (un vestito) to let out B v. intr. pron. **1** to become wide **2** (estendersi) to extend, to grow
allarmàre A v. tr. to alarm B v. rifl. to become alarmed, to worry
allàrme s. m. alarm
allarmismo s. m. alarmism
allattàre v. tr. to nurse, to suckle ♦ **a. al seno** breast-feed, **a. artificialmente** to bottle-feed
alleànza s. f. alliance
alleàrsi v. rifl. to form an alliance
alleàto A agg. allied B s. m. ally
allegàre v. tr. to enclose, to append
allegàto s. m. enclosure
alleggerìre v. tr. to lighten, to relieve
allegorìa s. f. allegory
allegrìa s. f. mirth, cheerfulness
allégro agg. **1** cheerful, merry **2** (di colore) bright
allenaménto s. m. training
allenàre v. tr. e rifl. to train
allenatóre s. m. trainer, coach
allentàre A v. tr. to slacken, to loosen B v. intr. pron. to loosen, to become slack
allergìa s. f. allergy
allèrgico agg. allergic
allestìre v. tr. **1** to prepare **2** (teatro) to stage **3** (naut.) to fit out
allettàre v. tr. to attract, to tempt
allevaménto s. m. **1** (di bambini) upbringing **2** (di animali) breeding **3** (luogo) farm

allevàre v. tr. **1** (bambini) to bring up, to rear **2** (animali) to breed

alleviàre v. intr. to relieve, to alleviate

allibìre v. intr. to be astounded

allibratóre s. m. bookmaker

allietàre A v. tr. to cheer up, to gladden **B** v. rifl. to rejoice, to become cheerful

allièvo s. m. **1** pupil, student **2** (mil.) cadet

alligatóre s. m. alligator

allineàre A v. tr. to line up, to align **B** v. rifl. to fall into line (with)

allòcco s. m. **1** (zool.) tawny owl **2** (fig.) fool

allocuzióne s. f. allocution

allòdola s. f. skylark, meadow

alloggiàre A v. tr. to lodge, to put up **B** v. intr. to lodge, to live

allòggio s. m. **1** lodging, accomodation house **2** (appartamento) flat, apartment ♦ **vitto e a.** board and lodging

allontanaménto s. m. removal

allontanàre A v. tr. **1** to remove, to put away **2** (mandare via) to turn away, to send away **B** v. intr. pron. to go away, to go off, to depart

allóra avv. **1** (in quel momento) then **2** (in quel tempo) at that time, in those days **3** (in tal caso) then, in that case **4** (quindi) therefore, so ♦ **da a. in poi** from then on; **e a.?** so what?

allòro s. m. laurel

àlluce s. m. big toe

allucinànte agg. (fig.) incredible

allucinazióne s. f. hallucination

allùdere v. intr. to allude, to refer

alluminio s. m. aluminium

allungàre A v. tr. **1** to lengthen, to prolong, to extend **2** (stendere) to stretch out **3** (porgere) to pass **4** (annacquare) to water down **B** v. intr. pron. to lengthen

allusióne s. f. allusion

alluvionàle agg. alluvial

alluvióne s. f. flood, alluvion

alméno avv. at least

alpinismo s. m. alpinism, mountaineering

alpinista s. m. e f. alpinist, mountain-climber

alpino agg. alpine ♦ **sci a.** downhill skiing

alquànto A agg. indef. **1** (un po') some, a certain amount of **2** (al pl.) several, a few **B** pron. indef. **1** some, a certain amount **2** (al pl.) some, several, a few **C** avv. a little, rather, somewhat

alt inter. halt, stop

altaléna s. f. (appesa) swing, (in bilico) seesaw

altàre s. m. altar

alteràre A v. tr. **1** to alter, to change **2** (falsificare) to falsify, to forge **B** v. rifl. **1** to alter, to change **2** (turbarsi) to lose one's temper, to get angry **3** (deteriorarsi) to go bad, to go sour

altèrco s. m. wrangle, altercation

alternànza s. f. alternation

alternàre v. tr. e intr. pron. to alternate

alternativa s. f. **1** (scelta) alternative **2** (alternanza) alternation

alternativo agg. alternative

alternàto agg. alternating, alternate(d)

alternatóre s. m. (elettr.) alternator

altèrno agg. alternate

altézza s. f. **1** height **2** (statura) height, stature **3** (stoffa) width **4** (profondità) depth **5** (di suon) pitch **6** (titolo) Highness ♦ **essere all'a. di q.** to be up/equal to st.

altezzóso agg. haughty

alticcio agg. tipsy

altitùdine s. f. altitude, height

àlto A agg. **1** high **2** (di statura) tall **3** (profond) deep **4** (di stoffa) wide **5** (di suono) high, loud (geogr.) upper **7** (fig.) high, noble **B** s. m. top, heig **C** avv. high, up

altoparlànte s. m. loudspeaker

altopiàno s. m. plateau, upland, tableland

altorilièvo s. m. alto-rilievo, high relief

altrettànto A agg. indef. as much (... as), (pl.) many (... as); (in frasi neg.) so much (... as), (pl.) many (... as) **B** pron. indef. **1** (correlativo) as much (as), (pl.) as many (... as) **2** (la stessa cosa) the sam **C** avv. **1** (con agg. e avv.) as (... as), (in frasi neg.) (... as) **2** (con verbi) as much (as)

àltri pron. indef. sing. someone else, (in frasi neg.) any one else

altriménti avv. e cong. otherwise

àltro A agg. indef. **1** other, (un altro) another, (in più more, further (ES: **l'altra automobile** the other ca **un'altra automobile** another car, **vuoi altro caffè** would you like more coffee?, **ho bisogno di altr notizie** I need further news) **2** (con agg., avv. pron. interr. o indef.) else (ES: **qualcun a.** som body else, **nessun a.** nobody else, **in nessun a. lu** go nowhere else) **3** (diverso) different (**questa un'altra cosa** that's a different thing) **B** pron. indef (the) other, (un altro) another (one), (in più) (pl.) others, other people (ES: **una volta o l'altr** some time or other, **tutti gli altri sono già qui** a the others are already here) **2** (altra cosa) some thing else, (in frasi neg. e interr.) anything else (E **parliamo d'a.** let's talk of something else, **serv a.?** anything else?) **3** (l'un l'altro) one anothe each other ♦ **l'a. ieri** the day before yesterday

altrónde, d' avv. on the other hand, however

altróve avv. somewhere else, elsewhere

altrùi agg. poss. inv. other's, other people's, someor else's

altruismo s. m. altruism, unselfishness

altruista s. m. e f. altruist

altùra s. f. **1** high ground **2** (naut.) high sea, deep se

alùnno s. m. pupil

alveàre s. m. hive

àlveo s. m. river bed

alzàre A v. tr. **1** to lift up, to raise, (sollevare) to heav **2** (il volume) to turn up **3** (costruire) to build, t erect **B** v. intr. pron. **1** (crescere, salire) to raise **2** (d letto) to get up **3** (in piedi) to stand up

amàbile agg. **1** lovable **2** (di vino) sweet

amàca s. f. hammock

amalgamàre v. tr. e intr. pron. to amalgamate

amànte A agg. fond, keen **B** s. m. e f. lover

amàre v. tr. **1** to love **2** (piacere) to be fond of, to lik

amareggiàto *agg.* embittered
amarèna *s. f.* sour cherry
amarézza *s. f.* bitterness
amàro A *agg.* **1** bitter (*senza zucchero*) without sugar, unsweetened **B** *s. m.* **1** (*sapore*) bitter taste **2** (*liquore*) bitters *pl.*
ambasciàta *s. f.* embassy
ambasciatóre *s. m.* ambassador
ambedùe *agg. e pron.* both
ambientàle *agg.* environmental
ambientàre A *v. tr.* **1** to acclimatize **2** (*fig.*) to set **B** *v. rifl.* to get acclimatized, to settle down
ambiènte *s. m.* **1** environment, habitat **2** (*fig.*) environment, circle, milieu, setting **3** (*stanza*) room
ambiguità *s. f.* ambiguity
ambiguo *agg.* ambiguous
ambìre *v. tr. e intr.* to aspire (to), to long (for)
àmbito *s. m.* ambit
ambizióne *s. f.* ambition
ambizióso *agg.* ambitious
àmbo *agg.* both
àmbra *s. f.* amber ♦ **a. grigia** ambergris; **a. nera** jet
ambulànte *agg.* itinerant ♦ **venditore a.** pedlar
ambulànza *s. f.* ambulance
ambulatòrio *s. m.* surgery, (*di pronto soccorso*) first-aid station
amenità *s. f.* **1** pleasantness **2** (*facezia*) pleasantry, joke
amenorrèa *s. f.* amenorrhea
americàno *agg. e s. m.* American
ametista *s. f.* amethyst
amiànto *s. m.* amiant(h)us
amichévole *agg.* friendly
amicìzia *s. f.* friendship
amìco A *agg.* friendly **B** *s. m.* friend
àmido *s. m.* starch
ammaccàre *v. tr.* to dent, (*di frutta*) to bruise
ammaccatùra *s. f.* dent, (*di frutta*) bruise
ammaestràre *v. tr.* to train
ammainàre *v. tr.* to furl, to strike
ammalàrsi *v. intr. pron.* to fall ill
ammalàto A *agg.* ill, sick, diseased **B** *s. m.* sick person
ammaliàre *v. tr.* to charm
ammànco *s. m.* shortage, deficit
ammanettàre *v. tr.* to handcuff
ammassàre A *v. tr.* to amass, to pile up **B** *v. intr. pron.* to crowd together, to gather together
ammattìre *v. intr.* to go mad
ammazzàre A *v. tr.* to kill, (*assassinare*) to murder **B** *v. rifl.* to kill oneself
ammènda *s. f.* **1** amends *pl.* **2** (*multa*) fine
amméttere *v. tr.* **1** (*accettare, introdurre*) to admit **2** (*riconoscere*) to admit, to concede, to acknowledge **3** (*supporre*) to suppose
ammezzàto *s. m.* mezzanine
ammiccàre *v. intr.* to wink
amministràre *v. tr.* **1** to manage, to direct, to run **2** (*dir., relig.*) to administer

amministratìvo *agg.* administrative
amministratóre *s. m.* manager, director ♦ **a. delegato** managing director
amministrazióne *s. f.* administration, management
ammiragliàto *s. m.* admiralty
ammiràglio *s. m.* admiral
ammiràre *v. tr.* to admire
ammiratóre *s. m.* admirer, fan
ammirazióne *s. f.* admiration
ammissìbile *agg.* admissible
ammissióne *s. f.* admission
ammobiliàre *v. tr.* to furnish
ammobiliàto *agg.* furnished
ammòllo *s. m.* soaking
ammoniaca *s. f.* ammonia
ammoniménto *s. m.* admonition, admonishment, (*avvertimento*) warning
ammonìre *v. tr.* to admonish, (*avvertire*) to warn
ammontàre (1) *v. intr.* to amount, to come to
ammontàre (2) *s. m.* amount, sum
ammorbidìre *v. tr.* to soften
ammortizzàre *v. tr.* **1** (*mecc.*) to dampen **2** (*econ.*) to amortize, to depreciate
ammortizzatóre *s. m.* (*mecc.*) shock absorber, damper
ammucchiàre *v. tr.* to pile up
ammuffìre *v. intr. e intr. pron.* to grow musty
ammuffìto *agg.* mouldy
ammutinaménto *s. m.* mutiny
ammutinàrsi *v. intr. pron.* to mutiny
ammutolìre *v. intr.* to be struck dump
amnesìa *s. f.* amnesia
amnistìa *s. f.* amnesty
àmo *s. m.* fish-hook
amoràle *agg.* amoral
amóre *s. m.* **1** love **2** (*persona amata*) beloved, love, darling **3** (*desiderio*) desire ♦ **a. proprio** self-respect
amorévole *agg.* loving
amòrfo *agg.* amorphous
amoróso *agg.* amorous
amperòmetro *s. m.* amperometer, ammeter
ampiézza *s. f.* **1** width, wideness **2** (*abbondanza*) ampleness
àmpio *agg.* **1** wide, large, ample, spacious **2** (*abbondante*) abundant
amplèsso *s. m.* **1** embrace **2** (*rapporto sessuale*) sexual intercourse
ampliàre *v. tr.* to amplify, to extend
amplificàre *v. tr.* **1** to amplify **2** (*esagerare*) to magnify, to extol
amplificatóre *s. m.* amplifier
amputàre *v. tr.* to amputate
amulèto *s. m.* amulet
anabbagliànte A *agg.* dipped **B** *s. m.* low-beam headlight, dipped headlight
anacronismo *s. m.* anachronism
anacronìstico *agg.* anachronistic
anàgrafe *s. f.* registry office
anagràmma *s. m.* anagram
analcòlico A *agg.* non-alcoholic **B** *s. m.* soft drink
analfabèta *agg. e s. m. e f.* illiterate

analgèsico *agg. e s. m.* analgesic
analìsi *s. f.* analysis, test
analista *s. m. e f.* analyst
analizzàre *v. tr.* to analyse
analogìa *s. f.* analogy
anàlogo *agg.* analogous
ànanas *s. m.* pineapple
anarchìa *s. f.* anarchy
anatomìa *s. f.* anatomy
ànatra *s. f.* duck
ànca *s. f.* hip
ancèlla *s. f.* maid
ànche *avv.* 1 (*pure*) also, too, as well 2 (*davanti a comp.*) even, still 3 (*persino*) even ♦ **a. se** even if
àncora (1) *s. f.* anchor
ancóra *avv.* 1 still 2 (*in frasi neg.*) yet 3 (*di nuovo*) again 4 (*di più*) more
ancoràggio *s. m.* anchorage, berth
ancoràre *v. tr. e rifl.* to anchor
andaménto *s. m.* 1 (*tendenza*) trend 2 (*corso*) course, state
andàre A *v. intr.* 1 to go, (*a piedi*) to walk, (*in auto*) to drive 2 (*essere, stare di salute, procedere*) to be, to get on 3 (*funzionare*) to work, to run 4 (*piacere*) to like, to feel like 5 (*convenire, andar bene*) to suit, (*di misura*) to fit, (*armonizzare*) to match 6 (*essere di moda*) to be in (fashion) 7 (*in funzione dell'aus. 'essere'*) to be, to get (ES: **se non vado errato** if I'm not mistaken) 8 (*dover essere*) to have to be, must be (ES: **questa macchina va riparata** this car must be repaired) B *v. intr. pron.* to go (away) ♦ **andàta** *s. f.* going ♦ **biglietto di a.** single/one-way ticket
andatùra *s. f.* 1 gait 2 (*velocità*) pace
andirivièni *s. m. inv.* coming and going
andróne *s. m.* entrance-hall
anèddoto *s. m.* anecdote
anelàre *v. intr.* to pant
anèllo *s. m.* 1 ring 2 (*di catena*) link
anemìa *s. f.* an(a)emia
anèmico *agg. e s. m.* an(a)emic
anemòmetro *s. m.* anemometer
anèmone *s. m.* anemone
anestesìa *s. f.* an(a)esthesia
anestètico *s. m.* an(a)esthetic
anestetizzàre *v. tr.* to an(a)esthetize
aneurisma *s. m.* aneurism
anfetamina *s. f.* amphetamine
anfìbio A *agg.* amphibious B *s. m.* amphibian
anfiteàtro *s. m.* amphitheatre
ànfora *s. f.* amphora
angèlico *agg.* angelic(al)
àngelo *s. m.* angel
angìna *s. f.* angina
anglicanésimo *s. m.* Anglicanism
anglicàno *agg. e s. m.* Anglican
anglicismo *s. m.* Anglicism
anglosàssone *agg. e s. m. e f.* Anglo-Saxon
angolàre *agg.* angular
angolazióne *s. f.* angle
àngolo *s. m.* 1 (*mat., fis.*) angle 2 corner

àngora *s. f.* angora
angòscia *s. f.* anguish, anxiety
anguìlla *s. f.* eel
angùria *s. f.* watermelon
angustiàre A *v. tr.* to torment B *v. rifl.* to worry
angùsto *agg.* narrow
ànice *s. m.* anise
ànima *s. f.* 1 soul 2 (*parte centrale*) core, centre
animàle *agg. e s. m.* animal
animàre A *v. tr.* to give life to, to animate B *v. intr. pron.* to become animated
animàto *agg.* 1 (*vivente*) animated, living 2 (*vivace*) animated, lively ♦ **cartoni animati** cartoons
animazióne *s. f.* animation ♦ **cinema d'a.** cartoon cinema
ànimo *s. m.* 1 (*mente*) mind 2 (*intenzione*) intention, thoughts *pl.* 3 (*coraggio*) courage, heart 4 (*indole*) disposition, character, nature
annacquàre *v. tr.* to water, to dilute
annaffiàre *v. tr.* to water
annaffiatóio *s. m.* watering can
annaspàre *v. intr.* to grope
annàta *s. f.* 1 year 2 (*raccolto*) vintage 3 (*di periodici*) volume
annebbiàre A *v. tr.* 1 to fog, to obscure 2 (*fig.*) to cloud B *v. intr. pron.* to become foggy, to grow dim
annegaménto *s. m.* drowning
annegàre *v. tr. e intr.* to drown
annerìre *v. tr. e intr. pron.* to blacken
annèttere *v. tr.* 1 to annex 2 (*accludere*) to enclose 3 (*attribuire*) to attach
annichilìre *v. tr.* to annihilate
annidàrsi *v. rifl.* 1 to nest 2 (*nascondersi*) to hide
annientàre *v. tr.* to annihilate, to destroy
anniversàrio *s. m.* anniversary
ànno *s. m.* year ♦ **l'a. prossimo** next year; **l'a. scorso** last year
annodàre *v. tr.* to knot, to tie (in knots)
annoiàre A *v. tr.* to annoy, to bore B *v. intr. pron.* to be bored, to get bored
annotàre *v. tr.* 1 (*postillare*) to annotate 2 (*prender nota*) to note
annotazióne *s. f.* annotation, note
annoveràre *v. tr.* to count, to number
annuàle *agg.* 1 annual, yearly 2 (*che dura un anno*) year's
annualménte *avv.* annually, yearly
annuàrio *s. m.* yearbook
annuìre *v. intr.* to nod
annullaménto *s. m.* annulment, cancellation
annullàre *v. tr.* to annul, to cancel
annunciàre *v. tr.* to announce
annunciatóre *s. m.* announcer
annùncio *s. m.* 1 announcement 2 (*pubblicitario*) advertisement, ad
ànnuo *agg.* annual, yearly
annusàre *v. tr.* to smell, to sniff
annuvolàrsi *v. intr. pron.* to cloud over, to get cloudy
àno *s. m.* anus
anomalìa *s. f.* anomaly
anòmalo *agg.* anomalous

anònimo agg. anonymous
anoressìa s. f. anorexia
anormàle agg. abnormal
ànsa s. f. 1 (*manico*) handle 2 (*di fiume*) bight, loop
ànsia s. f. anxiety
ansietà s. f. anxiety
ansimàre v. intr. to pant
ansiolìtico s. m. tranquillizer
ansióso agg. anxious
ànta s. f. shutter, (*di armadio*) door
antagonìsmo s. m. antagonism
antagonìsta s. m. e f. antagonist, opponent
antàrtico agg. antarctic
antecedènte agg. preceding, previous
antefàtto s. m. previous history
antenàto s. m. ancestor, forefather
antènna s. f. 1 (*radio, TV*) aerial 2 (*zool.*) antenna, feeler
anteprìma s. f. preview
anterióre agg. 1 (*che è davanti*) front 2 (*nel tempo*) former, preceding, previous
antiaèreo agg. anti-aircraft
antiallèrgico agg. antiallergic
antiatòmico agg. anti-atomic
antibiòtico s. m. antibiotic
anticaménte avv. in ancient times, formerly
anticàmera s. f. anteroom, antechamber
antichità s. f. 1 antiquity 2 (*oggetto*) antique
anticiclóne s. m. anticyclone
anticipàre A v. tr. 1 to anticipate 2 (*denaro*) to advance 3 (*notizie*) to disclose, to divulge 4 (*prevenire*) to anticipate, to forestall B v. intr. to come early, to be ahead of time
antìcipo s. m. anticipation, advance
anticlericàle agg. e s. m. e f. anticlerical
antìco agg. 1 ancient 2 (*vecchio*) old, antique
anticoncezionàle agg. e s. m. contraceptive
anticonformìsmo s. m. nonconformism
anticonformìsta agg. e s. m. e f. nonconformist
anticòrpo s. m. antibody
anticostituzionàle agg. anticonstitutional, unconstitutional
anticrittogàmico s. m. fungicide
antidolorìfico agg. e s. m. analgesic
antìdoto s. m. antidote
antiemorràgico agg. e s. m. antihemorrhagic
antiestètico agg. unaesthetic
antifascìsta agg. e s. m. e f. antifascist
antifecondatìvo agg. e s. m. contraceptive
antifùrto agg. e s. m. inv. antitheft
antigèlo agg. e s. m. inv. antifreeze, antifreezing
antìlope s. f. antelope
antincèndio agg. anti-fire
antinevràlgico agg. antineuralgic
antinfiammatòrio agg. e s. m. anti-inflammatory
antinfluenzàle s. m. anti-influenza, flu (*attr.*)
antioràrio agg. counterclockwise, anticlockwise
antipàsto s. m. hors d'oeuvre, appetizer, starter
antipatìa s. f. antipathy, dislike
antipàtico agg. unpleasant, disagreeable
antiproièttile agg. bullet-proof

antiquariàto s. m. antique trade ♦ **mobili d'a.** antique furniture
antiquàrio A agg. antiquarian B s. m. antique dealer
antiquàto agg. antiquated
antiràbbico agg. antirabic
antireumàtico agg. e s. m. antirheumatic
antirùggine agg. inv. antirust, rustproof
antiscìvolo agg. anti-slip
antisemitìsmo s. m. anti-Semitism
antisèttico agg. antiseptic
antisìsmico agg. antiseismic
antistamìnico A agg. antihistaminic B s. m. antihistamine
antitetànico agg. antitetanus
antologìa s. f. anthology
antonomàsia s. f. antonomasia
antropologìa s. f. anthropology
antropològico agg. anthropological
antropòlogo s. m. anthropologist
antropomòrfo agg. anthropomorphous
anulàre A agg. ring-like B s. m. ring finger
ànzi cong. 1 (*al contrario*) on the contrary 2 (*rafforzativo*) rather 3 (*o meglio*) even better, or better still
anzianità s. f. seniority
anziàno A agg. 1 elderly, old 2 (*di grado*) senior B s. m. elderly person
anziché cong. 1 (*piuttosto che*) rather than 2 (*invece di*) instead of
anzitùtto avv. first of all
apatìa s. f. apathy
àpe s. f. bee
aperitìvo s. m. aperitif
apèrto agg. open ♦ **all'aria a.** in the open air
apertùra s. f. opening ♦ **orario d'a.** opening time
àpice s. m. apex
apicoltùra s. f. apiculture
apnèa s. f. apn(o)ea
apòcrifo agg. apocryphal
apòlide agg. e s. m. e f. stateless (person)
apologìa s. f. apology
apoplessìa s. f. apoplexy
apòstolo s. m. apostle
apòstrofo s. m. apostrophe
appagàre A v. tr. to satisfy, to fulfil B v. rifl. to be satisfied
appàlto s. m. contract
appannàre A v. tr. to mist, to tarnish B v. intr. pron. 1 to mist up 2 (*vista*) to grow dim
apparàto s. m. 1 (*tecnol.*) machinery, equipment 2 (*anat.*) apparatus, system
apparecchiàre v. tr. to prepare, (*la tavola*) to lay the table
apparécchio s. m. 1 apparatus, set 2 (*aeroplano*) aircraft
apparènte agg. apparent
apparenteménte avv. apparently
apparènza s. f. appearance
apparìre v. intr. 1 to appear 2 (*sembrare*) to seem, to look
appariscènte agg. striking
appartaménto s. m. flat, (*USA*) apartment

appartàrsi v. rifl. to withdraw, to keep apart
appartenére v. intr. to belong (to)
appassionàre A v. tr. to thrill, to move **B** v. intr. pron. to become fond of
appassionàto agg. **1** impassioned, passionate **2** (amante) keen (on)
appassíre v. intr. e intr. pron. to wither
appellàrsi v. intr. pron. to appeal
appèllo s. m. **1** (dir.) appeal **2** (chiamata) roll-call **3** (invocazione) call ♦ **fare l'a.** to call the roll
appéna A avv. **1** (a stento) hardly, scarcely **2** (soltanto) only **3** (da poco tempo) (only) just **B** cong. as soon as ♦ **a. ... che, a. ... quando** just ... when, no sooner ... than
appèndere v. tr. to hang
appendíce s. f. appendix ♦ **romanzo d'a.** serial
appendicíte s. f. appendicitis
appesantíre A v. tr. to make heavy **B** v. intr. pron. to grow stout
appetíto s. m. appetite
appetitóso agg. appetizing
appianàre A v. tr. (fig.) to smooth away **B** v. intr. pron. to be resolved
appiattíre v. tr. e intr. pron. to flatten
appiccicàre A v. tr. to stick **B** v. intr. to be sticky
appiccicóso agg. sticky, (di persona) clinging
appièno avv. fully, completely
appíglio s. m. **1** hold **2** (fig.) pretext
appisolàrsi v. intr. pron. to doze off
applaudíre v. tr. e intr. to applaud, to clap, to cheer
applàuso s. m. applause, cheers pl.
applicàre A v. tr. **1** to apply **2** (dir.) to enforce **B** v. rifl. to apply oneself
applicazióne s. f. **1** application **2** (dir.) enforcement
appoggiàre A v. tr. **1** to lean, to lay **2** (sostenere) to support **B** v. rifl. **1** to lean **2** (fig.) to rely
appoggiatèsta s. m. inv. headrest
appòggio s. m. support
appollaiàrsi v. rifl. to perch
appórre v. tr. to affix
appositaménte avv. expressly, on purpose
appòsito agg. **1** special **2** (adatto) proper
appòsta avv. **1** (deliberatamente) on purpose, intentionally **2** (con uno scopo preciso) specially, expressly
appostàre A v. tr. to lie in wait for **B** v. rifl. to lie in ambush, to lie in wait
apprèndere v. tr. **1** to learn **2** (venire a sapere) to hear
apprendísta s. m. e f. apprentice
apprensióne s. f. apprehension, anxiety
apprensívo agg. apprehensive, anxious
apprèsso avv. **1** (vicino) near, close **2** (dietro) behind **3** (in seguito) after, later, below
apprètto s. m. starch
apprezzàbile agg. appreciable
apprezzaménto s. m. **1** appreciation **2** (giudizio) opinion
apprezzàre v. tr. to appreciate
appròccio s. m. approach
approdàre v. intr. **1** (naut.) to dock, to land **2** (riu-

scire) to come to
appròdo s. m. landing, docking
approfittàre v. intr. e intr. pron. **1** to profit by, to take advantage of **2** (abusare) to impose on
approfondíre v. tr. **1** to deepen **2** (fig.) to study in deep
appropriàto agg. appropriate, suitable
approssimàrsi v. rifl. e intr. pron. to approach, to come near
approssimatívo agg. **1** approximate, rough **2** (impreciso) imprecise, superficial
approvàre v. tr. to approve
approvazióne s. f. approval
approvvigionaménto s. m. **1** supplying **2** al pl. (provviste) provisions pl., supplies pl.
appuntaménto s. m. appointment, date
appùnto (1) s. m. **1** note, record **2** (osservazione) remark
appùnto (2) avv. exactly, just
appuràre v. tr. **1** to ascertain **2** (verificare) to verify, to check
apribottíglie s. m. inv. bottle-opener
apríle s. m. April
apríre A v. tr. **1** to open **2** (acqua, gas) to turn on **3** (cominciare) to begin, to open **B** v. intr. e intr. pron. **1** to open **2** (sbocciare) to bloom
apriscàtole s. m. inv. tin-opener, can-opener
àptero agg. apterous
àquila s. f. eagle
aquilóne s. m. kite
àra (1) s. f. altar
àra (2) s. f. (misura) are
arabésco s. m. arabesque
aràbico agg. Arabic, Arabian
àrabo agg. e s. m. Arab, Arabian
aràchide s. f. peanut
aragòsta s. f. lobster, crayfish
aràldica s. f. heraldry
aràldico agg. heraldic
arància s. f. orange
aranciàta s. f. orangeade
aràncio s. m. orange (tree)
arancióne agg. orange
aràre v. tr. to plough, (USA) to plow
aràtro s. m. plough, (USA) plow
aràzzo s. m. tapestry
arbitràre v. tr. **1** (dir.) to arbitrate **2** (sport) to referee, to umpire
arbitràrio agg. arbitrary
arbítrio s. m. **1** will **2** (abuso) abuse
àrbitro s. m. **1** (dir.) arbitrator **2** (sport) referee, umpire
arbòreo agg. arboreal
arboricoltùra s. f. arboriculture
arbùsto s. m. shrub
àrca s. f. ark
arcàdico agg. Arcadian
arcàico agg. archaic
arcàngelo s. m. archangel
arcàno agg. arcane, mysterious
arcàta s. f. **1** arch **2** (serie di archi) arcade

archeologìa *s. f.* archaeology
archeològico *agg.* archaeologic
archeòlogo *s. m.* archaeologist
archètipo *s. m.* archetype
archétto *s. m. (mus.)* bow
archibùgio *s. m.* harquebus
architétto *s. m.* architect
architettònico *agg.* architectonic, architectural
architettùra *s. f.* architecture
architràve *s. m.* architrave
archìvio *s. m.* archives *pl.*, file
archivòlto *s. m.* archivolt
arcière *s. m.* archer, bowman
arcìgno *agg.* surly
arcipèlago *s. m.* archipelago
arcivéscovo *s. m.* archbishop
àrco *s. m.* **1** *(arch., anat.)* arch **2** *(arma, mus.)* bow **3** *(fis., geom.)* arc **4** *(fig.)* space
arcobaléno *s. m.* rainbow
ardènte *agg.* burning
àrdere *v. tr. e intr.* to burn
ardèsia *s. f.* slate
ardìre *v. intr.* to dare
ardóre *s. m.* ardour
àrduo *agg.* arduous
àrea *s. f.* area
arèna (1) *s. f. (sabbia)* sand
arèna (2) *s. f. (arch.)* arena
arenàrsi *v. intr. pron.* to strand
arenile *s. m.* sandy shore
àrgano *s. m.* windlass, winch
argentàto *agg.* **1** *(color argento)* silvery, silver **2** *(rivestito d'argento)* silver-plated
argenterìa *s. f.* silverware
argènto *s. m.* silver
argìlla *s. f.* clay
àrgine *s. m.* bank, embankment, dyke
argoménto *s. m.* **1** *(tema)* subject, matter, topic **2** *(prova)* argument
arguìre *v. tr.* to deduce
argùto *agg.* quick-witted, witty
argùzia *s. f.* **1** wit **2** *(motto)* witty remark
àrìa *s. f.* **1** air **2** *(aspetto)* look, *(espressione)* expression **3** *(mus.)* tune, air, *(di opera)* aria ♦ **a. condizionata** air conditioned; **camera d'a.** inner tube; **darsi delle arie** to give oneself airs
àrido *agg.* dry, arid
arieggiàre *v. tr.* to air, to ventilate
ariète *s. m.* **1** ram **2** *(astr.)* Aries
arìnga *s. f.* herring
arióso *agg.* airy
aristocràtico A *agg.* aristocratic(al) **B** *s. m.* aristocrat
aristocrazìa *s. f.* aristocracy
aritmètica *s. f.* arithmetic
arlecchìno *s. m. e s. m.* harlequin
àrma *s. f.* **1** arm, weapon **2** *(mil.)* force ♦ **porto d'armi** firearm licence
armàdio *s. m.* cupboard, wardrobe
armaménto *s. m.* **1** armament, arming **2** *(naut.)* rigging, equipment

armàre A *v. tr.* **1** to arm **2** *(naut.)* to rig, to fit out **B** *v. rifl.* to arm oneself
armàta *s. f.* army
armatóre *s. m.* shipowner
armatùra *s. f.* **1** *(mil.)* armour **2** *(telaio)* framework
armeggiàre *v. intr.* **1** *(affaccendarsi)* to bustle, to fuss **2** *(intrigare)* to intrigue
armerìa *s. f.* armoury
armistìzio *s. m.* armistice
armonìa *s. f.* harmony
armònico *agg.* harmonic
armonióso *agg.* harmonious
armonizzàre *v. tr. e intr. pron.* to harmonize
arnése *s. m.* **1** *(attrezzo)* tool, implement **2** *(aggeggio)* gadget, contraption, thing
àrnia *s. f.* hive
aròma *s. m.* **1** aroma, fragrance **2** *(cuc.)* spice
aromàtico *agg.* aromatic
àrpa *s. f.* harp
arpìa *s. f.* harpy
arpióne *s. m.* harpoon
arrabbiàrsi *v. intr. pron.* to get angry
arrabbiàto *agg.* angry
arraffàre *v. tr.* to snatch
arrampicàrsi *v. intr. pron.* to scramble (up), to climb (up)
arrampicàta *s. f.* climb
arrancàre *v. intr.* to hobble, to trudge
arrangiàre A *v. tr.* to arrange **B** *v. intr. pron.* **1** to manage, to do the best one can **2** *(accordarsi)* to come to an agreement **3** *(accomodarsi)* to make oneself comfortable
arrecàre *v. tr.* **1** *(portare)* to bring **2** *(causare)* to cause
arredaménto *s. m.* **1** furnishing, fitting out, interior decoration **2** *(mobili)* furniture, furnishings *pl.*
arredàre *v. tr.* to furnish
arredatóre *s. m.* interior decorator
arrèdo *s. m.* furnishings *pl.*, furniture
arrèndersi A *v. rifl.* to surrender **2** *(fig.)* to give up
arrestàre A *v. tr.* **1** *(fermare)* to stop, to halt **2** *(trarre in arresto)* to arrest **B** *v. rifl.* to stop, to pause
arrèsto *s. m.* **1** *(fermata)* stop, halt, arrest **2** *(dir., mil.)* arrest
arretràre A *v. tr.* to withdraw **B** *v. intr.* to draw back
arretràto A *agg.* **1** behind, back, rear **2** *(sottosviluppato)* backward, underdeveloped **B** *s. m.* arrear ♦ **numero a.** back number
arricchìre A *v. tr.* to enrich **B** *v. rifl. e intr. pron.* to become rich, to grow rich
arricciàre A *v. tr.* to curl **B** *v. intr. pron.* to become curly ♦ **a. il naso** to turn up one's nose
arrìnga *s. f.* **1** harangue **2** *(dir.)* pleading
arrivàre *v. intr.* **1** to arrive (at, in), to get (to), to reach, to come (to) **2** *(giungere a)* to go as far as, to go so far as, to be reduced to **3** *(riuscire)* to manage, to be able **4** *(avere successo)* to attain success **5** *(accadere)* to happen
arrivàto *agg.* successful
arrivedérci *inter.* goodbye, see you soon, see you later
arrivista *s. m. e f.* careerist, *(pop.)* go-getter

arrivo s. m. 1 arrival 2 (*sport*) finish, finishing line

arrogànte agg. arrogant

arrossaménto s. m. reddening

arrossire v. intr. to blush

arrostìre v. tr. to roast, (*su graticola*) to broil, to grill

arròsto agg. e s. m. roast

arrotàre v. tr. to sharpen

arrotolàre v. tr. to roll up

arrotondàre v. tr. 1 to round 2 (*fig.*) to round off

arrovellàrsi v. rifl. to strive, to work oneself up into a rage ♦ **a. il cervello** to rack one's brains

arrugginire v. tr., intr. e intr. pron. to rust

arruolàre v. tr. to recruit, to enlist B v. rifl. to join up, to enlist

arsenàle s. m. 1 (*naut.*) shipyard, dockyard 2 (*mil.*) arsenal

àrso agg. 1 (*bruciato*) burnt 2 (*riarso*) dry

arsùra s. f. 1 (*caldo*) scorching heat 2 (*sete*) burning thirst

àrte s. f. art ♦ **belle arti** fine arts

artefàtto agg. adulterated

artéfice s. m. artificer, maker

artèria s. f. artery

arteriosclerosì s. f. arteriosclerosis

arterióso agg. arterial

àrtico agg. arctic

articolàre (1) agg. articular

articolàre (2) A v. tr. 1 to articulate 2 (*proferire*) to utter 3 (*fig.*) to subdivide B v. rifl. 1 to articulate 2 (*fig.*) to be divided (into)

articolazióne s. f. articulation

articolo s. m. 1 (*gramm.*) article 2 (*di giornale*) article 3 (*comm.*) item, article

artificiàle agg. artificial

artifìcio s. m. artifice, device, stratagem ♦ **fuochi d'a.** fireworks

artigianàto s. m. handicraft, (*prodotti*) handicrafts

artigiàno s. m. artisan, craftsman

artiglierìa s. f. artillery

artìglio s. m. claw

artìsta s. m. e f. artist

artìstico agg. artistic

àrto s. m. 1 (*anat.*) limb 2 (*zool.*) arm

artrìte s. f. arthritis

artròsi s. f. arthrosis

arzìllo agg. lively, sprightly

ascèlla s. f. armpit

ascendènte A agg. ascendant, rising B s. m. 1 (*influenza*) ascendency, influence 2 (*astr.*) ascendant 3 (*antenato*) ancestor

ascensióne s. f. ascension, ascent

ascensóre s. m. lift, (*USA*) elevator

ascésa s. f. ascent

ascèsso s. m. abscess

ascetìsmo s. m. asceticism

àscia s. f. axe

asciugacapélli s. m. inv. hairdryer

asciugamàno s. m. towel

asciugàre A v. tr. to dry, to wipe B v. rifl. to dry oneself, to wipe oneself C v. intr. pron. to dry up, to get dry

asciugatùra s. f. drying

asciùtto agg. 1 dry 2 (*fig.*) brusque, curt 3 (*magro*) thin

ascoltàre v. tr. 1 to listen to 2 (*dare retta*) to pay attention to

ascoltatóre s. m. listener, pl. audience

ascólto s. m. listening ♦ **stare in a.** to be listening

asfaltàre v. tr. to asphalt

asfàlto s. m. asphalt

asfissiàre A v. tr. 1 to asphyxiate, to suffocate 2 (*fig.*) to bore B v. intr. to suffocate

asiàtico agg. e s. m. Asiatic, Asian

asìlo s. m. 1 (*d'infanzia*) kindergarten, nursery school 2 (*rifugio*) shelter, asylum

asimmètrico agg. asymmetric

àsino s. m. ass, donkey

àsma s. f. o m. asthma

asmàtico agg. e s. m. asthmatic

àsola s. f. buttonhole

aspàrago s. m. asparagus, (*pop.*) sparrow-grass

aspettàre v. tr. 1 to wait for, to await, to expect, be looking forward 2 (*prevedere*) to expect ♦ **a. un bambino** to expect a baby

aspettatìva s. f. 1 (*attesa*) wait 2 (*speranza*) expectation, hope 3 (*congedo*) leave (of absence)

aspètto s. m. 1 appearance, look, aspect 2 (*punto di vista*) side, point of view

aspirànte A agg. 1 aspiring 2 (*mecc.*) sucking B s. m. aspirant, applicant, candidate

aspirapólvere s. m. inv. vacuum cleaner

aspiràre A v. tr. 1 to breathe in, to inhale 2 (*mecc.*) to suck 3 (*fon.*) to aspirate B v. intr. to aspire

aspiratóre s. m. aspirator

aspirìna s. f. aspirin

asportàre v. tr. to remove, to carry away, to take away

àspro agg. 1 sour, tart 2 (*fig.*) harsh, rough

assaggiàre v. tr. to taste, to try

assàggio s. m. 1 tasting 2 (*piccola quantità*) taste 3 (*campione*) sample

assài avv. 1 (*molto*) much, very 2 (*a sufficienza*) enough 3 (*in funzione di agg.*) a lot of, many

assalìre v. tr. to assail, to attack

assàlto s. m. assault, attack

assassinàre v. tr. to murder, to assassinate

assassìnio s. m. murder, assassination

assassìno A agg. murderous B s. m. murderer, assassin

àsse (1) s. f. board

àsse (2) s. m. 1 (*scient.*) axis 2 (*mecc.*) axle

assediàre v. tr. to besiege

assèdio s. m. siege

assegnàre v. tr. to assign, to allot, to award

asségno s. m. 1 (*banca*) cheque, (*USA*) check 2 (*contributo*) allowance ♦ **a. in bianco** blank cheque; **a. a vuoto** uncovered cheque

assemblèa s. f. assembly, meeting

assènso s. m. assent

assentàrsi v. intr. pron. to go away, to absent oneself

assènte A agg. absent B s. m. e f. absentee

assènza s. f. absence

assestàre A v. tr. 1 to arrange, to settle 2 (*un colpo*) to deal B v. rifl. to settle (down)

assetàto agg. thirsty

assètto *s. m.* **1** order, arrangement, dispos-ition **2** (*naut., aer.*) trim

assicuràre A *v. tr.* **1** (*garantire, mettere al sicuro*) to assure, to secure, to ensure, to guarantee **2** (*fissare*) to fasten, to secure **3** (*fare un'assicurazione*) to insure **B** *v. rifl.* **1** (*accertarsi*) to make sure **2** (*legarsi*) to fasten oneself **3** (*fare un'assicurazione*) to insure oneself, to take out an insurance

assicurazióne *s. f.* **1** assurance **2** (*dir.*) insurance ♦ **a. sulla vita** life insurance; **a. contro l'incendio** fire insurance

assideraménto *s. m.* frostbite

assiduo *agg.* assiduous

assième *avv.* → **insieme**

assillàre *v. tr.* to pester, to bother

assistènte *s. m. e f.* assistant

assistènza *s. f.* **1** (*presenza*) presence, attendance **2** (*aiuto*) help, assistance, aid **3** (*comm.*) service **4** (*beneficenza*) welfare

assistere *v. tr.* **1** to assist, to help **2** (*curare*) to treat, to look after **B** *v. intr.* to be present, to attend

asso *s. m.* ace

associàre A *v. tr.* **1** to associate, to combine **2** (*fare socio*) to take into partnership **B** *v. rifl.* **1** to join **2** (*diventare membro*) to become a member **3** (*diventare socio*) to enter into partnership

associazióne *s. f.* association

assoggettàre *v. tr.* to subject, to subdue

assolato *agg.* sunny

assoldàre *v. tr.* to recruit, to engage

assólo *s. m.* solo

assolutaménte *avv.* absolutely

assolùto *agg.* absolute

assoluzióne *s. f.* **1** (*dir.*) acquittal, discharge **2** (*relig.*) absolution

assòlvere *v. tr.* **1** (*dir.*) to acquit, to discharge **2** (*relig.*) to absolve **3** (*compiere*) to accomplish, to perform

assomigliàre *v. intr.* to resemble, to be like **B** *v. rifl. rec.* to resemble each other, to be alike

assonnàto *agg.* sleepy

assopirsi *v. intr. pron.* **1** to doze off **2** (*calmarsi*) to cool down

assorbènte *agg. e s. m.* absorbent ♦ **a. igienico** sanitary towel

assorbiménto *s. m.* absorption

assorbire *v. tr.* to absorb

assordànte *agg.* deafening

assordàre *v. tr.* to deafen

assortiménto *s. m.* assortment

assortito *agg.* **1** assorted **2** (*accoppiato*) matched

assòrto *agg.* absorbed, engrossed

assottigliàre A *v. tr.* **1** to thin, to make thin **2** (*ridurre*) to reduce, to diminish **B** *v. intr. pron.* **1** to grow thin **2** (*ridursi*) to be reduced

assuefàre A *v. tr.* to accustom **B** *v. rifl.* to get accustomed, to accustom oneself, to get used

assuefazióne *s. f.* **1** habit, inurement **2** (*med.*) tolerance, (*dipendenza*) addiction

assùmere *v. tr.* **1** to assume, to put on **2** (*impegno, responsabilità*) to undertake, to taken upon oneself **3** (*in servizio*) to engage, to take on, to employ **4**

(*ingerire*) to take, to consume

assurdità *s. f.* absurdity

assùrdo A *agg.* absurd **B** *s. m.* absurdity

àsta *s. f.* **1** pole **2** (*tecn.*) rod, bar **3** (*comm.*) auction ♦ **salto con l'a.** pole-jumping; **vendere all'a.** to auction

astèmio A *agg.* abstemious, teetotal **B** *s. m.* teetotaller

astenérsi *v. rifl.* to abstain, to refrain

asterisco *s. m.* asterisk

àstice *s. m.* lobster

asticella *s. f.* little bar, (*per salto in alto*) crossbar

astigmàtico *agg.* astigmatic

astinènza *s. f.* abstinence

àstio *s. m.* rancour

astràgalo *s. m.* **1** (*anat., bot.*) astragalus **2** (*arch.*) astragal

astrattismo *s. m.* abstractionism

astrattista *s. m. e f.* abstractionist, abstract artist

astràtto *agg. e s. m.* abstract

astringènte *agg. e s. m.* astringent

àstro *s. m.* **1** star, celestial body **2** (*fig.*) star

astrofisica *s. f.* astrophysics *pl.* (*v. al sing.*)

astrolàbio *s. m.* astrolabe

astrologia *s. f.* astrology

astrològico *agg.* astrologic

astròlogo *s. m.* astrologer

astronàuta *s. m. e f.* astronaut

astronàutica *agg.* astronautical

astronàve *s. f.* spaceship

astronomia *s. f.* astronomy

astronòmico *agg.* astronomical

astrònomo *s. m.* astronomer

astùccio *s. m.* case, box

astùto *agg.* astute, shrewd, cunning

astùzia *s. f.* **1** astuteness, shrewdness **2** (*azione*) trick, stratagem

atàvico *agg.* atavic

ateismo *s. m.* atheism

atenèo *s. m.* university

àteo A *agg.* atheistic **B** *s. m.* atheist

atìpico *agg.* atypic(al)

atlante *s. m.* atlas

atlàntico *agg.* Atlantic

atlèta *s. m. e f.* athlete

atlètica *s. f.* athletics *pl.* (*v. al sing.*)

atlètico *agg.* athletic

atmosfèra *s. f.* atmosphere

atmosfèrico *agg.* atmospheric(al)

atòllo *s. m.* atoll

atòmico *agg.* atomic

àtomo *s. m.* atom

àtrio *s. m.* **1** entrance hall, lobby **2** (*anat.*) atrium

atròce *agg.* atrocious, terrible

attaccaménto *s. m.* attachment

attaccànte *s. m.* (*sport*) forward

attaccapànni *s. m.* (clothes) peg, hook, (*gruccia*) hanger

attaccàre A *v. tr.* **1** (*unire*) to attach, to fasten, to tie **2** (*appiccicare*) to stick, to glue **3** (*appendere*) to hang **4** (*assalire*) to attack, to assail **5** (*iniziare*) to begin, to start, (*iniziare a suonare*) to strike up **6**

(*contagiare*) to infect, to pass on B *v. intr.* 1 (*aderire*) to stick 2 (*far presa*) to catch on C *v. rifl.* 1 (*appigliarsi*) to cling 2 (*affezionarsi*) to become attached
attacco *s. m.* 1 (*mil.*) attack, assault 2 (*med.*) attack, fit 3 (*punto di unione*) junction, connection 4 (*avvio*) opening, beginning 5 (*fig.*) attack 6 (*per sci*) fastening, binding
atteggiaménto *s. m.* attitude, pose
attempàto *agg.* elderly
attendàrsi *v. intr. pron.* to camp
attèndere A *v. tr.* to wait for, to await B *v. intr.* 1 (*aspettare*) to wait 2 (*dedicarsi*) to attend
attendibile *agg.* reliable
attenérsi *v. rifl.* to keep to
attentaménte *avv.* attentively, carefully
attentàre *v. intr.* to attempt, to make an attempt
attentàto *s. m.* attempt, outrage
attènto *agg.* attentive, careful ♦ **a.!** take care!, be careful!
attenuànte A *agg.* extenuating B *s. f.* extenuating circumstance
attenuàre *v. tr.* 1 to attenuate, to mitigate 2 (*diminuire la gravità di*) to extenuate
attenzióne *s. f.* 1 attention, care 2 *al pl.* (*premure*) kindness ♦ **a.!** take care!, be careful!; **fare a.** to take care, to be careful, to look out; **prestare a. a qc.** to pay attention to sb.
atterràggio *s. m.* landing ♦ **pista d'a.** landing strip
atterràre A *v. tr.* to knock down B *v. intr.* to land
atterrìre A *v. tr.* to terrify B *v. intr. pron.* to be terrified
attésa *s. f.* 1 wait, waiting 2 *al pl.* (*aspettativa*) expectation ♦ **lista d'a.** waiting list
attéso *agg.* 1 waited for, awaited 2 (*desiderato*) longed for
attestàto *s. m.* 1 certificate 2 (*prova*) proof, (*segno*) sign
àttico *s. m.* attic
attìguo *agg.* adjoining, adjacent, next (to)
attillàto *agg.* close-fitting, tight
àttimo *s. m.* moment
attinènte *agg.* relating, concerning
attìngere *v. tr.* 1 to draw 2 (*ricavare*) to get
attiràre *v. tr.* to attract, to draw
attitùdine *s. f.* aptitude
attivàre *v. tr.* to activate, to start up
attività *s. f.* 1 activity 2 (*lavoro*) occupation, job
attìvo A *agg.* active B *s. m.* 1 (*comm.*) assets *pl.* 2 (*gramm.*) active form
attizzàre *v. tr.* to poke
àtto *s. m.* 1 act, action, deed 2 (*atteggiamento*) attitude, (*gesto*) gesture, (*segno*) sign 3 (*teatro*) act 4 (*attestato*) certificate, document, (*dir.*) deed 5 *al pl.* (*di congresso, assemblea*) proceedings *pl.*, records *pl.* ♦ **all'a. del pagamento/della consegna** on payment/delivery; **a. di vendita** bill of sale; **mettere in a. qc.** to carry out st.
attònito *agg.* astonished, amazed
attorcigliàre *v. tr. e rifl.* to twist, to twine
attóre *s. m.* actor
attórno A *avv.* about, around, round B *prep.* **a. a** about, around, round

attraccàre *v. tr. e intr.* to moore, to berth, to dock
attràcco *s. m.* mooring, berthing, docking
attraènte *agg.* attractive
attràrre *v. tr.* to attract
attrattìva *s. f.* attraction
attraversaménto *s. m.* crossing ♦ **a. pedonale** pedestrian crossing
attraversàre *v. tr.* to cross, to go through
attravèrso A *avv.* through B *prep.* 1 through, across 2 (*tempo*) over
attrazióne *s. f.* attraction
attrezzàre *v. tr.* 1 to equip, to fit out 2 (*naut.*) to rig
attrezzatùra *s. f.* 1 equipment, outfit 2 (*naut.*) rigging
attrézzo *s. m.* tool, implement
attribuìbile *agg.* attributable
attribuìre *v. tr.* 1 to attribute, to ascribe 2 (*assegnare*) to assign, to award
attribùto *s. m.* attribute
attrìce *s. f.* actress
attrìto *s. m.* friction
attuàle *agg.* 1 present, current 2 (*di attualità*) topical
attualità *s. f.* 1 topicality, up-to-dateness 2 *al pl.* (*fatti recenti*) current events *pl.*, up-to-date news
attualménte *avv.* at present
attuàre A *v. tr.* to carry out, to put into effect B *v. intr. pron.* to come true
attutìre A *v. tr.* to appease, to deaden B *v. intr. pron.* to become appeased, to calm down, to become deadened
audàce *agg.* 1 bold, audacious 2 (*arrischiato*) risky, rash 3 (*provocante*) daring, bold
audàcia *s. f.* audacity, daring, boldness
àudio *s. m. inv.* sound, audio
audiovisìvo *agg.* audiovisual
audizióne *s. f.* (*teatro*) audition
àuge *s. f.* height ♦ **essere in a.** to enjoy great favour
auguràre *v. tr.* to wish
augùrio *s. m.* 1 wish 2 (*presagio*) omen ♦ **i migliori auguri** best wishes
àula *s. f.* 1 hall, room 2 (*di tribunale*) courtroom 3 (*di scuola*) classroom
àulico *agg.* 1 aulic 2 (*solenne*) solemn, stately
aumentàre *v. tr.* to increase, to raise, to augment B *v. intr.* to increase, to grow, to rise
auménto *s. m.* 1 increase, addition 2 (*rialzo*) rise
àureo *agg.* 1 (*d'oro*) gold (*attr.*) 2 (*dorato, fig.*) golden
auréola *s. f.* halo
auricolàre A *agg.* auricular B *s. m.* earphone
aurìga *s. m.* charioteer
auròra *s. f.* dawn ♦ **a. boreale** aurora borealis
ausiliàre *agg.* auxiliary
ausiliàrio *agg.* auxiliary
auspicàbile *agg.* desirable
auspìcio *s. m.* 1 auspice, omen 2 (*protezione*) patronage
austerità *s. f.* austerity
austèro *agg.* austere
austràle *agg.* austral
australiàno *agg. e s. m.* Australian
austrìaco *agg. e s. m.* Austrian

autenticàre *v. tr.* to authenticate
autenticità *s. f.* authenticity
autèntico *agg.* authentic, genuine
autista *s. m. e f.* driver, (*privato*) chauffeur
àuto *abbr. di* → **automobile**
autoabbronzànte *agg.* self-tanning
autoadesìvo *agg.* self-adhesive
autobiografìa *s. f.* autobiography
autobiogràfico *agg.* autobiographic(al)
autoblìndo *s. m.* armoured car
autobòtte *s. f.* tanker, tank lorry, (*USA*) tank truck
àutobus *s. m. bus* ♦ **a. a due piani** double-decker
autocàrro *s. m.* lorry, (*USA*) truck
autodidàtta *s. m. e f.* self-taught person, autodidact
autodifésa *s. f.* self-defence
autòdromo *s. m.* autodrome, circuit
autofilettànte *agg.* self-threading
autofurgóne *s. m.* van
autogòl *s. m. inv.* own-goal
autògrafo A *agg.* autographical **B** *s. m.* autograph
autogrìll *s. m.* motorway restaurant
autogrù *s. f.* breakdown lorry, (*USA*) tow truck
autolìnea *s. f.* bus-line
autòma *s. m.* automaton
automàtico *agg.* automatic
automazióne *s. f.* automation
automèzzo *s. m.* motor vehicle
automòbile *s. f.* car
automobilìsta *s. m. e f.* (car) driver, motorist
automobilìstico *agg.* motor (*attr.*)
autonoléggio *s. m.* car hire, car rental
autonomìa *s. f.* **1** autonomy, self-government **2** (*fig.*) freedom, independence **3** (*aer., naut.*) range
autònomo *agg.* autonomous
autopilòta *s. m.* autopilot
autopsìa *s. f.* autopsy
autoràdio *s. f. inv.* car radio
autóre *s. m.* author
autorespiratóre *s. m.* aqualung, scuba
autorévole *agg.* authoritative
autoriméssa *s. f.* garage
autorità *s. f.* authority
autoritarìsmo *s. m.* authoritarianism
autoritràtto *s. m.* self-portrait
autorizzàre *v. tr.* to authorize
autorizzazióne *s. f.* **1** authorization, warrant **2** (*documento*) permit
autoscàtto *s. m.* self-timer
autoscuòla *s. f.* driving school
autostòp *s. m. inv.* hitchhiking ♦ **fare l'a.** to hitchhike
autostoppìsta *s. m. e f.* hitchhiker
autostràda *s. f.* motorway, (*USA*) speedway, expressway
autostradàle *agg.* motorway (*attr.*)
autosufficiènte *agg.* self-sufficient
autotrèno *s. m.* lorry with trailer, (*USA*) trailer truck
autoveìcolo *s. m.* motor vehicle
autovettùra *s. f.* motor car
autunnàle *agg.* autumnal
autùnno *s. m.* autumn, (*USA*) fall
avambràccio *s. m.* forearm

avampósto *s. m.* outpost
avanguàrdia *s. f.* vanguard, avant-garde
avànti *avv.* **1** (*di luogo*) forward, ahead, in front **2** (*di tempo*) before, forward, on ♦ **a.!** come in!; **a. e indietro** to and fro; **d'ora in a.** from now on
avantrèno *s. m.* forecarriage
avanzaménto *s. m.* **1** advancement, progress **2** (*promozione*) promotion
avanzàre A *v. tr.* to advance, to put forward, to present **B** *v. intr.* **1** to advance, to go forward **2** (*restare*) to be left
avanzàta *s. f.* advance
avànzo *s. m.* remainder, (*di cibo*) left-overs *pl.*
avarìa *s. f.* breakdown, damage, average
avàro *agg.* mean, miserly, stingy
avéna *s. f.* oats *pl.*
avére A *v. aus.* to have **B** *v. tr.* **1** (*possedere, tenere*) to have (got) **2** (*indossare*) to have on, to wear **3** (*ottenere, prendere, ricevere*) to get **4** (*provare, sentire*) to feel **5 a. da** (*dovere*) to have to ♦ **a. fame/sete** to be hungry/thirsty; **quanti ne abbiamo oggi?** what's the date today?
aviazióne *s. f.* aviation, (*arma*) Air Force
avicoltùra *s. f.* aviculture
avidità *s. f.* avidity
àvido *agg.* avid
avifàuna *s. f.* avifauna
àvo *s. m.* **1** (*nonno*) grandfather **2** *al pl.* ancestors
avocàdo *s. m. inv.* avocado
avòrio *s. m.* ivory
avvallaménto *s. m.* sinking, subsidence
avvaloràre *v. tr.* to convalidate
avvampàre *v. intr.* to flare up
avvantaggiàre A *v. tr.* to favour, to benefit **B** *v. rifl.* to take advantage
avvelenaménto *s. m.* poisoning
avvelenàre *v. tr.* to poison
avvenènte *agg.* attractive, charming
avveniménto *s. m.* event
avvenìre (1) *s. m.* future
avvenìre (2) *v. intr.* to happen
avvenirìstico *agg.* futuristic
avventàrsi *v. rifl.* to rush, to throw oneself
avventàto *agg.* rash, reckless
avventìzio *agg.* **1** temporary, occasional **2** (*bot., dir.*) adventitious
avvènto *s. m.* advent, coming
avventùra *s. f.* **1** adventure **2** (*sentimentale*) affair, fling (*fam.*)
avventuràrsi *v. rifl.* to venture
avventurièro *s. m.* adventurer
avventuróso *agg.* adventurous
avveràrsi *v. intr. pron.* to come true
avvèrbio *s. m.* adverb
avversàrio A *agg.* opposing **B** *s. m.* opponent, adversary
avversióne *s. f.* aversion, dislike
avversità *s. f.* adversity
avvèrso *agg.* **1** (*contrario*) adverse, unfavourable, hostile **2** (*che sente avversione*) averse
avvertènza *s. f.* **1** (*attenzione, cura*) care, caution **2**

(*avvertimento*) warning **3** *al pl.* instructions *pl.*, directions *pl.* **4** (*prefazione*) preface, foreword
avvertiménto *s. m.* warning
avvertíre *v. tr.* **1** (*avvisare*) to inform, to advise, to point out **2** (*ammonire*) to warn **3** (*percepire*) to feel
avvézzo *agg.* accustomed, used
avviaménto *s. m.* start, starting
avviàre A *v. tr.* **1** (*indirizzare*) to direct **2** (*iniziare*) to begin, to start up **3** (*metter in moto*) to start up **B** *v. intr. pron.* to set out
avvicendàre *v. tr. e rifl. rec.* to alternate
avvicinàre A *v. tr.* **1** to bring near **2** (*una persona*) to approach **B** *v. intr. pron.* to come near, to approach
avvilíre A *v. tr.* **1** (*scoraggiare*) to dishearten **2** (*degradare*) to degrade **B** *v. intr. pron.* **1** (*scoraggiarsi*) to lose heart, to be disheartened **2** (*degradarsi*) to degrade oneself
avvincènte *agg.* engaging, charming
avvíncere *v. tr.* to attract, to charm
avvío *s. m.* start
avvisàre *v. tr.* to inform, to advise
avvíso *s. m.* **1** announcement, notice **2** (*avvertimento*) warning **3** (*opinione*) opinion
avvistàre *v. tr.* to sight

avvitàre *v. tr.* to screw
avvizzíre *v. intr.* to wither
avvocàto *s. m.* lawyer
avvòlgere *v. tr.* **1** to wrap up **2** (*arrotolare*) to wind, to roll up
avvoltóio *s. m.* vulture
azalèa *s. f.* azalea
aziènda *s. f.* firm, business, company, establishment ◆ **a. agricola** farm
azionàre *v. tr.* to operate, to set in motion, to drive
azióne *s. f.* **1** action, (*atto*) act **2** (*fin.*) share
azionista *s. m. e f.* shareholder
azòto *s. m.* azote
azzannàre *v. tr.* to snap
azzardàre A *v. tr.* to hazard, to risk **B** *v. intr. pron.* to dare, to risk
azzàrdo *s. m.* hazard, risk ◆ **gioco d'a.** game of chance
azzeccàre *v. tr.* **1** (*centrare*) to hit, to strike **2** (*indovinare*) to guess
azzeràre *v. tr.* to set to zero
azzoppàrsi *v. intr. pron.* to become lame
azzuffàrsi *v. rifl. e rifl. rec.* to come to blows
azzùrro *agg. e s. m.* blue

B

babbèo *s. m.* fool, simpleton
bàbbo *s. m.* father, dad, daddy
babbùccia *s. f.* slipper
babilonése *agg. e s. m. e f.* Babylonian
baby-sitter *s. f. e m.* baby-sitter ◆ **fare la/il b.-s.** to baby-sit
bacàto *agg.* **1** worm-eaten, maggoty **2** (*marcio*) rotten
bàcca *s. f.* berry
baccalà *s. m.* dried salted cod
baccàno *s. m.* row, clamour
baccèllo *s. m.* pod
bacchétta *s. f.* **1** stick, rod **2** (*di direttore d'orchestra*) baton ◆ **b. magica** magic wand
bacchettóne *s. m.* bigot
bachèca *s. f.* notice board
baciàre A *v. tr.* to kiss **B** *v. rifl. rec.* to kiss each other
bacíllo *s. m.* bacillus
bacinèlla *s. f.* basin
bacíno *s. m.* **1** basin **2** (*anat.*) pelvis **3** (*naut.*) dock **4** (*geol.*) field
bàcio *s. m.* kiss
bàco *s. m.* worm ◆ **b. da seta** silkworm
bacùcco *agg.* decrepit
badàre *v. intr.* **1** (*fare attenzione*) to be careful, to pay attention, to mind **2** (*prendersi cura*) to look after
badía *s. f.* abbey

badíle *s. m.* shovel
bàffo *s. m.* **1** moustache **2** (*di animale*) whiskers *pl.*
bagagliàio *s. m.* **1** (*ferr.*) luggage van, (*USA*) baggage car **2** (*autom.*) boot, (*USA*) trunk
bagàglio *s. m.* luggage, (*USA*) baggage ◆ **b. a mano** hand-luggage; **deposito bagagli** left-luggage office, checkroom; **fare/disfare i bagagli** to pack/to unpack
bagaríno *s. m.* tout, (*USA*) scalper
baglióre *s. m.* flash, glare
bagnànte *s. m. e f.* bather
bagnàre A *v. tr.* **1** to wet, (*immergere*) to dip, (*inzuppare*) to soak, (*inumidire*) to moisten, to dampen, (*spruzzare*) to sprinkle **2** (*annaffiare*) to water **3** (*di fiume*) to flow through, (*di mare*) to wash **B** *v. rifl.* **1** to get wet **2** (*fare il bagno*) to bathe
bagnàto *agg.* wet
bagníno *s. m.* bathing-attendant
bàgno *s. m.* **1** bath, (*in mare*) bathe **2** (*stanza*) bathroom, toilet ◆ **fare il b.** (*in vasca*) to take a bath, (*al mare*) to go swimming; **mettere a b.** to soak
bagnomaría *s. m.* bain-marie
bagnoschiùma *s. m.* bubble bath
baia *s. f.* bay
baionétta *s. f.* bayonet
balaùstra *s. f.* balustrade

balbettàre *v. tr. e intr.* to stammer, to stutter
balbuzìente *s. m. e f.* stammerer, stutterer
balconàta *s. f.* balcony
balcóne *s. m.* balcony
baldacchìno *s. m.* baldachin, canopy
baldànza *s. f.* self-confidence, boldness
baldòria *s. f.* merrymaking, good time
balèna *s. f.* whale ♦ **caccia alla b.** whaling
balenàre *v. intr.* **1** (*impers.*) to lighten **2** to flash
balenièra *s. f.* whaling ship, whaler
baléno *s. m.* lightning, flash ♦ **in un b.** in a flash
balèstra *s. f.* **1** crossbow **2** (*mecc.*) leaf spring
bàlia *s. f.* wet nurse
ballàre *v. tr. e intr.* to dance
ballàta *s. f.* ballad
ballerìna *s. f.* dancer, (*classica*) ballerina, ballet dancer
ballerìno *s. m.* dancer, (*classico*) ballet dancer
ballétto *s. m.* ballet
bàllo *s. m.* **1** dance, dancing **2** (*festa*) ball ♦ **corpo di b.** corps de ballet; **essere in b.** to be involved in st.
ballottàggio *s. m.* second ballot
balneàre *agg.* bathing (*attr.*)
balòcco *s. m.* toy
balórdo *agg.* stupid, foolish
balsàmico *agg.* balsamic
bàlsamo *s. m.* balm, balsam
baluàrdo *s. m.* bulwark
bàlza *s. f.* **1** crag **2** (*di vestito*) frill
balzàre *v. intr.* to leap, to jump, to bounce
bàlzo *s. m.* leap, jump, bound
bambàgia *s. f.* cotton wool
bambìna *s. f.* child, baby-girl, little girl
bambinàia *s. f.* nursemaid
bambìno *s. m.* child, baby, little boy, kid
bàmbola *s. f.* doll
bambù *s. m.* bamboo
banàle *agg.* banal, commonplace, trivial
banàna *s. f.* banana
bànca *s. f.* bank ♦ **a mezzo b.** by banker; **b. dati** data bank; **conto in b.** bank account
bancarèlla *s. f.* stall
bancàrio A *agg.* banking, bank (*attr.*) **B** *s. m.* bank clerk ♦ **assegno b.** cheque
bancaròtta *s. f.* bankruptcy ♦ **fare b.** to go bankrupt
banchétto *s. m.* banquet
banchière *s. m.* banker
banchìna *s. f.* **1** (*naut.*) quay, wharf, pier **2** (*ferr.*) platform **3** (*strada*) shoulder, verge
banchìsa *s. f.* ice pack
bànco *s. m.* **1** (*panca*) bench, (*di scuola*) desk, (*di chiesa*) pew **2** (*di negozio*) counter, (*di mercato*) stall, stand **3** (*da lavoro*) table, work bench **4** (*geogr.*) bank **5** (*banca*) bank ♦ **b. di corallo** coral reef; **b. di sabbia** sandbar
bàncomat *s. m. inv.* cash dispenser
banconòta *s. f.* banknote, (*USA*) bill
bànda (1) *s. f.* **1** (*di armati*) band, gang **2** (*di suonatori*) band
bànda (2) *s. f.* **1** (*striscia*) band, stripe **2** (*fis., elettr.*) band
banderuòla *s. f.* weathercock, vane
bandièra *s. f.* flag, banner

bandìre *v. tr.* **1** to proclaim, to advertise **2** (*esiliare*) to exile, to banish **3** (*metter da parte*) to dispense with
bandìto *s. m.* bandit, outlaw
banditóre *s. m.* **1** (*stor.*) (public) crier **2** (*asta*) auctioneer
bàndo *s. m.* **1** ban **2** (*esilio*) banishment **3** (*annuncio pubblico*) proclamation, announcement
bàndolo *s. m.* end of a skein
bar *s. m. inv.* bar
baràcca *s. f.* **1** hut, shed, hovel **2** (*oggetto*) junk
baraónda *s. f.* hubbub
baràre *v. intr.* to cheat
bàratro *s. m.* chasm
barattàre *v. tr.* to barter, to swap
baràtto *s. m.* barter
baràttolo *s. m.* jar, pot, (*di latta*) tin, can
bàrba *s. f.* **1** beard **2** (*fam.*) (*noia*) bore ♦ **b. e capelli** shave and haircut; **che b.!** what a bore!; **farsi la b.** to shave; **in b. a** in spite of
barbabiètola *s. f.* **1** beetroot **2** (*da zucchero*) sugar beet
barbacàne *s. m.* barbican
barbàrico *agg.* barbaric, barbarian
bàrbaro A *agg.* barbarous, barbaric **B** *s. m.* barbarian
barbecue *s. m. inv.* barbecue
barbière *s. m.* barber, (*negozio*) barber's shop
barbitùrico *s. m.* barbiturate
barbóne *s. m.* **1** (*barba*) long beard **2** (*vagabondo*) tramp **3** (*zool.*) poodle
barbóso *agg.* (*fam.*) boring
barbùto *agg.* bearded
bàrca *s. f.* boat ♦ **b. a motore** motor boat; **b. a remi** row boat; **b. a vela** sailing boat
barcaiòlo *s. m.* boatman
barcollàre *v. intr.* to stagger
barèlla *s. f.* stretcher
barìle *s. m.* barrel, cask
barìsta *s. m. e f.* barman *m.*, barmaid *f.*
barìtono *s. m.* baritone
barlùme *s. m.* glimmer, gleam
bàro *s. m.* cardsharper
baròcco *agg. e s. m.* Baroque
baròmetro *s. m.* barometer
baróne *s. m.* baron
baronéssa *s. f.* baroness
bàrra *s. f.* **1** bar **2** (*naut.*) helm, tiller **3** (*segno*) stroke
barricàre *v. tr. e rifl.* to barricade (oneself)
barricàta *s. f.* barricade
barrièra *s. f.* barrier
barùffa *s. f.* brawl, quarrel
barzellétta *s. f.* joke
basàre A *v. tr.* to base, to found **B** *v. rifl.* to base oneself, to be founded
bàsco A *agg.* Basque **B** *s. m.* **1** Basque **2** (*berretto*) beret
bàse A *s. f.* **1** base, (*fig.*) basis **B** *agg.* basic, base (*attr.*)
basétta *s. f.* sideburns *pl.*
basilàre *agg.* basic, fundamental
basìlica *s. f.* basilica
basìlico *s. m.* basil
bàsso A *agg.* **1** low **2** (*di statura*) short **3** (*di spessore*) thin **4** (*di acqua*) shallow **5** (*di suono*) low, soft **6** (*geogr.*) southern, lower **B** *s. m.* **1** lower part,

bottom 2 (*mus.*) bass
bassofóndo *s. m.* shallow(s), shoal
bassopiàno *s. m.* lowland
bassorilièvo *s. m.* bas-relief, basso-rilievo
bàsta *inter.* (that's) enough!, that will do!
bastànte *agg.* sufficient, enough
bastàrdo *agg.* 1 bastard, illegitimate 2 (*bot., zool.*) underbred, crossbred
bastàre *v. intr.* 1 to be sufficient, to be enough, to suffice 2 (*durare*) to last
bastiménto *s. m.* vessel, ship
bastióne *s. m.* bastion, rampart
bàsto *s. m.* pack-saddle
bastonàre *v. tr.* to beat, to thrash
bastoncino *s. m.* rod, small stick ♦ **b. da sci** ski pole
bastóne *s. m.* stick
batòsta *s. f.* blow
battàge *s. m. inv.* campaign
battàglia *s. f.* battle, fight
battaglióne *s. m.* battalion
battèllo *s. m.* ♦ **b. a vapore** steamer; **b. di salvataggio** lifeboat
battènte *s. m.* (*di porta*) leaf, (*di finestra*) shutter
bàttere A *v. tr.* 1 to beat, to strike, to hit 2 (*sconfiggere*) to beat, to overcome 3 (*a macchina*) to type 4 (*moneta*) to mint 5 (*bandiera*) to fly B *v. intr.* 1 to beat, to knock 2 (*pulsare*) to beat 3 (*prostituirsi*) to walk the streets C *v. intr. pron.* to fight, (*in duello*) to duel
batterìa *s. f.* 1 battery 2 (*mus.*) drums *pl.*
battèrio *s. m.* bacterium
battesimàle *agg.* baptismal
battésimo *s. m.* baptism ♦ **nome di b.** Christian/first name
battezzàre *v. tr.* 1 to baptize, to christen 2 (*soprannominare*) to nickname
batticuòre *s. m.* heartthrob, palpitation
battimàni *s. m. inv.* (hand-)clapping, applause
battistèro *s. m.* baptistery
battistràda *s. m. inv.* 1 outrider 2 (*di pneumatico*) tread ♦ **b. liscio** smooth tread
battitappéto *s. m.* carpet cleaner
bàttito *s. m.* 1 beating 2 (*cardiaco*) heartbeat, pulsation 3 (*d'ali*) wingbeat
battùta *s. f.* 1 blow, beat, beating 2 (*di caccia*) bunting 3 (*tip.*) stroke, character 4 (*mus.*) beat, bar 5 (*teatro*) cue 6 (*frase spiritosa*) quip, witticism 7 (*tennis*) service 8 (*rastrellamento*) round-up
batùffolo *s. m.* flock
baùle *s. m.* 1 trunk 2 (*autom.*) boot, (*USA*) trunk
bàva *s. f.* slaver, dribble ♦ **b. di vento** breath
bavaglìno *s. m.* bib
bavàglio *s. m.* gag
bàvero *s. m.* collar
bazzècola *s. f.* trifle
bazzicàre *v. tr. e intr.* to frequent
beàto *agg.* 1 (*relig.*) blessed 2 happy, blissful ♦ **b. te!** lucky you!
beccàccia *s. f.* woodcock
beccaccìno *s. m.* snipe
beccàre A *v. tr.* 1 to peck 2 (*fam.*) (*buscare*) to catch, to get B *v. rifl. rec.* 1 to peck each other 2 (*litigare*) to

squabble
beccheggiàre *v. intr.* to pitch
becchìno *s. m.* gravedigger, sexton
bécco *s. m.* 1 beak, bill 2 (*di bricco*) lip, spout
befàna *s. f.* 1 Befana, (*Epifania*) Epiphany 2 (*donna vecchia e brutta*) ugly old woman
bèffa *s. f.* 1 joke, cheat 2 (*scherno*) mockery
beffàrdo *agg.* mocking
beffàre A *v. tr.* to mock B *v. rifl.* to scoff at, to make fun of
bèga *s. f.* 1 quarrel, dispute 2 (*problema*) trouble, problem
begònia *s. f.* begonia
beìge *agg. e s. m. inv.* beige
belàre *v. intr.* to bleat, to baa
bèlga *agg. e s. m. e f.* Belgian
bèlla *s. f.* 1 (*donna bella*) beauty, belle 2 (*fidanzata*) girlfriend 3 (*sport*) decider, (*a carte*) final game 4 (*bella copia*) fair copy
bellézza *s. f.* beauty, loveliness, good looks *pl.*, (*uomo*) handsomeness
bèllico *agg.* war (*attr.*)
bellicóso *agg.* warlike, combative
bèllo A *agg.* 1 beautiful, fine, lovely 2 (*di uomo*) handsome, good-looking 3 (*di tempo*) fine, nice, good 4 (*elegante*) smart 5 (*gentile*) fine, kind 6 (*piacevole*) nice, pleasant B *s. m.* 1 the beautiful, beauty 2 (*tempo*) fine weather 3 (*innamorato*) boyfriend
bélva *s. f.* wild beast
belvedére *s. m.* 1 (*arch.*) belvedere 2 (*luogo panoramico*) viewpoint
benché *cong.* although, though
bènda *s. f.* bandage
bendàggio *s. m.* bandaging, bandage
bendàre *v. tr.* 1 to bandage, to dress 2 (*gli occhi*) to blindfold
bène A *s. m.* 1 good 2 (*affetto*) fondness, love 3 (*dono*) gift, blessing 4 *al pl.* goods *pl.*, property B *avv.* 1 well 2 (*per bene, completamente*) properly, thoroughly 3 (*rafforzativo*) very, really, quite
benedettìno *agg.* Benedictine
benedétto *agg.* blessed
benedìre *v. tr.* to bless
benedizióne *s. f.* blessing, benediction
beneducàto *agg.* well-mannered
benefattóre *s. m.* benefactor
beneficènza *s. f.* charity ♦ **istituto di b.** charitable institution; **spettacolo di b.** benefit performance
beneficiàre A *v. tr.* to benefit B *v. intr.* to profit, to benefit from, to take advantage of
beneficiàrio *s. m.* beneficiary
benefìcio *s. m.* benefit, advantage
benèfico *agg.* 1 beneficent, charitable 2 (*vantaggioso*) beneficial
benemerènza *s. f.* merit
benemèrito *agg.* meritorious
benèssere *s. m.* 1 wellbeing 2 (*prosperità*) welfare, affluence
benestànte *agg.* well-to-do
benestàre *s. m.* approval
benèvolo *agg.* benevolent, (*gentile*) kind
beniamìno *s. m.* pet

benìgno agg. benign
benintéso avv. of course
benìssimo avv. very well
bensì cong. but
benvenùto agg., s. m. e inter. welcome
benzìna s. f. petrol, (USA) gas, gasoline ◆ **fare b.** to get petrol/gas, to fill up
bére v. tr. to drink
berlìna (1) s. f. (pena) pillory
berlìna (2) s. f. 1 (carrozza) berlin 2 (autom.) saloon, limousine, (USA) sedan
bernòccolo s. m. 1 bump 2 (fig.) bent, flair
berrétto s. m. cap
bersagliàre v. tr. to bombard
bersàglio s. m. target, butt ◆ **tiro al b.** target-shooting
bestémmia s. f. 1 blasphemy, (imprecazione) curse 2 (sproposito) nonsense
bestemmiàre v. intr. to curse, to swear
béstia s. f. beast
bestiàle agg. 1 bestial, beastly 2 (fam.) terrible, incredible
bestiàme s. m. livestock, cattle
bestiàrio s. m. bestiary
béttola s. f. tavern
betùlla s. f. birch
bevànda s. f. drink, beverage
bevìbile agg. drinkable
bevitóre s. m. drinker
bevùta s. f. drink
biàda s. f. fodder
biancherìa s. f. linen ◆ **b. intima** underwear
biànco A agg. 1 white 2 (non scritto) blank **B** s. m. 1 white 2 (uomo bianco) white man ◆ **di punto in b.** all of a sudden; **in b.** (non scritto) blank, (senza grassi) plain, boiled
biasimàre v. tr. to blame, to reprove
biàsimo s. m. blame, reproof
Bìbbia s. f. Bible
biberòn s. m. inv. feeding bottle, (baby's) bottle
bìbita s. f. (soft) drink
bìblico agg. biblical
bibliòfilo s. m. bibliophile
bibliografìa s. f. bibliography
bibliotèca s. f. library
bibliotecàrio s. m. librarian
bicarbonàto s. m. bicarbonate
bicchière s. m. glass ◆ **b. di carta** paper cup
biciclétta s. f. bicycle, bike ◆ **andare in b.** to ride a bicycle, to cycle
bicìpite s. m. biceps
bicolóre agg. two-coloured, bicoloured
bidè s. m. bidet
bidèllo s. m. school caretaker
bidonàre v. tr. (fam.) to swindle, to cheat
bidóne s. m. 1 tank, drum, bin 2 (fam.) (imbroglio) swindle
biennàle agg. 1 (che dura due anni) two-year 2 (ogni due anni) biennial 3 (bot.) biennial
biènnio s. m. period of two years
biètola s. f. chard

bifocàle agg. bifocal
biforcàrsi v. intr. pron. to fork
biforcazióne s. f. fork
bigamìa s. f. bigamy
bìgamo s. m. bigamist
bighellonàre v. intr. to lounge about, to loiter, to loaf (about)
bigiotterìa s. f. trinkets pl., costume jewellery
bigliettàio s. m. (in stazione) ticket clerk, (in treno) ticket collector, (su autobus) conductor
biglietterìa s. f. ticket office, booking office, (teatro) box office
bigliétto s. m. 1 (breve scritto) note 2 (contrassegno) ticket 3 (cartoncino) card 4 (banconota) note, (USA) bill ◆ **b. d'andata e ritorno** return ticket; **b. di sola andata** single ticket, one-way ticket; **b. da visita** (visiting) card
bignè s. m. inv. cream puff
bigodìno s. m. curler
bigòtto s. m. bigot
bilància s. f. 1 balance, scales pl. 2 (astr.) the Scales pl., Libra
bilanciàre A v. tr. 1 to balance 2 (soppesare) to weigh (up) **B** v. rifl. rec. to balance out
bilàncio s. m. balance, budget
bìle s. f. bile
biliàrdo s. m. billiards pl. (v. al sing.)
bilìngue agg. bilingual
bilinguìsmo s. m. bilingualism
bìmbo s. m. child, baby, kid
bimensìle agg. fortnightly
bimestràle agg. 1 two-monthly, bimonthly 2 (che dura due mesi) bimestrial, two-month
bimotóre agg. twin-engined
binàrio s. m. 1 (railway) track, line 2 (marciapiede) platform
binòcolo s. m. binoculars pl.
biochìmica s. f. biochemistry
biodegradàbile agg. biodegradable
biofìsica s. f. biophysics pl. (v. al sing.)
biografìa s. f. biography
biogràfico agg. biographical
biologìa s. f. biology
biològico agg. biological
biòlogo s. m. biologist
bióndo A agg. fair, blond (f. blonde), golden **B** s. m. blond colour, fair colour ◆ **b. cenere** ash-blond
biopsìa s. f. biopsy
birbànte s. m. rogue
birìllo s. m. skittle
bìro s. f. inv. biro, ballpoint pen
bìrra s. f. beer, ale ◆ **b. alla spina** draught beer; **b. chiara/scura** lager/stout
birrerìa s. f. beer house
bis s. m. inv. (teatro) encore
bisbètico agg. crabbed, shrewish
bisbigliàre v. intr. to whisper
bìsca s. f. gambling house
bìscia s. f. snake
biscòtto s. m. biscuit, (USA) cookie
bisessuàle agg. bisexual

bisèstile *agg.* bissextile   ♦ **anno b.** leap year
bisettimanàle *agg.* twice-weekly
bislàcco *agg.* eccentric
bislùngo *agg.* oblong
bisnònna *s. f.* great-grandmother
bisnònno *s. m.* great-grandfather
bisognàre *v. intr. impers.* to be necessary, to have to, must
bisógno *s. m.* 1 need, necessity 2 (*mancanza*) lack
  ♦ **aver b. di q.c.** to need st.
bisognóso *agg.* needy, poor
bistécca *s. f.* steak   ♦ **b. ai ferri** grilled steak; **b. al sangue** rare steak; **b. ben cotta** well-done steak
bistecchièra *s. f.* grill
bisticciàre *v. intr. e rifl. rec.* to quarrel, to bicker, to squabble
bisticcio *s. m.* 1 quarrel, bicker, squabble 2 (*di parole*) pun
bisturi *s. m.* lancet, bistoury
bisùnto *agg.* greasy
bitta *s. f.* bollard, bitt
bivàcco *s. m.* bivouac, camp
bivio *s. m.* crossroads, fork
bizantino *agg. e s. m.* Byzantine
bizza *s. f.* tantrum
bizzàrro *agg.* strange, odd, bizarre
bizzèffe, a *loc. avv.* abundantly, in great quantity
blandire *v. tr.* to blandish, to soothe
blàndo *agg.* bland, soft, gentle
blasfèmo *agg.* blasphemous
blasóne *s. m.* coat of arms
blateràre *v. tr. e intr.* to blether, to chatter
blèso *agg.* lisping
blindàto *agg.* armoured
bloccàre A *v. tr.* to block 2 (*mecc.*) to lock, to stall 3 (*mil.*) to blockade B *v. intr. pron.* to jam, to stick C *v. rifl.* to stop, to get stuck
bloccastèrzo *s. m.* steering lock
blòcco (1) *s. m.* 1 (*atto di bloccare*) block, stoppage, halt 2 (*mil.*) blockade 3 (*econ.*) freeze   ♦ **posto di b.** road block
blòcco (2) *s. m.* 1 (*pezzo*) block 2 (*comm.*) bulk, lump 3 (*di fogli*) pad
bloc-notes *s. m. inv.* notepad, notebook
blu *agg. e s. m.* (dark) blue
blùsa *s. f.* blouse
bòa (1) *s. m.* (*zool.*) boa
bòa (2) *s. f.* (*naut.*) buoy
boàto *s. m.* rumble
bòb *s. m.* (*sport*) bob(-sleighing)
bobina *s. f.* spool, (*elettr.*) coil
bócca *s. f.* mouth
boccàccia *s. f.* grimace
boccàglio *s. m.* mouthpiece
boccàle *s. m.* jug, mug, (*di birra*) tankard
boccapòrto *s. m.* hatch
boccétta *s. f.* small bottle
boccheggiàre *v. intr.* to gasp
bocchettóne *s. m.* pipe union
bocchino *s. m.* 1 (*per sigaretta*) cigarette holder 2 (*di pipa e strumenti musicali*) mouthpiece
bòccia *s. f.* bowl   ♦ **giocare a bocce** to play bowls

bocciàre *v. tr.* 1 (*respingere*) to reject 2 (*agli esami*) to fail 3 (*a bocce*) to hit
boccino *s. m.* jack
bocciòlo *s. m.* bud
boccóne *s. m.* mouthful, morsel, bite
boccóni *avv.* face downwards
bòga *s. f.* (*zool.*) boce
bòia *s. m.* executioner
boiàta *s. f.* rubbish
boicottàre *v. tr.* to boycott
bòlide *s. m.* bolide, fireball
bolina *s. f.* close-hauling   ♦ **navigare di b.** to sail close-hauled
bólla (1) *s. f.* bubble
bólla (2) *s. f.* (*comm.*) bill, note
bollàre *v. tr.* 1 to stamp 2 (*fig.*) to brand
bollènte *agg.* boiling, hot
bollétta *s. f.* bill, note   ♦ **essere in b.** to be broke
bollettino *s. m.* 1 (*comunicato*) report, bulletin 2 (*pubblicazione*) news, list, gazette 3 (*modulo*) note, bill, form   ♦ **b. meteorologico** weather report
bollire *v. tr. e intr.* to boil
bollito *agg.* boiled
bollitóre *s. m.* kettle
bóllo *s. m.* 1 stamp 2 (*sigillo*) seal   ♦ **b. di circolazione** road tax (stamp)
bòma *s. m.* boom
bómba *s. f.* bomb
bombardaménto *s. m.* bombing, bombardment
bombardàre *v. tr.* 1 to bomb 2 (*fis., fig.*) to bombard
bombardière *s. m.* bomber
bombétta *s. f.* bowler (hat)
bómbola *s. f.* bottle, bomb, cylinder
bombonièra *s. f.* bonbonnière, fancy sweet-box
bomprèsso *s. m.* bowsprit
bonàccia *s. f.* dead calm
bonàrio *agg.* kind
bonifica *s. f.* reclamation, drainage
bonificàre *v. tr.* to reclaim
bonifico *s. m.* (*banca*) money transfer
bontà *s. f.* 1 goodness, kindness 2 (*buona qualità*) excellence, good quality 3 (*di cibo*) tastiness
borbottàre *v. tr.* to mumble, to grumble, to mutter
bórchia *s. f.* boss
bórdo *s. m.* 1 hem, border, edge 2 (*naut.*) board   ♦ **a b.** aboard, on board
borgàta *s. f.* village
borghése A *agg.* 1 middle-class (*attr.*), bourgeois 2 (*civile*) civilian B *s. m.* middle-class person   ♦ **in b.** in civilian dress, in mufti
borghesìa *s. f.* bourgeoisie, middle class(es)
bórgo *s. m.* village
bòria *s. f.* arrogance, haughtiness
borotàlco *s. m.* talcum powder
borràccia *s. f.* water-bottle
bórsa *s. f.* 1 bag 2 (*Borsa valori*) (Stock) Exchange   ♦ **b. da viaggio** travelling bag; **b. della spesa** shopping bag; **b. di studio** scholarship
borsaiòlo *s. m.* pickpocket
borsanéra *s. f.* black market
borseggiatóre *s. m.* pickpocket

borsellino *s. m.* purse
borsétta *s. f.* handbag
boscàglia *s. f.* brush, scrub
boscaiòlo *s. m.* woodman
boschivo *agg.* wooded, woody
bòsco *s. m.* wood
boscóso *agg.* woody, wooded
bòssolo *s. m.* (cartridge) case
botànica *s. f.* botany
botànico A *agg.* botanic(al) **B** *s. m.* botanist ♦ **orto b.** botanic garden
bòtola *s. f.* trapdoor
bòtta *s. f.* blow
bótte *s. f.* barrel, cask ♦ **volta a b.** barrel-vault
bottéga *s. f.* **1** (*negozio*) shop, store **2** (*laboratorio*) workshop, studio
bottegàio *s. m.* shopkeeper, storekeeper
botteghino *s. m.* ticket office, (*teatro*) box office
bottìglia *s. f.* bottle ♦ **vino in b.** bottled wine
bottino *s. m.* booty, loot
bòtto *s. m.* bang, shot ♦ **di b.** suddenly
bottóne *s. m.* button ♦ **b. automatico** press stud
bovino A *agg.* bovine **B** *s. m. al pl.* cattle
box *s. m. inv.* **1** (*garage*) garage **2** (*per cavalli*) box **3** (*per auto da corsa*) pit **4** (*per bambini*) playpen
boxe *s. f.* boxing
bòzza *s. f.* draft, (*tip.*) proof
bozzèllo *s. m.* block
bozzétto *s. m.* sketch
bòzzolo *s. m.* cocoon
braccàre *v. tr.* to hunt (down)
braccétto, a *loc. avv.* arm in arm
bracciàle *s. m.* armlet, bracelet
braccialétto *s. m.* bracelet
bracciànte *s. m.* (day-)labourer, worker ♦ **b. agricolo** farmhand
bracciàta *s. f.* **1** armful **2** (*nuoto*) stroke
bràccio *s. m.* **1** arm **2** *pl. f.* (*manodopera*) hands *pl.*, labourers *pl.* **3** (*di edificio*) wing **4** (*di fiume*) arm, (*di mare*) strait **5** (*di gru*) jib, (*di bilancia*) beam **6** (*misura*) fathom, ell
bracciòlo *s. m.* arm
bràcco *s. m.* hound
bracconière *s. m.* poacher
bràce *s. f. embers pl.* ♦ **cuocere alla b.** to barbecue
bracière *s. m.* brazier
braciòla *s. f.* chop
bradisismo *s. m.* bradyseism
bramàre *v. tr.* to desire, to long for
brànca *s. f.* branch
brànchia *s. f.* gill
brànco *s. m.* **1** (*mandria*) herd, (*di lupi*) pack, (*di pecore, uccelli*) flock **2** (*spreg.*) gang, pack
brancolàre *v. intr.* to grope
brànda *s. f.* camp bed
brandèllo *s. m.* shred
brandire *v. tr.* to brandish
bràno *s. m.* piece, (*di testo*) passage
branzino *s. m.* bass
brasàto *agg.* braised
brasiliàno *agg. e s. m.* Brazilian

bràvo *agg.* **1** (*abile*) clever, skilful, capable, fine, good **2** (*buono*) good ♦ **b.!** bravo!, well done!
bravùra *s. f.* cleverness, skill
bréccia *s. f.* breach, gap
bretèlla *s. f.* brace, (*USA*) suspender
bréve *agg.* short, brief ♦ **in b.** briefly; **tra b.** shortly
brevettàre *v. tr.* to patent
brevétto *s. m.* **1** patent **2** (*di pilota*) pilot's licence
brézza *s. f.* breeze
bricco *s. m.* pot, jug
briccóne *s. m.* rascal, rogue
briciola *s. f.* crumb
briciolo *s. m.* bit
briga *s. f.* trouble
brigante *s. m.* brigand, bandit
brigare *v. intr.* to intrigue
brigata *s. f.* **1** (*mil.*) brigade **2** (*compagnia*) party, company
briglia *s. f.* bridle
brillante A *agg.* bright, brilliant **B** *s. m.* brilliant
brillàre A *v. intr.* **1** to shine, to glitter, to twinkle, to sparkle **2** (*distinguersi*) to shine **B** *v. tr.* (*una mina*) to set off
brillo *agg.* (*fam.*) tipsy, drunk
brina *s. f.* frost, hoarfrost
brindàre *v. intr.* to toast, to drink a toast ♦ **b. alla salute di qc.** to drink sb.'s health
brìndisi *s. m.* toast ♦ **fare un b.** to drink a toast, to make a toast
brìo *s. m.* liveliness, (*fam.*) go
britànnico *agg.* British
brìvido *s. m.* shiver, shudder
brizzolàto *agg.* greying
brócca *s. f.* pitcher, jug
broccàto *s. m.* brocade
bròccolo *s. m.* broccoli
bròdo *s. m.* broth
brodóso *agg.* watery, thin
bròglio *s. m.* fraud
bronchite *s. f.* bronchitis
bróncio *s. m.* pout ♦ **tenere il b.** to sulk, to pout
brónco *s. m.* bronchus
broncopolmonite *s. f.* bronchopneumonia
brontolàre *v. tr. e intr.* to grumble, to mutter
bronzina *s. f.* bush, bushing
brónzo *s. m.* bronze
brucàre *v. tr.* to browse on, to nibble at
bruciacchiàre *v. tr.* to scorch
bruciapélo, a *loc. avv.* point-blank
bruciàre A *v. tr.* **1** to burn **2** (*incendiare*) to set fire to, to burn down **B** *v. intr.* **1** to burn, to blaze **2** (*causare bruciore*) to smart, to sting **3** (*scottare*) to be burning **C** *v. rifl.* to burn oneself **D** *v. intr. pron.* to burn out
bruciatóre *s. m.* burner
bruciatùra *s. f.* burning, burn
brucióre *s. m.* burning ♦ **b. di stomaco** heartburn
brùco *s. m.* caterpillar
brùfolo *s. m.* pimple
brughièra *s. f.* moor, heath
brulicàre *v. intr.* to swarm
brùllo *agg.* bare, bleak
brùma *s. f.* fog, mist

brùno *agg.* brown, dark

brùsco *agg.* **1** sharp, brusque **2** (*improvviso*) abrupt

brusìo *s. m.* buzz, buzzing

brutàle *agg.* brutal

brùto *agg. e s. m.* brute

bruttézza *s. f.* ugliness

brùtto A *agg.* **1** ugly, nasty **2** (*cattivo, sfavorevole, sgradevole*) bad, nasty, unpleasant **B** *s. m.* **1** ugliness **2** (*persona brutta*) ugly person ◆ **brutta copia** rough copy; **brutta figura** poor figure; **b. tempo** bad weather

bruttùra *s. f.* ugly thing

bùca *s. f.* hole, pit ◆ **b. delle lettere** letter box, (*USA*) mailbox

bucanéve *s. m.* snowdrop

bucàre A *v. tr.* **1** to hole **2** (*pneumatico*) to puncture **3** (*pungere*) to prick **B** *v. rifl. e intr. pron.* **1** to have a puncture **2** (*pungersi*) to prick oneself **3** (*drogarsi*) to shoot up

bucàto *s. m.* washing, laundry ◆ **fare il b.** to do the washing

bùccia *s. f.* **1** peel, rind, skin **2** (*di legumi*) pod, husk, (*USA*) shuck

bucherellàre *v. tr.* to riddle

bùco *s. m.* hole

bucòlico *agg.* bucolic

buddismo *s. m.* Buddhism

budèllo *s. m.* **1** bowel, gut **2** (*per corde*) (cat)gut **3** (*vicolo*) alley

budìno *s. m.* pudding

bùe *s. m.* **1** ox **2** (*cuc.*) beef

bùfalo *s. m.* buffalo

bufèra *s. f.* storm ◆ **b. di neve** blizzard; **b. di vento** windstorm, gale

bùffo *agg.* **1** funny, droll **2** (*teatro*) comic, buffo

buffonàta *s. f.* buffoonery, tomfoolery

buffóne *s. m.* buffoon, fool, joker

buggeràre *v. tr.* to trick, to cheat

bugìa (1) *s. f.* lie, fib

bugìa (2) *s. f.* (*per candela*) candleholder

bugiàrdo *agg.* lying

bugigàttolo *s. m.* poky little room, closet

bugnàto *s. m.* ashlar

bùio A *agg.* dark **B** *s. m.* darkness, dark

bùlbo *s. m.* **1** bulb **2** (*oculare*) eyeball

bùlgaro *agg. e s. m.* Bulgarian

bullóne *s. m.* bolt

bungalow *s. m. inv.* bungalow

bunker *s. m. inv.* bunker

buonanòtte *s. f. e inter.* good night

buonaséra *s. f. e inter.* good evening

buongiórno *s. m. e inter.* good morning

buongustàio *s. m.* gourmet

buongùsto *s. m.* good taste

buòno (1) A *agg.* **1** good, kind **2** (*di tempo*) fine, good **3** (*pregevole*) good, fine, first-rate **4** (*piacevole*) fine, nice, lovely **5** (*in esclamazioni*) good, happy, nice **B** *s. m.* **1** (the) good **2** (*persona buona*) good person

buòno (2) *s. m.* **1** (*tagliando*) voucher, coupon **2** (*fin.*) bill, bond

buonsènso *s. m.* common sense

buontempóne *s. m.* jovial person

burattinàio *s. m.* puppeteer

burattìno *s. m.* puppet

bùrbero *agg.* surly, gruff

bùrla *s. f.* joke, trick

burlàre A *v. tr.* to make a joke on, to play a trick on **B** *v. intr. pron.* to make fun of

burlésco *agg.* burlesque

burocràtico *agg.* bureaucratic

burocrazìa *s. f.* bureaucracy

burràsca *s. f.* storm, tempest, (*di vento*) gale

bùrro *s. m.* butter ◆ **b. di cacao** cacao butter

burróne *s. m.* ravine

bus *s. m. inv.* bus

buscàre *v. tr.* to get, to catch

bussàre *v. intr.* to knock, to tap

bùssola *s. f.* compass

bùsta *s. f.* **1** envelope **2** (*astuccio*) case

bustarèlla *s. f.* bribe

bùsto *s. m.* **1** bust **2** (*indumento*) corset

buttàre A *v. tr.* **1** (*lanciare*) to throw, to fling, to cast **2** (*gettare via*) to throw away, to waste **B** *v. intr.* (*di pianta*) to put out, to sprout **C** *v. rifl.* to throw oneself ◆ **b. giù** (*abbattere*) to knock down, to demolish, (*ingoiare*) to gulp down, to swallow, (*abbozzare*) to scribble, to rough out

bùzzo *s. m.* (*fam.*) potbelly

by-pass *s. m. inv.* bypass

bypassàre *v. tr.* to bypass

C

càbala *s. f.* cab(b)ala

cabalìstico *agg.* cab(b)alistic

cabìna *s. f.* **1** box, booth, hut **2** (*al mare*) bathing hut **3** (*naut.*) cabin **4** (*di ascensore, funivia*) cage ◆ **c. di pilotaggio** cockpit; **c. telefonica** telephone booth/box

cabinàto *s. m.* (cabin) cruiser

cabinovìa *s. f.* carway, cableway

cabotàggio *s. m.* coasting trade

cacào *s. m.* **1** (*bot.*) cacao **2** (*prodotto*) cocoa

càccia (1) *s. f.* hunting, hunt, (*con fucile*) shooting,

(*inseguimento*) chase ♦ **c. alla volpe** fox hunting;
c. al tesoro treasure hunt; **c. grossa** big game
hunting; **licenza di c.** game licence; **riserva di c.**
game preserve

càccia (2) *s. m.* (*aer.*) fighter

cacciabombardière *s. m.* (*aer.*) fighter-bomber

cacciagióne *s. f.* game

cacciàre A *v. tr.* **1** to hunt, to shoot **2** (*inseguire*) to
chase **3** (*scacciare*) to drive away, to chase away, to
throw out **4** (*fam.*) (*ficcare, mettere*) to thrust, to
put, to stick **5** (*fam.*) (*emettere, tirare fuori*) to let
out, to take out **B** *v. rifl.* **1** (*ficcarsi*) to plunge **2**
(*andare a finire*) to get to

cacciatóre *s. m.* hunter

cacciavite *s. m. inv.* screwdriver

cachemire *s. f. inv.* cashmere

càcio *s. m.* cheese

càctus *s. m. inv.* cactus

cadaùno *agg. e pron. indef.* each

cadàvere *s. m.* (dead) body, corpse

cadènte *agg.* **1** falling **2** (*di edificio*) crumbling,
tumbledown **3** (*di persona*) decrepit ♦ **stella c.**
shooting star

cadènza *s. f.* **1** cadence, rhythm **2** (*accento*) intonation

cadére *v. intr.* to fall, to drop

cadétto *agg. e s. m.* cadet (*attr.*)

cadùta *s. f.* **1** fall, falling, drop **2** (*perdita*) loss **3**
(*comm.*) drop, fall **4** (*di aereo*) crash ♦ **c. massi**
falling rocks

cadùto *agg.* fallen

caffè *s. m.* **1** coffee **2** (*bar*) coffe house/shop, café ♦
c. ristretto strong coffee; **c. lungo** weak coffee; **c.
solubile** instant coffee

caffeìna *s. f.* caffeine

caffellàtte *s. m. inv.* white coffee

caffettièra *s. f.* coffeepot

cafóne *s. m.* boor

cagionàre *v. tr.* to cause

cagionévole *agg.* weak

cagliàre *v. intr. e rifl.* to curdle

càglio *s. m.* rennet

càgna *s. f.* bitch

cagnésco *agg. surly* ♦ **guardare qc. in c.** to scowl at sb.

càla *s. f.* (*geogr.*) creek, cove

calabróne *s. m.* hornet

calamàio *s. m.* inkpot

calamàro *s. m.* squid

calamìta *s. f.* magnet

calamità *s. f.* calamity, disaster

calànco *s. m.* gully

calàre A *v. tr.* **1** to lower, to let down, to drop **2** (*a
maglia*) to cast off **B** *v. intr.* **1** (*scendere*) to go down,
to come down, to fall **2** (*tramontare*) to set **3** (*diminuire*) to fall, to ebb, to drop, (*di peso*) to lose
weight **C** *v. rifl.* to let oneself down

càlca *s. f.* throng, crowd

calcàgno *s. m.* heel

calcàre (1) *s. m.* limestone

calcàre (2) *v. tr.* **1** (*calpestare*) to tread **2** (*premere*)
to press down **3** (*sottolineare*) to emphasize

calcàreo *agg.* calcareous

càlce *s. f.* lime

calcestrùzzo *s. m.* concrete

calciàre *v. tr.* to kick

calciatóre *s. m.* footballer

calcinàccio *s. m.* rubble

càlcio (1) *s. m.* (*chim.*) calcium

càlcio (2) *s. m.* **1** kick **2** (*sport*) football, soccer ♦
c. d'angolo corner; **c. di punizione** free kick; **c.
di rigore** penalty; **partita di c.** football match

càlcio (3) *s. m.* (*di arma*) stock, butt

càlco *s. m.* **1** mould, cast **2** (*copia*) copy

calcolàre *v. tr.* **1** to calculate, to compute, to reckon
2 (*valutare*) to estimate, to calculate **3** (*includere
nel calcolo*) to count in, to include

calcolatóre *s. m.* computer

calcolatrice *s. f.* calculator

càlcolo *s. m.* **1** calculation, reckoning, computation,
(*mat.*) calculus **2** (*med.*) calculus, stone

caldàia *s. f.* boiler

caldaménte *avv.* warmly, heartily

caldarròsta *s. f.* roast chestnut

caldeggiàre *v. tr.* to support (warmly)

càldo A *agg.* **1** warm, hot **2** (*fig.*) warm, ardent, fervent **B** *s. m.* heat, hot weather

caleidoscòpio *s. m.* kaleidoscope

calendàrio *s. m.* calendar

càlibro *s. m.* **1** gauge, caliber, calibre **2** (*strumento*)
callipers *pl.* **3** (*fig.*) caliber, calibre

càlice *s. m.* **1** goblet, calice **2** (*bot.*) calyx

calìgine *s. f.* haze

calligrafìa *s. f.* handwriting

calligràfico *agg.* calligraphic

callìsta *s. m. e f.* chiropodist

càllo *s. m.* corn, (*osseo*) callus

càlma *s. f.* calm

calmànte A *agg.* calming **B** *s. m.* sedative

calmàre A *v. tr.* **1** to calm (down), to appease **2** (*lenire*) to soothe **B** *v. intr. pron.* **1** to calm down **2** (*placarsi*) to abate

calmière *s. m.* ceiling price

càlmo *agg.* calm

càlo *s. m.* fall, drop, loss

calóre *s. m.* heat, warmth ♦ **colpo di c.** heatstroke

caloria *s. f.* calorie

calòrico *agg.* caloric

calorìfero *s. m.* radiator

calorosaménte *avv.* warmly, heartily

caloróso *agg.* warm, hearty

calòtta *s. f.* cap

calpestàre *v. tr.* to trample on, to tread upon ♦ **è
vietato c. l'erba** keep off the grass

calpestìo *s. m.* stamping

calùnnia *s. f.* slander

calùra *s. f.* great heat

calvàrio *s. m.* ordeal, trial

calvinìsmo *s. m.* Calvinism

calvinìsta *agg. e s. m. e f.* Calvinist

calvìzie *s. f. inv.* baldness

càlvo *agg.* bald

càlza *s. f.* **1** (*da donna*) stocking, (*da uomo*) sock **2**
(*lavoro a maglia*) knitting

calzamàglia *s. f.* tights *pl.*, leotard

calzàre A *v. tr.* **1** (*mettere ai piedi*) to put on **2** (*indossare*) to wear **B** *v. intr.* to fit

calzascàrpe *s. m. inv.* shoehorn

calzatùra *s. f.* footwear ♦ **negozio di calzature** shoe shop

calzaturifìcio *s. m.* shoe factory

calzettóne *s. m.* knee sock

calzìno *s. m.* sock

calzolàio *s. m.* shoemaker, shoe repairer

calzoleria *s. f.* shoemaker's shop, (*vendita*) shoe shop

calzoncìni *s. m. pl.* shorts *pl.*

calzóni *s. m. pl.* trousers *pl.*, (*USA*) pants *pl.*

camaleónte *s. m.* chameleon

cambiàle *s. f.* bill

cambiaménto *s. m.* change

cambiàre A *v. tr. e intr.* to change **B** *v. rifl.* to change (one's clothes)

cambiavalùte *s. m. e f. inv.* money-changer

càmbio *s. m.* **1** change, (*scambio*) exchange, (*modifica*) alteration **2** (*econ.*) exchange, change **3** (*autom.*) gear

cambùsa *s. f.* storeroom, galley

camèlia *s. f.* camelia

càmera *s. f.* **1** room **2** (*pol.*) Chamber, House **3** (*tecnol.*) chamber ♦ **c. a due letti** double room; **c. ammobiliata** furnished room; **c. da letto** bedroom; **c. d'aria** inner tube; **si affittano camere** rooms to let

cameràta (1) *s. f.* dormitory

cameràta (2) *s. m.* companion

camerièra *s. f.* (*al ristorante*) waitress, (*in albergo*) chambermaid, (*domestica*) (house)maid

camerière *s. m.* (*al ristorante*) waiter, (*domestico*) manservant

camerìno *s. m.* dressing room

càmice *s. m.* white coat

camicétta *s. f.* blouse, shirt

camìcia *s. f.* shirt ♦ **c. da notte** nightgown

caminétto *s. m.* fireplace

camìno *s. m.* **1** (*canna fumaria*) chimney **2** (*caminetto*) fireplace

càmion *s. m. inv.* lorry, (*USA*) truck ♦ **c. con rimorchio** lorry with trailer, (*USA*) trailer truck

camioncìno *s. m.* van, pick-up

camionìsta *s. m. e f.* lorry driver, (*USA*) truck driver

cammèllo *s. m.* camel

cammèo *s. m.* cameo

camminàre *v. intr.* **1** to walk, to go on foot **2** (*funzionare*) to work

camminàta *s. f.* **1** walk **2** (*andatura*) gait

cammìno *s. m.* **1** way, journey **2** (*itinerario*) route, path

camomìlla *s. f.* camomile

camòscio *s. m.* chamois ♦ **pelle di c.** shammy leather

campàgna *s. f.* **1** country, countryside **2** (*tenuta*) estate, property **3** (*mil.*) campaign **4** (*pubblicitaria*) campaign

campagnòlo *agg.* country (*attr.*)

campàle *agg.* field (*attr.*)

campàna *s. f.* bell

campanàrio *agg.* bell (*attr.*)

campanèllo *s. m.* bell

campanìle *s. m.* bell tower, belfry

campanilìsmo *s. m.* parochialism

campàre *v. intr.* to live

campàta *s. f.* span, bay

campeggiàre *v. intr.* **1** to camp **2** (*risaltare*) to stand out

campeggiatóre *s. m.* camper

campéggio *s. m.* **1** (*il campeggiare*) camping **2** (*luogo*) campsite

campèstre *agg.* rural, country (*attr.*)

campionàrio A *agg.* sample (*attr.*), trade (*attr.*) **B** *s. m.* (set of) samples *pl.* ♦ **c. di tessuti** pattern book

campionàto *s. m.* championship

campióne *agg. e s. m.* **1** (*sport*) champion **2** (*esemplare*) sample

càmpo *s. m.* **1** field **2** (*mil.*) camp **3** (*sport*) field, ground, pitch

camposànto *s. m.* cemetery

camuffàre A *v. tr.* to disguise **B** *v. rifl.* to disguise oneself, to dress as

camùso *agg.* snub

canadése *agg. e s. m. e f.* Canadian

canàglia *s. f.* scoundrel, rascal

canàle *s. m.* **1** canal **2** (*di mare*) channel **3** (*radio, TV*) channel **4** (*anat., biol.*) canal, duct

canalizzazióne *s. f.* canalization

cànapa *s. f.* hemp ♦ **c. indiana** cannabis

canarìno *s. m.* canary

canàsta *s. f.* canasta

cancellàre A *v. tr.* **1** to delete, (*con la gomma*) to erase, to rub out, (*con un frego*) to strike out, to cross out, (*con straccio, cancellino*) to wipe out **2** (*disdire, annullare*) to cancel **3** (*fig.*) to wipe out, to efface **B** *v. intr. pron.* to fade

cancellàta *s. f.* railing

cancellazióne *s. f.* cancellation, annulment

cancelleria *s. f.* **1** (*pol.*) chancellery **2** (*articoli di cartoleria*) stationery

cancellière *s. m.* **1** (*pol.*) Chancellor **2** (*dir.*) registrar

cancèllo *s. m.* gate

cancerògeno *agg.* carcinogenic

cancrèna *s. f.* gangrene

càncro *s. m.* cancer

candéggio *s. m.* bleaching

candéla *s. f.* **1** candle **2** (*autom.*) sparking plug

candelàbro *s. m.* candelabrum

candelière *s. m.* candlestick, candelabrum

candidàto *s. m.* candidate

candidatùra *s. f.* candidacy

càndido *agg.* **1** (snow-)white **2** (*innocente*) pure, innocent **3** (*sincero*) candid **4** (*ingenuo*) ingenuous

candìto *s. m.* candied fruit

càne *s. m.* dog

canèstro *s. m.* basket

cangiànte *agg.* changing

cangùro *s. m.* kangaroo

canìle *s. m.* kennels *pl.*

canìno *agg. e s. m.* canine

cànna *s. f.* **1** reed, canna **2** (*bastone*) stick, cane **3**

(*da pesca*) rod **4** (*di fucile*) barrel **5** (*di organo*) pipe **6** (*di bicicletta*) crossbar ♦ **c. da zucchero** sugar cane; **c. fumaria** chimney flue

annèlla *s. f.* cinnamon

annéto *s. m.* cane thicket

annibalismo *s. m.* cannibalism

annocchiàle *s. m.* spyglass, telescope

annóne *s. m.* gun

annùccia *s. f.* straw

anòa *s. f.* canoe

ànone *s. m.* **1** (*regola*) canon, rule **2** (*somma da pagare*) rent, fee **3** (*mus., relig.*) canon

anònica *s. f.* vicarage

anònico A *agg.* canonical **B** *s. m.* canon

anòro *agg.* singing, song (*attr.*)

anottàggio *s. m.* rowing, boat racing

anottièra *s. f.* vest

anòtto *s. m.* dinghy, small boat, (*di gomma*) rubber boat

anovàccio *s. m.* **1** (*per piatti*) dish cloth **2** (*per ricamo*) canvas **3** (*trama*) plot **4** (*schema*) sketch

antànte *s. m. e f.* singer

antàre *v. tr. e intr.* **1** to sing **2** (*del gallo*) to crow **3** (*fam.*) (*tradire*) to squeal

antàta *s. f.* (*mus.*) cantata

antautóre *s. m.* song singer-writer

anticchiàre *v. tr. e intr.* to sing softly, to hum

antière *s. m.* yard ♦ **c. navale** shipyard

antilèna *s. f.* singsong

antìna *s. f.* cellar

ànto *s. m.* **1** (*il cantare*) singing **2** (*canzone*) song, (*liturgico*) chant

antonàta *s. f.* **1** corner **2** (*fig.*) blunder

antóne *s. m.* **1** (*angolo*) corner **2** (*Svizzera*) canton

antùccio *s. m.* nook

anzonàre *v. tr.* to make fun of, to tease

anzóne *s. f.* song

àos *s. m.* chaos

aòtico *agg.* chaotic

apàce *agg.* **1** able, capable **2** (*esperto*) skilful, clever **3** (*ampio*) large, spacious, capacious

apacità *s. f.* **1** (*abilità*) ability, capability, cleverness **2** (*capienza*) capacity **3** (*dir.*) capacity **4** (*econ.*) power, capacity

apacitàre A *v. tr.* to persuade **B** *v. rifl.* to make out, to realize

apànna *s. f.* hut, cabin

apannèllo *s. m.* knot (of people)

apannóne *s. m.* shed

apàrbio *agg.* stubborn

apàrra *s. f.* deposit

apéllo *s. m.* hair

apezzàle *s. m.* bolster

apézzolo *s. m.* (*anat.*) nipple, (*zool.*) dug

apiènza *s. f.* capacity

apigliatùra *s. f.* hair

apillàre A *agg.* **1** capillary **2** (*fig.*) detailed **3** (*diffuso*) widespread, diffused **B** *s. m.* capillary (vessel)

apire *v. tr.* to understand, to make out, to realize

apitàle (1) A *agg.* capital **B** *s. f.* capital (city)

apitàle (2) *s. m.* capital ♦ **c. azionario** share capital

capitalismo *s. m.* capitalism

capitalista *agg. e s. m. e f.* capitalist

capitaneria *s. f.* harbour office

capitàno *s. m.* captain

capitàre *v. intr.* **1** (*accadere*) to happen, to occur **2** (*giungere*) to come, to turn up

capitèllo *s. m.* (*arch.*) capital

capitolàre *v. intr.* to capitulate

capitolo *s. m.* chapter

capitómbolo *s. m.* tumble

càpo *s. m.* **1** (*testa*) head **2** (*estremità*) top, end, head **3** (*chi comanda*) chief, leader **4** (*geogr.*) cape **5** (*di bestiame*) animal, head **6** (*di vestiario*) article ♦ **a c.** (*dettando*) new line; **da c.** over again

capodànno *s. m.* New Year's Day

capofamìglia *s. m. e f.* head of a family

capofìtto, a *loc. avv.* headlong, headfirst

capogiro *s. m.* giddiness

capolavóro *s. m.* masterpiece

capolìnea *s. m.* terminus

capolìno *s. m.* peep ♦ **far c.** to peep (in, out)

capoluògo *s. m.* chief town

caporàle *s. m.* caporal

caposcuòla *s. m. e f.* leader of a movement

capostazióne *s. m. e f.* stationmaster

capostìpite *s. m. e f.* founder of a family, (*est.*) ancestor

capotrèno *s. m.* guard, (*USA*) conductor

capovòlgere A *v. tr.* **1** to turn upside down, to overturn **2** (*fig.*) to invert, to reverse **B** *v. intr. pron.* **1** to overturn, to capsize **2** to be reversed

càppa *s. f.* **1** (*mantello*) mantle, cloak **2** (*di camino*) cowl, (*di cucina*) hood **3** (*naut.*) cope

cappèlla (1) *s. f.* **1** chapel **2** (*mus.*) choir

cappèlla (2) *s. f.* (*di fungo*) cap

cappellàno *s. m.* chaplain

cappèllo *s. m.* hat ♦ **c. a cilindro** top hat

càppero *s. m.* caper

cappóne *s. m.* capon

cappottàre *v. intr.* to overturn

cappòtto *s. m.* (over) coat

cappuccino (1) *s. m.* (*relig.*) Capuchin

cappuccino (2) *s. m.* (*bevanda*) cappuccino

cappùccio *s. m.* hood, (*di penna*) cap

càpra *s. f.* goat

caprétto *s. m.* kid

capriccio *s. m.* whim, caprice, fancy

capriccióso *agg.* whimsical, capricious, (*di bambino*) naughty

capricòrno *s. m.* Capricorn

capriòla *s. f.* somersault

capriòlo *s. m.* roe (deer)

càpro *s. m.* he-goat ♦ **c. espiatorio** scapegoat

càpsula *s. f.* **1** capsule **2** (*di dente*) crown

captàre *v. tr.* **1** (*radio*) to pick up **2** (*attrarre*) to tap

carabina *s. f.* rifle

caràffa *s. f.* carafe, decanter

caramèlla *s. f.* sweet, toffee, candy

caràto *s. m.* carat

carattere *s. m.* **1** character, temper **2** (*caratteristica*) feature, characteristic **3** (*tip.*) type, character

caratteristica *s. f.* characteristic, feature
caratteristico *agg.* characteristic, typical
caratterizzare *v. tr.* to characterize
carboidrato *s. m.* carbohydrate
carbóne *s. m.* coal
carbonizzare *v. tr. e intr. pron.* 1 to carbonize, to char 2 (*bruciare*) to burn
carburante *s. m.* fuel
carburatóre *s. m.* carburettor, (*USA*) carburetor ◆ **c. ingolfato** floodied carburettor
carcassa *s. f.* 1 carcass 2 (*spreg.*) wreck
carcerario *agg.* prison (*attr.*)
carceràto *s. m.* prisoner
carcere *s. m.* jail, prison
carceriere *s. m.* jailor, warder
carciòfo *s. m.* artichoke
cardiaco *agg.* cardiac, heart (*attr.*) ◆ **attacco c.** heart attack; **insufficienza cardiaca** cardiac failure; **trapianto c.** heart transplant
cardinale *agg. e s. m.* cardinal ◆ **punti cardinali** cardinal points
cardinalizio *agg.* cardinal (*attr.*)
cardine *s. m.* 1 hinge, pivot 2 (*fig.*) foundation
cardiocircolatòrio *agg.* cardiocirculatory
cardiologia *s. f.* cardiology
cardiòlogo *s. m.* cardiologist
cardiopàtico *agg. e s. m.* cardiopath
cardo *s. m.* thistle
carèna *s. f.* (*naut.*) hull
carente *agg.* lacking
carenza *s. f.* 1 (*mancanza*) lack, want 2 (*scarsità*) scarcity, shortage
carestìa *s. f.* famine
carézza *s. f.* caress
cariàtide *s. f.* caryatid
cariàto *agg.* decayed
carica *s. f.* 1 (*ufficio, dignità*) office, position 2 (*mil., elettr., di arma da fuoco*) charge 3 (*di orologio*) winding
caricare *v. tr.* 1 to load up 2 (*di merce, passeggeri*) to take on, to load 3 (*riempire*) to fill 4 (*gravare*) to burden, to overload 5 (*mil., elettr.*) to charge 6 (*orologio*) to wind up
caricatùra *s. f.* caricature
càrico A *agg.* 1 loaded, laden 2 (*elettr.*) charged 3 (*riempito*) filled **B** *s. m.* 1 loading, lading 2 (*merce*) load, cargo, freight 3 (*fig.*) burden, weight ◆ **a c. di** charged to, at expense of; **essere a c. di qc.** to be dependent on sb.
càrie *s. f. inv.* decay, caries *pl.*
carino *agg.* pretty, nice
carisma *s. m.* charisma
carismàtico *agg.* charismatic
carità *s. f.* 1 charity 2 (*elemosina*) alms *pl.* 3 (*favore*) favour
carlinga *s. f.* nacelle
carnagióne *s. f.* complexion
càrne *s. f.* 1 flesh 2 (*alimento*) meat
carnéfice *s. m.* executioner
carneficina *s. f.* slaughter, massacre
carnevàle *s. m.* carnival

carnìvoro *agg.* carnivorous
carnóso *agg.* plump
càro *agg.* 1 dear, charming 2 (*costoso*) expensive, de-
carógna *s. f.* 1 carrion 2 (*fig.*) swine
caròta *s. f.* carrot
carovàna *s. f.* caravan, convoy
carovita *s. m.* high cost of living
carpentière *s. m.* carpenter
carpire *v. tr.* to extort, to cheat, to do out of
carpóni *avv.* on all fours
carràbile *agg.* carriageable ◆ **passo c.** (*avvise* keep clear
carreggiàta *s. f.* carriageway, roadway, track
carrellàta *s. f.* 1 (*cin., TV*) tracking shot, dolly sh 2 (*fig.*) roundup
carrèllo *s. m.* 1 trolley, truck 2 (*aer.*) undercarriage
carrétto *s. m.* handcart
carrièra *s. f.* career
carriòla *s. f.* wheelbarrow
càrro *s. m.* car, wagon ◆ **c. armato** tank
carròzza *s. f.* carriage, coach
carrozzèlla *s. f.* 1 (*di piazza*) cab 2 (*sedia a rotelle* wheelchair
carrozzeria *s. f.* 1 (*autom.*) bodywork, body 2 (*o ficina*) body shop
carrozzina *s. f.* pram, (*USA*) baby carriage
carrùcola *s. f.* pulley
càrta *s. f.* 1 paper 2 (*documento*) card, paper, docu ment 3 (*da gioco*) (playing) card 4 (*geografica* map, chart 5 (*statuto*) charter ◆ **c. da lettere** wri ing paper; **c. di credito** credit card; **c. d'identit** identity card; **c. d'imbarco** boarding card; **c. igie nica** toilet paper
cartàccia *s. f.* waste paper
cartàceo *agg.* paper (*attr.*)
cartamonéta *s. f.* paper money
cartapésta *s. f.* papier-mâché
cartéggio *s. m.* correspondence
cartèlla *s. f.* 1 (*di cartone*) folder, file, (*per disegn foto*) portfolio 2 (*valigetta*) briefcase, (*da scuola* satchel 3 (*pagina*) page, sheet 4 (*fin.*) bond
cartellino *s. m.* 1 label, tag, ticket 2 (*di presenza* time card
cartèllo *s. m.* sign-board, sign, notice, (*pubblicita rio*) poster, (*stradale*) road sign
cartellóne *s. m.* poster, board
càrter *s. m. inv.* 1 (*di bicicletta*) (chain-) guard 2 (*autom.*) case
cartièra *s. f.* paper mill
cartilàgine *s. f.* cartilage
cartina *s. f.* 1 (*mappa*) map 2 (*per sigarette*) ciga rette paper
cartòccio *s. m.* paper bag, cornet
cartografia *s. f.* cartography
cartogràfico *agg.* cartographic
cartolaio *s. m.* stationer
cartoleria *s. f.* stationery shop
cartolina *s. f.* (post)card
cartomànte *s. m. e f.* fortune-teller
cartomanzia *s. f.* cartomancy
cartóne *s. m.* 1 cardboard 2 (*scatola*) carton, box ◆

cartoni animati cartoons
cartùccia s. f. cartridge
càsa s. f. **1** house, (*la propria abitazione*) home, (*appartamento*) flat **2** (*famiglia*) house, family **3** (*comm.*) house, firm, company ♦ **c. colonica** farmhouse; **c. da gioco** gambling house; **c. di riposo** rest home; **seconda c.** holiday home
casàcca s. f. coat
casalinga s. f. housewife
casalingo agg. **1** (*di casa*) homely, domestic **2** (*che ama la casa*) home-loving **3** (*fatto in casa*) homemade **4** (*semplice*) plain, homely
casàto s. m. family, house
cascàre v. intr. to fall, to tumble
cascàta s. f. waterfall, cascade
cascìna s. f. dairy farm, farmhouse
càsco s. m. **1** helmet **2** (*di parrucchiere*) hair dryer **3** (*di banane*) bunch
caseggiàto s. m. block (of flats)
caseifìcio s. m. dairy
casèlla s. f. **1** (*di schedario*) pigeon-hole **2** (*riquadro*) square ♦ **c. postale** p. o. box
casèllo s. m. (*di autostrada*) tollbooth
casèrma s. f. barracks pl.
casìno s. m. **1** (*da caccia*) shooting lodge **2** (*bordello*) brothel **3** (*fam.*) (*chiasso*) row, mess
casinò s. m. inv. casino
càso s. m. **1** chance **2** (*fatto, vicenda*) case, event, affair **3** (*eventualità*) case ♦ **in c. contrario** otherwise; **in ogni c.** in any case; **per c.** by chance; **si dà il c. che ...** it so happens that ...
casolàre s. m. homestead, cottage
càspita inter. good heavens!
càssa s. f. **1** case, chest, box **2** (*negozio*) cash desk, cash, desk, counter **3** (*banca*) bank **4** (*bara*) coffin ♦ **c. continua** night safe; **registratore di c.** cash register
cassafòrte s. f. safe, strongbox
cassapànca s. f. chest, settle
casseruòla s. f. saucepan
cassétta s. f. **1** box **2** (*mus.*) cassette ♦ **c. degli attrezzi** toolbox; **c. delle lettere** letterbox, (*USA*) mailbox; **film di c.** commercial film
cassétto s. m. drawer
cassière s. m. cashier
càsta s. f. caste
castàgna s. f. chestnut
castàgno s. m. chestnut
castàno agg. brown
castellàno s. m. lord of a castle
castèllo s. m. castle ♦ **letto a c.** bunk bed
castigàre v. tr. to punish
castigàto agg. chaste, decent
castìgo s. m. punishment
castità s. f. chastity
càsto agg. chaste, pure
castòro s. m. beaver
castràre v. tr. to castrate, to geld
casuàle agg. random, casual, fortuitous
casualménte avv. by chance, accidentally
cataclìsma s. m. cataclysm

catacómba s. f. catacomb
catalogàre v. tr. to catalogue
catàlogo s. m. catalogue, (*USA*) catalog
catamaràno s. m. catamaran
catapécchia s. f. hovel, slum
catarifrangènte s. m. reflector
catàrro s. m. catarrh
catàsta s. f. stack, pile
catàsto s. m. land register
catàstrofe s. f. catastrophe, disaster
catastròfico agg. catastrophic
catechìsmo s. m. catechism
categorìa s. f. category
categòrico agg. categorical
caténa s. f. chain
cateràtta s. f. cataract
catìno s. m. basin
catràme s. m. tar
càttedra s. f. **1** desk **2** (*posto di insegnante*) teaching post, (*all'università*) chair **3** (*seggio*) chair
cattedràle s. f. cathedral
cattedràtico s. m. professor
cattivèria s. f. **1** wickedness, spite, (*di bambino*) naughtiness **2** (*azione*) wicked action
cattività s. f. captivity
cattìvo agg. **1** bad **2** (*sgradevole*) nasty, bad **3** (*di tempo*) bad, (*di mare*) rough **4** (*malvagio*) wicked **5** (*di bambino*) naughty
cattolicésimo s. m. Catholicism
cattòlico agg. e s. m. Catholic
cattùra s. f. capture, (*arresto*) arrest
catturàre v. tr. to capture, to seize, to arrest
caucciù s. m. caoutchouc
càusa s. f. **1** cause **2** (*dir.*) suit, case ♦ **a c. di** because of, owing to; **c. civile** civil suit; **c. penale** criminal case; **far c. a qc.** to sue sb.
causàle A agg. causal B s. f. cause, reason
causàre v. tr. to cause, to bring about
càustico agg. caustic
cautèla s. f. caution
cautelàrsi v. rifl. to take precautions
càuto agg. cautious
cauzióne s. f. **1** security, deposit, caution (money) **2** (*dir.*) bail ♦ **essere liberato su c.** to be released on bail
càva s. f. quarry
cavalcàre v. tr. e intr. to ride
cavalcàta s. f. ride
cavalcavìa s. m. inv. flyover, overpass
cavalcióni, (a) avv. astride
cavalière s. m. **1** (*chi cavalca*) rider **2** (*stor.*) knight **3** (*mil.*) cavalryman **4** (*chi accompagna una donna*) escort, partner
cavalierésco agg. chivalrous
cavallerìa s. f. **1** (*mil.*) cavalry **2** (*stor.*) chivalry **3** (*comportamento*) chivalry, gallantry
cavallerìzzo s. m. horseman
cavallétta s. f. grasshopper
cavallétto s. m. trestle, (*per pittore*) easel, (*fot.*) tripod
cavàllo s. m. **1** horse **2** (*scacchi*) knight **3** (*cavallo vapore*) horsepower **4** (*di pantaloni*) crotch ♦ **an-**

dare a **c.** to ride
cavallóne s. m. billow, (*frangente*) breaker
cavàre v. tr. **1** (*tirare fuori*) to take out, to draw, to pull out **2** (*togliere*) to take off, to remove **3** (*ricavare*) to get, to obtain **4** (*cavarsela*) to get off
cavatàppi s. m. corkscrew
càvea s. f. cavea
cavèrna s. f. cave, cavern
càvia s. f. guinea pig
caviàle s. m. caviar
caviglia s. f. ankle
cavillo s. m. cavil
cavità s. f. cavity, hollow, chamber
càvo (1) A agg. hollow **B** s. m. cavity, hollow ♦ **c. orale** buccal cavity
càvo (2) s. m. **1** (*elettr.*) cable **2** (*fune*) rope
cavolfiòre s. m. cauliflower
cavolini di Bruxelles s. m. pl. Brussels sprouts pl.
càvolo s. m. cabbage
cazzòtto s. m. punch
cazzuòla s. f. trowel
ce A particella pron. to us, us (ES: **perché non ce l'hai detto prima?** why didn't you tell us before?) **B** avv. there (ES: **quanti gatti ci sono? ce n'è uno** how many cats are there? there is one)
céce s. m. chickpea
cecità s. f. blindness
cèco agg. e s. m. Czech
cèdere A v. tr. **1** (*dare*) to give **2** (*trasferire*) to hand over, to transfer **3** (*vendere*) to sell **4** (*consegnare*) to surrender, (*con trattato*) to cede **B** v. intr. **1** (*arrendersi*) to surrender, to yield **2** (*sprofondare, rompersi*) to give way
cedévole agg. **1** yielding **2** (*di terreno*) soft
cèdola s. f. coupon
cèdro s. m. **1** (*agrume*) citron **2** (*albero*) cedar
cèduo agg. **bosco c.** coppice
cefalèa s. f. cephalalgy, headache
cèffo s. m. (*spreg.*) mug
ceffóne s. m. slap, cuff
celàre A v. tr. to conceal, to hide **B** v. rifl. to hide oneself, to conceal oneself, to be hidden
celebèrrimo agg. very famous
celebrànte s. m. celebrant
celebràre v. tr. to celebrate
celebrazióne s. f. celebration
cèlebre agg. celebrated, famous, renowned
celebrità s. f. celebrity
cèlere agg. swift, quick
celèste A agg. **1** (*del cielo*) heavenly, celestial **2** (*colore*) light blue **B** s. m. light blue
cèlibe agg. single, unmarried
cèlla s. f. cell ♦ **c. frigorifera** cold store
cèllula s. f. cell
cellulàre agg. cellular
cellulite s. f. **1** (*accumulo*) cellulite **2** (*infiammazione*) cellulitis
cèltico agg. e s. m. Celtic
cementàre v. tr. e intr. pron. to cement
ceménto s. m. cement
céna s. f. dinner, supper

cenàre v. intr. to have dinner/supper, to dine
céncio s. m. rag
cencióso agg. ragged
cénere s. f. ash(es)
cénno s. m. **1** sign, gesture, (*con il capo*) nod, (*con la mano*) wave **2** (*allusione*) hint, mention, allusio **3** (*breve notizia*) notice, note **4** al pl. (*breve trattato* outline
censiménto s. m. census
censóre s. m. censor
censùra s. f. censorship
centàuro s. m. **1** (*mitol.*) centaur **2** (*motociclista* motorcyclist
centenàrio A agg. **1** (*che ha cento anni*) hundred year-old, (*di persona*) centennial **2** (*che ricorn ogni cento anni*) centenary **B** s. m. **1** (*anniversaria* centenary **2** (*persona*) centenarian
centesimàle agg. centesimal
centèsimo A agg. num. ord. hundredth **B** s. m. **1** (*l centesima parte*) (the, a) hundredth **2** (*moneta* cent, penny
centìgrado agg. centigrade
centìmetro s. m. centimetre, (*USA*) centimeter
centinàio s. m. hundred ♦ **a centinaia** by hundred
cènto agg. num. card. e s. m. (a, one) hundred
centràggio s. m. cent(e)ring
centràle A agg. central **B** s. f. plant, station
centralinìsta s. m. e f. operator
centralino s. m. (*tel.*) exchange, (*di alberga* switchboard
centralizzàre v. tr. to centralize
centràre v. tr. **1** (*colpire al centro*) to hit the cent of **2** (*mettere al centro, centrare*) to centre **3** (*fig* to grasp fully
centravànti s. m. inv. centre forward
centrìfuga s. f. **1** centrifuge **2** (*della lavatrice* spin-dry
centrìfugo agg. centrifugal
centrìpeto agg. centripetal
cèntro s. m. centre, (*USA*) center
centrocàmpo s. m. centre field
céppo s. m. **1** (*d'albero*) stump, (*da ardere*) log (*mecc.*) stock
céra (1) s. f. wax ♦ **c. vergine** beewax; **muse delle cere** waxworks
céra (2) s. f. (*aspetto*) air, look
ceràmica s. f. ceramics pl. (v. al sing.), pottery
ceramìsta s. m. e f. ceramist
cerbiàtto s. m. fawn
cérca s. f. search
cercàre A v. tr. **1** to look for, to search for, to seek (*richiedere*) to ask for, to want **3** (*consultando*) look up **B** v. intr. to try
cérchia s. f. circle
cérchio s. m. **1** circle, ring, round **2** (*di ruota*) rim (*di botte*) hoop
cerchióne s. m. rim
cereàle s. m. cereal
cerimònia s. f. ceremony
cerino s. m. (wax) match
cèrnia s. f. grouper

ernièra s. f. hinge ◆ **c. lampo** zip, zipper

èrnita s. f. selection

éro s. m. candle

eròtto s. m. plaster

ertaménte avv. certainly, surely, of course

ertézza s. f. certainty

ertificàto s. m. certificate

èrto (1) A agg. indef. **1** certain (ES: **un c. giorno** a certain day) **2** (qualche, un po' di) some (ES: **dopo un c. tempo** after some time) **3** (di tale genere) such (ES: **certe persone** such people) **B** pron. indef. al pl. some (people)

èrto (2) A agg. certain, sure **B** avv. certainly, of course

ertósa s. f. Chartreuse

ervellétto s. m. cerebellum

ervèllo s. m. **1** brain **2** (fig.) brain, mind ◆ **lambiccarsi il c.** to rack one's brains

ervicàle agg. cervical

èrvo s. m. deer

esellàre v. tr. **1** to chisel **2** (fig.) to polish

esèllo s. m. chisel

esóia s. f. shear

espùglio s. m. bush

essàre v. tr. e intr. to cease, to stop

èsso s. m. (fam.) bog

ésta s. f. basket

estino s. m. basket ◆ **c. per i rifiuti** litterbin, wastebasket

ésto s. m. basket

èto s. m. class

etriolino s. m. gherkin

etrìolo s. m. cucumber

he (1) A agg. interr. **1** (riferito a un numero indefinito di cose o persone) what (ES: **c. città preferisci?** what town do you like best?) **2** (riferito a un numero limitato di cose o persone) which (ES: **c. città della Francia preferisci?** which French town do you like best?) **B** pron. interr. what (ES: **c. stai facendo?** what are you doing?)

he (2) A agg. escl. **1** (quale) what (ES: **c. festa noiosa!** what a boring party!) **2** (come) how (ES: **c. strano!** how strange!) **B** pron. escl. what (ES: **c. dici!** what are you saying?)

he (3) pron. rel. **1** (sogg. riferito a persona) who, that; (sogg. riferito a cose o animali) which, that (ES: **il ragazzo c. cadde dal tetto** the boy who fell off the roof, **l'albero c. cresce in giardino** the tree which grows in the garden) **2** (ogg. riferito a persona) whom, who, that; (ogg. riferito a cose o animali) which, that (spesso sottinteso) (ES: **il ragazzo che ho visto questa mattina** the boy (whom) I've seen this morning, **il libro c. vedi** the book (which) you see) **3** (in cui, quando, con cui, per cui) in which, on which, when (spesso sottinteso) (ES: **l'anno che andammo in Italia** the year (when) we went to Italy) **4** (la qual cosa, il che) which (ES: **mio fratello non può venire, il c. è un vero peccato** my brother cannot come, which is a real pity) **5** (correl. di stesso, medesimo) as, that

he (4) pron. indef. (qualcosa) something (ES: **c'è un**

c. di strano in quella casa there's something strange about that house)

che (5) cong. **1** (dichiarativa dopo i verbi che esprimono opinione, sentimento, ecc.) that (spesso sottinteso) (ES: **mi dispiace c. tu non riesca a dormire** I'm sorry (that) you can't sleep) **2** (dichiarativa dopo i verbi che esprimono volontà o comando o dopo loc. impers.) idiom. (ES: **vorrei c. tu non venissi** I wish you wouldn't come) **3** (consecutiva) that (ES: **ti sei svegliato così tardi c. hai perso l'autobus** you woke up so late that you missed the bus) **4** (finale) that (spesso sottinteso) (ES: **bada c. non ti caschi** be careful (that) you don't drop it) **5** (comparativa) than (ES: **più c. mai** more than ever) **6** (temporale) when, since, for, after (ES: **arrivai c. tutto era già finito** everything was already over when I got there) **7** (eccettuativa) only, but (ES: **non fa altro c. dormire** he does nothing but sleep) **8** (disgiuntiva) whether (ES: **c. tu venga o no** whether you come or not)

chetichèlla, alla loc. avv. secretly ◆ **entrare/uscire alla c.** to slip in/away

chi (1) pron. rel. **1** (colui, colei che) who, the person (man, boy, ecc.) who; (coloro che) who, those who (ES: **non conosco c. ha scritto quel libro** I don't know who wrote that book) **2** (chiunque) whoever, anyone who (ES: **c. vuole entrare deve suonare due volte il campanello** anyone who wants to come in must ring the bell twice) **3** (qualcuno che) someone who, somebody who; (in frasi neg.) no one who, nobody who, anyone who, anybody who (ES: **c'è c. mi aiuterà** there's someone who will help me, **non trovo c. mi dia retta** I don't find anyone who pays attention to me) **4** (chi ... chi) some ... some, someone ... someone (ES: **c. viene, c. va** some come, some go)

chi (2) pron. interr. **1** (sogg.) who (ES: **c. è?** who is it?) **2** (ogg. e compl. ind.) whom, who (ES: **a c. scrivi?** who are you writing to?)

chiàcchiera s. f. **1** chatt, talk **2** (pettegolezzo) gossip, (notizia infondata) rumor

chiacchieràre v. intr. **1** to chat, to talk **2** (pettegolare) to gossip

chiacchieràta s. f. chat, talk

chiacchieróne s. m. **1** chatterer **2** (pettegolo) gossip

chiamàre v. tr. **1** to call **2** (al telefono) to phone **3** (dare nome) to name **B** v. intr. pron. to be called ◆ **come ti chiami?** what is your name?

chiamàta s. f. call ◆ **c. alle armi** call-up

chiaraménte avv. clearly

chiarézza s. f. clearness, clarity

chiariménto s. m. explanation

chiarìre v. tr. to clear up, to explain **B** v. intr. pron. to become clear

chiàro A agg. **1** clear **2** (di colore) light **3** (luminoso) bright **4** (evidente) clear, evident **B** avv. **1** clearly **2** (con franchezza) frankly

chiaroscùro s. m. chiaroscuro

chiaroveggènte s. m. e f. clairvoyant

chiàsso s. m. uproar, noise

chiassóso agg. **1** rowdy, noisy **2** (fig.) gaudy

chiàve s. f. **1** key **2** (mecc.) spanner, (USA) wrench **3** (mus.) clef

chiavistèllo s. m. bolt

chiàzza s. f. spot, stain

chicco s. m. (di cereale) grain, (di caffè) coffe-bean, (d'uva) grape

chièdere A v. tr. **1** (per sapere) to ask **2** (per avere) to ask for **3** (come prezzo) to charge **4** (richiedere) to demand, to require B v. intr. pron. to wonder

chiérico s. m. cleric

chièsa s. f. church

chìglia s. f. keel

chìlo s. m. kilo

chilogràmmo s. m. kilogram(me)

chilomètrico agg. kilometric

chilòmetro s. m. kilometre, (USA) kilometer

chìmica s. f. chemistry

chìmico A agg. chemical B s. m. chemist

chìna s. f. slope

chinàre A v. tr. to bend, to bow, to lower B v. rifl. to stoop, to bend down

chincaglieria s. f. trinkets pl., fancy goods pl.

chiòccia s. f. brooding hen

chiòcciola s. f. snail ♦ **scala a c.** winding staircase, spiral stairs

chiòdo s. m. **1** nail, (da roccia) piton, (da scarpe) hobnail **2** (idea fissa) fixed idea ♦ **c. di garofano** clove

chiòma s. f. **1** hair **2** (di albero) foliage

chiòsco s. m. kiosk, stall, stand

chiòstro s. m. cloister

chiromànte s. m. e f. chiromancer

chirurgìa s. f. surgery

chirùrgo s. m. surgeon

chissà avv. **1** I wonder **2** (forse) perhaps, maybe

chitàrra s. f. guitar

chitarrìsta s. m. e f. guitarist

chiùdere A v. tr. **1** to shut, to close **2** (recingere) to enclose **3** (concludere) to conclude, to end **4** (rinchiudere) to shut up **5** (spegnere) to turn off, to switch B v. intr. to close C v. rifl. e intr. pron. **1** to close **2** (concentrarsi) to withdraw

chiùnque A pron. indef. anyone, anybody (ES: **c. è capace di farlo** anybody can do it) B pron. rel. indef. **1** (sogg.) whoever, (compl.) who(m)ever, anyone, anybody (ES: **c. telefoni, digli che sono uscito** whoever calls, tell him I'm out; **c. tu conosca, ignoralo** ignore anyone you know) **2** (seguito da part.) whichever (ES: **c. di loro arrivi, fallo sedere** whichever of them comes, let him sit down)

chiùsa s. f. lock

chiùso agg. **1** closed, shut **2** (racchiuso) enclosed **3** (di persona) reserved, close

chiusùra s. f. **1** closing, shutting **2** (fine) end, close **3** (allacciatura) fastening **4** (serratura) lock ♦ **c. lampo** zip

ci (1) A pron. pers. 1ª pl. **1** (compl. ogg.) us, (compl. di termine) (to) us (ES: **non ci hanno chiamato** they didn't call us) **2** (riflessivo) ourselves (spesso sottinteso) (ES: **non ci siamo vestiti come dovremmo** we didn't dress ourselves as we should) **3** (reciproco)

each other, one another (ES: **ci vediamo ogni dome nica** we see each other every Sunday) B pron. dimost this, that, it (ES: **non ci credo** I don't believe it)

ci (2) avv. **1** (qui) here, (là) there, (per questo luogo through (ES: **ci vado sempre** I always go there) **2** (con il v. essere) there (ES: **c'è** there is, **ci sono** there are)

ciabàtta s. f. slipper

ciàlda s. f. wafer

ciambèlla s. f. **1** (dolce) bun, doughnut **2** (salva gente) life ring

cianfrusàglia s. f. junk, knick-knacks pl.

ciao inter. **1** (incontrandosi) hullo, (USA) hi **2** (acco miatandosi) bye-bye, so long, cheerio

ciarlatàno s. m. charlatan, quack

ciascùno A agg. indef. **1** (ogni) every **2** (distributivo each B pron. indef. **1** (ognuno) everybody, everyone **2** (distributivo) each (one)

cibàre v. tr. to feed, to nourish B v. rifl. to feed, to ea

cìbo s. m. food

cicàla s. f. cicada

cicalìno s. m. buzzer

cicatrìce s. f. scar

cìcca s. f. (di sigaretta) cigarette end

cìccia s. f. (fam.) flesh

ciceróne s. m. guide, cicerone

cìclico agg. cyclic

ciclìsmo s. m. cycling

ciclìsta s. m. e f. **1** cyclist **2** (chi ripara biciclette) bi cycle repairer

cìclo s. m. cycle

ciclomotóre s. m. motor-bicycle, moped

ciclóne s. m. cyclone

ciclòpico agg. cyclopean

cicógna s. f. stork

cicòria s. f. chicory

cièco agg. blind ♦ **vìcolo c.** blind alley

cièlo s. m. sky, (letter.) heaven

cìfra s. f. **1** figure, digit, numeral, number **2** (somma amount **3** (monogramma) cipher, monogram

cìglio s. m. **1** eyelashes pl. **2** (bordo) edge, brink, bor der ♦ **senza batter c.** without flinching

cìgno s. m. swan

cigolàre v. intr. to creak, to squeak

cigolìo s. m. creaking, squeaking

cilìegia s. f. cherry

cilindràta s. f. (piston) displacement ♦ **auto d grossa c.** high-powered car

cilìndrico agg. cylindrical

cilìndro s. m. cylinder

cìma s. f. **1** top, peak, summit **2** (naut.) line, rope **3** (fig.) genious

cimèlio s. m. relic, antique

cìmice s. f. bug

ciminièra s. f. chimney

cimiteriàle agg. cemeterial

cimitèro s. m. graveyard, cemetery, (presso una chiesa) churchyard

cimùrro s. m. distemper

cinàbro s. m. cinnabar

cincìn inter. cheers

cineamatóre s. m. amateur film-maker

cinema s. m. inv. cinema, films pl.
cinematogràfico agg. cinematographic, film (attr.)
cinepresa s. f. (cine) camera
cinerario agg. cinerary
cinése agg. e s. m. e f. Chinese
cinètico agg. kinetic
cìngere v. tr. 1 to gird 2 (circondare) to encircle, to surround
cinghia s. f. strap, belt
cinghiàle s. m. (wild) boar
cinguettàre v. intr. to chirp, to twitter
cinguettìo s. m. chirping, twittering
cìnico agg. cynical
cinismo s. m. cynicism
cinòfilo s. m. cynophilist
cinquànta agg. num. card. e s. m. inv. fifty
cinquantèsimo agg. num. ord. e s. m. fiftieth
cinquantìna s. f. about fifty
cìnque agg. num. card. e s. m. inv. five
cinquecentésco agg. sixteenth-century (attr.)
cinquecènto agg. num. card. e s. m. inv. five hundred
cintùra s. f. belt ♦ **c. di sicurezza** safety/seat belt
cinturìno s. m. strap
ciò pron. dimostr. this, that, it ♦ **c. che** what; **c. nonostante** in spite of this; **con tutto c.** for all that
ciòcca s. f. lock
cioccolàta s. f. chocolate ♦ **c. al latte/fondente** milk/plain chocolate
cioccolatino s. m. chocolate
cioccolàto s. m. → **cioccolata**
cioè avv. 1 that is, i.e. (id est), namely 2 (con valore di rettifica) better, or rather ♦ **c.?** what do you mean?
ciondolàre v. intr. 1 to dangle 2 (bighellonare) to lounge about
ciòndolo s. m. pendant
ciononostànte avv. nevertheless, in spite of this
ciòtola s. f. bowl
ciòttolo s. m. 1 pebble, cobble 2 (per pavimentazione) cobblestone
cipìglio s. m. scowl
cipòlla s. f. onion
cippo s. m. cippus
ciprèsso s. m. cypress
cìpria s. f. (face) powder
circa A avv. about, approximately B prep. with regard to, about, concerning
circo s. m. circus
circolànte agg. circulating ♦ **biblioteca c.** lending library; **moneta c.** currency
circolàre (1) A agg. circular B s. f. circular (letter)
circolàre (2) v. intr. to circulate
circolazióne s. f. 1 circulation 2 (traffico) traffic
circolo s. m. 1 circle 2 (associazione) club
circoncisióne s. f. circumcision
circondàre A v. tr. to surround, to encircle B v. rifl. to surround oneself
circonferènza s. f. circumference
circonvallazióne s. f. ring road
circoscrìvere v. tr. to circumscribe
circoscrizióne s. f. district ♦ **c. elettorale** constituency

circospètto agg. circumspect, cautious
circostànte agg. surrounding
circostànza s. f. circumstance
circùito s. m. circuit
cistercènse agg. Cistercian
cistèrna s. f. cistern, tank ♦ **nave c.** tanker
cìsti s. f. cyst
citàre v. tr. 1 to cite, to mention 2 (da un libro, da un discorso) to quote 3 (dir.) to summon(s), (fare causa) to sue
citazióne s. f. 1 citation 2 (da un libro, da un discorso) quotation 3 (dir.) summons
citòfono s. m. entry phone
città s. f. town, (importante) city
cittadèlla s. f. citadel
cittadinànza s. f. 1 nationality, citizenship 2 (popolazione di città) citizens pl.
cittadìno A agg. town (attr.), city (attr.) B s. m. citizen
ciùco s. m. ass, donkey
ciùffo s. m. tuft
civétta s. f. 1 (zool.) owl 2 (fig.) coquette ♦ **far la c.** to flirt
civico agg. civic
civìle agg. civil
civilizzazióne s. f. civilization
civiltà s. f. 1 civilization, culture 2 (cortesia) civility
clàcson s. m. inv. horn
clamóre s. m. outcry
clamoróso agg. clamorous
clandestìno s. m. clandestine
clarinétto s. m. clarinet
clàsse s. f. class
classicismo s. m. classicism
classicìsta s. m. e f. classicist
classicità s. f. classical antiquity
clàssico A agg. classic(al) B s. m. classic
classìfica s. f. classification, results pl.
classificàre A v. tr. to classify B v. rifl. to come
classìsta agg. class (attr.)
clàusola s. f. clause
claustrofobìa s. f. claustrophobia
clausùra s. f. seclusion ♦ **suora di c.** cloistered nun
clàva s. f. club
clavicémbalo s. m. harpsichord
clavìcola s. f. clavicle
clemènte agg. 1 (di persona) clement, lenient, merciful 2 (di tempo) mild
clemènza s. f. 1 (di persona) clemency, leniency, mercifulness 2 (di clima) mildness 3 (dir.) mercy
cleptòmane agg. e s. m. e f. kleptomaniac
clericàle agg. clerical
clèro s. m. clergy
clessìdra s. f. (a sabbia) sandglass, (ad acqua) clepsydra
cliènte s. m. e f. (di negozio) customer, (di albergo) guest, (di professionista) client
clima s. m. climate
climàtico agg. climatic ♦ **stazione climatica** health resort
climatizzazióne s. f. air-conditioning
clìnica s. f. clinic

clìnico *agg.* clinical
clòro *s. m.* chlorine
clorofìlla *s. f.* chlorophyl
club *s. m. inv.* club
coabitàre *v. intr.* to cohabit, to live together
coabitazióne *s. f.* cohabitation, house-sharing
coagulàre *v. intr. e intr. pron.* to coagulate
coalizióne *s. f.* coalition, alliance
coàtto *agg.* forced
coautóre *s. m.* coauthor
cocaìna *s. f.* cocaine
cocainòmane *s. m. e f.* cocaine addict
coccinèlla *s. f.* ladybird, ladybug
còccio *s. m.* **1** earthenware **2** (*frammento*) fragment (of pottery)
cocciùto *agg.* stubborn
còcco *s. m.* coconut
coccodrìllo *s. m.* crocodile
coccolàre *v. tr.* to cuddle
cocènte *agg.* burning, scorching
cocómero *s. m.* watermelon
cocùzzolo *s. m.* top, summit
códa *s. f.* **1** tail **2** (*fila*) queue, line ◆ **fare la c.** to queue up
codàrdo *s. m.* coward
codésto *agg. e pron. dimostr.* that
còdice *s. m.* **1** code **2** (*manoscritto*) codex
codìfica *s. f.* codification
coefficiènte *s. m.* coefficient, factor
coerènte *agg.* coherent, consistent
coerènza *s. f.* coherence, consistency
coesistènte *agg.* coexistent
coetàneo *agg. e s. m.* contemporary
coèvo *agg.* coeval, contemporary
còfano *s. m.* bonnet, (*USA*) hood
cògliere *v. tr.* **1** to pick, to gather **2** (*sorprendere*) to catch **3** (*colpire*) to hit, to get **4** (*capire*) to understand
cognàta *s. f.* sister-in-law
cognàto *s. m.* brother-in-law
cognizióne *s. f.* knowledge
cognóme *s. m.* surname, family name
coincidènza *s. f.* **1** coincidence **2** (*mezzi di trasporto*) connection
coincìdere *v. intr.* to coincide
coinvòlgere *v. tr.* to involve
colabròdo *s. m.* colander
colapàsta *s. m.* colander
colàre **A** *v. tr.* **1** (*filtrare*) to strain, to filter, to drain **2** (*fondere*) to cast **B** *v. intr.* to drip ◆ **c. a picco** to sink
colàta *s. f.* **1** (*metall.*) casting **2** (*geol.*) flow
colazióne *s. f.* (*del mattino*) breakfast, (*di mezzogiorno*) lunch
colèi *pron. dimostr. f. sing.* she, the person (who)
colèra *s. m.* cholera
colesteròlo *s. m.* cholesterol
còlica *s. f.* colic
colìno *s. m.* strainer
còlla *s. f.* glue
collaboràre *v. intr.* to collaborate, to cooperate
collaboratóre *s. m.* collaborator

collaborazióne *s. f.* collaboration, cooperation, (*di giornale*) contribution
collàna *s. f.* **1** necklace **2** (*raccolta*) collection
collant *s. m. inv.* tights *pl.*
collàre *s. m.* collar
collàsso *s. m.* collapse, breakdown
collaudàre *v. tr.* to test, to try out
collàudo *s. m.* test
còlle *s. m.* hill
collèga *s. m. e f.* colleague
collegaménto *s. m.* connection, link
collegàre **A** *v. tr.* to connect, to join, to link **B** *v. rifl.* **1** to join, to link up **2** (*mettersi in collegamento*) to get in touch, to link up
collegiàta *s. f.* collegiate church
collègio *s. m.* **1** (*organo consultivo*) board **2** (*consesso*) college, **3** (*convitto*) boarding school **4** (*elettorale*) constituency
còllera *s. f.* anger, fury
collèrico *agg.* irascible, hot-tempered
collètta *s. f.* collection
collettivaménte *avv.* collectively
collettività *s. f.* collectivity, community
collettìvo *agg.* collective
collétto *s. m.* collar
collezionàre *v. tr.* to collect
collezióne *s. f.* collection
collezionìsta *s. m. e f.* collector
collimàre *v. intr.* to correspond
collìna *s. f.* hill
collinóso *agg.* hilly
collìrio *s. m.* eyewash
collisióne *s. f.* collision
còllo (1) *s. m.* **1** neck **2** (*colletto*) collar
còllo (2) *s. m.* (*pacco*) parcel, item
collocàre **A** *v. tr.* **1** to place, to put, to set **2** (*prodotti*) to sell **B** *v. rifl. e intr. pron.* **1** to place oneself **2** (*trovare lavoro*) to find employement
collòquio *s. m.* talk, meeting
collutòrio *s. m.* mouthwash
colmàre *v. tr.* **1** to fill up **2** (*fig.*) to fill, to load
cólmo **A** *agg.* full, brimful **B** *s. m.* **1** top, summit **2** (*fig.*) height, peak
colómba *s. f.* dove
colómbo *s. m.* pigeon
còlon *s. m.* colon
colònia *s. f.* **1** colony **2** (*di vacanze*) summer camp ◆ **c. penale** penal settlement
coloniàle *agg.* colonial ◆ **generi coloniali** groceries
colonialìsta *s. m. e f.* colonialist
colonizzàre *v. tr.* to colonize
colónna *s. f.* column ◆ **c. vertebrale** backbone
colonnàto *s. m.* colonnade
colonnèllo *s. m.* colonel
coloràre *v. tr. e intr. pron.* to colour
coloràto *agg.* stained
colóre *s. m.* colour, (*USA*) color
colorìto **A** *agg.* **1** coloured, (*di viso*) rosy **2** (*fig.*) colourful **B** *s. m.* **1** (*carnagione*) complexion **2** (*fig.*) vivacity

colóro *pron. dimostr. m. e f. pl.* they, those people

colòsso *s. m.* colossus

cólpa *s. f.* **1** fault, wrong, *(peccato)* sin **2** *(colpevolezza)* guilt, guiltiness **3** *(responsabilità)* blame **4** *(dir.)* negligence

colpévole A *agg.* guilty, culpable **B** *s. m. e f.* culprit, offender

colpire *v. tr.* **1** to hit, to strike **2** *(con arma da fuoco)* to shoot **3** *(fig.)* to strike **4** *(danneggiare)* to damage

cólpo *s. m.* **1** blow, stroke **2** *(d'arma da fuoco)* shot **3** *(rumore)* bang **4** *(giornalistico)* scoop **5** *(rapina)* robbery ♦ **c. di sole** sunstroke; **c. di stato** coup d'état; **c. di telefono** ring; **c. di vento** gust; **far c.** to make a sensation

coltellàta *s. f.* stab

coltèllo *s. m.* knife

coltivàbile *agg.* cultivable

coltivàre *v. tr.* to cultivate, to till, to farm

coltivatóre *s. m.* tiller, farmer, grower

coltivazióne *s. f.* cultivation, growing, farming

cólto *agg.* cultured, well-educated

cóltre *s. f.* blanket

coltùra *s. f.* **1** cultivation, farming, growing **2** *(biol.)* culture

colùi *pron. dimostr. m. sing.* he, the man, the one

còma *s. m. inv.* coma

comandaménto *s. m. (relig.)* commandment

comandànte *s. m.* commander, master

comandàre A *v. tr.* **1** to order, to command **2** *(mil.)* to be in command of **3** *(mecc.)* to control, to drive **4** *(richiedere)* to demand, to require **B** *v. intr.* to be in charge, to be in command

comàndo *s. m.* **1** *(ordine)* order, command **2** *(autorità)* command **3** *(sede del comandante)* headquarters *pl.* **4** *(tecnol.)* control, drive **5** *(sport)* lead

combaciàre *v. intr.* to meet, to join, to correspond

combàttere *v. tr. e intr.* to fight, to combat

combattiménto *s. m.* fight, combat

combinàre A *v. tr.* **1** to combine, to match **2** *(organizzare, concludere)* to conclude, to arrange, to settle **3** *(fam.)* (fare) to do, to make **B** *v. intr.* to agree **C** *v. rifl. e intr. pron.* **1** *(accordarsi)* to agree **2** *(conciarsi)* to get oneself up **3** *(chim.)* to combine

combinazióne *s. f.* **1** combination **2** *(coincidenza)* chance, coincidence

combustibile A *agg.* combustible **B** *s. m.* fuel

cóme *avv.* **1** *(in frasi interr.)* how, *(quanto bene)* what ... like **2** *(in frasi escl.)* how **3** *(il modo in cui)* how, the way, *(nel modo in cui)* as **4** *(comp.)* as (so) ... as **5** *(in qualità di)* as **6** *(a somiglianza)* like **7** *(in correlazione con 'così, tanto')* as, both ... and, as well as **B** *cong.* **1** *(non appena)* as, as soon as **2** *(dichiarativa)* that ♦ **c. se** as if, as though; **c. si dice in inglese ...?** what's the English for ...?

comèta *s. f.* comet

còmica *s. f. (cin.)* comedy

còmico A *agg.* **1** comical, funny **2** *(teatro)* comic **B** *s. m.* **1** *(comicità)* funniness, comicality **2** *(attore)* comic, comedian

comìgnolo *s. m.* chimney-pot

cominciàre *v. tr. e intr.* to begin, to start

comitàto *s. m.* committee, board

comitìva *s. f.* party, group

comìzio *s. m.* meeting

commèdia *s. f.* **1** comedy, play **2** *(fig.)* sham, pretence

commediògrafo *s. m.* playwright

commemoràre *v. tr.* to commemorate

commemorazióne *s. f.* commemoration

commensàle *s. m. e f.* table companion

commentàre *v. tr.* to comment on

commentatóre *s. m.* commentator

commènto *s. m.* comment, commentary

commerciàle *agg.* commercial, trade *(attr.)*, business *(attr.)*

commercialista *s. m. e f.* business consultant

commerciànte *s. m. e f.* trader, dealer, *(negoziante)* shopkeeper

commerciàre *v. tr. e intr.* to trade (in)

commèrcio *s. m.* trade ♦ **c. all'ingrosso/al minuto** wholesale/retail trade; **fuori c.** not for sale, *(esaurito)* out of stock

commèssa *s. f.* **1** *(ordine)* order, job **2** *(venditrice)* shop assistant, shop-girl

commésso *s. m.* **1** shop assistant, *(USA)* salesclerk ♦ **c. viaggiatore** salesman

commestibile *agg.* eatable, edible

commèttere *v. tr.* to commit

commiàto *s. m.* leave-taking

comminàre *v. tr.* to comminate

commiseràre A *v. tr.* to commiserate, to pity **B** *v. rifl.* to feel sorry for oneself

commissariàto *s. m. (di polizia)* police station

commissàrio *s. m.* commissary

commissionàrio *agg.* commission *(attr.)*

commissióne *s. f.* **1** errand **2** *(incarico)* commission **3** *(compenso)* commission, fee **4** *(comitato)* committee, board, commission ♦ **fare commissioni** to go shopping

committènte *s. m. e f.* customer, buyer, client

commòsso *agg.* moved

commovènte *agg.* moving

commozióne *s. f.* emotion ♦ **c. cerebrale** concussion

commuòvere A *v. tr.* to move, to touch **B** *v. intr. pron.* to be moved

comò *s. m.* chest of drawers

comodino *s. m.* bedside table

comodità *s. f.* **1** comfort **2** *(opportunità)* convenience

còmodo A *agg.* **1** *(confortevole)* comfortable **2** *(opportuno)* convenient **3** *(maneggevole)* handy **B** *s. m.* comfort, convenience

compaesàno *s. m.* fellow countryman

compàgine *s. f.* structure, team

compagnìa *s. f.* **1** company **2** *(gruppo di persone)* group, party, gathering **3** *(società)* company, *(USA)* corporation

compàgno *s. m.* companion, mate, *(fam.)* chum

comparàbile *agg.* comparable

comparàre *v. tr.* to compare

comparativo *agg. e s. m.* comparative

comparìre *v. intr.* to appear

compàrsa *s. f.* **1** appearance **2** (*teatro, cin.*) walk-on, extra

compartecipazióne *s. f.* **1** sharing **2** (*parte*) share

compartiménto *s. m.* compartment

compassàto *agg.* stiff

compassióne *s. f.* compassion, pity

compàsso *s. m.* compasses *pl.*

compatibile *agg.* **1** (*conciliabile*) compatible **2** (*scusabile*) excusable

compatibilménte *avv.* compatibly

compatire *v. tr.* **1** (*compiangere*) to pity, to be sorry for **2** (*scusare*) to forgive

compàtto *agg.* compact

compèndio *s. m.* outline, summary, digest

compensàre A *v. tr.* **1** (*controbilanciare*) to compensate for **2** (*supplire a*) to make up for, to compensate **3** (*ricompensare*) to reward **4** (*pagare*) to pay **5** (*risarcire*) to indemnify B *v. rifl. rec.* to compensate each other

compènso *s. m.* **1** compensation **2** (*retribuzione*) remuneration, payment **3** (*ricompensa*) reward

cómpera *s. f.* purchase, shopping

competènte *agg.* competent

competènza *s. f.* **1** competence **2** (*onorario*) fee

compètere *v. intr.* **1** (*gareggiare*) to compete **2** (*spettare*) to be due

competitività *s. f.* competitiveness

competitivo *agg.* competitive

competizióne *s. f.* competition

compiacènte *agg.* obliging

compiacènza *s. f.* **1** courtesy, kindness **2** (*compiacimento*) pleasure, satisfaction

compiacére A *v. tr.* to please, to gratify B *v. intr. pron.* **1** to be pleased (with) **2** (*congratularsi*) to congratulate

compiàngere A *v. tr.* to pity, to be sorry for B *v. rifl.* to feel sorry for oneself

cómpiere A *v. tr.* **1** (*finire*) to finish, to complete **2** (*effettuare*) to do, to perform, to accomplish, to achieve, to carry out **3** (*adempiere*) to fulfil **4** (*gli anni*) to be B *v. intr. pron.* **1** to end **2** (*avverarsi*) to come true

compilàre *v. tr.* to compile

compilazióne *s. f.* compilation, (*di modulo*) filling in

compitàre *v. tr.* to spell out

cómpito (1) *s. m.* **1** task, duty, job **2** (*di scuola*) exercise, (*a casa*) homework

compìto (2) *agg.* polite

compleànno *s. m.* birthday

complementàre *agg.* complementary

compleménto *s. m.* **1** complement **2** (*mil.*) reserve

complessàto *agg.* full of complexes

complessità *s. f.* complexity

complessivo *agg.* total, overall (*attr.*), comprehensive

complèsso A *agg.* complex B *s. m.* **1** (*totalità*) whole **2** (*serie*) combination, set **3** (*impresa*) group, plant **4** (*mus.*) ensemble, band **5** (*psic.*) complex

completàre *v. tr.* to complete

complèto A *agg.* **1** complete, full, whole **2** (*totale*) complete, absolute, total **3** (*pieno*) full up B *s. m.* **1** set, outfit **2** (*abbigliamento*) suit ♦ **al c.** full (up)

complicàre A *v. tr.* to complicate B *v. intr. pron.* to get complicated, to thicken

complicazióne *s. f.* complication

còmplice *s. m. e f.* accomplice, party

complimentàrsi *v. intr. pron.* to congratulate

compliménto *s. m.* **1** compliment **2** *al pl.* (*cortesia eccessiva*) ceremony **3** *al pl.* (*congratulazioni*) congratulations *pl.*

complòtto *s. m.* conspiracy

componènte A *agg.* component B *s. m. e f.* **1** (*persona*) member **2** (*cosa*) compon-ent

componibile *agg.* modular

componiménto *s. m.* composition

compórre *v. tr.* **1** to compose, to make up, to arrange **2** (*musica*) to compose **3** (*conciliare*) to settle **4** (*tip.*) to set **5** (*numero telefonico*) to dial

comportaménto *s. m.* behaviour

comportàre A *v. tr.* to involve, to require B *v. intr. pron.* to behave, to act

compòsito *agg.* composite

compositóre *s. m.* composer

composizióne *s. f.* **1** composition **2** (*conciliazione*) settlement **3** (*tip.*) setting

compòsta *s. f.* (*cuc.*) stewed fruit, compote

compostézza *s. f.* composure

compòsto A *agg.* **1** compound **2** (*formato da*) made up of **3** (*ordinato*) tidy **4** (*calmo*) composed, calm B *s. m.* mixture, compound

compràre *v. tr.* **1** to buy, to purchase **2** (*corrompere*) to bribe

compratóre *s. m.* **1** buyer, purchaser **2** (*dir.*) vendee

comprèndere *v. tr.* **1** to comprise, to include **2** (*capire*) to understand, to realize

comprensibile *agg.* understandable

comprensióne *s. f.* **1** comprehension, understanding **2** (*simpatia*) sympathy

comprensivo *agg.* **1** inclusive, comprehensive **2** (*che prova comprensione*) sympathetic

comprèso *agg.* **1** (*incluso*) included (*pred.*), inclusive **2** (*capito*) understood **3** (*assorto*) filled with

comprèssa *s. f.* tablet

compressióne *s. f.* compression

compressóre *s. m.* compressor

comprìmere *v. tr.* to compress

compromésso *s. m.* **1** compromise **2** (*dir.*) preliminary agreement

comprométtere *v. tr.* to compromise

comproprietà *s. f.* joint ownership

comproprietàrio *s. m.* joint owner

comprovàre *v. tr.* to prove

computàre *v. tr.* to calculate

computer *s. m. inv.* computer

computisteria *s. f.* book-keeping

cómputo *s. m.* calculation

comunàle *agg.* **1** municipal, town (*attr.*) **2** (*stor.*) communal

comùne (1) A *agg.* **1** common **2** (*ordinario*) ordinary B *s. m.* common run ♦ **fuori del c.** unusual, uncommon

comùne (2) *s. m.* **1** municipality, town council **2** (*stor.*) commune

comuneménte *avv.* commonly, generally

comunicàre *v. tr. e intr.* to communicate

comunicàto *s. m.* announcement, bulletin ◆ **c. stampa** press release

comunicazióne *s. f.* 1 communication 2 (*tel.*) telephone call, line 3 (*comunicato*) announcement, (*messaggio*) message, (*relazione*) report

comunióne *s. f.* 1 communion 2 (*dir.*) community

comunìsmo *s. m.* communism

comunità *s. f.* community

comùnque A *avv.* 1 (*tuttavia*) but, all the same 2 (*in ogni caso*) however, anyhow, in any case **B** *cong.* however, whatever

cón *prep.* 1 (*compagnia, unione, comparazione, relazione*) with (ES: **sono c. lei** I'm with her, **paragonare un colore c. l'altro** to compare one colour with the other) 2 (*mezzo, strumento*) with, by (ES: **scrivere c. la matita** to write with a pencil; **andare c. l'autobus** to go by bus) 3 (*maniera*) with (ES: **trattare c. cura** to handle with care) 4 (*per indicare una caratteristica*) with (ES: **un uomo c. gli occhi azzurri** a man with blue eyes) 5 (*con valore temporale*) with, at, on, in (ES: **c. la sua partenza** on his departure) 6 (*verso*) to (ES: **essere scortese c. qc.** to be impolite to sb.) 7 (*contro*) against, with (ES: **scontrarsi c. la polizia** to clash with the police) 8 (*avversativo, concessivo*) with, for (ES: **c. tutti i suoi soldi, lo detesto** for all his money, I hate him) 9 (*consecutivo*) to (ES: **c. nostro profondo rammarico** to our great regret)

conàto *s. m.* 1 effort 2 (*di vomito*) retching

cónca *s. f.* basin

concatenazióne *s. f.* concatenation, link

cóncavo *agg.* concave

concèdere *v. tr.* 1 to grant, to allow, to concede 2 (*permettere*) to allow 3 (*ammettere*) to admit

concentraménto *s. m.* concentration

concentràre A *v. tr.* to concentrate **B** *v. rifl.* 1 (*riunirsi*) to concentrate, to gather 2 (*fig.*) to concentrate

concentrazióne *s. f.* concentration

concèntrico *agg.* concentric

concepìbile *agg.* conceivable

concepiménto *s. m.* conception

concepìre *v. tr.* 1 (*generare, fig.*) to conceive 2 (*immaginare, escogitare*) to imagine, to contrive 3 (*nutrire*) to entertain 4 (*comprendere*) to understand

concèrnere *v. tr.* to concern, to regard

concertàre *v. tr.* 1 (*mus.*) to harmonize 2 (*fig.*) to plan, to arrange

concertìsta *s. m. e f.* concert player

concèrto *s. m.* concert, (*composizione*) concerto

concessionàrio *s. m.* concessionaire, agent ◆ **c. d'auto** car distributor

concessióne *s. f.* concession, (*autorizzazione*) franchise

concètto *s. m.* concept, conception, idea

concettuàle *agg.* conceptual

concezióne *s. f.* conception

conchìglia *s. f.* shell, conch

cóncia *s. f.* (*di pelli*) tanning, (*di tabacco*) curing

conciàre A *v. tr.* 1 (*trattare*) to treat, (*pelli*) to tan, (*tabacco*) to cure 2 (*maltrattare*) to ill-treat, to beat up 3 (*sporcare*) to dirty, to soil **B** *v. rifl.* 1 (*sporcarsi*) to get dirty 2 (*vestirsi*) to get oneself up

conciliàre *v. tr.* 1 to reconcile, to conciliate 2 (*favorire*) to induce ◆ **c. una contravvenzione** to settle a fine

concìlio *s. m.* council

concìme *s. m.* manure, dung

concisióne *s. f.* concision

concìso *agg.* concise

concitàto *agg.* excited

concittadìno *s. m.* fellow citizen

conclùdere A *v. tr.* 1 to conclude, to end, to finish 2 (*dedurre*) to conclude, to infer 3 (*combinare*) to do **B** *v. intr. pron.* to end up, to conclude

conclusióne *s. f.* conclusion

conclusìvo *agg.* conclusive

concomitànte *agg.* concomitant

concordànza *s. f.* 1 concordance, agreement 2 (*gramm.*) concord

concordàre A *v. tr.* 1 to agree, to arrange 2 (*mettere d'accordo*) to reconcile 3 (*gramm.*) to make agree **B** *v. intr.* to agree

concordàto *s. m.* 1 (*dir.*) composition, arrangement 2 (*relig.*) concordat

concòrde *agg.* in agreement

concorrènte *s. m. e f.* 1 (*comm., sport*) competitor 2 (*candidato*) candidate, applicant

concorrènza *s. f.* competition

concórrere *v. intr.* 1 (*contribuire*) to contribute, to concur 2 (*partecipare*) to share in, to take part in 3 (*competere*) to compete

concórso *s. m.* 1 (*competizione*) competition, contest 2 (*partecipazione*) contribution 3 (*assistenza*) assistance, aid 4 (*dir.*) complicity

concretézza *s. f.* concreteness

concrèto *agg.* concrete

concussióne *s. f.* extortion

condànna *s. f.* 1 condemnation, (*dir.*) conviction 2 (*pena*) punishment

condannàre *v. tr.* 1 (*dir.*) to convict, to sentence 2 (*est.*) to condemn

condannàto *agg. e s. m.* convict

condènsa *s. f.* condensate

condensàre *v. tr. e intr. pron.* to condense

condensazióne *s. f.* condensation, condensing

condiménto *s. m.* 1 flavouring, seasoning, (*per insalata*) dressing 2 (*sostanza*) condiment, dressing, sauce

condìre *v. tr.* to flavour, to season, (*insalata*) to dress

condiscendènza *s. f.* 1 (*degnazione*) condescension 2 (*remissività*) compliance

condivìdere *v. tr.* to share

condizionàle *agg.* conditional

condizionaménto *s. m.* conditioning

condizionàre *v. tr.* to condition

condizionatóre *s. m.* (air-)conditioner

condizióne *s. f.* condition

condoglìanza *s. f.* condolence

condomìnio *s. m.* joint ownership, (*edificio*) condominium

condonàre *v. tr.* to remit, to condone, to forgive

condóno s. m. remission, pardon

condótta s. f. 1 (comportamento) conduct, behaviour 2 (conduzione) conduct, direction 3 (tubazione) pipe

condottièro s. m. leader

condótto s. m. duct, pipe

conducènte s. m. driver

condùrre v. tr. A 1 (guidare) to lead, to conduct, (veicolo) to drive 2 (accompagnare) to take, to bring 3 (gestire) to manage 4 (effettuare) to carry out, to conduct B v. intr. to conduct

conduttùra s. f. piping ◆ **c. dell'acqua** water mains

confàrsi v. intr. pron. to suit, to fit, to become

confederazióne s. f. confederation

conferènza s. f. 1 lecture 2 (riunione) conference ◆ **c. stampa** press conference

conferenzière s. m. lecturer

conferìre v. tr. to confer, to give, to award B v. intr. to confer with

confèrma s. f. confirmation

confermàre A v. tr. to confirm B v. rifl. to prove oneself

confessàre v. tr. to confess

confessionàle agg. e s. m. confessional

confessióne s. f. confession

confessóre s. m. confessor

confetterìa s. f. confectionery, (negozio) sweet shop

confètto s. m. 1 sugared almond 2 (med.) pill

confettùra s. f. jam

confezionàre v. tr. 1 to make up, to manufacture 2 (pacco) to pack, to wrap up

confezióne s. f. 1 (di abiti) manufacture, tailoring, dressmaking 2 al pl. (abiti) clothes 3 (imballaggio) wrapping, packing 4 (pacco) package ◆ **c. regalo** gift wrapping

conficcàre A v. tr. to hammer B v. rifl. to stick

confidàre A v. tr. to confide B v. intr. to confide, to trust, to rely on C v. rifl. to confide in

confidènte s. m. e f. 1 (amico) confidant m., confidante f. 2 (informatore) informer

confidènza s. f. 1 confidence, trust 2 (cosa confidata) confidence, secret 3 (familiarità) intimacy

confidenziàle agg. 1 confidential 2 (cordiale) friendly

configuràre A v. tr. to shape B v. intr. pron. to take shape, to assume a form

confinànte agg. neighbouring (attr.), bordering

confinàre A v. tr. to confine B v. intr. to border on, to adjoin

confìne s. m. border, boundary

confìno s. m. internment

confìsca s. f. confiscation

confiscàre v. tr. to confiscate

conflìtto s. m. conflict

confluènza s. f. confluence

confluìre v. intr. 1 to flow, to meet 2 (fig.) to converge

confóndere A v. tr. 1 (mescolare) to confuse, to mix up 2 (scambiare) to mistake 3 (disorientare) to confuse, to embarrass B v. rifl. e intr. pron. 1 to get mixed up, to become confuse 2 (mescolarsi) to mix, to merge

conformàre A v. tr. to conform, to adapt B v. rifl. to conform, to comply with

conformeménte avv. according to

conformìsmo s. m. conformism

conformìsta agg. e s. m. e f. conformist

confortàre A v. tr. 1 (consolare) to comfort, to console 2 (incoraggiare) to encourage 3 (sostenere) to support B v. rifl. to take comfort

confortévole agg. 1 (che conforta) comforting 2 (comodo) comfortable

confòrto s. m. 1 comfort, consolation 2 (incoraggiamento) encouragement 3 (sostegno) support

confrontàre v. tr. to compare, to confront

confrónto s. m. comparison ◆ **in c. a** in comparison with

confusionàrio A agg. muddling B s. m. muddler

confusióne s. f. 1 muddle, confusion, mess 2 (rumore) row, noise 3 (imbarazzo) confusion, embarrassment

confùso agg. confused

confutàre v. tr. to refute

congedàre A v. tr. 1 to take leave of, to dismiss 2 (mil.) to discharge B v. rifl. 1 to take one's leave of 2 (mil.) to be discharged

congèdo s. m. 1 leave 2 (mil.) discharge

congegnàre v. tr. to contrive

congégno s. m. device, gear

congelàre v. tr. e intr. pron. to freeze

congelatóre s. m. freezer

congestióne s. f. congestion

congettùra s. f. conjecture

congetturàre v. tr. to conjecture

congiùngere A v. tr. 1 to join 2 (collegare) to connect, to join up B v. rifl. e rifl. rec. to join

congiuntivìte s. f. conjunctivitis

congiuntìvo agg. e s. m. (gramm.) subjunctive

congiùnto s. m. relative

congiuntùra s. f. 1 (giuntura) joint 2 (circostanza) circumstance, situation 3 (econ.) conjuncture, situation, (tendenza) trend

congiunzióne s. f. 1 connection 2 (gramm.) conjunction

congiùra s. f. conspiracy

congiuràre v. intr. to conspire

conglobàre v. tr. to combine, to consolidate

congratulàrsi v. intr. pron. to congratulate

congratulazióni s. f. pl. congratulations pl.

congregazióne s. f. congregation

congrèsso s. m. congress

congruènza s. f. congruency

conguàglio s. m. balance, adjustment

coniàre v. tr. to coin

cònico agg. conic(al)

conìfera s. f. conifer

conìglio s. m. rabbit

coniugàre v. tr. 1 to conjugate 2 (fig.) to combine

coniugàto agg. married

coniugazióne s. f. conjugation

còniuge s. m. consort

connaturàto agg. ingrained

connazionàle s. m. e f. compatriot

connessióne s. f. connection

connèttere A v. tr. to connect, to link B v. intr. to think straight C v. intr. pron. to be connected

connivènte agg. conniving

connotáto s. m. spec. al pl. description

còno s. m. cone ♦ **c. gelato** ice-cream cone

conoscènte s. m. e f. acquaintance

conoscènza s. f. 1 (sapere) knowledge 2 (il conoscere una persona e la persona conosciuta) acquaintance 3 (coscienza) consciousness

conóscere A v. tr. 1 to know 2 (incontrare) to meet 3 (fare esperienza) to experience 4 (riconoscere) to recognize B v. rifl. rec. 1 to know each other 2 (fare conoscenza) to meet

conoscitóre s. m. connoisseur

conosciùto agg. well-known, famous

conquísta s. f. conquest

conquistáre v. tr. 1 to conquer 2 (fig.) to win 3 (sedurre) to conquer

consacráre A v. tr. to consecrate B v. rifl. to devote oneself

consanguíneo A agg. consanguineous, akin (pred.) B s. m. kinsman

consapévole agg. conscious, aware (pred.)

consapevolézza s. f. consciousness, awareness

cònscio agg. conscious, aware (pred.)

consecutivo agg. 1 consecutive, in a row 2 (seguente) following 3 (gramm.) consecutive

consègna s. f. 1 delivery 2 (custodia) consignment 3 (mil.) orders pl. ♦ **c. a domicilio** home delivery; **pagamento alla c.** cash on delivery

consegnáre v. tr. to deliver, to hand over, to consign

conseguènte agg. consequent

conseguènza s. f. consequence

conseguíre A v. tr. to reach, to achieve B v. intr. to result

consènso s. m. consent

consensuàle agg. consensual

consentíre A v. intr. 1 (essere d'accordo) to agree 2 (acconsentire) to consent, to assent B v. tr. to allow

consèrva s. f. preserve ♦ **c. di pomodoro** tomato purée

conservànte s. m. preservative

conserváre A v. tr. to keep, to preserve B v. intr. pron. to keep, to remain

conservatóre agg. e s. m. conservative

conservatòrio s. m. conservatoire, (USA) conservatory

conservazióne s. f. conservation, preservation

consideráre A v. tr. 1 to consider, to think of 2 (stimare) to think higly of B v. rifl. to consider oneself

considerazióne s. f. 1 consideration 2 (stima) regard, respect

considerévole agg. considerable

consigliàbile agg. advisable

consigliáre A v. tr. to advise, to counsel B v. intr. pron. to ask advice, to consult

consiglière s. m. 1 adviser, counsellor 2 (membro di consiglio) councillor

consíglio s. m. 1 advice, counsel 2 (organo collegiale) council, board

consistènte agg. substantial, solid

consistènza s. f. 1 concistency, solidity 2 (fondatezza) foundation, validity

consistere v. intr. to consist

consociáto agg. e s. m. associate

consoláre A v. tr. to console, to soothe, to comfort B v. rifl. 1 to take comfort 2 (rallegrarsi) to cheer up

consoláto s. m. consulate

consolazióne s. f. 1 consolation, comfort 2 (gioia) joy

cònsole s. m. consul

consolidáre v. tr. e intr. pron. to consolidate

consonànte s. f. consonant

cònsono agg. consonant, in accordance with

consòrte s. m. e f. consort

consortería s. f. faction, clique

consòrzio s. m. association, (d'imprese) syndicate

constáre A v. intr. (essere composto) to consist, to be made up B v. intr. impers. (risultare) to appear, to be proved

constatáre v. tr. 1 to ascertain 2 (notare) to note, to observe

constatazióne s. f. 1 ascertainment 2 (osservazione) observation

consuèto agg. usual, customary

consuetúdine s. f. custom

consulènte agg. e s. m. e f. consultant

consulènza s. f. advice

consultáre A v. tr. to consult B v. intr. pron. to confer, to consult C v. rifl. rec. to consult together, to confer

consultazióne s. f. consultation

consultivo agg. advisory

consumáre A v. tr. 1 to consume, to use up, (vestiti) to wear 2 (dissipare) to waste 3 (usare) to consume, to use 4 (mangiare) to eat, (bere) to drink 5 (compiere) to commit, to consummate B v. intr. pron. to consume, to wear out

consumatóre s. m. consumer

consumazióne s. f. 1 consumption 2 (al bar) order 3 (compimento) consummation

consúmo s. m. consumption

consuntivo A agg. final B s. m. final balance, survey

contábile s. m. e f. book-keeper, accountant

contabilità s. f. book-keeping, accounting

contachilòmetri s. m. mileometer, (USA) odometer

contadíno A agg. rural, country (attr.) B s. m. farmer

contagiàre v. tr. to infect B v. intr. pron. to get infected

contágio s. m. contagion, infection

contagióso agg. contagious, infectious

contagíri s. m. inv. rev(olution) counter

contagócce s. m. inv. dropper

contamináre v. tr. to contaminate

contaminazióne s. f. contamination

contànte agg. e s. m. cash

contáre A v. tr. 1 to count 2 (annoverare) to have 3 (fam.) (raccontare) to tell B v. intr. 1 (sperare) to expect 2 (fare assegnamento) to count, to depend 3 (valere) to mean

contatóre s. m. meter, counter

contattáre v. tr. to contact

contàtto s. m. contact

cónte s. m. count, earl
contèa s. f. (titolo) earldom, (territorio) county, -shire
conteggiàre v. tr. 1 to calculate 2 (far pagare) to charge, to put on the bill
contéggio s. m. count
contégno s. m. 1 (comportamento) behaviour 2 (atteggiamento controllato) self-control
contemplàre v. tr. 1 to admire, to contemplate 2 (prevedere) to provide for
contemplativo agg. contemplative
contemporaneaménte avv. at the same time
contemporàneo agg. e s. m. contemporary
contèndere A v. tr. to contend for, to contest **B** v. intr. to quarrel, to contest **C** v. rifl. rec. to contend for
contenére A v. tr. 1 to contain, to hold 2 (frenare) to contain, to control **B** v. rifl. to contain oneself
contenitóre s. m. container
contentàre A v. tr. to satisfy, to please **B** v. intr. pron. to be content, to be pleased
contentézza s. f. contentment, satisfaction, joy
contènto agg. pleased, happy
contenùto s. m. 1 contents pl. 2 (argomento) content, subject
contésa s. f. 1 contest, contention 2 (gara) competition
contéssa s. f. countess
contestàre v. tr. 1 (negare) to contest, to deny 2 (notificare) to notify 3 (opporsi a) to contest, to challenge, to dispute
contestazióne s. f. 1 dispute, controversy 2 (notifica) notification 3 (protesta) protest
contèsto s. m. context
contìguo agg. contiguous, adjoining
continentàle agg. continental
continènte s. m. continent
continènza s. f. continence
contingènte A agg. contingent **B** s. m. 1 (mil.) contingent 2 (econ.) quota, share
contingènza s. f. 1 (circostanza) circumstance 2 (indennità di c.) cost-of-living allowance
continuaménte avv. 1 (ininterrottamente) continuously, non-stop 2 (frequentemente) continually
continuàre v. tr. e intr. to go on, to continue, to keep on
continuazióne s. f. continuation ♦ **in c.** over and over again
continuo agg. 1 continuous, non-stop 2 (frequente) continual
cónto s. m. 1 (calcolo) calculation 2 (econ., banca) account 3 (al ristorante) bill 4 (considerazione) esteem, regard ♦ **fare c. di** to imagine, (proporsi) to intend; **fare c. su q.c./qc.** to rely on st./sb.; **per c. mio** as for me; **rendersi conto di q.c.** to realize st.
contòrcere v. tr. e rifl. to twist
contorciménto s. m. twisting
contornàre A v. tr. 1 to surround **B** to border **B** v. rifl. to surround oneself
contórno s. m. 1 contour, outline, edge 2 (cuc.) vegetables pl.
contòrto agg. twisted
contrabbandàre v. tr. to smuggle
contrabbandière s. m. smuggler

contrabbàndo s. m. smuggling
contrabbàsso s. m. double bass
contraccambiàre v. tr. to return, to repay
contraccettivo agg. e s. m. contraceptive
contraccólpo s. m. 1 rebound, recoil 2 (fig.) reaction, consequence
contraddìre A v. tr. e intr. to contradict **B** v. rifl. to contradict oneself
contraddistìnguere A v. tr. to mark **B** v. intr. pron. to stand out, to be characterised by
contraddittòrio A agg. contradictory **B** s. m. (dir.) cross-examination
contraddizióne s. f. contradiction
contraèreo agg. anti-aircraft
contraffàre v. tr. 1 (simulare) to counterfeit, to imitate, to simulate 2 (falsificare) to counterfeit, to falsify, to forge
contraffazióne s. f. 1 counterfeit 2 (falsificazione) forgery
contrappéso s. m. counterbalance
contrappórre A v. tr. to oppose, to counter **B** v. rifl. to oppose, to set oneself against
contrapposizióne s. f. contrast, opposition, contraposition
contrariaménte avv. 1 (in modo contrario) contrarily, contrary to 2 (al contrario) on the contrary
contrariàre v. tr. 1 to oppose 2 (irritare) to vex, to irritate
contrarietà s. f. 1 (opposizione) contrariety, opposition, aversion 2 (avversità) misfortune, trouble, problem
contràrio A agg. 1 contrary, opposite 2 (sfavorevole) unfavourable 3 (riluttante) unwilling **B** s. m. contrary, opposite ♦ **al c.** on the contrary, (a ritroso) backwards, (a rovescio) inside out
contràrre A v. tr. to contract **B** v. intr. pron. 1 to contract 2 (ridursi) to fall
contrassegnàre v. tr. to mark
contrasségno (1) s. m. mark
contrasségno (2) avv. cash on delivery
contrastàre A v. tr. to oppose, to resist **B** v. intr. to be in contrast, to contrast
contràsto s. m. contrast
contrattaccàre v. tr. e intr. to counterattack
contrattàcco s. m. counterattack
contrattàre v. tr. to bargain over, to negotiate
contrattèmpo s. m. mishap, hitch
contràtto s. m. agreement, contract
contrattuàle agg. contractual
contravvenzióne s. f. 1 infringement, violation 2 (multa) fine
contrazióne s. f. contraction
contribuènte s. m. e f. taxpayer
contribuìre v. intr. to contribute
contribùto s. m. 1 contribution 2 (sovvenzione) grant
cóntro A prep. 1 against 2 (dir., sport) versus **B** avv. against ♦ **il pro e il c.** the pros and cons
controbàttere v. tr. to refute, to rebut
controffensiva s. f. counter-offensive
controfigùra s. f. double

controindicazióne *s. f.* contraindication
controllàre A *v. tr.* to check, to control **B** *v. rifl.* to control oneself
contròllo *s. m.* control
controllóre *s. m.* **1** controller **2** (*mezzi di trasporto*) ticket collector
controlùce *s. f.* backlight
contromàno *avv.* in the wrong direction
contromàrca *s. f.* check, token
contropàrte *s. f.* counterpart
contropiède *s. m.* counterattack
controproducènte *agg.* counterproductive
contrórdine *s. m.* counterorder, countermand
controrifórma *s. f.* Counter-Reformation
controsènso *s. m.* countersense, nonsense
controspionàggio *s. m.* counter-espionage
controvalóre *s. m.* equivalent, (*banca*) exchange value
controvèrsia *s. f.* controversy
controvèrso *agg.* controversial
controvòglia *avv.* unwillingly
contumàcia *s. f.* (*dir.*) contumacy, default
contusióne *s. f.* bruise
contùso *agg.* bruised
convalescènte *agg. e s. m. e f.* convalescent
convalescènza *s. f.* convalescence
convalidàre *v. tr.* **1** to validate, to confirm **2** (*rafforzare*) to corroborate
convégno *s. m.* meeting, congress
convenévoli *s. m. pl.* compliments *pl.*, regards *pl.*
conveniènte *agg.* **1** (*adatto*) convenient, suitable **2** (*di prezzo*) good, (*di articolo*) cheap
conveniènza *s. f.* **1** convenience, suitability **2** (*vantaggio*) advantage, gain **3** (*di prezzo*) cheapness
convenìre *v. intr.* **1** (*impers.*) to be better, to suit **2** (*concordare*) to agree **3** (*essere vantaggioso*) to be worth
convènto *s. m.* convent
convenzionàle *agg.* **1** agreed, prearranged **2** (*tradizionale*) conventional
convenzióne *s. f.* convention
convergènza *s. f.* **1** convergence **2** (*fig.*) meeting
convèrgere *v. intr.* to converge
conversàre *v. intr.* to talk
conversazióne *s. f.* conversation, talk
conversióne *s. f.* conversion
convertìre A *v. tr.* to convert **B** *v. rifl. e intr. pron.* to be converted
convèsso *agg.* convex
convezióne *s. f.* convection
convìncere A *v. tr.* to convince **B** *v. rifl.* to convince oneself
convìnto *agg.* convinced
convinzióne *s. f.* conviction
convìtto *s. m.* boarding school
convivènte *s. m. e f.* cohabitant
convìvere *v. intr.* to cohabit, to live together
convocàre *v. tr.* to call, to convene
convocazióne *s. f.* convocation
convogliàre *v. tr.* **1** (*trasportare*) to carry **2** (*indirizzare*) to direct

convòglio *s. m.* **1** convoy **2** (*ferr.*) train
convulsióne *s. f.* fit, convulsion
convùlso *agg.* **1** convulsive **2** (*frenetico*) feverish
cooperàre *v. intr.* to cooperate, to collaborate
cooperatìva *s. f.* cooperative
cooperazióne *s. f.* cooperation
coordinaménto *s. m.* coordination
coordinàre *v. tr.* to coordinate
coordinàta *s. f.* coordinate
coordinatóre *s. m.* coordinator
copèrchio *s. m.* cover, lid, cap
copèrta *s. f.* **1** blanket, cover, rug **2** (*naut.*) deck
copertìna *s. f.* cover, (*naut.*) deck
copèrto (1) *agg.* **1** covered **2** (*del cielo*) overcast **3** (*vestito*) clothed **4** (*nascosto*) hidden
copèrto (2) *s. m.* **1** (*posto a tavola*) place, cover **2** (*prezzo*) cover charge
copertóne *s. m.* (*autom.*) tyre
copertùra *s. f.* cover, covering
còpia *s. f.* copy
copiàre *v. tr.* to copy
copióne (1) *s. m.* (*cin., teatro*) script
copióne (2) *s. m.* (*fam.*) copycat
copisterìa *s. f.* typing office
còppa *s. f.* cup ♦ **c. dell'olio** oil sump
còppia *s. f.* couple, pair
coprifuòco *s. m.* curfew
coprilètto *s. m. inv.* bedcover
coprìre A *v. tr.* **1** to cover **2** (*occupare*) to hold **B** *v. rifl.* to cover oneself, to wrap up **C** *v. intr. pron.* **1** to be covered **2** (*rannuvolarsi*) to become overcast
coràggio *s. m.* **1** courage, bravery **2** (*impudenza*) nerve, cheek ♦ **c.!** come on!, cheer up!
coraggióso *agg.* courageous, brave
coràle *agg.* choral
corallìno *agg.* coral
coràllo *s. m.* coral ♦ **banco di c.** coral reef
Coràno *s. m.* Koran
coràzza *s. f.* **1** (*mil.*) armour, (*stor.*) cuirass **2** (*zool.*) carapace, armour
corazzàta *s. f.* battleship
corazzàto *agg.* armoured
còrda *s. f.* **1** rope, cord **2** (*mus.*) string **3** (*anat.*) cord ♦ **c. vocale** vocal cord; **tagliare la c.** (*fig.*) to slip away
cordiàle *agg.* **1** cordial, warm **2** (*profondo*) hearty ♦ **cordiali saluti** best wishes
cordialità *s. f.* cordiality
cordialménte *avv.* **1** cordially, warmly **2** (*profondamente*) heartily
cordòglio *s. m.* grief, condolence
cordóne *s. m.* **1** cord, string **2** (*fig.*) cordon
coreografìa *s. f.* choreography
coriàceo *agg.* tough, coriaceous
coriàndolo *s. m.* **1** (*bot.*) coriander **2** *al pl.* confetti
coricàre A *v. tr.* **1** to lay down **2** (*mettere a letto*) to put to bed **B** *v. rifl.* **1** to lie down **2** (*andare a letto*) to go to bed
corìnzio *agg.* Corinthian
corìsta *s. m. e f.* chorister
cormoràno *s. m.* cormorant

cornàcchia s. f. crow
cornamùsa s. f. bagpipes pl.
còrnea s. f. cornea
cornétta s. f. 1 (mus.) cornet 2 (tel.) receiver
cornice s. f. 1 frame 2 (arch.) cornice 3 (scenario) setting
corniciône s. m. cornice, moulding
còrno s. m. horn
cornucòpia s. f. cornucopia
còro s. m. chorus, choir
coròlla s. f. corolla
coróna s. f. 1 crown 2 (di fiori) wreath
coronàre v. tr. 1 to crown 2 (circondare) to surround 3 (realizzare) to realize, to crown
còrpo s. m. 1 body 2 (organismo) corps, staff
corporàle agg. corporal
corporatura s. f. build
corporazióne s. f. 1 corporation 2 (stor.) guild
corpulènto agg. stout
corpùscolo s. m. corpuscle
corredàre v. tr. 1 to equip, to furnish 2 (accompagnare) to attach, to enclose
corredìno s. m. layette
corrèdo s. m. 1 equipment, kit, set 2 (di sposa) trousseau
corrèggere A v. tr. to correct B v. rifl. to correct oneself
correlazióne s. f. correlation
corrènte A agg. 1 (che scorre) running, flowing 2 (scorrevole) fluent, smooth 3 (attuale) current, present 4 (di moneta) current 5 (comune) common, current 6 (ordinario) common, ordinary B s. f. 1 current 2 (flusso) stream, flow
correnteménte avv. 1 fluently 2 (comunemente) currently
córrere A v. intr. 1 to run 2 (precipitarsi) to rush 3 (di veicolo) to speed along 4 (gareggiare) to race 5 (circolare) to go round, to circulate B v. tr. 1 (sport) to run, to take part in 2 (affrontare) to run
corrètto agg. 1 correct, right 2 (onesto) honest 3 (educato) polite 4 (di caffè) laced
correzióne s. f. correction
corridóio s. m. passage, corridor
corridóre s. m. runner, (sport) racer
corrièra s. f. coach
corrière s. m. 1 courier, messenger 2 (chi trasporta merci) carrier
corrimàno s. m. handrail
corrispettivo A agg. corresponding B s. m. consideration, compensation
corrispondènte A agg. corresponding B s. m. e f. correspondent
corrispondènza s. f. correspondence
corrispóndere A v. tr. 1 (pagare) to pay 2 (ricambiare) to return B v. intr. 1 to correspond 2 (coincidere) to coincide 3 (essere equivalente) to be equivalent of
corroboràre v. tr. to corroborate
corródere v. tr. e intr. pron. to corrode
corrómpere A v. tr. to corrupt, (con denaro) to bribe B v. intr. pron. e rifl. 1 to become corrupted 2 (putrefarsi) to rot, to taint, to putrefy

corrosióne s. f. corrosion
corrosivo agg. corrosive
corrótto agg. corrupt
corrugàre v. tr. e intr. pron. to wrinkle, to corrugate
corruzióne s. f. corruption, (con denaro) bribery
córsa s. f. 1 run 2 (gara) race 3 (di mezzo di trasporto) trip, journey 4 (mecc.) stroke
corsìa s. f. 1 (sport, strada) lane 2 (ospedale) ward
corsivo s. m. 1 (scrittura) cursive 2 (tip.) italics pl.
córso s. m. 1 course 2 (econ.) course, (prezzo) rate, (circolazione) circulation 3 (di fiume) flow
córte s. f. court
cortéccia s. f. bark
corteggiàre v. tr. to court
cortèo s. m. procession
cortése agg. kind, polite, courteous
cortesìa s. f. 1 kindness, courtesy, politeness 2 (favore) favour
cortigiàno A agg. court (attr.) B s. m. courtier
cortìle s. m. courtyard
cortìna s. f. curtain
cortisóne s. m. cortisone
córto agg. short
cortocircuìto s. m. short circuit
còrvo s. m. raven, crow
còsa s. f. 1 thing 2 (faccenda) matter 3 (che cosa) what ♦ **qualche/una c.** anything, something
còscia s. f. 1 thigh, (di animale) leg
cosciènte agg. conscious (pred.)
cosciènza s. f. 1 conscience 2 (consapevolezza) awareness 3 (responsabilità) consciousness 4 (conoscenza) consciousness
coscienziόso agg. conscientious, scrupulous
cosciòtto s. m. leg
così A avv. 1 (in questo modo) like this, this way 2 (in quel modo) like that, that way 3 (in tal modo) so, thus 4 (come segue) as follows 5 (tanto) so, such as 6 (altrettanto) so, the same B cong. 1 (perciò) so, (dunque) then C agg. pred. (tale, siffatto) such, like that ♦ **c. ... come** as ... as; **c. ... da/che** so ... that, so ... as
cosicché cong. 1 (in modo che) so that 2 (perciò) so
cosiddétto agg. so-called
cosmètico agg. e s. m. cosmetic
còsmico agg. cosmic
còsmo s. m. cosmos
cosmopolìta agg. cosmopolitan
còso s. m. (fam.) thing, thingummy
cospàrgere v. tr. to strew, to scatter, (liquido) to sprinkle
cospètto s. m. presence
cospìcuo agg. conspicuous
cospiràre v. intr. to conspire
cospiratóre s. m. conspirator
cospirazióne s. f. conspiracy
còsta s. f. 1 coast, coastline, (litorale) shore 2 (anat.) rib 3 (di libro) back
costànte agg. e s. f. constant
costàre v. tr. e intr. to cost ♦ **c. caro** to be expensive; **quanto costa?** how much does it cost?
costàta s. f. chop

costeggiàre v. tr. **1** (naut.) to coast, to hug the coast, to sail along **2** (a terra) to skirt

costèi pron. dimostr. f. sing. (sogg.) she, (compl.) her, (spreg.) this/that woman

costellazióne s. f. constellation

costernazióne s. f. consternation, dismay

costièro agg. coastal

costipazióne s. f. **1** constipation **2** (raffreddore) (bad) cold

costituìre A v. tr. **1** (fondare) to constitute, to set up **2** (formare, comporre) to constitute, to form, to make up **3** (rappresentare) to be **B** v. rifl. **1** (dir.) to give oneself up **2** (nominarsi) to constitute oneself **3** (formarsi) to become, to set oneself up

costituzionàle agg. constitutional

costituzióne s. f. **1** (di stato) constitution **2** (il costituire) establishment, setting up

còsto s. m. cost, (prezzo) price, (spesa) expence

còstola s. f. rib

costolétta s. f. cutlet

costóro pron. dimostr. m. e f. pl. (sogg.) they, (compl.) them, (spreg.) these/those people

costóso agg. dear, expensive

costrìngere v. tr. to force, to compel

costrizióne s. f. constraint, compulsion

costruìre v. tr. to build, to construct

costruzióne s. f. **1** construction, building **2** (edificio) building

costùi pron. dimostr. m. sing. (sogg.) he, (compl.) him, (spreg.) this/that man

costùme s. m. **1** (usanza) custom, usage, habit **2** (vestito) costume **3** (da bagno) bathing costume, bathing suit

coténna s. f. pigskin, (del lardo) rind

cotógna s. f. quince

cotolétta s. f. cutlet, chop

cotóne s. m. cotton

còtta s. f. (fam.) crush

cottùra s. f. cooking, (al forno) baking

covàre A v. tr. **1** to brood, to hatch **2** (fig.) to brood over, to nurse **B** v. intr. to smoulder

cóvo s. m. den

covóne s. m. sheaf

còzza s. f. mussel

cozzàre v. intr. **1** to butt, to crash into, to bang against, (di veicolo) to collide **2** (fig.) to collide, to clash

crac s. m. inv. (fig.) crash, collapse

cràmpo s. m. cramp

crànico agg. cranial

crànio s. m. skull, cranium

cratère s. m. crater

cravàtta s. f. tie

creàre A v. tr. **1** to create **2** (causare) to produce, to cause **3** (costituire) to form, to set up **B** v. intr. pron. to be created

creatività s. f. creativity

creàto s. m. creation

creatóre A agg. creating **B** s. m. creator

creatùra s. f. creature

creazióne s. f. creation

credènte s. m. e f. believer

credènza (1) s. f. belief

credènza (2) s. f. (mobile) sideboard, (in cucina) dresser

credenziàli s. f. pl. credentials pl.

crédere A v. intr. to believe **B** v. tr. **1** (credere vero) to believe **2** (pensare) to think, to suppose **C** v. rifl. to consider oneself

credìbile agg. credible, believable

crédito s. m. **1** credit **2** (reputazione) esteem, reputation

creditóre agg. e s. m. creditor

crèdo s. m. creed

crèma s. f. cream

cremàre v. tr. to cremate

cremazióne s. f. cremation

cremìsi agg. e s. m. crimson

cremóso agg. creamy

crèn s. m. horseradish

crèpa s. f. **1** crack, crevice **2** (fig.) rift

crepàccio s. m. cleft, (di ghiacciaio) crevasse

crepacuòre s. m. heartbreak

crepàre A v. intr. (fam.) **1** (scoppiare) to die of, to burst **2** (morire) to snuff it **B** v. intr. pron. to crack

crepitàre v. intr. to crackle, to pop

crepuscolàre agg. twilight (attr.), crepuscular

crepùscolo s. m. twilight

crescèndo s. m. crescendo

créscere A v. intr. **1** to grow (up) **2** (aumentare) to increase, to rise **B** v. tr. (allevare) to bring up

créscita s. f. growth, increase, rise

crèsima s. f. confirmation

créspo agg. curly, frizzy

crèsta s. f. crest

crèta s. f. clay

cretinàta s. f. silly thing

cretìno agg. e s. m. stupid

cric s. m. jack

crìcca s. f. gang

criminàle agg. e s. m. e f. criminal

crìmine s. m. crime

crinàle s. m. ridge

crìne s. m. horsehair

crinièra s. f. mane

crìpta s. f. crypt

crìptico agg. cryptic

crisàntemo s. m. chrysanthemum

crìsi s. f. **1** crisis **2** (med.) attack, fit

cristallerìa s. f. crystalware, glassware

cristallìno agg. e s. m. crystalline

cristallizzàre v. intr. e intr. pron. to crystallize

cristàllo s. m. crystal

cristianésimo s. m. Christianity

cristianità s. f. Christendom

cristiàno agg. e s. m. Christian

critèrio s. m. **1** criterion, standard, principle **2** (buon senso) common sense

crìtica s. f. **1** criticism **2** (saggio critico) critical essay, (recensione) review **3** (insieme dei critici) critics pl.

criticàbile *agg.* criticizable
criticàre *v. tr.* to criticize
critico A *agg.* **1** critical **2** (*di crisi*) crucial **B** *s. m.* critic, reviewer
crivellàre *v. tr.* to riddle
crivèllo *s. m.* riddle
croccànte *agg.* crisp
crocchétta *s. f.* croquette
cróce *s. f.* cross
crocevìa *s. m. inv.* crossroads
crociàta *s. f.* crusade
crocicchio *s. m.* crossroads
crocièra *s. f.* cruise
crocifìggere *v. tr.* to crucify
crocifissióne *s. f.* crucifixion
crocifìsso *s. m.* crucifix
crogiolàrsi *v. rifl.* to bask
crogiòlo *s. m.* melting pot
crollàre *v. intr.* **1** to collapse **2** (*lasciarsi cadere*) to flop down, to slump
cròllo *s. m.* **1** collapse **2** (*fig.*) downfall, ruin **3** (*econ.*) collapse, fall, drop
cromàtico *agg.* chromatic
cromatùra *s. f.* chromium-plating
cròmo *s. m.* chromium
cromosòma *s. m.* chromosome
crònaca *s. f.* **1** chronicle **2** (*di giornale*) news **3** (*resoconto*) description, (*radio, TV*) commentary ♦ **c. mondana** society news; **c. nera** crime news
crònico *agg.* chronic
cronista *s. m. e f.* **1** (*stor.*) chronicler **2** (*di giornale*) reporter
cronìstoria *s. f.* chronicle
cronologìa *s. f.* chronology
cronològico *agg.* chronologic
cronometràre *v. tr.* to time
cronòmetro *s. m.* chronometer, timer
cròsta *s. f.* crust ♦ **c. di formaggio** cheese rind
crostàceo *agg. e s. m.* crustacean
crostàta *s. f.* tart
crostìno *s. m.* crouton
crucciàre A *v. tr.* to trouble, to worry **B** *v. intr. pron.* to worry
crùccio *s. m.* worry
crucifórme *agg.* **1** cruciform **2** (*bot.*) cruciate
crucivèrba *s. m. inv.* crossword puzzle
crudèle *agg.* cruel
crudeltà *s. f.* cruelty
crùdo *agg.* **1** raw, (*poco cotto*) underdone **2** (*aspro*) harsh, crude
crumìro *s. m.* blackleg, scab
crùsca *s. f.* bran
cruscòtto *s. m.* (*autom.*) dashboard, (*aer.*) instrument panel
cùbico *agg.* cubic
cubìsmo *s. m.* cubism
cùbo A *agg.* cubic **B** *s. m.* cube
cuccàgna *s. f.* good time ♦ **albero della c.** greasy pole
cuccétta *s. f.* berth
cucchiaiàta *s. f.* spoonful

cucchiaìno *s. m.* teaspoon
cucchiàio *s. m.* spoon
cùccia *s. f.* dog's bed
cùcciolo *s. m.* cub, (*di cane, di foca*) pup
cucìna *s. f.* **1** kitchen **2** (*il cucinare*) cooking **3** (*apparecchio*) stove, cooker ♦ **c. casalinga** home-cooking; **c. vegetariana** vegetarian food
cucinàre *v. tr.* to cook
cucìre *v. tr.* to sew, to stitch
cucitùra *s. f.* seam
cucù *s. m.* cuckoo
cucùlo *s. m.* cuckoo
cucùzzolo *s. m.* → **cocuzzolo**
cùffia *s. f.* **1** cap, bonnet **2** (*auricolare*) headphones *pl.*
cugìno *s. m.* cousin
cui *pron. rel. m. e f. sing. e pl.* **1** (*compl. ind.*) who(m) (*persone*), which (*cose e animali*) (*spesso sottinteso*) (ES: **la persona c. scrissi** the person to whom I wrote) **2** (*possessivo*) whose (*persone*), of which, whose (*cose e animali*) (ES: **la persona di c. ho scritto l'indirizzo** the person whose address I wrote) ♦ **in c.** (*dove*) where, (*quando*) when
culinàrio *agg.* culinary
cùlla *s. f.* cradle
cullàre *v. tr.* to rock, to cradle
culminàre *v. intr.* to culminate
cùlmine *s. m.* top
cùlto *s. m.* **1** cult, worship **2** (*religione*) religion
cultùra *s. f.* culture
culturàle *agg.* cultural
cumulatìvo *agg.* cumulative, inclusive
cùmulo *s. m.* **1** heap, pile **2** (*meteor.*) cumulus
cuneifórme *agg.* cuneiform
cùneo *s. m.* wedge
cunìcolo *s. m.* tunnel
cuòcere *v. tr. e intr.* to cook, (*alla griglia*) to grill, (*al forno*) to bake, to roast
cuòco *s. m.* cook
cuòio *s. m.* leather ♦ **articoli di c.** leather goods; **c. capelluto** scalp; **c. conciato** dressed leather
cuòre *s. m.* heart
cupidìgia *s. f.* cupidity, greed
cùpo *agg.* **1** dark, obscure **2** (*suono, colore*) deep **3** (*triste*) gloomy
cùpola *s. f.* dome
cùra *s. f.* **1** care **2** (*med.*) treatment ♦ **a c. di** (*libro*) edited by; **casa di c.** nursing home
curàbile *agg.* curable
curàre A *v. tr.* **1** to take care of, to look after **2** (*med.*) to treat, to cure **3** (*fare in modo*) to make sure **4** (*un libro*) to edit **B** *v. rifl.* to take care of oneself, to follow a treatment
curàto *s. m.* curate
curatóre *s. m.* **1** (*dir.*) curator **2** (*di libro*) editor
cùria *s. f.* curia
curiosàre *v. intr.* to pry, to wander
curiosità *s. f.* curiosity
curióso *agg.* curious
cursóre *s. m.* cursor
cùrva *s. f.* curve, bend
curvàre A *v. tr., intr. e intr. pron.* to bend, to curve **B** *v. rifl.*

to bend down
curvilìneo agg. curvilinear
cuscinétto s. m. **1** pad **2** (mecc.) bearing ♦ **c. a sfère** ball bearing
cuscìno s. m. cushion, (guanciale) pillow
cùspide s. f. cusp
custòde s. m. e f. **1** keeper, custodian **2** (portiere)

doorkeeper
custòdia s. f. **1** custody, care **2** (astuccio) case
custodìre v. tr. **1** (conservare) to keep, to preserve **2** (aver cura) to take care of, to look after
cutàneo agg. cutaneous, skin (attr.)
cùte s. f. cutis, skin
cutìcola s. f. cuticle

D

da prep. **1** (moto da luogo, provenienza, separazione) from (ES: **arrivo da Londra** I'm coming from London, **separarsi da qc.** to part from sb.) **2** (lontananza) (away) from (ES: **essere assente da scuola** to be away from school) **3** (moto a luogo) to (ES: **sono andato da mia madre** I've been to my mother's) **4** (stato in luogo) at (ES: **dove sei? sono dal panettiere** where are you? I'm at the baker's) **5** (moto per luogo) through (ES: **entrare dalla finestra** to go in through the window) **6** (agente, causa efficiente) by (ES: **il granaio fu distrutto da un incendio** the barn was destroyed by a fire) **7** (causa) for, with (ES: **sta piangendo dal dolore** he's crying for pain, **tremare dal freddo** to shiver with cold) **8** (durata nel tempo) for (ES: **aspetto da un mese** I've been waiting for a month) **9** (decorrenza) (riferito al pass.) since, (riferito al pres. e fut.) (as) from (ES: **aspetto dal mese scorso** I've been waiting since last month, **da oggi in poi** from today onwards) **10** (modo) like (ES: **comportarsi da uomo** to behave like a man) **11** (condizione) as (ES: **da bambino** as a child) **12** (uso, scopo) forme aggettivali (ES: **occhiali da sole** sun glasses, **rete da pesca** fishing net) ♦ **non avere niente da fare** to have nothing to do; **tanto da** (consec.) so much as (to), (a sufficienza) enough (to); **un francobollo da 1000 lire** a 1000-lira stamp
dabbène agg. respectable, honest
daccàpo avv. **1** (di nuovo) over again **2** (dall'inizio) from the beginning
dadaìsmo s. m. Dadaism
dàdo s. m. **1** die (pl. dice) **2** (mecc.) nut **3** (da brodo) cube
daffàre s. m. work
dài inter. come on!
dàino s. m. fallow deer
daltònico agg. colour-blind
d'altrónde avv. on the other hand
dàma s. f. **1** lady **2** (nel ballo) partner **3** (gioco) draughts pl., (USA) checkers pl.
damàsco s. m. damask
damigèlla s. f. bridesmaid
damigiàna s. f. demijohn

danése A agg. Danish B s. m. e f. Dane C s. m. (lingua) Danish
dannàre A v. tr. **1** to damn **2** (far dannare) to drive mad B v. rifl. **1** to be damned **2** (affannarsi) to strive hard
dannazióne s. f. damnation
danneggiàre v. tr. **1** to damage **2** (sciupare) to spoil **3** (menomare) to injure **4** (nuocere) to harm
dànno s. m. damage, harm, injury
dannóso agg. harmful
dànza s. f. dance, (il danzare) dancing
danzàre v. tr. e intr. to dance
danzatóre s. m. dancer
dappertùtto avv. everywhere
dapprìma avv. at first
dàrdo s. m. dart
dàre A v. tr. **1** to give **2** (porgere) to pass **3** (concedere) to grant, to give **4** (rappresentare) to put on **5** (produrre) to yield, to bear B v. intr. **1** (colpire, urtare) to hit, to bump **2** (di porta, finestra) to look on to, to lead into C v. rifl. to devote oneself
dàre (2) s. m. debit
dàrsena s. f. wet dock
dàta s. f. date
datàre v. tr. e intr. to date
dàto (1) agg. given, stated ♦ **d. che** since, as
dàto (2) s. m. datum
dàttero s. m. date
dattilografàre v. tr. to type
dattilògrafo s. m. typist
davànti A avv. in front B agg. e s. m. front (attr.) C prep. **d. a 1** in front of, opposite **2** (prima di) before
davanzàle s. m. windowsill
davvéro avv. really, indeed
dàzio s. m. duty ♦ **esente da d.** duty free
dèa s. f. goddess
deambulatòrio s. m. (arch.) ambulatory
debellàre v. tr. to wipe out
debilitàre v. tr. e intr. pron. to weaken
dèbito (1) s. m. **1** debt **2** (comm.) debit
dèbito (2) agg. due, proper
debitóre agg. e s. m. debtor (attr.)
dèbole A agg. weak, faint, feeble B s. m. **1** (punto de-

bole) weak point **2** (*inclinazione*) weakness

debolézza *s. f.* weakness

debuttàre *v. intr.* to make one's début

debùtto *s. m.* début

decàde *s. f.* (*dieci anni*) decade, ten years *pl.*, (*dieci giorni*) ten days *pl.*

decadènte *agg.* decadent

decadentismo *s. m.* decadentism

decadènza *s. f.* **1** decay, decline **2** (*letter.*) decadence **3** (*dir.*) loss

decadére *v. intr.* to decay, to decline

decadùto *agg.* impoverished

decaffeinàto *agg.* decaffeinated

decàlogo *s. m.* **1** (*relig.*) decalogue **2** (*est.*) handbook

decàno *s. m.* doyen, dean

decapitàre *v. tr.* to behead, to decapitate

decappottàbile *agg. e s. f.* convertible

decedùto *agg.* deceased, dead

decelerazióne *s. f.* deceleration

decennàle *agg. e s. m.* decennial

decènnio *s. m.* decade, decennium

decènte *agg.* **1** (*decoroso*) decent, proper, decorous **2** (*accettabile*) acceptable, reasonable

decentraménto *s. m.* decentralization

decènza *s. f.* decency

decèsso *s. m.* death

decìdere A *v. tr. e intr.* to decide **B** *v. intr. pron.* to make up one's mind

deciduo *agg.* deciduous

decifràre *v. tr.* to decipher, to decode

decilitro *s. m.* decilitre, (*USA*) deciliter

decimàle *agg. e s. m.* decimal

decimàre *v. tr.* to decimate

dècimo *agg. num. ord. e s. m.* tenth

decìna *s. f.* **1** (*dieci*) ten, half-a-score **2** (*circa dieci*) about ten

decisaménte *avv.* **1** decidedly, definitely **2** (*risolutamente*) resolutely

decisióne *s. f.* decision

decisionista *s. m. e f.* decision-maker

decisìvo *agg.* decisive, conclusive

decìso *agg.* **1** decided, firm, resolute **2** (*definito*) definite

declamàre *v. tr. e intr.* to declaim

declassàre *v. tr.* to declass, to degrade

declinàre A *v. tr.* (*gramm.*) to decline **B** *v. intr.* **1** (*tramontare*) to set **2** (*venir meno*) to decline, to wane **3** (*degradare*) to slope down

declinazióne *s. f.* **1** (*gramm.*) declension **2** (*fis.*) declination

declìno *s. m.* decline

declìvio *s. m.* slope

decodificàre *v. tr.* to decode

decollàre *v. intr.* to take off

decòllo *s. m.* take-off

decoloràre *v. tr.* to decolorate, to bleach

decolorazióne *s. f.* decoloration, bleaching

decompórre A *v. tr.* **1** to decompose **2** (*chim.*) to dissociate **B** *v. intr. pron.* **1** to decompose **2** (*putrefarsi*) to rot, to decay

decomposizióne *s. f.* decomposition

decongestionàre *v. tr.* to decongest

decontaminàre *v. tr.* to decontaminate

decoràre *v. tr.* to decorate

decorativo *agg.* decorative

decoratóre *s. m.* decorator

decorazióne *s. f.* decoration

decòro *s. m.* **1** (*dignità*) decorum, dignity **2** (*lustro*) honour **3** (*ornamento*) décor

decoróso *agg.* decorous

decórrere *v. intr.* **1** (*trascorrere*) to elapse **2** (*avere inizio*) to start, to run, (*avere effetto*) to become effective ♦ **a d. da** starting from

decòtto *s. m.* decoction

decrèpito *agg.* decrepit

decrescènte *agg.* decreasing

decréscere *v. intr.* to decrease, to diminish

decretàre *v. tr.* **1** to decree **2** (*tributare*) to confer

decréto *s. m.* decree

decurtàre *v. tr.* to curtail, to reduce

dèdalo *s. m.* maze

dèdica *s. f.* dedication

dedicàre A *v. tr.* **1** to dedicate **2** (*intitolare alla memoria*) to name after **B** *v. rifl.* to devote oneself

dèdito *agg.* **1** devoted, dedicated **2** (*a vizio*) addicted

deducìbile *agg.* **1** deducible **2** (*defalcabile*) deductible

dedùrre *v. tr.* **1** to deduce **2** (*defalcare*) to deduct

deduzióne *s. f.* deduction

defalcàre *v. tr.* to deduct

deferìre *v. tr.* to refer

defezióne *s. f.* defection, desertion

deficiènte A *agg.* **1** (*insufficiente*) insufficient **2** (*med.*) mentally deficient **B** *s. m. e f.* **1** mentally deficient person **2** (*stupido*) stupid

dèficit *s. m. inv.* deficit

deficitàrio *agg.* **1** showing a deficit **2** (*fig.*) insufficient

definìre *v. tr.* **1** to define **2** (*determinare*) to determine, to fix **3** (*risolvere*) to settle

definitivaménte *avv.* definitively

definitìvo *agg.* definitive, final

definizióne *s. f.* **1** definition **2** (*risoluzione*) settlement

deflagrazióne *s. f.* deflagration

deflèttere *v. intr.* to deflect, to deviate **2** (*cedere*) to yield

deflettóre *s. m.* deflector

defluìre *v. intr.* to flow

deflùsso *s. m.* downflow, (*di marea*) ebb

deformàre A *v. tr.* **1** to deform **2** (*alterare*) to distort, to warp **B** *v. intr. pron.* to get deformed, to lose one's shape

deformazióne *s. f.* deformation

defórme *agg.* deformed

deformità *s. f.* **1** deformity **2** (*med.*) deformation

defraudàre *v. tr.* to defraud, to cheat

defùnto A *agg.* dead, late (*attr.*) **B** *s. m.* dead, deceased

degeneràre *v. intr.* to degenerate

degenerazióne *s. f.* degeneration

degènere *agg.* degenerate

degènte *s. m. e f.* patient

deglutire v. tr. to swallow

degnàre A v. tr. to think worthy **B** v. intr. pron. do deign, to condescend

dégno agg. worthy

degradànte agg. degrading

degradàre A v. tr. **1** to demote **2** (fig.) to degrade **B** v. rifl. to degrade oneself **C** v. intr. pron. to deteriorate

degrado s. m. decay, deterioration

degustàre v. tr. to taste

degustazióne s. f. tasting

delatóre s. m. informer

delazióne s. f. delation

dèlega s. f. **1** delegation **2** (procura) proxy

delegàre v. tr. to delegate

delegazióne s. f. delegation

deletèrio agg. deleterious, harmful

delfino s. m. dolphin

deliberàre v. tr. **1** to deliberate **2** (decidere) to decide

deliberataménte avv. deliberately

delicataménte avv. gently

delicatézza s. f. **1** delicacy **2** (cura) care

delicàto agg. delicate

delimitàre v. tr. to delimit

delimitazióne s. f. delimitation

delineàre A v. tr. to outline **B** v. intr. pron. to loom, to take shape

delinquènte agg. s. m. e f. **1** criminal, delinquent **2** (fig., fam.) rogue

delinquènza s. f. delinquency, criminality

deliràre v. intr. to rave

delìrio s. m. delirium, raving

delitto s. m. **1** crime **2** (omicidio) murder

delìzia s. f. delight

delizióso agg. delightful, (di sapore, odore) delicious

dèlta s. m. inv. delta

deltaplàno s. m. hang-glider

delucidazióne s. f. elucidation

delùdere v. tr. to disappoint

delusióne s. f. disappointment

demagogìa s. f. demagogy

demagògico agg. demagogic(al)

demaniàle agg. State (attr.)

demànio s. m. State property

demènte agg. **1** (med.) demented **2** (est.) insane, mad **B** s. m. e f. **1** (med.) dement **2** (est.) lunatic

demènza s. f. **1** (med.) dementia **2** (est.) insanity

demenziàle agg. **1** (med.) demential **2** (est.) crazy

demistificazióne s. f. demystification

democràtico A agg. democratic **B** s. m. democrat

democrazìa s. f. democracy

demografìa s. f. demography

demogràfico agg. demographic

demolìre v. tr. to demolish

demolizióne s. f. demolition

dèmone s. m. **1** d(a)emon **2** (diavolo) devil

demònio s. m. devil, demon

demonizzàre v. tr. to demonize

demoralizzàre A v. tr. to demoralize **B** v. intr. pron. to lose heart

demotivàre A v. tr. to demotivate **B** v. intr. pron. to become demotivated

denàro s. m. **1** money **2** al pl. (carte da gioco) diamonds pl.

denatalità s. f. fall in the birthrate

denaturàto agg. denatured

denigràre v. tr. to denigrate, to run down

denominàre A v. tr. to name, to call **B** v. intr. pron. to be named

denominazióne s. f. denomination, name

denotàre v. tr. to denote, to indicate

densità s. f. density, thickness

dènso agg. **1** dense, thick **2** (pieno di) full

dentàle agg. dental

dènte s. m. tooth ♦ **al d.** slightly underdone; **d. cariato** decayed tooth; **spazzolino da denti** tooth-brush

dentellàto agg. indented

dentièra s. f. denture, false teeth pl.

dentifrìcio s. m. toothpaste

dentìsta s. m. e f. dentist

déntro A avv. **1** in, inside **2** (interiormente) inwardly **B** prep. **1** in, inside **2** (entro) within **3** (con v. di moto) into ♦ **d. casa** indoors; **qui d.** inside here

denudàre A v. tr. to strip, to denude **B** v. rifl. to strip (off), to undress

denùncia s. f. **1** accusation, complaint **2** (dichiarazione) declaration, report

denunciàre v. tr. **1** (dir.) to denounce **2** (manifestare) to denote, to reveal **3** (dichiarare) to declare

denutrìto agg. underfed

denutrizióne s. f. malnutrition

deodorànte agg. e s. m. deodorant

depennàre v. tr. to cross out, to strike out

deperìbile agg. perishable

deperìre v. intr. **1** to waste away, to decline **2** (di pianta) to wither **3** (di cose) to perish, to decay

depilàre v. tr. to depilate

depilatòrio agg. depilatory

depilazióne s. f. depilation

dépliant s. m. inv. brochure, leaflet

deploràre v. tr. to deplore

deplorévole agg. deplorable

depórre A v. tr. **1** to lay (down), to put down **2** (da una carica) to remove, to depose **3** (depositare) to deposit **4** (rinunciare) to give up, to renounce **B** v. intr. (dir.) to depose, to give evidence

deportàre v. tr. to deport

depositàre A v. tr. **1** to deposit **2** (metter giù) to put down **3** (immagazzinare) to store **4** (un marchio) to register **B** v. intr. pron. to settle, to deposit

depòsito s. m. **1** deposit **2** (magazzino) warehouse, (mil.) depot ♦ **d. bagagli** left-luggage (office), checkroom

deposizióne s. f. **1** deposition **2** (da una carica) removal

depravàto agg. depraved

depravazióne s. f. depravity

deprecàbile agg. deprecable, disgraceful

deprecàre v. tr. to deprecate

depredàre v. tr. to plunder, to pillage

depressióne s. f. depression

deprèsso agg. depressed

deprezzaménto s. m. depreciation

deprezzàre v. tr. to depreciate
deprìmere A v. tr. to depress **B** v. intr. pron. to get depressed, to lose heart
depuràre v. tr. to depurate
depuratóre s. m. depurator
deputàto s. m. deputy
deragliaménto s. m. derailment
deragliàre v. intr. to go off the rails ◆ **far d.** to derail
derattizzazióne s. f. deratization
derìdere v. tr. to deride, to mock
derisióne s. f. derision
derìva s. f. **1** drift **2** (superficie) keel
derivàre A v. intr. **1** (provenire) to derive, to come, to originate from **2** (scaturire) to rise **3** (andare alla deriva) to drift **B** v. tr. **1** to derive **2** (fiume, canale) to divert
derivazióne s. f. **1** derivation **2** (elettr.) shunt
dermatìte s. f. dermatitis
dermatologìa s. f. dermatology
dermatòlogo s. m. dermatologist
dèroga s. f. derogation
derràta s. f. **1** al pl. victuals pl., foodstuffs pl. **2** (merci) goods pl., commodity
derubàre v. tr. to steal, to rob
descrittìvo agg. descriptive
descrìvere v. tr. to describe
descrizióne s. f. description
desèrtico agg. desert (attr.), waste
desèrto A agg. **1** desert (attr.) **2** (abbandonato) deserted, (vuoto) empty **B** s. m. **1** desert **2** (fig.) wilderness, wasteland
desideràre v. tr. **1** to want, to desire, to wish **2** (richiedere) to want **3** (sessualmente) to desire
desidèrio s. m. wish, desire
desideróso agg. longing for
design s. m. inv. design
designàre v. tr. to designate
desinènza s. f. (gramm.) ending
desìstere v. intr. to desist, to give up
desolànte agg. distressing
desolàto agg. **1** desolate, **2** (sconsolato) disconsolate, sorrowful **3** (spiacente) sorry
desolazióne s. f. desolation
dessert s. m. inv. dessert
destàre v. tr. e intr. pron. to wake (up), to awake
destinàre v. tr. **1** to destine **2** (assegnare) to assign **3** (nominare) to appoint **4** (stabilire) to fix **5** (riservare, dedicare) to intend, to devote
destinatàrio s. m. receiver, (di lettera) addressee
destinazióne s. f. destination
destìno s. m. destiny
destituìre v. tr. to dismiss
destituìto agg. **1** (rimosso) dismissed **2** (privo) devoid, destitute
dèsto agg. awake
dèstra s. f. **1** (mano) right hand **2** (parte) right (side) **3** (pol.) Right ◆ **a d.** on the right
destreggiàrsi v. intr. pron. to manage
destrézza s. f. skill, dexterity
dèstro A agg. **1** right, right-hand (attr.) **2** (abile) clever **B** s. m. chance

desùmere v. tr. to infer, to deduce
detenére v. tr. **1** to hold **2** (dir.) to possess, to detain
detenùto s. m. prisoner, convict
detenzióne s. f. **1** (possesso) possession **2** (imprigionamento) detention, imprisonment
detergènte agg. e s. m. detergent
deterioràbile agg. perishable
deterioràre A v. tr. to deteriorate, to damage **B** v. intr. pron. to deteriorate, to go bad
determinàre v. tr. **1** to determine **2** (causare) to produce
determinàto agg. **1** (definito) determinate, definite **2** (particolare) certain **3** (deciso) resolute, determined
detersìvo s. m. detergent
detestàre v. tr. to detest, to hate
detraìbile agg. deductible
detràrre v. tr. e intr. to deduct, to detract
detrazióne s. f. deduction ◆ **d. fiscale** tax allowance
detrìto s. m. debris, rubble
dettagliànte s. m. e f. retailer
dettagliataménte avv. in detail
dettàglio s. m. **1** detail, particular **2** (comm.) retail
dettàre v. tr. to dictate
dettàto s. m. dictation
détto A agg. **1** (chiamato) called, named, (soprannominato) nicknamed **2** (sopraddetto) said, aforesaid **B** s. m. saying
deturpàre v. tr. to disfigure, to sully
devastàre v. tr. to devastate, to ravage
deviàre A v. intr. to deviate, to swerve **B** v. tr. to divert
deviazióne s. f. **1** deviation, deflection **2** (stradale) detour
devòlvere v. tr. to devolve, to assign
devòto agg. **1** (relig.) devotional, pious **2** (affezionato) devoted, sincere
devozióne s. f. devotion
di prep. **1** (specificazione, denominazione, abbondanza, privazione, quantità, ecc.) of (ES: **il senso dell'umorismo** a sense of humour, **la città di Oxford** the city of Oxford, **un chilo di pane** a kilo of bread) **2** (possesso) of, (genitivo sassone) (ES: **la coda del cane** the dog's tail) **3** (partitivo) some, any (ES: **vuoi ancora del caffè?** would you like any more coffee?) **4** (appartenenza) of, by (ES: **una poesia di Leopardi** a poem by Leopardi) **5** (condizione, qualità) at, in, by (ES: **conoscere di nome** to know by name) **6** (argomento) about, of (ES: **so molte cose di lui** I know a lot about him) **7** (dopo un comp.) than, (dopo un sup.) of, in (ES: **meglio di te** better than you, **il fiume più lungo del mondo** the longest river in the world) **8** (materia, età, valore, misura) of (spesso idiom.) (ES: **un tavolo di legno** a wooden table, **un conto di dieci sterline** a ten-pound bill) **9** (causa) of, for, with (ES: **tremare di paura** to tremble with fear, **piangere di dolore** to be crying for pain) **10** (mezzo, strumento) with, on (ES: **ungere di burro** to grease with butter) **11** (moto da luogo, allontanamento, separazione, origine, provenienza) from, out of (ES: **uscire di casa** to get out from home) **12** (tempo) at, in, at (ES: **di sera** in the evening, **di domenica** on Sundays) **13**

(*con v. all'infinito*) idiom. (ES: **credo di essere proprio stanco** I think I'm really tired) **14** (*con altra prep.*) idiom. (ES: **dopo di te** after you)
diabète s. m. diabetes
diabètico agg. e s. m. diabetic
diàcono s. m. deacon
diadèma s. m. diadem
diaframma s. m. **1** diaphragm **2** (*fig.*) screen
diàgnosi s. f. diagnosis
diagnosticàre v. tr. to diagnose
diagonàle agg. diagonal
diagràmma s. m. diagram, chart
dialettàle agg. dialectal
dialèttico agg. dialectic(al)
dialètto s. m. dialect
diàlisi s. f. dialysis
dialogàre v. intr. to converse, to talk together
diàlogo s. m. dialogue
diamànte s. m. diamond
diametralménte avv. diametrically
diàmetro s. m. diameter
diàmine inter. good heavens!
diapositiva s. f. slide
diàrio s. m. diary, journal ◆ **d. di bordo** log
diarrèa s. f. diarr(ho)ea
diàvolo s. m. devil
dibàttere A v. tr. to debate, to discuss **B** v. rifl. to struggle
dibàttito s. m. **1** debate, discussion **2** (*disputa*) controversy
dicastèro s. m. ministry
dicèmbre s. m. December
dicerìa s. f. rumour, gossip
dichiaràre A v. tr. to declare, (*affermare*) to state **B** v. rifl. to declare oneself
dichiarazióne s. f. declaration, statement
diciannòve agg. num. card. e s. m. inv. nineteen
diciassètte agg. num. card. e s. m. inv. seventeen
diciòtto agg. num. card. e s. m. inv. eighteen
didascalìa s. f. caption, legend
didascàlico agg. didactic
didàttica s. f. didactics pl. (v. al sing.)
dièci agg. num. card. e s. m. inv. ten
diesel agg. e s. m. inv. diesel
dièta s. f. diet ◆ **essere a d.** to be on a diet
dietètico agg. dietetic
dietòlogo s. m. dietician
diètro A avv. behind, at the back **B** prep. behind, after **C** agg. e s. m. back (*attr.*) ◆ **d. l'angolo** round the corner
dietrofrónt s. m. about-turn
difatti cong. in fact, as a matter of fact
difèndere A v. tr. **1** to defend **2** (*sostenere*) to maintain, to support **B** v. rifl. **1** to defend oneself **2** (*cavarsela*) to manage
difensìvo agg. defensive
difensóre s. m. **1** defender **2** (*sostenitore*) supporter, advocate
difésa s. f. defence
difettàre v. intr. **1** (*avere difetti*) to be defective **2** (*mancare di*) to be wanting, to be lacking

difettìvo agg. defective
difètto s. m. **1** (*fisico*) defect, (*morale*) fault, (*imperfezione*) blemish **2** (*colpa*) fault **3** (*deficienza*) deficiency, (*mancanza*) lack
difettóso agg. defective, faulty
diffamàre v. tr. to defame, to slander
diffamazióne s. f. defamation, slander, (*a mezzo stampa*) libel
differènte agg. different
differenteménte avv. differently
differènza s. f. difference
differenziàle agg. e s. m. differential
differenziàre A v. tr. to differentiate **B** v. rifl. e intr. pron. to be different
differìre A v. intr. to differ **B** v. tr. to delay, to postpone
difficile A agg. **1** difficult, hard **2** (*incontentabile*) difficult to please **3** (*improbabile*) unlikely **B** s. m. difficulty
difficoltà s. f. **1** difficulty **2** (*obiezione*) objection
diffida s. f. warning
diffidàre A v. intr. to distrust, to mistrust **B** v. tr. to warn
diffidènte agg. **1** distrustful, mistrustful **2** (*sospettoso*) suspicious
diffidènza s. f. **1** distrust, mistrust **2** (*sospetto*) suspicion
diffóndere A v. tr. to spread, to diffuse **B** v. intr. pron. **1** to spread **2** (*dilungarsi*) to dwell
difformità s. f. difference, dissimilarity
diffusaménte avv. diffusely
diffusióne s. f. **1** diffusion, spread **2** (*di giornale*) circulation
difterite s. f. diphtheria
diga s. f. **1** dam, dike **2** (*portuale*) breakwater
digerènte agg. digestive
digerìbile agg. digestible
digerìre v. tr. to digest
digestióne s. f. digestion
digestìvo agg. e s. m. digestive
digitàle agg. digital
digitàre v. tr. to type in
digiunàre v. intr. to fast
digiùno A agg. fasting **B** s. m. fast
dignità s. f. dignity
dignitóso agg. **1** dignified **2** (*decoroso*) decent, respectable
digressióne s. f. digression
digrignàre v. tr. to gnash
dilagàre v. intr. **1** to flood, to overflow **2** (*diffondersi*) to spread, to increase
dilaniàre v. tr. to tear (to pieces)
dilapidàre v. tr. to squander, to waste
dilatàre v. tr. e intr. pron. to dilate, to widen, to expand
dilatazióne s. f. dilatation, expansion
dilazionàre v. tr. to delay, to defer
dilazióne s. f. delay, extension
dileguàre A v. tr. to disperse **B** v. intr. e intr. pron. to vanish, to disappear, to fade away
dilèmma s. m. dilemma
dilettànte agg. e s. m. e f. amateur
dilettantésco agg. amateurish
dilettàre A v. tr. to delight, to give pleasure to **B** v. intr.

pron. **1** to delight, to enjoy **2** (*occuparsi per diletto*) to dabble

diletto *s. m.* pleasure, delight

diligènte *agg.* diligent, careful

diligènza (1) *s. f.* diligence, care

diligènza (2) *s. f.* (*carrozza*) stage-coach

diluire *v. tr.* to dilute, (*con acqua*) to water

dilungàrsi *v. intr. pron.* to dwell, to talk at length

diluviàre *v. intr.* to pour

dilùvio *s. m.* deluge

dimagrànte *agg.* slimming (*attr.*)

dimagrire A *v. tr.* **1** to make thin **2** (*smagrire*) to slim B *v. intr.* to grow thin, to lose weight, to slim

dimenàre A *v. tr.* to wag, to wave B *v. rifl.* to fidget, to toss about

dimensióne *s. f.* dimension, (*grandezza*) size

dimenticànza *s. f.* **1** forgetfulness **2** (*svista*) oversight, (*inavvertenza*) inadvertence

dimenticàre A *v. tr.* **1** to forget **2** (*perdonare*) to forgive **3** (*lasciare in un posto*) to leave B *v. intr. pron.* to forget

dimésso *agg.* modest, (*trascurato*) shabby

dimestichézza *s. f.* familiarity

diméttere A *v. tr.* **1** to discharge **2** (*da una carica*) to dismiss, to remove B *v. rifl.* to resign

dimezzàre A *v. tr.* to halve B *v. intr. pron.* to be halved

diminuire A *v. tr.* to diminish, to lessen, to reduce B *v. intr.* to decrease, to fall, to go down, to drop

diminutìvo *agg. e s. m.* diminutive

diminuzióne *s. f.* decrease, reduction

dimissióni *s. f. pl.* resignation ♦ **dare le d.** to resign

dimòra *s. f.* abode, home, residence

dimoràre *v. intr.* to reside, to live

dimostràbile *agg.* demonstrable

dimostràre A *v. tr.* **1** (*mostrare*) to show, (*età*) to look **2** (*provare*) to demonstrate, to prove, to show B *v. intr.* to protest, to demonstrate C *v. rifl.* to show oneself, to prove

dimostrazióne *s. f.* demonstration

dinàmica *s. f.* dynamics *pl.* (*v. al sing.*)

dinàmico *agg.* dynamic

dinamìsmo *s. m.* dynamism

dinamìte *s. f.* dynamite

dìnamo *s. f. inv.* dynamo

dinànzi → **davanti**

dinastìa *s. f.* dynasty

diniègo *s. m.* denial

dinoccolàto *agg.* slouching

dinosàuro *s. m.* dinosaur

dintórni *s. m. pl.* neighbourhood

dìo *s. m.* god

diòcesi *s. f.* diocese

diottrìa *s. f.* diopter

dipanàre *v. tr.* **1** to wind into a ball **2** (*districare*) to disentangle

dipartiménto *s. m.* department

dipendènte A *agg.* dependent, subordinate B *s. m. e f.* employee, subordinate

dipendènza *s. f.* dependence ♦ **essere alle dipendenze di qc.** to be employed by sb.

dipèndere *v. intr.* **1** to depend (on) **2** (*derivare*) to

come from, to be due to, to derive **3** (*essere alle dipendenze*) to be under the authority (of)

dipingere *v. tr.* to paint

dipìnto *s. m.* painting

diplòma *s. m.* diploma, certificate

diplomàre A *v. tr.* to award a diploma to B *v. intr. pron.* to get a diploma

diplomàtico A *agg.* diplomatic B *s. m.* diplomat

diplomazìa *s. f.* **1** diplomacy **2** (*carriera*) diplomatic service

dipòrto *s. m.* recreation, pleasure

diradàre A *v. tr.* **1** to thin out **2** (*ridurre*) to reduce, to cut down B *v. intr. pron.* **1** to thin away, to clear away **2** (*ridursi*) to become less frequent

diramàre A *v. tr.* to issue, to diffuse B *v. intr. pron.* to branch out, (*di strada*) to branch off

diramazióne *s. f.* branch, ramification

dire A *v. tr.* **1** to say, (*raccontare, riferire*) to tell **2** (*significare*) to mean **3** (*dimostrare*) to show **4** (*pensare*) to think, to say B *v. rifl.* to profess

direttaménte *avv.* directly, straight

dirètto A *agg.* **1** bound, going to **2** (*indirizzato*) addressed to **3** (*immediato*) direct, immediate **4** (*condotto*) conducted, run **5** (*gramm.*) direct B *s. m.* **1** (*ferr.*) through train **2** (*boxe*) straight right (*destro*), straight left (*sinistro*) C *avv.* direct, directly

direttóre *s. m.* **1** director, manager **2** (*d'orchestra*) conductor **3** (*di giornale*) editor in chief **4** (*di prigione*) governor **5** (*di scuola*) headmaster

direzionàle *agg.* **1** (*che dirige*) executive **2** (*che indica direzione*) directional

direzióne *s. f.* **1** (*verso*) direction, course **2** (*guida*) direction, guidance, management, leadership **3** (*sede*) head office, administrative department

dirigènte A *agg.* managing B *s. m. e f.* manager, executive, (*pol.*) leader

dirigere A *v. tr.* **1** (*volgere*) to direct, to turn **2** (*rivolgere*) to address, to direct **3** (*amministrare*) to manage, to run **4** (*un'orchestra*) to conduct B *v. rifl.* to head for, to make for

dirigìbile *s. m.* dirigible

dirimpètto A *avv.* opposite B *prep.* **d. a** opposite to

diritto (1) A *agg.* **1** straight **2** (*eretto*) upright, erect B *s. m.* **1** right side **2** (*di moneta*) obverse **3** (*lavoro a maglia*) plain C *avv.* straight, directly ♦ **vada sempre d.** go straight on

diritto (2) *s. m.* **1** (*facoltà*) right **2** (*legge*) law **3** (*tributo*) due, duty, fee ♦ **diritti d'autore** royalties; **d. civile/penale** civil/criminal law; **d. di voto** right to vote

diroccàto *agg.* crumbling, in ruins

dirottaménto *s. m.* **1** diversion **2** (*di aereo*) hijacking, skyjacking

dirottàre A *v. tr.* **1** to divert **2** (*un aereo*) to hijack, to skyjack B *v. intr.* to change course

dirottatóre *s. m.* hijacker, skyjacker

dirótto *agg.* abundant, (*di pianto*) unrestrained ♦ **piovere a d.** to pour down

dirùpo *s. m.* crag

disabitàto *agg.* uninhabited, (*abbandonato*) deserted

disabituàre A *v. tr.* to disaccustom B *v. rifl.* to lose

the habit (of)
disaccòrdo s. m. disagreement
disadattàto agg. maladjusted
disadàtto agg. unfit, unsuitable
disadórno agg. unadorned, (semplice) plain
disagévole agg. uncomfortable
disagiàto agg. **1** (scomodo) uncomfortable **2** (povero) poor, needy
disàgio s. m. **1** uneasiness, uncomfortableness **2** (disturbo) inconvenience, trouble **3** al pl. discomforts pl., hardship ♦ **sentirsi a d.** to feel uneasy
disàmina s. f. examination
disapprovàre v. tr. to disapprove of, to deprecate
disapprovazióne s. f. disapproval
disappùnto s. m. disappointment
disarmàre v. tr. **1** to disarm **2** (smantellare) to dismantle **3** (naut.) to lay up
disarmònico agg. discordant
disastràto agg. devastated, badly hit
disàstro s. m. **1** disaster, damage **2** (fiasco) failure
disastróso agg. disastrous, deadful
disattènto agg. inattentive, careless
disattenzióne s. f. **1** inattention, carelessness **2** (svista) oversight
disavànzo s. m. deficit
disavventùra s. f. mishap, misadventure
disboscàre v. tr. to deforest
disbrigo s. m. dispatching
discàpito s. m. detriment
discàrica s. f. dump
discendènte v. intr. descending **B** s. m. e f. descendant
discéndere A v. intr. **1** to go down, to come down, to descend **2** (declinare) to descend, to slope down **3** (di prezzi, temperatura) to fall, to drop **4** (trarre origine) to descend, to come from **B** v. tr. to go down, to come down
discépolo s. m. disciple
discèrnere v. tr. **1** to discern **2** (distinguere) to distinguish
discésa s. f. **1** (movimento) descent **2** (pendio) slope, declivity **3** (caduta) fall, drop ♦ **strada in d.** downhill road
discesista s. m. e f. (sci) downhill racer
dischiùdere A v. tr. to open **B** v. intr. pron. to open out
disciògliere A v. tr. **1** (slegare) to unbind **2** (sciogliere) to dissolve **3** (liquefare) to melt **B** v. intr. pron. **1** (slegarsi) to loosen **2** (sciogliersi) to dissolve **3** (liquefarsi) to melt
disciplìna s. f. discipline
dìsco s. m. **1** disk, disc **2** (mus.) record, disc **3** (sport) discus
discolpàre v. tr. to clear, to excuse
discontìnuo agg. discontinuous
discordànte agg. discordant
discordàre v. intr. **1** to disagree, to dissent **2** (essere differente) to differ **3** (di suoni) to be discordant, (di colori) to clash
discòrdia s. f. discord, disagreement
discórrere v. intr. to talk
discorsìvo agg. conversational
discórso s. m. **1** speech **2** (conversazione) talk,

conversation
discotèca s. f. **1** record library **2** (locale) disco(thèque)
discrepànza s. f. discrepancy
discretaménte avv. **1** (con discrezione) discreetly **2** (a sufficienza) quite well, fairly **3** (piuttosto) rather
discréto agg. **1** (che ha discrezione) discreet **2** (abbastanza buono) fair, fairly good **3** (moderato) moderate
discrezióne s. f. **1** (riservatezza) discretion **2** (arbitrio) judgement, discretion
discriminàre v. tr. to discriminate
discriminazióne s. f. discrimination
discussióne s. f. **1** discussion, debate **2** (litigio) argument
discùtere A v. tr. **1** to discuss, to debate **2** (obiettare) to question **B** v. intr. **1** to discuss **2** (obiettare) to argue
disdegnàre v. tr. to disdain
disdétta s. f. **1** (dir.) notice, cancellation **2** (sfortuna) bad luck
disdìre v. tr. to cancel, to call off
disegnàre v. tr. **1** to draw **2** (progettare) to design, to plan **3** (fig.) to outline
disegnatóre s. m. draftsman, (progettista) designer, (illustratore) illustrator
diségno s. m. **1** drawing **2** (progetto) design, plan **3** (motivo) pattern
diserbànte s. m. herbicide
disertàre v. intr. to desert
disertóre s. m. deserter
disfaciménto s. m. decay, break-up
disfàre A v. tr. **1** to undo, (distruggere) to destroy **2** (un meccanismo) to take down **3** (slegare) to untie, unfasten **4** (sciogliere) to melt **5** (sconfiggere) to defeat **B** v. intr. pron. **1** to break up **2** (sciogliersi) to melt **C** v. rifl. (liberarsi di q.c.) to get rid of ♦ **d. le valigie** to unpack
disfàtta s. f. defeat, overthrow
disfunzióne s. f. **1** (med.) disorder, trouble **2** (malfunzionamento) malfunction
disgèlo s. m. thaw
disgràzia s. f. **1** (sventura) misfortune, bad luck **2** (sfavore) disgrace, disfavour **3** (incidente) accident
disgraziataménte avv. unfortunately
disgraziàto A agg. **1** (sfortunato) unfortunate, unlucky **2** (infelice) miserable **B** s. m. **1** wretch **2** (sciagurato) rascal
disgregàre v. tr. e intr. pron. to disgregate, to break up
disguìdo s. m. **1** mistake, error **2** (postale) miscarriage
disgustàre A v. tr. to disgust, to sicken **B** v. intr. pron. to become disgusted
disgùsto s. m. **1** disgust **2** (avversione) dislike, aversion
disgustóso agg. disgusting
disidratàre v. tr. to dehydrate
disidratazióne s. f. dehydration
disillùdere A v. tr. to disillusion, to disenchant, to disappoint **B** v. rifl. to be disenchanted
disimparàre v. tr. to forget

disimpegnàre A v. tr. **1** (un oggetto) to get out of pawn, to redeem **2** (liberare da un impegno) to release, to disengage **3** (assolvere) to carry out **B** v. intr. pron. **1** to release oneself **2** (cavarsela) to manage

disincagliàre v. tr. to refloat, to get afloat

disincantàto agg. disenchanted

disinfestàre v. tr. to disinfest

disinfettànte s. m. disinfectant

disinfettàre v. tr. to disinfect

disinibìto agg. uninhibited

disinnescàre v. tr. to defuse

disinquinàre v. tr. to depollute

disintegràre v. tr. e intr. pron. to disintegrate

disinteressàrsi v. intr. pron. to lose one's interest (in)

disinterèsse s. m. **1** disinterestedness, unselfishness **2** (indifferenza) indifference

disintossicazióne s. f. detoxication

disinvòlto agg. self-assured, confident

disinvoltùra s. f. **1** self-assurance, ease **2** (superficialità) carelessness

dislessìa s. f. dyslexia

dislivèllo s. m. **1** difference in level/height **2** (inclinazione) slope **3** (ineguaglianza) difference, inequality

dislocaménto s. m. **1** (naut.) displacement **2** (mil.) deployment **3** (distribuzione) distribution

dislocàre v. tr. **1** (naut.) to displace **2** (collocare) to place

dismisùra s. f. excess

disoccupàto agg. e s. m. unemployed

disoccupazióne s. f. unemployment

disonestà s. f. dishonesty

disonèsto agg. dishonest

disonóre s. m. dishonour, disgrace

disópra A avv. upstairs **B** s. m. top **C** prep. (al) **d. di** over, above

disordinàto agg. **1** untidy, muddled **2** (sregolato) intemperate, irregular

disórdine s. m. **1** disorder, untidiness, mess **2** (sregolatezza) intemperance **3** al pl. (tumulti) riot

disorganizzazióne s. f. disorganization

disorientaménto s. m. **1** disorientation **2** (fig.) confusion

disorientàre A v. tr. **1** to disorientate **2** (fig.) to bewilder, to disconcert **B** v. intr. pron. to get confused

disòtto A avv. downstairs **B** s. m. underside **C** prep. (al) **d. di** under, below

dispàccio s. m. dispatch

disparàto agg. disparate

dìspari agg. **1** odd **2** (diseguale) unequal

disparità s. f. difference, inequality

dispàrte, in loc. avv. aside, apart

dispendióso agg. expensive, costly

dispènsa s. f. **1** pantry, larder **2** (pubblicazione periodica) instalment **3** (dir.) exemption **4** (relig.) dispensation

dispensàre v. tr. **1** (distribuire) to dispense, to distribute **2** (esentare) to exempt

disperàre A v. intr. to despair, to give up hope **B** v. intr. pron. to despair, to be desperate

disperazióne s. f. despair

dispèrdere A v. tr. **1** to disperse, to scatter **2** (dissipare) v. intr. pron. to waste, to dissipate **B** v. rifl. e intr. pron. to disperse

dispersióne s. f. dispersion

dispèrso s. m. missing person

dispètto s. m. **1** spite **2** (stizza) vexation, annoyance ♦ **fare dispetti** to tease

dispettóso agg. spiteful

dispiacére (1) A v. intr. **1** to dislike, not to like (costruzione pers.) **2** (essere spiacente) to be sorry **3** (nelle frasi di cortesia) to mind **B** v. intr. pron. to be sorry

dispiacére (2) s. m. **1** regret, sorrow **2** (dolore) grief **3** (preoccupazione) trouble

displùvio s. m. **1** ridge **2** (edil.) hip

disponìbile agg. **1** available, disposable **2** (libero) vacant, free, available **3** (disposto) helpful

dispórre A v. tr. **1** to arrange, to set out, to dispose **2** (preparare) to prepare, to make arrangements **3** (deliberare) to order **B** v. intr. to have at one's disposal, to dispose, to have **C** v. rifl. **1** (collocarsi) to place oneself **2** (prepararsi) to prepare, to get ready

dispositìvo s. m. device

disposizióne s. f. **1** disposal **2** (collocamento) disposition, arrangement **3** (ordine) order, instruction **4** (inclinazione) bent

dispòtico agg. despotic

dispregiatìvo agg. **1** disparaging **2** (gramm.) pejorative

disprezzàre v. tr. to despise

disprèzzo s. m. contempt

dìsputa s. f. **1** dispute, discussion **2** (lite) quarrel

disputàre A v. intr. **1** to discuss, to dispute **2** (gareggiare) to contend **B** v. tr. **1** to dispute, to contend **2** (sport) to play

dissalatóre s. m. desalter

dissanguaménto s. m. bleeding

disseccàre v. tr. e intr. pron. to dry up, to wither

disseminàre v. tr. **1** to scatter, to disseminate **2** (fig.) to spread

dissènso s. m. dissent, disagreement

dissenterìa s. f. dysentery

dissentìre v. intr. to dissent, to disagree

dissertazióne s. f. dissertation

disservìzio s. m. inefficiency

dissestàre v. tr. to upset, to ruin

dissèsto s. m. **1** instability **2** (econ.) financial trouble

dissetànte agg. refreshing, thirst-quenching

dissetàre A v. tr. to quench thirst **B** v. rifl. to quench one's thirst

dissidènte agg. e s. m. e f. dissident

dissìdio s. m. disagreement

dissìmile agg. unlike, dissimilar

dissimulàre v. tr. to dissimulate, to dissemble

dissipàre v. tr. **1** (disperdere) to dispel **2** (scialacquare) to dissipate, to waste, to squander

dissociàre A v. tr. to dissociate **B** v. rifl. to dissociate oneself

dissodàre v. tr. to break up, to till

dissolùto agg. dissolute, debauched

dissolvènza s. f. fading

dissòlvere *A v. tr.* **1** to dissolve **2** (*disperdere*) to dissipate *B v. intr. pron.* **1** to dissolve **2** (*svanire*) to fade away

dissonànte *agg.* dissonant

dissuadére *v. tr.* to dissuade

distaccàre *A v. tr.* **1** to detach, to separate **2** (*trasferire*) to detach, to detail **3** (*sport*) to leave behind *B v. intr. pron.* to come off, to break off

distàcco *s. m.* **1** detachment **2** (*partenza*) separation, parting **3** (*indifferenza*) detachment, indifference **4** (*sport*) lead

distànte *agg.* distant, faraway (*attr.*)

distànza *s. f.* distance

distanziàre *v. tr.* **1** to space out **2** (*lasciare indietro*) to outdistance, to leave behind

distàre *v. intr.* to be distant, to be ... away

distèndere *A v. tr.* **1** to spread, to stretch (out) **2** (*porre*) to lay **3** (*rilassare*) to relax *B v. rifl. e intr. pron.* **1** to spread, to stretch (out) **2** (*sdraiarsi*) to lie down **3** (*rilassarsi*) to relax

distensióne *s. f.* **1** stretching **2** (*rilassamento*) relaxation **3** (*pol.*) détente

distésa *s. f.* expanse, stretch

distillàre *v. tr.* to distil(l)

distillàto *s. m.* distillate

distillerìa *s. f.* distillery

distìnguere *A v. tr.* **1** to distinguish **2** (*contrassegnare*) to mark *B v. intr. pron.* to distinguish oneself

distìnta *s. f.* list, note

distintìvo *A agg.* distinctive *B s. m.* badge

distìnto *agg.* **1** distinct **2** (*raffinato*) distinguished ◆ **distinti saluti** best regards

distinzióne *s. f.* distinction

distògliere *v. tr.* **1** (*dissuadere*) to dissuade **2** (*distrarre*) to divert, to distract **3** (*allontanare*) to remove

distòrcere *A v. tr.* to distort, to twist *B v. intr. pron.* to be sprained

distorsióne *s. f.* **1** distortion **2** (*med.*) sprain

distràrre *A v. tr.* **1** to distract **2** (*divertire*) to entertain, to amuse **3** (*dir.*) to misappropriate *B v. rifl.* **1** to divert one's attention **2** (*divertirsi*) to amuse oneself

distrattaménte *avv.* absent-mindedly

distràtto *agg.* absent-minded, inattentive

distrazióne *s. f.* **1** absent-mindedness **2** (*disattenzione*) inattention, carelessness **3** (*divertimento*) recreation, amusement **4** (*dir.*) misappropriation

distrétto *s. m.* district

distribuìre *v. tr.* to distribute

distributóre *s. m.* distributor, dispenser ◆ **d. di benzina** petrol pump, (*USA*) gasoline pump

distribuzióne *s. f.* distribution

districàre *A v. tr.* to disentangle *B v. rifl.* to disentangle oneself

distrùggere *v. tr.* **1** to destroy **2** (*fig.*) to shatter

distruzióne *s. f.* destruction

disturbàre *A v. tr.* **1** to disturb, to trouble **2** (*sconvolgere*) to upset *B v. rifl.* to trouble (oneself), to bother

distùrbo *s. m.* **1** trouble, inconvenience **2** (*med.*) trouble, illness **3** (*radio*) noise

disubbidiènte *agg.* disobedient

disubbidìre *v. intr.* to disobey

disuguaglianza *s. f.* inequality

disuguàle *agg.* **1** (*differente*) different **2** (*irregolare*) uneven

disumàno *agg.* inhuman

disùso *s. m.* disuse

ditàle *s. m.* thimble

ditàta *s. f.* fingerprint

dìto *s. m.* finger, (*del piede*) toe

dìtta *s. f.* firm, business

dittatóre *s. m.* dictator

dittatùra *s. f.* dictatorship

dittòngo *s. m.* diphthong

diurètico *agg. e s. m.* diuretic

diùrno *agg.* day (*attr.*), day-time (*attr.*)

divagàre *v. intr.* to stray, to digress

divampàre *v. intr.* to flare up

divàno *s. m.* sofa, divan

divaricàre *v. tr. e intr. pron.* to open wide

divàrio *s. m.* discrepancy, gap

divenìre → **diventare**

diventàre *v. intr.* **1** to become **2** (*farsi*) to grow (into), to turn (into), to get

divèrbio *s. m.* altercation, squabble

divèrgere *v. intr.* to diverge

diversaménte *avv.* differently, otherwise

diversificàre *A v. tr.* to diversify *B v. intr. pron.* to differ

diversità *s. f.* diversity, difference

diversìvo *s. m.* diversion, distraction

divèrso (1) *A agg. indef. spec. al pl.* several *B pron. indef. al pl.* several people

divèrso (2) *agg.* different

divertènte *agg.* amusing, funny

divertiménto *s. m.* amusement, fun

divertìre *A v. tr.* to amuse, to entertain *B v. rifl.* to amuse oneself, to have fun, to enjoy oneself

dividèndo *s. m.* dividend

divìdere *A v. tr.* **1** to divide, to split **2** (*condividere*) to share **3** (*separare*) to part *B v. rifl.* to part *C v. rifl. rec.* to separate

divièto *s. m.* prohibition ◆ **d. d'accesso** no entry; **d. di sosta** no parking

divincolàrsi *v. rifl.* to wriggle

divinità *s. f.* divinity

divìno *agg.* divine

divìsa (1) *s. f.* uniform

divìsa (2) *s. f.* (*valuta*) currency

divisìbile *agg.* divisible

divisióne *s. f.* division

divisionìsmo *s. m.* pointillism

divìso *agg.* **1** divided **2** (*separato*) separated **3** (*condiviso*) shared

dìvo *s. m.* star

divoràre *v. tr.* to devour, to eat up

divorziàre *v. intr.* to divorce

divorziàto *s. m.* divorcee

divòrzio *s. m.* divorce

divulgàre *A v. tr.* to spread, to divulge *B v. intr. pron.* to spread

divulgatìvo *agg.* popular

dizionàrio *s. m.* dictionary

dòccia *s. f.* shower ◆ **fare la d.** to take a shower

docènte A agg. teaching **B** s. m. e f. teacher
docènza s. f. teaching
dòcile agg. docile
documentàbile agg. documentable
documentàre A v. tr. to document **B** v. rifl. to gather information
documentàrio s. m. documentary
documénto s. m. document, paper, record
dódici agg. num. card. e s. m. inv. twelve
dogàna s. f. customs pl. ♦ **dichiarazione per la d.** customs declaration; **pagare la d.** to pay duty
doganière s. m. customs officer
dòglie s. f. pl. labour
dògma s. m. dogma
dogmàtico agg. dogmatic
dólce A agg. **1** sweet **2** (*mite*) mild **3** (*tenero*) soft **B** s. m. **1** (*sapore*) sweetness **2** (*cibo*) sweet **3** (*torta*) cake
dolcézza s. f. **1** sweetness **2** (*gentilezza*) kindness **3** (*di clima*) mildness **4** (*di suono, colore*) softness
dolciàstro agg. sweetish
dolcificànte s. m. sweetener
dolciùme s. m. sweet(meat)
dolènte agg. **1** sorrowful **2** (*che fa male*) aching
dolére v. intr. e intr. pron. **1** to ache **2** (*rincrescere*) to be sorry
dòllaro s. m. dollar
dòlo s. m. (*dir.*) malice, fraud
doloránte agg. aching
dolóre s. m. **1** pain, ache **2** (*morale*) sorrow, grief
doloróso agg. **1** painful, sore **2** (*che procura dolore morale*) sorrowful, sad
dolóso agg. fraudulent ♦ **incendio d.** arson
domànda s. f. **1** question (*richiesta*) request, (*scritta*) application **2** (*econ.*) demand
domandàre A v. tr. **1** (*per sapere*) to ask, (*per avere*) to ask for **2** (*esigere*) to demand **B** v. intr. to inquire, to ask
domàni avv. e s. m. tomorrow
domàre v. tr. to tame
domatóre s. m. tamer
domattìna avv. tomorrow morning
doménica s. f. Sunday
domèstico A agg. domestic, home (*attr.*) **B** s. m. servant, domestic
domicìlio s. m. domicile ♦ **consegna a d.** home delivery
dominànte agg. e s. f. dominant
dominàre A v. tr. **1** to dominate, to rule **2** (*frenare*) to control **3** (*sovrastare*) to overlook, to dominate **B** v. intr. **1** to rule **2** (*prevalere*) to predominate **C** v. rifl. to control oneself
dominatóre s. m. ruler
dominazióne s. f. domination, rule
domìnio s. m. **1** domination, rule **2** (*territorio*) dominion **3** (*proprietà*) property **4** (*settore*) domain
donàre A v. tr. to give (as a present) **B** v. intr. (*addirsi*) to suit
donatóre s. m. donor, giver ♦ **d. di sangue** blood donor
dondolàre A v. tr. e intr. to swing, to rock **B** v. rifl. to swing, to rock oneself
dóndolo s. m. swing ♦ **a d.** rocking
dònna s. f. **1** woman **2** (*domestica*) maid **3** (*carte da gioco*) queen ♦ **d. di casa** housewife
dònnola s. f. weasel
dóno s. m. **1** gift, present **2** (*disposizione*) gift, talent
dópo A avv. **1** (*tempo*) after, afterwards, (*poi*) then, (*più tardi*) later, (*successivamente*) next **2** (*luogo*) after, next **B** prep. **1** (*tempo*) after, (*a partire da*) since **2** (*luogo*) after, (*oltre*) past, (*dietro*) behind **C** cong. after **D** agg. next, after
dopobàrba s. m. inv. aftershave
dopodomàni avv. the day after tomorrow
dopoguèrra s. m. inv. postwar period
dopopranzo s. m. afternoon
doposcì s. m. après-ski
dopotùtto avv. after all
doppiàggio s. m. dubbing
doppiàre v. tr. **1** to double **2** (*sport*) to lap **3** (*cin.*) to dub
doppiatóre s. m. dubber
dóppio A agg. **1** double **2** (*mecc.*) dual **B** s. m. **1** double, twice the amount **2** (*tennis*) doubles pl. **C** avv. double ♦ **d. gioco** double-cross
doppióne s. m. duplicate
doppiopètto agg. double-breasted
doràto agg. gilt, (*color d'oro*) golden
dòrico agg. Doric
dormicchiàre v. intr. to doze
dormiglióne s. m. sleepy-head
dormìre v. intr. e tr. to sleep ♦ **andare a d.** to go to bed
dormìta s. f. sleep
dormitòrio s. m. dormitory
dormivéglia s. m. drowsiness
dorsàle A agg. dorsal **B** s. f. ridge ♦ **spina d.** backbone
dòrso s. m. back
dosàggio s. m. dosage
dosàre v. tr. **1** to dose, to measure out **2** (*distribuire con parsimonia*) to dole out
dòse s. f. dose, quantity, amount
dòsso s. m. (*di strada*) hump
dotàre v. tr. **1** to endow **2** (*fornire*) to equip, to furnish
dotazióne s. f. **1** (*rendita*) endowment **2** (*attrezzatura*) equipment
dòte s. f. **1** dowry **2** (*dono naturale*) gift, quality
dòtto agg. learned
dottóre s. m. **1** (*medico*) doctor, physician **2** (*laureato*) graduate
dottrìna s. f. doctrine
dóve avv. where
dovére (1) A v. serv. **1** (*obbligo*) must, to have (got) to, to be to, shall (ES: **devo correre se non voglio essere in ritardo a scuola** I must run if I don't want to be late at school, **devi imparare a controllarti** you've got to learn to control yourself, **che cosa devo fare?** what am I to do?) **2** (*necessità, opportunità, convenienza*) to have to, must, need; (*in frasi neg. e interr. neg.*) not to need, not need, not to have (got) to (ES: **a che ora devi essere all'aeroporto?** what time must you be at the airport?, **que-**

sta sera non devo uscire I needn't get out tonight)
3 (*certezza, probabilità, supposizione, inevitabilità*) must, to be bound to, to have to (ES: **Paolo deve essere sordo** Paul must be deaf 4 (*accordo, programma stabilito*) to be, to be due (to) (ES: **chi deve arrivare adesso?** who is to come next?, **l'aereo deve atterrare alle 12,15** the plane is due to land at 12,15) 5 (**devo?, dobbiamo?, nel senso di '*vuoi che?', 'volete che?'*) shall (ES: **devo aspettarti?** shall I wait for you?) 6 (*al condiz.*) should, ought to (ES: **dovreste aiutarlo** you ought to help him, **non avrebbe dovuto farlo** he shouldn't have done it) 7 (*al congiuntivo imperfetto*) should, were to (ES: **se dovessi tardare, precedetemi** if I should be late, just go ahead) 8 (*essere costretto, obbligato*) to be compelled to, to be forced to, to feel bound to (ES: **il ministro dovette dimettersi** the minister was forced to resign) 9 (*consiglio, suggerimento*) should have, ought to have (*con p. p.*) (ES: **dovevamo pensarci prima** we ought to have thought of it before) B *v. tr.* 1 (*essere debitore di*) to owe 2 (*derivare*) to take 3 (*esser dovuto*) to be due
dovere (2) *s. m.* duty ♦ **a d.** properly; **chi di d.** the person responsible
doveróso *agg.* right (and proper)
dovùnque A *avv.* (*dappertutto*) everywhere, (*in qualsiasi luogo*) anywhere **B** *cong.* wherever
dozzìna *s. f.* dozen
dozzinàle *agg.* cheap, ordinary
dragàre *v. tr.* to dredge
dràgo *s. m.* dragon
dràmma *s. m.* 1 drama, play 2 (*fig.*) tragedy
drammàtico *agg.* dramatic
drammatùrgo *s. m.* dramatist, playwright
drappeggiàre *v. tr.* to drape
drappéggio *s. m.* drapery
drappèllo *s. m.* 1 (*mil.*) squad 2 (*est.*) group
dràstico *agg.* drastic
drenàggio *s. m.* drainage, drain
drenàre *v. tr.* to drain
drìtto A *agg.* 1 straight 2 (*eretto*) upright 3 (*fam.*) (*furbo*) smart **B** *s. m.* 1 right side 2 (*fam.*) (*furbo*) smart person 3 (*maglia*) plain **C** *avv.* straight
drìzza *s. f.* halyard
drizzàre *v. tr.* 1 (*raddrizzare*) to straighten 2

(*rizzare*) to prick up
dròga *s. f.* 1 (*spezie*) spice 2 (*stupefacente*) drug, (*fam.*) dope
drogàre A *v. tr.* to drug **B** *v. rifl.* to take drugs
drogàto *s. m.* drug addict
drogherìa *s. f.* grocery, grocer's shop
dromedàrio *s. m.* dromedary
dualìsmo *s. m.* dualism
dùbbio A *agg.* 1 doubtful, uncertain 2 (*ambiguo*) dubious **B** *s. m.* doubt ♦ **senza d.** no doubt, without doubt
dubbióso *agg.* doubtful
dubitàre *v. intr.* 1 to doubt, to have doubts 2 (*temere*) to suspect 3 (*diffidare*) to distrust
dùca *s. m.* duke
ducàto *s. m.* 1 dukedom, duchy 2 (*moneta*) ducat
duchéssa *s. f.* duchess
dùe *agg. num. card. e s. m. inv.* two
duecénto *agg. num. card. e s. m. inv.* two hundred
duèllo *s. m.* duel
duétto *s. m.* duet
dùna *s. f.* dune
dùnque *cong.* 1 (*conclusione, conseguenza*) so, therefore 2 (*rafforzativo*) so, then, well ♦ **venire al d.** to come to the point
dùo *s. m. inv.* duo, duet
duòmo *s. m.* cathedral
duplex *agg. e s. m. inv.* (*tel.*) shared
duplicàto *s. m.* duplicate
duplicazióne *s. f.* duplication
dùplice *agg.* double, twofold
duraménte *avv.* 1 hard 2 (*aspramente*) harshly, roughly
duphante *prep.* during, in, throughout
duràre *v. intr.* 1 to last, to go on 2 (*resistere*) to hold out, (*di tessuto*) to wear 3 (*conservarsi*) to keep
duràta *s. f.* 1 duration, length 2 (*di tessuto*) wear 3 (*di motore*) life
duratùro *agg.* 1 lasting 2 (*di materiale*) durable 3 (*di colore*) fast
durévole *agg.* lasting, durable
durézza *s. f.* 1 hardness 2 (*asprezza*) harshness 3 (*rigidità*) stiffness
dùro A *agg.* 1 hard 2 (*rigido*) tough, stiff **B** *avv.* hard
dùttile *agg.* ductile, pliable

E

e o **ed** *cong.* and
èbano *s. m.* ebony
ebbène *cong.* well, so
ebbrézza *s. f.* 1 drunkenness, intoxication 2 (*fig.*) elation, thrill

èbete *agg.* stupid
ebollizióne *s. f.* boiling
ebràico A *agg.* (*della lingua*) Hebrew, Hebraic, (*della religione*) Jewish **B** *s. m.* (*lingua*) Hebrew
ebrèo A *agg.* Hebrew, Jewish **B** *s. m.* Jew, Hebrew

ebùrneo *agg.* ivory (*attr.*)
ecatómbe *s. f.* **1** hecatomb **2** (*fig.*) mass slaughter
eccedènte *agg. e s. m.* excess (*attr.*), surplus (*attr.*)
eccedènza *s. f.* excess, surplus
eccèdere A *v. tr.* to exceed, to surpass **B** *v. intr.* to go too far
eccellènte *agg.* excellent, first-rate
eccellènza *s. f.* **1** excellence **2** (*titolo*) Excellency
♦ **per e.** par excellence
eccèllere *v. intr.* to excel
eccèlso *agg.* lofty, sublime
eccèntrico *agg. e s. m.* eccentric
eccepire *v. tr.* to object
eccessivo *agg.* excessive
eccèsso *s. m.* excess, surplus
eccètera *avv.* etcetera, etc., and so on
eccètto *prep.* except (for), but, save (for) ♦ **e. che** unless
eccettuàre *v. tr.* to except, to leave out
eccezionàle *agg.* **1** exceptional **2** (*straordinario*) extraordinary
eccezionalménte *avv.* **1** exceptionally **2** (*straordinariamente*) extraordinarily
eccezióne *s. f.* **1** exception **2** (*obiezione*) objection ♦ **a e. di** with the exception of, except
ecchimòsi *s. f.* ecchymosis, bruise
eccidio *s. m.* slaughter
eccitàbile *agg.* excitable
eccitànte *agg.* exciting, excitant
eccitàre A *v. tr.* **1** to excite **2** (*provocare*) to rouse, to stir up **B** *v. intr. pron.* to get excited
eccitazióne *s. f.* excitement
ecclesiàstico A *agg.* ecclesiastic(al), clerical **B** *s. m.* ecclesiastic
ècco *avv.* **1** (*qui*) here, (*là*) there **2** (*rafforzativo*) so there, there ♦ **e. fatto** that's that; **eccomi!** here I am!; **e. tutto** that's all
eccóme *avv. e inter.* rather, yes indeed
echeggiàre *v. tr. e intr.* to echo
eclèttico *agg.* eclectic
eclettismo *s. m.* eclecticism
eclissàre A *v. tr.* **1** to eclipse **2** (*fig.*) to eclipse, to outshine **B** *v. intr. pron.* **1** to be eclipsed **2** (*fig.*) to disappear, to vanish
eclissi *s. f.* eclipse
eclittico *agg.* ecliptic
èco *s. m. e f.* echo
ecografia *s. f.* echography
ecologia *s. f.* ecology
ecològico *agg.* ecological
economia *s. f.* **1** economy, (*scienza*) economics *pl.* (*v. al sing.*) **2** *al pl.* (*risparmi*) savings *pl.* ♦ **fare e. su q.c.** to save money on st.
econòmico *agg.* **1** economic **2** (*poco costoso*) cheap, economic(al)
economista *s. m. e f.* economist
economizzàre *v. intr.* to economize
ecònomo *agg.* sparing, thrifty
ecosistèma *s. m.* ecosystem
ecumènico *agg.* (o)ecumenical
eczèma *s. m.* eczema

edèma *s. m.* (o)edema
édera *s. f.* ivy
edicola *s. f.* **1** news-stand, kiosk, bookstall **2** (*arch.*) aedicule
edificàbile *agg.* building (*attr.*)
edificànte *agg.* edifying
edificàre *v. tr.* **1** to build **2** (*fig.*) to set up
edificio *s. m.* building
edile *agg.* building (*attr.*)
edilizia *s. f.* building
edilizio *agg.* building (*attr.*) ♦ **licenza edilizia** planning permission
editóre *s. m.* **1** publisher **2** (*curatore*) editor
editoria *s. f.* publishing
editoriàle A *agg.* publishing **B** *s. m.* (*articolo*) editorial
editto *s. m.* edict
edizióne *s. f.* edition
edonismo *s. m.* hedonism
educàre *v. tr.* **1** to bring up **2** (*esercitare*) to train, to educated
educativo *agg.* educational
educàto *agg.* well-mannered, polite
educazióne *s. f.* **1** upbringing **2** (*istruzione*) education, training **3** (*buone maniere*) (good) manners *pl.*, courtesy
efèbico *agg.* ephebic
effemèride *s. f.* ephemeris
effeminàto *agg.* effeminate
efferàto *agg.* brutal, ferocious, savage
effervescènte *agg.* sparkling, fizzy
effettivaménte *avv.* really, actually
effettivo *agg.* **1** real, actual, effective **2** (*di personale*) permanent
effètto *s. m.* **1** effect **2** (*impressione*) impression, effect **3** (*comm.*) bill ♦ **effetti personali** personal belongings
effettuàbile *agg.* practicable
effettuàre A *v. tr.* to effect, to carry out, to make **B** *v. intr. pron.* to take place
efficace *agg.* effective
efficàcia *s. f.* effectiveness, efficacy
efficiènte *agg.* efficient
efficiènza *s. f.* efficiency
effigie *s. f.* effigy
effimero *agg.* ephemeral
efflùvio *s. m.* scent, effluvium
effrazióne *s. f.* housebreaking, burglary
effusióne *s. f.* effusion
egemonia *s. f.* hegemony
egemonizzàre *v. tr.* to monopolize
egittologia *s. f.* Egyptology
egiziàno *agg. e s. m.* Egyptian
egizio *agg.* Egyptian
égli *pron. pers.* 3ª *sing. m.* he ♦ **e. stesso** he himself
egocèntrico *agg.* egocentric, self-centred
egoismo *s. m.* selfishness, egoism
egoista *s. m. e f.* egoist, selfish person
egrègio *agg.* **1** excellent, remarkable **2** (*nelle lettere*) dear
eiaculàre *v. tr. e intr.* to ejaculate
elaboràre *v. tr.* **1** to elaborate, to work out **2** (*inf.*) to

process
elaboratóre s. m. computer
elaborazióne s. f. 1 elaboration 2 (inf.) processing
elargizióne s. f. donation
elasticità s. f. 1 elasticity 2 (agilità) agility, flexibility
elàstico A agg. elastic **B** s. m. rubber band
elefànte s. m. elephant
elegànte agg. elegant, smart
elèggere v. tr. to elect
elegìaco agg. elegiac
elementàre agg. 1 elementary 2 (di base) basic
eleménto s. m. 1 element 2 (componente) constituent, ingredient, element 3 (persona) member, person 4 al pl. (rudimenti) rudiments pl.
elemòsina s. f. alms ◆ **chiedere l'e.** to beg
elencàre v. tr. to list
elènco s. m. list ◆ **e. telefonico** telephone directory
elettoràle agg. electoral
elettoràto s. m. 1 (insieme degli elettori) electorate 2 (diritto di voto) franchise, (diritto a essere eletto) eligibility
elettóre s. m. elector, voter
elettràuto s. m. inv. car electrician, (officina) car electrical repairs
elettricìsta s. m. electrician
elettricità s. f. electricity
elèttrico agg. electric(al) ◆ **centrale elettrica** ower station
elettrizzànte agg. electrifying, thrilling
elettrizzàre A v. tr. to electrify **B** v. intr. pron. to be electrified
elettrocardiogràmma s. m. electrocardiogram
elettròdo s. m. electrode
elettrodomèstico s. m. household appliance
elettroencefalogràmma s. m. electroencephalogram
elettromagnètico agg. electromagnetic
elettróne s. m. electron
elettrònica s. f. electronics pl. (v. al sing.)
elettrònico agg. electronic
elettrotècnico agg. electrotechnical
elevàre A v. tr. 1 to raise, to lift up 2 (erigere) to erect 3 (mat.) to raise **B** v. intr. pron. to rise, to overlook
elezióne s. f. election
èlica s. f. propeller
elicòttero s. m. helicopter
eliminàre v. tr. to eliminate
eliminatòrio agg. preliminary
èlio s. m. helium
elioterapìa s. f. heliotherapy
elipòrto s. m. heliport
elisabettiàno agg. Elizabethan
elitàrio agg. elitist
élite s. f. inv. elite
élla pron. pers. 3ª sing. f. she ◆ **e. stessa** she herself
ellènico agg. Hellenic
ellenìstico agg. Hellenistic
ellìsse s. f. ellipse
ellìttico agg. elliptic
elmétto s. m. helmet
élmo s. m. helmet
elogiàre v. tr. to praise

elògio s. m. praise
eloquènte agg. eloquent
eloquènza s. f. eloquence
elucubrazióne s. f. lucubration
elùdere v. tr. to evade, to elude
elusìvo agg. elusive
emaciàto agg. emaciated
emanàre A v. tr. 1 (esalare) to exhale 2 (ordini, leggi) to issue **B** v. intr. to emanate, to proceed
emancipàre A v. tr. to emancipate **B** v. rifl. to become emancipated, to free oneself
emancipazióne s. f. emancipation
emarginàre v. tr. to emarginate, to exclude
emàtico agg. hematic
ematòlogo s. m. haematologist
ematòma s. m. hematoma
embàrgo s. m. embargo
emblèma s. m. emblem
emblemàtico agg. emblematic
embolìa s. f. embolism
embrióne s. m. embryo
emendaménto s. m. amendment
emendàre v. tr. 1 (dir.) to amend 2 (correggere) to emend, (migliorare) to improve
emergènte agg. emergent
emergènza s. f. emergency
emèrgere v. intr. to emerge
emersióne s. f. emergence, emersion
eméttere v. tr. 1 to give out, (suono) to utter 2 (esprimere) to express, to deliver 3 (mettere in circolazione) to issue, to draw
emettitóre s. m. emitter
emicrània s. f. migraine
emigrànte s. m. e f. emigrant
emigràre v. intr. to emigrate
emigrazióne s. f. emigration
eminènte agg. eminent, distinguished
emiràto s. m. emirate
emiro s. m. emir
emisfèro s. m. hemisphere
emissióne s. f. 1 (fis.) emission 2 (econ.) issue
emittènte A agg. 1 (banca) issuing 2 (radio, TV) broadcasting **B** s. m. e f. (di cambiale) drawer, (di titolo) issuer **C** s. f. (radio, TV) transmitter, broadcaster
emodiàlisi s. f. hemodialysis
emofilìa s. f. hemophilia
emorragìa s. f. hemorrhage
emorròidi s. f. pl. hemorrhoids pl.
emostàtico agg. hemostatic
emotìvo agg. emotional
emottìsi s. f. hemoptysis
emozionànte agg. moving, exciting
emozionàre A v. tr. to move, to excite **B** v. intr. pron. to get excited
emozióne s. f. emotion, excitement
émpio agg. impious
empìrico agg. empiric
empòrio s. m. emporium, trade center, general shop
emulàre v. tr. to emulate
èmulo s. m. emulator

emulsióne s. f. emulsion
enciclopedia s. f. encyclop(a)edia
encomiàbile agg. praiseworthy
endèmico agg. endemic
endocrinòlogo s. m. endocrinologist
endovéna s. f. intravenous injection
energètico agg. **1** energetic, energy (attr.) **2** (di sostanza alimentare) energy-giving
energìa s. f. energy
enèrgico agg. energetic, vigorous
ènfasi s. f. emphasis, stress
enfàtico agg. emphatic
enfisèma s. m. emphysema
enigma s. m. enigma, (indovinello) riddle
enigmàtico agg. enigmatic
enigmìstica s. f. enigmatography, puzzles pl.
ennèsimo agg. **1** nth **2** (fig.) umpteenth
enologia s. f. oenology
enórme agg. enormous, huge
enormità s. f. enormity, hugeness
ènte s. m. body, board, (ufficio) office, bureau, (società) company, agency, corporation
entràmbi A agg. both, either B pron. pl. both
entràre v. intr. **1** to go in, to come in, to get in, to enter **2** (unirsi a) to join **3** (avere a che fare) to have to do
entràta s. f. **1** entrance, entry **2** spec. al pl. (econ.) income, revenue, receipts pl., earnings pl. ♦ **e. libera** admission free; **entrate e uscite** debit and credit
éntro prep. in, within, before, by ♦ **e. oggi** by this evening
entroterra s. m. inv. inland
entusiasmàre A v. tr. to arouse enthusiasm in, to carry away B v. intr. pron. to become enthusiastic
entusiàsmo s. m. enthusiasm
entusiàsta agg. enthusiastic
enumeràre v. tr. to enumerate
enunciàre v. tr. to enunciate
enurèsi s. f. enuresis
eòlico agg. aeolian
epàtico agg. hepatic ♦ **colica epatica** liver attack
epatite s. f. hepatitis
epicèntro s. m. epicentre
èpico agg. epic
epicurcìsmo s. m. epicurism
epidemìa s. f. epidemic
epidèmico agg. epidemic(al)
epidèrmico agg. epidermic
epidèrmide s. f. epidermis
epìgono s. m. imitator, follower
epìgrafe s. f. epigraph
epilessìa s. f. epilepsy
epìlogo s. m. epilogue
episcopàle agg. episcopal
episòdico agg. episodic(al)
episòdio s. m. episode
epistàssi s. f. epistaxis
epitàffio s. m. epitaph
epìteto s. m. **1** epithet **2** (insulto) insult
època s. f. **1** epoch, age **2** (tempo, periodo) time, period
epònimo A agg. eponymous B s. m. eponym

epopèa s. f. epos
eppùre cong. and yet
epuràre v. tr. to purge
epurazióne s. f. purge
equatóre s. m. equator
equatoriàle agg. equatorial
equazióne s. f. equation
equèstre agg. equestrian ♦ **circo e.** circus
equidistànte agg. equidistant
equilibràre v. tr. e rifl. rec. to equilibrate, to balance
equilibràto agg. balanced
equilibratùra s. f. balancing
equilibrio s. m. balance, equilibrium
equino agg. equine, horse (attr.)
equinòzio s. m. equinox
equipaggiaménto s. m. equipment
equipaggiàre A v. tr. to equip B v. rifl. to equip oneself, to kit oneself out
equipàggio s. m. crew
equiparàre v. tr. to make equal, to level
équipe s. f. inv. team
equità s. f. equity
equitazióne s. f. riding
equivalènte agg. e s. m. equivalent
equivalènza s. f. equivalence
equivalére v. intr. e rifl. rec. to be equivalent, to be equal in value
equivocàre v. intr. to misunderstand, to mistake
equìvoco A agg. **1** equivocal, ambiguous **2** (sospetto) dubious B s. m. equivocation, misunderstanding
èquo agg. fair
èra s. f. era, age
èrba s. f. grass, (medicinale, aromatica) herb, (infestante) weed
erbàrio s. m. herbarium, (libro) herbal
erbìvoro agg. herbivorous
erboristerìa s. f. herbalist's shop
erède s. m. e f. heir
eredità s. f. **1** (dir.) inheritance **2** (fig.) heritage **3** (biol.) heredity ♦ **lasciare in e.** to bequeath
ereditàre v. tr. to inherit
ereditàrio agg. hereditary
eremìta s. m. hermit
èremo s. m. hermitage
eresìa s. f. heresy
erètico agg. heretical
erètto agg. **1** erect, upright **2** (costruito) erected, built **3** (istituito) founded
erezióne s. f. erection
ergàstolo s. m. life sentence
èrica s. f. heather
erìgere A v. tr. **1** to erect, to build **2** (innalzare) to raise **3** (istituire) to found B v. rifl. **1** (drizzarsi) to stand up **2** (fig.) to claim to be
erìtema s. m. erythema
ermafrodito agg. hermaphrodite
ermellìno s. m. ermine
ermètico agg. **1** hermetic, airtight **2** (fig.) obscure
èrnia s. f. hernia
eròe s. m. hero
erogàre v. tr. to supply, (somma) to disburse

eroico *agg.* heroic
eroina (1) *s. f.* heroine
eroina (2) *s. f. (chim.)* heroin
eroismo *s. m.* heroism
erosione *s. f.* erosion
erotico *agg.* erotic
erotismo *s. m.* erotism
errare *v. intr.* 1 *(vagare)* to wander (about), to roam 2 *(sbagliare)* to be mistaken, to make mistakes
errore *s. m.* mistake, error ◆ **e. di stampa** misprint
erudito *s. m.* scholar
eruttare *v. tr.* to throw out
eruzione *s. f.* 1 eruption 2 *(med.)* rash
esacerbare *v. tr.* to exacerbate, to exasperate
esagerare A *v. tr.* to exaggerate **B** *v. intr.* to overdo, to go too far
esagerazione *s. f.* exaggeration
esagonale *agg.* hexagonal
esagono *s. m.* hexagon
esalare *v. tr.* to exhale
esalazione *s. f.* exhalation
esaltare A *v. tr.* 1 to extol, to celebrate 2 *(entusiasmare)* to thrill **B** *v. intr. pron.* to become elated
esame *s. m.* examination, exam, test
esaminare *v. tr.* to examine
esanime *agg.* lifeless
esasperare A *v. tr.* 1 to exasperate, to irritate 2 *(esacerbare)* to exacerbate, to aggravate **B** *v. intr. pron.* to become bitter
esasperazione *s. f.* 1 exasperation, irritation 2 *(inasprimento)* aggravation
esattamente *avv.* 1 *(in maniera esatta)* exactly, precisely, *(correttamente)* correctly 2 *(proprio)* just
esattezza *s. f.* 1 exactness 2 *(accuratezza)* accuracy
esatto A *agg.* 1 exact, correct 2 *(accurato)* careful **B** *avv.* exactly
esattore *s. m.* collector
esaudire *v. tr.* to grant, to fulfil
esauriente *agg.* exhaustive
esaurimento *s. m.* exhaustion, depletion ◆ **e. nervoso** nervous breakdown
esaurire A *v. tr.* to exhaust **B** *v. rifl. e intr. pron.* 1 to get exhausted 2 *(di merci)* to run out, to sell out
esausto *agg.* exhausted, worn out
esautorare *v. tr.* to deprive of authority
esborso *s. m.* disbursement
esca *s. f.* bait
escatologico *agg.* eschatologic
eschimese A *agg.* Eskimo *(attr.)* **B** *s. m. e f.* Eskimo, Husky
esclamare *v. tr. e intr.* to exclaim, to cry (out)
escludere A *v. tr.* to exclude, to leave out **B** *v. rifl. rec.* to exclude one another
esclusiva *s. f.* exclusive right, sole right
esclusivamente *avv.* exclusively
esclusivo *agg.* exclusive
escogitare *v. tr.* to contrive, to devise
escoriazione *s. f.* excoriation, graze
escursione *s. f.* 1 excursion, tour 2 *(scient.)* range
escursionismo *s. m.* tourism
esecrare *v. tr.* to execrate

esecutivo *agg. e s. m.* executive
esecutore *s. m.* 1 executor 2 *(mus.)* performer
esecuzione *s. f.* 1 execution 2 *(mus.)* performance
esedra *s. f.* exedra
eseguire *v. tr.* to execute, to carry out, to perform
esempio *s. m.* 1 example, instance 2 *(modello)* model, paragon ◆ **per e.** for example, for instance
esemplare A *agg.* exemplary, model *(attr.)* **B** *s. m.* 1 *(modello)* model 2 *(elemento di serie)* specimen, *(copia)* copy
esemplificare *v. tr.* to exemplify
esemplificazione *s. f.* exemplification
esentare *v. tr.* to exempt, to excuse
esente *agg.* exempt, free
esenzione *s. f.* exemption
esequie *s. f. pl.* funeral rites *pl.*
esercitare A *v. tr.* 1 to exercise 2 *(una professione)* to practise 3 *(addestrare)* to train **B** *v. rifl.* to practise, to train oneself
esercitazione *s. f.* exercise, practice
esercito *s. m.* army
esercizio *s. m.* 1 exercise 2 *(pratica)* practice 3 *(azienda commerciale)* concern, *(negozio)* shop ◆ **e. fisico** physical training
esibire A *v. tr.* to exhibit, to show **B** *v. rifl.* 1 to show off 2 *(in spettacoli)* to perform
esibizione *s. f.* 1 show, display, exhibition 2 *(di spettacolo)* performance
esibizionismo *s. m.* exhibitionism
esigente *agg.* exacting, demanding
esigenza *s. f.* demand, need
esigere *v. tr.* 1 to demand, to require, to insist on 2 *(riscuotere)* to collect, *(pretendere)* to exact
esiguo *agg.* scarce, exiguous, scanty
esilarante *agg.* exhilarating ◆ **gas e.** laughing gas
esile *agg.* 1 thin, slender 2 *(debole)* weak, faint
esiliare *v. tr.* to exile, to banish
esilio *s. m.* exile, banishment
esimere A *v. tr.* to exempt **B** *v. rifl.* to get out of
esistente *agg.* existing
esistenza *s. f.* existence
esistere *v. intr.* to exist, to be
esitare *v. intr.* to hesitate
esitazione *s. f.* hesitation
esito *s. m.* result, outcome, issue
esodo *s. m.* exodus, flight
esonerare *v. tr.* to exonerate, to free, to exempt
esorbitante *agg.* exorbitant
esorcizzare *v. tr.* to exorcize
esordio *s. m.* 1 *(inizio)* beginning 2 *(debutto)* debut
esordire *v. intr.* to begin, to start
esortare *v. tr.* to exhort, to urge
esortazione *s. f.* exhortation
esoterico *agg.* esoteric
esotico *agg.* exotic
espandere A *v. tr.* to expand, to extend **B** *v. intr. pron.* to expand, to spread out
espansione *s. f.* expansion
espansivo *agg.* expansive
espatriare *v. intr.* to expatriate
espediente *s. m.* expedient, device

espèllere *v. tr.* **1** to expel, to turn out **2** (*emettere*) to eject, to discharge

esperiènza *s. f.* experience

esperiménto *s. m.* experiment, trial

espèrto *agg. e s. m.* expert

espiàre *v. tr.* to expiate

espiràre *v. tr. e intr.* to expire, to breathe out

espletàre *v. tr.* to dispatch

esplicativo *agg.* explanatory, explicative

esplìcito *agg.* explicit

esplòdere *v. intr.* to explode, to burst

esploràre *v. tr.* **1** to explore **2** (*mil.*) to scout

esploratóre *s. m.* **1** explorer **2** (*mil.*) scout ♦ **giovane e.** boy scout

esplorazióne *s. f.* exploration, scouting

esplosióne *s. f.* explosion

esplosivo *agg. e s. m.* explosive

esponènte *s. m. e f.* exponent

espórre A *v. tr.* **1** to expose **2** (*mettere fuori*) to put out, to expose **3** (*mettere in mostra*) to show, to display **4** (*spiegare*) to expound, to explain **B** *v. rifl.* to expose oneself

esportàre *v. tr.* to export

esportazióne *s. f.* export

esposìmetro *s. m.* exposure meter

esposizióne *s. f.* **1** exposure **2** (*mostra*) exhibition, exposition, show **3** (*lo spiegare*) exposition

espósto *s. m.* petition, (*denuncia*) complaint

espressaménte *avv.* **1** (*esplicitamente*) explicitly **2** (*apposta*) on purpose, specially

espressióne *s. f.* expression

espressionismo *s. m.* expressionism

espressivo *agg.* expressive

esprèsso *agg.* **1** expressed **2** (*esplicito*) express, explicit **3** (*su richiesta*) express, made to order **4** (*veloce*) fast, express **B** *s. m.* **1** (*lettera*) express letter, (*USA*) fast letter **2** (*treno*) express **3** (*caffè*) espresso

esprìmere A *v. tr.* to express **B** *v. intr. pron.* to express oneself

espròprio *s. m.* expropriation

espulsióne *s. f.* expulsion

èssa *pron. pers. 3ª sing. f.* **1** (*sogg.*) (*riferito a cosa o animale di sesso imprecisato*) it (*riferito ad animale femmina o, fam., per 'ella, lei*) she **2** (*compl.*) (*riferito a cosa o animale di sesso imprecisato*) it, (*riferito ad animale femmina o, fam., per 'lei'*) her

èsse *pron. pers. 3ª pl. f.* **1** (*sogg.*) they **2** (*compl.*) them ♦ **e. stesse** they themselves

essènza *s. f.* essence

essenziàle *agg.* essential

essenzialménte *avv.* essentially

èssere (1) A *v. aus.* **1** (*copula, aus. del passivo*) to be (ES: **la porta è aperta** the door is open, **il presidente è eletto ogni 4 anni** the President is elected every four years) **2** (*aus. nella coniugazione attiva di v. intr., rifl. e impers.*) to have (ES: **sono già partito** I have already left) **3** (*con v. serv.*) to have (ES: **è dovuto partire improvvisamente** he has had to leave unexpectedly) **B** *v. intr.* **1** (*esistere*) to be **2** (*accadere*) to become, to happen, to be **3** (*consistere*) to consist **4** (*costare*) to be, to cost, (*valere*) to be, to be worth, (*pesare*) to be, to weigh **5** (*andare, arrivare, stare, trovarsi*) to be **6** (*diventare*) to be, to get **7** (*esserci*) to be ♦ **e. di** (*materia*) to be (made) of, (*appartenenza*) to be of, (*origine*) to be from

èssere (2) *s. m.* **1** being, (*esistenza*) existence **2** (*creatura*) creature **3** (*stato*) state, condition

éssi *pron. pers. 3ª pl. m.* **1** (*sogg.*) they **2** (*compl.*) them ♦ **e. stessi** they themselves

essiccàre A *v. tr.* **1** to dry (up) **2** (*prosciugare*) to drain **B** *v. intr. pron.* to become dry, to dry up

èsso *pron. pers. 3ª sing. m.* **1** (*sogg.*) (*riferito a cosa o animale di sesso imprecisato*) it (*riferito ad animale maschio o, fam., per 'egli, lui'*) he **2** (*compl.*) (*riferito a cosa o animale di sesso imprecisato*) it, (*riferito ad animale maschio o, fam., per 'lui'*) him

èst *s. m.* east

èstasi *s. f.* ecstasy

estàte *s. f.* summer

estemporàneo *agg.* extemporary

estèndere A *v. tr.* to extend, to expand **B** *v. intr. pron.* to extend, to spread, to stretch

estensióne *s. f.* **1** extension **2** (*distesa*) expanse, extent

estenuànte *agg.* exhausting, weary

esterióre *agg.* external, outer (*attr.*), outward (*attr.*)

esternaménte *avv.* externally

esternàre *v. tr.* to express, to disclose

estèrno A *agg.* external, outer, outside (*attr.*) **B** *s. m.* outside ♦ **per uso e.** for external use only

èstero A *agg.* foreign **B** *s. m.* foreign countries *pl.* ♦ **all'e.** abroad

esteròfilo A *agg.* xenophilous **B** *s. m.* xenophile

estéso *agg.* large, wide, extensive

estètica *s. f.* aesthetics *pl.* (*v. al sing.*)

estètico *agg.* aesthetic(al)

estetìsmo *s. m.* aestheticism

estetìsta *s. m. e f.* beautician

estimatóre *s. m.* admirer

èstimo *s. m.* estimate

estìnguere *v. tr.* **1** to extinguish, to put out **2** (*saldare*) to settle

estìnto *s. m.* deceased

estintóre *s. m.* extinguisher

estinzióne *s. f.* extinction

estirpàre *v. tr.* to extirpate

estìvo *agg.* summer (*attr.*)

estòrcere *v. tr.* to extort

estorsióne *s. f.* extortion

estradizióne *s. f.* extradition

estraìbile *agg.* extractable, pull-out (*attr.*)

estràneo A *agg.* extraneous, foreign, unrelated (to) **B** *s. m.* stranger, outsider, foreigner

estràrre *v. tr.* **1** to extract, to pull out **2** (*a sorte*) to draw **3** (*minerale*) to mine

estrazióne *s. f.* **1** extraction **2** (*sorteggio*) drawing **3** (*da miniera*) mining

estremaménte *avv.* extremely

estremìsmo *s. m.* extremism

estremìsta *s. m. e f.* extremist

estremità *s. f.* 1 extremity, end 2 *al pl.* (*degli arti*) limbs *pl.*

estrèmo A *agg.* 1 (*nello spazio*) extreme, farthest 2 (*nel tempo*) last, final **B** *s. m.* 1 extreme 2 *al pl.* terms, essential data ♦ **l'E. Oriente** the Far East

estrìnseco *agg.* extrinsic

èstro *s. m.* 1 inspiration 2 (*capriccio*) whim, fancy

estróso *agg.* whimsical, fanciful

estrovèrso *agg.* extroverted

estuàrio *s. m.* estuary

esuberànte *agg.* exuberant

esulàre *v. intr.* 1 to go into exile 2 (*fig.*) to lie outside

èsule *s. m. e f.* exile

esultàre *v. intr.* to exult

età *s. f.* age

etèreo *agg.* ethereal

eternamènte *avv.* eternally

eternità *s. f.* eternity

etèrno *agg.* eternal

eterodòsso *agg.* heterodox

eterogèneo *agg.* heterogeneous

eterosessuàle *agg. e s. m. e f.* heterosexual

ètica *s. f.* ethics *pl.* (*v. al sing.*)

etichétta (1) *s. f.* label

etichétta (2) *s. f.* (*cerimoniale*) etiquette

ètico *agg.* ethical

etilìsmo *s. m.* alcoholism

etilìsta *s. m. e f.* alcoholic

etimologìa *s. f.* etymology

ètnico *agg.* ethnic(al)

etnologìa *s. f.* ethnology

etrùsco *agg.* Etruscan

èttaro *s. m.* hectare

ètto *s. m.* hectogram

eucaristìa *s. f.* Eucharist, Holy Communion

eufemìstico *agg.* euphemistic

euforìa *s. f.* euphoria, elation

eurìstico *agg.* heuristic

europeìsmo *s. m.* Europeanism

europèo *agg. e s. m.* European

eurovisióne *s. f.* Eurovision

eutanasìa *s. f.* euthanasia

evacuàre *v. tr. e intr.* to evacuate

evàdere A *v. tr.* 1 (*sbrigare*) to dispatch 2 (*sottrarsi a*) to evade **B** *v. intr.* to escape, to get away

evangèlico *agg.* evangelical

evaporàre *v. tr. e intr.* to evaporate

evaporazióne *s. f.* evaporation

evasióne *s. f.* 1 escape, getaway 2 (*fiscale*) evasion

evasìvo *agg.* evasive

evàso *s. m.* fugitive, runaway

eveniènza *s. f.* event, eventuality

evènto *s. m.* event

eventuàle *agg.* possible

eventualmènte *avv.* in case

evidènte *agg.* evident, plain

evidènza *s. f.* evidence, obviousness

evitàre A *v. tr.* 1 to avoid 2 (*sfuggire a*) to escape 3 (*risparmiare*) to spare **B** *v. rifl. rec.* to avoid each other

èvo *s. m.* age, ages *pl.*, era ♦ **il Medio E.** the Middle Ages

evocàre *v. tr.* to evoke

evolutìvo *agg.* evolutive

evolùto *agg.* advanced, fully-developed

evoluzióne *s. f.* evolution

evòlvere *v. intr. e intr. pron.* to evolve

evvìva *inter.* hurrah!

ex *pref.* ex, former

extra A *agg.* 1 (*speciale*) superior, first rate 2 (*in più*) extra, additional **B** *s. m.* extra

extraconiugàle *agg.* extramarital

extraeuropèo *agg.* non-European

extraterrèstre *agg.* extraterrestrial

F

fa *avv.* ago ♦ **un mese fa** a month ago

fabbisógno *s. m.* needs *pl.*, requirements *pl.*

fàbbrica *s. f.* factory, works

fabbricànte *s. m.* manufacturer, producer

fabbricàre *v. tr.* 1 to manufacture, to produce 2 (*costruire*) to build

fàbbro *s. m.* smith

faccènda *s. f.* 1 matter, affair, business 2 *al pl.* (*di casa*) housework

facchìno *s. m.* porter

fàccia *s. f.* 1 face 2 (*espressione*) look, expression 3 (*lato*) face, side

facciàta *s. f.* 1 (*arch.*) front, façade, face 2 (*pagina*) page

facéto *agg.* facetious, witty

facèzia *s. f.* witty remark, joke

fachìro *s. m.* fakir

fàcile *agg.* 1 easy 2 (*incline*) inclined, prone 3 (*probabile*) likely, probable

facilità *s. f.* 1 ease, facility 2 (*l'esser facile*) easiness 3 (*attitudine*) aptitude

facilitàre *v. tr.* to make easy

facilitazióne *s. f.* 1 facilitation 2 (*agevolazione*) facility

facinoróso *s. m.* ruffian

facoltà *s. f.* 1 faculty 2 (*autorità*) power, authority,

right 3 (*università*) faculty, school
facoltativo *agg.* optional ♦ **fermata facoltativa** request stop
facoltóso *agg.* wealthy, well-to-do
facsìmile *s. m. inv.* facsimile
fàggio *s. m.* beech
fagiano *s. m.* pheasant
fagiolino *s. m.* French bean, (*USA*) string bean
fagiòlo *s. m.* bean
fagocitàre *v. tr.* **1** (*biol.*) to phagocytize **2** (*fig.*) to absorb, to engulf
fagòtto *s. m.* bundle
falange *s. f.* phalanx
fàlce *s. f.* sickle
falciàre *v. tr.* to sickle, to cut down
fàlco *s. m.* hawk
falcóne *s. m.* falcon
fàlda *s. f.* **1** (*geol.*) stratum, layer **2** (*di abito*) tail **3** (*di cappello*) brim **4** (*di tetto*) pitch **5** (*di monte*) foot
falegnàme *s. m.* joiner, carpenter
falèsia *s. f.* cliff
fàlla *s. f.* leak
fallàce *agg.* fallacious, misleading
fallimentàre *agg.* **1** bankruptcy (*attr.*) **2** (*fig.*) ruinous
falliménto *s. m.* **1** bankruptcy **2** (*fig.*) failure
fallìre A *v. intr.* **1** to go bankrupt **2** (*fig.*) to fail **B** *v. tr.* to miss
fallìto A *s. m.* **1** bankrupt **2** (*fig.*) failure
fàllo *s. m.* **1** error, fault, mistake **2** (*difetto*) defect, flaw **3** (*sport*) foul
falò *s. m.* bonfire
falsàre *v. tr.* **1** to distort, to misrepresent **2** (*falsificare*) to forge
falsàrio *s. m.* forger, falsifier
falsificàre *v. tr.* to falsify, to fake, (*firme e sim.*) to forge
falsificazióne *s. f.* falsification, forgery
fàlso A *agg.* false **B** *s. m.* **1** falsehood **2** (*oggetto falsificato*) forgery, fake
fàma *s. f.* **1** (*reputazione*) reputation, repute **2** (*rinomanza*) fame, renown
fàme *s. f.* **1** hunger **2** (*carestia*) famine ♦ **avere f.** to be hungry
famèlico *agg.* ravenous, greedy
famìglia *s. f.* family
familiàre *agg.* **1** domestic, family (*attr.*) **2** (*conosciuto*) familiar, well-know **3** (*semplice*) informal, homely
familiarità *s. f.* familiarity
familiarizzàre A *v. tr.* to familiarize **B** *v. intr. pron.* to become familiar, to familiarize oneself
famóso *agg.* famous
fan *s. m. e f. inv.* fan
fanàle *s. m.* laight, lamp
fanalino *s. m.* tail-lamp
fanàtico A *agg.* fanatical **B** *s. m.* fanatic
fanciùllo *s. m.* child
fandònia *s. f.* lie
fanfàra *s. f.* **1** fanfare **2** (*banda*) brass-band
fàngo *s. m.* mud

fannullóne *s. m.* idler, lounger
fantascientìfico *agg.* science-fiction (*attr.*)
fantasciènza *s. f.* science-fiction
fantasìa *s. f.* **1** (*fantasticheria*) fantasy, daydream **2** (*immaginazione*) fancy, imagination
fantàsma *s. m.* ghost, phantom
fantasticàre *v. intr.* to daydream
fantàstico *agg.* **1** fantastic(al), imaginary, fanciful **2** (*straordinario*) incredible, fantastic
fànte *s. m.* **1** infantryman **2** (*carte da gioco*) jack
fanterìa *s. f.* infantry
fantòccio *s. m.* puppet
farabùtto *s. m.* rascal
faraóne *s. m.* Pharaoh
faraònico *agg.* pharaonic
farcìre *v. tr.* to stuff, to fill
fardèllo *s. m.* bundle, burden
fàre A *v. tr.* **1** (*in generale e in senso astratto*) to do (ES: **che cosa fai?** what are you doing?) **2** (*creare, produrre, realizzare, confezionare, cucinare, ecc.*) to make (ES: **f. soldi** to make money) **3** (*di professione*) to be **4** (*dire*) to say **5** (*reputare*) to think **6** (*scrivere*) to write, (*dipingere*) to paint **7** (*indicare*) to make, to be **8** (*rappresentare*) to perform, (*agire da, impersonare*) to act **9** (*pulire*) to clean **10** (*dedicarsi a*) to go in for, (*giocare a*) to play **11** (*generare*) to bear, to have **12** (*percorrere*) to go **13** (*trascorrere*) to spend **14** (*con valore causativo seguito da infinito*) to have, to get, (*causare*) to cause, to make, (*lasciare*) to let **B** *v. intr.* **1** (*impers.*) to be **2** (*essere adatto*) to suit **3** (*stare per*) to be about **C** *v. rifl. e intr. pron.* **1** (*diventare*) to become **2** (*movimento*) to go, to come **3** (*con l'infinito*) to make oneself, to get
farètra *s. f.* quiver
farfàlla *s. f.* butterfly
farìna *s. f.* flour, meal
farinàceo A *agg.* farinaceous **B** *s. m. al pl.* starches *pl.*
farìnge *s. f. o m.* pharynx
faringìte *s. f.* pharyngitis
farmacìa *s. f.* **1** (*scienza e tecnica*) pharmacy **2** (*negozio*) chemist's shop, (*USA*) pharmacy, drugstore
farmacìsta *s. m. e f.* chemist, pharmacist
fàrmaco *s. m.* drug, medicine
farneticàre *v. intr.* to rave
fàro *s. m.* **1** (*naut.*) lighthouse **2** (*aer.*) beacon, light **3** (*autom.*) headlight
fàrsa *s. f.* farce
fàscia *s. f.* **1** band, strip, **2** (*benda*) bandage **3** (*geogr.*) zone, strip **4** (*fig.*) sector, band
fasciàre *v. tr.* **1** to bind, to bandage **2** (*avvolgere*) to wrap
fasciatùra *s. f.* bandage, dressing
fascìcolo *s. m.* **1** (*incartamento*) dossier, file **2** (*di rivista*) issue, number, instalment **3** (*libretto*) booklet
fàscino *s. m.* fascination, charm
fàscio *s. m.* **1** bundle, sheaf **2** (*di luce*) beam
fascìsmo *s. m.* Fascism
fàse *s. f.* **1** (*scient.*) phase **2** (*stadio*) phase, stage **3** (*mecc.*) stroke
fastìdio *s. m.* **1** nuisance, bother, trouble **2** (*irrita-*

zione) annoyance **3** (*avversione*) disgust
fastidióso *agg.* maddening, tiresome
fàsto *s. m.* pomp
fastóso *agg.* pompous
fàta *s. f.* fairy
fatàle *agg.* **1** fatal **2** (*inevitabile*) fated, destined
fatalista *s. m. e f.* fatalist
fatalità *s. f.* **1** fate, destiny, fatality **2** (*disgrazia*) mishap
fàtica *s. f.* **1** (*lavoro faticoso*) labour, hard work, toil **2** (*sforzo*) effort, exertion **3** (*stanchezza*) weariness, fatigue **4** (*difficoltà*) difficulty **5** (*mecc.*) fatigue
faticàre *v. intr.* **1** to work hard, to toil **2** (*stentare*) to have difficulty
faticàta *s. f.* exertion, effort
faticóso *agg.* **1** tiring, hard **2** (*difficile*) difficult
fatídico *agg.* fateful
fàto *s. m.* fate
fattíbile *agg.* feasible
fàtto A *agg.* **1** done, made **2** (*adatto*) fit **B** *s. m.* **1** fact, deed **2** (*avvenimento*) event **3** (*faccenda*) affair, matter ♦ **in f. di** as regard
fattóre (1) *s. m.* factor
fattóre (2) *s. m.* (*di campagna*) bailiff, farmer
fattoría *s. f.* farm, (*casa*) farmhouse
fattoríno *s. m.* messanger, office boy
fattùra *s. f.* **1** (*fabbricazione*) making, manufacture, (*lavorazione*) workmanship **2** (*comm.*) invoice, bill **3** (*fam.*) (*maleficio*) spell
fatturàre *v. tr.* to invoice
fàtuo *agg.* fatuous, vain
fàuna *s. f.* fauna
fàuno *s. m.* faun
fautóre *s. m.* supporter
fàva *s. f.* broad bean
favèlla *s. f.* speech
favílla *s. f.* spark
fàvola *s. f.* **1** tale, story, fairy story, fable **2** (*fandonia*) tall story
favolóso *agg.* fabulous
favóre *s. m.* favour ♦ **per f.** please
favorévole *agg.* favourable
favoríre *v. tr.* **1** to favour, to support **2** (*promuovere*) to promote, to encourage
favorítismo *s. m.* favouritism
favoríto *agg. e s. m.* favourite
fazióso *agg.* factious
fazzolétto *s. m.* handkerchief ♦ **f. di carta** paper tissue
febbràio *s. m.* February
fèbbre *s. f.* fever ♦ **f. da fieno** hay-fever
febbricitànte *agg.* feverish
féccia *s. f.* dregs *pl.*
fèci *s. f. pl.* faeces
fècola *s. f.* flour ♦ **f. di patate** potato flour
fecondàre *v. tr.* to fertilize
fecondazióne *s. f.* fecundation, fertilization
fecóndo *agg.* fertile, prolific
féde *s. f.* **1** faith **2** (*anello*) wedding ring
fedéle *agg.* **1** faithful, loyal **2** (*veritiero*) true, exact
fedeltà *s. f.* fidelity, faithfulness

fèdera *s. f.* pillowcase
federàle *agg.* federal
federazióne *s. f.* federation
fégato *s. m.* **1** liver **2** (*fig.*) courage, guts *pl.*
félce *s. f.* fern
felíce *agg.* **1** happy, pleased, glad **2** (*fortunato*) lucky
felicità *s. f.* happiness
felicitàrsi *v. intr. pron.* to congratulate
felicitazióni *s. f. pl.* congratulations
felíno A *agg.* feline, catlike **B** *s. m.* feline
félpa *s. f.* **1** (*tessuto*) plush **2** (*indumento*) sweatshirt
féltro *s. m.* felt
fémmina *s. f.* **1** female **2** (*bambina, ragazza*) girl **3** (*di animale*) she-, (*di grande mammifero*) cow-
femminíle *agg.* **1** (*di sesso*) female **2** (*di donna*) feminine, woman's **3** (*gramm.*) feminine
femminìsmo *s. m.* feminism
fèmore *s. m.* femur, thigh-bone
fendinèbbia *agg. e s. m.* fog-light
fenício *agg. e s. m.* Phoenician
fenicòttero *s. m.* flamingo
fenomenàle *agg.* phenomenal
fenòmeno *s. m.* **1** phenomenon **2** (*oggetto di meraviglia*) wonder
fèretro *s. m.* coffin
feriàle *agg.* weekday (*attr.*), working (*attr.*)
fèrie *s. f. pl.* holidays *pl.*, vacation
feriménto *s. m.* wounding
feríre A *v. tr.* to wound, to injure, to hurt **B** *v. rifl. e intr. pron.* to hurt oneself, to wound oneself
ferìta *s. f.* wound, hurt
feritóia *s. f.* loophole
férma *s. f.* (*mil.*) service
fermàglio *s. m.* clasp, clip
fermàre A *v. tr.* **1** to stop, to halt **2** (*interrompere*) to stop, to interrupt **3** (*dir.*) to hold **4** (*fissare*) to fix, to fasten **B** *v. intr.* to stop **C** *v. rifl. e intr. pron.* **1** to stop **2** (*trattenersi*) to stay **3** (*fare una pausa*) to make a pause **4** (*mecc.*) to stall
fermàta *s. f.* stop, halt ♦ **divieto di f.** no stopping; **f. obbligatoria/a richiesta** regular/request stop
fermentazióne *s. f.* fermentation
ferménto *s. m.* ferment
fermézza *s. f.* firmness
férmo A *agg.* **1** still, motionless **2** (*saldo*) firm, steady **B** *s. m.* **1** (*blocco*) lock, stop **2** (*arresto*) (*provisional*) arrest
fermopòsta *agg. e avv.* poste restante, (*USA*) general delivery
feróce *agg.* ferocious, fierce, wild
ferragósto *s. m.* feast of the Assumption
ferraménta *s. f.* **1** hardware, ironware, ironmongery **2** (*negozio*) hardware store, ironmonger's shop
fèrreo *agg.* iron (*attr.*)
fèrro *s. m.* **1** iron **2** *al pl.* (*ceppi*) irons *pl.*, chains *pl.* **3** (*attrezzi*) instruments *pl.*, tools *pl.* ♦ **f. da calza** knitting-needle; **f. da stiro** iron; **f. di cavallo** horseshoe
ferrovìa *s. f.* railway, (*USA*) railroad ♦ **per f.** by rail
ferroviàrio *agg.* railway (*attr.*), (*USA*) railroad (*attr.*) ♦ **orario f.** train timetable

ferrovière *s. m.* railwayman, (*USA*) railroader

fèrtile *agg.* fertile, fruitful

fertilizzànte A *agg.* fertilizing B *s. m.* fertilizer

fèrvido *agg.* fervent

fervóre *s. m.* fervour, heat

fesserìa *s. f.* **1** nonsense, rubbish **2** (*inezia*) trifle, nothing

fésso *agg.* stupid, foolish

fessùra *s. f.* crack, slit, fissure, (*per gettone*) slot

fèsta *s. f.* **1** (*solennità religiosa*) feast, festivity **2** (*giorno di vacanza*) holiday **3** (*ricevimento*) party

festeggiaménto *s. m.* celebration

festeggiàre *v. tr.* **1** to celebrate **2** (*accogliere festosamente*) to give a hearty welcome to

festività *s. f.* festivity, holiday ♦ **f. civile** public holiday

festìvo *agg.* holiday (*attr.*), Sunday (*attr.*)

festóso *agg.* joyful, merry, hearty

feticcio *s. m.* fetish

feticismo *s. m.* fetishism

fèto *s. m.* f(o)etus

fétta *s. f.* slice

feudàle *agg.* feudal

feudalésimo *s. m.* feudalism

fèudo *s. m.* fief, feud

fiàba *s. f.* fairy tale, tale, story

fiabésco *agg.* **1** fairy, fairy-tale (*attr.*) **2** (*favoloso*) fabulous

fiàcca *s. f.* **1** (*stanchezza*) weariness **2** (*indolenza*) indolence, laziness

fiaccàre *v. tr.* to weaken, to exhaust

fiàcco *agg.* **1** (*stanco*) weary, slack **2** (*debole*) weak, limp

fiàccola *s. f.* torch

fiàla *s. f.* phial

fiàmma *s. f.* flame, (*viva*) blaze ♦ **alla f.** flambé; **ritorno di f.** backfire

fiammànte *agg.* **1** flaming, blazing **2** (*fig.*) bright

fiammàta *s. f.* burst of flame

fiammeggiàre A *v. intr.* to blaze, to flame B *v. tr.* (*cuc.*) to singe

fiammìfero *s. m.* match

fiammingo A *agg.* Flemish B *s. m.* Fleming

fiancàta *s. f.* side, flank

fiancheggiàre *v. tr.* **1** to flank **2** (*sostenere*) to support

fiànco *s. m.* **1** side **2** (*anat.*) hip, (*zool.*) flank **3** (*mil.*) flank

fiàsco *s. m.* **1** flask **2** (*insuccesso*) fiasco, flop (*fam.*)

fiàto *s. m.* breath

fibbia *s. f.* buckle

fibra *s. f.* fibre, (*USA*) fiber

ficcàre A *v. tr.* **1** to thrust, to drive **2** (*mettere*) to put, to stuff B *v. rifl.* to dive, to hide

fico *s. m.* fig

fidanzaménto *s. m.* engagement

fidanzàrsi *v. rifl. e rifl. rec.* to become engaged, to get engaged

fidanzàta *s. f.* fiancée

fidanzàto *s. m.* fiancé

fidàre A *v. intr.* to trust B *v. intr. pron.* to trust, to rely on

fidàto *agg.* trustworthy, reliable

fidùcia *s. f.* confidence, reliance, trust

fièle *s. m.* gall

fienìle *s. m.* barn, hayloft

fièno *s. m.* hay

fièra (1) *s. f.* **1** (*mostra*) fair, exhibition **2** (*festa*) fête ♦ **f. campionaria** trade fair

fièra (2) *s. f.* (*animale feroce*) wild beast

fierézza *s. f.* **1** (*orgoglio*) pride **2** (*audacia*) boldness

fierìstico *agg.* fair (*attr.*)

fièro *agg.* **1** (*orgoglioso*) proud **2** (*audace*) bold **3** (*indomito*) untamed **4** (*severo*) severe

fifa *s. f.* (*fam.*) fright

figlia *s. f.* daughter

figliàstro *s. m.* stepson

figlio *s. m.* son, child

figùra *s. f.* **1** figure **2** (*forma, sagoma*) shape, form **3** (*illustrazione*) picture ♦ **fare bella/brutta f.** to cut a fine/poor figure

figuràccia *s. f.* poor figure

figuràre A *v. tr.* **1** to represent **2** (*immaginare*) to imagine, to picture B *v. intr.* **1** (*apparire*) to appear, to be **2** (*far figura*) to make a good impression

figurativo *agg.* figurative

figurìna *s. m.* **1** (*statuetta*) figurine **2** (*da raccolta*) picture-card

fila *s. f.* **1** line, file, row **2** (*coda*) queue, line **3** (*serie*) string, series ♦ **fare la f.** to queue (up)

filantropìa *s. f.* philanthropy

filàntropo *s. m.* philanthropist

filàre A *v. tr.* to spin B *v. intr.* **1** (*correre*) to run, to make off **2** (*di ragionamento*) to hang together **3** (*amoreggiare*) to flirt **4** (*comportarsi bene*) to behave

filarmònica *s. f.* philharmonic society

filastròcca *s. f.* rigmarole

filatelìa *s. f.* philately

filàto *s. m.* yarn

filétto *s. m.* **1** (*bordo*) border **2** (*mecc.*) thread **3** (*cuc.*) fillet

filiàle A *agg.* filial B *s. f.* branch

filifórme *agg.* filiform

filigràna *s. f.* **1** filigree **2** (*della carta*) watermark

film *s. m. inv.* **1** film, (motion) picture, (*USA*) movie **2** (*pellicola, strato*) film

filmàre *v. tr.* to film, to shoot

filo *s. m.* **1** thread, (*tess.*) yarn **2** (*di metallo*) wire **3** (*tel., elettr.*) cable, wire **4** (*di collana*) string **5** (*taglio*) edge ♦ **f. d'erba** blade of grass; **f. spinato** barbed wire

filobus *s. m.* trolleybus

filologìa *s. f.* philology

filòne *s. m.* **1** (*miner.*) vein **2** (*di pane*) long loaf **3** (*fig.*) trend, current

filosofìa *s. f.* philosophy

filosòfico *agg.* philosophic(al)

filòsofo *s. m.* philosopher

filtràre *v. tr. e intr.* to filter

filtro *s. m.* filter

filza *s. f.* string

finàle A *agg.* final B *s. m.* end, conclusion C *s. f.* (*sport*) ending, finals *pl.*

finalìsta *s. m. e f.* finalist

finalità s. f. aim, purpose, end

finalménte avv. at last, (da ultimo) finally

finànza s. f. finance

finanziaménto s. m. financing, loan, (somma) fund

finanziàrio agg. financial

finanzière s. m. 1 financier 2 (guardia di finanza) customs officer, revenue officer

finché cong. 1 until, till 2 (per tutto il tempo che) as long as

fine (1) A s. f. end, ending, conclusion **B** s. m. 1 (scopo) aim, purpose, object 2 (risultato) result, conclusion

fine (2) agg. 1 fine, thin 2 (raffinato) refined 3 (acuto) subtle

finèstra s. f. window

finestrino s. m. window

fingere A v. tr. e intr. to pretend, to simulate, to feign **B** v. rifl. to pretend

finimóndo s. m. bedlam, pandemonium

finire A v. tr. 1 to finish, to end 2 (esaurire) to finish, to sell out 3 (uccidere) to kill **B** v. intr. 1 to finish, to end (up) 2 (smettere) to stop 3 (esaurirsi) to run out, to sell out 4 (cacciarsi) to get to

finito agg. 1 finished 2 (limitato) finite 3 (rovinato) done for

finitura s. f. finish, finishing

fino (1) agg. 1 (sottile) fine, thin 2 (acuto) subtle, sharp 3 (puro) pure

fino (2) A prep. 1 (tempo) until, till, up to 2 (luogo) as far as **B** avv. even ♦ **f. da** since

finòcchio s. m. fennel

finóra avv. till now, up to now, yet

finta s. f. pretence, feint

finto agg. 1 (falso) false, insincere 2 (simulato) feigned 3 (artificiale) dummy, artificial, false

finzióne s. f. 1 pretence, make-believe 2 (invenzione) fiction, invention

fiòcco s. m. 1 bow 2 (bioccolo) flock 3 (cuc.) flake 4 (naut.) jib ♦ **con i fiocchi** excellent; **f. di neve** snowflake

fiòcina s. f. harpoon

fiòco agg. 1 weak, (di suono) faint 2 (rauco) hoarse

fiónda s. f. catapult, sling

fioràio s. m. florist

fiordaliso s. m. cornflower

fiòrdo s. m. fiord

fióre s. m. 1 flower, (di albero da frutto) blossom 2 (carte da gioco) clubs pl. 3 (parte scelta) the best part, the flower

fiorènte agg. 1 blooming 2 (fig.) flourishing

fiorétto s. m. (arma) foil

fiorièra s. f. flower box

fiorire v. intr. 1 to flower, to blossom, to bloom 2 (fig.) to flourish

fioritura s. f. 1 flowering, blooming, (di alberi da frutto) blossoming 2 (fig.) flourishing

firma s. f. signature

firmaménto s. m. firmament

firmàre v. tr. to sign

fisarmònica s. f. accordion

fiscàle agg. 1 fiscal, tax (attr.) 2 (fig.) strict

fischiàre A v. intr. 1 to whistle, (per disapprovazione) to boo 2 (di segnale acustico) to hoot 3 (di proiettile) to whiz(z) 4 (di orecchie) to buzz **B** v. tr. to whistle, (per disapprovazione) to boo

fischio s. m. 1 whistle, (di disapprovazione) boo 2 (di segnale acustico) hoot 3 (di proiettile) whiz(z) 4 (nelle orecchie) buzzing

fisco s. m. revenue, (ufficio) tax office

fisica s. f. physics pl. (v. al sing.)

fisico A agg. physical **B** s. m. 1 (scienziato) physicist 2 (costituzione) physique, body

fisiologia s. f. physiology

fisiològico agg. physiologic

fisionomia s. f. physiognomy

fisionomista s. m. e f. physiognomist

fisioterapia s. f. physiotherapy

fisioterapista s. m. e f. physiotherapist

fissàre A v. tr. 1 (rendere fisso) to fix, to fasten, to make firm 2 (guardare fisso) to stare, to gaze 3 (stabilire) to fix, to arrange, to set 4 (prenotare) to book, to reserve **B** v. intr. pron. 1 to be fixed 2 (ostinarsi) to set one's heart on 3 (stabilirsi) to settle

fissazióne s. f. 1 fixing, fixation 2 (idea ossessiva) obsession

fisso A agg. fixed **B** avv. fixedly

fitta s. f. sharp pain, pang

fittizio agg. fictitious

fitto agg. thick, packed ♦ **a capo f.** head downwards

fiumàna s. f. stream, flood

fiùme s. m. 1 river 2 (fig.) flood, stream

fiutàre v. tr. 1 to smell, to sniff 2 (la selvaggina) to scent 3 (fig.) to scent, to smell

fiùto s. m. 1 scent 2 (fig.) nose

flagellazióne s. f. flagellation, scourging

flagèllo s. m. scourge

flagrànte agg. flagrant

flanèlla s. f. flannel

flash s. m. inv. (fot.) flash 2 (notizia giornalistica) newsflash

flàuto s. m. flute

flèbile agg. feeble

fleboclìsi s. f. phleboclysis

flemmàtico agg. phlegmatic, cool

flessìbile agg. flexible, supple

flessióne s. f. 1 flexion 2 (calo) decrease, drop

flessuóso agg. flexuous

flèttere v. tr. to bend, to bow

flogòsi s. f. phlogosis

flòra s. f. flora

floreàle agg. floral

floricoltùra s. f. floriculture

florilègio s. m. florilegium, anthology

flòscio agg. flabby, soft

flòtta s. f. fleet

flottìglia s. f. flotilla

flùido A agg. fluid, flowing **B** s. m. fluid

fluìre v. intr. to flow

fluorescènte agg. fluorescent

fluòro s. m. fluorine

flùsso *s. m.* **1** flow, stream **2** (*fis.*) flux
fluttuànte *agg.* fluctuating, floating
fluttuàre *v. intr.* **1** to fluctuate, to rise and fall **2** (*econ.*) to fluctuate, to float
fluviàle *agg.* river (*attr.*)
fobìa *s. f.* phobia
fòca *s. f.* seal
focalizzàre *v. tr.* to focus
fóce *s. f.* mouth
focolàio *s. m.* **1** (*med.*) focus **2** (*fig.*) hotbed
focolàre *s. m.* **1** hearth, fireplace **2** (*fig.*) home
fòdera *s. f.* (*interna*) lining, (*esterna*) cover
foderàre *v. tr.* (*internamente*) to line, (*esternamente*) to cover
fòdero *s. m.* sheath
fóga *s. f.* impetuosity, ardour
fòggia *s. f.* **1** manner, fashion **2** (*forma*) shape
fòglia *s. f.* leaf
fogliàme *s. m.* foliage
figliétto *s. m.* slip of paper
fòglio *s. m.* **1** sheet **2** (*pagina*) leaf **3** (*banconota*) bank note **4** (*di metallo*) plate
fógna *s. f.* sewer, drain
fognatùra *s. f.* sewerage system, drainage system
föhn *s. m. inv.* (*asciugacapelli*) hairdryer
folclóre *s. m.* folklore
folclorìstico *agg.* folklore (*attr.*), folk (*attr.*)
folgoràre *v. tr.* **1** (*elettr.*) to electrocute **2** (*fig.*) to dazzle
folgorazióne *s. f.* **1** (*elettr.*) electrocution **2** (*fig.*) flash
fòlla *s. f.* crowd, throng
fòlle *agg.* **1** mad, insane **2** (*pazzesco*) foolish, wild **3** (*mecc.*) neutral
folleggiàre *v. intr.* to make marry, to frolic
follemente *avv.* madly
follìa *s. f.* madness, insanity **2** (*azione folle*) folly
fólto *agg.* **1** thick **2** (*est.*) large, great
fomentàre *v. tr.* to foment, to encourage, to foster
fóndaco *s. m.* warehouse
fondàle *s. m.* **1** (*teatro*) back-drop **2** (*naut.*) sounding, depth
fondamentàle *agg.* fundamental, basic
fondaménto *s. m.* foundation
fondàre **A** *v. tr.* **1** to found, to erect **2** (*istituire*) to found, to establish **3** (*basare*) to found, to base, to ground **B** *v. rifl. e intr. pron.* to base oneself, to be based on
fondatóre *s. m.* founder
fondazióne *s. f.* foundation
fondènte **A** *agg.* melting **B** *s. m.* (dolce) fondant ♦ **cioccolato f.** plain chocolate
fóndere *v. tr.* **1** (*liquefare*) to melt, to fuse **2** (*metalli*) to cast, to mould **3** (*mescolare*) to blend, to merge **B** *v. intr. e intr. pron.* to melt **C** *v. rifl. e rifl. rec.* to merge
fonderìa *s. f.* foundry
fondiàrio *agg.* land (*attr.*), landed
fondìsta *s. m. e f.* long-distance runner
fóndo **A** *agg.* deep **B** *s. m.* **1** bottom, (*estremità*) end **2** (*feccia*) dregs *pl.* **3** (*sfondo*) background **4** (*econ.*) fund ♦ **piatto f.** soup-plate; **sci di f.** cross-country skiing

fondovàlle *s. m.* valley bottom
fonètica *s. f.* phonetics *pl.* (*v. al sing.*)
fonètico *agg.* phonetic
fontàna *s. f.* fountain
fónte **A** *s. f.* source, spring **B** *s. m.* (*battesimale*) font ♦ **f. di energia** source of power
footing *s. m. inv.* jogging
foràggio *s. m.* forage, fodder
foràre **A** *v. tr.* to pierce, to punch **B** *v. intr.* (*pneumatico*) to get a flat tyre, to puncture
foratùra *s. f.* piercing, (*di pneumatico*) puncture
fòrbici *s. f. pl.* scissors *pl.*
fórca *s. f.* **1** fork **2** (*patibolo*) gallows *pl.*
forcèlla *s. f.* fork
forchétta *s. f.* fork
forcìna *s. f.* hairpin
forènse *agg.* forensic
forèsta *s. f.* forest
forestièro **A** *agg.* foreign, alien **B** *s. m.* foreigner
forfait *s. m. inv.* lump-sum ♦ **dichiarare f.** to default, to scratch
fórfora *s. f.* dandruff
forgiàre *v. tr.* **1** to forge **2** (*modellare*) to shape, to mould
fórma *s. f.* **1** shape, form **2** (*stampo*) mould **3** (*genere, tipo, stile, procedura*) form **4** (*formalità*) formality, form, appearance **5** *al pl.* (*di persona*) figure **6** (*forma fisica*) form, fitness
formàggio *s. m.* cheese ♦ **f. magro** skimmed cheese; **f. piccante** strong cheese
formàle *agg.* formal
formalìsmo *s. m.* formalism
formalità *s. f.* formality, form ♦ **senza f.** informally
formalizzàre **A** *v. tr.* to formalize **B** *v. intr. pron.* to be shocked
formàre **A** *v. tr.* **1** to form, to make **2** (*modellare*) to shape, to mould **B** *v. intr. pron.* to form
formazióne *s. f.* **1** formation **2** (*addestramento*) training
formìca *s. f.* ant
formicàio *s. m.* anthill
formicolàre *v. intr.* **1** (*brulicare*) to swarm, to be full **2** (*prudere*) to tingle
formicolìo *s. m.* **1** swarming **2** (*intorpidimento*) tingling, pins and needles
formidàbile *agg.* **1** formidable, terrible **2** (*straordinario*) wonderful
formóso *agg.* buxom, shapely
fòrmula *s. f.* formula
formulàre *v. tr.* **1** to formulate **2** (*esprimere*) to express
formulàrio *s. m.* formulary, form
fornàce *s. f.* furnace, (*per laterizi*) kiln
fornàio *s. m.* baker, (*negozio*) bakery
fornèllo *s. m.* stove, cooker
fórnice *s. m.* fornix
fornìre **A** *v. tr.* to furnish, to supply, to provide **B** *v. rifl.* to stock up
fornitóre *s. m.* supplier
fórno *s. m.* **1** oven **2** (*negozio*) bakery
fóro **(1)** *s. m.* hole

fòro (2) *s. m. (dir.)* forum, court of justice

fórse *avv.* **1** perhaps, maybe **2** *(probabilmente)* probably **3** *(circa)* about

forsennàto *s. m.* madman, lunatic

fòrte A *agg.* **1** strong **2** *(di suono)* loud **3** *(di malattia)* bad, severe **4** *(considerevole)* large, heavy **5** *(profondo)* deep **B** *avv.* **1** strongly, hard **2** *(a volume alto)* loudly, loud **3** *(velocemente)* fast **4** *(con intensità)* hard, hardly

fortézza *s. f.* fortress

fortificàre *v. tr.* to fortify

fortificazióne *s. f.* fortification

fortìno *s. m.* blockhouse

fortùito *agg.* fortuitous, chance *(attr.)*

fortùna *s. f.* **1** fortune, luck **2** *(successo)* success **3** *(emergenza)* emergency

fortunataménte *avv.* luckily

fortunàto *agg.* lucky, fortunate

fòrza *s. f.* **1** strength, force **2** *(potere)* power **3** *(mil., fis.)* force **4** *(violenza)* force

forzàre A *v. tr.* **1** to force, to compel **2** *(sforzare)* to strain **B** *v. rifl.* to force oneself

forzàto *agg.* forced

forzatùra *s. f.* forcing

forzière *s. m.* coffer

fóschia *s. f.* haze, mist

fósco *agg.* gloomy, dark

fosforescènte *agg.* phosphorescent

fósforo *s. m.* phosphor(us)

fòssa *s. f.* **1** ditch, trench **2** *(tomba)* grave

fossàto *s. m.* ditch

fòssile *agg. e s. m.* fossil

fossilizzàrsi *v. tr. e intr. pron.* to fossilize

fòsso *s. m.* ditch, trench

fòto *s. f.* → **fotografia**

fotocèllula *s. f.* photocell

fotocólor *s. m. inv.* colour photograph

fotocòpia *s. f.* photocopy

fotocopiàre *v. tr.* to photocopy

fotogènico *agg.* photogenic

fotografàre *v. tr.* to photograph, to take a picture

fotografìa *s. f.* **1** *(arte)* photography **2** *(immagine)* photo(graph)

fotogràfico *agg.* photographic ♦ **macchina fotogràfica** camera

fotògrafo *s. m.* photographer

fotomodèlla *s. f.* model

fotomontàggio *s. m.* photomontage

fotorepòrter *s. m. inv.* photoreporter, press-photographer

fra *prep.* **1** *(fra due termini)* between, *(fra più di due termini)* among **2** *(in mezzo)* amid, amidst **3** *(partitivo e dopo un sup. rel.)* among, of **4** *(tempo)* in, within *(distrib.)* among

fracassàre A *v. tr.* to smash, to shatter **B** *v. intr. pron.* to break up

fracàsso *s. m.* din, racket

fràdicio *agg.* **1** *(marcio)* rotten **2** *(zuppo)* wet through, soaked ♦ **ubriaco f.** dead drunk

fràgile *agg.* **1** fragile, brittle **2** *(fig.)* frail, fragile

fràgola *s. f.* strawberry

fragóre *s. m.* uproar, rumble

fragoróso *agg.* loud, rumbling

fragrànte *agg.* fragrant

fraintèndere *v. tr. e intr.* to misunderstand

frammentàre A *v. tr.* to split up, to subdivide **B** *v. intr. pron.* to fragment, to split

frammentàrio *agg.* fragmentary

framménto *s. m.* fragment, splinter

fràna *s. f.* landslide

franàre *v. intr.* **1** to slide down **2** *(est.)* to collapse, to fall in

francaménte *avv.* frankly, openly

francése A *agg.* French **B** *s. m. e f. (abitante)* Frenchman *m.*, Frenchwoman *f.* **C** *s. m. (lingua)* French

franchézza *s. f.* frankness, openness

franchìgia *s. f.* immunity, franchise

frànco (1) *agg.* **1** frank, open, sincere **2** *(comm.)* free, franco

frànco (2) *s. m. (moneta)* franc

francobóllo *s. m.* stamp

francòfono *agg.* Francophone

frangènte *s. m.* **1** breaker **2** *(situazione difficile)* predicament, awkward situation

frangétta *s. f.* fringe

fràngia *s. f.* fringe

frangiflùtti *agg. e s. m. inv.* breakwater

franóso *agg.* subject to landslides

frantóio *s. m.* crusher, *(per olive)* oil mill

frantumàre *v. tr.* to shatter, to crush

frappé *s. m.* shake

frappórre A *v. tr.* to interpose, to put **B** *v. rifl. e intr. pron.* to intervene, to interfere

fràsca *s. f.* branch

fràse *s. f.* **1** sentence, period **2** *(locuzione, espressione)* phrase ♦ **f. fatta** cliché

fraseològico *agg.* phraseologic(al) ♦ **verbo f.** phrasal verb

fràssino *s. m.* ash

frastagliàto *agg.* indented, jagged

frastornàre *v. tr.* to confuse, to daze

frastornàto *agg.* confused, dazed

frastuòno *s. m.* noise, din

fràte *s. m.* friar, monk, *(appellativo)* Brother

fratellànza *s. f.* brotherhood, fraternity

fratellàstro *s. m.* half-brother

fratèllo *s. m.* brother

fraternizzàre *v. intr.* to fraternize

fratèrno *agg.* fraternal

frattàglie *s. f. pl.* chitterlings *pl.*, entrails *pl.*

frattànto *avv.* meanwhile

frattùra *s. f.* **1** fracture **2** *(est.)* break, rupture

fratturàre *v. tr. e intr. pron.* to fracture, to break

frazionàre A *v. tr.* to divide, to split **B** *v. rifl. e intr. pron.* to split

frazióne *s. f.* **1** fraction **2** *(di comune)* hamlet

fréccia *s. f.* **1** arrow **2** *(autom.)* indicator

freddaménte *avv.* coldly, coolly

freddàre *v. tr.* **1** to cool **2** *(ammazzare)* to kill **B** *v. intr. pron.* to become cold

freddézza *s. f.* coldness

fréddo A *agg.* cold, chilly, *(fresco)* cool **B** *s. m.* cold,

coldness, chilliness
freddolóso agg. sensitive to cold
freddùra s. f. witticism
fregàre v. tr. **1** to rub **2** (fam.) (rubare) to pinch, to nick **3** (fam.) (imbrogliare) to cheat ♦ **fregarsene** not to give a damn
fregàta s. f. (naut.) frigate
fregatùra s. f. cheat, swindle
frégio s. m. **1** (arch.) frieze **2** ornament
frèmere v. intr. to tremble, to quiver, to throb
frenàre **A** v. tr. **1** to brake **2** (fig.) to restrain, to check **B** v. intr. to brake **C** v. rifl. to restrain oneself
frenàta s. f. braking
frenesìa s. f. frenzy
frenètico agg. frantic, frenzied
fréno s. m. **1** brake **2** (fig.) restraint, check
frequentàre **A** v. tr. **1** to frequent, to go often to, (scuola) to attend **2** (persone) to frequent, to go round with, to associate with **B** v. rifl. rec. to see one another
frequènte agg. frequent
frequenteménte avv. frequently, often
frequènza s. f. **1** frequency **2** (assiduità) attendance
frèsa s. f. cutter
freschézza s. f. **1** freshness **2** (di temperatura) coolness
frésco **A** agg. **1** fresh **2** (di temperatura) cool, fresh, chilly **B** s. m. cool, coolness ♦ **tenere in f.** to keep in a cool place
frétta s. f. hurry, haste
frettolóso agg. hasty, hurried
friàbile agg. friable
friggere v. tr. e intr. to fry
frigido agg. frigid
frigo → frigorifero
frigorìfero **A** agg. refrigerating, freezing **B** s. m. fridge
fringuèllo s. m. finch
frittàta s. f. omelette
fritto **A** agg. fried **B** s. m. fry
frittùra s. f. fry
frivolo agg. frivolous
frizióne s. f. **1** (sulla pelle) rubbing, friction **2** (fis.) friction **3** (mecc., autom.) clutch
frizzànte agg. **1** (di bevanda) fizzy, sparkling **2** (di aria) crisp
frodàre v. tr. to defraud, to cheat
fròde s. f. fraud, cheating
frollàre v. tr. to hang
frónda s. f. branch
frontàle agg. frontal
frónte **A** s. f. **1** forehead **2** (di edificio) front, frontage **B** s. m. front ♦ **di f. a** opposite, in front of, (paragone) in comparison with
fronteggiàre **A** v. tr. to face up, **B** v. rifl. rec. to face each other
frontespizio s. m. frontispiece, title-page
frontièra s. f. frontier, boundary
frontóne s. m. pediment, fronton
frónzolo s. m. frill, frippery
fròttola s. f. fib
frugàle agg. frugal

frugàre v. tr. e intr. to rummage, to ransack
fruìre v. intr. to enjoy
frullàre v. tr. to whip, to whisk
frullàto s. m. shake
frullatóre s. m. mixer
fruménto s. m. wheat
frusciàre v. intr. to rustle
fruscìo s. m. rustle
frùsta s. f. **1** whip **2** (cuc.) whisk
frustàre v. tr. to whip, to flog
frustìno s. m. crop
frustràre v. tr. to frustrate
frustrazióne s. f. frustration
frùtta s. f. fruit
fruttàre **A** v. tr. to yield, to make **B** v. intr. to bear fruit
fruttéto s. m. orchard
fruttificàre v. intr. to fructify, to bear fruit
fruttivéndolo s. m. greengrocer
frùtto s. m. **1** fruit **2** (econ.) interest, return ♦ **frutti di mare** shellfish, (USA) seafood
fu agg. late
fucilàre v. tr. to shoot
fucilàta s. f. (gun)shot
fucìle s. m. gun, rifle
fucìna s. f. forge
fùga s. f. **1** flight, escape **2** (fuoriuscita) leak **3** (mus.) fugue **4** (sport) sprint
fugàce agg. fleeting, short-lived
fugacità s. f. transiency
fuggévole agg. fleeting
fuggiàsco agg. e s. m. fugitive
fuggìre **A** v. intr. to flee, to run away, to escape **B** v. tr. to avoid
fùlcro s. m. fulcrum
fùlgido agg. shining
fulgóre s. m. brightness, splendour
fulìggine s. f. soot
fulminànte agg. fulminant
fulminàre v. tr. **1** to strike by lightning **2** (colpire) to strike down, to strike dead **B** v. intr. pron. (di lampadina) to burn out
fùlmine s. m. lightning, thunderbolt
fulmìneo agg. lightning, instantaneous
fumaiòlo s. m. funnel
fumàre **A** v. tr. to smoke **B** v. intr. **1** to smoke **2** (emettere vapore) to fume, to steam
fumàta s. f. **1** smoke **2** (segnale) smoke signal
fumatóre s. m. smoker
fumétto s. m. strip cartoon, comics pl.
fùmo s. m. **1** smoke **2** (il fumare) smoking **3** (vapore) fume, steam
fumóso agg. **1** smoky, smoking **2** (fig.) obscure
funàmbolo s. m. tigh-trope walker
fùne s. f. rope, cable
fùnebre agg. **1** funeral (attr.) **2** (lugubre) funereal, mournful
funeràle s. m. funeral
funeràrio agg. funerary
funestàre v. tr. to devastate
fùngere v. intr. to act (as)
fùngo s. m. mushroom, (bot., med.) fungus ♦ **f. ve-**

lenoso toadstool
funicolàre s. f. funicular, cable rail
funivìa s. f. cableway
funzionàle agg. **1** functional **2** (*pratico*) practical, useful
funzionalìsmo s. m. functionalism
funzionalità s. f. functionality
funzionaménto s. m. working, operation
funzionàre v. intr. to work, to operate, to run ♦ **far f. q.c.** to operate st., to make st. work
funzionàrio s. m. official, functionary
funzióne s. f. **1** (*ruolo, scopo*) function, role, task **2** (*carica*) function, office, position **3** (*funzionamento*) operation, working **4** (*relig.*) ceremony, service **5** (*scient.*) function
fuòco s. m. **1** fire **2** (*fornello*) burner **3** (*fis., fot.*) focus
fuorché A cong. except, but B prep. except (for), excepting
fuòri A avv. **1** out, outside, (*all'aperto*) outdoors **2** (*lontano*) away B prep. **1** out, outside ♦ **f. da/di** out, out of, outside ♦ **f. orario** out of hours; **f. servizio** out of order
fuoribórdo s. m. inv. outboard
fuoriclàsse agg. e s. m. e f. champion
fuorilégge A agg. illegal B s. m. e f. outlaw
fuoristràda s. m. inv. cross-country vehicle
fuoriuscìre v. intr. to come out
fuoriuscìta s. f. discharge, emission
fùrbo agg. cunning, shrewd

furènte agg. raging, furious
furfànte s. m. e f. rascal
furgóne s. m. van
fùria s. f. **1** fury, rage **2** (*fretta*) rush ♦ **a f. di** by dint of; **in fretta e f.** in a rush
furibóndo agg. **1** furious, enraged **2** (*violento*) violent
furióso agg. **1** furious, raging **2** (*violento*) violent, wild
furóre s. m. fury, rage
furtìvo agg. furtive
fùrto s. m. theft
fùsa s. f. pl. purr
fuscèllo s. m. twig
fusìbile A agg. fusible B s. m. fuse (elettr.)
fusióne s. f. **1** fusion **2** (*econ.*) merger, merging
fùso (1) agg. fused, melted
fùso (2) s. m. **1** (*tess.*) spindle **2** (*orario*) time zone
fusolièra s. f. fuselage
fustàgno s. m. fustian
fustigazióne s. f. flogging
fustìno s. m. box
fùsto s. m. **1** (*bot.*) stem, (*tronco*) trunk **2** (*arch.*) shaft **3** (*recipiente*) drum
fùtile agg. trifling
futilità s. f. futility
futurìsmo s. m. futurism
futùro agg. e s. m. future

G

gabbàre A v. tr. to cheat B v. intr. pron. to make fun
gàbbia s. f. cage
gabbiàno s. m. sea-gull
gabinétto s. m. **1** consulting room, (*med.*) surgery, (*scient.*) laboratory **2** (*pol.*) cabinet **3** (*servizi igienici*) toilet, lavatory, wc
gaffe s. f. inv. blunder
gagliardétto s. m. pennant
gagliàrdo agg. strong, vigorous
gàio agg. gay
gàla s. f. **1** (*festa*) gala **2** (*trina*) frill
galànte agg. **1** gallant **2** (*amoroso*) love (attr.), amorous
galanterìa s. f. gallantry
galantuòmo s. m. gentleman
galàssia s. f. galaxy
galatèo s. m. etiquette, (good) manners pl.
galeóne s. m. galleon
galeòtto s. m. convict
galèra s. f. **1** (*naut.*) galley **2** (*prigione*) jail, prison
gàlla s. f. gall
gàlla, a loc. avv. afloat, floating ♦ **stare a g.** to

float; **venire a g.** to surface
galleggiànte A agg. floating B s. m. float
galleggiàre v. intr. to float
gallerìa s. f. **1** (*traforo*) tunnel **2** (*di miniera*) gallery, tunnel **3** (*per esposizione*) gallery **4** (*teatro, cin.*) circle, balcony **5** (*strada coperta*) arcade
gallése A agg. Welsh B s. m. e f. (*abitante*) Welshman m., Welshwoman f. C s. m. (*lingua*) Welsh
gallétta s. f. biscuit
gallicìsmo s. m. Gallicism
gallìna s. f. hen
gàllo s. m. cock
gallóne (1) s. m. **1** galloon **2** (*mil.*) stripe
gallóne (2) s. m. (*unità di misura*) gallon
galoppàre v. intr. to gallop
galoppatóio s. m. riding track
galòppo s. m. gallop
gàmba s. f. **1** leg **2** (*di lettera, di nota musicale*) stem ♦ **essere in g.** to be smart
gamberétto s. m. prawn, (*di mare*) shrimp
gàmbero s. m. crayfish
gàmbo s. m. stem, stalk

gàmma *s. f.* range

ganàscia *s. f.* jaw

gàncio *s. m.* hook

gànghero *s. m.* hinge

gàra *s. f.* **1** competition, contest **2** (*sport*) competition, race, match **3** (*comm.*) tender

garage *s. m. inv.* garage

garànte *s. m.* guarantee, warranter

garantìre A *v. tr.* **1** to guarantee, to warrant **2** (*rendersi garante per*) to vouch for **3** (*assicurare*) to assure **B** *v. rifl.* to secure oneself

garanzìa *s. f.* guarantee, warrant, security

garbàto *agg.* polite, well-mannered

gàrbo *s. m.* politeness

gardènia *s. f.* gardenia

gareggiàre *v. intr.* to compete

gargarismo *s. m.* gargle

garitta *s. f.* sentry box

garòfano *s. m.* carnation ♦ **chiodi di g.** cloves

gàrza *s. f.* gauze

garzóne *s. m.* **1** (*garzone*) boy **2** (*apprendista*) apprentice

gas *s. m.* gas ♦ **a tutto g.** at full speed; **g. di scarico** exhaust gas

gasàto *agg.* fizzy

gasòlio *s. m.* gas oil, diesel oil

gassóso *agg.* gaseous

gàstrico *agg.* gastric

gastrìte *s. f.* gastritis

gastrointestinàle *agg.* gastroenteric

gastronomìa *s. f.* gastronomy

gastronòmico *agg.* gastronomic

gattino *s. m.* kitten

gàtto *s. m.* cat

gattopàrdo *s. m.* ocelot

gàudio *s. m.* joy

gavètta *s. f.* mess tin

gavitèllo *s. m.* buoy

gay *agg. e s. m. e f. inv.* gay

gàzza *s. f.* magpie

gazzèlla *s. f.* gazelle

gazzétta *s. f.* gazette

gel *s. m. inv.* gel

gelàre *v. tr. e intr.* to freeze

gelàta *s. f.* frost

gelatàio *s. m.* ice-cream man

gelateria *s. f.* ice-cream shop

gelatìna *s. f.* **1** (*cuc.*) jelly, gelatine **2** (*chim.*) gelatin(e)

gelàto A *agg.* icy, frozen **B** *s. m.* ice-cream

gèlido *agg.* icy, freezing

gèlo *s. m.* **1** cold **2** (*brina*) frost

gelóne *s. m.* chilblain

gelosìa *s. f.* **1** jealousy **2** (*invidia*) envy **3** (*cura scrupolosa*) solicitude

gelóso *agg.* **1** jealous **2** (*invidioso*) envious **3** (*possessivo*) particular, jealous

gèlso *s. m.* mulberry

gelsomino *s. m.* jasmin(e)

gemellàggio *s. m.* twinning

gemèllo *agg. e s. m.* twin

gèmere *v. intr.* to moan, to groan

gèmito *s. m.* moan, groan

gèmma *s. f.* **1** gem, jewel **2** (*bot.*) bud

gène *s. m.* gene

genealogìa *s. f.* genealogy

generàle *agg. e s. m.* general

generalità *s. f.* **1** generality **2** (*maggior parte*) majority **3** *al pl.* personal particulars

generalizzàre *v. tr. e intr.* to generalize

generalménte *avv.* generally, as a rule

generàre A *v. tr.* **1** to give birth to, to procreate **2** (*produrre*) to produce **3** (*causare*) to beget **4** (*scient.*) to generate **B** *v. intr. pron.* to be generated

generatóre *s. m.* generator

generazionàle *agg.* generational

generazióne *s. f.* generation

gènere *s. m.* **1** kind, type, sort, family **2** (*biol.*) genus **3** (*gramm.*) gender **4** (*letter.*) genre **5** (*prodot-to*) product, goods *pl.* ♦ **generi alimentari** foodstuff

genèrico *agg.* generic, general

gènero *s. m.* son-in-law

generosità *s. f.* generosity

generóso *agg.* generous, liberal

gènesi *s. f.* genesis, origin

genètica *s. f.* genetics *pl.* (*v. al sing.*)

genètico *agg.* genetic

gengìva *s. f.* gum

geniàle *agg.* ingenious

genialità *s. f.* ingeniousness, genius

gènio *s. m.* **1** genius **2** (*inclinazione*) talent, gift **3** (*folletto*) genie, genius

genitàle A *agg.* genital **B** *s. m. al pl.* genitals, genitalia

genitóre *s. m.* parent

gennàio *s. m.* January

gentàglia *s. f.* rabble

gènte *s. f.* people

gentìle *agg.* **1** kind, courteous **2** (*delicato*) gentle

gentilézza *s. f.* **1** kindness **2** (*favore*) favour

gentilìzio *agg.* noble

gentiluòmo *s. m.* gentleman

genuinità *s. f.* genuineness

genuìno *agg.* genuine, authentic

geocentrismo *s. m.* geocentricism

geografìa *s. f.* geography

geogràfico *agg.* geographic(al) ♦ **carta geografica** map

geologìa *s. f.* geology

geològico *agg.* geologic(al)

geometrìa *s. f.* geometry

geomètrico *agg.* geometric(al)

geòrgico *agg.* georgic

geotèrmico *agg.* geothermal

gerànio *s. m.* geranium

gerarchìa *s. f.* hierarchy

geràrchico *agg.* hierarchic(al)

gerènte *s. m. e f.* manager

gergàle *agg.* slang (*attr.*)

gèrgo *s. m.* slang, (*professionale*) jargon

geriatrìa *s. f.* geriatrics *pl.* (*v. al sing.*)

germànico *agg.* Germanic

gèrme *s. m.* germ

germogliàre *v. intr.* to sprout, to germinate

germóglio *s. m.* bud, sprout

geroglìfico *s. m.* hieroglyph

gerùndio *s. m.* gerund

gerundìvo *s. m.* gerundive

gèsso *s. m.* **1** chalk **2** *(med., edil., scultura)* plaster

gèsta *s. f. pl.* deeds *pl.*

gestànte *s. f.* pregnant woman

gestazióne *s. f.* gestation

gestióne *s. f.* management

gestìre (1) *v. tr.* to run, to manage

gestìre (2) *v. intr. (gesticolare)* to gesticulate

gèsto *s. m.* **1** gesture, sign, *(del capo)* nod, *(della mano)* wave **2** *(azione)* act, deed

gestóre *s. m.* manager

gesuìta *s. m.* Jesuit

gettàre A *v. tr.* **1** to throw, *(con forza)* to hurl **2** *(tecnol.)* to cast **B** *v. rifl. e intr. pron.* **1** to throw oneself **2** *(di fiume)* to flow

gettàta *s. f.* **1** *(tecnol.)* cast, casting **2** *(di molo)* jetty

gèttito *s. m.* yield, revenue ♦ **g. fiscale** tax revenue

gètto *s. m.* **1** jet, spurt, shoot **2** *(bot.)* sprout **3** *(tecnol.)* casting **4** *(aer.)* jet

gettóne *s. m.* **1** token **2** *(per giochi)* counter

ghètto *s. m.* ghetto

ghiacciàia *s. f.* ice-box

ghiacciàio *s. m.* glacier

ghiacciàre *v. tr. intr. e intr. pron.* to freeze

ghiacciàto *agg.* **1** frozen **2** *(freddissimo)* icy, freezing

ghiàccio *s. m.* ice

ghiacciòlo *s. m.* **1** icicle **2** *(gelato)* ice lolly

ghiàia *s. f.* gravel

ghiaióso *agg.* gravelly

ghiànda *s. f.* acorn

ghiàndola *s. f.* gland

ghigliottìna *s. f.* guillotine

ghignàre *v. intr.* to sneer

ghiòtto *agg.* **1** gluttonous, greedy **2** *(appetitoso)* delicious

ghiottóne *s. m.* glutton

ghirìbizzo *s. m.* fancy, caprice

ghirigòro *s. m.* scribble

ghirlànda *s. f.* garland, wreath

ghìro *s. m.* dormouse

ghìsa *s. f.* cast iron

già *avv.* **1** already **2** *(prima di ora, prima di allora)* before, already, *(nelle frasi interr.)* yet **3** *(un tempo)* once, *(precedentemente)* formerly **4** *(da questo, quel momento)* (ever) since, from **5** *(per indicare consenso)* yes, of course, that's right

giàcca *s. f.* jacket ♦ **g. a vento** windcheater, anorak

giacché *cong.* as, since

giacére *v. intr.* to lie

giaciménto *s. m.* layer, body, deposit

giacìnto *s. m.* hyacinth

giacobìno *s. m.* Jacobin

giàda *s. f.* jade

giaggiòlo *s. m.* iris

giaguàro *s. m.* jaguar

giàllo A *agg.* yellow **B** *s. m.* **1** *(colore)* yellow **2** *(libro, film)* thriller **3** *(di semaforo)* amber light

giammài *avv.* never

giapponése *agg. e s. m. e f.* Japanese

giardinàggio *s. m.* gardening

giardinière *s. m.* gardener

giardìno *s. m.* garden ♦ **g. d'infanzia** kindergarten; **g. pensile** roof garden; **g. pubblico** park

giarrettièra *s. f.* garter

giavellòtto *s. m.* javelin

gigànte A *agg.* gigantic, giant *(attr.)* **B** *s. m.* giant

gigantésco *agg.* gigantic, huge

gigantìsmo *s. m.* gigantism

gigionìsmo *s. m.* hamming

gìglio *s. m.* lily

gilè *s. m. inv.* waistcoat

gin *s. m. inv.* gin

ginecologìa *s. f.* gynaecology

ginecòlogo *s. m.* gynaecologist

ginepràio *s. m.* **1** *(bot.)* juniper bush **2** *(fig.)* fix, nole

ginépro *s. m.* juniper

ginèstra *s. f.* broom

gingillàrsi *v. intr. pron.* to dawdle, to fiddle

gingìllo *s. m.* knick-knack

ginnàsio *s. m. (stor.)* gymnasium

ginnàsta *s. m. e f.* gymnast

ginnàstica *s. f.* **1** gymnastics *pl.* *(v. al sing.)*, *(fam.)* gym **2** *(attività fisica)* exercise

ginòcchio *s. m.* knee ♦ **stare in g.** to kneel

giocàre A *v. intr.* **1** to play **2** *(d'azzardo)* to gamble **3** *(scommettere)* to bet **4** *(in Borsa)* to speculate **5** *(aver peso)* to play a part **B** *v. tr.* **1** to play **2** *(scommettere)* to bet on, to gamble on **3** *(ingannare)* to fool **4** *(rischiare)* to risk

giocatóre *s. m.* **1** player **2** *(d'azzardo)* gambler

giocàttolo *s. m.* toy

giòco *s. m.* **1** *(svago)* game, amusement **2** *(con regole)* game **3** *(modo di giocare)* play **4** *(giocattolo)* toy **5** *(d'azzardo)* gambling **6** *(scherzo)* fun, joke **7** *(mecc.)* clearance, play ♦ **carte da g.** playing cards; **doppio g.** double-cross; **g. di prestigio** conjuring tricks; **g. di società** parlour game

giocolière *s. m.* juggler

giocóso *agg.* playful, merry

giógo *s. m.* yoke

giòia (1) *s. f.* joy

giòia (2) *s. f. (pietra preziosa)* jewel

gioiellerìa *s. f.* jewellery, *(negozio)* jeweller's shop

gioiellière *s. m.* jeweller

gioièllo *s. m.* jewel

gioióso *agg.* joyful

gioìre *v. intr.* to rejoice

giornalàio *s. m.* newsagent

giornàle *s. m.* **1** newspaper, paper **2** *(periodico)* journal, magazine **3** *(registro)* journal **4** *(diario)* diary ♦ **g. di bordo** log; **g. radio** news

giornalièro *agg.* **1** *(di tutti i giorni)* daily, day-to-day **2** *(di un giorno)* day *(attr.)*

giornalìsmo *s. m.* journalism

giornalìsta *s. m. e f.* journalist

giornalménte *avv.* daily

giornàta *s. f.* day ♦ **g. festiva/lavorativa** holiday/workday

giórno s. m. **1** day **2** (*luce del giorno*) daylight, day ♦ **al g. d'oggi** nowadays; **buon g.!** good morning!

giòstra s. f. **1** (*stor.*) joust **2** merry-go-round, round-about

giovaménto s. m. benefit

gióvane A agg. **1** young **2** (*giovanile*) youthful, youth (*attr.*) **B** s. m. e f. young man m., young woman f. ♦ **i giovani** young people, the young; **vino g.** new wine

giovanile agg. **1** youthful, youth (*attr.*) **2** (*di aspetto*) young-looking

giovanòtto s. m. young man

giovàre A v. intr. **1** (*essere utile*) to be useful **2** (*far bene*) to be good (for) **B** v. intr. pron. to take advantage

giovedì s. m. Thursday

gioventù s. f. youth, (*i giovani*) young people

gioviàle agg. jovial, jolly

giovinézza s. f. youth

giradischi s. m. record-player

giràffa s. f. **1** (*zool.*) giraffe **2** (*cin., TV*) boom

giraménto s. m. (*di capo*) giddiness

giramóndo s. m. e f. inv. globe trotter

giràndola s. f. **1** (*fuoco d'artificio*) catherine-wheel **2** (*giocattolo*) windmill **3** (*banderuola*) weathercock

girànte s. f. (*mecc.*) impeller, rotor

giràre A v. tr. **1** to turn **2** (*fare il giro, visitare*) to go round, to tour **3** (*mescolare*) to stir **4** (*avvolgere*) to wind **5** (*banca*) to endorse **6** (*cin.*) to shoot, to make **B** v. intr. **1** to turn **2** (*sul proprio asse*) to turn, to rotate, (*rapidamente*) to spin **3** (*andare in giro*) to go round **4** (*vagare*) to wander **C** v. rifl. to turn (round)

girarròsto s. m. spit

girasóle s. m. sunflower

giràta s. f. **1** (*giro*) turn **2** (*passeggiata*) walk, stroll **3** (*banca*) endorsement

giravòlta s. f. twirl

girévole agg. turning, revolving ♦ **ponte g.** swing bridge

girìno s. m. tadpole

gìro s. m. **1** (*rotazione*) turn **2** (*percorso*) round **3** (*cerchio, cerchia*) circle **4** (*viaggio*) trip, tour **5** (*passeggiata*) stroll, walk, (*in bici, treno, ecc.*) ride, (*in auto*) drive **6** (*mecc.*) turn, revolution ♦ **a g. di posta** by mail return; **g. d'affari** turnover; **prendere in g. qc.** to make fun of sb.

girocónto s. m. bank giro

gironzolàre v. intr. to wander about, to stroll about

girotóndo s. m. ring-a-ring-o'-roses

girovagàre v. intr. to wander about, to stroll about

giròvago s. m. vagrant

gita s. f. trip, excursion

gitàno agg. gipsy

gitànte s. m. e f. excursionist

giù avv. down, (*al piano inferiore*) downstairs ♦ **in g.** down, downwards; **su per g.** more or less

giubbòtto s. m. **1** jacket **2** (*antiproiettile*) bullet-proof vest **3** (*di salvataggio*) life jacket

giubilèo s. m. jubilee

giùbilo s. m. joy

giudicàre A v. tr. **1** to judge **2** (*dir.*) to try **3** (*considerare*) to consider, to think **B** v. intr. **1** to judge **2**

(*dir.*) to pass sentence

giùdice s. m. e f. judge

giudiziàrio agg. judicial

giudìzio s. m. **1** (*dir.*) judgment, (*causa*) trial, (*sentenza*) sentence **2** (*opinione*) judgment, opinion **3** (*discernimento*) wisdom, good sense

giudizióso agg. sensible

giùgno s. m. June

giullàre s. m. jester

giuménta s. f. mare

giùnco s. m. reed, rush

giùngere A v. intr. **1** to arrive, to reach, to come, to get **2** (*riuscire*) to succeed **B** v. tr. (*congiungere*) to join

giùngla s. f. jungle

giunònico agg. Junoesque

giùnta (1) s. f. addition ♦ **per g.** in addition

giùnta (2) s. f. (*comitato*) council, committee

giuntàre v. tr. to join

giùnto s. m. joint, coupling

giuntùra s. f. joint

giunzióne s. f. junction

giuraménto s. m. oath ♦ **sotto g.** on oath

giuràre v. tr. e intr. to swear ♦ **g. il falso** to perjure oneself

giuràto s. m. juror

giurìa s. f. jury

giuridicaménte avv. juridically

giurìdico agg. juridical

giurisdizionàle agg. jurisdictional

giurisdizióne s. f. jurisdiction

giurisprudènza s. f. jurisprudence, law

giurìsta s. m. e f. jurist

giustapposizióne s. f. juxtaposition

giustézza s. f. **1** justness **2** (*esattezza*) exactness

giustificàbile agg. justifiable

giustificàre A v. tr. **1** to justify **2** (*scusare*) to excuse **B** v. rifl. **1** to justify oneself **2** (*scusarsi*) to excuse oneself

giustificazióne s. f. justification, excuse

giustìzia s. f. justice

giustiziàre v. tr. to execute

giùsto A agg. **1** (*equo*) just, fair **2** (*esatto*) right, correct, exact **3** (*adatto*) right, suitable **B** s. m. the right **C** avv. **1** (*esattamente*) right, correctly **2** (*proprio*) just

glaciàle agg. glacial

glàssa s. f. icing

gli (1) art. determ. m. pl. → **i**

gli (2) pron pers. 3ª m. **1** sing. (*riferito a persona o animale di sesso maschile*) (to, for) him; (*riferito a cosa o animale di sesso non specificato*) (to, for) it **2** pl. (to, for) them

glicemìa s. f. glycemia

glicerìna s. f. glycerin

glìcine s. m. wistaria

globàle agg. global, total

glòbo s. m. globe

glòbulo s. m. (*anat.*) corpuscle

glòria s. f. glory

glorióso agg. glorious

glossàrio s. m. glossary

glottologìa s. f. glottology

glucòsio *s. m.* glucose

glùteo *s. m.* gluteus

gnòmo *s. m.* gnome

goal *s. m. inv.* goal

gòbba *s. f.* hump

gòbbo A *agg.* 1 humpbacked 2 (*curvo*) bent B *s. m.* 1 humpback 2 (*gobba*) hump

góccia *s. f.* drop

góccio *s. m.* drop

gocciolàre *v. tr. e intr.* to drip

godére A *v. tr.* to enjoy B *v. intr.* 1 (*rallegrarsi*) to be glad, to be delighted, to take delight in, to enjoy 2 (*fruire*) to enjoy

godiménto *s. m.* enjoyment

gòffo *agg.* awkward, clumsy

góla *s. f.* 1 throat 2 (*golosità*) gluttony 3 (*geogr.*) gorge

golétta *s. f.* schooner

golf (1) *s. m. inv.* jumper, sweater, jersey

golf (2) *s. m. inv.* (*sport*) golf

gólfo *s. m.* gulf

golosità *s. f.* 1 gluttony, greediness 2 (*boccone prelibato*) titbit

golóso *agg.* greedy, gluttonous

gómito *s. m.* 1 elbow 2 (*di strada*) sharp bend 3 (*mecc.*) crank

gomìtolo *s. m.* ball

gómma *s. f.* 1 rubber 2 (*resina*) gum 3 (*per cancellare*) eraser 4 (*pneumatico*) tyre ♦ **forare una g.** to get a puncture

gommapiùma *s. f.* foam-rubber

gommista *s. m.* tyre repairer

gommóne *s. m.* rubber dinghy

gonfalóne *s. m.* banner

gonfiàre A *v. tr.* 1 to swell, (*con aria*) to blow (up), to inflate 2 (*fig.*) to swell, to exaggerate B *v. intr. pron.* to swell

gónfio *agg.* swollen, (*d'aria*) inflated

gonfióre *s. m.* swelling

gongolàre *v. intr.* to be overjoyed

gònna *s. f.* skirt ♦ **g. a pieghe** pleated skirt; **g. pantalone** divided skirt

gorgheggiàre *v. intr.* to trill

górgo *s. m.* whirlpool

gorgogliàre *v. intr.* to gurgle

gorìlla *s. m.* gorilla

gòtico *agg.* Gothic

gòtta *s. f.* gout

governànte A *s. m.* governor, ruler B *s. f.* (*di casa*) housekeeper, (*bambinaia*) nurse

governàre A *v. tr.* 1 to govern, to rule 2 (*dirigere*) to run, to conduct 3 (*prendersi cura di*) to take care of 4 (*controllare*) to control B *v. intr.* (*naut.*) to steer

governatìvo *agg.* government (*attr.*), state (*attr.*)

governatóre *s. m.* governor

govèrno *s. m.* 1 government, rule 2 (*direzione*) direction, running 3 (*cura*) care

gozzovigliàre *v. intr.* to guzzle

gracchiàre *v. intr.* to crake, (*di corvo*) to caw

gracidàre *v. intr.* to croak

gràcile *agg.* weak, frail

gradàsso *s. m.* boaster

gradazióne *s. f.* 1 gradation 2 (*sfumatura*) shade ♦ **g. alcolica** alcoholic content

gradévole *agg.* pleasant, agreeable

gradiménto *s. m.* 1 pleasure, liking 2 (*approvazione*) approval, acceptance

gradinàta *s. f.* 1 steps *pl.* 2 (*di teatro, stadio*) stands *pl.*, tiers *pl.*

gradìno *s. m.* step

gradìre *v. tr.* 1 to like 2 (*accogliere con piacere*) to appreciate, to be pleased with

gradìto *agg.* 1 pleasant 2 (*bene accetto*) welcome, appreciated

gràdo *s. m.* 1 degree 2 (*posizione*) rank, grade 3 (*mil.*) rank, (*gallone*) stripe ♦ **essere in g. di fare q.c.** to be able to do st.

graduàle *agg.* gradual

gradualménte *avv.* gradually

graduàre *v. tr.* to graduate

graduàto A *agg.* 1 graded 2 (*provvisto di scala graduata*) graduated B *s. m.* (*mil.*) non-commissioned officer

graduatòria *s. f.* classification, list

graffétta *s. f.* clip

graffiànte *agg.* biting

graffiàre A *v. tr.* 1 to scratch 2 (*fig.*) to bite B *v. intr. pron.* to be scratched

gràffio *s. m.* scratch

graffìto *s. m.* graffito

grafìa *s. f.* handwriting

gràfica *s. f.* graphics *pl.* (*v. al sing.*)

graficaménte *avv.* graphically

gràfico A *agg.* graphic B *s. m.* 1 graph, (*statistico*) chart 2 (*disegnatore*) graphic designer

grafologìa *s. f.* graphology

gramàglie *s. f. pl.* mourning

gramìgna *s. f.* spear grass, weed

grammàtica *s. f.* grammar

grammaticàle *agg.* grammatical

gràmmo *s. m.* gram

gràna *s. f.* 1 (*struttura*) grain 2 (*fam.*) (*problema*) trouble 3 (*pop.*) (*quattrini*) money

granàio *s. m.* barn, granary

granàta *s. f.* (*mil.*) grenade

granàto *s. m.* garnet

grànchio *s. m.* 1 crab 2 (*fig.*) (*errore*) blunder

grandàngolo *s. m.* wide-angle lens

grànde A *agg.* 1 (*di dimensioni*) big, large, (*largo*) wide 2 (*elevato*) high, (*di statura*) tall 3 (*numeroso*) large, great 4 (*notevole, intenso*) great 5 (*fuori misura*) large, big 6 (*adulto*) grown-up B *s. m.* 1 (*adulto*) adult, grown-up 2 (*personalità*) great man

grandézza *s. f.* 1 (*dimensione*) size 2 (*ampiezza*) width, breadth 3 (*fig.*) greatness 4 (*grandiosità*) grandeur 5 (*scient.*) quantity

grandinàre *v. intr. impers.* to hail

grandinàta *s. f.* hailstorm

gràndine *s. f.* hail ♦ **chicco di g.** hailstone

grandiosità *s. f.* grandeur, magnificence

grandióso *agg.* grand, magnificent

grandùca *s. m.* grand duke

granducàto s. m. grand duchy
granèllo s. m. grain, (di polvere) speck
granìto s. m. granite
gràno s. m. 1 (frumento) wheat 2 (granello) grain
grantùrco s. m. maize, (USA) corn ♦ **pannocchia di g.** corn-cob
granulóso agg. grainy, granular
gràppolo s. m. cluster, bunch ♦ **un g. d'uva** a bunch of grapes
gràsso A agg. 1 fat 2 (unto) greasy, fatty 3 (di pianta) succulent B s. m. 1 fat 2 (lubrificante) grease
grassòccio agg. plump
gràta s. f. grating
graticola s. f. grill
gratìfica s. f. bonus
gratificàre v. tr. to be rewarding, to gratify
gratin s. m. inv. gratin
gràtis avv. free, gratis
gratitùdine s. f. gratitude
gràto agg. grateful
grattacàpo s. m. trouble
grattacièlo s. m. skyscraper
grattàre v. tr. 1 to scratch, (raschiare) to scrape 2 (grattugiare) to grate 3 (fam.) (rubare) to pinch B v. intr. to grate C v. rifl. to scratch oneself
grattùgia s. f. grater
grattugiàre v. tr. to grate
gratùito agg. 1 free 2 (ingiustificato) gratuitous ♦ **ingresso g.** admission free
gravàme s. m. burden
gravàre A v. intr. to weigh, to lie B v. tr. to burden
gràve agg. 1 (pesante) heavy 2 (duro) harsh, severe, grievous 3 (serio, importante) serious 4 (solenne) solemn, grave 5 (fon.) grave 6 (mus.) low, grave
gravidànza s. f. pregnancy ♦ **analisi di g.** pregnancy test
gràvido agg. 1 pregnant 2 (fig.) laden
gravità s. f. 1 gravity, seriousness 2 (fis.) gravity
gravóso agg. heavy, burdensome
gràzia s. f. 1 grace 2 (favore) favour 3 (dir.) mercy
graziàre v. tr. to pardon
gràzie inter. thank you!, thanks! ♦ **g. mille!** many thanks; **no, g.** no, thanks; **sì, g.** yes, please
grazióso agg. 1 pretty 2 (piacevole) pleasant
grecìsmo s. m. Grecism
grèco agg. e s. m. Greek
gregàrio s. m. follower
grègge s. m. flock
grèggio agg. raw, crude
grembiùle s. m. apron, smock, (da bambino) pinafore
grèmbo s. m. 1 lap 2 (ventre materno) womb
gremìto agg. full, packed
grèto s. m. pebbly shore
grètto agg. mean, narrow-minded
grézzo → **greggio**
gridàre v. tr. e intr. to shout, to cry, to scream
grìdo s. m. cry, shout, scream
grifóne s. m. griffin
grìgio agg. grey
grìglia s. f. 1 grill 2 (scient.) grid ♦ **pesce alla g.** grilled fish

grigliàta s. f. grill ♦ **g. mista** mixed grill
grillétto s. m. trigger
grìllo s. m. 1 cricket 2 (fig.) whim, fancy
grimaldèllo s. m. pick
grìnta s. f. grit
grìnza s. f. wrinkle, (su stoffa) crease
grinzóso agg. wrinkled, (di stoffa) creased
grippàre v. intr. e intr. pron. to seize, to bind
grissìno s. m. breadstick
grondàia s. f. gutter
grondàre A v. tr. to pour B v. intr. to stream, to drip
gròppa s. f. back
gròppo s. m. 1 knot 2 (di vento) squall
grossézza s. f. 1 largeness, bigness 2 (dimensione) size 3 (spessore) thickness
grossìsta s. m. e f. wholesaler
gròsso agg. 1 big, large, great 2 (grave) big, serious 3 (importante) big, important
grossolàno agg. 1 coarse, rough 2 (madornale) gross
grossomòdo avv. roughly, approximately
gròtta s. f. cave
grottésco agg. grotesque
groviglio s. m. tangle
gru s. f. crane
grùccia s. f. 1 crutch 2 (per abiti) coat-hanger
grugnìre v. intr. to grunt
grugnìto s. m. grunt
grùgno s. m. snout
grùllo agg. e s. m. stupid
grùmo s. m. 1 clot 2 (di farina) lump
grùppo s. m. 1 group, (di persone) party 2 (mecc.) unit, set ♦ **g. di lavoro** working party; **lavoro di g.** team work
grùzzolo s. m. hoard
guadagnàre A v. tr. to earn, to gain B v. intr. to earn
guadàgno s. m. gain, profit, earnings pl.
guadàre v. tr. to ford, to wade
guàdo s. m. ford
guaìna s. f. sheath
guàio s. m. trouble, fix
guaìre v. intr. to yelp, to cry
guaìto s. m. yelp, cry
guància s. f. cheek
guanciàle s. m. pillow
guànto s. m. glove
guardabòschi s. m. forester
guardacàccia s. m. inv. gamekeeper
guardàre A v. tr. 1 to look at 2 (dare un'occhiata) to have a look 3 (guardare fisso) to gaze at, to stare 4 (guardare di sfuggita) to glance at 5 (guardare furtivamente) to peep 6 (osservare) to watch, to look, to observe, (scrutare) to eye 7 (custodire, sorvegliare) to look after, to watch over 8 (difendere) to defend, (proteggere) to protect 9 (considerare) to consider, to view, to look at 10 (esaminare) to look over, to look into B v. intr. 1 to look at 2 (essere orientato) to face, to look out on 3 (considerare) to look on 4 (cercare) to try 5 (badare) to see, to mind, to be careful C v. rifl. 1 to look at oneself 2 (stare in guardia) to beware, to mind 3 (astenersi) to forbear, to abstain B v. rifl. rec. to look at each other

guardaròba *s. m. inv.* **1** wardrobe **2** (*stanza*) linenroom **3** (*di locale pubblico*) cloak-room, (*USA*) checkroom

guàrdia *s. f.* **1** (*sorveglianza*) guard, watch **2** (*persona*) guard

guardiàno *s. m.* keeper, warden ♦ **g. notturno** night-watchman

guardingo *agg.* cautious

guardiòla *s. f.* **1** (*mil.*) guardroom **2** (*di portinaio*) porter's lodge

guaribile *agg.* curable, (*di ferita*) healable

guarigióne *s. f.* recovery, (*di ferita*) healing

guarire A *v. intr.* **1** to recover, (*di ferita*) to heal **2** (*fig.*) to get out **B** *v. tr.* to cure, to heal

guarnigióne *s. f.* garrison

guarnire *v. tr.* **1** (*ornare*) to trim **2** (*cuc.*) to garnish

guarnizióne *s. f.* **1** (*ornamento*) trimming **2** (*mecc.*) washer, gasket

guastafèste *s. m.* spoilsport

guastàre A *v. tr.* to spoil, to damage, to ruin **B** *v. intr. pron.* to break down, to fail

guàsto A *agg.* **1** (*danneggiato*) damaged, out of order **2** (*marcio*) rotten **B** *s. m.* breakdown, fault, failure, damage

guazzabùglio *s. m.* muddle, hotch-potch

guazzo *s. m.* (*arte*) gouache

guèrcio *s. m.* squinter

guèrra *s. f.* war, warfare

guerreggiàre *v. intr.* to wage war, to fight

guerrièro A *agg.* warlike **B** *s. m.* warrior

guerriglia *s. f.* guerrilla

gùfo *s. m.* owl

gùglia *s. f.* spire, (*di campanile*) steeple

guida *s. f.* **1** guide **2** (*libro*) guide, handbook **3** (*direzione*) direction, leadership **4** (*mecc.*) guide, slide **5** (*autom.*) steering, drive, driving

guidàre *v. tr.* **1** to guide **2** (*amministrare*) to run, to manage **3** (*essere a capo*) to lead **4** (*un veicolo*) to drive

guidatóre *s. m.* driver

guinzàglio *s. m.* lead, leash

guizzàre *v. intr.* to dart

gùscio *s. m.* **1** shell **2** (*di legumi*) pod, husk

gustàre *v. tr.* **1** to enjoy **2** (*assaggiare*) to taste

gùsto *s. m.* **1** taste **2** (*aroma*) flavour **3** (*voglia*) fancy **4** (*piacere*) relish, gusto, enjoyment

gustóso *agg.* **1** tasty **2** (*divertente*) amusing

gutturàle *agg.* guttural

H

habitat *s. m. inv.* habitat

hall *s. f. inv.* hall, foyer

handicap *s. m. inv.* handicap

handicappàto A *agg.* handicapped **B** *s. m.* handicapped person, disabled person

hascisc *s. m.* hashish

hawaiàno *agg. e s. m.* Hawaiian

herpes *s. m. inv.* herpes

hobbista *s. m. e f.* hobbyst

hobby *s. m. inv.* hobby

hockey *s. m.* hockey ♦ **h. su ghiaccio** ice hockey; **h. su pista** roller hockey

hollywoodiàno *agg.* Hollywood (*attr.*)

hostess *s. f. inv.* (air-)hostess

hotel *s. m. inv.* hotel

hurrà *inter.* hurrah

I

i o **gli** *art. determ. m. pl.* the (*spesso non si traduce o si rende con un agg. poss. o un partitivo*) (ES: **i dolci fanno ingrassare** sweets make you fat, **ho comprato i biscotti** I have bought some cookies)

iàto *s. m.* hiatus

ibernazióne *s. f.* hibernation

ibrido *agg. e s. m.* hybrid

icòna *s. f.* icon

iconoclàsta *agg. e s. m. e f.* iconoclast

iconografìa *s. f.* iconography

iconogràfico *agg.* iconographic(al)

idea *s. f.* **1** idea **2** (*intenzione*) mind, intention **3** (*ide-

ale) ideal
ideàle *agg. e s. m.* ideal
idealìsmo *s. m.* idealism
idealizzàre *v. tr.* to idealize
idealménte *avv.* ideally
ideàre *v. tr.* **1** to conceive **2** (*progettare*) to plan
idem *avv.* so, too
idèntico *agg.* identical
identificàbile *agg.* identifiable
identificàre A *v. tr.* to identify **B** *v. rifl.* to identify oneself **C** *v. intr. pron.* to be ident-ical
identificazióne *s. f.* identification
identità *s. f.* identity ♦ **carta d'i.** identity card
ideogràmma *s. m.* ideogram
ideologìa *s. f.* ideology
ideològico *agg.* ideological
idìlliaco *agg.* idyllic
idiòma *s. m.* language, idiom
idiomàtico *agg.* idiomatic
idiosincrasìa *s. f.* idiosyncrasy
idiòta A *agg.* idiotic, stupid **B** *s. m. e f.* idiot
idiozìa *s. f.* **1** idiocy **2** (*azione idiota*) stupid thing
idolatràre *v. tr.* to worship
idolatrìa *s. f.* idolatry
ìdolo *s. m.* idol
idoneità *s. f.* fitness, suitability
idòneo *agg.* fit, suitable
idrànte *s. m.* hydrant
idratànte *agg.* **1** hydrating **2** (*di cosmetico*) moisturizing
idràulica *s. f.* hydraulics *s. f.* (*v. al sing.*)
idràulico A *agg.* hydraulic **B** *s. m.* plumber
ìdrico *agg.* water (*attr.*)
idrobiologìa *s. f.* hydrobiology
idrocarbùro *s. m.* hydrocarbon
idrocoltùra *s. f.* hydroponics *pl.* (*v. al sing.*)
idroelèttrico *agg.* hydroelectric
idròfilo *agg.* hydrophilic ♦ **cotone i.** cotton wool
idrofobìa *s. f.* hydrophobia
idròfobo *agg.* hydrophobic
idrògeno *s. m.* hydrogen
idrografìa *s. f.* hydrography
idrorepellènte *agg.* water-repellent
idroscàlo *s. m.* water airport
idrostàtico *agg.* hydrostatic
idrotermàle *agg.* hydrothermal
idrovolànte *s. m.* seaplane
ièlla *s. f.* (*fam.*) bad luck
ièna *s. f.* hyena
ieràtico *agg.* **1** hieratic **2** (*fig.*) solemn
ièri *avv. e s. m.* yesterday ♦ **i. mattina/sera** yesterday morning/evening; **i. l'altro, l'altro i.** the day before yesterday
iettatùra *s. f.* evil-eye
igiène *s. f.* **1** hygiene (*salute*) health ♦ **i. dentale** dental care
igiènico *agg.* **1** hygienic, sanitary **2** (*salutare*) healthy ♦ **carta igienica** toilet paper
ignàro *agg.* unaware
ignìfugo *agg.* fireproof
ignòbile *agg.* ignoble, base

ignorànte *agg.* **1** ignorant, uneducated **2** (*maleducato*) rude, impolite
ignorànza *s. f.* ignorance
ignoràre A *v. tr.* **1** not to know, to be unaware of **2** (*trascurare*) to ignore **B** *v. rifl. rec.* to ignore each other
ignòto A *agg.* unknown **B** *s. m.* **1** the unknown **2** (*persona*) unknown person
igròmetro *s. m.* hygrometer
il o **lo** *art. determ. m. sing.* the (*spesso non si traduce o si rende con un agg. poss, con l'art. indef. o con un partitivo*) (ES: **adoro il vino bianco** I love white wine, **ho perso il portafoglio** I lost my wallet, **la rosa è un fiore profumato** a rose is a fragrant flower, **vai a comprare il pane** go and buy some bread)
ìlare *agg.* cheerful
ilarità *s. f.* hilarity, cheerfulness
illanguidìre A *v. intr.* to languish, to grow weak **B** *v. intr. pron.* to become weak, to fade
illazióne *s. f.* illation, inference
illécito *agg.* illicit
illegàle *agg.* illegal, unlawful
illegalità *s. f.* illegality
illegìttimo *agg.* illegitimate
illéso *agg.* **1** unhurt, unharmed **2** (*fig.*) intact
illetteràto *agg.* illiterate, ignorant
illibàto *agg.* pure, virgin
illimitàto *agg.* boundless, unlimited
illògico *agg.* illogical
illùdere A *v. tr.* to deceive, to delude **B** *v. rifl.* to deceive oneself, to delude oneself
illuminàre A *v. tr.* **1** to light up, to illuminate **2** (*fig.*) to enlighten **B** *v. intr. pron.* to lighten
illuminazióne *s. f.* **1** lighting, illumination **2** (*fig.*) flash of inspiration
illuminìsmo *s. m.* Enlightenment
illusióne *s. f.* **1** illusion, delusion ♦ **farsi illusioni** to delude oneself; **i. ottica** optical illusion
illusionìsmo *s. m.* illusionism, conjuring
illustràre *v. tr.* to illustrate
illustratìvo *agg.* illustrative
illustràto *agg.* illustrated ♦ **cartolina illustrata** picture-postcard
illustrazióne *s. f.* **1** (*spiegazione*) illustration, explanation **2** (*figura*) picture, illustration
illùstre *agg.* distinguished, famous
imbacuccàre A *v. tr.* to wrap up **B** *v. rifl.* to wrap oneself up
imballàggio *s. m.* **1** (*l'imballare*) packing **2** (*involucro*) package
imballàre *v. tr.* **1** to pack **2** (*motore*) to race
imbalsamàre *v. tr.* to embalm, (*animali*) to stuff
imbandieràre *v. tr.* to deck with flags
imbandìre *v. tr.* to prepare, (*la tavola*) to lay
imbarazzànte *agg.* embarrassing
imbarazzàre A *v. tr.* **1** to embarrass **2** (*ostacolare*) to hamper **B** *v. intr. pron.* to be embarrassed
imbaràzzo *s. m.* **1** (*disagio*) embarrassment **2** (*disturbo, impaccio*) trouble, obstacle
imbarbariménto *s. m.* barbarization
imbarcàre A *v. tr.* to embark, to take on board **B** *v. rifl.* **1** to embark, to go aboard, to board **2** (*prendere*

servizio su una nave) to sign on **3** (*fig.*) to embark on, to engage in **C** *v. intr. pron.* (*deformarsi*) to warp
imbarcazióne *s. f.* boat, craft
imbàrco *s. m.* **1** embarkation, embarking, shipping **2** (*aer.*) boarding
imbastíre *v. tr.* **1** to tack, to baste **2** (*fig.*) to outline
imbàttersi *v. intr. pron.* to run into, to run up
imbattíbile *agg.* **1** unbeatable **2** (*insuperabile*) unsurpassable
imbavagliàre *v. tr.* to gag
imbeccàta *s. f.* prompt
imbecílle *s. m. e f.* stupid, imbecile
imbellíre A *v. tr.* to make beautiful, to embellish **B** *v. intr. pron.* to become beautiful
imbèrbe *agg.* beardless
imbestialíre A *v. tr.* to enrage **B** *v. intr. pron.* to get enraged, to become furious
imbiancàre A *v. tr.* to whiten, (*muro*) to whitewash **B** *v. intr. pron.* to become white
imbianchíno *s. m.* (house-)painter
imboccàre *v. tr.* **1** to feed **2** (*entrare in*) to enter, to come on to, to turn into **3** (*portare alla bocca*) to put to one's mouth
imboccatúra *s. f.* **1** mouth **2** (*di strada, galleria*) entrance **3** (*di strumento a fiato*) mouthpiece
imbócco *s. m.* entrance
imbonitóre *s. m.* barker
imboscàre A *v. tr.* to put into safe keeping **B** *v. rifl.* **1** (*evitare il servizio militare*) to evade military service **2** (*eludere*) to shirk **3** (*scomparire*) to disappear
imboscàta *s. f.* ambush
imboschíre *v. tr.* to afforest
imbottigliàre A *v. tr.* **1** to bottle **2** (*bloccare*) to blockade **B** *v. intr. pron.* (*nel traffico*) to get caught in a traffic jam
imbottíre *v. tr.* **1** to stuff, to pad **2** (*farcire*) to fill
imbottitúra *s. f.* stuffing, padding
imbrattàre *v. tr.* to dirty, to soil
imbrigliàre *v. tr.* to bridle
imbroccàre *v. tr.* **1** to hit **2** (*fig.*) to guess
imbrogliàre A *v. tr.* **1** to cheat **2** (*confondere*) to mix up **3** (*arruffare*) to tangle, to entangle **B** *v. intr. pron.* **1** (*confondersi*) to get confused **2** (*arruffarsi*) to get tangled, to get entangled
imbròglio *s. m.* **1** (*inganno*) cheat, swindle **2** (*impiccio*) scrape, fix **3** (*intrico*) tangle
imbroglióne *s. m.* cheat, swindler
imbronciàto *agg.* sulky
imbruníre *s. m.* nightfall
imbruttíre A *v. tr.* to make ugly **B** *v. intr. e intr. pron.* to become ugly
imbucàre *v. tr.* to post
imburràre *v. tr.* to butter
imbúto *s. m.* funnel
imitàre *v. tr.* **1** to imitate, to copy **2** (*fare l'imitazione*) to mimic **3** (*contraffare*) to forge
imitatóre *s. m.* **1** imitator **2** (*attore*) mimic
imitazióne *s. f.* **1** imitation **2** (*contraffazione*) fake **3** (*di attore*) impersonation, imitation
immacolàto *agg.* immaculate, spotless
immagazzinàre *v. tr.* to store (up)

immaginàre *v. tr.* **1** to imagine, to fancy **2** (*supporre*) to suppose, to think **3** (*inventare*) to invent, to think up
immaginàrio *agg.* imaginary, fictitious
immaginazióne *s. f.* imagination, fancy
immàgine *s. f.* **1** image **2** (*disegno, illustrazione*) figure, picture, illustration
immancàbile *agg.* unfailing
immàne *agg.* **1** enormous **2** (*spaventoso*) appalling, tremendous
immanènte *agg.* immanent
immangiàbile *agg.* uneatable
immatricolàre A *v. tr.* **1** (*persona*) to enrol **2** (*veicolo*) to register **B** *v. rifl.* to enrol oneself
immatricolazióne *s. f.* (*di persona*) enrolment, (*di veicolo*) registration
immatúro *agg.* **1** (*frutto*) unripe **2** (*fig.*) immature **3** (*prematuro*) premature, untimely
immedesimàrsi *v. rifl.* to identify oneself (with)
immediatamènte *avv.* immediately
immediàto *agg.* immediate, prompt
immemoràbile *agg.* immemorial
immèmore *agg.* forgetful
immensità *s. f.* immensity
immènso *agg.* immense, huge
immèrgere A *v. tr.* to immerse, to dip, to plunge **B** *v. rifl.* **1** to plunge, (*di subacqueo*) to dive, (*di sottomarino*) to submerge **2** (*dedicarsi*) to immerse oneself, to give oneself up
immeritàto *agg.* undeserved
immeritévole *agg.* unworthy
immersióne *s. f.* **1** immersion, dip, plunge **2** (*di subacqueo*) dive, (*di sottomarino*) submersion **3** (*naut.*) draft
imméttere A *v. tr.* to introduce, to put in, to put on **B** *v. intr.* to lead to **C** *v. rifl.* to get into, to get onto
immigràto *agg. e s. m.* immigrant
immigrazióne *s. f.* immigration
imminènte *agg.* imminent, forthcoming
immischiàre A *v. tr.* to involve **B** *v. intr. pron.* to meddle in, to interfere
immissàrio *s. m.* tributary
immissióne *s. f.* immission, input
immòbile A *agg.* immovable, (*fermo*) still, motionless **B** *s. m.* real estate immovable, (*palazzo*) building
immobiliàre *agg.* immovable ♦ **agenzia i.** (real) estate agency; **proprietà i.** real estate, real property
immobilità *s. f.* immobility
immobilizzàre A *v. tr.* **1** to immobilize **2** (*econ.*) to lock up, to tie up **B** *v. rifl. e intr. pron.* to freeze
immolàre A *v. tr.* to sacrifice **B** *v. rifl.* to sacrifice oneself
immondízia *s. f.* garbage, rubbish, trash ♦ **vietato depositare i.** no dumping
immóndo *agg.* filthy
immoràle *agg.* immoral
immortalàre *v. tr.* to immortalize
immortàle *agg. e s. m. e f.* immortal
immortalità *s. f.* immortality
immúne *agg.* **1** immune **2** (*libero*) free, (*esente*) exempt
immunità *s. f.* **1** immunity **2** (*esenzione*) exemption

immunizzàre *A v. tr.* to immunize **B** *v. rifl.* to immunize oneself, to become immune

immutàbile *agg.* immutable

impacchettàre *v. tr.* to wrap up, to package

impacciàre *v. tr.* to hamper, to hinder

impacciàto *agg.* 1 (*goffo*) awkward 2 (*a disagio*) uneasy

impàccio *s. m.* 1 hindrance, obstacle 2 (*situazione difficile*) scrape, trouble 3 (*imbarazzo*) embarrassment

impàcco *s. m.* compress

impadronìrsi *v. intr. pron.* 1 to take possession, to appropriate, (*con la violenza*) to seize 2 (*fig.*) to master

impagàbile *agg.* priceless

impaginàre *v. tr.* to paginate

impagliàre *v. tr.* to stuff with straw

impalàto *agg.* stiff

impalcatùra *s. f.* 1 scaffolding 2 (*struttura*) framework

impallidìre *v. intr.* 1 to turn pale 2 (*svanire*) to fade

impalpàbile *agg.* impalpable

impanàre *v. tr.* (*cuc.*) to crumb, to bread

impantanàrsi *v. intr. pron.* to stick in the mud, (*fig.*) to get bogged down

impappinàrsi *v. intr. pron.* to get flustered, to falter

imparàre *v. tr.* to learn

impareggiàbile *agg.* incomparable

imparentàrsi *v. intr. pron.* to become related to

impàri *agg.* unequal, uneven

impartìre *v. tr.* to impart, to give

imparziàle *agg.* impartial

imparzialità *s. f.* impartiality

impàsse *s. f. inv.* impasse

impassìbile *agg.* impassive, unmoved (*pred.*)

impastàre *A v. tr.* to knead, to mix **B** *v. intr. pron.* to merge

impàsto *s. m.* mixture

impàtto *s. m.* impact

impaurìre *A v. tr.* to frighten, to scare **B** *v. intr. pron.* to get frightened, to be scared

impaziènte *agg.* impatient

impaziènza *s. f.* impatience

impazzàta, all' *loc. avv.* wildly, madly

impazzìre *v. intr.* 1 to go mad, to go crazy 2 (*di apparecchio*) to go haywire 3 (*di salsa*) to curdle ♦ **far i. qc.** to drive sb. crazy; **i. per q.c./qc.** to be mad about st./sb.

impeccàbile *agg.* impeccable

impedimènto *s. m.* impediment

impedìre *v. tr.* 1 to prevent, to keep (from) 2 (*ostruire*) to obstruct, to bar 3 (*impacciare*) to hamper, to hinder

impegnàre *A v. tr.* 1 (*dare in pegno*) to pawn, to pledge 2 (*investire*) to invest 3 (*vincolare*) to bind 4 (*prenotare*) to reserve, to book 5 (*mil.*) to engage 6 (*occupare*) to take up, to keep busy **B** *v. rifl.* 1 (*prendersi un impegno*) to undertake, to commit oneself, to engage oneself 2 (*dedicarsi*) to devote oneself 3 (*farsi garante*) to go bail 4 (*essere coinvolto*) to be involved

impegnatìvo *agg.* 1 binding 2 (*che richiede impegno*) exacting

impégno *s. m.* 1 engagement, (*promessa*) promise, (*obbligo*) obligation, pledge 2 (*applicazione*) care, diligence

impellènte *agg.* impelling, urgent

impenetràbile *agg.* impenetrable

impennàrsi *v. intr. pron.* 1 (*di cavallo*) to rear up 2 (*aer.*) to nose up, to zoom

impennàta *s. f.* 1 (*di cavallo*) rearing up 2 (*aer.*) zoom 3 (*rialzo*) sudden rise

impensàbile *agg.* unthinkable

impensierìre *v. tr. e intr. pron.* to worry

imperatìvo *agg. e s. m.* imperative

imperatóre *s. m.* emperor

imperatrìce *s. f.* empress

impercettìbile *agg.* imperceptible

imperdonàbile *agg.* unforgivable

imperfètto *agg. e s. m.* imperfect

imperfeziòne *s. f.* imperfection, flaw

imperiàle *agg.* imperial

imperialìsmo *s. m.* imperialism

imperiòso *agg.* imperious

imperìzia *s. f.* unskilfulness

impermeàbile *A agg.* impermeable, (*all'acqua*) waterproof **B** *s. m.* mackintosh, raincoat

imperniàre *A v. tr.* 1 to hinge, to pivot 2 (*fig.*) to base **B** *v. intr. pron.* 1 to hinge, to pivot 2 to be based

impèro *s. m.* empire

imperscrutàbile *agg.* inscrutable

impersonàle *agg.* 1 impersonal 2 (*banale*) banal

impersonàre *A v. tr.* 1 to personify 2 (*interpretare*) to play, to impersonate

impertèrrito *agg.* imperturbable, impassive

impertinènte *agg.* impertinent, cheeky

imperturbàbile *agg.* imperturbable

imperversàre *v. intr.* 1 to rage 2 (*essere diffuso*) to be the rage

ìmpeto *s. m.* 1 impetus, violence 2 (*impulso*) fit, impulse

impettìto *agg.* stiff

impetuòso *agg.* 1 violent, forceful 2 (*impulsivo*) impetuous, impulsive

impiantàre *v. tr.* 1 to install 2 (*fondare*) to establish, to set up

impiànto *s. m.* 1 plant, system, installation 2 (*costituzione*) establishment 3 (*struttura*) framework

impiastricciàre *A v. tr.* to smear, to dirty **B** *v. rifl.* to smear oneself, to dirty oneself

impiàstro *s. m.* 1 poultice 2 (*fam.*) (*seccatore*) bore, nuisance 3 (*fam.*) (*persona malaticcia*) weakling

impiccagiòne *s. f.* hanging

impiccàre *A v. tr.* 1 to hang 2 (*fig.*) to put on the spot **B** *v. rifl.* to hang oneself

impicciàre *A v. tr. e intr.* to hinder, to be in the way **B** *v. intr. pron.* to meddle, to interfere

impìccio *s. m.* 1 hindrance, nuisance 2 (*seccatura*) fix, trouble, mess

impiegàre *A v. tr.* 1 (*usare*) to use, to make use of 2 (*spendere*) to use, to spend 3 (*di tempo, metterci*) to take 4 (*assumere*) to take on, to employ 5 (*investire*) to invest **B** *v. rifl.* to get a job

impiegàto *s. m.* employee, office-worker, clerk

impiègo s. m. **1** (uso) use **2** (lavoro) job, position, employment **3** (investimento) investment
impietosíre A v. tr. to move to pity **B** v. intr. pron. to be moved
impietóso agg. pitiless
impietríre A v. tr. to petrify **B** v. intr. e intr. pron. to become petrified
impigliàre A v. tr. to entangle **B** v. intr. pron. to get caught
impigríre A v. tr. to make lazy **B** v. intr. e intr. pron. to become lazy
implacàbile agg. implacable
implicàre v. tr. **1** to involve, to implicate **2** (comportare) to imply
implicazióne s. f. implication
implícito agg. implicit
implúvio s. m. impluvium
impollinazióne s. f. pollination
imponènte agg. imposing
imponíbile A agg. taxable **B** s. m. taxable income
impopolàre agg. unpopular
impórre A v. tr. **1** to impose **2** (ordinare) to order, to force, to make **3** (stabilire) to fix **4** (esigere) to call for **B** v. rifl. e intr. pron. **1** to impose oneself, to stand out **2** (farsi valere) to assert oneself **3** (avere successo) to become popular, to be successful **4** (rendersi necessario) to be called for
importànte agg. important
importànza s. f. importance
importàre A v. tr. to import **B** v. intr. **1** (avere importanza) to matter, to care **2** (essere necessario) to be necessary ♦ **non importa!** it doesn't matter!
importazióne s. f. importation, import
impòrto s. m. amount, sum
importunàre v. tr. to bother
importúno agg. **1** boring **2** (inopportuno) untimely
imposizióne s. f. **1** imposition **2** (ordine) order, command ♦ **i. fiscale** taxation
impossessàrsi v. intr. pron. **1** to take possession, to seize **2** (fig.) to master
impossíbile A agg. impossible **B** s. m. (the) impossible ♦ **fare l'i.** to do one's best
impossibilità s. f. impossibility
impossibilitàto agg. unable
impòsta (1) s. f. tax, duty
impòsta (2) s. f. (di finestra) shutter
impostàre (1) v. tr. **1** (gettare le basi) to set up, to lay down **2** (formulare) to set out, to lay out, to formulate
impostàre (2) v. tr. (corrispondenza) to post, to mail
impostazióne s. f. definition, formulation, statement
impostúra s. f. imposture
impotènte agg. impotent
impoverìre A v. tr. to impoverish **B** v. intr. pron. to become poor
impraticàbile agg. impracticable, (di strada) impassable
impratichíre A v. tr. to train **B** v. intr. pron. to practise, to get to know
imprecàre v. intr. to curse
imprecazióne s. f. curse
imprecisàto agg. unspecified
impregnàre A v. tr. **1** to soak, to impregnate **2** (fig.)

to fill **B** v. intr. pron. **1** to become impregnated, to become soaked **2** (fig.) to be filled
imprenditóre s. m. entrepreneur
impreparàto agg. unprepared
imprésa s. f. **1** enterprise, undertaking **2** (azione) exploit **3** (ditta) business, enterprise, firm, concern
impresàrio s. m. (teatro) manager
impressionàbile agg. sensitive
impressionànte agg. impressive, striking, shocking
impressionàre A v. tr. **1** to impress, to strike, to shock **2** (turbare) to move, to upset **3** (fot.) to expose **B** v. intr. pron. **1** to be struck, to be shocked **2** (fot.) to be exposed
impressióne s. f. **1** impression **2** (sensazione) sensation, feeling **3** (impronta) impress, imprint
impressionísmo s. m. impressionism
imprestàre v. tr. to lend
imprevedíbile agg. unforeseeable
imprevísto A agg. unforeseen, unexpected **B** s. m. unexpected event
impreziosíre v. tr. to make precious
imprigionàre v. tr. **1** to imprison, to put in prison **2** (rinchiudere) to confine, to trap
imprímere A v. tr. **1** to impress, to imprint **2** (comunicare) to give, to impart **B** v. intr. pron. to be impressed
improbàbile agg. improbable, unlikely
imprónta s. f. **1** imprint, impression, mark **2** (di piede) footprint **3** (traccia) trace **4** (fig.) stamp, mark ♦ **impronte digitali** fingerprints
impropèrio s. m. abuse
impròprio agg. improper
improrogàbile agg. that cannot be postponed, final
improvvisaménte avv. suddenly
improvvisàre A v. tr. e intr. to improvise **B** v. rifl. to play
improvvisàta s. f. surprise
improvvíso agg. sudden
imprudènte agg. imprudent, rash
imprudènza s. f. imprudence, rashness
impudènte agg. impudent, shameless
impudènza s. f. impudence
impudíco agg. immodest, indecent
impugnàre v. tr. **1** to grasp, to grip **2** (dir.) (contestare) to impugn, to contest
impulsívo agg. impulsive
impúlso s. m. impulse
impuneménte avv. with impunity
impuntàrsi v. intr. pron. **1** to jib, to stop dead **2** (ostinarsi) to be obstinated
impuntúra s. f. back-stitch
impurità s. f. impurity
impúro agg. impure
imputàre v. tr. **1** (attribuire) to impute, to ascribe **2** (accusare) to accuse, to charge
imputàto s. m. defendant
imputazióne s. f. imputation
imputridíre v. intr. to rot, to putrefy
in prep. **1** (stato in luogo) in, at, (sopra) on (ES: **in forno** in the oven, **stare in casa** to stay at home, **in prima pagina** on the front page) **2** (moto a luogo) to, (verso l'interno) into (ES: **andare in Inghilter-**

ra to go to England, **entrare nella stanza** to get into the room) **3** (*moto per luogo*) through, across, round (ES: **correre nei campi** to run across the fields) **4** (*trasformazione*) in, into (ES: **tradurre dall'inglese in italiano** to translate from English into Italian) **5** (*tempo*) in, on, at (ES: **in primavera** in spring, **in questo momento** at this moment, **in quel giorno** on that day) **6** (*modo, condizione*) in, on, at (ES: **in fretta** in a hurry, **stare in piedi** to stand on one's feet) **7** (*limitazione*) in, at (ES: **è bravo nel lavoro** he's good at work) **8** (*mezzo*) by, in, on (ES: **viaggiare in treno** to travel by train, **pagare in dollari** to pay in dollars) **9** (*materia*) idiom. (ES: **una borsa in pelle** a leather bag)

inàbile *agg.* unable, unfit
inabissàrsi *v. intr. pron.* to sink
inabitàbile *agg.* uninhabitable
inaccessìbile *agg.* inaccessible
inaccettàbile *agg.* unacceptable
inacidìre *v. tr.* to sour **B** *v. intr. e intr. pron.* to turn sour
inadàtto *agg.* unsuitable, unfit
inadeguàto *agg.* inadequate
inadempiènza *s. f.* default
inafferràbile *agg.* elusive
inaffidàbile *agg.* unreliable
inalàre *v. tr.* to inhale
inalberàre A *v. tr.* to hoist **B** *v. rifl.* to get angry
inalienàbile *agg.* inalienable
inalteràbile *agg.* unalterable
inamidàre *v. tr.* to starch
inammissìbile *agg.* **1** inadmissible **2** (*ingiustificabile*) unjustifiable
inanimàto *agg.* inanimate
inappellàbile *agg.* **1** (*dir.*) unappealable **2** (*est.*) final, irrevocable
inappetènza *s. f.* lack of appetite
inappuntàbile *agg.* faultless
inarcàre *v. tr., rifl. e intr. pron.* to bend, to curve
inaridìre *v. tr. e intr. pron.* to dry up, to wither
inarrestàbile *agg.* unrestrainable
inarrivàbile *agg.* **1** unattainable, unreachable **2** (*incomparabile*) incomparable
inascoltàto *agg.* unheard
inaspettàto *agg.* unexpected
inasprìre A *v. tr.* **1** to embitter, to exacerbate **2** (*aggravare*) to sharpen, to aggravate **B** *v. intr. pron.* to become embittered, to become harsher
inattaccàbile *agg.* **1** unassailable, proof (*pred.*) **2** (*irreprensibile*) irreproachable
inattendìbile *agg.* unreliable
inattéso *agg.* unexpected
inattìvo *agg.* inactive, idle
inattuàbile *agg.* impracticable
inaudìto *agg.* unprecedented
inauguràle *agg.* inaugural, opening
inauguràre *v. tr.* to inaugurate, to open
inaugurazióne *s. f.* inauguration, opening
inavvertènza *s. f.* inadvertence, oversight
inavvertitaménte *avv.* inadvertently
inavvicinàbile *agg.* unapproachable
incagliàre *v. intr. e intr. pron.* **1** (*naut.*) to run aground,

to strand **2** (*fig.*) to get stuck, to come to a standstill
incalcolàbile *agg.* incalculable
incallìto *agg.* **1** hardened, callous **2** (*fig.*) inveterate
incalzàre A *v. tr.* **1** to follow closely **2** (*fig.*) to press, to urge **B** *v. intr.* to press, to be imminent
incameràre *v. tr.* to appropriate
incamminàrsi A *v. tr.* to start up **B** *v. intr. pron.* to set out, to start
incanalàre A *v. tr.* **1** to canalize **2** (*fig.*) to direct **B** *v. intr. pron.* to flow
incandescènte *agg.* incandescent, white-hot
incantàre A *v. tr.* to charm, to bewitch **B** *v. intr. pron.* **1** to be charmed, to be spellbound **2** (*incepparsi*) to jam
incantésimo *s. m.* spell, charm
incantévole *agg.* enchanting, charming
incànto (1) *s. m.* spell, enchantment
incànto (2) *s. m.* (*asta*) auction
incanutìre *v. intr.* to turn white
incapàce A *agg.* unable, incompetent **B** *s. m. e f.* incompetent
incapacità *s. f.* incapacity, incompetence
incaponìrsi *v. intr. pron.* to get obstinate
incappàre *v. intr.* to run into, to get into
incapricciàrsi *v. intr. pron.* to take a fancy
incarceràre *v. tr.* to imprison
incaricàre A *v. tr.* **1** to charge, to entrust **B** *v. rifl.* to undertake, to take upon oneself
incaricàto *s. m.* delegate, appointee
incàrico *s. m.* **1** task, job **2** (*nomina*) appointment
incarnàre A *v. tr.* to incarnate, to embody **B** *v. intr. pron.* **1** to become incarnate **2** (*di unghia*) to grow in
incartaménto *s. m.* file, dossier
incartàre *v. tr.* to wrap up
incassàre *v. tr.* **1** (*merce*) to pack **2** (*mecc., edil.*) to embed, to build in **3** (*incastonare*) to set **4** (*riscuotere*) to cash, to collect **5** (*fig.*) to get, to take
incàsso *s. m.* collection, (*somma incassata*) proceeds *pl.*, takings *pl.*
incastonàre *v. tr.* to set
incastonatùra *s. f.* setting
incastràre A *v. tr.* **1** to fix, to embed, to fit in **2** (*intrappolare*) to set up **B** *v. intr. pron.* **1** to fit **2** (*impigliarsi*) to get stuck
incàstro *s. m.* joint
incatenàre *v. tr.* **1** to chain (up), to enchain **2** (*fig.*) to tie down
incattivìre A *v. tr.* to make wicked **B** *v. intr. pron.* to become wicked
incàuto *agg.* incautious
incavàre *v. tr.* to hollow out
incavàto *agg.* hollow
incàvo *s. m.* **1** hollow **2** (*scanalatura*) groove **3** (*tecnol.*) dap, notch
incendiàre A *v. tr.* to set fire to, to set on fire **B** *v. intr. pron.* to catch fire
incendiàrio A *agg.* incendiary **B** *s. m.* arsonist
incèndio *s. m.* fire ♦ **i. doloso** arson
incenerìre A *v. tr.* to reduce to ashes **B** *v. intr. pron.* to be reduced to ashes
incènso *s. m.* incense
incensuràto *agg.* uncensured ♦ **essere i.** to have

a clean record

incentivàre *v. tr.* to stimulate, to boost

incentìvo *s. m.* incentive

incentràre A *v. tr.* to centre, to base **B** *v. intr. pron.* to be based

inceppàre A *v. tr.* to hinder, to obstruct **B** *v. intr. pron.* to jam, to stick

incertézza *s. f.* 1 uncertainty, doubt 2 (*indecisione*) indecision

incèrto *agg.* 1 uncertain, doubtful 2 (*indeciso*) undecided, irresolute 3 (*indefinito*) unclear 4 (*instabile*) unsettled

incespicàre *v. intr.* to stumble

incessànte *agg.* unending, unceasing

incèsto *s. m.* incest

incètta *s. f.* buying up

inchièsta *s. f.* 1 inquiry, survey 2 (*investigazione*) inquiry, investigation 3 (*giornalistica*) report

inchinàre A *v. tr.* to bow, to bend **B** *v. rifl.* to bend down

inchìno *s. m.* bow

inchiodàre A *v. tr.* 1 to nail 2 (*fig.*) to fix **B** *v. intr. pron.* (*bloccarsi*) to pull up short

inchiòstro *s. m.* ink

inciampàre *v. intr.* 1 to stumble, to trip up 2 (*imbattersi*) to run into

inciàmpo *s. m.* obstacle

incidentalménte *avv.* incidentally

incidènte A *agg.* incident **B** *s. m.* 1 (*infortunio*) accident 2 (*questione*) incident

incidènza *s. f.* influence, effect

incìdere (1) *v. tr.* 1 to engrave, to carve 2 (*registrare*) to record 3 (*med.*) to incise 4 (*fig.*) to impress

incìdere (2) *v. intr.* 1 (*gravare*) to weigh (on) 2 (*influenzare*) to affect, to influence

incìnta *agg.* pregnant

incìrca, all' *avv.* about, approximately

incisióne *s. f.* 1 (*taglio*) cut, incision 2 (*tacca*) notch 3 (*arte*) engraving 4 (*registrazione*) recording

incisìvo A *agg.* incisive **B** *s. m.* incisor

incisóre *agg.* engraver

incitàre *v. tr.* to incite

incivìle *agg.* 1 uncivilized, barbaric 2 (*scortese*) rude

incivilìre A *v. tr.* to civilize **B** *v. intr. pron.* to grow civilized

inciviltà *s. f.* 1 barbarity 2 (*maleducazione*) rudeness, incivility

inclinàre A *v. tr.* to tilt, to incline **B** *v. intr.* 1 to slope, to be inclined 2 (*fig.*) to incline, to be disposed **C** *v. rifl. e intr. pron.* 1 to tilt, to slope 2 (*piegarsi*) to bend 3 (*naut.*) to list

inclinàto *agg.* inclined, sloping

inclinazióne *s. f.* inclination

inclìne *agg.* inclined

inclùdere *v. tr.* 1 to include 2 (*allegare*) to enclose

inclusìvo *agg.* inclusive

inclùso *agg.* 1 included, inclusive 2 (*allegato*) enclosed

incoerènte *agg.* inconsistent

incògnita *s. f.* unknown quantity

incògnito A *agg.* unknown **B** *s. m.* incognito

incollàre A *v. tr.* to stick, to glue **B** *v. intr. pron.* to stick

incolonnàre *v. tr.* to put in a column

incolóre *agg.* colourless

incolpàre A *v. tr.* to charge, to blame **B** *v. rifl.* to blame oneself

incólto *agg.* 1 (*di terreno*) uncultivated, fallow 2 (*trascurato*) neglected 3 (*ignorante*) uneducated

incòlume *agg.* unscathed, unharmed

incombènte *agg.* 1 impending 2 (*spettante*) incumbent

incòmbere *v. intr.* 1 to impend over, to hang over 2 (*spettare*) to be incumbent on

incominciàre *v. tr. e intr.* to begin, to start

incomparàbile *agg.* incomparable

incompetènte *agg.* incompetent

incompiùto *agg.* unfinished

incomplèto *agg.* incomplete

incomprensìbile *agg.* incomprehensible

incompréso *agg.* 1 not understood 2 (*non apprezzato*) unappreciated

inconcepìbile *agg.* inconceivable

inconciliàbile *agg.* irreconcilable

inconcludènte *agg.* inconclusive, ineffectual

incondizionàto *agg.* unconditional

inconfondìbile *agg.* unmistakable

inconfutàbile *agg.* irrefutable

incongruènte *agg.* inconsistent

inconsapévole *agg.* unaware

incònscio *agg. e s. m.* unconscious

inconsistènte *agg.* insubstantial, unfounded

inconsuèto *agg.* unusual

inconsùlto *agg.* rash

incontenìbile *agg.* uncontrollable

incontràre A *v. tr.* 1 to meet 2 (*imbattersi in*) to meet with, to come up against **B** *v. intr.* (*aver successo*) to be popular, to be a success **C** *v. intr. pron.* to meet, to see **D** *v. rifl. rec.* 1 to meet 2 (*coincidere*) to coincide

incóntro (1) *s. m.* 1 meeting 2 (*sport*) match

incóntro (a) (2) *prep.* toward(s), up to

inconveniènte *s. m.* 1 inconvenience, drawback 2 (*contrattempo*) mishap, snag

incoraggiaménto *s. m.* encouragement

incoraggiàre *v. tr.* to encourage

incorniciàre *v. tr.* to frame

incoronàre *v. tr.* to crown

incoronazióne *s. f.* coronation

incorporàre A *v. tr.* 1 to incorporate 2 (*territorio*) to annex 3 (*econ.*) to merge, to incorporate **B** *v. rifl. rec.* to merge

incórrere *v. intr.* to incur

incorruttìbile *agg.* incorruptible

incosciènte *agg.* 1 unconscious 2 (*irresponsabile*) irresponsible

incoscïènza *s. f.* 1 unconsciousness 2 (*irresponsabilità*) irresponsibility, recklessness

incostànte *agg.* inconstant, variable

incredìbile *agg.* incredible, unbelievable

incrèdulo *agg.* incredulous

incrementàre *v. tr.* to increase

increménto *s. m.* increase, increment

increspàre *v. tr. e intr. pron.* (*di acqua*) to ripple, (*di capelli*) to frizz, (*di stoffa*) to gather

incriminàre *v. tr.* to incriminate

incrinàre A *v. tr.* **1** to crack **2** (*fig.*) to damage, to spoil **B** *v. intr. pron.* **1** to crack **2** (*fig.*) to break up, to deteriorate

incrinatùra *s. f.* **1** crack **2** (*fig.*) rift

incrociàre A *v. tr.* **1** to cross **2** (*incontrare*) to meet **B** *v. intr.* (*naut., aer.*) to cruise **C** *v. rifl. rec.* **1** to cross, to intersect **2** (*biol.*) to interbreed

incrociatóre *s. m.* cruiser

incròcio *s. m.* **1** (*di strade*) crossing, crossroads *pl.* **2** (*biol.*) crossbreed

incrostàre A *v. tr.* to encrust **B** *v. intr. pron.* to be encrusted

incrostazióne *s. f.* encrustation

incubatrìce *s. f.* incubator

incubo *s. m.* nightmare

incùdine *s. f.* anvil

inculcàre *v. tr.* to inculcate, to instil

incunàbolo *s. m.* incunabulum

incuràbile *agg. e s. m. e f.* incurable

incurànte *agg.* careless

incùria *s. f.* carelessness

incuriosìre A *v. tr.* to make curious, to excite curiosity **B** *v. intr. pron.* to become curious

incursióne *s. f.* raid

incurvàre *v. tr. e intr. pron.* to bend

incustodìto *agg.* unattended

incùtere *v. tr.* to arouse, to strike

indaco *s. m.* indigo

indaffaràto *agg.* busy

indagàre *v. tr. e intr.* to investigate, to inquire into

indàgine *s. f.* **1** investigation, inquiry **2** (*ricerca*) research, survey

indebitàre A *v. tr.* to get into debt **B** *v. rifl.* to run into debt

indébito *agg.* **1** (*non dovuto*) not due, undue **2** (*immeritato*) undeserved **3** (*illegittimo*) illegal, unlawful

indebolìre *v. tr. e intr. pron.* to weaken

indecènte *agg.* **1** indecent **2** (*sporco*) dirty

indecènza *s. f.* **1** indecency **2** (*vergogna*) shame

indecifràbile *agg.* **1** indecipherable **2** (*illeggibile*) illegible **3** (*incomprensibile*) unintelligible

indecisióne *s. f.* indecision

indecìso *agg.* undecided, unsettled **2** (*irresoluto*) irresolute

indefèsso *agg.* indefatigable

indefinìbile *agg.* indefinable

indefinìto *agg.* **1** indefinite **2** (*non risolto*) undefined

indeformàbile *agg.* non-deformable

indégno *agg.* **1** unworthy **2** (*vergognoso*) shameful

indelèbile *agg.* indelible

indènne *agg.* unhurt, unharmed, undamaged

indennità *s. f.* allowance, indemnity, compensation

indennizzàre *v. tr.* to compensate, to indemnify

indennizzo *s. m.* indemnity, refund ♦ **domanda d'i.** claim for damages

inderogàbile *agg.* unbreakable

indesideràbile *agg.* undesirable

indeterminatézza *s. f.* indeterminateness

indeterminàto *agg.* indeterminate ♦ **a tempo i.** indefinitely

indiàno *agg. e s. m.* Indian

indiavolàto *agg.* **1** furious **2** (*frenetico*) frenzied

indicàre *v. tr.* **1** to indicate, to show, to point out, (*col dito*) to point at/to **2** (*denotare*) to be indicative of, to show, to denote **3** (*significare*) to mean **4** (*consigliare*) to suggest, to recommend **5** (*prescrivere*) to prescribe

indicativo *agg.* **1** indicative **2** (*approssimativo*) approximate

indicatóre A *agg.* indicative **B** *s. m.* indicator, gauge

indicazióne *s. f.* **1** indication, sign **2** (*istruzione*) direction, instruction

ìndice *s. m.* **1** (*dito*) forefinger **2** (*lancetta*) indicator, pointer **3** (*fig.*) (*indizio*) sign, indication **4** (*di libro*) (table of) contents *pl.*, (*i. analitico*) index **5** (*scient.*) index **6** (*econ.*) index, ratio

indicìbile *agg.* inexpressible

indietreggiàre *v. intr.* to draw back, to withdraw

indiètro *avv.* **1** back, behind **2** (*di orologio*) slow ♦ **all'i.** backwards

indiféso *agg.* undefended

indifferènte *agg.* **1** indifferent **2** (*disinteressato*) uninterested **3** (*insensibile*) cold, impassible

indifferènza *s. f.* indifference

indifferenziàto *agg.* undifferentiated

indìgeno *agg. e s. m.* native

indigènte *agg.* indigent, poor

indigènza *s. f.* indigence, poverty

indigestióne *s. f.* indigestion

indigèsto *agg.* indigestible

indignàre A *v. tr.* to shock, to offend **B** *v. intr. pron.* to be shocked, to get angry

indimenticàbile *agg.* unforgettable

indipendènte *agg.* independent

indipendenteménte *avv.* independently

indipendènza *s. f.* independence

indìre *v. tr.* to call, to declare

indirètto *agg.* indirect

indirizzàre A *v. tr.* **1** to address **2** (*dirigere*) to direct **B** *v. rifl.* **1** (*dirigersi*) to direct one's step towards **2** (*rivolgersi*) to apply, to address oneself

indirizzo *s. m.* **1** address **2** (*fig.*) direction, trend, turn

indiscréto *agg.* indiscreet, tactless

indiscùsso *agg.* undisputed

indiscutìbile *agg.* unquestionable

indispensàbile *agg.* indispensable

indispettìre A *v. tr.* to vex, to annoy **B** *v. intr. pron.* to become vexed, to become annoyed

indisposizióne *s. f.* indisposition

indissolùbile *agg.* indissoluble

indistìnto *agg.* indistinct

indistruttìbile *agg.* indestructible

indisturbàto *agg.* undisturbed

indìvia *s. f.* endive

individuàle *agg.* individual

individualìsmo *s. m.* individualism

individualménte *avv.* individually

individuàre *v. tr.* **1** (*caratterizzare*) to individualize **2** (*localizzare*) to locate **3** (*distinguere*) to single out, to identify

individuo *s. m.* individual
indivisibile *agg.* indivisible
indiziàto *agg. e s. m.* suspect
indìzio *s. m.* **1** indication, sign, clue **2** (*dir.*) circumstantial evidence
indoeuropèo *agg. e s. m.* Indo-European
ìndole *s. f.* nature
indolènte *agg.* indolent, lazy
indolenziménto *s. m.* stiffening
indolóre *agg.* painless
indomàni *s. m.* (the) following day, (the) next day
indoràre *v. tr.* to gild
indossàre *v. tr.* **1** (*portare addosso*) to wear, to have on **2** (*mettere addosso*) to put on
indossatóre *s. m.* model
indossatrice *s. f.* model
indottrinàre *v. tr.* to indoctrinate
indovinàre *v. tr.* **1** to guess **2** (*prevedere, immaginare*) to foresee, to imagine
indovinèllo *s. m.* riddle
indovìno *s. m.* fortune-teller
indubbiaménte *avv.* undoubtedly
indùbbio *agg.* undoubted
indugiàre *v. intr.* **1** to delay **2** (*trattenersi*) to loiter, to linger
indùgio *s. m.* delay
indulgènte *agg.* indulgent
indulgènza *s. f.* indulgence
indùlgere *v. intr.* to indulge
indùlto *s. m.* pardon
induménto *s. m.* garment, clothes *pl.*
indurìre A *v. tr.* to harden **B** *v. intr. e intr. pron.* to harden, to become hard, (*di cemento, colla, ecc.*) to set
indùrre *v. tr.* to induce, to persuade
indùstria *s. f.* industry
industriàle A *agg.* industrial, manufacturing **B** *s. m.* industrialist, manufacturer
industrializzazióne *s. f.* industrialization
industriàrsi *v. intr. pron.* to try
induzióne *s. f.* induction
inebetìto *agg.* dazed
inebriàre A *v. tr.* to intoxicate **B** *v. intr. pron.* to become intoxicated
ineccepìbile *agg.* unexceptionable
inèdia *s. f.* starvation
inèdito *agg.* unpublished
inefficàce *agg.* ineffective
inefficiènza *s. f.* inefficiency
ineluttàbile *agg.* ineluctable
inequivocàbile *agg.* unequivocal
inerènte *agg.* inherent, concerning
inèrme *agg.* unarmed
inerpicàrsi *v. intr. pron.* to climb
inèrte *agg.* **1** inert **2** (*immobile*) motionless
inèrzia *s. f.* **1** inertia **2** (*inattività*) inactivity
inesattézza *s. f.* inexactitude, inaccuracy
inesàtto *agg.* incorrect, inaccurate
inesauribile *agg.* inexhaustible
inesistènte *agg.* inexistent
inesoràbile *agg.* inexorable
inesperiènza *s. f.* inexperience

inespèrto *agg.* inexperienced, (*senza pratica*) inexpert
inesploràto *agg.* unexplored
inespugnàbile *agg.* inexpugnable, impregnable
inestimàbile *agg.* invaluable, priceless
inètto *agg.* **1** unfit, unsuitable **2** (*incapace*) incompetent
inevàso *agg.* outstanding
inevitàbile *agg.* unavoidable, inevitable
inèzia *s. f.* trifle
infagottàre *v. tr. e rifl.* to wrap up
infallibile *agg.* infallible
infamàre *v. tr.* to defame, to disgrace
infàme *agg.* infamous
infantile *agg.* children's (*attr.*), infantile
infànzia *s. f.* childhood, infancy
infarcire *v. tr.* to stuff, to cram
infarinàre *v. tr.* to flour
infarinatùra *s. f.* **1** flouring **2** (*fig.*) smattering
infàrto *s. m.* infarct
infastidìre A *v. tr.* to annoy **B** *v. intr. pron.* to get annoyed
infaticàbile *agg.* tireless
infàtti *cong.* in fact, as a matter of fact
infatuàre A *v. tr.* infatuate **B** *v. intr. pron.* to become infatuated
infatuazióne *s. f.* infatuation
infàusto *agg.* unfavourable
infecóndo *agg.* sterile, infertile
infedéle *agg.* unfaithful
infedeltà *s. f.* unfaithfulness
infelìce *agg.* **1** unhappy, wretched **2** (*inappropriato*) unfortunate, inappropriate **3** (*malfatto*) bad
infelicità *s. f.* **1** unhappiness **2** (*inopportunità*) inappropriateness
inferióre *agg.* **1** inferior **2** (*più basso*) lower **3** (*sottostante*) lower, below
inferiorità *s. f.* inferiority
infermerìa *s. f.* infirmary
infermièra *s. f.* nurse
infermière *s. m.* male nurse
infermità *s. f.* infirmity ♦ **i. mentale** insanity
infèrmo *agg.* invalid
infernàle *agg.* **1** infernal, hellish **2** (*fig.*) awful
infèrno *s. m.* hell
inferocìto *agg.* enraged
inferriàta *s. f.* bars *pl.*
infervoràre A *v. tr.* to animate, to arouse enthusiasm **B** *v. intr. pron.* to grow fervent, to get excited
infestàre *v. tr.* to infest
infettàre A *v. tr.* to infect **B** *v. intr. pron.* to become infected
infettìvo *agg.* infectious, catching
infètto *agg.* infected
infezióne *s. f.* infection
infiacchire *v. tr. e intr. pron.* to weaken
infiammàbile *agg.* inflammable
infiammàre A *v. tr.* **1** to set on fire **2** (*fig.*) to inflame **B** *v. intr. pron.* **1** to take fire **2** (*fig.*) to become inflamed
infiammazióne *s. f.* inflammation
infìdo *agg.* treacherous
infierìre *v. intr.* **1** to be pitiless **2** (*imperversare*) to rage
infìggere *v. tr.* to drive, to fix
infilàre A *v. tr.* **1** to thread, to string **2** (*introdurre*) to

insert, to slip in **3** (*infilzare*) to run through, to transfix **4** (*indossare*) to slip on, to put on **B** *v. rifl.* **1** (*farsi largo*) to thread one's way **2** (*introdursi*) to slip **3** (*indossare*) to slip on, to put on

infiltràrsi *v. intr. pron.* to infiltrate

infiltrazióne *s. f.* infiltration

infilzàre *v. tr.* **1** to run through, to transfix **2** (*conficcare*) to stick

ìnfimo *agg.* lowest

infine *avv.* **1** (*alla fine*) at last **2** (*da ultimo*) finally **3** (*in fondo*) after all **4** (*insomma*) in short

infinità *s. f.* infinity

infinitesimàle *agg.* infinitesimal

infinito *agg.* **1** infinite **2** (*interminabile*) endless **3** (*innumerevole*) innumerable, endless **4** (*gramm.*) infinitive **B** *s. m.* **1** infinity **2** (*gramm.*) infinitive

infinocchiàre *v. tr.* (*fam.*) to make a fool of

infischiàrsi *v. intr. pron.* (*fam.*) not to care, to care nothing

infìsso *s. m.* frame

infittìre *v. tr. e intr. pron.* to thicken

inflazionàre *v. tr.* **1** to inflate **2** (*fig.*) to overdo

inflazióne *s. f.* inflation

inflessìbile *agg.* inflexible

infliggere *v. tr.* to inflict

influènte *agg.* influential

influènza *s. f.* **1** influence **2** (*med.*) influenza, flu ◆ **prendere l'i.** to catch flu

influire *v. intr.* to influence

influsso *s. m.* influence

infondàto *agg.* groundless

infóndere *v. tr.* to infuse

inforcàre *v. tr.* **1** to pitchfork **2** (*bicicletta, cavallo, ecc.*) to get on **3** (*occhiali*) to put on

informàle *agg.* informal

informàre *v. tr.* **1** to inform, to acquaint **2** (*pervadere*) to pervade, to characterize **B** *v. intr. pron.* **1** to inquire **2** (*essere pervaso*) to be informed, to be pervaded

informàtica *s. f.* informatics *pl.* (*v. al sing.*)

informatìvo *agg.* informative

informatóre *s. m.* informer, informant

informazióne *s. f.* information

informe *agg.* shapeless

infortunàrsi *v. intr. pron.* to get injured

infortùnio *s. m.* accident

infossàrsi *v. intr. pron.* **1** to become hollow **2** (*affondare*) to sink

infràngere A *v. tr.* **1** to break, to shatter **2** (*violare*) to infringe **B** *v. intr. pron.* to break, to shatter

infrangìbile *agg.* unbreakable

infraròsso *agg. e s. m.* infrared

infrasettimanàle *agg.* midweek (*attr.*)

infrazióne *s. f.* infraction, infringement

infreddatùra *s. f.* cold

infreddolìto *agg.* cold

infruttuóso *agg.* **1** unfruitful, fruitless **2** (*improduttivo*) unprofitable **3** (*vano*) vain, unsuccessful

infuòri *avv.* out, outwards ◆ **all'i.** di except, apart from

infuriàre A *v. intr.* to rage **B** *v. intr. pron.* to fly into a rage, to flare up

infusióne *s. f.* infusion

infùso *s. m.* infusion

ingabbiàre *v. tr.* **1** to cage **2** (*fig.*) to enclose, to coop up

ingaggiàre *v. tr.* **1** to engage, to hire, to sign (up) **2** (*mil.*) to enlist **3** (*iniziare*) to start

ingannàre *v. tr.* **1** to deceive, to cheat, to swindle **B** *v. intr. pron.* to be mistaken, to be wrong ◆ **i. il tempo** to while away the time

ingannévole *agg.* deceitful, deceptive

ingànno *s. m.* deceit, deception

ingarbugliàre A *v. tr.* **1** to entangle **2** (*fig.*) to complicate, to confuse **B** *v. intr. pron.* to get entangled

ingegnàrsi *v. intr. pron.* to do one's best

ingegnère *s. m.* engineer

ingegnerìa *s. f.* engineering

ingégno *s. m.* intelligence

ingegnosità *s. f.* ingenuity, cleverness

ingegnóso *agg.* ingenious, clever

ingelosìre A *v. tr.* to make jealous **B** *v. intr. pron.* to become jealous

ingènte *agg.* great, huge

ingenuità *s. f.* ingenuousness, naïvety

ingènuo *agg.* ingenuous, naïve

ingerènza *s. f.* interference

ingerire A *v. tr.* to swallow, to ingest **B** *v. intr. pron.* to interfere

ingessàre *v. tr.* to plaster

ingessatùra *s. f.* plaster

inghiottìre *v. tr.* to swallow

ingiallìre *v. tr. e intr. pron.* to yellow

ingigantìre A *v. tr.* to magnify **B** *v. intr. pron.* to become gigantic

inginocchiàrsi *v. intr. pron.* to kneel (down)

ingiù *avv.* down, downwards

ingiùria *s. f.* **1** insult, abuse **2** (*dir.*) slander, offence

ingiuriàre A *v. tr.* to insult, to abuse **B** *v. rifl. rec.* to insult each other

ingiurióso *agg.* insulting, abusive

ingiustificàto *agg.* unjustified

ingiustizia *s. f.* **1** injustice, unfairness **2** (*torto*) wrong

ingiùsto *agg.* unjust, unfair

inglése *agg.* English **B** *s. m. e f.* Englishman *m.*, Englishwoman *f.* **C** *s. m.* (*lingua*) English

inglesìsmo *s. m.* Anglicism

ingoiàre *v. tr.* to swallow

ingolfàre A *v. tr.* to flood **B** *v. intr. pron.* **1** (*impelagarsi*) to plunge into **2** (*autom.*) to flood

ingombrànte *agg.* **1** cumbersome **2** (*fig.*) awkward

ingombràre *v. tr.* **1** to encumber, to block **2** (*fig.*) to stuff

ingómbro *s. m.* **1** encumbrance, obstruction **2** (*mole*) bulk, (*dimensione*) size

ingórdo *agg.* greedy

ingorgàre A *v. tr.* to clog, to block (up) **B** *v. intr. pron.* to become blocked up, to clog up

ingórgo *s. m.* obstruction, (*del traffico*) jam

ingozzàre A *v. tr.* (*far mangiare*) to stuff, to fatten **B** *v. rifl.* to gobble, to gulp down

ingranàggio *s. m.* **1** gear **2** (*fig.*) mechanism, workings *pl.*

ingranàre A *v. tr.* to put into gear, to engage **B** *v. intr.* **1** to be in gear, to engage **2** (*fig.*) to get on (well)

ingrandiménto *s. m.* enlargement ♦ **lente d'i.** magnifying glass

ingrandire A *v. tr.* 1 to enlarge, to expand 2 (*fis.*) to magnify 3 (*fig.*) to exaggerate B *v. intr. pron.* to become larger, to grow, to expand

ingrassàggio *s. m.* greasing

ingrassàre A *v. tr.* 1 to fatten, to make fat 2 (*lubrificare*) to grease B *v. intr. e rifl. pron.* to put on weight, to fatten (up)

ingratitùdine *s. f.* ungratefulness

ingràto *agg.* ungrateful

ingraziàre *v. tr.* to ingratiate oneself with

ingrediènte *s. m.* ingredient

ingrèsso *s. m.* 1 entry 2 (*entrata*) entrance 3 (*accesso*) entry, admittance, admission ♦ **vietato l'i.** no entry

ingrossàre A *v. tr.* 1 to enlarge, to increase 2 (*gonfiare*) to swell B *v. intr. pron.* 1 to become bigger, to increase 2 (*gonfiarsi*) to swell up 3 (*ingrassare*) to become fat 4 (*di mare*) to rise

ingròsso, all' *loc. avv.* wholesale

inguaribile *agg.* incurable

inguine *s. m.* groin

inibire A *v. tr.* 1 to inhibit 2 (*proibire*) to forbid B *v. rifl.* to restrain oneself

inibizióne *s. f.* inhibition

iniettàre *v. tr.* to inject

iniettóre *s. m.* injector

iniezióne *s. f.* injection

inimicàre A *v. tr.* to alienate, to make an enemy of, to antagonize B *v. intr. pron.* to fall out with

inimicizia *s. f.* enmity, hostility

inimitàbile *agg.* inimitable

inimmaginàbile *agg.* unimaginable

ininfluènte *agg.* irrelevant

ininterrótto *agg.* continuous, uninterrupted

iniquità *s. f.* iniquity

iniziàle A *agg.* initial, starting B *s. f.* initial

iniziàre A *v. tr.* 1 to begin, to start 2 (*instradare*) to initiate, to introduce B *v. intr.* to begin, to start

iniziatìva *s. f.* initiative

iniziàto *s. m.* initiate

iniziatóre *s. m.* initiator

inizio *s. m.* beginning, start

innaffiàre *v. tr.* to water

innalzàre A *v. tr.* to raise B *v. intr. pron.* to rise

innamoràre A *v. tr.* to charm B *v. intr. pron. e rifl. rec.* to fall in love

innamoràto *agg.* in love (*pred.*), loving

innànzi A *avv.* 1 (*prima*) before 2 (*poi*) on, onwards B *agg.* previous C *prep.* **i. (a)** 1 (*davanti a*) before, in front of 2 (*prima*) before ♦ **i. tutto** above all, first of all

innàto *agg.* innate, inborn

innaturàle *agg.* unnatural

innegàbile *agg.* undeniable

innervosìre A *v. tr.* to get on (sb.'s) nerves, to annoy B *v. intr. pron.* to get nervous, to get annoyed

innescàre A *v. tr.* 1 (*tecnol.*) to prime 2 (*fis.*) to trigger B *v. intr. pron.* to start

innésco *s. m.* 1 primer 2 (*fis., fig.*) trigger

innestàre A *v. tr.* 1 (*bot.*) to graft 2 (*inserire*) to insert, to plug in (*elettr.*) 3 (*mecc.*) to engage B *v. intr.*

pron. to be inserted, to join

innèsto *s. m.* 1 (*bot.*) graft 2 (*mecc.*) connection, joint

inno *s. m.* hymn ♦ **i. nazionale** national anthem

innocènte *agg.* 1 innocent 2 (*dir.*) not guilty

innocènza *s. f.* innocence

innòcuo *agg.* innocuous, harmless

innovàre *v. tr.* to innovate, to renew

innovativo *agg.* innovative

innovatóre *s. m.* innovator

innumerévole *agg.* innumerable, countless

inoculàre *v. tr.* to inoculate

inodóre *agg.* odourless

inoffensìvo *agg.* harmless, inoffensive

inoltràre A *v. tr.* to forward, to send, (*per posta*) to mail B *v. rifl.* to advance, to go forward

inóltre *avv.* besides, too, moreover

inondàre *v. tr.* to flood

inondazióne *s. f.* flooding, flood, inundation

inoperóso *agg.* inactive

inopportùno *agg.* inopportune, untimely

inorgànico *agg.* inorganic

inorgoglire A *v. tr.* to make proud B *v. intr. pron.* to become proud

inorridìre A *v. tr.* to horrify B *v. intr.* to be horrified

inospitàle *agg.* inhospitable

inosservàto *agg.* 1 unobserved, unnoticed 2 (*inadempiuto*) not observed, unfulfilled

inossidàbile *agg.* stainless

input *s. m. inv.* input

inquadràre A *v. tr.* 1 to organize, to arrange 2 (*fot., cin.*) to frame B *v. intr. pron.* to fit in, to form part of

inqualificàbile *agg.* 1 unmarkable 2 (*fig.*) deplorable

inquietànte *agg.* worrying, disturbing

inquietàre A *v. tr.* to worry, to disturb B *v. intr. pron.* 1 (*arrabbiarsi*) to get angry 2 (*preoccuparsi*) to worry

inquièto *agg.* 1 (*agitato*) restless 2 (*preoccupato*) uneasy, worried

inquietùdine *s. f.* 1 (*agitazione*) restlessness 2 (*preoccupazione*) anxiety, worry

inquilìno *s. m.* tenant

inquinaménto *s. m.* pollution

inquinàre *v. tr.* to pollute

inquisìre *v. tr.* to investigate

inquisizióne *s. f.* inquisition

insabbiàre A *v. tr.* 1 to sand 2 (*fig.*) to shelve B *v. intr. pron. e rifl.* 1 to get covered with sand 2 (*arenarsi*) to run aground 3 (*fig.*) to be shelved

insaccàti *s. m. pl.* sausages

insalàta *s. f.* salad

insalùbre *agg.* unhealthy

insanàbile *agg.* 1 incurable 2 (*irrimediabile*) irremediable

insanguinàre *v. tr.* 1 to stain with blood 2 (*funestare*) to bathe in blood

insaponàre A *v. tr.* to soap B *v. rifl.* to soap oneself

insapóre *agg.* flavourless, tasteless

insaziàbile *agg.* insatiable

inscatolàre *v. tr.* to box, to tin, to can

inscenàre *v. tr.* to stage

insediaménto *s. m.* 1 settlement 2 (*in una carica*) installation

insediàre A *v. tr.* to install **B** *v. intr. pron.* **1** to take office, to install oneself **2** (*stabilirsi*) to settle

inségna *s. f.* **1** (*di locale*) sign **2** (*bandiera*) banner, flag

insegnaménto *s. m.* teaching

insegnànte A *agg.* teaching **B** *s. m. e f.* teacher

insegnàre *v. tr.* **1** to teach **2** (*indicare*) to show

inseguiménto *s. m.* pursuit, chase

inseguire *v. tr.* **1** to chase, to run after **2** (*fig.*) to pursue

insenatura *s. f.* inlet

insensàto *agg.* senseless

insensibile *agg.* **1** insensitive **2** (*impercettibile*) imperceptible **3** (*indifferente*) indifferent

inseparàbile *agg.* inseparable

inseriménto *s. m.* insertion

inserire A *v. tr.* **1** to insert, to put in, to include **2** (*elettr.*) to connect, to plug in **B** *v. rifl. e intr. pron.* to enter

insèrto *s. m.* insert

inservibile *agg.* useless

inserviènte *s. m. e f.* attendant

inserzióne *s. f.* **1** insertion **2** (*su giornale*) advertisement, ad

insetticida *s. m.* insecticide

insètto *s. m.* insect

insicurézza *s. f.* insecurity

insidia *s. f.* **1** snare, trap **2** (*pericolo*) peril, danger

insidiàre *v. tr.* to lay a trap for

insidióso *agg.* insidious

insième A *s. m.* **1** whole **2** (*assortimento*) set **3** (*mat.*) set **B** *avv.* **1** together **2** (*congiuntamente*) together, jointly **3** (*contemporaneamente*) together, at the same time **C** *prep.* **i. a/con** (together) with

insigne *agg.* eminent, distinguished

insignificànte *agg.* **1** insignificant, negligible **2** (*inespressivo*) inexpressive

insignire *v. tr.* to confer

insincèro *agg.* insincere

insindacàbile *agg.* unquestionable

insinuàre A *v. tr.* **1** to slip, to insert **2** (*fig.*) to insinuate, to suggest **B** *v. intr. pron. e rifl.* **1** to insinuate oneself **2** (*penetrare*) to creep

insipido *agg.* **1** (*senza sale*) lacking in salt **2** (*insapore*) tasteless, insipid

insistènte *agg.* **1** insistent **2** (*ripetuto*) persistent **3** (*incessante*) unceasing

insistere *v. intr.* to insist

insoddisfacènte *agg.* unsatisfactory

insoddisfàtto *agg.* **1** unsatisfied **2** (*scontento*) dissatisfied

insoddisfazióne *s. f.* dissatisfaction

insofferènte *agg.* **1** (*irritabile*) impatient, irritable **2** (*intollerante*) intolerant

insolazióne *s. f.* **1** insolation **2** (*colpo di sole*) sunstroke

insolènte *agg.* insolent

insolentire *v. intr.* to be insolent to

insolènza *s. f.* insolence

insòlito *agg.* unusual

insolùbile *agg.* insoluble

insolùto *agg.* **1** unsolved **2** (*non pagato*) unpaid

insolvènte *agg.* insolvent

insómma *avv.* **1** (*in breve*) in short **2** (*in conclusione*) in conclusion **3** (*dunque*) then, well **4** (*esclamativo*) well (then)

insònne *agg.* sleepless

insònnia *s. f.* insomnia, sleeplessness

insonnolito *agg.* sleepy, drowsy

insopportàbile *agg.* unbearable, insufferable

insórgere *v. intr.* **1** (*ribellarsi*) to rise (up) **2** (*protestare*) to protest **3** (*manifestarsi*) to arise

insórto *s. m.* rebel, insurgent

insospettàbile *agg.* beyond suspicion

insospettire A *v. tr.* to make suspicious, to arouse suspicions **B** *v. intr. pron.* to become suspicious

insostenìbile *agg.* **1** unsustainable, untenable **2** (*insopportabile*) unbearable

insostituibile *agg.* irreplaceable

inspiegàbile *agg.* inexplicable

inspiràre *v. tr.* to breathe in

instàbile *agg.* **1** unstable, unsteady **2** (*mutevole*) changeable

installàre A *v. tr.* to install **B** *v. rifl.* to settle (oneself) in

installazióne *s. f.* installation

instancàbile *agg.* indefatigable, untiring

instauràre A *v. tr.* to set up, to establish **B** *v. intr. pron.* to begin

insù *avv.* up, upwards

insuccèsso *s. m.* failure, flop

insudiciàre A *v. tr.* to dirty, to soil **B** *v. rifl.* to dirty oneself, to get dirty

insufficiènte *agg.* insufficient, inadequate

insufficiènza *s. f.* **1** insufficiency, inadequacy **2** (*mancanza*) lack, shortage **3** (*med.*) insufficiency **4** (*a scuola*) low mark

insulàre *agg.* insular

insulina *s. f.* insulin

insùlso *agg.* insipid, dull

insultàre *v. tr.* to insult, to abuse

insùlto *s. m.* insult, abuse

insuperàbile *agg.* insuperable

insurrezióne *s. f.* insurrection, rising

intaccàre *v. tr.* **1** (*fare tacche*) to notch **2** (*corrodere*) to corrode, to eat into **3** (*cominciare a consumare*) to draw up, to dip into **4** (*danneggiare*) to damage, to spoil

intagliàre *v. tr.* **1** to incise, to engrave **2** (*scolpire*) to carve

intàglio *s. m.* **1** (*arte*) intaglio **2** (*tacca*) notch

intangibile *agg.* untouchable

intànto *avv.* **1** meanwhile, in the meantime, at the same time **2** (*avversativo*) but ◆ **i. che** while, as

intàrsio *s. m.* inlay

intasaménto *s. m.* stoppage, block, (*nel traffico*) jam

intasàre A *v. tr.* to obstruct, to block **B** *v. intr. pron.* to become blocked, to get stopped up

intascàre *v. tr.* to pocket

intàtto *agg.* **1** intact, untouched **2** (*illeso*) undamaged, uninjured

intavolàre *v. tr.* to start, to enter into

integràle *agg.* **1** integral, complete, comprehensive **2** (*di edizione*) unabridged **3** (*non raffinato*) wholemeal, unrefined

integralménte *avv.* in full

integrànte *agg.* integrant

integràre A *v. tr.* **1** to integrate **2** (*completare*) to supplement **B** *v. rifl.* to integrate

integrità *s. f.* integrity

intelaiatùra *s. f.* framework, (*di finestra*) sash

intelletto *s. m.* intellect

intellettuàle *agg.* intellectual

intellettualismo *s. m.* intellectualism

intelligènte *agg.* intelligent, clever

intelligènza *s. f.* intelligence, cleverness

intelligìbile *agg.* intelligible

intempèrie *s. f. pl.* bad weather

intempestivo *agg.* untimely

intèndere A *v. tr.* **1** (*capire*) to understand **2** (*significare*) to mean, to intend **3** (*avere intenzione*) to intend, to propose, to be going to **4** (*udire*) to hear **B** *v. intr. pron.* to know about, to be an expert **C** *v. rifl. rec.* **1** (*mettersi d'accordo*) to come to an agreement, to agree **2** (*andare d'accordo*) to get on with

intendiménto *s. m.* **1** understanding **2** (*intenzione*) intention

intenditóre *s. m.* connoisseur, expert

intenerire A *v. tr.* **1** to soften **2** (*fig.*) to move (to pity) **B** *v. intr. pron.* **1** to soften **2** to be moved

intensificàre *v. tr. e intr. pron.* to intensify

intensità *s. f.* intensity

intensivo *agg.* intensive

intènso *agg.* intense

intènto A *agg.* intent **B** *s. m.* aim, purpose

intenzionàle *agg.* intentional

intenzióne *s. f.* intention

interaménte *avv.* entirely, wholly

interazióne *s. f.* interaction

intercalàre *s. m.* stock phrase

intercapèdine *s. f.* hollow space

intercèdere *v. intr.* to intercede, to plead

intercessióne *s. f.* intercession

intercettàre *v. tr.* to intercept, (*conversazione telefonica*) to tap

intercolùnnio *s. m.* intercolumn

intercomunicànte *agg.* communicating

intercontinentàle *agg.* intercontinental

interdétto *agg.* **1** (*vietato*) forbidden **2** (*dir.*) interdicted, disqualified **3** (*sorpreso*) dumbfounded

interdire *v. tr.* **1** (*proibire*) to forbid **2** (*dir.*) to interdict, to disqualify

interdisciplinàre *agg.* interdisciplinary

interdizióne *s. f.* **1** (*proibizione*) prohibition **2** (*dir.*) interdiction, disqualification

interessaménto *s. m.* interest, concern

interessànte *agg.* interesting ♦ **essere in stato i.** to be with child, to be expecting

interessàre A *v. tr.* **1** to interest **2** (*riguardare*) to concern, to affect **B** *v. intr.* **1** to interest, to be of interest **2** (*importare*) to matter **C** *v. intr. pron.* to be interested in, to care

interèsse *s. m.* interest

interferènza *s. f.* interference

interferire *v. intr.* to interfere

interfòno *s. m.* intercom

interiezióne *s. f.* interjection

interióra *s. f. pl.* entrails *pl.*

interióre *agg.* interior, inner

interlocutóre *s. m.* interlocutor

interlùdio *s. m.* interlude

intermediàrio *agg.* **1** intermediary **2** (*econ.*) broker

intermèdio *agg.* intermediate

intermèzzo *s. m.* **1** (*intervallo*) break, interval **2** (*mus., teatro*) intermezzo

interminàbile *agg.* interminable

intermittènte *agg.* intermittent

internaménte *avv.* internally, inside

internàre *v. tr.* to intern

internazionàle *agg.* international

intèrno A *agg.* **1** internal, inner (*attr.*), inside (*attr.*) **2** (*geogr.*) inland **3** (*interiore*) inner (*attr.*), inward (*attr.*) **4** (*econ.*) (*nazionale*) home (*attr.*) **B** *s. m.* **1** interior, inside **2** (*tel.*) extension **3** (*alunno*) boarder **4** (*fodera*) lining

intèro *agg.* **1** (*tutto*) whole, all **2** (*completo*) entire, whole, complete ♦ **per i.** in full

interpellàre *v. tr.* to consult, to ask

interpórre A *v. tr.* **1** to interpose **2** (*frapporre*) to present **B** *v. rifl. e intr. pron.* to interpose, to intervene

interpretàre *v. tr.* **1** to interpret **2** (*teatro, mus.*) to play, to interpret

interpretazióne *s. f.* interpretation

intèrprete *s. m. e f.* interpreter

interrogàre *v. tr.* **1** to ask questions to **2** (*studente*) to examine, to test **3** (*dir.*) to question, to interrogate

interrogativo A *agg.* interrogative, questioning **B** *s. m.* **1** question **2** (*fig.*) mistery ♦ **punto i.** question mark

interrogatòrio A *agg.* interrogatory **B** *s. m.* interrogation, examination

interrogazióne *s. f.* **1** question, interrogation **2** (*a scuola*) test

interrómpere A *v. tr.* **1** to interrupt, to break off, to cut off **2** (*un discorso*) to interrupt **3** (*bloccare*) to block **B** *v. intr. pron.* to stop, to break off

interruttóre *s. m.* switch

interruzióne *s. f.* interruption

intersecàre *v. tr. e rifl. rec.* to intersect

intersezióne *s. f.* intersection

interstìzio *s. m.* interstice

interurbàno *agg.* interurban ♦ **telefonata interurbana** trunk call

intervàllo *s. m.* interval

intervenire *v. intr.* **1** to intervene **2** (*prender parte*) to be present, to attend

intervènto *s. m.* **1** intervention **2** (*discorso*) speech **3** (*presenza*) presence, attendance **4** (*med.*) operation

intervista *s. f.* interview

intervistàre *v. tr.* to interview

intésa *s. f.* **1** (*comprensione*) understanding **2** (*accordo*) agreement **3** (*pol.*) entente

intestàre A *v. tr.* **1** (*mettere l'intestazione*) to head **2** (*una proprietà*) to register in sb.'s name, (*un assegno*) to make out **B** *v. intr. pron.* to persist, to insist

intestazióne *s. f.* **1** heading **2** (*registrazione*) registration

intestinàle *agg.* intestinal

intestino A *agg.* intestine, civil B *s. m.* intestine

intiepidire A *v. tr.* **1** (*scaldare*) to warm **2** (*raffreddare*) to cool B *v. intr. pron.* **1** (*scaldarsi*) to warm up **2** (*raffreddarsi*) to cool down

intimare *v. tr.* to order, to command, to summon

intimazione *s. f.* order, command, summons

intimidire A *v. tr.* **1** to overawe, to make shy **2** (*impaurire*) to indimidate B *v. intr. pron.* **1** to become shy **2** (*impaurirsi*) to be intimidate

intimista *agg.* intimist

intimità *s. f.* **1** intimacy, privacy **2** (*familiarità*) familiarity

intimo A *agg.* **1** intimate, close **2** (*privato*) private, intimate, **3** (*il più profondo*) inner, innermost **4** (*profondo*) profound, deep B *s. m.* **1** (*parte interiore*) bottom **2** (*amico*) intimate friend, close friend **3** (*animo*) hearth, soul

intimorire A *v. tr.* to intimidate, to frighten B *v. intr. pron.* to be frightened

intingolo *s. m.* sauce

intirizzire A *v. tr.* **1** to numb, to make stiff B *v. intr. pron.* to grow numb, to grow stiff

intitolare A *v. tr.* **1** to entitle, to give a title to, to call **2** (*dedicare*) to dedicate, to name after B *v. intr. pron.* to be entitled, to be called, to be named

intollerabile *agg.* intolerable, unbearable

intollerante *agg.* intolerant

intolleranza *s. f.* intolerance

intonaco *s. m.* plaster

intonare A *v. tr.* **1** (*strumento*) to tune **2** (*incominciare a cantare, suonare*) to strike up **3** (*accordare*) to match B *v. intr. pron.* to be in tune, to match, to fit

intontire A *v. tr.* to stun, to daze B *v. intr. pron.* to be stunned, to be dazed

intoppo *s. m.* obstacle

intorno A *avv.* round, around, about B *prep.* **i. (a) 1** round, around **2** (*circa*) about **3** (*riguardo a*) about, on

intorpidire A *v. tr.* to numb B *v. intr. pron.* to grow numb

intossicare A *v. tr.* to poison B *v. rifl. e intr. pron.* to be poisoned

intossicazione *s. f.* poisoning

intradosso *s. m.* intrados

intraducibile *agg.* untranslatable

intralciare *v. tr.* to hinder, to hamper

intransigente *agg.* intransigent

intransitivo *agg. e s. m.* intransitive

intraprendente *agg.* enterprising

intraprendere *v. tr.* to undertake, to begin

intrattabile *agg.* intractable

intrattenere A *v. tr.* to entertain B *v. intr. pron.* **1** (*trattenersi*) to stop **2** (*soffermarsi*) to dwell (upon)

intravedere A *v. tr.* **1** (*vedere di sfuggita*) to catch a glimpse of **2** (*prevedere*) to foresee

intrecciare A *v. tr.* **1** to twist, to intertwine **2** (*capelli*) to plait **3** (*fig.*) to weave together B *v. rifl. rec.* **1** to intertwine **2** to cross each other

intreccio *s. m.* **1** intertwinement, weaving **2** (*trama*) plot

intrico *s. m.* tangle

intrigo *s. m.* intrigue

intrinseco *agg.* intrinsic

introdurre A *v. tr.* **1** to introduce **2** (*inserire*) to put

in, to insert **3** (*far entrare*) to show in, to usher B *v. intr. pron.* to get in

introduzione *s. f.* introduction

introito *s. m.* income, revenues *pl.*

intromettere A *v. tr.* to interpose B *v. rifl.* **1** to intervene, to come between **2** (*ingerirsi*) to interfere

introspettivo *agg.* introspective

introvabile *agg.* not to be found

introverso *agg. e s. m.* introvert

intruglio *s. m.* concoction

intrusione *s. f.* intrusion

intruso *s. m.* intruder

intuire *v. tr.* to perceive by intuition, to guess

intuitivo *agg.* intuitive

intuizione *s. f.* intuition

inumidire A *v. tr.* to damp, to moisten B *v. intr. pron.* to moisten, to become damp

inutile *agg.* **1** useless, unusable, pointless **2** (*non necessario*) unnecessary

inutilità *s. f.* uselessness, pointlessness

inutilizzabile *agg.* unusable

inutilmente *avv.* uselessly, in vain

invadente *agg.* intrusive

invadere *v. tr.* to invade

invaghirsi *v. intr. pron.* **1** to take a fancy of **2** (*innamorarsi*) to fall in love with

invalidità *s. f.* **1** invalidity **2** (*di persona*) disability

invalido A *agg.* **1** invalid **2** (*di persona*) disabled, invalid B *s. m.* disabled person

invano *avv.* in vain, to no purpose

invasione *s. f.* invasion

invasore A *agg.* invading B *s. m.* invader

invecchiamento *s. m.* ag(e)ing

invecchiare A *v. tr.* **1** to age, to make old **2** (*far sembrare vecchio*) to make look older B *v. intr.* to age, to grow old, to get old

invece A *avv.* instead, on the contrary, but B *prep.* **i. di** instead of C *cong.* **i. che** instead of

inveire *v. intr.* to rail against, to shout abuse at

invendibile *agg.* unsaleable

inventare *v. tr.* to invent

inventario *s. m.* **1** inventory **2** (*elenco*) list

inventiva *s. f.* inventiveness

inventivo *agg.* inventive

inventore *s. m.* inventor

invenzione *s. f.* **1** invention **2** (*bugia*) lie, story

invernale *agg.* winter (*attr.*)

inverno *s. m.* winter

inverosimile *agg.* unlikely, improbable

inversione *s. f.* inversion, reversal ◆ **i. di marcia** U-turn

inverso A *agg.* **1** opposite, contrary, reverse **2** (*mat.*) inverse B *s. m.* opposite, contrary

invertebrato *agg. e s. m.* invertebrate

invertire A *v. tr.* to reverse, to invert B *v. intr. pron.* to be inverted

investigare *v. tr. e intr.* to investigate

investigazione *s. f.* investigation, inquiry

investimento *s. m.* **1** investment **2** (*autom.*) collision, accident

investire A *v. tr.* **1** (*econ.*) to invest **2** (*autom.*) to run over **3** (*assalire*) to assail **4** (*conferire una carica*) to invest, to give **B** *v. rifl. rec.* to collide

investitóre *s. m.* (*econ.*) investor

inviàre *v. tr.* to send, to forward

inviàto *s. m.* **1** messenger, envoy **2** (*giornalista*) correspondent

invidia *s. f.* envy

invidiàre *v. tr.* to envy

invidióso *agg.* envious

invincibile *agg.* invincible

invio *s. m.* **1** (*di merce*) dispatch, forwarding **2** (*di denaro*) remittance **3** (*per posta*) mailing

invischiàre A *v. tr.* (*fig.*) to involve in **B** *v. intr. pron.* to get involved

invisibile *agg.* invisible

invitànte *agg.* tempting, attractive

invitàre *v. tr.* to invite, to ask

invitàto *s. m.* guest

invito *s. m.* invitation

invocàre *v. tr.* **1** to invoke **2** (*chiedere*) to demand **3** (*fare appello a*) to appeal to

invogliàre *v. tr.* to tempt

involontàrio *agg.* unintentional, involuntary

involtino *s. m.* roulade

invòlucro *s. m.* wrapping, cover

involuzióne *s. f.* **1** involution **2** (*declino*) decline, regression

inzaccheràre A *v. tr.* to splash with mud **B** *v. rifl.* to get splashed with mud

inzuppàre A *v. tr.* **1** to soak **2** (*immergere*) to dip **B** *v. intr. pron.* to get soaked

io *pron. pers. 1ª sing.* (*sogg.*) I, (*pred.*) me ♦ **io stesso** I myself

iòdio *s. m.* iodine

iònico (1) *agg.* Ionic

iònico (2) *agg.* (*chim.*) ionic

iperbòlico *agg.* hyperbolic(al)

ipercritico *agg.* hypercritical

ipermercàto *s. m.* hypermarket

ipermetropia *s. f.* hypermetropia

iperrealismo *s. m.* hyper-realism

ipertensióne *s. f.* hypertension

ipnòsi *s. f.* hypnosis

ipnotismo *s. m.* hypnotism

ipnotizzàre *v. tr.* to hypnotize

ipocrisia *s. f.* hypocrisy

ipòcrita A *agg.* hypocritical **B** *s. m. e f.* hypocrite

ipogèo *s. m.* hypogeum

ipotèca *s. f.* **1** mortgage **2** (*fig.*) claim

ipotecàre *v. tr.* **1** to mortgage **2** (*fig.*) to stake a claim on

ipòtesi *s. f.* **1** hypothesis **2** (*congettura*) conjecture, supposition

ipotètico *agg.* **1** hypothetical **2** (*presunto*) presumed, supposed

ippica *s. f.* horse racing

ippico *agg.* horse (*attr.*)

ippocàmpo *s. m.* sea-horse

ippocastàno *s. m.* chestnut

ippòdromo *s. m.* race-course

ippopòtamo *s. m.* hippopotamus

ira *s. f.* rage, anger

irachèno *agg. e s. m.* Iraqi

iraniàno *agg. e s. m.* Iranian

irascibile *agg.* irascible, quick-tempered

iride *s. f.* iris

irlandése A *agg.* Irish **B** *s. m. e f.* Irishman *m.*, Irishwoman *f.* **C** *s. m.* (*lingua*) Irish

ironia *s. f.* irony

irònico *agg.* ironic(al)

ironizzàre *v. tr. e intr.* to be ironic (about)

irradiàre A *v. tr. e intr.* to irradiate **B** *v. intr. pron.* to radiate, to spread out

irradiazióne *s. f.* irradiation

irraggiungibile *agg.* unattainable

irragionévole *agg.* unreasoning, unreasonable

irrazionàle *agg.* irrational

irreàle *agg.* unreal

irrealtà *s. f.* unreality

irrecuperàbile *agg.* irretrievable

irredentismo *s. m.* irredentism

irregolàre *agg.* irregular

irremovibile *agg.* inflexible

irreparàbile *agg.* irreparable

irreperibile *agg.* not to be found

irrequièto *agg.* restless

irresistibile *agg.* irresistible

irrespiràbile *agg.* unbreathable

irresponsàbile *agg.* irresponsible

irriducibile *agg.* irreducible

irrigàre *v. tr.* to irrigate

irrigazióne *s. f.* irrigation

irrigidire A *v. tr.* to stiffen **B** *v. intr. pron.* to become stiff

irriguo *agg.* **1** (*che irriga*) irrigation (*attr.*) **2** (*irrigato*) irrigated, (*ricco d'acqua*) (well-)watered

irrilevànte *agg.* insignificant, trifling

irrimediàbile *agg.* irremediable

irripetibile *agg.* unrepeatable

irrisòrio *agg.* **1** derisive **2** (*inadeguato*) trifling, ridiculous

irritàbile *agg.* irritable

irritànte *agg.* **1** irritating, annoying **2** (*med.*) irritant

irritàre A *v. tr.* **1** to irritate, to annoy **2** (*med.*) to irritate **B** *v. intr. pron.* to become irritated

irritazióne *s. f.* irritation

irrómpere *v. intr.* to burst into, to break into

irroràre *v. tr.* to sprinkle, to spray

irruènte *agg.* impetuous

irruènza *s. f.* impetuosity

irruzióne *s. f.* **1** (*polizia*) raid **2** (*est.*) irruption

iscritto *s. m.* member

iscrivere A *v. tr.* **1** (*una persona*) to enrol(l), to enter **2** (*registrare*) to record, to enter **3** (*geom.*) to inscribe **4** (*scolpire*) to inscribe, to engrave **B** *v. rifl.* to enrol(l) oneself, to enter

iscrizióne *s. f.* **1** enrol(l)ment, registration, entry **2** (*su pietra*) inscription

islàmico *agg.* Islamic

islamismo *s. m.* Islamism

islandése A *agg.* Icelandic **B** *s. m. e f.* Icelander

isòbara *s. f.* isobar

isòbata *s. f.* isobath

isola *s. f.* island, isle

isolaménto *s. m.* **1** isolation **2** (*tecnol.*) insulation
isolàno *agg.* island (*attr.*)
isolànte *agg.* insulating
isolàre A *v. tr.* **1** to isolate **2** (*tecnol.*) to insulate **B** *v. intr. pron.* to isolate oneself, to cut oneself off
isolàto A *agg.* **1** isolated, secluded **2** (*tecnol.*) insulated **B** *s. m.* (*di case*) block
ispànico *agg.* Hispanic
ispettóre *s. m.* inspector, surveyor
ispezionàre *v. tr.* to inspect
ispezióne *s. f.* inspection
ispido *agg.* bristly
ispiràre A *v. tr.* to inspire **B** *v. intr. pron.* to draw inspiration
ispiratóre *s. m.* inspirer
ispirazióne *s. f.* inspiration
israeliàno *agg. e s. m.* Israeli
israelìtico *agg.* Israelite
issàre *v. tr.* to hoist
istantaneaménte *avv.* instantly
istantàneo *agg.* instant, sudden
istànte *s. m.* instant, moment
istànza *s. f.* **1** (*richiesta*) request, application, petition **2** (*esigenza*) need, demand
istèrico *agg.* hysteric
isterismo *s. m.* hysteria
istigàre *v. tr.* to instigate, to incite
istigazióne *s. f.* instigation, incitement
istintivo *agg.* instinctive
istìnto *s. m.* instinct
istituìre *v. tr.* to institute, to establish, to set up

istitùto *s. m.* institute, institution ♦ **i. di bellezza** beauty parlour
istituzionàle *agg.* institutional
istituzióne *s. f.* institution
istmo *s. m.* isthmus
istrice *s. m.* porcupine
istrióne *s. m.* actor, (*spreg.*) ham
istruìre *v. tr.* **1** to educate, to instruct **2** (*addestrare*) to train **3** (*dare istruzioni*) to direct, to give instructions to
istruttivo *agg.* instructive
istruttóre *s. m.* instructor
istruttòria *s. f.* inquest
istruzióne *s. f.* **1** education, training **2** (*cultura*) learning, culture **3** *al pl.* instructions *pl.*, directions *pl.* **4** (*inf.*) statement ♦ **i. obbligatoria** compulsory education
italianista *s. m. e f.* Italianist
italiàno *agg. e s. m.* Italian
itàlico *agg.* Italic
iter *s. m. inv.* course, procedure
iteratìvo *agg.* iterative
itinerànte *agg.* itinerant, wandering
itineràrio *s. m.* itinerary, route
itterìzia *s. f.* jaundice
ittico *agg.* ichthyic, fish (*attr.*) ♦ **mercato i.** fish market
ittiologìa *s. f.* ichthyology
ittìta *agg.* Hittite
iugoslàvo *agg. e s. m.* Yugoslav
iùta *s. f.* jute

J

jazz *s. m.* jazz ♦ **orchestra j.** jazz band
jazzista *s. m. e f.* jazz player
jazzìstico *agg.* jazz (*attr.*)
jeans *s. m. pl.* jeans *pl.*
jeep *s. f.* jeep

jet *s. m. inv.* jet
jogging *s. m. inv.* jogging
jolly *s. m. inv.* joker
judo *s. m. inv.* judo

K

karatè *s. m. inv.* karate
keniòta *agg. e s. m. e f.* Kenyan
kermesse *s. f. inv.* kermess
ketch *s. m. inv.* ketch

killer *s. m. e f. inv.* killer
kitsch *agg. e s. m. inv.* kitsch
kiwi *s. m. inv.* kiwi
koàla *s. m. inv.* koala

L

la (1) *art. determ. f. sing.* the (*spesso non si traduce o si rende con un agg. poss, con l'art. indef. o con il partitivo*) (ES: **mi piace la cioccolata** I like chocolate, **dammi il cappello, per favore** give me my hat, please, **la rosa è un fiore profumato** a rose is a fragrant flower, **hai comprato la cannella?** did you buy some cinnamon?)

la (2) *pron. pers. 3ª f. sing.* **1** (*oggetto*) (*riferito a donna o animale di sesso femminile*) her, (*riferito a cosa o animale di sesso indefinito*) it **2** (*oggetto, dando del Lei*) you

là *avv.* there

làbbro *s. m.* lip

labirinto *s. m.* labyrinth, maze

laboratòrio *s. m.* **1** (*di ricerca*) laboratory, lab (*fam.*) **2** (*di artigiano*) workshop, workroom

laborióso *agg.* **1** (*industrioso*) hard-working, industrious **2** (*faticoso*) laborious, toilsome

laburista *agg.* Labour (*attr.*)

làcca *s. f.* **1** lacquer, lake **2** (*per capelli*) hair spray **3** (*per unghie*) nail polish

lacchè *s. m.* lackey

làccio *s. m.* **1** lace, string **2** (*trappola*) snare ◆ **l. emostatico** tourniquet; **prendere al l.** to snare

laceràre *v. tr. e intr. pron.* to tear, to lacerate

lacerazióne *s. f.* laceration, tearing

làcero *agg.* **1** torn **2** (*med.*) lacerated

lacònico *agg.* laconic

làcrima *s. f.* **1** tear **2** (*goccia*) drop

lacrimàre *v. intr.* **1** (*per irritazione*) to water **2** (*versare lacrime*) to shed tears **3** (*stillare*) to drip

lacrimògeno *agg.* lachrymatory ◆ **gas l.** tear gas

lacrimóso *agg.* tearful

lacuàle *agg.* lake (*attr.*)

lacùna *s. f.* gap

lacùstre *agg.* lake (*attr.*), lacustrine

làdro *s. m.* thief, (*scassinatore*) burglar, (*rapinatore*) robber ◆ **al l.!** stop thief!

ladrocinio *s. m.* robbery

laggiù *avv.* **1** (*in basso*) down there **2** (*lontano*) over there

lagnànza *s. f.* complaint

lagnàrsi *v. intr. pron.* to complain, to moan

lago *s. m.* lake

lagùna *s. f.* lagoon

lagunàre *agg.* lagoon (*attr.*)

laicismo *s. m.* laicism

làico *agg.* lay, laic(al)

làma (1) *s. f.* blade

làma (2) *s. m.* (*zool.*) llama

lambìre *v. tr.* to lick

lamèlla *s. f.* (*anat., bot., zool.*) lamella, (*di fungo*) gill

lamentàre A *v. tr.* **1** to mourn, to lament **2** (*esprimere protesta per*) to complain **B** *v. intr. pron.* **1** to moan, to lament **2** (*lagnarsi*) to complain about

lamentèla *s. f.* complaint

laménto *s. m.* **1** lament, moan **2** (*lagnanza*) complaint **3** (*suono*) wail

lamentóso *agg.* mournful

lamétta *s. f.* razor-blade

lamièra *s. f.* plate, (*sottile*) sheet

làmina *s. f.* **1** (*anat., bot.*) lamina **2** (*metall.*) thin layer, leaf

laminàre *v. tr.* to laminate, to roll

laminàto *s. m.* **1** (*metall.*) rolled section **2** (*plastico*) laminate

làmpada *s. f.* lamp

lampadàrio *s. m.* chandelier

lampadina *s. f.* bulb, lamp

lampànte *agg.* clear, evident

lampeggiàre A *v. intr.* **1** (*sfolgorare*) to flash **2** (*con luce intermittente*) to flash, to blink, to wink **B** *v. intr. impers.* to lighten

lampeggiatóre *s. m.* indicator, blinker

lampióne *s. m.* street lamp

làmpo A *s. m.* **1** lightning **2** (*guizzo di luce*) flash **B** *s. f.* (*cerniera*) zip (fastener)

lampóne *s. m.* raspberry

làna *s. f.* wool ◆ **di l.** woollen; **gomitolo di l.** ball of wool; **pura l.** pure wool

lancétta *s. f.* **1** (*di strumento*) pointer, needle **2** (*di orologio*) hand

lància *s. f.* **1** lance **2** (*tecnol.*) nozzle **3** (*naut.*) ship's boat, tender, launch ◆ **l. di salvataggio** lifeboat

lanciafiàmme *s. m.* flame-thrower

lanciàre A *v. tr.* **1** to throw, to hurl, to fling **2** (*un prodotto*) to launch **B** *v. rifl.* **1** to throw oneself, to fling, to dash **2** (*fig.*) to launch

lancinànte *agg.* piercing

làncio *s. m.* **1** throw, hurl, fling **2** (*sport*) throwing **3** (*pubblicitario*) launch, launching

lànda *s. f.* moor

lànguido *agg.* languid, faint

languire *v. intr.* **1** to languish **2** (*venir meno*) to slacken, to drag

languóre *s. m.* weakness, languor

lanificio *s. m.* woollen mill

lantèrna *s. f.* lantern

lanùgine *s. f.* down

lapalissiàno *agg.* evident

lapidàre *v. tr.* to stone

lapidàrio *agg.* lapidary

làpide *s. f.* (*tombale*) tombstone, (*commemorativa*) memorial tablet

làpis *s. m. inv.* pencil

lapsus *s. m. inv.* slip

làrdo *s. m.* bacon fat, lard

larghézza *s. f.* **1** width, breadth **2** (*abbondanza*) largeness, abundance **3** (*ampiezza*) largeness, breadth

làrgo A *agg.* **1** broad, wide **2** (*di vestito*) loose-fitting, (*troppo grande*) big, loose **3** (*abbondante*) large **B** *s. m.* **1** width **2** (*naut.*) open sea ◆ **al l.** off-

shore; **farsi l.** to make one's way
làrice *s. m.* larch
laringe *s. f.* larynx
laringite *s. f.* laryngitis
laringoiàtra *s. m. e f.* laryngologist
làrva *s. f.* **1** (*zool.*) larva, grub **2** (*apparenza*) phantom
larvàle *agg.* larval
lasciapassàre *s. m. inv.* pass
lasciàre A *v. tr.* **1** to leave **2** (*abbandonare*) to abandon, to quit **3** (*permettere*) to let **4** (*lasciar andare*) to let go **5** (*lasciare da parte*) to keep B *v. rifl.* to let oneself C *v. rifl. rec.* to leave each other
làscito *s. m.* legacy
làser *s. m. inv.* laser
lassativo *agg. e s. m.* laxative
làsso *s. m.* lapse, period
lassù *avv.* up there
làstra *s. f.* slab, (*di metallo e fot.*) plate, (*di vetro*) sheet
lastricàre *v. tr.* to pave
làstrico *s. m.* paving ♦ **essere sul l.** to be on the rocks
lastróne *s. m.* (large) slab
latènte *agg.* latent
lateràle *agg.* lateral, side (*attr.*)
lateralmente *avv.* laterally
laterizi *s. m. pl.* bricks *pl.*
latifòglio *agg.* broad-leaved
latifondismo *s. m.* latifundism
latifóndo *s. m.* latifundium, large estate
latinismo *s. m.* Latinism
latinista *s. m. e f.* Latinist
latinità *s. f.* Latinity
latino *agg. e s. m.* Latin
latino-americàno *agg. e s. m.* Latin American
latitante *s. m. e f.* absconder
latitùdine *s. f.* latitude
làto *s. m.* side ♦ **da un l. ..., dall'altro** on the one hand ..., on the other hand
latràre *v. intr.* to bark
làtta *s. f.* **1** tin **2** (*recipiente*) can, tin
lattàio *s. m.* milkman
lattànte *s. m.* (unweaned) baby
làtte *s. m.* milk ♦ **l. in polvere** powdered milk; **l. intero** whole milk; **l. scremato** skimmed milk
làtteo *agg.* milk (*attr.*)
latteria *s. f.* dairy
latticinio *s. m.* dairy product
lattina *s. f.* tin, can
lattùga *s. f.* lettuce
làurea *s. f.* degree ♦ **l. ad honorem** honorary degree
laureàre A *v. tr.* to confer a degree B *v. intr. pron.* to graduate, to take a degree
laureàto *s. m.* graduate
làuro *s. m.* laurel, bay-tree
làuto *agg.* large, lavish
làva *s. f.* lava
lavabiancheria *s. f. inv.* washing-machine
lavàbile *agg.* washable
lavàbo *s. m.* washbasin
lavàggio *s. m.* washing
lavàgna *s. f.* blackboard
lavànda (1) *s. f.* (*bot.*) lavender

lavànda (2) *s. f.* (*med.*) lavage ♦ **l. gastrica** gastric lavage
lavanderia *s. f.* laundry, (*automatica*) laund(e)rette
lavandino *s. m.* sink
lavapiàtti *s. m. e f. inv.* dish-washer
lavàre A *v. tr.* to wash B *v. rifl.* to wash oneself
lavastoviglie *s. f. inv.* dish-washer
lavàta *s. f.* wash
lavatrice *s. f.* washing machine
làvico *agg.* lavic
lavorànte *s. m. e f.* worker, assistant
lavoràre A *v. intr.* **1** to work **2** (*funzionare*) to operate, to work **3** (*di ditta*) to do business B *v. tr.* to work
lavoratìvo *agg.* working
lavoratóre A *agg.* working B *s. m.* worker
lavorazióne *s. f.* working, manufacturing, (*metodo*) processing, (*fattura*) workmanship, (*realizzazione*) production
lavóro *s. m.* **1** work, (*spec. manuale*) labour **2** (*occupazione*) job, employment, work **3** (*fis.*) work **4** (*opera*) (piece of) work
lazzarétto *s. m.* lazaretto
le (1) *art. determ. f. pl.* the (*spesso non si traduce o si rende con l'agg. poss. o con il partitivo*) (ES: **battere le mani** to clap hands, **lavati le mani** wash your hands, **hai comprato le mele?** did you buy some apples?)
le (2) A *pron pers, 3ª sing. f.* **1** (*compl. ind.*) (to) her, (for) her (*riferito a donna o animale di sesso femminile*) (to) her, (for) her, (*riferito a cosa o animale di sesso indefinito*) (to) it, (for) it **2** (*compl. ind., dando del Lei*) (to) you, (for) you B *pron. pers. 3ª pl. f.* (*compl. ogg.*) them
leàle *agg.* **1** loyal **2** (*onesto*) fair
lealtà *s. f.* **1** loyalty **2** (*onestà*) fairness
lébbra *s. f.* leprosy
lebbrosàrio *s. m.* leper hospital
leccapièdi *s. m. e f.* bootlicker
leccàre *v. tr.* to lick, to lap
léccio *s. m.* ilex, holm-oak
leccornia *s. f.* delicacy, titbit
lécito A *agg.* **1** (*dir.*) licit, lawful **2** (*concesso*) allowed (*pred.*), right B *s. m.* right
lèdere *v. tr.* to damage
léga *s. f.* **1** league, alliance **2** (*metall.*) alloy
legàccio *s. m.* string
legàle A *agg.* **1** legal **2** (*conforme alla legge*) lawful B *s. m.* lawyer ♦ **ora l.** summer time
legalizzàre *v. tr.* **1** to legalize **2** (*autenticare*) to authenticate
legàme *s. m.* **1** tie, bond **2** (*connessione*) link, connection
legàre A *v. tr.* to tie, to bind, to fasten B *v. intr.* **1** (*accordarsi*) to go well, to get on well **2** (*aver connessione*) to be connected C *v. rifl.* to bind oneself
legàto *s. m.* (*dir.*) legacy
legatorìa *s. f.* bookbindery
legatùra *s. f.* **1** fastening, binding **2** (*mus.*) ligature, slur
légge *s. f.* law ♦ **proposta di l.** bill
leggènda *s. f.* legend
leggendàrio *agg.* legendary

lèggere *v. tr.* to read
leggerézza *s. f.* **1** lightness **2** (*agilità*) nimbleness **3** (*mancanza di serietà*) thoughtlessness
leggèro *agg.* **1** light **2** (*lieve*) slight, (*di suono*) faint **3** (*non forte*) light, weak
leggiàdro *agg.* graceful
leggìbile *agg.* legible, readable
leggìo *s. m.* book-rest, (*mus.*) music-stand
legióne *s. f.* legion
legislatìvo *agg.* legislative
legislatùra *s. f.* legislature
legislazióne *s. f.* legislation, laws *pl.*
legittimàre *v. tr.* **1** to legitimize **2** (*giustificare*) to justify
legìttimo *agg.* lawful, legitimate, legal
légna *s. f.* wood, (*da ardere*) firewood
legnàme *s. m.* wood, (*da costruzione*) timber
légno *s. m.* **1** wood **2** (*mus.*) *al pl.* woodwinds *pl.* ♦ **di l.** wooden
legnóso *agg.* wooden, woody
legùme *s. m.* **1** (*pianta*) legume **2** *al pl.* (*semi*) pulse
lèi *pron. pers. 3ª sing. f.* **1** (*oggetto*) her **2** (*sogg.*) she **3** (*nella forma di cortesia*) you
lémbo *s. m.* **1** edge **2** (*zona*) strip
lèmma *s. m.* headword, entry
léna *s. f.* vigour
leninìsmo *s. m.* Leninism
lenìre *v. tr.* to soothe
lenitìvo *agg.* lenitive, soothing
lènte *s. f.* lens ♦ **lenti a contatto** contact lenses
lentézza *s. f.* slowness
lentìcchia *s. f.* lentil
lentìggine *s. f.* freckle
lènto *agg.* **1** slow **2** (*allentato*) slack
lènza *s. f.* fishing line
lenzuòlo *s. m.* sheet ♦ **l. da bagno** bath-towel
leóne *s. m.* lion
leonéssa *s. f.* lioness
leopàrdo *s. m.* leopard
lèpre *s. f.* hare
lèrcio *agg.* dirty
lèsbica *s. f.* lesbian
lesèna *s. f.* pilaster
lesinàre *v. tr. e intr.* to skimp
lesionàre A *v. tr.* to damage **B** *v. intr. pron.* to be damaged
lesióne *s. f.* **1** (*med.*) lesion **2** (*dir.*) injury **3** (*danno*) damage
lessàre *v. tr.* to boil
lèssico *s. m.* **1** lexicon, language **2** (*dizionario*) dictionary, lexicon
lésso A *agg.* boiled **B** *s. m.* boiled beef, boiled meat
lèsto *agg.* quick
letàle *agg.* lethal
letamàio *s. m.* **1** dung-hill **2** (*fig.*) pigsty
letàme *s. m.* manure, dung
letàrgo *s. m.* **1** (*med., fig.*) lethargy **2** (*zool.*) dormancy
letìzia *s. f.* joy
lèttera *s. f.* letter ♦ **l. maiuscola/minuscola** capital/small letter
letteràle *agg.* literal
letteralménte *avv.* literally

letteràrio *agg.* literary, bookish
letteràto *s. m.* man of letters
letteratùra *s. f.* literature
lettìga *s. f.* stretcher
lètto *s. m.* bed ♦ **camera da l.** bedroom; **l. a castello** bunk bed; **l. a una piazza** single bed; **l. matrimoniale** double bed; **vagone l.** sleeping car
lettóre *s. m.* reader
lettùra *s. f.* reading
leucemìa *s. f.* leukaemia
lèva (1) *s. f.* lever
lèva (2) *s. f.* **1** (*mil.*) call-up, (*USA*) draft **2** (*est.*) generation
levànte A *agg.* rising **B** *s. m.* east
levàre A *v. tr.* **1** (*sollevare*) to raise, to lift **2** (*togliere*) to remove, to take away, to take off **3** (*abolire*) to remove, to abolish **B** *v. rifl. e intr. pron.* **1** (*togliersi*) to get out **2** (*alzarsi dal letto*) to get up, (*alzarsi in piedi*) to stand up, (*alzarsi in volo*) to take off **3** (*sorgere*) to rise
levàta *s. f.* **1** (*del sole*) rising **2** (*della posta*) collection
levatrìce *s. f.* midwife
levatùra *s. f.* stature, calibre
levigàre *v. tr.* to smooth
levigatézza *s. f.* smoothness
levrière *s. m.* greyhound
lezióne *s. f.* **1** lesson, (*all'università*) lecture ♦ **ora di l.** period
lezióso *agg.* affected
lézzo *s. m.* stink
li *pron. pers. 3ª pl. m.* (*compl. ogg.*) them
lì *avv.* there ♦ **di lì a poco** shortly after; **lì per lì** (*dapprima*) at first, (*sul momento*) there and then; **lì vicino** near there
libagióne *s. f.* libation
libanése *agg. e s. m.* Lebanese
lìbbra *s. f.* pound
libèllo *s. m.* libel
libèllula *s. f.* dragon-fly
liberàle *agg.* liberal
liberalìsmo *s. m.* liberalism
liberalità *s. f.* liberality
liberalizzàre *v. tr.* to liberalize
liberalizzazióne *s. f.* liberalization
liberaménte *avv.* **1** freely **2** (*francamente*) frankly
liberàre A *v. tr.* **1** to free, to liberate, to release **2** (*sgombrare*) to clear **B** *v. rifl.* to free oneself, to get rid
liberatóre *s. m.* liberator
liberazióne *s. f.* liberation
lìbero *agg.* **1** free **2** (*non occupato*) clear, vacant, empty **3** (*aperto*) open
libertà *s. f.* freedom, liberty
libertìno *agg.* libertine
liberty *agg. e s. m. inv.* art nouveau
lìbico *agg. e s. m.* Libyan
libìdine *s. f.* **1** lechery **2** (*desiderio*) lust, thirst
libràio *s. m.* bookseller
libràrio *agg.* book (*attr.*)
libràrsi *v. rifl.* to hover
librerìa *s. f.* **1** bookshop, (*USA*) bookstore **2** (*mobile*) bookcase

librettista s. m. e f. librettist
libretto s. m. **1** booklet, book **2** (d'opera) libretto ♦ **l. degli assegni** chequebook; **l. di lavoro** employment card
libro s. m. book ♦ **l. di bordo** logbook; **l. di testo** text-book; **l. giallo** thriller
liceale agg. high-school (attr.)
licenza s. f. **1** (concessione) licence, authorization **2** (scolastica) (esame) school-leaving examination, (diploma) school-leaving certificate **3** (libertà) liberty, licence
licenziamento s. m. dismissal
licenziare A v. tr. to dismiss **B** v. rifl. to resign
licenzioso agg. dissolute, licentious
liceo s. m. high school
lido s. m. shore, beach
lieto agg. glad, happy
lieve agg. **1** light **2** (debole) gentle, slight, soft
lievitare v. intr. **1** to rise, to ferment **2** (aumentare) to grow
lievito s. m. yeast
ligio agg. faithful
ligneo agg. (di legno) wooden, (simile al legno) woody
lilla agg. e s. m. lilac
lima s. f. file
limaccioso agg. muddy
limare v. tr. **1** to file **2** (fig.) to polish
limbo s. m. limbo
limetta s. f. nail-file
limitare A v. tr. **1** (circoscrivere) to bound **2** (restringere) to limit, to restrict **B** v. rifl. to limit oneself, to restrict oneself
limitativo agg. limitative, restrictive
limitazione s. f. limitation, restriction
limite s. m. limit, bound
limitrofo agg. neighbouring
limonata s. f. lemonade
limone s. m. lemon
limpidezza s. f. clearness, limpidity
limpido agg. clear, limpid
lince s. f. lynx
linciaggio s. m. lynching
linciare v. tr. to lynch
lindo agg. neat
linea s. f. **1** line **2** (del corpo) figure ♦ **in l. d'aria** as the crow flies; **l. aerea** airline; **servizio di linea** regular service
lineamenti s. m. pl. **1** features pl. **2** (fig.) outlines pl.
lineare agg. **1** linear **2** (fig.) straightforward, consistent
linearità s. f. **1** linearity **2** (fig.) straightforwardness, consistency
lineetta s. f. dash
linfa s. f. lymph
lingotto s. m. bar
lingua s. f. **1** tongue **2** (linguaggio) language, tongue
linguaggio s. m. language, speech
linguetta s. f. tongue, spline
linguistica s. f. linguistics pl. (v. al sing.)
linguistico agg. linguistic
lino s. m. **1** (bot.) flax **2** (tessuto) linen
liofilizzare v. tr. to freeze-dry, to lyophilize

lipide s. m. lipid
liquefare v. tr. e intr. pron. to liquefy
liquidare v. tr. **1** (sciogliere) to liquidate, to wind up **2** (saldare) to settle, to clear, to pay off **3** (svendere) to sell off **4** (sbarazzarsi) to get rid of
liquidazione s. f. **1** liquidation, winding-up **2** (pagamento) settlement, payment **3** (indennità di fine rapporto) severance pay **4** (svendita) clearance sale
liquidità s. f. liquidity
liquido A agg. liquid **B** s. m. **1** liquid, fluid **2** (denaro) cash
liquirizia s. f. licorice
liquore s. m. liquor, spirits pl.
lira (1) s. f. (mus.) lyre
lira (2) s. f. (moneta) lira ♦ **l. sterlina** pound sterling
lirica s. f. **1** lyric poetry **2** (componimento) lyric **3** (mus.) opera
lirico agg. **1** lyric(al) **2** (mus.) opera (attr.)
lirismo s. m. lyricism
lisca s. f. fishbone
lisciare v. tr. **1** to smooth **2** (accarezzare) to stroke **3** (lusingare) to flatter
liscio agg. **1** smooth **2** (semplice) plain ♦ **ballo l.** ballroom dance
liso agg. worn out
lista s. f. list
listino s. m. list ♦ **l. prezzi** price-list
litania s. f. **1** litany **2** (sequela) string
lite s. f. **1** quarrel, row **2** (dir.) lawsuit
litigare v. intr. to quarrel, to have a row
litigio s. m. quarrel, row
litigioso agg. quarrelsome
litografia s. f. (procedimento) lithography, (riproduzione) lithograph
litorale s. m. coast
litoraneo agg. coast (attr.), coastal
litro s. m. litre, (USA) liter ♦ **mezzo l.** half a litre
liturgia s. f. liturgy
liturgico agg. liturgical
liutaio s. m. lute-maker
liuto s. m. lute
livella s. f. level
livellare A v. tr. to level, to even up **B** v. intr. pron. to level out, to even out
livello s. m. **1** level **2** (grado) standard, level, degree ♦ **passaggio a l.** level crossing
livido A agg. livid **B** s. m. bruise
livore s. m. spite
livrea s. f. **1** livery **2** (di uccello) plumage
lizza s. f. lists pl.
lo (1) art. determ. m. sing. → **il**
lo (2) pron. pers. 3ª sing. m. **1** (compl. ogg.) (riferito a uomo o animale maschio) him, (riferito a cosa o animale di sesso non determinato) it **2** (questo, ciò) it, that (spesso idiom.) (ES: **lo so** I know)
lobo s. m. lobe
locale A agg. local **B** s. m. **1** (stanza) room, premises pl. **2** (treno) slow train
località s. f. resort
localizzare A v. tr. **1** to locate **2** (circoscrivere) to localize **B** v. intr. pron. to become localized

locànda s. f. inn
locandina s. f. playbill
locatàrio s. m. tenant, renter
locatóre s. m. lessor
locazióne s. f. lease
locomotìva s. f. locomotive
locomozióne s. f. locomotion
locùsta s. f. locust
locuzióne s. f. locution, expression
lodàre v. tr. to praise
lòde s. f. praise
lodévole agg. praiseworthy
logarìtmo s. m. logarithm
lòggia s. f. 1 (arch.) loggia 2 (massonica) lodge
loggiàto s. m. open gallery
loggióne s. m. gallery
lògica s. f. logic
logicaménte avv. 1 logically 2 (naturalmente) obviously
lògico agg. logical
logoràre v. tr. e intr. pron. to wear out
logorìo s. m. wearing out
lógoro agg. worn-out
logorròico agg. logorrheic
logoterapìa s. f. speech therapy
lombàggine s. f. lumbago
lómbo s. m. loin
lombrìco s. m. earthworm
londinése A agg. London (attr.) **B** s. m. e f. Londoner
longèvo agg. long-lived
longilìneo agg. long-limbed
longitudinàle agg. longitudinal
longitùdine s. f. longitude
lontanànza s. f. distance
lontàno A agg. 1 (nello spazio) far-off (attr.), far-away (attr.), distant (attr.), far off (pred.), far away (pred.), far apart (pred.), far (attr.) 2 (nel tempo) distant (attr.), faraway (attr.), far off (pred.), far away (pred.) 3 (assente) absent 4 (vago) faint, slight **B** avv. far away, a long way, in the distance, far **C** prep. **l. da** far from, away from
lóntra s. f. otter
loquàce agg. loquacious
lórdo agg. 1 dirty 2 (valore) gross
lordùra s. f. filth
lóro (1) A agg. poss. 3ª pl. m. e f. 1 their, (loro proprio) their own 2 (pred.) theirs 3 (nella forma di cortesia) your, yours (pred.) **B** pron. poss. m. e f. 1 theirs 2 (nella forma di cortesia) yours
lóro (2) pron. pers. 3ª pl. m. e f. 1 (compl. ogg. e ind.) them 2 (sogg.) they 3 (pred.) them, they 4 (nella forma di cortesia, sogg. e compl.) you
losànga s. f. lozenge
lósco agg. 1 (bieco) sly 2 (di dubbia onestà) suspicious, shady
lòtta s. f. 1 struggle, fight 2 (sport) wrestling
lottàre v. intr. 1 to struggle, to fight 2 (sport) to wrestle
lottatóre s. m. 1 fighter 2 (sport) wrestler
lotterìa s. f. lottery, (di beneficenza) raffle
lottizzàre v. tr. 1 to lot out 2 (pol.) to carve up
lozióne s. f. lotion

lubrificànte A agg. lubricating **B** s. m. lubricant
lubrificàre v. tr. to lubricate, to oil
lubrificazióne s. f. lubrication
lucchétto s. m. padlock
luccicàre v. intr. to glitter, to sparkle, to twinkle
lùccio s. m. pike
lùcciola s. f. firefly
lùce s. f. 1 light 2 (apertura) opening, (arch.) span 3 (finestra, vetrina) (light) window
lucènte agg. shining
lucèrna s. f. oil-lamp
lucernàrio s. m. skylight
lucèrtola s. f. lizard
lucidàre v. tr. to polish
lucidatrìce s. f. polisher
luciditá s. f. lucidity
lùcido A agg. 1 bright, shiny, (lucidato) polished 2 (fig.) lucid **B** s. m. 1 brightness, sheen 2 (materiale lucidante) polish
lucràre v. tr. to gain, to make a profit
lùcro s. m. gain, profit
lucróso agg. lucrative
lùdibrio s. m. mockery
lùdico agg. ludic, playful
lùglio s. m. July
lùgubre agg. gloomy, dismal
lùi pron. pers. 3ª sing. m. 1 (compl. ogg. e ind.) him 2 (sogg.) he 3 (pred.) he, him
lumàca s. f. snail
lùme s. m. lamp, light
luminària s. f. illuminations pl.
luminositá s. f. brightness, luminosity
luminóso agg. 1 bright, luminous 2 (fig.) brilliant
lùna s. f. moon ♦ **l. di miele** honeymoon
lùna park loc. sost. m. inv. funfair
lunàre agg. lunar, moon (attr.)
lunàrio s. m. almanac
lunàtico agg. moody
lunedì s. m. Monday
lunétta s. f. lunette
lungàggine s. f. slowness
lunghézza s. f. 1 length 2 (edil.) run
lùngi avv. far
lungimirànte agg. farsighted
lùngo A agg. 1 long 2 (alto) tall 3 (lento) slow 4 (diluito) weak, thin **B** prep. 1 along, by the side of 2 (durante) during, over
lungolàgo s. m. lakeside
lungomàre s. m. seafront, promenade
lunòtto s. m. rear window, back window
luògo s. m. 1 place, spot 2 (di azione) scene, site 3 (di scritto) passage
luogotenènte s. m. lieutenant
lùpo s. m. wolf
lùppolo s. m. hop
lùrido agg. filthy, dirty
lusìnga s. f. allurement, flattery
lusingàre v. tr. to allure, to flatter
lusinghièro agg. flattering, tempting
lussàre v. tr. to dislocate
lussazióne s. f. dislocation

lùsso *s. m.* luxury
lussuóso *agg.* luxurious
lussureggiànte *agg.* luxuriant
lussùria *s. f.* lust
lussurióso *agg.* lustful
lustràre A *v. tr.* to polish **B** *v. intr.* to shine
lustrascàrpe *s. m. e f. inv.* shoeshine
lustrino *s. m.* sequin

lùstro (1) A *agg.* bright, shining, (*lucidato*) polished **B** *s. m.* **1** shine, gloss **2** (*fig.*) lustre, splendour
lùstro (2) *s. m.* (*periodo di 5 anni*) five-year period
luteranésimo *s. m.* Lutheranism
luteràno *agg. e s. m.* Lutheran
lùtto *s. m.* mourning
luttuóso *agg.* **1** mournful **2** (*che causa lutto*) tragic, distressing

M

ma *cong.* but, (*invece*) only that, (*tuttavia*) yet, still
màcabro *agg.* macabre
macché *inter.* of course not!
màcchia (1) *s. f.* stain, spot, blot
màcchia (2) *s. f.* (*boscaglia*) bush, copse
macchiàre A *v. tr.* to stain, to spot **B** *v. intr. pron.* **1** to get stained **2** (*fig.*) to sully
macchiétta *s. f.* **1** speck **2** (*persona*) character
màcchina *s. f.* **1** machine, engine **2** (*autom.*) car ♦ **m. per scrivere** typewriter
macchinàre *v. tr.* to plot
macchinàrio *s. m.* machinery
macchinazióne *s. f.* machination, plot
macchinista *s. m.* (*ferr.*) engine-driver, (*naut.*) engineer
macchinóso *agg.* intricate, complex
macedònia *s. f.* fruit-salad
macellàio *s. m.* butcher
macellàre *v. tr.* to slaughter
macelleria *s. f.* butcher's shop
macèllo *s. m.* slaughter
maceràre A *v. tr.* **1** to soak, to steep **2** (*tecnol.*) to macerate **B** *v. rifl.* (*struggersi*) to waste away
macèrie *s. f. pl.* rubble, ruins *pl.*
macigno *s. m.* boulder, rock
macilènto *agg.* emaciated
màcina *s. f.* millstone
macinacaffè *s. m.* coffee grinder
macinapépe *s. m. inv.* pepper-mill
macinàre *v. tr.* to grind, to mill, (*carne*) to mince
macinino *s. m.* grinder, mill
macrobiòtico *agg.* macrobiotic
macroscòpico *agg.* **1** macroscopic **2** (*fig.*) gross, glaring
maculàto *agg.* spotted, (*zool.*) dappled
màdia *s. f.* kneading-trough
màdido *agg.* wet
madornàle *agg.* enormous, gross
màdre A *s. f.* **1** mother **2** (*matrice*) counterfoil, stub **B** *agg.* mother (*attr.*) ♦ **scena m.** crucial scene
madrelìngua A *agg. e s. f.* mother tongue **B** *s. m. e f.* native speaker

madrepàtria *s. f.* mother land, mother country
madrepèrla *s. f.* mother-of-pearl
madrigàle *s. m.* madrigal
madrìna *s. f.* **1** godmother **2** (*di cerimonia*) patroness
maestà *s. f.* majesty
maestóso *agg.* majestic, magnificent
maèstra *s. f.* teacher, (school) mistress
maestràle *s. m.* mistral
maestrànze *s. f. pl.* hands *pl.*, workers *pl.*
maestrìa *s. f.* **1** mastery, skill **2** (*accortezza*) cunning
maèstro A *agg.* **1** (*principale*) main **2** (*abile*) masterly, skilful **B** *s. m.* master, teacher, (*di scuola*) schoolteacher
màga *s. f.* sorceress
magàgna *s. f.* **1** (*imperfezione*) flaw, defect **2** (*problema*) catch **3** (*acciacco*) infirmity
magàri A *inter.* and how!, you bet! **B** *cong.* **1** (*desiderativo*) if only **2** (*concessivo*) even if **C** *avv.* **1** (*forse*) perhaps, maybe **2** (*persino*) even
magazzìno *s. m.* **1** (*deposito*) warehouse **2** (*negozio*) shop, store ♦ **grande m.** department store
màggio *s. m.* May
maggioràna *s. f.* marjoram
maggiorànza *s. f.* majority ♦ **la m. di** the greater part of, most
maggioràre *v. tr.* to increase, to put up
maggiorazióne *s. f.* **1** (*aumento*) increase **2** (*sovrapprezzo*) surcharge, extra charge
maggiordòmo *s. m.* butler
maggióre A *agg. comp.* **1** (*più grande*) greater, (*più grosso*) larger, bigger, (*più alto*) higher, taller, (*più lungo*) longer, (*più largo*) wider **2** (*più importante*) major **3** (*più anziano*) older, (*tra figli*) elder **B** *agg. sup. rel.* **1** (*il più grande*) the greatest, (*il più grosso*) the largest, the biggest, (*il più alto*) the highest, the tallest, (*il più lungo*) the longest, (*il più largo*) the widest **2** (*il più importante*) major, main **3** (*il più anziano*) oldest, (*tra figli*) eldest **C** *s. m. e f.* **1** (*il più anziano*) the oldest, (*tra figli*) the eldest **2** (*di grado*) superior **3** (*mil.*) major
maggiorènne *s. m. e f.* major, adult ♦ **diventare m.** to come of age

maggioritàrio agg. majority (attr.)

maggiorménte avv. **1** (di più) more **2** (più di tutto) most

magìa s. f. **1** magic **2** (incantesimo) spell

màgico agg. magical

magistèro s. m. teaching

magistràle agg. masterly

magistràto s. m. **1** (dir.) magistrate, judge **2** (funzionario) official

magistratùra s. f. **1** magistrature, magistracy **2** (insieme dei magistrati) the Bench

màglia s. f. **1** (di filo) stitch, (di rete) mesh, (di catena) link **2** (lavoro a maglia) knitting **3** (indumento) sweater, (intima) vest, (maglietta) T-shirt, (sport) shirt

maglierìa s. f. knitwear

magliétta s. f. T-shirt, (intima) vest

màglio s. m. hammer

magnànimo agg. magnanimous, noble

magnàte s. m. magnate, tycoon

magnèsio s. m. magnesium

magnète s. m. **1** (fis.) magnet **2** (mecc.) magneto

magnètico agg. magnetic

magnetìsmo s. m. magnetism

magnificaménte avv. magnificently

magnìfico agg. magnificent

màgno agg. great

magnòlia s. f. magnolia

màgo s. m. magician, wizard

màgra s. f. **1** (di fiume) minimum flow **2** (scarsezza) shortage **3** (fam.) (figuraccia) poor figure

magrézza s. f. thinness, leanness

màgro A agg. **1** thin, lean, slim **2** (scarso) poor, scanty **3** (misero) meagre, scant B s. m. (parte magra) lean (meat)

mài avv. never, ever (in frasi interr., comparative e in presenza di negazione) ◆ **caso m.** if; **come m.?** why?; **m. più** never again; **più che m.** more than ever

maiàle s. m. **1** pig **2** (cuc.) pork ◆ **braciole di m.** pork chops

maiòlica s. f. majolica

maionése s. f. mayonnaise

màis s. m. maize, (USA) corn

maiùscolo agg. capital

malaccòrto agg. ill-advised, imprudent

malaféde s. f. bad faith

malaménte avv. badly

malandàto agg. in bad condition

malànno s. m. **1** (malattia) illness, (acciacco) infirmity **2** (disgrazia) misfortune

malapéna, a loc. avv. hardly

malària s. f. malaria

malatìccio agg. sickly

malàto A agg. **1** sick (attr.), ill (pred.) **2** (di pianta) diseased **3** (fig.) unsound, morbid, unhealthy B s. m. sick person, patient

malattìa s. f. **1** sickness, illness, disease **2** (di piante) disease

malaugurataménte avv. unfortunately

malaugùrio s. m. ill omen

malavìta s. f. (the) underworld

malcóncio agg. battered

malcontènto A agg. dissatisfied B s. m. discontent

malcostùme s. m. immorality

maldèstro agg. **1** clumsy **2** (inesperto) inexperienced

maldicènza s. f. **1** slander **2** (pettegolezzo) gossip

maldispósto agg. ill-disposed

màle A s. m. **1** (in senso morale) evil, wrong **2** (dolore) pain, ache, (malattia) sickness, illness, disease **3** (sventura) ill, misfortune, (guaio) trouble **4** (danno) harm B avv. badly, not well ◆ **capire m.** to misunderstand; **farsi m.** to hurt oneself; **non c'è m.** not too bad; **stare m.** (di salute) to be ill, (non adattarsi) not to suit

maledétto agg. cursed, damned

maledìre v. tr. to curse, to damn

maledizióne s. f. curse, malediction

maleducàto agg. rude, ill-bred, impolite

maleducazióne s. f. rudeness

malefàtta s. f. misdeed

maleficìo s. m. spell

malèfico agg. harmful

maleodorànte agg. stinking

malèssere s. m. **1** ailment, malaise **2** (fig.) uneasiness

malèvolo agg. malevolent

malfamàto agg. ill-famed

malfàtto agg. badly done

malfattóre s. m. criminal

malférmo agg. **1** unsteady, shaky **2** (di salute) poor, delicate

malformazióne s. f. malformation, deformity

malgovèrno s. m. misrule, bad government, (cattiva amministrazione) mismanagement

malgràdo A prep. notwithstanding, in spite of B cong. (al)though, even though ◆ **mio/tuo m.** against my/your will

malìa s. f. **1** spell **2** (fig.) charm

malignàre v. intr. to malign, to speak badly

malignità s. f. malignity, malice

malìgno agg. **1** malicious, malevolent **2** (malefico) evil, malignant, malign **3** (med.) malignant

malinconìa s. f. **1** melancholy, sadness **2** (pensiero) gloom

malincònico agg. melancholy, sad, gloomy

malincuòre, a loc. avv. unwillingly

malintenzionàto agg. ill-intentioned

malintéso A agg. mistaken B s. m. misunderstanding

malìzia s. f. **1** malice **2** (astuzia) cunning **3** (espediente) trick

maliziόso agg. **1** malicious **2** (astuto) artful

malleàbile agg. malleable

mallèolo s. m. malleolus

malmenàre v. tr. **1** (picchiare) to beat up **2** (trattare male) to ill-treat, to mishandle

malmésso agg. shabby

malnutrìto agg. malnourished

malnutrizióne s. f. malnutrition

malòcchio s. m. evil eye

malóra s. f. ruin ◆ **andare in m.** to go to the dogs (fam.)

malóre s. m. (sudden) illness

malsàno agg. **1** unhealthy, sickly **2** (non salutare) unhealthy, unwholesome **3** (*fig.*) morbid, sick

malsicùro *agg.* **1** (*poco stabile*) unsteady **2** (*privo di sicurezza*) unsafe **3** (*incerto*) uncertain **4** (*inattendibile*) unreliable

màlta *s. f.* mortar

maltèmpo *s. m.* bad weather

màlto *s. m.* malt

maltrattaménto *s. m.* abuse

maltrattàre *v. tr.* to ill-treat, to maltreat

malumóre *s. m.* **1** bad temper, bad mood **2** (*dissapore*) bad feeling **3** (*scontento*) unrest ♦ **essere di m.** to feel blue

màlva A *s. f.* (*bot.*) mallow **B** *s. m.* (*colore*) mauve

malvàgio *agg.* wicked, evil

malversazióne *s. f.* misappropriation

malvisto *agg.* disliked, unpopular

malvivènte *s. m.* delinquent

malvolentièri *avv.* unwillingly, against one's will

màmma *s. f.* mother, mummy (*fam.*)

mammèlla *s. f.* (*anat.*) mamma, (*fam.*) breast, (*di femmina d'animale*) udder

mammìfero A *agg.* mammalian **B** *s. m.* mammal, mammalian

manager *s. m. e f.* manager

manageriàle *agg.* managerial

manàta *s. f.* **1** (*manciata*) handful **2** (*colpo*) slap

mancaménto *s. m.* faint

mancànza *s. f.* **1** want, lack **2** (*assenza*) absence **3** (*fallo*) fault **4** (*difetto*) defect

mancàre A *v. intr.* **1** (*non avere a sufficienza*) to lack, to be lacking, to want, to be wanting **2** (*non esserci*) to be absent, (*non essere reperibile*) to be missing, (*essere lontano*) to be away **3** (*per arrivare a un termine stabilito*) to be away (è es: **manca un quarto alle dieci** it is a quarter to ten) **4** (*per completare q.c.*) to be needed **5** (*venire meno*) to fail **6** (*agire male*) to wrong, (*sbagliare*) to make a mistake **7** (*omettere*) to omit, to fail **8** (*morire*) to pass away **9** (*essere rimpianto*) to miss (*costruzione pers.*) **B** *v. tr.* to miss

mància *s. f.* tip

manciàta *s. f.* handful

mancino *agg.* **1** left-handed **2** (*fig.*) treacherous

mandàre *v. tr.* **1** to send, to forward, to dispatch **2** (*emettere*) to give off, to emit ♦ **m. a chiamare** to send for; **m. a rotoli, a monte** to upset; **m. giù** to swallow; **m. in onda** to broadcast

mandarino *s. m.* tangerine

mandàto *s. m.* **1** (*incarico*) mandate, task, commission **2** (*dir., comm.*) warrant, order

mandìbola *s. f.* mandible, jaw

mandolino *s. m.* mandolin(e)

màndorla *s. f.* almond

màndria *s. f.* herd

mandrino *s. m.* mandrel, spindle, chuck

maneggévole *agg.* handy, manageable

maneggiàre *v. tr.* **1** (*strumenti*) to handle, to use **2** (*pasta, cera*) to knead, to mould **3** (*amministrare*) to manage

manéggio *s. m.* **1** (*il maneggiare*) handling, use **2** (*gestione*) management **3** *al pl.* (*intrighi*) intrigue **4** (*equitazione*) manège

manétte *s. f. pl.* handcuffs *pl.*

manfòrte *s. f.* help

manganèllo *s. m.* club

manganése *s. m.* manganese

mangeréccio *agg.* edible

mangiàbile *agg.* eatable

mangianàstri *s. m. inv.* cassette player

mangiàre A *v. tr.* **1** to eat, to take one's meals **2** (*consumare*) to eat up, to consume **3** (*nei giochi*) to take **B** *s. m.* **1** eating **2** (*cibo*) food

mangiàta *s. f.* square meal, bellyful

mangiatóia *s. f.* manger

mangime *s. m.* feedstuff, (*foraggio*) fodder

mangióne *s. m.* big eater

mangiucchiàre *v. tr.* to nibble at

màngo *s. m.* mango

manìa *s. f.* mania ♦ **m. di persecuzione** persecution complex

maniaco *agg.* **1** maniac(al) **2** (*fissato*) mad, crazy

mànica *s. f.* **1** sleeve **2** (*fam.*) (*combriccola*) gang ♦ **maniche corte/lunghe** short/long sleeves

manicarétto *s. m.* dainty, delicacy

manichino *s. m.* dummy

mànico *s. m.* handle

manicòmio *s. m.* mental hospital, madhouse (*fam.*)

manicòtto *s. m.* muff

manicure *s. f. e m.* **1** manicure **2** (*persona*) manicurist

manièra *s. f.* **1** manner, way **2** *al pl.* (*comportamento*) manners **3** (*stile*) style, manner

manieràto *agg.* affected

manierismo *s. m.* mannerism

manifattùra *s. f.* **1** manufacture **2** (*lavorazione*) workmanship **3** (*fabbrica*) factory

manifestàre A *v. tr.* to manifest, to show, to display, to express **B** *v. intr.* to demonstrate **C** *v. rifl. e intr. pron.* to manifest oneself, to reveal oneself, to show oneself

manifestazióne *s. f.* **1** manifestation, display **2** (*dimostrazione*) demonstration

manifèsto A *agg.* clear, obvious **B** *s. m.* **1** (*affisso*) placard, poster, (*avviso*) notice **2** (*ideologico, artistico*) manifesto

maniglia *s. f.* handle, (*appiglio sui mezzi pubblici*) strap

manipolàre *v. tr.* **1** to manipulate, to handle **2** (*adulterare*) to adulterate, (*falsificare*) to falsify **3** (*condizionare*) to manipulate

manipolazióne *s. f.* **1** manipulation, handling **2** (*adulterazione*) adulteration, (*falsificazione*) falsification, fiddling **3** (*condizionamento*) manipulation

maniscàlco *s. m.* horseshoer

mànna *s. f.* **1** manna **2** (*fig.*) blessing

mannàia *s. f.* axe, cleaver

màno *s. f.* **1** hand **2** (*lato*) side **3** (*tocco*) touch, hand **4** (*di vernice*) coat ♦ **contro m.** on the wrong side of the road; **di seconda m.** second-hand; **fatto a m.** handmade; **stringersi la m.** to shake hands

manodòpera *s. f.* labour

manòmetro *s. m.* manometer, gauge

manométtere *v. tr.* to tamper with

manòpola *s. f.* **1** grip, handle **2** (*girevole*) knob

manoscritto A *agg.* handwritten **B** *s. m.* manuscript

manovàle s. m. labourer

manovèlla s. f. crank, handle

manòvra s. f. **1** (mil.) manoeuvre **2** (movimento) monoeuvring, working **3** (naut.) rigging **4** (fig.) manoeuvre

manovràre A v. tr. **1** to manoeuvre, to handle, to control **2** (fig.) to manage, to manipulate **B** v. intr. **1** to manoeuvre **2** (fig.) to scheme

mansàrda s. f. mansard

mansióne s. f. function, task, duty

mansuèto agg. mild, meek

mantecàre v. tr. to whisk

mantèlla s. f. mantle, cloak

mantèllo s. m. **1** mantle, cloak **2** (di animale) coat

mantenére A v. tr. **1** to maintain, to keep, to preserve **2** (sostenere) to maintain, to support, to keep **3** (rispettare) to keep **B** v. rifl. to earn one's living, to keep oneself **C** v. intr. pron. to keep

manteniménto s. m. **1** maintenance **2** (sostentamento) support **3** (manutenzione) upkeep

màntice s. f. **1** bellows pl. **2** (di carrozza) hood

mànto s. m. mantle, cloak ♦ **m. stradale** road surface

manuàle A agg. manual **B** s. m. manual, handbook

manualità s. f. **1** manual character **2** (destrezza) manual dexterity

manualménte avv. manually, by hand

manùbrio s. m. **1** handle, (di veicolo) handle bar **2** (attrezzo ginnico) dumb-bell

manufàtto s. m. handwork, handmade article

manutenzióne s. f. maintenance, upkeep, (tecnica) service

mànzo s. m. **1** steer **2** (cuc.) beef

maomettàno agg. Mohammedan

màppa s. f. map, plan

mappamóndo s. m. **1** (globo) globe **2** (planisfero) map of the world

maràsma s. m. **1** (decadenza) decay **2** (caos) chaos

maratóna s. f. marathon

màrca s. f. **1** brand, mark, (fabbricazione) make **2** (bollo) stamp **3** (contromarca) check **4** (fig.) kind, character

marcàre v. tr. **1** to mark, to brand **2** (sport) to score **3** (accentuare) to emphasize

marchése s. m. marquis, marquess

marchiàre v. tr. to brand, to mark, to stamp

màrchio s. m. **1** brand, mark, stamp **2** (fig.) mark ♦ **m. di fabbrica** trademark; **m. registrato** registered trademark

màrcia s. f. **1** march **2** (sport) walk **3** (autom.) gear, speed **4** (mus.) march

marciapiède s. m. **1** pavement, (USA) sidewalk **2** (ferr.) platform

marciàre v. intr. to march, to walk

màrcio agg. rotten

marcìre v. intr. to rot, to go bad

marciùme s. m. rot

màrco s. m. mark

màre s. m. sea ♦ **andare al m.** to go to the seaside; **frutti di m.** seafood

marèa s. f. tide

mareggiàta s. f. seastorm

maremòto s. m. seaquake

margarìna s. f. margarine

margherìta s. f. daisy

marginàle agg. marginal

màrgine s. m. **1** (orlo, bordo) edge **2** (di foglio) margin **3** (econ.) margin

margòtta s. f. layer

mariàno agg. Marian

marìna A s. f. **1** navy **2** (arte) seascape **B** s. m. inv. (naut.) marina

marinàio s. m. seaman, sailor, mariner

marinàre v. tr. **1** (cuc.) to marinate, to pickle **2** (la scuola) to play truant

marinarésco agg. sailor (attr.)

marìno agg. marine, sea (attr.)

marionétta s. f. puppet

maritàre A v. tr. to marry **B** v. rifl. e rifl. rec. to get married

marìto s. m. husband

maríttimo agg. maritime, marine, sea (attr.)

marmàglia s. f. rabble

marmellàta s. f. jam ♦ **m. di arance** marmalade

marmìtta s. f. silencer (autom.)

màrmo s. m. marble

marmòcchio s. m. kid

marmòreo agg. marble (attr.)

marmòtta s. f. marmot

marocchìno agg. e s. m. Moroccan

maróso s. m. breaker

marróne A agg. brown **B** s. m. (castagna) chestnut

marsìna s. f. tails pl.

marsùpio s. m. **1** (zool.) marsupium, pouch **2** (per bambini) baby sling

martedì s. m. Tuesday

martellaménto s. m. pounding

martellàre A v. tr. **1** to hammer **2** (fig.) to pound **B** v. intr. to throb

martèllo s. m. hammer

martinétto s. m. jack

màrtire s. m. e f. martyr

martìrio s. m. **1** martyrdom **2** (fig.) torment

màrtora s. f. marten

martoriàre v. tr. to torment

marxìsmo s. m. Marxism

marxìsta agg. e s. m. e f. Marxist

marzapàne s. m. marzipan

marziàle agg. martial

marziàno s. m. Martian

màrzo s. m. March

mascalzóne s. m. rascal, scoundrel

màscara s. m. inv. mascara

mascèlla s. f. jaw

màschera s. f. **1** mask **2** (travestimento) fancy dress **3** (persona mascherata) masker **4** (di commedia) stock character **5** (inserviente di teatro, cinema) usher m., usherette f. ♦ **ballo in m.** masked ball; **m. di bellezza** face mask

mascheràre A v. tr. **1** to mask **2** (travestire) to dress up **3** (nascondere) to conceal, to disguise **B** v. rifl. **1** to put on a mask, (vestirsi da) to dress as **2** (fig.) to pass oneself off

mascheràta s. f. masquerade

maschìle *agg.* **1** male, men's **2** (*virile*) masculine, manly **3** (*gramm.*) masculine
maschilìsta *agg.* male chauvinist
màschio (1) A *agg.* male **B** *s. m.* male, (*ragazzo*) boy, (*uomo*) man, (*figlio*) son
màschio (2) *s. m.* (*di castello*) donjon
mascolìno *agg.* masculine
mascòtte *s. f. inv.* mascot
masochìsmo *s. m.* masochism
màssa *s. f.* **1** mass, body **2** (*grande quantità*) heap, load **3** (*folla*) mass, crowd **4** (*fis.*) mass **5** (*elettr.*) earth, ground
massacrànte *agg.* exhausting
massacràre *v. tr.* **1** to massacre, to slaughter **2** (*picchiare*) to beat **3** (*rovinare*) to spoil
massàcro *s. m.* **1** massacre, slaughter **2** (*fig.*) disaster
massaggiàre *v. tr.* to massage
massàggio *s. m.* massage
massàia *s. f.* housewife, housekeeper
masserìzie *s. f. pl.* household goods *pl.*
massicciàta *s. f.* roadbed, ballast
massìccio A *agg.* massive **B** *s. m.* massif
massificazióne *s. f.* standardization
màssima (1) *s. f.* **1** (*principio*) principle, rule **2** (*detto*) saying, maxim
màssima (2) *s. f.* (*temperatura*) maximum
massimàle *s. m.* limit, ceiling
massimalìsmo *s. m.* maximalism
màssimo A *agg.* **1** maximum, the greatest **2** (*mat.*) highest, maximum **B** *s. m.* maximum, top, peak ♦ **al m.** (*tutt'al più*) at most, (*al più tardi*) at the latest; **m. livello** top level; **tempo m.** time limit
màsso *s. m.* mass of stone, block, rock ♦ **caduta massi** falling rocks
massóne *s. m.* Freemason
massonerìa *s. f.* Freemasonry
masticàre *v. tr.* **1** to chew, to masticate **2** (*borbottare*) to mumble
màstice *s. m.* mastic, putty
mastìno *s. m.* mastiff
mastodòntico *agg.* colossal, enormous
masturbazióne *s. f.* masturbation
matàssa *s. f.* **1** skein, hank **2** (*fig.*) tangle
matemàtica *s. f.* mathematics *pl.* (*v. al sing.*), (*fam.*) maths *pl.* (*v. al sing.*)
matemàtico *agg.* mathematic(al)
materassìno *s. m.* **1** (*gonfiabile*) inflatable mattress, airbed **2** (*sport*) mat
materàsso *s. m.* mattress
matèria *s. f.* **1** matter, (*materiale*) material (*sostanza*) substance **2** (*argomento*) matter, subject, theme **3** (*disciplina*) subject ♦ **materie prime** raw materials
materiàle A *agg.* **1** material **2** (*rozzo*) rough **B** *s. m.* material, stuff
materialìsmo *s. m.* materialism
materialménte *avv.* materially
maternità *s. f.* maternity, motherhood ♦ **congedo per m.** maternity leave
matèrno *agg.* maternal, motherly, mother (*attr.*)
matìta *s. f.* pencil

matriarcàle *agg.* matriarchal
matrìce *s. f.* **1** matrix **2** (*di registro, libretto*) counterfoil, stub **3** (*metall.*) mould, die **4** (*fig.*) root
matrìcola *s. f.* **1** (*registro*) roll list, register **2** (*numero*) (matriculation) number **3** (*studente*) fresher
matrìgna *s. f.* stepmother
matrimoniàle *agg.* matrimonial, marriage (*attr.*), wedding (*attr.*) ♦ **camera/letto m.** double room/bed
matrimònio *s. m.* **1** marriage **2** (*cerimonia*) wedding ♦ **pubblicazioni di m.** banns
matróna *s. f.* matron
matronèo *s. m.* women's gallery
matronìmico *agg.* matronymic
mattatóio *s. m.* slaughter-house
mattìna *s. f.* morning
mattinàta *s. f.* morning
mattinièro *agg.* early-rising
mattìno *s. m.* morning
màtto A *agg.* mad, crazy **B** *s. m.* madman, lunatic ♦ **scacco m.** checkmate
mattóne *s. m.* **1** brick **2** (*fig.*) bore
mattonèlla *s. f.* tile
mattutìno *agg.* **1** morning (*attr.*) **2** (*mattiniero*) early-rising
maturàre A *v. tr.* **1** to mature, to ripen **2** (*raggiungere*) to reach gradually **B** *v. intr.* **1** (*di frutto*) to ripe **2** (*di persona, cosa*) to mature **3** (*comm.*) to fall due, (*di interessi*) to accrue **C** *v. intr. pron.* to mature, to become mature
maturazióne *s. f.* **1** maturation, ripening **2** (*comm.*) maturity, expiry, (*di interessi*) accrual
maturità *s. f.* maturity
matùro *agg.* mature, ripe
mausolèo *s. m.* mausoleum
màzza *s. f.* club
mazzàta *s. f.* blow
mazzétto *s. m.* (little) bunch
màzzo *s. m.* bunch ♦ **m. di carte** pack of cards
me *pron. pers. 1ª sing. m. e f.* **1** (*compl. ogg. e ind.*) me **2** (*con funzione di sogg.*) I
meàndro *s. m.* meander
meccànica *s. f.* **1** mechanics *pl.* (*v. al sing.*) **2** (*meccanismo*) mechanism
meccanicaménte *avv.* mechanically
meccànico A *agg.* mechanical **B** *s. m.* mechanic, (*tecnico*) engineer
meccanìsmo *s. m.* **1** mechanism, works *pl.* **2** (*fig.*) mechanism
meccanizzàre A *v. tr.* to mechanize **B** *v. intr. pron.* to become mechanized
meccanizzazióne *s. f.* mechanization
mecenàte *s. m. e f.* patron
mecenatìsmo *s. m.* patronage
mèda *s. f.* seamark, beacon
medàglia *s. f.* medal
medaglióne *s. m.* locket, medallion
medèsimo A *agg. dimostr.* same **B** *pron. dimostr.* (*persona*) the same (one), (*cosa*) the same (thing)
mèdia *s. f.* average, mean
mediàno *agg.* medial, middle (*attr.*)
mediànte *prep.* by, by means of, through

mediàre *v. tr. e intr.* to mediate
mediatóre *s. m.* **1** mediator, middleman **2** (*comm.*) broker
medicaménto *s. m.* medicament
medicàre A *v. tr.* to medicate, to treat **B** *v. rifl.* to medicate oneself
medicazióne *s. f.* dressing, medication
medicìna *s. f.* **1** medicine **2** (*medicamento*) medicine, medicament, (*USA*) drug
medicinàle A *agg.* medicinal **B** *s. m.* medicine, medicament, (*USA*) drug
mèdico A *agg.* medical **B** *s. m.* doctor
medievàle *agg.* medieval
mèdio A *agg.* **1** (*di mezzo*) middle, medium **2** (*conforme alla media*) average (*attr.*), mean (*attr.*) **3** (*scient.*) medium **B** *s. m.* (*dito*) middle finger
mediòcre *agg.* mediocre, second-rate, ordinary
mediocrità *s. f.* mediocrity
medioèvo *s. m.* Middle Ages *pl.*
meditàre A *v. tr.* **1** to meditate, to ponder **2** (*progettare*) to plan, to intend **B** *v. intr.* to meditate (on), to brood (over), to ponder
meditazióne *s. f.* meditation
mediterràneo *agg.* Mediterranean
medùsa *s. f.* jelly-fish, medusa
megàfono *s. m.* megaphone
megalìtico *agg.* megalithic
megalòmane *agg.* megalomaniac
megalòpoli *s. f.* megalopolis
mèglio A *avv.* **1** (*comp.*) better **2** (*sup. rel.*) best **B** *agg. inv.* **1** (*migliore, preferibile*) better **2** (*sup. rel.*) best **C** *s. m. e f. inv.* (the) best (thing) ◆ **avere la m. su qc.** to have the better of sb.; **di bene in m.** better and better; **m. ancora** better still
méla *s. f.* apple ◆ **m. cotogna** quince
melagràna *s. f.* pomegranate
melanzàna *s. f.* aubergine, (*USA*) eggplant
melènso *agg.* dull
mellìfluo *agg.* honeyed, sugary
mélma *s. f.* slime, mud
melmóso *agg.* slimy, muddy
melodìa *s. f.* melody
melodióso *agg.* melodious
melodrammàtico *agg.* **1** (*mus.*) operatic **2** (*fig.*) melodramatic
melóne *s. m.* melon
membràna *s. f.* membrane
mèmbro *s. m.* **1** member **2** (*arto*) limb
memoràbile *agg.* memorable
memòria *s. f.* **1** memory **2** (*ricordo*) memory, remembrance, recollection **3** (*oggetto*) memento, (*di famiglia*) heirloom **4** (*scritto*) memoir ◆ **sapere q.c. a m.** to know st. by heart
memoriàle *s. m.* **1** (*dir.*) memorial **2** (*memorie*) memoirs *pl.*
menadìto, a *loc. avv.* perfectly
mendicànte *s. m. e f.* beggar
mendicàre *v. tr. e intr.* to beg
menefreghìsmo *s. m.* indifference
meninge *s. f.* meninx
meningite *s. f.* meningitis

menìsco *s. m.* meniscus
méno A *avv.* **1** less, not so ... (as) **2** (*comp.*) less ... than, not so ... as, not as ... as **3** (*sup.*) the least, (*fra due*) the less **4** (*mat.*) minus **B** *agg. inv.* less, not so much, (*con s. pl.*) fewer **C** *s. m. inv.* **1** less, not as much **2** (*il minimo*) the least, as little as **3** (*mat.*) minus ◆ **a m. che** unless; **fare a m. di** to do without; **venire m.** to fail
menomàre *v. tr.* to disable, to damage
menomazióne *s. f.* disablement
menopàusa *s. f.* menopause
mènsa *s. f.* **1** table **2** (*di università*) refectory, (*di fabbrica*) canteen, (*di soldati*) cookhouse, (*di uffi-ciali*) mess
mensìle A *agg.* monthly **B** *s. m.* **1** (*salario*) salary **2** (*pubblicazione*) monthly
mensilménte *avv.* monthly
mènsola *s. f.* **1** shelf **2** (*arch.*) console, bracket
ménta *s. f.* mint
mentàle *agg.* mental
mentalità *s. f.* mentality, outlook
mentalménte *avv.* mentally
mènte *s. f.* mind
mentìre *v. intr.* to lie
ménto *s. m.* chin
mentòlo *s. m.* menthol
méntre A *cong.* **1** (*temporale*) while, (*quando*) as **2** (*avversativo*) whereas, while **3** (*finché*) while, as long as **B** *s. m. inv.* moment, meantime, meanwhile
menù *s. m. inv.* menu
menzionàre *v. tr.* to mention
menzógna *s. f.* lie
meravìglia *s. f.* **1** wonder **2** (*sorpresa*) astonishment, surprise **3** (*cosa meravigliosa*) wonder, marvel
meravigliàre A *v. tr.* to astonish, to amaze, to surprise **B** *v. intr. pron.* to be astonished, to be amazed, to wonder
meraviglióso *agg.* wonderful, marvellous
mercànte *s. m.* merchant, trader, dealer
mercanteggiàre A *v. tr.* to traffic in **B** *v. intr.* to bargain, to haggle
mercantìle A *agg.* merchant (*attr.*), mercantile, commercial **B** *s. m.* merchant ship
mercantilìsmo *s. m.* mercantilism
mercanzìa *s. f.* **1** (*merce*) merchandise, goods *pl.* **2** (*roba*) stuff
mercatìno *s. m.* flea market
mercàto *s. m.* **1** market, (*luogo*) market-place ◆ **a buon m.** cheap
mèrce *s. f.* goods *pl.*
mercé *s. f.* mercy
mercenàrio *agg. e s. m.* mercenary
merceria *s. f.* haberdashery
mercoledì *s. m.* Wednesday
mercùrio *s. m.* mercury, quicksilver
mèrda *s. f.* shit
merènda *s. f.* snack
meridiàna *s. f.* sun-dial
meridiàno *agg. e s. m.* meridian
meridionàle A *agg.* southern, south (*attr.*) **B** *s. m. e f.* southerner
meridióne *s. m.* south

meringa *s. f.* meringue
meritare *v. tr.* **1** to deserve, to merit **2** (*valere*) to be worth **3** (*procurare*) to earn
meritévole *agg.* deserving, worthy
mèrito *s. m.* merit ♦ **in m. a** as regards, as to
meritòrio *agg.* praiseworthy
merlétto *s. m.* lace
mèrlo (1) *s. m.* (*zool.*) blackbird
mèrlo (2) *s. m.* (*arch.*) merlon
merlùzzo *s. m.* cod
meschino *agg.* **1** poor, miserable **2** (*gretto*) mean, wretched
mescolànza *s. f.* mixture, blend
mescolàre **A** *v. tr.* **1** to mix, to blend **2** (*rimestare*) to stir **3** (*confondere*) to confuse **4** (*mettere in disordine*) to muddle **5** (*le carte*) to shuffle **B** *v. intr. pron., rifl. e rifl. rec.* to mix, to get mixed up
mése *s. m.* month
méssa (1) *s. f.* (*relig.*) mass
méssa (2) *s. f.* (*il mettere*) placing, setting ♦ **m. a fuoco** focusing; **m. a punto** setting up; **m. a terra** grounding; **m. in opera** installation; **m. in piega** set
messaggèro *s. m.* messenger
messàggio *s. m.* **1** message **2** (*discorso*) address
messàle *s. m.* missal
mèsse *s. f.* harvest
messiànico *agg.* Messianic
messicàno *agg. e s. m.* Mexican
messinscèna *s. f.* **1** (*teatro*) staging **2** (*fig.*) sham, act
mésso *s. m.* messenger
mestàre **A** *v. tr.* to stir, (*mescolare*) to mix **B** *v. intr.* to plot
mestière *s. m.* **1** trade, profession, job **2** (*esperienza*) craft, experience
mèsto *agg.* sad
méstolo *s. m.* ladle
mestruazióne *s. f.* menstruation
mèta *s. f.* **1** destination **2** (*fine*) goal, aim
metà *s. f.* **1** half **2** (*parte di mezzo*) middle
metabolismo *s. m.* metabolism
metafisico *agg.* metaphysical
metàfora *s. f.* metaphor
metafòrico *agg.* metaphoric(al)
metàllico *agg.* metal (*attr.*), metallic
metallizzàto *agg.* metallized
metàllo *s. m.* metal
metallùrgico *agg.* metallurgic(al)
metalmeccànico **A** *agg.* engineering **B** *s. m.* metal-worker
metamorfismo *s. m.* metamorphism
metamòrfosi *s. f.* metamorphosis
metàno *s. m.* methane
metèora *s. f.* meteor
meteorología *s. f.* meteorology
meteorològico *agg.* meteorologic(al) ♦ **bollettino m.** weather report
meticolóso *agg.* meticulous, scrupolous
metòdico *agg.* methodical
metodista *s. m. e f.* Methodist
mètodo *s. m.* method
metodològico *agg.* methodological

mètopa *s. f.* metope
mètrico *agg.* metric
mètro *s. m.* **1** metre, (*USA*) meter **2** (*strumento*) rule **3** (*fig.*) criterion ♦ **m. cubo** cubic metre; **m. quadrato** square metre
metropolìta *s. m.* metropolitan
metropolitàna *s. f.* underground, tube (*fam.*), (*USA*) subway
metropolitàno *agg.* metropolitan
méttere **A** *v. tr.* **1** to put, (*collocare*) to set, to place, (*disporre*) to arrange **2** (*indossare*) to put on, to wear **3** (*impiegare*) to take **4** (*investire*) to put, (*scommettere*) to bet **5** (*far pagare*) to charge **6** (*supporre*) to suppose **7** (*paragonare*) to compare **8** (*causare*) to cause, to make, to inspire **9** (*emettere*) to put forth **10** (*installare*) to lay on, to put in **B** *v. rifl. e intr. pron.* **1** to put oneself, to place oneself **2** (*cominciare*) to start, to begin, to set to **3** (*indossare*) to wear, to put on
mezzadrìa *s. f.* métayage, share-cropping
mezzalùna *s. f.* half-moon, crescent
mezzàno **A** *agg.* middle (*attr.*) **B** *s. m.* pimp
mezzanòtte *s. f.* midnight
mèzzo (1) **A** *agg.* **1** half **2** (*medio*) middle, medium (*attr.*) **B** *s. m.* **1** (*metà*) half **2** (*centro*) middle, centre **C** *avv.* half
mèzzo (2) *s. m.* **1** (*strumento*) means, equipment **2** (*di trasporto*) means of transport **3** (*fis.*) medium **4** *al pl.* (*mezzi economici*) means, money
mezzogiòrno *s. m.* **1** midday, noon, twelve o'clock **2** (*sud*) south ♦ **a m.** at noon
mezzóra *s. f.* half an hour
mi *pron. pers. 1ª sing. m. e f.* **1** (*compl. ogg.*) me **2** (*compl. ind.*) (to, for) me **B** *pron. rifl. 1ª sing.* myself (*o idiom.*)
miagolàre *v. intr.* to mew, to miaow
mìccia *s. f.* fuse
micenèo *agg.* Mycenaean
micidiàle *agg.* deadly, lethal
micio *s. m.* pussy(cat)
micròbo *s. m.* microbe
microcòsmo *s. m.* microcosm
microfilm *s. m. inv.* microfilm
micròfono *s. m.* microphone, mike (*fam.*)
microrganismo *s. m.* microorganism
microscòpico *agg.* microscopic(al)
microscòpio *s. m.* microscope
midóllo *s. m.* marrow ♦ **m. spinale** spinal marrow
mièle *s. m.* honey ♦ **luna di m.** honeymoon
mietere *v. tr.* to reap, to harvest
mietitùra *s. f.* **1** reaping **2** (*raccolto*) harvest **3** (*tempo*) reaping time
migliàio *s. m.* thousand
miglio (1) *s. m.* (*bot.*) millet
miglio (2) *s. m.* (*unità di misura*) mile ♦ **m. marino** nautical mile
miglioraménto *s. m.* improvement
miglioràre **A** *v. tr.* to improve, to better **B** *v. intr.* to improve, to get better
migliòre **A** *agg.* **1** (*comp.*) better **2** (*sup.*) the best, (*fra due*) the better **B** *s. m. e f.* the best

miglioria s. f. improvement

mignolo s. m. little finger, (del piede) little toe

migrare v. intr. to migrate

migratòrio agg. migratory

miliardàrio agg. e s. m. multimillionaire, (USA) billionaire

miliàrdo s. m. one thousand millions, milliard, (USA) billion

milionàrio agg. e s. m. millionaire

milióne s. m. million

militante agg. e s. m. e f. militant

militare (1) A agg. military B s. m. soldier

militare (2) v. intr. 1 (fare il soldato) to serve in the army 2 (fig.) to militate

militaresco agg. military

millantàre v. tr. to boast of

millantatóre s. m. boaster, braggart

mille agg. num. card. e s. m. inv. (one) thousand

millenàrio agg. millenary

millènnio s. m. millennium

millepièdi s. m. inv. millepede

millèsimo agg. num. ord. e s. m. thousandth

milligràmmo s. m. milligram(me)

millìmetro s. m. millimetre, (USA) millimeter

milza s. f. spleen

mimàre v. tr. e intr. to mime

mimètico agg. mimetic(al)

mimetizzàre A v. tr. to camouflage B v. rifl. to camouflage oneself

mìmica s. f. 1 (teatro) mime 2 (il gesticolare) gestures pl.

mimo s. m. mime

mimòsa s. f. mimosa

mìna s. f. 1 mine 2 (di matita) lead

minàccia s. f. menace, threat

minacciàre v. tr. to threaten, to menace

minaccióso agg. threatening, menacing

minàre v. tr. 1 to mine 2 (insidiare) to undermine

minaréto s. m. minaret

minatóre s. m. miner

minatòrio agg. threatening, minatory

mineràle A agg. mineral B s. m. mineral, (da cui si estrae un metallo) ore ◆ **acqua m.** mineral water

mineralogìa s. f. mineralogy

mineràrio agg. mining, mineral, (mine) (attr.), ore (attr.)

minèstra s. f. soup ◆ **m. di verdura** vegetable soup

mingherlìno agg. thin

miniatùra s. f. miniature, (di manoscritti) illumination

miniaturìsta s. m. e f. miniaturist, (di manoscritti) illuminator

minièra s. f. mine, pit

minigònna s. f. miniskirt

mìnima s. f. 1 (temperatura) minimum temperature 2 (mus.) minim

minimizzàre v. tr. to minimize

mìnimo A agg. 1 (the) least, the smallest, the slightest, minimum (attr.) 2 (molto piccolo) very small, very slight, minimal B s. m. 1 minimum 2 (di motore) lowest gear 3 (la minima cosa) the least

ministèro s. m. 1 (funzione) office, function, (relig.) ministry 2 (insieme dei ministri) Ministry, Board, (USA) Department

minìstro s. m. minister

minorànza s. f. minority

minóre A agg. 1 (più piccolo) smaller, (più corto) shorter, (più basso) lower 2 (meno) less(er) 3 (meno importante) minor 4 (più giovane) younger B agg. sup. rel. 1 (il più piccolo) the smallest, (il più corto) the shortest, (il più basso) the lowest 2 (il minimo) the least 3 (il meno importante) minor 4 (il più giovane) the youngest, (tra due) the younger C s. m. e f. 1 (il più giovane) the youngest, (fra due) the younger 2 (di grado) junior

minorènne A agg. underage B s. m. e f. minor

minuétto s. m. minuet

minùscolo agg. 1 (di lettera) small, (tip.) lower case 2 (piccolo) tiny

minùta s. f. draft, rough copy

minùto (1) A agg. 1 minute, small, tiny 2 (delicato) delicate, frail 3 (particolareggiato) detailed, minute 4 (di poco conto) petty, small B s. m. (comm.) retail

minùto (2) s. m. minute ◆ **lancetta dei minuti** minute hand

minùzia s. f. 1 trifle 2 (meticolosità) meticulousness

mìo A agg. poss. 1ª sing. 1 my 2 (pred.) mine B pron. poss. mine C s. m. 1 (denaro, averi) my own money, my income 2 al pl. (parenti) my family, (genitori) my parents

mìope agg. myopic, shortsighted

mìra s. f. 1 aim 2 (fig.) target, aim, goal, design ◆ **prendere di m. qc.** to pick on sb.

miràbile agg. admirable

miràcolo s. m. miracle

miracolóso agg. miraculous

miràggio s. m. mirage

miràre v. intr. to aim

mìriade s. f. myriad

mirìno s. m. 1 sight 2 (fot.) finder

mirtillo s. m. bilberry

misàntropo A agg. misanthropic B s. m. misanthrope

miscèla s. f. mixture, blend

miscelatóre s. m. mixer

miscellànea s. f. miscellany

mìschia s. f. scuffle, fray

mischiàre A v. tr. to mix, to mingle, to blend B v. rifl. 1 to mix, to mingle 2 (intromettersi) to meddle, to interfere

miscredènte A agg. misbelieving B s. m. e f. misbeliever

miscùglio s. m. mixture

miseràbile agg. 1 miserable, wretched 2 (scarso) poor, scanty 3 (spregevole) despicable, mean

miseràndo agg. miserable

misèria s. f. 1 poverty 2 (meschinità) meanness 3 (inezia) trifle 4 al pl. (disgrazie) troubles pl., misfortunes pl.

misericòrdia s. f. mercy

mìsero agg. 1 poor, miserable, wretched 2 (scarso) poor, scanty 3 (meschino) mean, miserable 4 (infelice) unfortunate

misfàtto s. m. misdeed, crime

misògino A agg. misogynous B s. m. misogynist

missile *s. m.* missile
missionàrio *agg. e s. m.* missionary
missióne *s. f.* mission
misterióso *agg.* mysterious
mistèro *s. m.* mystery
mìstica *s. f.* **1** mystical theology **2** (*est.*) mystique
misticìsmo *s. m.* mysticism
mìstico *agg.* mystic(al)
mistificàre *v. tr.* to mystify, to hoax
mistificatóre *s. m.* mystifier, hoaxer
misto A *agg.* mixed **B** *s. m.* mixture
mistùra *s. f.* mixture, blend
misùra *s. f.* **1** measure, measurement **2** (*taglia*) size **3** (*limite*) limit, proportion, (*moderazione*) moderation **4** (*provvedimento*) measure, step
misuràbile *agg.* measurable
misuràre A *v. tr.* **1** to measure, (*tecnol.*) to gauge **2** (*valutare*) to estimate, to judge **3** (*provare indossando*) to try on **4** (*limitare*) to limit, to moderate **B** *v. intr.* to measure **C** *v. rifl.* **1** (*contenersi*) to limit oneself **2** (*cimentarsi*) to measure oneself
misuràto *agg.* measured
misuratóre *s. m.* meter, gauge
misurìno *s. m.* (small) measure
mite *agg.* **1** mild, meek **2** (*moderato*) moderate **3** (*di clima*) mild
mìtico *agg.* mythical, legendary
mitigàre A *v. tr.* to mitigate, to alleviate **B** *v. intr. pron.* **1** to calm down **2** (*del clima*) to become mild
mìtilo *s. m.* mussel
mitizzàre *v. tr.* to mythicize
mìto *s. m.* myth
mitologìa *s. f.* mythology
mitològico *agg.* mythologic(al)
mitòmane *agg. e s. m. e f.* mythomaniac
mìtra (1) *s. f.* (*relig.*) mitre
mìtra (2) *s. m.* (*arma*) submachine gun
mitragliatrìce *s. f.* machine gun
mittènte *s. m. e f.* sender
mnemònico *agg.* mnemonic
mòbile A *agg.* **1** (*che si muove*) mobile, moving, (*che può essere mosso*) movable **2** (*mutevole*) changeable, mutable, unstable **B** *s. m.* piece of furniture, *al pl.* furniture ♦ **s. mobile** escalator
mobìlia *s. f.* furniture
mobiliàre *agg.* movable, personal
mobilità *s. f.* **1** mobility **2** (*mutevolezza*) inconstancy
mobilitàre *v. tr. e rifl.* to mobilize
mobilitazióne *s. f.* mobilization
mocassìno *s. m.* moccasin
mòccolo *s. m.* **1** (*di candela*) candle-end **2** (*fam.*) (*bestemmia*) oath
mòda *s. f.* **1** fashion, style **2** (*maniera*) manner, custom, fashion **3** (*mat.*) mode ♦ **alla m.** fashionable; **fuori m.** out of fashion
modalità *s. f.* **1** modality, (*procedura*) formality
modanatùra *s. f.* moulding
modèlla *s. f.* model
modellàre A *v. tr.* to model, to mould **B** *v. rifl.* to model oneself
modellìsmo *s. m.* model-making, model-ling

modèllo A *s. m.* **1** model **2** (*stampo*) mould **3** (*di abito*) pattern **B** *agg.* model, exemplary
mòdem *s. m. inv.* modem
moderàre A *v. tr.* **1** to moderate, to check, to curb **2** (*contenere*) to reduce, to regulate **B** *v. rifl.* to moderate oneself
moderàto *agg.* moderate
moderatóre A *agg.* moderating **B** *s. m.* moderator
moderazióne *s. f.* moderation
modernariàto *s. m.* modern antiques *pl.*
modernìsmo *s. m.* modernism
modernità *s. f.* modernity
modernizzàre A *v. tr.* to modernize, to update **B** *v. rifl.* to bring oneself up-to-date
modèrno *agg.* modern, up-to-date (*attr.*)
modèstia *s. f.* modesty
modèsto *agg.* modest
mòdico *agg.* moderate, reasonable
modìfica *s. f.* modification
modificàbile *agg.* modifiable
modificàre *v. tr. e intr. pron.* to modify, to change
mòdo *s. m.* **1** way, manner **2** (*mezzo*) means, (*occasione*) way **3** (*maniera*) manners *pl.*, (*misura*) measure **4** (*gramm.*) mood **5** (*locuzione*) expression **6** (*mus.*) mode ♦ **in che m.?** how?; **in m. che/da** so that, in such a way as to; **in ogni m.** anyway, in any case; **in qualche m.** somehow; **per m. di dire** so to say
modulàre *agg.* modular
modulazióne *s. f.* modulation
mòdulo *s. m.* **1** form, (*USA*) blank **2** (*arch., tecnol.*) module **3** (*mat., fis.*) modulus
mògano *s. m.* mahogany
mògio *agg.* dejected, depressed
mòglie *s. f.* wife ♦ **prender m.** to get married
mòina *s. f.* simpering ♦ **fare le moine** to simper
mòla *s. f.* **1** (*di mulino*) millstone **2** (*molatrice*) grinder
molàre (1) *agg. e s. m.* (*dente*) molar
molàre (2) *v. tr.* **1** to grind **2** (*tagliare*) to cut
mòle *s. f.* **1** bulk, mass **2** (*dimensione*) size, dimension
molècola *s. f.* molecule
molestàre *v. tr.* to molest, to bother, to tease
molèstia *s. f.* nuisance, bother
molèsto *agg.* troublesome, annoying, bothering
mòlla *s. f.* **1** spring **2** (*fig.*) incentive, mainspring **3** *al pl.* (*per afferrare*) tongs *pl.*
mollàre A *v. tr.* **1** (*allentare*) to slacken **2** (*lasciar andare*) to let go **3** (*fam.*) (*abbandonare*) to quit, to leave **4** (*fam.*) (*appioppare*) to give **B** *v. intr.* to give in
mòlle *agg.* **1** soft **2** (*debole*) weak, flabby
mollétta *s. f.* **1** (*per bucato*) clothes-peg, clothes-pin **2** (*per capelli*) hair-grip **3** (*per afferrare*) tongs *pl.*
mollìca *s. f.* crumb
mollùsco *s. m.* mollusc, shellfish
mòlo *s. m.* mole, pier, wharf
moltéplice *agg.* manifold, various
moltiplicàre *v. tr., rifl. e intr. pron.* to multiply
moltiplicazióne *s. f.* multiplication
moltìssimo A *agg. indef. sup.* **1** very much, (*in frasi afferm.*) a great deal of **2** (*tempo*) very long **3** *al pl.* very many, (*in frasi afferm.*) a great many **B** *pron.*

indef. **1** very much, *(in frasi afferm.)* a grat deal **2** *(tempo)* a very long time **3** *al pl.* very many, *(in frasi afferm.)* a great many **C** *avv.* very much

moltitudine *s. f.* multitude, *(folla)* crowd

mólto A *agg. indef.* **1** much, a lot of, lots of, a great deal of, a great quantity of **2** *(tempo)* long **3** *(grande)* great **4** *al pl.* many, a lot of, lots of, a great many **B** *pron. indef.* **1** much, a great deal, a lot **2** *(molto tempo)* a long time **3** *al pl.* many, a lot of, *(molta gente)* many people, a lot of people **C** *avv.* **1** *(con agg. e avv. di grado positivo, con participio pres.)* very **2** *(con agg. e avv. di grado comp.)* much **3** *(con p. p.)* much, greatly, **4** *(con verbo)* much, very much, a lot **5** *(a lungo)* long, *(spesso)* often

momentaneaménte *avv.* at the moment, at present

momentàneo *agg.* momentary, temporary

moménto *s. m.* **1** moment **2** *(circostanza, tempo)* time **3** *(opportunità)* opportunity, chance

mònaca *s. f.* nun

monacàle *agg.* monastic

monachésimo *s. m.* monasticism

mònaco *s. m.* monk

monàrca *s. m.* monarch

monarchìa *s. f.* monarchy

monàrchico *agg.* **1** monarchic(al) **2** *(fautore della monarchia)* monarchist

monastèro *s. m.* monastery, *(di monache)* convent

monàstico *agg.* monastic

mónco *agg.* **1** maimed **2** *(fig.)* incomplete

moncóne *s. m.* stump

mondàno *agg.* **1** worldly, earthly, mundane **2** *(della società elegante)* worldly, society *(attr.)* ♦ **vita mondana** society life

mondàre *v. tr.* to clean

mondiàle *agg.* world *(attr.)*, world-wide

móndo *s. m.* **1** world **2** *(grande quantità)* a world of, a lot of

monèllo *s. m.* rascal

monéta *s. f.* **1** coin, piece **2** *(denaro)* money **3** *(spicciolo)* change

monetàrio *agg.* monetary

mongolfièra *s. f.* hot-hair balloon

mònito *s. m.* warning

monitor *s. m. inv.* monitor

monitoràre *v. tr.* to monitor

monocoltùra *s. f.* monoculture

monocòrde *agg.* monotonous

monocromàtico *agg.* monochrome, monochromatic

monogamìa *s. f.* monogamy

monografìa *s. f.* monograph

monolìtico *agg.* monolithic

monolocàle *s. m.* bedsitter, studio

monòlogo *s. m.* monologue

monomanìaco *s. m.* monomaniac

monopòlio *s. m.* monopoly

monopòsto *agg. inv.* single-seater *(attr.)*

monosìllabo *s. m.* monosyllable

monoteìsmo *s. m.* monotheism

monotonìa *s. f.* monotony

monòtono *agg.* monotonous

monsóne *s. m.* monsoon

montacàrichi *s. m. inv.* goods-lift, *(USA)* elevator

montàggio *s. m.* **1** assembly **2** *(cin.)* editing

montàgna *s. f.* mountain

montagnóso *agg.* mountainous

montàno *agg.* mountain *(attr.)*

montàre A *v. tr.* **1** *(salire)* to mount, to climb **2** *(cavalcare)* to ride **3** *(mettere insieme)* to assemble, *(un film)* to edit **4** *(gonfiare)* to exaggerate **5** *(incastonare)* to mount, to set **B** *v. intr.* **1** to mount, to climb, to get on **2** *(salire)* to rise **C** *v. intr. pron.* to get big-headed

montatùra *s. f.* **1** *(di occhiali)* frame, *(di pietra)* setting, mounting **2** *(fig.)* stunt

mónte *s. m.* mountain, mount *(davanti a nome proprio)* ♦ **andare a m.** to fail; **m. di pietà** pawnshop; **m. premi** prize money

montgomery *s. m. inv.* duffel coat

montóne *s. m.* ram, *(carne)* mutton ♦ **pelle di m.** sheepskin

montuóso *agg.* mountainous

monumentàle *agg.* monumental

monuménto *s. m.* monument

moquette *s. f. inv.* moquette, carpet

mòra (1) *s. f.* **1** *(di rovo)* blackberry **2** *(di gelso)* mulberry

mòra (2) *s. f.* *(ritardo)* delay, *(dilazione)* extension

moràle A *agg.* moral **B** *s. f.* morals *pl.* **C** *s. m.* morale, spirits *pl.*

moralìsmo *s. m.* moralism

moralità *s. f.* morality

moralizzàre *v. tr.* to moralize

moralménte *avv.* morally

mòrbido *agg.* soft, smooth

morbìllo *s. m.* measles *pl.* *(v. al sing.)*

mòrbo *s. m.* disease, illness

morbóso *agg.* morbid

mordàce *agg.* biting, cutting

mordènte *s. m.* **1** *(chim.)* mordant **2** *(fig.)* bite, drive

mòrdere *v. tr.* to bite, to bite into

morèna *s. f.* moraine

morènte *agg.* dying

morfologìa *s. f.* morphology

morfològico *agg.* morphologic(al)

moribóndo *agg.* dying

morigeràto *agg.* moderate, sober

morìre *v. intr.* **1** to die **2** *(cessare, spegnersi)* to die out, to go out, *(di suono)* to die away **3** *(terminare)* to end

mormoràre A *v. tr.* **1** to murmur, to whisper **2** *(borbottare)* to mutter **B** *v. intr.* **1** to murmur **2** *(parlar male)* to speak ill

morosità *s. f.* arrearage

mòrsa *s. f.* vice, *(USA)* vise

morsétto *s. m.* **1** *(mecc.)* clamp **2** *(elettr.)* terminal

morsicàre *v. tr.* to bite

mòrso *s. m.* **1** bite **2** *(boccone)* bit, scrap **3** *(puntura)* sting **4** *(del cavallo)* bit

mortàio *s. m.* mortar

mortàle A *agg.* **1** *(che è soggetto a morte)* mortal **2** *(che cagiona morte)* mortal, deadly **3** *(come la morte)* deathlike, deathly **B** *s. m. e f.* mortal

mortalità *s. f.* mortality ♦ **indice di m.** death rate

mòrte *s. f.* death

mortificàre A *v. tr.* to mortify **B** *v. rifl.* to mortify oneself **C** *v. intr. pron.* to feel mortified

mortificazióne *s. f.* mortification

mòrto A *agg.* dead **B** *s. m.* dead person, (*cadavere*) corpse ♦ **i morti** the dead; **natura morta** still life; **stagione morta** off season

mortòrio *s. m.* funeral

mosàico *s. m.* mosaic

mósca *s. f.* fly

moscerìno *s. m.* midge, gnat

moschèa *s. f.* mosque

moschétto *s. m.* musket

móscio *agg.* **1** flabby **2** (*fig.*) limp

moscóne *s. m.* bluebottle

mòssa *s. f.* **1** movement **2** (*nel gioco*) move

móstra *s. f.* **1** show, exhibition **2** (*ostentazione*) display

mostràre A *v. tr.* **1** to show, to display **2** (*ostentare*) to show off **3** (*indicare*) to show, to point out **4** (*dimostrare*) to prove **B** *v. rifl. e intr. pron.* **1** to show oneself **2** (*apparire*) to appear

móstro *s. m.* monster

mostruóso *agg.* **1** monstrous **2** (*enorme*) enormous

motèl *s. m. inv.* motel

motivàre *v. tr.* **1** to justify **2** (*causare*) to cause **3** (*suscitare interesse*) to motivate

motivazióne *s. f.* motivation, reason

motìvo *s. m.* **1** motive, reason, ground **2** (*mus.*) motif, theme **3** (*elemento decorativo*) pattern, motif ♦ **m. conduttore** leit-motif

mòto (1) *s. m.* **1** motion, movement **2** (*esercizio fisico*) exercise **3** (*sommossa*) rebellion, revolt **4** (*impulso*) impulse

mòto (2) *s. f.* motorcycle

motociclétta *s. f.* motorcycle

motociclismo *s. m.* motorcycling

motociclista *s. m. e f.* motorcyclist

motóre A *agg.* motor, driving, propelling **B** *s. m.* engine, motor

motorìno *s. m.* moped ♦ **m. d'avviamento** starter

motorizzàre *v. tr. e rifl.* to motorize

motoscàfo *s. m.* motorboat

mòtto *s. m.* **1** saying **2** (*facezia*) witticism

movènte *s. m.* motive

movimentàre *v. tr.* to enliven, to animate

movimènto *s. m.* **1** movement **2** (*moto*) motion **3** (*andirivieni*) flow, bustle

mozióne *s. f.* motion

mozzàre *v. tr.* to cut off ♦ **m. il fiato** to take breath away

mozzicóne *s. m.* stub, end

mózzo (1) *s. m.* **1** (*naut.*) ship boy **2** (*di stalla*) stable boy

mózzo (2) *s. m.* (*mecc.*) hub

mùcca *s. f.* cow

mùcchio *s. m.* heap, stack ♦ **un m. di gente** a lot of people

mùco *s. m.* mucus

mucòsa *s. f.* mucosa, mucous membrane

mùffa *s. f.* mould

muggire *v. intr.* **1** to moo, to low **2** (*mugghiare*) to bellow

muggìto *s. m.* moo, lowing

mughétto *s. m.* **1** lily of the valley **2** (*med.*) thrush

mugnàio *s. m.* miller

mugolàre *v. intr.* to howl, to whimper

mulattièra *s. f.* muletrack

mulinàre A *v. tr.* **1** to whirl **2** (*fig.*) to brood over **B** *v. intr.* to whirl around

mulinèllo *s. m.* **1** (*d'acqua*) whirlpool, (*d'aria*) whirlwind **2** (*per canna da pesca*) reel

mulìno *s. m.* mill ♦ **m. a vento** windmill

mùlo *s. m.* mule

mùlta *s. f.* fine

multàre *v. tr.* to fine

multicolóre *agg.* multicoloured

multifórme *agg.* multiform

multinazionàle *agg.* multinational

multiplo *agg. e s. m.* multiple

mùmmia *s. f.* mummy

mùngere *v. tr.* to milk

municipàle *agg.* municipal, town (*attr.*)

municipalità *s. f.* municipality

municìpio *s. m.* **1** municipality, town council **2** (*palazzo*) town hall

munificènza *s. f.* munificence, liberality

munìre A *v. tr.* **1** (*fortificare*) to fortify **2** (*provvedere*) to provide, to supply **B** *v. rifl.* to equip oneself, to supply oneself

munizióni *s. f. pl.* munitions *pl.*

muòvere A *v. tr.* **1** to move **2** (*suscitare*) to move, to induce **3** (*sollevare*) to raise, to bring up **B** *v. intr.* to move **C** *v. rifl.* to move, to stir, to go

muràglia *s. f.* wall

muràle *agg.* mural, wall (*attr.*)

muràre *v. tr.* **1** to wall up **2** (*circondare di mura*) to wall

muratóre *s. m.* bricklayer, mason

murèna *s. f.* moray

mùro *s. m.* **1** wall **2** *al pl.* (*mura*) walls *pl.*

mùschio *s. m.* **1** musk **2** (*bot.*) moss

muscolàre *agg.* muscular

mùscolo *s. m.* **1** muscle **2** (*mitilo*) mussel

muscolóso *agg.* muscular, brawny

musèo *s. m.* museum

museruòla *s. f.* muzzle

mùsica *s. f.* music

musicàle *agg.* musical

musicassétta *s. f.* cassette

musicìsta *s. m. e f.* musician

mùso *s. m.* **1** (*di animale*) snout, muzzle **2** (*di auto, aereo*) nose **3** (*di persona*) mug **4** (*broncio*) long face

musóne *s. m.* (*fam.*) sulky person

mùssola *s. f.* muslin

musulmàno *agg. e s. m.* Muslim, Moslem

mùta *s. f.* **1** (*di uccelli*) moult, (*di serpenti*) shedding **2** (*di cani*) pack **3** (*tuta per immersioni*) wet suit

mutaménto *s. m.* change

mutànde *s. f. pl.* briefs *pl.*, (*da uomo*) pants *pl.*, underpants *pl.*, (*da donna*) panties *pl.*

mutàre *v. tr., intr. e intr. pron.* to change

mutazióne *s. f.* change, mutation

mutèvole *agg.* changeable, variable

mutilàre *v. tr.* to maim, to mutilate

mutilàto *s. m.* cripple
mutilazióne *s. f.* maiming, mutilation
mutismo *s. m.* mutism, silence

mùto *agg.* dumb, mute ♦ **film m.** silent film
mùtuo (1) *agg.* mutual, reciprocal
mùtuo (2) *s. m.* loan

N

nabàbbo *s. m.* nabob
nàcchere *s. f. pl.* castanets *pl.*
nàfta *s. f.* diesel oil, naphta
naftalìna *s. f. (tarmicida in palline)* mothballs *pl.*
nàiade *s. f.* naiad
naïf *agg. inv.* naive, naïf
nailon *s. m. inv.* nylon
nànna *s. f. (fam.)* bye-bye
nàno *agg. e s. m.* dwarf
napoletàno *agg. e s. m.* Neapolitan
nàppa *s. f.* 1 *(fiocco)* tassel 2 *(pelle)* soft leather
narcisìsmo *s. m.* narcissism
narcisìsta *s. m. e f.* narcissist
narcìso *s. m. (bot.)* narcissus
narcòsi *s. f.* narcosis
narcòtico *agg. e s. m.* narcotic
narìce *s. f.* nostril
narràre *v. tr. e intr.* to tell, to narrate
narratìva *s. f.* fiction
narratìvo *agg.* narrative
narratóre *s. m.* 1 narrator, story-teller 2 *(scrittore)* writer
narrazióne *s. f.* 1 narration, telling 2 *(racconto)* tale, story
nartèce *s. m.* narthex
nasàle *agg.* nasal
nascènte *agg.* rising
nàscere *v. intr.* 1 to be born 2 *(trarre origine)* to come, *(derivare)* to arise, to derive, to be due 3 *(sorgere)* to rise 4 *(di piante)* to spring up, to come up, to grow 5 *(di capelli, unghie, corna)* to sprout 6 *(di fiume)* to rise ♦ **far n.** to give rise to, to originate
nàscita *s. f.* 1 birth 2 *(origine)* origin, extraction ♦ **luogo di n.** birthplace
nascitùro *agg.* unborn
nascóndere A *v. tr.* to hide, to conceal **B** *v. rifl. e intr. pron.* to hide (oneself), to be hidden
nascondìglio *s. m.* hiding-place
nascondìno *s. m.* hide-and-seek
nascósto *agg.* hidden
nasèllo *s. m.* hake
nàso *s. m.* nose
nàstro *s. m.* 1 ribbon 2 *(tecnol.)* tape, ribbon, band ♦ **n. di partenza** starting tape
natàle A *agg.* native **B** *s. m.* 1 *(Natale)* Christmas 2 *(giorno natale)* birthday 3 *al pl. (nascita)* birth ♦ **buon N.** merry Christmas

natalità *s. f.* natality, birthrate
natalìzio *agg.* Christmas *(attr.)*
natànte *s. m.* boat, craft
nàtica *s. f.* buttock
natìo *agg.* native
natività *s. f.* nativity
natìvo *agg. e s. m.* native
nàto *agg.* born
natùra *s. f.* 1 nature 2 *(genere)* type, kind, nature 3 *(carattere)* nature, character ♦ **pagare in n.** to pay in kind
naturàle *agg.* natural
naturalézza *s. f.* 1 truthfulness 2 *(semplicità)* simplicity
naturalìsmo *s. m.* naturalism
naturalìsta *s. m. e f.* naturalist
naturalizzàre A *v. tr.* to naturalize **B** *v. rifl.* to become naturalized
naturalménte *avv.* 1 naturally 2 *(certamente)* of course
naturìsmo *s. m.* naturism
naturìsta *s. m. e f.* naturist
naufragàre *v. intr.* 1 *(di nave)* to be wrecked, *(di persona)* to be shipwrecked 2 *(fig.)* to be wrecked, to fail
naufràgio *s. m.* 1 shipwreck, wreck 2 *(fig.)* wreck, failure
nàufrago *s. m.* shipwrecked person
naumachìa *s. f.* naumachia
nàusea *s. f.* nausea ♦ **avere la n.** to feel sick
nauseabóndo *agg.* nauseating, sickening
nauseàre *v. tr. e intr.* to nauseate, to make sick
nàutica *s. f.* 1 nautical science 2 *(attività)* boating
nàutico *agg.* nautical
navàle *agg.* naval
navàta *s. f. (centrale)* nave, *(laterale)* aisle
nàve *s. f.* ship, vessel, boat
navétta *s. f.* shuttle
navigàbile *agg.* navigable
navigabilità *s. f.* navigability
navigàre *v. tr. e intr.* to sail, to navigate
navigatóre A *agg.* seafaring **B** *s. m.* 1 navigator 2 *(marinaio)* sailor
navigazióne *s. f.* 1 navigation, *(a vela)* sailing 2 *(viaggio)* voyage, *(traversata)* crossing ♦ **compagnia di n.** shipping line
navìglio *s. m.* ships *pl.*, fleet
nazionàle A *agg.* national **B** *s. f. (sport)* national team
nazionalìsmo *s. m.* nationalism

nazionalista *agg. e s. m. e f.* nationalist
nazionalità *s. f.* nationality
nazionalizzàre *v. tr.* to nationalize
nazióne *s. f.* nation, country
nazismo *s. m.* Nazism
né *cong.* neither, nor ♦ **né ... né** (neither) ... nor; **né l'uno né l'altro** neither; **né più né meno** exactly
ne A *pron. m. e t., sing. e pl.* **1** (*specificazione, argomento*) of, about (him, her, them, this, that) (ES: **che ne sai?** what do you know about it?) **2** (*poss.*) his, her, its, their (ES: **quale ragazza? non ne ricordo il nome** which girl? I don't remember her name) **3** (*partitivo*) some, any (ES: **chi ne vuol comprare?** who wants to buy some?, **non ne ho** I haven't any) **4** (*causale*) for it, about it (ES: **ne sono felice** I'm very happy about it) **5** (*pleonastico*) (ES: **me ne vado** I'm going away) **B** *avv.* (*moto da luogo*) from it, from here, out of it (ES: **andiamocene da qui** let us go away from here)
neànche *avv.* **1** neither, nor **2** (*rafforzativo di altra negazione*) even (ES: **non l'ho n. visto** I haven't even seen him) **B** *cong.* **n. a/se** even if
nébbia *s. f.* fog, (*leggera*) mist
nebbióso *agg.* foggy, misty
nebulósa *s. f.* nebula
nebulóso *agg.* nebulous, vague
nécessaire *s. m. inv.* toilet-case ♦ **n. per barba** shaving set
necessariaménte *avv.* necessarily, of necessity
necessàrio *agg.* necessary, indispensable
necessità *s. f.* necessity, (*bisogno*) need
necessitàre A *v. tr.* to necessitate **B** *v. intr.* **1** (*aver bisogno*) to need **2** (*essere necessario*) to be necessary
necrològio *s. m.* obituary
necròpoli *s. f.* necropolis
nefàndo *agg.* wicked
nefàsto *agg.* inauspicious, fateful
negàre *v. tr.* **1** to deny **2** (*rifiutare*) to refuse
negativaménte *avv.* negatively
negativo *agg. e s. m.* negative
negazióne *s. f.* **1** denial, (*rifiuto*) refusal **2** (*gramm.*) negative **3** (*contrario*) negation
negligènte *agg.* negligent
negligènza *s. f.* **1** negligence **2** (*trascuratezza*) shabbiness
negoziànte *s. m. e f.* dealer, trader, (*esercente*) shopkeeper
negoziàre *v. tr.* **1** to deal in, to trade in **2** (*trattare*) to negotiate
negoziàto *s. m.* negotiation
negòzio *s. m.* shop, (*USA*) store
négro *agg. e s. m.* black
nemico A *agg.* **1** (*ostile*) adverse, inimical, opposed **2** (*che detesta*) fearful **3** (*del nemico*) enemy (*attr.*) **B** *s. m.* enemy
nemméno *avv. e cong.* → **neanche**
nènia *s. f.* **1** sing-song **2** (*funebre*) dirge
nèo *s. m.* **1** spot, mole, (*med.*) naevus **2** (*fig.*) flaw
neoclassicismo *s. m.* neoclassicism
neoclàssico *agg.* neoclassic(al)
neòfita *s. m. e f.* neophyte, novice

neolatino *agg.* neo-Latin
neolitico *s. m.* Neolithic
neologismo *s. m.* neologism
nèon *s. m. inv.* neon
neonàto *s. m.* (newborn) baby
neorealismo *s. m.* neorealism
neozelandése A *agg.* New Zealand (*attr.*) **B** *s. m. e f.* New Zealander
nepotismo *s. m.* nepotism
neppure *avv. e cong.* → **neanche**
nèrbo *s. m.* **1** scourge **2** (*fig.*) strength
nerborùto *agg.* brawny
nerétto *s. m.* (*tip.*) boldface
néro A *agg.* **1** black **2** (*scuro*) dark **3** (*tetro*) gloomy **4** (*profondo*) dire **B** *s. m.* black
nervatùra *s. f.* **1** (*arch., mecc.*) ribs *pl.* **2** (*bot.*) nervation
nèrvo *s. m.* nerve ♦ **avere i nervi** to be in a bad mood
nervosismo *s. m.* nervousness, irritation
nervóso A *agg.* **1** nervous **2** (*irritabile*) irritable, nervy **3** (*incisivo*) incisive **B** *s. m.* nervousness ♦ **avere il n.** to be on edge; **esaurimento n.** nervous breakdown
nèspola *s. f.* medlar
nèsso *s. m.* connection, nexus
nessùno A *agg. indet.* **1** no, (*con altra negazione*) any **2** (*qualche*) any **B** *pron. indet.* **1** (*persona*) nobody, no one, (*cosa*) none; (*con partitivo*) none; (*con altra negazione*) anybody, anyone, any **2** (*qualcuno*) anybody, anyone, (*con partitivo*) any **C** *s. m.* nobody, no one
nèttare *s. m.* nectar
nettézza *s. f.* **1** cleanness **2** (*precisione*) clarity
nétto *agg.* **1** clean **2** (*preciso*) clear, clear-cut, sharp **3** (*comm.*) net ♦ **di n.** clean through; **prezzo n.** net price
netturbino *s. m.* dustman, (*USA*) garbage collector
neurologia *s. f.* neurology
neurològo *s. m.* neurologist
neuropsichiàtra *s. m. e f.* neuropsychiatrist
neuropsichiatria *s. f.* neuropsychiatry
neutràle *agg.* neutral
neutralità *s. f.* neutrality
neutralizzàre *v. tr.* to neutralize
nèutro *agg.* **1** neutral **2** (*biol., gramm.*) neuter
neutróne *s. m.* neutron
nevàio *s. m.* snowfield
néve *s. f.* snow ♦ **fiocco di n.** snowflake
nevicàre *v. intr. impers.* to snow
nevicàta *s. f.* snowfall
nevischio *s. m.* sleet
nevóso *agg.* snowy, (*coperto di neve*) snow-covered
nevralgia *s. f.* neuralgia
nevrastènico *agg.* **1** neurasthenic **2** (*irritabile*) irritable
nevròsi *s. f.* neurosis
nevròtico *agg.* neurotic
nibbio *s. m.* kite
nicchia *s. f.* niche
nicchiàre *v. intr.* to hedge, to hesitate
nichilismo *s. m.* nihilism

nicotina *s. f.* nicotine
nidiàta *s. f.* nestful, brood
nidificàre *v. intr.* to nest
nido *s. m.* 1 nest 2 (*covo*) den ♦ **n. d'infanzia** crèche, nursery
niènte A *pron. indef.* 1 nothing, (*con altra negazione*) anything 2 (*qualcosa*) anything **B** *s. m.* nothing **C** *agg. inv.* no, (*con altra negazione*) any **D** *avv.* not at all
nienteméno *avv.* no less than
ninfa *s. f.* nymph
ninfèa *s. f.* waterlily
ninfèo *s. m.* nymphaeum
ninnanànna *s. f.* lullaby
ninnolo *s. m.* knick-knack
nipóte *s. m. e f.* (*di zii*) nephew *m.*, niece *f.*, (*di nonni*) grandson *m.*, granddaughter *f.*
nirvàna *s. m. inv.* nirvana
nitido *agg.* clear, limpid
nitràto *s. m.* nitrate
nitrico *agg.* nitric
nitrire *v. intr.* to neigh
nitrito (1) *s. m.* neigh, whinny
nitrito (2) *s. m.* (*chim.*) nitrite
nitroglicerina *s. f.* nitroglycerine
no A *avv.* no, not **B** *s. m. inv.* no, (*rifiuto*) refusal ♦ **dire di no** to say no; **un giorno sì e uno no** every other day; **sì e no** (*circa*) about
nòbile *agg. e s. m. e f.* noble
nobiliàre *agg.* nobiliary, noble
nobiltà *s. f.* nobility
nòcca *s. f.* knuckle
nocciòla *s. f.* hazel(-nut)
nòcciolo *s. m.* 1 stone 2 (*fig.*) heart, kernel
nóce *s. f.* walnut ♦ **n. di cocco** coconut; **n. moscata** nutmeg
nocivo *agg.* harmful, noxious
nòdo *s. m.* 1 knot 2 (*ferr.*) junction 3 (*scient.*) node 4 (*del legno*) knag 5 (*punto cruciale*) crux 6 (*unità di misura*) knot
nodóso *agg.* knotty
nói *pron. pers. 1ª pl. m. e f.* 1 (*sogg.*) we 2 (*compl.*) us ♦ **n. stessi** we ourselves
nòia *s. f.* 1 boredom 2 (*fastidio*) annoyance, nuisance, bother
noióso *agg.* 1 boring, tiresome 2 (*fastidioso*) annoying, troublesome
noleggiàre *v. tr.* 1 (*prendere a noleggio*) to hire, to rent, (*naut., aer.*) to charter 2 (*dare a noleggio*) to hire out, to rent, to let out
noleggiatóre *s. m.* hirer, renter, charterer
noléggio *s. m.* 1 hire, rent, charter 2 (*prezzo*) hire (rate), rental
nòmade A *agg.* nomadic **B** *s. m. e f.* nomad
nóme *s. m.* 1 name 2 (*gramm.*) noun 3 (*soprannome*) nickname ♦ **farsi un n.** to make one's name; **n. commerciale** trade name; **n. e cognome** full name
nomèa *s. f.* reputation
nomignolo *s. m.* nickname
nòmina *s. f.* nomination, appointment
nominàle *agg.* nominal
nominàre *v. tr.* 1 (*menzionare*) to mention 2 (*desi-*

gnare) to designate, to appoint, to name
nominativo *agg.* 1 (*gramm.*) nominative 2 (*comm.*) registered
non *avv.* not
non- *pref.* (*davanti ad agg. e s.*) non-, un-, in-
nonché *cong.* 1 (*tanto meno*) let alone, still less 2 (*e inoltre*) as well as
noncurànte *agg.* careless
noncurànza *s. f.* carelessness, nonchalance
nondiméno *cong.* nevertheless
nònna *s. f.* grandmother, (*fam.*) grandma
nònno *s. m.* grandfather, (*fam.*) grandpa
nonnùlla *s. m. inv.* trifle
nòno *agg. num. ord.* ninth
nonostànte A *prep.* in spite of, despite, notwithstanding **B** *cong.* **n. che**(even) though, although
nontiscordardimé *s. m.* forget-me-not
nòrd *s. m.* north ♦ **n.-est** northeast; **n.-ovest** northwest
nòrdico *agg.* 1 northern 2 (*dell'Europa settentrionale*) Nordic
nòrma *s. f.* 1 rule, norm, standard 2 (*avvertenza*) instruction, direction 3 (*consuetudine*) custom, norm
normàle *agg.* normal, standard (*attr.*)
normalità *s. f.* normality
normalizzàre *v. tr.* to normalize
normalménte *avv.* normally
normànno *agg. e s. m.* Norman
normativa *s. f.* set of rules
norvegése *agg. e s. m. e f.* Norwegian
nosocòmio *s. m.* hospital
nostalgia *s. f.* longing (for), nostalgia, (*di casa*) homesickness
nostàlgico *agg.* nostalgic, (*di casa*) homesick
nostràno *agg.* local, home (*attr.*)
nòstro A *agg. poss. 1ª pl.* 1 our 2 (*pred.*) ours **B** *pron. poss.* 1 ours 2 *al pl.* (*la nostra famiglia*) our family, our relatives, (*i nostri amici*) our friends
nòta *s. f.* 1 (*segno*) sign, mark 2 (*appunto, commento*) note 3 (*mus.*) note 4 (*lista*) list 5 (*conto*) bill
notàbile *s. m.* notable
notàio *s. m.* notary (public)
notàre *v. tr.* 1 (*annotare*) to note, to take note of 2 (*osservare*) to notice, to observe
notévole *agg.* 1 (*pregevole*) remarkable, notable 2 (*grande*) considerable
notifica *s. f.* notification, notice
notificàre *v. tr.* 1 (*dir.*) to notify, to serve 2 (*render noto*) to advise, to announce
notizia *s. f.* 1 piece of news, news 2 (*informazione*) information
notiziàrio *s. m.* news
nòto *agg.* well-known, known
notorietà *s. f.* notoriety, renown
notòrio *agg.* well-known, (*spreg.*) notorious
nottàmbulo *s. m.* night bird
nottàta *s. f.* night
nòtte *s. f.* night ♦ **buona n.** good night; **di n.** by night; **la n. scorsa** last night; **questa n.** tonight
notturno *agg.* nocturnal, night (*attr.*)
novànta *agg. num. card. e s. m. inv.* ninety

novantèsimo *agg. num. ord. e s. m.* ninetieth
nòve *agg. num. card. e s. m. inv.* nine
novecentèsco *agg.* twentieth-century (*attr.*)
novecènto *agg. num. card. e s. m. inv.* nine hundred ◆ **il N.** the twentieth century
novèlla *s. f.* tale, short story
novellino *agg.* raw, green
novèllo *agg.* 1 new, spring 2 (*secondo*) second
novèmbre *s. m.* November
novilùnio *s. m.* new moon
novità *s. f.* 1 novelty 2 (*innovazione*) change, innovation 3 (*notizia*) news
noviziàto *s. m.* novitiate
novizio *s. m.* novice
noziòne *s. f.* knowledge, notion
nòzze *s. f. pl.* wedding, marriage ◆ **n. d'oro** golden wedding; **viaggio di n.** honeymoon
nùbe *s. f.* cloud
nubifràgio *s. m.* cloudburst
nùbile *agg.* unmarried, single
nùca *s. f.* nape
nucleàre *agg.* nuclear ◆ **energia n.** nuclear power
nùcleo *s. m.* 1 nucleus 2 (*gruppo*) group, (*squadra*) squad, team ◆ **n. familiare** family unit
nudismo *s. m.* nudism
nudista *agg. e s. m. e f.* nudist
nùdo *agg.* bare, naked, nude, (*svestito*) unclothed ◆ **a piedi nudi** barefoot; **mezzo n.** half-nacked
nùgolo *s. m.* cloud
nùlla → **niente**
nullaòsta *s. m. inv.* permit, authorization
nullità *s. f.* 1 nullity 2 (*cosa o persona*) nonentity 3 (*non validità*) invalidity
nùllo *agg.* 1 (*dir.*) null, invalid 2 (*di nessuna impor-*

tanza) of no importance
numeràle *agg. e s. m.* numeral
numeràre *v. tr.* to number
numeràto *agg.* numbered ◆ **posti numerati** numbered seats
numerazióne *s. f.* numbering, numeration
numericaménte *avv.* numerically
numèrico *agg.* numerical
nùmero *s. m.* 1 number 2 (*cifra*) figure, digit 3 (*taglia, misura*) size 4 (*di spettacolo*) turn ◆ **n. cìvico** street number; **n. di telefono** telephon number
numeróso *agg.* numerous, large
numismàtica *s. f.* numismatics *pl.* (*v. al sing.*)
nùnzio *s. m.* nuncio
nuòcere *v. intr.* to damage, to do harm (to), to harm
nuòra *s. f.* daughter-in-law
nuotàre *v. intr.* to swim
nuotàta *s. f.* swim
nuotatóre *s. m.* swimmer
nuòto *s. m.* swimming
nuòva *s. f.* news
nuovaménte *avv.* again
nuòvo *agg. e s. m.* new ◆ **di n.** again; **n. di zecca** brand-new
nutrientè *agg.* nourishing
nutriménto *s. m.* nourishment, food
nutrire A *v. tr.* to feed, to nourish **B** *v. intr.* to be nutritious **C** *v. rifl.* to feed (on)
nutritìvo *agg.* 1 nutritive 2 (*nutriente*) nourishing
nutrizióne *s. f.* nourishment
nùvola *s. f.* cloud
nuvolóso *agg.* cloudy, overcast
nuziàle *agg.* wedding (*attr.*), nuptial

O

o **o od** *cong.* or ◆ **o ... o** either ... or
òasi *s. f.* oasis
obbediènte *agg.* obedient
obbediènza *s. f.* obedience
obbedire *v. intr.* to obey, to comply
obbligàre A *v. tr.* 1 to oblige, to compel 2 (*costringere*) to force, to make 3 (*impegnare*) to bind **B** *v. rifl.* to bind oneself, to engage oneself
obbligatòrio *agg.* compulsory
obbligazióne *s. f.* 1 obligation 2 (*fin.*) bond, debenture
òbbligo *s. m.* obligation
obbròbrio *s. m.* disgrace
obelisco *s. m.* obelisk
oberàre *v. tr.* to overload
oberàto *agg.* overburdened
obesità *s. f.* obesity

obèso *agg.* obese
obiettàre *v. tr. e intr.* to object
obiettività *s. f.* objectivity
obiettìvo A *agg.* objective **B** *s. m.* 1 objective 2 (*scopo*) aim, goal, target, objective 3 (*fot.*) lens
obiettóre *s. m.* objector ◆ **o. di coscienza** conscientious objector
obiezióne *s. f.* objection
obitòrio *s. m.* mortuary, morgue
oblìo *s. m.* oblivion
oblìquo *agg.* 1 oblique, (*inclinato*) slanting 2 (*indiretto*) indirect
obliteràre *v. tr.* 1 to obliterate 2 (*biglietto*) to stamp
oblò *s. m.* bull's eye
oblùngo *agg.* oblong
òboe *s. m.* oboe

òbolo *s. m.* mite
obsolescènza *s. f.* obsolescence
obsolèto *agg.* obsolete
òca *s. f.* goose
occasionàle *agg.* **1** immediate **2** (*casuale*) fortuitous, chance (*attr.*) **3** (*saltuario*) occasional
occasionalménte *avv.* **1** occasionally **2** (*per caso*) by chance
occasióne *s. f.* **1** occasion **2** (*opportunità*) opportunity, chance, occasion **3** (*affare*) bargain
occhiàie *s. f. pl.* shadows *pl.*
occhialàio *s. m.* optician
occhiàli *s. m. pl.* glasses *pl.* ♦ **o. da sole** sun-glasses
occhiàta (1) *s. f.* look, glance
occhiàta (2) *s. f.* (*zool.*) saddled bream
occhieggiàre A *v. tr.* to eye B *v. intr.* to peep
occhièllo *s. m.* **1** buttonhole **2** (*tecnol.*) eye
òcchio *s. m.* **1** eye **2** (*vista*) sight **3** (*sguardo*) look, glance, eye ♦ **a o. nudo** with the nacked eye; **a quattr'occhi** in private; **chiudere un o. su q.c.** to turn a blind eye on st.; **dare nell'o.** to attract attention
occidentàle *agg.* west (*attr.*), western, (*da occidente*) westerly
occidènte *s. m.* west
occipitàle *agg.* occipital
occlùdere *v. tr.* to occlude
occlusióne *s. f.* occlusion
occorrènte A *agg.* necessary, required B *s. m.* the necessary
occorrènza *s. f.* necessity ♦ **all'o.** in case of need
occórrere A *v. intr.* **1** to need, to want, to be needed, to be wanted (ES: **occorrono molti più soldi** much more money is needed) **2** (*tempo*) to take (ES: **per cuocere una torta di mele occorre mezz'ora** it takes half an hour to cook an apple pie) B *v. intr. impers.* to be necessary, to need, to must, to have to (ES: **non occorre che ti muova** you needn't move)
occultàre *v. tr.* to hide, to conceal, (*astr.*) to occult
occùlto *agg.* **1** (*nascosto*) hidden **2** (*magico*) occult
occupàre A *v. tr.* **1** to occupy, to take possession of **2** (*spazio*) to take up **3** (*tempo*) to spend, to occupy **4** (*carica*) to hold **5** (*impiegare*) to employ **6** (*impegnare*) to keep busy B *v. intr. pron.* **1** to attend to, to be responsible for, (*come lavoro*) to do as a job, (*commerciare*) to deal in **2** (*interessarsi*) to be interested in, to be concerned with **3** (*prendersi cura*) to look after, to see to **4** (*impicciarsi*) to get involved in **5** (*trovar lavoro*) to find a job
occupàto *agg.* **1** (*impegnato*) busy, engaged **2** (*non libero*) taken, engaged **3** (*soggetto a occupazione*) occupied **4** (*impiegato*) employed
occupazióne *s. f.* **1** occupation **2** (*attività*) job, employment, occupation **3** (*dir.*) occupancy
oceànico *agg.* oceanic, ocean (*attr.*)
ocèano *s. m.* ocean
oceanografìa *s. f.* oceanography
òcra *s. f.* ochre
oculàre *agg.* ocular, eye (*attr.*) ♦ **testimone o.** eye-witness
oculàto *agg.* cautious, shrewd
oculìsta *s. m. e f.* oculist

òde *s. f.* ode
odiàre A *v. tr.* to hate B *v. rifl. rec.* to hate each other
odièrno *agg.* today's (*attr.*)
òdio *s. m.* hatred, hate
odióso *agg.* hateful, hideous, detestable
odissèa *s. f.* odyssey
odontoiatrìa *s. f.* odontology
odontotècnico *s. m.* dental mechanic
odoràre *v. tr. e intr.* to smell
odoràto *s. m.* smell
odóre *s. m.* **1** smell, odour, scent **2** (*piacevole*) perfume, scent **3** (*fig.*) odour **4** *pl.* (*cuc.*) herbs
odoróso *agg.* sweet-smelling, fragrant
offèndere A *v. tr.* **1** to offend **2** (*danneggiare*) to damage, to injure **3** (*violare*) to break, to infringe B *v. intr. pron.* to be offended, to take offence C *v. rifl. rec.* to offend each other, to insult each other
offensìva *s. f.* offensive
offensìvo *agg.* offensive
offerènte *s. m. e f.* offerer, (*a un'asta*) bidder
offèrta *s. f.* **1** offer **2** (*donazione*) offering, donation **3** (*comm.*) offer, (*econ.*) supply, (*a un'asta*) bidding
offésa *s. f.* **1** offence, insult **2** (*torto*) wrong
offéso *agg.* **1** offended, hurt **2** (*ferito*) injured
officiàre *v. tr.* to serve
officìna *s. f.* workshop, shop ♦ **o. meccanica** machine-shop
offrìre A *v. tr.* **1** to offer **2** (*a un'asta*) to bid **3** (*esporre*) to expose B *v. rifl.* to offer oneself C *v. intr. pron.* (*presentarsi*) to offer oneself, to occur, to arise ♦ **offrirsi volontario** to volunteer
offuscàre A *v. tr.* to darken, to dim B *v. intr. pron.* to darken, to get dark, to grow dark, to become obscured
oftàlmico *agg.* ophthalmic
oftalmologìa *s. f.* ophthalmology
oggettivàre *v. tr.* to objectify
oggettività *s. f.* objectivity
oggettìvo *agg.* objective
oggètto *s. m.* **1** object, thing **2** (*argomento*) subject, subject matter **3** (*motivo*) object, subject **4** (*scopo*) object, purpose **5** (*gramm.*) object ♦ **oggetti preziosi** valuables; **oggetti personali** personal belongings
òggi *avv. e s. m.* today ♦ **a tutt'o.** till today; **o. stesso** this very day
oggigiórno *avv.* nowadays
ogìva *s. f.* ogive
ógni *agg. indet.* **1** (*ciascuno*) every, each, (*tutti*) all **2** (*qualsiasi*) any, all **3** (*distributivo*) every ♦ **o. due giorni** every two days, every second day; **o. giorno** every day; **o. tanto** every now and then
ognùno *pron. indef.* **1** everybody, everyone **2** (*con partitivo*) each (one), every (single) one, all
olandése A *agg.* Dutch B *s. m. e f.* Dutchman *m.*, Dutchwoman *f.* C *s. m.* (*lingua*) Dutch
oleodótto *s. m.* oil pipeline
oleóso *agg.* oily, oil (*attr.*)
olfàtto *s. m.* (sense of) smell
oliàre *v. tr.* to oil
oliatóre *s. m.* oiler
oligarchìa *s. f.* oligarchy
olimpìadi *s. f. pl.* Olympic games *pl.*, Olympics *pl.*

olimpico *agg.* 1 (*dell'Olimpo*) Olympian 2 (*delle Olimpiadi*) Olympic

olimpiònico *agg.* Olympic

òlio *s. m.* oil ◆ **o. d'oliva/di semi** olive/seed oil; **quadro a o.** oil painting; **sott'o.** in oil

oliva *s. f.* olive

olivàstro *agg.* olive

olivo *s. m.* olive tree

ólmo *s. m.* elm

olocàusto *s. m.* holocaust

oltraggiàre *v. tr.* to outrage, to insult

oltràggio *s. m.* outrage

oltraggióso *agg.* outrageous

oltrànza, a *loc. avv.* to the death, to the bitter end

óltre A *avv.* 1 (*di luogo*) farther (on), further (on) 2 (*di tempo*) longer, more, over 3 (*di quantità*) over, more **B** *prep.* 1 (*di luogo*) beyond, on the other side of, over 2 (*più di*) more than, over 3 **o. a** (*in aggiunta*) besides, in addition to, as well as ◆ **o. tutto** and besides

oltremàre *avv.* overseas

oltrepassàre *v. tr.* 1 to go beyond 2 (*eccedere*) to exceed

omàggio *s. m.* 1 (*ossequio*) homage 2 *al pl.* (*saluto*) regards *pl.*, compliments *pl.* 3 (*offerta*) (free) gift, (*comm.*) free sample, giveaway ◆ **biglietto in o.** complimentary ticket

ombelicàle *agg.* umbilical

ombelico *s. m.* navel

ómbra *s. f.* 1 shade, shadow 2 (*parvenza*) shadow, hint 3 (*spettro*) shade

ombreggiàre *v. tr.* to shade

ombreggiatùra *s. f.* shading

ombrellàio *s. m.* umbrella-maker, (*venditore*) umbrella-seller

ombrèllo *s. m.* umbrella ◆ **o. da sole** sunshade, parasol

ombrellóne *s. m.* beach-umbrella

ombrétto *s. m.* eye shadow

ombrina *s. f.* (*zool.*) umbrine

ombróso *agg.* 1 shady, shadowy 2 (*di cavallo*) skittish 3 (*di persona*) touchy

omelette *s. f. inv.* omelette

omelìa *s. f.* homily

omeopatìa *s. f.* hom(o)eopathy

omeopàtico *agg.* hom(o)eopathic

òmero *s. m.* humerus

ométtere *v. tr.* to omit, to leave out

omicida *s. m. e f.* homicide, murderer

omicidio *s. m.* homicide, murder

omissióne *s. f.* omission

omogeneità *s. f.* homogeneity

omogeneizzàto *s. m.* homogenized food

omogèneo *agg.* homogeneous

omologàre *v. tr.* 1 to homologate, to approve, to validate 2 (*riconoscere*) to recognize

omologìa *s. f.* homology

omònimo A *agg.* homonymous **B** *s. m.* 1 homonym 2 (*persona*) namesake

omosessuàle *agg. e s. m. e f.* homosexual

óncia *s. f.* ounce

ónda *s. f.* wave

ondàta *s. f.* wave ◆ **o. di caldo** heat-wave

ónde *cong.* 1 (*affinché*) in order that, so that 2 (*cosicché*) so that

ondeggiàre *v. intr.* 1 to rock, to roll 2 (*oscillare*) to wave, to sway

ondulàto *agg.* 1 wavy, undulating 2 (*di lamiera, cartone*) corrugated

ondulatòrio *agg.* undulatory

ondulazióne *s. f.* 1 undulation 2 (*di capelli*) wave

ònere *s. m.* burden, (*dovere*) duty, (*spesa*) charge

oneróso *agg.* onerous, burdensome

onestà *s. f.* honesty

onesto *agg.* honest

ònice *s. f.* onyx

onirico *agg.* oneiric

onnipotènte *agg.* 1 (*di Dio*) omnipotent, almighty 2 (*di persona*) all-powerful

onnipresènte *agg.* omnipresent, ubiquitous

onnivoro *agg.* omnivorous

onomàstico *s. m.* name-day

onorànze *s. f. pl.* honour

onoràre A *v. tr.* 1 to honour 2 (*conferire onore*) to do honour to **B** *v. rifl.* to be honoured

onoràrio (1) *agg.* honorary

onoràrio (2) *s. m.* fee, emolument

onóre *s. m.* honour

onorificènza *s. f.* honour, (*decorazione*) decoration

onorifico *agg.* honorary

ónta *s. f.* 1 (*disonore*) dishonour, disgrace 2 (*offesa*) offence ◆ **a o. di** in spite of

opàco *agg.* opaque

opàle *s. m.* opal

opalescènte *agg.* opalescent

òpera *s. f.* 1 work 2 (*melodramma*) opera 3 (*ente*) institution

operàio A *agg.* (*che lavora*) worker (*attr.*), (*di operai*) working, workers' **B** *s. m.* workman, worker, hand ◆ **o. specializzato** skilled worker

operàre A *v. tr.* 1 to do, to work, to perform 2 (*med.*) to operate on **B** *v. intr.* to operate, to work, to act **C** *v. intr. pron.* 1 (*accadere*) to occur 2 (*farsi operare*) to be operated on

operativo *agg.* 1 (*in vigore*) operative 2 (*pratico*) operating

operatóre *s. m.* operator

operatòrio *agg.* operating

operazióne *s. f.* 1 operation 2 (*econ.*) transaction, operation

operétta *s. f.* operetta

operóso *agg.* industrious, active

opinàbile *agg.* debatable

opinióne *s. f.* opinion

òppio *s. m.* opium

oppórre *v. tr., intr. pron. e rifl.* to oppose

opportunaménte *avv.* opportunely, suitably

opportunismo *s. m.* opportunism

opportunista *s. m. e f.* opportunist

opportunità *s. f.* 1 timeliness, advisability 2 (*occasione*) opportunity, occasion, chance

opportùno *agg.* opportune, timely, (*appropriato*) appropriate

oppositóre *s. m.* opponent
opposizióne *s. f.* opposition
oppósto A *agg.* **1** opposite **2** (*contrario*) opposite, opposing, contrary **B** *s. m.* opposite, contrary ♦ **all'o.** on the contrary
oppressióne *s. f.* oppression
oppressivo *agg.* oppressive
oppressóre *s. m.* oppressor
opprimènte *agg.* oppressive
opprimere *v. tr.* to oppress, to weigh down
oppugnàre *v. tr.* to impugn, to refute
oppùre *cong.* **1** or **2** (*altrimenti*) or else, otherwise
optàre *v. intr.* to opt (for), to decide (for)
opulènza *s. f.* wealth, opulence
opùscolo *s. m.* booklet
opzionàle *agg.* optional
opzióne *s. f.* option, choice
óra (1) *s. f.* **1** hour **2** (*nel computo del tempo*) time **3** (*tempo*) time, (*momento*) moment ♦ **che o. è?** what time is it?; **o. di chiusura** closing time; **ore dei pasti** meal time; **ore di punta** peak hours; **o. legale** summer time; **un'o. e mezza** an hour and a half
óra (2) *avv.* **1** (*adesso*) now, at present **2** (*poco fa*) just **3** (*tra poco*) in a minute, shortly **B** *cong.* **1** (*allora*) now **2** (*invece*) but ♦ **d'o. in poi** from now on; **o. che** now that; **or o.** just now; **prima d'o.** before
oràcolo *s. m.* oracle
òrafo *s. m.* goldsmith
oràle *agg.* oral
oràrio A *agg.* hourly, hour (*attr.*) **B** *s. m.* **1** time, hours *pl.*, schedule **2** (*tabella*) time-table
oràta *s. f.* (*zool.*) gilthead
oratóre *s. m.* orator, speaker
oratòrio *s. m.* oratory
orazióne *s. f.* **1** (*preghiera*) prayer **2** (*discorso*) oration
òrbita *s. f.* **1** orbit **2** (*anat.*) eye-socket, orbit
orchèstra *s. f.* orchestra, (*piccola*) band ♦ **direttore d'o.** conductor
orchestràre *v. tr.* to orchestrate
orchidèa *s. f.* orchid
òrco *s. m.* ogre
òrda *s. f.* horde
ordigno *s. m.* device, contrivance
ordinàle *agg.* ordinal
ordinaménto *s. m.* **1** order, arrangement **2** (*regolamento*) regulations *pl.*, rules *pl.*
ordinànza *s. f.* ordinance, order, injunction
ordinàre A *v. tr.* **1** (*mettere in ordine*) to put in order, to arrange **2** (*comandare*) to order, to command, to direct **3** (*commissionare*) to order **4** (*prescrivere*) to prescribe **5** (*relig.*) to ordain **B** *v. rifl.* to arrange oneself, to draw oneself up
ordinàrio *agg.* **1** ordinary, usual **2** (*grossolano*) common
ordinazióne *s. f.* **1** order **2** (*relig.*) ordination
órdine *s. m.* order ♦ **di prim'o.** first-class, first-rate; **o. del giorno** agenda; **o. professionale** professional association; **parola d'o.** password
ordìre *v. tr.* to plot, to plan
ordìto *s. m.* warp
orecchiàbile *agg.* catchy

orecchìno *s. m.* ear-ring
orécchio *s. m.* ear
orecchióni *s. m. pl.* (*fam.*) mumps *pl.*
oréfice *s. m.* goldsmith, (*gioielliere*) jeweller
oreficerìa *s. f.* **1** (*arte*) jeweller's art, goldsmith's art **2** (*negozio*) jeweller's (shop), goldsmith's (shop)
òrfano *agg. e s. m.* orphan
orfanotròfio *s. m.* orphanage
organétto *s. m.* barrel organ
organicità *s. f.* organicity
orgànico A *agg.* **1** organic **2** (*sistematico*) organized, systematic **B** *s. m.* staff
organigràmma *s. m.* organization chart
organìsmo *s. m.* **1** organism **2** (*organizzazione*) organization, body
organizzàre A *v. tr.* to organize **B** *v. rifl.* to organize oneself
organizzatóre A *agg.* organizing **B** *s. m.* organizer
organizzazióne *s. f.* organization
òrgano *s. m.* **1** organ **2** (*apparato, ente*) body, branch, organ **3** (*mecc.*) part, unit
orgàsmo *s. m.* **1** orgasm **2** (*agitazione*) excitement
òrgia *s. f.* orgy
orgóglio *s. m.* pride
orgóglióso *agg.* proud
orientàbile *agg.* adjustable
orientàle *agg.* oriental, eastern, east (*attr.*), (*da oriente*) easterly
orientaménto *s. m.* **1** orientation **2** (*tendenza*) trend ♦ **senso dell'o.** sense of direction
orientàre A *v. tr.* **1** to orient, to orientate **2** (*indirizzare*) to steer **B** *v. rifl.* **1** to orientate oneself, to take one's bearings **2** (*tendere*) to tend **3** (*intraprendere*) to take up
orientativo *agg.* indicative
oriènte *s. m.* east
orìgano *s. m.* oregano, origanum, wild marjoram
originàle A *agg.* **1** original **2** (*nuovo*) new, original **3** (*non contraffatto*) genuine, real **4** (*strano*) strange, queer **B** *s. m.* **1** original **2** (*persona*) eccentric
originalità *s. f.* **1** originality **2** (*novità*) novelty **3** (*stranezza*) strangeness
originàre A *v. tr.* to originate, to cause **B** *v. intr. e intr. pron.* to originate, to arise, to spring
originàrio *agg.* **1** original, primary **2** (*nativo*) native
orìgine *s. f.* origin
origliàre *v. tr.* to eavesdrop
orìna *s. f.* urine
orinàre *v. tr. e intr.* to urinate
orizzontàle *agg.* horizontal
orizzontalménte *avv.* horizontally
orizzontàrsi *v. rifl.* **1** to orientate oneself, to get one's bearings **2** (*raccapezzarsi*) to find one's way
orizzónte *s. m.* horizon
orlàre *v. tr.* **1** to hem **2** (*bordare*) to border, to edge
órlo *s. m.* **1** (*di vestito, tenda, ecc.*) hem **2** (*margine*) border, edge, brink, rim, lip
órma *s. f.* **1** footprint, track **2** (*fig.*) trace, mark
ormài *avv.* **1** by now, by this time, (*riferito al pass.*) by then, by that time **2** (*quasi*) almost, nearly
ormeggiàre *v. tr. e intr. pron.* to moor

orméggio *s. m.* mooring
ormóne *s. m.* hormone
ornamentale *agg.* ornamental
ornaménto *s. m.* ornament
ornàre A *v. tr.* to adorn, to decorate **B** *v. rifl.* to adorn oneself
ornitologìa *s. f.* ornithology
òro *s. m.* gold ♦ **o. zecchino** fine gold; **placcato in o.** gold plated
orografìa *s. f.* orography
orologiàio *s. m.* watchmaker, (*riparatore*) watch-repairer
orològio *s. m.* clock, (*da polso, da tasca*) watch
oròscopo *s. m.* horoscope
orrèndo *agg.* horrible, dreadful
orrìbile *agg.* horrible, dreadful
òrrido *agg.* horrid, horrible
orripilànte *agg.* horrifying
orróre *s. m.* horror ♦ **film dell'o.** horror film
orsacchiòtto *s. m.* (*giocattolo*) teddy bear
órso *s. m.* bear ♦ **o. bruno** brown bear; **o. grigio** grizzly; **o. polare** sea bear
ortàggio *s. m.* vegetable
ortìca *s. f.* nettle
orticària *s. f.* nettle rash
orticoltùra *s. f.* horticulture
òrto *s. m.* vegetable garden, kitchen garden ♦ **o. botanico** botanical garden
ortodossìa *s. f.* orthodoxy
ortodòsso *agg. e s. m.* orthodox
ortogonàle *agg.* orthogonal
ortografìa *s. f.* orthography ♦ **errore di o.** spelling mistake
ortopedìa *s. f.* orthop(a)edics *pl.* (*v. al sing.*)
ortopèdico A *agg.* orthop(a)edic(al) **B** *s. m.* orthop(a)edist
orzaiòlo *s. m.* sty(e)
òrzo *s. m.* barley
osannàre *v. tr.* to acclaim
osàre A *v. intr.* to dare **B** *v. tr.* to risk, to attempt
oscenità *s. f.* obscenity
oscèno *agg.* obscene
oscillàre *v. intr.* **1** to swing, to sway, to rock, to oscillate **2** (*variare*) to fluctuate **3** (*essere dubbioso*) to waver **4** (*elettr.*) to oscillate
oscillazióne *s. f.* **1** swinging, oscillation **2** (*variazione*) fluctuation **3** (*fis.*) oscillation
oscuraménto *s. m.* **1** darkening, obscuring **2** (*mil.*) blackout
oscurantìsmo *s. m.* obscurantism
oscuràre A *v. tr.* to darken, to obscure, to black out **B** *v. intr. e intr. pron.* to darken, to become obscure
oscurità *s. f.* darkness, obscurity
oscùro A *agg.* **1** dark, obscure **2** (*poco noto*) obscure, unknown **B** *s. m.* dark ♦ **essere all'o. di q.c.** to be in the dark about st.
ospedàle *s. m.* hospital
ospedalièro *agg.* hospital (*attr.*)
ospitàle *agg.* hospitable
ospitalità *s. f.* hospitality
ospitàre *v. tr.* **1** to give hospitality to, to put up, to

take in **2** (*di albergo*) to accommodate **3** (*contenere*) to house
òspite *s. m. e f.* **1** (*chi ospita*) host *m.*, hostess *f.* **2** (*persona ospitata*) guest ♦ **camera degli ospiti** guest-room; **o. d'onore** special guest; **o. pagante** paying guest
ospìzio *s. m.* hospice, home
ossatùra *s. f.* **1** skeleton, bones *pl.* **2** (*struttura*) framework, structure
òsseo *agg.* bony, osseous
ossèquio *s. m.* **1** (*omaggio*) homage **2** *al pl.* (*saluti*) regards *pl.*, respects *pl.* **3** (*obbedienza*) obedience
ossequióso *agg.* deferential, respectful
osservàbile *agg.* noticeable, visible
osservànza *s. f.* observance
osservàre *v. tr.* **1** to observe, to watch, to examine **2** (*rispettare*) to keep, to observe, to respect **3** (*notare*) to notice, to point out **4** (*obiettare*) to object
osservatóre *s. m.* observer
osservatòrio *s. m.* observatory
osservazióne *s. f.* **1** observation **2** (*rimprovero*) reproach
ossessionàre *v. tr.* to haunt, to obsess
ossessióne *s. f.* obsession
ossessìvo *agg.* haunting, obsessive
ossìa *cong.* **1** (*cioè*) that is, id est, (*abbr.* i.e.), or **2** (*o meglio*) or rather
ossidàre *v. tr. e intr. pron.* to oxidize
òssido *s. m.* oxide
ossigenàre *v. tr.* **1** to oxygenate **2** (*i capelli*) to peroxide, to bleach
ossìgeno *s. m.* oxygen
òsso *s. m.* **1** bone **2** (*nocciolo*) stone, pit
ossùto *agg.* bony
ostacolàre *v. tr.* to hinder, to hamper
ostàcolo *s. m.* **1** obstacle, hindrance, handicap **2** (*ippica*) jump, (*atletica*) hurdle
ostàggio *s. m.* hostage
òste *s. m.* host, innkeeper
osteggiàre *v. tr.* to oppose, to be hostile to
ostèllo *s. m.* (*youth*) hostel
ostensòrio *s. m.* ostensory
ostentàre *v. tr.* **1** to show off, to parade **2** (*fingere*) to feign
ostentazióne *s. f.* ostentation, showing off
osterìa *s. f.* tavern, pub
ostetrìcia *s. f.* obstetrics *pl.* (*v. al sing.*)
ostètrico A *agg.* obstetric(al) **B** *s. m.* obstetrician
òstia *s. f.* **1** (*relig.*) host **2** (*cialda*) wafer
òstico *agg.* hard, difficult
ostìle *agg.* hostile
ostilità *s. f.* hostility
ostinàrsi *v. intr. pron.* to persist, to insist
ostinàto *agg.* obstinate, stubborn
ostinazióne *s. f.* obstinacy, stubbornness
ostracìsmo *s. m.* ostracism
òstrica *s. f.* oyster
ostruìre A *v. tr.* to obstruct, to block (up) **B** *v. intr. pron.* to become obstructed
ostruzióne *s. f.* obstruction
ostruzionìsmo *s. m.* obstructionism, (*USA*) fili-

bustering
otite *s. f.* otitis
otorinolaringoiàtra *s. m. e f.* otorhinolaryngologist
ótre *s. m.* wineskin
ottagonàle *agg.* octagonal
ottànta *agg. num. card. e s. m. inv.* eighty
ottantèsimo *agg. num. ord. e s. m.* eightieth
ottàva *s. f.* octave
ottàvo *agg. num. ord. e s. m.* eighth
ottemperàre *v. intr.* to comply, to observe
ottenebràre *v. tr. e intr. pron.* to darken, to cloud
ottenére *v. tr.* **1** to obtain, to get **2** (*ricavare*) to obtain, to extract
òttica *s. f.* **1** optics *pl.* (*v. al sing.*) **2** (*fig.*) point of view
òttico A *agg.* optic(al) B *s. m.* optician
ottimàle *agg.* optimal, optimum (*attr.*)
ottimaménte *avv.* very well
ottimìsmo *s. m.* optimism
ottimìsta A *agg.* optimistic B *s. m. e f.* optimist
ottimizzàre *v. tr.* to optimize
òttimo A *agg. sup. rel.* **1** very good, excellent, first-rate **2** (*ottimale*) optimal, optimum (*attr.*) B *s. m.* **1** the best **2** (*l'optimum*) optimum
òtto *agg. num. card. e s. m. inv.* eight
ottóbre *s. m.* October
ottocentésco *agg.* nineteenth-century (*attr.*)
ottocènto *agg. num. card. e s. m. inv.* eight hundred ♦ **l'O.** the nineteenth century

ottomàno *agg. e s. m.* Ottoman
ottóne *s. m.* brass
otturàre A *v. tr.* **1** to block (up), to stop (up) **2** (*un dente*) to fill B *v. intr. pron.* to get blocked up, to clog
otturatóre *s. m.* **1** (*arma*) breech-block **2** (*fot.*) shutter
otturazióne *s. f.* **1** blocking (up), stopping **2** (*di dente*) filling
ottùso *agg.* **1** obtuse **2** (*fig.*) dull, obtuse
ovàia *s. f.* ovary
ovàle *agg. e s. m.* oval
ovàtta *s. f.* cotton wool, (*per imbottitura*) padding
ovattàre *v. tr.* **1** to pad **2** (*fig.*) to attenuate, to muffle
ovazióne *s. f.* ovation
òvest *s. m.* west
ovìle *s. m.* sheepfold, pen
ovìno A *agg.* ovine, sheep (*attr.*) B *s. m.* sheep
ovìparo *agg.* oviparous
ovoidàle *agg.* ovoid(al)
òvulo *s. m.* (*biol.*) ovum, ovule
ovùnque *avv.* → **dovunque**
ovvéro *cong.* **1** (*ossia*) or, that is **2** (*o meglio*) or rather
ovviaménte *avv.* obviously
ovviàre *v. intr.* to get out of
òvvio *agg.* clear, obvious, evident
oziàre *v. intr.* to idle about, to laze about
òzio *s. m.* **1** idleness, laziness **2** (*riposo*) leisure
ozióso *agg.* idle
ozòno *s. m.* ozone

P

pacàto *agg.* calm, quiet
pacchétto *s. m.* packet
pacchiàno *agg.* garish, showy
pàcco *s. m.* parcel, pack, package
pàce *s. f.* peace
pachidèrma *s. m.* pachyderm
pacificàre A *v. tr.* **1** to pacify, to appease **2** (*riconciliare*) to reconcile B *v. intr. pron.* **1** to make it up **2** (*calmarsi*) to calm down C *v. rifl. rec.* to reconcile oneself
pacificazióne *s. f.* **1** pacification **2** (*riconciliazione*) reconciliation
pacìfico *agg.* peaceful, pacific
pacifìsmo *s. m.* pacifism
pacifìsta *s. m. e f.* pacifist
padèlla *s. f.* frying pan
padiglióne *s. m.* **1** pavilion **2** (*anat.*) auricle
pàdre *s. m.* father
padrìno *s. m.* godfather
padronàle *agg.* master's, (*principale*) main
padronànza *s. f.* mastery, command, control ♦ **p. di sé** self-control
padróne *s. m.* **1** master **2** (*proprietario*) owner **3** (*di casa*) landlord
padroneggiàre A *v. tr.* to master, to command, to control B *v. rifl.* to control oneself
paesàggio *s. m.* landscape, scenery, view
paesaggìsta *s. m. e f.* landscape painter
paesàno *agg.* **1** country (*attr.*), rural **2** (*di paese*) village (*attr.*)
paése *s. m.* **1** (*nazione*) country **2** (*territorio*) land, country **3** (*villaggio*) village
paffùto *agg.* chubby
pàga *s. f.* pay, wages *pl.*
pagàbile *agg.* payable
pagàia *s. f.* paddle
pagaménto *s. m.* payment ♦ **condizioni di p.** terms of payment; **p. alla consegna** cash on delivery; **p. a saldo** settlement
paganésimo *s. m.* paganism, heathenism
pagàno *agg. e s. m.* pagan, heathen
pagàre *v. tr. e intr.* to pay ♦ **p. da bere a qc.** to stand sb. a drink
pagèlla *s. f.* (school) report
pagèllo *s. m.* sea-bream

pàggio s. m. pageboy

pagherò s. m. inv. (comm.) I owe you (abbr. IOU)

pàgina s. f. page ♦ **p. bianca** blank page; **prima p.** front page

pàglia s. f. straw

pagliaccétto s. m. rompers pl.

pagliàccio s. m. clown, buffoon

pagliàio s. m. straw-stack

pagliétta s. f. 1 (cappello) straw hat 2 (per pulire) steel wool

pagnòtta s. f. loaf

pagòda s. f. pagoda

pàio s. m. 1 pair 2 (circa due) couple

paiòlo s. m. pot

pàla s. f. 1 shovel 2 (di remo, elica, ventilatore) blade, (di mulino) vane 3 (d'altare) altar-piece

paladino s. m. paladin, champion

palafitta s. f. 1 palafitte 2 (edil.) pilework

palàmito s. m. boulter

palàto s. m. palate

palàzzo s. m. 1 palace 2 (casa signorile) mansion 3 (edificio) building ♦ **p. dello sport** stadium

pàlco s. m. 1 (teatro) box 2 (tribuna) stand, platform 3 (palcoscenico) stage

palcoscènico s. m. stage

paleoantropologìa s. f. paleoanthropology

paleocristiàno agg. early Christian

paleografìa s. f. pal(a)eography

paleolìtico agg. Pal(a)eolithic

palesàre A v. tr. to reveal, to disclose B v. rifl. o intr. pron. to show oneself

palése agg. evident, manifest, clear

palestinése agg. e s. m. e f. Palestinian

palèstra s. f. gymnasium

palétta s. f. 1 (small) shovel, (per la spazzatura) dustpan 2 (del capostazione) bat

palétto s. m. 1 stake, pole, post 2 (chiavistello) bolt

palizzàta s. f. fence

pàlla s. f. ball

pallacanèstro s. f. basketball

pallamàno s. f. handball

pallanuòto s. f. water polo

pallavólo s. f. volleyball

palliatìvo agg. e s. m. palliative

pàllido agg. 1 pale 2 (fig.) faint, dim, slight

pallìno s. m. 1 (bocce) jack 2 (biliardo) cue ball 3 (da caccia) shot 4 (fig.) mania ♦ **disegno a pallini** polka-dot pattern

pallóne s. m. 1 ball 2 (calcio) football 3 (aerostato) balloon

pallóre s. m. pallor

pallòttola s. f. 1 pellet 2 (proiettile) bullet

pallottolière s. m. abacus

pàlma s. f. palm ♦ **p. da cocco** coconut-palm; **p. da datteri** date-palm

palmipede agg. web-footed

palmìzio s. m. palm(-tree)

pàlmo s. m. 1 (della mano) palm 2 (spanna) span ♦ **a p. a p.** inch by inch

pàlo s. m. 1 pole, post, stake 2 (fam.) (complice) lookout

palombàro s. m. diver

palómbo s. m. smooth hound

palpàre v. tr. to feel, to finger, (med.) to palpate

pàlpebra s. f. eyelid

palpitàre v. intr. to palpitate, to throb

palpitazióne s. f. palpitation, throbbing

pàlpito s. m. throb

paltò s. m. overcoat

palùde s. f. marsh, bog, swamp, fen

paludóso agg. marshy, boggy, swampy

palùstre agg. marsh (attr.), fen (attr.)

pànca s. f. bench, form, (di chiesa) pew

pancétta s. f. 1 (pancia) paunch, belly 2 (cuc.) bacon

panchìna s. f. bench

pància s. f. belly, stomach, tummy (fam.) ♦ **mal di p.** belly-ache

panciòtto s. m. waistcoat, (USA) vest

pàncreas s. m. pancreas

pànda s. m. inv. panda

pandemònio s. m. pandemonium, uproar

pàne s. m. 1 bread 2 (fig.) (il necessario) bread, living, food 3 (forma) block, cake, loaf ♦ **p. fresco** fresh bread; **p. integrale** wholemeal bread; **p. tostato** toast

panegìrico s. m. panegyric

panellenìsmo s. m. Panhellenism

panetterìa s. f. bakery, (negozio) baker's (shop)

panettière s. m. baker

pànfilo s. m. yacht

pangrattàto s. m. breadcrumbs pl.

pànico s. m. panic

panière s. m. basket

panificio s. m. bakery, baker's (shop)

panino s. m. roll, (imbottito) sandwich

pànna s. f. cream ♦ **caffè con p.** coffee with cream; **p. montata** whipped cream

panne s. f. inv. breakdown

pannéggio s. m. drapery

pannèllo s. m. panel

pànno s. m. cloth ♦ **mettersi nei panni di qc.** to put oneself in sb.'s shoes

pannòcchia s. f. cob

pannolino s. m. napkin, (USA) diaper

panoràma s. m. 1 view, panorama 2 (fig.) survey, outline

panoràmica s. f. 1 (panorama) view, panorama 2 (fig.) survey 3 (cin.) panning

panoràmico agg. panoramic ♦ **schermo p.** wide screen; **strada panoramica** panoramic drive

pansé s. f. pansy

pantagruèlico agg. Pantagruelian

pantalóni s. m. pl. trousers pl., pants pl. ♦ **p. corti** shorts; **un paio di p.** a pair of trousers

pantàno s. m. morass, quagmire

panteìsmo s. m. pantheism

pantèra s. f. panther

pantòfola s. f. slipper

pantomìma s. f. pantomime

panzàna s. f. fib, lie

paonàzzo agg. purple, violet

pàpa s. m. pope

papà s. m. daddy, dad, pa

papàia s. f. papaya

papàle agg. papal

papàto s. m. papacy

papàvero s. m. poppy

pàpera s. f. 1 duckling, gosling 2 (errore) slip

pàpero s. m. gosling

papìro s. m. papyrus

papìsmo s. m. papism

pàppa s. f. pap, baby food

pappagàllo s. m. parrot

pappagórgia s. f. double chin

pàra s. f. para rubber

paràbola (1) s. f. (racconto) parable

paràbola (2) s. f. 1 (geom.) parabola 2 (fig.) course

parabrézza s. m. inv. windscreen, (USA) windshield

paracadùte s. m. inv. parachute

paracadutìsmo s. m. parachuting ♦ **p. acrobatico** skydiving

paracàrro s. m. kerbstone

paradìso s. m. paradise, heaven

paradossàle agg. 1 paradoxical 2 (bizzarro) strange

paradòsso s. m. paradox

parafàngo s. m. mudguard, (USA) fender

paraffìna s. f. paraffin

paràfrasi s. f. paraphrase

parafùlmine s. m. lightning-rod

paràggi s. m. pl. neighbourhood

paragonàbile agg. comparable

paragonàre A v. tr. to compare B v. rifl. to compare oneself

paragóne s. m. 1 comparison 2 (esempio) analogy

paràgrafo s. m. paragraph

paràlisi s. f. paralysis

paralìtico agg. e s. m. paralytic

paralizzàre v. tr. to paralyse

parallelepìpedo s. m. parallelepiped

parallelìsmo s. m. parallelism

parallèlo agg. e s. m. parallel

paralùme s. m. lampshade

paràmetro s. m. parameter

paranòia s. f. paranoia

paranòico agg. e s. m. paranoiac

paranormàle agg. paranormal

paraòcchi s. m. blinkers pl.

parapètto s. m. parapect, (naut.) bulwark

parapìglia s. m. turmoil, confusion

parapsicologìa s. f. parapsychology

paràre v. tr. 1 (addobbare) to adorn, to decorate 2 (riparare) to shield 3 (evitare) to parry, (calcio) to save ♦ **andare a p.** to drive at

parasóle A agg. inv. sun (attr.) B s. m. inv. parasol, sunshade

parassìta A s. f. parasitic(al) B s. m. parasite

paràta (1) s. f. parade

paràta (2) s. f. (sport) parry

paratìa s. f. bulkhead

paraùrti s. m. bumper

paravènto s. m. screen

parcèlla s. f. fee, bill

parcheggiàre v. tr. to park

parchéggio s. m. 1 parking 2 (posteggio) (car) park ♦ **divieto di p.** no parking

parchìmetro s. m. parking-meter

pàrco (1) s. m. park

pàrco (2) agg. frugal, moderate

parécchio A agg. indef. 1 (quite a) lot of, rather a lot of, plenty of 2 (tempo) (quite) a long, rather a long 3 al pl. several, quite a lot of, rather a lot of B pron. indef. 1 quite a lot, rather a lot 2 al pl. several, quite a few, quite a lot C av. quite, very, quite a lot

pareggiàre A v. tr. 1 to equalize, to make equal 2 (comm.) to balance, to square, to settle 3 (uguagliare) to match 4 (livellare) to level 5 (tagliando) to trim B v. intr. (finire pari) to draw, to tie

paréggio s. m. 1 (comm.) balance, squaring 2 (sport) draw, tie

parentàdo s. m. relatives pl.

parènte s. m. e f. relative, relation

parentèla s. f. 1 relationship, kinship 2 (insieme dei parenti) relatives pl.

parèntesi s. f. 1 (segno) parenthesis, bracket 2 (inciso) digression 3 (intervallo) interval, period

parére (1) v. intr. to seem, to appear, to look (like) 2 (impers.) to seem, (credere) to think ♦ **mi pare di sì** I think so; **pare impossibile che ...** it seems impossible that ...

parére (2) s. m. opinion, advice ♦ **a mio p.** in my opinion

parète s. f. 1 wall 2 (superficie) side, surface 3 (di montagna) face

pàri A agg. 1 equal, same, (simile) like, similar 2 (di punteggio, conto) equal, even 3 (di numero) even 4 (allo stesso livello) level, equal 5 (equivalente) equivalent, equal B s. m. 1 (pareggio) draw, tie 2 (numero pari) even number 3 (persona) equal, peer ♦ **alla p.** at the same level, (presso famiglia) au pair, (fin.) at par; **fare p. e dispari** to play odds and evens

parigìno agg. e s. m. Parisian

parìglia s. f. pair ♦ **rendere la p.** to give tit for tat

parità s. f. 1 parity, equality 2 (pareggio) draw, tie

parlamentàre agg. parliamentary

parlaménto s. m. Parliament

parlantìna s. f. talkativeness

parlàre A v. intr. to speak, to talk B v. tr. to speak C v. rifl. rec. to speak to each other

parlàta s. f. way of speaking, (dialetto) dialect

parlatòrio s. m. parlour

parodìa s. f. parody

paròla s. f. 1 word 2 (facoltà di parlare) speech 3 (promessa) word, promise 4 (discorso) words pl., speech 5 al pl. (di canzone) lyrics pl. ♦ **p. d'ordine** password; **parole incrociate** crossword puzzle; **rivolgere la p. a qc.** to address sb.

parolàccia s. f. swearword, four-letter word

parossìstico agg. paroxysmal

parricìda s. m. parricide

parròcchia s. f. parish

parrocchiàle agg. parish (attr.), parochial

pàrroco s. m. (cattolico) parish priest, (protestante) parson, vicar

parrùcca s. f. wig

parrucchière *s. m.* hairdresser

parsimònia *s. f.* thriftiness, parsimony

parsimonióso *agg.* thrifty

pàrte *s. f.* **1** (*porzione*) part, share, portion **2** (*luogo, regione*) parts *pl.*, region **3** (*lato*) side, part **4** (*direzione*) way, direction **5** (*ruolo*) part, rôle **6** (*partito, fazione*) party, faction ♦ **a p. ciò** apart from that; **d'altra p.** on the other side; **farsi da p.** to step aside; **p. civile** plaintiff

partecipàre *v. intr.* **1** to participate (in), to share, to take part (in) **2** (*essere presente*) to be present (at), to attend **B** *v. tr.* (*annunciare*) to announce, to inform

partecipazióne *s. f.* **1** participation **2** (*presenza*) presence, attendance **3** (*fin.*) holding, interest **4** (*annuncio*) announcement, (*scritto*) card ♦ **p. di nozze** wedding card

partécipe *agg.* participating ♦ **essere p. di q.c.** to take part in st., to share st.; **rendere p. qc. di q.c.** to acquaint sb. with st.

parteggiàre *v. intr.* to side (with), to support

partènza *s. f.* **1** departure **2** (*sport*) start ♦ **essere in p.** to be about to leave

particèlla *s. f.* particle

participio *s. m.* participle

particolàre *agg.* **1** particular, special, peculiar **2** (*privato*) particular, private **3** (*strano*) peculiar, strange **4** (*accurato*) detailed **B** *s. m.* particular, detail

particolarità *s. f.* particularity, peculiarity

partigiàno *agg. e s. m.* partisan

partire *v. intr.* **1** to leave, to go away **2** (*decollare*) to take off, (*salpare*) to sail **3** (*mettersi in moto*) to start **4** (*iniziare*) to start **5** (*provenire*) to come **6** (*fam.*) (*rompersi*) to go ♦ **a p. da** beginning from, as from; **p. per l'estero** to go abroad

partita *s. f.* **1** (*comm.*) lot, parcel, stock **2** (*giocata*) game, (*sport*) match **3** (*scrittura contabile*) entry

partito *s. m.* **1** party **2** (*risoluzione*) decision, resolution **3** (*occasione di matrimonio*) match

partitùra *s. f.* score

partizióne *s. f.* partition, division

pàrto *s. m.* (child)birth, delivery ♦ **p. cesareo** caesarian birth; **sala p.** delivery room

partorire *v. tr.* to bear, to give birth to

parvènza *s. f.* **1** appearance **2** (*traccia*) semblance

parziàle *agg.* partial

pascolàre *v. tr. e intr.* to graze, to pasture

pàscolo *s. m.* pasture, grazing

pàsqua *s. f.* Easter

pasquàle *agg.* Easter (*attr.*)

pasquétta *s. f.* Easter Monday

passàbile *agg.* fairly good

passàggio *s. m.* **1** passage, passing **2** (*transito*) transit **3** (*luogo dove si passa*) passage, way, (*attraversamento*) crossing **4** (*su veicolo*) lift **5** (*letter., mus.*) passage **6** (*fig.*) (*cambiamento*) shift, (*trasferimento*) handing, transfer ♦ **p. pedonale** pedestrian crossing; **vietato il p.** no transit

passànte A *s. m. e f.* passer-by **B** *s. m.* (*di cintura*) loop ♦ **p. ferroviario** railway link

passapòrto *s. m.* passport ♦ **mettere il visto su un p.** to visa a passport; **p. scaduto** expired passport

passàre A *v. intr.* **1** to pass, (*attraverso*) to pass through, to go through, (*vicino*) to pass by, to go by **2** (*trascorrere*) to pass, to go by, to elapse **3** (*cessare*) to pass away, to cease **4** (*fare visita*) to call on, to call at **5** (*diventare*) to become **6** (*essere considerato*) to be considered, (*essere scambiato*) to pass off as, to be taken for **7** (*essere approvato*) to be passed, to get through **8** (*intercorrere*) to be **9** (*a carte*) to pass **B** *v. tr.* **1** (*attraversare*) to pass, to cross, (*valicare*) to go beyond **2** (*trascorrere*) to pass, to spend **3** (*far passare*) to pass **4** (*dare*) to give, to hand, to pass **5** (*cospargere di*) to put, to spread **6** (*sopportare*) to go through, to pass through **7** (*trafiggere*) to pass through **8** (*promuovere*) to pass

passatèmpo *s. m.* pastime, (*il p. preferito*) hobby

passàto A *agg.* **1** past **2** (*scorso*) last **B** *s. m.* **1** past **2** (*gramm.*) past, perfect **3** (*cuc.*) soup

passaverdura *s. m. inv.* vegetable mill

passeggèro A *agg.* passing, transitory **B** *s. m.* passenger

passeggiàre *v. intr.* to walk, to take a walk, to stroll

passeggiàta *s. f.* **1** walk, (*in bici, a cavallo*) ride **2** (*luogo*) walk, promenade

passeggino *s. m.* pushchair, (*USA*) stroller

passéggio *s. m.* walk, stroll

passerèlla *s. f.* **1** (*per imbarco e sbarco*) gangway **2** (*teatro*) parade **3** (*per sfilate di moda*) catwalk

pàssero *s. m.* sparrow

passibile *agg.* liable

passionàle *agg.* **1** of passion, passional **2** (*appassionato*) passionate

passióne *s. f.* passion

passivo A *agg.* passive **B** *s. m.* **1** (*econ.*) deficit, liabilities *pl.* **2** (*gramm.*) passive

pàsso (1) *s. m.* **1** step, pace **2** (*andatura*) pace, walk **3** (*rumore*) footstep, (*orma*) footprint **4** (*brano*) passage **5** (*tecnol.*) pitch

pàsso (2) *s. m.* **1** (*passaggio*) passage, way **2** (*valico*) pass

pàsta *s. f.* **1** (*impasto*) dough, pastry **2** (*pasticcino*) pastry, cake **3** (*per minestra*) pasta **4** (*sostanza pastosa*) paste **5** (*fig.*) nature ♦ **p. frolla** short pastry; **p. sfoglia** puff pastry

pastasciutta *s. f.* pasta

pastèlla *s. f.* batter

pastèllo *agg. e s. m.* pastel

pasticca *s. f.* tablet, lozenge

pasticceria *s. f.* **1** confectionery **2** (*negozio*) pastry-shop, confectioner's shop

pasticciàre *v. tr. e intr.* to mess up, to make a mess

pasticcière *s. m.* confectioner

pasticcino *s. m.* pastry, cake

pasticcio *s. m.* **1** mess **2** (*cuc.*) pie

pastiglia *s. f.* **1** pastille, lozenge, sweet, drop **2** (*di freni*) pad

pastinàca *s. f.* parsnip

pàsto *s. m.* meal

pastoràle *agg.* pastoral

pastóre *s. m.* **1** shepherd **2** (*relig.*) pastor, minister

pastorizia *s. f.* sheep-farming

pastorizzàre *v. tr.* to pasteurize

pastóso *agg.* mellow, soft

pastràno *s. m.* overcoat

pastùra *s. f.* pasture

patàta *s. f.* potato ♦ **p. americana** sweet potato, batata; **patate fritte** fried potatoes, chips, (*USA*) French fries

paté *s. m. inv.* paté

patèma *s. m.* anxiety

patènte *s. f.* licence, permit ♦ **p. di guida** driving licence

paternalìsmo *s. m.* paternalism

paternità *s. f.* paternity, fatherhood

patèrno *agg.* paternal, (*da padre*) fatherly

patètico *agg.* pathetic

pàthos *s. m.* pathos

patìbolo *s. m.* gallows, scaffold

pàtina *s. f.* patina

pàtio *s. m.* patio

patìre *v. intr.* to suffer **B** *v. tr.* **1** to suffer, to undergo **2** (*sopportare*) to bear, to stand

patìto A *agg.* sickly **B** *s. m.* fan

patologìa *s. f.* pathology

patològico *agg.* pathologic(al)

pàtria *s. f.* **1** (*native*) country, homeland **2** (*luogo di nascita*) birthplace, home

patriàrca *s. m.* patriarch

patriarcàto *s. m.* **1** patriarchy **2** (*relig.*) patriarchate

patrìgno *s. m.* stepfather

patrimoniàle *agg.* patrimonial ♦ **imposta p.** property tax

patrimònio *s. m.* **1** patrimony, property **2** (*somma considerevole*) fortune **3** (*fig.*) heritage

patriòta *s. m. e f.* patriot

patriòttico *agg.* patriotic

patriottìsmo *s. m.* patriotism

patrocinàre *v. tr.* **1** (*dir.*) to plead, to defend **2** (*sponsorizzare*) to sponsor, to support

patrocìnio *s. m.* **1** (*dir.*) pleading, defence **2** (*sponsorizzazione*) patronage, sponsorship

patronàto *s. m.* patronage

patronìmico *agg. e s. m.* patronymic

patròno *s. m.* **1** (*dir.*) counsel **2** (*protettore*) patron, supporter **3** (*santo*) patron saint

pàtta *s. f.* flap, (*di pantaloni*) fly

patteggiàre *v. tr. e intr.* to negotiate

pattinàggio *s. m.* skating ♦ **p. artistico** figure-skating; **p. a rotelle** roller-skating; **p. su ghiaccio** ice-skating; **pista di p.** skating-rink

pattinàre *v. intr.* to skate

pattinatóre *s. m.* skater

pàttino *s. m.* skate

pàtto *s. m.* **1** agreement, pact **2** (*condizione*) term, condition ♦ **a p. che** on condition that; **venire a patti** to come to terms

pattùglia *s. f.* patrol

pattuìre *v. tr.* to agree upon, to stipulate

pattumièra *s. f.* dustbin, (*USA*) garbage-can

paùra *s. f.* fear, dread, (*spavento*) fright, scare ♦ **aver p. di q.c.** to be afraid of st.

pauróso *agg.* **1** (*che ha paura*) fearful, timorous **2** (*che incute paura*) frightening

pàusa *s. f.* **1** pause, (*nel lavoro*) break **2** (*mus.*) rest

pavimentàre *v. tr.* **1** (*di casa*) to floor **2** (*di strada*) to pave

pavimentazióne *s. f.* **1** (*di casa*) flooring **2** (*di strada*) paving

paviménto *s. m.* floor

pavóne *s. m.* peacock

pavoneggiàrsi *v. intr. pron.* to strut about

pazientàre *v. intr.* to be patient

paziènte *agg. e s. m.* patient

paziènza *s. f.* patience ♦ **p.!** never mind!

pazzésco *agg.* **1** mad, crazy, foolish **2** (*eccessivo*) absurd, senseless

pazzìa *s. f.* madness

pàzzo A *agg.* **1** mad, crazy, insane, lunatic **2** (*eccessivo*) wild **B** *s. m.* madman, lunatic

pècca *s. f.* fault

peccaminóso *agg.* sinful

peccàre *v. intr.* **1** (*fare peccato*) to sin **2** (*essere difettoso*) to be faulty, to lack

peccàto *s. m.* sin ♦ **che p.!** what a pity!

peccatóre *s. m.* sinner

péce *s. f.* pitch

pècora *s. f.* sheep

peculàto *s. m.* peculation

peculiàre *agg.* peculiar, characteristic

peculiarità *s. f.* peculiarity

pedàggio *s. m.* toll

pedagogìa *s. f.* pedagogy

pedalàre *v. intr.* to pedal, to cycle

pedàle *s. m.* pedal

pedàna *s. f.* **1** footboard, (*della cattedra*) dais **2** (*salto*) springboard, (*lancio*) circle, (*scherma*) piste

pedànte A *agg.* pedantic **B** *s. m. e f.* pedant

pedanterìa *s. f.* pedantry

pedàta *s. f.* **1** kick **2** (*impronta*) footprint

pedèstre *agg.* pedestrian, dull

pediàtra *s. m. e f.* p(a)ediatrician

pediatrìa *s. f.* p(a)ediatrics *pl.* (*v. al sing.*)

pedicùre *s. m. e f. inv.* pedicure, chiropodist

pedìna *s. f.* (*dama*) man, (*scacchi, fig.*) pawn

pedinàre *v. tr.* to tag after, to tail

pedonàle *agg.* pedestrian (*attr.*) ♦ **isola p.** pedestrian precinct; **passaggio p.** pedestrian crossing

pedonalizzàre *v. tr.* to pedestrianize

pedóne *s. m.* **1** pedestrian **2** (*pedina*) pawn

pèggio A *agg. inv.* worse **B** *s. m. e f. inv.* the worst (thing) **C** *avv.* **1** (*comp.*) worse **2** (*sup. rel.*) worst, (*tra due*) worse ♦ **alla meno p.** anyhow, somehow; **alla p.** at worst; **p. che mai** worse than ever

peggioraménto *s. m.* worsening

peggioràre A *v. tr.* to worsen, to make worse **B** *v. intr.* to get worse

peggioratìvo *agg. e s. m.* pejorative

peggióre *agg.* **1** (*comp.*) worse **2** (*sup. rel.*) the worst, (*tra due*) the worse

pégno *s. m.* pawn, pledge

pelàme *s. m.* coat

pelàre *v. tr.* **1** (*sbucciare*) to peel, (*spellare*) to skin **2** (*fig., fam.*) to fleece

pelàto *agg.* **1** (*calvo*) bald, hairless **2** (*sbucciato*) peeled

pellàme *s. m.* skins *pl.*

pèlle *s. f.* 1 skin, (*carnagione*) complexion 2 (*cuoio*) hide, leather 3 (*buccia*) peel, skin, rind

pellegrinàggio *s. m.* pilgrimage

pellegrino *s. m.* pilgrim

pelleróssa *s. m. e f.* American Indian

pelletterìa *s. f.* 1 leather goods *pl.* 2 (*negozio*) leather goods shop

pellicàno *s. m.* pelican

pelliccerìa *s. f.* 1 furs *pl.* 2 (*negozio*) furrier's shop

pellìccia *s. f.* 1 fur 2 (*indumento*) fur coat

pellìcola *s. f.* 1 (*membrana*) film, pellicle 2 (*fot., cin.*) film

pélo *s. m.* 1 hair 2 (*pelame*) coat, hair, (*pelliccia*) fur 3 (*di tessuto*) pile

pelóso *agg.* hairy

péltro *s. m.* pewter

pelùria *s. f.* down

péna *s. f.* 1 (*dir.*) punishment, penalty 2 (*sofferenza*) pain, suffering, sorrow 3 (*fatica*) trouble ◆ **a mala p.** hardly; **mi fa p.** I feel sorry for him; **non ne vale la p.** it isn't worth it; **p. capitale** capital punishment

penàle A *agg.* penal B *s. f.* penalty, fine ◆ **codice p.** criminal code

penalità *s. f.* penalty

penalizzàre *v. tr.* 1 to penalize 2 (*danneggiare*) to damage

penàre *v. intr.* 1 to suffer 2 (*far fatica*) to find it difficult

pendènte A *agg.* 1 hanging 2 (*inclinato*) leaning 3 (*dir.*) pending, outstanding B *s. m.* pendant, (*orecchino*) ear-drop

pendènza *s. f.* 1 slope, incline 2 (*grado d'inclinazione*) gradient 3 (*dir.*) pending suit 4 (*comm.*) outstanding account

pèndere *v. intr.* 1 to hang (down) 2 (*inclinare*) to lean 3 (*di superficie*) to slant, to slope 4 (*incombere*) to hang over 5 (*propendere*) to be inclined, to tend 6 (*dir.*) to be pending

pendìce *s. f.* slope

pendìo *s. m.* slope, slant

pèndola *s. f.* pendulum-clock

pendolàre A *agg.* pendular 2 (*di lavoratore*) commuting B *s. m. e f.* commuter

pèndolo *s. m.* pendulum ◆ **orologio a p.** pendulum-clock

pène *s. m.* penis

penetràre A *v. tr.* 1 to seep into, to penetrate, to pierce 2 (*fig.*) to penetrate B *v. intr.* 1 to penetrate into, to pierce into 2 (*entrare*) to enter, (*furtivamente*) to steal into

penetrazióne *s. f.* penetration

penicillìna *s. f.* penicillin

peninsulàre *agg.* peninsular

penìsola *s. f.* peninsula

penitènte *agg. e s. m. e f.* penitent

penitènza *s. f.* 1 penance 2 (*castigo*) punishment 3 (*nei giochi*) forfeit

penitenziàrio A *agg.* penitentiary B *s. m.* prison, (*USA*) penitentiary

pénna *s. f.* 1 (*per scrivere*) pen 2 (*di uccello*) feath-

er 3 (*scrittore*) writer ◆ **p. a sfera** ballpoint pen; **p. stilografica** fountain-pen

pennàcchio *s. m.* plume

pennarèllo *s. m.* felt-tip pen

pennellàta *s. f.* brush stroke

pennèllo *s. m.* brush ◆ **p. da barba** shaving-brush; **stare a p.** to fit perfectly

pennìno *s. m.* nib

pennóne *s. m.* 1 (*naut.*) yard 2 (*stendardo*) pennon

penómbra *s. f.* gloom, semi-darkness

penóso *agg.* painful

pensàre A *v. tr.* 1 to think 2 (*proporsi, decidere*) to think, to decide 3 (*considerare*) to consider, to bear in mind 4 (*immaginare*) to think, to imagine B *v. intr.* 1 to think (of) 2 (*badare*) to mind, to take care of, to see to 3 (*giudicare*) to think

pensatóre *s. m.* thinker

pensièro *s. m.* 1 thought 2 (*opinione*) opinion, mind 3 (*attenzione*) thought, care 4 (*preoccupazione*) trouble, worry 5 (*dono*) gift

pensieróso *agg.* thoughtful, pensive

pènsile *agg.* pensile, hanging, suspended ◆ **giardino p.** roof garden

pensilìna *s. f.* cantilever roof, shelter

pensionaménto *s. m.* retirement

pensionànte *s. m. e f.* boarder

pensionàto *s. m.* 1 (*persona*) pensioner, retired person 2 (*istituto*) boarding-house, hostel, (*per anziani*) rest home

pensióne *s. f.* 1 (*assegno*) pension, annuity 2 (*vitto e alloggio*) board and lodging 3 (*luogo*) boarding-house, guest-house ◆ **andare in p.** to retire

pensóso *agg.* thoughtful, pensive

pentagonàle *agg.* pentagonal

pentàgono *s. m.* pentagon

pentagràmma *s. m.* pentagram, stave

pentecòste *s. f.* Whitsunday

pentiménto *s. m.* repentance

pentìrsi *v. intr. pron.* to repent, to regret

péntola *s. f.* pot, pan, saucepan ◆ **p. a pressione** pressure cooker

penùltimo *agg.* penultimate, second-last, last but one

penùria *s. f.* scarcity, shortage

penzolàre *v. intr.* to dangle, to hang down

penzolóni *avv.* hanging

pepàre *v. tr.* to pepper

pepàto *agg.* 1 peppery 2 (*fig.*) sharp

pépe *s. m.* pepper ◆ **p. in grani** whole pepper

peperoncìno *s. m.* hot pepper, paprika

peperóne *s. m.* pepper

pepìta *s. f.* nugget

pèplo *s. m.* peplum, peplos

pér A *prep.* 1 (*moto per luogo*) through, (*senza direzione fissa*) about, around, (*lungo*) along, up, (*sopra*) over, all over (ES: **passare per Londra** to pass through London) 2 (*moto a luogo*) for, to (ES: **partire per Roma** to leave for Rome) 3 (*stato in luogo*) in, on (ES: **incontrare qc. per la città** to meet sb. in the town) 4 (*estensione, misura*) for (ES: **camminare per miglia e miglia** to walk for miles and miles) 5 (*per un certo periodo, per una data* *precisa*) for, (*entro un termine*) by, (*per un intero periodo di tempo*) (all) through, throughout (ES: **per due ore** for two hours, **saranno di ritorno per le cinque** they'll be back by five o'clock) **6** (*mezzo*) by, through (ES: **per via aerea** by air mail) **7** (*modo*) by, in (ES: **chiamare per nome** to call by name, **per iscritto** in writing) **8** (*prezzo*) for (ES: **comprare q.c. per 50 sterline** to buy st. for fifty pounds) **9** (*causa*) for, owing to, because of, on account of, out of, through (ES: **assente per malattia** absent owing to illness, **fare q.c. per amore** to do st. out of love) **10** (*termine, vantaggio, utilità, interesse*) for (ES: **fatelo per me** do it for me) **11** (*fine, scopo*) for (ES: **la lotta per la vita** the struggle for life) **12** (*limitazione*) for (ES: **è troppo difficile per me** it's too difficult for me) **13** (*colpa*) for (ES: **fu processato per furto** he was tried for theft) **14** (*distributivo*) by, at, in, per, for (ES: **il tre per cento** three per cent, **uno per uno** one by one, **due per volta** two at a time) **15** (*mat.*) by (ES: **divisione per due** division by two) **16** (*come, in qualità di*) as (ES: **avere un cane per amico** to have a dog as a friend) **17** (*scambio, sostituzione*) for (ES: **ti ho scambiata per la moglie di Mario** I'd taken you for Mario's wife) **B** *cong.* **1** (*finale*) for, (in order) to **2** (*causale*) for **3** (*concessivo*) however ♦ **stare per fare q.c.** to be about to do st.

péra *s. f.* pear
peràltro *avv.* moreover, what is more
perbàcco *inter.* by Jove!, (*certo!*) of course
perbène A *agg.* respectable **B** *avv.* well
perbenismo *s. m.* respectability
percènto *avv.* e *s. m. inv.* percent
percentuàle A *agg.* percent (*attr.*), proportional **B** *s. f.* **1** percentage, (*tasso*) rate **2** (*commissione*) commission
percepire *v. tr.* **1** to perceive, to feel **2** (*ricevere*) to collect, to cash, to receive
percezióne *s. f.* perception
perché A *avv.* why, what for **B** *cong.* **1** (*esplicativo*) because, for, since, as **2** (*finale*) so (that), so as, in order that **3** (*correlativo di 'troppo'*) for, to **C** *s. m. inv.* **1** (*motivo*) reason, motive **2** (*dubbio*) question
perciò *cong.* so, for this/that reason, therefore
percórrere *v. tr.* **1** (*una distanza*) to cover, to go along **2** (*in lungo e in largo*) to travel, to scour **3** (*attraversare*) to run through, to go across
percórso *s. m.* **1** (*tratto*) way, journey **2** (*distanza*) run, distance **3** (*tracciato*) route, course
percòssa *s. f.* blow, stroke
percuòtere *v. tr.* to strike, to hit, to beat, to knock
percussióne *s. f.* percussion
pèrdere A *v. tr.* **1** to lose **2** (*lasciarsi sfuggire*) to miss **3** (*sprecare*) to waste **4** (*lasciar uscire*) to leak, to lose **5** (*rovinare*) to ruin **B** *v. intr.* to lose **2** (*far uscire liquido*) to leak **C** *v. intr. pron.* **1** (*smarrirsi*) to get lost, to lose oneself **2** (*svanire*) to fade away, (*sparire*) to disappear **3** (*andare smarrito*) to be mislaid, to get lost **4** (*rovinarsi*) to be ruined
perdigiórno *s. m.* e *f.* idler
pèrdita *s. f.* **1** loss **2** (*spreco*) waste **3** (*falla*) leak

perditèmpo *s. m.* e *f.* timewaster
perdonàbile *agg.* excusable
perdonàre A *v. tr.* **1** to forgive, to pardon **2** (*scusare*) to excuse, to pardon **3** (*risparmiare*) to spare **B** *v. intr.* to forgive
perdóno *s. m.* **1** forgiveness, pardon **2** (*esclamativo*) sorry
perduràre *v. intr.* **1** to continue, to go on **2** (*persistere*) to persist
perdutaménte *avv.* desperately, hopelessly
peregrinàre *v. intr.* to wander
peregrinazióne *s. f.* wandering
perènne *agg.* perennial, perpetual, (*eterno*) everlasting
perentòrio *agg.* peremptory
perfettaménte *avv.* perfectly
perfètto *agg.* perfect
perfezionaménto *s. m.* **1** perfecting, improvement **2** (*completamento*) completion **3** (*specializzazione*) specialization
perfezionàre A *v. tr.* to perfect, (*migliorare*) to improve **B** *v. intr. pron.* e *rifl.* **1** to perfect oneself **2** (*specializzarsi*) to specialize
perfezióne *s. f.* perfection
perfezionista *s. m.* e *f.* perfectionist
pèrfido *agg.* perfidious, treacherous
perfino *avv.* even
perforàre A *v. tr.* to perforate, to pierce, to punch **B** *v. intr. pron.* to be pierced
perforazióne *s. f.* perforation
pergamèna *s. f.* parchment
pergolàto *s. m.* pergola, bower
pericolànte *agg.* tumbledown, unsafe, precarious
pericolo *s. m.* danger, peril, hazard
pericolosità *s. f.* danger, dangerousness
pericolóso *agg.* dangerous
periferìa *s. f.* **1** (*zona esterna*) periphery **2** (*di città*) outskirts *pl.*, suburbs *pl.*
perifèrico *agg.* **1** (*esterno*) peripheral **2** (*di quartiere*) suburban
perifrasi *s. f.* periphrasis
perimetràle *agg.* perimetric(al), (*esterno*) outer
perimetro *s. m.* perimeter
periodicaménte *avv.* periodically
periodicità *s. f.* periodicity
periòdico A *agg.* periodic(al), recurring **B** *s. m.* periodical, magazine
periodo *s. m.* period
peripezìa *s. f.* vicissitudes *pl.*, adventure
perire *v. intr.* to perish, to die
periscòpio *s. m.* periscope
perito *s. m.* expert
peritonite *s. f.* peritonitis
perizia *s. f.* **1** (*abilità*) skill, ability **2** (*valutazione*) appraisal, survey, examination, (*tecnica*) expert report, expertise
pèrla *s. f.* pearl
perlàceo *agg.* pearly
perlomóno *avv.* at least
perlopiù *avv.* **1** (*per la maggior parte*) mainly, mostly **2** (*di solito*) usually

perlustràre *v. tr.* to search, to patrol
perlustrazióne *s. f.* **1** (*mil.*) patrol, reconnaissance **2** (*est.*) searching
permalóso *agg.* touchy
permanènte A *agg.* permanent, standing **B** *s. f.* permanent wave, perm
permanènza *s. f.* **1** permanence, persistence **2** (*soggiorno*) stay
permanére *v. intr.* to remain, (*perdurare*) to persist
permeàre *v. tr.* to permeate
permésso *s. m.* **1** permission, leave, permit **2** (*dal lavoro*) leave **3** (*licenza*) licence, permit
perméttere *v. tr.* **1** to allow, to permit, to let **2** (*rendere possibile*) to enable **3** (*autorizzare*) to authorize **4** (*concedersi*) to afford, to allow
permissivo *agg.* permissive
pèrmuta *s. f.* exchange, permutation
pernàcchia *s. f.* raspberry
pernice *s. f.* partridge
pernicióso *agg.* pernicious, noxious
pèrno *s. m.* **1** pivot, pin **2** (*cardine*) hinge **3** (*fig.*) mainstay, support
pernottaménto *s. m.* overnight stay
pernottàre *v. intr.* to stay overnight
péro *s. m.* pear
però *cong.* **1** (*avversativo*) but, however, yet **2** (*concessivo*) nevertheless
peróne *s. m.* perone, fibula
perioràre A *v. tr.* to plead, to defend **B** *v. intr.* to perorate
perpendicolàre *agg. e s. f.* perpendicular
perpetràre *v. tr.* to perpetrate, to commit
perpetuàre A *v. tr.* to perpetuate **B** *v. intr. pron.* to last
perpètuo *agg.* perpetual
perplessità *s. f.* perplexity
perplèsso *agg.* perplexed, puzzled
perquisire *v. tr.* to search
perquisizióne *s. f.* perquisition, search ♦ **mandato di p.** search-warrant
persecutóre *s. m.* persecutor
persecuzióne *s. f.* persecution
perseguire *v. tr.* **1** to pursue, to follow **2** (*dir.*) to prosecute
perseguitàre *v. tr.* to persecute, to pursue
perseverànte *agg.* perseverant
perseverànza *s. f.* perseverance
perseveràre *v. intr.* to persevere, to persist
persiàna *s. f.* shutter
persiàno *agg. e s. m.* Persian
pèrsico (1) *agg.* Persian
pèrsico (2) *agg. e s. m.* (*zool.*) perch, bass
persino *avv.* → **perfino**
persistènte *agg.* persistent
persistere *v. intr.* to persist
persóna *s. f.* **1** (*essere umano*) person (*pl.* people) **2** (*qualcuno*) someone, somebody **3** (*corpo*) body, figure **4** (*gramm., dir.*) person ♦ **in/di p.** personally; **p. di servizio** servant
personàggio *s. m.* **1** personage, personality **2** (*teatro, letter.*) character, person **3** (*tipo strano*) character
personàle A *agg.* personal **B** *s. m.* **1** staff **2** (*corporatura*) figure **3** (*sfera privata*) privacy

personalità *s. f.* **1** personality **2** (*persona importante*) personage, personality
personalizzàre *v. tr.* to personalize
personalmènte *avv.* personally
personificàre *v. tr.* to personify
personificazióne *s. f.* personification
perspicàce *agg.* perspicacious, shrewd
perspicàcia *s. f.* perspicacity, shrewdness
persuadére A *v. tr.* to persuade, to convince **B** *v. rifl.* to persuade oneself, to convince oneself
persuasióne *s. f.* persuasion, conviction
persuasivo *agg.* persuasive, convincing
pertànto *cong.* therefore, so
pèrtica *s. f.* perch
pertinènte *agg.* pertinent
pertósse *s. f.* whooping-cough
pertùgio *s. m.* hole, opening
perturbàre A *v. tr.* to perturb, to upset **B** *v. intr. pron.* to become upset, (*di tempo*) to worsen
perturbazióne *s. f.* perturbation, disturbance
pervàdere *v. tr.* to pervade
pervenire *v. intr.* to reach, to attain, to achieve, to arrive at
perversióne *s. f.* perversion
pervèrso *agg.* perverse
pervertire A *v. tr.* to pervert **B** *v. intr. pron.* to become perverted
pésa *s. f.* **1** (*pesatura*) weighing **2** (*pesa pubblica*) weigh-house
pesànte *agg.* **1** heavy **2** (*noioso*) boring, dull, heavy **3** (*faticoso*) tyring **4** (*di aria*) close, stuffy **5** (*duro*) hard, rough
pesantézza *s. f.* heaviness, weight
pesàre A *v. tr.* to weigh **B** *v. intr.* **1** to weigh, to be heavy **2** (*esser gravoso*) to bother, to be a burden **3** (*aver importanza*) to count **C** *v. rifl.* to weigh oneself
pèsca (1) *s. f.* (*frutto*) peach
pésca (2) *s. f.* **1** (*il pescare*) fishing **2** (*il pescato*) catch, haul ♦ **p. a strascico** trawling; **p. con la lenza** angling; **p. di beneficenza** lucky dip
pescàre A *v. tr.* **1** to fish for, (*prendere*) to fish, to catch **2** (*trovare*) to get hold of **3** (*cogliere sul fatto*) to catch **4** (*estrarre*) to draw, to pick up **B** *v. intr.* (*naut.*) to draw
pescatóre *s. m.* fisherman
pésce *s. m.* fish
pescecàne *s. m.* shark
pescespàda *s. m.* swordfish
pescheréccio A *agg.* fishing **B** *s. m.* fishing boat
pescheria *s. f.* fishmonger's, fish-shop
peschièra *s. f.* fishpond
pescivéndolo *s. m.* fishmonger
pèsco *s. m.* peach(-tree) ♦ **fiori di p.** peach-blossom
pescóso *agg.* abounding in fish
péso *s. m.* **1** weight **2** (*importanza*) weight, importance **3** (*onere*) burden, load ♦ **essere di peso a qc.** to be a burden for sb.; **lancio del p.** shot put
pessimismo *s. m.* pessimism
pessimista *s. m. e f.* pessimist
pèssimo *agg.* very bad, awful, terrible
pestàre *v. tr.* **1** to crush, to pound, (*ridurre in polvere*) to grind **2** (*calpestare*) to tread on, to trample on

3 (*picchiare*) to beat

pèste *s. f.* plague

pestèllo *s. m.* pestle

pestìfero *agg.* **1** pestiferous **2** (*puzzolente*) stinking, (*disgustoso*) disgusting **3** (*fastidioso*) pestilent

pestilènza *s. f.* pestilence, plague

pètalo *s. m.* petal

petàrdo *s. m.* firecracker

petizióne *s. f.* petition

petrolièra *s. f.* tanker

petrolière *s. m.* oilman

petrolìfero *agg.* oil (*attr.*) ♦ **pozzo p.** oil-well

petròlio *s. m.* petroleum, oil

pettegolàre *v. intr.* to gossip

pettegolézzo *s. m.* gossip

pettégolo **A** *agg.* gossipy **B** *s. m.* gossip

pettinàre **A** *v. tr.* to comb **B** *v. rifl.* to comb one's hair

pettinàta *s. f.* combing

pettinatùra *s. f.* **1** hairstyle, hair-do **2** (*tess.*) combing

pèttine *s. m.* **1** comb **2** (*zool.*) pecten, scallop

pettiròsso *s. m.* robin

pètto *s. m.* chest, breast

petulànza *s. f.* insolence, tiresomeness

pèzza *s. f.* **1** (*di stoffa*) roll, piece **2** (*toppa*) patch **3** (*straccio*) rag **4** (*macchia*) spot

pezzènte *s. m.* tramp

pèzzo *s. m.* piece, bit, part

phon *s. m. inv.* hair dryer

piacènte *agg.* pleasant

piacére **A** *s. m.* **1** pleasure, delight **2** (*divertimento*) pleasure, amusement **3** (*favore*) favour, kindness **4** (*volontà*) will **B** *v. intr.* to like, to be fond of ♦ **a p.** at will; **chiedere un p. a qc.** to ask a favour of sb.; **per p.** please

piacévole *agg.* pleasant, agreeable

piàga *s. f.* **1** sore **2** (*flagello*) plague, scourge, curse **3** (*persona*) pain, nuisance

piagnistèo *s. m.* whine, whining

piagnucolàre *v. intr.* to whine, to whimper

piàlla *s. f.* plane, planer

piallàre *v. tr.* to plane

piàna *s. f.* plain, flat

pianeggiànte *agg.* level, flat

pianeròttolo *s. m.* landing

pianéta *s. m.* planet

piàngere *v. intr.* to cry, to weep **B** *v. tr.* **1** to cry, to weep **2** (*lamentare*) to grieve for, to mourn

pianificàre *v. tr.* to plan

pianificazióne *s. f.* planning

pianìsta *s. m. e f.* pianist

piàno (1) **A** *agg.* **1** flat, level, even **2** (*liscio*) smooth **3** (*chiaro*) clear, plain **4** (*semplice*) simple **5** (*geom.*) plane **B** *avv.* **1** (*sommessamente*) softly, quietly, (*a bassa voce*) in a low voice **2** (*lentamente*) slowly, slow **3** (*con cautela*) gently, carefully

piàno (2) *s. m.* **1** (*terreno pianeggiante*) plain, flat land, level land **2** (*superficie piana*) plane **3** (*di casa*) floor, storey, (*di nave, bus*) deck **4** (*progetto*) plan, scheme, project, programme **5** (*mus.*) piano

pianofòrte *s. m.* piano ♦ **p. a coda** grand piano

pianotèrra *s. m. inv.* ground floor, (*USA*) first floor

piànta *s. f.* **1** plant, (*albero*) tree **2** (*del piede, della scarpa*) sole **3** (*disegno di edificio*) plan, (*mappa*) map ♦ **di sana p.** completely: **in p. stabile** on the regular staff

piantagióne *s. f.* plantation

piantàre **A** *v. tr.* **1** to plant **2** (*conficcare*) to thrust, to drive **3** (*abbandonare*) to leave, to quit, to abandon **B** *v. intr. pron.* **1** (*conficcarsi*) to stick, to get stuck in **2** (*piazzarsi*) to plant oneself, to place oneself **C** *v. rifl. rec.* to leave each other, to part ♦ **piantarla** to stop

pianterréno *s. m.* ground floor, (*USA*) first floor

piànto *s. m.* **1** weeping, crying **2** (*lacrime*) tears *pl.* ♦ **scoppiare in p.** to burst into tears

pianùra *s. f.* plain, flat land, lowland

piàstra *s. f.* **1** (*mecc.*) plate **2** (*edil.*) slab

piastrèlla *s. f.* tile

piattafórma *s. f.* platform

piattèllo *s. m.* disk ♦ **tiro al p.** trap-shooting, clay-pigeon shooting

piattìno *s. m.* saucer

piàtto **A** *agg.* flat **B** *s. m.* **1** (*stoviglia*) plate, (*grande*) dish **2** (*vivanda*) dish **3** (*portata*) course **4** *pl.* (*mus.*) cymbals *pl.* **5** (*nel gioco delle carte*) kitty **6** (*di bilancia*) plan ♦ **lavare i piatti** to wash up

piàzza *s. f.* **1** square **2** (*comm.*) market **3** (*posto*) place ♦ **letto a una p.** single bed; **p. di pagamento** place of payment

piazzàle *s. m.* large square

piazzaménto *s. m.* placing

piazzàre **A** *v. tr.* **1** to place, to put **2** (*comm.*) to sell, to market **B** *v. rifl.* **1** (*mettersi*) to settle oneself **2** (*sport*) to be placed, to come

piazzìsta *s. m.* commercial traveller

piazzòla *s. f.* lay-by

piccànte *agg.* **1** spicy, hot **2** (*fig.*) bawdy, spicy, risqué

piccàrsi *v. rifl.* **1** to pride oneself **2** (*impermalosirsi*) to be offended

picchétto *s. m.* **1** (*paletto*) peg **2** (*mil., di scioperanti*) picket

picchiàre **A** *v. tr.* to beat, to hit, to strike **B** *v. intr.* **1** (*battere*) to strike, to tap **2** (*bussare*) to knock **C** *v. rifl. rec.* to fight, to come to blows

picchiàta *s. f.* (*aer.*) dive

picchiettàre **A** *v. intr.* to patter **B** *v. tr.* to spot, to dot

picchio *s. m.* (*zool.*) woodpecker

piccìno **A** *agg.* **1** tiny, small, little **2** (*meschino*) mean **B** *s. m.* child

piccionàia *s. f.* pigeon-house

piccióne *s. m.* pigeon ♦ **p. viaggiatore** carrier-pigeon

picco *s. m.* peak ♦ **a p.** vertically

piccolo **A** *agg.* **1** small, little, tiny **2** (*basso*) short **3** (*giovane*) young **4** (*di poco conto*) sligh, small, trifling **5** (*meschino*) mean, petty **6** (*breve*) short, brief **B** *s. m.* **1** child, little one **2** (*di animale*) joey, (*di cane*) pup ♦ **da p.** as a child

piccóne *s. m.* pick

piccòzza *s. f.* axe

picnic *s. m. inv.* picnic

pidòcchio *s. m.* louse

piède *s. m.* foot ♦ **a piedi** on foot; **a piedi nudi**

barefoot; **in punta di piedi** on tiptoe; **p. di porco**
jemmy; **prendere p.** to get a footing
piedistàllo s. m. pedestal
pièga s. f. **1** fold, wrinkle **2** (*fatta ad arte*) pleat, (*dei pantaloni*) crease **3** (*dei capelli*) set **4** (*andamento*) turn **5** (*geol.*) fold
piegàre A v. tr. **1** to fold (up), (*flettere*) to bend **2** (*sottomettere*) to bend, to subdue **B** v. intr. to bend, to turn **C** v. rifl. e intr. pron. **1** to bend **2** (*cedere*) to yield, to give in
pieghettàre v. tr. to pleat
pieghévole A agg. **1** (*flessibile*) pliable, pliant **2** (*atto a essere piegato*) folding **B** s. m. brochure
pièna s. f. **1** flood, spate **2** (*folla*) crowd ♦ **fiume in p.** river in flood
pièno A agg. **1** full, filled **2** (*non cavo*) solid **3** (*in carne*) full, plump **4** (*sazio*) full up **B** s. m. **1** (*colmo*) height, (*mezzo*) middle **2** (*carico completo*) full load, (*di nave*) full cargo ♦ **fare il p.** (*di benzina*) to fill up
pietà s. f. **1** pity, compassion, mercy **2** (*devozione*) piety, devotion
pietànza s. f. **1** dish **2** (*portata*) course
pietóso agg. **1** (*che sente pietà*) pitiful, merciful **2** (*che muove a pietà*) pitiful, pitiable, piteous, (*miserevole*) wretched **3** (*brutto*) awful
piètra s. f. stone
pietrificàre A v. tr. to petrify **B** v. intr. pron. to become petrified, to petrify
piffero s. m. fife, pipe
pigiàma s. m. pyjamas pl.
pigiàre v. tr. to press, to push
pigliàre → **prendere**
piglio s. m. manner, look
pigmentazióne s. f. pigmentation
pigménto s. m. pigment
pigmèo s. m. pigmy
pigna s. f. pine-cone
pignoleria s. f. pedantry, fussiness
pignòlo A agg. pedantic, fussy **B** s. m. pedant, fastidious person
pignoràre v. tr. to distrain on, to attach
pigolàre v. intr. to peep
pigrizia s. f. laziness
pigro agg. **1** lazy **2** (*lento*) sluggish
pila s. f. **1** (*di oggetti*) pile, heap, stack **2** (*elettr.*) battery, pile **3** (*torcia*) torch
pilastro s. m. pillar
pillola s. f. pill
pilóne s. m. **1** (*di ponte*) pier **2** (*di linea elettrica*) pylon
pilòta agg. e s. m. pilot
pilotàre v. tr. to pilot
pinacotèca s. f. picture-gallery
pinéta s. f. pinewood
ping-pòng s. m. inv. table tennis, ping-pong
pingue agg. **1** (*grasso*) fat **2** (*fertile*) fertile, rich **3** (*grosso*) large, big
pinguino s. m. penguin
pinna s. f. **1** (*di pesce*) fin, (*di mammifero acquatico*) flipper **2** (*per nuotare*) flipper **3** (*naut., aer.*) fin

pinnàcolo s. m. pinnacle
pino s. m. pine
pinòlo s. m. pine-seed
pinza s. f. **1** pliers pl., pincers pl., tongs pl.
pinzétta s. f. tweezers pl.
pio agg. **1** pious, devout **2** (*misericordioso*) compassionate **3** (*benefico*) charitable
pioggerèlla s. f. drizzle
pióggia s. f. **1** rain **2** (*est.*) shower
piòlo s. m. peg
piombàre v. intr. **1** (*cadere a piombo*) to plunge, to plump, to fall **2** (*gettarsi su*) to pounce, to swoop **3** (*arrivare all'improvviso*) to rush
piómbo s. m. lead
pionière s. m. pioneer
piòppo s. m. poplar
piovàno agg. rain (*attr.*)
piòvere v. intr. **1** (*impers.*) to rain **2** (*fig.*) to rain, to pour
piovigginàre v. intr. impers. to drizzle
piovosità s. f. rainfall
piovóso agg. rainy
piòvra s. f. octopus
pipa s. f. pipe
pipì s. f. (*fam.*) pee ♦ **fare p.** to pee
pipistrèllo s. m. bat
piramidàle agg. pyramidal
piràmide s. f. pyramid
piràta s. m. pirate ♦ **p. della strada** road-hog
pirateria s. f. piracy
pirite s. f. pyrite
piròga s. f. pirogue
piròmane s. m. e f. pyromaniac
piroscafo s. m. steamer
pirotècnico agg. pyrotechnic(al)
piscicoltùra s. f. fish breeding
piscina s. f. swimming pool
pisèllo s. m. pea
pisolino s. m. nap, snooze, doze ♦ **fare un p.** to take a nap
pista s. f. **1** (*traccia*) track, (*di animale*) trail, scent **2** (*percorso*) track **3** (*sport*) track, race-track **4** (*aer.*) strip ♦ **p. da ballo** dance floor; **p. da sci** ski run
pistacchio s. m. pistachio
pistòla s. f. **1** (*arma*) pistol **2** (*tecnol.*) gun
pistóne s. m. piston, (*idraulico*) ram
pitóne s. m. python
pittóre s. m. painter
pittorésco agg. picturesque
pittòrico agg. pictorial
pittùra s. f. **1** painting **2** (*dipinto*) picture **3** (*vernice*) paint ♦ **p. fresca** wet paint
pitturàre v. tr. to paint
più A agg. comp. inv. **1** more (ES: **hai più amici di me** you have more friends than I have) **2** (*parecchi*) several (ES: **più volte** several times) **B** avv. comp. **1** (*in maggior quantità*) more, (*in frasi neg.*) no more, (*con altra negazione*) any more (ES: **dovresti dormire di più** you should sleep more, **non c'è più pane** there's no more bread, **non ne voglio più** I don't want any more) **2** (*comp. di maggioranza*) more, -er (*suffisso aggiunto ad avv. e agg.*) (ES: **più**

difficile more difficult, **più facile** easier, **più alto** taller) **3** (*sup. rel.*) the most, (*tra due*) the more; the -est, (*tra due*) the -er (*suffisso aggiunto ad agg. e avv.*) (ES: **è la più bella** she is the most beautiful, **sei il più felice di tutti noi** you are the happiest of us all) **4** (*in frasi neg. per indicare la cessazione di un fatto*) no longer, not any longer, not any more (ES: **non siete più studenti** you are no longer students, **non abitano più qui** they don't live here any longer) **5** (*mat.*) plus (ES: **due più due** two plus two) **C** *s. m.* **1** (*comp.*) more, (*sup.*) most (ES: **ha bevuto più del solito** he drank more than usual, **il più è fatto** most of it is done) **2** (*la maggioranza*) the majority **D** *prep.* plus

piuccheperfetto *s. m.* past perfect

piùma *s. f.* feather, plume

piumìno *s. m.* **1** (*d'oca*) down **2** (*coperta*) quilt **3** (*giacca*) padded jacket **4** (*per cipria*) powder puff **5** (*per spolverare*) feather duster

piuttòsto *A avv.* **1** (*preferibilmente*) rather, sooner, (*o meglio*) better **2** (*alquanto*) rather, somewhat, quite **3** (*invece*) instead **B** *cong.* **p. che/di** rather than, better than

pivèllo *s. m.* greenhorn

pizza *s. f.* **1** (*cuc.*) pizza **2** (*cin.*) film can **3** (*noia*) nuisance, bore

pizzicàre *A v. tr.* **1** to pinch, to nip **2** (*di insetti*) to bite, to sting **3** (*di sostanza*) to burn **4** (*cogliere di sorpresa*) to catch **5** (*mus.*) to pluck **B** *v. intr.* **1** (*prudere*) to itch **2** (*essere piccante*) to be hot **3** (*di insetti*) to bite, to sting

pìzzico *s. m.* **1** pinch, nip **2** (*piccola quantità*) bit **3** (*puntura d'insetto*) bite

pizzicòtto *s. m.* pinch, nip

pizzo *s. m.* **1** (*merletto*) lace **2** (*barba*) pointed beard

placàre *A v. tr.* **1** (*calmare*) to placate, to calm (down) **2** (*mitigare*) to soothe **B** *v. intr. pron. e rifl.* to calm down

plàcca *s. f.* **1** plate **2** (*med.*) plaque

placcàre *v. tr.* to plate

plàcido *agg.* placid, calm

plagiàre *v. tr.* to plagiarize

plàgio *s. m.* plagiarism

planàre *v. intr.* to glide, (*naut.*) to plane

planàta *s. f.* glide, (*naut.*) plane

plància *s. f.* (*naut.*) bridge

planetàrio *agg.* **1** planetary **2** (*del mondo*) worldwide

planimetrìa *s. f.* planimetry

planisfèro *s. m.* planisphere

plàsma *s. m.* plasma

plasmàre *v. tr.* to mould, to shape

plàstica *s. f.* **1** (*arte del modellare*) plastic art **2** (*med.*) plastic surgery, plastics *pl.* (*v. al sing.*) **3** (*materia*) plastic

plasticità *s. f.* plasticity

plàstico *A agg.* plastic **B** *s. m.* **1** (*modello*) plastic model **2** (*esplosivo*) plastic

plastificàre *v. tr.* to plasticize

plàtano *s. m.* plane

platèa *s. f.* **1** (*teatro*) stalls *pl.* **2** (*est.*) audience

plateàle *agg.* blatant

plàtino *s. m.* platinum

platònico *agg.* Platonic

plausìbile *agg.* plausible

plàuso *s. m.* approval

plebàglia *s. f.* mob

plèbe *s. f.* (*stor.*) plebs, (*spreg.*) mob

plebèo *agg.* plebeian

plenàrio *agg.* plenary

plenilùnio *s. m.* full moon

pleonàstico *agg.* pleonastic, unnecessary

plèttro *s. m.* plectrum

pleurite *s. f.* pleurisy

plico *s. m.* (*busta*) cover

plinto *s. m.* plinth

plotóne *s. m.* platoon, squad

plùmbeo *agg.* **1** leaden **2** (*opprimente*) oppressive

pluràle *agg. e s. m.* plural

pluralìsmo *s. m.* pluralism

pluralità *s. f.* plurality

plusvalóre *s. m.* surplus(-value)

plutocrazìa *s. f.* plutocracy

pluviàle *agg.* pluvial, rain (*attr.*)

pneumàtico *A agg.* pneumatic, air (*attr.*) **B** *s. m.* tyre

po' → **poco**

pòco *A agg. indef.* **1** little, not much **2** (*di tempo*) short **3** (*scarso*) scant, little **4** *al pl.* few, not many, (*alcuni*) a few **B** *pron. indef.* **1** little, not much **2** (*un poco*) a little, some, a few **3** *al pl.* few, very few, not many, (*poche persone*) few people **C** *s. m.* little **D** *avv.* **1** (*con agg. e avv. di grado positivo, con part. pres. e part. pass. in funzione di agg.*) not very **2** (*con agg. e avv. comp.*) not much, little **3** (*con verbi*) little, not ... very much **4** (*un p., un po'*) rather, quite, a little, a bit ♦ **fra p.** very soon; **per p. non ...** nearly; **p. fa** a short time ago

podére *s. m.* farm, (*proprietà terriera*) estate

poderóso *agg.* powerful, mighty

pòdio *s. m.* podium, platform

podìsmo *s. m.* walking, (*gara sportiva*) track events *pl.*

poèma *s. m.* poem

poesìa *s. f.* **1** poetry **2** (*componimento*) poem, piece of poetry

poèta *s. m.* poet

poètica *s. f.* poetics *pl.* (*v. al sing.*)

poètico *agg.* poetic

poggiàre *A v. tr.* to lean, to rest **B** *v. intr.* to rest, to be based **C** *v. rifl.* to rely, to base oneself

poggiatèsta *s. m. inv.* headrest

pòggio *s. m.* knoll, hillock

pòi *A avv.* **1** (*successivamente*) then, (*dopo*) after(wards), (*più tardi*) later on **2** (*inoltre*) and then, besides, (*in secondo luogo*) secondly **3** (*avversativo*) but **4** (*conclusivo*) finally, then, after all **B** *s. m.* future ♦ **d'ora in p.** from now on; **prima o p.** sooner or later

poiché *cong.* **1** as, since, for **2** (*dopo che*) after, when

poker *s. m. inv.* poker

polàcco *A agg.* Polish **B** *s. m.* **1** (*abitante*) Pole **2** (*lingua*) Polish

polàre *agg.* polar

polarizzàre v. tr. 1 to polarize 2 (fig.) to focus
polèmica s. f. 1 polemic, controversy 2 (spreg.) argument
polèmico agg. polemic
policlinico s. m. polyclinic, general hospital
policromàtico agg. polychromatic
polièdrico agg. 1 polyhedric 2 (fig.) versatile
polièstere s. m. polyester
polifònico agg. polyphonic
poligamo A agg. polygamous B s. m. polygamist
poliglòtta agg. e s. m. e f. polyglot
poligonàle agg. polygonal
poligono s. m. polygon ♦ **p. di tiro** rifle-range
polimòrfo agg. polymorphous
poliomielite s. f. poliomyelitis
pòlipo s. m. 1 (zool.) polyp 2 (med.) polypus
polistiròlo s. m. polystyrene
politècnico agg. e s. m. polytechnic
politeìsmo s. m. polytheism
politica s. f. 1 politics pl. (v. al sing.) 2 (linea di condotta) policy 3 (diplomazia) diplomacy ♦ **p. interna/estera** home/foreign politics
politicaménte avv. politically
politicizzàre v. tr. to politicize
politico A agg. 1 political 2 (diplomatico) diplomatic B s. m. politician
politòlogo s. m. political expert
polittico s. m. polyptych
polivalènte agg. 1 (chim.) polyvalent 2 (est.) multipurpose (attr.)
polizia s. f. 1 police ♦ **agente di p.** policeman; **p. stradale** traffic police; **posto di p.** police station
poliziésco agg. 1 police (attr.) 2 (di libro, film) detective (story)
poliziòtto s. m. policeman
pòlizza s. f. 1 (assicurativa) policy 2 (ricevuta) bill, receipt ♦ **p. sulla vita** life insurance policy
pollàio s. m. poultry-pen, hen-house
pollàme s. m. poultry
pòllice s. m. 1 thumb 2 (unità di misura) inch
pòlline s. m. pollen
pòllo s. m. chicken ♦ **p. arrosto** roast chicken
polmonàre agg. pulmonary
polmóne s. m. lung
polmonite s. f. pneumonia
pòlo (1) s. m. (fis., geogr.) pole
pòlo (2) s. m. (sport) polo
pòlpa s. f. 1 (di frutto) pulp 2 (carne) lean meat
polpàccio s. m. calf
polpastrèllo s. m. fingertip
polpétta s. f. rissole, (di carne) meatball
polpettóne s. m. 1 meatloaf 2 (fig.) mishmash
pólpo s. m. octopus
polpóso agg. pulpy
polsìno s. m. cuff
pólso s. m. 1 (anat.) wrist 2 (pulsazione) pulse 3 (polsino) cuff 4 (fig.) energy, nerve
poltìglia s. f. 1 mash, mush 2 (fango) mud, slush
poltrìre v. intr. to laze (about)
poltróna s. f. 1 armchair 2 (teatro) stall 3 (fig.) position

poltróne s. m. idler, lazy-bones (fam.)
pólvere s. f. 1 dust 2 (sostanza polverulenta) powder ♦ **in p.** powdered; **p. da sparo** gunpowder
polverièra s. f. 1 powder magazine 2 (fig.) powder keg
polverizzàre A v. tr. to pulverize B v. intr. pron. 1 to pulverize 2 (svanire) to melt away
polveróne s. m. 1 dust cloud 2 (fig.) uproar
polveróso agg. 1 dusty 2 (simile a polvere) powdery
pomàta s. f. ointment, cream
pomèllo s. m. knob
pomeridiàno agg. 1 afternoon (attr.) 2 (di ore) p.m. (post meridiem)
pomeriggio s. m. afternoon
pómice s. f. pumice
pómo s. f. 1 (bot.) pome, (mela) apple 2 (pomello) knob
pomodòro s. m. tomato ♦ **salsa di p.** tomato sauce; **succo di p.** tomato juice
pómpa (1) s. f. (fasto) pomp
pómpa (2) s. f. pump
pompàre v. tr. to pump, to draw up
pompèlmo s. m. grapefruit
pompière s. m. fireman
pompóso agg. pompous
ponderàre A v. tr. to ponder, to weigh up B v. intr. to reflect
ponderazióne s. f. reflection, consideration
ponderóso agg. 1 (pesante) heavy, ponderous 2 (gravoso) weighty
ponènte s. m. west
pónte s. m. 1 bridge 2 (naut.) deck 3 (impalcatura) scaffold ♦ **p. aereo** air lift; **p. levatoio** drawbridge
pontéfice s. m. pontiff
pontificàre v. intr. to pontificate
pontificàto s. m. pontificate
pontificio agg. papal ♦ **Stato Pontificio** Papal States
pontìle s. m. wharf
pony s. m. inv. pony
popolàre agg. 1 popular 2 (tradizionale) folk (attr.)
popolàre (2) A v. tr. to populate, to people B v. intr. to become populated
popolarità s. f. popularity
popolazióne s. f. 1 population 2 (popolo) people
pòpolo s. m. people
popolóso agg. populous, densely populated
póppa s. f. stern ♦ **a p.** aft
poppàre v. tr. e intr. to suck
populìsmo s. m. populism
porcellàna s. f. china, porcelain
porcellìno s. m. little pig, piglet ♦ **p. da latte** sucking-pig; **p. d'India** guinea pig
porcherìa s. f. 1 (sudiciume) filth, dirt 2 (azione disonesta) dirty trick 3 (indecenza) obscenity 4 (cibo schifoso) disgusting food 5 (cosa fatta male) rabbish, trash
porcìle s. m. pigsty
porcino s. m. pore mushroom
pòrco s. m. 1 pig, swine 2 (cuc.) pork

porcospìno s. m. hedgehog

pòrfido s. m. porphyry

pòrgere v. tr. to hand, to pass, to give

pornografìa s. f. pornography

pornogràfico agg. pornographic

pòro s. m. pore

poróso agg. porous

pórpora s. f. **1** purple **2** (med.) purpura

pórre A v. tr. **1** to put, to place, (posare) to lay (down) **2** (supporre) to suppose **3** (imporre) to set, to put B v. rifl. **1** to put oneself, to place oneself **2** (accingersi) to set to ◆ **poniamo che ...** let us suppose that ...

pòrro s. m. **1** (bot.) leek **2** (med.) wart

pòrta s. f. **1** door **2** (di città) gate **3** (calcio) goal ◆ **abitare p. a p.** to live next door to; **a porte chiuse** (dir.) in camera

portabagàgli s. m. **1** (facchino) porter **2** (autom.) boot, (USA) trunk, (sul tetto) roof rack

portabandièra s. m. e f. standard-bearer

portàbile agg. portable

portacénere s. m. inv. ashtray

portachiàvi s. m. inv. key-ring

portacìpria s. m. inv. (powder) compact

portaèrei s. f. inv. aircraft-carrier

portafinèstra s. f. French-window

portafòglio s. m. **1** wallet, (USA) pocketbook **2** (banca) portfolio

portafortùna s. m. inv. lucky charm, mascot

portàle s. m. portal

portalèttere s. m. inv. postman

portaménto s. m. bearing

portamonéte s. m. inv. purse

portànte agg. (tecnol.) load-bearing

portantìna s. f. **1** sedan (chair) **2** (lettiga) litter

portaombrèlli s. m. inv. umbrella-stand

portapàcchi s. m. inv. carrier, rack

portàre A v. tr. **1** (verso chi parla) to bring, (andare a prendere) to fetch **2** (lontano da chi parla, accompagnare) to take **3** (portare con fatica, d'abitudine, trasportare) to carry **4** (prendere con sé) to take, to bring **5** (indossare) to wear **6** (condurre) to lead **7** (provare, nutrire sentimenti) to nourish, to bear **8** (causare) to cause, to bring about **9** (produrre) to bear, to bring forth, to produce **10** (avere) to have, to bear **11** (sopportare) to bear, to endure **12** (addurre) to adduce, to bring forward **13** (avere una portata di) to have a range of B v. rifl. e intr. pron. **1** (spostarsi) to move **2** (andare) to go, (venire) to come ◆ **p. avanti** to carry out, to maintain; **p. fortuna** to bring luck; **p. via** to take away

portasapóne s. m. inv. (supporto) soap-dish, (contenitore) soap-box

portascì s. m. inv. ski-rack

portasciugamàno s. m. towel-rack

portàta s. f. **1** (di pranzo) course **2** (capacità di carico) capacity, (di nave) tonnage **3** (raggio d'azione) range **4** (di corso d'acqua) flow, discharge, (di pompa) delivery capacity **5** (importanza) importance ◆ **a p. di mano** within reach, to hand

portàtile agg. portable

portatóre s. m. **1** (comm.) bearer **2** (med.) carrier

portavóce s. m. e f. inv. spokesman m., spokeswoman f.

portènto s. m. **1** portent, wonder **2** (persona) prodigy

porticàto s. m. arcade, colonnade

pòrtico s. m. porch, portico, (porticato) arcade

portièra s. f. **1** (portinaia) porter, concierge, door-keeper **2** (autom.) door

portière s. m. **1** (portinaio) porter, concierge, door-keeper **2** (calcio) goal-keeper

portinàio s. m. porter, concierge, doorkeeper

portinerìa s. f. porter's lodge

pòrto (1) s. m. port, harbour ◆ **capitano di p.** harbour master; **p. franco** free port; **p. militare** naval port

pòrto (2) s. m. **1** (prezzo del trasporto) carriage, freight **2** (licenza) licence ◆ **p. assegnato** carriage forward; **p. d'armi** gun licence

portoghése agg. e s. m. e f. Portuguese

portolàno s. m. pilot-book

portóne s. m. main entrance

portuàle agg. port (attr.), harbour (attr.)

porzióne s. f. **1** part, portion, share **2** (di cibo) helping

pòsa s. f. **1** (il porre) laying, placing **2** (per un ritratto) sitting, pose **3** (atteggiamento affettato) pose **4** (posizione) posture **5** (fot.) exposure ◆ **teatro di p.** studio

posacénere s. m. inv. ashtray

posàre A v. tr. to put (down), to lay (down), to place B v. intr. **1** (essere basato) to rest, to stand **2** (per ritratto, foto) to pose, to sit **3** (atteggiarsi) to pose C v. rifl. e intr. pron. **1** (di uccello, cosa) to alight, to settle, (appollaiarsi) to perch **2** (aer.) to land **3** (soffermarsi) to stay

posàta s. f. (piece of) cutlery

posàto agg. composed

positivìsmo s. m. positivism

positìvo agg. positive

posizionàre v. tr. to position

posizióne s. f. position

posologìa s. f. posology, dosage

pospórre v. tr. **1** (porre dopo) to place after **2** (posticipare) to postpone

possedére v. tr. to possess, to own, to have

possediménto s. m. possession, (proprietà immobiliare) property, estate

possessìvo agg. possessive

possèsso s. m. **1** possession, ownership **2** (padronanza) mastery

possessóre s. m. possessor, owner, (detentore) holder

possìbile agg. possible

possibilìsmo s. m. possibilism

possibilità s. f. **1** possibility, opportunity, chance **2** al pl. (mezzi) means pl.

possibilménte avv. if possible

possidènte s. m. e f. property owner

pòsta s. f. **1** post, mail **2** (ufficio) post office **3** (al gioco, fig.) stake ◆ **fare la p. a qc.** to waylay sb.; **per p.** by mail; **p. aerea** air mail

postàle agg. postal, post (attr.), mail (attr.) ◆ **cartolina p.** postcard; **casella p.** POB (postal office box); **cassetta p.** letter box; **pacco p.** parcel

postazióne s. f. post, position
postbèllico agg. postwar (attr.)
postdatàre v. tr. to postdate
posteggiàre v. tr. e intr. to park
posteggiatóre s. m. car park attendant
postéggio s. m. car park, (USA) parking lot ♦ **p. di taxi** rank, (USA) stand
poster s. m. inv. poster
posterióre agg. 1 back, rear, hind, posterior 2 (nel tempo) later, following
posterità s. f. posterity
posticcio agg. artificial, false
posticipàre v. tr. to postpone
postìlla s. f. (marginal) note, gloss
postìno s. m. postman
postmodèrno agg. e s. m. postmodern
pósto s. m. 1 (luogo) place, spot 2 (collocazione) place 3 (spazio) space, room 4 (posto a sedere) seat 5 (lavoro) job, position 6 (luogo con particolare funzione) station, post ♦ **al p. di** instead of; **a p.** in order, tidy; **fuori p.** out of place, in the wrong place; **p. di blocco** roadblock
postribolo s. m. brothel
postulàto s. m. postulate
pòstumo A agg. posthumous **B** s. m. aftereffect
potàbile agg. drinkable
potàre v. tr. to prune, to cut down
potàssio s. m. potassium
potènte agg. 1 powerful, mighty 2 (efficace) potent, effective
potènza s. f. 1 power, might, (forza) strength 2 (efficacia) potency 3 (stato) power 4 (mat.) power 5 (fis., tecnol.) power, rating
potenziàle agg. potential
potenziàre v. tr. to strengthen, (sviluppare) to develop
potére (1) A v. serv. 1 (avere la capacità, la forza, la facoltà di fare) can (indicativo e congiuntivo pres.), could (indicativo e congiuntivo pass., condiz.), to be able (ES: **posso mangiare tutto ciò che voglio** I can eat all I like, **ieri notte non ho potuto dormire** yesterday night I could not sleep, **se parlasse italiano, potrei capirlo** if he should speak Italian, I could understand him) 2 (avere la possibilità, il permesso di fare) may, can (indicativo e congiuntivo pres.), might, could (condiz., indicativo pass. nel discorso ind.), to be able, to be allowed, to be permitted (ES: **posso entrare?** may I come in?, **chiese se poteva vederlo** he asked if he might (o could) see him) 3 (essere probabile, possibile) may, might, can, could, to be possible, to be likely (ES: **potrebbe esserci un errore** there might be a mistake, **posso avere torto** I may be wrong) 4 (augurio, esortazione) may, might, could (ES: **potrebbe almeno rispondere!** he might at least reply!) **B** v. tr. to have an effect
potére (2) s. m. 1 power 2 (influenza) influence, sway
pòvero A agg. 1 poor, needy 2 (miserabile) poor, unfortunate, wretched 3 (scarso) scanty, poor 4 (semplice) plain, bare 5 (defunto) late **B** s. m. poor man
povertà s. f. 1 poverty, indigence 2 (scarsezza) shortage, scarcity, lack

pozzànghera s. f. puddle
pózzo s. m. 1 well 2 (miner.) shaft
pragmàtico agg. pragmatic
pranzàre v. intr. to dine, to have dinner, (a mezzogiorno) to lunch, to have lunch ♦ **p. in casa/fuori** to dine in/out
prànzo s. m. dinner, (di mezzogiorno) lunch ♦ **dopo p.** after lunch
pràssi s. f. praxis, usual procedure
pratería s. f. grassland, (USA) prairie
pràtica s. f. 1 practice 2 (esperienza) experience 3 al pl. (trattative) negotiations 4 (incartamento) file, dossier
praticàbile agg. practicable, (fattibile) feasible
praticaménte avv. practically
praticànte A agg. practising **B** s. m. e f. apprentice
praticàre A v. tr. 1 (mettere in pratica) to practise, to put into practice 2 (esercitare) to practice, to follow 3 (frequentare) to frequent 4 (fare) to make **B** v. intr. 1 to practise 2 (frequentare) to associate with
praticità s. f. practicality
pràtico agg. 1 practical 2 (esperto) experienced, skilled
pràto s. m. meadow, grass, (all'inglese) lawn
preàmbolo s. m. preamble
preannunciàre v. tr. to announce
preavvisàre v. tr. to inform in advance, to forewarn
preavvìso s. m. notice, forewarning
prebèllico agg. prewar (attr.)
precarietà s. f. precariousness
precàrio agg. 1 precarious 2 (temporaneo) temporary
precauzióne s. f. 1 precaution 2 (cautela) caution, care
precedènte A agg. preceding, previous, former **B** s. m. 1 precedent 2 al pl. record
precedènza s. f. 1 precedence, priority 2 (di traffico) right of way
precèdere A v. tr. to precede, to come before **B** v. intr. to precede, to come first
precètto s. m. rule, precept
precettóre s. m. tutor
precipitàre A v. tr. 1 to precipitate, to throw down 2 (affrettare) to rush, to hasten **B** v. intr. 1 to fall, (aer.) to crash 2 (evolvere negativamente) to come to a head **C** v. intr. pron. 1 to throw oneself 2 (affrettarsi) to rush, to dash
precipitazióne s. f. precipitation
precipitóso agg. 1 precipitous, headlong 2 (avventato) hasty, rash
precipìzio s. m. precipice ♦ **correre a p.** to run headlong
precisaménte avv. 1 precisely 2 (esattamente) exactly
precisàre v. tr. to specify, to tell precisely
precisazióne s. f. precise statement, precise information
precisióne s. f. 1 precision, accuracy 2 (esattezza) preciseness
precìso agg. 1 (accurato) careful 2 (esatto) precise, exact 3 (definito) definite, particular 4 (identico) identical 5 (in punto) sharp

preclùdere *v. tr.* to preclude, to bar
preclusióne *s. f.* preclusion
precóce *agg.* **1** precocious, *(anticipato)* early **2** *(prematuro)* premature
precocità *s. f.* precocity
precolombiàno *agg.* pre-Columbian
preconcètto A *agg.* preconceived **B** *s. m.* preconception
precórrere *v. tr.* to anticipate
precursóre *s. m.* precursor, forerunner
prèda *s. f.* **1** prey, quarry **2** *(bottino)* booty
predatóre A *agg.* predatory **B** *s. m. (solo animale)* predator
predecessóre *s. m.* predecessor
predèlla *s. f.* platform, dais, *(di altare)* predella
predellino *s. m.* footboard
predestinàre *v. tr.* to destine, to predestinate
predestinazióne *s. f.* predestination
predeterminàre *v. tr.* to predetermine
predétto *agg.* above-mentioned, aforesaid
prèdica *s. f.* **1** sermon **2** *(ramanzina)* telling-off, lecture
predicàre *v. tr. e intr.* to preach
predicàto *s. m.* predicate
predicatóre *s. m.* preacher
predicazióne *s. f.* preaching
predilètto *agg. e s. m.* favourite
predilezióne *s. f.* fondness, partiality
prediligere *v. tr.* to prefer
predire *v. tr.* to foretell, to predict
predisporre A *v. tr.* **1** to predispose, to induce **2** *(preparare in anticipo)* to arrange in advance, to plan **B** *v. rifl.* to prepare oneself
predisposizióne *s. f.* **1** *(med.)* predisposition **2** *(inclinazione)* bent **3** *(preparazione)* arrangement
predizióne *s. f.* prediction
predominànte *agg.* predominant, prevailing
predominàre *v. intr.* to predominate, to prevail
predominio *s. m.* predominance, *(supremazia)* supremacy
preesistènte *agg.* preexistent
preesìstere *v. intr.* to preexist
prefabbricàto *agg.* prefabricated
prefazióne *s. f.* preface, foreword
preferènza *s. f.* preference
preferenziàle *agg.* preferential
preferìbile *agg.* preferable
preferibilménte *avv.* preferably
preferìre *v. tr.* to prefer, to like better
prefètto *s. m.* prefect
prefettùra *s. f.* prefecture
prefìggere *v. tr.* to fix, to establish (in advance)
prefiguràre *v. tr.* to prefigure
prefìsso *s. m.* **1** prefix **2** *(tel.)* (area) code
pregàre *v. tr.* **1** to pray **2** *(chiedere)* to ask, to beg
pregévole *agg.* valuable
preghièra *s. f.* **1** prayer **2** *(richiesta)* request
pregiàto *agg.* valuable
prègio *s. m.* **1** *(stima)* esteem, regard **2** *(valore)* value **3** *(buona qualità)* (good) quality, *(merito)* merit
pregiudicàre *v. tr.* to prejudice, to compromise, *(dan-*

neggiare) to harm, to damage
pregiudicàto *s. m.* previous offender
pregiudìzio *s. m.* prejudice
pregnànte *agg.* pregnant
prégno *agg.* **1** pregnant **2** *(fig.)* full, rich
prègo *inter.* **1** *(rispondendo a chi ringrazia)* don't mention it!, you're welcome **2** *(per invitare a ripetere)* pardon? **3** *(per invitare ad accomodarsi)* please **4** *(cedendo il passo)* after you
pregustàre *v. tr.* to foretaste, to anticipate
preistòria *s. f.* prehistory
preistòrico *agg.* prehistoric
prelàto *s. m.* prelate
prelevàre *v. tr.* to take, to draw, *(danaro)* to withdraw
prelibàto *agg.* delicious
prelièvo *s. m.* **1** *(banca)* withdrawal, drawing **2** *(med.)* sample
preliminàre *agg. e s. m.* preliminary
prelùdio *s. m.* prelude
prematrimoniàle *agg.* premarital, pre-marriage *(attr.)*
prematùro *agg.* premature
premeditazióne *s. f.* premeditation
prèmere A *v. tr.* **1** *(incalzare)* to bear down on **B** *v. intr.* **1** to press **2** *(importare)* to matter, to be of interest
premèssa *s. f.* introduction, preamble, premise
preméttere *v. tr.* **1** to state beforehand **2** *(mettere prima)* to put before, to place before ♦ **premesso che ...** granted that ...
premiàre *v. tr.* **1** to give a prize to, to award a prize to **2** *(ricompensare)* to reward, to recompense
premiazióne *s. f.* prize-giving
preminènte *agg.* pre-eminent
prèmio *s. m.* **1** prize, award **2** *(ricompensa)* reward **3** *(di assicurazione)* premium **4** *(indennità)* bonus ♦ **p. Nobel** Nobel prize
premistóppa *s. m. inv.* stuffing box
premonitóre *agg.* premonitory
premorire *v. intr.* to die before (sb. else), to predecease
premunìre A *v. tr.* **1** to fortify **2** *(fig.)* to protect, to preserve **B** *v. rifl.* to protect oneself
premùra *s. f.* **1** *(sollecitudine)* care **2** *(gentilezza)* kindness **3** *(fretta)* hurry, haste
premuróso *agg.* solicitous
prenatàle *agg.* antenatal, prenatal
prèndere A *v. tr.* **1** to take, *(acchiappare)* to catch, *(afferrare)* to seize **2** *(assumere)* to take over, to assume, *(personale)* to employ, to engage **3** *(ottenere, guadagnare)* to get, to earn **4** *(sorprendere)* to catch, to take **5** *(comprare)* to buy, *(far pagare)* to charge **6** *(occupare)* to take up **7** *(una malattia)* to catch, to get **B** *v. intr.* **1** to take **2** *(attecchire)* to take root **3** *(far presa)* to set
prenotàre *v. tr.* to book, to reserve ♦ **p. una stanza in un albergo** to book a room at a hotel; **p. un posto in treno** to book a seat on a train
prenotazióne *s. f.* booking, reservation ♦ **annullare una p.** to cancel a booking
preoccupànte *agg.* worrying
preoccupàre A *v. tr.* to worry, to trouble **B** *v. intr.*

pron. **1** to worry, to be troubled **2** (*occuparsi*) to make sure

preoccupàto *agg.* worried, troubled

preoccupazióne *s. f.* worry, care

preparàre A *v. tr.* to prepare, to make ready, (*predisporre*) to arrange **B** *v. rifl.* **1** to prepare oneself, to get ready **2** (*accingersi*) to be about to **C** *v. intr. pron.* (*essere prossimo*) to be in store

preparativo *s. m.* preparation

preparazióne *s. f.* **1** preparation **2** (*esperienza*) qualification

preponderànte *agg.* preponderant, predominant

prepórre *v. tr.* **1** to place before **2** (*mettere a capo*) to put at the head of, to put in charge

preposizióne *s. f.* preposition

prepotènte *agg.* overbearing

prepotére *s. m.* excessive power

prerogativa *s. f.* prerogative

présa *s. f.* **1** taking **2** (*cattura*) seizure, capture **3** (*stretta*) hold **4** (*pizzico*) pinch **5** (*d'acqua, d'aria*) intake **6** (*elettr.*) tap, socket ♦ **far p.** (*di cemento*) to set, (*di ancora*) to hold; **macchina da p.** camera; **p. di posizione** stand; **p. in giro** joke

presàgio *s. m.* presage, omen

presagire *v. tr.* **1** (*prevedere*) to foresee, to predict **2** (*essere presagio di*) to forebode

prèsbite *agg.* long-sighted

presbiteriàno *agg.* Presbyterian

presbitèrio *s. m.* presbytery

prescégliere *v. tr.* to select, to choose

prescindere *v. intr.* to leave aside ♦ **a p. da ciò** apart from this

prescrivere *v. tr.* to prescribe

prescrizióne *s. f.* **1** (*dir., med.*) prescription **2** (*precetto*) precept, regulation

presentàbile *agg.* presentable

presentàre A *v. tr.* **1** (*mostrare*) to present, to show, (*esibire*) to produce **2** (*inoltrare*) to put in, to present, (*proporre*) to propose **3** (*offrire, porgere*) to present, to offer **4** (*far conoscere*) to introduce, to present **5** (*uno spettacolo*) to present **B** *v. rifl.* **1** to present oneself, (*farsi conoscere*) to introduce oneself **C** *v. intr. pron.* **1** (*offrirsi*) to arise, (*capitare*) to occur **2** (*sembrare*) to seem, to appear

presentatóre *s. m.* presenter

presentazióne *s. f.* **1** presentation **2** (*il far conoscere una persona a un'altra*) introduction

presènte (1) A *agg.* **1** present **2** (*attuale*) present, current **3** (*questo*) this **B** *s. m.* **1** (*tempo*) present (time), (*gramm.*) present (tense) **2** *al pl.* those present

presènte (2) *s. m.* (*dono*) present, gift

presentimènto *s. m.* foreboding, presentiment

presènza *s. f.* **1** presence **2** (*frequenza*) attendance

presenziàre *v. tr. e intr.* to be present (at)

presèpe *s. m.* crib

preservàre *v. tr.* to preserve, to keep

preservativo A *agg.* preservative **B** *s. m.* prophylactic, condom

prèside *s. m. e f.* head, (*di facoltà*) dean

presidènte *s. m.* president, (*di assemblea*) chairman

presidènza *s. f.* presidency, (*di assemblea*) chairmanship

presidenziàle *agg.* presidential

presidiàre *v. tr.* **1** (*mil.*) to garrison **2** (*est.*) to protect, to guard

presìdio *s. m.* **1** (*mil.*) garrison **2** (*salvaguardia*) protection, defence **3** (*ausilio*) aid

presièdere *v. tr. e intr.* to preside, to be at the head of, to act as chairman of

prèssa *s. f.* press

pressappochìsmo *s. m.* inaccuracy

pressappòco *avv.* about, more or less

pressàre *v. tr.* to press

pressióne *s. f.* pressure ♦ **p. del sangue** blood pressure; **pentola a p.** pressure cooker

prèsso A *avv.* nearby, near, close (at hand) **B** *prep.* **1** (*vicino a*) near, not far from **2** (*accanto, a fianco a*) beside, next to, by **3** (*a casa di, da*) with, in, at, (*negli indirizzi*) c/o (*care of*) **4** (*fra*) among, with **C** *s. m. al pl.* (*vicinanze*) neighbourhood, (*dintorni*) outskirts *pl.*

pressoché *avv.* almost, nearly, all but, practically

pressurizzàre *v. tr.* to pressurize

prestabilìre *v. tr.* to arrange beforehand, to fix

prestànte *agg.* good-looking, handsome

prestàre A *v. tr.* **1** (*dare in prestito*) to lend **2** (*dare*) to give **B** *v. rifl.* **1** (*essere disponibile*) to lend oneself, (*rendersi utile*) to help **2** (*acconsentire*) to consent **C** *v. intr. pron.* (*essere adatto*) to be fit

prestazióne *s. f.* performance

prestigiatóre *s. m.* conjurer

prestìgio *s. m.* **1** (*influenza*) prestige **2** (*fascino*) glamour **3** (*prestidigitazione*) sleight-of-hand ♦ **giochi di p.** conjuring tricks

prestigióso *agg.* prestigious

prèstito *s. m.* loan ♦ **dare in p.** to lend; **prendere in p.** to borrow

prèsto *avv.* **1** (*in breve tempo*) soon, in a short time, before long **2** (*di buon'ora*) early **3** (*in fretta*) quickly ♦ **p.!** quick!, hurry up!

presùmere *v. tr.* to presume, to think

presuntuóso *agg.* presumptuous, conceited

presunzióne *s. f.* **1** (*supposizione*) presumption **2** (*boria*) conceit

presuppórre *v. tr.* **1** to presuppose **2** (*supporre*) to suppose, to assume

presuppòsto *s. m.* **1** (*premessa*) assumption **2** (*condizione necessaria*) presupposition, requirement

prète *s. m.* priest

pretendènte *s. m. e f.* **1** pretender **2** (*corteggiatore*) suitor

pretèndere A *v. tr.* **1** to claim, to pretend **2** (*esigere*) to expect, to require **B** *v. intr.* to pretend

pretenzióso *agg.* pretentious

pretésa *s. f.* **1** pretension, claim **2** (*richiesta*) claim, demand ♦ **senza pretese** unpretentious

pretèsto *s. m.* **1** pretext **2** (*occasione*) occasion, opportunity

prevalènte *agg.* prevalent, prevailing

prevalènza *s. f.* prevalence, priority

prevalére *v. intr.* **1** to prevail **2** (*essere in numero su-*

periore) to outnumber

prevaricàre *v. intr.* to abuse (one's office)

prevedére *v. tr.* **1** to foresee, to foretell, to anticipate, (*di tempo atmosferico*) to forecast **2** (*stabilire*) to provide (for)

prevedìbile *agg.* predictable

prevenìre *v. tr.* **1** (*precedere*) to precede, to arrive before, (*anticipare*) to anticipate, to forestall **2** (*cercare di evitare*) to prevent **3** (*preavvertire*) to inform, to forewarn **4** (*influenzare negativamente*) to prejudice

preventìvo A *agg.* **1** preventive, **2** (*econ.*) extimated **B** *s. m.* estimate, budget

prevenùto *agg.* prejudiced

prevenzióne *s. f.* **1** prevention, (*di malattia*) prophylaxis **2** (*pregiudizio*) prejudice, bias

previdénte *agg.* provident, wise

previdénza *s. f.* providence   ♦ **p. sociale** social security

previsióne *s. f.* forecast, prevision, expectation   ♦ **previsioni del tempo** weather forecast

preziosìsmo *s. m.* preciosity

preziòso *agg.* precious

prezzémolo *s. m.* parsley

prèzzo *s. m.* price, (*costo*) cost, (*tariffa*) rate, fee

prigióne *s. f.* **1** prison, jail **2** (*pena*) imprisonment

prigionìa *s. f.* imprisonment

prigionièro A *agg.* imprisoned **B** *s. m.* prisoner

prima (1) A *avv.* **1** (*nel tempo*) before **2** (*in anticipo*) beforehand, in advance **3** (*più presto*) earlier, sooner **4** (*un tempo*) formerly, once **5** (*per prima cosa*) first, (*in primo luogo*) first of all **6** (*nello spazio*) first, before **B** *prep.* **p. di** before, ahead of **C** *cong.* **p. che** before

prima (2) *s. f.* **1** (*prima classe*) first class **2** (*teatro*) first night, (*cin.*) première **3** (*autom.*) first gear **4** (*sport*) basic position

primàrio A *agg.* **1** primary **2** (*principale*) main, leading **B** *s. m.* head physician

primate *s. m.* primate

primàto *s. m.* **1** primacy, supremacy **2** (*sport*) record

primavèra *s. f.* spring

primaverìle *agg.* spring (*attr.*)

primeggiàre *v. intr.* to excel

primitivìsmo *s. m.* primitivism

primitìvo *agg.* **1** primitive **2** (*precedente*) original

primìzia *s. f.* firstling

prìmo A *agg. num. ord.* **1** first **2** (*principale*) main, principal, chief **3** (*iniziale*) early, first **4** (*prossimo*) next **B** *s. m.* **1** (the) first, (*fra due*) the former **2** (*il migliore*) (the) best, (the) top **3** (*primo piatto*) first course **4** (*minuto primo*) minute

primogènito *agg. e s. m.* first-born

primordiàle *agg.* **1** primordial **2** (*est.*) early

prìmula *s. f.* primula, primrose

principàle A *agg.* principal, chief, main **B** *s. m.* master, manager

principalménte *avv.* principally, chiefly, mainly

principàto *s. m.* principality

prìncipe *s. m.* prince

principéssa *s. f.* princess

principiànte *s. m. e f.* beginner

principio *s. m.* **1** (*inizio*) beginning **2** (*norma*) principle **3** *al pl.* (*rudimenti*) principles *pl.* **4** (*origine, causa*) origin, cause **5** (*chim.*) principle

prióre *s. m.* prior

priorità *s. f.* priority

prìsma *s. m.* prism

privàre A *v. tr.* to deprive **B** *v. rifl.* to deprive oneself, (*negarsi*) to deny oneself

privataménte *avv.* in private

privàto A *agg.* **1** private **2** (*privo*) deprived, bereft **B** *s. m.* private person

privazióne *s. f.* **1** (*il privare*) deprivation **2** (*perdita*) loss **3** (*disagio*) hardship, privation

privilegiàre *v. tr.* to favour

privilègio *s. m.* **1** privilege **2** (*onore*) honour

privo *agg.* deprived (of), devoid (of), (*mancante*) lacking (in)

pro (1) *prep.* for, for the benefit of

pro (2) *s. m.* advantage, benefit   ♦ **il p. e il contro** the pros and cons

probàbile *agg.* probable, likely

probabilità *s. f.* probability, chance

probabilménte *avv.* probably, likely

problèma *s. m.* problem

problemàtica *s. f.* problems *pl.*

problemàtico *agg.* problematic

probòscide *s. f.* trunk

procacciàre *v. tr.* to procure, to get

procèdere *v. intr.* **1** to proceed, to go on, to advance **2** (*accingersi*) to start **3** (*comportarsi*) to behave, (*trattare*) to deal

procedimènto *s. m.* **1** (*corso*) course **2** (*metodo*) process, procedure **3** (*dir.*) proceedings *pl.*

procedùra *s. f.* procedure

processàre *v. tr.* to try

processióne *s. f.* procession

procèsso *s. m.* **1** (*dir.*) trial, action, proceedings *pl.* **2** (*fase, metodo*) process

prociòne *s. m.* racoon

proclàma *s. m.* proclamation

proclamàre *v. tr.* to proclaim

proclamazióne *s. f.* proclamation, declaration

procreàre *v. tr.* to procreate, to beget

procùra *s. f.* proxy

procuràre *v. tr.* **1** to procure, to get, to obtain **2** (*causare*) to cause, to bring about **3** (*fare in modo che*) to try

procuratóre *s. m.* **1** proxy **2** (*dir.*) attorney

prodézza *s. f.* feat, exploit

prodigalità *s. f.* prodigality, extravagance

prodigàre A *v. tr.* to lavish **B** *v. rifl.* to do all one can

prodìgio *s. m.* prodigy, marvel, wonder

prodigióso *agg.* prodigious, portentous, wonderful

pròdigo *agg.* prodigal, extravagant

prodótto *s. m.* product, produce

prodùrre A *v. tr.* **1** (*generare*) to produce, to yield, to bear **2** (*fabbricare*) to produce, to make **3** (*causare*) to cause **B** *v. rifl.* to appear **C** *v. intr. pron.* to happen, to occur

produttività *s. f.* productivity

produttivo *agg.* productive
produttóre *s. m.* producer
produzióne *s. f.* production
profanàre *v. tr.* to profane
profanatóre A *agg.* profaning **B** *s. m.* profaner
profàno A *agg.* **1** (*non sacro*) profane, secular **2** (*inesperto*) ignorant **B** *s. m.* layman
proferire *v. tr.* to utter
professàre A *v. tr.* **1** to profess, to declare **2** (*esercitare*) to practise **B** *v. rifl.* to profess oneself
professionàle *agg.* professional, (*derivante da professione*) occupational
professióne *s. f.* profession
professionismo *s. m.* professionalism
professionista *s. m. e f.* professional
professóre *s. m.* teacher, (*di università*) professor
proféta *s. m.* prophet
profético *agg.* prophetic(al)
profezia *s. f.* prophecy
proficuo *agg.* profitable
profilàre A *v. tr.* **1** to profile **2** (*orlare*) to border, to edge **B** *v. intr. pron.* **1** to be outlined **2** (*fig.*) to loom up
profilàssi *s. f.* prophylaxis
profilàttico A *agg.* prophylactic **B** *s. m.* prophylactic, condom
profilo *s. m.* **1** (*del volto*) profile **2** (*linea di contorno*) outline **3** (*scient.*) profile **4** (*descrizione*) sketch
profittàre *v. intr.* to profit, to take advantage
profitto *s. m.* **1** profit, benefit, advantage **2** (*econ.*) profit, gain
profondimetro *s. m.* depth-gauge
profondità *s. f.* depth
profóndo *agg.* deep, profound
prófugo *agg. e s. m.* refugee
profumàre A *v. tr.* to perfume, to scent **B** *v. intr.* to smell, to be fragrant **C** *v. rifl.* to put on scent, to perfume oneself
profumataménte *avv.* profusely, (*a caro prezzo*) dearly
profumàto *agg.* scented, fragrant
profumeria *s. f.* **1** perfumery **2** (*negozio*) perfume shop
profùmo *s. m.* perfume, scent
profusióne *s. f.* profusion
progenitóre *s. m.* progenitor, ancestor
progettàre *v. tr.* **1** to plan **2** (*fare il progetto*) to plan, to design
progettazióne *s. f.* design
progettista *s. m. e f.* planner, designer
progètto *s. m.* plan, project, design
prògnosi *s. f.* prognosis
programma *s. m.* **1** programme, (*USA*) program, plan **2** (*scolastico*) syllabus, programme **3** (*inf.*) program
programmàre *v. tr.* to plan, to programme, to program
programmazióne *s. f.* programming, planning
progredire *v. intr.* **1** to advance **2** (*fare progressi*) to progress, to make progress, to get on **3** (*migliorare*) to improve
progressióne *s. f.* progression
progressivaménte *avv.* progressively

progressivo *agg.* progressive
progrèsso *s. m.* progress, (*sviluppo*) development
proibire *v. tr.* **1** to forbid, to prohibit **2** (*impedire*) to prevent
proibitivo *agg.* prohibitive
proibito *agg.* forbidden, prohibited
proibizióne *s. f.* prohibition
proiettàre *v. tr.* **1** to project, to cast, to throw **2** (*geom.*) to project **3** (*film*) to show
proièttile *s. m.* bullet, shell
proiettóre *s. m.* **1** (*sorgente luminosa*) searchlight, floodlight **2** (*autom.*) light **3** (*fot., cin.*) projector
proiezióne *s. f.* projection
pròle *s. f.* children *pl.*
proletàrio *agg. e s. m.* proletarian
proliferàre *v. intr.* to proliferate
prolifico *agg.* prolific
prolisso *agg.* prolix, verbose
pròlogo *s. m.* prologue
prolùnga *s. f.* extension
prolungaménto *s. m.* prolongation, extension
prolungàre A *v. tr.* **1** to prolong, to extend **2** (*prorogare*) to delay **B** *v. intr. pron.* **1** to extend, to continue **2** (*dilungarsi*) to dwell
promemòria *s. m. inv.* memorandum, memo
promèssa *s. f.* promise
prométtere *v. tr. e intr.* to promise
prominènte *agg.* prominent
promiscuità *s. f.* promiscuity
promiscuo *agg.* promiscuous, mixed
promontòrio *s. m.* promontory, headland
promotóre *s. m.* promoter
promozióne *s. f.* promotion
promulgàre *v. tr.* to promulgate
promuòvere *v. tr.* **1** to promote **2** (*uno studente*) to pass
prònao *s. m.* pronaos
pronipóte *s. m. e f.* **1** (*di bisnonno*) great grandchild, (*di prozio*) grandnephew *m.*, granddaughter *f.* **2** *al pl.* (*discendenti*) descendants
pronóme *s. m.* pronoun
pronosticàre *v. tr.* to forecast, to prognosticate
pronòstico *s. m.* forecast, prognostic
prontaménte *avv.* readily, quickly
prontézza *s. f.* readiness, quickness
prónto *agg.* **1** ready, prepared **2** (*svelto*) prompt, quick, ready **3** (*incline*) inclined ♦ **p.!** (*al telefono*) hello!; **p. soccorso** first aid
prontuàrio *s. m.* manual, handbook
pronùncia *s. f.* pronunciation
pronunciàre A *v. tr.* **1** to pronounce, (*proferire*) to utter **2** (*dire*) to say, (*recitare*) to deliver **B** *v. intr. pron.* to pronounce, to declare one's opinion
pronunciàto *agg.* pronounced, (*spiccato*) strong
propagànda *s. f.* propaganda, (*pubblicità*) advertising
propagàre *v. tr. e intr. pron.* to propagate, to spread
propàggine *s. f.* **1** layer **2** (*diramazione*) offshoot
propèndere *v. intr.* to incline, to be inclined, to tend
propensióne *s. f.* propensity, propension, inclination
propènso *agg.* disposed, inclined

propìleo *s. m.* propylaeum

propinàre *v. tr.* to administer, (*cibo*) to dish up

propiziàre *v. tr.* to propitiate

propizio *agg.* propitious

proponìbile *agg.* proposable

propórre *v. tr.* 1 to propose, (*suggerire*) to suggest 2 (*decidere*) to decide, to set 3 (*offrire*) to offer

proporzionàle *agg.* proportional

proporzionàre *v. tr.* to proportion

proporzióne *s. f.* 1 proportion, (*rapporto*) ratio 2 (*dimensione*) dimension, size

propòsito *s. m.* 1 purpose, intention, design 2 (*argomento*) subject ◆ **a p. di** with regard to

proposizióne *s. f.* clause

propósta *s. f.* proposal, (*offerta*) offer

proprietà *s. f.* 1 property, ownership 2 (*possedimento*) property, estate 3 (*caratteristica*) property, characteristic 4 (*i proprietari*) owners *pl.*

proprietàrio A *agg.* proprietary B *s. m.* owner

pròprio A *agg.* 1 (*possessivo*) one's (own), (*di lui*) his (own), (*di lei*) her (own), (*di cosa o animale*) its (own), (*di loro*) their (own) 2 (*caratteristico*) characteristic, particular, typical 3 (*appropriato, conveniente*) appropriate, suitable 4 (*letterale*) literal, exact 5 (*gramm., mat.*) proper B *pron. poss.* one's (own), (*di lui*) his (own), (*di lei*) hers, her (own), (*di cosa o animale*) its (own), (*di loro*) theirs, their (own) C *s. m.* one's own D *avv.* 1 (*davvero*) really, quite 2 (*precisamente*) just, exactly 3 (*affatto, in frasi neg.*) at all

propulsióne *s. f.* propulsion

pròroga *s. f.* 1 extension, delay 2 (*rinvio*) adjournment

prorogàre *v. tr.* 1 to extend, to prolong 2 (*rinviare*) to postpone, to delay

prorómpere *v. intr.* to burst (out)

pròsa *s. f.* 1 prose 2 (*opera in prosa*) prose work 3 (*teatro*) drama

prosàico *agg.* prosaic

prosciògliere *v. tr.* to release, to absolve

prosciugàre A *v. tr.* 1 to dry up, to drain 2 (*fig.*) to exhaust B *v. intr.* to dry up

prosciútto *s. m.* ham

prosecuzióne *s. f.* prosecution, continuation

proseguiménto *s. m.* continuation

proseguìre A *v. tr.* to continue, to carry on B *v. intr.* to continue, to go on, to pursue

prosperàre *v. intr.* to prosper, to flourish, to boom

prosperità *s. f.* prosperity, affluence

pròspero *agg.* prosperous, flourishing

prosperóso *agg.* prosperous, flourishing

prospettàre A *v. tr.* to show, to point out B *v. intr. pron.* to appear

prospèttico *agg.* perspective

prospettìva *s. f.* 1 perspective 2 (*possibilità*) prospect

prospètto *s. m.* 1 (*facciata*) front 2 (*tabella*) table, (*riassunto*) summary

prospiciènte *agg.* facing, overlooking

prossimaménte *avv.* in a short time, before long

prossimità *s. f.* closeness, proximity

pròssimo A *agg.* 1 (*molto vicino*) near, close, at hand (*pred.*) 2 (*successivo*) next B *s. m.* neighbour

pròstilo *s. m.* prostyle

prostituìre A *v. tr.* to prostitute B *v. rifl.* to prostitute oneself, to sell oneself

prostitùta *s. f.* prostitute

prostituzióne *s. f.* prostitution

prostràre A *v. tr.* to prostrate, to exhaust B *v. rifl.* to prostrate oneself

protagonìsta *s. m. e f.* 1 protagonist 2 (*attore*) leading actor

protèggere A *v. tr.* 1 to protect, to shield, to shelter, to take care of 2 (*favorire*) to favour, to promote B *v. rifl.* to protect oneself

proteìna *s. f.* protein

protèndere A *v. tr.* to stretch out, to hold out B *v. rifl. e intr. pron.* to stretch out, to lean forward

pròtesi *s. f.* prosthesis ◆ **p. dentaria** dental prothesis

protèsta *s. f.* protest

protestànte *agg. e s. m.* Protestant

protestantésimo *s. m.* Protestantism

protestàre *v. tr. e intr.* to protest

protettìvo *agg.* protective

protettóre *s. m.* protector, patron

protezióne *s. f.* 1 protection 2 (*patrocinio*) patronage

protezionìsmo *s. m.* protectionism

protocollàre *agg.* protocol (*attr.*)

protocòllo *s. m.* 1 protocol 2 (*registro*) record, register

protòtipo *s. m.* prototype

protràrre A *v. tr.* to prolong, to extend 2 (*differire*) to postpone, to defer B *v. intr. pron.* to continue

protuberànza *s. f.* protuberance

pròva *s. f.* 1 (*esperimento, controllo*) trial, test 2 (*dimostrazione*) proof, (*elemento di prova*) evidence 3 (*tentativo*) try 4 (*risultato*) result 5 (*di abito*) fitting 6 (*teatro*) rehearsal ◆ **a prova di** proof (*attr.*)

provàre A *v. tr.* 1 (*dimostrare*) to prove, to demonstrate, to show 2 (*tentare*) to try, (*sperimentare*) to experience 3 (*sentire*) to feel 4 (*mettere alla prova*) to try, to test 5 (*un vestito*) to try on 6 (*teatro*) to rehearse 7 (*assaggiare*) to taste B *v. intr. pron.* to try, to attempt

proveniènza *s. f.* 1 origin, provenance 2 (*fonte*) source

provenìre *v. intr.* 1 to come 2 (*avere origine*) to derive, to originate

provènto *s. m.* proceeds *pl.*, income

provenzàle *agg.* Provençal

proverbiàle *s. m.* 1 proverbial 2 (*notorio*) notorious

provèrbio *s. m.* proverb, saying

provétta *s. f.* test tube

provìncia *s. f.* province, district

provinciàle *agg. e s. m. e f.* provincial

provincialìsmo *s. m.* provincialism

provocànte *agg.* provocative

provocàre *v. tr.* 1 to provoke 2 (*suscitare*) to cause, to induce

provocatòrio *agg.* provocative

provocazióne *s. f.* provocation

provvedére A *v. tr.* 1 (*fornire*) to provide, to supply

2 (*disporre*) to prepare, to get ready **B** *v. intr.* **1** to provide (for), to arrange for **2** (*prendersi cura*) to take care of **C** *v. rifl.* to provide oneself

provvedimento *s. m.* measure, action, provision

provvidènza *s. f.* **1** providence **2** (*provvedimento*) provision

provvidenziàle *agg.* providential

provvigióne *s. f.* commission

provvisòrio *agg.* provisional, temporary

provvista *s. f.* provision, supply

prùa *s. f.* bow

prudènte *agg.* prudent, cautious

prudènza *s. f.* prudence, caution

prùdere *v. intr.* to itch, to be itchy

prùgna *s. f.* plum ◆ **p. secca** prune

prùno *s. m.* blackthorn

pruriginóso *agg.* **1** itchy **2** (*fig.*) exciting

prurito *s. m.* itch

pseudònimo *s. m.* pseudonym, (*di scrittore*) pen name

psiche *s. f.* psyche

psichiàtra *s. m. e f.* psychiatrist

psichiatria *s. f.* psychiatry

psichiàtrico *agg.* psychiatric

psìchico *agg.* psychic(al), mental

psicoanàlisi *s. f.* psychoanalysis

psicoanalìsta *s. m. e f.* psychoanalyst

psicofàrmaco *s. m.* psychotropic drug

psicologia *s. f.* psychology

psicologicaménte *avv.* psychologically

psicològico *agg.* psychological

psicòlogo *s. m.* psychologist

psicòsi *s. f.* psychosis

pubblicàre *v. tr.* to publish, to issue

pubblicazióne *s. f.* publication, issue

pubblicità *s. f.* **1** publicity **2** (*propaganda commerciale*) advertising

pubblicitàrio *agg.* advertising ◆ **annuncio p.** ad; **spazio p.** spot

pubblicizzàre *v. tr.* to publicize, to advertize

pùbblico A *agg.* public, (*dello stato*) state (*attr.*) **B** *s. m.* **1** public **2** (*uditorio*) audience **3** (*vita pubblica*) public life

pùbe *s. m.* pubis

pubertà *s. f.* puberty

pudìco *agg.* modest

pudóre *s. m.* modesty, decency, (*vergogna*) shame

puericultùra *s. f.* puericulture

puerìle *agg.* childish

pugilàto *s. m.* boxing

pùgile *s. m.* boxer

pugnalàre *v. tr.* to stab

pugnàle *s. m.* dagger

pùgno *s. m.* **1** fist **2** (*colpo*) punch, blow **3** (*manciata*) fistful, handful

pùlce *s. f.* flea

pulcìno *s. m.* chick

pulédro *s. m.* colt

puléggia *s. f.* pulley

pulìre *v. tr.* to clean

pulita *s. f.* clean, cleaning

pulìto *agg.* **1** clean **2** (*fig.*) clear, honest

pulizìa *s. f.* **1** (*il pulire*) cleaning **2** (*l'essere pulito*) cleanliness, cleanness

pùllman *s. m. inv.* coach

pullòver *s. m. inv.* pullover

pullulàre *v. intr.* **1** to spring up **2** (*essere gremito*) to swarm, to teem

pulmìno *s. m.* minibus

pùlpito *s. m.* pulpit

pulsànte A *agg.* pulsating **B** *s. m.* pushbutton

pulsàre *v. intr.* to pulsate, to beat

pulsazióne *s. f.* pulsation, throbbing

pulvìno *s. m.* dosseret, pulvino

pulvìscolo *s. m.* (fine) dust ◆ **p. atmosferico** motes

pùma *s. m.* puma

pungènte *agg.* **1** prickly **2** (*fig.*) biting, sharp

pùngere *v. tr.* to prick, to sting

pungiglióne *s. f.* sting

punìre *v. tr.* to punish

punizióne *s. f.* **1** punishment **2** (*sport*) penalty

pùnta *s. f.* **1** point **2** (*estremità*) tip, end **3** (*cima*) top, peak **4** (*promontorio*) cape, headland **5** (*di trapano*) drill **6** (*massima intensità*) peak **7** (*piccola quantità*) touch, pinch

puntàle *s. m.* ferrule

puntàre A *v. tr.* **1** (*dirigere*) to point, to direct **2** (*mirare*) to point, to aim **3** (*poggiare, spingere*) to put, to push **4** (*scommettere*) to bet, to wager **5** (*di cane*) to set, to point **6** (*guardare fissamente*) to stare at **B** *v. intr.* **1** (*dirigersi*) to head **2** (*aspirare a*) to aim **3** (*fare assegnamento*) to count (on)

puntàta (1) *s. f.* **1** (*somma scommessa*) bet, stake **2** (*breve visita*) flying visit

puntàta (2) *s. f.* (*di scritto*) instalment, (*TV, radio*) episode

punteggiatùra *s. f.* punctuation

puntéggio *s. m.* score

puntellàre *v. tr.* **1** to prop (up) **2** (*fig.*) to back up, to support

puntèllo *s. m.* prop, support

puntìglio *s. m.* stubbornness ◆ **per p.** out of pique

puntiglióso *agg.* stubborn, obstinate

puntìna *s. f.* **1** (*da disegno*) drawing pin **2** (*mecc.*) point

puntìno *s. m.* dot

pùnto *s. m.* **1** point **2** (*cucito, maglia*) stitch **3** (*macchiolina*) dot **4** (*segno d'interpunzione*) full stop ◆ **due punti** colon; **mettere a p.** to set up, to adjust; **p. e virgola** semicolon

puntuàle *agg.* **1** punctual, on time (*pred.*) **2** (*accurato*) precise, careful

puntualità *s. f.* **1** punctuality **2** (*precisione*) precision

puntùra *s. f.* **1** (*di ago, spina*) prick, (*di insetto*) sting, bite **2** (*iniezione*) injection, shot (*fam.*)

punzecchiàre A *v. tr.* **1** to sting, to bite **2** (*stuzzicare*) to tease **B** *v. rifl. rec.* to tease each other

pupàzzo *s. m.* puppet

pupìlla *s. f.* pupil

pupìllo (*s. m.*) **1** (*dir.*) ward **2** (*favorito*) favourite

puraménte *avv.* **1** purely, merely **2** (*solamente*) just, only

purché *cong.* provided (that), on condition that, as long as

pùre A *avv.* 1 also, too, as well, (*perfino*) even 2 (*concessivo*) please, as you like, certainly **B** *cong.* 1 (*anche se*) even if, (*sebbene*) even though 2 (*tuttavia, eppure*) but, yet ♦ **entra p.!** please come in!; **pur di** just to

purè *s. m.* mash, purée ♦ **p. di patate** mashed potatoes

purézza *s. f.* purity

pùrga *s. f.* 1 laxative 2 (*fig.*) purge

purgànte *agg. e s. m.* laxative

purgàre *v. tr.* 1 to give a laxative to 2 (*purificare*) to purge, to purify 3 (*espurgare*) to expurgate

purgativo *agg.* laxative

purgatòrio *s. m.* purgatory

purificàre *v. tr.* to purify

purìsmo *s. m.* purism

puritanésimo *s. m.* Puritanism

puritàno *agg. e s. m.* Puritan

pùro *agg.* 1 pure 2 (*semplice*) sheer, mere ♦ **per p. caso** by mere chance

purtròppo *avv.* unfortunately

pus *s. m. inv.* pus

pùstola *s. f.* pustule

putiferìo *s. m.* row, mess

putrefàre *v. intr. e intr. pron.* to putrefy, to go bad, to decompose

putrefazióne *s. f.* putrefaction, rot, corruption

pùtrido *agg.* rotten, putrid

puttàna *s. f.* whore

pùtto *s. m.* putto

pùzza *s. f.* stench, stink, bad smell

puzzàre *v. intr.* to stink, to smell bad

pùzzo *s. m.* stench, stink, bad smell

pùzzola *s. f.* polecat

puzzolènte *agg.* stinking, bad-smelling

Q

qua *avv.* here ♦ **al di q. di** on this side of; **eccomi q.** here I am; **q. e là** here and there; **q. fuori** out here; **q. giù** down here

quàcchero *agg. e s. m.* Quaker

quadèrno *s. m.* exercise-book, copy-book

quadrangolàre *agg.* quadrangular

quadrànte *s. m.* quadrant, (*di orologio*) dial

quadràre A *v. tr.* 1 to square 2 (*i conti*) to balance **B** *v. intr.* 1 (*essere esatto*) to balance 2 (*essere pertinente*) to fit, to suit

quadràto A *agg.* 1 square 2 (*fig.*) well-balanced, sound **B** *s. m.* 1 square 2 (*box*) ring

quadrétto *s. m.* 1 small square, small check 2 (*scenetta*) scene ♦ **a quadretti** (*di carta*) squared, (*di stoffa*) check(ed)

quadricromìa *s. f.* four-colour process

quadriennàle *agg.* 1 quadriennial, four-year (*attr.*) 2 (*che si svolge ogni 4 anni*) quadriennial, four-yearly (*attr.*)

quadrifòglio *s. m.* 1 four-leaved clover 2 (*arch.*) quatrefoil

quadrimestràle *agg.* 1 four-monthly (*attr.*) 2 (*che si compie ogni quadrimestre*) quarterly

quadrimèstre *s. m.* period of four months

quadrimotóre *s. m.* four-engined aircraft

quàdro (1) *agg.* square

quàdro (2) *s. m.* 1 (*pittura*) picture, painting 2 (*descrizione*) picture, description, outline 3 (*vista, spettacolo*) sight, scene 4 (*quadrato*) square 5 (*tabella*) table 6 (*tecnol.*) board, panel 7 *al pl.* (*mil., pol.*) cadre, (*d'azienda*) management 8 *al pl.* (*carte da gioco*) diamonds

quadrùpede *agg. e s. m.* quadruped

quadruplicàre *v. tr. e intr. pron.* to quadruple

quàdruplo *agg. e s. m.* quadruple

quaggiù *avv.* down here

quàglia *s. f.* quail

quàlche *agg. indef.* 1 a few, some, (*in frasi interr.*) any 2 (*un certo*) some, a certain amount of 3 (*quale che sia*) some, (*in frasi interr.*) any ♦ **da q. parte** somewhere, anywhere; **fra q. minuto** in a few minutes; **in q. modo** somehow or other; **q. altro** some/any other, (*in più*) some/any more; **q. volta** sometimes

qualcòsa *pron. indef.* 1 (*in frasi afferm. o interr. con valore positivo*) something 2 (*in frasi neg. e dubit.*) anything

qualcùno A *pron. indef.* 1 (*in frasi afferm. o interr. con valore positivo*) (*persona*) somebody, someone, (*persona o cosa*) some 2 (*in frasi interr. e dubit.*) (*persona*) anybody, anyone, (*persona o cosa*) any 3 (*alcuni*) (*persona*) some (people), any (people), a few (people), (*persona o cosa*) some, any **B** *s. m.* (*persona importante*) somebody ♦ **q. altro** some/any other, (*un'altra persona*) somebody/anybody else, (*uno in più*) some/any more

quàle A *agg.* 1 (*interr.*) (*fra un numero limitato*) which, (*fra un numero indeterminato*) what 2 (*escl.*) what 3 (*rel.*) (*spesso correlato con 'tale'*) (just) as 4 (*qualunque*) whatever B *pron.* 1 (*interr.*) (*fra un numero limitato*) which, (*fra un numero indeterminato*) what 2 (*rel. riferito a persone*) (*sogg.*) who, that, (*compl. ogg. e ind.*) who, that, whom, (*poss.*) whose **3** (*rel. riferito a cose o animali*) which, that, (*poss.*) of which, whose **C** *avv.* (*in qualità di*) as

qualifica *s. f.* **1** qualification **2** (*giudizio*) appraisal **3** (*titolo*) title

qualificàre *v. tr.* **1** to qualify **2** (*definire*) to describe **2** (*caratterizzare*) to characterize **B** *v. rifl.* **1** to qualify **2** (*presentarsi*) to introduce oneself

qualificativo *agg.* qualifying

qualificazióne *s. f.* qualification

qualità *s. f.* **1** quality, (*proprietà*) property **2** (*genere*) kind, sort **3** (*ufficio, carica*) capacity

qualóra *cong.* if, in case

qualsìasi *agg. indef.* → **qualunque**

qualùnque *agg. indef.* **1** any **2** (*mediocre*) ordinary, common **3** (*quale che sia*) whatever, (*riferito a un numero limitato*) whichever

quàndo **A** *avv.* when **B** *cong.* **1** when **2** (*ogni volta che*) whenever **3** (*mentre*) while **4** (*condizionale o causale*) when, since, if ♦ **da q.** since; **da q.?** since when?; **fino a q.** till, as long as

quantità *s. f.* quantity ♦ **una (grande) q. di** a lot of

quantitativo **A** *agg.* quantitative **B** *s. m.* quantity, amount

quànto **A** *agg.* **1** (*interr.*) how much, *pl.* how many, (*quanto tempo?*) how long (ES: **q. pane c'è?** how much bread is there?, **q. tempo ci vuole per arrivare alla stazione?** how long does it take to get to the station?) **2** (*in frasi ellittiche*) how much, (*di tempo*) how long (o *idiom.*) (ES: **q. costa?** how much is it?, **q. c'è da Milano a Venezia?** how far is it from Milan to Venice?, **quanti ne abbiamo oggi?** what is the date today?) **3** (*escl.*) what (a lot of), how (ES: **quanti dischi hai!** what a lot of records you have!) **4** (*tutto quello che*) as ... as (ES: **avrai tanto aiuto q. te ne serve** you'll have as much help as you need) **B** *avv.* **1** (*interr.*) (*con agg. e avv.*) how, (*con v.*) how much (ES: **q. è grande la casa?** how big is the house?, **q. hai studiato oggi?** how much have you studied today?) **2** (*escl.*) (*con agg.*) how, (*con v.*) how much (ES: **q. è bello!** how beautiful it is!, **q. mi piace!** how I love it!) **3** (*correlativo di 'tanto'*) as ... as, (*sia ... sia*) both ... and, (*quanto più ... tanto meno*) the more ... the less, the ...-er ... the less, (*quanto più, tanto più*) the more ... the more, the ...-er ... the ...-er (ES: **ne so (tanto) q. prima** I know as much as I did before, **mangerò tanto il dolce q. la macedonia** I'll have both the dessert and the fruit salad, **q. più freddo è il tempo, tanto meno mi piace** the colder the weather is, the less I like it, **q. più mangi, tanto più ingrassi** the more you eat, the fatter you become) **C** *pron.* **1** (*interr.*) how much, *pl.* how many (ES: **q. ne vuoi?** how much do you want of it?, **quanti ne hai letti?** how many did you read?) **2** (*escl.*) what a lot (of) (ES: **q. ne hai consumato!** what a lot you've used!) **D** *pron. rel.* **1** (*ciò che*) what, (*tutto quello che*) all (that) (ES: **ho q. mi occorre** I have all I need) **2** *al pl.* (*tutti coloro che*) all those (who), whoever (ES: **quanti credono in Dio** all those who believe in God) **3** (*correlativo di 'tanto'*) as (ES: **ho dormito (tanto)**

q. ho potuto I've slept as much as I could) **4** (*in frasi comp.*) than (ES: **meno di q. pensassimo** less than we expected) ♦ **in q.** (*poiché*) since, as, (*in qualità di*) as; **per q.** however, although; **q. a** as for

quantùnque *cong.* **1** (*benché*) (al)though **2** (*anche se*) even if

quarànta *agg. num. card. e s. m. inv.* forty

quarantèna *s. f.* quarantine

quarantèsimo *agg. num. ord. e s. m.* fortieth

quarésima *s. f.* Lent

quartétto *s. m.* **1** quartet **2** (*fam.*) foursome

quartière *s. m.* **1** (*di città*) quarter, area, neighbourhood **2** (*mil.*) quarters *pl.*

quartina *s. f.* (*letter.*) quatrain

quàrto **A** *agg. num. ord.* fourth **B** *s. m.* **1** quarter, fourth **2** (*di ora*) quarter

quarzo *s. m.* quartz ♦ **orologio al q.** quartz watch

quàsi **A** *avv.* **1** almost, nearly, (*con significato neg.*) hardly **2** (*forse*) perhaps **3** (*per poco non*) very nearly **B** *cong.* **q. che** as if ♦ **q. mai** hardly ever; **q. sempre** almost always

quassù *avv.* up here

quattórdici *agg. num. card. e s. m. inv.* fourteen

quattrino *s. m.* penny, *al pl.* money

quàttro *agg. num. card. e s. m. inv.* four

quattrocentésco *agg.* fifteenth-century (*attr.*)

quattrocènto *agg. num. card. e s. m. inv.* four hundred

quattromila *agg. num. card. e s. m. inv.* four thousand

quéllo **A** *agg. dimostr.* **1** that, those *pl.* **2** (*come art. determ.*) the **B** *pron. dimostr.* **1** that (one), those *pl.* **2** (*prima di un agg. qualif., di un'espressione attributiva o di una frase relativa*) the one (ES: **prenderò q. che mi piace di più** I'll take the one I like best) **3** (*con un poss. non si traduce*) (ES: **questa non è la mia macchina, è quella di mia moglie** this isn't my car, it's my wife's **4** (*seguito da un pron. relativo*) (*colui*) the man, the one, (*colei*) the woman, the one, (*coloro*) those, the people, (*chiunque*) whoever, anyone, (*ciò che*) what (ES: **quelli che hai incontrato sono miei amici** the people you met are friends of mine) **5** (*con valore di pron. pers.*) he, *f.* she, *pl.* they, (*con valore di 'ciò'*) that ♦ **questo ... q.** one ... one, some ... some, (*tra due già menzionati*) the former ... the latter

quèrcia *s. f.* oak

querèla *s. f.* action

querelàre *v. tr.* to bring an action against, to sue

quesito *s. m.* question

questionàre *v. intr.* to argue, to quarrel

questionàrio *s. m.* questionnaire

questióne *s. f.* **1** (*discussione*) question, issue **2** (*faccenda*) question, matter, (*punto della questione*) point **3** (*litigio*) quarrel

quésto **A** *agg. dimostr.* this, *pl.* these **B** *pron. dimostr.* **1** this (one), *pl.* these **2** (*con valore di pron. pers.*) he, *f.* she, *pl.* they, (*con valore di 'ciò'*) that, this ♦ **q. ... quello** one ... one, some ... some, (*tra due già menzionati*) the latter ... the former

questùa *s. f.* begging, (*in chiesa*) collection

qui *avv.* **1** here **2** (*temporale*) now ♦ **q. dentro/fuori** in/out here

quietànza s. f. receipt
quietàre A v. tr. to quiet, to calm **B** v. intr. pron. to quiet down, to calm down
quiète s. f. 1 quiet, calm 2 (riposo) rest
quièto agg. quiet, calm
quìndi A avv. then, afterwards **B** cong. so, therefore
quìndici agg. num. ord. e s. m. inv. fifteen
quindicinale agg. 1 fortnight's (attr.) 2 (che ricorre ogni 15 giorni) fortnightly
quinquénnio s. m. period of five years
quìnta s. f. 1 (teatro) wing, side-scene 2 (mus.) fifth
♦ **dietro le quinte** behind the scenes
quintàle s. m. quintal
quintétto s. m. 1 quintet 2 (fam.) fivesome

quìnto agg. num. ord. e s. m. fifth
quòta s. f. 1 (somma) share, amount, (rata) instalment, (contributo) dues pl. 2 (altezza) altitude, height 3 (nel disegno tecnico) dimension ♦ **a 3000 metri di q.** at 3000 metres above sea level
quotàre A v. tr. 1 (valutare) to value, to assess 2 (Borsa) to quote, to list **B** v. rifl. to subscribe
quotazióne s. f. 1 (prezzo) quotation prize, (valutazione) evaluation 2 (Borsa) quotation 3 (di moneta) exchange rate 4 (reputazione) reputation
quotidianaménte avv. daily
quotidiàno A agg. daily, everyday **B** s. m. daily
quoziènte s. m. quotient

R

rabàrbaro s. m. rhubarb
ràbbia s. f. 1 anger, rage, fury 2 (med.) rabies
rabbìno s. m. rabbi
rabbióso agg. 1 furious, angry 2 (accanito) violent, furious 3 (med.) rabid
rabbonìre v. tr. e intr. pron. to calm down
rabbrividìre v. intr. to shudder, to shiver
rabbuiàrsi v. intr. pron. 1 to darken, to grow dark 2 (corrucciarsi) to grow gloomy
raccapricciànte agg. horrifying
raccattàre v. tr. to pick up
racchétta s. f. 1 (da tennis) racket, (da ping-pong) bat, (da sci) ski-stick, ski-pole 2 (del tergicristallo) windscreen wiper
racchiùdere v. tr. to contain, to hold
raccògliere A v. tr. 1 to pick (up) 2 (mettere insieme) to gather, to collect 3 (fare collezione) to collect, to make a collection of 4 (ricevere) to receive 5 (mietere) to reap, to harvest 6 (dare rifugio) to shelter, to take in 7 (accettare) to accept **B** v. intr. pron. to gather **C** v. rifl. to collect one's thoughts, to concentrate
raccoglimento s. m. concentration
raccoglitóre s. m. (per documenti) folder
raccòlta s. f. 1 collection, raising 2 (di frutti della terra) harvesting, (raccolto) harvest 3 (collezione) collection 4 (adunata) gathering
raccòlto A agg. 1 (colto) picked 2 (adunato) gathered 3 (assorto) absorbed, engrossed 4 (intimo) cosy **B** s. m. crop, harvest
raccomandàre v. tr. 1 to recommend 2 (affidare) to entrust, to commit 3 (esortare) to exhort 4 (corrispondenza) to register **B** v. rifl. to implore, to beg
raccomandàta s. f. registered letter
raccomandàto agg. 1 recommended 2 (di corrispondenza) registered

raccomandazióne s. f. 1 recommendation 2 exhortation, advice
raccontàre v. tr. to tell
raccónto s. m. 1 story, tale, (novella) short story 2 (resoconto) relation, account
raccòrdo s. m. 1 connection, link 2 (mecc.) connector, connection 3 (ferr.) sidetrack ♦ **r. stradale** link road
rachìtico agg. 1 (med.) rachitic 2 (stentato) stunted
racimolàre v. tr. to scrape up, to collect
ràda s. f. roadstead
ràdar s. m. inv. radar
raddolcìre A v. tr. 1 to sweeten 2 (fig.) to soften **B** v. intr. pron. to soften, to mellow
raddoppiàre v. tr. e intr. to double, to redouble
raddóppio s. m. redoubling
raddrizzàre A v. tr. 1 to straighten 2 (fig.) to correct, to settle **B** v. rifl. to straighten oneself
radènte agg. grazing
ràdere A v. tr. 1 to shave 2 (abbattere) to raze 3 (sfiorare) to graze **B** v. rifl. to shave (oneself)
radiàle agg. radial
radiànte s. m. radiant
radiàre v. tr. to expell, to strike off
radiatóre s. m. radiator
radiazióne s. f. radiation
ràdica s. f. briar-root
radicàle agg. e s. m. e f. radical
radicàre v. intr. e intr. pron. to root, to take root
radìcchio s. m. chicory
radìce s. f. root
ràdio (1) s. m. (anat.) radius
ràdio (2) s. m. (chim.) radium
ràdio (3) s. f. radio
radioamatóre s. m. radio-amateur, ham (fam.)
radioattività s. f. radioactivity

radioattìvo agg. radioactive
radiocrònaca s. f. radio commentary
radiocronìsta s. m. e f. radio commentator
radiofàro s. m. (radio) beacon
radiografìa s. f. 1 radiography 2 (immagine) X-ray
radiòlogo s. m. radiologist
radioscopìa s. f. radioscopy
radiosegnàle s. m. radio signal
radióso agg. radiant, bright
radiosvéglia s. f. radio alarm
radiotàxi s. m. inv. radiotaxi
radiotècnico s. m. radio engineer
radiotelèfono s. m. radio telephone
radiotrasmissióne s. f. broadcast
ràdo agg. 1 (sparso) thin, sparse 2 (non frequente) infrequent, occasional ♦ **di r.** rarely
radunàre A v. tr. 1 to gather, to assemble 2 (raccogliere) to amass B v. intr. pron. to gather, to assemble
radùno s. m. gathering, meeting
radùra s. f. clearing, glade
ràfano s. m. horseradish
raffazzonàre v. tr. to patch up
raffèrmo agg. stale
ràffica s. f. 1 (di vento) gust 2 (di proiettili) burst 3 (fig.) hail
raffiguràre v. tr. 1 (rappresentare) to represent, to show 2 (simboleggiare) to symbolize, to be a symbol of 3 (immaginare) to imagine
raffigurazióne s. f. representation, depiction
raffinàre v. tr. e intr. pron. to refine
raffinatézza s. f. refinement
raffinàto agg. refined
raffinerìa s. f. refinery
rafforzàre A v. tr. to reinforce, to strengthen B v. intr. pron. to get stronger
raffreddaménto s. m. cooling
raffreddàre A v. tr. to cool, to make cold B v. intr. pron. 1 to cool down, to become cold 2 (fig.) to die down, to cool off 3 (prendere un raffreddore) to catch a cold
raffreddóre s. m. cold
raffrónto s. m. comparison
ràfia s. f. raffia
ragàzza s. f. 1 girl 2 (fidanzata) girlfriend
ragàzzo s. m. 1 boy, (giovane) youth 2 (garzone) boy 3 (fidanzato) boyfriend
raggiànte agg. radiant
raggièra s. f. rays pl.
ràggio s. m. 1 ray, beam 2 (geom.) radius 3 (di ruota) spoke 4 (fis.) ray 5 (portata) range
raggiràre v. tr. to deceive, to cheat, to swindle
raggìro s. m. cheat, swindle, trick
raggiùngere v. tr. 1 to reach, to get to, to arrive at 2 (riunirsi con qc.) to join, to catch up 3 (conseguire) to attain, to achieve
raggomitolàre A v. tr. to roll up B v. rifl. to curl up
raggranellàre v. tr. to scrape up
raggrinzìre A v. tr. to wrinkle (up) B v. intr. pron. to become wrinkled
raggruppàre v. tr. e intr. pron. to group, to assemble
ragguàglio s. m. information, details pl.
ragguardévole agg. 1 (ingente) considerable, substantial 2 (importante) distinguished

ragionaménto s. m. reasoning, argument
ragionàre v. intr. 1 to reason, to think 2 (discutere) to argue
ragióne s. f. 1 reason 2 (causa) reason, motive 3 (diritto) right, reason 4 (argomentazione) reason, justification 5 (rapporto) ratio, proportion, (tasso) rate ♦ **a maggior r.** even more so; **avere r.** to be right; **r. sociale** corporate name
ragionerìa s. f. accounting
ragionévole agg. reasonable
ragionière s. m. accountant
ragliàre v. intr. to bray
ràglio s. m. braying
ragnatéla s. f. cobweb, (spider's) web
ràgno s. m. spider
ragù s. m. meat sauce
rallegraménti s. m. pl. congratulations pl.
rallegràre A v. tr. to cheer up, to make glad B v. intr. pron. 1 to cheer up, to rejoice 2 (congratularsi) to congratulate
rallentaménto s. m. slowing down
rallentàre A v. tr. to slow down, to slacken B v. intr. 1 to slow down 2 (ridurre) to slacken, to die down
ramanzìna s. f. telling-off
ramàrro s. m. green lizard
ramàzza s. f. broom
ràme s. m. copper
ramificàre A v. intr. to branch B v. intr. pron. to branch out
ramìno s. m. rummy
rammaricàre A v. tr. to afflict B v. intr. pron. to regret, to be sorry
rammàrico s. m. regret
rammendàre v. tr. to darn, to mend
rammentàre v. tr. e intr. pron. to remember, to recall
rammollìre v. tr. e intr. pron. to soften
ràmo s. m. branch
ramoscèllo s. m. twig, sprig
ràmpa s. f. 1 ramp, slope 2 (di scale) flight ♦ **r. di lancio** launching pad
rampànte agg. 1 rampant 2 (fig.) go-getting
rampicànte A agg. climbing, creeping B s. m. climber, creeper
rampìno s. m. hook
rampóllo s. m. offspring
rampóne s. m. crampon
ràna s. f. frog ♦ **nuoto a r.** breast-stroke
ràncido agg. rancid
ràncio s. m. mess
rancóre s. m. grudge
rànda s. f. mainsail
randàgio agg. stray
randèllo s. m. cudgel, club
ràngo s. m. rank
rannicchiàre A v. tr. to curl up B v. rifl. to crouch
rannuvolàrsi v. intr. pron. 1 to become cloudy 2 (fig.) to darken, to become gloomy
rànòcchio s. m. frog
ràntolo s. m. wheeze
rànùncolo s. m. ranunculus, buttercup
ràpa s. f. turnip

rapàce A agg. **1** predaceous, predatory **2** (fig.) greedy **B** s. m. bird of prey
rapàre A v. tr. to crop **B** v. rifl. to have one's hair cropped
ràpida s. f. rapid
rapidità s. f. swiftness, rapidity
ràpido A agg. swift, rapid, quick **B** s. m. express (train)
rapiménto s. m. **1** kidnapping **2** (fig.) rapture
rapina s. f. robbery
rapinàre v. tr. to rob
rapinatóre s. m. robber
rapìre v. tr. **1** to kidnap, (portar via) to carry off, to steal **2** (fig.) to ravish
rapitóre s. m. kidnapper
rappacificàre A v. tr. to reconcile, to pacify **B** v. rifl. rec. to become reconciled
rapportàre v. tr. e intr. pron. to relate
rappòrto s. m. **1** (resoconto) report, statement **2** (relazione, connessione) relation, connection **3** (sessuale) intercourse **4** (scient.) ratio **5** (confronto) comparison ♦ **in r. a** in relation to, with reference to
rapprèndere v. intr. e intr. pron. to coagulate, to congeal, to set
rappresàglia s. f. retaliation, reprisal
rappresentànte s. m. e f. **1** representative **2** (comm.) agent
rappresentàre v. tr. **1** to represent, to depict **2** (fare le veci di) to act for, to represent, (comm.) to be an agent for **3** (simboleggiare) to symbolize, to stand for **4** (teatro) to perform, to stage, (cin.) to show **5** (significare) to mean
rappresentativo agg. representative
rappresentazióne s. f. **1** representation **2** (teatro) performance
rapsòdia s. f. rhapsody
raraménte avv. seldom, rarely
rarefàre v. tr. e intr. pron. to rarefy
rarità s. f. rarity
ràro agg. **1** rare **2** (non comune) uncommon, exceptional
rasàre A v. tr. **1** (radere) to shave **2** (siepe) to trim, (prato) to mow **B** v. rifl. to shave
raschiàre v. tr. to scrape
rasentàre v. tr. **1** to graze, to skim **2** (fig.) to border on
rasènte a prep. close to
ràso s. m. satin
rasóio s. m. razor ♦ **r. elettrico** electric razor
ràspa s. f. rasp
rasségna s. f. **1** (mil.) review, inspection **2** (resoconto) review, survey, (rivista) review **3** (mostra) show, exhibition
rassegnàre A v. tr. (presentare) to hand in **B** v. intr. pron. to resign oneself ♦ **r. le dimissioni** to hand in one's resignation
rassegnazióne s. f. resignation
rasserenàre v. tr. e intr. pron. **1** to clear up **2** (fig.) to cheer up
rassettàre v. tr. to tidy up, to put in order
rassicuràre A v. tr. to reassure **B** v. intr. pron. to be reassured
rassodàre A v. tr. to harden, to firm up **B** v. intr. pron.
to harden, to set
rassomigliànte agg. similar, like
rassomiglianza s. f. likeness, resemblance
rassomigliàre A v. intr. to be like, to resemble **B** v. rifl. rec. to be similar, to be alike
rastrellàre v. tr. **1** to rack **2** (mil.) to mop up, (di polizia) to comb (out) **3** (econ.) to rake up
rastrèllo s. m. rake
rastremazióne s. f. taper
ràta s. f. instalment ♦ **comprare a rate** to buy by instalments; **vendita a rate** hire purchase
rateàle agg. instalment (attr.)
rateazióne s. f. division into instalments
ratìfica s. f. ratification
ratificàre v. tr. to ratify, to confirm
ràtto (1) s. m. abduction, rape
ràtto (2) s. m. (zool.) rat
rattoppàre v. tr. to patch, to mend
rattòppo s. m. **1** patching, mending **2** (toppa) patch
rattrappìre A v. tr. to make numb **B** v. intr. pron. **1** to become numb **2** (contrarsi) to contract
rattristàre A v. tr. to sadden **B** v. intr. pron. to become sad, to be sad
raucèdine s. f. hoarseness
ràuco agg. hoarse, raucous
ravanèllo s. m. radish
ravvedérsi v. intr. pron. to mend one's way
ravvisàre v. tr. to recognize
ravvivàre v. tr. e intr. pron. **1** to revive **2** (rallegrare) to brighten (up)
raziocìnio s. m. **1** reason **2** (buon senso) common sense
razionàle agg. rational
razionalìsmo s. m. rationalism
razionaménto s. m. rationing
razionàre v. tr. to ration
razióne s. f. ration, (porzione) portion, share
ràzza s. f. **1** race, (di animali) breed **2** (genere) kind, sort
razzìa s. f. raid, foray
razziàle agg. racial
razzìsmo s. m. racism
razzìsta agg. e s. m. e f. racist
ràzzo s. m. rocket
razzolàre v. intr. to scratch about
re s. m. inv. king
reagènte s. m. reagent
reagìre v. intr. to react
reàle (1) agg. real
reàle (2) agg. (di re) royal
realìsmo s. m. realism
realìstico agg. realistic
realizzàre A v. tr. **1** to carry out, to achieve, to fulfil, to accomplish **2** (econ.) to realize **3** (sport) to score **4** (comprendere) to realize **B** v. intr. pron. to come off, to come true **C** v. rifl. to fulfil oneself
realizzazióne s. f. **1** carrying out, achievement **2** (econ.) realization **3** (produzione) production
realménte avv. really, (effettivamente) actually, (veramente) truly
realtà s. f. reality

reàto *s. m.* offence, crime

reattività *s. f.* reactivity

reattóre *s. m.* reactor

reazionàrio *agg. e s. m.* reactionary

reazióne *s. f.* reaction

rébbio *s. m.* prong

recapitàre *v. tr.* to deliver

recàpito *s. m.* 1 (*indirizzo*) address 2 (*consegna*) delivery

recàre A *v. tr.* 1 to bring, to carry 2 (*arrecare*) to cause, to bring **B** *v. intr. pron.* to go

recèdere *v. intr.* to withdraw

recensióne *s. f.* review

recensire *v. tr.* to review

recensóre *s. m.* reviewer

recènte *agg.* recent, late ♦ **di r.** recently

recenteménte *avv.* recently, lately

recessióne *s. f.* recession

recidere *v. tr.* to cut (off)

recidivo A *agg.* recidivous **B** *s. m.* recidivist

recìnto *s. m.* 1 (*per animali*) pen, corral 2 (*per bambini*) playpen 3 (*recinzione*) fence

recipiènte *s. m.* container, vessel

reciproco *agg.* reciprocal

rècita *s. f.* performance

recitàre A *v. tr.* 1 to recite, to say aloud 2 (*teatro*) to perform, to act, to play **B** *v. intr.* to act, to play

recitazióne *s. f.* 1 recitation 2 (*di attore*) acting ♦ **scuola di r.** drama(tic) school

reclamàre A *v. tr.* 1 to claim, to ask for 2 (*aver bisogno di*) to need **B** *v. intr.* to protest, to make a complaint

réclame *s. f. inv.* advertising, (*annuncio*) advertisement

reclàmo *s. m.* claim, complaint

reclinàre *v. tr.* to recline, to bend (down)

reclusióne *s. f.* 1 seclusion 2 (*dir.*) imprisonment

rècluta *s. f.* recruit

reclutàre *v. tr.* to recruit

recòndito *agg.* hidden, (*profondo*) innermost

record *s. m. inv.* record

recriminazióne *s. f.* 1 recrimination 2 (*lagnanza*) complaint

recrudescènza *s. f.* fresh outbreak

recuperàre → **ricuperare**

redarguire *v. tr.* to scold, to reproach

redattóre *s. m.* 1 (*estensore*) compiler, drafter 2 (*di casa editrice*) editor 3 (*di giornale*) copyreader, member of the editorial staff

redazionàle *agg.* editorial

redazióne *s. f.* 1 (*stesura*) drafting 2 (*di libro, giornale*) editing 3 (*insieme dei redattori*) editorial staff

redditività *s. f.* profitability

redditizio *agg.* profitable

rèddito *s. m.* income

redentóre *s. m.* redeemer

redenzióne *s. f.* redemption

redigere *v. tr.* 1 to draw up, to write, to compile 2 (*curare come redattore*) to edit

redimere *v. tr.* to redeem

rèdine *s. f.* rein

rèduce A *agg.* back, returned **B** *s. m. e f.* 1 veteran 2 (*sopravvissuto*) survivor

referèndum *s. m. inv.* referendum

referènza *s. f.* reference

refèrto *s. m.* report

refettòrio *s. m.* refectory

refezióne *s. f.* meal

refrattàrio *agg.* refractory

refrigeràre *v. tr.* to refrigerate, to cool

refrigèrio *s. m.* refreshment, relief

refurtiva *s. f.* stolen goods *pl.*

refùso *s. m.* misprint

regalàre *v. tr.* to give, to present

regàle *agg.* regal, royal

regàlo *s. m.* present, gift

regàta *s. f.* regatta, race

reggènte *s. m. e f.* regent

règgere A *v. tr.* 1 to bear, to support, (*tenere*) to hold 2 (*sopportare*) to stand 3 (*governare*) to rule 4 (*dirigere*) to run, to manage 5 (*gramm.*) to govern, to take **B** *v. intr.* 1 (*resistere*) to hold out, to resist 2 (*sopportare*) to stand, to bear 3 (*durare*) to last, to hold out 4 (*essere plausibile*) to stand up, to be consistent **C** *v. rifl. e intr. pron.* 1 (*sostenersi*) to stand, (*aggrapparsi*) to hold on 2 (*governarsi*) to be ruled

règgia *s. f.* royal palace

reggicàlze *s. m. inv.* suspender belt

reggimènto *s. m.* regiment

reggiséno *s. m.* brassière, bra

regia *s. f.* 1 (*di spettacolo*) direction 2 (*est.*) organization

regime *s. m.* 1 regime, system 2 (*dieta*) diet 3 (*tecnol.*) running, condition, (*velocità*) speed

regina *s. f.* queen

règio *agg.* royal

regionàle *agg.* regional

regióne *s. f.* region, district

regista *s. m. e f.* 1 (*di spettacoli*) director 2 (*est.*) organizer

registràre *v. tr.* 1 to record, to enter, to register 2 (*suoni, immagini*) to record

registratóre *s. m.* recorder

registrazióne *s. f.* 1 (*annotazione*) record, entry 2 (*di suoni, immagini*) recording

registro *s. m.* register

regnànte A *agg.* reigning, ruling **B** *s. m. e f.* sovereign

regnàre *v. intr.* to reign

régno *s. m.* 1 reign 2 (*paese*) kingdom

règola *s. f.* rule ♦ **a r. d'arte** duly

regolàbile *agg.* adjustable

regolaménto *s. m.* 1 rule, regulation, rules *pl.* 2 (*pagamento*) settlement

regolàre (1) *agg.* 1 regular 2 (*uniforme*) even, smooth

regolàre (2) A *v. tr.* 1 to regulate 2 (*ridurre*) to reduce, (*controllare*) to control 3 (*tecnol.*) to adjust, to set 4 (*definire*) to settle **B** *v. rifl.* 1 (*comportarsi*) to act 2 (*moderarsi*) to control oneself

regolarità *s. f.* regularity

regolarménte *avv.* regularly

regolazióne *s. f.* regulation

regredire v. intr. **1** to go back **2** (fig.) to regress
regrèsso s. m. regress, regression
reincàrico s. m. reappointment
reincarnazióne s. f. reincarnation
reinserire v. tr. to reinstate, to reinsert
reintegràre v. tr. to reintegrate
relativismo s. m. relativism
relatività s. f. relativity
relativo agg. **1** relative, related **2** (non assoluto) relative, comparative **3** (attinente) relevant, pertinent **4** (gramm.) relative
relatóre s. m. **1** (di conferenza) speaker, lecturer **2** (di tesi universitaria) supervisor
relazionàre v. tr. to report, to inform
relazióne s. f. **1** (resoconto) report, account **2** (nesso) connection, relation **3** (conoscenza) acquaintance **4** (contatto) touch **5** (legame amoroso) (love) affair
relegàre v. tr. to relegate, to exile
religióne s. f. religion
religióso agg. e s. m. religious
reliquia s. f. relic
reliquiàrio s. m. reliquary, shrine
relitto s. m. **1** wreckage, wreck **2** (fig.) outcast
remàre v. intr. to row
rematóre s. m. rower, oar
reminiscènza s. f. reminiscence
remissióne s. f. remission
remissivo agg. submissive
rèmo s. m. oar
remòto agg. distant, remote
rèndere A v. tr. **1** (restituire) to give back, to return, to restore **2** (contraccambiare) to render, to return, to repay **3** (dare, fare) to render, to give, to make **4** (produrre) to produce, to return, (fruttare) to yield **5** (rappresentare) to render, to reproduce B v. rifl. to become, to make oneself
rendicónto s. m. statement, report
rendiménto s. m. **1** (produzione) yield, production, output **2** (efficienza) efficiency **3** (fin.) yield, return
rèndita s. f. **1** (privata) income, (pubblica) revenue **2** (dir.) annuity
rène s. m. kidney
rèni s. f. pl. loins pl., back
rènna s. f. **1** (zool.) reindeer **2** (pelle conciata) buckskin
rèo s. m. offender
repàrto s. m. **1** department, division, (di ospedale) ward **2** (mil.) detachment
repellènte agg. repellent, repulsive
repentino agg. sudden
reperire v. tr. to find
repèrto s. m. **1** find **2** (med.) report
repertòrio s. m. **1** (elenco) list, inventory **2** (teatro) repertory, repertoire
rèplica s. f. **1** (risposta) reply, answer **2** (teatro) performance **3** (copia) copy, (di opera d'arte) replica **4** (ripetizione) repetition
replicàre v. tr. **1** (rispondere) to replay, to answer **2** (ripetere) to repeat
repressióne s. f. repression

reprimere v. tr. to repress, to restrain
repùbblica s. f. republic
repubblicàno agg. e s. m. republican
reputàre v. tr. to consider, to deem
reputazióne s. f. reputation
requisire v. tr. to requisition
requisito s. m. requisite, requirement
requisizióne s. f. requisition
résa s. f. **1** (mil.) surrender **2** (restituzione) return **3** (rendimento) yield, return, profit
rescindere v. tr. to rescind, to cancel
residènte agg. e s. m. e f. resident
residènza s. f. residence
residenziàle agg. residential
residuo A agg. residual B s. m. remainder, remnant
rèsina s. f. resin
resistènte agg. **1** resistant, proof **2** (forte) strong, tough ♦ **r. al calore** heatproof; **r. al fuoco** fireproof
resistènza s. f. resistance
resistere v. intr. **1** to resist, to withstand, to hold out **2** (sopportare) to endure, to stand
resocónto s. m. account, report, statement
respingènte s. m. buffer, (USA) bumper
respingere v. tr. **1** to repel, to repulse **2** (rimandare) to return, to send back **3** (rifiutare) to reject, to refuse **4** (bocciare) to fail
respiràre v. tr. e intr. to breathe
respiratóre s. m. aqualung
respirazióne s. f. respiration, breathing
respiro s. m. **1** breath, breathing **2** (fig.) respite, rest
responsàbile A agg. responsible, liable B s. m. e f. person in charge
responsabilità s. f. responsibility
respònso s. m. response, answer
rèssa s. f. throng, crowd
restàre v. intr. **1** to stay, to remain **2** (essere, diventare) to be, to become **3** (esser lasciato) to be left **4** (avanzare) to remain, to be left **5** (resistere) to stay, to last
restauràre v. tr. to restore
restauratóre s. m. restorer
restaurazióne s. f. restoration
restàuro s. m. restoration, repair
restio agg. unwilling, reluctant
restituire v. tr. **1** to return, to give back, to restore **2** (contraccambiare) to return, to repay
rèsto s. m. **1** remainder, rest **2** (di denaro) change **3** (mat.) remainder **4** al pl. (rovine) ruins pl., remains pl. **5** al pl. (di cibo) leftovers pl.
restringere A v. tr. **1** to tighten, to narrow, (vestito) to take in **2** (limitare) to restrict, to limit B v. intr. pron. e rifl. **1** to narrow, to get narrower, (contrarsi) to contract **2** (di tessuto) to shrink **3** (limitarsi) to limit oneself
restrittivo agg. restrictive
restrizióne s. f. restriction
réte s. f. **1** net **2** (complesso, sistema) network, system **3** (inganno) snare, trap ♦ **r. da pesca** fishing-net
reticènte agg. reticent
reticènza s. f. reticence

reticolàto *s. m.* wire-netting, *(di filo spinato)* barbed-wire work

reticolo *s. m.* network, grid

rètina *s. f.* retina

retòrica *s. f.* rhetoric

retòrico *agg.* rhetorical

retràttile *agg.* retractile

retribuire *v. tr.* to pay, to remunerate

retribuzióne *s. f.* pay, remuneration

rètro *s. m. inv.* back

retrocèdere A *v. tr.* **1** *(degradare)* to demote, *(mil.)* to degrade **2** *(dir.)* to recede B *v. intr.* to retreat, to recede, to withdraw

retrògrado *agg.* retrograde

retromàrcia *s. f.* *(mecc.)* reverse gear

retroscèna A *s. f.* *(teatro)* backstage B *s. m.* *(fig.)* underhand work

retrospettiva *s. f.* retrospective

retrospettìvo *agg.* retrospective

retrotèrra *s. m. inv.* **1** hinterland **2** *(fig.)* background

retrovisóre *s. m.* rearview mirror

rètta (1) *s. f.* *(geom.)* straight line

rètta (2) *s. f.* *(di pensione)* charge

rettangolàre *agg.* rectangular

rettàngolo *s. m.* rectangle

rettìfica *s. f.* **1** correction, adjustment **2** *(chim.)* rectification **3** *(mecc.)* grinding

rettificàre *v. tr.* **1** to correct, to adjust **2** *(chim.)* to rectify **3** *(mecc.)* to grind

rèttile *s. m.* reptile

rettilìneo A *agg.* rectilinear, straight B *s. m.* straight stretch

rettitùdine *s. f.* rectitude

rètto *agg.* **1** straight, right **2** *(onesto)* upright, honest

rettóre *s. m.* **1** *(relig.)* rector **2** *(di università)* chancellor, *(USA)* president

reumàtico *agg.* rheumatic

reumatìsmo *s. m.* rheumatism

reverèndo *agg.* e *s. m.* reverend

reversìbile *agg.* reversible, *(dir.)* reversionary

reversibilità *s. f.* reversibility

revisionàre *v. tr.* **1** to revise, to check **2** *(comm.)* to audit **3** *(mecc.)* to overhaul

revisióne *s. f.* **1** revision, review **2** *(di conti)* audit, auditing **3** *(mecc.)* overhaul

revisionìsta *s. m. e f.* revisionist

revisóre *s. m.* **1** reviser **2** *(contabile)* auditor

rèvoca *s. f.* revocation, repeal

revocàre *v. tr.* to revoke, to repeal

revólver *s. m. inv.* revolver

riabilitàre A *v. tr.* **1** to rehabilitate **2** *(reintegrare)* to reinstate B *v. rifl.* to rehabilitated oneself

riabilitazióne *s. f.* rehabilitation

riabituàre A *v. tr.* to reaccustom B *v. rifl.* to reaccustom oneself

riaccèndere *v. tr.* **1** to light again **2** *(motore, luce)* to switch on again

riaccompagnàre *v. tr.* to take back

riacquistàre *v. tr.* **1** to buy back **2** *(recuperare)* to recover

riadattàre *v. tr.* to readapt

riaddormentàre A *v. tr.* to put to sleep again B *v. intr. pron.* to fall asleep again

riaffermàre *v. tr.* **1** to reaffirm **2** *(confermare)* to confirm

rialzàre *v. tr.* **1** to raise, to lift up **2** *(far aumentare)* to increase, to raise

riàlzo *s. m.* **1** rise, increase **2** *(di terreno)* elevation

rianimàre A *v. tr.* **1** to reanimate, to revive **2** *(rallegrare)* to cheer up B *v. intr. pron.* **1** to recover oneself **2** *(riprendere coraggio)* to take heart again **3** *(rallegrarsi)* to cheer up

rianimazióne *s. f.* **1** reviving **2** *(med.)* resuscitation

riannodàre A *v. tr.* **1** to knot again **2** *(fig.)* to renew B *v. intr. pron.* to renew

riaprìre *v. tr., intr. e intr. pron.* to reopen

riassùmere *v. tr.* **1** to re-engage, to take on again **2** *(riprendere)* to reassume **3** *(riepilogare)* to sum up

riassùnto *s. m.* summary

riavére A *v. tr.* **1** to have again **2** *(recuperare)* to get back, to recover B *v. intr. pron.* to recover, to get over

ribadìre *v. tr.* **1** *(mecc.)* to clinch **2** *(confermare)* to confirm, to repeat

ribàlta *s. f.* **1** *(piano ribaltabile)* flap **2** *(teatro)* front of the stage **3** *(fig.)* limelight

ribaltàbile *agg.* folding, *(di sedile)* tip-up *(attr.)*

ribaltaménto *s. m.* overturning

ribaltàre *v. tr. e intr. pron.* to overturn, to capsize

ribassàre A *v. tr.* to lower, to reduce B *v. intr.* to fall, to drop

ribàsso *s. m.* fall, drop, decrease, *(sconto)* discount

ribàttere A *v. tr.* **1** to beat again **2** *(mecc.)* to clinch **3** *(confutare)* to refute **4** *(riscrivere a macchina)* to retype B *v. intr.* **1** to beat again **2** *(replicare)* to retort, to answer back

ribellàrsi *v. intr. pron.* to rebel, to revolt

ribèlle A *agg.* rebellious, rebel *(attr.)* B *s. m. e f.* rebel

ribellióne *s. f.* rebellion

ribes *s. m.* currant, *(nero)* blackcurrant, *(rosso)* redcurrant

ribollire A *v. tr.* to boil again B *v. intr.* **1** to boil again **2** *(fig.)* to boil, to seethe

ribrézzo *s. m.* disgust

ributtànte *agg.* disgusting

ricadére *v. intr.* **1** to fall again, to fall back **2** *(avere una ricaduta)* to relapse **3** *(scendere)* to fall down, to hang (down) **4** *(gravare)* to fall, to rest

ricadùta *s. f.* **1** relapse **2** *(fis.)* fallout

ricamàre *v. tr.* to embroider

ricambiàre *v. tr.* **1** to change again **2** *(contraccambiare)* to return, to repay

ricàmbio *s. m.* **1** replacement **2** *(pezzo di ricambio)* spare part **3** *(avvicendamento)* turnover

ricàmo *s. m.* embroidery

ricapitolàre *v. tr.* to sum up, to recapitulate

ricàrica *s. f.* reloading, *(di batteria)* recharging

ricaricàre A *v. tr.* **1** to reload **2** *(orologio)* to rewind **3** *(batteria)* to recharge B *v. rifl.* to buck up

ricattàre *v. tr.* to blackmail

ricattatóre *s. m.* blackmailer

ricàtto *s. m.* blackmail

ricavàre *v. tr.* **1** *(dedurre)* to deduce, to come to **2**

(*ottenere*) to obtain, to get **3** (*estrarre*) to extract **4** (*guadagnare*) to gain, to earn

ricàvo *s. m.* proceeds *pl.*, return

ricchézza *s. f.* **1** wealth **2** (*abbondanza*) abundance, richness

riccio (1) A *agg.* curly **B** *s. m.* curl

riccio (2) *s. m.* **1** (*zool.*) hedgehog **2** (*di castagna*) (chestnut) husk ♦ **r. di mare** sea urchin

ricciolo *s. m.* curl

ricciùto *agg.* curly

ricco A *agg.* **1** rich, wealthy **2** (*di valore*) valuable, precious **3** (*sfarzoso*) sumptuous **4** (*abbondante*) full, rich, abounding **B** *s. m.* rich person

ricérca *s. f.* **1** search, quest **2** (*il perseguire*) pursuit **3** (*scientifica*) research **4** (*indagine*) investigation, inquiry **5** (*richiesta*) demand

ricercàre *v. tr.* **1** to look for, to seek (for), to search for **2** (*perseguire*) to pursue **3** (*investigare*) to investigate, to inquire into

ricercàto *agg.* **1** (*dir.*) wanted **2** (*richiesto*) sought-after (*raffinato*) refined **4** (*affettato*) affected

ricercatóre *s. m.* **1** searcher **2** (*scientifico*) researcher

ricetrasmittènte *s. f.* transceiver

ricètta *s. f.* **1** (*cuc.*) recipe **2** (*med.*) prescription **3** (*fig.*) formula

ricettàrio *s. m.* **1** (*cuc.*) recipe book, cook-book **2** (*med.*) book of prescriptions

ricettazióne *s. f.* receiving of stolen goods

ricévere *v. tr.* **1** to receive, to get **2** (*accettare*) to accept, to take **3** (*ammettere*) to admit **4** (*prendere, avere*) to take, to get, to have, to receive **5** (*accogliere*) to receive, to welcome **6** (*ammettere a visitare*) to receive, to be at home to, (*a un'udienza*) to grant audience to

ricevimènto *s. m.* **1** receiving, receipt **2** (*accoglienza*) reception **3** (*festa*) reception, party

ricevitoria *s. f.* receiving office

ricevùta *s. f.* receipt

ricezióne *s. f.* reception

richiamàre A *v. tr.* **1** to call again **2** (*far tornare*) to call back, to recall **3** (*attirare*) to attract **B** *v. intr. pron.* **1** (*far riferimento*) to refer **2** (*appellarsi*) to appeal

richiàmo *s. m.* recall, call

richièdere *v. tr.* to ask for again, to ask for back **2** (*domandare*) to ask, to request **3** (*fare domanda*) to apply for **4** (*esigere*) to demand, (*necessitare*) to require

richièsta *s. f.* request, demand, (*scritta*) application

riciclàre *v. tr.* to recycle

ricino *s. m.* castor-oil plant

ricognizióne *s. f.* reconnaissance

ricominciàre *v. tr. e intr.* to begin again, to start again

ricompènsa *s. f.* reward

ricompensàre *v. tr.* to reward, to repay

ricompràre *v. tr.* to buy back

riconciliàre A *v. tr.* to reconcile **B** *v. rifl.* to be reconciled, to make (it) up **C** *v. rifl. rec.* to make friends again, to make (it) up

riconciliazióne *s. f.* reconciliation

ricondùrre *v. tr.* to bring again, to bring back, to take back

riconfèrma *s. f.* reconfirmation

riconfermàre *v. tr.* to reconfirm, to confirm (again)

ricongiùngere *v. tr. e intr. pron.* to rejoin

ricongiunzióne *s. f.* rejoining

riconoscènte *agg.* thankful, grateful

riconoscènza *s. f.* thankfulness, gratitude

riconóscere A *v. tr.* **1** to recognize **2** (*ammettere ufficialmente*) to acknowledge, to recognize **3** (*ammettere*) to admit, to own **4** (*apprezzare*) to appreciate, to recognize **5** (*identificare*) to identify **B** *v. rifl.* to recognize oneself **C** *v. rifl. rec.* to recognize each other

riconoscìbile *agg.* recognizable

riconoscimènto *s. m.* **1** recognition, (*ufficiale*) acknowledgement **2** (*identificazione*) identification **3** (*ammissione*) admission, avowal

riconsideràre *v. tr.* to reconsider

ricopiàre *v. tr.* to copy, to recopy

ricopríre A *v. tr.* **1** to cover, (*di nuovo*) to cover again **2** (*tecnol.*) to plate **3** (*colmare*) to load **4** (*occupare*) to hold, to fill **B** *v. rifl. e intr. pron.* to cover oneself

ricordàre A *v. tr.* **1** to remember, to recall **2** (*richiamare alla memoria altrui*) to remind **3** (*menzionare*) to mention **B** *v. intr. pron.* to remember

ricòrdo *s. m.* **1** memory, recollection, remembrance **2** (*oggetto*) souvenir

ricorrènte *agg.* recurrent

ricorrènza *s. f.* **1** recurrence **2** (*anniversario*) anniversary

ricórrere *v. intr.* **1** (*rivolgersi*) to apply, to go to **2** (*fare appello*) to appeal **3** (*ripetersi*) to recur **4** (*accadere*) to occur, (*di anniversario*) to fall

ricórso *s. m.* **1** resort, recourse **2** (*dir.*) petition, appeal

ricostituènte *agg. e s. m.* tonic

ricostruíre *v. tr.* to reconstruct, to rebuild

ricostruzióne *s. f.* reconstruction, rebuilding

ricoveràre A *v. tr.* to shelter, to take in **B** *v. rifl.* to take shelter ♦ **r. all'ospedale** to hospitalize

ricóvero *s. m.* **1** shelter **2** (*in ospedale*) admission, hospitalization **3** (*ospizio*) poor-house, (*per anziani*) old people's home

ricreàre A *v. tr.* to recreate **2** (*rinvigorire*) to revive **B** *v. rifl.* to relax

ricreativo *agg.* recreative, recreational

ricreazióne *s. f.* recreation

ricrédersi *v. intr. pron.* to change one's mind

ricucíre *v. tr.* to resew, to sew again, to restitch, (*una ferita*) to sew up **2** (*ricomporre*) to re-establish

ricuòcere *v. tr.* to recook

ricuperàre *v. tr.* **1** to recover, to get back **2** (*riguadagnare*) to make up for **3** (*riabilitare*) to rehabilitate **4** (*riciclare*) to recycle

ricùpero *s. m.* **1** recovery **2** (*salvataggio*) rescue **3** (*riabilitazione*) rehabilitation **4** (*riutilizzo*) reutilization, (*riciclo*) recycling **5** (*rimonta*) making up

ricùrvo *agg.* bent

ridacchiàre *v. intr.* to giggle, to snigger

ridàre *v. tr.* **1** to give again **2** (*restituire*) to give back, to return

rìdere *v. intr.* to laugh (at)

ridìcolo A *agg.* **1** ridiculous, absurd **2** (*esiguo*) paltry **B**

s. m. **1** ridicule **2** (*ridicolaggine*) ridiculousness

ridimensionàre *v. tr.* **1** (*riorganizzare*) to reorganize, (*ridurre*) to reduce **2** (*fig.*) to reconsider, to reappraise

ridipingere *v. tr.* to repaint

ridire *v. tr.* **1** to tell again, to say again **2** (*obiettare*) to object to, to find fault (with)

ridondante *agg.* redundant

ridòsso *s. m.* shelter ♦ **a r. di** under (the) lee of, at the back of, behind

ridùrre A *v. tr.* **1** to reduce, to cut down **2** (*trasformare*) to turn into, to reduce **3** (*spingere, portare*) to drive, to reduce **4** (*adattare*) to adapt **B** *v. intr. pron.* **1** to reduce oneself **2** (*diventare*) to be reduced, to become **3** (*diminuire*) to decrease, (*restringersi*) to shrink

riduzióne *s. f.* **1** reduction, cut **2** (*sconto*) discount **3** (*adattamento*) adaptation

riecheggiàre *v. intr.* to resound

rielaboràre *v. tr.* to revise, to work out again

rielèggere *v. tr.* to re-elect

rielezióne *s. f.* re-election

riempire A *v. tr.* **1** to fill (up), to stuff **2** (*compilare*) to fill in **B** *v. rifl. e intr. pron.* **1** to be filled **2** (*rimpinzarsi*) to stuff oneself

rientrànza *s. f.* recess

rientràre *v. intr.* **1** to re-enter, to enter again, (*tornare*) to go back, to return **2** (*far parte*) to be included in, to be part of

riepilogàre *v. tr.* to recapitulate, to sum up

riepilogo *s. m.* recapitulation, summary

riesumàre *v. tr.* **1** to exhume **2** (*fig.*) to unearth

rievocàre *v. tr.* **1** to recall **2** (*commemorare*) to commemorate

rievocazióne *s. f.* **1** recalling **2** (*commemorazione*) commemoration

rifaciménto *s. m.* **1** remaking, (*di film*) remake **2** (*ricostruzione*) reconstruction

rifàre A *v. tr.* **1** to do again, to make again, to remake **2** (*ripristinare*) to restore, (*ricostruire*) to rebuild **3** (*riparare*) to repair **4** (*imitare*) to imitate, to ape **5** (*ripercorrere*) to retrace **B** *v. rifl. e intr. pron.* **1** to make up **2** (*vendicarsi*) to revenge oneself **3** (*risalire*) to go back to

riferiménto *s. m.* reference

riferire A *v. tr.* **1** to report, to tell, to relate **2** (*ascrivere*) to attribute, to connect **B** *v. intr. pron.* **1** (*alludere*) to refer, to make reference **2** (*concernere*) to concern, to refer

rifilàre *v. tr.* **1** (*tagliare*) to trim **2** (*dare*) to give, (*appioppare*) to palm off

rifinire *v. tr.* to finish off

rifinitùra *s. f.* finishing touch

rifiorire *v. intr.* **1** to blossom again **2** (*fig.*) to flourish again

rifiutàre A *v. tr.* **1** to refuse, (*respingere*) to reject **2** (*non concedere*) to deny, to refuse **B** *v. intr. pron.* to refuse

rifiùto *s. m.* **1** refusal, rejection **2** (*diniego*) denial **3** (*scarto*) refuse, *al pl.* waste, rubbish

riflessióne *s. f.* reflection

riflessivo *agg.* **1** reflective, thoughtful **2** (*gramm., mat.*) reflexive

riflèsso *s. m.* **1** reflection **2** (*fig.*) influence, effect **3** (*med.*) reflex

riflèttere A *v. tr.* to reflect **B** *v. intr.* to think over, to reflect, to consider **C** *v. rifl.* to be reflected

riflettóre *s. m.* **1** reflector **2** (*proiettore*) searchlight

riflùsso *s. m.* reflux, (*di acqua*) ebb

rifocillàre A *v. tr.* to give refreshment to **B** *v. rifl.* to take refreshment

rifóndere *v. tr.* **1** to melt again **2** (*rimborsare*) to refund

rifórma *s. f.* reform, reformation

riformàre *v. tr.* **1** to re-form **2** (*sottoporre a riforma*) to reform, to amend

riformatóre A *agg.* reforming **B** *s. m.* reformer

riformatòrio *s. m.* approved school, (*USA*) reformatory

riforniménto *s. m.* **1** supplying, (*di carburante*) refuelling **2** (*scorta*) supply ♦ **fare r. di benzina** to fill up the tank

rifornire A *v. tr.* to supply, to stock **B** *v. rifl.* to stock up

rifrazióne *s. f.* refraction

rifuggire A *v. intr.* **1** to flee again **2** (*fig.*) to shrink, to avoid **B** *v. tr.* to avoid

rifugiàrsi *v. intr. pron.* to shelter, to take refuge

rifùgio *s. m.* refuge, shelter

riga *s. f.* **1** line **2** (*fila*) row **3** (*da disegno*) rule **4** (*striscia*) stripe **5** (*scriminatura*) parting

rigattière *s. m.* junk dealer

rigettàre *v. tr.* **1** to throw again, to throw back **2** (*respingere*) to reject

rigètto *s. m.* rejection

rigidità *s. f.* **1** rigidity **2** (*fig.*) severity, strictness

rigido *agg.* **1** rigid, stiff **2** (*di clima*) rigorous, harsh **3** (*severo*) strict, severe, rigid

rigiràre A *v. tr.* **1** to turn again, to turn over **2** (*distorcere*) to twist, to distort **B** *v. rifl.* to turn round

rigo *s. m.* **1** line **2** (*mus.*) stave, staff

rigoglióso *agg.* luxuriant, flourishing

rigonfiaménto *s. m.* swelling, bulge

rigóre *s. m.* **1** (*freddo*) rigours *pl.* **2** (*austerità*) uprightness **3** (*severità*) rigour, strictness, severity **4** (*precisione*) exactness ♦ **calcio di r.** penalty (kick)

rigoróso *agg.* rigorous, strict

rigovernàre *v. tr.* to wash up

riguardàre A *v. tr.* **1** to look at, to examine **2** (*considerare*) to regard, to concern **3** (*custodire*) to take care of **B** *v. rifl.* to take care of oneself

riguàrdo *s. m.* **1** (*cura*) care **2** (*rispetto*) respect, regard, consideration **3** (*relazione*) regard, respect

rilasciàre A *v. tr.* **1** to leave again **2** (*liberare*) to release, to set free **3** (*concedere*) to grant, to give **4** (*allentare*) to relax **B** *v. rifl. e intr. pron.* to relax

rilàscio *s. m.* **1** release **2** (*concessione*) granting, issue

rilassàre *v. tr. e rifl.* to relax

rilegàre *v. tr.* to bind

rilegatùra *s. f.* binding

rilèggere *v. tr.* to read again

rilevaménto *s. m.* **1** survey **2** (*naut.*) bearing

rilevànte *agg.* considerable

rilevàre v. tr. 1 (notare) to notice, to point out 2 (ricavare) to take 3 (dare il cambio) to relieve 4 (subentrare) to take over, (comprare) to buy 5 (topografia) to survey, (geogr.) to map 6 (naut.) to take a bearing of

rilièvo s. m. 1 relief 2 (importanza) importance, stress 3 (osservazione) remark 4 (rilevamento) survey 5 (altura) height, high ground ♦ **mettere in r.** to point out

rilòga s. f. curtain rod

riluttànte agg. reluctant, unwilling

riluttànza s. f. reluctance, unwillingness

rima s. f. 1 rhyme 2 al pl. (versi) rhymed verses pl., poetry

rimandàre v. tr. 1 to send again 2 (restituire, mandare indietro) to send back 3 (rinviare) to postpone, to put off 4 (far riferimento) to refer

rimaneggiàre v. tr. to (re)adapt, to revise

rimanènte A agg. remaining **B** s. m. 1 remainder, leftovers pl. 2 al pl. (persone) the others pl., the rest

rimanènza s. f. remainder, rest, leftovers pl.

rimanére v. intr. 1 to remain, to stay 2 (avanzare) to be left, to remain 3 (persistere) to remain, to last 4 (essere situato) to be located 5 (mantenersi) to keep, to remain 6 (stupirsi) to be astonished ♦ **r. male** to be disappointed

rimarchévole agg. remarkable, notable

rimarginàre v. tr. e intr. pron. to heal

rimasùglio s. m. remainder, al pl. leftovers pl.

rimbalzàre v. intr. to rebound, to bounce back

rimbàlzo s. m. rebound

rimboccàre v. tr. to tuck up, to turn down

rimbombàre v. intr. to rumble, to resound

rimbómbo s. m. rumble

rimborsàbile agg. refundable, repayable

rimborsàre v. tr. to reimburse, to refund, to repay

rimbórso s. m. reimbursement, refund, repayment

rimboschiménto s. m. reafforestation

rimediàre A v. tr. (porre rimedio a) to remedy, to put right 2 (racimolare) to scrape up **B** v. intr. to remedy, to make up for

rimèdio s. m. remedy, cure

rimescolàre v. tr. 1 to mix up, to stir up 2 (carte da gioco) to shuffle 3 (rinvangare) to rake up

rimèssa s. f. 1 (di denaro) remittance, transfert 2 (deposito di autobus) (bus) depot, garage 3 (calcio) throw-in

riméttere A v. tr. 1 to put again, to replace 2 (affi-dare) to refer, to leave 3 (mandare) to remit, (consegnare) to deliver 4 (perdonare, condonare) to remit, to forgive 5 (rimetterci) to lose, to ruin **B** v. rifl. e intr. pron. 1 (ristabilirsi) to recover 2 (affidarsi) to rely (on) 3 (rasserenarsi) to clear up ♦ **r. a nuovo** to do up

rimmel s. m. inv. mascara

rimónta s. f. recovery

rimontàre A v. tr. 1 to go up 2 (ricomporre) to reassemble **B** v. intr. 1 to remount 2 (risalire) to go back, to date back 3 (ricuperare uno svantaggio) to move up, to catch up

rimorchiàre v. tr. to tow

rimorchiatóre s. m. tug

rimòrchio s. m. 1 tow 2 (veicolo) trailer ♦ **prendere a r.** to take in tow

rimòrso s. m. remorse, regret

rimozióne s. f. 1 removal 2 (da un incarico) dismissal, discharge ♦ **zona a r. forzata** towaway zone

rimpàsto s. m. reshuffle

rimpatriàre v. tr. e intr. to repatriate

rimpàtrio s. m. repatriation

rimpiàngere v. tr. to regret

rimpiànto s. m. regret

rimpiazzàre v. tr. to replace

rimpicciolire A v. tr. to make smaller **B** v. intr. pron. to become smaller

rimpinguàre A v. tr. 1 to fatten (up) 2 (arricchire) to enrich **B** v. rifl. 1 to grow fat 2 (arricchirsi) to grow rich

rimpinzàre A v. tr. to fill, to stuff **B** v. rifl. to stuff oneself

rimproveràre v. tr. 1 to reproach, to rebuke, (sgridare) to scold 2 (biasimare) to blame, to reproach 3 (rinfacciare) to grudge

rimpròvero s. m. reproach, rebuke, (sgridata) scolding

rimuginàre v. tr. e intr. to turn over in one's mind

rimuneràre v. tr. to remunerate

rimunerazióne s. f. remuneration, payment

rimuòvere v. tr. 1 to remove 2 (destituire) to dismiss, to discharge 3 (dissuadere) to dissuade, to deter

rinàscere v. intr. to revive

rinascimentàle agg. Renaissance (attr.)

rinasciménto s. m. Renaissance

rinàscita s. f. renaissance, revival

rincaràre v. tr. to raise (the price of)

rincasàre v. intr. to go back home

rinchiùdere A v. tr. to shut up **B** v. rifl. to shut oneself up

rincominciàre v. tr. to begin again, to start again

rincórrere v. tr. to run after

rincórsa s. f. run-up

rincréscere v. intr. 1 to be sorry, to regret 2 (dispiacere) to mind

rincresciménto s. m. regret

rinculàre v. intr. to recoil

rinforzàre A v. tr. to strengthen, to reinforce **B** v. intr. (di vento) to grow stronger **C** v. intr. pron. to become stronger

rinfòrzo s. m. strengthening, reinforcement

rinfrancàre A v. tr. to encourage, to hearten **B** v. intr. pron. to take heart again

rinfrescànte agg. refreshing

rinfrescàre A v. tr. 1 to cool 2 (rinnovare) to do up, to restore **B** v. intr. to cool, (di vento) to freshen **C** v. rifl. to cool down, to refreshen up

rinfrésco s. m. 1 (festa) party 2 (cibi e bevande) refreshments pl.

rinfùsa, alla loc. avv. in confusion, higgledy-piggledy

ringhiàre v. intr. to growl, to snarl

ringhièra s. f. railing, (di scala) banister

ringhióso agg. snarling

ringiovanire A v. tr. 1 to make young (again) 2 (far sembrare più giovane) to make look younger **B** v.

intr. **1** to grow young again **2** (*sembrare più giovane*) to look younger

ringraziaménto *s. m.* thanks *pl.*

ringraziàre *v. tr.* to thank

rinnegàre *v. tr.* to disown, to deny

rinnovaménto *s. m.* renewal

rinnovàre A *v. tr.* **1** (*ripetere*) to repeat **3** (*cambiare*) to change, to renew B *v. intr. pron.* **1** to be renewed **2** (*ripetersi*) to happen again

rinnòvo *s. m.* renewal

rinocerónte *s. m.* rhinoceros

rinomàto *agg.* renowned, famous

rinsaldàre *v. tr.* to strengthen, to consol-idate

rintoccàre *v. intr.* (*di campana*) to toll, (*di orologio*) to strike

rintócco *s. m.* (*di campana*) toll, (*di orologio*) stroke

rintracciàre *v. tr.* to trace, to track down, (*trovare*) to find

rintronàre A *v. tr.* **1** (*assordare*) to deafen **2** (*stordire*) to stun B *v. intr.* to resound

rinùncia *s. f.* renunciation

rinunciàre *v. intr.* to renounce, to give up

rinvenìre A *v. tr.* to find out, to discover B *v. intr.* **1** (*ricuperare i sensi*) to recover one's senses, to come to **2** (*ricuperare freschezza*) to revive

rinviàre *v. tr.* **1** (*mandare indietro*) to send back, to return **2** (*posporre*) to put off, to postpone

rinvìo *s. m.* **1** postponement, adjournment **2** (*restituzione*) return, sending back **3** (*riferimento*) cross-reference

rionàle *agg.* local

rióne *s. m.* district, quarter

riordinàre *v. tr.* **1** to put in order again, to tidy up **2** (*riorganizzare*) to reorganize

riorganizzàre *v. tr.* to reorganize

ripagàre *v. tr.* **1** to pay again **2** (*ricompensare*) to repay, to reward **3** (*risarcire*) to pay, to refund

riparàre A *v. tr.* **1** (*aggiustare*) to repair **2** (*proteggere*) to shelter, to protect **3** (*rimediare*) to redress, to make amends for B *v. intr.* to make up (for) C *v. rifl.* to protect oneself

riparazióne *s. f.* repair, fixing

ripàro *s. m.* shelter, cover, protection

ripartìre (1) *v. tr.* **1** (*dividere*) to split up, to divide, (*distribuire*) to share out

ripartìre (2) *v. intr.* (*partire di nuovo*) to leave again, (*riavviarsi*) to start again

ripartizióne *s. f.* division, distribution

ripensàre *v. intr.* **1** (*tornare a pensare*) to think again **2** (*riandare col pensiero*) to recall **3** (*cambiare parere*) to change one's mind

ripercórrere *v. tr.* to run through again, to go over again

ripercuòtersi *v. intr. pron.* **1** to reverberate **2** (*fig.*) to have repercussions, to affect

ripercussióne *s. f.* repercussion

ripescàre *v. tr.* **1** (*tirare fuori dall'acqua*) to fish out **2** (*trovare*) to find (again)

ripètere A *v. tr.* to repeat B *v. rifl.* to repeat oneself C *v. intr. pron.* to recur

ripetizióne *s. f.* **1** repetition **2** (*lezione privata*) pri-

vate lesson

ripiàno *s. m.* **1** (*di scaffale*) shelf **2** (*terreno*) level ground

ripìcca *s. f.* spite, pique

rìpido *agg.* steep

ripiegàre A *v. tr.* **1** to bend again, to refold **2** (*piegare*) to fold up **3** (*abbassare*) to lower B *v. intr.* **1** (*ritirarsi*) to withdraw, to retreat **2** (*fig.*) to fall back C *v. intr. pron.* to bend

ripiègo *s. m.* expedient, makeshift

ripièno A *agg.* (*pieno*) full, (*riempito, farcito*) stuffed, filled B *s. m.* stuffing, filling

ripopolàre *v. tr.* to repopulate

ripórre *v. tr.* **1** to put away **2** (*collocare*) to place, to put

riportàre A *v. tr.* **1** to bring again, to take again, to bring back, to take back, to carry back **2** (*riferire*) to report, (*citare*) to quote **3** (*ricevere, ottenere*) to get, to receive, to carry off **4** (*mat.*) to carry B *v. intr. pron.* **1** (*tornare*) to go back **2** (*riferirsi*) to refer

riposàre *v. tr., intr. e rifl.* to rest

ripòso *s. m.* rest

ripostìglio *s. m.* lumber-room, store-room, closet

riprèndere A *v. tr.* **1** to take again, (*riacchiappare*) to catch again, (*riconquistare*) to retake **2** (*prendere indietro*) to take back, to get back, (*ricuperare*) to recover **3** (*rincominciare*) to begin again, to start again, to resume **4** (*rimproverare*) to tell off, to reprove **5** (*cin.*) to shoot B *v. intr.* (*ricominciare*) to start again, to begin again C *v. intr. pron.* to recover

riprésa *s. f.* **1** restarting, resumption, renewal **2** (*rinascita*) revival **3** (*da malattia, emozioni*) recovery **4** (*teatro*) revival **5** (*cin.*) shot, take **6** (*autom.*) pick-up **7** (*di partita*) second half, (*pugilato*) round

ripristinàre *v. tr.* to restore, to re-estabilish

riproducìbile *agg.* reproducible

riprodùrre *v. tr., rifl. e intr.* to reproduce

riproduzióne *s. f.* reproduction

riprovàre A *v. tr.* **1** to try again **2** (*sentire di nuovo*) to feel again B *v. intr. e intr. pron.* to try again

riprovévole *agg.* reprehensible, despicable

ripudiàre *v. tr.* to repudiate, to disown

ripugnànte *agg.* repulsive, disgusting

ripugnàre *v. intr.* to disgust, to dislike

ripulìre A *v. tr.* **1** to clean again **2** (*pulire*) to clean up **3** (*dirozzare*) to refine **4** (*svuotare*) to clean out, to ransack B *v. rifl.* to clean oneself up

riquàdro *s. m.* square

risàcca *s. f.* backwash

risàia *s. f.* rice-field

risalìre A *v. tr.* to go up again, to climb up again **2** (*contro corrente*) to go up B *v. intr.* **1** to go up again, to climb up again **2** (*aumentare*) to rise again, to go up again **3** (*nel tempo*) to go back, to date back

risaltàre *v. intr.* **1** (*spiccare*) to stand out, to show up **2** (*sporgere*) to stick out

risàlto *s. m.* prominence, relief

risanàre *v. tr.* **1** (*guarire*) to cure, to restore **2** (*bonificare*) to reclaim **3** (*riequilibrare*) to balance, (*riorganizzare*) to reorganize

risaputo *agg.* well-known

risarciménto *s. m.* compensation, refund ♦ **richiesta di r.** claim for damages

risarcire *v. tr.* to repay, to refund, to indemnify

risàta *s. f.* laughter, laugh

riscaldaménto *s. m.* 1 heating 2 (*sport*) warming up ♦ **impianto di r.** heating system; **r. centrale** central heating

riscaldàre A *v. tr.* 1 to warm, to heat 2 (*scaldare di nuovo*) to heat up, to warm up 3 (*fig.*) to stir up **B** *v. intr.* to give heat **C** *v. rifl.* 1 to warm oneself, to get warm 2 (*fig.*) to warm up, to get excited

riscattàre *v. tr.* to ransom, to redeem

riscàtto *s. m.* 1 redemption 2 (*prezzo richiesto*) ransom

rischiaràre *v. tr. e intr. pron.* to light up

rischiàre *v. tr.* to risk, to venture

rìschio *s. m.* risk

rischióso *agg.* risky

risciacquàre *v. tr.* to rinse

riscontràre *v. tr.* 1 (*verificare*) to check, to verify 2 (*trovare*) to find, to notice 3 (*confrontare*) to compare

riscóntro *s. m.* 1 (*controllo*) check 2 (*confronto*) comparison 3 (*conferma*) confirmation

riscoprìre *v. tr.* to rediscover

riscossióne *s. f.* collection

riscrìvere *v. tr.* to write again, to rewrite

riscuòtere A *v. tr.* 1 to collect, to draw, to cash 2 (*conseguire*) to earn, to win 3 (*scuotere*) to shake **B** *v. intr. pron.* 1 (*trasalire*) to start 2 (*risvegliarsi*) to come to

risentiménto *s. m.* resentment

risèrbo *s. m.* reserve, discretion

risèrva *s. f.* 1 (*scorta*) reserve 2 (*restrizione*) reserve, reservation 3 (*di caccia, pesca*) reserve, preserve

riservàre A *v. tr.* 1 to reserve, to keep 2 (*prenotare*) to book **B** *v. intr. pron.* to intend, to propose

riservatézza *s. f.* 1 privacy 2 (*carattere*) reserve, discretion

riservàto *agg.* 1 (*chiuso*) reserved, restrained 2 (*prenotato*) reserved, booked 3 (*segreto*) confidential

risguàrdo *s. m.* flyleaf

risièdere *v. intr.* to reside, to live

rìsma *s. f.* 1 (*di carta*) ream 2 (*fig.*) kind, quality

riso (1) *s. m.* laugh, laughter

riso (2) *s. m.* (*bot.*) rice

risolutìvo *agg.* resolutive, decisive

risolùto *agg.* resolute

risoluzióne *s. f.* 1 resolution, decision 2 (*mat.*) solution 3 (*dir.*) cancellation

risòlvere A *v. tr.* 1 to solve, to work out, to resolve 2 (*definire*) to settle 3 (*rescindere*) to cancel **B** *v. intr. pron.* 1 (*decidersi*) to decide, to make up one's mind 2 (*trasformarsi*) to change, to turn into 3 (*di malattia*) to resolve, to clear up

risonànza *s. f.* resonance, echo

risórgere *v. intr.* to rise again, to revive

risorgìva *s. f.* resurgence

risórsa *s. f.* resource

risparmiàre A *v. tr.* 1 to save (up) 2 (*evitare, salvare*) to spare **B** *v. rifl.* to spare oneself

risparmiatóre *s. m.* saver

rispàrmio *s. m.* 1 saving 2 (*somma risparmiata*) savings *pl.*

rispecchiàre *v. tr.* to reflect

rispedìre *v. tr.* 1 (*spedire di nuovo*) to send again 2 (*spedire indietro*) to send back

rispettàbile *agg.* 1 respectable 2 (*considerevole*) considerable

rispettabilità *s. f.* respectability

rispettàre *v. tr.* 1 to respect, to honour 2 (*osservare*) to comply with, to observe

rispettìvo *agg.* respective

rispètto *s. m.* respect

rispettóso *agg.* respectful

risplèndere *v. intr.* to shine

rispóndere A *v. intr.* 1 to answer, to reply 2 (*ribattere*) to answer back 3 (*farsi garante*) to be responsible for, to answer for 4 (*corrispondere*) to meet 5 (*obbedire*) to respond **B** *v. tr.* 1 to answer 2 (*a carte*) to reply

rispósta *s. f.* 1 answer, reply 2 (*reazione*) response

rìssa *s. f.* brawl

rissóso *agg.* brawling, quarrelsome

ristabilìre A *v. tr.* to re-establish, to restore **B** *v. intr. pron.* 1 to settle again 2 (*rimettersi*) to recover, to get well again

ristagnàre *v. intr.* to be stagnant

ristàgno *s. m.* stagnation

ristàmpa *s. f.* reprint

ristampàre *v. tr.* to reprint

ristorànte *s. m.* restaurant

ristoràre A *v. tr.* to refresh, to restore **B** *v. rifl.* to refresh oneself

ristoratóre *s. m.* restaurateur

ristrettézza *s. f.* 1 narrowness 2 (*meschinità*) meanness 3 (*insufficienza*) lack, shortage 4 *al pl.* (*condizioni economiche disagiate*) financial straits *pl.*

ristrétto *agg.* 1 narrow 2 (*meschino*) mean 3 (*limitato*) narrow, limited 4 (*condensato*) condensed ♦ **caffè r.** strong coffee

ristrutturàre *v. tr.* to restructure, to renovate

ristrutturazióne *s. f.* restructuration, renovation

risucchiàre *v. tr.* to suck

risultàre *v. intr.* 1 to result, to come out, to follow, to ensue, to spring 2 (*essere noto, impers.*) to understand, to know ♦ **risulta chiaro che ...** it is clear that ...

risultàto *s. m.* result, outcome

risuolàre *v. tr.* to resole

risuonàre *v. intr.* to resound

risurrezióne *s. f.* resurrection

risuscitàre A *v. tr.* to resuscitate, to revive **B** *v. intr.* to rise again, to revive

risvegliàre A *v. tr.* to awake, to awaken **B** *v. intr. pron.* 1 to wake up 2 (*fig.*) to revive

risvéglio *s. m.* 1 (re)awakening, waking up 2 (*fig.*) revival

risvòlto *s. m.* 1 (*di giacca*) lapel, (*di pantaloni*) turn-up 2 (*fig.*) implication, consequence

ritagliàre *v. tr.* to cut out

ritàglio *s. m.* (*pezzetto*) scrap, (*di giornale*) cutting, clipping

ritardàre A *v. tr.* to delay, to retard, to put off **B** *v. intr.*

to delay, to be late

ritardatàrio *s. m.* late-comer

ritàrdo *s. m.* delay ◆ **essere in r.** to be late

ritégno *s. m.* reserve, restraint

ritenére A *v. tr.* 1 (*trattenere*) to hold, to keep, to retain 2 (*credere*) to think, to believe B *v. rifl.* to consider oneself

ritiràre A *v. tr.* 1 (*tirare di nuovo*) to throw again 2 (*tirare indietro*) to withdraw, to draw back, to retract 3 (*farsi consegnare*) to collect, to pick up, (*riscuotere*) to draw B *v. rifl.* to retire, to withdraw C *v. intr. pron.* 1 (*di tessuto*) to shrink 2 (*di acque*) to subside, to recede

ritiràta *s. f.* 1 retreat, withdrawal 2 (*in caserma*) tattoo

ritìro *s. m.* 1 withdrawal, retirement 2 (*luogo appartato*) retreat

ritmo *s. m.* 1 rhythm 2 (*tasso*) rate

rito *s. m.* 1 rite 2 (*usanza*) custom

ritoccàre *v. tr.* 1 to retouch 2 (*prezzi*) to readjust

ritócco *s. m.* 1 touch-up, finishing touch 2 (*di prezzi*) adjustment, revision

ritornàre A *v. intr.* 1 to return, to go back, to come back 2 (*ricorrere*) to recur 3 (*tornare a essere*) to become again B *v. tr.* to return, to give back

ritornèllo *s. m.* refrain

ritórno *s. m.* return

ritràrre A *v. tr.* 1 (*tirare indietro*) to withdraw, to draw back 2 (*distogliere*) to divert 3 (*rappresentare*) to represent, to portray, to depict B *v. rifl.* 1 to withdraw 2 (*sottrarsi*) to get out 3 (*rappresentarsi*) to portray oneself

ritrattàre *v. tr.* 1 (*trattare di nuovo*) to treat again 2 (*ritirare*) to retract, to withdraw

ritràtto *s. m.* portrait

ritróso *agg.* 1 (*riluttante*) reluctant 2 (*timido*) shy ◆ **a r.** backwards

ritrovaménto *s. m.* finding, (*scoperta*) discovery

ritrovàre A *v. tr.* 1 to find (again) 2 (*scoprire*) to find, to discover 3 (*ricuperare*) to recover 4 (*incontrare di nuovo*) to meet (again) B *v. intr. pron.* to find oneself C *v. rifl. rec.* (*incontrarsi di nuovo*) to meet again D *v. rifl.* 1 (*raccapezzarsi*) to see one's way 2 (*sentirsi a proprio agio*) to feel at ease

ritròvo *s. m.* meeting, (*luogo*) meeting-place

ritto *agg.* upright, erect

rituàle *s. m.* ritual

riunióne *s. f.* meeting

riunire A *v. tr.* 1 to reunite, to put together 2 (*adunare*) to gather, to collect together 3 (*riconciliare*) to bring together again B *v. rifl.* 1 to come together again 2 (*adunarsi*) to gather, to meet

riuscire *v. intr.* 1 to succeed, to manage, (*essere capace*) to be able 2 (*avere esito*) to come out, to turn out, (*avere esito positivo*) to be successful, to succeed 3 (*avere attitudine*) to be clever at, to be good at 4 (*apparire, risultare*) to be, (*dimostrarsi*) to prove 5 (*uscire di nuovo*) to go out again

riuscìta *s. f.* result, outcome, (*successo*) success

rìva *s. f.* (*di fiume*) bank, (*di lago, mare*) shore

rivàle *agg. e s. m. e f.* rival

rivalità *s. f.* rivalry

rivàlsa *s. f.* 1 (*rivincita*) revenge 2 (*risarcimento*) compensation

rivalutàre *v. tr.* to revalue

rivalutazióne *s. f.* revaluation

rivedére A *v. tr.* 1 (*vedere di nuovo*) to see again, (*incontrare di nuovo*) to meet again 2 (*correggere*) to revise, to correct, (*controllare*) to check 3 (*ripassare*) to look over again B *v. rifl. rec.* to see each other again, to meet again

rivelàre A *v. tr.* 1 to reveal, to disclose 2 (*mostrare*) to show B *v. rifl.* to reveal oneself, to show oneself

rivelazióne *s. f.* revelation

rivéndere *v. tr.* 1 to resell, to sell again 2 (*vendere al dettaglio*) to retail

rivendicàre *v. tr.* to claim

rivèrbero *s. m.* reverberation

riverènza *s. f.* 1 reverence 2 (*inchino*) bow, curtsey

riverire *v. tr.* 1 to revere, to respect 2 (*salutare*) to pay one's respects to

riverniciàre *v. tr.* to repaint

riversàre A *v. tr.* to pour (again) B *v. intr. pron.* 1 to flow 2 (*fig.*) to pour (out)

rivestiménto *s. m.* covering, coating, (*interno*) lining

rivestire A *v. tr.* 1 (*vestire di nuovo*) to dress again 2 (*provvedere di abiti*) to dress, to provide with clothes 3 (*ricoprire*) to cover, to coat, (*foderare*) to line 4 (*una carica*) to hold B *v. rifl.* to dress again

rivièra *s. f.* coast

rivìncita *s. f.* 1 (*sport*) return match, (*gioco*) return game 2 (*rivalsa*) revenge

rivisitàre *v. tr.* to revisit

rivìsta *s. f.* 1 (*mil.*) review 2 (*periodico*) review, (*rotocalco*) magazine 3 (*teatro*) revue, show ◆ **passare in r.** to review

rivìvere A *v. tr.* to live again B *v. intr.* to live again, (*tornare in vita*) to come to life again

rivòlgere A *v. tr.* 1 to turn, to direct 2 (*indirizzare*) to address B *v. rifl.* 1 to turn, to address 2 (*ricorrere*) to apply

rivòlta *s. f.* revolt, rebellion

rivoltàre A *v. tr.* 1 to turn (over) again 2 (*rovesciare*) to turn (over), (*con l'interno verso l'esterno*) to turn inside out, (*capovolgere*) to turn upside down B *v. rifl.* to turn round, to turn over C *v. intr. pron.* (*ribellarsi*) to revolt, to rebel

rivoltèlla *s. f.* revolver

rivoluzionàre *v. tr.* to revolutionize

rivoluzionàrio *agg. e s. m.* revolutionary

rivoluzióne *s. f.* revolution

rizzàre A *v. tr.* to raise, to erect B *v. intr. pron.* (*di capelli, peli*) to bristle

ròba *s. f.* stuff, things *pl.*

robùsto *agg.* strong, sturdy

ròcca *s. f.* fortress, stronghold

roccafòrte *s. f.* fortress, stronghold

rocchétto *s. m.* 1 reel, spool 2 (*elettr.*) coil

ròccia *s. f.* rock

rocciatóre *s. m.* rock-climber

roccióso *agg.* rocky

rococò *agg.* rococo

rodàggio *s. m.* 1 (*autom.*) running-in, (*USA*) breaking-in **2** (*fig.*) trial stage

rodèo *s. m. inv.* rodeo

ródere A *v. tr.* **1** to gnaw **2** (*corrodere*) to eat into, to corrode **B** *v. rifl.* to worry

roditóre *s. m.* rodent

rododèndro *s. m.* rhododendron

rógna *s. f.* **1** (*med.*) scabies, (*bot., zool.*) scab **2** (*fastidio*) nuisance, trouble

rognóne *s. m.* kidney

rògo *s. m.* **1** (*supplizio*) stake **2** (*pira*) (funeral) pyre **3** (*incendio*) fire

rollìo *s. m.* rolling

romànico *agg.* Romanesque

romàno *agg. e s. m.* Roman

romanticìsmo *s. m.* Romanticism

romàntico *agg. e s. m.* romantic

romànza *s. f.* romance

romanzésco *agg.* **1** novel (*attr.*) **2** (*fig.*) fantastic

romanzière *s. m.* novelist

romànzo *s. m.* **1** novel **2** (*medievale*) romance **3** (*novellistica*) fiction **4** (*fig.*) fantasy, romance

rómbo (1) *s. m.* (*geom.*) rhombus

rómbo (2) *s. m.* (*zool.*) rhombus

rómbo (3) *s. m.* (*rumore*) rumble, roar

romboidàle *agg.* rhomboidal

romèno *agg. e s. m.* Rumanian

rómpere A *v. tr.* **1** to break, to burst, to smash **2** (*interrompere*) to break off **B** *v. intr.* **1** (*interrompere i rapporti*) to break up **2** (*fam.*) (*seccare*) to bother **C** *v. intr. pron.* to break

rompicàpo *s. m.* riddle, puzzle

rompighiàccio *s. m.* ice breaker

rompiscàtole *s. m. e f. inv.* nuisance, pest

rónda *s. f.* rounds *pl.*, patrol

rondèlla *s. f.* washer

róndine *s. f.* swallow

rondóne *s. m.* swift

ronzàre *v. intr.* **1** to buzz, to hum **2** (*girare*) to hang round

ronzìno *s. m.* nag

ròsa (1) *agg. e s. m.* pink

ròsa (2) *s. f.* **1** (*bot.*) rose **2** (*gruppo di persone*) group ◆ **r. dei venti** compass card

rosàrio *s. m.* rosary

ròseo *agg.* rosy

rosicchiàre *v. tr.* to nibble, to gnaw

rosmarìno *s. m.* rosemary

rosolàre A *v. tr.* to brown **B** *v. intr. pron.* **1** to get brown **2** (*fig.*) to bask in the sun

rosolìa *s. f.* German measles *pl.*, rubella

rosóne *s. m.* rose-window

róspo *s. m.* toad

rossétto *s. m.* lipstick

rósso *agg. e s. m.* red

rossóre *s. m.* flush

rotàia *s. f.* rail

rotatìva *s. f.* rotary press

rotatòria *s. f.* roundabout

rotazióne *s. f.* **1** rotation **2** (*di personale, scorte*) turnover

roteàre A *v. tr.* to swing, (*occhi*) to roll **B** *v. intr.* to wheel

rotèlla *s. f.* small wheel, (*di pattino*) roller

rotocàlco *s. m.* magazine

rotolàre *v. tr. e intr.* to roll

ròtolo *s. m.* roll, (*di corda*) coil

rotónda *s. f.* **1** (*arch.*) rotunda **2** (*terrazza*) round terrace

rotondità *s. f.* rotundity, roundness

rotóndo *agg.* round

rótta (1) *s. f.* (*sconfitta*) rout, retreat ◆ **a r. di collo** headlong; **essere in r. con qc.** to be on bad terms with sb.

rótta (2) *s. f.* (*naut., aer.*) course, route

rottàme *s. m.* scrap

rottùra *s. f.* break, breaking

ròtula *s. f.* kneecap, rotula

roulotte *s. f. inv.* caravan, (*USA*) trailer

rovènte *agg.* red-hot

róvere *s. m. o f.* durmast

rovesciàre A *v. tr.* **1** to upset, to knock over, to overturn **2** (*rivoltare*) to turn inside out **3** (*versare*) to pour, (*accidentalmente*) to spill **4** (*abbattere*) to overthrow **B** *v. intr. pron.* **1** to overturn, (*capovolgersi*) to capsize **2** (*versarsi*) to spill **3** (*riversarsi*) to pour

rovèscio A *agg.* (*capovolto*) upside down, (*con l'interno all'esterno*) inside out **B** *s. m.* **1** reverse, back, other side **2** (*opposto*) opposite **3** (*lavoro a maglia*) purl (stitch) **4** (*tennis*) backhand **5** (*di pioggia*) heavy shower **6** (*dissesto*) setback

rovìna *s. f.* ruin

rovinàre A *v. tr.* **1** to ruin, (*guastare*) to spoil **2** (*abbattere*) to demolish, to pull down **B** *v. intr.* to crash, to collapse **C** *v. rifl. e intr. pron.* to be ruined

rovinóso *agg.* ruinous, disastrous

rovistàre *v. tr. e intr.* to ransack

róvo *s. m.* bramble

rózzo *agg.* rough, coarse

rubàre *v. tr.* to steal

rubinétto *s. m.* tap, (*USA*) faucet

rubìno *s. m.* ruby

rubrìca *s. f.* **1** (*quaderno*) index-book, (*per indirizzi*) address-book **2** (*di giornale*) column, survey

rùde *agg.* rough, harsh

rùdere *s. m.* ruin

rudimentàle *agg.* rudimentary

rudiménto *s. m.* rudiment

rùga *s. f.* wrinkle

rùggine *s. f.* rust

rugginóso *agg.* rusty

ruggìre *v. intr.* to roar

ruggìto *s. m.* roar

rugiàda *s. f.* dew

rugosità *s. f.* roughness, (*di viso*) wrinkledness

rugóso *agg.* **1** (*di viso*) wrinkled **2** (*scabro*) rough

rùllo *s. m.* roll, (*di macchina per scrivere*) platen

ruminànte *agg. e s. m.* ruminant

ruminàre *v. tr. e intr.* to ruminate

rumóre *s. m.* noise

rumoróso *agg.* noisy

ruòlo *s. m.* role

ruòta *s. f.* wheel ◆ **r. di scorta** spare wheel

ruotàre A *v. tr.* to rotate, (*occhi*) to roll **B** *v. intr.* **1** to

rotate, to revolve **2** (*roteare*) to circle (round), to wheel about
rùpe *s. f.* cliff, rock
rupèstre *agg.* rocky
rurále *agg.* rural, country (*attr.*)
ruscèllo *s. m.* brook
rùspa *s. f.* scraper, bulldozer
ruspànte *agg.* farmyard

russàre *v. intr.* to snore
rùsso *agg. e s. m.* Russian
rùstico *agg.* **1** country (*attr.*), rustic, rural **2** (*rozzo*) rough
rùvido *agg.* rough, coarse
ruzzolàre *v. intr.* **1** (*cadere*) to tumble down **2** (*rotolare*) to roll
ruzzolóne *s. m.* tumble

S

sàbato *s. m.* Saturday
sabbàtico *agg.* sabbatical
sàbbia *s. f.* sand
sabbiatùra *s. f.* **1** sand-bath **2** (*tecnol.*) sand-blasting
sabbióso *agg.* sandy
sabotàggio *s. m.* sabotage
sabotàre *v. tr.* to sabotage
sàcca *s. f.* bag, knapsack
saccarina *s. f.* saccharine
saccaròsio *s. m.* saccharose
saccènte **A** *agg.* pedantic, (*presuntuoso*) conceited **B** *s. m. e f.* know-all
saccheggiàre *v. tr.* to sack, to pillage, to plunder, to loot
saccheggiatóre *s. m.* pillager, plunderer
sacchéggio *s. m.* sack, pillage, plunder
sacchétto *s. m.* bag
sàcco *s. m.* **1** sack, bag **2** (*grande quantità*) a lot, lots *pl.*, a great deal, heaps *pl.* ◆ **s. a pelo** sleeping bag
sacerdòte *s. m.* priest
sacerdotéssa *s. f.* priestess
sacerdòzio *s. m.* priesthood
sacralgìa *s. f.* sacralgia
sacraménto *s. m.* sacrament
sacràrio *s. m.* **1** (*archeol.*) sacrarium **2** (*dei caduti*) memorial
sacrificàre **A** *v. tr.* **1** to sacrifice **2** (*sprecare*) to waste **B** *v. intr.* to offer sacrifices **C** *v. rifl.* to sacrifice oneself
sacrifìcio *s. m.* sacrifice
sacrilègio *s. m.* sacrilege
sàcro *agg.* **1** sacred, holy **2** (*consacrato*) consecrated, dedicated
sàdico **A** *agg.* sadistic **B** *s. m.* sadist
sadomasochìsmo *s. m.* sadomasochism
saétta *s. f.* **1** (*freccia*) arrow **2** (*fulmine*) thunderbolt, flash of lightning
safàri *s. m. inv.* safari
sàga *s. f.* saga
sagàce *agg.* shrewd, sagacious
saggézza *s. f.* wisdom
saggiàre *v. tr.* **1** (*analizzare*) to assay **2** (*fig.*) to test, to try out

sàggio (1) **A** *agg.* wise **B** *s. m.* wise man
sàggio (2) *s. m.* **1** (*prova*) test, trial, (*metall.*) assay **2** (*campione*) sample **3** (*dimostrazione*) proof **4** (*scritto*) essay
saggìsta *s. m. e f.* essayist
sàgola *s. f.* line
sàgoma *s. f.* **1** (*forma*) shape, outline, profile **2** (*tecnol.*) template **3** (*bersaglio*) target **4** (*fam.*) (*persona stramba*) character
sàgra *s. f.* festival, feast
sagràto *s. m.* church-square
sagrestìa *s. f.* sacristy
sàio *s. m.* habit
sàla *s. f.* hall, room ◆ **s. da pranzo** dining room; **s. d'aspetto** waiting room; **s. operatoria** operating theatre
salàme *s. m.* salami
salamòia *s. f.* brine, pickle
salàre *v. tr.* to salt, (*per conservare*) to corn
salàrio *s. m.* wage, salary
salàsso *s. m.* **1** bleeding **2** (*fig.*) drain
salàto *agg.* **1** salt, salty **2** (*sotto sale*) corned, salted **3** (*costoso*) expensive, stiff **4** (*salace*) biting
saldàre **A** *v. tr.* **1** (*metall.*) to weld **2** (*unire*) to link up with, to join **3** (*comm.*) to settle, to pay off, to balance **B** *v. intr. pron.* **1** (*metall.*) to weld **2** (*di ossa*) to knit **3** (*unirsi*) to tie up, to link
saldatóre *s. m.* welder
saldatrice *s. f.* welder
saldatùra *s. f.* **1** (*metall.*) welding **2** (*fig.*) link, connection
saldézza *s. f.* firmness, strenght
sàldo *s. m.* **1** (*importo residuo*) settlement, balance **2** (*resto*) rest, balance **3** (*svendita*) sale
sàle *s. m.* salt ◆ **s. grosso** coarse salt; **senza s.** saltless; **sotto s.** salted
salesiàno *agg. e s. m.* Salesian
sàlice *s. m.* willow ◆ **s. piangente** weeping willow
saliènte *agg.* important, main
salièra *s. f.* saltcellar
salìna *s. f.* (*deposito*) salt pan, salina
salìno *agg.* saline, salt (*attr.*)

salire A *v. intr.* **1** to rise, to climb, to go up, to come up **2** (*su un mezzo di trasporto*) to get on **3** (*fig.*) to rise, to go up **B** *v. tr.* to climb, to go up, to ascend

salita *s. f.* **1** slope, ascent **2** (*il salire*) climbing, ascent **3** (*aumento*) rise, increase

saliva *s. f.* saliva, spittle

sàlma *s. f.* corpse

salmì *s. m.* salmi

sàlmo *s. m.* psalm

salmóne *s. m.* salmon ♦ **s. affumicato** smoked salmon

salmonellòsi *s. f.* salmonellosis

salóne *s. m.* **1** hall **2** (*per esposizione*) showroom

salòtto *s. m.* **1** drawing room, sitting room **2** (*letterario*) salon

salpàre A *v. tr.* to weigh **B** *v. intr.* **1** to (set) sail, to set out **2** (*l'ancora*) to weigh (anchor)

sàlsa *s. f.* sauce

salsèdine *s. f.* saltness, (*salinità*) salinity

salsìccia *s. f.* sausage

salsièra *s. f.* sauce boat, gravy boat

saltàre A *v. tr.* to jump (over), to leap (over), to skip **B** *v. intr.* **1** to jump, to leap, to spring **2** (*esplodere*) to blow up, to pop out

saltatóre *s. m.* jumper

saltellàre *v. intr.* to skip, to hop

saltimbànco *s. m.* acrobat, tumbler

sàlto *s. m.* **1** jump, leap, spring **2** (*omissione*) gap

saltuariaménte *avv.* occasionally

saltuàrio *agg.* irregolar, occasional

salùbre *agg.* salubrious, wholesome, healthy

salubrità *s. f.* wholesomeness, healthiness

salumeria *s. f.* delicatessen (shop)

salùmi *s. m. pl.* cold cuts *pl.*

salumière *s. m.* delicatessen seller

salutàre (1) A *v. tr.* **1** to greet, to say hallo to, (*partendo*) to say goodbye to **2** (*mil.*) to salute **3** (*fare visita*) to call (in) **B** *v. rifl. rec.* to greet each other, to say goodbye to each other

salutàre (2) *agg.* wholesome, healthy, salutary

salùte *s. f.* health

salutista *s. m. e f.* hygienist

salùto *s. m.* greeting, salutation

salvacondòtto *s. m.* safe-conduct

salvadanàio *s. m.* money-box

salvagènte *s. m.* (*ciambella*) life buoy, (*giubbotto*) life jacket, (*cintura*) life belt

salvagócce *s. m. inv.* drip-catcher

salvaguardàre *v. tr.* to safeguard, to protect

salvàre A *v. tr.* **1** to save, (*trarre in salvo*) to rescue **2** (*mettere da parte*) to put aside, to save **B** *v. rifl.* **1** to save oneself, to survive **2** (*evitare*) to be spared

salvatàggio *s. m.* rescue ♦ **battello di s.** life boat; **cintura di s.** life belt

salvatóre *s. m.* saver, rescuer, (*spirituale*) saviour

sàlve *inter.* hello!, hi!

salvézza *s. f.* **1** salvation **2** (*sicurezza*) safety **3** (*scampo*) escape

sàlvia *s. f.* sage

salviétta *s. f.* **1** (*tovagliolo*) napkin **2** (*asciugamano*) towel

sàlvo (1) *agg.* **1** safe **2** (*al sicuro*) secure ♦ **mettersi in s.** to reach safety

sàlvo (2) A *prep.* **1** (*tranne*) except (for), but **2** (*a parte*) apart from **B** *cong.* **s. che** except that, (*a meno che*) unless

sambùco *s. m.* elder

sanàre *v. tr.* **1** to cure **2** (*correggere*) to rectify, to correct **3** (*econ.*) to balance, to put right

sanatòrio *s. m.* sanatorium

sancìre *v. tr.* to sanction

sàndalo (1) *s. m.* (*bot.*) sandal, sandalwood

sàndalo (2) *s. m.* (*calzatura*) sandal

sàngue *s. m.* blood ♦ **al s.** (*di carne*) underdone, rare; **a s. freddo** in cold blood

sanguìgno *agg.* blood (*attr.*), sanguineous

sanguinàre *v. intr.* to bleed

sanguisùga *s. f.* leech

sanità *s. f.* **1** soundness, (*salubrità*) wholesomeness **2** (*ente sanitario*) health board

sanitàrio *agg.* sanitary, health (*attr.*) ♦ **certificato s.** health certificate

sàno *agg.* **1** healthy, wholesome, (*senza difetto*) sound **2** (*salubre*) healthy, healthful, wholesome **3** (*saggio*) sound ♦ **s. e salvo** safe and sound

santino *s. m.* holy picture

santità *s. f.* holiness, sanctity

sànto A *agg.* holy, (*seguito da nome proprio*) Saint **B** *s. m.* saint

santóne *s. m.* guru (*fig.*)

santuàrio *s. m.* sanctuary, shrine

sanzióne *s. f.* sanction

sapére (1) A *v. tr.* **1** to know **2** (*venire a sapere*) to hear, to learn, to know **3** (*essere capace*) can, to be able, to know how **B** *v. intr.* **1** to know **2** (*venire a conoscenza*) to hear, to learn **3** (*aver sapore*) to taste, (*aver odore*) to smell **4** (*pensare*) to think

sapére (2) *s. m.* knowledge, (*cultura*) learning

sàpido *agg.* sapid

sapiènte *agg.* **1** (*saggio*) wise **2** (*colto*) learned **3** (*abile*) skilful

sapiènza *s. f.* **1** (*saggezza*) wisdom **2** (*cultura*) learning **3** (*sapere*) knowledge

sapóne *s. m.* soap ♦ **s. da barba** shaving soap

saponétta *s. f.* cake of soap

sapóre *s. m.* **1** taste, flavour **2** (*fig.*) spice

saporìto *agg.* tasty, savoury

saracinésca *s. f.* (rolling) shutter

sarcàsmo *s. m.* sarcasm

sarcàstico *agg.* sarcastic

sarcòfago *s. m.* sarcophagus

sardìna *s. f.* sardine

sàrdo *agg. e s. m.* Sardinian

sàrta *s. f.* dressmaker

sàrtia *s. f.* shroud

sartiàme *s. m.* shrouds *pl.*, rigging

sàrto *s. m.* tailor

sartoria *s. f.* tailor's (workshop), dressmaker's

sàsso *s. m.* stone, rock, (*ciottolo*) pebble

sassofonista *s. m. e f.* saxophonist

sassòfono *s. m.* saxophone, sax

sàssola *s. f.* bailer

sassóso agg. stony
satànico agg. satanic
satèllite s. m. satellite
sàtira s. f. satire
satírico agg. satiric(al)
saturazióne s. f. saturation
sàturo agg. 1 (chim.) saturated 2 (pieno) full, filled with
sàuna s. f. sauna
savàna s. f. savanna(h)
saziàre A v. tr. 1 to satisfy, to sate, to glut 2 (riempire) to fill B v. rifl. 1 to get full, to become satiated 2 (fig.) to get tired
sàzio agg. satiated, glutted, full (up) (fam.)
sbadataggine s. f. carelessness, inadvertence
sbadàto A agg. careless B s. m. scatterbrain
sbadigliàre v. intr. to yawn
sbadíglio s. m. yawn
sbagliàre A v. tr. to mistake, to go wrong in B v. intr. e intr. pron. to make a mistake, to be wrong, to be mistaken
sbàglio s. m. mistake, error ♦ **per s.** by mistake
sballottàre v. tr. to toss (about), to push (about)
sbalordíre A v. tr. to amaze, to astonish B v. intr. e intr. pron. to be amazed, to be astonished
sbalordítivo agg. amazing, astonishing
sbalzàre v. tr. 1 to throw, to toss, to fling 2 (lavorare a sbalzo) to emboss
sbàlzo s. m. jolt, jerk 2 (cambiamento) sudden change, jump 3 (sporgenza) overhang 4 (rilievo) embossment
sbandaménto s. m. 1 (autom.) sliding, veering 2 (naut.) heeling 3 (fig.) leaning, disorientation
sbandàre A v. intr. 1 (autom.) to slide 2 (naut.) to heel 3 (fig.) to lean B v. intr. pron. to disperse, to disband
sbandieràre v. tr. 1 to wave 2 (fig.) to display, to show off
sbaragliàre v. tr. to rout
sbarazzàre A v. tr. to clear up B v. rifl. to get rid
sbarbàre v. tr. e rifl. to shave
sbarcàre A v. tr. to disembark, (da aereo) to land, (da autobus) to put down, (merci) to unload B v. intr. to land, to get off
sbàrco s. m. landing, (di merci) unloading
sbàrra s. f. bar
sbarraménto s. m. 1 blockage, obstruction 2 (mil.) barrage
sbarràre v. tr. 1 to bar, to block, to obstruct 2 (gli occhi) to open wide 3 (segnare con barra) to cross
sbàttere A v. tr. 1 (battere) to knock, to bang, to beat 2 (sbatacchiare) to bang, to slam 3 (gettare) to hurl, to fling, (buttare fuori) to throw out 4 (agitare) to shake, to toss B v. intr. 1 (di porta, finestra) to bang, to slam 2 (di ali, vele) to flap
sbattùto agg. 1 (frullato) beaten 2 (stanco) tired out
sbavàre v. intr. 1 to dribble 2 (di inchiostro) to smudge
sbèrla s. f. slap, cuff
sberlèffo s. m. grimace
sbiadíre v. tr., intr. e intr. pron. to fade

sbiadíto agg. 1 faded 2 (scialbo) dull
sbiancàre A v. tr. to whiten, (tessuto) to bleach B v. intr. pron. 1 to turn white 2 (impallidire) to go pale
sbièco agg. sloping, aslant, oblique
sbigottíre A v. tr. to bewilder, to astonish, (turbare) to dismay B v. intr. e intr. pron. to be bewildered, to be astonished, (turbarsi) to be dismayed
sbilanciàre A v. tr. to unbalance, to throw off the balance B v. intr. pron. to lose one's balance
sbirciàre v. tr. to peep, to glance at
sbírro s. m. (spreg.) cop
sbloccàre A v. tr. 1 to unblock, to free 2 (mecc.) to unlock, to release 3 (econ.) to decontrol B v. rifl. e intr. pron. 1 to reopen, to restart 2 (psic.) to get over
sboccàre v. intr. 1 (di corso d'acqua) to flow into 2 (di strada) to lead to, to come out
sbocciàre v. intr. to blossom, to bloom
sbócco s. m. outlet, (di fiume) mouth, (uscita) way out
sbollíre v. intr. 1 to stop boiling 2 (fig.) to cool down
sbórnia s. f. drunkenness
sborsàre v. tr. to pay out, to spend
sbottàre v. intr. to burst out
sbottonàre A v. tr. to unbutton B v. rifl. 1 to undo one's buttons 2 (fam., fig.) to open one's heart
sbraitàre v. intr. to shout
sbranàre v. tr. to tear to pieces
sbriciolàre v. tr. e intr. pron. to crumble
sbrigàre A v. tr. to dispatch, to get through, to finish off B v. intr. pron. to hurry up, to be quick
sbrigatívo agg. speedy, (affrettato) hasty
sbrinaménto s. m. defrosting
sbrinàre v. tr. to defrost
sbrinatóre s. m. defroster
sbrindellàto agg. tattered
sbrodolàre A v. tr. to soil B v. rifl. to soil oneself
sbrogliàre A v. tr. to disentangle, to unravel B v. rifl. to extricate oneself, to get oneself out of
sbrónza s. f. drunkenness
sbronzàrsi v. rifl. to get drunk
sbrónzo agg. drunk (pred.)
sbruffóne s. m. boaster
sbucàre v. intr. 1 to come out of 2 (fig.) to spring
sbucciàre v. tr. 1 to peel 2 (sgranare) to shell 3 (produrre un'abrasione) to graze
sbuffàre v. intr. 1 to puff, to pant 2 (per noia) to grumble, to snort (gettare sbuffi di fumo) to puff away
sbùffo s. m. puff
scàbbia s. f. scabies
scabróso agg. 1 rough 2 (fig.) scabrous, delicate
scacchièra s. f. (per scacchi) chess-board, (per dama) draught-board
scacciacàni s. m. o f. inv. blank pistol
scacciàre v. tr. to drive away, to drive out, to expel
scàcco s. m. 1 (quadratino di scacchiera) square, (disegno) check 2 al pl. (gioco) chess 3 (sconfitta) loss, setback
scaccomàtto s. m. checkmate ♦ **dare s.** to checkmate
scadènte agg. poor, second-rate
scadènza s. f. expiry, (ultima data utile) deadline ♦ **data di s.** expiry date, due date

scadenzàrio *s. m.* due register, bill-book
scadére *v. intr.* 1 to expire, to be due, to mature 2 (*peggiorare*) to fall off
scafandro *s. m.* diving suit
scaffale *s. m.* shelf, bookcase
scàfo *s. m.* hull
scagionàre *v. tr.* to exculpate
scàglia *s. f.* scale, (*di sapone*) flake
scagliàre A *v. tr.* to hurl, to throw **B** *v. rifl.* to hurl oneself, to throw oneself, to rush
scaglionàre *v. tr.* to space out, to spread
scaglióne *s. m.* 1 (*gruppo*) group, batch 2 (*mil.*) echelon 3 (*classe*) bracket
scàla *s. f.* 1 staircase, stairs *pl.*, (*portatile*) ladder 2 (*mus., geogr., mat.*) scale ◆ **s. a pioli** rung ladder; **s. mobile** escalator
scalàre *v. tr.* 1 to scale, to climb (up) 2 (*detrarre*) to scale down, to take off
scalàta *s. f.* climbing
scalatóre *s. m.* climber
scaldabàgno *s. m.* water heater
scaldalètto *s. m.* warming pan
scaldàre A *v. tr.* to heat, to warm **B** *v. intr.* to warm, to give out heat **C** *v. rifl.* to warm oneself **D** *v. intr. pron.* 1 to heat up, to warm up 2 (*eccitarsi*) to get excited
scaldavivànde *s. m. inv.* chafing-dish
scalétta *s. f.* 1 list 2 (*cin.*) treatment
scalfire *v. tr.* 1 to scratch 2 (*fig.*) to touch, to affect
scalfittùra *s. f.* scratch
scalinàta *s. f.* flight of steps
scalino *s. m.* step
scàlo *s. m.* 1 call 2 (*porto*) port, (*aeroporto*) airport 3 (*impalcatura per navi*) slip ◆ **s. merci** goods yard; **volo senza s.** non-stop flight
scalógna *s. f.* bad luck
scalóne *s. m.* great staircase
scaloppìna *s. f.* escalope
scalpèllo *s. m.* chisel, (*med.*) scalpel
scalpóre *s. m.* noise, sensation
scàltro *agg.* shrewd, sly, cunning
scalzàre *v. tr.* to bare the roots of 2 (*fig.*) to undermine
scàlzo *agg.* barefoot
scambiàre A *v. tr.* 1 to exchange, to swap 2 (*confondere*) to mistake **B** *v. rifl. rec.* to exchange ◆ **s. una visita** to return a visit
scambiévole *agg.* reciprocal
scàmbio *s. m.* 1 exchange 2 (*ferr.*) points *pl.*, (*USA*) switch
scamosciàto *agg.* chamois (*attr.*), suède
scampagnàta *s. f.* outing, picnic
scampanellàta *s. f.* long loud ring
scampanio *s. m.* pealing
scampàre A *v. tr.* 1 to save, to rescue 2 (*evitare*) to avoid, to escape **B** *v. intr.* 1 to escape 2 (*rifugiarsi*) to take refuge
scàmpo (1) *s. m.* escape, safety
scàmpo (2) *s. m.* (*zool.*) prawn
scàmpolo *s. m.* remnant
scanalatùra *s. f.* 1 groove 2 (*arch.*) flute, fluting
scandagliàre *v. tr.* to sound, to fathom
scandalìstico *agg.* scandalmongering

scandalizzàre A *v. tr.* to scandalize **B** *v. intr. pron.* to be scandalized
scàndalo *s. m.* scandal
scandalóso *agg.* scandalous, shocking
scandinavo *agg. e s. m.* Scandinavian
scandire *v. tr.* 1 (*versi*) to scan 2 (*parole*) to articulate, to pronounce 3 (*mus.*) to stress
scansafatiche *s. m. e f.* lazybones
scansàre A *v. tr.* 1 (*spostare*) to move aside 2 (*evitare*) to avoid, to escape **B** *v. rifl.* to step aside
scantinàto *s. m.* basement
scantonàre *v. intr.* to turn the corner, (*svignarsela*) to slip away
scàpito *s. m.* detriment
scàpola *s. f.* scapula, shoulder-blade
scàpolo A *agg.* unmarried, single **B** *s. m.* bachelor
scappaménto *s. m.* exhaust ◆ **tubo di s.** exhaust pipe
scappàre *v. intr.* 1 (*fuggire*) to flee, to run away, to get away, to escape 2 (*andarsene in fretta*) to rush 3 (*sfuggire*) to slip
scappàta *s. f.* call, short visit
scappatèlla *s. f.* escapade
scappatóia *s. f.* way out, loophole
scarabèo *s. m.* beetle
scarabocchiàre *v. tr.* to scribble, to scrawl
scarabòcchio *s. m.* scribble, scrawl
scarafàggio *s. m.* cockroach
scaramuccia *s. f.* skirmish
scaraventàre *v. tr.* to hurl, to fling
scarceràre *v. tr.* to release, to set free
scarcerazióne *s. f.* release
scardinàre *v. tr.* to unhinge
scàrica *s. f.* discharge, (*di proiettili*) volley
scaricàre A *v. tr.* 1 to unload, to discharge, to release, (*deporre*) to set down 2 (*riversare*) to discharge, to empty 3 (*registrare in uscita*) to write down, to cancel 4 (*detrarre*) to deduct **B** *v. rifl.* 1 to relieve oneself 2 (*rilassarsi*) to unwind **C** *v. intr. pron.* 1 (*perdere la carica*) to run down 2 (*sfociare*) to flow
scàrico A *agg.* unloaded, (*di orologio*), run-down, (*di batteria*) flat **B** *s. m.* 1 unloading, discharging 2 (*di rifiuti*) dumping 3 (*registrazione in uscita*) cancellation 4 (*di motore*) exhaust ◆ **tubo di s.** wastepipe, drainpipe
scarlattìna *s. f.* scarlatina, scarlet fever
scarlàtto *agg.* scarlet
scarmigliàto *agg.* ruffled
scàrno *agg.* 1 (*magro*) lean, skinny 2 (*inadeguato*) meagre, inadequate 3 (*spoglio*) bare
scàrpa *s. f.* shoe ◆ **lucido da scarpe** shoe polish; **scarpe basse** flat shoes; **scarpe da ginnastica** sneakers, gymshoes
scarpàta *s. f.* slope, escarpment
scarpièra *s. f.* shoe-rack
scarpinàre *v. intr.* to tramp, to trek
scarpinàta *s. f.* long walk, tramp
scarpóne *s. m.* boot
scarseggiàre *v. intr.* to be lacking, to be short, to run out
scarsézza *s. f.* scarceness, scarcity, shortage, (*mancanza*) lack

scarsità *s. f.* scarceness, scarcity, shortage, (*mancanza*) lack

scàrso *agg.* scarce, scanty, poor, (*manchevole*) lacking

scartaménto *s. m.* gauge

scartàre (1) *v. tr.* 1 to unwrap 2 (*rifiutare*) to discard, to reject

scartàre (2) *v. intr.* (*deviare*) to swerve

scàrto (1) *s. m.* 1 discard, waste, scrap 2 (*al gioco delle carte*) discard

scàrto (2) *s. m.* 1 (*deviazione*) swerve, (*di cavallo*) shy 2 (*margine*) spread, margin 3 (*differenza*) difference

scartòffie *s. f. pl.* (heap of) papers, (*d'ufficio*) paperwork

scassàre *v. tr.* to break, to smash

scassinàre *v. tr.* to break open

scassinatóre *s. m.* burglar, (*di banche*) bank-robber, (*di cassaforte*) safebreaker

scatenàre A *v. tr.* 1 (*suscitare*) to rouse, to set off 2 (*aizzare*) to stir up **B** *v. intr. pron.* 1 to break out, to burst out 2 (*sfrenarsi*) to run wild

scàtola *s. f.* box, case, (*di cartone*) carton, (*di latta*) tin, can

scatolàme *s. m.* tins *pl.*, cans *pl.*, (*di generi alimentari*) tinned food, canned food

scattàre A *v. intr.* 1 (*di congegno*) to go off, to be released 2 (*balzare*) to spring 3 (*adirarsi*) to lose one's temper 4 (*iniziare*) to start, to begin **B** *v. tr.* (*fot.*) to take, to snap

scattista *s. m. e f.* sprinter

scàtto *s. m.* 1 (*mecc.*) click, (*pezzo*) release 2 (*balzo*) spring, burst 3 (*impulso*) impulse, (*scatto d'ira*) fit 4 (*aumento*) increase 5 (*tel.*) unit

scaturìre *v. intr.* 1 to spring 2 (*derivare*) to originate, to result

scavalcàre *v. tr.* 1 to pass over, to climb over 2 (*soppiantare*) to supplant 3 (*superare*) to go ahead, to overtake

scavàre *v. tr.* to dig, to excavate

scavatrice *s. f.* excavator, digger

scàvo *s. m.* 1 digging out, excavation 2 *al pl.* (*archeol.*) excavation, (*miner.*) workings *pl.*

scégliere *v. tr.* 1 to choose, to pick out, to select 2 (*preferire*) to choose, to prefer

sceicco *s. m.* sheik(h)

scelleràto *agg.* wicked

scellino *s. m.* shilling

scélta *s. f.* choice, selection

scemàre *v. intr.* to diminish, to lessen

scémo *agg.* stupid, silly

scémpio *s. m.* ruin

scèna *s. f.* 1 scene 2 (*scenario*) scenery 3 (*palcoscenico*) stage, (*teatro*) theatre 4 (*finzione*) act

scenàrio *s. m.* 1 (*teatro*) scenery 2 (*ambiente*) background

scenàta *s. f.* scene, row

scéndere A *v. intr.* 1 to go down, to get down, to come down 2 (*da un mezzo*) to get out 3 (*presentare pendenza*) to descend, to slope, to run down 4 (*calare, diminuire*) to fall, to drop, to decrease 5 (*pendere*) to come down, to fall, to hang down 6 (*di astro*) to go down, to sink 7 (*fig.*) (*abbassarsi*) to lower oneself **B** *v. tr.* to go down, to come down

scendiletto *s. m. inv.* bedside carpet

sceneggiàre *v. tr.* to dramatize

sceneggiàto *s. m.* (*TV*) serial

sceneggiatóre *s. m.* scriptwriter

sceneggiatùra *s. f.* script

scenétta *s. f.* sketch

scènico *agg.* stage (*attr.*)

scenografìa *s. f.* set designing, setting

scenogràfico *agg.* 1 set (*attr.*), stage (*attr.*), scenographic(al) 2 (*fig.*) spectacular

scenògrafo *s. m.* set designer, scene painter

scervellàrsi *v. intr. pron.* to rack one's brains

scèttico *agg.* sceptical

scèttro *s. m.* sceptre

schèda *s. f.* 1 card 2 (*elettorale*) voting paper

schedàre *v. tr.* to record, to register, to card index

schedàrio *s. m.* card index, file

schedina *s. f.* coupon

schéggia *s. f.* splinter

schèletro *s. m.* skeleton

schèma *s. m.* 1 scheme, pattern, outline, draft 2 (*tecnol.*) diagram

schemàtico *agg.* schematic

schèrma *s. f.* fencing

schermàglia *s. f.* skirmish

schermàre *v. tr.* to screen, to shield

schermatùra *s. f.* screening, shielding

schérmo *s. m.* screen, shield

schermografìa *s. f.* x-rays *pl.*

schernìre *v. tr.* to scoff at, to mock at

schérno *s. m.* mockery, sneer

scherzàre *v. intr.* 1 to joke 2 (*prendere alla leggera*) to trifle, to joke, to make light of

schèrzo *s. m.* 1 joke, jest, (*tiro*) trick 2 (*inezia*) child's play, trifle ♦ **per s.** for fun, for a joke

scherzóso *agg.* joking, laughing

schettinàre *v. intr.* to roller-skate

schèttino *s. m.* roller-skate

schiaccianóci *s. m. inv.* nutcracker

schiacciàre *v. tr.* 1 to crush, to squeeze, to squash, (*premere*) to press 2 (*ridurre in poltiglia*) to mash 3 (*sopraffare*) to crush, to overwhelm ♦ **s. un sonnellino** to have a nap

schiaffeggiàre *v. tr.* to slap, to smack, to cuff

schiàffo *s. m.* slap, smack, cuff

schiamazzàre *v. intr.* to make a din, to kick up a row

schiamàzzo *s. m.* din, row, racket

schiantàre *v. tr. e intr. pron.* to break

schiànto *s. m.* crash

schiarire A *v. tr.* 1 to clear, to make clear 2 (*sbiadire*) to fade **B** *v. intr.* 1 to clear up, (*illuminarsi*) to brighten up 2 (*sbiadire*) to fade

schiarita *s. f.* clearing up

schiavitù *s. f.* slavery

schiàvo *agg. e s. m.* slave

schièna *s. f.* back ♦ **mal di s.** backache

schienàle *s. m.* back

schièra *s. f.* 1 (*mil.*) formation 2 (*gruppo*) group, crowd

schieraménto s. m. **1** array, formation **2** (fig.) line-up

schieràre A v. tr. **1** (mil.) to marshal, to draw up **2** (disporre in ordine) to line up **B** v. rifl. **1** to draw up, to line up **2** (parteggiare) to side

schiètto agg. **1** pure **2** (franco) frank, open

schifézza s. f. filth, disgusting thing

schifo s. m. disgust

schifóso agg. **1** disgusting, revolting **2** (pessimo) awful, dreadful

schioccàre v. tr. e intr. (frusta) to crack, (le dita) to snap, (le labbra) to smack

schiodàre v. tr. to unrivet, to unnail

schiòppo s. m. gun, rifle, shotgun

schiùdere A v. tr. to open (a little) **B** v. intr. pron. **1** to open, (bot.) to unfold **2** (di uova) to hatch

schiùma s. f. foam, froth, (di sapone) lather

schiumóso agg. foamy, frothy, (di sapone) lathery

schivàre v. tr. to avoid, to dodge

schivo agg. averse, reluctant, shy

schizofrenìa s. f. schizophrenia

schizofrènico agg. e s. m. schizophrenic

schizzàre A v. tr. **1** to splash, to spatter, to squirt (out), to spurt (out) **2** (abbozzare) to sketch **B** v. intr. **1** to spurt, to squirt **2** (saltar fuori) to jump, to spring **C** v. rifl. to splash oneself

schizzinóso agg. fussy

schizzo s. m. **1** squirt, spurt **2** (macchia) splash, stain **3** (disegno) sketch **4** (abbozzo) draft

sci s. m. (attrezzo) ski, (attività) skiing ♦ **s. d'acqua** water-ski

scìa s. f. **1** wake **2** (traccia) trail, track

scià s. m. shah

sciàbola s. f. sabre

sciacàllo s. m. (zool.) jackal

sciacquàre v. tr. to rinse

sciacquóne s. m. flush, flushing device

sciagùra s. f. disaster

sciaguràto agg. **1** (sfortunato) unlucky, (miserevole) wretched **2** (malvagio) wicked

scialacquàre v. tr. to squander, to waste

scialàre v. intr. to squander money

sciàlbo agg. **1** pale, faint **2** (fig.) dull

sciàlle s. m. shawl

scialùppa s. f. tender ♦ **s. di salvataggio** lifeboat

sciàme s. m. swarm

sciaràda s. f. charade

sciàre v. intr. to ski

sciàrpa s. f. scarf

sciàtica s. f. sciatica

sciatóre s. m. skier

sciàtto agg. slovenly

scientìfico agg. scientific

sciènza s. f. science, (conoscenza) knowledge

scienziàto s. m. scientist

scìmmia s. f. monkey

scimmiottàre v. tr. to ape

scimpanzé s. m. chimpanzee

scimunìto agg. silly, stupid

scìndere A v. tr. to divide, to separate **B** v. intr. pron. to split

scintigrafìa s. f. scintigraphy

scintìlla s. f. spark

scintillàre v. intr. **1** (mandare scintille) to spark **2** (risplendere) to shine, to sparkle, to twinkle

scintìllio s. m. sparkling, twinkling

sciocchézza s. f. **1** foolishness, stupidity **2** (azione, parole) folly, foolish thing, nonsense **3** (inezia) trifle

sciòcco A agg. silly, stupid **B** s. m. fool

sciògliere A v. tr. **1** to melt, to dissolve **2** (slegare) to loose, to untie, to undo **3** (liberare) to release, to set free **4** (risolvere) to resolve, to solve **5** (porre fine a, annullare) to dissolve, to annul, to wind up **B** v. rifl. e intr. pron. **1** (slegarsi) to loosen **2** (terminare) to be dissolved, to break up **3** (liquefarsi) to melt, to dissolve, (di neve) to thaw

scioglilìngua s. m. inv. tongue-twister

sciolìna s. f. ski wax

scioltézza s. f. **1** nimbleness, agility **2** (nel parlare) fluency

sciòlto agg. **1** (liquefatto) melted **2** (slegato) untied, loose **3** (agile) nimble **4** (disinvolto) easy **5** (non confezionato) loose **6** (annullato, concluso) dissolved, closed

scioperànte s. m. e f. striker

scioperàre v. intr. to strike, to go on strike

sciòpero s. m. strike

sciovìa s. f. ski-lift

scippàre v. tr. to snatch, to bag-snatch

scippatóre s. m. bag-snatcher

scìppo s. m. bag-snatching

sciròcco s. m. sirocco

sciròppo s. m. syrup

scìsma s. m. schism

scissióne s. f. split, division

sciupàre A v. tr. **1** (danneggiare) to damage, to spoil **2** (sprecare) to waste, to squander **B** v. intr. pron. to spoil, to get damaged

scivolàre v. intr. **1** to slide, to glide **2** (involontariamente) to slip **3** (autom.) to skid

scìvolo s. m. **1** slide **2** (naut., aer.) slipway **3** (tecnol.) chute

scivolóne s. m. slip

scivolóso agg. slippery

scleròsi s. f. sclerosis

scoccàre A v. tr. to shoot **B** v. intr. **1** (scattare) to be released **2** (di ore) to strike **3** (balenare) to flash

scocciàre A v. tr. to bother, to pester **B** v. intr. pron. to be annoyed, to be fed up

scocciatóre s. m. pest, bother, nuisance

scocciatùra s. f. bother, nuisance

scodèlla s. f. bowl, (piatto fondo) soup bowl

scodinzolàre v. intr. to wag its tail

scoglièra s. f. cliff, reef

scòglio s. m. **1** rock, reef **2** (fig.) difficulty

scoiàttolo s. m. squirrel

scolapàsta s. m. inv. colander

scolapiàtti s. m. inv. plate-rack

scolàre (1) agg. school (attr.)

scolàre (2) v. tr. e intr. to drain

scolarésca s. f. pupils pl.

scolàro s. m. schoolchild, pupil

scolàstico agg. scholastic, school (attr.) ♦ **tasse**

scolastiche school fees

scoliòsi s. f. scoliosis

scollàre A v. tr. to unglue, to unstick B v. intr. pron. to get unstuck

scollatùra s. f. (di abito) neckline, neckhole

scólo s. m. drainage

scolorìre A v. tr. to discolour, to bleach B v. intr. e intr. pron. to fade, to lose colour

scolpìre v. tr. to sculpt, to engrave, to cut, to carve

scombinàre v. tr. to upset, to mess up

scombussolàre v. tr. to upset, to unsettle

scomméssa s. f. 1 bet, wager 2 (somma scommessa) stake ♦ **fare una s.** to make a bet

scomméttere v. tr. to bet, to wager ♦ **s. alle corse** to bet on horses

scommettitóre s. m. better, bettor

scomodàre A v. tr. to trouble, to disturb B v. intr. to be inconvenient C v. rifl. to trouble oneself

scomodità s. f. discomfort, inconvenience

scòmodo agg. uncomfortable, inconvenient

scompagnàto agg. unmatched, odd

scomparìre v. intr. to disappear

scompàrsa s. f. 1 disappearance 2 (morte) death

scompàrso agg. missing

scompartiménto s. m. compartment, section

scompàrto s. m. compartment, section

scompigliàre v. tr. 1 (sconvolgere) to upset 2 (mettere in disordine) to disarrange 3 (arruffare) to ruffle

scompìglio s. m. mess, confusion

scomponìbile agg. decomposable, dismountable

scomponibilità s. f. decomposability

scompórre A v. tr. 1 (smontare) to take to pieces 2 (decomporre) to decompose, to resolve 3 (scompigliare) to disarrange, to upset, (arruffare) to ruffle B v. intr. pron. to get upset

scomposizióne s. f. 1 decomposition, resolution 2 (mat.) factorization

scomùnica s. f. excommunication

scomunicàre v. tr. to excommunicate

sconcertànte agg. disconcerting

sconcertàre A v. tr. to disconcert, to bewilder B v. intr. pron. to be disconcerted, to be bewildered

scóncio A agg. indecent, obscene B s. m. disgrace

scondìto agg. plain, undressed

sconfessàre v. tr. to disavow, to repudiate

sconfìggere v. tr. 1 to defeat 2 (eliminare) to eliminate

sconfinàre v. intr. 1 to cross the frontier, (in una proprietà) to trespass 2 (fig.) to digress from

sconfìtta s. f. 1 defeat 2 (eliminazione) elimination

sconfortànte agg. discouraging

sconfòrto s. m. discouragement, dejection

scongelàre v. tr. 1 to defrost, to thaw out 2 (sbloccare) to unpeg, to unfreeze

scongiuràre v. tr. 1 (supplicare) to beseech, to implore 2 (evitare) to avoid, to avert

scongiùro s. m. incantation, spell

sconnèsso agg. 1 disconnected 2 (fig.) incoherent

sconosciùto A agg. unknown B s. m. stranger

sconquassàre v. tr. 1 to shatter, to smash 2 (sconvolgere) to upset

sconsacràre v. tr. to deconsecrate

sconsideràto agg. thoughtless, rash

sconsigliàre v. tr. to advise against

sconsolànte agg. discouraging

sconsolàto agg. disconsolate, dejected

scontàre v. tr. 1 (banca) to discount 2 (detrarre) to deduct 3 (fare uno sconto) to reduce 4 (espiare) to pay for, to atone for, (in carcere) to serve

scontàto agg. 1 (banca) discounted 2 (ribassato) reduced 3 (espiato) paid for 4 (previsto) foregone, expected

scontentàre v. tr. to displease, to dissatisfy

scontentézza s. f. discontent, dissatisfaction

scontènto A agg. discontented, displeased B s. m. discontent

scónto s. m. discount, rebate

scontràrsi v. intr. pron. 1 to clash 2 (urtarsi) to collide 3 (incontrarsi) to run into

scontrìno s. m. ticket, coupon, voucher

scóntro s. m. 1 (combattimento) encounter, fight 2 (urto di veicoli) collision, crash 3 (contrasto) clash

scontróso agg. sullen, peevish

sconveniènte agg. improper, unsuitable

sconvolgènte agg. upsetting, disturbing

sconvòlgere v. tr. to upset, to disturb, to throw into confusion

scópa s. f. broom

scopàre v. tr. to sweep

scopèrta s. f. discovery ♦ **andare alla s.** to scout

scopèrto A agg. 1 uncovered 2 (non vestito) bare 3 (aperto) open 4 (di conto, assegno) overdrawn, uncovered B s. m. (banca) overdraft

scòpo s. m. aim, end, object, purpose

scoppiàre v. intr. 1 to burst, to explode 2 (manifestarsi improvvisamente) to break out

scoppiettàre v. intr. to crackle

scòppio s. m. 1 burst, explosion 2 (rumore) bang, crash 3 (manifestazione improvvisa) outbreak

scoprìre A v. tr. 1 (togliere ciò che copre) to uncover, to bare 2 (mostrare) to disclose, to show 3 (arrivare a conoscere) to discover, to find out 4 (scorgere) to sight, to descry 5 (mil.) to expose B v. rifl. 1 (di abiti, coperte) to throw off one's clothes 2 (manifestarsi) to show oneself

scopritóre s. m. discoverer

scoraggiàre A v. tr. to discourage B v. intr. pron. to be discouraged

scorbùtico agg. cantankerous, peevish

scorciàre v. tr. to shorten

scorciatóia s. f. short cut

scórcio s. m. 1 (arte) foreshortening 2 (visuale) (partial) view 3 (di tempo) end, close

scordàre v. tr. e intr. pron. to forget

scòrgere v. tr. to make out, to see, to notice

scòria s. f. scoria, slag ♦ **scorie radioattive** radioactive waste

scorpacciàta s. f. bellyful

scorpióne s. m. 1 scorpion 2 (astr.) Scorpio

scorrazzàre v. intr. to run about B v. tr. to take around

scórrere A v. tr. 1 to run, to glide, to slide 2 (fluire) to flow, to stream 3 (di tempo) to roll by, to pass B *v. tr.* (*leggere in fretta*) to look through, to glance over

scorrettézza *s. f.* **1** incorrectness, (*errore*) mistake **2** (*maleducazione*) rudeness **3** (*atto sconveniente*) impropriety

scorrètto *agg.* **1** incorrect **2** (*maleducato*) improper

scorrévole *agg.* **1** flowing, fluent **2** (*mecc.*) sliding

scorrevolézza *s. f.* fluency

scórsa *s. f.* quick look

scórso *agg.* last, past

scorsóio *agg.* running

scòrta *s. f.* **1** escort **2** (*provvista*) store, supply

scortàre *v. tr.* to escort

scortése *agg.* rude, impolite

scortesìa *s. f.* **1** rudeness, impoliteness **2** (*azione scortese*) rude act

scorticàre *v. tr.* **1** to skin **2** (*produrre un'abrasione in*) to graze

scòrza *s. f.* rind, peel, skin, (*di albero*) bark ♦ **s. d'arancia** orange peel

scoscéso *agg.* steep

scòssa *s. f.* **1** shake, shock **2** (*di terremoto*) tremor, shock **3** (*strattone*) jerk **4** (*trauma*) shock ♦ **prendere la s.** to get a shock

scòsso *agg.* **1** shaken **2** (*sconvolto*) upset **3** (*danneggiato*) shattered, shaky

scossóne *s. m.* shake, jolt, jerk

scostànte *agg.* unfriendly, disagreeable

scostàre A *v. tr.* to move away, to push aside **B** *v. rifl.* **1** to move away, to stand aside **2** (*fig.*) to stray from

scòtta *s. f.* sheet

scottàre A *v. tr.* **1** to burn, to scorch, (*con liquido*) to scald **2** (*cuc.*) to scald, (*rosolare*) to brown **3** (*fig.*) to hurt, to sting **B** *v. intr.* to be hot, to be burning **C** *v. rifl. e intr. pron.* **1** to burn oneself, to scorch oneself, (*con liquido*) to scald oneself **2** (*fig.*) to get one's fingers burnt

scottatùra *s. f.* burn, (*da liquido*) scald, (*da sole*) sunburn

scovàre *v. tr.* to find (out)

scozzése A *agg.* Scottish, (*cose*) Scotch **B** *s. m. e f.* Scot, Scotsman *m.*, Scotswoman *f.* **C** *s. m.* (*lingua*) Scotch, Gaelic

screditàre A *v. tr.* to discredit **B** *v. intr. pron.* to lose credit

screpolàre A *v. tr.* to crack, (*di pelle*) to chap **B** *v. intr. pron.* to crack, (*di pelle*) to get chapped

screpolatùra *s. f.* cracking, (*di pelle*) chapping

screziàto *agg.* variegated

scrèzio *s. m.* disagreement

scricchiolàre *v. intr.* to creak

scricchiolìo *s. m.* creaking

scrìgno *s. m.* casket

scriminatùra *s. f.* parting

scrìtta *s. f.* inscription, (*cartello*) poster, (*avviso*) sign, notice, (*su muro*) graffiti

scrìtto A *agg.* **1** written **2** (*che reca scritte*) with writing on **3** (*destinato*) destined **B** *s. m.* **1** writing **2** (*opera letteraria*) work, writing

scrittóio *s. m.* writing-desk

scrittóre *s. m.* writer

scrittùra *s. f.* **1** writing **2** (*contabile*) entry, record **3**

(*dir.*) deed, document **4** (*contratto*) contract

scritturàre *v. tr.* to engage, to sign on

scrivanìa *s. f.* (writing) desk

scrìvere *v. tr.* **1** to write **2** (*registrare*) to enter, to record **3** (*redigere*) to draw up ♦ **s. a macchina** to type

scroccóne *s. m.* sponge

scròfa *s. f.* sow

scrollàre A *v. tr.* to shake **B** *v. intr. pron.* **1** to shake oneself **2** (*fig.*) to rouse oneself

scrosciànte *agg.* **1** pelting **2** (*di risa*) roaring, (*di applauso*) thundering

scrosciàre *v. intr.* to pelt, to roar

scròscio *s. m.* **1** (*di pioggia*) shower **2** (*fig.*) roar, burst

scrostàre A *v. tr.* to scrape, to peel off **B** *v. intr. pron.* to peel off, to fall off

scrostatùra *s. f.* scraping, peeling

scrùpolo *s. m.* **1** scruple **2** (*impegno*) care

scrupolóso *agg.* scrupulous

scrutàre *v. tr.* to scan, to search

scrutìnio *s. m.* **1** (*elettorale*) poll, ballot **2** (*scolastico*) assignment of (a term's) marks

scucìre *v. tr.* to unstitch **B** *v. intr. pron.* to come unstitched

scuderìa *s. f.* stable

scudétto *s. m.* (*sport*) championship

scùdo *s. m.* shield

sculacciàre *v. tr.* to spank

scultóre *s. m.* sculptor

scultòreo *agg.* sculptural

scultùra *s. f.* sculpture

scuòcere *v. intr. e intr. pron.* to overcook

scuòla *s. f.* school ♦ **s. dell'obbligo** compulsory education

scuòtere A *v. tr.* **1** to shake, to stir **2** (*turbare*) to upset, to shake **3** (*smuovere*) to rouse **B** *v. intr. pron.* **1** to start, to jump **2** (*fig.*) to stir oneself, to rouse oneself

scùre *s. f.* axe

scurìre A *v. tr.* to darken **B** *v. intr. e intr. pron.* to grow dark

scùro *agg. e s. m.* dark

scurrìle *agg.* scurrilous, coarse

scùsa *s. f.* **1** apology **2** (*pretesto*) excuse ♦ **chiedere s. a qc.** to apologize to sb.

scusàre A *v. tr.* **1** to excuse, (*perdonare*) to pardon, to forgive **2** (*giustificare*) to justify **B** *v. rifl.* **1** to apologize, to make one's excuses **2** (*giustificarsi*) to justify oneself

sdebitàre A *v. tr.* to free from debt **B** *v. rifl.* **1** to pay off one's debt **2** (*disobbligarsi*) to repay a kindness

sdegnàre A *v. tr.* **1** to disdain, to scorn **2** (*provocare sdegno*) to irritate, to anger **B** *v. intr. pron.* to get angry

sdégno *s. m.* **1** disdain **2** (*indignazione*) indignation, anger

sdegnóso *agg.* **1** disdainful, scornful **2** (*di persona*) haughty

sdentàto *agg.* toothless

sdoganàre *v. tr.* to clear (through the customs)

sdolcinàto *agg.* mawkish, cloying

sdoppiàre *v. tr. e intr. pron.* to divide, to split

sdraiàre *v. tr. e rifl.* to lie down
sdràio *s. f. inv.* deckchair
sdrucciolévole *agg.* slippery
se *cong.* 1 (*condizionale, causale, concessivo*) if 2 (*dubitativo*) whether, if 3 (*desiderativo*) if only ♦ **come se** as if, as though; **se mai** if (ever), (*nel caso che*) in case; **se non** (*eccetto*) but, except
sé *pron. pers. rifl. 3ª sing. e pl.* 1 (*compl. ogg. e ind.*) oneself, him(self) *m.*, her(self) *f.*, it(self) *n.*, them(selves) *pl.* 2 **di sé, da sé** self- (ES: **padronanza di sé** self-control)
sebàceo *agg.* sebaceous
sebbène *cong.* (al)though, even though
sécca *s. f.* shoal, shallows *pl.* ♦ **fiume in s.** dry river
seccànte *agg.* annoying, tiresome
seccàre **A** *v. tr.* 1 to dry (up) 2 (*annoiare*) to bore, (*irritare*) to annoy **B** *v. intr. pron.* 1 (*diventare secco*) to dry (up) 2 (*annoiarsi*) to get bored, (*irritarsi*) to get annoyed
seccatóre *s. m.* bore, nuisance
seccatùra *s. f.* bother, nuisance, bore
secchièllo *s. m.* bucket
sécchio *s. m.* pail, bucket
sécco *agg.* 1 dry 2 (*seccato*) dried, (*appassito*) withered 3 (*magro*) thin 4 (*brusco*) sharp, (*freddo*) cold
secessióne *s. f.* secession
secessionista *s. m. e f.* secessionist
secolàre *agg.* secular
sècolo *s. m.* century
secónda *s. f.* 1 (*autom.*) second gear 2 (*seconda classe*) second class
secondariaménte *avv.* secondly
secondàrio *agg.* secondary
secondino *s. m.* jailer
secóndo (1) **A** *agg. num. ord.* second **B** *s. m.* 1 (*minuto secondo*) second 2 (*secondo piatto*) second course
secóndo (2) *prep.* in accordance with, according to
secondogènito *agg.* second-born
secrezióne *s. f.* secretion
sèdano *s. m.* celery
sedativo *agg. e s. m.* sedative
sède *s. f.* 1 seat 2 (*comm.*) office, (*sede centrale*) head office ♦ **la Santa S.** the Holy See
sedentàrio *agg.* sedentary
sedére **A** *v. intr.* 1 to sit, to be seated 2 (*mettersi a sedere*) to sit down, to take a seat **B** *v. intr. pron.* to sit, to sit down
sedére (2) *s. m.* bottom
sèdia *s. f.* chair
sedicènte *agg.* self-styled
sédici *agg. num. card. e s. m. inv.* sixteen
sedile *s. m.* seat
sedizióne *s. f.* sedition, rebellion
seducènte *agg.* seductive, fascinating
sedùrre *v. tr.* 1 to seduce, to allure 2 (*affascinare*) to charm
sedùta *s. f.* sitting, session
seduttóre **A** *agg.* seductive **B** *s. m.* seducer
seduzióne *s. f.* seduction
séga *s. f.* saw
ségale *s. f.* rye
segàre *v. tr.* to saw

segatùra *s. f.* sawdust
sèggio *s. m.* 1 seat, chair 2 (*stallo*) stall 3 (*eletto-rale*) poll, polling station
sèggiola *s. f.* chair
seggiolino *s. m.* 1 (*per bambini*) baby's chair 2 (*ferr., aer.*) seat
seggiolóne *s. m.* high chair
seggiovia *s. f.* chair-lift
segheria *s. f.* sawmill
segménto *s. m.* segment
segnalàre **A** *v. tr.* 1 to signal 2 (*annunciare*) to announce, to report 3 (*far conoscere*) to point out **B** *v. rifl.* to distinguish oneself
segnalazióne *s. f.* signalling, (*segnale*) signal
segnàle *s. m.* signal ♦ **s. d'allarme** warning signal; **s. orario** time signal; **s. stradale** road sign
segnalètica *s. f.* signs *pl.*, signals *pl.*
segnalibro *s. m.* bookmark
segnalinee *s. m. inv.* linesman
segnapósto *s. m.* place card
segnapùnti *s. m. e f. inv.* 1 (*persona*) scorekeeper 2 (*tabellone*) scoreboard
segnàre *v. tr.* 1 to mark 2 (*prendere nota di*) to write down, to register 3 (*indicare*) to show, to mark, to read 4 (*sport*) to score
ségno *s. m.* 1 sign, mark 2 (*cenno*) sign, gesture, (*con il capo*) nod 3 (*indizio*) indication, sign, (*sintomo*) symptom 4 (*prova*) mark, token, (*simbolo*) symbol 5 (*bersaglio*) target 6 (*limite*) limit, (*grado*) degree ♦ **tiro a s.** target-shooting
segregàre *v. tr.* to segregate, to isolate
segregazióne *s. f.* segregation, isolation
segrèta *s. f.* dungeon
segretariàto *s. m.* secretariat(e)
segretàrio *s. m.* secretary
segreteria *s. f.* 1 secretariat 2 (*ufficio*) secretary's office ♦ **s. telefonica** answering machine
segretézza *s. f.* secrecy
segréto *agg. e s. m.* secret
seguàce *s. m. e f.* follower
seguènte *agg.* following, next
segùgio *s. m.* (*zool.*) bloodhound
seguire **A** *v. tr.* 1 to follow 2 (*sorvegliare*) to supervise 3 (*frequentare*) to attend **B** *v. intr.* 1 to follow 2 (*continuare*) to continue 3 (*accadere*) to occur, to happen
seguitàre *v. tr. e intr.* to continue
séguito *s. m.* 1 (*scorta*) retinue, train, suite 2 (*insieme di seguaci*) followers *pl.* 3 (*sequela*) succession, series 4 (*continuazione*) continuation 5 (*effetto*) sequel, consequence 6 (*consenso*) following ♦ **in s.** later on; **in s. a** in consequence of
sèi *agg. num. card. e s. m. inv.* six
seicentésco *agg.* seventeenth-century (*attr.*)
seicènto *agg. num. card. e s. m. inv.* six hundred
sélce *s. f.* flint
selciàto *s. m.* pavement
selettivo *agg.* selective
selezionàre *v. tr.* to select, to pick out
selezióne *s. f.* selection
sèlla *s. f.* saddle

sellàre *v. tr.* to saddle
sellìno *s. m.* saddle
sélva *s. f.* wood
selvaggìna *s. f.* game
selvàggio *agg.* wild, savage
selvàtico *agg.* wild
semàforo *s. m.* traffic-lights *pl.*, (*ferr.*) semaphore
sembiànza *s. f.* 1 (*fattezze*) countenance, face 2 (*apparenza*) appearance
sembràre *v. intr.* 1 to seem, to appear, to look (like) 2 (*impers.*) to seem, (*credere*) to think
séme *s. m.* 1 seed, (*di frutto*) pip 2 (*fig.*) seed, cause 3 (*delle carte da gioco*) suit
semènza *s. f.* seed
semestràle *agg.* 1 (*che dura un semestre*) six-month (*attr.*) 2 (*che avviene ogni sei mesi*) six-monthly, half-yearly
semèstre *s. m.* semester, half-year
semiàsse *s. m.* axle-shaft
semiautomàtico *agg.* semiautomatic
semicérchio *s. m.* semicircle
semicircolàre *agg.* semicircular
semiconduttóre *s. m.* semiconductor
semifinàle *s. f.* semifinal
semilavoràto *agg.* semifinished
sémina *s. f.* sowing
seminàre *v. tr.* 1 to sow 2 (*spargere*) to scatter, to spread 3 (*lasciare indietro*) to leave behind
seminàrio *s. m.* 1 (*relig.*) seminary 2 (*università*) seminar
seminarìsta *s. m.* seminarist
seminfermità *s. f.* partial infirmity, (*mentale*) partial insanity
seminterràto *s. m.* basement
semioscurità *s. f.* half-darkness
semmài *cong.* if (ever), (*nel caso che*) in case
sémola *s. f.* bran
semolìno *s. m.* semolina
sémplice *agg.* 1 (*di un solo elemento*) simple, single 2 (*solo*) simple, mere 3 (*non ricercato*) simple, plain 4 (*facile*) easy, simple 5 (*di basso grado*) common, ordinary
semplicemènte *avv.* simply
semplicità *s. f.* simplicity
semplificàre *v. tr.* to simplify
sèmpre *avv.* 1 always, all the time 2 (*senza interruzione*) always, throughout, ever 3 (*ancora*) still B *cong.* **s. che** provided (that), as long as ◆ **per s.** for ever; **s. meglio** better and better
semprevérde *agg.* evergreen
sènape *s. f.* mustard
senàto *s. m.* senate
senatóre *s. m.* senator
senilità *s. f.* senility
sénno *s. m.* sense, judgment
séno *s. m.* 1 breast, bosom 2 (*mat.*) sine 3 (*anat.*) sinus
sensàto *agg.* sensible
sensazionàle *agg.* sensational, thrilling
sensazióne *s. f.* 1 sensation, feeling 2 (*scalpore*) sensation
sensìbile *agg.* 1 (*che ha sensibilità*) sensitive 2 (*che*

si percepisce coi sensi) sensible 3 (*rilevante*) notable, considerable
sensibilità *s. f.* 1 sensitiveness 2 (*scient.*) sensibility
sènso *s. m.* 1 sense 2 (*sensazione*) sensation, feeling 3 (*significato*) sense, meaning 4 (*direzione*) direction, way ◆ **buon s.** common sense; **s. unico** one-way only
sensuàle *agg.* sensual
sensualità *s. f.* sensuality
sentènza *s. f.* 1 (*dir.*) sentence 2 (*massima*) saying
sentièro *s. m.* path, track
sentimentàle *agg.* sentimental
sentiménto *s. m.* sentiment, feeling
sentìna *s. f.* bilge
sentinèlla *s. f.* sentry
sentìre A *v. tr.* 1 to feel 2 (*gustare*) to taste 3 (*odorare*) to smell 4 (*udire*) to hear, (*ascoltare*) to listen to B *v. intr.* (*udire*) to heart C *v. rifl.* to feel ◆ **sentirsi bene/male/stanco** to feel well/ill/tired
sènza A *prep.* without 2 (*negazione*) un-, in-, -less (*con agg. e avv.*) 3 (*esclusione*) excluding B *cong.* **s. (che)** without (*col gerundio*) (ES: **s. mangiare** without eating)
separàre A *v. tr.* to separate, to divide, to part B *v. rifl. e rifl. rec.* to separate, to part
separàto *agg.* separate
separatóre *s. m.* separator
separazióne *s. f.* separation
sepolcràle *agg.* sepulchral
sepólcro *s. m.* grave, sepulchre
sepólto *agg.* buried
sepoltùra *s. f.* 1 burial 2 (*sepolcro*) grave
seppellìre *v. tr.* to bury
séppia *s. f.* cuttlefish ◆ **nero di s.** sepia; **osso di s.** cuttlebone
sequènza *s. f.* sequence
sequestràbile *agg.* sequestrable, seizable
sequestràre *v. tr.* 1 (*dir.*) to seize, to sequestrate, to confiscate 2 (*portar via*) to take away 3 (*rapire una persona*) to kidnap
sequèstro *s. m.* 1 sequestration, seizure 2 (*di persona*) kidnapping
sequòia *s. f.* redwood, sequoia
séra *s. f.* evening, night
seràle *agg.* evening (*attr.*), night (*attr.*)
seràta *s. f.* evening, night
serbàre A *v. tr.* 1 (*mettere da parte*) to lay aside 2 (*conservare*) to keep B *v. rifl.* to keep, to remain
serbatóio *s. m.* tank, reservoir
sèrbo *agg. e s. m.* Serbian
serenità *s. f.* serenity
seréno A *agg.* 1 clear, serene 2 (*fig.*) calm, tranquil B *s. m.* clear sky
sergènte *s. m.* sergeant
seriàle *agg.* serial
sèrie *s. f.* 1 series 2 (*assortimento*) set 3 (*fila*) row, line 4 (*sport*) division ◆ **di s.** B (*fig.*) second-rate; **numero di s.** serial number; **produzione in s.** mass production
serietà *s. f.* 1 seriousness 2 (*gravità*) gravity
serigrafìa *s. f.* silk-screen printing, serigraphy

sèrio *agg.* **1** serious, earnest **2** (*grave*) serious, grave

sermóne *s. m.* sermon

serpeggiàre *v. intr.* **1** to wind, to meander **2** (*insinuarsi*) to spread

serpènte *s. m.* snake

sèrra *s. f.* greenhouse

serrànda *s. f.* shutter

serràre **A** *v. tr.* **1** to shut, to close, (*a chiave*) to lock **2** (*stringere*) to tighten, to clasp **3** (*incalzare*) to press hard upon **B** *v. rifl.* to lock oneself **C** *v. intr. pron.* to tighten

serràta *s. f.* lock-out

serratùra *s. f.* lock

servìle *agg.* **1** servile, slavish **2** (*gramm.*) auxiliary

servìre **A** *v. tr.* **1** to serve, to attend **2** (*di persona di servizio*) to wait on **3** (*offrire cibi*) to serve, to help **4** (*dare le carte*) to deal **B** *v. intr.* **1** (*prestare servizio*) to serve **2** (*a tavola*) to serve, to wait **3** (*giovare*) to serve, to be of use **4** (*fare l'ufficio di*) to serve, to act as **5** (*tennis*) to serve **6** (*occorrere*) to need **C** *v. intr. pron.* **1** (*usare*) to use, to make use **2** (*a tavola*) to help oneself **3** (*fornirsi*) to buy, to get, (*abitualmente*) to be a steady customer

servitù *s. f.* **1** servitude, slavery **2** (*personale di servizio*) servants *pl.*

serviziévole *agg.* helpful

servìzio *s. m.* **1** service **2** (*mil.*) service, duty **3** (*favore*) favour **4** (*serie di oggetti*) set, service **5** (*giornalistico*) report **6** *al pl.* services *pl.* ◆ **donna di s.** maid; **fuori s.** out of order; **servizi igienici** bathroom

sèrvo *s. m.* servant

servocomàndo *s. m.* servocontrol

servofréno *s. m.* servobrake

servomeccanìsmo *s. m.* servomechanism

servomotóre *s. m.* servomotor

servostèrzo *s. m.* power steering

sessànta *agg. num. card. e s. m. inv.* sixty

sessantèsimo *agg. num. ord. e s. m.* sixtieth

sessióne *s. f.* session

sèsso *s. m.* sex

sessuàle *agg.* sexual, sex (*attr.*)

sessualità *s. f.* sexuality

sestànte *s. m.* sextant

sèsto *agg. num. ord. e s. m.* sixth

séta *s. f.* silk

setàccio *s. m.* sieve

séte *s. f.* thirst ◆ **avere s.** to be thirsty

setifìcio *s. m.* silk mill

sétola *s. f.* bristle

sètta *s. f.* sect

settànta *agg. num. card. e s. m. inv.* seventy

settantèsimo *agg. num. ord. e s. m.* seventieth

settàrio *s. m.* sectarian, (*fazioso*) factious

sètte *agg. num. card. e s. m. inv.* seven

settecènto *agg. num. card. e s. m. inv.* seven hundred

settèmbre *s. m.* September

settentrionàle *agg.* northern, north (*attr.*)

settentrióne *s. m.* north

sèttico *agg.* septic

settimàna *s. f.* week ◆ **la prossima s.** next week;

la scorsa s. last week

settimanàle **A** *agg.* weekly, week (*attr.*) **B** *s. m.* weekly (magazine)

settimanalménte *avv.* weekly

sèttimo *agg. num. ord. e s. m.* seventh

sètto *s. m.* septum

settóre *s. m.* **1** sector **2** (*fig.*) field, area, sector

severità *s. f.* severity, strictness, rigour

sevèro *agg.* **1** severe, strict **2** (*sobrio*) austere

sevìzia *s. f.* torture

seviziàre *v. tr.* to torture

sezionàre *v. tr.* to dissect

sezióne *s. f.* **1** section **2** (*reparto*) division, department

sfaccendàto *s. m.* idler

sfacciatàggine *s. f.* impudence, cheekiness

sfacciàto *agg.* **1** impudent, cheeky **2** (*di colore*) gaudy

sfacèlo *s. m.* breakup, ruin

sfaldàre **A** *v. tr.* to flake **B** *v. intr. pron.* **1** to flake off, to scale off **2** (*fig.*) to break up

sfamàre **A** *v. tr.* to feed **B** *v. rifl.* to appease one's hunger, to feed oneself

sfàrzo *s. m.* pomp, magnificence

sfasaménto *s. m.* **1** (*elettr.*) phase displacement **2** (*stordimento*) bewilderment, confusion

sfasciàre (1) *v. tr.* (*sbendare*) to unbandage

sfasciàre (2) **A** *v. tr.* **1** (*rompere*) to shatter, to smash **2** (*fig.*) to break upon **B** *v. intr. pron.* to fall to pieces

sfatàre *v. tr.* to discredit

sfavillàre *v. intr.* to shine, to sparkle

sfavorévole *agg.* unfavourable

sfèra *s. f.* **1** sphere **2** (*mecc.*) ball ◆ **cuscinetto a sfere** ball bearing

sfèrico *agg.* spheric(al)

sferragliàre *v. intr.* to clang

sferràre *v. tr.* to land, to deliver

sferzàre *v. tr.* **1** to whip **2** (*fig.*) to lash out at, (*incitare*) to drive

sfìda *s. f.* challenge

sfidàre **A** *v. tr.* **1** to challenge, to defy **2** (*affrontare*) to face, to brave **B** *v. rifl. rec.* to challenge each other

sfidùcia *s. f.* mistrust, distrust, (*politica*) no confidence

sfiguràre *v. tr.* to disfigure, to spoil **B** *v. intr.* to cut a poor figure

sfilàre **A** *v. tr.* **1** to unthread **2** (*togliere di dosso*) to slip off **B** *v. intr. pron.* to get unthreaded

sfilàta *s. f.* **1** parade **2** (*serie*) string

sfìnge *s. f.* sphinx

sfinìre **A** *v. tr.* to exhaust, to wear out **B** *v. intr. pron.* to wear oneself out

sfioràre *v. tr.* **1** to graze, to skim **2** (*fig.*) to touch on **3** (*stare per raggiungere*) to be on the verge of

sfiorìre *v. intr.* to fade, to wither

sfocàto *agg.* **1** (*fot.*) out of focus, blurred **2** (*fig.*) hazy, vague

sfociàre *v. intr.* **1** to flow (into) **2** (*fig.*) to result (in)

sfoderàre *v. tr.* **1** (*togliere la fodera*) to remove the lining **2** (*sguainare*) to unsheathe **3** (*ostentare*) to make a display (of)

sfoderàto *agg.* unlined

sfogàre A v. tr. to give vent to, to let out **B** v. intr. to come out **C** v. intr. pron. **1** to relieve one's feelings **2** (prendersela) to take it out **3** (levarsi la voglia) to take one's fill

sfoggiàre v. intr. to show off

sfòglia s. f. **1** (lamina) foil **2** (pasta sfoglia) puff pastry

sfogliàre (1) A v. tr. (togliere le foglie) to strip the leaves off, (un fiore) to pluck the petals off **B** v. intr. pron. to lose leaves, (di fiore) to shed petals

sfogliàre (2) A v. tr. (scorrere frettolosamente) to leaf through, to turn over the pages of **B** v. rifl. (sfaldarsi) to flake

sfógo s. m. **1** vent, outlet **2** (eruzione cutanea) rash

sfolgorànte agg. blazing, shining

sfollagènte s. m. inv. truncheon, baton

sfollàre A v. tr. to disperse, to clear, to evacuate **B** v. intr. to disperse, to evacuate

sfoltìre v. tr. **1** to thin (out) **2** (fig.) to cut, to reduce

sfondàre A v. tr. **1** (rompere il fondo di) to knock the bottom out of, to break the bottom of **2** (rompere passando) to break through, to break down **3** (mil.) to break through **B** v. intr. to make a name for oneself, to have success **C** v. intr. pron. to break at the bottom

sfóndo s. m. background

sformàre A v. tr. **1** (togliere la forma) to put out of shape **2** (togliere dalla forma) to remove from the mould, to turn out **B** v. intr. pron. to lose one's shape

sfornàre v. tr. **1** to take out of the oven **2** (produrre) to bring out

sfornito agg. deprived, (di merci) unstocked

sfortùna s. f. bad luck, ill luck, (disgrazia) misfortune

sfortunataménte avv. unfortunately, unluckily

sfortunàto agg. **1** unlucky, unfortunate **2** (con esito negativo) unsuccessful

sforzàre A v. tr. to force, to strain **B** v. intr. pron. to strive

sfòrzo s. m. **1** effort, strain **2** (mecc.) stress, strain

sfrattàre v. tr. to turn out, to evict

sfràtto s. m. turning out, eviction

sfrecciàre v. intr. to speed

sfregàre v. tr. **1** to rub, (per pulire) to polish **2** (graffiare) to scratch

sfregiàre v. tr. to slash, to disfigure

sfrégio s. m. slash, cut

sfrenàto agg. unbridled, unrestrained

sfrontàto agg. impudent

sfruttaménto s. m. exploitation

sfruttàre v. tr. **1** to exploit, to overwork, to utilize **2** (approfittare di) to exploit, to take advantage of, to profit by **3** (utilizzare al meglio) to make the most of

sfruttatóre s. m. exploiter

sfuggìre A v. intr. to escape **B** v. tr. to avoid

sfumàre A v. intr. **1** to vanish, to disappear, to fade away **2** (andare in fumo) to come to nothing **3** (di colore) to shade **B** v. tr. to shade

sfumatùra s. f. **1** shade, nuance **2** (tocco) touch, hint **3** (di capelli) tapering

sfuocàto agg. → sfocato

sfuriàta s. f. **1** fit of anger **2** (rimprovero) tirade

sgabèllo s. m. stool

sgabuzzìno s. m. closet, store-room

sganciàre A v. tr. to unhook, (staccare) to disconnect **2** (fam.) (denaro) to stump up **B** v. rifl. e intr. pron. **1** to be unhooked **2** (liberarsi) to get away

sgangheràto agg. ramshackle

sgarbàto agg. rude

sgàrbo s. m. rudeness

sgargiànte agg. showy, gaudy

sgattaiolàre v. intr. to slip away

sgelàre v. tr. e intr. to thaw, to defrost

sghémbo agg. oblique

sghignazzàre v. intr. to laugh scornfully

sgobbàre v. intr. to work hard, to grind away

sgocciolàre A v. intr. to drip, to trickle **B** v. tr. **1** to drip **2** (svuotare) to drain, to empty

sgocciolatóio s. m. drip

sgolàrsi v. intr. pron. to shout oneself hoarse

sgombràre A v. tr. **1** to clear, to clear away **2** (un alloggio) to vacate, to move out of **B** v. intr. to clear out

sgómbro s. m. mackerel

sgomentàre A v. tr. to dismay, to frighten **B** v. intr. pron. to be frightened

sgoménto s. m. dismay, fright

sgonfiàre v. tr. e intr. pron. to deflate

sgónfio agg. deflated, flat

sgòrbio s. m. scrawl, scribble

sgorgàre A v. intr. to gush out, to flow **B** v. tr. to unclog

sgozzàre v. tr. to cut the throat of

sgradévole agg. disagreeable, unpleasant

sgradìto agg. unpleasant, unwelcome

sgranàre v. tr. to shell, to hull

sgranchìre v. tr. e rifl. to stretch

sgranocchiàre v. tr. to munch

sgrassàre v. tr. to degrease

sgraziàto agg. awkward, clumsy

sgretolàre v. tr. e intr. pron. to crumble

sgridàre v. tr. to scold, to rebuke

sgridàta s. f. scolding, telling-off

sguaiàto agg. coarse

sgualcìre v. tr. e intr. pron. to crease

sguàrdo s. m. look, glance ♦ **dare uno s. a q.c.** to have a look at st.

sguazzàre v. intr. to wallow

sguinzagliàre v. tr. to let loose, (dietro a qc.) to set on

sgusciàre (1) v. tr. (togliere il guscio) to shell, to hull

sgusciàre (2) v. intr. (sfuggire) to slip away

shampoo s. m. inv. shampoo

shock s. m. inv. shock

si A pron. rifl. 3ª **1** (con i v. rifl.) himself m., herself f., itself n., themselves pl., (con sogg. impers.) oneself (ES: **vestirsi** to dress oneself, **egli si vestì** he dressed himself, **essi si vestirono** they dressed themselves) **2** (con i v. rifl. impropri, in funzione di compl. di termine) si rende con l'agg. poss. (ES: **si è fatto male a un ginocchio** he hurt his knee) **3** (con i v. intr. pron.) idiom. (ES: **si dimentica sempre di chiudere la finestra** he always forgets to close the window) **B** pron. rec. one another, (tra due) each other (ES: **i miei genitori si amano** my parents love each other) **C** pron. indef. **1** one, they, people, we, you, man (ES: **si vede che ...** one can see ...,

si dice che ... people say that ..., **in Inghilterra si beve molta birra** in England they drink a lot of beer) **2** (*con valore passivo*) (ES: **si parla inglese** English is spoken here) **3** (*con valore pleonastico*) *idiom.* (ES: **si è mangiato un dolce intero** he ate a whole cake)

sì A *avv.* yes **B** *s. m. inv.* **1** yes **2** (*voto favorevole*) ay

sìa ... sìa *cong.* **1** (*tanto ... quanto*) both ... and **2** (*o ... o*) whether ... or, either ... or

sibilàre *v. intr.* to whistle

sìbilo *s. m.* whistle

sicàrio *s. m.* hired killer

sicché *cong.* **1** (*perciò*) so **2** (*così che*) so that

siccità *s. f.* drought

siccóme *cong.* as, since, because

siciliàno *agg. e s. m.* Sicilian

sicuraménte *avv.* certainly, of course

sicurézza *s. f.* **1** security, safety **2** (*l'esser sicuro*) assurance, (self-)confidence **3** (*certezza*) certainty ♦ **uscita di s.** emergency exit

sicùro A *agg.* **1** safe, secure **2** (*certo*) sure, certain **3** (*saldo*) steady **4** (*esperto*) skilful, expert, confident **5** (*affidabile*) reliable, trusty **B** *s. m.* safety, safety place ♦ **di s.** certainly

siderurgìa *s. f.* iron metallurgy

sìdro *s. m.* cider

sièpe *s. f.* hedge

sièro *s. m.* serum, (*del latte*) whey

sieroterapìa *s. f.* serotherapy

sièsta *s. f.* siesta, nap

sifóne *s. m.* siphon

sigarétta *s. f.* cigarette

sìgaro *s. m.* cigar

sigillàre *v. tr.* to seal

sigìllo *s. m.* seal

sìgla *s. f.* **1** initials *pl.*, abbreviation **2** (*mus.*) signature tune

siglàre *v. tr.* to initial, to sign

significàre *v. tr.* **1** to mean, to signify **2** (*valere*) to mean, to matter, (*simboleggiare*) to stand for

significatìvo *agg.* **1** significant, expressive **2** (*importante*) important

significàto *s. m.* **1** meaning, sense **2** (*importanza*) importance, significance

signóra *s. f.* **1** lady, woman **2** (*davanti al nome*) Mrs, (*vocativo, senza nome*) madam

signóre *s. m.* **1** gentleman, man **2** (*davanti al nome*) Mr, (*vocat. senza nome*) sir

signorìa *s. f.* rule, dominion

signorìle *agg.* elegant, luxury

signorìna *s. f.* **1** young lady, girl **2** (*davanti al nome*) Miss, (*vocativo, senza nome*) madam, miss

silenziatóre *s. m.* silencer

silènzio *s. m.* silence

silenzióso *agg.* **1** silent **2** (*senza rumori*) quiet

silìcio *s. m.* silicon

sìllaba *s. f.* syllable

siluràre *v. tr.* **1** to torpedo **2** (*licenziare*) to oust

silùro *s. m.* torpedo

silvèstre *agg.* silvan

simbiòsi *s. f.* symbiosis

simboleggiàre *v. tr.* to symbolize

simbòlico *agg.* symbolic(al)

simbolìsta *s. m. e f.* symbolist

sìmbolo *s. m.* symbol

sìmile A *agg.* **1** similar, like, alike (*pred.*) **2** (*tale*) such **B** *s. m.* (*prossimo*) fellow

similitùdine *s. f.* **1** (*letter.*) simile **2** (*mat.*) similitude **3** (*rassomiglianza*) likeness

simmetrìa *s. f.* symmetry

simmètrico *agg.* symmetric(al)

simpatìa *s. f.* liking, attraction

simpàtico *agg.* **1** nice, pleasant **2** (*anat.*) sympathetic

simpatizzànte *s. m.* sympathizer

simpatizzàre *v. intr.* **1** to take a liking to each other **2** (*sostenere*) to sympathize with

simpòsio *s. m.* symposium

simulàre A *v. tr.* to simulate, to sham **B** *v. intr.* to pretend

simulazióne *s. f.* simulation

simultàneo *agg.* simultaneous

sinagòga *s. f.* synagogue

sincerità *s. f.* sincerity

sincèro *agg.* sincere, true

sìncope *s. f.* syncope

sincronìa *s. f.* synchrony

sindacàle *agg.* union (*attr.*)

sindacalìsta *s. m. e f.* trade unionist

sindacàto *s. m.* **1** trade union, (*USA*) labour union **2** (*fin.*) syndicate, pool

sìndaco *s. m.* **1** mayor **2** (*di società*) aud-itor

sìndrome *s. f.* syndrome

sinfonìa *s. f.* symphony

sinfònico *agg.* symphonic

singhiozzàre *v. intr.* **1** (*avere il singhiozzo*) to hiccup **2** (*piangere*) to sob

singhiòzzo *s. m.* **1** hiccup **2** (*di pianto*) sob

singolàre A *agg.* **1** (*gramm.*) singular **2** (*strano*) singular, unusual, strange **3** (*raro*) rare **B** *s. m.* **1** (*gramm.*) singular **2** (*tennis*) singles

sìngolo A *agg.* **1** single, individual, separate **2** (*unico*) single, sole **B** *s. m.* individual

sinìstra *s. f.* left

sinìstro A *agg.* **1** left **2** (*minaccioso*) sinister, grim **B** *s. m.* accident

sìno → **fino (2)**

sinònimo *s. m.* synonym

sintàssi *s. f.* syntax

sìntesi *s. f.* synthesis

sintètico *agg.* **1** synthetic(al) **2** (*conciso*) concise ♦ **fibre sintetiche** synthetic fibres

sintetizzàre *v. tr.* **1** to synthetize **2** (*riassumere*) to summarize

sintomàtico *agg.* **1** symptomatic(al) **2** (*significativo*) significant, indicative

sintomatologìa *s. f.* symptomatology

sìntomo *s. m.* symptom

sinuóso *agg.* winding

sinusìte *s. f.* sinusitis

sipàrio *s. m.* curtain

sirèna *s. f.* siren

sirìnga *s. f.* syringe

sisma s. m. seism, earthquake

sismico agg. seismic(al)

sismògrafo s. m. seismograph

sismòlogo s. m. seismologist

sistèma s. m. system

sistemàre A v. tr. **1** (ordinare) to arrange, to put in order **2** (definire) to settle, to resolve **3** (collocare) to place, (in un alloggio) to accomodate, to put up **4** (procurare lavoro, far sposare) to fix up **B** v. rifl. **1** (trovare alloggio) to settle **2** (trovare lavoro) to find a job **3** (mettersi a posto) to settle down

sistemàtico agg. systematic

sistemazióne s. f. **1** organization, arrangement, (collocazione) placing, layout **2** (definizione) settlement **3** (in alloggio) accomodation **4** (impiego) job

sito s. m. place, site

situàre A v. tr. to site, to place **B** v. intr. pron. to be situated

situazióne s. f. situation

skipper s. m. e f. inv. skipper

slacciàre v. tr. to unlace, to loosen

slàncio s. m. **1** rush, run **2** (fig.) impulse, fit

slavàto agg. **1** washed out, (pallido) pale **2** (fig.) dull

slavina s. f. snowslide

slavo agg. e s. m. Slav

sleàle agg. disloyal, (non corretto) unfair

slegàre A v. tr. to untie, to unfasten **B** v. rifl. to untie oneself, to loosen

slip s. m. inv. panties pl., briefs pl.

slitta s. f. **1** sleigh, sledge, (USA) sled **2** (mecc.) slide

slittàre v. intr. **1** (scivolare) to skid, (mecc.) to slip **2** (perdere valore) to slide, to fall **3** (essere rinviato) to be postponed

slogàre v. tr. e intr. pron. to dislocate

slogatùra s. f. dislocation

sloggiàre A v. tr. to drive out, (sfrattare) to evict **B** v. intr. to clear out

smacchiàre v. tr. to clean

smacchiatóre s. m. stain remover

smàcco s. m. blow

smagliànte agg. dazzling

smagliatùra s. f. **1** (di calza) ladder **2** (di pelle) stretch mark **3** (fig.) gap

smaliziàto agg. knowing

smaltàre v. tr. to enamel, (ceramica) to glaze

smaltatùra s. f. enamelling, (di ceramica) glazing

smaltire v. tr. **1** (digerire) to digest, (fig.) to swallow **2** (vendere) to sell off, to clear **3** (eliminare) to take off, (acque) to drain, (rifiuti) to dispose of **4** (sbrigare) to finish off

smàlto s. m. **1** enamel **2** (per unghie) nail varnish **3** (fig.) shine

smània s. f. **1** (desiderio) longing, craving **2** (frenesia) agitation, frenzy

smantellàre v. tr. to dismantle

smarriménto s. m. **1** loss, (di lettera, pacco) miscarriage **2** (confusione) confusion, bewilderment

smarrire A v. tr. **1** to lose, to mislay **B** v. rifl. **1** (perdere la strada) to lose one's way **2** (andare perduto) to get lost **3** (confondersi) to get confused

smarrito agg. **1** lost, mislaid **2** (fig.) bewildered

smascheràre v. tr. to unmask

smentire A v. tr. **1** to belie, to deny **2** (ritrattare) to withdraw **B** v. rifl. to contradict oneself

smentita s. f. denial

smeràldo s. m. emerald

smerciàre v. tr. to sell

smèrlo s. m. scallop

sméttere v. intr. to stop, to leave off, to give up

smilzo agg. thin

sminuire v. tr. to belittle, to play down

sminuzzàre v. tr. to mince, to crumble

smistaménto s. m. **1** sorting, clearing **2** (ferr.) shunting, switching

smistàre v. tr. **1** to sort **2** (ferr.) to shunt, to switch

smisuràto agg. immeasurable, immense

smodàto agg. immoderate

smoking s. m. inv. dinner jacket

smontàggio s. m. disassembly

smontàre A v. tr. **1** to disassemble, to take in pieces **2** (scoraggiare) to discourage **3** (demolire) to demolish **B** v. intr. **1** (da un mezzo) to get off, (da cavallo) to dismount **2** (finire il turno) to go off duty, to stop work

smòrfia s. f. grimace

smorfióso agg. simpering

smòrto agg. pale, faded, dull

smorzàre A v. tr. **1** (luce) to shade, to dim, (suono) to deaden, (colore) to tone down **2** (estinguere) to slake, (fig.) to appease **B** v. intr. pron. **1** to grow fainter, to fade **2** (fig.) to be appeased

smottaménto s. m. landslip

smùnto agg. (pallido) pale, (emaciato) lean, emaciated

smuòvere v. tr. **1** to move, to shift **2** (dissuadere) to dissuade, to budge **3** (commuovere) to move, to touch

smussàre v. tr. **1** to round off **2** (fig.) to soften, to smooth

snaturàto agg. heartless

snèllo agg. slender, slim

snervànte agg. enervating

snidàre v. tr. to flush, to dislodge

snobbàre v. tr. to snob

snobismo s. m. snobbery

snocciolàre v. tr. **1** to stone **2** (spiattellare) to tell

snodàre A v. tr. **1** (sciogliere) to loosen **2** (rendere agile) to make supple **B** v. intr. pron. **1** to come loose **2** (di strada) to wind

snòdo s. m. **1** articulated joint **2** (svincolo) junction

soàve agg. sweet

sobbalzàre v. intr. **1** to jerk, to jolt **2** (trasalire) to start

sobbàlzo s. m. jerk, jolt

sobbarcàrsi v. rifl. to take upon oneself

sobbórgo s. m. suburb

sobillàre v. tr. to stir up

sòbrio agg. **1** sober, moderate **2** (semplice) simple, plain

socchiùdere v. tr. **1** (chiudere) to half-close, to close a little **2** (aprire) to half-open, to leave ajar

soccórrere v. tr. to help, to aid, to assist

soccorritóre *s. m.* helper, rescuer

soccórso *s. m.* **1** help, aid, (*salvataggio*) rescue **2** (*med.*) aid ◆ **pronto s.** first aid; **s. stradale** breakdown service

socialdemocràtico *agg.* Social Democratic

sociàle *agg.* **1** social **2** (*di società*) corporate, company (*attr.*) **3** (*di associazione*) club (*attr.*) ◆ **assistente s.** social worker; **previdenza s.** social security

socialismo *s. m.* Socialism

socialista *agg. e s. m. e f.* Socialist

società *s. f.* **1** society **2** (*dir., econ.*) company, partnership, firm, (*USA*) corporation

sociévole *agg.* sociable

sòcio *s. m.* **1** member **2** (*di accademia, società scientifica*) fellow **3** (*dir., econ.*) partner, associate

sociologìa *s. f.* sociology

sociòlogo *s. m.* sociologist

sòda *s. f.* soda

sodalizio *s. m.* **1** association **2** (*legame amichevole*) fellowship

soddisfacènte *agg.* satisfactory

soddisfàre *A v. tr.* **1** to satisfy, to please, to gratify **2** (*adempiere*) to fulfil, to meet, to discharge, (*pagare*) to pay off *B v. intr.* to fulfil, to discharge

soddisfazióne *s. f.* **1** satisfaction, pleasure **2** (*adempimento*) fulfilment

sòdio *s. m.* sodium

sòdo *agg.* solid, firm, hard ◆ **uovo s.** hard-boiled egg

sofà *s. m.* sofa

sofferènte *agg.* **1** suffering **2** (*che mostra sofferenza*) painstricken

sofferènza *s. f.* suffering, pain

soffiàre *A v. intr.* to blow *B v. tr.* **1** to blow, to puff **2** (*fam.*) (*portar via*) to steal

soffice *agg.* soft

sóffio *s. m.* **1** puff, whiff, breath **2** (*med.*) murmur

soffitta *s. f.* attic

soffitto *s. m.* ceiling

soffocaménto *s. m.* choking, suffocation

soffocànte *agg.* choking, stifling

soffocàre *v. tr. e intr.* to choke, to suffocate, to stifle

soffrìggere *v. tr. e intr.* to fry slightly

soffrìre *A v. tr.* **1** to suffer, to endure **2** (*sopportare*) to stand, to bear *B v. intr.* to suffer

sofisticàto *agg.* **1** sophisticated **2** (*adulterato*) adulterated

software *s. m. inv.* software

soggettìvo *agg.* subjective

soggètto (1) *agg.* **1** (*sottoposto*) subject **2** (*incline*) subject, prone **3** (*dipendente*) dependent

soggètto (2) *s. m.* **1** (*argomento*) subject, (subject) matter, topic **2** (*individuo*) subject, person, (*spreg.*) character **3** (*gramm.*) subject

soggezióne *s. f.* **1** subjection **2** (*timore*) awe, (*imbarazzo*) uneasiness

sogghignàre *v. intr.* to sneer

soggiornàre *v. intr.* to stay

soggiórno *s. m.* **1** stay **2** (*stanza*) living-room ◆ **permesso di s.** residence permit

soggiùngere *v. tr. e intr.* to add

sòglia *s. f.* threshold

sògliola *s. f.* sole

sognànte *agg.* dreamy

sognàre *v. tr. e intr.* to dream

sognatóre *s. m.* dreamer

sógno *s. m.* dream

sòia *s. f.* soya-bean

solàio *s. m.* attic

solaménte *avv.* only, just

solàre *agg.* solar, sun (*attr.*)

sólco *s. m.* furrow, (*traccia*) track

soldàto *s. m.* soldier

sòldo *s. m.* **1** (*moneta*) coin, penny **2** *al pl.* money

sóle *s. m.* sun, (*luce, calore*) sunshine

soleggiàto *agg.* sunny

solènne *agg.* solemn

solennità *s. f.* **1** solemnity **2** (*festività*) holiday

solfàto *s. m.* sulphate

solféggio *s. m.* solfeggio

solidàle *agg.* **1** united, solidly behind (*pred.*) **2** (*dir.*) jointly liable **3** (*mecc.*) integral

solidarietà *s. f.* solidarity

solidità *s. f.* solidity

sòlido *A agg.* **1** (*fis., geom.*) solid **2** (*stabile*) solid, stable, (*di colore*) fast **3** (*saldo*) sound *B s. m.* solid

solilòquio *s. m.* soliloquy

solìsta *A agg.* solo *B s. m. e f.* soloist

solitaménte *avv.* usually

solitàrio *A agg.* **1** (*di persona*) solitary, lone (*attr.*) **2** (*di luogo*) lonely *B s. m.* **1** (*brillante*) solitaire **2** (*con le carte*) patience

sòlito *agg.* usual, customary

solitùdine *s. f.* solitude

sollecitàre *v. tr.* **1** to urge, to press for, to solicit **2** (*mecc.*) to stress

sollecitazióne *s. f.* **1** solicitation **2** (*comm.*) request **3** (*mecc.*) stress

sollécito *A agg.* prompt, ready *B s. m.* request, reminder

sollecitùdine *s. f.* **1** promptness, speed **2** (*interessamento*) concern, care **3** (*attenzione*) kindness

solleticàre *v. tr.* to tickle

sollético *s. m.* tickle, tickling

sollevàre *A v. tr.* **1** to raise, to lift **2** (*fig.*) to relieve, to comfort **3** (*far sorgere*) to raise **4** (*far insorgere*) to stir up *B v. rifl. e intr. pron.* **1** to rise, to arise **2** (*riprendersi*) to get over **3** (*insorgere*) to rise

sollièvo *s. m.* relief

sólo *A agg.* **1** alone (*pred.*) **2** (*unico*) only **3** (*esclusivo*) sole *B s. m.* only one *C avv.* only, just ◆ **da s.** by oneself

soltànto *avv.* only, just

solùbile *agg.* **1** soluble **2** (*risolvibile*) solvable ◆ **caffè s.** instant coffee

soluzióne *s. f.* **1** (*chim.*) solution **2** (*spiegazione*) solution, solving

solvènte *agg. e s. m.* solvent

sòma *s. f.* load

somàro *s. m.* ass, donkey

somigliànza *s. f.* resemblance, likeness

somigliàre *A v. tr. e intr.* to resemble, to be like, to look like B *v. rifl. rec.* to be like each other, to be alike

sómma *s. f.* **1** (*mat.*) sum, total, amount, (*operazione*) addition **2** (*di denaro*) sum (of money), amount

sommàre *v. tr.* to add, to sum B *v. intr.* (*ammontare*) to amount ◆ **tutto sommato** all things considered, all in all

sommàrio A *agg.* **1** summary, brief **2** (*dir.*) summary **3** (*approssimativo*) perfunctory B *s. m.* summary

sommèrgere *v. tr.* **1** to submerge, (*inondare*) to flood **2** (*colmare*) to overwhelm

sommergìbile *s. m.* submarine

sommésso *agg.* **1** humble **2** (*di suono*) low, soft

somministràre *v. tr.* to give (out), to administer

sommità *s. f.* top, summit, peak

sómmo A *agg.* **1** highest **2** (*fig.*) supreme, (*grande*) great B *s. m.* summit, top, peak ◆ **per sommi capi** briefly

sommòssa *s. f.* rising, revolt

sommozzatóre *s. m.* scuba diver, frogman

sonàglio *s. m.* rattle

sonàre → **suonare**

sónda *s. f.* **1** (*med.*) probe **2** (*meteor.*) sonde **3** (*miner.*) drill

sondàggio *s. m.* **1** sounding **2** (*med.*) probing **3** (*indagine*) poll, survey

sondàre *v. tr.* to sound, to probe

sonétto *s. m.* sonnet

sonnàmbulo *agg.* sleepwalker

sonnecchiàre *v. intr.* to doze

sonnìfero *s. m.* sleeping pill, sleeping draught

sónno *s. m.* sleep

sonnolènza *s. f.* sleepiness, drowsiness

sonorità *s. f.* sonority, acoustics *pl.*

sonòro A *agg.* **1** sonorous, resonant **2** (*rumoroso*) loud **3** (*cin.*) sound (*attr.*) **4** (*fon.*) voiced B *s. m.* **1** (*cin.*) talkie **2** (*audio*) sound

sontuóso *agg.* sumptuous

soporìfero *agg.* soporific

soppesàre *v. tr.* **1** to weigh in one's hand **2** (*fig.*) to consider carefully, to weigh

soppiàtto, di *loc. avv.* stealthily

sopportàbile *agg.* bearable, endurable

sopportàre A *v. tr.* to support, to bear, to endure, to stand, to put up with B *v. rifl. rec.* to stand each other

sopprimere *v. tr.* **1** to suppress, to abolish, to cancel **2** (*uccidere*) to kill, to put down

sópra A *avv.* **1** up, on, above **2** (*al piano superiore*) upstairs **3** (*precedentemente*) above B *prep.* **1** (*sovrapposizione con contatto*) on, upon, up, on to, (*in cima a*) on top of **2** (*sovrapposizione senza contatto, rivestimento*) over **3** (*più in alto di*) above **4** (*oltre*) over **5** (*al di seguito*) after **6** (*riguardo*) on

sopràbito *s. m.* overcoat

sopracciglio *s. m.* eyebrow

sopraddétto *agg.* above-mentioned, aforesaid (*attr.*)

sopraffàre *v. tr.* to overcome, to overwhelm

sopraffino *agg.* first-rate, excellent

sopraggiùngere *v. intr.* **1** to arrive, to come **2** (*accadere*) to happen, to turn up

sopralluògo *s. m.* on-the-spot investigation, inspection

soprammòbile *s. m.* knick-knack

soprannóme *s. m.* nickname

sopràno *s. m. e f.* soprano

soprassedére *v. intr.* to put off, to wait

soprattùtto *avv.* above all

sopravvalutàre *v. tr.* to overestimate, to overvalue

sopravvènto *s. m.* upper hand

sopravvissùto *s. m.* survivor

sopravvivènza *s. f.* survival

sopravvivere *v. intr.* to survive

soprùso *s. m.* abuse of power

soqquàdro *s. m.* confusion

sorbétto *s. m.* water ice, sorbet

sorbìre *v. tr.* **1** to sip **2** (*sopportare*) to put up with

sórdido *agg.* sordid, dirty

sordìna *s. f.* mute ◆ **in s.** on the sly

sordità *s. f.* deafness

sórdo A *agg.* **1** deaf **2** (*di suono*) dull, muffled B *s. m.* deaf person

sordomùto *agg.* deaf and dumb

sorèlla *s. f.* sister

sorellàstra *s. f.* half-sister, stepsister

sorgènte A *agg.* rising B *s. f.* spring, source

sórgere *v. intr.* **1** (*levarsi*) to rise **2** (*scaturire*) to rise, to arise, to spring out **3** (*elevarsi*) to stand, to rise

soriàno *s. m.* tabby (cat)

sormontàre *v. tr.* to surmount

sornióne *agg.* sly, crafty

sorpassàre *v. tr.* **1** to go beyond, to exceed to surpass **2** (*autom.*) to overtake

sorpàsso *s. m.* overtaking ◆ **divieto di s.** no overtaking

sorprendènte *agg.* surprising

sorprèndere A *v. tr.* **1** (*cogliere di sorpresa*) to catch **2** (*meravigliare*) to surprise B *v. intr. pron.* to be surprised

sorprésa *s. f.* surprise

sorpréso *agg.* surprised

sorrèggere *v. tr.* to support, to hold up

sorridente *agg.* **1** smiling **2** (*benevolo*) good-natured

sorridere *v. intr.* **1** to smile **2** (*attrarre*) to make happy

sorriso *s. m.* smile

sorseggiàre *v. tr.* to sip

sórso *s. m.* **1** sip, gulp, draught **2** (*goccio*) drop

sòrta *s. f.* kind, sort

sórte *s. f.* **1** fate, destiny, fortune **2** (*caso*) chance

sorteggiàre *v. tr.* to draw

sortéggio *s. m.* draw

sortilègio *s. m.* sorcery, witchcraft

sorveglianza *s. f.* watch, surveillance, supervision

sorvegliàre *v. tr.* **1** to guard, to watch, (*sovrintendere*) to supervise **2** (*tenere d'occhio*) to look after, to watch

sorvolàre *v. tr. e intr.* **1** to fly over, to overfly **2** (*fig.*) to pass over, to skip

sòsia *s. m. e f. inv.* double

sospèndere *v. tr.* **1** (*attaccare*) to suspend, to hang **2** (*interrompere*) to suspend, to stop, to interrupt **3** (*da una carica, da scuola*) to suspend

sospensióne *s. f.* **1** suspension **2** (*interruzione*) suspension, interruption, stoppage

sospéso A *agg.* **1** hanging, suspended **2** (*interrotto*) suspended, interrupted **3** (*trepidante*) in suspence **B** *s. m.* (*pagamento*) outstanding payment ♦ **in s.** pending, in abeyance

sospettàre *v. tr. e intr.* to suspect

sospètto A *agg.* **1** suspicious **2** (*discutibile*) suspect, questionable **3** (*di cui si teme l'esistenza*) suspected **B** *s. m.* suspicion

sospettóso *agg.* suspicious

sospingere *v. tr.* to drive, to push

sospirare A *v. intr.* to sigh **B** *v. tr.* to sigh for, to long for

sospiro *s. m.* sigh

sòsta *s. f.* **1** (*fermata*) halt, stop **2** (*pausa*) pause **3** (*interruzione*) interruption, break ♦ **divieto di s.** no parking

sostantìvo *s. m.* substantive

sostànza *s. f.* **1** substance, essence **2** (*materia*) substance, matter, material, stuff **3** (*nutrimento*) nourishment **4** *al pl.* (*ricchezze*) property, possessions *pl.*

sostanzióso *agg.* substantial

sostàre *v. intr.* **1** to stop, to stay **2** (*fare una pausa*) to have a break

sostégno *s. m.* support, prop

sostenére *v. tr.* **1** (*tenere su*) to support, to sustain, to hold up **2** (*portare su di sé*) to carry, to take **3** (*sopportare*) to bear, to stand, (*reggere*) to stand up to **4** (*resistere a*) to withstand **5** (*appoggiare*) to support, to uphold, (*difendere*) to defend **6** (*affermare*) to maintain, to assert **7** (*mantenere*) to keep up, to support **B** *v. rifl. e intr. pron.* **1** (*reggersi in piedi*) to stand up, (*appoggiarsi*) to support oneself **2** (*sostentarsi*) to sustain oneself

sostenitóre *s. m.* supporter

sostentaménto *s. m.* sustenance, maintenance

sostenùto *agg.* **1** (*riservato*) reserved, distant **2** (*solenne*) elevated **3** (*elevato*) fast

sostituìbile *agg.* replaceable

sostituìre A *v. tr.* **1** (*rimpiazzare*) to replace, to substitute **2** (*prendere il posto di*) to take the place of, to substitute for, to replace **B** *v. rifl.* to take sb.'s place

sostitùto *s. m.* substitute

sostituzióne *s. f.* replacement, substitution

sottacéto A *agg.* pickled **B** *s. m.* pickle

sottàna *s. f.* skirt

sotterfùgio *s. m.* trick, expedient

sotterràneo A *agg.* underground **B** *s. m.* basement, cellar

sotterràre *v. tr.* to bury

sottigliézza *s. f.* **1** thinness **2** (*acutezza*) sharpness **3** (*cavillo*) quibble

sottìle *agg.* **1** thin **2** (*acuto*) sharp, subtle

sottilizzàre *v. intr.* to subtilize, to split hairs

sottintèndere *v. tr.* to understand, to imply

sottintéso A *agg.* understood, implied **B** *s. m.* implicit meaning, allusion

sótto A *avv.* **1** down, under, below, beneath, underneath **2** (*al piano sotto*) downstairs **3** (*più avanti*) below **4** (*in perdita*) short **B** *prep.* **1** (*in posizione inferiore*) under, beneath, underneath **2** (*più in basso*) below **3** (*meno di*) under **C** *s. m.* bottom, underside

sottobicchière *s. m.* coaster, (*piattino*) saucer

sottobòsco *s. m.* undergrowth

sottobràccio *avv.* arm in arm

sottocòsto *avv.* below cost ♦ **vendere s.** to sell off

sottocutàneo *agg.* subcutaneous

sottofóndo *s. m.* **1** (*edil.*) foundation **2** (*fig.*) substratum **3** (*di suoni*) background

sottolineàre *v. tr.* **1** to underline, to underscore **2** (*fig.*) to underline, to stress

sottomarìno *agg. e s. m.* submarine

sottomésso *agg.* **1** (*soggiogato*) subdued, subject **2** (*remissivo*) submissive, respectful

sottomèttere A *v. tr.* **1** (*assoggettare*) to subdue, to subject **2** (*subordinare*) to subordinate **3** (*presentare*) to submit **B** *v. rifl.* to submit

sottopassàggio *s. m.* underpass, subway

sottopórre A *v. tr.* **1** (*assoggettare*) to subdue, to subject **2** (*presentare*) to submit, to present **3** (*costringere a subire*) to subject, to put through **B** *v. rifl.* **1** to submit **2** (*subire*) to undergo

sottoprodótto *s. m.* by-product

sottoscàla *s. m. inv.* understairs

sottoscritto *agg. e s. m.* undersigned

sottoscrìvere *v. tr.* **1** (*firmare*) to sign, to undersign, (*aderire a*) to subscribe **2** (*approvare*) to support, to subscribe to

sottoscrizióne *s. f.* subscription

sottosópra *avv.* upside down

sottostànte *agg.* below

sottosvilùppo *s. m.* underdevelopment

sottotèrra *avv.* underground

sottotìtolo *s. m.* subtitle

sottovèste *s. f.* petticoat

sottovóce *avv.* in a low voice

sottovuòto *agg. e avv.* vacuum-packed

sottràrre A *v. tr.* **1** (*portare via*) to take away, to remove, (*rubare*) to steal **2** (*liberare*) to save, to rescue **3** (*mat.*) to subtract **4** (*dedurre*) to deduct **B** *v. rifl.* to get out, to evade, to shirk

sottrazióne *s. f.* **1** (*mat.*) subtraction **2** (*il portar via*) taking away, (*furto*) abstraction

soviètico *agg. e s. m.* Soviet

sovraccaricàre *v. tr.* to overload, to overburden

sovraespórre *v. tr.* to overexpose

sovraffollàto *agg.* overcrowded

sovràno *agg. e s. m.* sovereign

sovrapponìbile *agg.* superimposable

sovrappórre A *v. tr.* to put on, to place on, to superimpose **B** *v. intr. pron.* **1** to be superimposed, to overlap **2** (*aggiungersi*) to arise in addition

sovrastànte *agg.* overhanging

sovrastàre *v. tr. e intr.* **1** to stand above, to overlook, to overhang **2** (*essere imminente*) to be imminent, to hang over **3** (*essere superiore*) to surpass

sovrumàno *agg.* superhuman

sovvenzionàre *v. tr.* to finance

sovvenzióne *s. f.* subvention, aid

sovversìvo *agg. e s. m.* subversive

sózzo *agg.* dirty

spaccàre *v. tr. e intr. pron.* to break, to split

spaccatùra *s. f.* split

spacciàre A *v. tr.* **1** (*vendere*) to sell (off), **2** (*mettere in circolazione*) to circulate, (*clandesti-*

namente) to peddle, to utter, (*droga*) to push **3** (*divulgare*) to spread **B** *v. rifl.* to pretend (to be)
spacciatóre *s. m.* dealer, utterer, (*di droga*) pusher
spàccio *s. m.* **1** (*negozio*) shop **2** (*vendita*) sale **3** (*traffico illegale*) traffic
spàcco *s. m.* **1** slit, cleft, (*taglio*) tear **2** (*di vestito*) vent
spaccóne *s. m.* boaster
spàda *s. f.* sword
spaesàto *agg.* lost
spagnòlo A *agg.* Spanish **B** *s. m.* **1** (*abitante*) Spaniard **2** (*lingua*) Spanish
spàgo *s. m.* string, twine
spaiàto *agg.* odd
spalancàre A *v. tr.* to open wide **B** *v. intr. pron.* to be throw open
spalàre *v. tr.* to shovel away
spàlla *s. f.* **1** shoulder **2** *al pl.* (*schiena*) back
spalleggiàre *v. tr.* to back, to support
spallièra *s. f.* **1** (*di sedia*) back **2** (*di letto*) head (of the bed) **3** (*di piante*) espalier **4** (*attrezzo ginnico*) wall bar
spalmàre *v. tr.* to spread, to smear ♦ **s. di burro** to butter
spanàre *v. tr. e intr. pron.* to strip
spàndere *v. tr. e intr. pron.* to spread
spànna *s. f.* span
sparàre *v. tr. e intr.* to shoot, to fire
sparatòria *s. f.* shooting
sparecchiàre *v. tr.* to clear
sparéggio *s. m.* **1** (*sport*) play-off **2** (*squilibrio*) unbalance
spàrgere A *v. tr.* **1** to scatter, to strew **2** (*divulgare*) to spread **3** (*versare*) to shed **B** *v. intr. pron.* **1** to scatter, to disperse **2** (*diffondersi*) to spread
sparire *v. intr.* to disappear, to vanish
sparizióne *s. f.* disappearance
sparlàre *v. intr.* to run down, to talk behind sb.'s back
spàro *s. m.* shot
sparpagliàre *v. tr. e intr. pron.* to scatter
spartiacque *s. m. inv.* watershed
spartire *v. tr.* **1** (*separare*) to separate **2** (*distribuire*) to share out, to divide
spartito *s. m.* score
spartitràffico *s. m. inv.* traffic divider
sparùto *agg.* **1** (*emaciato*) lean **2** (*esiguo*) small
sparvièro *s. m.* sparrow-hawk
spàsimo *s. m.* pang
spàsmo *s. m.* spasm
spasmòdico *agg.* **1** (*med.*) spasmodic(al) **2** (*angoscioso*) agonizing
spassionàto *agg.* impartial, unbiased
spàsso *s. m.* amusement, fun ♦ **andare a s.** to go for a walk
spassóso *agg.* funny
spàstico *agg. e s. m.* spastic
spauràcchio *s. m.* bugbear
spavàldo *agg.* bold, arrogant
spaventapàsseri *s. m.* scarecrow
spaventàre A *v. tr.* to frighten, to scare **B** *v. intr. pron.* to be frightened, to get scared
spavènto *s. m.* fright, fear

spaventóso *agg.* frightful, frightening, deadful
spaziàle *agg.* spatial, space (*attr.*)
spazientire A *v. tr.* to try the patience of **B** *v. intr. pron.* to lose one's patience
spàzio *s. m.* space
spazióso *agg.* spacious
spazzacamino *s. m.* chimney-sweep
spazzanéve *s. m. inv.* snowplough
spazzàre *v. tr.* **1** to sweep **2** (*portar via*) to sweep away, to wipe out
spazzatùra *s. f.* garbage, rubbish, (*USA*) trash
spazzino *s. m.* street-sweeper
spàzzola *s. f.* brush ♦ **s. per capelli** hairbrush
spazzolàre *v. tr.* to brush
spazzolino *s. m.* brush, (*da denti*) toothbrush
spazzolóne *s. m.* mop
specchiàrsi *v. rifl. e intr. pron.* **1** to look at oneself (in a mirror) **2** (*riflettersi*) to be reflected
specchiétto *s. m.* **1** hand-mirror **2** (*autom.*) rearview mirror **3** (*tabella*) table
spècchio *s. m.* mirror
speciàle *agg.* **1** special **2** (*particolare*) peculiar **3** (*di qualità*) first-class
specialista *s. m. e f.* specialist
specialistico *agg.* specialized
specialità *s. f.* speciality
specializzàre *v. tr., rifl. e intr. pron.* to specialize
specializzàto *agg.* specialized, skilled ♦ **non s.** unskilled
specialménte *avv.* especially
spècie *s. f. inv.* **1** kind, sort **2** (*scient.*) species
specificàre *v. tr.* to specify
specifico *s. m.* specific
speculàre (1) *agg.* specular
speculàre (2) *v. intr.* **1** (*indagare*) to speculate **2** (*approfittare*) to trade on
speculazióne *s. f.* speculation
spedire *v. tr.* to send, to mail, to dispatch, (*via mare*) to ship
spedito *agg.* **1** quick, prompt **2** (*sciolto*) fluent
spedizióne *s. f.* **1** (*invio*) sending, forwarding, dispatch **2** (*scientifica, mil.*) expedition
spedizionière *s. m.* carrier, forwarder, (*marittimo*) shipping agent
spègnere A *v. tr.* to extinguish, (*fuoco*) to put out, (*luce, radio*) to turn off, to switch off **B** *v. intr. pron.* **1** to be extinguished, to go out, (*di fuoco*) to burn out **2** (*scomparire*) to die down, to fade **3** (*morire*) to pass away
speleologia *s. f.* spel(a)eology
speleòlogo *s. m.* spel(a)eologist
spellàre A *v. tr.* to skin **B** *v. intr. pron.* to peel, to get skinned
spellatùra *s. f.* graze, excoriation, (*da sole*) peeling
spèndere *v. tr.* **1** to spend **2** (*impiegare*) to spend, to put in
spennàre *v. tr.* **1** to pluck **2** (*fig.*) to rip off
spensieràto *agg.* thoughtless
spènto *agg.* **1** extinguished, out (*pred.*), (*di apparecchi*) turned off (*pred.*), switched off (*pred.*) **2** (*scialbo*) dull

sperànza *s. f.* hope

speràre A *v. tr.* **1** to hope **2** (*aspettarsi*) to expect **B** *v. intr.* to hope, to trust in

sperdùto *agg.* **1** dispersed **2** (*isolato*) secluded, lonely **3** (*smarrito*) lost

spergiuràre *v. intr.* to perjure oneself

spergiùro *s. m.* **1** (*chi spergiura*) perjurer **2** (*falso giuramento*) perjury

spericolàto *agg.* reckless

sperimentàle *agg.* experimental

sperimentàre *v. tr.* **1** to experiment with, to test, to try **2** (*fare esperienza di*) to experience

spèrma *s. m.* sperm

speronàre *v. tr.* to ram

speróne *s. m.* **1** spur **2** (*naut.*) ram

sperperàre *v. tr.* to squander, to waste

spésa *s. f.* **1** expense, (*costo*) charge, cost **2** (*acquisto*) buy, purchase **3** (*compera*) shopping ♦ **fare la s.** to do the shopping; **fare spese** to go shopping

spésso A *agg.* thick **B** *avv.* often

spessóre *s. m.* **1** thickness **2** (*fig.*) depth

spettacolàre *agg.* spectacular

spettàcolo *s. m.* **1** show, spectacle, sight **2** (*teatro*) performance, (*cin.*) showing

spettacolóso *agg.* spectacular

spettàre *v. intr.* **1** to be for, to be up to **2** (*competere*) to be due

spettatóre *s. m.* **1** spectator, *al pl.* audience **2** (*testimone*) bystander, witness

spettinàre A *v. tr.* to mess up hair **B** *v. rifl. e intr. pron.* to ruffle one's hair

spèttro *s. m.* **1** ghost **2** (*scient.*) spectrum

spèzie *s. f. pl.* spices *pl.*

spezzàre *v. tr. e intr. pron.* to break

spezzatìno *s. m.* stew

spezzettàre *v. tr.* to break into pieces

spia *s. f.* **1** spy, informer, (*riferito a bambini*) sneak **2** (*indizio*) indication, sign **3** (*luminosa*) (warning) light

spiacènte *agg.* sorry

spiacére A *v. intr.* **1** to be sorry **2** (*nelle frasi di cortesia*) to mind **B** *v. intr. pron.* to be sorry

spiacévole *agg.* **1** unpleasant **2** (*increscioso*) regrettable

spiàggia *s. f.* beach, shore

spianàre *v. tr.* **1** to level, to make level **2** (*radere al suolo*) to raze **3** (*appianare*) to smooth

spiantàto *s. m.* penniless person

spiàre *v. tr.* **1** to spy on **2** (*aspettare ansiosamente*) to wait for

spiàta *s. f.* tip-off

spiazzàre *v. tr.* to wrongfoot

spiàzzo *s. m.* open space

spiccàre A *v. tr.* **1** (*staccare*) to pick, to pluck **2** (*emettere*) to issue **B** *v. intr.* to stand out, to show up ♦ **s. un salto** to jump

spiccàto *agg.* **1** marked, strong **2** (*nitido*) distinct, clear

spìcchio *s. m.* slice, (*di agrume*) segment, (*di aglio*) clove

spicciàre A *v. tr.* to finish off **B** *v. intr. v. intr. pron.* to hurry up

spìcciolo *s. m.* change

spiedìno *s. m.* skewer

spièdo *s. m.* spit ♦ **allo s.** on the spit

spiegàre A *v. tr.* **1** (*svolgere*) to unfold, to spread out **2** (*far capire*) to explain **B** *v. rifl.* to explain oneself **C** *v. intr. pron.* to spread out, to open out

spiegazióne *s. f.* explanation

spiegazzàre A *v. tr.* to crumple **B** *v. intr. pron.* to get crumpled

spietàto *agg.* pitiless, cruel

spifferàre *v. tr.* to blurt out, to blab

spìffero *s. m.* draught

spìga *s. f.* ear, spike

spigliàto *agg.* easy

spìgola *s. f.* bass

spìgolo *s. m.* edge, corner

spìlla *s. f.* **1** pin **2** (*gioiello*) brooch

spillàre *v. tr.* **1** to tap, to draw off **2** (*fig.*) to worm, to get out

spìllo *s. m.* pin ♦ **tacchi a s.** stiletto heels

spilórcio *s. m.* miser

spìna *s. f.* **1** thorn **2** (*di pesce*) fishbone **3** (*elettr.*) plug ♦ **s. dorsale** backbone

spinàcio *s. m.* spinach

spinàle *agg.* spinal

spinétta *s. f.* spinet

spìngere A *v. tr.* **1** to push, to shove, (*ficcare*) to drive, to thrust **2** (*condurre*) to drive, (*indurre*) to induce, (*stimolare*) to urge **B** *v. intr.* to push **C** *v. intr. pron.* **1** to push **2** (*arrivare*) to go

spinóso *agg.* thorny

spìnta *s. f.* **1** push, shove, thrust **2** (*aiuto*) helping hand, (*stimolo*) incentive, spur **3** (*fis. tecnol.*) thrust

spinteròg eno *s. m.* distributor

spìnto *agg.* **1** pushed, driven **2** (*audace*) risqué

spintóne *s. m.* shove

spionàggio *s. m.* espionage, spying

spiovènte A *agg.* sloping **B** *s. m.* slope

spiòvere A *v. intr.* (*ricadere*) to come down **B** *v. intr. impers.* (*cessare di piovere*) to stop raining

spìra *s. f.* coil

spiràglio *s. m.* **1** (*small*) opening, crack, vent **2** (*di luce*) glimmer

spiràle *s. f.* spiral

spiràre (1) A *v. intr.* (*soffiare*) to blow **B** *v. tr.* **1** (*emanare*) to give off **2** (*fig.*) to express

spiràre (2) *v. intr.* (*morire*) to pass away

spiritìsmo *s. m.* spiritualism

spìrito *s. m.* **1** spirit **2** (*fantasma*) spirit, ghost **3** (*mente, intelligenza*) mind **4** (*disposizione d'animo*) spirit, attitude **5** (*significato essenziale*) spirit, sense **6** (*arguzia*) wit, (*umorismo*) humour **7** (*vivacità*) life, liveliness **8** (*chim.*) spirit, alchool

spiritosàggine *s. f.* **1** wittiness **2** (*detto spiritoso*) witticism

spiritóso *agg.* witty

spirituàle *agg.* spiritual

splendènte *agg.* bright, shining

splèndere *v. intr.* to shine

splèndido *agg.* splendid, wonderful

splendóre *s. m.* **1** (*luce*) brilliance, brightness **2** (*fig.*) splendour

spodestàre *v. tr.* to deprive of power, (*un re*) to dethrone

spogliàre *v. tr.* **1** to undress, to strip **2** (*privare*) to deprive, to strip **B** *v. rifl. e intr. pron.* **1** (*svestirsi*) to undress, to strip **2** (*privarsi*) to deprive oneself, to strip oneself **3** (*di albero*) to shed

spogliarèllo *s. m.* striptease

spogliatóio *s. m.* changing room, dressing room

spòglie *s. f. pl.* **1** (*vesti*) dress **2** (*preda di guerra*) spoils *pl.*, booty

spòglio A *agg.* **1** (*nudo*) bare **2** (*libero*) free **B** *s. m.* **1** (*conto*) counting **2** (*esame*) examination

spòla *s. f.* shuttle

spolpàre *v. tr.* to strip the flesh off

spolveràre *v. tr.* to dust

spónda *s. f.* **1** (*bordo*) edge **2** (*riva*) bank, side, (*di mare, lago*) shore **3** (*parapetto*) parapet

sponsor *s. m. inv.* sponsor

sponsorizzàre *v. tr.* to sponsor

spontaneità *s. f.* spontaneity

spontàneo *agg.* spontaneous, natural

spopolàre A *v. tr.* to depopulate **B** *v. intr.* (*avere successo*) to be a big hit **C** *v. intr. pron.* to become depopulated

sporadicità *s. f.* sporadicity

sporàdico *agg.* sporadic

sporcàre A *v. tr.* to dirty, to soil, to stain **B** *v. rifl. e intr. pron.* to dirty oneself, to get dirty

sporcìzia *s. f.* **1** (*l'essere sporco*) dirtiness, filthiness **2** (*cosa sporca*) dirt, filth

spòrco *agg.* dirty, filthy

sporgènte *agg.* projecting, protruding, protuberant

sporgènza *s. f.* projection

spòrgere A *v. tr.* to put out, to stretch out **B** *v. intr.* to jut out, to stick out **C** *v. rifl.* to lean out

sport *s. m. inv.* sport

spòrta *s. f.* shopping bag

sportèllo *s. m.* **1** door **2** (*di ufficio*) counter, window

sportìvo A *agg.* sporting, sport (*attr.*) **B** *s. m.* sportsman, (*appassionato*) (sports) fan

spòsa *s. f.* bride ♦ **abito da s.** wedding dress

sposalìzio *s. m.* wedding

sposàre A *v. tr.* **1** to marry, to get married to **2** (*dare in matrimonio*) to marry (off) **3** (*abbracciare, sostenere*) to embrace **B** *v. rifl. e rifl. rec.* **1** to marry, to get married **2** (*armonizzarsi*) to go well

spòso *s. m.* **1** bridegroom **2** *al pl.* (*marito e moglie*) newlyweds *pl.*

spossànte *agg.* exhausting

spostàre A *v. tr.* **1** to move, to shift **2** (*cambiare*) to change **3** (*differire*) to postpone **B** *v. rifl. e intr. pron.* to move, to shift

sprànga *s. f.* bar, (*catenaccio*) bolt

sprazzo *s. m.* flash

sprecàre A *v. tr.* to waste, to squander **B** *v. intr. pron.* **1** to waste one's energy **2** (*ironicamente*) to put oneself out

sprèco *s. m.* waste

spregévole *agg.* despicable

spregiatìvo *agg.* pejorative

spregiudicàto *agg.* unprejudiced, unconventional

sprèmere *v. tr.* to squeeze

spremiagrùmi *s. m. inv.* citrus-fruit squeezer

spremùta *s. f.* juice

sprezzànte *agg.* scornful

sprigionàre A *v. tr.* to emit, to give off **B** *v. intr. pron.* to emanate, to burst out

sprizzàre *v. tr. e intr.* to squirt, to spray, to spurt

sprofondàre A *v. intr.* **1** (*di terreno*) to subside, to give away **2** (*affondare*) to sink **B** *v. intr. pron.* to sink

spronàre *v. tr.* to spur

spróne *s. m.* spur

sproporzionàto *agg.* disproportionate

sproporzióne *s. f.* disproportion

sproposìtato *agg.* enormous

spropòsito *s. m.* **1** (*errore*) mistake, blunder **2** (*eccesso*) enormous quantity

sprovvedùto *agg.* unprepared, inexperienced

sprovvìsto *agg.* devoid, unprovided ♦ **alla sprovvista** unawares

spruzzàre *v. tr.* **1** to spray, to sprinkle **2** (*inzaccherare*) to splash

sprùzzo *s. m.* spray, sprinkling, (*di fango*) splash

spùgna *s. f.* **1** sponge **2** (*tessuto*) sponge-cloth, terry-cloth

spùma *s. f.* foam, froth

spumànte *s. m.* sparkling wine

spumeggiàre *v. intr.* to foam, to froth

spuntàre A *v. tr.* **1** (*rompere la punta di*) to blunt, to break the point of **2** (*tagliare la punta di*) to cut the tip of, to trim **3** (*controllare*) to check (off) **4** (*ottenere*) to obtain, to get **B** *v. intr.* **1** (*di astro*) to rise, (*di pianta*) to sprout, (*di capelli, ecc.*) to begin to grow, (*di lacrime*) to well up **2** (*apparire*) to appear, to come out **3** (*sporgere*) to stick out **C** *v. intr. pron.* to get blunt

spuntìno *s. m.* snack

spùnto *s. m.* **1** (*suggerimento*) cue, hint **2** (*punto di partenza*) starting point

spurgàre *v. tr.* to purge, to clean

sputàre *v. tr. e intr.* to spit

spùto *s. m.* spit

squàdra *s. f.* **1** (*sport*) team **2** (*mil.*) squad **3** (*gruppo*) team, (*di operai*) gang **4** (*mecc., da disegno*) square

squadràre *v. tr.* **1** to square **2** (*guardare*) to look up and down

squadrìglia *s. f.* squadron

squagliàre A *v. tr.* to melt, to liquefy **B** *v. intr. pron.* **1** to melt, to liquefy **2** (*svignarsela*) to make off, to clear off

squalìfica *s. f.* disqualification

squalificàre A *v. tr.* to disqualify **B** *v. rifl.* to bring discredit

squàllido *agg.* **1** bleak, dreary **2** (*triste*) dismal **3** (*abietto*) wretched

squallóre *s. m.* dreariness, squalor

squàlo *s. m.* shark

squàma *s. f.* scale

squamàre *v. tr. e intr. pron.* to scale

squarciagóla, a *loc. avv.* at the top of one's voice

squattrinàto *agg.* penniless

squilibràre A *v. tr.* to unbalance, to put out of balance **B** *v. intr. pron.* to lose one's balance

squilibràto A *agg.* **1** unbalanced **2** (*pazzo*) insane, mad **B** *s. m.* madman, lunatic

squilibrio *s. m.* **1** imbalance **2** (*mentale*) derangement, insanity

squillante *agg.* shrill, (*di colore*) bright

squillare *v. intr.* to ring

squillo *s. m.* ring, (*di tromba*) blare

squisito *agg.* exquisite, delicious

squittire *v. intr.* to squeak

sradicare *v. tr.* to uproot

srotolare *v. tr.* to unroll

stabile A *agg.* **1** stable, steady **2** (*permanente*) permanent, durable **B** *s. m.* house, building

stabilimento *s. m.* **1** factory, plant, works **2** (*edificio pubblico*) establishment ♦ **s. balneare** bathing establishment

stabilire A *v. tr.* **1** to establish, to fix, to set **2** (*accertare*) to estabilish, to ascertain **3** (*decidere*) to decide, to arrange **B** *v. rifl.* to settle, to estabilish oneself

stabilità *s. f.* stability, steadiness

staccare A *v. tr.* **1** to take off, to detach, to cut off, (*strappare*) to tear off, to pull off, (*tirare giù*) to take down **2** (*slegare*) to loosen, (*sganciare*) to unhook **3** (*scostare*) to move away **4** (*separare*) to separate **5** (*togliere*) to disconnect **6** (*lasciare indietro*) to leave behind **B** *v. intr.* **1** (*spiccare*) to stand out **2** (*smettere di lavorare*) to knock off **C** *v. intr. pron.* **1** to come off, to come out, to get detached **2** (*slegarsi*) to break away, (*sganciarsi*) to get unhooked **3** (*scostarsi*) to move away **4** (*separarsi*) to leave **5** (*abbandonare*) to detach oneself, to give up **6** (*distanziarsi*) to pull ahead **7** (*essere differente*) to be different

staccionata *s. f.* fence

stadio *s. m.* **1** (*sport*) stadium, ground **2** (*fase*) stage

staffa *s. f.* stirrup

staffetta *s. f.* **1** courier **2** (*sport*) relay

stagionale *agg.* seasonal

stagionare A *v. tr.* to season, to let age **B** *v. intr. pron.* to age

stagionatura *s. f.* seasoning

stagione *s. f.* season

stagliarsi *v. intr. pron.* to stand out

stagno (1) *s. m.* (*chim.*) tin

stagno (2) *agg.* watertight

stagno (3) *s. m.* pond, pool

stagnola *s. f.* tinfoil

stalagmite *s. f.* stalagmite

stalattite *s. f.* stalactite

stalla *s. f.* shed, (*per cavalli*) stable, (*per bovini*) cowshed

stalliere *s. m.* stableman, groom

stallone *s. m.* stallion

stamattina *avv.* this morning

stambecco *s. m.* rock-goat

stampa *s. f.* **1** print, printing **2** (*giornali, giornalisti*) press **3** (*riproduzione*) print **4** *al pl.* (*nelle spedizioni postali*) printed matter

stampante *s. f.* printer

stampare *v. tr.* **1** to print **2** (*pubblicare*) to publish **3** (*imprimere*) to imprint

stampatello *s. m.* block letters *pl.*

stampatore *s. m.* printer

stampella *s. f.* crutch

stampo *s. m.* **1** die, mould **2** (*genere*) kind, sort

stanare *v. tr.* to drive out

stancare A *v. tr.* **1** to tire, to weary **2** (*infastidire*) to bore, to annoy **B** *v. rifl.* to get tired

stanchezza *s. f.* tiredness

stanco *agg.* tired

standard *agg. e s. m. inv.* standard

standardizzare *v. tr.* to standardize

stanga *s. f.* bar, shaft

stangata *s. f.* blow, squeeze

stanotte *avv.* tonight, (*appena trascorsa*) last night

stantio *agg.* stale

stantuffo *s. m.* piston

stanza *s. f.* room

stanziare A *v. tr.* to allocate, to appropriate **B** *v. intr. pron.* to settle, to establish oneself

stappare *v. tr.* to uncork

stare *v. intr.* **1** to stay, (*rimanere*) to remain **2** (*essere*) to be **3** (*abitare*) to live **4** (*andare*) to go, to be **5** (*dipendere*) to depend **6** (*spettare*) to be up ♦ **come stai?** how are you?; **starci** (*essere d'accordo*) to count in, (*esserci spazio*) to have room for; **s. per fare q.c.** to be going to do st.

starnutire *v. intr.* to sneeze

starnuto *s. m.* sneeze

stasera *avv.* this evening, tonight

statale *agg.* state (*attr.*), government (*attr.*)

statista *s. m.* statesman

statistica *s. f.* statistics *pl.* (*v. al sing.*)

stato *s. m.* **1** state, condition **2** (*posizione sociale*) position, standing **3** (*politico*) state **4** (*dir.*) status **5** (*fis.*) state ♦ **s. civile** civil status; **s. d'assedio** state of siege

statua *s. f.* statue

statunitense A *agg.* United States (*attr.*) **B** *s. m. e f.* United States citizen

statura *s. f.* height

statuto *s. m.* statute, charter

stavolta *avv.* this time

stazionario *agg.* stationary

stazione *s. f.* station ♦ **s. balneare** seaside resort

stecca *s. f.* **1** stick, rod, (*da biliardo*) cue, (*di ombrello*) rib **2** (*mus.*) false note **3** (*confezione di sigarette*) carton **4** (*tangente*) bribe

steccato *s. m.* fence

stele *s. f.* stele

stella *s. f.* star ♦ **s. di mare** starfish; **s. filante** streamer

stellato *agg.* starry

stelo *s. m.* **1** (*bot.*) stalk, stem **2** (*sostegno*) stand

stemma *s. m.* coat of arms

stemperare *v. tr. e intr. pron.* to dissolve, to melt

stendardo *s. m.* standard, banner

stendere A *v. tr.* **1** (*distendere, allungare*) to stretch (out) **2** (*spiegare*) to spread (out), to lay out **3** (*mettere a giacere*) to lay **4** (*spalmare*) to spread **5** (*mettere per iscritto*) to draw up, to draft **B** *v. intr. pron.* (*estendersi*) to stretch **C** *v. rifl.* (*sdraiarsi*) to lie down

stenografare *v. tr.* to take down in shorthand

stenografia *s. f.* shorthand

stentare *v. intr.* to find it hard, to have difficult

stéppa *s. f.* steppe

stèrco *s. m.* dung

stèreo *agg. e s. m. inv.* stereo

stèrile *agg.* **1** sterile, barren **2** (*inutile*) vain, fruitless **3** (*med.*) sterile, sterilized

sterilità *s. f.* **1** barrenness, sterility **2** (*med.*) sterility

sterilizzàre *v. tr.* to sterilize

sterilizzatóre *s. m.* sterilizer

sterilizzazióne *s. f.* sterilization

sterlina *s. f.* pound, sterling

sterminàre *v. tr.* to exterminate, to wipe out

sterminàto *agg.* (*smisurato*) endless

stermìnio *s. m.* extermination

stèrno *s. m.* breast-bone

sterzàre *v. intr.* to steer

stèrzo *s. m.* steering (gear), (*volante*) steering wheel

stésso A *agg.* **1** (*identico*) same **2** (*dopo un pron. pers. o un s.*) (*io s.*) I myself, (*tu s.*) you yourself, (*egli s.*) he himself, (*ella stessa*) she herself, (*esso s.*) it itself, (*noi stessi/stesse*) we ourselves, (*voi stessi/stesse*) you yourselves, (*essi stessi/esse stesse*) they themselves (ES: **lo farò io s.** I'll do it myself, **l'artista s. presenziò all'inaugurazione** the artist himself presided over the opening) **3** (*rifl.*) -self, -selves *pl.* **4** (*proprio, esattamente*) very (ES: **oggi s.** this very day) **5** (*uguale*) same, like **B** *pron. dimostr.* **1** (*la stessa persona*) same **2** (*la stessa cosa*) the same **C** *avv.* the same

stesùra *s. f.* drawing up

stilàre *v. tr.* to draw up, to draft

stile *s. m.* style

stilista *s. m. e f.* stylist

stillàre *v. tr. e intr.* to drip

stillicìdio *s. m.* dripping

stilòbate *s. m.* stylobate

stilogràfica *s. f.* fountain pen

stìma *s. f.* **1** (*valutazione*) estimate, evaluation, appraisal **2** (*prezzo stimato*) valuation **3** (*buona opinione*) esteem

stimàre *v. tr.* **1** (*valutare*) to estimate, to appraise, to value **2** (*tenere in considerazione*) to esteem **3** (*giudicare*) to consider, to think

stimolàre *v. tr.* to stimulate, to spur

stìmolo *s. m.* stimulus

stìnco *s. m.* shin, (*cuc.*) shank

stìngere *v. tr. e intr.* to fade

stipàre *v. tr. e intr. pron.* to cram, to pack

stipèndio *s. m.* salary, pay

stìpite *s. m.* jamb

stipulàre *v. tr.* to stipulate, (*redigere*) to draw up

stiràre A *v. tr.* **1** to stretch **2** (*col ferro*) to iron **3** (*i capelli*) to straighten **B** *v. rifl.* **1** to stretch (oneself) **2** (*procurarsi uno stiramento*) to strain a muscle

stiratùra *s. f.* ironing

stìrpe *s. f.* **1** birth, family, descent **2** (*prole*) offspring

stitichézza *s. f.* constipation

stìtico *agg.* constipated

stìva *s. f.* hold

stivàle *s. m.* boot

stivalétto *s. m.* ankle-boot

stìzza *s. f.* anger

stizzìre A *v. tr.* to irritate **B** *v. intr. pron.* to get angry

stoccafìsso *s. m.* stockfish

stoccàta *s. f.* **1** thrust **2** (*fig.*) gibe

stòffa *s. f.* **1** cloth, material, fabric **2** (*fig.*) stuff

stoìno *s. m.* (door)mat

stòla *s. f.* stole

stólto *agg.* foolish

stòmaco *s. m.* stomach

stonàre *v. intr.* **1** (*mus.*) to be out of tune **2** (*fig.*) to be out of place, (*di colori*) to clash

stop *s. m. inv.* **1** (*segnale*) stop signal **2** (*luci*) stop-light

stóppa *s. f.* tow

stoppìno *s. m.* wick

stòrcere A *v. tr.* to twist, to wrench **B** *v. rifl. e intr. pron.* to twist, to writhe

stordìre A *v. tr.* **1** to stun, to daze **2** (*assordare*) to deafen **3** (*sbalordire*) to stun, to stupefy **B** *v. rifl.* to dull one's senses

stòria *s. f.* **1** history **2** (*racconto*) story, tale **3** (*faccenda*) affair, business **4** (*bugia*) story, fib **5** (*pretesto*) pretext, excuse **6** (*smanceria*) fuss

stòrico A *agg.* historic(al) **B** *s. m.* historian

storièlla *s. f.* funny story, joke

storiografìa *s. f.* historiography

storióne *s. m.* sturgeon

stormìre *v. intr.* to rustle

stórmo *s. m.* flight

stornàre *v. tr.* **1** to avert, to divert, to turn aside **2** (*fin.*) to transfer **3** (*cancellare*) to cancel, to write off

stórno *s. m.* **1** (*trasferimento*) transfer, diversion **2** (*cancellazione*) reversal, cancellation

storpiàre *v. tr.* **1** to cripple **2** (*deformare*) to mangle

stòrpio A *agg.* crippled **B** *s. m.* cripple

stòrta *s. f.* sprain, twist

stòrto *agg.* crooked, twisted

stovìglie *s. f. pl.* dishes *pl.*

stràbico A *agg.* squinting **B** *s. m.* squinter

strabiliànte *agg.* amazing

strabìsmo *s. m.* squint

stracciàre *v. tr.* to tear, to rip

stràccio *s. m.* rag, cloth, (*per la polvere*) duster

stracòtto *s. m.* stew

stràda *s. f.* **1** road, (*di città*) street **2** (*tragitto, cammino*) way ◆ **a senso unico** one-way street; **s. dissestata** uneven road

stradàle *agg.* road (*attr.*)

strafalcióne *s. m.* blunder

strafàre *v. intr.* to overdo it

strafottènte *agg.* arrogant

stràge *s. f.* **1** (*massacro*) slaughter, carnage **2** (*distruzione*) destruction

stràllo *s. m.* stay

stralunàto *agg.* **1** (*di occhi*) rolling **2** (*sconvolto*) bewildered

stramazzàre *v. intr.* to fall heavily

stràmbo *agg.* strange, odd, eccentric

strampalàto *agg.* odd, eccentric

stranézza *s. f.* **1** strangeness **2** (*atto, parola strana*) eccentricity

strangolàre *v. tr.* to strangle, (*soffocare*) to choke

straniéro A *agg.* foreign **B** *s. m.* foreigner

stràno *agg.* strange, odd, queer

straordinàrio A agg. **1** extraordinary, special **2** (enorme) immense, enormous **3** (di lavoro) overtime **B** s. m. **1** (cosa straordinaria) extraordinary thing **2** (lavoro straordinario) overtime

strapazzàre A v. tr. **1** to ill-treat, to mistreat **2** (trattare senza cura) to take no care of **B** v. rifl. to tire oneself out

strapiómbo s. m. cliff, overhang ♦ **a s.** sheer

strapotére s. m. excessive power

strappàre A v. tr. **1** to tear **2** (togliere tirando) to pull up, to pull away, to rip **B** v. intr. pron. to tear, to get torn

stràppo s. m. **1** tear, rent, rip **2** (tirata, strattone) pull, snatch, jerk **3** (infrazione) infringement **4** (muscolare) sprain **5** (fig.) split **6** (passaggio in auto) lift

strapuntino s. m. folding seat

straripaménto s. m. overflowing

straripàre v. intr. to overflow

strascicàre A v. tr. to trail, to drag, (i piedi) to shuffle **B** v. intr. to trail **C** v. rifl. to drag oneself

stràscico s. m. **1** train **2** (conseguenza) after-effect ♦ **pesca a s.** trawling; **rete a s.** trawl-net

stratagèmma s. m. stratagem, trick

stratèga s. m. strategist

strategìa s. f. strategy

stratègico agg. strategic(al)

stràto s. m. layer, stratum, (di rivestimento) coat

stratosfèra s. f. stratosphere

stravagànte agg. queer, odd, eccentric

stravagànza s. f. oddness, strangeness

stravècchio agg. very old

stravìzio s. m. excess, intemperance

stravòlgere v. tr. **1** (torcere) to twist **2** (fig.) to distort, (snaturare) to change radically **3** (turbare) to upset

straziàre v. tr. **1** to lacerate, to torture **2** (fig.) to murder

stràzio s. m. torment, torture

strèga s. f. witch, hag

stregàre v. tr. to bewitch

stregóne s. m. wizard

stregonerìa s. f. witchcraft, sorcery

strègua s. f. standard, rate

stremàre v. tr. to exhaust

strèmo s. m. extreme limit

strènna s. f. gift, present

strènuo agg. **1** brave, courageous **2** (infaticabile) tireless

strepitóso agg. uproarious, resounding, clamorous

stress s. m. inv. stress

stressànte agg. stressful

strétta s. f. **1** grasp, hold, grip **2** (dolore) pang **3** (situazione difficile) dire straits pl. **4** (momento culminante) climax **5** (econ.) squeeze ♦ **mettere qc. alle strette** to put sb. with his back against the wall; **s. di mano** handshake

strétto A agg. **1** narrow **2** (di abito) tight **3** (serrato) tight, fast, (di denti) clenched **4** (rigoroso) strict, firm, close **5** (intimo) close **6** (preciso) exact, precise **7** (chiuso) close **8** (pigiato) packed **B** s. m. straits pl.

strettòia s. f. narrow passage, bottleneck

striàto agg. striped, striated

strìdere v. intr. **1** to creak, to squeak **2** (contrastare) to clash

strìdulo agg. shrill

strillàre v. tr. e intr. to scream, to shout

strìllo s. m. scream, cry, shout

strillóne s. m. newspaper seller

striminzito agg. stunted

strimpellàre v. tr. to strum, to bang away

strìnga s. f. **1** lace **2** (inf.) string

stringàto agg. **1** (di scarpa) laced-up **2** (di stile) concise

stringere A v. tr. **1** to grip, to clasp, to grasp, to clench **2** (rendere più stretto) to tighten, (un abito) to take in **3** (concludere, stipulare) to make, to draw up **4** (accelerare) to quicken **B** v. intr. **1** (in-calzare) to press **2** (essere stretto) to be tight **3** (condensare) to make it brief

strìscia s. f. **1** strip, stripe **2** (scia) streak, trail **3** (di fumetti) (comic) strip ♦ **strisce pedonali** zebra crossing

strisciàre A v. tr. to drag **B** v. intr. **1** to crawl, to creep **2** (sfregare) to scrape **3** (fig.) to grovel **C** v. rifl. to rub oneself

strìscio s. m. **1** graze **2** (segno) scrape **3** (med.) smear ♦ **colpire di s.** to graze

striscióne s. m. banner

stritolàre v. tr. to grind, to crush, to smash

strizzàre v. tr. to squeeze, (panni) to wring (out) ♦ **s. l'occhio** to wink

stròfa s. f. strophe

strofinàccio s. m. cloth, (per spolverare) duster, (per asciugare piatti) tea cloth, (per pavimenti) floor cloth

strofinàre A v. tr. **1** to rub **2** (pulire) to clean, (lucidare) to polish **B** v. rifl. to rub oneself

strombatùra s. f. splay

strombazzàre v. tr. to trumpet **B** v. intr. (suonare il clacson) to toot

stroncàre v. tr. **1** to break off, to cut off **2** (reprimere) to put down, to crush **3** (criticare) to slash, to pan, to tear apart

stroncatùra s. f. harsh criticism, slating

stropicciàre A v. tr. **1** to rub **2** (sgualcire) to crumple, to crease **B** v. intr. pron. to get creased

strozzàre A v. tr. **1** to strangle, (soffocare) to choke **2** (occludere) to block **B** v. intr. pron. **1** to choke **2** (restringersi) to narrow

strozzatùra s. f. narrowing, bottleneck

strumentàle agg. **1** instrumental **2** (che serve da strumento) exploitable

strumentalizzàre v. tr. to exploit, to manipulate

strumentista s. m. e f. instrumentalist

struménto s. m. **1** tool, instrument, implement **2** (mus.) instrument

strùtto s. m. lard

struttùra s. f. structure, frame

strutturalìsmo s. m. structuralism

strutturàre A v. tr. to structure **B** v. intr. pron. to be structured

strùzzo s. m. ostrich

stuccàre A v. tr. **1** (decorare con stucco) to stucco **2** (riempire di stucco) to plaster, to putty **3** (nause-

are) to sicken **4** (*annoiare*) to bore **B** *v. intr. pron.* to get fed up

stucchévole *agg.* sickening, nauseating

stùcco *s. m.* (*per decorazioni*) stucco, (*riempitivo*) plaster, putty, filler

studènte *s. m.* student

studentésco *agg.* student (*attr.*), students' (*attr.*)

studiàre A *v. tr.* **1** to study, (*all'università*) to read **2** (*esaminare*) to study, to examine **B** *v. intr. pron.* to try

stùdio *s. m.* **1** study, studying **2** (*indagine*) study, analysis **3** (*progetto*) plan **4** (*stanza*) study **5** (*ufficio di professionista*) office, (*di artista*) studio **6** (*cin., TV*) studio

studióso A *agg.* studious **B** *s. m.* scholar

stùfa *s. f.* stove, (*elettrica*) heater

stufare A *v. tr.* **1** (*cuc.*) to stew (*annoiare*) to bore **B** *v. intr. pron.* to get tired

stufàto *s. m.* stew

stùfo *agg.* bored, fed up

stuòia *s. f.* mat

stupefacènte A *agg.* **1** stupefying, amazing **2** (*med.*) stupefacient **B** *s. m.* drug

stupèndo *agg.* stupendous, marvellous, wonderful

stupidàggine *s. f.* **1** stupidity **2** (*cosa, azione stupida*) stupid thing, piece of nonsense **3** (*inezia*) trifle

stupidità *s. f.* stupidity

stùpido A *agg.* stupid, foolish **B** *s. m.* idiot, fool

stupìre *v. tr.* to astonish, to amaze **B** *v. intr. pron.* to be astonished, to be amazed

stupóre *s. m.* astonishment, amazement

stupràre *v. tr.* to rape

stupratóre *s. m.* rapist

stùpro *s. m.* rape

sturàre *v. tr.* **1** to unblock, to unplug **2** (*bottiglie*) to uncork

stuzzicadènti *s. m. inv.* toothpick

stuzzicàre *v. tr.* **1** to prod, to poke, to pick **2** (*molestare*) to tease **3** (*eccitare*) to excite, to whet

su A *avv.* **1** up **2** (*al piano superiore*) upstairs **3** (*indosso*) on **B** *prep.* **1** (*sovrapposizione con contatto*) on, upon, up, on to, (*in cima a*) on top of **2** (*sovrapposizione senza contatto, rivestimento, protezione, dominio, superiorità*) over **3** (*più in alto di*) above **4** (*lungo*) on, (*affacciato su*) on to **5** (*verso, intorno a*) about, at **6** (*in direzione di*) to(wards), (*contro*) on, at **7** (*riguardo a*) on, about ♦ **due su tre** two out of three; **in su** upwards, (*in avanti*) onwards

subàcqueo A *agg.* subaqueous, underwater (*attr.*) **B** *s. m.* skin diver

subaffittàre *v. tr.* to sublet

subbùglio *s. m.* confusion, mess

subcosciènte *agg. e s. m.* subconscious

sùbdolo *s. m.* sly, devious

subentràre *v. intr.* to take the place of, to replace

subìre *v. tr.* to undergo, to suffer

subissàre *v. tr.* to overwhelm

subitàneo *agg.* sudden

sùbito *avv.* **1** at once, immediately **2** (*in breve tempo*) soon ♦ **s. prima** just before

sublìme *agg.* sublime

subodoràre *v. tr.* to suspect

subordinàto *agg. e s. m.* subordinate

suburbàno *agg.* suburban

subùrbio *s. m.* suburb

succedàneo *agg. e s. m.* substitute

succèdere A *v. intr.* **1** (*subentrare*) to succeed **2** (*seguire*) to follow **3** (*accadere*) to happen, to occur **B** *v. rifl. rec.* to follow one another

successióne *s. f.* **1** succession **2** (*serie*) succession, series, sequence ♦ **imposta di s.** inheritance tax

successivaménte *avv.* subsequently

successìvo *agg.* following

successo *s. m.* **1** success, (*esito*) outcome **2** (*opera di successo*) hit

successóre *s. m.* successor

succhiàre *v. tr.* to suck

succìnto *agg.* **1** (*di vestito*) scanty **2** (*conciso*) concise

sùcco *s. m.* **1** juice **2** (*fig.*) essence, point

succóso *agg.* juicy

succursàle *s. f.* branch

sud *s. m.* south

sudafricàno *agg. e s. m.* South African

sudamericàno *agg. e s. m.* South American

sudàre *v. tr. e intr.* to sweat

sudàta *s. f.* sweat

sudàto *agg.* sweaty

suddétto *agg.* above-mentioned, aforesaid

sùddito *agg. e s. m.* subject

suddivìdere *v. tr.* to subdivide, to split up

sùdicio *agg.* dirty, filthy

sudóre *s. m.* sweat, perspiration

sufficiènte A *agg.* **1** sufficient, enough **2** (*altezzoso*) arrogant, haughty **B** *s. m.* sufficient, enough

sufficiènza *s. f.* **1** sufficiency **2** (*alterigia*) arrogance, conceit **3** (*voto scolastico*) pass mark ♦ **a s.** enough

suffisso *s. m.* suffix

suffràgio *s. m.* suffrage

suggellàre *v. tr.* to seal

suggeriménto *s. m.* suggestion, hint

suggerìre *v. tr.* **1** to suggest **2** (*teatro, scuola*) to prompt

suggeritóre *s. m.* prompter

suggestionàbile *agg.* suggestible

suggestionàre A *v. tr.* to influence **B** *v. intr. pron.* to persuade oneself

suggestióne *s. f.* **1** suggestion **2** (*fascino*) awesomeness

suggestìvo *agg.* suggestive, striking

sùghero *s. m.* cork

sùgo *s. m.* **1** juice **2** (*cuc.*) sauce **3** (*fig.*) essence

suicìda A *agg.* suicidal **B** *s. m. e f.* suicide

suicidàrsi *v. rifl.* to commit suicide

suicìdio *s. m.* suicide

suìno *s. m.* swine

sulfamidico *agg.* sulphamide

sultanàto *s. m.* sultanate

sultàno *s. m.* sultan

sùo A *agg. poss. 3ª sing.* **1** (*di lui*) his, (*di lei*) her, (*di cosa o animale*) its, (*s. proprio*) his own, her own, its own **2** (*nella forma di cortesia*) your **3** (*con sogg. impers.*) one's, (*s. proprio*) one's own **B** *pron.*

poss. (di lui) his, *(di lei)* hers, *(nella forma di cortesia)* yours **C** *s. m.* **1** *(denaro, averi)* his/her own money **2** *al pl. (familiari)* his/her family, *(i suoi seguaci)* his/her supporters

suòcera *s. f.* mother-in-law

suòcero *s. m.* father-in-law

suòla *s. f.* sole

suòlo *s. m.* soil, ground, land

suonàre A *v. tr.* **1** to sound, *(campanello, campane)* to ring **2** *(strumenti musicali)* to play **3** *(di orologio)* to strike **B** *v. intr.* **1** to sound, *(di campanello, campane)* to ring **2** *(eseguire musica)* to play **3** *(scoccare)* to strike **4** *(risuonare)* to ring, to resound

suonatóre *s. m.* player

suòno *s. m.* sound

suòra *s. f.* nun, sister

superàre *v. tr.* **1** to exceed, to go over, to be over, *(di persona)* to surpass, to outdo **2** *(passare al di là di)* to get over, *(di veicolo)* to overtake **3** *(vincere, sormontare)* to overcome, to get over, to get through

superàto *agg.* outdated, old-fashioned

supèrbia *s. f.* arrogance, pride, conceit

supèrbo *agg.* **1** proud, arrogant, haughty **2** *(magnifico)* superb, magnificent

superconduttività *s. f.* superconductivity

superficiàle *agg.* **1** superficial, surface *(attr.)* **2** *(fig.)* superficial, shallow

superfìcie *s. f.* surface

supèrfluo *agg.* superfluous

superióre *agg.* **1** superior **2** *(più alto)* higher **3** *(sovrastante)* upper **4** *(al di sopra)* above **5** *(di grado)* senior **6** *(avanzato)* advanced **B** *s. m.* superior

superiorità *s. f.* superiority

superlatìvo *agg. e s. m.* superlative

supermercàto *s. m.* supermarket

supèrstite A *agg.* surviving **B** *s. m. e f.* survivor

superstizióne *s. f.* superstition

superstizióso *agg.* superstitious

superstràda *s. f.* highway, motorway

supìno *agg.* supine

suppelléttile *s. f.* furnishings *pl.*

suppergiù *avv.* about, nearly, roughly

supplementàre *agg.* supplementary, additional, extra

suppleménto *s. m.* supplement, *(di spesa)* extra *(charge)*

supplènte A *agg.* temporary, substitute **B** *s. m. e f.* substitute, *(insegnante)* supply teacher

sùpplica *s. f.* petition

supplicàre *v. tr.* to beg, to implore

supplìre A *v. tr.* to replace, to stand in for **B** *v. intr.* to make up, to compensate

supplìzio *s. m.* torture, torment

suppórre *v. tr.* to suppose

suppòrto *s. m.* support, stand, bearing

supposizióne *s. f.* supposition, assumption

suppòsta *s. f.* suppository

suprèmo *agg.* **1** supreme **2** *(principale)* prime, chief, *(straordinario)* extraordinary **3** *(massimo)* great(est), highest **4** *(estremo)* last

surgelàre *v. tr.* to (deep-)freeze

surgelàto *s. m.* frozen food

surrealìsmo *s. m.* surrealism

surrealìsta *s. m. e f.* surrealist

surriscaldàre *v. tr. e intr. pron.* to overheat

surrogàto *s. m.* surrogate, substitute

suscettìbile *agg.* **1** susceptible **2** *(permaloso)* touchy

suscitàre *v. tr.* to stir up, to excite, to arouse

susìna *s. f.* plum

susseguìrsi *v. intr. pron.* to follow one another

sussidiàrio *agg.* subsidiary

sussìdio *s. m.* subsidy, grant, *(aiuto)* aid

sussistènza *s. f.* **1** *(esistenza)* existence **2** *(sostentamento)* subsistence

sussìstere *v. intr.* **1** to exist, to subsist **2** *(esser valido)* to be valid

sussultàre *v. intr.* **1** to start **2** *(di cose)* to shake

sussurràre *v. tr.* to whisper, to murmur

sussurrìo *s. m.* whispering

sussùrro *s. m.* whisper, murmur

sutùra *s. f.* suture

suturàre *v. tr.* to suture

svagàre A *v. tr.* **1** to divert, to distract attention **2** *(divertire)* to amuse, to entertain **B** *v. rifl.* **1** to distract one's mind **2** *(divertirsi)* to amuse oneself

svàgo *s. m.* **1** relaxation, *(passatempo)* hobby **2** *(divertimento)* amusement

svaligiàre *v. tr.* to rob, *(una casa)* to burgle

svalutàre A *v. tr.* **1** to devalue, to depreciate **2** *(sminuire)* to undervalue **B** *v. intr. pron.* to be devalued, to depreciate

svalutazióne *s. f.* devaluation

svanìre *v. intr.* **1** *(sparire)* to disappear, to vanish **2** *(venir meno)* to be lost, to fade

svantàggio *s. m.* **1** disadvantage, drawback **2** *(danno)* detriment

svantaggióso *agg.* **1** disadvantageous **2** *(dannoso)* detrimental

svaporàre *v. intr.* **1** to lose scent **2** *(fig.)* to fade

svariàto *agg.* **1** *(vario)* varied **2** *al pl.* various, different

svasatùra *s. f.* flare

svàstica *s. f.* swastika

svedése A *agg.* Swedish **B** *s. m. e f.* Swede **C** *s. m.* *(lingua)* Swedish

svéglia *s. f.* **1** call **2** *(orologio)* alarm-clock

svegliàre A *v. tr.* **1** to wake (up), to awake **2** *(fig.)* to stir, to arouse **B** *v. rifl.* to wake (up), to awake **C** *v. intr. pron.* to reawaken, to be roused

svéglio *agg.* **1** awake *(pred.)* **2** *(fig.)* wide-awake, quick

svelàre *v. tr.* to reveal, to disclose

sveltézza *s. f.* quickness, speed

svèlto *agg.* **1** quick, fast, rapid **2** *(fig.)* quick-witted, smart

svéndere *v. tr.* to sell off

svéndita *s. f.* (clearance) sale

sveniménto *s. m.* faint

svenìre *v. intr.* to faint

sventàre *v. tr.* to foil

sventolàre *v. tr. e intr.* to wave, to flutter

sventùra *s. f.* misfortune

sventuràto *agg.* unfortunate

svergognàto *agg.* shameless

svernàre v. intr. to winter
svestire v. tr. e rifl. to undress
svettàre v. intr. to stand out
svezzaménto s. m. weaning
svezzàre v. tr. to wean
sviàre A v. tr. **1** to divert, to turn aside **2** (distrarre) to distract **3** (traviare) to lead astray **B** v. intr. pron. to go astray, to deviate
svignàrsela v. intr. pron. to slink off
sviluppàre A v. tr. **1** (far crescere) to develop, to expand **2** (rinvigorire) to strengthen **3** (elaborare) to develop, to work out **4** (produrre) to generate, to produce **5** (fot., mat.) to develop **B** v. rifl. e intr. pron. **1** to develop **2** (crescere) to grow, (rinvigorirsi) to strengthen **3** (espandersi) to expand, to develop
sviluppo s. m. development
svisceràto agg. passionate

svista s. f. oversight
svitàre A v. tr. to unscrew **B** v. intr. pron. to come unscrewed
svizzero agg. e s. m. Swiss
svogliàto agg. unwilling, indolent
svolazzàre v. intr. to flutter, to fly about
svòlgere A v. tr. **1** to unwind, to unroll **2** (sviluppare) to develop **3** (eseguire) to carry out, to do **B** v. rifl. **1** to unwind, to unroll **2** (svilupparsi) to develop **C** v. intr. pron. (accadere) to happen, to occur
svolgiménto s. m. **1** unwinding, unrolling **2** (esecuzione) execution **3** (sviluppo) development, progress
svòlta s. f. **1** (lo svoltare) turning **2** (di strada) turn, bend
svoltàre v. intr. to turn
svuotàre v. tr. to empty

T

tabaccàio s. m. tobacconist
tabaccheria s. f. tobacconist's (shop)
tabàcco s. m. tobacco, (da fiuto) snuff
tabèlla s. f. table, schedule
tabellóne s. m. notice-board
tabernàcolo s. m. tabernacle
tabù s. m. taboo
tabulàto s. m. printout
tàcca s. f. notch
taccàgno A agg. miserly, stingy **B** s. m. miser
taccheggiàre v. tr. e intr. to shoplift
taccheggiatóre s. m. shoplifter
tacchéggio s. m. shoplifting
tacchino s. m. turkey
tacciàre v. tr. to accuse
tàcco s. m. heel
taccuino s. m. notebook
tacére A v. intr. **1** to be silent, to keep silent **2** (non far rumore) to be still **B** v. tr. to pass over in silence, to leave out
tachicardia s. f. tachycardia
tachimetro s. m. speedometer
tàcito agg. **1** tacit, implicit **2** (quieto) still
tacitùrno agg. taciturn
tafàno s. m. horse-fly
tafferùglio s. m. brawl, scuffle
tàglia s. f. **1** (misura) size **2** (ricompensa) reward
tagliacàrte s. m. inv. paper knife
tagliàndo s. m. coupon, slip
tagliàre A v. tr. **1** to cut **2** (attraversare) to cut across, (intersecare) to intersect **3** (interrompere, staccare) to cut off, to interrupt **4** (escludere) to cut out **5** (ridurre) to cut down **6** (mescolare) to blend **B** v.

intr. e intr. pron. to cut **C** v. rifl. to cut oneself, to get cut
tagliàto agg. **1** cut **2** (portato) cut out **3** (di vino) blended
tagliènte agg. cutting, sharp
taglière s. m. chopping-board
tàglio s. m. **1** cut, cutting **2** (ferita) cut **3** (parte tagliente) edge **4** (tono) tone **5** (pezzo) cut, (di stoffa) length, (di banconota) denomination **6** (dimensione) size **7** (di vite) slot
tagliòla s. f. trap
tàlco s. m. talc ♦ **t. in polvere** talcum powder
tàle A agg. **1** (simile) such, like that (pred.) (ES: **tali sono i suoi problemi** such are his problems, **tali fatti accadono ogni giorno** things like that happen every day) **2** (intensivo) so, such (ES: **c'era una t. confusione!** there was such a caos!) **3** (un certo) a, certain (ES: **un t. signor Smith** a Mr Smith) **4** (preceduto dall'art. determ.) such and such (ES: **il t. giorno alla t. ora** on such and such day, at such and such time) **5** (dimostr.) this, that (ES: **in t. caso** in that case) **B** pron. **1** (dimostr.) he m., she f., the/that person, the/that fellow (ES: **è lui il t. che cercavi** that's the fellow you were looking for) **2** (indef.) (preceduto dall'art. indeterm.) someone, (preceduto da 'quel', 'quella') the man, the woman (ES: **c'è un t. che ti aspetta** there's someone waiting for you, **c'è quel t. dell'assicurazione** the insurance man is here)
talènto s. m. talent
talismàno s. m. talisman
talloncino s. m. coupon, slip
tallóne s. m. heel
talménte avv. **1** (con agg. e avv.) so **2** (con v.) so

much. in such a way

talóra → **talvolta**

tàlpa *s. f.* mole

talvòlta *avv.* sometimes, at times

tamarindo *s. m.* tamarind

tamburellàre *v. intr.* to drum

tamburèllo *s. m.* tambourine

tambùro *s. m.* **1** drum **2** (*arch.*) tambour

tamponaménto *s. m.* **1** (*il tamponare*) plugging **2** (*autom.*) collision, (*a catena*) pile-up **3** (*med.*) tamponage

tamponàre *v. tr.* **1** to stop up, to plug **2** (*med.*) to tampon **3** (*autom.*) to collide with, to crash into

tampóne *s. m.* **1** plug, stopper **2** (*med., assorbente*) tampon **3** (*per timbri*) pad **4** (*chim., inf., elettr.*) buffer

tàna *s. f.* den

tàndem *s. m. inv.* tandem

tànfo *s. m.* stench

tangènte A *agg.* tangent **B** *s. f.* **1** tangent **2** (*quota*) share, percentage, (*illegale*) rake-off, cut

tangenziàle A *agg.* tangential **B** *s. f.* (*strada*) by-pass, ring road

tàngo *s. m.* tango

tànica *s. f.* can, tank

tànto A *agg. indef.* **1** (*intensivo*) so much, such, so many *pl.*, (*così grande*) so great (ES: **te l'ho detto tante volte** I've told you so many times) **2** (*molto*) much, many *pl.*, a lot of, lots of (ES: **hanno t. denaro** they have lots of money) **3** (*comp., spesso in correlazione con 'quanto'*) as much, as many *pl.*, (*in frasi neg.*) so much, so many *pl.* (ES: **ho tanti soldi quanto te** I have as much money as you, **non hai tanti giocattoli quanti ne ho io** you have not so many toys as I have) **4** (*altrettanto*) as much, as many *pl.* **B** *avv.* **1** (*così, talmente*) (*con agg. e avv.*) so, (*con v.*) such a lot, so (much) (ES: **sono t. felice che non riesco a stare fermo** I am so happy that I cannot keep still, **l'amava t.!** he loved her so much!) **2** (*in correlazione con 'quanto'*) (*con agg. e avv.*) as, so, (*con v.*) as much, so much (ES: **lavoro t. quanto mi basta** I work as hard as I need) **3** (*molto*) (*con agg. e avv.*) so, (*con v.*) so much (ES: **gli era t. affezionato** he was so fond of him) **4** (*temporale*) (for) a long time, long, so long (ES: **l'ho aspettato t.** I waited for him a long time) **5** (*moltiplicativo*) as much (ES: **due volte t.** twice as much) **6** (*soltanto*) just (ES: **t. per cambiare** just for a change) **7** (*comunque*) in any case (ES: **parla pure, t. faccio come voglio** you can go on talking, I'll do as I please in any case) **C** *pron. indef.* **1** (*molto*) much, many *pl.*, a lot, (*molte persone*) many people, a lot of people (ES: **tanti guidano in modo pericoloso** many people drive dangerously) **2** (*comparativo in correlaz. con 'quanto'*) as much, as many *pl.*, so much, so many *pl.* (ES: **prendine t. quanto basta** take as much as is necessary) **D** *s. m.* so much (ES: **un t. per cento** so much per cent) ♦ **ogni t.** every now and then; **t. più che ...** all the more that ...; **t. ... quanto** (*sia ... sia*) both ... and; **una volta ogni t.** once in a while

tàppa *s. f.* **1** (*luogo di sosta*) stopping place **2** (*fer-*

ma- ta) halt, stop, stay **3** (*parte di percorso*) stage, leg, (*di gara sportiva*) lap **4** (*momento fondamentale*) stage

tappàre A *v. tr.* to plug, to cork, to stop (up) **B** *v. rifl.* to shut oneself up

tapparèlla *s. f.* roll-up shutter

tappéto *s. m.* **1** carpet **2** (*sport*) mat, (*boxe*) canvas

tappezzàre *v. tr.* **1** to paper **2** (*coprire*) to cover **3** (*foderare*) to upholster

tappezzerìa *s. f.* **1** (*arte, professione*) upholstery **2** (*di tessuto*) tapestry, (*di carta*) wall-paper, (*per mobili, auto*) upholstery

tappezzière *s. m.* **1** (*di mobili*) upholsterer **2** (*di pareti*) paperhanger, decorator

tàppo *s. m.* plug, stopper, (*di bottiglia*) cap, (*di sughero*) cork

tàra *s. f.* **1** (*comm.*) tare **2** (*difetto*) defect, blemish

tarchiàto *agg.* stocky

tardàre A *v. tr.* to delay, to put off **B** *v. intr.* to be late, to be long, to delay

tàrdi *avv.* late

tardìvo *agg.* **1** late **2** (*che arriva tardi*) tardy, belated

tàrdo *agg.* **1** (*lento*) slow **2** (*ottuso*) dull **3** (*di tempo*) late

tàrga *s. f.* **1** plate **2** (*autom.*) numberplate, (*USA*) license plate

targhétta *s. f.* plate

tariffa *s. f.* tariff, rate, price, (*di biglietto*) fare

tariffàrio *s. m.* tariff, price list, rate table

tàrlo *s. m.* woodworm

tàrma *s. f.* moth

tarmicìda *s. m.* moth-killer

taròcco *s. m.* tarot, tarok

tarsìa *s. f.* marquetry, tarsia

tartagliàre *v. intr.* to stutter, to stammer

tàrtaro *s. m.* tartar

tartarùga *s. f.* tortoise, (*di mare*) turtle

tartìna *s. f.* canapé

tartùfo *s. m.* truffle

tàsca *s. f.* pocket

tascàbile A *agg.* pocket (*attr.*) **B** *s. m.* (*libro*) paperback

taschìno *s. m.* breast-pocket

tàssa *s. f.* tax, duty, dues *pl.*, (*per iscrizione*) fee

tassàbile *agg.* taxable

tassàmetro *s. m.* meter

tassàre *v. tr.* to tax, to assess

tassatìvo *agg.* peremptory

tassazióne *s. f.* taxation

tassèllo *s. m.* plug

tassì → **taxi**

tassìsta *s. m. e f.* taxi driver, cabdriver

tàsso (1) *s. m.* (*zool.*) badger

tàsso (2) *s. m.* (*bot.*) yew

tàsso (3) *s. m.* rate ♦ **t. di natalità** birthrate

tastàre *v. tr.* **1** to touch, to feel **2** (*fig.*) to sound out

tastièra *s. f.* keyboard

tastierìsta *s. m. e f.* keyboard operator, (*mus.*) keyboard player

tàsto *s. m.* key

tastóni, a *loc. avv.* gropingly

tàttica *s. f.* tactics *pl.* (*v. al sing.*)

tàttico *agg.* tactical

tàtto *s. m.* **1** touch **2** (*fig.*) tact

tatuàggio *s. m.* tattoo

tatuàre *v. tr.* to tattoo

tauromachìa *s. f.* bullfight

tavèrna *s. f.* tavern, inn

tàvola *s. f.* **1** (*asse*) board, plank **2** (*tavolo*) table **3** (*illustrazione*) plate **4** (*tabella*) table ♦ **t. a vela** windsurfer; **t. calda** snack bar

tavolàta *s. f.* table, tableful

tavolàto *s. m.* **1** (*pavimento*) wood(en) floor **2** (*geogr.*) plateau

tavolétta *s. f.* tablet, bar

tavolino *s. m.* small table

tàvolo *s. m.* table

tavolòzza *s. f.* palette

tàxi *s. m. inv.* taxi, cab

tàzza *s. f.* cup

tazzìna *s. f.* (small) cup

te *pron. pers. 2ª sing.* you ♦ **fai da te** do it yourself; **se fossi in te** if I were you; **tocca a te** it's your turn

tè *s. m.* tea

teatràle *agg.* theatrical

teàtro *s. m.* theatre, (*USA*) theater

tèca *s. f.* reliquary

tècnica *s. f.* **1** technique **2** (*tecnologia*) technics *pl.* (*v. al sing.*)

tècnico A *agg.* technical **B** *s. m.* technician, engineer, (*esperto*) expert

tecnologìa *s. f.* technology

tedésco *agg. e s. m.* German

tèdio *s. m.* tedium, boredom

tegàme *s. m.* pan

tèglia *s. f.* baking-tin

tègola *s. f.* tile

teièra *s. f.* tea-pot

téla *s. f.* cloth, canvas

telàio *s. m.* **1** loom, (*da ricamo*) tambour **2** (*ossatura*) frame

telecàmera *s. f.* telecamera

telecomàndo *s. m.* remote control

telecomunicazióne *s. f.* telecommunication

telecrònaca *s. f.* television report

telecronista *s. m. e f.* commentator

teleferìca *s. f.* cableway

telefonàre *v. tr. e intr.* to telephone, to phone, to ring up, to call

telefonàta *s. f.* (phone) call

telefònico *agg.* telephone (*attr.*)

telefonìsta *s. m. e f.* (telephone) operator

telèfono *s. m.* telephone, phone ♦ **colpo di t.** call; **elenco del t.** telephone directory

telegiornàle *s. m.* news

telègrafo *s. m.* telegraph

telegràmma *s. m.* telegram, (*USA*) wire

telemàtica *s. f.* telematics *pl.* (*v. al sing.*)

telepatìa *s. f.* telepathy

teleschérmo *s. m.* telescreen

telescòpio *s. m.* telescope

teleselezióne *s. f.* direct dialling

telespettatóre *s. m.* televiewer

televisióne *s. f.* television, (*apparecchio*) television set

televisìvo *agg.* television (*attr.*)

televisóre *s. m.* television set

tèlex *s. m. inv.* telex

tellìna *s. f.* clam

télo *s. m.* length of cloth

telóne *s. m.* tarpaulin

tèma *s. m.* **1** subject, topic, theme **2** (*scolastico*) composition **3** (*mus.*) theme

temeràrio *agg.* temerarious

temére *v. tr.* to fear, to be afraid of ♦ **temo di no/sì** I fear not/so

tèmpera *s. f.* tempera, distemper

temperamatìte *s. m. inv.* pencil sharpener

temperaménto *s. m.* temperament, disposition

temperàre *v. tr.* **1** (*mitigare*) to temper, to mitigate **2** (*fare la punta*) to sharpen

temperàto *agg.* **1** temperate, moderate **2** (*mus.*) tempered

temperatùra *s. f.* temperature

temperino *s. m.* **1** (*coltellino*) penknife **2** (*temperamatite*) pencil sharpener

tempèsta *s. f.* storm, tempest

tempestàre *v. tr.* **1** (*colpire*) to batter, to pound **2** (*subissare*) to annoy, to pester **3** (*ornare*) to stud

tempestività *s. f.* opportuneness, timeliness

tempestìvo *agg.* opportune, timely

tempestóso *agg.* stormy

tèmpia *s. f.* temple

tèmpio *s. m.* temple

tempìsmo *s. m.* sense of timing

templàre *s. m.* Templar

tèmpo *s. m.* **1** time **2** (*atmosferico*) weather **3** (*mus.*) tempo, time **4** (*gramm.*) tense **5** (*fase*) stage, phase ♦ **t. fa** some time ago; **t. libero** spare time; **t. morto** idle time; **t. pieno** full time; **un t.** (*nel passato*) once

temporàle *s. m.* storm

temporàneo *agg.* temporary

temporeggiàre *v. intr.* to play for time

tem-pràre A *v. tr.* **1** (*metall.*) to temper, to harden **2** (*fortificare*) to strengthen **B** *v. rifl. e intr. pron.* to be strengthened

tenàce *agg.* tenacious

tenàglie *s. f. pl.* tongs *pl.*, pincers *pl.*, pliers *pl.*

tènda *s. f.* **1** tent **2** (*di finestra*) curtain

tendènza *s. f.* **1** trend, tendency **2** (*attitudine*) disposition, bent

tendenziàle *agg.* tendential

tendenzióso *agg.* tendentious

tèndere A *v. tr.* **1** (*porgere*) to stretch (out), to hold out **2** (*mettere in tensione*) to stretch, to tighten **3** (*predisporre*) to lay, to set **B** *v. intr.* **1** to tend, to be inclined **2** (*mirare*) to aim, to intend

tendìna *s. f.* curtain

tèndine *s. m.* tendon, sinew

tendóne *s. m.* awning, (*impermeabile*) tarpaulin, (*da circo*) tent, big top

tènebre *s. f. pl.* dark, darkness

tenebróso *agg.* dark, gloomy

tenènte *s. m.* lieutenant

tenére A v. tr. **1** to hold, to keep **2** (prendere) to take **3** (occupare) to take up **4** (contenere) to contain **5** (considerare, ritenere) to consider, to regard **6** (organizzare) to hold, to deliver **B** v. intr. **1** (resistere) to hold **2** (essere a tenuta stagna) to be watertight **3** (dare importanza) to care, (avere caro) to value, (volere) to like, to want **4** (parteggiare) to be for, to support **C** v. rifl. **1** to keep oneself, to hold oneself **2** (trattenersi) to help (col gerundio) **3** (attenersi) to stick, to follow

tenerézza s. f. tenderness

tènero agg. **1** tender, soft **2** (fig.) tender, loving, (di parole) fond

tènia s. f. tapeworm, taenia

tènnis s. m. inv. tennis

tennista s. m. e f. tennis player

tenóre s. m. **1** (modo) tenor, way **2** (contenuto) tenor, contents pl. **3** (mus.) tenor

tensióne s. f. tension **2** (elettr.) voltage

tentàre v. tr. **1** to try, to attempt **2** (indurre in tentazione) to tempt

tentativo s. m. attempt, try

tentazióne s. f. temptation

tentennàre A v. intr. **1** to stagger, to totter, (oscillare) to swing **2** (fig.) to waver, to hesitate **B** v. tr. to shake

tènue agg. **1** slender, slight **2** (delicato) soft

tenùta s. f. **1** (proprietà agricola) estate, farm **2** (capacità) capacity **3** (abbigliamento) clothes pl., (uniforme) uniform **4** (tecnol.) seal ♦ **a t. d'acqua** watertight; **t. di strada** roadholding

teologìa s. f. theology

teòlogo s. m. theologian

teorèma s. m. theorem

teorìa s. f. theory

teòrico A agg. theoretic(al) **B** s. m. theorist, theorician

tepóre s. m. warmth

tèppa s. f. mob

teppismo s. m. hooliganism

teppista s. m. e f. hooligan

terapèutico agg. therapeutic(al)

terapìa s. f. therapy

tergicristàllo s. m. windscreen wiper

tergiversàre v. intr. to prevaricate

tèrgo s. m. back ♦ **a t.** overleaf

termàle agg. thermal ♦ **sorgenti termali** hot springs; **stabilimento t.** spa

tèrme s. f. pl. **1** thermal baths pl., hot springs pl., spa **2** (archeol.) thermae pl.

tèrmico agg. thermic, thermal

terminàle agg. e s. m. terminal

terminàre v. tr. e intr. to end, to finish

tèrmine s. m. **1** (fine) end, close **2** (limite) limit **3** (confine) boundary **4** (scadenza) expiry, date, time **5** (condizione, rapporto) term **6** (parola) term, word **7** (mat.) term

terminologìa s. f. terminology

tèrmite s. f. termite

termodinàmica s. f. thermodynamics pl. (v. al sing.)

termòmetro s. m. thermometer

termosifóne s. m. radiator

termòstato s. m. thermostat

tèrra s. f. **1** (pianeta) earth, (mondo) world **2** (opposto ad acqua) land **3** (terreno) ground, (materiale terroso) earth, (suolo coltivabile) soil, (pavimento) floor **4** (paese, regione) land, country **5** (proprietà) land, estate, property

terracòtta s. f. terracotta ♦ **vasellame di t.** earthenware

terrafèrma s. f. dry land, (continente) mainland

terràglia s. f. earthenware

terrapièno s. m. bank, (mil.) rampart

terràzza s. f. terrace

terrazzaménto s. m. terracing

terràzzo s. m. terrace

terremòto s. m. **1** earthquake **2** (fig.) upheaval

terréno A agg. earthly **B** s. m. **1** ground, (suolo) soil **2** (proprietà, possedimento) land **3** (campo) field ♦ **piano t.** ground floor, first floor

terrèstre agg. terrestrial, earthly, land (attr.)

terrìbile agg. terrible, awful, dreadful

terrificànte agg. terrifying, appalling

territoriàle agg. territorial

territòrio s. m. territory, region

terróre s. m. terror, dread

terrorìsmo s. m. terrorism

terrorìsta s. m. e f. terrorist

tèrso agg. clear

terziàrio agg. tertiary

terzino s. m. back

tèrzo agg. num. ord. e s. m. third

terzùltimo agg. last but two

tèsa s. f. brim

tèschio s. m. skull

tèsi s. f. thesis

tèso agg. **1** tigh, stretched, tense **2** (mirante) aimed

tesorerìa s. f. treasury

tesorière s. m. treasurer

tesòro s. m. treasure

tèssera s. f. **1** card, ticket, pass **2** (di mosaico) tessera

tèssere v. tr. to weave

tèssile agg. textile

tessitóre s. m. weaver

tessitùra s. f. weaving, (disposizione dei fili) texture

tessùto s. m. **1** fabric, material, cloth **2** (biol.) tissue ♦ **t. di lana** woollen fabric; **t. di seta** silk material

tèst s. m. inv. test

tèsta s. f. head ♦ **a t.** per head, each; **essere in t.** to be in the lead; **mal di t.** headache

tèsta-códa loc. sost. m. inv. spin, about-face

testaménto s. m. will, testament

testàrdo agg. stubborn

testàta s. f. **1** head **2** (di giornale) heading, (giornale) newspaper **3** (mil.) warhead **4** (colpo) butt

testatóre s. m. testator

tèste s. m. e f. witness

testìcolo s. m. testicle

testimòne s. m. e f. witness

testimoniànza s. f. **1** testimony, witness **2** (prova) evidence, proof

testimoniàre v. tr. e intr. to testify

testina s. f. head

tèsto s. m. text
testuàle agg. **1** textual **2** (preciso) exact, precise
testùggine s. f. tortoise, (di mare) turtle
tètano s. m. tetanus
tètro agg. gloomy
tétto s. m. **1** roof **2** (livello massimo) ceiling
tettóia s. f. roofing, canopy
tettùccio s. m. roof, (apribile) sunroof
tì pron. pers. 2ª sing. m. e f. **1** (compl. ogg.) you, (compl. ind.) (to) you, (for) you **2** (rifl.) yourself
tiàra s. f. tiara
tìbia s. f. tibia, shin-bone
tibùrio s. m. lantern
tic s. m. inv. tic
ticchettìo s. m. ticking
tièpido agg. tepid, lukewarm
tifàre v. intr. to be a fan of
tìfo s. m. **1** (med.) typhus **2** (sport) support, fanaticism ♦ **fare il t. per** to be a fan of
tifóne s. m. typhoon
tifóso s. f. fan, supporter
tìglio s. m. linden
tignòla s. f. moth
tìgre s. f. tiger
timbàllo s. m. timbale, pie
timbràre v. tr. to stamp, (lettera) to postmark ♦ **t. il cartellino** to clock in/out
tìmbro s. m. **1** stamp, (postale) postmark **2** (mus.) timbre
timidézza s. f. shyness
tìmido agg. shy, timid
timo (1) s. m. (bot.) thyme
timo (2) s. m. (anat.) thymus
timóne s. m. rudder, helm ♦ **ruota del t.** steering wheel
timonière s. m. helmsman, steersman
timóre s. m. fear, dread
timoróso agg. fearful, afraid (pred.)
tìmpano s. m. **1** (anat.) tympanum, eardrum **2** (mus.) kettledrum **3** (arch.) tympanum, gable
tìnca s. f. tench
tìngere v. tr. to dye **2** (colorare) to colour, to stain, (lievemente) to tinge
tìno s. m. tub, vat
tinòzza s. f. tub
tìnta s. f. **1** (sostanza colorante) dye, (pittura) paint **2** (colore) colour
tintarèlla s. f. (sun-)tan
tinteggiàre v. tr. to paint
tintinnàre v. intr. to tinkle
tintorìa s. f. dry cleaner's
tintùra s. f. dyeing, dye, (per capelli) hair dye
tìpico agg. typical
tìpo s. m. **1** type, model, pattern **2** (varietà) kind, sort **3** (individuo) fellow, chap, character, (USA) guy
tipografìa s. f. **1** (procedimento) typography **2** (stamperia) printing works pl.
tipogràfico agg. typographic(al)
tipògrafo s. m. printer, typographer
tipologìa s. f. typology
tiràggio s. m. draught

tirànno s. m. tyrant
tirànte s. m. **1** tie-rod **2** (edil.) tie-beam
tiràre A v. tr. **1** to pull, to draw, (trascinare) to drag **2** (lanciare) to throw **3** (tendere) to draw **4** (stampare) to print B v. intr. **1** (avere tiraggio) to draw **2** (soffiare) to blow **3** (sparare) to shoot **4** (tendere) to tend **5** (di vestito) to be tight **6** (essere teso) to feel tight C v. rifl. to draw, to drag ♦ **t. a lucido** to polish; **t. di boxe** to box; **t. fuori** to draw out; **t. giù** to pull down, (abbassare) to lower; **t. su** to pull up, (raccogliere) to pick up; **t. sul prezzo** to bargain
tiratóre s. m. shooter, shot
tiratùra s. f. **1** printing, edition **2** (numero di copie) circulation
tìrchio A agg. mean, stingy B s. m. miser
tìro s. m. **1** (trazione) draught **2** (lancio) throw, cast **3** (di arma) shot, fire, (lo sparare) shooting **4** (muta) team **5** (scherzo) trick **6** (di sigaretta) puff ♦ **t. alla fune** tug-of-war; **t. a segno** target-shooting; **t. con l'arco** archery
tirocìnio s. m. apprenticeship, training
tiròide s. f. thyroid
tisàna s. f. infusion, (herb) tea
titolàre A agg. regular, (che ha solo il titolo) titular B s. m. e f. (proprietario) owner, (detentore) holder
tìtolo s. m. **1** title, (di giornale) headline **2** (onorifico, accademico) title, (qualifica) qualification **3** (ragione) reason, (diritto) title, right **4** (fin.) bond, security
titubànte agg. hesitant
tìzio s. m. person, someone
tizzóne s. m. brand
toccànte agg. touching, moving
toccàre A v. tr. **1** to touch, (sfiorare) to touch in, (tastare) to feel, (maneggiare) to handle **2** (raggiungere) to reach **3** (commuovere) to touch, to move **4** (riguardare) to concern, to affect **5** (colpire) to hurt B v. intr. **1** (capitare) to happen, to fall **2** (spettare) to fall, to be up to, (essere di turno) to be turn **3** (dovere) to have C v. rifl. rec. to touch each other
toccasàna s. m. inv. cure-all
tócco s. m. touch, (di pennello) stroke
tòga s. f. robe, gown
tògliere A v. tr. **1** to take away, to take out, (vestiti) to take off **2** (rimuovere) to remove **3** (sottrarre) to take **4** (liberare) to relieve, to free **5** (interrompere l'erogazione di) to cut off B v. rifl. to go away, to get out
toilette s. f. **1** (bagno) toilet, lavatory **2** (mobile) dressing table
tollerànte agg. **1** tolerant **2** (che sopporta) enduring
tollerànza s. f. **1** tolerance **2** (capacità di sopportazione) endurance, tolerance **3** (scarto) allowance
tolleràre v. tr. **1** to tolerate, to bear, to stand **2** (concedere) to allow
tomàia s. f. upper
tómba s. f. tomb, grave
tombàle agg. tomb (attr.), grave (attr.)
tombìno s. m. manhole
tómbola s. f. **1** tombola **2** (ruzzolone) tumble
tòmo s. m. tome, volume
tomografìa s. f. tomography

tònaca *s. f. (di frate)* cowl, frock, *(di prete)* soutane

tonalità *s. f.* **1** tonality **2** *(sfumatura)* tone, shade

tóndo A *agg.* round **B** *s. m.* **1** round, *(cerchio)* circle, ring **2** *(arte)* tondo

tónfo *s. m.* **1** thud, *(in acqua)* splash **2** *(fig.)* fall, crash

tònico A *agg.* tonic **B** *s. m.* **1** tonic **2** *(cosmetico)* toner

tonificànte *agg.* tonic, bracing

tonificàre *v. tr.* to tone (up), to brace

tonnellàggio *s. m.* tonnage

tonnellàta *s. f.* ton

tónno *s. m.* tuna, tunny, *(in scatola)* tuna fish

tòno *s. m.* **1** tone **2** *(mus.)* tone, key, *(intonazione)* tune **3** *(accordo)* tune

tonsìlla *s. f.* tonsil

tonsillìte *s. f.* tonsillitis

tónto A *agg.* stupid, dull **B** *s. m.* foolish, dunce

top *s. m. inv.* top

topàzio *s. m.* topaz

topicìda *s. m.* rat-poison

topless *s. m. inv.* topless

tòpo *s. m.* mouse

topografìa *s. f.* topography

topònimo *s. m.* toponym

tòppa *s. f.* **1** *(pezza)* patch **2** *(della serratura)* keyhole

toràce *s. m.* chest, thorax

tórba *s. f.* peat

tòrbido *agg.* **1** *(di liquido)* turbid, cloudy **2** *(fosco)* gloomy **3** *(inquieto)* troubled

tòrcere A *v. tr.* **1** to twist, to wring **2** *(curvare)* to bend **B** *v. rifl.* to twist, to writhe

torchiàre *v. tr.* **1** to press **2** *(fig.)* to grill

tòrchio *s. m.* press

tòrcia *s. f.* torch

torcicòllo *s. m.* stiff neck

tórdo *s. m.* thrush

torménta *s. f.* snow storm

tormentàre A *v. tr.* to torture, to torment, *(annoiare)* to pester **B** *v. rifl.* to be tormented, to worry

torménto *s. m.* torment, agony, *(seccatura)* nuisance

tornacónto *s. m.* advantage, profit

tornàdo *s. m. inv.* tornado

tornànte *s. m.* hairpin bend

tornàre *v. intr.* **1** to return, *(andare di nuovo)* to go back, *(venire di nuovo)* to come back, *(essere di ritorno)* to be back **2** *(ridiventare)* to become again **3** *(quadrare)* to balance, to square

tornasóle *s. m.* litmus

tornèo *s. m.* tournament

tórnio *s. m.* lathe

tòro *s. m.* **1** bull **2** *(astr.)* Taurus

torpèdine *s. f.* torpedo

torpedinièra *s. f.* torpedo boat

torpóre *s. m.* torpor, numbness

tórre *s. f.* **1** tower **2** *(scacchi)* castle, rook

torrefazióne *s. f.* torrefaction, *(di caffè)* roasting

torrènte *s. m.* stream, torrent

torrenziàle *agg.* torrential

torrétta *s. f.* turret

torrióne *s. m.* keep, tower

torsióne *s. f.* torsion

tórso *s. m.* trunk, torso ♦ **a t. nudo** bare-chested

tórsolo *s. m.* core

tórta *s. f.* cake, pie, tart ♦ **t. di mele** apple-pie

tortièra *s. f.* baking-tin

tortìno *s. m.* pie

tòrto *s. m.* **1** wrong **2** *(colpa)* fault ♦ **a t.** wrongly

tórtora *s. f.* turtledove

tortuóso *agg.* **1** winding, tortuous **2** *(fig.)* tortuous, devious

tortùra *s. f.* **1** torture **2** *(fig.)* agony, torment

torturàre A *v. tr.* to torture **B** *v. rifl.* to torment oneself, to worry

tòrvo *agg.* grim

tosaèrba *s. m. inv.* lawn mower

tosàre *v. tr.* to shear, to clip

toscàno *agg.* e *s. m.* Tuscan

tósse *s. f.* cough

tòssico *agg.* toxic

tossicodipendènte *s. m.* e *f.* (drug) addict

tossicodipendènza *s. f.* drug addiction

tossicòmane *s. m.* e *f.* (drug) addict

tossìna *s. f.* toxin

tossìre *v. intr.* to cough

tostapàne *s. m. inv.* toaster

tostàre *v. tr.* to toast, *(caffè)* to roast

totàle A *agg.* total, complete, whole, utter **B** *s. m.* total

totalità *s. f.* **1** totality **2** *(numero complessivo)* mass, whole

totalizzàre *v. tr.* to total, *(punteggio)* to score

tòtano *s. m.* tattler

tournée *s. f. inv.* tour

tovàglia *s. f.* tablecloth

tovagliòlo *s. m.* napkin

tòzzo A *agg.* squat **B** *s. m.* piece

tra *prep.* → **fra**

traballàre *v. intr.* to stagger, to totter

traboccàre *v. intr.* to overflow

trabocchétto *s. m.* trap

tracannàre *v. tr.* to gulp down

tràccia *s. f.* **1** trace, sign, *(impronta)* track, trail, *(di uomo)* footprint **2** *(schema)* outline

tracciàre *v. tr.* **1** to trace (out), to mark out, to draw, to plot **2** *(delineare)* to outline

tracciàto *s. m.* plan, route

trachèa *s. f.* trachea, windpipe

tracòlla *s. f.* shoulder-belt, baldric ♦ **borsa a t.** shoulder-bag

tracòllo *s. m.* collapse, ruin, crash

tracotànte *agg.* overbearing

tradiménto *s. m.* **1** treason, *(inganno)* betrayal **2** *(slealtà)* treachery

tradìre A *v. tr.* **1** to betray **2** *(essere infedele a)* to be unfaithful to **3** *(ingannare)* to deceive **4** *(venir meno a)* to fail **B** *v. rifl.* to betray oneself

traditóre A *agg.* treacherous **B** *s. m.* traitor, betrayer

tradizionàle *agg.* traditional

tradizióne *s. f.* tradition

tradùrre *v. tr.* **1** to translate **2** *(esprimere)* to express **3** *(dir.)* to transfer

traduttóre *s. m.* translator

traduzióne *s. f.* **1** translation **2** *(dir.)* transfer

trafelàto *agg.* out of breath

trafficànte *s. m. e f.* dealer, trafficker

trafficàre *v. intr.* **1** to trade, to deal **2** (*fare traffici illeciti*) to traffic, (*spacciare*) to push **3** (*affaccendarsi*) to bustle about

tràffico *s. m.* **1** traffic **2** (*commercio*) trade, (*illecito*) traffic

trafìggere *v. tr.* to stab, to pierce through

trafìla *s. f.* procedure

trafilétto *s. m.* paragraph

traforàre *v. tr.* to bore, to drill

trafóro *s. m.* **1** perforation, boring, tunneling **2** (*galleria*) tunnel

trafugàre *v. tr.* to purloin, to steal

tragèdia *s. f.* tragedy

traghettàre *v. tr.* to ferry

traghétto *s. m.* ferry(boat)

tràgico *agg.* tragic(al)

tragicòmico *agg.* tragicomic(al)

tragìtto *s. m.* **1** (*percorso*) way **2** (*viaggio*) journey, (*per mare*) passage, crossing

traguàrdo *s. m.* **1** finishing line **2** (*fig.*) goal, aim

traiettòria *s. f.* trajectory

tràina *s. f.* towrope ♦ **pescare alla t.** to troll

trainàre *v. tr.* to tow, to draw

tràino *s. m.* haulage, drawing

tralasciàre *v. tr.* **1** to leave out, to omit **2** (*desistere da*) to give up

tràlcio *s. m.* shoot

tralìccio *s. m.* trellis, pylon

tram *s. m.* tram, (*USA*) streetcar

tràma *s. f.* **1** (*di tessuto*) weft **2** (*intreccio*) plot, plan **3** (*macchinazione*) plot, conspiracy

tramandàre *v. tr.* to hand down

tramàre *v. tr.* to plot, to intrigue

trambùsto *s. m.* confusion, bustle

tramestìo *s. m.* rummaging

tramezzìno *s. m.* sandwich

tramèzzo *s. m.* partition wall

tramontàna *s. f.* north wind

tramontàre *v. intr.* **1** to set **2** (*fig.*) to fade, to wane

tramónto *s. m.* **1** (*del sole*) sunset, (*di astri*) setting **2** (*fig.*) decline, fading

tramortìre *v. tr.* to stun

trampolière *s. m.* wading-bird, wader

trampolìno *s. m.* spring board, diving board, (*per sci*) ski-jumping board

tràmpolo *s. m.* stilt

tramutàre **A** *v. tr.* to change, to convert **B** *v. intr. pron.* to change into, to turn into

tràncio *s. m.* slice

tranèllo *s. m.* trap, snare

trangugiàre *v. tr.* to gulp down

trànne *prep.* except, save, but

tranquillànte **A** *agg.* tranquillizing **B** *s. m.* tranquillizer

tranquillità *s. f.* quiet, calm, (*di spirito*) tranquillity

tranquillizzàre **A** *v. tr.* to tranquillize, to calm down **B** *v. intr. pron.* to calm down

tranquìllo *agg.* peaceful, calm, quiet, (*di spirito*) tranquil

transatlàntico *s. m.* (trasatlantic) liner

transazióne *s. f.* **1** arrangement **2** (*dir., comm.*) transaction

transènna *s. f.* **1** barrier **2** (*arch.*) transenna

transessuàle *s. m. e f.* transsexual

transètto *s. m.* transept

transìgere *v. intr.* **1** to come to an agreement, to come to terms **2** (*dir.*) to come to a transaction

transìstor *s. m. inv.* transistor

transitàbile *agg.* practicable

transitàre *v. intr.* to travel, to pass

transitìvo *agg.* transitive

trànsito *s. m.* transit ♦ **divieto di t.** no thoroughfare; **t. interrotto** road up

transitòrio *agg.* temporary

tranvìa *s. f.* tramway, (*USA*) streetcar line

tranvière *s. m.* tram driver, (*USA*) streetcar operator

trapanàre *v. tr.* to drill, to bore

tràpano *s. m.* drill

trapassàre **A** *v. tr.* to pierce, to run through **B** *v. intr.* **1** (*passare*) to pass **2** (*morire*) to pass away

trapàsso *s. m.* **1** transition **2** (*dir.*) transfer

trapelàre *v. intr.* to leak out

trapèzio *s. m.* **1** (*geom.*) trapezium **2** (*anat.*) trapezius **3** (*ginnastica, vela*) trapeze

trapezìsta *s. m. e f.* trapezist

trapiantàre **A** *v. tr.* to transplant **B** *v. rifl.* to settle

trapiànto *s. m.* transplant, transplantation

tràppola *s. f.* trap

trapùnta *s. f.* quilt

tràrre **A** *v. tr.* **1** to draw, to pull **2** (*derivare*) to derive, to get **3** (*condurre*) to lead **B** *v. rifl.* to draw

trasalìre *v. intr.* to start, to jump

trasandàto *agg.* careless, shabby

trasbordàre **A** *v. tr.* (*naut.*) to tranship, (*ferr.*) to transfer **B** *v. intr.* to change

trascéndere **A** *v. tr.* to transcend, to go beyond **B** *v. intr.* to let oneself go, to lose control

trascinàre **A** *v. tr.* **1** to drag, to trail **2** (*avvincere*) to fascinate **B** *v. rifl.* to draw oneself along **C** *v. intr. pron.* to drag on

trascórrere **A** *v. tr.* to spend, to pass **B** *v. intr.* to pass, to elapse

trascrìvere *v. tr.* **1** to transcribe **2** (*registrare*) to register

trascrizióne *s. f.* **1** transcription **2** (*registrazione*) registration

trascuràbile *agg.* negligible

trascuràre **A** *v. tr.* **1** to neglect **2** (*tenere in poco conto*) to disregard, to ignore **B** *v. rifl.* to let oneself go

trascuratézza *s. f.* **1** carelessness **2** (*svista*) oversight

trascuràto *agg.* **1** careless, negligent **2** (*non curato*) neglected

trasecolàre *v. intr.* to be astounded

trasferiménto *s. m.* transfer

trasferìre **A** *v. tr.* to move, to transfer **B** *v. intr. pron. e rifl.* to move

trasfèrta *s. f.* **1** transfer **2** (*indennità*) travelling allowance ♦ **partita in t.** away game

trasfiguràre **A** *v. tr.* to transfigure **B** *v. intr. pron.* to become transfigured

trasformàre **A** *v. tr.* to transform, to change **B** *v. intr. pron.* to transform oneself, to turn into

trasformatóre *s. m.* transformer

trasfusióne *s. f.* transfusion

trasgredíre *v. tr. e intr.* to infringe, to transgress

trasgressióne *s. f.* transgression, infringement

traslàto *agg.* metaphorical

traslitterazióne *s. f.* transliteration

traslocàre *v. tr. e intr.* to move

traslòco *s. m.* removal, move

trasméttere A *v. tr.* 1 to pass, to transfer, to convey 2 (*mandare*) to send, to pass on 3 (*TV, radio*) to broadcast, to transmit **B** *v. intr. pron.* to be transmitted

trasmettitóre *s. m.* transmitter

trasmissióne *s. f.* transmission

trasmittènte *s. f.* transmitter

trasognàto *agg.* dreamy

trasparènte *agg.* transparent

trasparènza *s. f.* transparency

trasparíre *v. intr.* to shine through ♦ **lasciar t.** to betray

traspiràre A *v. tr.* to transpire **B** *v. intr.* 1 to perspire 2 (*bot., fig.*) to transpire

traspirazióne *s. f.* perspiration, transpiration

trasportàbile *agg.* transportable

trasportàre *v. tr.* 1 to transport, to carry, to convey 2 (*spostare*) to move, (*trasferire*) to transfer

trasportatóre *s. m.* carrier, conveyor

traspòrto *s. m.* 1 transport, conveyance, carriage, (*di merce*) freight 2 *al pl.* transport 3 (*fig.*) transport

trastullàre A *v. tr.* to amuse **B** *v. rifl. e intr. pron.* 1 to play 2 (*perdere tempo*) to waste time

trasudàre A *v. tr.* to ooze with **B** *v. intr.* to trasude, (*sudare*) to perspire, (*umidità*) to ooze

trasversàle A *agg.* 1 transversal, cross (*attr.*) 2 (*indiretto*) indirect **B** *s. f.* 1 transversal 2 (*via*) cross street

trasvolàre *v. tr.* to fly across

trasvolàta *s. f.* flight, (air) crossing

tràtta *s. f.* 1 (*traffico*) trade 2 (*banca*) draft, bill 3 (*tratto*) distance, (*ferr.*) section

trattàbile *agg.* 1 tractable 2 (*di prezzo*) negotiable

trattaménto *s. m.* 1 treatment, service 2 (*med., tecnol.*) treatment 3 (*economico*) pay, wages *pl.*

trattàre A *v. tr.* 1 to treat, to deal with 2 (*maneggiare*) to handle 3 (*discutere*) to deal with, to discuss 4 (*contrattare*) to handle, to transact, to negotiate 5 (*commerciare*) to deal in, to handle 6 (*chim., med.*) to treat **B** *v. intr.* 1 (*di un argomento*) to be about 2 (*avere a che fare*) to deal 3 (*condurre trattative*) to negotiate 4 (*essere*) to be (about), (*essere questione*) to be a question **C** *v. rifl.* to treat oneself ♦ **di che si tratta?** what is it about?

trattatíva *s. f.* negotiation, talks *pl.*

trattàto *s. m.* 1 (*libro*) treatise 2 (*accordo*) treaty

trattazióne *s. f.* treatment

tratteggiàre *v. tr.* 1 to outline 2 (*disegnare a tratti*) to dash 3 (*descrivere*) to describe

trattenére A *v. tr.* 1 (*far rimanere*) to keep, to retain 2 (*frenare*) to hold back, to keep, to restrain 3 (*intrattenere*) to entertain 4 (*fare una trattenuta*) to deduct **B** *v. rifl.* 1 (*rimanere*) to stop, to stay, to remain 2 (*frenarsi*) to restrain oneself, to keep oneself

tratteniménto *s. m.* entertainment, party

trattenùta *s. f.* deduction

trattíno *s. m.* dash, (*nelle parole*) hyphen

tràtto *s. m.* 1 (*di penna, matita*) stroke 2 (*frazione di spazio*) part, tract, stretch, (*di tempo*) period, while 3 (*caratteristica*) trait, feature 4 *al pl.* feature ♦ **d'un t.** suddenly

trattóre *s. m.* tractor

trattoría *s. f.* restaurant

tràuma *s. m.* trauma ♦ **t. psichico** mental shock

traumàtico *agg.* traumatic

traumatòlogo *s. m.* traumatologist

travàglio *s. m.* 1 trouble, pain, suffering 2 (*del parto*) labour

travasàre *v. tr.* to pour off

tràve *s. f.* beam

travèrsa *s. f.* 1 crossbar 2 (*via*) side road, cross road

traversàre *v. tr.* to cross

traversàta *s. f.* crossing, passage

traversía *s. f.* misfortune

travèrso A *agg.* 1 transverse, cross 2 (*obliquo*) oblique **B** *s. m.* width ♦ **andare di t.** (*di cibo*) to go the wrong way

travertíno *s. m.* travertin(e)

travestiménto *s. m.* disguise

travestíre A *v. tr.* to disguise **B** *v. rifl.* to disguise oneself

traviàre A *v. tr.* to mislead, to lead astray **B** *v. intr. pron.* to go astray

travisàre *v. tr.* to distort, to alter, to misinterpret

travolgènte *agg.* overwhelming

travòlgere *v. tr.* 1 to sweep away, to carry away 2 (*sopraffare*) to overwhelm 3 (*investire*) to run over

trazióne *s. f.* 1 traction 2 (*autom.*) drive

tre *agg. num. card. e s. m. inv.* three

trebbiàre *v. tr.* to tresh

tréccia *s. f.* plait, braid

trecènto *agg. num. card. e s. m. inv.* three hundred

trédici *agg. num. card. e s. m. inv.* thirteen

trégua *s. f.* 1 truce 2 (*riposo*) respite, rest

tremàre *v. intr.* to tremble, to shake, to quiver, (*di freddo*) to shiver, (*di paura*) to quake

tremèndo *agg.* frightful, awful, terrible

tremíla *agg. num. card. e s. m. inv.* three thousand

trèmito *s. m.* tremble, shake, quiver

tremolàre *v. intr.* to tremble, (*di luce*) to flicker

tremóre *s. m.* 1 trembling, shaking 2 (*med.*) tremor

trèno *s. m.* train ♦ **t. accelerato** slow train; **t. diretto** through train; **t. espresso** fast train; **t. rapido** express train

trénta *agg. num. card. e s. m. inv.* thirty

trentèsimo *agg. num. ord. e s. m.* thirtieth

trepidàre *v. intr.* to be anxious

trésca *s. f.* intrigue

tréspolo *s. m.* trestle, (*per pappagallo*) perch

triangolàre *agg.* triangular

triangolazióne *s. f.* triangulation

triàngolo *s. m.* triangle

tribù *s. f.* tribe

tribùna *s. f.* 1 (*per oratori*) tribune, platform 2 (*per uditori*) gallery 3 (*sport*) stand 4 (*arch.*) apse

tribunàle *s. m.* court, tribunal

tributàre *v. tr.* to bestow, to grant

tribùto s. m. tribute
trichèco s. m. walrus
triciclo s. m. tricycle
triclinio s. m. triclinium
tricòlogo s. m. trichologist
tricolóre agg. tricolo(u)r
tricuspidàle agg. tricuspid(al)
tridènte s. m. trident
tridimensionàle agg. tridimensional, three-dimensional
trielina s. f. trichloroethylene
trifòglio s. m. clover
triglia s. f. mullet
triglifo s. m. triglyph
trillàre v. intr. to trill
trilobàto agg. trilobal
trimestràle agg. quarterly, three-monthly
trimèstre s. m. quarter, three-month period
trimotóre s. m. three-engined aircraft
trina s. f. lace
trincèa s. f. trench
trinceràre A v. tr. to entrench B v. intr. pron. to entrench oneself
trinciàre v. tr. to cut (up)
trinità s. f. trinity
trio s. m. trio
trionfàle agg. triumphal
trionfàre v. intr. to triumph
triónfo s. m. triumph
triplicàre v. tr. e intr. pron. to triple, to treble
triplice agg. triple, treble
triplo agg. e s. m. triple, treble
trippa s. f. tripe
triste agg. 1 sad, unhappy 2 (cupo) gloomy, bleak
tristézza s. f. 1 sadness, unhappiness 2 (cupezza) gloominess
tritacàrne s. m. inv. mincer
tritaghiàccio s. m. inv. ice-crusher
tritàre v. tr. to mince, to chop up, to grind
tritatùtto s. m. inv. mincer, food-grinder
trito agg. 1 (tritato) minced, chopped 2 (comune, stranoto) trite, worn-out
trittico s. m. triptych
trivellàre v. tr. to bore, to drill
triviàle agg. coarse, vulgar
trofeo s. m. trophy
troglodìta s. m. troglodyte
trómba s. f. 1 trumpet 2 (delle scale) well ♦ **t. d'aria** tornado
trombettista s. m. e f. trumpet (player)
trombóne s. m. 1 trombone 2 (fanfarone) braggart
trombòsi s. f. thrombosis
troncàre v. tr. to cut off, to break off
tronchése s. m. o f. (cutting) nippers pl.
trónco s. m. 1 trunk, (d'albero abbattuto) log 2 (ceppo) stock 3 (tratto) section 4 (geom.) frustum
troneggiàre v. intr. to tower, to stand out
tròno s. m. throne
tropicàle agg. tropical
tròpico s. m. tropic
tròppo A agg. indef. (quantità) too much, too many

pl., (durata) too long, (estensione) too far B pron. indef. too much, too many pl. C avv. 1 (con avv. e agg.) too, (con v.) too much 2 (molto) too, so (very)
tròta s. f. trout
trottàre v. intr. to trot
trottatóre s. m. trotter
trotterellàre v. intr. to trot along
tròtto s. m. trot
tròttola s. f. spinning-top
trovàre A v. tr. 1 to find 2 (scoprire) to find out, to discover 3 (incontrare) to meet 4 (sorprendere) to catch 5 (far visita a) to see B v. intr. pron. 1 to find oneself 2 (essere) to be 3 (sentirsi) to feel C v. rifl. rec. to meet
trovàta s. f. trick
truccàre A v. tr. 1 to make up 2 (mascherare) to disguise 3 (falsificare) to fix, to rig, to falsify B v. rifl. 1 to make oneself up 2 (travestirsi) to disguise oneself
truccatóre s. m. make-up man, visagiste
trùcco s. m. 1 trick 2 (con cosmetici) make-up
trùce agg. grim
trucidàre v. tr. to slaughter
trùciolo s. m. chip, shaving
trùffa s. f. fraud, swindle, cheat
truffàre v. tr. to defraud, to cheat, to swindle
trùppa s. f. troop
tu pron. pers. 2ª sing. you ♦ **tu stesso** you yourself
tùba s. f. tuba
tubàre v. intr. to coo
tubatùra s. f. piping, pipes pl.
tubazióne s. f. piping, pipes pl.
tubétto s. m. tube
tùbo s. m. tube, pipe ♦ **t. digerente** alimentary canal; **t. di scappamento** exhaust-pipe
tuffàre A v. tr. to plunge, to dip B v. rifl. to dive, to plunge
tuffatóre s. m. diver
tùffo s. m. dive, plunge
tùfo s. m. tuff
tùga s. f. deckhouse
tugùrio s. m. hovel
tulipàno s. m. tulip
tumefàre v. tr. e intr. pron. to tumefy
tumefazióne s. f. tumefaction
tumóre s. m. tumour, (USA) tumor
tùmulo s. m. 1 (archeol.) tumulus 2 (cumulo di terra) mound
tumùlto s. m. 1 tumult, uproar 2 (sommossa) riot
tumultuóso agg. tumultuous, riotous
tùndra s. f. tundra
tùnica s. f. tunic
tunnel s. m. inv. tunnel
tùo A agg. poss. 2ª sing your B pron. poss. yours C s. m. 1 (ciò che è tuo) your property, what you own 2 al pl. (i tuoi familiari) your family, (i tuoi sostenitori) your supporters
tuonàre v. intr. to thunder
tuòno s. m. thunder
tuòrlo s. m. yolk
turàcciolo s. m. cork
turàre v. tr. to plug, to stop

turbaménto s. m. **1** disturbing **2** (*agitazione*) perturbation

turbánte s. m. turban

turbáre A v. tr. to upset, to trouble **B** v. intr. pron. to get upset, to become agitated

turbína s. f. turbine

turbináre v. intr. to whirl

tùrbine s. m. whirl

turbolénto agg. **1** turbulent, stormy **2** (*di bambino*) boisterous

turchése agg. e s. m. turquoise

turchíno agg. e s. m. deep blue

tùrco A agg. Turkish **B** s. m. **1** (*abitante*) Turk **2** (*lingua*) Turkish

turísmo s. m. tourism

turísta s. m. e f. tourist

turístico agg. tourist (*attr.*)

tùrno s. m. **1** turn **2** (*di lavoro*) shift, (*di servizio*) duty

tùrpe agg. **1** base, vile, shameful **2** (*osceno*) obscene, filthy

turpilòquio s. m. foul language

tùta s. f. overalls *pl.*, (*sportiva*) tracksuit ♦ **t. mimetica** camouflage

tutèla s. f. **1** (*dir.*) guardianship, tutelage **2** (*protezio-*

ne) protection, (*difesa*) defence, safeguard

tutelàre v. tr. to protect, to defend

tutóre s. m. **1** (*dir.*) guardian **2** (*bot.*) stake

tutt'al più loc. avv. **1** (*al massimo*) at (the) most **2** (*alla peggio*) at (the) worst

tuttavìa cong. but, yet, nevertheless, however

tùtto A agg. indef. **1** all, (*intero*) (the) whole (of) (ES: **t. l'anno** all the year, the whole year) **2** al pl. all, (*ogni*) every, (*ciascuno*) each, (*qualsiasi*) any (ES: **tutti gli uomini sono uguali** all men are equal, **ci vediamo tutti i giorni** we see each other every day) **3** (*completamente*) all, quite (ES: **sei t. bagnato** you're all wet) **B** pron. indef. **1** all, (*ogni cosa*) everything, (*qualsiasi cosa*) anything (ES: **t. dipende da te** everything is up to you) **2** al pl. all, (*ognuno*) everybody, everyone, (*ciascuno*) each one (ES: **lo sanno tutti** everybody knows) **C** s. m. whole, total, (*ogni cosa*) everything (ES: **mescolate il t.** mix everything) ♦ **a tutta velocità** at full speed; **t. spiano** all out; **di t. punto** completely; **prima di t.** first of all; **tutt'altro!** not at all!; **t. intorno** all around

tuttofàre agg. general

tuttóra avv. still

tutù s. m. tutu

U

ubbidiènte agg. obedient

ubbidíre v. intr. e tr. to obey

ubicazióne s. f. location, site

ubiquità s. f. ubiquity

ubriacàre A v. tr. to make drunk **B** v. rifl. e intr. pron. to get drunk

ubriachézza s. f. drunkenness ♦ **in stato di u.** in a drunken state

ubrìaco agg. e s. m. drunk

uccellièra s. f. aviary

uccèllo s. m. bird

uccìdere A v. tr. to kill **B** v. rifl. **1** (*rimanere ucciso*) to get killed **2** (*suicidarsi*) to kill oneself

uccisióne s. f. killing, (*assassinio*) murder

uccisóre s. m. killer, (*assassino*) murderer

udìbile agg. audible

udiènza s. f. **1** audience, hearing, (*colloquio*) interview **2** (*dir.*) hearing, sitting ♦ **u. a porte chiuse** sitting in camera

udìre v. tr. to hear

udìtivo agg. auditory

udìto s. m. hearing

uditòrio s. m. audience

uffa inter. ooh, phew

ufficiàle A agg. official, formal **B** s. m. officer

ufficio s. m. **1** office, bureau, (*reparto*) department,

(*edificio*) premises *pl.* **2** (*carica*) office, task, function **3** (*dovere*) duty ♦ **orario d'u.** office hours; **u. postale** post office; **u. turístico** tourist office

ufficióso agg. unofficial

ugèllo s. m. nozzle, jet

uggìa s. f. boredom, nuisance

uggióso agg. boring, tiresome, (*di tempo*) gloomy

uguaglianza s. f. equality

uguagliàre v. tr. **1** (*rendere uguale*) to equalize, to make equal, (*livellare*) to level **2** (*essere uguale a*) to equal, to be equal **3** (*sport*) to equal **4** (*paragonare*) to compare

uguàle A agg. **1** equal, (*identico*) same, like, identical **2** (*uniforme*) even, regular, uniform **B** s. m. **1** equal **2** (*la stessa cosa*) the same

ugualménte avv. **1** equally **2** (*malgrado tutto*) all the same

úlcera s. f. ulcer ♦ **u. duodenale** duodenal ulcer; **u. gastrica** gastric ulcer

ùlna s. f. ulna

ulterióre agg. further

ultimaménte avv. lately

ultimàre v. tr. to complete, to finish

ùltimo A agg. **1** last, final **2** (*il più recente*) latest, last **3** (*estremo*) farthest, utmost **4** (*principale*) ultimate **B** s. m. **1** last **2** (*momento finale*) end

ultrasuòno *s. m.* ultrasound
ultraviolétto *agg. e s. m.* ultraviolet
ululàre *v. intr.* to howl, *(di sirena)* to hoot
ululàto *s. m.* howl, *(di sirena)* hoot
umanésimo *s. m.* humanism
umanista *s. m. e f.* humanist
umanità *s. f.* 1 humanity, *(genere umano)* mankind 2 *(bontà)* humanity
umanitàrio *agg.* humanitarian
umàno *agg.* 1 human 2 *(gentile)* humane
umidificàre *v. tr.* to humidify
umidificatóre *s. m.* humidifier
umidità *s. f.* dampness, moisture, humidity
ùmido *agg.* damp, moist, humid
ùmile *agg.* humble, modest
umiliànte *agg.* humiliating
umiliàre A *v. tr.* to humiliate, to humble **B** *v. rifl.* to humble oneself
umiliazióne *s. f.* humiliation
umiltà *s. f.* 1 *(virtù)* humility 2 *(l'essere di modesta condizione)* humbleness
umóre *s. m.* 1 humour 2 *(stato d'animo)* mood, temper ♦ **essere di cattivo/buon u.** to be in a bad/good mood
umorismo *s. m.* humour
umorista *s. m. e f.* humorist
umoristico *agg.* humorous, comic, *(divertente)* funny
un → **uno**
unànime *agg.* unanimous
unanimità *s. f.* unanimity
uncinétto *s. m.* crochet
uncino *s. m.* hook
ùngere A *v. tr.* 1 to grease, to oil 2 *(sporcare di grasso)* to make greasy 3 *(fig.)* to flatter, to butter up **B** *v. rifl. e intr. pron.* to grease oneself
ungherése *agg. e s. m. e f.* Hungarian
ùnghia *s. f.* 1 nail 2 *(artiglio)* claw
unghiàta *s. f.* scratch
unguènto *s. m.* ointment
unicaménte *avv.* only, solely
ùnico A *agg.* 1 only, one 2 *(esclusivo)* sole 3 *(singolo)* single 4 *(senza pari)* unique **B** *s. m.* only, one
unifamiliàre *agg.* one-family *(attr.)*
unificàre A *v. tr.* 1 to unify 2 *(uniformare)* to standardize **B** *v. rifl. rec.* to join (together)
unificazióne *s. f.* 1 unification, union 2 *(uniformazione)* standardization
uniformàre A *v. tr.* 1 *(conformare)* to conform, to adapt, to fit 2 *(rendere uniforme)* to standardize, to make uniform **B** *v. rifl.* to conform, to comply
unifórme *agg.* uniform, even **B** *s. f.* uniform
uniformità *s. f.* uniformity
unilateràle *agg.* unilateral, one-sided
unióne *s. f.* 1 union 2 *(accordo, armonia)* unity, agreement 3 *(associazione)* union, association
unire A *v. tr.* 1 to unite, to join (together), to put together 2 *(collegare)* to connect, to link 3 *(aggiungere)* to add **B** *v. rifl. e rifl. rec.* 1 *(mettersi insieme)* to join, *(fondersi)* to merge 2 *(legarsi)* to unite, to join up, to come together
unità *s. f.* 1 unity 2 *(misura, valore, mil., inf.)* unit 3

(mat.) unity, unit
unitàrio *agg.* unitary, unit *(attr.)*
unito *agg.* 1 united 2 *(accluso)* enclosed 3 *(uniforme)* uniform, even
universàle *agg.* 1 universal, general 2 *(multiuso)* multipurpose
università *s. f.* university
universitàrio *agg.* university *(attr.)*
univèrso *s. m.* universe
univoco *agg.* univocal, unambiguous
ùno A *agg. num. card. e s. m.* one **B** *art. indeterm.* 1 a an 2 *(circa)* some, about **C** *pron. indef.* 1 *(qualcuno)* someone, *(un tale)* a man, a fellow, *(con partitivo)* one 2 *(ciascuno)* each 3 *(impersonale)* one, you ♦ **l'u. e l'altro** both; **l'un l'altro** one another, each other; **né l'u. né l'altro** neither; **(l')u. ... l'altro** one ... the other
ùnto A *agg.* greasy, oily **B** *s. m.* grease
untuóso *agg.* greasy, oily
uòmo *s. m.* man
uòvo *s. m.* egg
ùpupa *s. f.* hoopoe
uragàno *s. m.* hurricane
urànio *s. m.* uranium
urbanista *s. m. e f.* city-planner, town-planner
urbanistica *s. f.* city-planning, town-planning
urbanizzazióne *s. f.* urbanization
urbàno *agg.* 1 urban, city *(attr.)*, town *(attr.)* 2 *(cortese)* urbane, polite
urèa *s. f.* urea
urètra *s. f.* urethra
urgènte *agg.* urgent, pressing
urgènza *s. f.* 1 urgency, *(fretta)* hurry 2 *(emergenza)* emergency
ùrgere *v. intr.* to be urgent
urina *s. f.* urine
urlàre *v. tr. e intr.* to shout, to yell
ùrlo *s. m.* cry, shout, yell
ùrna *s. f.* 1 urn 2 *(elettorale)* ballot-box ♦ **andare alle urne** to go to the polls
urografìa *s. f.* urography
urologìa *s. f.* urology
uròlogo *s. m.* urologist
urtàre A *v. tr.* 1 to bump (into), to knock (against), to crash (into), to collide with 2 *(infastidire)* to irritate, to annoy, *(offendere)* to hurt, to offend **B** *v. intr.* to knock, to strike **C** *v. rifl. rec.* 1 to collide, to bump into one another 2 *(fig.)* to quarrel
urticànte *agg.* urticant
ùrto *s. m.* 1 *(spinta)* push, shove 2 *(collisione)* bump, knock, collision 3 *(attacco)* attack 4 *(contrasto)* clash, collision
usànza *s. f.* 1 custom, usage 2 *(abitudine)* habit
usàre A *v. tr.* to use, to make use of 2 *(essere solito)* to be accustomed (to), to be used (to) **B** *v. intr.* 1 *(servirsi)* to make use of 2 *(essere di moda)* to be in fashion, to be fashionable
usàto A *agg.* 1 *(non nuovo)* second-hand *(attr.)* 2 *(in uso)* in use *(pred.)*. **B** *s. m.* *(cose usate)* second-hand goods *pl.*
uscière *s. m.* usher
ùscio *s. m.* door

uscìre *v. intr.* **1** to get out, (*andare fuori*) to go out, (*venire fuori*) to come out **2** (*di pubblicazione*) to come out, to be issued **3** (*lasciare*) to leave **4** (*essere prodotto*) to be turned out **5** (*essere estratto*) to be drawn **6** (*provenire*) to come **7** (*cavarsela*) to get out ♦ **u. di strada** to go off the road

uscìta *s. f.* **1** going out, coming out **2** (*passaggio*) exit, way out **3** (*sbocco*) outlet **4** (*spesa*) expense, outlay **5** (*motto di spirito*) witty remark **6** (*desinenza*) ending ♦ **u. di sicurezza** emergency exit

usignòlo *s. m.* nightingale

ùso *s. m.* **1** use **2** (*usanza*) usage, custom, (*abitudine*) habit ♦ **fuori u.** out of order

ustionàre A *v. tr.* to burn, to scald B *v. rifl.* to burn oneself, to scald oneself

ustióne *s. f.* burn, scald

usuàle *agg.* usual, customary

usufruire *v. intr.* to take advantage, to benefit

usufrùtto *s. m.* usufruct

usùra (1) *s. f.* usury

usùra (2) *s. f.* (*logorio*) wear and tear

utensìle *s. m.* tool, (*domestico*) utensil

utènte *s. m. e f.* user, (*consumatore*) consumer

utènza *s. f.* **1** use, consumption **2** (*insieme degli utenti*) users *pl.*, consumers *pl.*

ùtero *s. m.* uterus

ùtile A *agg.* **1** useful, helpful **2** (*utilizzabile*) usable B *s. m.* **1** (*econ.*) profit, benefit, (*interesse*) interest, (*guadagno*) gains *pl.* **2** (*fig.*) profit

utilità *s. f.* **1** utility, usefulness **2** (*vantaggio*) profit, benefit

utilitària *s. f.* runabout, compact car

utilitàrio *agg.* utilitarian

utilizzàre *v. tr.* to use, to make use of, to utilize

utilizzatóre *s. m.* user, utilizer

utilizzo *s. m.* use, utilization

utopìa *s. f.* utopia

utopìsta *s. m. e f.* utopian

utopìstico *agg.* utopian

ùva *s. f.* grapes *pl.* ♦ **u. passa** raisin; **u. spina** gooseberry

uxoricìda *s. m.* uxoricide

uxoricìdio *s. m.* uxoricide

V

vacànte *agg.* vacant, empty

vacànza *s. f.* **1** holiday, vacation **2** (*assenza*) vacuum ♦ **vacanze estìve** summer holidays

vàcca *s. f.* cow

vaccinàre *v. tr.* to vaccinate

vaccinazióne *s. f.* vaccination

vaccìno *s. m.* vaccine

vacillàre *v. intr.* **1** to totter, to stagger, to wobble **2** (*di luce*) to flicker **3** (*essere incerto*) to waver, to vacillate

vàcuo *agg.* vacuous, inane

vagabondàre *v. intr.* to wander about

vagabóndo *s. m.* **1** vagrant, tramp **2** (*fannullone*) loafer

vagàre *v. intr.* to wander, to roam

vagheggiàre *v. tr.* to long for, to dream of

vagìna *s. f.* vagina

vaginìte *s. f.* vaginitis

vagìre *v. intr.* to cry, to whimper

vàglia *s. m. inv.* money order ♦ **v. postale** postal order; **v. telegràfico** telegraphic money order

vagliàre *v. tr.* **1** to riddle, to screen **2** (*considerare*) to examine, to weigh

vàglio *s. m.* **1** riddle, screen **2** (*fig.*) sifting, examination

vàgo A *agg.* vague, faint B *s. m.* vagueness

vagóne *s. m.* wagon, car, van, coach ♦ **v. letto** sleeping car

vaiòlo *s. m.* smallpox

valànga *s. f.* avalanche

valènte *agg.* clever, skilful

valére A *v. intr.* **1** (*avere valore*) to be worth **2** (*esser valido*) to be valid, (*essere in vigore*) to be in force **3** (*aver peso*) to count, to be of account, to have weight **4** (*servire, giovare*) to be of use, to be of avail **5** (*equivalere*) to be worth, to be equal to B *v. tr.* to win C *v. intr. pron.* to make use, to take advantage, to avail oneself

valeriàna *s. f.* valerian

valévole *agg.* valid

valicàre *v. tr.* to cross

vàlico *s. m.* (*mountain*) pass

validità *s. f.* **1** validity **2** (*valore*) value **3** (*efficacia*) effectiveness

vàlido *agg.* **1** valid **2** (*fondato*) sound, well-grounded **3** (*di pregio*) valid, good **4** (*efficace*) efficient, effective

valigerìa *s. f.* leather-goods shop

valìgia *s. f.* suitcase ♦ **fare/disfare le valìgie** to pack/to unpack

vallàta *s. f.* valley

vàlle *s. f.* valley

vallétto *s. m.* page

vallóne *s. m.* deep valley

valóre *s. m.* **1** value, worth **2** (*econ., mat., mus.*) value **3** (*coraggio*) valour, bravery, courage **4** (*validità*) value, validity **5** *al pl.* (*oggetti preziosi*) valuables *pl.*, (*titoli*) securities *pl.*

valorizzàre *v. tr.* **1** (*aumentare il valore di*) to increase the value of, to appreciate, (*migliorare*) to improve **2** (*sfruttare*) to exploit **3** (*mettere in risalto*) to set off

valoróso *agg.* valiant, brave

valùta *s. f.* currency

valutàre *v. tr.* **1** (*giudicare il valore di*) to value, to estimate, to appraise **2** (*considerare*) to consider, to weigh **3** (*calcolare*) to calculate, to reckon **4** (*stimare*) to value, to esteem

valutazióne *s. f.* **1** valuation, estimation **2** (*valore attribuito*) estimate **3** (*giudizio, considerazione*) judgement, consideration

vàlvola *s. f.* valve

vàlzer *s. m. inv.* waltz

vàmpa *s. f.* **1** blaze, flame **2** (*al viso*) flush, blush

vampàta *s. f.* **1** blaze, burst of flame **2** (*folata*) blast **3** (*al viso*) flush, blush

vampìro *s. m.* vampire

vandàlico *agg.* vandalic

vandalìsmo *s. m.* vandalism

vàndalo *s. m.* vandal

vaneggiàre *v. intr.* to rave

vanèsio A *agg.* foppish **B** *s. m.* fop

vànga *s. f.* spade

vangàre *v. tr.* to spade

vangèlo *s. m.* Gospel

vanìglia *s. f.* vanilla

vanità *s. f.* **1** vanity **2** (*inutilità*) vainness, uselessness

vanitóso *agg.* vain

vàno A *agg.* **1** (*inutile*) vain, useless (*privo di fondamento*) vain, empty **3** (*vanitoso*) vain **B** *s. m.* **1** (*parte vuota*) space, hollow, (*apertura*) opening **2** (*stanza*) room

vantàggio *s. m.* **1** advantage, benefit **2** (*sport*) lead, (*tennis*) advantage

vantaggióso *agg.* advantageous, favourable

vantàre A *v. tr.* **1** to boast **2** (*esaltare*) to extol, to praise **3** (*millantare*) to boast of **4** (*pretendere*) to claim **B** *v. rifl. e intr. pron.* to boast, to show off

vantería *s. f.* boasting

vànto *s. m.* **1** boast(ing) **2** (*motivo d'orgoglio*) pride, merit

vànvera, a *loc. avv.* haphazardly ♦ **parlare a v.** to talk nonsense

vapóre *s. m.* **1** vapour, (*acqueo*) steam **2** *al pl.* (*fumi*) fumes *pl.* **3** (*nave a vapore*) steamer ♦ **ferro a v.** steam iron

vaporétto *s. m.* ferry, water bus

vaporizzàre A *v. tr.* to vaporize **B** *v. intr. pron.* to evaporate

vaporizzatóre *s. m.* vaporizer, atomizer

vaporóso *agg.* gauzy, (*di capelli*) fluffy

varàre *v. tr.* to launch

varcàre *v. tr.* to cross, to pass

vàrco *s. m.* opening, passage

variàbile A *agg.* variable, changeable, (*volubile*) fickle **B** *s. f.* variable

variàre A *v. tr.* to vary, to change **B** *v. intr.* **1** to vary, to change **2** (*fluttuare*) to fluctuate

variatóre *s. m.* variator, (*elettr.*) converter

variazióne *s. f.* **1** variation, (*cambiamento*) change, (*fluttuazione*) fluctuation

varìce *s. f.* varix, varicose vein

varicèlla *s. f.* chicken-pox, varicella

varicóso *agg.* varicose

variegàto *agg.* **1** variegated, multi-coloured, (*screziato*) streaked **2** (*fig.*) diversified

varietà (1) *s. f.* **1** (*diversità*) variety, (*differenziazione*) variedness **2** (*gamma*) assortment, variety **3** (*specie*) kind, type

varietà (2) *s. m.* (*teatro*) variety (show), vaudeville

vàrio A *agg.* **1** (*variato*) varied **2** (*differente*) various, different **3** *al pl.* (*parecchi*) several

variopìnto *agg.* multi-coloured

vàro *s. m.* **1** (*naut.*) launch, launching **2** (*di legge*) passing

vasàio *s. m.* potter

vàsca *s. f.* **1** basin, tank **2** (*da bagno*) bath, (*USA*) bathtub, tub

vascèllo *s. m.* vessel, ship

vaselìna *s. f.* vaseline

vasellàme *s. m.* earthenware

vàso *s. m.* **1** pot, jar, (*ornamentale*) vase **2** (*bot., anat.*) vessel **3** (*tecnol.*) bowl, tank

vassóio *s. m.* tray

vàsto *agg.* wide, large, vast

vecchiàia *s. f.* old age

vècchio A *agg.* **1** old **2** (*maggiore*) (*comp.*) older, (*sup.*) oldest **3** (*antico*) ancient, old **4** (*stantio*) stale **5** (*stagionato*) seasoned **B** *s. m.* **1** old man **2** (*ciò che è vecchio*) the old

véce *s. f.* place, stead ♦ **fare le veci di qc.** to take sb.'s place

vedére A *v. tr.* **1** to see **2** (*incontrare*) to meet, to see **3** (*esaminare*) to examine, to have a look at **4** (*capire*) to see, to understand **5** (*fare in modo che*) to see, to try, to take care **6** (*decidere*) to decide **B** *v. intr.* to see **C** *v. rifl.* **1** to see oneself **2** (*sentirsi*) to feel **D** *v. rifl. rec.* to meet

vedétta *s. f.* look-out, vedette

védova *s. f.* widow

védovo *s. m.* widower

vedùta *s. f.* **1** (*panorama*) view, sight **2** (*quadro, fot.*) picture **3** *al pl.* (*opinioni*) view, idea

veemènte *agg.* vehement

veemènza *s. f.* vehemence

vegetàle *agg. e s. m.* yegetable

vegetàre *v. intr.* **1** to grow **2** (*fig.*) to vegetate

vegetariàno *agg. e s. m.* vegetarian

vegetazióne *s. f.* vegetation

vègeto *agg.* **1** thriving **2** (*di persona*) vigorous, strong

veggènte *s. m. e f.* seer, clairvoyant

véglia *s. f.* watch, vigil

vegliàre A *v. tr.* to watch over **B** *v. intr.* **1** to stay awake **2** (*fare la veglia*) to keep watch

veglióne *s. m.* party, dance ♦ **v. di fine d'anno** New Year's Eve dance

veicolo *s. m.* **1** vehicle **2** (*mezzo*) carrier, vehicle, medium

véla *s. f.* sail, (*il fare vela*) sailing ♦ **barca a v.** sailing boat

velàre A *v. tr.* **1** to veil **2** (*offuscare*) to dim, to cover **3** (*nascondere*) to conceal **B** *v. intr. pron.* to mist

velàto *agg.* veiled

veleggiàre *v. intr.* to sail

veléno *s. m.* poison

velenóso *agg.* **1** poisonous, venomous **2** *(fig.)* venemous

veliéro *s. m.* sailing ship

velìna *s. f.* tissue paper

velìsta *s. m. e f.* sailor

velìvolo *s. m.* aircraft

velleità *s. f.* foolish aspiration

vèllo *s. m.* fleece

vellùto *s. m.* velvet

vélo *s. m.* **1** veil **2** *(strato sottile)* film

velóce *agg.* fast, quick, swift

velocìsta *s. m. e f.* sprinter

velocità *s. f.* speed, velocity ◆ **eccesso di v.** speeding; **limite di v.** speed limit

velòdromo *s. m.* velodrome, cycle-track

véna *s. f.* **1** vein **2** *(filone)* vein, lode, stringer **3** *(d'acqua)* spring **4** *(ispirazione)* inspiration **5** *(umore)* mood

venàle *agg.* **1** sale (attr.), saleable **2** *(fig.)* venal, mercenary

venatùra *s. f.* vein

vendémmia *s. f.* vintage, grape harvest

vendemmiàre *v. tr. e intr.* to harvest grapes

véndere *v. tr.* **1** to sell **2** *(esercitare il commercio di)* to deal in

vendétta *s. f.* revenge, vengeance

vendìbile *agg.* saleable, marketable

vendicàre A *v. tr.* to revenge B *v. rifl.* to revenge oneself

vendicatìvo *agg.* revengeful, vindictive

véndita *s. f.* **1** selling, sale **2** *(negozio)* shop ◆ **in v.** on sale, for sale; **v. all'asta** auction; **v. per corrispondenza** mail-order selling

venditóre *s. m.* seller, vendor

venèfico *agg.* poisonous, venomous

veneràbile *agg.* venerable

veneràndo *agg.* venerable

veneràre *v. tr.* to revere, to venerate

venerdì *s. m.* Friday

venèreo *agg.* venereal

vèneto *agg. e s. m.* Venetian

veneziàno *agg. e s. m.* Venetian

veniàle *agg.* venial

venìre *v. intr.* **1** to come **2** *(derivare)* to derive **3** *(manifestarsi)* to have got **4** *(risultare, riuscire)* to come out, to turn out **5** *(costare)* to cost **6** *(spettare)* to be due, to be owed **7** *(aus. nella forma passiva)* to be ◆ **mi viene da ridere** I feel like laughing; **v. a conoscenza** to hear; **v. avanti** to come on; **v. in mente** to occur; **v. meno** *(svenire)* to faint, *(svanire)* to fail; **v. via** to come away, *(staccarsi)* to come off

venóso *agg.* venous

ventàglio *s. m.* **1** fan **2** *(gamma)* range, spread

ventàta *s. f.* **1** gust of wind **2** *(fig.)* wave

ventèsimo *agg. num. ord. e s. m.* twentieth

vénti *agg. num. card. e s. m. inv.* twenty

ventilàre *v. tr.* to air, to ventilate

ventilàto *agg.* airy, windy

ventilatóre *s. m.* fan

vènto *s. m.* wind

vèntola *s. f.* **1** *(per fuoco)* fire-fan **2** *(mecc.)* fan

ventósa *s. f.* sucker

ventóso *agg.* windy

vèntre *s. m.* stomach, belly, tummy *(fam.)*

ventùra *s. f.* chance, luck

venùta *s. f.* coming, arrival

véra *s. f.* **1** *(di pozzo)* well-curb **2** *(anello)* wedding ring

veraménte *avv.* **1** really, truly, indeed **2** *(a dire il vero)* actually

veràndа *s. f.* veranda, *(USA)* porch

verbàle A *agg.* **1** spoken, oral **2** *(gramm.)* verbal B *s. m.* minutes *pl.*, record

verbalizzàre *v. tr.* to record, to minute

verbèna *s. f.* vervain, verbena

vèrbo *s. m.* verb

vérde *agg. e s. m.* green ◆ **v. pubblico** parks and gardens, green

verdeggiànte *agg.* verdant

verdétto *s. m.* verdict

verdùra *s. f.* greens *pl.*, vegetables *pl.*

vérga *s. f.* rod, staff

vérgine *agg. e s. f.* virgin

verginità *s. f.* virginity

vergógna *s. f.* **1** shame, *(disonore)* disgrace **2** *(imbarazzo)* embarrassment, *(timidezza)* shyness

vergognàrsi *v. intr. pron.* **1** to be ashamed, to feel ashamed **2** *(per timidezza)* to be shy, to feel embarrassed

vergognóso *agg.* **1** shameful, disgraceful **2** *(timido)* shy

verìfica *s. f.* **1** verification, control, check **2** *(contabile)* audit

verificàbile *agg.* verifiable

verificàre A *v. tr.* to verify, to check, to control B *v. intr. pron.* **1** *(accadere)* to happen **2** *(avverarsi)* to come true

verìsmo *s. m.* verism, realism

verìsta *s. m. e f.* verist

verità *s. f.* truth

veritièro *agg.* truthful

vèrme *s. m.* worm

vermìglio *agg.* vermilion

vernàcolo *s. m.* vernacular

vernìce *s. f.* **1** paint, *(trasparente)* varnish **2** *(apparenza)* veneer **3** *(pelle lucida)* patent leather

verniciàre *v. tr.* to paint, *(con vernice trasparente)* to varnish ◆ **v. a spruzzo** to spray

vernissage *s. f. inv.* varnishing day

véro A *agg.* **1** true, real **2** *(completo, perfetto)* perfect, absolute B *s. m.* truth

verosimigliànte *agg.* likely, probable

verosìmile *agg.* likely, probable

verricèllo *s. m.* winch

verrùca *s. f.* verruca, wart

versaménto *s. m.* **1** pouring, spilling **2** *(deposito)* deposit, *(pagamento)* payment **3** *(med.)* effusion

versànte *s. m.* side

versàre A *v. tr.* **1** to pour **2** *(rovesciare)* to spill **3** *(spargere)* to shed **4** *(depositare)* to deposit, *(pagare)* to pay B *v. intr.* *(trovarsi)* to be C *v. intr. pron.* *(sfociare)* to flow

versàtile *agg.* versatile

versétto *s. m.* verse

versióne *s. f.* version

vèrso (1) *prep.* **1** *(direzione)* toward(s), -ward(s) *(suffisso)* **2** *(in prossimità)* near **3** *(tempo)* about, toward(s) **4** *(nei confronti di)* to, towards, *(contro)* against

vèrso (2) *s. m.* **1** *(riga di poesia)* line **2** *(poesia)* verse, poetry **3** *(suono)* sound, *(di animali)* call, cry **4** *(direzione)* direction, way **5** *(modo, maniera)* way **6** *(smorfia)* grimace, face

vèrso (3) *s. m.* *(retro)* verso, reverse, back

vèrtebra *s. f.* vertebra

vertebràle *agg.* vertebral, spinal

vertebràto *agg. e s. m.* vertebrate

vertènza *s. f.* controversy, dispute ♦ **v. sindacale** grievance

verticàle *agg. e s. f.* vertical

verticalménte *avv.* vertically

vèrtice *s. m.* **1** top, summit **2** *(geom.)* vertex **3** *(direzione)* top management **4** *(incontro)* summit

vertigine *s. f.* dizziness, giddiness

vertiginóso *agg.* dizzy, giddy

vérza *s. f.* savoy cabbage

vescica *s. f.* **1** *(anat.)* bladder **2** *(della pelle)* blister

vescovìle *agg.* episcopal, bishop's *(attr.)*

véscovo *s. m.* bishop

vèspa *s. f.* wasp

vespàio *s. m.* wasps' nest

vèspro *s. m.* vespers *pl.*

vessillo *s. m.* standard, banner

vestàglia *s. f.* dressing gown

vèste *s. f.* **1** *(anat.)* garment, clothes *pl.* **2** *(apparenza)* guise, appearance, *(aspetto)* format **3** *(funzione)* capacity ♦ **in v. di** as

vestiàrio *s. m.* clothes *pl.*, clothing

vestìbolo *s. m.* **1** *(atrio)* hall **2** *(anat., archeol.)* vestibule

vestìre **A** *v. tr.* **1** to dress, *(provvedere di vestiti)* to clothe **2** *(fare vestiti a)* to make sb.'s clothes **3** *(indossare)* to wear **B** *v. intr.* to dress, to be dressed **C** *v. rifl.* to dress (oneself), to get dressed

vestìto *s. m.* *(da uomo)* suit, *(da donna)* dress

veteràno *s. m.* veteran

veterinària *s. f.* veterinary science

veterinàrio *s. m.* veterinarian

vèto *s. m.* veto

vetràio *s. m.* glass-worker

vetràta *s. f.* **1** *(finestra)* glass-window **2** *(porta)* glass-door

vetrerìa *s. f.* glassworks

vetrìna *s. f.* (shop) window

vetrinìsta *s. m. e f.* window dresser

vetriòlo *s. m.* vitriol

vétro *s. m.* glass, *(di finestra)* window-pane

vétta *s. f.* top, summit, peak

vettóre *s. m.* **1** *(geom., fis., biol.)* vector **2** *(corriere)* carrier

vettovàglie *s. f.* provisions *pl.*, supply

vettùra *s. f.* **1** *(carrozza)* coach, *(automobile)* car **2** *(ferr.)* carriage, coach

vetustà *s. f.* ancientness

vezzeggiàre *v. tr.* to fondle, to pamper

vezzeggiatìvo *s. m.* **1** term of endearment **2** *(nomignolo)* pet name

vézzo *s. m.* **1** *(abitudine)* habit **2** *al pl. (moine)* mincing ways *pl.*

vezzóso *agg.* **1** *(grazioso)* charming **2** *(lezioso)* mincing

vi (1) *pron. pers. 2ª pl.* **1** *(compl. ogg.)* you, *(compl. di termine)* (to) you (ES: **vi aiuterò volentieri** I'll help you with pleasure) **2** *(rifl.)* yourselves (ES: **vi siete vestiti?** have you dressed yourselves?) **3** *(rec.)* one another, each other (ES: **vi amate davvero?** do you really love each other?)

vi (2) *avv.* → **ci (2)**

vìa (1) *s. f.* **1** *(strada)* road, street **2** *(percorso, cammino)* way, path **3** *(modo)* way, *(mezzo)* means **4** *(anat.)* duct, tract

vìa (2) *s. m.* *(segnale di partenza)* start, starting signal

vìa (3) **A** *avv.* away, off **B** *inter.* go!, *(scacciando)* go away!, off with you!, *(coraggio!)* come on! ♦ **e così v.** and so on

viadótto *s. m.* viaduct

viaggiàre *v. intr.* to travel, to make a trip, to journey ♦ **v. per lavoro** to travel on business

viaggiatóre **A** *agg.* travelling **B** *s. m.* **1** traveller **2** *(passeggero)* passenger

viàggio *s. m.* journey, trip *(per mare)* voyage, *(giro turistico)* tour ♦ **agenzia di viaggi** travel agency; **buon v.!** have a nice journey!; **v. organizzato** package tour

viàle *s. m.* avenue, boulevard, *(di giardino)* path

viandànte *s. m. e f.* wayfarer

viavài *s. m. inv.* coming and going

vibràre **A** *v. tr.* **1** *(agitare)* to brandish **2** *(colpi)* to strike **3** *(lanciare)* to hurl **B** *v. intr.* to vibrate, *(mecc.)* to chatter

vibrazióne *s. f.* vibration

vicàrio **A** *agg.* vicarious **B** *s. m.* **1** *(sostituto)* deputy, substitute **2** *(relig.)* vicar

vice *s. m. e f.* deputy, assistant

vicènda *s. f.* event, vicissitude ♦ **a v.** each other, one another, *(alternatamente)* in turn

vicendévole *agg.* mutual, reciprocal

vicepresidènte *s. m.* vice-president

viceré *s. m.* viceroy

vicevèrsa *avv.* **1** vice versa **2** *(invece)* but

vicinànza *s. f.* **1** closeness, nearness, proximity **2** *al pl.* neighbourhood, *(dintorni)* outskirts *pl.*

vicinàto *s. m.* **1** neighbourhood **2** *(insieme dei vicini)* neighbours *pl.*

vicìno **A** *agg.* **1** near, nearby, close, near at hand *(pred.)* **2** *(adiacente)* adjoining, adjacent, next, *(limitrofo)* neighbouring *(attr.)* **3** *(affine)* close **B** *s. m.* neighbour **C** *avv.* near (by), nearby, close (by) **D** *prep.* near (to), close to

vìcolo *s. m.* alley

vìdeo *s. m. inv.* video

videocassétta *s. f.* videocassette

videocitòfono *s. m.* videointercom

videoregistratóre *s. m.* video recorder

vietàre *v. tr.* to forbid, to prohibit, to prevent
vietàto *agg.* forbidden ♦ **senso v.** no entry
vigènte *agg.* current, effective, in force
vigilànte *s. m. e f.* guard
vigilànza *s. f.* supervision, vigilance, surveillance
vigilàre A *v. tr.* to watch over, to supervise **B** *v. intr.* to keep watch
vìgile A *agg.* vigilant, watchful **B** *s. m.* **1** (*urbano*) policeman **2** (*del fuoco*) fireman
vigìlia *s. f.* eve
vigliàcco A *agg.* cowardly **B** *s. m.* coward
vìgna *s. f.* vineyard
vignéto *s. m.* vineyard
vignétta *s. f.* cartoon
vignettìsta *s. m. e f.* cartoonist
vigógna *s. f.* vicugna
vigóre *s. m.* **1** vigour, strength **2** (*validità*) force, effectiveness ♦ **in v.** in force, effective
vigoróso *agg.* vigorous, strong
vìle *agg.* **1** cowardly **2** (*meschino*) base, vile **3** (*senza valore*) worthless, filthy
vilipèndio *s. m.* scorn, contempt, (*dir.*) public insult
vìlla *s. f.* villa
villàggio *s. m.* village
villanìa *s. f.* **1** rudeness **2** (*azione da villano*) rude action
villàno A *agg.* rude, impolite **B** *s. m.* lout
villeggiànte *s. m. e f.* holiday-maker, (*USA*) vacationer
villeggiatùra *s. f.* holiday, (*USA*) vacation ♦ **luogo di v.** holiday resort
villóso *agg.* hairy
viltà *s. f.* **1** cowardice **2** (*azione meschina*) mean action
vìmine *s. m.* wicker
vincènte A *agg.* winning **B** *s. m. e f.* winner
vìncere A *v. tr.* **1** to win **2** (*sconfiggere*) to beat, to defeat **3** (*sopraffare*) to overcome **B** *v. intr.* to win **C** *v. rifl.* to control oneself
vìncita *s. f.* **1** win **2** (*ciò che si vince*) winnings *pl.*
vincitóre A *agg.* winning, victorious **B** *s. m.* winner
vincolàre *v. tr.* **1** to bind **2** (*fin.*) to tie up **3** (*mecc.*) to constrain
vìncolo *s. m.* bond, tie
vinìcolo *agg.* wine (*attr.*)
vìno *s. m.* wine ♦ **v. spumante** sparkling wine
vìola (1) **A** *s. f.* (*bot.*) viola, violet **B** *agg. e s. m.* (*colore*) violet, purple
vìola (2) *s. f.* (*mus.*) viola
violàre *v. tr.* **1** (*trasgredire*) to break, to infringe, to violate **2** (*profanare*) to profane **3** (*violentare*) to rape
violazióne *s. f.* **1** violation, infringement **2** (*profanazione*) profanation ♦ **v. di domicilio** housebreaking
violentàre *v. tr.* **1** to rape **2** (*fig.*) to do violence to
violènto *agg.* violent
violènza *s. f.* violence ♦ **non v.** non-violence; **v. carnale** rape
violétta *s. f.* violet
violinìsta *s. m. e f.* violinist
violìno *s. m.* violin, fiddle (*fam.*)
violoncellìsta *s. m. e f.* (violon)cellist

violoncèllo *s. m.* (violon)cello
viòttolo *s. m.* path, lane
vìpera *s. f.* viper
viràle *agg.* viral
viràre *v. intr.* **1** (*naut.*) to veer **2** (*aer.*) to turn **3** (*chim.*) to change colour
viràta *s. f.* veer
vìrgola *s. f.* comma ♦ **v. decimale** point
virgolétte *s. f. pl.* inverted commas *pl.*, quotation marks *pl.*
virìle *agg.* manly, masculine, virile
virilità *s. f.* manliness, virility
virtù *s. f.* **1** virtue **2** (*potere*) power, property ♦ **in v. di** by virtue of
virtuàle *agg.* virtual ♦ **realtà v.** virtual reality
virtuóso A *agg.* virtuous **B** *s. m.* **1** virtuous man **2** (*mus.*) virtuoso
vìrus *s. m. inv.* virus
visagìsta *s. m. e f.* beautician
visceràle *agg.* visceral
vìscere *s. m.* **1** internal organ **2** *al pl.* viscera *pl.*, (*intestino*) bowels *pl.*, (*di animale*) entrails *pl.* **3** *al pl.* (*fig.*) bowels *pl.*
vìschio *s. m.* mistletoe
vischióso *agg.* viscous
vìscido *agg.* **1** viscid, slimy **2** (*scivoloso*) slippery **3** (*fig.*) slimy, oily
viscónte *s. m.* viscount
viscontéssa *s. f.* viscountess
visìbile *agg.* visible
visibilità *s. f.* visibility ♦ **scarsa v.** poor visibility
visièra *s. f.* peak
visionàrio *agg. e s. m.* visionary
visióne *s. f.* **1** vision **2** (*vista*) sight
vìsita *s. f.* **1** visit, (*breve*) call **2** (*ispezione*) inspection, control **3** (*med.*) examination **4** (*persona che visita*) visitor ♦ **biglietto da v.** visiting card; **v. medica** medical examination
visitàre *v. tr.* **1** to visit **2** (*andare a trovare*) to visit, to call on, to see **3** (*med.*) to examine
visitatóre *s. m.* visitor
visìvo *agg.* visual
vìso *s. m.* face
visóne *s. m.* mink
vìspo *agg.* lively, sprightly
vissùto *agg.* lived
vìsta *s. f.* **1** sight **2** (*veduta*) sight, view **3** (*campo visivo*) view
vistàre *v. tr.* to endorse, (*passaporto*) to visa
vìsto *s. m.* approval, endorsement, (*su passaporto*) visa
vistóso *agg.* **1** showy **2** (*grande*) big, large
visuàle A *agg.* visual **B** *s. f.* **1** (*vista*) sight, view **2** (*campo visivo*) view
vìta (1) *s. f.* **1** life, (*durata*) lifetime **2** (*modo di vivere*) life, living **3** (*necessario per vivere*) living **4** (*animazione*) animation, (*vitalità*) vitality
vìta (2) *s. f.* (*parte del corpo*) waist
vitàle *agg.* vital
vitalità *s. f.* vitality
vitalìzio A *agg.* for life, life (*attr.*) **B** *s. m.* life annuity
vitamìna *s. f.* vitamin

vite (1) *s. f.* (*bot.*) vine
vite (2) *s. f.* (*mecc.*) screw
vitèllo *s. m.* **1** calf **2** (*cuc.*) veal **3** (*pelle*) calf(skin)
viticcio *s. m.* tendril
viticoltóre *s. m.* vine-grower
vitigno *s. m.* vine
vitreo *agg.* vitreous
vittima *s. f.* victim
vitto *s. m.* **1** (*cibo*) food **2** (*pasti*) board ♦ **v. e al-loggio** board and lodging
vittòria *s. f.* **1** victory **2** (*sport*) win
vittorióso *agg.* victorious, winning
viva *inter.* hurrah, up with
vivàce *agg.* **1** lively, vivacious **2** (*sveglio*) quick **3** (*di colore*) bright
vivacità *s. f.* **1** liveliness **2** (*prontezza*) quickness **3** (*di colore*) brightness
vivàio *s. m.* (*di piante*) nursery, (*di pesci*) fish farm
vivànda *s. f.* **1** food **2** (*pietanza*) dish
vivandière *s. m.* sutler
vivènte **A** *agg.* living **B** *s. m. e f.* living being
vivere (1) *v. tr. e intr.* to live
vivere (2) *s. m.* life, living
viveri *s. m. pl.* food, supplies *pl*, victuals *pl.*, provisions *pl.*
vivido *agg.* vivid
vivisezióne *s. f.* vivisection
vivo **A** *agg.* **1** living, alive (*pred.*), live (*attr.*) **2** (*vivace*) lively **3** (*profondo*) deep, sharp **4** (*vivido*) vivid **5** (*di colore*) bright **B** *s. m.* **1** living person **2** (*parte viva*) living part, heart
viziàre *v. tr.* **1** to spoil **2** (*dir.*) to vitiate
viziàto *agg.* **1** spoilt **2** (*guasto*) faulty **3** (*dir.*) vitiated ♦ **aria viziata** foul air
vizio *s. m.* **1** vice **2** (*cattiva abitudine*) bad habit **3** (*difetto*) fault, defect
vizióso *agg.* vicious, corrupt
vocabolàrio *s. m.* **1** (*insieme di termini*) vocabulary **2** (*dizionario*) dictionary
vocàbolo *s. m.* word, term
vocàle **A** *agg.* vocal **B** *s. f.* vowel
vocalizzo *s. m.* vocalism
vocazióne *s. f.* vocation, calling
vóce *s. f.* **1** voice **2** (*diceria*) rumour **3** (*parola*) word, (*di dizionario*) entry **4** (*gramm.*) voice, part **5** (*mus.*) voice, part **6** (*contabile*) item, entry ♦ **a v. alta/bassa** in a loud/low voice
vociàre *v. intr.* to shout
vóga *s. f.* **1** (*il vogare*) rowing **2** (*moda*) fashion ♦ **essere in v.** to be in fashion
vogàre *v. intr.* to row
vogatóre *s. m.* **1** rower, oarsman **2** (*attrezzo*) rowing machine
vòglia *s. f.* **1** (*desiderio*) wish, longing, fancy, desire **2** (*volontà*) will **3** (*macchia della pelle*) birthmark ♦ **v. matta** craving
vói *pron. pers. 2ª pl. m. e f.* you ♦ **v. stessi** you ... yourselves
volàno *s. m.* **1** (*gioco*) badminton **2** (*mecc.*) flywheel
volànte (1) **A** *agg.* **1** flying **2** (*movibile*) movable **B** *s. f.* (*polizia*) flying squad

volànte (2) *s. m.* (*autom.*) wheel
volantino *s. m.* leaflet
volàre *v. intr.* **1** to fly **2** (*librarsi*) to blow **3** (*passare velocemente*) to fly by, to pass quickly **4** (*precipitare*) to fall off
volàtile *s. m.* bird
volenteróso *agg.* willing, keen
volentieri *avv.* willingly, with pleasure
volére (1) *v. tr.* **1** to want (ES: **voglio restare qui** I want to stay here) **2** (*gradire*) to like (*spec. al condiz.*) (ES: **fai come vuoi** do as you like, **volete andare al cinema stasera?** would you like to go to the movies tonight?) **3** (*desiderare*) to wish (ES: **vorrei saper risolvere questo problema** I wish I could solve this problem) **4** (*nelle richieste*) will, can, would, (*nelle offerte*) will have, would like (ES: **vorresti chiudere la porta?** would you close the door?, **vuoi un po' di zucchero?** will you have some sugar?) **5** (*essere intenzionato a*) to intend, to be going (to), (*essere disposto*) to be willing (to) (ES: **cosa volete fare adesso?** what are you going to do now?) **6** (*disporre, stabilire*) to will (ES: **il destino ha voluto così** fate has willed it so) **7** (*permettere*) to let, to allow (ES: **mio padre non vuole che ti veda** my father doesn't allow me to meet you) **8** (*pretendere, aspettarsi*) to expect, to want, to demand (ES: **tu vuoi troppo da lei** you're expecting too much of her) **9** (*richiedere, aver bisogno di*) to need, to require, to want (ES: **è un animale che vuole molte attenzioni** it's an animal that requires much care) **10** (*seguito da v. impers.*) to be going (to), to look (like) (ES: **secondo me vuole piovere** I think it's going to rain) **11** (*volerci, impers.*) to take, to be required, to need (ES: **quanto ci vuole da qui a casa di Mary?** how long does it take from here to Mary's?) ♦ **v. dire** to mean; **vuoi ... vuoi** both ... and
volére (2) *s. m.* will
volgàre **A** *agg.* **1** vulgar, common, coarse **2** (*bot., zool.*) trivial **B** *s. m.* vernacular
volgarizzàre *v. tr.* **1** (*tradurre in volgare*) to translate into the vernacular **2** (*divulgare*) to popularize
vòlgere *v. tr., intr. e rifl.* to turn
vólgo *s. m.* common people
voliera *s. f.* aviary
volitivo *agg.* volitive
vólo *s. m.* flight ♦ **v. acrobatico** stunt flying; **v. a vela** soaring, gliding
volontà *s. f.* will, wishes *pl.*
volontariaménte *avv.* voluntarily
volontàrio **A** *agg.* voluntary **B** *s. m.* volunteer
volovelista *s. m. e f.* glider
vólpe *s. f.* fox
vòlta (1) *s. f.* **1** time **2** (*turno*) turn ♦ **a mia v.** in my turn; **C'era una v. ...** Once upon a time there was ...; **una v. o due** once or twice
vòlta (2) *s. f.* (*arch.*) vault
voltafaccia *s. m. inv.* about-turn
voltàggio *s. m.* voltage
voltàre *v. tr., intr. e rifl.* to turn
volteggiàre *v. intr.* to circle, to twirl

voltéggio *s. m.* vaulting
vólto *s. m.* **1** face **2** (*aspetto*) aspect, appearance
volùbile *agg.* fickle, inconstant
volume *s. m.* volume
voluminóso *agg.* voluminous, bulky
volùta *s. f.* **1** (*arch.*) volute **2** (*spira*) spiral
voluttà *s. f.* voluptuousness, (*piacere*) delight
voluttuàrio *agg.* unnecessary
voluttuóso *agg.* voluptuous, sensual
vomitàre *v. tr.* to vomit, to retch, to throw up
vòmito *s. m.* vomit ♦ **conato di v.** retching
vóngola *s. f.* clam
voràce *agg.* voracious
voràgine *s. f.* chasm
vòrtice *s. m.* **1** whirl **2** (*fis.*) vortex ♦ **v. d'acqua** whirlpool, eddy; **v. d'aria** whirlwind
vòstro A *agg. poss. 2ª pl.* your **B** *pron. poss.* yours **C** *s. m.* **1** (*ciò che è vostro*) what is yours, your property **2** *al pl.* (*i vostri parenti*) your relatives *pl.*, (*i vostri seguaci*) your supporters *pl.*
votànte A *agg.* voting **B** *s. m. e f.* voter
votàre A *v. tr.* **1** to vote, (*approvare*) to pass **2** (*dedicare*) to offer, to dedicate **B** *v. intr.* to vote **C** *v. rifl.* to devote oneself
votazióne *s. f.* **1** voting, poll **2** (*scolastica*) marks *pl.*
votìvo *agg.* votive
vóto *s. m.* **1** (*promessa*) vow **2** (*per elezione*) vote **3** (*scolastico*) mark
vulcàno *s. m.* volcano
vulcanòlogo *s. m.* volcanologist
vulneràbile *agg.* vulnerable
vuotàre *v. tr. e intr. pron.* to empty
vuòto A *agg.* empty **B** *s. m.* **1** empty space, gap **2** (*bottiglia*) empty **3** (*fis.*) vacuum ♦ **a v.** in vain

W

wafer *s. m. inv.* wafer
water *s. m. inv.* toilet bowl
watt *s. m. inv.* watt
western *agg. e s. m. inv.* western

whisky *s. m. inv.* whisky, (*USA, Irlanda*) whiskey
windsurf *s. m. inv.* **1** (*tavola*) (windsurf) board **2** (*sport*) windsurfing
würstel *s. m. inv.* frankfurter

X

xenofobìa *s. f.* xenophobia
xenòfobo *s. m.* xenophobe
xerocòpia *s. f.* xerographic copy
xerografìa *s. f.* xerography

xilofonìsta *s. m. e f.* xylophone player
xilòfono *s. m.* xylophone
xilografìa *s. f.* xylography, (*stampa*) xilograph

Y

yacht *s. m.* yacht ♦ **y. a motore** motor yacht; **y. a vela** sailing yacht
yàrda *s. f.* yard

yòga *s. m. inv.* yoga
yògurt *s. m.* yoghurt
yùcca *s. f.* yucca

Z

zabaióne *s. m.* egg-flip
zaffàta *s. f.* whiff, (*tanfo*) stench
zafferàno *s. m.* saffron
zaffiro *s. m.* sapphire
zàino *s. m.* backpack, knapsack, rucksack
zàmpa *s. f.* (*arto di animale*) leg, (*parte terminale*) paw, hoof, (*di uccello*) claw ♦ **a quattro zampe** four-footed
zampettàre *v. intr.* **1** to trot **2** (*di bambino*) to toddle
zampillànte *agg.* gushing
zampillàre *v. intr.* to gush
zampillo *s. m.* gush, spurt
zampiróne *s. m.* fumigator
zampógna *s. f.* bagpipes *pl.*
zampognàro *s. m.* piper
zànna *s. f.* tusk, (*di carnivori*) fang
zanzàra *s. f.* mosquito
zanzarièra *s. f.* mosquito-net
zàppa *s. f.* mattock, hoe
zappàre *v. tr.* to hoe, to dig
zar *s. m. inv.* czar
zarina *s. f.* czarina
zarista *agg. e s. m.* czarist
zàttera *s. f.* raft ♦ **z. di salvataggio** life raft
zavòrra *s. f.* ballast
zàzzera *s. f.* long hair, mop
zèbra *s. f.* **1** zebra **2** *al pl.* (*passaggio pedonale*) zebra crossing
zécca (1) *s. f.* mint
zécca (2) *s. f.* (*zool.*) tick
zèlo *s. m.* zeal
zènit *s. m.* zenith
zénzero *s. m.* ginger
zéppa *s. f.* wedge
zéppo *agg.* packed, crammed
zerbino *s. m.* doormat
zèro *s. m.* zero, nought ♦ **vincere due a z.** to win two-nil
zia *s. f.* aunt
zibellino *s. m.* sable
zigàno *agg. e s. m.* tzigane
zigomo *s. m.* cheekbone
zigzag *s. m. inv.* zigzag ♦ **andare a z.** to zigzag
zimbèllo *s. m.* laughing-stock
zinco *s. m.* zinc
zingarésco *agg.* gipsy (*attr.*)

zingaro *s. m.* gipsy
zio *s. m.* uncle
zircóne *s. m.* zircon
zitèlla *s. f.* spinster
zittìre **A** *v. tr.* to hiss, to boo **B** *v. intr.* to fall silent
zitto *agg.* silent ♦ **sta' z.!** be quiet!
zizzània *s. f.* **1** (*bot.*) darnel **2** (*fig.*) discord
zòccolo *s. m.* **1** (*calzatura*) clog, sabot **2** (*di equino*) hoof **3** (*piedistallo*) base, plinth **4** (*battiscopa*) skirting (board)
zodiacàle *agg.* zodiacal
zodìaco *s. m.* zodiac
zolfanèllo *s. m.* (sulphur) match
zólfo *s. m.* sulphur
zòlla *s. f.* sod, turf
zollétta *s. f.* lump ♦ **zucchero in zollette** lump sugar
zòna *s. f.* zone
zòo *s. m. inv.* zoo
zoologìa *s. f.* zoology
zoòlogo *s. m.* zoologist
zootecnìa *s. f.* zootechny
zoppicàre *v. intr.* **1** to limp **2** (*essere instabile*) to be shaky **3** (*mancare di rigore*) to be weak
zòppo **A** *agg.* lame, limping **B** *s. m.* lame person
zoticóne *s. m.* boor, lout
zùcca *s. f.* **1** (*bot.*) pumpkin **2** (*testa*) head, pate (*fam.*)
zuccàta *s. f.* blow with the head
zuccheràre *v. tr.* to sugar, to sweeten
zuccheràto *agg.* sugared, sweetened
zuccherièra *s. f.* sugar-bowl
zuccherino **A** *agg.* sugary, sweet **B** *s. m.* **1** sweet **2** (*contentino*) sop
zùcchero *s. m.* sugar ♦ **z. a velo** icing sugar; **z. filato** candyfloss
zucchino *s. m.* courgette, (*USA*) zucchini
zuccóne *s. m.* (*testardo*) stubborn person, (*ottuso*) blockhead
zùffa *s. f.* scuffle, fight
zùfolo *s. m.* flageolet
zùppa *s. f.* soup ♦ **z. di pesce** fish soup; **z. di verdura** vegetable soup
zuppièra *s. f.* soup-tureen
zùppo *agg.* wet (through)

FRASEOLOGIA

IN VIAGGIO

AEREO

Devo andare a... Può darmi orari e tariffe dei voli?
I must go to... Can you give me the flight times and prices?

Ci sono quattro posti disponibili sul volo... per... del giorno...?
Are there four seats available on flight... for... on...?

Vorrei un biglietto per...
I'd like a ticket for...

Vorrei prenotare un posto per... sul volo... del...
I'd like to book a seat for... on flight... on...

Vorrei spostare/annullare/confermare la mia prenotazione
I'd like to change/to cancel/to confirm my booking

A che ora dobbiamo trovarci all'aeroporto?
What time must we be at the airport?

Come si può raggiungere l'aeroporto?
What's the best way to get to the airport?

Quanto dista l'aeroporto dal centro della città?
How far is the airport from the city center (downtown)?

A che ora e da dove parte il bus per l'aeroporto?
What time and where does the bus leave for the airport?

A che ora parte il volo numero... per...?
What time does flight number... for... leave?

Vorrei un posto...	I'd like...
al finestrino	a window seat
corridoio	an aisle seat
non fumatori	a no smoking seat
fumatori	a smoker's seat

Ho smarrito la carta d'imbarco
I've lost my boarding card

Mi può dare una coperta/un cuscino, per favore?
Can you give me a blanket/a pillow, please?

I miei bagagli non sono arrivati; a quale ufficio devo rivolgermi?
My luggage (baggage) hasn't arrived; which office must I go to?

Recapitatemi i bagagli a questo indirizzo
Send my luggage (baggage) to this address

Dov'è il deposito bagagli?
Where is the left-luggage office?

Dove posso trovare un taxi/un autobus?
Where can I get a taxi/a bus?

Arrivals	Arrivi
Baggage claim	Ritiro bagagli
Boarding now	Imbarco immediato
Cancelled flight	Volo cancellato
Check-in	Check-in
Customs	Dogana
Delayed flight	Volo ritardato
Departures	Partenze
Destination	Destinazione
Domestic flights	Nazionali
Gate	Uscita
International flights	Internazionali
Left-luggage office	Deposito bagagli

TRENO E TRASPORTI URBANI

Dove è la fermata del bus numero... per...?
Where does bus number... for... stop?

Dov'è la stazione della metropolitana?
Where's the underground/tube (subway) station?

Dove posso acquistare un biglietto per il bus?
Where can I buy a bus ticket?

Quale bus/metro devo prendere per...?
Which bus/underground must I take for...?

Questo bus/treno passa per...?
Does this bus/train go past...?

Dove devo scendere per andare a...?
Where must I get off to go to...?

È questa la direzione giusta per andare a...?
Is this the right direction to go to...?

Dove posso trovare un taxi?
Where can I get a taxi?

Quanto costa un taxi fino a...?
How much does a taxi to... cost?

Può aspettarmi qualche minuto?
Can you wait for me for a few minutes, please?

Quanto le devo?
How much do I owe you?

Dove si trova la stazione ferroviaria?
Where's the railway station?

Mi porti alla stazione. Ho molta fretta!
Can you take me to the station? I'm in a great hurry!

Vorrei un biglietto di prima/seconda classe per...
I'd like a first/second class ticket to...

Vorrei un biglietto di andata e ritorno per...
I'd like a return ticket to...

Posso fare il biglietto sul treno?
Can I buy the ticket on the train?

Vorrei fare una prenotazione sul treno per... delle... del...
I'd like to book a seat on the... train to... on...

Vorrei prenotare una cuccetta per... sul treno delle... del...
I'd like to book a couchette to... on the... train on...

C'è una coincidenza per...? A che ora parte?
Is there a connection for...? What time does it leave?

AUTOMOBILE

Il pieno, per favore
Fill up, please

Può controllare...?	Can you check...?
l'acqua	the water level
l'olio	the oil level
l'acqua della batteria	the battery water
il liquido dei freni	the brake fluid
la pressione dei pneumatici	the tyre pressures
Può sostituire...?	Can you change...?
l'olio	the oil
il filtro dell'olio	the oil filter
il filtro dell'aria	the air filter
i pneumatici	the tyres
le spazzole del tergicristallo	the windscreen wiper blades
un fusibile	a fuse

Può dare una pulita al parabrezza?
Could you clean the windscreen?

Può darmi un recipiente vuoto?
Could you give me an empty container?

Può mettere un po' di benzina in un recipiente? Sono rimasto a secco
Could you put a little petrol in a container? I've run out

Può indicarmi la strada giusta per...?
Can you tell me which is the right way for...?

Qual è la strada più breve per...?
Which is the shortest road to...?

Può dirmi dove mi trovo?
Can you tell me where I am?

Può accompagnarmi a..., per favore?
Could you take me to..., please?

È asfaltata/percorribile la strada per?
Has the road for... got a hard surface?/Is the road to... passable?

Quanti chilometri ci sono per arrivare...?
How far is it to...?

a un distributore	a petrol station/a service station
al prossimo paese	the nearest town
a un telefono	a telephone
alla prossima uscita	the next exit

Posso parcheggiare qui?
Can I park here?

Quanto tempo posso lasciare la macchina?
How long can I leave my car here?

Quanto costa il parcheggio?
How much does the car park cost?

Può indicarmi un meccanico/gommista?
Can you tell me where I can find a mechanic/tyre repairer?

Può indicarmi un'officina per far controllare la mia auto?
Can you tell me where I can find a garage to check my car?

La mia macchina è guasta: può darmi una mano?
My car has broken down: could you give me a hand?

Può mandare un carro attrezzi?
Can you send a breakdown lorry?

Può trainare la macchina fino a...?
Can you tow my car to...?

La macchina...	The car...
non parte	won't start
fa un fumo nero/blu/bianco	gives off black/blue/white smoke
Il motore...	The engine...
non si avvia	won't start
si avvia ma si spegne subito	starts but stops at once
non tiene il minimo	won't tick over
consuma/perde olio/acqua	uses too much/leaks oil/water
perde colpi	misfires
fa uno strano rumore	makes a funny noise

Si sente odore di benzina
I can smell petrol

Non entrano le marce
The gears won't engage

La frizione strappa/slitta
The clutch engages suddenly/slips

Non si accendono le luci
The lights don't come on

I freni non funzionano
The brakes don't work

Ho perso le chiavi
I've lost the keys

Si è rotta la chiave nella serratura
The key has broken off in the lock

Non funziona/è rotto il...
The.... doesn't work/is broken

Riesce a ripararlo subito?
Can you mend it at once?

Quanto tempo ci vuole per la riparazione?
How long will it take to mend it?

Ha scoperto il guasto?
Have you found out what's wrong?

Quanto pensa possa venire a costare la riparazione?
How much do you think the repair will cost?

Molte grazie per il suo aiuto!
Thank you very much for your help!

Dove posso noleggiare una macchina?
Where can I rent a car?

Vorrei noleggiare una macchina per... giorni/settimane
I'd like to rent a car for... days/weeks

IN ALBERGO

Potete raccomandarmi un albergo...?
Could you recommend a...?

economico	cheap hotel
centrale	central hotel
non distante da...	hotel not far from....
con garage	hotel with a garage

Ho prenotato una camera... a nome...
I have a room booked under the name of...

Posso vedere la camera?
Can I see the room?

Vorrei una camera...
I'd like a...

singola	single room
doppia	double room
a tre letti	room with three beds
con bagno	room with a bathroom
con doccia	room with a shower

Quanto costa...?
How much does... cost?

la camera e la prima colazione	bed and breakfast
la mezza pensione	half board
la pensione completa	full board

La prima colazione è compresa nel prezzo?
Is breakfast included in the price?

Il prezzo è per la camera o per persona?
Is the price for the room or per person?

C'è l'ascensore?
Is there a lift?

A che piano si trova?
Which floor is it on?

La camera non mi piace; vorrei cambiarla
I don't like the room; I'd like to change it

Va bene, la prendo
OK, I'll take it

Intendo fermarmi...
I mean to stay for...

una notte	one night
una settimana	one week
quindici giorni	fifteen days

Le devo lasciare un acconto?
Must I leave you an advance payment?

Vorrei una macchina di piccola/media/grande cilindrata
I'd like a car with a small/medium/large engine

C'è un extra per il chilometraggio?
Must I pay extra for mileage?

È possibile lasciare la macchina a....?
Can I leave the car at...?

Entro che ora devo riportare la macchina?
What time must I return the car by?

Avete una macchina più grande/piccola?
Have you got a larger/smaller car?

Posso riavere il mio passaporto
Could I have my passport back?

È possibile aggiungere un letto?
Is it possible to put another bed in?

Può portarmi la colazione in camera?
Could you bring my breakfast to my room?

Dove posso parcheggiare la macchina?
Where can I park my car?

C'è il servizio lavanderia?
Is there a laundry service?

La camera è ancora in disordine!
The room hasn't been made up!

Mi mandi la cameriera!
Could you send me the chambermaid?

Mi faccia parlare con il direttore!
I'd like to speak to the manager!

A che ora viene servito/a...?
What time is it... served?

la prima colazione	breakfast
il pranzo	lunch
la cena	dinner

Vorrei essere svegliato alle..., per favore
I'd like to be woken at..., please

Per favore, mi può portare i bagagli in camera?
Could you carry my luggage (baggage) to my room, please?

Posso depositare dei documenti/dei valori?
Can I leave my documents/some valuables with you?

Può cambiarmi questa banconota?
Can you change this note for me?

Ci sono messaggi per me?
Are there any messages for me?

Attendo una telefonata. Me la può passare in camera?
I'm waiting for a telephone call. Can you put it through to my room?

Mi ha cercato qualcuno?
Has anyone called for me/telephoned me?

Mi dia la chiave numero..., per favore
Could you give me the key number..., please?

Rientrerò tardi: posso avere la chiave del portone?
I'll be coming back late: can I have the front door key?

Vorrei fare una telefonata
I'd like to make a telephone call

Può chiamare questo numero a mio nome?
Can you telephone this number for me?

Ho lasciato i bagagli in camera
I've left my luggage (baggage) in my room

Ho deciso di partire domani
I've decided to leave tomorrow

BANCA, POSTA E TELEFONO

Può indicarmi una banca?
Can you tell me where I can find a bank?

Qual è l'orario di apertura delle banche?
When are the banks open?

Vorrei cambiare questa somma di denaro
I'd like to change this sum of money

Vorrei cambiare un traveller's cheque
I'd like to change a traveller's cheque

Ho perso i traveller's cheque: cosa devo fare?
I've lost my traveller's cheques: what should I do?

Mi hanno rubato i traveller's cheque e la ricevuta d'acquisto!
My traveller's cheques and the receipt have been stolen!

È possibile avere del contante con la mia carta di credito?
Is it possible to have cash with my credit card?

Dov'è l'ufficio postale?
Where's the Post Office?

Qual è l'orario di apertura degli uffici postali?
What time are the Post Office's open?

Dove posso comprare dei francobolli?
Where can I buy some stamps?

Qual è l'affrancatura per una lettera/cartolina?
What's the postage for a letter/postcard?

Devo spedire questo pacco
I must post this parcel

A quale sportello devo rivolgermi?
Which window should I go to?

BAR E RISTORANTE

C'è un bar/ristorante qui vicino?
Is there a bar/restaurant near here?

Vorrei fare colazione (prima colazione)
I'd like breakfast

Può farmi un panino?
Can you make me a sandwich/a roll?

Vorrei prenotare un tavolo per... persone per le ore...
I'd like to book a table for... people for...

Può prepararmi il conto?
Can you prepare my bill for me?

Accettate carte di credito?
Do you accept credit cards?

Posso pagare con traveller's cheque?
Can I pay by traveller's cheques?

Posso lasciare i bagagli fino a stasera?
Can I leave my luggage (baggage) here until this evening?

Può chiamarmi un taxi?
Can you call a taxi for me?

Vorrei incassare questo vaglia
I'd like to cash this money order (postal order)

Vorrei fare un versamento
I'd like to make a payment

Dov'è il fermo posta?
Where is the poste restante (general delivery)?

Desidero fare una telefonata a carico del destinatario
I'd like to make a collect call

Non ho moneta per telefonare: può aiutarmi?
I'd haven't got any change for the telephone: can you help me?

Vorrei una scheda per telefonare
I'd like a card for the telephone

C'è un posto telefonico pubblico?
Is there a public telephone?

Vorrei chiamare questo numero
I'd like to call this number

Qual è il prefisso per...?
What's the code number (area code) for...?

Può riprovare?
Can you try again?

Riprovo più tardi
I'll try again later

Può richiamarmi a questo numero?
Can you call me back at this number?

Non capisco, può parlare più lentamente?
I don't understand, could you speak more slowly?

La linea è occupata
The line is engaged

È libero questo tavolo?
Is this table free?

C'è molto da aspettare?
Will I (we) have to wait long?

Abbiamo molta fretta
We're in a great hurry

Aspetto degli amici
I'm waiting for some friends

Dov'è la toilette?
Where's the toilet/bathroom?

Mi porti un aperitivo
Could you bring me an aperitif?

Può portarmi il menù/la carta dei vini?
Can you bring me the menu/the wine list?

Potete consigliarmi qualcosa di speciale?
Could you suggest something special?

Qual è il vostro piatto caratteristico?
What is your local dish?

Qual è il piatto del giorno?
What is the dish of the day?

Vorrei bere... I'd like to drink...
acqua minerale sparkling/still mineral
gasata/non gasata water
acqua naturale tap water
...ghiacciata iced...
...non fredda not too cold

Cameriere!
Waiter!

Quali sono gli ingredienti?
What are the ingredients of this dish?

Cosa vuol dire...?
What does.... mean?

Mi porti un altro...
Could you bring me another...?

Vorrei solo una mezza porzione
I'd like just a half portion

Questa pietanza è fredda/poco cotta
This dish is cold/underdone

Me la può scaldare?
Could you heat it for me?

Me la può cuocere di più?
Could you cook it a little more?

Vorrei della carne... I'd like some...
al sangue rare meat
ben cotta well-cooked meat
molto cotta very well-cooked meat

Che contorni/dessert avete?
What vegetables/desserts have you got?

Mi porti della frutta fresca
Could you bring me some fresh fruit?

Mi faccia il conto, per favore
Could you bring me the bill (check), please?

Quanto pago?
How much do I owe you?

Accettate carte di credito?
Do you accept credit cards?

Ho bisogno della ricevuta
I need the receipt

Tenga il resto
Keep the change

UNITÀ DI MISURA

inch	in	2,54	cm	pollice
foot	ft	30,48	cm	piede
yard	yd	0,914	m	yarda
fathom	fm	1,829	m	braccio
statute mile	mi	1609,34	m	miglio terrestre
nautical mile	n.mi	1852	m	miglio marino
square inch	sq in	6,45	cm²	pollice quadrato
square foot	sq ft	929,03	cm²	piede quadrato
square yard	sq yd	0,836	m²	yarda quadrata
acre	a	4046,86	m²	acro
square mile	sq mi	2,59	km²	miglio quadrato
cubic inch	cu in	16,39	cm³	pollice cubo
cubic foot	cu ft	28,32	dm³	piede cubo
cubic yard	cu yd	0,765	m³	yarda cuba
fluid ounce	fl oz	0,284	dl	oncia fluida
fluid ounce (USA)	fl oz	0,296	dl	oncia fluida USA
pint	pt	0,568	l	pinta
liquid pint (USA)	pt	0,473	l	pinta USA
gallon	gal	4,55	l	gallone
gallon (USA)	gal	3,79	l	gallone USA
ounce	oz	28,35	g	oncia
pound	lb	0,454	kg	libbra
degree Fahrenheit	°F	32+(9/5)	°C	grado Fahrenheit

NOTE GRAMMATICALI

ARTICOLO

Determinativo: the

Senza distinzioni di genere o di numero.

ES: *The* boy that I met   Il ragazzo che incontrai
     The North pole   Il polo Nord

Non si usa davanti ad aggettivi e pronomi possessivi, nomi di nazioni, luoghi e lingue, nomi astratti.

ES: My book and yours   Il mio libro e il tuo
     Life is very hard   La vita è molto dura

Indeterminativo: a, an (davanti a vocale o 'h' muta)

Solo al singolare, senza distinzione di genere.

ES: *An* apple   Una mela
     There is *a* man here   C'è un uomo qui
     A child needs love   Un (ogni) bambino ha bisogno di amore

GENITIVO SASSONE

Il caso possessivo (genitivo) del nome si usa soprattutto con nomi di persona, paese, animale, navi e in espressioni di tempo. Esso si forma:

- aggiungendo **'s** ai nomi singolari e ai nomi plurali che non terminano per **s**

ES: The boy'*s* book   Il libro del ragazzo
     Carlo'*s* house   La casa di Carlo
     Today'*s* paper   Il giornale di oggi
     The children'*s* voices   Le voci dei ragazzi

- aggiungendo solo l'apostrofo (') ai nomi plurali che terminano per **s**

ES: The boys' house   La casa dei ragazzi

La coppia sostantivo + genitivo sassone viene retta da un unico articolo.

ES: The son of the artist → The artist's son (Il figlio dell'artista)

GENERE

I nomi di cose inanimate e di animali hanno genere neutro; altrimenti, il genere coincide con il sesso. Le navi sono considerate al femminile.

PLURALE

Solitamente si costruisce aggiungendo una **s** al singolare.

ES: dog (cane)   dog*s*
     house (casa)   house*s*

Ai nomi che terminano in **o, s, ss, ch, sh, x, z** si aggiunge **es**.

ES: potato (patata)   potato*es*
     kiss (bacio)   kiss*es*

Ai nomi di origine straniera che terminano in **o** si aggiunge solo la **s**.

ES: photo (foto)   photo*s*

Nei nomi che terminano per y preceduta da consonante si sostituisce **ies** alla **y**.

ES: lady (signora)   la*dies*

In alcuni nomi che terminano per **f**, **fe** si sostituisce **ves** alla terminazione.

ES: wife (moglie)   wi*ves*
    life (vita)   li*ves*
    half (metà)   hal*ves*
    leaf (foglia)   lea*ves*

Alcuni nomi formano il plurale con un cambiamento vocalico.

ES: man (uomo)   men
    woman (donna)   women
    tooth (dente)   teeth
    foot (piede)   feet
    goose (oca)   geese
    mouse (topo)   mice

Attenzione: child (bambino)   → children
                ox (bue)   → oxen

PRONOMI PERSONALI

	sogg.	*compl.*	*rifl.*
io	I	me	myself
tu	you	you	yourself
egli	he	him	himself
ella	she	her	herself
esso, essa	it	it	itself
noi	we	us	ourselves
voi	you	you	yourselves
loro	they	them	theirselves

It si usa in espressioni di tempo, distanza, temperatura, ecc., in frasi in cui il soggetto è un infinito e nella forma impersonale.

ES: *It* is raining   Sta piovendo
    It is half past six   Sono le sei e mezza
    It is easy to criticize   È facile criticare

PRONOMI RELATIVI

Traducono **che**, **il quale**, **la quale**, **i quali**, **le quali**.

	sogg.	*compl.*	*possess.*
Persone:	who	who, whom	whose
	that	that	
Cose:	which	which	whose, of which
	that	that	

What (soggetto e oggetto) traduce 'ciò che'.

ES: The man *whom* I saw ⎫
    The man *who* I saw ⎬ L'uomo che ho visto
    The man I saw   ⎭

    The man to *whom* I spoke ⎫
    The man I spoke to   ⎬ L'uomo al quale ho parlato
    I shall do *what* you want   Farò ciò che vuoi

AGGETTIVI

In inglese gli aggettivi non variano con genere e numero e generalmente precedono il nome cui si riferiscono.

ES: A big town   Una grande città
    A good boy   Un buon ragazzo
    Good girls   Delle ragazze buone

Comparativo di maggioranza e superlativo

Negli aggettivi monosillabi e nei bisillabi che terminano in **y**, **le**, **er**, **ow** si formano aggiungendo rispettivamente **er** ed **est**. Se l'aggettivo monosillabo termina con una consonante preceduta da un'unica vocale, la consonante raddoppia. La **y** finale diventa **i**.

ES: big (grande)   bigger   the biggest
    fine (bello)   finer   the finest
    simple (semplice)   simpler   the simplest
    tender (tenero)   tenderer   the tenderest
    happy (felice)   happier   the happiest

Negli altri casi si premette **more** e **the most**.

ES: beautiful (bello)   more beautiful   the most beautiful

Attenzione:

    good (buono)   better   the best
    bad (cattivo)   worse   the worst
    little (poco)   less   the least
    many/much (molto)   more   the most
    far (lontano)   farther/further the farthest/the furthest

Il secondo termine di paragone è preceduto da **than**.

ES: My book is better than yours   Il mio libro è migliore del tuo

Comparativo di uguaglianza e minoranza

Il primo si traduce con **as ... as**. Il secondo con **less ... than**.

ES: He is as tall as his father   È alto come suo padre
    He is less intelligent than you   È meno intelligente di te

AGGETTIVI E PRONOMI DIMOSTRATIVI

Sono gli unici a concordare con il numero del nome cui si riferiscono.

questo, **questa**   this
questi, **queste**   these
quello, **quella**   that
quelli, **quelle**   those

ES: *This* is my hat; *that* is yours   Questo è il mio cappello; quello è il tuo

AGGETTIVI E PRONOMI INTERROGATIVI

	sogg.	*oggetto*	*possess.*
chi	who	who, whom	whose
che cosa, **quale**, **che**	what, which	what, which	'

Which si usa quando la scelta è limitata.

ES: Who pays the bill?   Chi paga il conto?
    Which of you is coming? Chi di voi viene?
    Whose car won?   Di chi è la macchina che ha vinto?

AGGETTIVI E PRONOMI INDEFINITI

	agg.	*pron.*
qualche, del, dei		some, any
qualsiasi, qualunque	any, every	
qualcuno		somebody, someone, anybody, anyone
qualcosa		something, anything
niente		nothing
nessuno	no	no one, nobody, none

Some si usa nelle frasi affermative e nelle interrogative quando ci si aspetta una risposta affermativa. **Any** si usa nelle frasi negative, nelle altre frasi interrogative e nelle frasi affermative esprimenti un dubbio (dopo un 'se').

I pronomi seguono le stesse regole degli aggettivi corrispondenti.

ES: Can I have *some* coffee?   Potrei avere del caffè?
    Do you have *any* money?   Hai del denaro?
    I have *no* money   Non ho denaro
    I took *no* photos ⎤
    I didn't take *any* photo ⎦   Non ho fatto alcuna foto
    Something good   Qualcosa di buono

AGGETTIVI E PRONOMI DISTRIBUTIVI

ciascuno, ciascuna	each	
ogni	every	(solo *agg.*)
ognuno	everyone, everybody	(solo *pron.*)
ogni cosa	everything	(solo *pron.*)
ambedue, entrambi	both, either	
l'uno o l'altro	either ... or	
né l'uno né l'altro	neither, neither ... nor	

Both regge il verbo alla terza persona plurale; tutti gli altri, invece, reggono la terza persona singolare.

AGGETTIVI E PRONOMI POSSESSIVI

	agg.	*pron.*
mio	my	mine
tuo	your	yours
suo	his/her/its	his/hers
nostro	our	ours
vostro	your	yours
loro	their	theirs

Gli aggettivi possessivi concordano nel genere con il possessore e non con la cosa posseduta. Le due espressioni seguenti sono equivalenti:

    One of my friends   A friend of mine (un mio amico)

MOLTO E POCO

Much (molto) si usa davanti a sostantivi non numerabili, mentre **many** si usa con sostantivi plurali numerabili, soprattutto nelle frasi negative o interrogative; entrambi possono essere usati come pronomi. **A lot of** e **plenty of** si usano nel significato di 'un mucchio di', 'una grande quantità', soprattutto nelle frasi affermative.

ES: We don't have *much* milk   Non abbiamo molto latte
    Carlo has *a lot* of toys, I don't   Carlo ha un mucchio di giocattoli,
    have *many*   io non ne ho molti
    You have *plenty of* time,   Tu hai un sacco di tempo, io non ne
    I don't have *much*   ho molto

A little (un po') e **little** (poco) si usano con sostantivi non numerabili. **A few** (alcuni) e **few** (pochi) si usano con sostantivi plurali numerabili.

ES: A *few* friends   Alcuni amici
    Few friends   Pochi amici
    A *little* time   Un po' di tempo
    Little time   Poco tempo

VERBI

In inglese il soggetto di un verbo deve sempre essere espresso.

I verbi possono essere suddivisi in regolari e irregolari; nei verbi *regolari* è sufficiente conoscere l'infinito per poter costruire qualsiasi forma, tempo o persona.

FORMA NEGATIVA

Per i verbi comuni si forma nel seguente modo:
    presente: soggetto + **do not** + infinito del verbo (senza 'to')
    passato: soggetto + **did not** + infinito del verbo (senza 'to')

Per i verbi ausiliari, invece, si forma nel seguente modo:
    soggetto + verbo ausiliare + **not** + participio passato del verbo

ES: He does not work   Non lavora
    He did not work   Non lavorava
    They have not worked   Non hanno lavorato

Avverbi e pronomi negativi, come **never** (mai), si sostituiscono alla forma negativa:

ES: He never works   Non lavora mai
    I have never worked   Non ho mai lavorato

FORMA INTERROGATIVA

Per i verbi comuni si forma nel seguente modo:
    presente: **do** + soggetto + infinito del verbo (senza 'to')
    passato: **did** + soggetto + infinito del verbo (senza 'to')

Per i verbi ausiliari, invece, si forma nel seguente modo:
    verbo ausiliare + soggetto + participio passato del verbo

ES: Do you study English?   Studi l'inglese?
    How much does it cost?   Quanto costa?
    Have you finished?   Hai finito?

VERBI AUSILIARI

To be (essere)

infinito	presente	passato	part. pass.
be	I *am*	I *was*	been
	you *are*	you *were*	
	he/she/it *is*	he/she/it *was*	
	we/you/they *are*	we/you/they *were*	

Viene usato nelle forme progressive e nelle forme passive.

A sua volta, necessita come ausiliare del verbo *to have*.

ES: He is working   Sta lavorando
     He was followed   Era seguito
     We have been beaten   Siamo stati battuti

To have (avere, possedere)

infinito/presente	passato	part. pass.
have (3ª pers. sing.: *has*)	had	had

Viene usato come ausiliare in tutte le forme attive.

ES: I have worked   Ho lavorato
     I had worked   Avevo lavorato

To have to viene usato per indicare un obbligo.

ES: We have to work   Dobbiamo lavorare

To do (fare)

infinito/presente	passato	part. pass.
do (3ª pers. sing.: *does*)	did	done

Viene usato come ausiliare per costruire la forma negativa e interrogativa del presente e del passato semplice dei verbi comuni.

ES: He does not work   Non lavora
     He did not work   Non lavorava
     Does he work?   Lavora?
     Did he work?   Lavorava?

May (presente) e **might** (passato e condizionale)
vengono usati per esprimere permesso (formale), probabilità o dubbio. Non esistono gli altri tempi.

ES: May I get in?   Posso entrare?
     We might go to Rome   Potremmo andare (forse andremo) a Roma
     I may not succeed   Potrei non farcela

Can (presente) e **could** (passato e condizionale)
vengono usati per esprimere permesso (meno formale), probabilità in senso positivo e capacità. Non esistono gli altri tempi.

ES: Could you show me the way? Potresti indicarmi la via?
     I can swim   So (sono capace di) nuotare
     I cannot go to Carlo's   Non posso andare da Carlo

Must (solo al presente) implica un obbligo.

ES: I must go   Devo proprio andare

Need viene usato come ausiliare nel significato di 'occorrere' (senza obbligo), specialmente in frasi negative o interrogative. Quando regge un complemento oggetto si costruisce normalmente col significato di 'aver bisogno'.

ES: You need not go to Rome   Non occorre che tu vada a Roma
     Do you need any help?   Hai bisogno di aiuto?

Will e **shall** vengono usati per costruire il futuro dei verbi, nel seguente modo:
     sogg. + will/shall + infinito del verbo (senza 'to')

Shall viene usato solo nella prima persona singolare e plurale: in queste persone, will esprime intenzionalità.

ES: I will wait for you   Ti aspetterò (ho intenzione di aspettarti)
     They will arrive at ten   Arriveranno alle dieci

Would e **should** vengono usati per costruire il condizionale, nel seguente modo:
   sogg. + would/should + infinito del verbo (senza 'to')
Should esprime dovere. La frase condizionale viene usata spesso nel discorso indiretto. In forma interrogativa con il verbo *to like* è utilizzata come forma di cortesia.

ES: You should pay your debts   Dovresti pagare i tuoi debiti
    He said that he would be here Disse che sarebbe stato qui
    Would you like some sugar?   Gradisci un po' di zucchero?

VERBI COMUNI

Presente semplice
Ha la stessa forma dell'infinito senza il 'to' e si usa per esprimere un'azione abituale
che non necessariamente si verifica nel momento in cui si parla.
La terza persona singolare del presente si costruisce aggiungendo una **s** (o **es**, secondo le stesse regole della formazione del plurale dei nomi).

ES: to work (lavorare)   I work, he works

Presente progressivo
Si forma con il presente di *to be* e il participio presente del verbo. Si usa per descrivere un'azione che si sta compiendo nel momento presente.

Participio presente
Si forma dall'infinito aggiungendo **ing**.
- Quando l'infinito termina per **e** muta, questa si elide.
- Quando l'infinito termina per consonante preceduta da un'unica vocale accentata,
  la consonante si raddoppia.
- Quando l'infinito termina per **ie**, tale terminazione diviene **y** prima di **ing**.

ES: to love (amare)   I am loving
    to refer (riferirsi)   I am referring
    to lie (giacere)   I am lying

La forma in **ing** viene usata come soggetto di una frase, dopo alcuni verbi (e obbligatoriamente) subito dopo una preposizione.

ES: Learning English is easy   Imparare l'inglese è facile
    Do you mind closing the door? Ti dispiace chiudere la porta?
    He insisted on seeing her   Insisteva per vederla

Passato semplice
Nei verbi *regolari*, il passato si forma dall'infinito aggiungendo **ed**.
- Quando l'infinito termina per **e** si aggiunge solo **d**.
- Quando l'infinito termina per **y** preceduta da consonante, la **y** diventa **i** prima di **ed**.
- Quando l'infinito termina per consonante preceduta da un'unica vocale accentata,
la consonante si raddoppia.
In inglese corrisponde a tre tempi: il passato prossimo, il passato remoto e l'imperfetto.

ES: to work (lavorare)   I worked (lavoravo, lavorai, ho lavorato)
    to carry (portare)   I carried

Passato progressivo
Si forma con il passato di *to be* e il participio presente del verbo.
Si usa per descrivere un'azione che era in corso nel momento in cui accadeva qualcos'altro, o che è durata un certo tempo nel passato.

ES: The wind was rising   Si stava levando il vento
    I was running when   Stavo correndo quando ho incontrato
      I met Carlo   Carlo

Passato prossimo

Si costruisce con il presente di *to have* (anche per i verbi intransitivi) e il participio passato. Descrive un'azione appena conclusa, che continua tuttora, o iniziata in un tempo indeterminato nel passato ma con un esito o una conseguenza nel presente.

Participio passato

Nei verbi *regolari* è sempre uguale al passato.

ES: I have lost my pen and   Ho perso la penna e non riesco a trovarla
     I can't find it
     I have seen this film before   Ho già visto questo film

Futuro

Si forma con gli ausiliari *will* e *shall* (vedi sopra)

La forma **to be going to** viene usata per esprimere intenzione, forte probabilità o un futuro immediato.

ES: I know what you *are going*   So cosa stai per dire
     to say
     I think it *is going to* rain   Penso che stia per piovere

Condizionale

Si forma con gli ausiliari *would* e *should* (vedi sopra).

Congiuntivo

Il congiuntivo presente ha esattamente la stessa forma dell'infinito. Il passato ha la stessa forma dell'indicativo passato, a eccezione di *to be*, che fa *were* in tutte le persone.

Imperativo

Esiste solo nella seconda persona singolare e plurale ed è uguale all'infinito.

Nelle altre persone si ricorre al verbo *to let*.

ES: Vai via!   Go away!
     Andiamo!   Let us go!

FORME PASSIVE

Il passivo di un verbo si forma coniugando *to be* seguito dal participio passato del verbo.

ES: attivo → We keep the butter here   ] Il burro lo teniamo qui
     passivo → The butter is kept here

L'agente in una frase passiva deve essere retto da **by**.

VERBI IRREGOLARI

Alcuni verbi non formano il passato e il participio passato aggiungendo **ed** all'infinito, bensì tramite una modificazione vocalica.

Non esiste una regola fissa: il paradigma è indicato in corrispondenza di ogni verbo, nella sezione inglese-italiano del dizionario.